ISBN 978-0-282-30768-4
PIBN 10563875

1 MONTH OF
FREE
READING

at

www.ForgottenBooks.com

By purchasing this book you are eligible for one month membership to ForgottenBooks.com, giving you unlimited access to our entire collection of over 700,000 titles via our web site and mobile apps.

To claim your free month visit:

www.forgottenbooks.com/free563875

English
Français
Deutsche
Italiano
Español
Português

www.forgottenbooks.com

Mythology Photography **Fiction**
Fishing Christianity **Art** Cooking
Essays Buddhism Freemasonry
Medicine **Biology** Music **Ancient
Egypt** Evolution Carpentry Physics
Dance Geology **Mathematics** Fitness
Shakespeare **Folklore** Yoga Marketing
Confidence Immortality Biographies
Poetry **Psychology** Witchcraft
Electronics Chemistry History **Law**
Accounting **Philosophy** Anthropology
Alchemy Drama Quantum Mechanics
Atheism Sexual Health **Ancient History**
Entrepreneurship Languages Sport
Paleontology Needlework Islam
Metaphysics Investment Archaeology
Parenting Statistics Criminology
Motivational

GARTENFLORA

ZEITSCHRIFT

für

Garten- und Blumenkunde

(Begründet von **Eduard Regel**.)

51. Jahrgang.

Organ des Vereins zur Beförderung des Gartenbaues in den preussischen Staaten.

Herausgegeben von

Dr. L. Wittmack,

Geh. Regierungsrat, Professor an der Universität und an der Kgl. landwirtschaftl.
Hochschule in Berlin, General-Sekretär des Vereins

Mit 12 Tafeln und 134 Textabbildungen.

Berlin 1902
Verlag von Gebrüder Borntraeger
SW 11 Dessauerstrasse 29

1. Januar 1902.   Heft 1.

GARTENFLORA

ZEITSCHRIFT

für

Garten- und Blumenkunde

(Begründet von **Eduard Regel.**)

51. Jahrgang.

Organ des Vereins zur Beförderung des Gartenbaues in den preussischen Staaten.

Herausgegeben von

Dr. L. Wittmack,

Geh. Regierungsrat, Professor an der Universität und an der Kgl. landwirtschaftl.
Hochschule in Berlin, General-Sekretär des Vereins.

Hierzu Tafel 1494.

Prunus Pseudocerasus Watereri und P. serrulata Hisakura.

Berlin 1902
Verlag von Gebrüder Borntraeger
SW 46 Schönebergerstrasse 17 a

Erscheint halbmonatlich. Preis des Jahrganges von 42 Druckbogen mit vielen Textabbildungen und
12 Farbentafeln für Deutschland und Oesterreich-Ungarn 12 Mark, für die übrigen Länder des Welt-

a Prunus Pseudocerasus Waterrei Hrt angl.   b Prunus serrulata Hisakura Hrt japon.

Chromolith Emil Laue

Der Kaiser und die Kunst.

Gedanken zum neuen Jahre.

Am 18. Dezember wurde die letzte der Statuen in der Siegesallee zu Berlin, die des Kurfürsten Johann Georg (1571—1598), des Begründers des Gymnasiums zum Grauen Kloster, in Gegenwart des Kaiserpaares enthüllt, am selben Tage das neue Pergamon-Museum vom Kaiserpaar eingeweiht, und am Abend wurden sämtliche Künstler und andere an der Ausschmückung der Siegesallee Beteiligte vom Kaiser zur Tafel gezogen. Vertreter war hier unter den Künstlern auch Hr. Bildhauer Manthe, in gärtnerischen Kreisen bekannt durch seine Büsten des † städtischen Gartendirektors Meyer, des † Ludwig Späth, des Gartenbaudirektor Lackner u. s. w. Von der Tiergartenverwaltung waren geladen Hr. Präsident Kayser und der Gartendirektor Geitner. In zündender Rede sprach der Kaiser allen Beteiligten seinen Dank aus und betonte u. a. dann, dass die Kunst ihre Vorbilder aus den grossen Quellen der Mutter Natur entnimmt und dass in der Kunst die Gesetze der Schönheit, der Harmonie, der Aesthetik walten müssen. Mit Genugthuung begrüsste es der Kaiser, dass die Bildhauerei zum grössten Teil rein geblieben sei von den sogenannten modernen Richtungen und mahnte, sie so hoch und hehr zu erhalten.

Endlich aber sprach der Kaiser: „Die Kunst soll mithelfen, erzieherisch auf das Volk zu wirken. sie soll auch den unteren Ständen nach harter Mühe und Arbeit die Möglichkeit geben, sich an den Idealen wieder aufzurichten. Das Gefühl für das, was schön und hässlich, hat jeder Mensch, mag er noch so einfach sein, und dieses Gefühl weiter im Volke zu pflegen, dazu brauche ich Sie alle, und dass Sie in der Siegesallee ein Stück solcher Arbeit geleistet haben, dafür danke ich Ihnen ganz besonders.“

Was hier der Kaiser speziell zu den Bildhauern gesprochen, gilt für alle Kunst, auch für die Gartenbaukunst, bei welcher der Kaiser selbst so thatkräftig eingreift, wie die Verschönerungen im Park von Sanssouci und im Berliner Tiergarten beweisen. Mit besonderer Freude haben wir es daher begrüsst, dass Vertreter derselben auch die Ehre einer Einladung erhalten hatten. Auch die Gartenbaukunst darf sich rühmen, zum Schmuck der Denkmäler in der Siegesallee ihr Teil beigetragen zn haben; auch sie wirkt erzieherisch auf das Volk. Das haben in allen Städten die Verwaltungen immer mehr empfunden, und überall regt sich der Eifer, noch mehr darin zu leisten. Möge aber auch die Gartenkunst sich stets auf der reinen Höhe enhalten und immerdar zum Ewig-Schönen streben! L. Wittmack.

Prunus Pseudocerasus Watereri und P. serrulata Hisakura.

Von E. Koehne.

(Hierzu Tafel 1494.)

Zu den schön blühenden Kirschenarten, welche das Entzücken der Japaner bilden und die Bewohner der japanischen Grossstädte im Frühjahr zu Spaziergängen nach den mit Kirschenbäumen bepflanzten öffentlichen Wegen scharenweise herauslocken, gehören ausser Prunus pendula Maxim. und P. Muma S. et Z. auch P. Pseudocerasus Steudel und P. serrulata Lindl. Die Formen der beiden letzteren Arten werden in den europäischen Gärten gewöhnlich sämtlich zu P. Pseudocerasus gerechnet, obgleich beide Arten sich stets sehr gut unterscheiden lassen. P. Pseudocerasus hat, abgesehen von anderen weniger auffälligen Unterschieden, stets und bis zum Herbst dicht und weich behaarte, P. serrulata dagegen kahle Blattunterseiten. Übergänge sind mir noch nicht vorgekommen. Es ist bei der Geschicklichkeit der japanischen Pflanzenzüchter kein Wunder, dass von beiden Arten schon in der Heimat mannigfache Formen erzielt worden sind, zu denen sich neue in den europäischen Gärten erzogene hinzugesellt haben. Zu den prächtigsten Formen gehören P. Pseudocerasus Watereri und P. serrulata Hisakura. Die schön rosenroten, halb gefüllten Blüten der ersteren erreichen 40—45 mm, bei guter Entwicklung sogar 65—70 mm Durchmesser und erscheinen in ausserordentlicher Fülle in 2—4blütigen, meist langgestielten Trauben. Das Laub entwickelt sich gleichzeitig in schön bronzefarbenem, von der Blütenfarbe angenehm abstechendem Tone. Die Pflanze unterscheidet sich von P. Pseudocerasus fl. ros. pleno (Cerasus Sieboldi Carr. fl. ros. pleno), die einen Blütendurchmesser von 35 mm, nach anderen Angaben von 55 bis 60 mm erreicht, eigentlich nur durch noch grössere Blüten.

P. serrulata Hisakura, erst neuerdings eingeführt und bei uns noch kaum verbreitet, ist in den Anlagen des Herrn Ökonomierat Späth erst in kleinen Exemplaren vorhanden und ist ebenfalls bemerkenswert durch die Grösse ihrer stark halbgefüllten, blass rosenroten, bis 50 mm breiten Blüten; die Blütenstände verhalten sich ganz wie bei P. Pseudocerasus Watereri und sind zierlich überhängend. Das junge Laub der serrulata-Formen ist stets weit weniger bronzefarbig als bei Pseudocerasus oder ganz grün; es sind mir von diesen aus dem Späthschen Arboret bisher noch bekannt geworden: „Shidare-Sakura", „Benifugen", „Yoshino". „Shirofugen", „fl. ros. pleno" und „Kriegeri", letztere mir als Form von „Cerasus pendula", die übrigen als Formen von „P. Pseudocerasus" zugegangen.

Alle diese Formen verdienen eine weit grössere Verbreitung in unseren Gärten als sie bisher gefunden haben. Ich habe einige davon nur ganz vereinzelt in Privatgärten beobachtet.

Die beigegebene, auf Veranlassung des Herrn Ökonomierats Späth hergestellte Tafel stellt die Formen Watereri und Hisakura nach Exemplaren aus dem Späthschen Arboret dar und wird der Schönheit beider in vollem Mafse gerecht. Sie ist von Frau Schellbach-Amberg gemalt.

Micromeles alnifolia (S. et Z.) Koehne.

Von E. Koehne.

(Hierzu 1 Abb.)

Jm 41. Jahrgang (1892) S. 282 dieser Zeitschrift gab ich eine Beschreibung und Abbildungen der in der Überschrift genannten Pflanze, von
der im Arboret des Herrn Ökonomierats Späth ein Exemplar sich jetzt
zu einem schönen, strauchartigen Bäumchen von etwa 3 m Höhe entwickelt hat. Die vom Erdboden an verzweigte Krone hat in Folge steiler
Stellung der Äste und dichter Anhäufung der Zweige eine schmal läng-

Abb. 1.   Micromeles alnifolia Koehne
in der Baumschule des Herrn Ökonomierat Späth, Baumschulenweg bei Berlin.
Photographiert von Herrn Jensen.

liche, sehr gleichmässig umrissene Gestalt angenommen. Auch hat die
Pflanze seit 1900 Blüten und Früchte entwickelt. Die weissen Blüten
besitzen keinen bedeutenden Zierwert, weil sie in merkwürdiger Weise
innerhalb des Laubwerks versteckt bleiben und von aussen gesehen kaum
ins Auge fallen; auch sind die Blütenstände bisher nur in geringer Anzahl gebildet worden. Die Früchte, bis zu etwa einem Dutzend an jedem
Blütenstande, sind etwa 7—10 mm lang und 4—6 mm dick. hell scharlachrot und mit zerstreuten, hell bräunlich-gelben Höckerchen besetzt.
Der ganze Strauch weicht im gesamten Aussehen von den Arten der

Gattung (bez. Sektion) Aria (noch viel mehr natürlich von den echten Sorbus-Arten) derart ab, dass die Aufrechterhaltung von Micromeles als einer besonderen Gattung auch dadurch sehr wohl gerechtfertigt erscheint.

Bericht über die Handelsgärtnerei*) in Berlin 1900.

(Aus dem Bericht über Handel und Industrie von Berlin im Jahre 1900, erstattet von den Aeltesten der Kaufmannschaft von Berlin.)

I. Allgemeiner Teil.

Die Lage der Gärtnerei war im Ganzen ziemlich befriedigend; wenigstens zeitweise gingen von Blumen- und Topfpflanzen auch deutsche Artikel gut ab, was freilich zum Teil nur durch die ungünstigen Witterungsverhältnisse im Süden bedingt war. Das Herbst- und Wintergeschäft entsprach leider nicht ganz den Vorjahren, und eine grosse Anzahl von Pflanzen ist in den Gärtnereien stehen geblieben. Vor allem sind es aber auch die hohen Preise des Brennmaterials, welche die Anzucht verteuern, und die gesteigerten Arbeitslöhne tragen ebenfalls nicht wenig dazu bei, um in vielen Fällen den Nutzen auf ein sehr geringes Maass zu beschränken.

Dass unsere deutsche Gärtnerei auch in den Wintermonaten, mit Ausnahme der Produktion blühender Rosenstöcke und abgeschnittener Rosenblumen, leistungsfähig ist, hat die vom Verein zur Beförderung des Gartenbaues in den preussischen Staaten vom 22.—28. Februar 1900 in Berlin veranstaltete „Grosse deutsche Winterblumen-Ausstellung" aufs Glänzendste bewiesen. Aus fast allen Teilen Deutschlands, vor allem aber auch aus Berlins Umgegend, waren herrliche Kulturen zu sehen. Das einstimmige Urteil selbst der strengsten Kritiker ging dahin, dass geradezu Grossartiges geleistet wäre.

II. Spezieller Teil.

1. Topfpflanzen.

Frühjahrsgeschäft. Der Absatz von Topfpflanzen kann in den ersten Monaten als befriedigend bezeichnet werden. Es wurden alle getriebenen Pflanzen zu annehmbaren Preisen abgesetzt, und im Gegensatz zu früheren Jahren wurden im März und im April auch noch Zwiebel- und Knollengewächse, sowie andere getriebene Pflanzen, die sonst oft im Ueberfluss vorhanden sind, zu guten Preisen verkauft. weil das kühle Frühjahrswetter die Entwickelung früher Pelargonien, Fuchsien etc. hinderte.

Von dieser im Allgemeinen günstigen Lage gab es aber auch manche Ausnahme. Maiblumen konnten z. B. im Januar nur zu gedrückten Preisen verkauft werden; Kamellien wurden fast garnicht gefragt; von Azaleen waren die frühesten gesucht, brachten aber nicht die für solche Ware nötigen Preise. Eriken blieben unverkäuflich, von Treibsträuchern wurde

---

*) Bericht des Vereins zur Beförderung des Gartenbaues in den preussischen Staaten.

Flieder gesucht. Asparagus war in Überfülle vorhanden und blieb deshalb vernachlässigt. Im Februar und März fast dasselbe Bild; doch wurden Hyazinthen, oft auch Maiblumen, mehr gesucht. Treibsträucher, Palmen und andere Blattpflanzen fanden wenig Absatz, dagegen gingen die jetzt schon billiger gewordenen Araucaria excelsa den ganzen Winter hindurch gut ab.

Im April und Mai war die beste Geschäftszeit für die Topfgärtnerei; namentlich ist das Geschäft in Balkonpflanzen als ein gutes zu bezeichnen. Die Liebhaberei für den Schmuck der Balkons ist erfreulicher Weise noch im Aufsteigen begriffen, und es sind dazu vor allen Dingen Pelargonien begehrt. Eriken in Frühjahrssorten gingen mässig ab. Teppich- und blühende Gruppenpflanzen fanden guten Absatz; Hortensien und andere Pflanzen für den Gräberschmuck wurden viel verwendet.

In den Sommermonaten bildet sich die Geschäftsstille von Jahr zu Jahr mehr aus, da das Blumen verbrauchende Publikum dann ausserhalb Berlins weilt.

Das Herbstgeschäft setzte recht schleppend ein und ist auch bis Weihnachten nur mittelmässig gewesen. Die Gräberdekorationen mit Chrysanthemum und Erika sind wohl gegen die Vorjahre nicht zurückgegangen, aber das Geschäft vollzog sich wegen des andauernd linden Herbstes sehr langsam. Chrysanthemum in schönen modernen Formen mussten meist zu sehr billigen Preisen verkauft werden, da viel zu viel davon auf den Markt kam. Selbst grosse Solitärblumen erzielten nur mässige Preise.

Das Weihnachtsgeschäft, sonst eine Haupteinnahmequelle, war nicht so gut wie in den Vorjahren. Hyazinthen und Tulpen sind weniger verbraucht worden, während bepflanzte Körbe und Schalen begehrt waren. Maiblumen waren nicht im Uebermaass vorhanden und fanden in Folge dessen guten Absatz. Die Verkäufe von Farnen hielten sich in mässigen Grenzen.

Grössere Blatt- und Dekorationspflanzen wurden arg vernachlässigt. Getriebene Sträucher, wie Flieder, Schneeball, Prunus waren nur wenig am Markt und schienen auch nicht vermisst zu sein.

2. Gemüse.

Das Gemüsegeschäft war zu Anfang des Jahres flau. Der immer noch ausgedehntere Import aus den klimatisch günstiger gelegenen Ländern bedingte sogar eine zeitweise Stauung im Absatz der deutschen, in Mistbeeten getriebenen Frühgemüse. Nachdem jedoch ein Spätfrost in ganz Deutschland, sowie in einem grossen Teile von Europa ungeheuren Schaden angerichtet und ganze Pflanzungen von Frühgemüse zerstört hatte, wurde der Absatz von Gemüsen aller Art, mit Ausnahme von Salat aus dem freien Grunde, ein recht flotter, wenn auch zu mässigen Preisen.

Dieser Zustand hielt auch während der Reisezeit bis zum Herbst an. Mit Eintritt der kühleren Jahreszeit aber lieferte Holland so unverhältnismässig viel Kohl und andere Gemüse, dass das Geschäft wieder sehr abflaute.

3. Baumschulartikel.

Das Geschäft glich insofern demjenigen der Vorjahre, als starke Alleebäume und starke Obstbäume, letztere auch in künstlichen Formen, gesucht und entsprechend bezahlt blieben. Von schwächeren Obstbäumen für Nutzpflanzungen konnten Apfelhochstämme noch gute Preise halten, desgleichen Pflaumen, während sich bei Birnen und Kirschen schon eine Stockung bemerkbar machte. Stark zu sinken beginnen die Preise für gewöhnliche Sauerkirschen, da die Früchte, in Folge hohen Zolles in den Vereinigten Staaten von Amerika, dem früheren Hauptabnehmer des Kirschsaftes, nicht mehr mit Nutzen geerntet werden können.

Ziergehölze blieben massenhaft zu niedrigen Preisen angeboten. Auch grössere Einzelpflanzen und Schaustücke wurden nicht wie bisher begehrt. Rosenhochstämme stiegen im Frühjahr der stärkeren Nachfrage wegen im Preise, wurden aber im Herbst von ausserhalb billig angeboten. Treibrosen und andere Treibsträucher wurden zu vorjährigen Preisen verkauft.

Obstwildlinge und Forstpflanzen gingen verhältnismässig leicht ab, konnten aber bei der Konkurrenz der Orte mit Massenproduktion nur wenig lohnende Preise erzielen.

Das schon so oft beklagte Auktionswesen machte sich in dem verflossenen Jahre nicht in so auffallendem Maasse wie sonst bemerkbar, obwohl immer noch zahlreiche Ladungen zum auktionsweisen Verkauf kamen, die aber meistens Dekorationspflanzen enthielten.

4. Samenhandel.

Ueber das verflossene Geschäftsjahr lässt sich Wesentliches zum Unterschied von den früheren nicht sagen. In der ersen Zeit ging es flott von statten, um hernach ruhig, später aber wieder lebhafter zu werden.

Die Preise in den Gemüsesamen kamen denen im verflossenen Jahre fast gleich, waren eher noch niedriger; nur Schwarzwurzel behauptete einen hohen Preis. Die Krupbohne, speziell die weisssamige, ist stets gefragt. Es sind namentlich die Konservenfabriken, welche ihre Hand auf diesen Artikel legen, aber auch die Gärtner und Landleute wissen ihre Vorzüge zu würdigen. Das Runkelgeschäft war weniger gut zu nennen, während Grassamen stark geräumt wurde.

Der Blumensame, namentlich der von Astern, fand guten Absatz; Cyklamensamen ziehen sich die Handelsgärtuer meist selbst, und bei Primein bevorzugen viele den Ankauf von Pflanzen. Der überseeische Absatz scheint mehr Leben zu bekommen.

5. Abgeschnittene Blumen.

Das Geschäft in abgeschnittenen Blumen war im Allgemeinen befriedigend; Umsatz und Verbrauch waren im Berichtsjahre bedeutend grösser als im Jahre zuvor, auch war der Markt für deutsche Ware in den Hauptmonaten Januar—März etwas günstiger. Die um diese Zeit in Südfrankreich und Italien herrschende Kälte, regnerische und stürmische Witterung beeinträchtigten die dortigen Kulturen der für den Export bestimmten Florblumen. und die dadurch verminderte Einfuhr kam dem Geschäft in deutscher Ware zu Gute.

In den Monaten April bis Juni hört In Folge der klimatischen Verhältnisse an der Riviera der Versand von Blumen nach Berlin auf. Auch ist die Aberntung der in Betracht kommenden Artikel bereits grösstenteils erfolgt. Der Import übte daher auf unseren Geschäftsverkehr keinen nennenswerten Einfluss aus; in Folge dessen beherrschte die deutsche Ware den Markt. Hauptartikel waren Rosen, Flieder, Maiblumen, Orchideen, Gardenien. Wenn auch keine erhöhten Preise zu verzeichnen waren, so fanden doch grössere Posten leichten Absatz.

In den Monaten Juli und August war das Geschäft (wie seit vielen Jahren um diese Zeit) sehr still, der Verkauf sehr gering und die Preise niedrig.

Hingegen war das Geschäft im September und Oktober sehr rege. Hauptsächlich Nelken, Cyklamen, sowie alle langgeschnittenen Blumen fanden bei zufriedenstellenden Preisen leicht Absatz. Chrysanthemum in allen Farben wurden zwar verkauft, der Preis dafür aber ging in Folge der ungeheuren Massenzucht und der im Vergleich zu dem Vorjahre vielen Angebote zurück. Das Interesse für Maiblumen ist seit der Eiskulturmethode, die es ermöglicht, diese Blume jetzt das ganze Jahr hindurch, also auch in den Sommermonaten, in Blüte zu haben, sehr abgeschwächt, weshalb der Preis herabgedrückt worden ist.

Im November und Dezember begannen wieder die Zufuhren aus dem südlichen Frankreich und aus Italien, die so bedeutenden Umfang annahmen, dass in Folge dessen die Preise für die hier gezogenen Artikel sehr zurückgingen.

6. Getrocknete Blumen.

Der Anbau von getrockneten Blumen und Gräsern wird in Deutschland von Jahr zu Jahr mehr eingeschränkt, weil der Preis, den diese Produkte erzielen, nicht mehr die Unkosten deckt. Die hiesigen Gräser sind nicht beliebt und nicht in Mode, und die Blumen werden nur zu ganz billigen Kränzen verarbeitet. Ferner wird ein Teil besserer Blumen, z. B. Capblumen, in Masse importiert, und schliesslich sind die ausländischen Gräser überhaupt äusserst billig und werden daher bevorzugt.

Zu Anfang des Jahres war der Absatz recht rege. Es wurden Ammobium, Bromus, Statice etc. zu etwas anziehenden Preisen ausverkauft. Auch Importe von Capblumen, welche in guter Qualität eintrafen, wurden bis zum Schlusse des Jahres zu erhöhten Preisen vollständig abgesetzt.

Die Ernte an Bromus etc. war nur klein, daher wurde dieser Artikel bis zum Jahresschluss geräumt, ohne indes einen besseren Preis gebracht zu haben. Die Capblumen 1900er Ernte, welche gegen Ende des Dezember eintrafen, waren nicht schön. Trotzdem verlangte man hohe Preise. Das milde Wetter, welches bis Jahresschluss anhielt. liess den Handel mit Immortellen nicht gedeihen, weil man stets frische Blumen erhalten konnte, und diese wurden vorgezogen.

Eine Kalamität für die Gärtnereien ist der Import von Cycaswedeln in ungeheuren Mengen aus Japan. Dieselben werden präpariert, grün gestrichen und vielfach zu Schleuderpreisen abgesetzt.

Das Binden von Makart- und anderen Vasensträussen hat seinen Höhepunkt längst überschritten; heute füllt man die Vasen mit Stielen von Physalis, Echinops und anderen ornamentalen Gewächsen.

Zur Kranzbinderei hat man als Neuheit Renntierflechten, untermischt mit Zapfen von Pinien etc. erwählt. Es scheint, als wollte dieser Artikel im laufenden Jahre noch mehr Liebhaber finden.

7. Landschaftsgärtnerei.

Die Verhältnisse haben sich gegen früher nicht wesentlich geändert. Die Preise sind in Folge übergrosser Konkurrenz gedrückt, während die Löhne gestiegen sind. Ein Verdienst ist daher schwer zu erlangen und der Nutzen gering im Verhältnis zur geleisteten Arbeit.

Eine Anzahl Berliner landschaftsgärtnerischer Firmen beteiligte sich auf der Pariser Weltausstellung bei der vom Verein Deutscher Gartenkünstler (Sitz in Berlin) veranstalteten Kollektiv-Ausstellung, welche mit dem „Grand Prix" ausgezeichnet wurde.

Handel mit Obst.*)

Das Jahr 1900 hat ebensowenig wie seine Vorgänger dem Obsthandel die erhofften Verkehrserleichterungen gebracht (vgl. Bericht für 1889, S. 28). Statt dessen scheint es fast sicher, dass die Regierung dem Verlangen gewisser Kreise nach einem Schutzzolle nachgeben wird. Dass die Ausgestaltung der Frachttarife nicht vorwärts schreitet, liegt an der Schwerfälligkeit des Verwaltungsapparats. Es hat jahrelanger Konferenzen bedurft, um die eilgutmässige Behandlung einiger weniger wichtiger Lebensmittel, darunter auch Obst, durchzusetzen. Leider ist bisher dem Wunsche der Obstimporteure auf Verhandlungen mit den exportierenden Ländern (Frankreich, Belgien, Holland, Oesterreich-Ungarn) wegen Verbilligung und einheitlicher Behandlung der Tarife zuständigen Orts noch nicht Folge gegeben worden.

Die Geschäftsunlust, mit welcher das Jahr 1899 seinen Abschluss fand, charakterisierte auch die ersten Wochen und Monate des Jahres 1900. Namentlich blieben gute Tafeläpfel auffallend vernachlässigt; nur ganz zuletzt (Ende Februar und März) fanden einige Partien gut konservierter italienischer Früchte zu guten Preisen schlankes Unterkommen. An Kochäpfeln dagegen litt der Markt permanenten Mangel.

Das Jahr 1900 ergab einen ganz hervorragenden Obstreichtum.

Deutschland erntete namentlich grosse Mengen Pflaumen und anderes Steinobst mit Ausnahme von Aprikosen und Pfirsichen. Von Äpfeln und Birnen waren die frühen Sorten besser als die späten geraten. Eine hervorragend gute Apfelernte machten namentlich Baden und Württem-

---

*) Dieser Artikel ist nicht vom Verein z. Bef. d. Gartenbaues verfasst. D. Red.

berg (auch die Schweiz). Sowohl in der Schweiz wie in Süddeutschland entwickelte sich ein ausserordentlich lebhaftes Geschäft mit der nördlichen Rheingegend und mit Westfalen; auch das nordöstliche und östliche Deutschland nahmen erhebliche Quantitäten auf. Norditalien konnte von seinen reichen Überschüssen in Konkurrenz mit der Deutschland näher gelegenen Schweiz und den ebenfalls reichgesegneten österreichischen Obstdistrikten nur geringe Mengen nach Deutschland versenden.

Süditalien ist weder für Sommerobst (die ersten Kirschen ausgenommen) noch für Winterobst in Frage gekommen, z. T. der hohen Frachten, z. T. der höheren Preise wegen, die angesichts einer dort weniger günstigen Ernte im eigenen Lande gezahlt wurden.

Fast so hervorragend ergiebig wie die Sommeräpfelernte in Süddeutschland, der Schweiz und Steiermark, die unseren Markt zeitweise förmlich überfluteten, gestaltete sich die Ernte des Winterobstes in Tirol, das uns im Spätherbst zu nie dagewesenen billigen Preisen mit herrlichen Früchten versorgte.

Böhmen schickte hauptsächlich Pflaumen, die trotz der Riesenernte der Lausitz, Thüringens und Süddeutschlands, zu leidlichen Preisen Absatz fanden.

Die Ernten aller dieser Länder sollten aber, wie es hiess, noch von Amerika übertroffen werden. Zuverlässige Berichterstatter, die das Land bereisten, schätzten den dortigen Äpfelertrag um 30 % höher als in dem ausserordentlich ergiebigen Jahre 1896. Inwieweit Optimismus bei dieser Schätzung, inwieweit der Mangel an exportfähiger Qualität mitgesprochen, mag dahingestellt sein. Thatsache ist, dass die Einfuhr nach Deutschland sich in ganz minimalen Grenzen bewegte und die guten aus Amerika kommenden Mengen, trotz der gerne bewilligten hohen Preise, nicht dem Bedarf genügten. Die Furcht vor der erdrückenden Konkurrenz dieses Landes war wieder einmal überflüssig.

Die grossen Berliner Händler, die durch die amerikanischen Ernteberichte beeinflusst, sich anfänglich nicht genügend versorgten, waren gezwungen, später andere Provenienzen aufzunehmen, sodass schliesslich, nachdem auch Tirol nichts mehr anzubieten hatte, zur Weihnachtszeit an edleren Tafelfrüchten ein fühlbares Manko entstand.

Aus Holland kam wenig Obst nach Berlin; Frankreich dagegen deckte den Ausfall in Aprikosen und Pfirsichen und sandte, was überraschte, grössere Quantitäten prachtvoller Williams-Christ-Birnen (der Perle der Sommertafelbirnen) sowie Tafeltrauben. Leider erschweren die schlechten Zugverbindungen und die hohen Tarife den Verkehr mit Frankreich sehr.

Der Ertrag an Tafeltrauben war in Italien und Südfrankreich ganz ausserordentlich gross. Vor dauernder Ueberfüllung wurde der Berliner Markt nur dadurch bewahrt, dass die französische und süditalienische Traube, diese in Folge anhaltender Dürre, jene infolge des Auftretens der Peronospera sich als nicht transportabel erwiesen.

Die Preise aller Obstgattungen waren mannigfachen Schwankungen unterworfen.

In der letzten Periode der Ernte erzielten (per 100 kg):

Kirschen, Erstlinge	. .	M.	70—100
„ Sommerfrüchte	.	„	15—25
„ sauere	.	„	20—30
Pflaumen, Erstlinge	. . .	„	30—50
„ Smmerfrüchte	. o	„	10—20
„ Herbstfrüchte	.	„	5—12
Aprikosen	. . . . . .	„	50—70
Pfirsiche	. . . .	„	60—100
Erdbeeren, Erstlinge	. . .	„	150—250
„ Sommerfrüchte	.	„	30—70
Stachelbeeren, unreife	. .	„	24—35
„ reife	. . .	„	16—20
Heidelbeeren	. . . . .	„	15—25
Preisselbeeren	. . . . .	„	25—45
Birnen, Erstlinge	. . . .	„	30—60
„ Sommerfrüchte	. .	„	10—30
„ Winterfrüchte	. .	„	15—50
Äpfel, Sommerfrüchte	. .	„	8—30
„ Winterfrüchte	. . .	„	14—30

Der Export deutschen Obstes war von ganz minimaler Bedeutung.

Wird der Obstbau für rentabel gehalten, so erscheint es zweckmässiger, ihn rationell zu fördern und systematisch zu erweitern, für Beseitigung der Zollschranken in den obstimportierenden Ländern (Skandinavien, Russland) zu sorgen und eine ruhige Entwickelung sowohl der Produktion wie der Exportfähigkeit abzuwarten, anstatt einen Schutzzoll für den deutschen Obstbau zu errichten.

Trauerdekoration für den † Herrn Dr. Georg von Siemens in Berlin.

(Hierzu 1 Abb.)

Nebenstehend bringen wir nach der Aufnahme des Herrn Photographen Schloenbach, Hasenheide 52/53, die recht gut gelungene Abbildung der Pflanzen - Dekoration, welche Herr Gärtnereibesitzer H. Fasbender, Schönhauser Allee 21, am Sonntag, den 27. Oktober, zur Trauerfeier des Herrn Dr. G. von Siemens gestellt hatte.

Der grossartige mit Oberlicht versehene Kassenhof der Deutschen Bank, welcher noch am Sonnabend Nachmittag dem Verkehr offen stand, war von der Firma Gerson mit schwarzem Stoff drapiert, und die dem Eingang gegenüberliegende Längswand von H. Fasbender mit einer prächtigen Pflanzengruppe bestellt worden. In der Mitte dieser Wand sehen wir, umgeben von einer grossen Phönixgruppe, das von Professor Koner gemalte Bild des Entschlafenen und zu beiden Seiten zwei Gruppen hoher Dracaena, dazwischen schöne Palmen: Kentia, Bambusa, Chamaerops, und kleinere Blattpflanzen: Asparagus, Ophiopogon, Adiantum und diverse andere Farne, untermischt mit grossblumigen weissen Chrysanthemum und Lilium auratum. Riesige Lorbeerkronen bildeten ringsum einen würdigen Abschluss.

Der Sarg, an welchem abwechselnd 6 Herren der Bank Totenwache hielten, verschwand geradezu unter der Fülle von kostbaren Blumenspenden. Geschickt hatte man auch die in der Mitte des Raumes stehenden beiden Heizkörper*) zur Anbringung der Kränze benutzt, aber

Abb. 2. Trauerdekorororation für den verstorbenen Dr. Georg von Siemens in der Deutschen Bank zu Berlin am 27. Oktober 1901 von H. Fasbender.

sie, sowie die Seitenwände vermochten nicht die Menge der Kränze zu fassen. Effektvoll ragten herrliche Palmen - Arrangements aus Cycas revoluta, C. circinalis und Latania-Wedeln an den Wänden zwischen den Lorbeerkronen hervor. Der Treppenaufgang und die Seitennischen waren leicht mit hohen Dracaenen, Kentien und Asparagus Sprengeri bestellt; auch hier waren überall wieder Kranz- und Palmenspenden angebracht, und machte das Ganze einen höchst ruhigen, würdigen und doch imposanten Eindruck. Der Dekorations-Ausschuss verlieh Herrn Fasbender für diese Leistung eine grosse silberne Medaille.

---

*) Auf dem Bilde links und rechts.

Über einige neue Pfropfversuche und Resultate.

Von H. Lindemuth.

In der Versammlung des Vereines zur Beförderung des Gartenbaues am 31. Oktober vor. Js. zeigte ich einige, mit anderen Gattungen und Arten veredelte (kopulierte) Pflanzen und erläuterte dieselben durch wenige Worte. Heute will ich noch einige weitere vorläufige Mitteilungen dem früher Gesagten hinzufügen. Eine ausführliche Behandlung meiner Versuche behalte ich mir vor.

Solanum erythrocarpum auf Solanum Lycopersicum kopuliert.

Die Veredelung wurde erst am 29. Juni vor. Js. ausgeführt. — Die Verwachsung erfolgte so schnell, dass die Pflanze bereits am 9. Juli aus dem Topfe in's freie Land versetzt werden konnte. Andere, unveredelte Pflanzen wurden schon vorher aus Töpfen in den Garten gepflanzt. Das Edelreis gedieh so üppig, dass es jetzt die unveredelten Exemplare — trotz des Zeitverlustes, den es durch die Veredelung erlitten — an Höhe und Umfang überholt hat. — Dasselbe ist zu einem 1,27 m hohen Busche geworden; die Unterlage ist 21 cm, die ganze Pflanze mithin 1,48 m hoch.

Ich habe wiederholt veredelte (das sind gepfropfte bezw. kopulierte) Pflanzen in früheren Versammlungen vorgezeigt und besprochen, welche sich auf ihren Unterlagen in überraschender, ungewöhnlich üppiger Weise entwickelt hatten; es möge an Physalis auf Kartoffel, Arabis albida auf Kohl und Solanum auriculatum auf Solanum tuberosum erinnert werden. — Durch diese und andere Beispiele ist erwiesen, dass bei passender Verbindung manche Gewächse auf fremden Unterlagen gedeihlichere Lebensbedingungen finden, als sie für das selbständige, mit eigenen Wurzeln versehene Individuum oft örtlich vorhanden sind.

Aufgabe der Praktiker, welche den Gartenbau gewinnbringend betreiben, dürfte es nun sein, für die verschiedensten Gewächse solche passenden Unterlagen, die ich Kraft-Unterlagen nennen möchte, zu suchen und zu finden. Gewisse Pflanzen werden sich durch Veredelung zweifellos leichter erziehen lassen, schneller und kräftiger entwickeln und zu schöneren Exemplaren ausbilden, als, aus Samen und Stecklingen erzogen, auf ihren eigenen Wurzeln.

Durch diese „Kraftunterlagen" würde das Veredeln eine ganz neue und grosse Bedeutung gewinnen von vorläufig noch nicht zu ermessender Tragweite.

Cheiranthus Cheiri (einfach blühender Goldlack) auf Brassica oleracea (Rotkohl) kopuliert.

Schon einmal habe ich in der Sitzung des Vereines im März 1900 eine mit Goldlack kopulierte Weisskohlpflanze gezeigt.*) Sie war im Juni 1899 veredelt und im Kalthause durchwintert worden. Der Lack befand sich in voller Blüte.

---

*) In meinem Berichte, Gartenflora 1900 Seite 287, ist versehentlich im Text und unter der Abbildung von „Lack auf Wirsing" die Rede. In der Überschrift ist das Richtige, „Lack auf Weisskohl", angegeben.

In der Versammlung am 31. Oktober vor. Js. führte ich eine mit Goldlack veredelte Rotkohlpflanze vor. Die Veredelung wurde am 1. August des Jahres 1901 ausgeführt, die Pflanze im Kalthaus überwintert, im Sommer ausgepflanzt und vor drei Wochen wieder in einen Topf gesetzt. Nach der Veredelung sind an der Kohlunterlage zwei Sprosse entstanden, die den Lack an Länge beträchtlich überholt haben. Der Kohlspross hat einen festen Kopf gebildet, dessen Gewicht ich auf etwa 800 Gramm schätze. Unsere heutige Lackkohlpflanze ist ·um einen Sommer älter als die damals vorgezeigte. Ich werde sie sorgfältig zu überwintern versuchen und ihre weiteren Lebensschicksale aufmerksam verfolgen. Bemerkenswert erscheinen mir die schon jetzt weit entwickelten Blüten am Lack, wohl eine Folge seines Sitzes auf dem Kohlstocke.

Abutilon Thompsoni auf Althaea narbonensis.

Einige junge Pflanzen von Althaea narbonensis, einer mit dem gemeinen Eibisch nahe verwandten Staude, wurden im August 1900 mit Abutilon Thompsoni veredelt. Die Verwachsung erfolgte binnen weniger Tage. Die jungen Unterlagen waren etwa 5 Monate alt; sie besassen nur einen Spross, der mit Abutilon kopuliert wurde. Zwei veredelte, wohlgediehene Exemplare wurden im Kalthause mit Erfolg durchwintert. Am 18. Mai 1901 wurden beide ins freie Land gepflanzt.

Am 31. Oktober 1901, hat das Abutilon-Edelreis der Pflanze A. eine Länge von 75 cm erreicht. Dasselbe ist frisch, mit gesunden Blättern besetzt. Daneben befindet sich ein abgestorbener, verzweigter, noch jetzt mit reifen Früchten besetzter, 90 cm langer Spross der Unterlage, der Althaea narbonensis.

Die Pflanze ist, wie erwähnt, eine Staude. Die im Frühling aus dem Boden kommenden Triebe sind einjährig, in Wahrheit „halbjährig"; sie erscheinen im April, blühen, zeitigen reife Früchte und sterben im September ab. — Mittlerweile sind an ihrer Basis, in der Erde, dicke Überwinterungsknospen entstanden, bestimmt, im kommenden Frühling neue Sprosse hervorzubringen.

Pflanze B. besitzt nur den veredelten Spross. Das schmarotzende Abutilon hat die Unterlage für seine Ernährung vollkommen in Anspruch genommen und keinen Trieb an der Unterlage zur Entwickelung kommen lassen. Dafür nimmt die Unterlage Rache! — Das Abutilonreis ist zwar lang geworden, indess sind schon die Hälfte seiner Blätter abgefallen, und die übrigen erscheinen krank und beginnen abzusterben. Der Räuber kann von der Unterlage ohne die Hilfe ihrer eigenen Triebe und Belaubung nicht mehr genügend ernährt werden und muss mit dieser dahinsterben.

Was ist nun an diesem Versuche von Bedeutung und Interesse, in wissenschaftlicher Hinsicht und auch für die Praxis?

Die veredelten Triebe beider Pflanzen hätten ihrer Natur nach schon im September 1900 absterben müssen; aber noch leben sie, noch vegetiert auf ihnen — in dem einen Falle (A) anscheinend in unverminderter Kraft und in friedlicher Gemeinschaft, — Abutilon Thompsoni. — Die veredelten Unterlagesprosse haben das ihnen von der Natur gesetzte

Lebensziel um ein volles Jahr überschritten, und noch sind sie frisch und vermitteln die Wechselzufuhr von Nähr- und Baustoffen zwischen der Althaea-Wurzel und dem Abutilon-Edelreise.

Die Resultate dieser Versuche legen uns die Frage nahe: „Werden die Abutilonreiser auf Althaea narbonensis noch weiter wachsen und dauernd am Leben bleiben? Ist es in einzelnen oder vielen Fällen möglich, kurzlebige Triebe von Stauden und einjährigen Gewächsen mit Gehölzen durch Veredelung erfolgreich zu verbinden? -- Werden einjährige Sprosse von Stauden, mit Gehölzen oder auf Gehölze veredelt, mehrere oder viele Jahre dauern, und werden einjährige Pflanzen in Verbindung mit Gehölzen eine mehrjährige oder vieljährige Lebensdauer erlangen?" — Sollten diese Fragen nicht auch für die Praxis von Interesse und Bedeutung sein? — Meine langjährigen, jetzt schon nach Tausenden zählenden Versuche sind immerhin nur Anfänge; sie versprechen, nach bestimmten Richtungen und Zielen von anderen fortgesetzt und weitergeführt, im Laufe der Zeit noch sehr viele interessante und wichtige Aufschlüsse.

Petunia hybrida auf Nicotiana.

Petunia habe ich vielfach auf Kartoffelsprosse kopuliert. Die Reiser wuchsen zwar in den meisten Fällen an, sassen wenigstens fest, brachten ihr Dasein aber nicht weit über einen Monat hinaus. Dagegen gediehen die Petunien leichter auf Nicotiana Tabacum. Ein Exemplar, welches ich im Juni 1896 auf Tabak veredelte, überstand den Winter und erwuchs zu einem im Sommer 1897 prächtig blühenden Busche. — Die beste Unterlage, die ich bis jetzt für Petunia gefunden habe, ist Nicotiana glauca. Diese im Kalthause ausdauernde Pflanze wird in wärmeren Ländern zum Strauche. Herr L. Winter erzählte mir, dass er in Bordighera einen solchen im Freien stehenden Strauch einmal vor Jahren an vielen Zweigen mit Petunien veredelt habe. Die Edelreiser wuchsen an, entwickelten sich weiter und bedeckten sich mit Blüten. Dieser grau-blau-grün belaubte Strauch, mit den fremdartigen, blühenden Petunien-büschen übersäet, habe jedermann überrascht und in Erstaunen gesetzt. Da sei ein Sturm gekommen, habe sämtliche schwere Petunienbüsche abgebrochen und aller Herrlichkeit ein plötzliches Ende bereitet. — Die in der Oktober-Sitzung vorgezeigte Petunie hat Nicotiana glauca zur Unterlage. Von letzterer zeigte ich ein langes, schlankes Exemplar vor; leicht lässt sich diese Art meterhoch erziehen und in beliebiger Höhe veredeln. Solche Petunienhochstämme würden wahrscheinlich den Beifall des Publikums finden und ihre Erziehung lohnen.

Abutilon Thompsoni auf Sida Napaea.

Am 2. August d. Js. wurden zwei Pflanzen von Sida Napaea gleich-mässig, 20 cm über der Erde, kopuliert. Beide Pflanzen wurden am gleichen Orte und in gleicher Weise behandelt. Die Edelreiser haben eine Länge von 25 cm erreicht und sind frisch und gesund. Jede Pflanze hat an der Unterlage 3 Triebe gebildet. Die Blätter der Sidatriebe der einen Pflanze sind intensiv bunt geworden, die der anderen grün geblieben. — Eine Erklärung für das verschiedene Verhalten beider Pflanzen unter ganz gleichen Verhältnissen und Bedingungen konnte ich bis jetzt nicht finden. Wir ziehen aus dieser Erscheinung die Lehre, dass ein einzelner Versuch wenig beweist. Nur zahlreiche, lange Zeit, Jahre hindurch fortgeführte Versuche berechtigen zu sicheren Schlüssen und werden auch dieses Rätsel lösen. Man lasse sich durch einen erfolglosen Versuch nicht von weiteren Bemühungen abschrecken.

Malvastrum capense mit gelbbunten Blättern.

Von dieser durch Impfung gewonnenen buntblätterigen Form des zierlichen Kalthausstrauches konnte ich eine grössere Zahl von Exemplaren zeigen.

Althaea rosea mit gelbbunten Blättern.

Die vorgezeigte buntblätterige Malve ist als Steckling im Frühjahr aus einem Spross des alten, hier schon früher besprochenen Stockes erzogen worden. — Jugendliche Sämlinge von Malvastrum und Althaea rosea, die ich aus diesjährigen Samen buntblätteriger Exemplare erzog, haben bis jetzt grüne Blätter. Nicht unwahrscheinlich erscheint es mir, dass sie bei weiterer Entwickelung im nächsten Jahre noch buntblätterig werden.

Die diesjährigen Neuheiten auf der Chrysanthemum-Ausstellung in Philadelphia.

Wenn die amerikanischen Blumen-Ausstellungen heute noch nicht die Bedeutung und inhaltlich dieselbe Mannigfaltigkeit erreicht haben als die europäischen, so dürften die nachstehenden Gründe es erklären. Das heisse Klima des Sommers entvölkert die Grossstädte und wäre auch für empfindlichere Pflanzen während des Transportes eine ernste Gefahr. Im Winter sind plötzliche, schroffe Temperaturwechsel und die nicht selten sehr empfindlich werdende Kälte ein schwerwiegendes Hindernis. Ausserdem haben stetig wiederkehrende Defizite in der Veranstaltung von Gartenbau-Ausstellungen zur Vorsicht gemahnt. Trotzdem haben wir heute in allen Grossstädten der Union unsere regelmässig wiederkehrenden Herbst-Ausstellungen, mit der Königin der Jahreszeit, dem Chrysanthemum, als unbestrittene Regentin. Da aber bei diesen Gelegenheiten auch die gesamten andern Zweige des Gartenbaues in Betracht kommen, so darf man mit Fug und Recht sagen, dass die Chrysanthemum-Schauen uns bis zu einem gewissen Grade einen massgebenden Überblick über die gegenwärtigen Leistungen horti- und florikultureller Art ermöglichen. In ihren Hauptzügen bleiben sich diese Ausstellungen überall gleich; somit ist die Erwähnung der einen so ziemlich gleichbedeutend mit den übrigen.

Die diesjährige Flower Show in der Horticultural Hall in Phila-
delphia*) war eine der besten, welche wir dort gesehen, und um nur
dasjenige zu erwähnen, was wirklich neu war, besonders an erstmalig
erscheinenden Chrysanthemum-Varietäten, unübertroffen. Wir glaubten
vor drei Jahren mit der crêmeweissen Philadelphia und der zartgelben
Pennsylvania in der Kugelform das Höchste erreicht zu haben, doch was
waren jene beiden Sorten vergangene Woche neben der neuen weissen
Timothy Eaton und der gelben Colonel Appelton. Die Blumen beider
hatten je 20 cm Durchmesser und 54 cm Umfang, nahezu Kugelform,
kompakten Bau und nach innen gekrümmte Petalen. Nur in Vasen,

Abb. 3. Der Garten der Frau Clara Veit in Tegel. Blick auf die Villa.
(Text siehe S. 18.)

welche jetzt die Form und Grösse der bekannten Porzellan-Schirmständer
angenommen haben, ist noch die Verwendbarkeit solcher Riesenblumen
für Schauzwecke möglich. Dies erklärt, dass als Aussteller nur Privatgärtner vertreten sind, unter welchen sich hier in diesem Jahre die
Deutschen ganz besonders vorteilhaft auszeichneten.

An dekorativen Blattpflanzen war nichts über gute Durchschnittsware Gehendes vorhanden. Als Neuheit hatte die Firma Henry A. Dreer
in Riverton N. J. eine Gruppe schön entwickelter Pandanus Sanderiana
auf der Wahlstatt, aber ohne den in der Beschreibung erwähnten roten
Streif in der Mitte der jüngeren Blätter, nach welchem viel gesucht

---

*) Siehe die Abb. im Illustr. Gartenbau-Lexikon 3. Aufl. S. 37.

wurde, und von welchem es schliesslich hiess, Sander habe vergessen, ihn mit herüber zu senden.

Unter den Ausstellern in Farnen ragte G. W. C. Drezel (Obergärtner John Long) durch eine Sendung prachtvoller grosser Schaupflanzen hervor. Eine Gleichenia dichotoma von 3 m Durchmesser mit einem Wald von herrlich entwickelten Wedeln war das Glanzstück dieser Kollektion.

An neuen Treibrosen waren Golden Gate und von dieser ein Sport in Weiss, Jvory (Elfenbein) benannt, von der American Rose Company in Washington ausgestellt.

Abb. 4.   Der Garten der Frau Clara Veit in Tegel.   Blick auf den Tegeler See, vom Blumenparterre aus.   (Text siehe S. 18.)

John N. May in Summit N. J. war mit einer zartrosafarbenen Sorte. Mrs. Oliver Ames, im Felde, und unser Landsmann John Cook in Baltimore hatte eine Vase seiner hübschen Neuzüchtung „Baltimore" herübergesandt. Wenn ich offen sagen soll, so erinnert Baltimore im Bau sehr an Souv. de la Malmaison, jedoch das Centrum ist hier ein lebhaftes Lachsrosa.

Helen Gould, ausgestellt von der Waban Rose Company, Natic, Mass., eine lebhaft rosafarbene Neuheit, trat durch sehr gute Blumenform, straffen langen Stiel und herrliche Belaubung als für hiesigen Geschmack sehr beachtenswert hervor. Wenn Helen Gould die Blühwilligkeit der Bridesmaid hat, wird sie bald deren Rivalin werden.

Endlich war die Firma Myers & Samtman, Wynmoor, Pa., mit

einigen Vasen ihrer neuen Sunrise erschienen. welche, obwohl von kleiner Form, allgemeine Bewunderung fand, und welcher wir, wenn nicht alle Zeichen trügen, eine Zukunft verheissen dürfen. Die Farbe dieser Rose lässt sich schwer bestimmen. In Schattierung ist sie lebhafter als die bekannte Sunset, welcher sie am nächsten steht und von welcher sie auch abstammt; ausserdem sind die Blumenblätter weiss oder gelblich weiss gerandet, was ihren Reiz noch erhöht. Sunrise wird sicher bald ihren Weg nach Europa finden.

Indem ich zum Schluss noch zweier Vasen, gefüllt mit tadellosen Blumen der vorjährigen Neuheit Queen of Edgely an 4 Fuss langen Stielen, erwähne, glaube ich in diesem Bericht alle Hauptsachen berührt zu haben.

Laverock, Pa., den 17. November 1901.   Rich. Rothe

Der Garten von Frau Clara Veit in Tegel.
(Hierzu 2 Abb.)

Jm Anschluss an die von Herrn Hofgärtner Hoffmann in Heft 18 S. 492 der Gartenflora 1900 gegebene Beschreibung dieses schönen Gartens geben wir heute zwei Abbildungen von diesem Schmuckkästlein, die Herr Dr. Buchwald photographisch aufgenommen hat. Die eine Abbildung (Fig. 3) giebt uns einen Überblick über den grössten Teil des Gartens mit einem Blick auf die Villa. Ein weiter Rasenplatz mit schönen Blumenparterres, flankiert von sehr schönen Gehölzgruppen, liegt vor der Villa. In der Mitte wird derselbe durch einen Weg unterbrochen. der über eine schmale Holzbrücke führt.

Das zweite Bild (Fig. 4) zeigt uns einen herrlichen Ausblick nach dem schönen Tegeler See und ein Blumenparterre. Dieses Blumenparterre liegt seitlich von der Villa und bietet mit seinen zwei Kränzen von Blatt- und Blütenpflanzen, die eine lustig springende Fontäne umgeben, einen reizenden Anblick.   J. B.

Der Sellerie.
Von Carl Hansen.

Aus einer Monographie über die Selleriepflanze (Selleriplantens Historie, Udbredelse ag Anvendelse, Carl Hansen, Copenhagen 1898) entnehmen wir mit Erlaubnis des Verfassers folgendes:

Die Selleriepflanze liebt gleich mancher anderen Doldenpflanze feuchte Stellen und ist in vielen Ländern verbreitet. In Asien findet sie sich vom Kaukasus bis in den Hochländern Vorder-Indiens, in Afrika ist sie in Abyssinien, in Ägypten und Algier verbreitet; in neuerer Zeit wurde der Sellerie auf Neu-Seeland, auch sonst an mehreren

Orten am Südmeere, auch an der kalifornischen Küste angeblich wild gefunden. In Europa findet er sich an den Mittelmeerküsten, auch am Atlanti-
schen Meer und an der Ostsee, z. B. in Süd-Schweden, auf Gothland und in
Dänemark an mehreren Orten, in allen Provinzen, wenn auch selten, auf
Strandwiesen und Marschboden, namentlich auf den Inseln. An mehreren
Orten in Mittel-Europa wächst er in der Nähe von Salzquellen. Alles dies
giebt einige Fingerzeige, die Kultur anbelangend. Die Pflanze war im Altertum in den Gärten bekannt und benutzt. Die alten Ägypter brauchten schon
die Pflanze als Schmuck für die als Mumien niedergelegten Toten. Man
hat zudem in neuester Zeit einen Kranz gefunden, welcher von Sellerie-
blütenständen und Sellerieblättern und mit Papyrusfasern zusammengebunden war. Die wilde Selleriepflanze wird in der Odysee unter dem
Namen Selinon besprochen, als auf der Insel der Kalypso wachsend, im
Verein mit Veilchen; es wird gesagt, dass er auf den Wiesen so fein
und sanft sei, dass er sogar das Wohlbehagen der Götter fand.

Im Altertum wurde er auch in Griechenland in und um Gartenbeete
angebaut und man hatte das Sprichwort: „Du bist noch nicht bei dem
Sellerie angelangt", Du bist noch beim Anfang.

Bei den Alten galt er als ein Symbol der Trauer, weshalb auch die
Grabstätten mit Kränzen von Sellerieblättern geschmückt wurden. Die
Pflanze wurde auch als ein gutes Heilmittel benutzt, unter anderem auch
gegen einen Rausch.

Die Griechen und die Römer mischten Sellerieblätter zwischen
Myrten und Rosenkränze und schmückten sich damit beim Festmahle.
Anakreon singt: „Brüder setzet über Euere Augen Kränze des Sellerie".
Zu diesem Zitat wird in der „Tidning for Trädgaardsodlare" von den
schwedischen Schriftstellern ein Zitat des schwedischen Anakreon.
Bellmann (gestorben 1795), angeführt, welcher auch den Sellerie in seinem
Sange erwähnt, „von der Lofinsel kommen wir, mit Gemüse — Sellerie". Nach
Plutarch wurden Kränze von Sellerie auch zur Zierde von Denkmälern
benutzt und wurden sogar bei Trauerfestmahlen verspeist. Noch heutzutage verspeist man in Italien die Blätter des wilden Sellerie. Nach
Horaz brauchten die Römer die Blätter als Schmuck bei festlichen
Gelegenheiten, sowohl in Freude als wie in Trauer. In Griechenland ist
der Sellerie als eine Pflanze betrachtet worden, „welche Glück bringt",
und noch heutzutage wird er am Eingangsthor, entweder für sich allein
oder mit Zwiebeln und Knoblauch zusammengebunden aufgehängt und
findet so auch in den Zimmern Platz.

„Der Sellerie gehört in manchen Ländern zu den weniger gewöhnlichen Küchenpflanzen und Gemüsen. Das Klima legt dem Anbau keine
Hindernisse in den Weg, aber der Sellerie spielt z. B. eine mehr unter-
geordnete Rolle in der finnländischen Nahrungsbereitung als in Dänemark.
Deswegen findet der Sellerie sich in Finnland fast nur in Rittergutsgärten
und ähnlichen Besitzungen. Die nördlichsten Orte in Finnland, wo der Sellerie
angebaut ist, sind in Simo (65° 38′ N. Br.), Hlesaborg (65°), Kunsansa (66°),
Haapavesi (64°) und Enari (69°), aber man darf sich keinen grossen Erwartungen hingeben wegen der Wurzelbildung in den hier genannten
Gegenden. Das Produkt besteht zum grössten Teil aus Blättern und

nur aus einer kleinen Schwulst oder Knolle. In Vasa (63⁰) wird die
Sellerieknolle ca. 5 cm dick. Blattsellerie (Stangensellerie) wird nur
ausnahmsweise im südlichen Finnland angebaut."

In Schweden wird der Sellerie längs der Küste des bottnischen
Meerbusens und nach Norden bis Skelleftesa angebaut.

Professor Schübeler teilte mit, dass die Pflanze so gut wie überall
in Norwegen angebaut wird, nach Norden bis Alten (70⁰) in
West-Finmorken, woher Prof. S. noch die Wurzel erhalten hat und
zwar grösser als ein gewöhnlicher Borsdorfer Apfel. In gewöhnlichen
Sommern reift der Samen nach Norden bis Stenkjor (64⁰ 2'). Aus dem
bei Christiania geernteten Samen sind 100 Korn nach Prof. Schübelers
Angaben etwa 50 Prozent höher im Gewicht und von einer dunkler
grünen Färbung als die Samen aus Erfurt und Quedlinburg.

„In 34 Jahren", sagt Prof. Schübeler in seinem Viridarium, „habe
ich Gelegenheit gehabt, die Eigenschaften des Gewürzes der gewöhnlichen Gemüsepflanzen zu beobachten, und die ersten, welche in dieser
Richtung meine Aufmerksamkeit auf sich lenkten, waren Petersilie und
Selleriewurzel, welche aus Hamburg nach Christiania eingeführt wurden."

Nach brieflichen Mitteilungen von Professor Dr. C. J. Maximowicz
in St. Petersburg hat der dort angebaute Sellerie auch einen mehr scharf
gewürzten Geschmack als der, welcher unter südlicheren Breitegraden
sich entwickelt hat.

Im Jahre 1862 hatte ein Freund von Professor Schübeler in
Christiania mit sehr gutem Erfolg und nach der in England gebräuchlichen Art einen der gewöhnlichen Stangen-, Blatt- oder Bleichsellerie-Arten
(white solid Selery) angebaut. Zum Vergleich wurden im Herbst durch
eine gewissenhafte und sachkundige Kommission einige Pfund derselben
Spielart aus London verschrieben, und beide wurden in Christiania ver-
glichen; sie waren im Äusseren sich vollständig gleich und ganz wie
gewöhnliche Londoner Marktware. Als Preisrichter wurden sachkundige
Männer eingeladen, und alle waren darüber einig, dass ein sehr auffallender Unterschied im Geschmack war. Während der englische
Sellerie einen milden und angenehmen Geschmack hatte, besass der bei
Christiania angebaute einen solchen scharfen und nahezu unangenehmen
Geschmack, dass man fortfuhr, den englischen Sellerie zu essen. Prof. S.
sagt, dass er den Anbau überwachte, und er könne versichern, dass der
Unterschied keineswegs daraus entstehen konnte, dass weniger passender
Erdboden oder dergleichen verwendet worden war.

Als ein Beweis, dass das Gewürz bei denselben Gewächsen sich
ändert, wenn sie in nördlicheren und in südlicheren Ländern angebaut
werden, führt Prof. S. an, dass er auf rein praktische Art folgenden
Erfolg erhalten hatte. Im Herbst 1858 wurde in Christiania auf Aktran
eine öffentliche Dampfküche gegründet. Der angestellte Oberkoch war
ein Däne, welcher früher in derselben Stellung eine gleiche Anstalt in
Kopenhagen geleitet hatte. Zu einer gewissen Menge Suppe und anderem
Gericht nahm er dieselbe Menge Sellerie, Petersilie, Zwiebeln, Porree,
Thymian, Meerrettich usw. verhältnismässig, wie es ihn die Erfahrung gelehrt hatte. Aber als die Dampfküche in Wirksamkeit trat, wurde sehr

bald über den stark hervortretenden Geschmack geklagt von den an den
verschiedenen Gerichten angewendeten gewürzreichen Gewächsen. Die
Klagen wurden wiederholt und gingen schliesslich in die Tageszeitungen
hinüber. Die Folge hiervon war, dass man weniger von den verschiedenen
Küchengewächsen verwendete, — und die Klagen hörten nun auf. Im
Herbst 1860 verschrieb man für die Dampfküche die nötigen Gewächse
aus Kopenhagen, weil man sie dort billiger haben konnte als in Christiania.
Um aber nun denselben Geschmack in Suppen, Brühen oder dergleichen
zu haben, wie das Publikum gewöhnt war, sah der Koch sich genötigt,
dieselbe Menge an Wurzeln, Zwiebeln usw. zu verbrauchen, wie er es
in seiner früheren Wirksamkeit in Kopenhagen als passend gefunden
hatte. Kopenhagen liegt unter 55° 44' und Christiania unter 59° 55'
nördl. Breite.

Aus diesen Beispielen zog Prof. S. in seinem Viridarium die
Schlussfolgerung, dass bei Pflanzen, deren Organe sich durch einen
oder den andern Gewürzstoff auszeichnen, dieser zunimmt, je weiter man
gegen den Norden kommt, vorausgesetzt, dass die Pflanze ihre vollkommene Entwicklung erreicht.

Same der verschiedensten Gewächse nimmt in Grösse und Gewicht
bis zu einem gewissen Punkte zu, wenn die Pflanze nach Norden gebracht wird, vorausgesetzt, dass die Pflanze vollkommene Entwicklung
erreichen kann, aber sie geht wieder zur ursprünglichen Grösse zurück,
wenn die Pflanze wieder in südlicheren Ländern angebaut wird, woher
der Samen früher kam. In nördlicheren Gegenden geernteter Samen giebt
grössere und kräftigere Pflanzen, welche zugleich auch kälteres Wetter
ertragen können als dieselben Arten und Formen, welche aus Samen
von südlichen Ländern angebaut werden.

Über die Art und Weise, wie die Eigenschaft der Selleriepflanze in
wärmeren Erdstrichen sich ändert, wird aus Hindostan (Punjab, 29°
nördl. Br.) und von Rangoon in Hinter-Indien (16° 47') berichtet, dass
Gemüse dort nur in der kalten Jahreszeit angebaut werden können. Der
Samen, welcher aus England kommt, giebt gewöhnlich Gewächse, welche
in Aussehen und Geschmack etwa denjenigen ähneln, welche in Nord-
Europa geerntet werden; aber dies ist nicht der Fall, wenn der Samen
in Indien geerntet worden. Schon das erste Jahr entarten die Gewächse
in verschiedenen Richtungen, und der eigentümliche Geschmack, welcher
sonst die bezüglichen Pflanzen in ihrer Heimat charakterisiert, ist sozusagen fort. Von dem Sellerie braucht man nur die Blätter als Suppen-
gemüse, und sie schmecken angenehm, wenn die Pflanze aus englischen
Samen gezogen ist, aber ist die Pflanze aus indischen Samen gezogen,
so wird er, gleich wie die Petersilie, unangenehm streng und bitter von
Geschmack. Die Güte und Verwendbarkeit des Sellerie hängt sehr viel
von dem Ort ab, wo das Produkt sich entwickelt. Aber Sitte und Gebrauch haben auch auf die Verbreitung der Pflanze sehr grossen Einfluss.

Es ist eigentümlich, dass der Knollen- oder Wurzelsellerie in England so wenig bekannt ist. Man sieht ihn jedenfalls in Süd-England sozusagen niemals auf Märkten und in Gärten.

Den Knollen-Sellerie sieht man in England eigentlich nur in Häusern der Ausländer, und oft sind es halbverdorrte Wurzeln, welche benutzt werden, weil ein gutes Produkt nicht fortwährend dem Markte zugeführt wird. So lautet wenigstens eine kurze Bemerkung des Herrn W. Robinson in seiner englischen Uebersetzung von Vilmorins grossem Werk über Gemüsepflanzen, in welchem der Knollen-Sellerie das beste der Winter-Wurzelgewächse genannt wird.

Der Blatt- oder Bleichsellerie ist dagegen in Grossbritannien und namentlich in den südlichen Teilen des Landes in allen Klassen der Bevölkerung sehr beliebt. In Amerika ist der Bleichsellerie auch beliebter als der Knollensellerie, obgleich letzterer in neuerer Zeit auch in der Haushaltung mehr angewandt wird und hohes Interesse erreicht hat. Selleriesaft wird aus den Wurzeln gepresst und als ein Stärkungsmittel verkauft, welches namentlich von Genesenden und von Nervenleidenden benutzt wird. Dieser Selleriesaft wird, und gewiss nicht ohne Grund, als die Esslust reizend betrachtet.

In der Monographie folgen nun Beschreibungen einer grösseren Anzahl Sellerie-Spielarten. Als von besonderem Interesse ist hier die dänische Sorte des Knollen-Sellerie zu erwähnen, nämlich J. C. Eltzholtz' Riesen-Knollen-Sellerie, wozu auch eine Illustration gegeben ist.

Bei der Beschreibung nebst Abbildung der Prager Sellerie wird gesagt, dass die Angaben in verschiedenen ausländischen Schriften, wie z. B. in Vilmorins Plantes Potagères 1891, dass der Knollen-Sellerie so gross wie eine Faust werden kann, für Dänemark nicht halb zutreffen, indem man dort mehr wie zwei Fäuste grosse zieht. (In Deutschland auch; übrigens sagt Vilmorin 1883: „oft ein doppeltes Volumen." L. W.)

Es wird behauptet, dass Selleriesamen aus dänischer Samenernte von besonderer Güte sei, auch dass gewisse Sorten in dem Inselreich besonders verbessert worden sind, und dass der Samen Dänemarks völlig so gut wie der des Auslandes sei. Auf der Insel Amager, dem wichtigen Küchengarten für Kopenhagen, soll die Kultur ganz bewunderungswerte Erfolge geben.

Nachdem mehrere Sorten Sellerie besprochen und beurteilt worden, wird darauf hingewiesen, wie die verschiedenen Selleriesorten verwendet werden, selbst der Samen derselben, und diese mehr volkstümliche Abteilung bietet dem Leser, welchem das Nützliche am meisten am Herzen liegt, sehr viel Anziehendes. Es folgen eine Reihe Abbildungen, geliefert von der Samenhandlung D. Eltzholtz in Ringe, Dänemark, sowie auch von der bekannten grossen Samenhandlung Vilmorin, Andrieux & Co. zu Paris.

Unter dem griechischen Namen Selinon ist die Pflanze von mehreren Schriftstellern des Altertums besprochen. Bei Hippokrates als Selinon heleion, bei Theophrast und Dioskorides als Gleioselinon und bei Plinius und Palladius wird sie Helioselinon genannt. Dioskorides und Plinius haben die ersten Spielarten von Sellerie erwähnt, und gesagt. dass diese sich für verschiedene Zwecke eigneten. Plinius erwähnt ferner verschiedene Arten, wie der Samen gesät werden könne. In Karl des Grossen

Capitulare vom Anfang des 9. Jahrhunderts wird der Sellerie unter dem italienischen Namen Apium erwähnt, aber er ist in Mittel-Europa nur wenig im Mittelalter angebaut und während einer langen Periode, wie es scheint, sozusagen verge=sen worden.

Walafridus Strobe erwähnt in seinem Gedicht Hortulus in der ersten Hälfte des 9. Jahrhunderts die Verwendung der Sellerie in der Medizin. Dies thun auch mehrere Väter der Botanik, unter anderen Fuchsius (1542), Tragus (1552), Pinaeus (1561), Pena und Lobel (1570), Caspar Bauhin erwähnt in seinem Pinax Apium palustre und A. officinarium, welches darauf hindeutet, dass die Pflanze als Heilmittel benutzt worden ist. Aber J. Bauhin nennt die Pflanze 1650 Apium vulgare ingratum und giebt ihr keine Worte des Lobes als Nährpflanze. In Gerardes Zeiten (1597) war es in England Sitte und Gebrauch, wilden Sellerie aus den Gräben auf ähnliche Standorte in den Gärten anzupflanzen und auf ähn- liche Art wie zu Plinius Zeit auch die Pastinake zu behandeln. Gerarde beschreibt die Pflanze als „Water Parsley", also Wasser-Petersilie.

In Parkinsons Paradisus, 1629, wird der Sellerie als eine Seltenheit in England erwähnt, unter dem Namen Apium dulce. Unter dem Namen Celeri Italicum wurde im Jahre 1655 die Pflanze unter anderem auch in Frankreich im Königlichen botanischen Garten zu Paris gezüchtet. La Quintinye, der berühmte Gärtner Ludwigs XIV., schrieb vor 1697, dass er nur eine Sorte kenne. Olivier de Serres sagt indessen schon 1623, dass er ausser der Art auch eine angebaute Spielart kenne.

Der deutsche Gärtner Heinrich Hesse sagt 1690 in seiner „Garten- lust", dass die Selleriepflanze in Deutschland vor Mitte des 17. Jahr- hunderts nicht sehr bekannt war, aber am Schluss des Jahrhunderts wurde die Pflanze von „Bürger und Bauer" angebaut, obgleich der Samen in Bologna geholt werden musste. Philipp Miller erwähnt 1737 in seinem berühmten grossen englischen Gartenbau-Lexikon sowohl des Wurzel- oder Knollen-, sowie auch des Blatt- oder Stangen-Selleries. Letztgenannten nannte er italienischen Sellerie, und dieser war vielleicht damals nicht viel weniger veredelt als jetzt, obgleich in unserer Zeit und besonders in den letztverflossenen Jahren sehr gute Sorten entstanden sind. Im Norden wird die Selleriepflanze in der dänischen Litteratur im 18. Jahrhundert erwähnt, unter anderen in den im Jahre 1752 erschienenen „Tilfarladelige Efterretninger aus Island", Mitteilungen aus Island, von Niels Horrebon, welcher sagt, dass die Pflanze sich gut entwickelt bei Bessastadir in der Nähe von Reykjavik (64° 8′). Der Landesphysikus Schierbeck teilt in unserer Zeit mit, dass die Pflanze dort gut wächst und würzig in Suppen schmeckt, auch gut als Salat sei, dass sie aber keine Knolle bilde. —

Hansen's Schrift über Sellerie ist im Verlage des Buchhändlers H. Christensen, Kopenhagen V, erschienen.

Neue und empfehlenswerte Pflanzen usw.

Eine neue Pflanze mit essbaren Knollen.
Coleus Coppini Heckel (Plectranthus Coppini Max. Cornu).

Herr De Bois beschreibt in dem Bull. d. l. Soc bot. d. France XLVIII p. 107 diese Labiate aus dem Sudan, die Dr. Coppin 1894 unter dem Vulgär-Namen „Ousounifing" an den verstorbenen Prof. Maxime Cornu - Paris sandte. Dieser beschrieb sie als neu in Comptes rendus de l'Acad. d. sciences 7. Mai 1900 p. 1268 und schickte Knollen an Lemarié, Direktor des Ackerbaues in Tonkin, wo sie sehr gut gediehen. Jeder Steckling, zu Anfang der Regenzeit gesetzt, giebt eine kräftige Staude; nicht nur am Wurzelhals, sondern auch an allen Knoten der Luftzweige entstehen Knollen bis zur Grösse eines Eies. Bois zeigte solche Knollen aus Tonkin vor und bildet sie ab. Sie sind länglich eiförmig, die grössten waren 55 mm lang und 25 mm dick. Im botanischen Garten zu Paris erreichten die Knollen im Gewächshause nur die Grösse einer Olive. Am Niger gab die Pflanze 47 kg Knollen pro Ar = 4700 kg pro ha = 23 Ctr. pro Morgen. Das ist gegenüber Bataten und Kartoffeln freilich sehr wenig. Nach Dr. Dantec und Boyé enthalten sie 15 pCt. Stärkemehl und 83 pCt. Wasser.

Dr. Heckel, der sie in Marseille zur Blüte brachte, auch im Freien, berichtet, dass die Blumen blass blau sind; nach ihm gehört sie nicht zu Plectranthus, sondern zu Coleus und muss Coleus Coppini heissen. Der Bambaraname Ousounifing bedeutet kleine schwarze Batate, ousou Batate, ni klein, fing schwarz.

Für tropische Gegenden, wo keine Kartoffeln gedeihen, verdient sie eine Prüfung. Vuillet, der sie in Kati (im Niger-Gebiet) kultivierte, giebt folgende Methode an:

Gegen den 15. Dezember pflanzt man auserlesene Knollen in einen reichen tiefgründigen Boden, den man durch Begiessen frisch hält. Anfang Juli macht man Stecklinge. Die bewurzelten Stecklinge werden auf 30 cm Entfernung in 50 cm von einander gelegenen Reihen auf fruchtbaren, gut drainierten Boden gepflanzt. Vom Ende der Regenzeit bis zur Ernte im November darf man sie nicht giessen.

D. Bois führt noch folgende Labiaten der Tropen mit essbaren Knollen auf: (s. Potager d'un Curieux 3. Auflage) 1. Plectranthus ternatus Sims aus Transvaal (vulgo: Matambala), der seit 1888 schon sehr im französischen äquatorialen Afrika verbreitet ist. 2. P. esculentus N. E. Brown, Natal. 3. P. floribundus N. E. Brown, aus dem tropischen Afrika (vulgo: Kaffir-potato). Blumen gelb, 4. Coleus tuberosus Benth., auf Java. Ceylon und dem malayischen Archipel, von den Eingeborenen als Kartoffel kultiviert. 5. C. edulis Vatke, der Dauneck der Abyssinier, der in hohen Lagen, 6000 bis 7000 Fuss über dem Meere, kultiviert wird. 6. C. barbatus Benth., aus Indien, Arabien und der Ostküste des tropischen Afrikas.

L. W.

Helichrysum Guilelmi Engler.

Diese sehr hübsche Pflanze gehört der Flora des Kilimandscharo in Deutsch-Ostafrika, wo sie in Höhen von 1600 bis 3000 m vorkommt. Die Gattung Helichrysum ist charakteristisch für die Gebirgsvegetation des tropischen Afrika, mehrere bewohnen das Kamerungebirge, andere wurden auf dem Keniaberg im britischen Ostafrika gefunden. Die im Bot. Mag. auf tab. 7789 abgebildeten Pflanzen wurden aus Samen gezogen, welche der Reisende Hans Meyer sammelte Die Pflanzen sind sehr reichblütig. In Kew blühten sie im Oktober 1900; ihre Blütezeit dauerte fast drei Monate. Ihren Namen trägt sie zu Ehren unseres Kaisers. Sie ist eine reichverzweigte perennierende Staude, ca. 60 cm hoch, ganz und gar mit weisser Wolle bedeckt. Die Blütenköpfe sind 3—5 cm breit, die abstehenden Involucralblätter sind schmal lineal, aussen rosarot, innen weiss, die Blüten gelb.

J. B.

Gladiolus sulphureus de Graaf.

Diese sehr distinkte Art von Gladiolus wurde 1850 in dem Jaarboek voor Tuinbouw nach Molkenboer von de Graaf beschrieben. Molkenboer hält sie für einen Bastard zwischen G. floribundus und G. natalensis, welcher Irrtum jetzt aufgeklärt ist. Das Bot. Mag. bildet auf tab. 7791 die Pflanze ab, welche im Kew Garten im Juli 1900 blüte. Die Heimat der Pflanze ist Transvaal. Sie wird etwa ¹/₂ m hoch, die Blätter ca. 50 cm lang, 3 cm breit, schwertförmig, aufrecht. Blüten zu 6 bis 8, blass gold-gelb, mit grün abgetönt, der Blüten-tubus etwas gekrümmt, 5 cm lang, die feinen Abschnitte der Segmente eben-so lang, abstehend und zurückgebogen. Staubfäden aus dem Tubus heraus-ragend.　　　　　　　　　　J. B.

Strobilanthes gossypinus T. Anders.

Diese indische Pflanze scheint in ihrer Heimat selten zu sein. Sie wurde dort auf den Nilghiri-Hügeln nahe der bo-tanischen Station Sisparah Ghat durch Thos. Lobb in Höhen von 1200 bis 1500 m entdeckt. Wie andere Arten der Gattung Strobilanthes, so blüht auch die St. gossypinus nur einmal in ihrem Leben, was in der Heimat im 6. oder 7. Lebensjahre geschieht, dann stirbt die Pflanze. In dem Kew-Garten blühte ein Exemplar zum ersten und letzten Male im November 1900, es ist im Bot. Mag. auf tab. 7790 abgebil-det. Es gebrauchte in der Kultur eine doppelte Lebenszeit bis zur Blüte als in der Heimat. Die Blüten in terminalen Büscheln, 2¹/₂ cm lang, blass blau. (Fam. Acanthaceae)　　　　　J. B.

Paeonia lutea Franch.

Diese interessante Art ist gekenn-zeichnet durch einen holzigen Stengel und gelbe Blüten, was bei der Gattung Paeonia selten vorkommt. Durch ersteren ähnelt sie der chinesischen P. Moutan Sims, gelbe Blüten hat nur noch P. Wittmannia Stev., jedoch sind deren Petalen mehr weisslich gelb. Das Bot. Mag. bildet die Pflanze auf tab. 7788 ab nach einem Exemplar, das aus dem Jardin des plantes in Paris stammte; in Kew blühte sie im Juni 1900. Sie stammt aus den Gebirgen von Yunnan in China und wurde dort 1882 durch den Abbé Delavay entdeckt. Die Blüten stehen einzeln terminal, 5 bis 10 cm breit, goldgelb.　　　J. B.

Neue winterblühende Begonia „Turnford Hall"

ist ein Sport der rosaroten Begonia „Gloire de Lorraine" und unterscheidet sich von dem weissen Sport der letzteren, der „Caledonia", dadurch, dass die weissen Blumenblätter am Rande zart apfelblütenfarbig getönt sind. Sie ist entstanden in der Gärtnerei des kürz-lich verstorbenen Thomas Rochford in Turnford - Broxbourne bei London. In der Grösse der Blumen soll sie Gloire de Lorraine übertreffen. Wert-zeugnis der R. Hort. Soc. zu London und Certifikat 1. Kl. auf der Aus-stellung der Nat. Chrysanthemum Society zu London im November 1901. L. W.

Neuheiten für 1902
von
J. Döppleb, Erfurt.
(Nach den Beschreibungen der Züchter.)

Kohlrabi Delicatess, früheste feine blaue Treib-.

Meine weisse Treib-Kohlrabi, Nr. 190 meines Verzeichnisses, die in Qualität, Frühzeitigkeit, Feinheit, Wohlgeschmack, überhaupt in jeder Beziehung durch keine andere weisse Sorte ersetzt wer-den kann, ist für jeden Marktgärtner in den letzten Jahrzehnten unentbehrlich ge-worden und beherrscht die Markthallen in auffallender Weise! Als Gegenstück hierzu bringe ich mit obiger Einführung die blaue Sorte genau in derselben Qualität wie meine weisse Treib-.

Japanische Astern.

Nr. 2712. Weiss mit rosa Spitzen.
Nr. 2714. Kupferrot.

Der hohe blumistische Wert dieser Asterngattung für Schnitt- und De-korationszwecke ist von allen Konsu-menten und Asternfreunden in kurzer Zeit erkannt worden; ist sie doch auch unter den vielen vorhandenen Gattungen durch die Gestalt der Blumen ab-weichend: letztere sind von mittlerer Grösse, haben lang ausgestreckte, spitze Petalen, die sich haarfein über die Blume neigen und eine Form veran-schaulichen, die an Asternblumen weni-ger erinnert! Noch zu beachten ist, dass sich die Blumen, wenn geschnitten, weit länger frisch und fehlerfrei er-halten als alle anderen Asterblumen; bei Nr. 2712 ist die Grundfarbe rein-weiss mit zartrosa Spitzen; Nr. 2714 ist kupferrot auf heller Grundfarbe.

Riesen-Comet-Astern.

Nr. 2682. Weiss mit rosa gestreift.
Nr. 2686. Weiss mit fliederblau gestreift.

Für dieses Sortiment zwei neue und für die feine Bindereien wirkliche Modefarben, deren Wert durch ihren eigenartigen Atlasglanz und der seidenartigen feingefiederten Blumenblätter bedeutend erhöht wird. Die Grundfarbe der Blumen ist bei beiden Varietäten weiss, während jedes einzelne Blumenblatt in der Mitte, und zwar Nr. 2682 gleichmässig mit rosa und Nr. 2686 gleichmässig mit fliederblauen Streifen ausgestattet ist, wodurch den Blumen ein feenhaftes Aussehen verliehen wird.

Fuchsia fulgens Président Goselli.

Mit dieser Fuchsien-Varietät bringe ich zwar nicht eine Neuheit, wohl aber eine der vorzüglichsten älteren Sorten, die in jeder Hinsicht wertvoll ist, den Kulturen erhalten zu bleiben! Vor vielen Jahrzehnten wurde selbige hie und da noch vorgefunden, nach und nach jedoch scheint sie zurückgegangen und wurde im Handel und in Kulturen nur noch ganz vereinzelt angetroffen; merkwürdig erscheint es indes, wie so eine prachtvolle Topf-, Gruppen und Zierpflanze verdrängt werden konnte.

Diese Varietät ist identisch mit der allbekannten Fuchsia fulgens, unterscheidet sich aber von derselben durch die glänzend violettrote, kupfrig überhauchte Belaubung und den vornehm reizenden Habitus; sie erinnert mit ihrer imposanten Blattfärbung eher an einen rotbuntlaubigen Coleus. Die Blüten sind ebenfalls länger, stärker und weit intensiver als die der F. fulgens.

Seit einigen Jahren habe ich obige Fuchsien-Varietät in mein Sortiment wieder mit eingereiht, und gelang es mir von derselben gut ausgereiften, zuverlässigen Samen zu gewinnen, den ich neben gut bewurzelten, kräftigen Stecklingspflanzen hiermit bestens empfehle.

Bei Aussaat im Februar-März kann man bestimmt darauf rechnen, selbst bei der anspruchslosesten Kultur, schon im Juli-August verkaufsfertige Marktpflanzen in voller Blüte zu erhalten.

Gloxinia grandiflora crassifolia erecta Lucretia.

Eine der edelsten Varietäten, die hinsichtlich ihres Baues, Blatt- und Blumenschmuckes als das Vollkommenste der Crassifolia-Gattung bezeichnet werden kann! Die intensiv smaragdgrüne Belaubung übertrifft an Eleganz diejenige der besten Crassifolia - Varietäten, die einzelnen Blätter legen sich manschettenartig fest an den Topf, denselben fast vollständig bedeckend; über denselben erheben sich die strammen, aufrechtstehenden Blumen in grosser Zahl. Die Grundfarbe derselben ist zart elfenbeinweiss, vom äussersten Rande bis zum Grunde des Schlundes von einer Menge feurigscharlachroter, ganz feiner Pünktchen gleichmässig dicht bestreut, wodurch sich ein seidenstoffartiger Schmelz herausbildet, der jede einzelne Blume lebendig, frisch und lieblich erscheinen lässt.

Besonders erwähnenswert ist noch, dass sich diese Varietät infolge ihrer grossen Festigkeit und Haltbarkeit zum Markt usw. weit besser eignet als alle anderen Sorten.

Kleinere Mitteilungen.

Botanischer Tropengarten in Brasilien.

Nach Mitteilungen der kürzlich aus Brasilien zurückgekehrten, von Prof. Wettstein organisierten, botanischen Expedition in Wien beabsichtigt der Direktor des botanischen Gartens in Santo Paolo auf Staatskosten einen grossen botanischen Tropengarten in Santos (Südbrasilien) anzulegen, der ebenso wie der Tropengarten von Buitenzorg auf Java europäischen Forschern Gelegenheit geben soll, im Besitze aller notwendigen Hilfsmittel die Tropenflora zu studieren.

Insektenregen.

Ueber einen „Insektenregen" wird der „Meteorolog. Ztschr." aus Szentes folgendes geschrieben: Am 14. August, wenige Minuten vor 9 Uhr abends, bedeckte plötzlich eine tiefschwarze Wolke den vorher sternklaren Abendhimmel. Bald darauf ging ein förmlicher Platzregen nieder. Es fiel jedoch kein Wasser, sondern geflügelte, grünlich schillernde Insekten bedeckten binnen wenigen Minuten den Boden fusshoch. Die metallisch schimmernden Flügel dieser Insekten waren grünlich-blau gefärbt, auf der Bauchseite zeigten sie hellgelbe Bänder. Nach dem Insektenregen heiterte sich der Himmel wieder vollständig auf, ohne dass ein Tropfen Nass aus den Wolken niedergegangen wäre. Auch in S. Katharein in Obersteiermark wurde am 10. und am 11. August ein Insektenregen beobachtet. Die gefallenen Tiere scheinen zum Teil eine Art kleiner libellenartiger Vierflügler, zum Teil eine Art fliegender Ameisen gewesen zu sein.

Variationen bei Anthurium Andreanum.

Die Verdoppelung der Spatha bei verschiedenen Arten der Gattung Anthurium, besonders bei A. Scherzerianum, ist häufig zu beobachten. Schon im Jahre 1890 wurde ein Fall in Belgien beschrieben an der letztgenannten Art, und 1892 wurde in Gent ein Exemplar mit zwei sich gegenüber stehenden Spathen von roter glänzender Farbe ausgestellt, welches von seinem Aussteller De Smet - Duvivier A. Scherzerianum bispathum genannt wurde. Auch andere Araceen, z. B. die Gattung Calla, sind mit zwei Spathen beobachtet worden.

Seltener zeigten sich solche teratologischen Abänderungen bei der Art A. Andreanum und ihren Abkömmlingen. Sie bestanden stets entweder in einer Vergrünung der Spatha oder aber in einer starken Vergrösserung derselben. In der Revue horticole berichtet nun Herr Ed. André über zwei neue Erscheinungen an der letztgenannten Art, bei welchen die drei Variationen der Verdoppelung, der Vergrösserung und der Vergrünung der Spatha gleichzeitig auftreten; und welche von genanntem Autor als A. Andreanum bispatholeucum resp. A. Andreanum bispathochlorum benannt wurden. Im ersteren Fall, bei A. Andreanum bispatholeucum, ist die Spatha 20 cm lang, 8 cm breit, rein weiss, im oberen

Drittel allmählich blassgrün werdend. Einen halben Centimeter höher sitzt der ersteren gegenüber eine zweite Spatha, 5 cm lang, 4 cm breit; ganz weiss, herzförmig, welche den 5 cm langen, weissen, aufrechten Kolben trägt. Bei dem A. Andreanum bispathochlorum wird die Spatha 30 cm lang, 13 cm breit beschrieben, an der Basis blassgrün, nach der Spitze immer dunkler grün werdend. Etwas oberhalb derselben sitzt eine normale herzförmige Spatha mit senkrecht sich erhebendem Kolben.

Die beiden Pflanzen sind noch insofern interessant, als sie zeigen, wie wenig morphologisch eine Araceenspatha sich von einem gewöhnlichen Laubblatt unterscheidet; ausserdem sind sie vielleicht der Ausgangspunkt zu einer neuen Reihe von Variationen und fordern den Züchter zu neuen Kreuzungsversuchen nach dieser Richtung hin heraus.   J. B.

Obstbäume in Berlin.

Die genauen Ergebnisse der Berliner Obstbaum- und Viehzählung vom 1. Dezember 1900 veröffentlicht in einer Sonderbeilage das Statistische Amt der Stadt Berlin. Danach waren in Berlin vorhanden 8649 Grundstücke mit und 16394 Grundstücke ohne Viehstand. Grundstücke mit Obstbäumen zählte man 1753, auf diesen standen insgesamt 16353 O. stbäume und zwar 4216 Apfelbäume, 5715 Birnbäume, 4169 Pflaumenund Zwetschenbäume und 2253 Kirschbäume.

Tabakanbau im Deutschen Reiche.

Der Tabakanbau im Deutschen Reiche hat unter dem Einfluss der ungemein günstigen Ernte des Vorjahres in diesem Jahre eine wesentliche Steigerung erfahren. Es sind nach einer vorläufigen Nachweisung des Kaiserl. Statistischen Amts 16964,4 ha mit Tabak bepflanzt gegen 14750,8 ha im Jahre 1900 und 14615 ha im Jahre 1899, so dass gegenüber dem Vorjahre eine Zunahme um 2213,6 ha oder 15 pCt. stattgefunden hat. Die Zunahme war besonders gross in Pommern mit 164,0 ha, in Brandenburg mit 196,6, in Bayern mit 473,8 und in Baden mit 977,0 ha.

Der Blumenhandel an der Riviera.

Nach dem Jahresbericht des österreichisch-ungarischen Konsulats in Nizza werden die Lieferungsverträge der Blumenzüchter mit den Agenten der grossen Blumenhändler sowie der Parfümeriefabriken von Grasse zumeist auf mehrere, häufig sechs Jahre geschlossen, wonach die Preise auf lange Zeit gebunden werden. Die Menge der produzierten Blumen lässt sich nur schätzungsweise ermitteln; der Gesamt- wert der verkauften und grösstenteils exportierten Blumen wird auf 15 Millionen Francs geschätzt. Die Preise sind in den letzten Jahren bedeutend gestiegen, wird doch dem Bauer für das Dutzend Rosenknospen vom Händler 1 Franc gezahlt[*]); für ein Kilogramm Orangenblüten 85 Centimes u. s. f. In den Parfümeriefabriken von Grasse wurden angeblich verarbeitet: Rosen 2 000 000 kg, Orangenblüten 2 500 000 kg, Jasmin 150 000 kg, Tuberosen 180 000 kg, Veilchen 100 000 Kilogramm.

Ein Riesen-Cyclamen.

In der Versammlung des Vereins z. B. d. G. am 19. Dezember 1901 zu Berlin setzte die Firma Spielberg & de Coene, Französisch - Buchholz, die zahlreich Erschienenen geradezu in Erstaunen durch ein zwei Jahre altes Cyclamen, welches 173 offene Blumen und ca. 100 sichtbare Knospen aufwies. Die herrlichen karminroten Blumen auf langen Stielen breiteten sich derartig aus, dass der Durchmesser der Blütenmasse 85 cm erreichte. Wir glauben, dass so etwas auf dem weiten

*) Nur für langstielige bessere Sorten. D. Red.

Erdenrund noch nicht da gewesen und wünschen den Erziehern dieser Pflanze von ganzem Herzen Glück zu einem solchen grossartigen Erfolge. Die Preisrichter erkannten die ganz ungewöhnliche Leistung auch an, indem sie ihr, was noch nie da gewesen, den doppelten Monatspreis zusprachen.

Das Obstsortiment von Simon Louis frères in Plantières bei Metz auf der Mainzer Ausstellung.

In „Gartenflora" 1900, S. 625 sagten wir, dass das Obstsortiment obiger Firma laut Katalog 130 Sorten umfasst hätte, setzten aber in Klammern hinzu: nach unserer Meinung noch mehr. In Wirklichkeit waren es, wie uns die Herren Simon Louis schreiben, 1300 Sorten; es war also im Katalog eine Null vergessen. Das Sortiment bestand aus 640 Sorten Aepfeln, 445 Sorten Birnen, 4 Sorten Mandeln, 6 Sorten Quitten, 80 Sorten Pfirsichen und 40 Sorten Nüssen und Zieräpfeln. Eine derartig grossartige Sammlung ist wohl selten zu schauen gewesen. Sie nahm etwa $\frac{1}{4}$ der langen Halle ein und gab selbst dem Laien ein Bild von den ausgedehnten Kulturen dieser altrenommierten Firma.

Serienschnitt beim Obst.

In Heft 23, S. 644, 1901, lese ich, dass ich keine Serien an den Pyramiden ziehen will. Das ist ein grosser Irrtum, ich bin nur für Serienschnitt, wie ich dieses schon in einem früheren Jahrgang der „Gartenflora" deutlich beschrieben. In dieser Beziehung stimme ich mit meinem Freunde, Hrn. Mehl, vollständig überein. Schnitt ist Ordnung, und Ordnung muss sein. Jokisch.

Litteratur.

Deutscher Gartenkalender 1902, herausgegeben von M. Hesdörffer-Berlin. Verlagsbuchhandlung Paul Parey-Berlin. Preis gebunden 2 Mark. Wir haben schon kurz (1901, S. 588) auf diesen unentbehrlichen Kalender hingewiesen; heute möchten wir, nachdem wir ihn genauer durchgesehen haben, auf einige wichtige Aufsätze und neue Tabellen aufmerksam machen. So: Her-

vorragende neue Pflanzen von M. Hesdörffer: Abies arizonica, Bougainvillea glabra, Sanderiana, Fuchsia Andenken an H. Henkel usw. Neu sind: Nr. 14, Lohn- und Arbeitszeit-Tabelle in verschiedenen Städten; Nr. 16, Die besten Treibrosen von W. Hinner; Nr. 17, 30 beste Gruppenrosen für Hochstamm; Nr. 18, 30 beste niedrige Rosen; Nr 19, 12 beste Schlingrosen; Nr. 20, 5 beste

Trauerrosen; Nr. 40, Beste Chrysanthemum; Nr. 41, Anlage von Felspartien,
von Willy Lange; Nr. 42, Dankbarste
Alpenpflanzen, von J. Rehnelt; Nr. 43,
Canna-Sorten, von O. Kraus.
Wünschenswert erscheint uns, wenn
in den künftigen Jahren auch die Bestimmungen über die Obergärtner-
Prüfung abgedruckt werden. L. W.

———

Dr. W. Pfeffer, Geh. Hofrat und
öff. Professor an der Universität Leipzig,
Pflanzenphysiologie. Ein Hand-
buch der Lehre vom Stoffwechsel und
Kraftwechsel in der Pflanze. 2. völlig
umgearbeitete Auflage. 2. Band Kraftwechsel, 1. Hälfte mit 31 Abbildungen.
Leipzig, Verlag von Wilh. Engelmann.
353 S. Preis 11 M.
Die 1. Hälfte des 2. Bandes von
diesem wahrhaft Epoche machenden
Werke, dessen 1. Band wir Gartenflora
1898 S. 368 besprochen haben, behandelt folgende Kapitel: 1. Die Wachs-
tumsbewegung. 2. Mechanik des Wach-
sens. 3. Wachstum und Zellvermehrung.
4. Elastizitäts- und Kohäsionsverhält-
nisse des Pflanzenkörpers. 5. Gewebe-
spannung. 6. Die Beeinflussung der Wachs-
tumsthätigkeit durch die Aussenbedin-
gungen. 7. Die inneren Ursachen der
spezifischen Gestaltung. 8. Variation
und Erblichkeit. 9. Rhythmik der Vege-
tationsprozesse. 10. Widerstandsfähigkeit gegen extreme Einflüsse. Fast
jedes einzelne Kapitel ist wieder in
mehrere Abschnitte, diese wieder in
Paragraphen geteilt. Der Stoff ist ein
so ausgiebiger, die vorhandene, vom
Verfasser aufs sorgfältigste zitierte
Litteratur eine so gewaltige, dass wir
hier nur Einzelnes herausgreifen können.
Der Verfasser, einer der ersten Pflanzen-
physiologen der Welt, giebt als ge-

schickter Experimentator auch Anleitung, die verschiedenen Wachstums-
vorgänge in der Vorlesung vorzuführen.
Zum Beispiel mittelst einfacher oder
registrierender Auxanometer, oder gar
durch Vorführung der nach einander
aufgenommenen photographischen Bilder des Wachstums einer Pflanze auf
Filmsrollen und Vorführung dieser
mittelst Kinematograph. Was sich in
Wochen oder Tagen abspielte, lässt
sich dann im Auditorium in 1—1½ Minuten vorführen. Bezüglich des Wachstums der Stärkekörner schliesst er sich
im allgemeinen der Appositionstheorie
(Anlagerungstheorie Schimpers und
A. Meyers) an, was selbst jedem Laien
einleuchtender ist als Nägelis Theorie
von der Intussusception, die Meyer
freilich nicht ganz ausschliesst. Interessant sind die Vergleiche hinsichtlich
der Wachstumsschnelligkeit der verschiedenen Pflanzen. Der Spross des
Hopfens, des Kürbis kann im Laufe
eines Sommers bis 12 Meter lang
werden, der Stengel der Keimpflanze
einer Eiche oder Tanne vielleicht 12 cm,
manche Flechten wachsen im ganzen
Jahre nur um 2—5 mm. Dagegen
können Sprosse von Bambusa in 24
Stunden um ½—¾ m an Länge zunehmen, Bambusa gigantea in 31 Tagen
die Höhe von 8,75 m erreichen. Pfeffer
hebt mit Recht hervor, dass die Bakterien
noch viel schneller wachsen, weil sie
fortwährend sich teilen, also die ganze
Zelle im embryonalen Zustande bleibt,
während höhere Pflanzen nur eine
kleine noch wachstumsfähige Stelle,
die Zuwachszone (meist am Scheitel),
besitzen.
Das Buch sei allen etwas botanisch
vorgebildeten Gärtnern und Gartenfreunden aufs wärmste empfohlen.
L. Wittmack.

———

Pflanzen-Schutz.

———

Rörig & Appel: Die Bekämpfung
der Feldmäuse. Flugblatt Nr. 13 der
biologischen Abteilung für Land- und
Forstwirtschaft am Kaiserlichen Gesundheitsamt. Neben der grauen Feldmaus
finden sich auf unseren Feldern oft
noch zwei andere Mäusearten, die kleine
bräunlich gefärbte Brandmaus mit einem
schwarzen Längsstreifen auf dem Rücken

und die grössere Waldmaus. Die Bekämpfung der Mäuse geschieht: 1. Durch
ihre natürlichen Feinde, wie Fuchs,
Iltis, Hermelin, Wiesel, Igel, Spitzmäuse,
Bussarde, Turmfalken, sämtliche Eulen
und Krähen; auch ungünstige nasse
Witterung und häufiger Wechsel von
Frost und Thauwetter töten sie vielfach. 2. Bei Vorhandensein einer Mäuse-

plage ist das beste und sicherste Mittel die Anwendung des Mäusetyphusbacillus. Diese Anwendung des Löffler'schen Mäusetyphusbacillus beruht darauf, dass möglichst in alle Mäuselöcher Brotstückchen gebracht werden, welche mit einer Aufschwemmung von vollwirksamen Bakterien des Mäusetyphus durchtränkt sind. Die Tiere, welche diese Brotstücke gern annehmen, werden nach einigen Tagen krank und sterben innerhalb 10—14 Tagen. Die Anwendung dieser Methode ist ungefährlich, da wiederholt durch Versuche festgestellt ist, dass weder auf den Menschen, noch auf irgend ein Haustier oder ein jagdbares Tier der Mäusetyphus überzugehen vermag. 3. Ein vorzügliches Mittel, Nagetiere überhaupt zu töten, ist der Schwefelkohlenstoff, welcher in geringen Mengen in die unterirdischen Baue gebracht, durch seine Verdunstungsgase die Bewohner derselben betäubt und tötet. Bei der Verwendung des Schwefelkohlenstoffes ist grosse Vorsicht nötig, da derselbe in hohem Grade feuergefährlich ist.   J. B.

Friedrich Krüger: Der Spargelrost und die Spargelfliege und ihre Bekämpfung. Flugblatt Nr. 12 der biologischen Abteilung für Land- und Forstwirtschaft am Kaiserlichen Gesundheitsamt. Der Spargelrost[*) macht sich in der Weise bemerkbar, dass sich in der Weise bemerkbar, dass sich an den älteren wie jüngeren Stengeln und Triebchen der Spargelpflanze kleine bräunlichrote, lose an der Pflanze haftende staubartige Häufchen bilden, die schliesslich schwarz werden und festsitzende Massen bilden. Die befallenen Pflanzenteile werden gelb, wodurch sie schon von weitem von den gesunden sich abheben. Die erwähnten Häufchen werden von den Sporen des Pilzes gebildet. Die im Laufe des Sommers gebildeten Sporen sind die Uredo- oder Sommersporen, welche sofort wieder keimen und andere Pflanzen infizieren; sie sind es daher, welche die schnelle Vermehrung des Pilzes während des Sommers verursachen. Im Herbst bildet der Pilz in derselben Weise Winter- oder Teleutosporen, welche überwintern. Im nächsten Frühjahr keimen die Wintersporen, welche noch auf dem alten Spargelstroh

*) Puccinia Asparagi.

sitzen und übertragen auf diese Weise die Krankheit von einem Jahr zum andern.

Die Beschädigung durch die Spargelfliege erkennt man daran, dass die befallenen Triebe der Spargelpflanze während ihres Erscheinens verkrüppeln, sich an der Spitze krümmen, und dass das entwickelte Kraut vorzeitig gelb wird. Im Innern sind solche Stengel von Frassgängen durchsetzt. Im Innern der Gänge findet man oft weissliche Maden, in den unteren Stengelteilen rotbraune Puppen der Spargelfliege. Die geschilderten Krankheitserscheinungen rühren von der Thätigkeit der Maden der Spargelfliege her. Diese Fliegenart, Platyparea poecilloptera, gehört zu den Bohrfliegen, die sich durch bunte Flügel und mehr oder weniger lang streckbare Legröhre auszeichnen, mittels welcher die Eier von den Weibchen an lebende Pflanzen gelegt werden. Die Spargelfliege erreicht die Grösse einer Stubenfliege und ist dunkelbraun gefärbt. Ende April oder Mai legt das Weibchen die Eier hinter die Schuppen der Spargelköpfe ab, aus denen nach kurzer Zeit die Maden auskriechen. Die Verpuppung der Maden geht am Grunde der Stengel unterirdisch vor sich.

Zur Bekämpfung beider schlimmen Schädlinge ist die geeignete rechtzeitige Zerstörung des Spargelkrautes, am besten durch Verbrennen, notwendig. Zur Vernichtung der Spargelfliege müssen jedoch die alten Triebe unterirdisch abgestochen werden, da die überwinternden Puppen in den untersten Stengelteilen sitzen. Die Fliegen fängt man durch kleine weisse oben abgerundete mit flüssigem Leim bestrichene Stäbchen, die man im Frühjahr in die Spargelanlage steckt, sodass sie 1—2 cm aus dem Boden hervorragen.   J. B.

Vertilgung des Erlenblattkäfers Galeruca alni.

A. Ménegaux empfiehlt in den Comptes rendus der Pariser Akademie Sept. 9. unter den Erlen eine Lage Moos oder Heu auszubreiten. In diese begeben sich die Larven, um sich zu verpuppen, und man kann das Moos usw. dann verbrennen. Die Käfer selbst klopft man am besten morgens und abends von den Zweigen auf untergelegte Tücher ab. Man verbrenne ferner die vertrockneten Blätter usw. am Boden, zwischen denen sie sich im Winter aufhalten. — Der blaugefärbte Erlenblattkäfer skelettiert bekanntlich die Blätter oft sehr stark. (G. Chr.) L. W.

Biologische Abteilung des Kaiserlichen Gesundheitsamtes.

Zum Erwerb eines Versuchsfeldes und Bau eines Dienst- und Laboratoriumsgebäudes für die biologische Abteilung für Land- und Forstwirtschaft am Gesundheitsamt ist im Reichshaushaltetat für 1902 eine erste Rate von 150000 M.

eingestellt. Es war schon bisher auf dem Gebiet der Domäne Dahlem ein Versuchsfeld von der preussischen Regierung gepachtet, und es besteht die Absicht, dieses Gelände innerhalb von sechs Jahren nach und nach zu erwerben. Der Kaufpreis beträgt 750000 M. Die Forderung wird in einer besonderen Denkschrift ausführlich begründet. Zur Beschaffung der Apparate und Sammlungen für die biologische Abteilung und Ergänzung der Apparate im Kaiserlichen Gesundheitsamt werden 56000 M. gefordert.

Eingesandte Preisverzeichnisse.

M. Herb (Herb & Wulle), Neapel. Neuheiten eigener Züchtung 1902. Liste 84. — J. C. Schmidt - Erfurt. Neuheiten für 1902 mit zahlreichen Illustrationen. — M. Herb (Herb und Wulle), Neapel. Generalkatalog von Sämereien, Blumensamen, Schlingpflanzen, Palmen, Nadelhölzern, Gemüsen und Blumenzwiebeln. — „Heureka", Pflanzennährsalze aus Melasseschlempe, Chilinit-Syndicat, Delft. — Fava und Radl, San-Giovanni a Teduccio (Neapel). Engros-Samen-Verzeichnis. — Sattler & Bethge, Quedlinburg. Reich illustr. Preisverzeichnis 1902 nebst Prospekt über Spezialdüngung für Gartenbau und Preisliste für Werkzeuge für Obst- und Gartenbau. — Veitch's Catalogue of seeds, London 1902, mit vielen Neuheiten für 1902 und zahlreichen Illustrationen. — Heinrich Mette, Quedlinburg. Engros-Preisver-

zeichnis, Herbst 1901 und Frühjahr 1902 über Samen aller Art. — Pape & Bergmann, Quedlinburg. Neuheiten für 1902 von Blumen- und Gemüsesamen. — J. Holzinger, St. Avold. Baumschutzvorrichtungen eigenen Systems. Reich illustrierter Katalog. — Vilmorin, Andrieux & Co., Paris 1902. Katalog über Samen von Bäumen und Sträuchern des freien Landes, der Orangerie und des Warmhauses. — Köhler & Rudel, Windischleuba-Altenburg. Drei Neuheiten eigener Züchtung von Edeldahlien. — P. Wehner & Co., Britz b. Berlin. Gewächshausbau, Frühbeetfenster, Heizungsanlagen. — Société anonyme, Roubaix - Turcoing. Printemps 1901. Spezialverzeichnis über Palmen und Dekorationspflanzen, mit Illustrationen. — Kröger & Schwenke, Schöneberg b. Berlin. Preisliste 1901 für Handelsgärtner.

Personal-Nachrichten.

Gestorben.

Thomas Meehan, bekannter Baumschulenbesitzer in Germantown, einer Vorstadt von Philadelphia (geb. laut illustr. Gartenbau-Lexikon 1826), starb am 19. November. Er war lange Jahre Stadtverordneter in Philadelphia, Senior-Vizepräsident der Academy of Natural Science, Staats-Botaniker unter Gouverneur Hoyt. Erregte die Anlage der städtischen Parks an und machte sich um das Schulwesen verdient, ganz abgesehen von seinen vielen Leistungen in Botanik und dem Baumschulfach.

A. Immer, Mitinhaber der Samenhandlung E. Immer & Sohn in Moskau, gestorben am 15. Oktober im 49. Lebensjahre.

Emil Mewes, Handelsgärtner in Berlin, gestorben am 17. November im 56. Lebensjahre.

Ernest, Etienne, Joseph Bergman zu Paris, korresp. Mitglied d. V. z. B. d. G., ist am 14. Dezember im 50. Lebensjahre verschieden. Er war der Sohn des bekannten Ferdinand

Bergman (geb. laut Illustr. Gartenbau-Lexikon 1826, gestorben 10. August 1899), und leitete, nachdem sein Vater sich zur Ruhe gesetzt, längere Jahre den berühmten Garten des Baron von Rothschild in Ferrières en-Brie. Er war viele Jahre Sécrétaire génér
adjoint der Soc. nationale d'hort. de France und General-Sekretär der Pariser Gartenbau-Kongresse. Auf Ausstellungen war er unermüdlich thätig und hat auch mehrmals in Berlin als Preisrichter mitgewirkt.

Fr. Koch, Fürstl. Schlossgärtner in Detmold, gestorben im 81. Lebensjahre.

Heinrich Wellmann, seit 1884 Obergärtner des Versuchsgartens zu Frankfurt a. M.-Sachsenhausen, geboren 10. Januar 1855, gestorben 20. November. Er hat es verstanden, den Versuchsgarten, trotzdem er zweimal verlegt werden musste, zur schönsten Entwicklung zu bringen.

Der Pater Gerhard Schirnhofer, Senior des Stiftes Lilienfeld, Konsistorialrat, ehemaliger langjähriger General-Sekretär der k. k. Gartenbau-Gesellschaft in Wien, ist gestorben am 7. Dezember zu Lilienfeld im 83. Lebensjahre.

Verleihungen.

Dem Kgl. Garteninspektor Ludwig Beissner in Poppelsdorf bei Bonn das Ritterkreuz 2. Kl. des Grossherzogl. badischen Ordens vom Zähringer Löwen.

Fritz Wentzel, Kgl. Gartenbau-Direktor in Konstantinopel, der türkische Osmanie-Orden 4. Kl. und die türkische Senai-Medaille für schöne Künste.

Ernennungen.

Dr. Aderhold, bisher Leiter der pflanzenphysiologischen Abteilung der Versuchsstation an dem Kgl. Pomol. Institut Proskau, ist als Kaiserl. Regierungsrat in die Biologische Abteilung des Kaiserl. Gesundheitsamtes in Berlin berufen.

Ernst Schneider, Gartentechniker in Neuss, zum Obergärtner und Lehrer an der Kgl. Gartenbauschule in Weihenstephan, Bayern.

F. Hurtzig zum Stadtgärtner in Kiel.

Dem Stiftsgärtner Karl Gehrecke zu Heiligengrabe im Kreise Ostprignitz ist das Allgemeine Ehrenzeichen verliehen.

Prof. Dr. Solereder ist zum ordentlichen Professor der Botanik an der Universität Erlangen an Stelle des Professor Rees ernannt.

Dr. Kolkwitz, Privatdozent an der Universität und bisher Assistent am botanischen Institut der landwirtschaftlichen Hochschule ist an der Kgl. Wasserprüfungsanstalt zu Berlin als Botaniker berufen.

Winterfest.

Das Winterfest des Vereins zur Beförderung des Gartenbaues findet am **Freitag, den 17. Januar 1902,** in der **Schlaraffia** (Encke-Platz 4) statt, und wird um recht rege Beteiligung gebeten. Näheres durch Zirkular.

Der Festausschuss: C. Crass I.   J. F. Loock.   W. Habermann.

Konzert zum Besten der Kaiser-Wilhelm- und Augusta-Jubel-Stiftung für deutsche Gärtner.

Es wird beabsichtigt, zu obigem Zweck in diesem Winter wieder ein Konzert zu veranstalten. Vereinsmitglieder und deren Damen, sowie sonstige Kräfte, welche geneigt sind, darin mitzuwirken, werden gebeten, sich zu melden bei Herrn

Oskar Cordel, Halensee, Westfälische Strasse 41.

Für die Redaktion verantwortlich Geh. R. Prof. Dr. Wittmack, Berlin NW., Invalidenstr. 42. Verlag von Gebrüder Borntraeger, Berlin SW. 46, Schönebergerstr. 17a. Druck von A. W. Hayn's Erben, Berlin.

GARTENFLORA

ZEITSCHRIFT

für

Garten- und Blumenkunde

(Begründet von **Eduard Regel.**)

51. Jahrgang.

Organ des Vereins zur Beförderung des Gartenbaues in den preussischen Staaten.

Herausgegeben von

Dr. L. Wittmack,

Geh. Regierungsrat, Professor an der Universität und an der Kgl. landwirtschaftl.
Hochschule in Berlin, General-Sekretär des Vereins.

Berlin 1902
Verlag von Gebrüder Borntraeger
SW 46 Schönebergerstrasse 17 a

Erscheint halbmonatlloh. Preis des Jahrganges von 42 Druckbogen mit vielen Textabbildungen und
12 Farbentafeln für Deutschland und Oesterreich-Ungarn 12 Mark, für die übrigen Länder des Weltpostvereins 15 Mark. Zu beziehen durch jede Buchhandlung oder durch die Post (Zeitungsverzeichnis
No. 2819).

890. Versammlung des Vereins zur Beförderung des Gartenbaues in den preussischen Staaten am 19. Dezember 1901 in der Königlichen landwirtschaftlichen Hochschule zu Berlin.

I. Der Direktor des Vereins, Kgl. Gartenbaudirektor Lackner, teilt den zahlreich erschienenen Herren und Damen mit, dass der Verein wiederum mehrere Verluste zu beklagen habe. Es sind verstorben Herr Magistratssekretär Welczeck-Nieder-Schönhausen, Herr Jacob Heinr. Krelage-Haarlem, Ehrenmitglied, und Herr E. E. J. Bergman-Paris, korrespondierendes Mitglied des Vereins. Der Direktor widmete den Dahingeschiedenen bewegte Worte der Erinnerung und die Versammelten erhoben sich zum Zeichen der Teilnahme von ihren Sitzen.

II. Vorgeschlagen wurden zu wirklichen Mitgliedern:

1. Herr Graf Fritz von Schwerin, Vizepräsident der deutschen dendrologischen Gesellschaft, Wendisch-Wilmersdorf bei Ludwigsfelde, Anhalter Bahn, durch L. Wittmack;
2. Herr Dr. C. A. Martius-Berlin W., Vossstrasse 8, durch L. Wittmack;
3. Herr Kgl. Tiergarten-Gärtner Alexander Mathieu-Charlottenburg, Orangenstrasse 9, durch seinen Vater, Herrn Kgl. Gartenbaudirektor Carl Mathieu;
4. die Britzer Gärtner-Vereinigung, Vorsitzender Herr T. Hennig-Britz bei Berlin SO., Chausseestrasse 41, durch Herrn Obergärtner Nahlop;
5. Herr Arthur Jawer-Nieder-Schönhausen, durch Herrn Obergärtner Müller;
6. Herr Kirchhofsverwalter G. Schwabel-Steglitz, durch Herrn Kohlmannslehner.

III. Ausgestellte Gegenstände: 1. Herr de Coene führte im Namen der Firma Spielberg & de Coene ein Riesenexemplar von Cyclamen persicum mit 173 offenen Blumen und ca. 100 sichtbaren Knospen, bei 85 cm oberem Durchmesser, vor*), das allgemeine Bewunderung erregte. Herr de Coene bemerkte, dass es eine zweijährige Pflanze sei, dass sie keine besondere Kultur erhalten habe, sondern nur mit Sorgfalt gepflegt sei. Er hatte auch noch einige Töpfe gewöhnlicher einjähriger Pflanzen daneben gestellt, an sich schon treffliche Schaupflanzen, aber Zwerge gegenüber dem Riesen.

Herr Gartenbaudirektor Lackner sprach dem Aussteller die Freude aller Anwesenden über eine derartige Leistung aus. Man ist, bemerkte er, in Berlin in Bezug auf Cyclamen äusserst anspruchsvoll, aber eine

---

*) Schon in Gartenflora Heft 1 S. 28 besprochen.

solche Kultur ist noch nie gesehen worden, und das ist um so höher anzuerkennen, als zweijährige Exemplare viel schwieriger zu behandeln
sind als einjährige.

2. Von Herrn J. Holzinger-St. Avold war ein einfacher Drahtschützer für Obstbäume, aus Holzlatten und Drahtgewebe, gegen
Wild- und Weideviehschaden eingesandt. Nach seinen Angaben dürfte
sich ein solcher Obstbaumschützer 10 bis 12 Jahre halten nnd bei einem
Preise von 35 Pfg. bis 1 Mk., je nach Grösse und Ausführung, würde
sich die Ausgabe pro Baum und Jahr nur auf 3 bis 8 Pfg. stellen. Das
wäre billiger als Dornengesträuch, Reisig oder dergleichen. Das Exemplar ist von Herrn Holzinger für das Museum der Landw. Hochschule
bestimmt.

3. Ausserdem hatte Herr Holzinger sogenannte Astgurte in verschiedener Grösse beigelegt. Es sind das kreisförmige Zinkstreifen, innen
mit Kokosfaser ausgelegt. Diese dienen als Ersatz für die seither gebräuchlichen Stützen und Gabelträger aus Holz oder Eisen und auch
zur Verankerung der Baumkrone bei Obst- und Alleebäumen, zur Ver-
hütung des Abschlitzens bei Fruchtüberladenheit, auch bei Eis- und
Schneedruck usw., desgleichen bei alten Parkriesen. Die Vorzüge dieser
Astgurte sind nach Herrn Holzinger gerade bei den grossen Stürmen
1901 aufsehenerregend gewesen. — In Verbindung mit seinen Erdankern
(S. 13 seines Katalogs) dient der Astgurt zum Geradeziehen windschiefer
Bäume.

Herr städtischer Obergärtner Mende bemerkte betreffs der Baum-
schützer, dass es hoch anzuerkennen sei, wie Herr Holzinger unentwegt
an deren Verbesserung arbeite. Immer aber müsse er ihm wieder sagen,
es sei für grosse Verhältnisse doch noch zu teuer. Wollte die Stadt
Berlin ihre Obstbäume auf den Rieselfeldern usw. mit einem Baum-
schützer zu 1 Mk. umfriedigen, so müsste sie 120 000 Mk. ausgeben.
Dabei sei es doch fraglich, ob sich das dünne Drahtgewebe 10—12 Jahre
halte, erfahrungsgemäss könne man nur auf 5—6 Jahre rechnen. Die
Stadt Berlin ist auf den Rieselfeldern jetzt dazu übergegangen, alle Holz-
stäbe und Nägel wegzulassen. Das Drahtgewebe wird einfach um den
Baum gelegt, mit einer Schere abgeschnitten und mittels der Drähte
selbst zusammengehakt. Man braucht etwa $\frac{1}{2}$ qm Drahtgewebe, das
etwa 10 Pfg. kostet, und hat sich solches seit 4 Jahren bewährt.

4. Die Firma Fettke & Ziegler, Glashüttenwerke in Berlin SO.,
Neanderstrasse 4, hatte als Vertreter der Firma W. Limberg & Co.,
Glashüttenwerk in Gifhorn, Prov. Hannover, drei verschiedene Muster
des von dem Ingenieur R. Timm zu Hannover erfundenen Pflanzen-
tränkers eingesandt. Preis bei $\frac{1}{4}$ oder $\frac{1}{8}$ l Inhalt 25 Pfg. Das Prinzip
ist in Gartenflora 1901 S. 519 beschrieben. Es sind kolbenförmige
Flaschen mit engem, zugeschmolzenem Hals, vor dessen Spitze ein seit-
licher Schlitz ist. Füllt man diese Flaschen unter der Wasserleitung
oder mit Hilfe eines „Selbstfüllers" (Preis 5 Pfg.) mit Wasser und steckt
den engen Hals in die Erde einer Topfpflanze, so läuft nur soviel Wasser
heraus, als der Erdboden an Feuchtigkeit bedarf. Selbstverständlich
muss man aber für jeden Topf einen solchen Pflanzentränker haben und

deshalb ist der Apparat nur für Liebhaber geeignet, für Praktiker nur in besonderen Fällen, z. B. bei hoch stehenden Dekorationspflanzen, Ampeln usw., zu denen man nicht leicht kommen kann. Ein „Vergiessen" der Pflanzen kann nicht stattfinden und für wertvollere Palmen, Eriken usw. dürfte der Apparat vielleicht geeignet sein, wenn er sich auf die Dauer bewährt. Herr Hofgärtner Pick-Hannover und Herr Gartendirektor Trip daselbst haben ihn empfohlen, der Botaniker Prof. Hess ihn bei physiologischen Versuchen benutzt.

Herr Konsul Seifert betonte, wie schwierig oft für den Laien die Frage zu beantworten sei, wieviel Wasser er seinen Pflanzen zuführen solle, der Apparat sei einer Prüfung wert und wurde auf seinen Antrag beschlossen, 20 Stück anzuschaffen und sie Mitgliedern zu Versuchen zu übergeben.

5. Die Hasselmannschen Holz-Imprägnierungswerke, deren Vertreter in der November-Sitzung der vereinigten Ausschüsse für Blumen- und Gemüsezucht einen Vortrag über die Dauerhaftigkeit des nach Hasselmann imprägnierten Holzes gehalten hatte, fragt an, ob nicht Gärtnereibesitzer ihre zugeschnittenen Hölzer zum Imprägnieren übergeben wollten. Es ist damals aber schon gesagt worden, es wäre besser, wenn die Fabrik eine Niederlage roher imprägnierter Bretter usw. in Berlin errichte. Darauf scheint aber die Fabrik nicht gern eingehen zu wollen, weil das imprägnierte Holz sich schwer verarbeiten lässt.

Herr Bluth empfiehlt, die Angelegenheit im gewerblichen Ausschuss zu besprechen, man könnte übrigens Deckladen und dergleichen sehr wohl fertig zugeschnitten zum Imprägnieren hinsenden oder sie in der Nähe zuschneiden lassen. — Herr Kgl. Hofgärtner Jancke erinnert an eine einfache Imprägnierung von Hopfen- und Bohnenstangen. Sie werden im August geschlagen, noch einmal angeschnitten, unten etwas geschält und in eine 3prozentige Kupfervitriollösung gestellt. Hohe Bohnenstangen sind nach 5—6 Tagen Stehens in der Flüssigkeit bis oben hin blau. So imprägnierte Hopfenstangen haben sich in Dahme 10 Jahre lang gut gehalten. So imprägniertes Holz lässt sich aber nicht gut mit Ölfarbe streichen.

Herr Kgl. Garteninspektor Perring berichtete, dass Herr Kgl. Baurat Körner im neuen botanischen Garten zu Dahlem ein von der Firma Käding-Schwiebus erbautes Gewächshaus aus imprägniertem Holz habe errichten lassen. Man habe absichtlich nicht das beste Kernholz genommen, weil die Erfinder behaupten, man könne auch Splintholz wählen. Die Arbeiter klagten aber, dass es sich schwer bearbeiten lasse, und bei Dächern kommt es dadurch, wenn nicht alles vorher beschnitten ist, wohl ebenso teuer wie Pitchpine. Herr Baurat Körner hat an verschiedenen Stellen imprägnierte Pfähle in die Erde graben lassen, auch sind im alten botanischen Garten in der Nepenthes-Abteilung imprägnierte Bretter verwendet; doch ist die Zeit noch zu kurz, um ein endgiltiges Urteil abzugeben.

Herr Kgl. Baurat Körner: Ich möchte heute noch kein Urteil fällen, sondern kann das erst nach langen Jahren thun. Wir haben im neuen botanischen Garten: 1. nach Hasselmann imprägnierte Mistbeetfenster seit drei Jahren; 2. eingegrabene Pfähle, imprägniert und nicht imprägniert; 3. ein langes Gewächshaus aus imprägniertem Holz. Das Eine hat sich bereits ergeben, dass das imprägnierte Holz fast nicht zu bearbeiten ist. Es wird, nachdem nach Angabe der Erfinder die fäulnisbedingenden Stoffe ausgezogen sind, mit erdigen Massen durchsetzt, wodurch das Holz immer fester werden soll; aber die Bearbeitung wird erschwert. Ein imprägnierter Pflanzenkübel wurde übrigens im Holz kurzfaserig, das Holz verlor seine Elastizität und bröckelte an der Stelle, wo es mit Feuchtigkeit in Berührung kam, in kurzen Stücken ab. Der eine der Mitarbeiter meinte, es sei vielleicht zu Anfang noch nicht richtig präpariert worden. Bei dem Bau des Gewächshauses zeigte sich, dass die Werkzeuge bald stumpf wurden, so dass die Tischler nicht gern an die Arbeit gingen. Der Anstrich hat sich aber bis jetzt gehalten. Es sollte das Haus zwar eigentlich nicht gestrichen werden, aber das imprägnierte Holz hat einen aschgrauen, nicht angenehmen Ton. Bei der Verglasung zeigte sich, dass das Öl aus dem Kitt sehr schnell ausgezogen wird, so dass letzterer nach einigen Monaten mürbe wurde. Da wurde das Haus neu gestrichen und lackiert und hat sich seitdem gut gehalten. — Für nicht zu bearbeitende Hölzer, z. B. Baumpfähle, auch für Mistbeetbretter und für solche Teile, bei denen man auf ein schönes Aussehen keine Rücksicht zu nehmen braucht, mag das Verfahren grosse Vorteile bieten, für zu bearbeitende Teile möchte ich es aber nicht wieder anwenden. Das Verfahren ist ja freilich billig, aber selbst wenn die Teile erst nach der Bearbeitung imprägniert werden, muss man doch noch mit Hobel usw. nachhelfen, z. B. wenn beim Imprägnieren die Sprossen schief werden usw., und dann wird es ebenso teuer wie Pitchpine-Holz. Ich bin selbst neugierig, wie sich imprägnierte nicht angestrichene Teile — und solche haben wir ja auch — halten werden.

Herr städtischer Obergärtner Weiss warnt Herrn Bluth, mit Deckladen einen Versuch zu machen, da nach dem Angeführten das imprägnierte Holz spröde werde.

6. Herr H. Kohlmannslehner-Britz führte Blumen eines zweiten bei ihm entstandenen Sports der Begonia Gloire de Lorraine vor, welcher ganz ausserordentlich ähnlich ist der Sorte „Turnford Hall" (Gartenflora 1902 S. 25). Letztere hatte er am selben Tage von dem Züchter Rochford erhalten, leider sind aber die Blumen zerfallen. Die Rochfordsche Züchtung wird beschrieben als „weiss, mit apfelblütenfarbigem Anhauch". Herr Kohlmannslehner hat nun an der „Caledonia", der weissen Varietät der Beg. Gloire de Lorraine, bemerkt, dass sie sehr variiert, bald ganz kleinblumig, bald aber grossblumig wird und im letzteren Falle einen apfelblütigen Hauch annimmt. Die vorgeführten Blumen von den Pflanzen des Herrn Kohlmannslehner zeigten diesen Anhauch ganz ähnlich wie bei Turnford Hall.

Bezüglich seines in der Versammlung am 28. November vorgeführten hellrosaroten Sportes von Begonia „Gloire de Lorraine" bemerkte Herr Kohlmannslehner, dass er natürlich noch nicht sagen könne, ob diese hellrote Varietät mit den fast gleichzeitig bei Lemoine-Nancy, bei Lambert & Co.-Trier und in Amerika aufgetretenen hell-

roten übereinstimme; er habe die seine „Berolina" genannt, sie sei entschieden schöner als die eigentliche Begonia Gloire de Lorraine.

Herr Gartenbaudirektor **Lackner** teilte in Bezug auf die in der
November-Versammlung angezweifelte **Haltbarkeit** . **der Begonia**
„**Gloire de Lorraine**" mit, dass er deswegen bei der Firma J. C.
Schmidt-Berlin (Inhaber Kuntze) angefragt habe. Diese hat bekanntlich in ihrem Schaufenster, Unter den Linden 16, eine grosse Menge
Pflanzen davon, in Schalen, in Ampeln usw. Die Herren haben versichert, dass es eine **sehr dauerhafte** Blume sei, vorausgesetzt, dass
die Töpfe kühl kultiviert und in den Gefässen eingewurzelt — nicht
frisch eingepflanzt — waren. Pflanzen, die sehr warm kultiviert und
nicht zuvor abgehärtet werden, lassen allerdings, sobald sie ins Zimmer
kommen, die Blumen fallen.

Herr Kgl. Garteninspektor **Weidlich** berichtete im Anschluss daran,
dass er am 14. November in der Wohnung des Herrn Conrad Borsig, in
der Bellevuestrasse 4a zwischen die Doppelfenster Töpfchen mit Gloire de
Lorraine gestellt habe, die Töpfe etwas mit Moos belegt, und die Blumen
seien heute noch tadellos. Nicht nur an der Sonnenseite, sondern auch
an der Nordseite seien die Pflanzen gut gediehen. Warm kultiviert
werden die Blumen überhaupt nicht so schön. — Auch Herr Direktor
Lackner bestätigte, dass bei kühler Kultur die Blumen dunkler werden.

IV. Hierauf hielt Herr Gärtnereibesitzer **Franz Bluth**-Gr. Lichterfelde, Schützenstrasse (Post Steglitz), einen mit vielem Beifall aufgenommenen Vortrag über **die Anwendung der Elektrizität im
Gartenbau, mit besonderer Berücksichtigung der elektrischen
Heizung.** Derselbe wird besonders abgedruckt werden. — Leider hatte
der Elektrotechniker, Herr Eckmann, Herrn **Bluth** plötzlich im Stich
gelassen, und konnten deshalb die betreffenden Modelle nicht vorgeführt
werden. Dieser Mangel wurde aber kaum fühlbar, da Herr Bluth durch
einfache Zeichnungen an der Wandtafel das Prinzip erklärte. Dies geht
dahin, dass nicht wie sonst durch Elektrizität grosse Heizkörper erwärmt
werden, sondern die Luft angesaugt und in einem kleinen elektrischen
Apparat erhitzt wird. Herr Bluth, dem die Ehre gebührt, die erste elektrische Gewächshausheizung in Berlin bei sich eingerichtet zu haben,
nachdem Herr Helbig-Laubegast-Dresden vorangegangen war, bemerkte
zum Schluss, dass zwar die Anlage noch öfter Störungen zeige, dass aber
das Prinzip ein richtiges sein dürfte.

In der Diskussion bemerkte Herr Ingenieur **Peschke:** Die elektrische Beleuchtung ist immer noch eine Luxusbeleuchtung und
mindestens dreimal so teuer als Gas; bei Kraftleistungen aber ist die
Elektrizität billiger, 16 Pfg. pro Kilowatt, d. h. etwa 14;4 Pfg. pro Pferdekraft. Dabei ist das Angenehme, dass man die elektrische Kraft nach
Belieben ein- und ausschalten kann. Auf einem Gebiet ist die Elektrizität sehr zurückgeblieben, d. i. das Gebiet des Kochens und Heizens.
Das einzige Hindernis dabei ist aber der hohe Preis der Elektrizität.
Um Wärme zu erzeugen, schaltet man in die Leiter der Elektrizität (die
Drähte) sogenannte **Widerstände** ein, Körper, die dem Durchfliessen
des Stromes ein gewisses Hemmnis entgegensetzen, das sind z. B. ganz

dunne Drahte. Indem nun der Strom den Widerstand passiert, erwärmt er ihn und der Widerstand giebt die Wärme dann wieder ab. So ist es bei den elektrischen Kochapparaten und Heizungen. Elektrische Heizungen sind durchaus nicht neu. In den New Yorker Strassenbahnwagen sind elektrische Heizungen vorhanden; unter den Bänken sind elektrische Drähte und an gewissen Stellen sind Widerstände eingeschaltet. Wie oft wird die Heizung aber benutzt? Fast nie. Trotzdem, dass bei den elektrischen Bahnen eine Menge Strom verloren geht, wird dies Heizen doch zu teuer. Ich habe mir von den Berliner Elektrizitäts·werken einige Preise angeben lassen. Wir können bekanntlich Elektrizität messen und wir können Wärme messen. Die B. E.-W. konnten mir aber nicht sagen, was 1000 Wärmeeinheiten*) kosten, sondern nur, wie viel 1 Pferdekraft kostet, nämlich 14,4 Pfg. Rechnet man das auf Wärme um, so kostet 1 Kilo-Kalorie 22,7 Pfg. — Wenn dieselbe Wärmemenge aber durch Koks erzeugt wird, so kostet sie nur 3,7 Pfg. Demnach wird die elektrische Heizung für den Gärtner zu teuer. Wer heute 2000 Mk. für Heizmaterial ausgiebt, muss dann 12000 Mk. zahlen. Ich sehe auch keine Möglichkeit. die Elektrizität bedeutend zu verbilligen, und wenn Herr Bluth glaubt, dass er sich selbst die Elektrizität würde billiger herstellen können, so wird er finden, dass sie ihm teurer kommt, als wenn er sie von den Elektrizitätswerken bezieht. — Etwas anderes ist es, wenn man eine grosse Dampfmaschine von mehreren hundert Pferdekräften zur Verfügung hat; da kann diese Maschine leicht nebenher die Dynamomaschine treiben.

Herr Gude: Wir in Britz zahlen nur 10 Pfg. für 1 Kilowattstunde für Kraft und 40 Pfg. für Beleuchtung. Ich habe einen elektrischen Motor zum Wasserpumpen und finde, dass er der allerbilligste ist von den dreien, die ich gehabt habe (Heissluft-, Petroleum-, Gasmotor). Die elektrische Beleuchtung wird natürlich teurer.

Herr Hofgärtner Hoffmann regt an, die Sache im gewerblichen Ausschuss weiter zu behandeln. Wenn Herr Peschke sagt, dass bei Koksheizung die Kalorie nur 3,7 Pfg. käme, so müsse man doch noch die Kosten für den Kessel und die Heizungsröhren hinzurechnen.

Herr Bluth: Ich habe auch gesagt, dass elektrische Beleuchtung verhältnismässig teurer kommt als Gas-, Petroleum- und Acetylenlicht, dass aber bei der elektrischen Heizung die Einrichtung viel billiger kommt, als bei einer Wasserheizung. — Die östlichen Vororte von Berlin haben die elektrische Kraft billiger als die westlichen, weil das grosse Elektrizitätswerk in Nieder-Schöneweide die Wasserkraft der Spree benutzt. Wenn wir den Rheinfall oder gar den Niagarafall in der Nähe hätten, würden wir die Elektrizität noch viel billiger herstellen können.

Herr Peschke bemerkt, dass er nur von den Kosten der Warme-Erzeugung gesprochen habe, nicht von der Leitung.

---

*) Eine Wärmeeinheit (grosse Kalorie oder Kilo-Kalorie) ist die Menge Warme, welche ausreicht, um 1 l Wasser = 1 kg um 1 Grad Celsius zu erwarmen. Eine kleine Kalorie ist die Wärmeeinheit, die 1 cbcm = 1 g Wasser um 1 Grad erhoht. D. Red.

Die Angelegenheit wird hierauf dem gewerblichen Ausschuss überwiesen.

V. Zum Schluss gelangte der Etat für 1902 zur ersten Lesung und wurde unverändert angenommen. Um immer reichere Monats-Ausstellungen zu erhalten, sind im Etat dafür statt bisher 500 jetzt 850 Mk. zu Preisen ausgesetzt. Ausserdem wurden auf Antrag des Redaktions-Ausschusses bis 800 Mk. für Anfertigung eines Generalregisters über die letzten zehn Bände der Gartenflora (Band 41 bis 50) bewilligt.

VI. Das Preisgericht, bestehend aus den Herren F. Altrock, Otto Neumann und H. Weidlich, sprach der Firma Spielberg & de Coene-Franz. Buchholz für das ganz aussergewöhnlich schön kultivierte Cyclamen den doppelten Monatspreis, mit 30 Mk., zu.

VII. Aufgenommen wurden als wirkliche Mitglieder die in der vorigen Versammlung Vorgeschlagenen (siehe Gartenflora 1901 S. 649).

Mit einem herzlichen Glückwunsch zum neuen Jahre schloss der Direktor die Versammlung.

Carl Lackner.   L. Wittmack.

Proskaus merkwürdige Bäume.

Von Dr. Ernst Jacky,
Schweizerische agrikulturchemische Anstalt Liebefeld-Bern.

(Hierzu 2 Abb.)

Proskau, im Kreise Oppeln in Ober-Schlesien gelegen, bietet dem Botaniker sowohl als dem Gartenfreund manches Sehenswerte. Ist auch die Gegend im allgemeinen eintönig und arm an landschaftlichen Reizen, so findet doch der Beobachter genug des Interessanten. Vor allem sind es die niederen Pflanzen (Pilze, Algen, Flechten), die in ausserordentlicher Fülle hervorsprossen und dadurch das Auge des Botanikers in besonderem Masse schon auf sich gelenkt haben.[*] Von grösster Reichhaltigkeit ist speziell auch die Sumpf- und die Sandflora; und es erfreut sich der Blumenfreund an der Farbenpracht der gelben Schwertlilie, der Seerose, des Sumpfveilchens (Butomus umbellatus), der Calla palustris, des Blutauges (Comarum palustre), des Bitterklees (Menyanthes trifoliata), wie des Immerschöns (Helichrysum arenarium), der Berg-Monke (Jasione montana) und vieler anderer Arten mehr, die in Proskau in üppigster Fülle gedeihen; während dem Botaniker manche Seltenheiten, wie Aldrovandia vesiculosa, Utricularien u. a. m. zur Verfügung stehen. Der Dendrologe findet in den reichhaltigen Samm-

---

[*] Siehe z. B. Berthold Stein, Verzeichnis von Proskaus Flechten. Verh des bot Ver. f. Brandenburg, 1872, und ferner Ernst Jacky, I. Beitrag zur Pilzflora Proskaus. 78. Jahresber. d. schles. Ges. für vaterländ. Kultur, 1901.

lungen im Arboretum des Königlichen Pomologischen Instituts, wie
auch im Seminargarten, dem früheren botanischen Garten der landwirtschaftlichen Akademie zu Proskau und ebenso im Wilhelms-
berger Forstrevier, in welchem manche interessante Anbauversuche mit
ausländischen Bäumen, wie Betula lenta, verschiedenen Caryaarten, mit
Tsuga canadensis, Cryptomeria japonica und mehreren Abies- und Picea-
arten gemacht worden sind, viel Sehenswertes.

Doch davon soll an dieser Stelle nicht weiter die Rede sein, sondern
wir möchten gemäss unserer Aufschrift unser Augenmerk auf drei be-

Abb. 5. Hexenbesen auf einem Süsskirschenbaum auf dem Gute des Herrn Baron
von Teichmann in Dombrowka a. O. bei Proskau.

sonders merkwürdige Bäume richten, und von zweien derselben Abbildungen den Lesern der Gartenflora heute bringen.

Vorerst nennen wir den sogenannten Epheubaum, welcher in der
ehemaligen Königl. Oberförsterei Proskau, jetzt Frieseschen Besitzung
steht. Ein alter, wohl aus dem Anfang des letzten Jahrhunderts
stammender Birnbaum, dessen nunmehr kümmerlich vegetierende Äste
polypenartig gen Himmel ragen, wird von einem bis in den höchsten
Wipfel des Baumes lianenartig emporkletternden Epheu umschlungen.
Nach Angabe des Herrn V. Friese wurde derselbe nachweislich im
Jahre 1842 angepflanzt. Er hat sich somit in verhältnismässig kurzer

Zeit mächtig entwickelt und selbst den kältesten Wintern getrotzt. Es ist zu wünschen, dass diese Zierde Proskau noch lange erhalten bleibe.

Ein weiteres Kuriosum steht in Dombrowka an der Oder, im Gute des Herrn Baron v. Teichmann, ungefär 1½ Stunden von Proskau entfernt. Es ist dies ein Hexenbesen von riesigen Dimensionen auf einem Süsskirschenbaum (Abbildung 5). Solche Hexenbesen sind bekanntlich eine krankhafte Wucherung, hervorgerufen durch einen Schlauchpilz, Exoascus Cerasi Fuckel. Die Photographie wurde am 5. Mai 1901 aufgenommen, zur Zeit der Kirschbaumblüte. Auf unserem

Abb. 6. Verwachsene Kiefern in Ellguth bei Proskau.

Bilde ist deutlich ersichtlich, wie der strauchartige Besen, der durch seine stärkere und dichtere Verzweigung und die angeschwollene Basis leicht als solcher kenntlich ist, keine Blüten trägt, sondern vorzeitig belaubt ist, während die gesunden Zweige wohl Blüten, dagegen noch keine Blätter entfaltet haben. Die Hexenbesen sind für den Kirschbaum infolge des geringeren Fruchtertrages schädlich. So lange sie sich indessen nicht zu sehr verbreiten, ist der durch sie erzeugte Schaden nicht erheblich. Wohl haben v. Tubeuf u. a. Photographien von Hexenbesen veröffentlicht; aber ein derartig auffälliges Exemplar ist meines Wissens noch nicht zur Abbildung gelangt.

Der dritte merkwürdige Baum, von dem hier die Rede sein soll.

ist bereits wiederholt beschrieben und selbst abgebildet worden. Wir meinen die verwachsenen Kiefern bei Ellguth unweit Proskau. Sie stehen in Jagen 86 des Schutzbezirks Hellersfleiss der Königl. Ober-försterei Proskau. Da in dieser Zeitschrift, 37. Jahrgang, 1888, Seite 51 und 52, in einer „Natürliches Ankopulieren" betitelten Arbeit von P. Magnus die in Rede stehende Verwachsung schon ausführlich be-schrieben ist, wollen wir von einer Wiederholung absehen und nur in Kürze als Begleit zu unserem Bilde einige orientierende Bemerkungen uns erlauben. Unsere Photographie (Abbildung 6), die am 2. Juni 1901 aufgenommen worden ist, dürfte eher im stande sein, den Lesern ein anschauliches Bild des interessanten Falles zu geben, als es die der er-wähnten Arbeit beigegebene primitive Zeichnung thun konnte. Mit einer alten Kiefer ist ein zweiter dünnerer Kieferstamm, etwas gebogen ver-laufend, an mehreren Stellen durch natürliche Ablaktion verwachsen. Die Verwachsung dürfte mindestens vor fünfzig oder mehr Jahren ent-standen sein. Die Basis des angesägten Stammes ist schon seit einer Reihe von Jahren (bestimmt schon 1875) abgehauen worden. Magnus (l. c.) glaubt nun, dass der schwächere Stamm durch natürliche Ursachen ohne Eingriff der Menschen unten abgestorben sei, während nach Aussage verschiedener Förster dies nicht der Fall sein soll, sondern es sei der Stamm seinerzeit absichtlich abgehauen worden. Sei dem, wie ihm wolle, interessant ist und bleibt die Thatsache, dass der angeplattete oder angesäugte Stamm seine ganze Nahrung vom stärkeren zugeleitet bekommt. Noch sei hier hervorgehoben, dass, wie schon Sorauer, der diesen Fall in seinem Handbuch der Pflanzenkrankheiten, I. Teil, Seite 697 und 698, beschreibt und abbildet, sehr richtig beobachtet hat, die Nadeln des jüngeren, angesäugten Stammes kurznadeliger sind als die des Mutterstammes. Leider bemerkte ich im Frühjahr 1901 am Hauptstamme einen Fruchtkörper von Trametes Pini (Brot.) Fries, des Kiefernschwammes. Infolge dieser Erkrankung dürfte der Stamm über kurz oder lang zu Grunde gehen, und es schien mir daher um so wünschenswerter, die verwachsenen Kiefern von Ellguth im Bilde dauernd festzuhalten.

Eine vorzügliche Winterbirne (Comtesse de Paris).

Von C. Jokisch, Obstbaumschule, Gransee.

(Hierzu 1 Abb.)

Eine wirklich gute wertvolle Obstsorte empfiehlt sich von selbst, wenn sie genügend bekannt ist, da bedarf es nicht vieler Worte. Bedenk-licher ist es schon, eine Sorte, welche genannte Eigenschaften nicht be-sitzt, zu empfehlen. Gerade der Baumzüchter wird dieses beherzigen müssen. Durch minderwertige, aber gepriesene Sorten schädigt der Baumzüchter sich selbst, schädigt seine Abnehmer und den Obstbau über-haupt. Man sollte sich doch endlich ermannen und Sorten, die nicht wert sind gepflanzt zu werden, fallen lassen.

Wie oft tauchen neue wertlose und unbekannte Sorten auf, die nicht genügend erprobt sind und mit grösster Emphase gepriesen werden, um ein Geschäft damit zu machen. Man denke nur an den Bismarck-

Abb. 7.   Winterbirne „Comtesse de Paris".

apfel, den heute noch viele empfehlen. Wer solches thut, ist sich seiner Leichtfertigkeit garnicht bewusst.

Winterbirnensorten, die allen Ansprüchen genügen, haben wir recht wenige. Ja, verschiedene Sorten, wie L i e g e l s - und H a r d e n p o n t s Winterbutterbirne degenerieren in den meisten Lagen immer mehr durch

den Schorfpilz und müssen infolge dessen ausgeschieden werden. Andere
Sorten wieder machen grosse Ansprüche an Lage, Boden und Behandlung. Findet sich nun einmal eine neuere Sorte nach Jahre langen Versuchen, die allen Ansprüchen genügt, so ist dieses jedem Obstzüchter
sehr willkommen. Als eine solche Sorte kann ich nun hier die Birne
„Comtesse de Paris" nennen, welche sich seit neun Jahren in Norddeutschland in jeder Beziehung bewährt hat.

Vielleicht wird mancher einwenden, der Name verrät eine Französin,
wer weiss, ob sie hier überall gedeiht? Dem gegenüber will ich gleich
bemerken, dass wir viele französische Sorten, wie Marguerite Marillat,
Triumph von Vienne, Gute Luise, Neue Poiteau usw. haben, die sich bei
uns durchaus bewähren. Nicht immer sind Sorten, die aus kälteren
Lagen stammen, bei uns winterhart. Mir sind der Weisse Klarapfel und
der Charlamowski, welche beide aus Russland stammen, als Halbstämme
auf Wildling veredelt, vorigen Winter teilweise vollständig erfroren,
während der dicht daneben stehende, aus Frankreich stammende „Apfel
von Croncels" nicht im geringsten gelitten hatte. Und doch bezeichnen
wir den Charlamowski als winterhart. Für mich ist er es nicht mehr.

Winterbirnensorten verlangen schon an und für sich eine wärmere
Lage und Boden; in kaltgründigem Boden werden sie selten befriedigen.

„Comtesse de Paris". ist eine grosse grün-gelbe, grau punktierte,
nicht körnige, Ia Tafelfrucht und eine feine Butterbirne, von sehr gutem,
erfrischendem Geschmack. Haltbarkeit der Frucht bis Ende Januar. Der
Baum hat schönen, aufrechten. pyramidalen, kräftigen Wuchs, ähnlich
der Guten Luise von Avranches, ist durchaus pilzfrei und winterhart,
Holz grau, hell punktiert. Ist frühzeitig und sehr fruchtbar, trägt fast jedes
Jahr reichlich. Als Pyramide im Obstgarten besonders zu empfehlen.
Die nebenstehende photographisch abgebildete Frucht in natürlicher
Grösse, stammt von einer zwölfjährigen Pyramide.

Bis heute kenne ich diese Birnensorte nur als ausgezeichnete und
vorzügliche Winterbirne, die ich hiermit mit bestem Gewissen empfehlen
kann. Es ist durchaus im Interesse unseres deutschen Obstbaues
wünschenswert, dass diese Sorte mehr bekannt und erprobt werde.
Unsere Mutter Erde birgt köstliche Gaben, man muss sie nur zu finden
wissen.

Bericht über die Kulturversuche im Jahre 1901,

die unter Leitung des Vereins zur Beförderung des Gartenbaues in den Preussischen Staaten auf den Rieselfeldern der Stadt Berlin in Blankenburg ausgeführt wurden.

Erstattet von

Joseph Klar, Berlin, Samenhandlung, Hoflieferant Sr. Maj. des Kaisers und Königs,
und Otto Mende, Obergärtner der Stadt Berlin, zu Blankenburg.

Schon bei der Auswahl der alljährlich als „neu" angezeigten Samereien
hält es schwer, das Richtige, allgemeines Interesse Bietende, herauszufinden, noch schwerer aber hält es, allen herangezogenen Pflanzen Gerechtigkeit widerfahren zu lassen, niemandem zur Liebe, niemandem zum

Leide. In manchen Fällen muss man noch sein Urteil verschieben, da Witterungs- und Bodenverhältnisse in dem einen Jahr einer Pflanze weniger günstig sind als in einem anderen. Haben doch im Jahr 1900 grosse Hitze und später kalter Regen einzelne Kulturen sehr beeinflusst, so dass sich bei den Astern infolge der sengenden Sonne die sogenannte Kräuselkrankheit einstellte.

Wir wollen im nachstehenden Bericht diesmal die Pflanzen nach der Zeit, in welcher sie blühten bezw. verwendbar wurden, ordnen und beginnen mit

I. Blumen.

Iris germanica in Sorten. ♃. Von diesen gefielen uns am besten v. Humboldt, fein lasurblau, mit gelber Lippe, Belle Chinoise, chinesisch-gelb; Montblanc, weiss mit gelb; Prinz v. Oranien, gelb, von köstlichem Geruch; Wilhelm I., gelb, von schwächlichem Wuchs; Schneeball, weiss, niedrig.

Dahlia „Gloria" ☉ ♃. Die Blumen dieser neuen Varietät sind röhrenförmig, nur die äusserste Reihe zungenförmig. Der ganze Blütenkopf erhält dadurch das Aussehen einer Skabiose. Von Farben sind vorhanden rot, braun, gelb usw., sowie gestreift. Der Wuchs ist niedrig, mittel oder hoch. Wenn man die vielen schönen normalen Formen von Dahlien auf Ausstellungen gesehen hat, fragt man sich, ob diese, eigentlich abnorme Form dauernd einen Wert behalten wird.

Papaver paeoniflorum „Miss Sherwood" ☉. Starkwüchsiger, über 80 cm hoch werdender einfacher Mohn. Blumen zart weiss, aussen mattrosa, einige weinrot. Zwar keine Schnittblume, aber sonst gut.

Gaillardia grandiflora fol. aur. var. ♃. Die Hälfte der Pflanzen etwa erzielte schön goldgelb marmorierte Blätter, die andere Hälfte nur grüne. Die letzteren blühten aber viel intensiver, in den bekannten Farben rot, gelb und braun. Die Pflanze fand unseren Beifall, und können wir sie nur empfehlen. Die Gaillardien werden jetzt viel gebaut, namentlich in den Rheinlanden.

Tropaeolum majus nanum „Vesuv". Wuchs dieser Zwergkresse ganz eigentümlich pyramidal. Blumen erdbeerfarben, heller oder dunkler, aber ganz im Laube versteckt. Ob das nur auf den Rieselfeldern so ist, wo der Boden sehr stickstoffreich? Im September waren die Blumen ganz verschwunden.

Amarantus bicolor Sulpherine ☉. Der Mittelteil der pyramidal wachsenden Pflanze ist schwefelgelb, das übrige grün. Ein sehr auffallender, sich gut präsentierender Fuchsschwanz. Nur dauernde Nässe scheint er nicht vertragen zu können. Sehr schöne Blattpflanze.

Polypteris callosa ☉. Asa Gray. Westliches Nordamerika. Mattrosa blühende Composite, ähnlich wie Eupatorium cannabinum. Bescheiden in jeder Weise, aber wegen der langen Stiele und der langen Blütendauer für die Binderei verwendbar.

Antirrhinum majus Tom Thumb. fol. aur. „Sonnengold". Trotz der grossen Hitze war es dem unschuldigen, nur 14 cm hohen Pflänzchen nicht möglich, das Sonnengold zu entfalten. Nur 8 pCt. etwa waren matt gelbblätterig und in keiner Weise dem kräftigen Gelb des Pyrethrum

parthenifolium aureum gleichkommend. Blumen mattrosa, mit dunkelblauen Streifen, nicht auffallend.

Chrysanthemum carinatum „Stern von Thüringen" ⊙. Die sonst zungenförmigen Randblüten sind durch Röhrenblüten ersetzt, welche sich spitz
erheben, um nach aussen breiter zu werden, was ganz unnatürlich erscheint. aber doch zierlich ist. Als früher sich das bei Cinerarien zeigte,
sagte man, es seien Radspeichen. — Die Farben bewegten sich in rosa.
gelb und weiss. Für Binderei und Gruppen. Sehr interessant und ziemlich echt.

Chrysanthemum carinatum nanum aureum fl. pl. ⊙. Die Exemplare
waren nicht alle niedrig. die Blumen nicht alle gefüllt, goldgelb, rot,
braun usw. Wohlriechend und empfehlenswert.

Zinnia elegans fl. pl. „Iris" ⊙. Recht niedliche Zinnie. Blumenblätter
rot. lila usw. gesprenkelt und gestreift auf hellem Grund.

Tagetes patula nana fl. pl. „Liliput", gefleckt ⊙. Besonders den Land-
schaftsgärtnern zu empfehlen, da die niedrigen, nur 12 cm hohen Büsche
mit ihren schwefelgelben, braun gefleckten Blumen, welche die Blätter
fast verdecken, als Abschluss von Blumenbeeten sich sehr eignen. —
Die niedrigen Varietäten von Tagetes, der Studentenblume, sind dazu
überhaupt sehr passend; man sieht sie viel dazu verwendet auf dem Terrassen-Revier in Sanssouci und in den Berliner städtischen Anlagen. —
Neuheit ersten Ranges.

Reseda monstrosa compacta „Orange-Königin" ⊙. Intensiv leuchtend
braun, ähnlich der „Rubin". Blätter sehr wellig. dunkelgrün und sehr
aufragend. Scheint nicht so schnell Samen anzusetzen und ist von
kompaktem Wuchs. Im allgemeinen gut.

Dianthus chinensis stellaris fl. pl. ⊙. Gefüllte Sternnelke, von der die einfache im vorigen Jahre die Runde machte. Die Nelke ist noch nicht echt,
d. h. es sind noch viele einfache unter dieser sonderbar erscheinenden
Varietät, deren meist geschlitzte Blumenblätter spitz auslaufen, wie bei
Kaktusdahlien. Einige Pflanzen blühten sonderbarerweise garnicht auf.
Unter den Farben waren einige vertreten, die man sonst bei Nelken
nicht sieht, so chokoladenbraun, weinrot usw. — Ganz interessant.

Dianthus Heddewigii nobilis „Königsnelke". Prachtvoll blühende Spielart, deren Hauptfarbe in Rot gipfelte, mit Ausnahme einiger weisser und
gestreifter Exemplare. Manche Blumen dürften die Grösse von 8 cm
erreicht haben. Blumenblätter geschlitzt, z. T. etwas gedreht. — Eine
wesentliche Verschönerung der Sommernelke.

Ageratum mexicanum grandiflorum album. Von grösseren Blumen als
bei bekannten Sorten war fast nichts zu bemerken. Dabei waren die
Pflanzen hoch und niedrig. Die kleinen, wunderbar kugeligen Blumen,
welche die Staubgefässe nicht hervortreten lassen, waren zum grösseren
Teil hellgrün, ein kleinerer Teil weiss. — Erst noch weiter zu beobachten.

Ageratum mexicanum nanum „Prinzessin Victoria Luise" ⊙. Auch diese
Sorte ist noch nicht rein. Die Hauptfarbe ist Weiss, mit lasurblauen
Staubfäden. Nur 10 cm hoch, für Teppichbeete zu empfehlen, wozu sie
auch schon Verwendung findet.

Gladiolus. Von den neueren Gladiolen gefielen uns besonders: Nebuleuse, mit schieferblauen, dunkel gestreiften resp. gestrichelten Blumen. — Kronstadt, blauviolett, Tombouctou, dunkelblau geflammt und marmoriert. Beide eigenartig in der Farbe, die wir noch nicht sahen. — Von anderen Gladiolen sind die crêmefarbenen, die Lemoineschen und die orchideenartigen jetzt beliebt, während die roten augenblicklich weniger Anklang finden.

Arctotis grandis ☉ (richtiger A. stoechadifolia Berg). Dieses südwest-afrikanische Sommergewächs wird über 60 cm hoch und erinnert im Wuchs an Centaureen. Blätter graugrün, die weissen Strahlenblumen auf der Rückseite blass violett, so dass man bei noch geschlossenen Blumen glauben könnte, es mit einem Xeranthemum zu thun zu haben. Offene Blüten haben wir nicht viel gesehen und müssen weitere Versuche machen, die hoffentlich uns nicht so enttäuschen wie diesmal.

Centaurea depressa „Königin der Kornblumen" ☉. Eine ganz niedliche Kornblume mit enzianblauen Blüten. Die gewöhnliche Centaurea Cyanus ist uns aber in der Farbe lieber. Schade, dass diese nicht neu ist.

Gymnopsis uniserialis Hook. (Besser *Sclerocarpus uniserialis B. et H.*) ☉. Composite. Schon von weitem zog uns der Wohlgeruch dieser ca. 80 cm hohen buschigen Pflanze an. Die Blumen ähneln denen der einfachen Zinnia Haageana, haben auch genau dieselbe gelbe Farbe. Wegen der langen Stiele und der grossen Haltbarkeit im Wasser als Schnittblume geeignet.

Helianthus „Perkêo" (H. cucumerifolius nanus compactus). Sehr niedrige Zwergform, deren viele Knospen aber nicht recht aufblühen wollten und daher krüppelhaft erschienen.

Celosia pyramidalis plumosa „Preziosa" ☉. Pyramidal wachsender Hahnenkamm, der die gewöhnliche C. pyr. plumosa in den Schatten stellt. 30—50 cm hoch, braunblätterig, allerdings auch einige Blätter grün. Entfaltet einen ziemlich anhaltenden Blumenflor während des Sommers. Die federartigen Blütenstände sind leuchtend feuerrot, karmoisin oder purpurn und blenden, von der Sonne beschienen, fast das Auge. Als Gruppen- wie als Schnittpflanze zu empfehlen, lange haltbar. Abgeschnitten in Wasser gestellt drehen sich die Blütenstände sofort nach dem Licht.

Canna, neuere und ältere. Wo nichts angegeben, sind die Blätter grün. Am schönsten waren: *Atalanta,* hübsch orange, sehr grossblumig. — *Charles Naudin,* grossblumig, 16 cm Durchmesser. — *Campania,* sehr breitblätterig, chromgelb, karmin punktiert, nach aussen heller. — *Elisabeth Hoss,* gelb, weinrot punktirt. — *Britannia,* Blätter ähnlich wie bei Musa Ensete. Blumen sehr gross, gelb, orange geflammt. — *Umbria,* Blätter schwarzbraun, grün gefleckt. Blumen kirschrot, chamois gestreift. — *Phoebe;* sehr hoch. Blumen schwefelgelb, rot punktirt. Majestätisch. — *Trimaria.* Blumen rein gelb.

Die Canna lassen sich bekanntlich auch für den Winterflor konservieren, indem man blühende Exemplare eintopft und weiter kultiviert. Die Rhizome besserer Sorten überwintert man wohl auch besser in Erde, die man nicht ganz austrocknen lässt. (Fortsetzung folgt.)

Kleinere Mitteilungen.

Aufbewahrung der Wassermelonen in Rumänien für den Winterbedarf.

In Gartenflora 1901, Seite 531, wird als etwas ganz Besonderes hervorgehoben, dass es — nach „Revue horticole" — den Herren Delion und Lepen in Pré-Saint-Grevais ·gelungen sei, Melonen, also Früchte, die nach voller Reife bei gewöhnlicher Temperatur sich rasch zersetzen, im Kühlraume einer Kältemaschine bei 1—4° Wärme während acht Tage in ihrem Geschmacke völlig unverändert zu erhalten.

Dass die „Gartenflora" es für wert hielt, dieses Ergebnis ihren Lesern mitzuteilen, beweist offenbar, dass es sowohl in Frankreich, als auch in Deutschland ganz unbekannt ist, wie man überall hierzulande Wassermelonen besonders für die Weihnachtszeit, für das Neujahr oder doch fast bis dahin, also Monate lang ohne Kältemaschinen, sodass sie dabei nicht im mindesten ihren ursprünglichen Geschmack einbüssen, ganz einfach aufzubewahren pflegt. Es werden nämlich zu diesem Zwecke nur reife tadellose Früchte ausgesucht, nicht völlig reife oder fleckige faulen alsbald. Dieselben werden sorgsam geklaubt und transportiert (man achte darauf, dass sich dieselben dabei nicht irgendwie anschlagen) und — in einem guten Keller gewöhnlich auf mit etwas Stroh belegte Bretter gelegt. Dass die Exemplare zuvor etliche Zeit (2—3 Tage) bei trockenem Wetter draussen lagern müssen, hierauf Stück für Stück geprüft und zugleich reingewischt werden und ja nicht auf die blosse Erde und lieber garnicht aufgeschichtet werden dürfen, sei nebenbei bemerkt. Wer es nicht glauben mag, beliebe mir nur zu schreiben; jede bessere hiesige Delikatessenhandlung dürfte gerne Wassermelonen gegen Postnachnahme senden. Gerade jetzt, solange frische Trauben noch reichlich vorrätig sind, wäre die günstigste Bestellzeit, denn später schnellen die Preise in Bukarest oft plötzlich ziemlich hoch, und nebenbei gesagt, ist auch der Transport der Kälte wegen Gefahr ausgesetzt. An Geschmack sind unsere Melonen mit jenen in Westeuropa gezüchteten gar nicht zu vergleichen, sodass Vilmorin in Plantes potagères Recht haben dürfte, die Kultur der Wassermelone für Mitteleuropa nicht zu empfehlen, weil es dort nicht warm genug ist.

Was die beschriebene Aufbewahrungsart anbelangt, so ist dieselbe offenbar nur das unbeabsichtigte Ergebnis eines glücklichen Zufalls in längst verschwundener und vergessener Zeit. Man pflegt nämlich in Rumänien allgemein, solange Wassermelonen frisch zu haben sind, das ist im Monat August, dieselben zunächst im Freien aufgeschichtet für kurze Zeitspannen zu halten, jedoch womöglich stets Stück für Stück in einem Keller abzukühlen und hierauf erst zu geniessen. Es dürften somit einstens Wassermelonen längere Zeit in einem Keller irgendwo bei günstigen Umständen vergessen worden sein — und siehe da, nach Monaten waren sie noch immer ebenso geschmackvoll als die frischen erhalten! Und so entstand die Sitte: Gegen Schluss ihrer Ernte, zur Zeit, wo die Melonen vollreif, an Geschmack nichts zu wünschen übrig lassen, aber auch am billigsten sind, für eine derartige Winterprovision, wie es auch, wenn doch nicht ganz allgemein, geschieht, zu sorgen.

Bukarest-Cotroceni (Institutul botanic).

A. Procopianu.

Salvia Horminum.

Im Heft 22 (15. 11. 1901) der „Gartenflora" Seite 599 wird Salvia Horminum wegen ihrer verschieden schön gefärbten Deckblätter besonders hervorgehoben und gewissermassen als Neuheit hingestellt. Sie ist aber eine alte, leider vergessene und durch andere Modeblumen verdrängte Pflanze, wie so viele, und ist es wohl wert, sie wieder an das Tageslicht zu ziehen und ihr mehr Beachtung zu schenken, da sie ein sehr wirkungsvolles und dauerhaftes Material für die jetzt so beliebten freien „ungebundenen" Vasensträusse abgiebt. Vor ca. 22 Jahren sah ich Salvia Horminum im botanischen Garten zu Leipzig im Spätherbst, und sie erregte durch die Schönheit ihrer gefärbten Schopf- und Deckblättter meine Aufmerksamkeit in hohem Masse. Seitdem habe ich sie im botanischen Schulgarten Humboldthain beständig in Kultur gehabt und schöne Exemplare erzielt, auch reichlich Samen gewonnen. Die Farben wechseln je nach dem Standorte und der Witterung, sie bleiben nicht konstant, wie W. Dressler bemerkte. In sonniger trockener Lage erscheinen die Deckblätter lebhaft weiss, rosa, rot und schwarzviolett gefärbt, dahingegen werden in schattigen Orten und bei regnerischer Witterung die Farbentöne geringer und matter. In einem guten Gartenboden entwickelt Salvia Horminum oft 70—75 cm hohe Blütenzweige, und ich bin fast versucht, ihren Beinamen von ἕρμινος der Stengel, Trieb, abzuleiten. Nun ist aber Salvia Horminum eine in Griechenland wild wachsende und schon im Altertum bekannte und beliebte Pflanze, nicht als solche, sondern wegen der ihr zugeschriebenen Eigenschaften. Sie gehörte, wie andere Labiaten, als Thymus, Origanum, Calamintha, Rosmarinus usw. zu den „aphrodisischen Gewächsen", d. h. sie waren der Liebesgöttin Aphrodite oder Venus geweiht. Mithin dürfte der Beiname ὅρμινος, von ὁρμᾶν reizen, von ὁρμή die Begierde, als zutreffend abzuleiten sein. Kraut und Samen dieser Pflanze dienten zur Bereitung von Liebestränken, und sie war deshalb in den berühmten Zaubergärten der Hekate in Kolchis angepflanzt. Während bei dieser Pflanze das Horminum Beiwort ist, erscheint es bei einer anderen, in den Hochalpen wachsenden Labiate, bei Horminum pyrenaicum, als Haupt- resp. Gattungsname. Hierbei glaube ich nun meiner Ansicht Geltung verschaffen zu dürfen, dass die Gattung Horminum von ὁρμινος (hormenos), der Stengel, abzuleiten sei, denn aus den niedrigen Wurzelblättrn bezw. Blattrosetten erheben sich oft bis zu 22 cm hohe Blütenstengel, welche besonders auffallen und obige Bezeichnung rechtfertigen, denn mit dem griechischen ε und ι dürfte es wohl nicht so genau zu nehmen sein, aus Bequemlichkeit und Gewohnheit wurde für beide Pflanzen das lateinische Horminum gebraucht. Bekanntlich bestimmt in der Botanik und Zoologie das Beiwort die Eigenschaft, Eigentümlichkeit und Herkunft. Ersteres trifft nun bei Salvia Horminum zu, das letztere bei Horminum pyrenaicum. Wünsche betont, was auch richtig ist, Hórminum, Garcke Hormínum. Benno Schultz.

Anmerkg. der Red: Diese Ausführungen haben uns noch nicht überzeugt. Nach Rücksprache mit einer Autorität auf diesem Gebiete scheint uns der Gattungsname Horminum ebensogut, wie der Speziesname dem antiken Horminon entnommen. Wittstein, Etymologisch bot. Handwörterbuch, Ansbach 1852, schreibt übrigens wie Garcke Hormínum, von ὁρμᾶιν, reizen. Auch Georges, Lat. Wörterbuch, schreibt Hormínum.

Prunus serrulata „H zakura".

Die beiden in langgestielten Trauben blühenden japanischen Kirschenarten, welche in Heft 1 t 1494 der Gartenflora 1902 abgebildet sind, kultiviere ich schon seit ca. 12 Jahren neben einigen anderen Sorten.

Die echte „hizakura" ist aber nicht die abgebildete, ich schicke Ihnen anbei einige vertrocknete Blüten von der echten hizakura, die Blumen waren dunkelrot, wie sich noch nach ziemlich sieben Jahren erkennen lässt*), ich fand grosse Bäume davon auf der Insel Oshima (Kagoshima-Ken). Die Blütezeit ist dort Januar.

Es gelang mir nicht, ein Exemplar lebend nach hier zu bringen, in japanischen Gärtnereien gekaufte Exemplare erwiesen sich nicht als echt; ich erhielt gewöhnlich rosa blühende Arten, obgleich ich die dunkelrote Sorte verlangt hatte.

Ich beauftragte auch eine deutsche Firma in Japan, mir die echte hizakura zu liefern, gab auch den Standort an, habe aber diese Sorte nicht erhalten.

Reiser, im November geschnitten, könnten vielleicht brauchbar ankommen; ich habe selbst im März 1896 Reiser von Prunus mume (japanische, schönblühende Pflaume) mitgenommen, die Abfahrt in Yokohama fand statt am 15. März, Ankunft in Leipzig am 13. April (via San Francisco). Die Reiser haben sich gut gehalten, wurden hier im Freien auf Pflaumen veredelt und mit Glasglocken bedeckt.

Der Sicherheit wegen liess ich auch einen Teil Handveredelung vornehmen und wurden diese im Kalthaus untergebracht.

---

*) Sie sind in der That noch jetzt dunkelroter als die abgebildeten. L. W.

Es wuchsen ungefähr die Hälfte von den Veredelungen, immer noch ein gutes Resultat, wenn man bedenkt, dass die Reiser schon weit vorgerückt waren.

Mit ergebenstem Gruss
Leipzig-Gohlis, 31. Dez. 1901.
Albert Wagner.

Bemerkung des Herrn Ökonomie-Rat Späth zu Vorstehendem:
Dass die japanischen Vulgärnamen für Pflanzen, ebenso wie in anderen Ländern die Pflanzenbezeichnungen des Volkes, recht unsicher sind und, je nach der Gegend, ganz verschiedene Pflanzen darstellen können, ist wohl eine bekannte Sache.

Dies scheint auch in dem vorliegenden Beispiel der Fall zu sein. Wie Herr Wagner selbst angiebt, sind ihm von japanischen Gärtnereien unter dem Namen „Hizakura" rosa blühende Formen verkauft worden und da in dem Kataloge einer der grössten Gärtnereien, der Yokohama Nursery Co., diese Form als „double pink, large flowered, in bunches" beschrieben ist, so ist doch wohl anzunehmen, dass dieser hellblühenden Sorte der Name „Hizakura" zukommt.

Auslichtungen im Tiergarten.

Im Tiergarten ist seit einiger Zeit mit den Lichtungsarbeiten zwischen der Hofjäger-Allee und der Charlottenburger Chaussee begonnen worden Die Arbeiten werden sich bis April oder Mai d. J. hinziehen. Das Ausholzen selbst wird bis Ende Februar dauern. Die Holzauktionen finden an jedem Dienstag im Tiergarten-Restaurant (am Bahnhof Tiergarten) statt.

Litteratur.

Die sozialen Rechtsverhältnisse der gewerblichen Gärtner in Deutschland im Lichte der Gerichtspraxis und behördlichen Verwaltungstechnik. Herausgegeben vom Hauptvorstande des Allgemeinen Deutschen Gärtnervereins. Preis 1,50 Mk. im Selbstverlage des Herausgebers.

In einem 104 Seiten starken Bande sucht der obengenannte Verein durch den Redakteur seines Organs, Herrn Otto Albrecht, an der Hand der Antworten auf eine Umfrage an die deutschen Gewerbegerichte, die unklaren Rechtsverhältnisse der gewerblichen Gärtner in Deutschland nachzuweisen. Da ich das Gefühl habe, dass man in manchen Kreisen nun der Meinung ist, der Allgemeine deutsche Gärtnerverein suche durch seine Schriften für eine gewisse politische Partei Propaganda zu machen, so fühlte ich mich als Rezensent genötigt, dem vorliegenden Werke meine besondere Aufmerksamkeit zu schenken. Ganz unparteiisch muss ich nun nach aufmerksamer Beurteilung des Buches erklären, dass ich in demselben nichts gefunden habe, was einen treu zu Kaiser und Reich stehenden Patrioten irgendwie in seinen Gefühlen verletzen könnte.

Im Gegenteil kann sich jeder Gärtner freuen, dass die gewerblichen Rechtsverhältnisse derselben nach dem zusammengetragenen (und woran ich nicht zu zweifeln wage) unantastbaren Material wahrheitsgemäss beleuchtet werden.

Meinem Ermessen nach wird die Regierung, werden die gesetzgebenden Körperschaften, besonders der Reichstag, dem das Buch als Denkschrift gewidmet ist, dem Material als Baustein zur Regelung gewisser Verhältnisse im Gärtnereibetrieb, ob dieser der Landwirtschaft, jener dem Gewerbe in rechtlicher Beziehung anzugliedern ist, die gebührende Beachtung schenken.

Dass der Herausgeber nicht einseitig bei der Zusammenstellung des Buches vorgegangen ist, beweist die Darstellung der geschichtlichen Entwickelung der Gärtnerei mit einer statistischen Angabe der Gärtnereibetriebe, sowie des darin beschäftigten Personals seit dem Jahre 1875.

Wenn nun aber der Verfasser auf Seite 97 sagt, dass an dem zugegebenen Darniederliegen der wirtschaftlichen Verhältnisse in der Gärtnerei nicht so sehr die Konkurrenz des Auslandes, als vielmehr der Mangel an allgemeiner Bildung, Tüchtigkeit und Leistungsfähigkeit Schuld ist, so muss ich ihm auf Grund der Ansicht, welche sich mir als ein mit der Zeit nicht bloss mitgehender, sondern auch in allen möglichen Positionen mitwirkender Gärtner aufgedrängt hat, entschieden entgegen treten. Was wird nicht heutzutage alles gethan, um die Bildung, besonders unter den jungen Gärtnern, zu fördern? Wie günstig ist jetzt die Gelegenheit, in Fachschulen sich weiter zu bilden! Jedenfalls bin ich fest überzeugt, dass die deutschen Gärtner in der allgemeinen Fachbildung auf der Höhe der Zeit stehen.

Was die Tüchtigkeit anbetrifft, so mangelt diese auf keinem Fall dem selbständigen deutschen Gärtner, wohl aber häufig den Untergebenen; die Arbeitsfreudigkeit hat bei diesen, unter viel günstigerer Gegenleistung als früher, ganz bedeutend abgenommen.

Betreffs der Leistungsfähigkeit der selbständigen deutschen Gärtner bemerke ich, dass diese jetzt so hoch steht, dass man darüber kein Wort verlieren darf; das haben die Ausstellungen auf dem Gebiete des Gartenbaues in den letzten Jahren bewiesen.

Ich schliesse meine kritische Besprechung mit dem Hinweise, dass der Herausgeber des vorliegenden Buches sich den Dank der gesamten deutschen Gärtner dadurch erworben hat, dass er dem Reichstage meinem Ermessen nach wertvolles Material über die Rechtsverhältnisse der gewerblichen Gärtner geliefert hat, andererseits können seine Ausführungen, besonders im Kapitel X, dazu dienen, an massgebender Stelle Gelegenheit zu geben, unreifen Ideen, die, wenn verwirklicht, nur den arbeitsscheuen Gärtnern zu gute kommen könnten, entgegen zu treten.

Amelung.

Ausstellungen und Kongresse.

Zur Prämiierung bei den Ausstellungen.

Im der „Gartenflora" 1901 S. 627 lasen wir Ihren herzerfreuenden, hoffentlich bahnbrechenden Artikel über die Gartenbau-Ausstellung zu Mainz.

Mit Ihren Ausführungen, namentlich im letzten Abschnitt, sind wir voll und ganz einverstanden und freuen uns, dass Sie den Mut gefunden haben, mit klaren Worten dem Grundübel des fortgesetzten Defizits unserer Ausstellungen zu steuern.

Uns hat es schon immer verletzt, dass die Gärtner die von Ihnen hervorgehobenen übertrieben hohen und zahlreichen Preise erhalten, sodass es uns vorkam, als ob die alte deutsche Einfachheit, der schlichten Wahrheit und Genügsamkeit nach fremdländischer Art durch äusseren Glanz, durch Geld und Geldeswert ersetzt werden soll.

Recht bedenklich war dabei, dass man die Industrie fast regelmässig, wenn auch nicht gerade übergangen, so doch ganz minderwertig behandelt hat. Und doch kann nie eine Gartenbauausstellung zustande kommen ohne deren Mithilfe. Sie stellt die Häuser her, sie schafft erst die Gelegenheit zu Ausstellungen; geschmackvolle Bauten fördern das Ansehen der dekorativen Anordnung. Bedenkt man dann noch die Unkosten der Industrie, für einen Aussteller oft 15 000 bis 20 000 Mark, erschrecklich hohe Summen im Verhältnis zu denen der Gärtner, die aber nachher den Löwenanteil erhalten, so kann man die Preisverteilung nur aus dem Gesichtspunkte verstehen, dass die Industrie im Preisrichterkollegium zu gering vertreten ist.

Wie schon hervorgehoben, hoffen wir, dass Ihre Ausführungen, welche sicherlich den Anfeindungen der Bevorzugten nicht entgehen werden, siegreich durchdringen und für die Zukunft uns noch glänzendere, auf gesunder Grundlage beruhende Ausstellungen schaffen.

Britz bei Berlin.

P. Liebenow & Jarius.

Eingesandte Preisverzeichnisse.

August Bitterhoff Sohn, Samengrosshandlung, Berlin O. Theil II Gemüsesamen. — Gebrüder Dippe, Quedlinburg, Samenbau und Samenhandlung. Die Kulturen, welche vor 57 Jahren 12½ ha umfassten, sind jetzt auf 2750 ha ausgedehnt, darin allerdings eingerechnet die 950 ha auf den Halberstädter und Neuendorfer Wirtschaften. — Joseph Klar, Berlin. Hauptpreiskurant 1902 über Samen aller Art, enthält zahlreiche Neuheiten und Illustrationen. — Otto Schulz in Buckow, bienenwirtschaftliches Versandgeschäft und Kunstwaben-Fabrik. — Georg Hillmann, Hermsdorf i. M. Spezialist für Gewächshausbauten, Mistbeetkästen, Hillmanns Zement-Isolier-Bausteine für Gärtnereien. — Carl Gronewaldt, Berlin. Katalog über Garten-, Obst- und Weinbau-Düngemittel. — Preisverzeichnis über Amboss-Aluminium-Pflanzenschilder mit Wulstöse, wetterfester und billiger als Holzetiketten. — Adolph Demmler, Berlin. Preisverzeichnis 1902 für Sämereien aller Art. — Otto Putz, Erfurt. „Im Garten", Preisbuch für das Jahr 1902 über Gemüse-, Feld- und Blumensamen, Obst-Sträucher und allerlei Gartenbedürfnisse, mit vielen Illustrationen.

— Kröger und Schwenke, Schöneberg bei Berlin. Engros-Angebot 1902 über Samenneuheiten und wertvolle letztjährige Einführungen. — Theodor Jawer, Niederschönhausen-Berlin. Illustrierte Hauptpreisliste 1902 über allerlei Gehölze, Topf- und Kübelpflanzen und besonders Lorbeerbäume. — J. C. Schmidt, Erfurt. Samen- und Pflanzenpreisbuch 1902, mit zahlreichen Abbildungen und einer Tafel neuer Gloria-Dahlien. — Anatole Cordonnier et fils, Bailleul. Extrait du catalogue général illustré de 1902 des Grapperies du Nord, enthält Verzeichnis der besten Chrysanthemum mit grossen Blumen, von Weinreben, Amaryllis, ornamentalen Pflanzen usw. — Otto Mann, Leipzig-Eutritzsch. Preisliste Frühjahr 1902 über Samen, Blumenzwiebeln, mit Illustrationen. — Hermann Thiele, Quedlinburg a. H. Haupt-Preisverzeichnis 1902 über Samen, Pflanzen und Blumenzwiebeln. — F. C. Heinemann, Kgl. Hoflief., Erfurt. General-Katalog N. 221/222, mit zahlreichen Abbildungen. — Haage & Schmidt, Erfurt. Desgl. — Walter Siehe, Mersina, Hortus orientalis, Turquie d'Asie. Knollen und Zwiebeln etc.

Personal-Nachrichten.

Karl Rasch, Gutsgärtner in Dombrowka, ist das grosse Allgem. Ehrenzeichen verliehen.

Dem Gutsgärtner E. Lipke zu Polnisch Fuhlbeck (Kreis Dtsch.-Krone) ist das Allgem. Ehrenzeichen verliehen.

Die Firma Carl Gronewaldt (deren Inhaber Mitglied des V. z. B. d. G. ist) zu Berlin N. 58, in Gärtner- und Gartenbau-Kreisen durch den Vertrieb von Düngemitteln, speziell der bewährten Voss'schen Mischungen bekannt, feierte am 2. Januar 1902 ihr 25jähriges Bestehen. Der Geschäftsbetrieb hat sich aus kleinem Anfange so ausgedehnt, dass er sich auf alle 5 Erdteile erstreckt, freilich nicht allein in Düngemitteln, sondern auch in allerlei chemischen Produkten, Erzen: eigene Leimfabrik etc. Die Firma unterhält auch eigenen Versuchsgarten und -Feld.

Josef Bunat, Direktor des pomologischen Landesinstituts zu Troja bei Prag, und Franz Illavacek, Fürstl. Lobkowitzscher Weingartenverwalter in Melnik, wurden zu Mitgliedern der in Prag bestehenden Kommission zur Prüfung der Kandidaten des Lehramtes an niederen und mittleren landwirtschaftlichen Schulen ernannt.

S. Kgl. Hoheit der Grossherzog von Oldenburg haben geruht, den Garteninspektor Ohnt in Oldenburg zum Gartendirektor zu ernennen.

Sir Joseph Henry Gilbert, Dr. phil., geb. den 1. August 1817 zu Hull, gestorben am 23. Dez. v. J. in Harpenden bei London. Er war der Agrikulturchemiker, welcher seit 1843 mit dem opferwilligen Landbesitzer † Sir John Lawes in Rothamstead, nahe Harpenden, langjährige Düngungsversuche, die ersten ihrer Art, ausführte.

Die Samenhandlung J. und P. Wissinger, Berlin, feierte am 1. Januar ihr 25jähriges Bestehen. Herr J. Wissinger ist Vorsitzender des Vereins der Samenhändler Deutschlands.

Hofmarschall a. D. von St. Paul-Illaire in Fischbach, Vorsitzender der Deutschen dendrologischen Gesellschaft, wurde das Kommandeurkreuz erster Klasse des grossherzoglich badischen Ordens vom Zähringer Löwen verliehen.

Ferd. Massange de Louvrex, ein berühmter belgischer Orchideenliebhaber, ist gestorben.

Ernst Schneider wurde auf sein Ansuchen seiner Dienstthätigkeit als Obergärtner und Hülfslehrer an der königl. Gartenbauschule zu Weihenstephan enthoben.

Die erledigte Stelle eines Obergärtners und Hilfslehrers bei der königl. Gartenbauschule zu Weihenstephan wurde in widerruflicher Weise Joh. Folger aus Neumarkt a. Rh., bisher an der Gärtnerlehranstalt in Köstritz, übertragen.

Dominial-Weinbauverwalter Semmler in Hattenheim erhielt das preussische Allgemeine Ehrenzeichen.

Anton Umlauft, k. k. Hof-Gartendirektor zu Schönbrunn-Wien, erhielt das Offizierskreuz des französischen Ordens pour le merite agricole verliehen.

Ernst Peter, Leiter der Gartenanlagen des fürstbischöflichen Priesterseminars in Weidenau (österr. Schlesien), gab diese Stellung auf und liess sich in Grosskroste (österr. Schlesien) als Kunst- und Handelsgärtner nieder.

E. Bohnhof, bisher Vertreter und Reisender der Firma F. Sander & Co.-St. Albans und Brügge, wurde als Vertreter und Reisender der Firma Charlesworth & Ko.-Heaton, Bradford (England), für den europäischen Kontinent mit dem Wohnsitz in Berlin W., Elssholzstrasse 23, angestellt.

Hugo Bohnhof, bisher im botanischen Garten der Harvard University in Cambridge-Boston (Nordamerika) thätig, wurde von diesem Institut zur Errichtung und Leitung einer Kultur- und Versuchsstation nach Ingo Soledad, Cienfuegos auf Kuba, versetzt.

Unentgeltlich abzugebende Samen.*)

(Nur für die Mitglieder des Vereins zur Beförderung des Gartenbaues.)

Meldungen bis zum 1. Februar an das General-Sekretariat, Berlin N., Invalidenstrasse 42. Nur die Nummern aufschreiben, und nur einige auswählen!

I. Gemüse.

1. Basilikum, feinblättriger, krauser.
2. Bohnen, Kölle oder Pfefferkraut (Suturya).

*) Das Verzeichnis erscheint von jetzt ab bereits am 15. Januar, anstatt wie bisher am 1. Februar, damit die Samen rechtzeitiger ausgesät werden können.

3. Tomate, The Micado, mit ausserordentlich grossen und schweren Früchten.
4. Petersilie, vorzüglich krause Moos-.
5. Blumenkohl, Berliner, vorzüglich, früher Zwerg-, z. Treiben f. d. freie Land.
6. Weisskohl, Berliner, mittelfrüher, grosser, weisser, festköpfiger.

7. Rotkohl, Berliner, extra fester, extra grosser, mit kurzem Strunk.

8. Wirsingkohl,ganz vorzüglich, grosser und festköpfiger, mittelfrüher, gelbgrüner.

9. Rosenkohl, Berliner, halbhoher, vorzüglich, festköpfiger.

10. Grünkohl, niedriger, extra mooskrauser, dunkelgrüner, Winter-.

11. Kohlrabi, verbesserte frühe, non plus ultra, z. Treiben f. d. freie Land.

12. Kohlrüben, kurzlaubige, weisse, einwurzlige, Schmalz-.

13. Karotten, frühe, kurze, rote, feinkrautige, Duwicker.

14. Karotten, Berliner, halblange, dunkelrote, abgestumpfte.

15. Petersilien-Wurzeln,halblange,dicke, Berliner, glatte.

16. Apfel-Knollen-Sellerie, runder, kurzlaubiger, feiner.

17. Radies, Berliner, rundes, scharlachrotes, als bestes f. d. freie Land.

18. Rettich, weisser, runder, kurzlaubiger, Berliner Markt-.

19. Zwiebeln, gelbe, runde, feste und sehr haltbare Zittauer Riesen-.

20. Porree, dickknolliger, grosser, bewährter, Berliner.

21. Kopfsalat,Kaiser-Treib-,kleiner, aber sehr festköpfiger, frühschiessend.

22. Kopfsalat, Trotzkopf, gelbe, sehr schöne Art, mit sehr grossen, festen Köpfen.

23. Rapunzeln (Feldsalat), dunkelgrüne, vollherzige, neuere vollherzige.

24. Gurken, lange, grüne, volltragende, als beste f. das Freiland.

25 Gurken, Berliner Aal-Treib-, bekannte und bewährte Art.

26 Kürbis, Riesen-Melonen, gesetzter, gelbfleischiger, bester, zum Einmachen.

27. Kresse, gewöhnliche, grüne Garten-, sehr beliebt zu Salat.

28. Zierkürbis, aus verschiedenen Sorten zusammengesetzt, kleine und grössere, schöne Formen.

II. Blumen.

29. Ageratum mexicanum, nanum „Imperial Dwarf", niedrige blaue.

30. Alyssum Bentlani, bekannte, weisse Einfassungspflanze.

31 Amarantus nobilis pyramidalis, Belaubung und Blütenrispen weinrot.

32. Antirrhinum majus grandiflorum, hohes, bestes und langstieliges gem.

33. Gefüllte Aster, niedrige, sehr reichblühende Boltze Zwerg-Bouquet, in allen Farben gemischt.

34. Gefüllte, grösste Zwerg-Chrysanthemum-Aster, 20—21 cm hohe, bekannte schöne Klasse, in 12 Farben gemischt.

35. Gefüllte Aster, ca. 50 cm hohe Paeonien Perfection, ganz vorzügliche Art, in 12 Farben gemischt.

36. Gefüllte Aster, Riesen-Komet, die schönen, lockeren Blumen sind dem Chrysanthemum ähnlich.

37. CalliopsisDrummondi,schönste grossblumige, dunkelgelbe.

38. Campanula macrostyla, prachtvolle grossblumige Sommer-Campanulace, gleich an Ort und Stelle im Freien gesät.

39. Celosia cristate, Hahnenkamm, in vielen Sorten gemischt.

40. Centaurea Margaritae, weisse, sehr beliebte, wohlriechende.

41. Grossblumige Englische Sommer-Levköyen, vorzüglich gefüllte, gesuchte Farben.

42. Dresdener remontierende Sommer-Levkoyen, schöne, grossblumige Klasse, f. d. Schnitt, gem. Farben.

43. Victoria-Bouquet, Sommer-Levkoyen, eigenartiger, gedrungener Bau, gem. Farben.

44. Riesen-Bomben Sommer-Levkoyen, bilden kompakte Blumenpyramiden.

45. Goldlack, Cheiranthus Cheiri semperflorens, in Farbe verbesserter, den ganzen Sommer blühender.

46. Chrysanthemum carinatum, Chamaeleon, reichblühend, von wundervollem Farbenspiel.

47. Cobaea scandens, ältere, bewährte Ranke für sonnige Balkons und Lauben.

48. Convolvulus tricolor, niedrige Winde, in vielen Farben gemischt.

49. Delphinium Ajacis fl. pl., Gefüllter Hyacynthen-Rittersporn, gemischte Farben.
50. Dianthus chin. imperialis pl. pl., bekannte, schöne Kaisernelke, div. Varietäten.
51. Gaillardia Lorenziana, dicht gefüllte Blumen, gelb bis purpurn, gem. F.
52. Godetia, Prinzess of Wales, leuchtend rot, geeignet für Töpfe und Freiland.
53. Helianthus multiflorus fl. pl., sehr interessante Art, die Blüten entwickeln sich aus den Blattachseln heraus und bedecken den Stamm in reicher Zahl.
54. Iberis purpurea Dunetti, leuchtend, purpurrote, beliebte Art.
55. Gefüllte Camellien-Balsaminen, meist weissgefleckte, schöne Farben, gemischt.
56. Lathyrus odoratus, Eckfords neue Hybriden, grossblumige Prachtsorten, gemischt.
57. Lobelia Erinus Kaiser Wilhelm, dunkelblaue, effektvolle, rundgebaute.
58. Lupinus nanus, niedrige Sorten, gemischt.
59. Mina lobata, prächtige, epheublättrige, wertvolle, feine Schlingpflanze.
60. Nicotiana silvestris, prachtvolle Einzelpflanze mit langen, weissen, duftenden Blüten.
61. Papaver paeoniflorum fl. pl., dichtgefüllte grosse Blumen.
62. Petunia hybrida grandiflora, nur grossblumige Pracht-Varietäten.
63. Phlox Drummondi cuspidata und fimbriata, sehr interessante Blütenbildung.
64. Phlox Drummondi nana niedrig, ausserordentlich reichblühend.
65. Reseda odor..ta Rubin, der R. Machet ähnliche, kupferscharlachrote Blüten.
66. Ricinus Zanzibariensis enormis, Blätter ca. 60 cm im Durchmesser, sehr effektvoll.
67. Salpiglossis variabilis grandiflora superbissima, grossblumige Trompetenzunge, reichblühend in herrlichsten Farben.

68. Scabiosa atropurp. gfl., gemischte Farben.
69. Silene pendula ruberrima, niedrige, dunkelste, karminrote, für Gruppen.
70. Tagetes patula ranunculoides fl. pl., dicht gefüllte, braune Art.
71. Tropaeolum Lobbianum, stark rankende Kapuzinerkresse, nur schöne Farben.
72. Tropaeolum majus nanum King of Tom Thumb, leuchtend scharlachrot, mit dunkler Belaubung.
73. Verbena hybrida, in den schönsten Farben, beliebte, wohlriechende Sorten.
74. Zinnia pumila fl pleno, dichtgefüllte, halbhohe Klasse, viele Farben.
75. Ziergräser-Mischung, ca. 20 beliebte Sorten für Bouquet und Arrangements.
76. Zea gracillima variegata, beliebte, bunte, neuere, feingestreifte Art.
77. Aquilegia bicolor fl. pl., beliebte, sehr dankbar blühende Staude.
78. Bellis perennis fl. pl., meist gefüllte, Blumen bringend, gemischte Farben.
79. Campanula Medium Calycanthema, beliebte Klasse mit becherartigen Blumen.
80. Cheiranthus Cheiri, dunkelbrauner Zwerg-Busch-Goldlack.
81. Levkoyen, grossblumige Kaiser-, in sechs schönen Farben gemischt.
82. Dianthus caryophyllus fl. pl., dicht gefüllte, wohlriechende Garten-Nelken.
83. Dianthus Margaritae, beliebte, schon im ersten Jahre blühende Pracht-Varietäten.
84. Myosotis alpestris nana compacta, blaues, gedrungenes Vergissmeinnicht.
85. Papaver bracteatum, grossblumiger, leuchtend scharlachroter Stauden-Mohn.
86. Primula veris elatior, herrliche Gartenprimel, schönste Farben.
87. Pyrethrum parth. aureum (Golden Feather), bekannte, niedrige, gelbe Einfassungs- und Teppichbeetpflanze.

88. Viola cornuta, sehr niedliche, den ganzen Sommer blühende Gruppenpflanze.
89. Vila tricolor maxima Trimardean, Extra-Qualität aus prächtigem Sortiment.
90. Acacia lophantha speciosa nana compacta, niedrige Topf-Akazie.
91. Begonia tuberosa hybrida gigantea, neue riesenblumige Prachtmischung.
92. Begonia semperflorens atropurp. Vernon, effektvolle Varietät mit glänzender, dunkelroter Belaubung und roten Blüten.
93. Calceolaria hybrida grandiflora, getigerte und getuschte Varietäten.
94. Cineraria hybrida grandiflora maxima, neueste, extra grossblumige, Englische.

95. Cytisus Attleyanus, ältere, aber schöne, gelbblühende Kalthauspflanze.
96. Eucalyptus globulus, Fieber-, auch Blaugummibaum, mit schöner Belaubung.
97. Medeola asparagoides, als Ampelpflanze, wie auch zur Dekoration und Ranken.
98. Mimosa pudica, bekannte, neuholl. Kalthaus- (schamhafte Sinn-) Pflanze.
99. Primula chinensis fimbriata, Topfprimeln, in den herrlichsten Farben gemischt.
100. Solanum capsicastrum nanum, niedrige, sehr hübsche, mit vielen, orangeroten Früchten besetzte Topfpflanze.

Berichtigungen.

In dem Artikel „Der Sellerie" sind, weil die Korrektur zu spät aus Kopenhagen zurückkam, einige Fehler stehen geblieben, von denen wir die wichtigsten hier anführen.

Seite 19, Zeile 23 von unten, statt: von den schwedischen Schriftstellern, lies: von dem schwedischen Schriftsteller Emal,

Seite 19, Zeile 4 von unten, statt: Hlesaborg, Kunsansa, lies: Uleaborg, Kuäsamo,

„	20	„	5	„	oben,	„	Skellettesa,	lies:	Skelletteaa,
„	20	„	10	„	„	„	Stenkjor	„	Stenkjaer,
„	20	„	7	„	unten	„	Aktran	„	Aktien,
„	22	„	5	„	„	„	Gleioselinon	„	Eleioselinon,
„	23	„	5	„	oben	„	Strobe	„	Strabo,
„	23	„	19	„	„	„	Italicum	„	Italorum.

Tagesordnung

für die

891. Versammlung des Vereins z. Beförderung d. Gartenbaues i. d. preuss. Staaten

am Donnerstag, den 30. Januar 1902, abends 6 Uhr,

in der Königlichen landwirtschaftlichen Hochschule, Invalidenstrasse 42.

I. Ausgestellte Gegenstände. II. Vortrag des Herrn Prof. Dr. Carl Müller, Wildpark: Über Befruchtung und Vererbung. III. 2. Lesung des Etats für 1902. IV. Verschiedenes.

Um zahlreiche Ausstellung von Pflanzen und möglichst vorherige Anmeldung derselben wird gebeten.

Auf Anregung des Herrn Brettschneider wird zu jeder Versammlung ein Ordner sein, welcher den Ausstellern ihre Plätze anweist. Für den 80. Januar hat Herr Kgl. Gartenbaudirektor Brandt dies Amt freundlichst übernommen. — Zur Hebung der Monats-Ausstellungen sind anstatt 500 M. für 1902 850 M. in den Etat eingesetzt.

Für die Redaktion verantwortlich Geh. R. Prof. Dr. Wittmack, Berlin NW., Invalidenstr. 42. Verlag von Gebrüder Borntraeger, Berlin SW. 46, Schönebergerstr. 17a. Druck von A. W. Hayn's Erben, Berlin.

1. Februar 1902.   Heft 3.

ARTENFLORA

ZEITSCHRIFT

für

Garten- und Blumenkunde

(Begründet von Eduard Regel.)

51. Jahrgang.

Organ des Vereins zur Beförderung des Gartenbaues in den preussischen Staaten.

Herausgegeben von

Dr. L. Wittmack,

Geh. Regierungsrat, Professor an der Universität und an der Kgl. landwirtschaftl.
Hochschule in Berlin, General-Sekretär des Vereins.

Hierzu Tafel 1495.

Neue grossblumige Pelargonien.

Berlin 1902

Verlag von Gebrüder Borntraeger

SW 46 Schönebergerstrasse 17a

**Erscheint halbmonatlich. Preis des Jahrganges von 42 Druckbogen mit vielen Textabbildungen und
12 Farbentafeln für Deutschland und Oesterreich-Ungarn 12 Mark, für die übrigen Länder des Weltpostvereins 15 Mark. Zu beziehen durch jede Buchhandlung oder durch die Post (Zeitungsverzeichnis
No. 2819).**

Pelargonium grandiflorum von W. Burger Halberstadt.
1. "Schön Illa." 2. Die Braut. 3. Garteninspector Mankemeyer. 4. Gretchen. 5. Frau Amalie Bluth.

Neue grossblumige Pelargonien.

Von Max Bürger, i. F. W. Bürger, Halberstadt.

(Hierzu Tafel 1495.)

In einem von Fräulein A. Herbst, Berlin, getreu nach der Natur gemalten Bilde stellt heute die „Gartenflora" ihren Lesern fünf meiner letzten und schönsten Pelargonien, Neuheiten 1901 und 1902, vor.

Die Spitze des Strausses krönt als Nr. 1 „Schön Illa". Ihre feine Färbung, ein zartes, atlasglänzendes Lachsrosa mit lebhafter Zeichnung, ist von so bestechender und einnehmender Schönheit, dass sie von fast allen Besuchern meiner Gärtnereien als die Schönste meiner Züchtungen bezeichnet wurde.

So getreu die Künstlerhand die Blüte auch wiedergegeben hat, so kann man jenes Lob erst ganz verstehen, wenn man eine Pflanze in ihrer vollsten Entwicklung gesehen hat.

Ausser ihrer Blütenpracht wirkt vor allem ihr runder, gleichmassiger Bau mit üppiger, wohlgeformter Belaubung, aus deren dichten Blattrosetten die aussergewöhnlich grossen, vollen, krausen Dolden hervorragen. Dabei ist ihre Blütenfülle derartig, dass eine Azalee ihr darin nicht gleichkommt.

Ich gestehe gern, dass sie entschieden eine der schönsten und vollkommensten ist, jedoch muss ich ihr meine andere diesjährige Neuheit, „Martha Bürger" treu zur Seite stellen.

Beide sind in allen ihren Eigenschaften gleich, nur hat „Martha Bürger" ein kräftigeres, härteres Rosa und ihr Blattwerk ist noch grösser und üppiger.

Auf diese beiden Sorten bin ich wirklich stolz.

Die Mitte der Tafel schmückt in lieblicher Unschuld „Die Braut". Sie ist von allen mir bekannten, weissgefüllten Sorten die schönste. Von den vielen bei mir gehaltenen und jahrelang beobachteten weissen gefüllten Sämlingen halte ich nun diese endlich für würdig genug, sie als Braut zu präsentieren, und wird niemand von ihr getäuscht werden. Sie besitzt eine grosse, schöne, volle, krause Dolde, die durch ihre lange Haltbarkeit sicher der Binderei sehr wertvoll werden wird. Ihr Wuchs ist zwar etwas schlanker, als ich es sonst bei meinen Sorten liebe, doch ist ja in letzter Zeit mal die Meinung geäussert, dass dies kein allzugrosser Fehler sei.

Ich betone jedoch bei dieser Gelegenheit wieder, dass bei mir stets der niedere Wuchs Hauptbedingung bleibt. Auch die „Braut" zeigt, wenngleich etwas höher wachsend, in ihrem Charakter doch die bestimmende Eigentümlichkeit meiner Rasse, indem jeder Steckling von ihr,

selbst bei üppigster Kultur, eine begrenzte Höhe erreicht und ungestutzt
Blüten und Blütenzweige entwickelt, die bei genügender Nahrung sich
selbst noch aus den untersten Blattwinkeln bilden.

Auf dem Bilde ist die andere Neuheit „Frau Amalie Bluth" etwas stiefmütterlich fortgekommen, jedoch auch eine naturgetreue ganze
Dolde würde bei dieser Sorte nichts vorstellen, da Blumen wie Dolde
klein sind und die Pflanze nur im Ganzen durch ihren verblüffenden Blütenreichtum wirkt. Eine Gruppe solcher Pflanzen ist wie das vollblü-
hendste Sommerblumenbeet anzusehen. Sie ist ob dieses Blütenreichtums,
ihrer eigenartigen, weissgefleckten, reinrosa Blüten und ihres aussergewöhnlich zierlichen, aber dichten Wuchses auf den letzten Ausstellungen
allgemein bewundert worden.

Ihre ganze Erscheinung ist eigentlich dem „Grossblumigen Pelargonium" so fremdartig, dass man sie aus der Entfernung nicht dafür
halten wird. Auch bei näherer Betrachtung zeigt sich, dass ihr Blattwerk und ihr ganzes Wesen anderen Geranien-Arten ähnlicher ist, als
gerade den Pelargonien, und auch ihre absolute Unfruchtbarkeit weist
darauf hin, dass es ein frischer Bastard ist. Es ist mir dies um so son-
derbarer, weil ich seit 10 Jahren keine anderen als Pelargonien-Arten zu
Kreuzungen verwende und auch nicht mit ihnen zusammen kultiviere.
Dies fremde Blut muss also in den Mutterpflanzen wenigstens 10 Jahre
geruht und nun Anregung gefunden haben, sich plötzlich wieder
Geltung zu verschaffen.

Eben so wenig tritt in dem Strauss „Gretchen" hervor.

Eine bescheidenere Schönheit, die nicht gleich ins Auge fällt, aber
doch durch ihre vielen guten Eigenschaften an Wert gewinnt, je näher
man sie kennen lernt. Sie blüht in grossen, breiten Dolden, mit vielen
wohlgeformten, grossen, runden Blumen, deren feine Färbung durch die
dunklere Aderung ganz eigenartig interessant wirkt. Sie ist in jeder
Weise sehr dankbar und wird sich sicher überall leicht einführen.

Ganz anders dagegen leuchtet aus dem Strausse in herausfordernd-
ster Weise „Garteninspektor Mönkemeyer" entgegen. Diese Farbe
ist nun einmal die prahlendste, die durch keine Farbenstellung verliert,
sich überall Geltung zu verschaffen weiss und dominierend hervortritt.
Im Charakter des „Grossblumigen Pelargonium" liegt eigentlich diese
Färbung nicht und es hat lange gedauert und mir grosse Mühe gekostet,
bis ich diese Farbe erzielt habe.

Sie ist durch das Blut des „Zonale Pelargonium" auf meine „Grossblumigen" übertragen, was sich auch heute immer noch bei all diesen
Sorten durch die Belaubung verrät.

Anfänglich waren diese Sorten kleinblumig, sowie sehr schwachwüchsig, und manche Generation ist vergangen, ehe ich „Friedrich Engel"
und „Leuchtkäfer" als erste dieser Färbung dem Sortimente beifügen
konnte. Die Blumen vervollkommneten sich dann später noch bei „Andenken an Wildpark" und „C. Holzmann", erstere ist jedoch etwas anspruchsvoll in der Kultur und letztere nicht immer zuverlässig. Endlich
in „Garteninspektor Mönkemeyer" sind alle dieser Farbe bis jetzt anhaf-
tenden Mängel beseitigt.

Sie ist entschieden eine Vervollkommnung, wie alle meine Neuheiten, denn ich gebe nichts Neues heraus, was nicht das schon Vorhandene in jeder Weise übertrifft:

Dies wird auch von den bedeutendsten Pelargonien-Kennern des In- und Auslandes in offenster Weise anerkannt. So sagt z. B. G. A. Hoffmann, Zittau, in seinem Verzeichnisse: „Diese Neuheiten, etwas ganz hervorragend Schönes, was alles bis jetzt Dagewesene übertrifft". Es haben mir auch schon viele Pelargonien-Züchter bei ihren Besuchen erklärt, dass ich nun wohl am Ende meiner Schöpfungen sei, denn noch Schöneres würde sich wohl nicht finden.

Ich dagegen denke anders darüber und erwarte noch viel Arbeit, ehe ich meine mir zunächst gesteckten Ziele erreicht habe: Erstens, alle Sorten echt und vollkommen allgemein aus Samen ziehen zu können und zweitens ein Sortiment zu besitzen, das sich als Gruppenpflanzen im Freien bewährt.

Spiraea pubescens Turcz. in Kultur.

Von E. Koehne.

Strauch von 1,6 bis 2 m Höhe, mit bogenförmigen Ästen zwischen Nachbargebüschen fast kletternd, ohne Ausläufer, schwächer bestockt als S. chamaedryfolia. Zweige drehrund, die mit Blütenständen besetzten unterwärts kaum 2 mm dick, dunkelbraun. Knospen sehr klein (höchstens 1 mm), eiförmig. Triebe, Blattstiele, Blütenstandstiele (nur bis an die Dolde heran) mit feinen Zottenhaaren nicht sehr reichlich besetzt. Blattstiele 1—5 mm lang. Blätter aus verschmälertem Grunde länglich, bis 37 mm lang, 13 mm breit, an den Blütenstandstielen nur 1—2 cm lang, an kräftigen Laubtrieben wahrscheinlich auch noch über 37 mm lang, spitz, im oberen Drittel einfach, hier und da doppelt gesägt, mit nach der Blattspitze hin oft an Grösse abnehmenden Sägezähnen, oberseits kahl oder fast kahl, am Rande von feinen Härchen ziemlich reichlich gewimpert, unterseits etwas heller, kaum graugrün und zerstreut, nur auf den Nerven etwas dichter feinhaarig, jederseits mit meist 4—5 steil aufgerichteten Fiedernerven, mit sehr feinem, unterseits etwas dunkler gefärbtem, aber gar nicht vortretendem Adernetz. Blütenstände vollkommen doldenförmig, abgesehen von 1—3 etwas tiefer stehenden Blütenstielen (wovon der unterste öfters in einer Laubblattachsel); Doldenstiele mit je 3—7 Laubblättern besetzt, längs vorjähriger Zweige in grosser Zahl entspringend, die untersten bis 3,5 cm lang, die oberen allmählich an Länge bis auf 1,5 cm, ausnahmsweise bis auf 1 cm abnehmend. Blütenstiele 8—12 mm lang, völlig kahl. Blüten etwa 8 mm breit. Kelch vom Blütenstiel bis zu den Spitzen 2,5 mm lang, sehr flach kreiselförmig, kahl, nur seine Abschnitte fein gewimpert, dreieckig, so lang wie der Kelchbecher, zur Fruchtzeit nicht zurückgeschlagen, sondern weit abstehend, etwas

erhoben, nur an den Spitzen etwas zurückgebogen. Drüsenring tief gekerbt. Blumenblätter kaum 4 mm lang, kreisrund. Staubblätter gegen 30,
die längsten etwas länger als die Blumenblätter (5 mm lang). Fruchtknoten an der Innenkante dicht zottig, an der Aussenkante unterwärts
mit einzelnen Haaren; im übrigen kahl. Griffel etwa die Mitte der längsten
Staubblätter erreichend. Balgkapseln den Kelch weit überragend, 2 mm
lang, fast aufrecht, mit vorgewölbtem Scheitel der Bauchkante, Griffel
deshalb auf der Aussenseite unterhalb des höchsten Punktes der Kapsel,
etwas nach aussen abstehend.

Aus chinesischen Samen in den achtziger Jahren von W. Lauche-
Wildpark bei Potsdam erzogen. Von Lauche erhielt die Pflanze Herr
Dr. Carl Bölle. der sie unter den bekannten kultivierten Arten nicht
unterzubringen vermochte und die grosse Freundlichkeit hatte, mir davon
Material zuzusenden. Nach längerem Zweifel, ob nicht vielleicht eine
neue Art vorliege, kam ich schliesslich doch zu dem Ergebnis, dass zu
der Pflanze die Diagnose der S. pubescens Turcz. Bull. Soc. imp nat.
Mosc. V. (1832) S. 190, wie sie von Maximowicz in Adnot. de Spiraea-
ceacis (1879) S. 89 gegeben wird, recht gut passte. Das einzige, was
mich zweifelhaft machte, war die Bemerkung, dass die jungen Triebe
kahl seien, welche Angabe bei der sonstigen Behaarung der Pflanze
einigermassen auffallend und vielleicht nur auf unvollständiges oder nicht
gut erhaltenes Material zurückzuführen ist. Nach gütiger brieflicher
Mitteilung des Herrn Dr. Bolle ist noch folgendes über die Pflanze zu
bemerken: „Das Gewächs, welches sich jetzt in einigen wenigen, gut
ausgebildeten Exemplaren in Scharfenberg befindet, hat sich daselbst
schön entwickelt und als hart bewährt. Es scheint blühend den Typus
von S. chamaedryfolia auf etwas höherer Stufe der Entwickelung wiederholen zu wollen. Der Strauch bestaudet sich aber weniger stark und
erreicht eine bedeutendere Höhe (vergl. oben die Beschreibung). Dabei
baut er sich durchaus anders: durchsichtiger, mit bogenförmig ansteigendem Geäst, das gern fast rankend in Nachbargebüsche hinaufsteigt, so
einen eigenartigen und sehr anmutigen, dabei von dem anderer Spiraeen
durchaus abweichenden Anblick gewährend. Die Blütezeit fällt in den
Anfang des Juni und verlängert sich auf mehrere Wochen. Fruchtreife
Ende August bis September."

In der Blattform nähert sich S. pubescens wohl am meisten der
S. media, jedoch entfernt sie sich von der ganzen Gruppe media-flexuosa-
chamaedryfolia-ulmifolia durch den stark zurückgeschlagenen Frucht-
kelch. Hierdurch schliesst sie sich vielmehr an die übrigens auch mit
gleicher Blütenstandsbildung ausgerüsteten Arten bracteata, Blumei,
trilobata, Cantoniensis und chinensis an. Bei diesen sind aber die
Staubblätter kürzer, höchstens fast ebenso lang wie die Blumenblätter;
ausserdem ist ihre Blattbildung und Behaarung durchaus verschieden.
Die mit S. pubescens am nächsten verwandte, kultivierte Art ist unzweifelhaft S. chinensis, die gleichfalls doldenförmige Blütenstände, aber
filzige Blattunterseiten und Blütenstände besitzt.

Spiraea ulmifolia Scop. und S. chamaedryfolia L. Im Anschluss an obige Zeilen möchte ich hier darauf hinweisen, dass es doch vielleicht angebracht ist, die beiden Pflanzen als selbständige Arten anzusehen. Bei ulmifolia ist der Blütenstand mehr kugelig, die Blütenstiele aber deutlich traubenförmig an verlängerter Achse befestigt, die Blüten sind grösser, erscheinen 14 Tage später, und die Blätter sind grösser mit etwas stärkerer Behaarung als bei S. chamaedryfolia, wo der Blütenstand stets flacher, durch stärkere Verkürzung der Traubenachse viel mehr der Doldenform genähert, die Blüten kleiner und frühzeitiger, die Blätter kleiner und schwächer behaart sind. Betreffs etwaiger in Gärten vorhandener Zwischenformen wäre zu erwägen und durch weitere Beobachtung festzustellen, ob sie nicht als Mischlinge gedeutet werden dürfen.

Bericht über die Kulturversuche im Jahre 1901,

die unter Leitung des Vereins zur Beförderung des Gartenbaues in den Preussischen Staaten auf den Rieselfeldern der Stadt Berlin in Blankenburg ausgeführt wurden.

Erstattet von

Joseph Klar, Berlin, Samenhandlung, Hoflieferant Sr. Maj. des Kaisers und Königs, und Otto Mende, Obergärtner der Stadt Berlin, zu Blankenburg.

(Schluss.)

Pyrethrum roseum hybridum grandiflorum. Einige Exemplare waren grösser als die bisher vorhandenen. Hoffentlich werden diese im nächsten Jahre noch besser.

Aster „Gloria" ⊙. Unscheinbare Blume, Mitte weiss, Rand scharlachrot. Erinnert an die Kokarden- oder Ringaster, ist aber kleiner. Bau wie bei der Tannenbaum-Aster.

Aster Phoenix „Jungfräulein". Es war schwer, die eigentliche Jungfrau herauszufinden, die Hälfte war falsch und gefiel nicht. — Sie soll eine neue Klasse von Astern darstellen. Der hohe Wuchs und der gewölbte Bau lassen eine Abstammung von der Victoria-Aster vermuten. Die Farbe „mattrosa" dürfte für die Binderei sehr gesucht sein. Deswegen ist doch aber wohl keine neue Klasse nötig, deren wir bei den Astern schon genug haben.

Aster „Dame", lasurblau ⊙. Zierliches Blümchen, dessen lasurblaue Farbe das Sortiment vergrössern hilft, das erst seit kurzem angelegt ist. Blätter lanzettförmig, eigenartig, sonst nichts hervorragendes.

Aster „Erfordia", rosa ○. Bereits wieder eine neue Klasse, die im Bau der Tannenaster fast gleich kommt. Die kleinblumige Pflanze bringt eine Fülle von „leuchtendrosa" Blumen auf langen Stielen.

Aster „Triumph", kupferscharlach ⊙. Enthielt auch blutrot blühende; sonst ziemlich rein, während die Farbe *„weiss mit dunkelscharlach"* besser karmoisinrot benannt wäre.

Aster „Triumph", kupferscharlach mit weiss zeigte nur wenig reine Farben. Alle drei genannten neuen Farben vervollständigen das Sortiment dieser sehr geschätzten Klasse, welche vor 13 Jahren bereits in den Handel kam.

Pentstemon pubescens pygmaeus ♃. Dieser Pentstemon wurde hier bis
40 cm hoch, blühte mattrosa, lila und purpurfarben und starb wie eine
Annuelle im Laufe des Sommers ab. Wir glauben. dass diese Neuheit
auch ebenso schnell wieder verschwinden wird.

Petunia hybr. grand. comp. fl. pl. rosea perfecta ☉. Der Name ist länger
als die Pflanze gross, da sie nur etwa 12 cm hoch wurde. Die leuchtend
rosa Blumen bilden einen förmlichen Knäuel, der wie mit einer Brenn-
schere gekräuselt schien. Die Pflanzen blühten zur Hälfte gefüllt und
waren gut.

Chrysanthemum maximum „Prinzess Heinrich" ♃. Eine schöne Perenne
mit grossen weissen Strahlenblumen, wie seit kurzem diese Gattung
mehrere ähnliche aufzuweisen hat. Die Blumen sind äusserst gross nnd
eignen sich zur Binderei, wie die anderen Hybriden. Ebenso sind die
graugrünen Blätter sehr kräftig. Eine sehr schätzbare Staude.

Delphinium dictyocarpum ♃. Eine neue Einführung, die aus Sibirien
stammen soll. Die Staude wurde etwa 50 cm hoch und blühte schön
hellblau. Wir kommen nächstes Jahr auf diese gute Schnittpflanze zurück, da sie jetzt noch nicht ganz ausgebildet war.

Viola cornuta grandiflora ♃. Sehr dankbar blühendes gehörntes
Veilchen, dessen grosse hellblaue Blumen den ganzen Sommer hindurch
sich zeigten und die wir gern empfehlen wollen.

Von bereits erprobten Pflanzen älterer Jahrgänge erwähnen wir noch
einige, die sich nunmehr als recht empfehlenswert erwiesen haben.

Iberis hyacinthiflora ☉. Milchweiss blühendes Sommergewächs mit
langgestreckten Rispen. Schnittblume ersten Ranges. Desgleichen auch
für Gruppen.

Chrysanthemum carinatum „Gloria" ○. Schöne grosse gelbe Strahlen-
blume, die Blumen entwickeln einen herrlichen Wohlgeruch.

Verbena erinoides ☉. Lilablütige kleinblumige Verbena, deren Laub
fein kraus.

Tannenbaum-Aster ☉. Übertrifft wohl sämmtliche Astern in Bezug auf
Dankbarkeit. Wegen langer Blütenstiele zur Binderei äusserst gut.

Rudbeckia radula ♃. Dankbarer Blüher mit gelben Blumen und
schwarzer Scheibe. Dürfte wohl in keinem Kataloge mehr fehlen. Ebenso
Rudbeckia laciniata fl. pl. ♃.

II. Gemüse.

An Gemüsen wurden gezogen:

Kopfsalat, Riesen-Krystall-. Der Salat hatte feste Köpfe und dürfte zu
den in neuerer Zeit eingeführten Eissalaten gehören. Die Köpfe sind
mehr braun, die Blätter geschlitzt. Wir fanden denselben etwas grob-
strünkig, aber, da die Köpfe sehr gross sind, lohnend für den Anbau.

Gurke, Treib-, Weigelts Beste von Allen. Ob vorstehende in der That
die beste von allen ist, entzieht sich unserer Betrachtung. wir glauben
aber, dass hinter den Kulissen bereits wieder eine „allerbeste" auf-
tauchen dürfte; dann ist es mit der vorigen nichts mehr. Und so geht es
weiter ohne Ende. Die Weigeltsche Gurke hat eine lange, schön ge-
streckte Form und ist als Treibgurke sehr zu empfehlen.

Kopfkohl, roter Erfurter Schwarzkopf. Derselbe ist, wie angegeben, schwarzrot und hat prachtvolle mittelgrosse, mehr länglich-runde Köpfe, welche sehr hart und anscheinend von grosser Dauer sind. Bei einer Untersuchung mussten wir leider die Entdeckung machen, dass die Köpfe bei aller schönen Farbe und Festigkeit ziemlich starke Rippen hatten, wodurch der Kohl bedeutend an Qualität verliert, was zu bedauern ist.

Tomate „Phänomen" ⊙. Die Früchte sitzen recht voll, sind gross und äusserst safthaltig. Die Farbe ist leuchtend granatrot. Diese Sorte dürfte eher zu den späten als frühen zu zählen sein, da die Früchte erst Ende August Farbe bekamen. Leider platzten sie sämtlich an der Pflanze auf, so dass es uns nicht möglich war, auch nur eine fehlerfreie Frucht zu sehen. Möglich ist, dass die starke Hitze, welche im letzten Sommer herrschte, und der darauf folgende kalte Regen schuld hieran sind.

Tomate „Goldjubiläum" ⊙. Ebenfalls ein schöner grossfrüchtiger Liebesapfel, der leuchtend gelb, sehr auffallend und ansprechend ist. Auch diese Äpfel bekamen an der Pflanze je vier schwarze Risse, welche nachstockten, so dass es auch hier schwer hielt, vollkommene Exemplare zu finden. In der Kgl. Melonerie zu Potsdam, wo sich die unter Hofgärtner Meermann sehr berühmt gewordene Gemüse- und Champignontreiberei befindet, sollen manche Früchte 1½ kg gewogen haben, und sollen auch andere Sorten dies Gewicht erreicht haben. Beim flüchtigen Durchgehen Mitte September 1901 sahen wir noch Reste, die über 20 cm im Durchmesser hatten.

Krupbohne „Goldelse", allerfrüheste gelbschotige Wachsbohne. Eine ertragreiche Salatbohne, die auch gelbsamig ist. Ob diese Neuheit wieder einmal die allerfrüheste ist (Wachsbohnen sind überhaupt nicht früh), können wir mit Bestimmtheit nicht sagen. Hierzu müssten Kontrollversuche gemacht werden, was aber in diesem Fall viel Platz wegnähme und eine bedeutende Arbeitslast verursachen würde. Wir können dessenungeachtet konstatieren, dass obige Bohnen, mit einigen anderen Wachsbohnen zusammen gepflanzt, etwas früher ansetzten.

Die anderen eben erwähnten Bohnen waren:

Krupbohne, allererste Wachs-, Sachs. Eine noch neuere Einführung. die sehr reichlichen Behang hatte, und

Krupbohne, Dattel-Wachs-. Diese wurde höher als die vorhergehenden und trug auch reichlich. Die Dattel-Wachsbohne ist eine bekannte alte Sorte.

Kneifelerbse „Riesenkind". Dieses mit vieler Reklame in die Welt gesetzte Riesenkind entpuppte sich als eine hohe Pahlerbse, die ziemlich ergiebig, aber ausserordentlich vom Meltau befallen war, so dass die Blätter wie mit Mehl bestreut aussahen.

Kartoffeln. Seit langer Zeit ist der Verein zur Beförderung des Gartenbaues bemüht, einen Ersatz für die bekannte „frühe lange Sechswochenkartoffel" einzuführen, da diese nicht ertragreich ist und auch viel Dünger beansprucht. Wiederholt wurden vom In- und vom Auslande andere Sorten bezogen, von denen sich bis jetzt nur „Victor" bewährte. Man hoffte aber nach einem Vortrage des Herrn Rittergutsbesitzers Lothar Meyer über die Kanalinseln, Gartenflora 1900 S. 346, in den

Kartoffeln von der Insel Jersey, mit denen der Londoner Markt früh versorgt wird, doch noch besseres zu erhalten, und trachtete danach, echte Saat zu bekommen. Das war aber erst nach langem Bemühen möglich; die Firma Hubert & Comp. Jersey beschaffte uns zwei Sorten: Royal Jersey Fluke und International Kidney.

Kartoffel Royal Jersey Fluke ist eine lange weisse Sorte, die früh und auch ergiebig ist. Die Knollen traten aber, bald nachdem sie angesetzt hatten, aus der Erde heraus und wurden grün. Das Kraut wurde sehr hoch.

Kartoffel International Kidney ist auch eine lange weisse Kartoffel, im Wuchs aber niedriger und nicht ganz so ergiebig als vorige.

Von mehreren Mitgliedern des Gemüseausschusses sind diese Sorten ebenfalls gebaut und zwar im Vergleich mit der Sechswochenkartoffel, mit Kidney usw. Das Resultat ist bereits in Gartenflora 1901 S. 426 mitgeteilt. Danach ergab sich, dass „Victor" die früheste und zugleich die wohlschmeckendste von allen war, die beiden Sorten von der Insel Jersey aber die wässerigsten. Sie schmeckten, als wenn sie noch nicht reif wären. — Es wird gut sein, den Versuch fortzusetzen.

Die Jersey-Sorten müssen sich vielleicht erst akklimatisieren. Die Sorte „Victor" aber erfreut sich seit kurzem bereits grosser Beliebtheit und verdient noch immer mehr angebaut zu werden.

Geschichtlich sei hier erwähnt, dass die *„lange weisse Sechswochenkartoffel"* in den vierziger Jahren des vorigen Jahrhunderts von Dominicus Klar, dem Vater von Joseph Klar, aus Hamburg in Berlin eingeführt und zum ersten Mal von ihm im „Englischen Hause" ausgestellt wurde. Der verstorbene Gärtner Faust gab sich dann mit besonderem Interesse der Kultur der Sechswochenkartoffel hin.

Über einige neuere Stauden, die im ersten Jahre noch nicht zur Blüte gelangten, hoffen wir im nächstjährigen Bericht Mitteilungen machen zu können.

Oberhofgärtner Adolf Reuter,
geb. den 30. Dezember 1825, † den 31. Oktober 1901.

(Hierzu 1 Abb.)

Tὸ γὰρ γέρας ἐστί ϑανόντων.

„Denn die letzte Totengabe ist es," die Verdienste eines Mannes preisen zu dürfen, der als einer der Unsrigen gelebt und gewirkt. Um sein Andenken, sein Bild fester in der Erinnerung zu bewahren, möchte diese Widmung gleichsam als ein Ehrenreis mit in seinen Lebenskranz hinein verflochten sein.

Wohl haben liebende, treue Hände zuletzt die Hülle des teuren Vaters mit Blumen bestreut, teilnehmende Herzen dem Sarge das Anfangsgeleit gegeben,*) Gönner wie Freunde und Genossen ihn darnach zur Gruft geleitet, und in allen diesem laut Zeugnis abgelegt über den hohen Wert des Dahingeschiedenen. Galt doch dies alles dem alten lieben Kollegen, dem Oberhofgärtner Reuter von der Pfaueninsel, der Stätte seiner über mehr denn 30jährigen Wirksamkeit. Sei es nun aber auch noch der Freundschaft vergönnt, einige Worte der Erinnerung und damit der Ehrung sagen zu dürfen, wie sie einem in seinem Berufskreise bedeutenden Manne wohl zusteht. Nicht, dass unser Held in etwa epochemachenden Thaten seiner Tüchtigkeit Ausdruck gegeben, sondern dass

Abb. 8.   Oberhofgärtner Adolf Reuter,
geb. am 80. Dezember 1825, gest. am 31. Oktober 1901.

er im Laufe seines Entwickelungsganges und der ihm innewohnenden treuen Gesinnungsweise zu einem Manne heranreifte, welcher, obschon im abhängigen Dienstverhältnis stehend, doch als ein hervortretender Charakter sich mehr und mehr bekundete — das ist der grosse Zug an dieser Persönlichkeit. Und will es andererseits dem befangenen Auge auf den oberflächlichen Blick auch erscheinen, als sei dies ein an sich ganz natürlicher Vorgang, dass der Verschiedene das geworden, was er war, etwa infolge seiner Lebensstellung, so wird doch der überlegende Gedanke bei dem Überschauen eines über 30 Jahre dauernden, scheinbar ganz gleichgearteten Zustandes zu dem entgegengesetzten Resultate ge-

*) Die Schulkinder von Klein-Glienicke begleiteten den Trauerzug unter Führung des Herrn Pfarrers Rödenbeck mit dem Gesange des Liedes „Was Gott thut, das ist wohlgethan".

langen. Er wird in dem Prozess des Heranreifens, des sich Ausbildens wohl der Bewunderung Wertes zu erblicken vermögen. Auf einsamer Insel, d. h. losgelöst von dem unmittelbaren Zusammenhange des täglichen Verkehrs mit seinesgleichen, blieb Reuter scheinbar immer derselbe, gleiche. Und doch verschob sich dies scheinbare Gebild, sobald man nur mit einiger Aufmerksamkeit von Zeit zu Zeit ihn sah und ihm zuhörte, um immer wieder neue Seiten seiner interessanten Ideen, seiner fachlich so tüchtigen Beobachtungsgabe und nicht zuletzt seiner Treue im Festhalten und Ausharren des ihm einmal überwiesenen Postens kennen und bewundern zu müssen.

Auf seinem langen Lebenswege, der mit dem Jahre 1825 (30. Dezember) auf dem in nächster Nähe gelegenen Gebiete des Neuen Gartens beginnt, sehen wir ihn nach zurückgelegter Schulzeit im 17. Lebensjahre sich dem gärtnerischen Berufe zuwenden. Die drei nach damaliger Vorschrift noch zu Recht bestehenden Lehrjahre brachten den jungen Reuter einmal in den Neuen Garten unter Hofgärtner Krausnick, dann in die Treiberei, Melonerie unter Hofgärtner Nietner, und zuletzt in das Orangerie- und Terrassenquartier unter Hofgärtner Hermann Sellos Leitung. Der Ruf dieser damals so bekannten Fachleute mochte wohl auch ihm dem Schüler hinreichend Gelegenheit bieten, eine tüchtige Grundlage in seinem Fache legen zu können. Allein hiermit nicht befriedigt, zog er es vor, noch in einen weiteren vierjährigen Lehrkursus der Königlichen Gärtnerlehranstalt einzutreten, zu dessen Ausführung auch damals noch der mindestens einjährige Besuch des Königlichen Botanischen Gartens in Berlin gehörte. Reuter war aber auch in dieser Zeit mit im Neuen Garten thätig. Nach seiner im Jahre 1850 erfolgten Ernennung zum Garten-Obergehilfen verwandte er vier weitere Jahre zu seiner Ausbildung in den Gärtnereien des Auslandes: Lüttich, Gent, Paris und Kew, wobei er den Grund zu seinem späterhin sich mehr und mehr bekundenden, universell gerichteten Blick für die grossen und bedeutenden Ziele unseres gärtnerischen Berufes legte. 1854 in die Heimat zurückgekehrt, fand Reuter in seiner Eigenschaft als Obergehilfe, später unter dem damals besonderen Titel eines „Planteurs", in der Königlichen Landesbaumschule zu Alt-Geltow namentlich in der ihm so liebgewordenen Baumkunde nicht nur eingehende Beschäftigung, sondern vor allem auch eine geistige Förderung. Beginnt doch schon hier seine lehramtliche Thätigkeit, insofern damals diese Baumschule gleichzeitig Unterrichtszwecken der Gärtnerlehranstalt diente. 1865 erhielt er den Titel eines „Baumschulinspektors" und 1866 wurde er von Alt-Geltow aus mit dem Charakter eines „Königlichen Obergärtners" nach Charlottenhof versetzt. Auf Grund seiner Tüchtigkeit wurde er 1868 zum „Königlichen Hofgärtner" ernannt, in seiner amtlichen Eigenschaft indessen erst ein Jahr später mit der gärtnerischen Leitung der in dem Havelbett so besonders reizvoll gelegenen Pfaueninsel beauftragt. Hier befand er sich in seinem Element, vermochte er doch nun selbständig zu schaffen und anzuordnen. Wurden auch die einzelnen landschaftlich gestalteten Bilder der Insel durchaus von ihm ihrer Hauptverfassung nach respektiert, so verstand er es doch bald als tüchtiger Gärtner, diejenigen Baumexemplare,

welche sich ihrer Bildung und Schönheit halber auf der Insel besonders
auszeichneten, aus dem Dickicht herauszusondern und diese freizustellen,
dass sie als bestimmte Einzelerscheinungen zu wirken vermochten. Von
hier aus datiert sich auch seine 13jährige Thätigkeit als Lehrer an der
Königlichen Gärtnerlehranstalt, die er erst mit dem Tode Lauches auf-
gab, um sich ganz seiner geliebten Insel widmen zu können. Nach
24jähriger Amtsthätigkeit hierselbst wurde ihm 1894 der Titel als „Oberhofgärtner" zu teil, und mit ihm hatte er die höchste Titularstelle erreicht, welche er innerhalb der ihm gegebenen Verhältnisse zu erreichen
vermochte. Seine Thätigkeit als Lehrer in den Unterrichtsfächern: Obst-
und Gehölzanzucht, Gemüsebau und Treiberei setzte er später auch noch
bei den ihm Untergebenen auf der Insel fort. Es war förmlich rührend,
seine Lust und Neigung, unterrichtend zu wirken, beobachten zu können,
und manch einer der lebenden Mitgenossen hat gewiss gleich dem Unterzeichneten den Eindruck des öfteren von der Insel mitgenommen, als
Fachmann durch diese Belehrungen von dem alten Reuter einen Gewinn
empfangen zu haben. Seine gärtnerischen Aufsätze, welche sich in verschiedenen Jahrgängen unserer „Gartenflora" etc. verstreut vorfinden,
atmen denselben Geist — den des Wissens und der Belehrung.
Es verstand sich Reuter namentlich auch auf geschichtliche Einzelheiten
oder Persönlichkeiten, die Geschichte der Einführung besonderer Neuheiten; so bearbeitete er eine längere Zeit hindurch mit Vorliebe
die Entstehungen und Erscheinungen buntblättriger Pflanzenformen,
welches damals so vorzugsweise beliebte Studium ihn u. a. auch mit
D a r w i n, dem jenseits des Kanals so berühmten Pflanzenbeobachter
in brieflichen Schriftwechsel zog. Hatte er ja schon zuvor, in den
Jahren 1854—65, da er in Alt-Geltow thätig gewesen, wiederholt Gelegenheit, den Altmeister Lenné auf seinen Reisen ins Ausland begleiten
zu können und damit eine gewisse Übung im Umgang mit solchen Persönlichkeiten erlangt. Seine umfassende Gehölzkenntnis führte ihm Besuche der bedeutendsten deutschen, französischen und englischen Garten-
kapazitäten ins Haus, und mit lebhafter Darstellung vermochte er alsdann im näheren Bekanntenkreise diese Begegnungen in seiner Weise
zu schildern. Er war eine für persönliche Begegnungen vornehmlich
fein beobachtend angelegte Natur und seine historischen Erinnerungen
aus den Tagen früherer Erlebnisse mit Personen aus den hohen und
höchsten Kreisen führten mitunter eine so lebhafte Wiedergabe herbei, dass
man ihm es anfühlte, er lebte in dieser Welt mit. Und diese Insel, welche
so reiche Familienerinnerungen an die Allerhöchsten Herrschaften unseres
Königshauses durch ein volles Jahrhundert hin aufzuweisen hat, sie
bildete auch gleichsam sein Tuskulum. Sein im Jahre 1858 mit der
noch lebenden Gattin geschlossener Ehebund, die Geburt seiner zwei
Söhne, deren ältester, als Nachfolger im Beruf des Vaters, zur Zeit
als Königlicher Obergärtner in Sanssouci wirkt, der jüngere dagegen zur
Zeit in Berlin das Amt eines Gymnasial-Oberlehrers bekleidet, diese
seine familiären Erlebnisse sind eng in das Bild seines Lebensdaseins,
seines Wirkens und Schaffens auf dieser Insel mit eingewoben. Reuter
war nicht nur als Künstler ein tüchtiger Fachmann, sondern zugleich

als Mensch eine echt deutsche Natur, in welcher die persönliche Liebe
und Treue, verbunden mit einer vornehmlich jovial angelegten Saite,
im engsten, besten Zusammenklange stand. Dankbar und bescheiden in
dem, was ihm Gott in seiner Lebensführung zuerteilte, hat man wohl nie
von ihm eine abfällige Äusserung über das Hervortreten gleichaltriger
oder jüngerer Kollegen zu hören bekommen. Er war zudem ein treuer,
fest zu seinem hohen Königlichen Hause stehender Patriot, nicht in
höfisch formaler Befangenheit, sondern ein aus seiner freien Überzeugung
heraus gehorsamer Beamter. Darum sind ihm auch hohe Ehrungen in
Gestalt verschiedener Ordensauszeichnungen zu teil geworden. Und auch
bei seinem Begräbnis ward ihm die Ehre zu teil, Blumenspenden der
Kaiserlichen Prinzen zu erhalten, die so oft und gern bei ihm geweilt.

Wir aber, seine Schüler und Fachgenossen, wir wollen ein treues
Andenken bewahren unserm

lieben alten Reuter!

Hoffmann.

Bestäubung von Cyclamen
und Schlüssel zur Bestimmung der Cyclamen-Arten.
(Nach F. Hildebrand.)

Im Anschluss an die vom Professor Dr. Friedrich Hildebrand
veröffentlichte neue Cyclamen-Art C. pseud-ibericum Hild. (s. Gartenflora 1901, S. 573) möchten wir auf das treffliche Werk desselben
Verfassers: Die Gattung Cyclamen L., eine systematische und biologische
Monographie, Jena, Verlag von Gustav Fischer. 1898, 8°, 190 S. mit
6 lith. Tafeln, aufmerksam machen. Der durch seine sorgfältigen und
peinlich genauen Beobachtungen rühmlichst bekannte Verfasser giebt
nach einer Einleitung, abweichend vom gewöhnlichen Brauch, erst
einen speziellen und dann einen allgemeinen Teil. Im I., dem
speziellen Teil, folgt nach einer Diagnose der Gattung die eingehende
Beschreibung der 13 bis dahin bekannten Arten (wozu jetzt als 14.
und 15. C. libanoticum und C. pseud-ibericum kommen würden), und
dann ein Schlüssel zur Bestimmung der Arten.

Im II., dem allgemeinen Teil, bespricht er 1. Vegetationsorgane der
Cyclamen im allgemeinen, 2. Keimung, 3. Knollen und Wurzeln, 4. Laub-
sprosse (Äste und Blätter), 5. Blüten, 6. Bestäubung, 7. Fruchtbildung,
8. Bastardbildung, 9. Variieren, 10. teratologische (d. h. Miss-) Bildungen,
11. geographische Verbreitung. Endlich folgt ein Register der Cyclamen-
Bezeichnungen, wobei wir gern gesehen hätten, wenn gleich dort, ohne
erst im Text nachzuschlagen, bei den Synonymen angegeben wäre, mit
welcher Art sie identisch sind.

Es ist unmöglich, aus der reichen Fülle des Gebotenen hier Details
mitzuteilen. Eins aber, was den Cyclamenzüchter am meisten interessiert,
wollen wir doch andeuten, die Bestäubung, über die besonders auch schon
Ascherson (Berichte d. Dtsch. bot. Ges., 1892, S. 226) eingehender bezüglich C. persicum und europaeum gesprochen.

Die Blüten sind so eingerichtet, dass sie in der ersten Zeit durch Insekten, später durch den Wind bestäubt werden (ähnlich wie Erica carnea und Calluna vulgaris, und Bartsia alpina, wie Kerner, Pflanzenleben II S. 128, nachwies).

Hildebrand sagt: „Wenn man eine frisch aufgegangene Blüte erschüttert, etwa durch Auftupfen auf den Fingernagel, so fällt aus der Spitze des Antherenkegels der Pollen in dicken gelben Klumpen heraus, ohne zu verstäuben; berührt man hingegen eine ältere Blüte nur ganz leise, so fliegt aus ihr ein Wölkchen von weisslichem Pollen heraus, und erst später, bei stärkerer Erschütterung, folgt ihm der in den Blüten noch etwa vorhandene gelbe Pollen in klumpigen Massen nach."

Beide, der gelbe und der weisse Pollen, sind gleich gebaut, die gelbe Farbe wird nur durch anhaftendes Öl bedingt, das nachher verdunstet. Die Insekten werden wohl meist Fremdbestäubung bewirken. Doch ist nach H. Selbstbestäubung beim Insektenbesuch nicht ausgeschlossen.

Wir müssen uns leider bescheiden, noch mehr von der interessanten Biologie mitzuteilen, wollen aber doch den Schlüssel zur Bestimmung der Arten von S. 88 noch geben. — Herr Professor Hildebrandt hat selbst die Güte gehabt, in nachstehendem Abdruck noch die beiden neuen Arten libanoticum und pseud-ibericum einzufügen, so dass diese Übersicht also gegenüber der im Buch befindlichen noch vervollständigt ist.

A. Antherenkegel in der Blumenkrone eingeschlossen.
  I. Blumenkronenzipfel an der Basis ohne Öhrchenbildung.

Bei allen, mit Ausnahme von C. cilicicum, die Blüten nach Entwickelung der Blätter.

  a) Knolle mit Korküberzug.   Cyclamen.
    Fruchtstiel nicht aufgerollt . . . . . persicum Mill.
        „   aufgerollt.
    Blumenkronzipfel an der Basis rein weiss
      mit schwarzviolettem Fleck . . . . pseud-ibericum Hild.
    an der Basis ohne abgegrenzten Fleck . europaum L.
  b) Knolle mit Büschelhaaren.
    α) Blumenkronzipfel verlängert.
      * Griffel aus dem Blütenschlunde
        hervorragend . . . . repandum Sibth. et Sm.
      ** Griffel nicht vorragend.
      Blumenkrone weiss m. roten Streifen balearicum Rchb.
      Blumenkrone rosa . . . . . . cilicicum Kotsch.
    β) Blumenkronzipfel oval.
      * Blätter mit Silberzeichnung, Blumenkronzipfel an der Basis:
        mit abgerundetem, dunkelrotem
        Fleck . . . . alpinum Hild.
        mit dreispitzigem Fleck . . . ibericum Stev.
      ** Blätter ohne Silberzeichnung . . Coum Sibth.

II. Blumenkronzipfel an der Basis mit Öhrchenbildung.

Bei allen die Knolle mit Korküberzug.

a) die ersten Blüten im Herbst vor den
   Blättern erscheinend.   Cyclamen.
   α) Kelchblätter lanzettlich. unregel-
      mässig gebuchtet, mit unverzweigten
      Nerven, Blüte weiss . . . . . . cyprium Kotsch.
      ganzrandig, mit verzweigten Nerven,
      Blüte rosa . . . . afrikanum Rchb.
   β) Kelchblätter eilanzettlich bis drei-
      eckig, Blätter mit Knorpelrand,
      Knollen unten bewurzelt . . . . graecum Lk.
      Blätter ohne Knorpelrand, Knollen
      am oberen Teil bewurzelt . . . neapolitanum Ten.
b) Die ersten Blüten im Frühjahr nach der
   Entfaltung der Blätter. Blumenkronzipfel
   meist hellrosa mit dunkelkarminrotem,
   meist T-förmigem Fleck, innen mit
   weissen Härchen . . . . libanoticum Hild.

B. Antherenkegel aus der Blume weit her-
   vorsehend . . . . Rohlfsianum Aschs.

L. W.

Kreuzung von Chamaedoreen.

Von Wilhelm Habermann, Kgl. Obergärtner.

Vortrag im Verein z. B. d. G. am 31. Oktober 1901.

(Hierzu 1 Abb.)

Die erste Veranlassung, mich der Kultur der Chamaedoreen mehr zuzuwenden, gab mir der verstorbene Handelsgärtner Paech, der
grossartige Erfolge in der Kultur dieser Palmen aufzuweisen hatte und
mein Lehrmeister darin geworden ist.

Er kultivierte besonders viel eine Art, die er vom Universitäts-
gärtner Sauer erhalten hatte und die in den Gärten unter dem
Namen Chamaedorea concolor Mart. geht. Vor etwa 25 Jahren erhielt ich von Paech einige Exemplare, anfangs nur männliche, dann auf
besondere Bitte auch weibliche, und habe ich durch Bestäubung derselben fast alljährlich Früchte erhalten.

Ich verschaffte mir dann auch andere Arten, da ich Chamaedoreen
als ganz ausgezeichnet für Dekorationszwecke erachte und sie als
ganz harte Zimmerpalmen hochschätze. Unter diesen anderen Arten
verdient besonders Ch. Arembergiana H. Wendl. hervorgehoben zu
werden, da diese gegenüber Ch. concolor einen viel kräftigeren Wuchs
hat und in derselben Zeit noch einmal so hoch wird.

Leider aber sind die Blätter von Ch. Arembergiana viel empfindlicher, und daher beschloss ich, diese Art mit Ch. concolor zu bestäuben,
was auch wiederholt gut gelungen ist. Es sind auf diese Weise Bastarde
erzielt worden, welche den üppigen Wuchs der Mutter, Ch. Arembergiana,
mit der Widerstandskraft des Vaters, Ch. concolor, vereinen.

Abb. 9. Fruchttragende Chamaedorea concolor im Kgl. Schlossgarten Monbijou zu
Berlin, gezogen vom Kgl. Obergärtner W. Habermann.
Halbreife Fruchtstände, korallenrot.

Wie die vorgeführten Pflanzen zeigen, sind die im Herbst 1897 gemachten Aussaaten von Ch. concolor erst ca. 50 cm hoch, während der
Bastard an seinen grösten Exemplaren Wedel von 1 m Länge besitzt.
Von der Mutter hat der Bastard ferner die gefalteten Blätter, wenn diese
auch nicht so stark gefaltet und nicht so hell sind wie bei ihr selbst.
vom Vater aber ·den weissen Streifen auf der Unterseite der Blätter.

In den folgenden Jahren sind die Versuche wiederholt und sind auch von diesen, zuletzt von der Aussaat im März 1900, Pflanzen ausgestellt.

Man klagt oft, dass die importierten Samen der Chamaedoreen nicht keimfähig sind und schiebt das gewöhnlich auf die lange Reise Ich habe aber selbstgeernteten Samen 18 Monate in einer Blechkiste (einer Cakeskiste) in Sägespänen aufbewahrt, sie dann ausgesät und sehr gut keimfähig befunden. Wenn die importierten Samen nicht immer keimfähig sind, so mag das vielleicht daran liegen, dass nicht immer männliche und weibliche Exemplare nebeneinander stehen, und dann sich wohl die Frucht, aber kein Embryo im Samen ausbildet.

Von der Bestäubung bis zur Fruchtreife dauert es ca. 10 Monate. Im vorigen Dezember sind meine Exemplare befruchtet und jetzt ist der Same reif. Die ausgesäten Samen liegen meist noch 6 Monate in der Erde, ehe sie keimen. Zur Kontrolle legte ich grosse und kleine Samen getrennt aus, es zeigte sich aber kein Unterschied in den jungen Pflanzen.

Von einem Blütenstande kann man 125—150 Samen erhalten; wollte man die Sache als Geschäft betreiben, so wäre es gar nicht so unrentabel.

Zu bedauern ist, dass man sich der Anzucht der Chamaedoreen nicht so hingiebt; der Schlossgarten zu Monbijou besitzt aber mehrere Tausend Exemplare, und ich halte sie für besser als Kentia- und Areca-Arten. Sie sind viel gefälliger und machen sich mit ihren an der Spitze scheinbar gespaltenen Wedeln (indem die letzten Fiedern jeder Seite mit einander verwachsen) vortrefflich in einer grossen Vase, oder vor einer Marmorwand usw. Drei Pflanzen, passend zusammen hingestellt, wirken oft grossartig.

Sie vertragen auch gut den Transport. Ich habe z. B. vor einigen Jahren im September eine Anzahl nach Breslau bringen müssen zur Dekoration des Schlosses, es hat ihnen aber nichts geschadet.

Allerdings leiden sie in trockenen Räumen an roter Spinne, aber das thun alle Palmen.

Die Kultur ist leicht. Man braucht keinen Mistbeetkasten, kein warmes Beet, aber sie verlangen nicht zu leichte Erde und ferner tiefen Schatten. Das Zusammenpflanzen vertragen sie nicht; es ist besser, wenn man die jüngeren Pflanzen einzeln in Töpfen kultiviert.

Im zehnten Jahre werden die Pflanzen blühbar, mitunter auch schon früher, doch ist das frühere Blühen nicht wünschenswert, da sie sich dadurch zu sehr erschöpfen. Selbstredend muss man blühende Pflanzen, von denen man Samen haben will, schonen und darf sie nicht zur Dekoration verwenden.

Die Chamaedoreen wachsen im Sommer nur wenig; sie fangen erst an, wenn in der Heimat, Mexiko bis Südbrasilien, der Frühling beginnt, also im August; sobald die längeren Nächte bei uns kommen, wachsen sie gut.

Neue und empfehlenswerte Pflanzen usw.

Epidendrum osmanthum Rodr.

Diese Spezies von Epidendrum ist kürzlich auch in der Monographie der Orchideen Brasiliens von Cogniaux in der Flora Brasiliensis beschrieben worden. Brasilien umfasst etwa 140 Arten dieser Gattung, welche in fünf Gruppen geteilt sind, zu deren grössten, Encyclium, obige E. osmanthum gehört. Sie stammt aus den Wäldern der Provinzen Minas Geraes und Pernambuco, von wo die Pflanze durch Sander & Co., London, 1899 bei uns eingeführt wurde. Sie blühte im Cattleya Hause im Oktober 1900 in dem Kew-Garten. Die Blüten, welche aromatisch sind, halten sich über 2 Monate.

Die Blätter werden 20—25 cm lang, die Blüten sind 3—5 cm gross, Blumenblätter abstehend, nach innen gebogen, fleischig, gelblich mit roten Strichen. Die Lippe etwas länger als die andern Blütenblätter, dreilappig, weiss mit rosa. Abbilduug im Bot. Mag. tab. 7792.

J. B.

Iris Tauri Siehe.

Nach Siehe, dem Entdecker dieser schönen, kleinen Irisart, ist dieselbe in den Gebirgswiesen des östlichen Taurus einheimisch, in einer Höhe von 2200 m ü. d. M. und in den oberen Regionen der Jniperus excelsa Wälder um 1500 m, wo sie in der Zeit der Schneeschmelze Ende Februar und Anfang März blüht. 1900 sandte Siehe dem Botanischen Garten in Kew eine Pflanze, welche darauf im Januar 1901 blühte. Die Zwiebel entwickelte drei Blüten, zur Blütezeit sind die Blätter sehr kurz, später werden sie 8—12 cm lang und 3 cm breit. Die Blütenröhre ist 10 cm lang, violett, die Blumenblattzipfel ebenfalls violett, die äusseren 5 cm lang. Abgebildet ist diese zierliche empfehlenswerte Pflanze im Bot. Mag. tab. 7793.

J. B.

Oxalis dispar N. E. Br.

Die Gattung Oxalis, von der mehr denn 450 Arten bekannt sind, ist hauptsächlich in Brasilien und Guiana verbreitet, von welchen Ländern über 100 in Martius „Flora brasiliensis" von Prognel beschrieben sind. Unter diesen steht der O. dispar die O. Laureolae Progn. am nächsten, welche kürzere Blattstiele und Blättchen, kleinere und mehr traubige Blüten besitzt. Eine andere nahe verwandte Pflanze ist O. Noronhae Oliv., einheimisch auf Fernando de Noronhae, einer kleinen Insel, ca. 50 Meilen NO. von Kap St. Roque, dem östlichsten Punkte Brasiliens. Die O. Noronhae unterscheidet sich von O. dispar durch kleinere und breitere Blättchen und kleinere Blüten. — In Kew blüht die Pflanze alle Jahre im Freien. Ihre Heimat ist Guiana. Sie ist ein kleiner Halbstrauch, wird ca. 60 cm hoch mit schwach abstehenden Ästen. Blätter langgestielt, dreizählig, Blüten 3 cm gross, goldgelb, in Büscheln am Ende des langen Blütenstieles, der eben so lang als der Blattstiel ist. Abbildung im Bot. Mag. tab. 7794.

J. B.

Impatiens Thomsoni Hook. f.

I. Thomsoni ist eine der gemeinsten subalpinen Arten der Gattung in dem westlichen Himalaya in Höhe von 2500 bis 4000 m, von Kumaon bis zum Indus. Selten findet sie sich auch in Sikkim. Es ist eine sehr hübsche Pflanze wegen der Fülle der roten Blüten und dem tiefen Grün des Laubes und schliesslich wegen der roten hängenden Früchte. 1900 sandte Dutkie Samen der Pflanze nach Kew, wo dieselbe noch in demselben Jahr von August bis Oktober blühte. Eine ganz kahle Einjährige von 20—30 cm Höhe, Stengel wenig verzweigt, Blätter abwechselnd, am Ende des Sprosses dichter, oval-lanzettlich, zugespitzt gesägt. Blütenstiele axillar, gehäuft am Ende des Sprosses, eine wenig blütige Traube tragend. Blüten 2—3 cm gross, blass rosa, Fahne aufrecht, Flügel zweimal so lang als erstere, rosa, an der Basis gelb mit roten Punkten, Lippe wiederum länger als die Flügel, in einen dünnen gebogenen Sporn ausgezogen. Frucht 2 cm lang. Bot. Mag. tab. 7795. J. B.

Arctotis Gumbletoni Hook. f.

J. D. Hooker beschreibt und bildet diese schöne Composite im Bot. Mag. tab. 7796 ab als eine neue Spezies der

artenreichen Gattung Arctotis ab. Über
30 Arten sind in der Kapflora von Har-
wey and Sonder bereits beschrieben.
Sie stammt ebenfalls aus Südafrika,
aus dem Namaqualand, von wo Mr.
Gumbleton Samen der Pflanze erhielt.
Sie ist niedrig, fein weiss behaart, die
basalen Blätter sind 15—20 cm lang,
gestielt, fiederteilig. Blütenschaft 20
bis 30 cm hoch, steif, gerillt. Der
Blütenkorb 8 cm im Durchmesser.
Strahlenblüten dunkel orangerot mit
sehr kurzer Blumenröhre, die Zunge
am Grunde mit fingerähnlichen, rot-
braunen Flecken.   J. B.

Neuheiten eigener Einführung
für 1901/1902
von
Ernst Benary, Erfurt.
Nach den Beschreibungen des
Züchters.

⊙ **Comet-Aster Kaiserin Friedrich (Benary).**

(Hierzu Abb. 10)

Das Sortiment niedriger Comet-Astern
hat sich in den letzten Jahren um
manche wertvolle Züchtung bereichert,
und zu den besten derselben darf ich
die von mir in voriger Saison eingeführte weissblühende König-Humbert-
Aster rechnen: sie ist die erste riesen-
blütige Zwerg-Spielart und dabei von
edelster Form. Ihr zur Seite stellt sich
meine diesjährige Neuheit: Blumen von
gleich vornehmer Erscheinung mit
einem Durchmesser von 10—12 cm und
zuweilen darüber hinaus, vom reinsten
Weiss und hochgewölbt, zeichnen auch
diese Varietät aus. Was ihr jedoch den
ganz speziellen hohen Wert verleiht,
ist, dass sie mit diesen Eigenschaften
einen gedrungenen, straffen, geschlossenen Bau der Pflanzen verbindet. An
kräftigem Stiel erscheint die besonders
grosse, schöne Mittelblüte; dieselbe
wird von den sich später zu 8 bis 12
an den Seitenzweigen entwickelnden,
hochgewölbten Blumen teils umgeben,
teils überragt. Mit ihrem schneeigen
Weiss, leuchtend wie das Gefieder
eines Schwanes, bringen sie einen imposanten Totaleindruck hervor und sind
von so grossartiger Wirkung, wie es
schwerlich bei irgend einer anderen
Aster der Fall ist.

Ich betrachte diese herrliche Neuheit
als eine meiner besten Einführungen
und stehe nicht an, ihr eine rasche
Verbreitung zu prophezeien; besonders
als riesenblumige Topf-Comet-Aster wird
sich dieselbe den Markt erobern.

Abb. 10. Comet-Aster „Kaiserin Friedrich".

Abb. 11.   Damen-Aster, cometblütig.

**Damen-Aster, hellblau, reinweiss, comet-
blütig (Benary).**
(Hierzu Abb. 11.)

Diese Asterklasse, welche mit einem eleganten Habitus grossen Blumenreichtum vereinigt und durch die ganz schmalen, hellgrünen Blätter sich von allen Astern unterscheidet, ist wohl unstreitig die zierlichste; sie war jedoch bisher nur durch wenige, von mir eingeführte Farben vertreten. Ihnen gesellen sich diese beiden reizenden Varietäten hinzu, deren Anbau ich aus bester Ueberzeugung empfehle.

täten gewonnen, blühen die hier angebotenen in sehr schönen, helleren Fleischtönen. Die Blumen sind gross und gut geformt.

Clianthus puniceus albus.

Aus Australien kommt diese schön weiss blühende Varietät von Cl. puniceus, bekanntlich eine rankende Leguminose und ein dort einheimischer, wegen seiner prächtig scharlachroten Blumen sehr geschätzter Strauch, welcher bei uns, im Kalthaus kultiviert, äusserst dekorative, schnellwachsende Topfpflanzen

Abb. 12. Antirrhinum majus graudiflorum „Queen Victoria"

♃⊙ **Antirrhinum majus grandiflorum Queen
Victoria.**
(Hierzu Abb. 12.)

Aus der Varietät „Die Braut" hervorgegangen, vereinigt dieses prächtige Löwenmaul mit der charakteristischen feinen Belaubung jener Spielart aussergewöhnlich grosse Blumen von blendendem Weiss. Dieselben erscheinen von grosser Menge an den zahlreichen, langen Blütenstielen, welche jede Pflanze erzeugt, und liegt hierin der grosse Wert, welchen diese Neuheit als Schnittblume besitzt; aber auch im Freien wird sich dieselbe als Gruppenpflanze allerersten Ranges erweisen.

**Cineraria hybrida grandiflora incarnata
(Benary).**

Aus den von mir in der vorletzten Saison eingeführten rosafarbenen Varie-

liefert. Da der Samen hell und somit ganz verschieden von dem der Stammspezies ist, so kann man annehmen, dass aus demselben wenigstens ein grosser Prozentsatz der neuen Spielart erzielt werden wird.

⊙ **Celosia spicata (argentea linearis).**
(Hierzu Abb. 13.)

Es handelt sich bei dieser reizenden Celosia nicht um eine Neuheit, sondern um eine Annuelle, welche offenbar seit langen Jahren aus den Kulturen ganz verschwunden ist. Ich erhielt von derselben im vorigen Jahre ein kleines Quantum Samen aus Ostindien, der Heimat dieser Gattung, und war überrascht von der eigenartigen Schönheit der erzielten Pflanzen. Dieselben bilden schlanke, straff aufrecht wachsende

Pyramiden von etwa 75 cm Höhe. An dem kräftigen Hauptstamm entwickeln sich 20 bis 30 Seitenzweige mit saftig grünen, wechselständigen, linienförmigen Blättern, und jeder dieser Zweige endigt in einer 6 bis 10 cm langen, zylindrisch-kolbenartigen Aehre. Diese erscheint im Aufblühen in frischem, leuchtendem Rosa, bei fortschreitender Entwickelung gehen die unteren Blütenhüllen jedoch in Silberweiss über, wodurch eine höchst reizvolle Farbenkombination entsteht Besonders hervorgehoben muss es werden, dass diese eleganten, langgestielten Blumen sich auch bei ungünstigem Wetter sehr lange halten; sie liefern ein ausgezeichnetes, eigenartig schönes Schnittmaterial für frische Bouquets, eignen sich aber auch vorzüglich zum Trocknen. Ueberdies kann man diese Celosia sowohl im freien Lande mit gutem Erfolg zu Gruppen verwenden, als auch sehr hübsche Topfpflanzen daraus erzielen.

Abb 13. Celosia spicata (argentea linearis).

♃ ○ Cuphea miniata alba (Benary).

Eine recht hübsche, weissblühende Varietät der aus Mexiko stammenden Cuphea miniata, welche eigentlich perennirend ist, bei uns jedoch als Annuelle behandelt wird, sich niedrig hält und besonders wegen ihres dankbaren, bis in den Spätherbst andauernden Flors gern kultiviert wird und sich auch für Topfkultur eignet.

Einfache Lack, Tom-Thumb-Varietäten, (Benary).

(Hierzu Abb 14)

Der einfach blühende, schwarzbraune Tom-Thumb-Goldlack erfreut sich seit Jahren einer regen Nachfrage, und es lag nahe, Versuche anzustellen, um noch andere Varietäten von dem gleichen Habitus aus Samen konstant zu erzielen. Diese Bemühungen sind indessen resultatlos geblieben; die Farben sind nicht samenbeständig, doch bringt die hier angebotene Mischung dieselben in reicher Abwechslung hervor. Die Pflanzen blühen in hell- und dunkelgelb, hellbraun, chamois, dunkelrot und violett und zeigen fast alle den nur 15 bis 18 cm hohen, gedrängten Wuchs der schwarzbraunen Mutterspielart. Auf diese hübsche Einführung mache ich besonders aufmerksam.

○ **Papaver rhoeas nanum salmoneum, niedriger Shirley-Mohn, lachsrot (Benary).**

Von dem von mir in letzter Saison eingeführten niedrigen Shirley-Mohn habe ich die besonders schönen, in lachsroten Färbungen blühenden Varietäten für diese Saison anzubieten. Die Pflanzen entwickeln sich zu schönen

○ **Silene pendula compacta candida (Benary).**

In dem Sortiment einjähriger Silenen befindet sich bisher nur eine einzige (Snowking), welche rein weiss blüht; bei den übrigen sogenannten weissblühenden erscheint die Blume zwar weisslich, geht jedoch meistens in Rosa über. Meine neue Varietät bringt ausschliesslich Blumen vom zartesten Weiss, dabei werden dieselben in reichster Fülle an den hübschen, kompakt gebauten Büschen hervorgebracht; ausserdem ziert dieselbe noch die den Bonnetti-Spielarten eigene, glänzend grüne Belaubung,

Abb. 14.   Einfacher Goldlack (Tom-Thumb-Varietät)

Büschen von ca. 50 cm Höhe mit feingeschlitzter Belaubung und zahlreichen, schlanken Blütenstielen. Die rundpetaligen Blumen erreichen einen Durchmesser von 8 bis 10 cm und erscheinen in verschiedenen Abtönungen von hellem und dunklem Lachsrot und Orange, zum Teil mit feinem weissen Rand. Von allen Farben, in welchen die prächtigen Papaver blühen, sind gerade diese reizenden, bei dem einjährigen Mohn ganz neuen Schattierungen besonders wirkungsvoll, und es verlohnt sich wohl der Mühe, sie neben der Mischung besonders zu kultivieren.

von welcher sich die zierlichen Blumen besonders schön abheben. Ich empfehle diese Neuheit in der Ueberzeugung, dass man ihr einen Platz vor mancher andern in der überreichen Liste der Silene pendula-Abarten einräumen wird.

Phlox Drummondi cuspidata fol. albo-marginatis (Benary).
(Hierzu Abb 15)

In meinen ausgedehnten Phlox-Kulturen hatte sich im letzten Sommer unter den cuspidata-Varietäten ein einziges Exemplar gezeigt, bei welchem sämtliche Blätter weiss gerandet waren, was der Pflanze einen ganz eigenartigen Reiz verlieh. Während sonst die Blatt-

Panachierung häufig auf einen krankhaften Zustand der Pflanze zurückzuführen ist, entwickeln sich die von dem gewonnenen Samen erzielten Pflänzchen in diesem Falle äusserst kräftig und die überaus gefällige Zeichnung, welche am meisten an die der Cordyline Sanderiana erinnert, wiederholt sich bei fast sämtlichen Sämlingen, so dass ich schon in dieser Saison in der Lage bin, diese reizende Neuheit einzuführen, welche jeden Freund von Sommerblumen interessieren dürfte. Die Pflanzen wachsen zu 30 bis 35 cm hohen Büschen heran, die sich reich verzweigen; die Blumen, welche meist die gezackte (cuspidata), zum kleinen Teil aber auch die gefranste (fimbriata) Form haben, erscheinen in rosa und karmin und heben sich auf das Vorteilhafteste von der weissbunten Belaubung ab. Sowohl für Topfkultur wie für das freie Land ist dieser Stern-Phlox von grösstem Effekt und in jeder Beziehung eine bemerkenswerte Erscheinung.

Tropaeolum lobbianum regina (Benary).

Seit Jahren widme ich der Verbesserung der ebenso schönen wie dankbaren Tr. lobbianum besondere Aufmerksamkeit, wovon die von mir in letzter Zeit eingeführten · schönen Varietäten Asa Gray und aureum Zeugnis ablegen. Meine Neuheit für diese Saison ist wegen der prächtigen Färbung ihrer Blumen, welche bei der Entfaltung ein leuchtendes Lachsrot oder Lachsorange zeigen, in der weiteren Entwicklung eine etwas lichtere Färbung annehmen, in grösster Menge erscheinen und sich prächtig von der hellen Belaubung abheben, als eine der wirkungsvollsten, prächtigsten Spielarten zu betrachten. Zur Bekleidung von Lauben, Wänden, Spalieren und dergl. wird sich dieselbe in hervorragendster Weise eignen.

Petunia hybrida grandiflora fimbriata superbissima (Benary).

(Hierzu Abb. 16)

Die unter dem Namen „superbissima" bekannten grossblumigen Petunien sind durch den feingeaderten Schlund cha-

Abb. 15. Phlox Drummondi cuspidata
fol. albo-marginatis.

Abb. 16.   Petunia hybrida grandiflora
fimbriata superbissima.

rakreristisch, welcher einen sehr erheblichen Teil der Blume einnimmt. Diese Erscheinung ist nun zum ersten Male bei den gefranstblumigen Varietäten aufgetreten und wenn auch nicht ganz so gross wie bei den ganzrandigen, so verleiht sie doch den schönen karmosinroten Blumen ein eigenes Gepräge, und wird diese prächtige Neuheit den Petunien-Freunden eine angenehme Ueberraschung bereiten.

Kleinere Mitteilungen.

Hotops Obst- und Beerenwein.

In der „Gartenflora" Nr. 23 vom 1. Dezember 1901 S. 625 muss es heissen:

Von Obsterzeugnissen sind besonders hervorzuheben die von dem Wanderlehrer des Obertaunus-Kreises, Herrn Max Hotop, Homburg v. d. Höhe, mit der „Lareiro-Hefe" hergestellten Obst- und Beerenweine, sowie von demselben der alkoholfreie Fruchtsaft nach Prof. Kulisch. Die usw. —

Ich habe schon vor längerer Zeit an Herrn Oekonomierat Lucas, Reutlingen, solche Saftproben geschickt und ihm auch einen Artikel für die „Pomologischen Monatshefte" eingesandt.

Derselbe ist in der letzten Nummer des genannten Blattes, Nr. 1 S. 17, erschienen.

Homburg v. d. H.   Hotop.

Kaiserin Friedrich und die Gartenkunst.

In der Gartenkunst war Kaiserin Friedrich völlig zuhause. Die Anlagen im Neuen Palais in Potsdam sind nach ihren Entwürfen ausgeführt. Da giebt es einen fachkundig angelegten Gemüsegarten und eine von der Kaiserin begründete Baumschule. Ihre Lieblingsblume war die Moosrose. Besondere Vorliebe hegte sie für eine ihrer hortologischen Schöpfungen, für ihren Rosengarten in Kronberg. Wasserspeier, Büsten und Säulen, von Epheu umklammert und halb verborgen, bilden den Hintergrund, vor dem sich in Terrassen die Rosenbäume aufbauen, immer eine höher als die andere. — In dem von ihrem künstlerischen Beirate, Geheimen Rat Persius, nach ihren eigenen Plänen erbauten Pavillon am Neuen Palais in Potsdam wird unter schlichtem Rahmen auch noch ein ihre Naturliebe verewigendes Gedicht aufbewahrt, das die Kaiserin verfasst hat. Es stammt aus ferner Jugendzeit und ist in englischer Sprache geschrieben Die Verse mögen heute als ein Zeugnis glücklicher Tage der Kaiserin neu in Erinnerung gebracht sein.

This plot of ground I call my own
Sweet with the breath of flowers
Of memories of pure delights
And toil of summer hours.

Zu deutsch etwa:

Dies Fleckchen Erde nenn' ich mein,
Das duftige Blumen umsäumen,
Geweiht durch frohe Erinnerung
An sommerliches Träumen.

(Voss. Ztg.)

Prunus serrulata „Hisakura".

Im Anschluss an meinen kürzlich an Sie über die Prunus serrulata „Hizakura" gerichteten Brief erlaube ich mir, heute noch mitzuteilen, dass Herr Wagner die Bedeutung des japanischen Wortes „hi" in seinen japanischen Wörterbüchern als mit „hochrot, scharlach, karmin" bezeichnet findet, während Hr. Prof. Koehne auf meine Anfrage mitteilt, dass sein japanischer Herr (ein bei ihm wohnender Professor) ganz bestimmt versichert, dass „hi" eine ganz helle Rosafarbe bedeute, so hell, dass sie aus der Ferne fast wie weiss am blühenden Kirschbaum erscheine. Hiermit stimmt ausgezeichnet überein die Farbe unserer Blüte und die Blütenbeschreibung in dem Kataloge der Yokohama Nursery Co., dessen weitere Angaben: „double, large Flower in bunch" ebenfalls genau auf die hiesige Pflanze passt. Wie es nach Vorstehendem scheint, sind die japanischen Farbenbezeichnungen recht unsicher und vielleicht nach den Gegenden verschieden. Vorläufig dürfen wir indessen wohl annehmen, dass wir den richtigen „Hisakura" besitzen.   L. Späth.

Dreimal blühender Bismarckapfel.

Vomero-Napoli,
13. November 1901.

Etwa Anfang Februar 1901 pflanzte ich in einem Garten Neapels bei Freunden verschiedene Äpfelbäumchen auf Doucin veredelt, darunter auch den bald gerühmten, bald getadelten Bismarckapfel aus Neu-Seeland.

Die Bäumchen stammten aus einer recht guten Baumschule Nord-Italiens und waren 2 Jahre alte Veredelungen ohne Form, wild aufgeschossene und wild gewucherte Exemplare. Sie blühten lustig als ihre Zeit kam, als ob sie keinerlei Störung gehabt hätten, und setzten auch Früchte an, die sehr gut auswuchsen und im Oktober tafelreif waren.

Im September, als es einmal geregnet hatte, blühten dieselben Bäumchen an den Spitzen der Jahresruten zum zweiten Male und brachten abermals reichlich Früchte.

Von diesen schicke ich Ihnen heute per Post einen Gipfeltrieb mit drei hübschen Äpfelchen, die bereits seit dem 15. Oktober bei mir im Zimmer in oft erneuertem, frischem Wasser standen, ohne aber weiter zu wachsen: Eben jetzt, Mitte November, blühen dieselben Bäumchen zum dritten Male, allerdings mehr in vereinzelten Dolden, und Früchte wird es dieses dritte Mal wohl nicht mehr geben, denn der neapolitanische Herbst zeigte sich mit Sturm und Regen diesmal ebenso frühe als heftig, und ihm dürfte bald der nasse, kalte Winter folgen.

Im Bismarckapfel also sehen wir, wie verändert europäische Frucht- und andere Bäume aus tropischen oder subtropischen Ländern, sofern sie sich dort überhaupt erhalten und fortpflanzen lassen, nach Europa zurückkehren. Der einer langen Winterruhe bedürftige europäische Apfelbaum fügt sich verhältnismässig leicht dem subtropischen Klima und kommt aus der südlichen Erdhälfte so verändert zurück, dass er hier mit einer kaum zwei Monate dauernden Winterpause zufrieden ist, bis im Dezember grünt und blüht und bereits im März wieder den Frühlingsträgt.

Freilich dauern diese nordischen Obstbäume hier bereits nicht so lange aus als in Deutschland. Dafür aber tragen sie auch alljährlich fast unendlich reich und bringen beim Mangel jeglicher Pflege dennoch oft massenhaft Obst. Sie tragen im dritten oder vierten Jahre und dauern kaum länger als 25—30 Jahre.

Der intensive Trieb, das jugendrasche Wachstum, die unvergleichliche Fruchtbarkeit erschöpfen diese Bäume selbst bereits hier nur zu rasch. Allerdings fehlt ihnen zuerst auch jegliche Pflege. Moose, Flechten und unzählige andere Kryptogamen decken meist Stamm und Zweige.

Zahlreiche Feinde der Insektenwelt umlagern die Stämme fast das ganze Jahr und die Blattlaus ist hier abscheulich. Sie erscheint überall und kann kaum bekämpft werden.

Es ist also natürlich, dass der Apfelbaum, so schön und rasch er sich entwickelt, hier kein langes Leben fristet und bald erschöpft ist.

Sprenger.

Die Oberfläche von Paris.

Die Oberfläche von Paris umfasst mit Einschluss des ausserhalb des Wallgrabens gelegenen Bois de Boulogne 7802 ha. Mit Gebäuden aller Gattung sind nicht ganz 3000 ha bedeckt. Die Kirchhöfe nehmen 82 ha ein. Die Kanäle beanspruchen 38, die Seine 228 ha, die öffentlichen Gartenanlagen bedecken 1979 ha, wovon 850 auf das Bois de Boulogne kommen. Der Tuileriengarten hält 40 ha, die Champs-Elysées etwas mehr, ebenso der Luxembourg-Garten. Die anderen öffentlichen Anlagen sind dagegen viel kleiner. Der Jardin des Plantes hat 30 ha, der Parc des Buttes Chaumont 22, der Parc Montsouris 16 ha; alle drei liegen in entlegenen Stadtteilen. Die Stadtverwaltung rechnet auch Esplanade, Marsfeld, die breite Uferstrasse Cours la Reine und ähnliche Gelände zu den öffentlichen Anlagen oder vielmehr Promenaden. Besonders im Faubourg Saint-Germain besitzen noch viele Paläste und herrschaftliche Häuser grosse Gärten mit alten Bäumen. Auch die Ministerien haben alle grosse, schöne Gärten. Nutzgärten giebt es am meisten im achtzehnten Bezirk (Montmartre), besonders an seinem nordöstlichen Abhang. Auch einige Ackerfelder und kleine Weinberge giebt es dort noch. Gemüsegärten mit vielen Mistbeeten bedecken noch ziemliche Flächen in den Stadtteilen Grenelle und Vaugérard. Auf einem halben Hektar zieht dort ein Gärtner für 20—30000 Fr. Gemüse jährlich, indem er fünf- bis sechsmal pflanzt und erntet.

Litteratur.

Georg Scheffler: Ueber die Beschaffenheit des Usambara-Urwaldes und über den Laubwechsel an Bäumen desselben. Notizblatt des Kgl. Botanischen Gartens und Museums zu Berlin. Berlin 1901, p. 139 bis 166. Verfasser stellt fest, dass der Usambarawald nicht, wie es den Anschein hat und man bisher glaubte, völlig immergrün ist, sondern dass ein Laubwechsel ebenso wie in kälteren Zonen stattfindet, nur mit dem Unterschiede, dass er infolge seiner Unregelmässigkeit an den einzelnen Baumarten nur bei dauernder Beobachtung ersichtlich ist. Verfasser stellt drei Gruppen von Bäumen auf nach der Verschiedenheit des Laubwechsels. 1. Bäume, deren Laubfall sich fast unmerklich vollzieht Die hierher gehörigen Bäume zeigen das ganze Jahr hindurch vereinzelte gelbe Blätter, die dem Abfall nahe sind, und zu jeder Jahreszeit kann man Knospen und junge Blätter an den Zweigen finden. 2. Bäume, deren Laubfall sich auffallend vollzieht. Die Zeit des Laubabwerfens der hierher gehörigen Bäume wechselt bei den verschiedenen Species. Der Laubfall vollzieht sich in etwa 2—3 Monaten. Jedoch wird nicht alles Laub abgeworfen, sondern immer nur etwa zwei Drittel desselben. Nach einer Ruhepause von ca. 4 Wochen tritt Neubelaubung ein. 3. Bäume, die alles oder fast alles Laub abwerfen. Auch hier ist die Zeit des Laubabfalles für die einzelnen Species verschieden. Innerhalb etwa 2 Monaten vollzieht sich das Laubabwerfen, sodass nur noch vereinzelte Blätter an den Bäumen sitzen. Nach einer etwa zweimonatlichen Ruhepause beginnt die Belaubung schnell von neuem. J. B.

A. G. Radde. Champignon-Zucht, Preis 75 Pf. Verlag von Gustav Schmidt, Berlin. Ein kleines, 45 Seiten umfassendes Buch, welches nach dem Vorworte des Verfassers für den Anfänger ein sicherer Führer und für den erfahrenen Züchter ein Hilfsbuch sein soll. Wenn ich zugeben wil, dass die kurzgefasste, übrigens klare Darstellung, wie, wo und wann man Champignons züchten kann, dem Anfänger, dem Laien gute Dienste leisten wird, so ist es auf keinen Fall geeignet, dem erfahrenen Züchter ein Hilfsbuch zu sein. Letzterer, besonders der rationell wirtschaftende Züchter, muss, wenn er mal „das Rezept verloren hat," entweder ein ausführlicher geschriebenes, d. h verschiedene Methoden behandelndes Buch, worin ihm diese und jene Möglichkeit des Fehlschlagens seiner Kulturen vor Augen geführt wir, zur Hand nehmen, oder er muss einen Sachverständigen, dem auf dem Gebiete der Champignonzucht nichts fremd ist, zu Rate ziehen. Im übrigen scheint dem Verfasser die neue Litteratur in der Champignonzucht nicht bekannt zu sein, sonst müsste er wissen, dass man Gips nur deshalb zu dieser Kultur verwendet, um das Ammoniak im Dünger zu binden, ferner, dass die Anzucht der Brut aus Sporen nicht nur anwendbar ist, sondern dass dadurch neuerdings gerade viel sicherere Resultate erzielt werden. Da noch manches andere in dem Buche vom Standpunkte neuerer Forschung und Erfahrung veraltet ist, so kann es nur zu den mittelmässigen in letzten Jahren erschienenen Werken über Champignonzucht gerechnet werden. Amelung.

Die deutsche Gartenkunst, ihre Entstehung und Einrichtung, mit besonderer Berücksichtigung der Ausführungsarbeiten und einer Geschichte der Gärten bei den verschiedenen Völkern, bearbeitet für Gärtner, Gartenbauschü-

ler und Freunde der schönen Gartenkunst von Carl Hampel, Garten-Direktor der Stadt Leipzig, Königl. Preuss.
Gartenbau-Direktor, vordem Grossherzogl. Mecklenburg-Schwerin'scher Hof-
Gartendirektor. Verlag von Hugo
Voigt, Leipzig, 1902.

Verfasser, durch seine früheren
schriftstellerischen Arbeiten; Bauman-
pflanzungen an den Strassen, 100 kleine
Gärten, Muster zu Teppichbeetanlagen,
genügend bekannt, hat sich mit Erfolg
der dankbaren Aufgabe unterzogen, die
Entstehung und Einrichtung der deutschen Gartenkunst dem Leser in kurzer
bündiger Weise vor Augen zu führen
und eine Darstellung der Gartenstile
der verschiedenen Völker zu geben.
Mit Interesse folgen wir dem Verfasser
in der Charakterisierung der verschiedenen Gartenanlagen, des Parks, der
Parkanlagen, der freien Anlagen, des
Vorgartens, des Hausgartens, des Villengartens, der öffentlichen Schmuck-
plätze, der öffentlichen Promenaden,
des Volksgartens, des Waldparks und
der Friedhofsanlagen, welche alle durch
wohlgelungene Beispiele noch des Näheren erläutert werden. Zum Schlusse
behandelt Verfasser in ausführlicher
Weise die Wegeführung und den Wege-
bau, Bodenbewegung, Wasser und Felsen und ihre Verwendung in der Gartenkunst, sowie auch Entwürfe und
Kostenanschläge die ihnen gebührende
Berücksichtigung gefunden haben.

Möge das Werk recht viele Interessenten finden, der angehende wie erfahrene Landschaftsgärtner und Freund
der schönen Gartenkunst wird es mit
Befriedigung lesen.

A. Fintelmann.

———

Das Erdbeerbuch. Anzucht, Pflege
und Sorten der Erdbeere für Gross-
und Kleinbetrieb und die Verwertung
der Früchte als Dauerware von J. Barfuss. Verlag von Paul Parey, Berlin.
Preis 1 Mk.

Da ich vor einiger Zeit schon Gelegenheit hatte, das vorliegende Buch
in einer anderen Fachzeitschrift zu besprechen, so möchte ich mich hier in
meiner kritischen Beurteilung kurz
fassen und jetzt nur einen Auszug von
dem bringen, was ich dort niederlegte.

Der erste Teil behandelt die Erdbeer-
arten, Lage, Boden etc. der Erdbeer-
kulturen, und zeugt diese Ausführung
von einer praktischen Erfahrung, wobei ich bei der Rentabilitätsberechnung
die Summe sehr hoch gegriffen finde.
— Im zweiten Teil ist die Vorkultur
der Treiberdbeeren (Topfpflanzen) entschieden zu dürftig behandelt; auch
ist ein Widerspruch betreffs des Ein-
senkens der Kulturtöpfe vorhanden.
Im dritten Teil finde ich die Anzahl
der angegebenen Sorten zum Anbau
viel zu hoch, wobei ich noch das Ge-
fühlt habe, als hätte der Verfasser sich
nicht nach seiner Praxis, sondern nach
den beschreibenden Verzeichnissen gerichtet. Teil IV, von der Art der Ausstellung der Früchte, sowie deren Verwendung handelnd, findet meinen Beifall. Ich fasse meine Ansicht über das
vorliegende Buch dahin zusammen,
dass das Bestreben des Verfassers,
seine Erfahrungen auf dem Gebiete
der Erdbeerkultur und der Verwertung
der Früchte dem Interessenten nutzbar
zu machen, anerkannt werden muss,
dass es aber wünschenswert ist, wenn
bei einer Umarbeitung des kleinen
Werkes manches Ueberflüssige ausge-
merzt, nützlichere Anregungen aber,
besonders im zweiten Teil, mehr berücksichtigt werden.　　A melung.

———

Die Ernte und Aufbewahrung
frischen Obstes während des
Winters.

Eine Zusammenstellung der verschiedenen Methoden von Heinrich Gaerdt,
weil. Königl. Gartenbau-Direktor.

Dritte, gänzlich neu bearbeitete und
vermehrte Auflage von Otto Biss-
mann, Herzogl. Obstbauinspektor in
Gotha. Verlag von Trowitzsch und
Sohn, Frankfurt a. O. Preis 1,50 Mk.

Wohl als eine Folge des seit Jahren
erfreulicherweise im Aufschwung begriffenen heimischen Obstbaues ist es
anzusehen, dass sich die Litteratur
neuerdings mit der Konservierung des
frischen Obstes beschäftigt, um die Produzenten in den Stand zu setzen, den
immer mehr zu erwartenden Erntesegen
auch gehörig wirtschaftlich ausnützen
zu können.

Der Verfasser des obigen Werkes hat
es meinem praktischen Gefühl nach
recht verstanden, durch seine Ausführungen, die in klarer und ausführlicher

Weise gehalten sind, die Pflege des geernteten Obstes zu fördern.

Nicht allein seine eigenen Erfahrungen hat der Verfasser verarbeitet, sondern auch fast alles, was in neuerer Zeit in Fachzeitschriften über das Thema „Obstaufbewahrung" erschienen ist, hat in dem Werke Verwendung gefunden.

Jeder Interessent, vom Obstliebhaber bis zum plantagenmässig Obst bauenden Züchter findet im vorliegenden Buche das, was ihm zum Zwecke der Obsterhaltung nützlich sein kann.

Was textlich nicht klar genug ausgeführt werden konnte, ist von der Verlagsbuchhandlung durch gute und reichliche Abbildungen ergänzt worden.

Als Anhang hat der Verfasser dem Buche noch einen Reife- und Pflückkalender beigefügt. Wenn dieser auch, wie der Autor selbst sagt, nicht immer maassgebend ist, so kann er doch für viele Obstzüchter in mancher Hinsicht, meinem Ermessen nach besonders für solche, die für Neuanlagen von Obstplantagen ihrem Zwecke dienende Sorten wählen wollen, ein wertvolles Hilfsmittel sein.

Vorliegendes Buch ist umsomehr zu empfehlen, als spezielle Werke über Aufbewahrung frischen Obstes in solcher Ausführlichkeit neuerdings nicht erschienen sind.

Amelung.

Unterrichtswesen.

Kursus über Herstellung und Behandlung der Obstweine in Geisenheim.

Um die neueren Fortschritte auf dem Gebiete der Obstweinbereitung weiteren Kreisen zugänglich zu machen, findet in der Zeit vom 24. Februar bis 26. März 1902 an der oenochemischen Versuchsstation der Königl. Lehranstalt für Obst- und Weinbau zu Geisenheim am Rhein ein Kursus über die Herstellung, Kellerbehandlung, Untersuchung und Beurteilung der Obstweine und Obstschaumweine statt.

Nähere Auskunft hierüber erteilt der Vorstand der genannten Versuchsstation, Dr. Windisch in Geisenheim a. Rh.

Anerkennung und Ehrung der Königlichen Gärtnerlehranstalt am Wildpark bei Potsdam.

Eine Anerkennung, welche die vorhandenen jetzigen und früheren Wildparker, sowie zahlreiche Freunde dieser Anstalt erfreuen dürfte, ist von der Mecklenburg-Schweriner Regierung erfolgt.

Unter Zugrundelegung, dass obige Anstalt die höchste Anforderung an Schulbildung vor anderen Instituten des Fachs stellt, lautet der Auszug aus den Bedingungen, welche, Allerhöchst genehmigt, zur Anstellung Grossherzoglicher Hofgärtner in Mecklenburg-Schwerin gelten sollen:

I. Der Nachweis eines erfolgreichen Besuches der Königlichen Gärtnerlehranstalt am Wildpark bei Potsdam, welcher basiert auf Beibringung des Berechtigungsscheines zum einjährigfreiwilligen Militärdienst.

II. Eine dem Studium folgende, mindestens 6 jährige praktische Thätigkeit.

III. Bei Besetzung der Schlossgarten-Reviere in Schwerin und Ludwigslust, ausser I und II, ist das Zeugnis der Prüfung als Obergärtner, abgelegt vor dem Kuratorium der Königlichen Gärtnerlehranstalt eine nötige Bedingung.

Ausstellungen und Kongresse.

Erfolge der Provinzial Obst-Ausstellung Potsdam 1901.

Der vom geschäftsführenden Ausschuss der Provinzial-Obst-Ausstellung Potsdam 1901 aufgestellte Rechnungsabschluss ergiebt, ohne dass die von dem königlichen Ministerium für Landwirthschaft, Domänen und Forsten zur Einrichtung und sicheren Durchführung des Unternehmens hochgeneigtest bewilligte Beihilfe in Anspruch genommen zu werden brauchte, einen Reinüberschuss, von welchem nach Abnahme einer geringfügigen Summe zur Deckung noch unvorhergesehener Unkosten der Betrag von 800 M. verfügbar ist. Somit hat die Provinzial - Obst - Ausstellung Potsdam 1901 nicht allein Anregung, Belehrung und Liebe für den Obstbau im umfangreichsten Maasse bei den Tausenden von Besuchern gezeitigt und befestigt, sondern hat auch nach der finanziellen Seite hin mit einem so erfreulichen Ergebnis abgeschlossen. Die 800 M. sind Ihrer Majestät der Kaiserin, der hohen Protektorin der Ausstellung, zu Wohlthätigkeitszwecken ehrfurchtsvollst zur Verfügung gestellt worden, und hat Ihre Majestät bereits diesbezügliche Bestimmungen getroffen.

Th. E.

Aus den Vereinen.

Berlin. Das Winterfest des Vereins zur Beförderung des Gartenbaues fand am Freitag, den 17. Januar, in den Räumen des Hotel Imperial (Schlaraffia), Berlin, Enckeplatz 2, unter ausserordentlich reger Beteiligung statt.

Es wurden nur drei Trinksprüche ausgebracht: Hr. Kgl. Gartenbaudirektor Lackner sprach in zündenden Worten auf S. M. den Kaiser, den Protektor des Vereins, Herr Cordel in launigster Weise auf die Damen. Nicht offiziell, aber ebenso herzlich brachte man auch dem Sekretär des Vereins, Herrn Siegfried Braun ein Hoch, der ein von köstlichem Humor gewürztes Lied auf die Elektrizität im Gartenbau gedichtet hatte.

Das Festkomitee, die Herren Kgl. Hoflieferant J. F. Loock, Rentier C. Crass I und Kgl. Obergärtner Habermann, hatten eine schwere Arbeit gehabt. Am 14. Januar, dem Tage des Schlusses der Anmeldungen, hatten erst etwa 42 Theilnehmer zugesagt, und am Festabend waren es etwa 160!

Wenn doch die verehrten Herren und Damen sich rechtzeitiger melden möchten.

Trotz der Kürze der Zeit erreichte aber der unermüdliche Festausschuss es doch, dass jede Dame einen Strauss und eine hüsche „Überraschung", jeder Herr seine gefüllte Zigarrentasche erhielt.

Es herrschte im vollsten Sinne des Wortes eine fröhliche Stimmung, die sich auch dadurch kund that, dass nach der Tafel bis zur Abfahrt der ersten Züge am anderen Morgen getanzt wurde. Selbst aus weiteren Vororten, aus Potsdam z. B. und Zossen etc. waren Mitglieder mit ihren Damen erschienen

Berlin. — Deutsche Dahlien-Gesellschaft. Die 1. Jahresversammlung für 1902 findet am Sonntag, den 9. Februar um 2 Uhr im Klub der Landwirte, Wilhelmstrasse 133, statt. Tagesordnung: u. a. Vorstandswahl, Dahlien-Bemerkungen des letzten Jahres, diesjährige Ausstellung in Erfurt.

Sitzung der Ausschüsse für Blumen- und Gemüsezucht am 7. November 1901.

I. Vorgeführt wurden die 3 Exemplare der neuen Begonia Mrs. Heal von Veitch & Sons in Chelsee-London, die der Verein bezogen.

II. Herr Friedrich Weber junior, Patentanwalt, Leutnant der Reserve, Berlin SW., Friedrichstrasse 225, hielt hierauf einen Vortrag über das Hasselmann'sche Holz - Imprägnierungs -Verfahren.

Er schilderte zunächst geschichtlich, dass man schon im Altertum das Holz durch Ankohlen sowie durch ständiges Unterwasserhalten gegen Fäulnis geschützt habe.

Das beste Antiseptikum ist Quecksilber-Sublimat, aber es ist zu gefährlich.

Danach folgt 2. das Chlorzink, indes es wird leicht wieder ausgespült.

3. Das Theeröl, welches sehr viel verwendet wird, geht keine chemische Verbindung mit den Zellen ein. Es ist auch leicht entzündlich, sehr teuer und von üblem Geruch

Neuerdings ist es mit Zinkchlorid gemischt versucht worden.

Herr Hasselmann hat nun ein Mittel erfunden, welches sich chemisch mit den Zellmembranen verbindet und

das Holz elastisch belässt. Er verbindet einen mechanischen Prozess mit einem chemischen. Er dämpft erst das Holz, und imprägniert es dann durch zwei Kochungen:
1. mit kupferhaltigem Eisenoxydul,
2. mit schwefelsaurer Thonerde und Kainit.

Durch die schwefelsaure Thonerde werden alle Stoffe, die einer Gährung unterworfen sind, unlöslich und damit unschädlich gemacht.

Früher wurde anstatt des Kainits Chlorkalcium genommen, welches die Feuersicherheit verstärken soll, jetzt statt dessen Kainit, so dass also schwefelsaure Thonerde, Kupfereisen und Kainit zur Anwendung gelangen.

Das Holz wird in einen langen Kessel gebracht und mit Wasser gekocht, dann wird evakuiert mittels Luftpumpe, um möglichst alle fäulnisfähigen Teile herauszuziehen. Das letzte derselben wird dann, wie gesagt, durch schwefelsaure Thonerde und kupferhaltiges Eisenoxydul niedergeschlagen. Letzteres verbindet sich mit der Holzfaser, d. h. nur an den Aussenwänden und dadurch bleibt die Elastizität erhalten.

Der Kainit setzt die Entzündlichkeit herab und weiche Holzsorten nehmen an Härte durch Kainit zu.

Das Holz wird mit diesen Lösungen vier Stunden gekocht, dann getrocknet, was acht Wochen dauert.

Wirkung: Die Chemikalien gehen mit den Holzzellen chemische Verbindungen ein, das Holz wird dadurch fäulniswidrig, elastisch und feuersicherer.

Auch für den Gartenbau und Weinbau empfiehlt sich das Verfahren, z. B. für Bretter, Rebpfähle etc. Es schützt auch gegen Insekten, wie Rösler in Klosterneuburg schon gefunden hat.

Auch die minderwertigsten Holzarten, z. B. Buchen lassen sich verwenden.

Es ist nicht teurer als die bisherigen Verfahren.

Ein cbm Holz kostet zu imprägnieren ca. 10 M.

Hr. Major a. D. Wiedemann sagt hierzu, dass das Zinkchlorid das Wachstum der Reben schädige, dass die mit Theeröl konservierten Pfähle wiederum den Trauben einen eigentümlichen Geschmack geben, was zwar die Weinbauern an der Mosel nicht für unangenehm halten, weil der Moselwein etwas erdig schmecken soll.

Am Rhein will man das aber nicht. Dass Eisensalze das Holz konservieren, wusste man schon vor 100 Jahren.

Wenn ich ein Stück des imprägnierten Holzes anschneide und Blutlaugensalz aufträufele, so bleibt es ungefärbt, giesst man dann Salzsäure auf, so wird das Eisen wieder gelöst und das Holz färbt sich blau. Es bildet sich nämlich dann Berliner Blau.

Die Fabrik würde für die 10 M. Kosten pro cbm die Fracht bis Schöpffurth bei Eberswalde selber tragen.

Hr. Javicky hat seit über einem Jahre nach Hasselmann'schem Verfahren imprägniertes Holz für Bretter, Pfosten, Mistbeete etc. im Gebrauch und ist sehr zufrieden.

Die Tischler verhalten sich etwas ablehnend, sie befürchten, dass ihr Absatz leide, und sagen, es bearbeite sich schlechter. Das lässt sich allerdings nicht leugnen, aber bei gutem Willen lässt es sich doch bearbeiten.

Ueber 120° Celsius darf man beim Kochen nicht gehen, auch nicht über 2 Athmosphären evakuieren.

Ein Vorteil ist noch, dass auch frisch gefälltes Holz benutzt werden kann, wenn es gleich gedämpft wird.

Herr Beck berichtet, dass bei Herrn Janicki Pflanzenkübel, Mistbeetkasten u. dgl. ganz ungeölt sich gut bewährt haben.

Auch für Parkettfussböden eignet es sich. Das Buchenholz wird durch das Imprägnieren zu einem nützlicheren Holz.

Herr Inspektor Weidlich fragt, ob hier nicht ein Lagerplatz sei, von dem man Muster beziehen könne.

Herr Direktor Lackner bemerkt, dass es der Imprägnierungs-Gesellschaft namentlich darum zu thun sei, ihr geliefertes Holz zu imprägnieren.

Hr. Wittmack schlägt vor, dass die Gesellschaft hier wenigstens für einen Versuch eine Anzahl Bretter und Stiele für Mistbeete lagern lasse, damit die Gärtner davon kaufen können.

Herr Bett teilt mit, dass mit der Fabrik ein Sägewerk verbunden sei und die Herren jede beliebige Sorte Bretter und Stiele bestellen könnten.

Herr Crass II bemerkt, dass das Pitchpine-Holz sich bekanntlich ohne imprägniert zu werden, gut hält, dass es aber bei Liebenow & Jarius noch in warmem Leinöl getränkt werde.

Herr Gensler bespricht das Anti-merulin, welches Herr Direktor Glü-nicke (Aktiengesellschaft Sattler & Bettge, Quedlinburg) als für Gloxinien nicht schädlich befunden habe

Herr Crass II hat feuchte Wände mit Antimerulin bestrichen, aber die Feuchtigkeit trat nur an den angren-zenden Stellen hervor.

Es wird in Aussicht genommen, eine Liste auszulegen, in welche alle die-jenigen, welche Versuche machen wollen, sich eintragen. Die Sache soll auch in der Plenarsitzung mitgeteilt werden und die Liste dort cirkulieren.

III. Herr Beuster überbringt Blätter kranker Cyklamen. Es ist wahrschein-lich eine Nematode die Ursache, da die Wurzeln ebenso knollig an-geschwollen sind, wie in „Gartenflora" 1900 S. 337, t. 1488 abgebildet ist.

IV. Vorgelegt werden von Herrn L. Wittmack bunte Kartoffeln. Herr Genseler bemerkt, dass bei ihm die Kartoffeln schon gleich aus der Erde genommen, bunt sind. Herr Weber teilt mit, dass Kartoffeln, die viel mit der Schaufel behandelt werden, im Früh-jahr oft schwarz werden.

Herr Weidlich, Herr Klaus und Herr Beuster berichten, dass in diesem Jahre einige Kartoffeln sich ganz hart kochen, andere nicht.

Herr Crass II hat das auch bei der Daber'schen Kartoffel bemerkt, bei Reichskanzler nicht. Letztere ist be-sonders auch für feuchten Boden ge-eignet, aber sie breitet sich so sehr weit aus, was die Ernte erschwert. Auch ist sie nach Herrn Moncorps zu mehlig.

Hr. Kgl. G.-Insp. Weber empfiehlt Herrn Beuster, seine Cyklamen an Herrn Professor Sorauer zu schicken. Er selbst hat die Krankheit auch an Knollenbegonien bemerkt. (Da ist 'es auch eine Nema tode. L. W.)

Herr Joseph Weidlich warnt davor, die kranken Cyklamen auf den Kompost-haufen zu werfen.

Herr Weber erinnert an das alte Ver-fahren, die Erde zu räuchern.

Herr Beuster hatte geglaubt, dass die Krankheit mit dem neuen Kies hier eingekommen sei. Herr Weber be-richtet, dass einmal bei ihm durch neuen Kies der Vermehrungspilz stark impor-tiert sei. Herr Inspektor Moncorps hat kürzlich Kies aus einer un-berührten Grube bezogen und anfahren lassen. Da ergab sich, dass ausseror-dentlich viel Schmutz darin war, mög-licherweise auch Aelchen (Nematoden). Herr Klar empfiehlt den Sand auszu-glühen.

Herr Kgl. G.-Inspektor Weidlich teilt mit, dass die Firma Borsig Kalt-Luft Maschinen baut, und hat sich Herr Borsig erboten, einen seiner Techniker einen Vortrag darüber halten zu lassen.

R. Moncorps.   Wittmack.

Potsdamer Gartenbau-Verein.

Wie in allen Jahren vorher, so hat es sich auch im letzten Jahre der hie-sige Gartenbau-Verein angelegen sein lassen, unter der rührigen Leitung seines Vorsitzenden, des Königl. Gartenbau-Direktors Echtermeyer, auf allen Ge-bieten des Gartenbaues und der Garten-kunst eine rührige Thätigkeit zu ent-wickeln, sowie das freundschaftliche Verhältnis unter seinen Mitgliedern zu pflegen. Die Thätigkeit des Vereins erstreckte sich im verflossenen Jahre auf Vorträge, Ausstellungen in den Si-tzungen. Besprechungen auf gärtneri-schem Gebiete etc. Einen grossen Teil der Sitzungen nahm die vom „Märki-schen Obstbau-Verein" angeregte und vom Vorsitzenden sowie vom Verein lebhaft unterstützte grosse „Provinzial-Obst-Ausstellung" ein, welche vom 28. September bis zum 2. Oktober 1901 im Königl. Orangerie-Gebäude stattfand und welche in jeder Hinsicht als gelungen zu betrachten war. Im Laufe des Jahres wurden 23 Sitzungen abgehalten, zwei davon waren zu General-Versamm-lungen erhoben. Grössere Vorträge wurden gehalten am 23. Januar über „Landwirtschaftliche Berufsgenossen-schaft" vom Magistratssekretär Herrn Ribbe, am 26. November über „Rassen-kreuzung im Lichte der modernen Forschung" von Herrn Prof. Müller, letzterer mit Projektionsbildern. Beide Sitzungen waren öffentliche, erfreuten sich seitens der Interessenten einer ausserordentlichen Beliebtheit und wa-ren sehr zahlreich besucht. Die Zahl der Mitglieder vermehrte sich um 8, während 3 Mitglieder dem Verein durch den Tod entrissen wurden und ein Mit-glied austrat. Professor Dr. Müller-Wildpark wurde zum Ehrenmitglied er-nannt, weil derselbe sich durch rege

Anteilnahme am Vereinsleben ganz besonders verdient gemacht hat. Am 15. August wurde eine Exkursion nach der Neu-Anlage des Botanischen Gartens in Dahlem unternommen. Von den üblichen Vergnügungen fanden statt: am 13. März das Wintervergnügen, am 18. Juli das Sommervergnügen, am 28. September das Stiftungsfest, welches mit dem Festessen der „Provinzial-Obst-Ausstellung" verbunden war.

Den Vorstand für das Jahr 1902 bilden folgende Herren:
1. Vorsitzender: Kgl. Gartenbau-Direktor Echtermeyer,
1. Stellvertreter: Hofgärtner Rosenberg,
2. Stellvertreter : Gärtnerei - Besitzer Rudolph Meyer,
Rendant Kaufmann F. Röhm,
1. Schriftführer: Gärtnerei - Besitzer Adolf Specht,
2. Schriftführer: Photograph Behrendt,
Bibliothekar: Rosenschulen - Besitzer Hering,
Stellvertreter : Gärtnerei-Besitzer H. Ebert,
Ausschuss-Mitglieder: Link, Prinzl. Obergärtner,
A. Schröder, Gärtnereibesitzer.

Möge der Verein auch weiterhin gedeihen, um seinen Mitgliedern auch in Zukunft recht viel Interessantes und Schönes zur Bereicherung des Wissens zu bieten.

Gärtnereibesitzer A. Specht.

Eingesandte Preisverzeichnisse.

Jakob Zopes, Fischenich bei Köln. Illustriertes Haupt - Preisverzeichnis, Frühjahr 1902, über Gemüse-, Feld-, Gras-, Gehölz- und Blumen-Sämereien. — F. C. Heinemann, Erfurt, Generalkatalog 1902, mit zahlreichen Neuheiten und Illustrationen. — Otto Heineck, Krakau und Magdeburg. Preisverzeichnis über Hyazinthen, Tulpenzwiebeln und andere Pflanzen. — E. Schmitt, Lyon. Catalogue général 1902 über Pflanzen verschiedenster Art. — C. Platz und Sohn, Erfurt. Illustriertes Preisverzeichnis 1902 über Gemüse- und Blumensamen, Feld-Gras, in- und ausländische Holz-Sämereien. — Vilmorin-Andrieux et Cie., Paris. Catalogue général, printemps 1902. Neben vielen Neuheiten und sehr zahlreichen Illustrationen enthält dieser Katalog eine farbige Tafel Zinnia hybr. von Mexiko, einfache und gefüllte Varietäten. — C. van der Smissen, Steglitz bei Berlin. Illustriertes Preisverzeichnis 1902 über Gemüse-, landwirtschaftliche und Blumen-Sämereien. — Alb. Wiese, Stettin. Preisverzeichnis 1902 über Gemüse- und Blumensamen. — Kröger und Schwenke, Schöneberg-Berlin. Preisliste 1902 für Handelsgärtner über Gemüse- u. Blumensamen. — Ernst Benary, Erfurt. Hauptverzeichnis 1902 über Gemüse-Gras-, Feld- und Wald-Samen, Blumen, Ziergräser, Stauden, Topfgewächse, Bäume, Sträucher, mit zahlreichen Neueinführungen 1901-02, nebst einer farbigen Tafel mit Humulus japonicus fol. var., Matricaria eximia varia fl. pl, „Goldlack", Ipomopsis elegans, Cactus-Dahlia hybr., Viola tricolor maxima „Trimardean", Bellis perennis fl. pl. „Longfellow", Antirrhinum majus grandiflorum, Begonia Rex und Chrysanthemum carinatum plurissimum fol. aureis. — Chr. Lorenz, Erfurt. Illustriertes Verzeichnis über Samen und Pflanzen 1902, mit einer farbigen Tafel über Melone „Jenny Lind", Tomate „Kaleidoscop" und „Magnus", Prinzess-Gurke und Kopfsalat „Miniatur".

David Sachs, Quedlinburg a. Harz. Samen und Pflanzen, Neuheiten in Astern etc.

Personal-Nachrichten.

Dem Konsul Richard Max Seifert, 2. Vorsitzender des Ver. z. B. d. G. ist die Rote Kreuz-Medaille 3. Klasse verliehen.

Zum korrespondierenden Mitglied der Soc. nat. des sciences naturelles et mahémathiques de Cherbourg wurde unser verehrter Mitarbeiter Herr Prof. Dr. E. Koehne in Friedenau.

Der Grossherzogl. Garteninspektor Ohrt (nicht Ohnt, wie auf S. 52 gesetzt) in Oldenburg ist zum Grossherzogl. Gartendirektor ernannt.

Am 15. Januar fand in feierlicher Weise die Enthüllung der Büste des 2 Jahre vordem verstorbenen Geh. Ober-Bergrats Dr. Hauchecorne Direktor der Kgl. Geol. Landesanstalt und Bergakademie, in der Aula dieser vereinigten Anstalten statt. Nach der tiefergreifenden Festrede des Zweiten Direktors Herrn Prof. Dr. Beyschlag legten der Redner, der Erste Direktor Geh. Bergrat Dr. Schmeisser und Geh. Reg.-Rat Kny als Nachfolger des Verstorbenen im Vorsitz des Vereins für volkstümliche Naturkunde mit bezüglichen Ansprachen Lorbeerkränze nieder. Geh. Rat Hauchecorne war auch Vorsitzender des Liebhaberausschusses des V. z. B. d. G. und gehörte mit zu den eifrigsten Mitgliedern des Vereins.

Der Präsident der französischen Republik hat u. a. den Ministerialdirektor Dr. Hugo Thiel zum Kommandeur und den Geh. Regierungsrat Prof. Dr. Wittmack zum Offizier der französischen Ehrenlegion ernannt.

Der Kaufmann Friedrich Wilhelm Kropp i. F. Adolf Schmidt Nachfolger, Samenhandlung, Berlin, langjähriges Ausschussmitglied des Ver. z. B. d. G † nach langen, schweren Leiden am 24. Januar und wurde unter zahlreicher Beteiligung am 28. Januar auf dem alten Jerusalemer Kirchhof zur Ruhe bestattet.

Der Gärtnereibesitzer A. Drawiel, Lichtenberg, Ehrenmitglied des Ver. z. B. d. G., feiert am 12. Februar seine goldene Hochzeit.

Beim Krönungs- und Ordensfest am 19. Januar sind verliehen:
Der Rote Adlerorden 2. Klasse:
Herrn Freiherrn Heinrich von Ohlendorff zu Hamburg.
Der Rote Adlerorden 3. Klasse mit der Schleife:
Herr Geh. Regierungsrat Prof. Dr. Schwendener, o. Professor an der Universität und Mitglied der Akademie der Wissenschaften, Berlin, Ehrenmitglied d. V. z. B. d. G.

Am 1. Januar verschied der Geh. Regierungsrat Prof. Dr. Jacobsthal, Lehrer des Ornaments an der Kgl. technischen Hochschule in Charlottenburg im 63. Lebensjahre. Der Verstorbene war u. a. Erbauer des Bahnhofes in Strassburg i. E. und gehörte früher auch dem V. z. B. d. G. an. Ein eifriger Freund der Botanik, hat er namentlich auch diejenigen Pflanzen in der technischen Hochschule kultivieren lassen, welche als Motive für das Ornament benutzt werden. In der Festschrift anlässlich des 100jährigen Jubiläums der technischen Hochschule verfasste er einen von schönen Abbildungen begleiteten Aufsatz: „Die Araceen im Ornament". Er wies ferner nach, dass das sog „Granatapfelmuster" nicht von dem Granatapfel, sondern vom Saflor, Carthamus tinctorius, abzuleiten ist.

Der Generalkonsul Heinrich Friedrich Glade, Wilmersdorf bei Berlin, Mitglied des V. z. B. d. G, verschied plötzlich, in Folge eines Herzschlages, am 16. Januar, im 58. Lebensjahr.

Für die Redaktion verantwortlich Geh. R. Prof. Dr. Wittmack, Berlin NW., Invalidenstr. 42. Verlag von Gebrüder Borntraeger, Berlin SW. 46, Schönebergerstr. 17a. Druck von A. W. Hayn's Erben, Berlin

15. Februar 1902.   Heft 4.

GARTENFLORA

ZEITSCHRIFT

für

Garten- und Blumenkunde

(Begründet von **Eduard Regel**.)

51. Jahrgang.

Organ des Vereins zur Beförderung des Gartenbaues in den preussischen Staaten.

Herausgegeben von

Dr. L. Wittmack,

Geh. Regierungsrat, Professor an der Universität und an der Kgl. landwirtschaftl.
Hochschule in Berlin, General-Sekretär des Vereins.

Berlin 1902
Verlag von Gebrüder Borntraeger
SW 46 Dessauerstrasse 29

Erscheint halbmonatlich. Preis des Jahrganges von 42 Druckbogen mit vielen Textabbildungen und
12 Farbentafeln für Deutschland und Oesterreich-Ungarn 12 Mark, für die übrigen Länder des Weltpostvereins 15 Mark. Zu beziehen durch jede Buchhandlung oder durch die Post (Zeitungsverzeichnis
No. 2819).

891. Versammlung des Vereins zur Beförderung des Gartenbaues in den preussischen Staaten am 30. Januar 1902 in der Königlichen landwirtschaftlichen Hochschule zu Berlin.

I. Der Direktor des Vereins, Kgl. Gartenbaudirektor Lackner, kündete den zahlreich erschienenen Herren und Damen, an, dass der Verein drei Mitglieder durch den Tod verloren habe: Frau von Le Coq-Darmstadt, Herrn Generalkonsul Glade-Wilmersdorf und Herrn Kaufmann Fr. Wilh. Kropp, langjähriges Mitglied des gewerblichen Ausschusses. Er widmete den Dahingegangenen warme Worte der Teilnahme und ehrten die Anwesenden das Andenken der Verstorbenen durch Erheben von den Sitzen.

II. Vorgeschlagen wurden zu wirklichen Mitgliedern:

1. Herr städtischer Gartendirektor Herm. Mächtig-Berlin N., Humboldthain, durch L. Wittmack;

2. Herr Graf Achim von Talleyrand-Périgord-Berlin W., Viktoriastrasse 4, durch Herrn Direktor Lackner;

3. Herr Richard Rothe-Sunset, Laverock, Pennsylvania, Ver. Staaten, durch L. Wittmack;

4. Herr General-Direktor Gerstenberg-Berlin SW., Lindenstrasse 20/21, durch L. Wittmack;

5. der Gartenbauverein des Kreises Jerichow II (zu Händen des Herrn Kreis-Obergärtner Busse-Genthin), durch L. Wittmack;

6. Herr Kropp jun., in Firma Adolph Schmidt Nachfolger, Samenhandlung, Berlin SW., Belle-Alliance-Platz 18, durch Herrn Hofgärtner Hoffmann;

7. Herr Max Zimmermann, expedierender Sektretär im Reichsversicherungsamt, Berlin W., Steglitzerstrasse 50, durch Herrn Mehl.

III. Ausgestellte Gegenstände: 1. Herr de Coene, Mitinhaber der Firma Spielberg & de Coene-Französisch Buchholz bei Berlin N., erfreute die Versammlung durch eine Anzahl Töpfe eines neuen, in langen schön blauen Rispen blühenden Coleus aus Inner-Afrika, Coleus thyrsoideus Baker. Herr de Coene erhielt diese Pflanze von einem Herrn, der sie aus Afrika mitgebracht hatte, sie ist aber auch von F. Sander & C. und Veitch & Sons in den Handel gegeben. Die Stecklinge wurden im Mai 1901 gemacht, später zu drei in einen grösseren Topf gesetzt und jetzt sind daraus etwa 1 m hohe stattliche Pflanzen erwachsen. Die

Pflanzen blühen schon seit Weihnachten und werden allem Anscheine nach noch einen Monat blühen, so dass wir also in dieser Art einen schönen Winterblüher erhalten haben. Sicherlich dürften bei entsprechender Kultur die Rispen noch grösser werden. Ob es eine gute Handelspflanze werden wird, lässt sich noch nicht sagen, aber sie hat sich in meinem Zimmer seit vier Wochen ganz gut gehalten, womit aber noch nicht gesagt sein soll, dass sie überhaupt eine gute Zimmerpflanze ist. Die Coleus lieben im Winter eine etwas trockene Luft. Vielleicht könnte man sie mit bunten Coleus kreuzen, um auch schön blühende bunte Coleus zu erzielen. Pollen von blühenden bunten Coleus wäre ihm erwünscht.

Herr Kgl. Garteninspektor Weidlich: Ich erhielt für den Borsigschen Garten im vorigen Jahre im August von Sander & Co. ein Dutzend Pflänzchen, die haben sich ganz gut entwickelt und dürfte die Art für Herrschaftsgärten sehr zu empfehlen sein, zumal sie sich auch im Zimmer gut hält; eine Handelspflanze wird sie aber wohl nicht werden.

L. Wittmack bemerkt, dass Coleus thyrsoideus im Botanical Magazine 1899 t. 7672 zuerst beschrieben und sehr schön abgebildet ist. Er kommt, wie J. D. Hooker dort angiebt, auf der Hochebene am Nordostende des Nyassa-Sees im Mozambique-Distrikt in Höhen von 6—7000 Fuss und in der Tanganyika-Hochebene in 2—3000 Fuss Höhe über dem Meer vor. Das Interessante ist, dass die Pflanzen in Kew aus Samen gezogen wurden, welche sich an einem Herbar-Exemplar fanden, welches Herr A. Whyte in Zentral-Afrika gesammelt hatte. Im April 1897 gesät, erwuchsen daraus 3 Fuss hohe buschige Pflanzen, welche in einem Warmhause im Februar 1898 blühten. Auch Hooker sagt, dass es eine sehr zierende Pflanze ist, da die Trauben 6—10 Zoll lang werden und schön hellblaue Blüten tragen. Die abgebildete Rispe ist 18 cm lang. — Auch in Gardeners Chronicle vom 19. Januar 1901 S. 39 ist die Pflanze abgebildet, dort ist die Rispe ca. 24 cm lang. Ferner ist sie in Möllers Deutscher Gärtner-Zeitung 1901 S. 281 abgebildet und in der Revue horticole usw. besprochen. Das tropische Afrika dürfte uns noch viele Coleus liefern. Baker führt in Flora of Tropical Africa vol. III (1900) 77 Arten auf, S. 440 ist auch vorliegende beschrieben. (Die einzelnen Blumen von C. thyrsoideus fallen, wie wir an einem Exemplar bemerkten, das vielleicht zu warm gestanden hatte, leicht ab, aber es blühen immer wieder neue Knospen auf. L. W.)

2. Von Herrn Obergärtner Hering-Wachau, Königreich Sachsen, waren frisch getriebener Spargel sowie eine Spargelklaue mit einem daran sitzenden Spargelstiel, ferner zwei Exemplare der gelb blühenden Tulpe Chrysolore eingesandt,

3. Herr städtischer Gärtner Mende-Blankenburg bei Berlin N. legte billige Drahtschutzkörbe vor, wie sie auf den städtischen Rieselfeldern für die Obstbäume verwendet werden. (Vergl. Gartenflora Nr. 2 S. 34.) Er erinnert an einen Artikel, den er vor wenigen Jahren in einer Schweizer Zeitung gelesen. Da hiess es: Wir Schweizer sollten unsere

Obstpflanzungen bedeutend vermehren, denn Deutschland nimmt unbegrenzt Obst auf. Eine Überproduktion ist nicht zu befürchten, denn Deutschland hat einen so grossen Wildstand, dass es nicht imstande ist, sein Obst gegen Wild zu schützen. — Das klang recht beschämend für den deutschen Obstschutz. Heute ist aber jeder in der Lage, durch einfache aus Drahtgewebe selbst hergestellte Zylinder seine Bäume zu schützen. Man kauft sich das Drahtgewebe in Rollen zu 50 qm und schneidet sich mittels einer Drahtscheere aus 1 qm ein, zwei oder drei Stücke (Körbe), je nach Grösse des Baumes, legt das Gewebe um den Baum und hakt die Maschen zusammen. Für einen jungen Baum kostet der Drahtschützer ca. 6 Pfennig, und wenn er 6 Jahre hält, pro Jahr nur 1 Pfennig; wenn die Bäume stärker werden, z. B. 12 cm Durchmesser haben, muss man natürlich weitere Körbe nehmen, dann stellt sich der Preis auf 2—3 Pfennig das Jahr. Das Gewebe ist von Wilhelm Eschmann, G. m. b. H., Berlin W., Kronenstrasse 58 (und Neukirchen, Kr. Solingen) bezogen, en gros à qm 19,5 Pfg. Andere Bezugsquellen sind alle Drahtwarenfabrikanten, z. B. Carl Lerm & Gebr. Ludewig-Berlin NO., Elisabethstrasse 6, Paul Heinze, SO., Köpnickerstr. 109 a, Ernst Schulz, SO., Köpnickerstr. 113, u. v. a.

4. Herr Kgl. Garteninspektor Lindemuth führte aus dem Universitätsgarten einen riesengrossen blühenden Amorphophallus Rivieri vor, den er ebenso wie Sauromatum venosum „ohne Erde und Wasser" zur Blüte gebracht hatte. Von Sauromatum venosum hatte Herr Lindemuth ebenfalls zwei Exemplare und zwar ausserordentlich grosse zur Schau gestellt, und wird über alles selbst einen Artikel in der Gartenflora veröffentlichen.

In der Diskussion bemerkte Herr Prof. Dr. Carl Müller, dass der lange schwanzförmige Anhang am Kolben von Sauromatum venosum wohl zum Anlocken der Aasfliegen diene, weil er gerade den unangenehmen Aasgeruch am meisten aushauche. Er habe einmal nur den Kolben nach Hause gebracht und da habe sich ein entsetzlicher Geruch verbreitet. — Herr Obergärtner Amelung: Ganz entschieden dient der Anhang des Kolbens als Anlockungsmittel für Fliegen; wir sehen das nur nicht, weil die Pflanze meist im Winter blüht. Ich hatte sie aber im Joachimsthalschen Gymnasium einmal im Mai zur Blüte gebracht, eine ganze Klasse wurde vom Lehrer in das Gewächshaus geschickt, um sie zu sehen, und da zeigte sich, dass in kurzer Zeit wohl an 100 Fliegen am Kolbenanhang sassen. Das dauerte zwei Tage, dann verlor sich der Geruch, der übrigens im Mai, weil es dann wärmer ist, viel stärker ist als im Winter, und die Fliegen gingen fort. In der Blütenscheide war keine zurückgeblieben. — Herr Direktor Lackner bemerkt, dass man Amorphophallus Rivieri seiner schönen Blätter wegen in Paris vielfach als Blattpflanze auf Gruppen auspflanze, namentlich im Park Monceau.

5. Herr Kgl. Hoflieferant J. Klar legt die höchst seltenen, schwer zu beschaffenden Samen von Kickxia elastica vor, eines Kautschuk liefernden Baumes aus dem tropischen Afrika, Kamerun und Kongo-Gebiet. Die Samen müssen sofort ausgesät werden und empfiehlt es sich deshalb, dass Interessenten ihre Bestellungen schleunigst machen. Ausser

dieser Art giebt es noch K. africana Benth.*), die am längsten bekannt, und K. latifolia. K. elastica ist die beste. — Herr Kgl. Garteninspektor Perring bemerkte, dass in den Kolonien in manchen Artikeln auch schon Überproduktion herrsche, in Kautschuk aber nicht, dieser und Guttapercha werden immer mehr gebraucht. — L. Wittmack fügte hinzu, dass die Kickxien keine Schlingpflanzen sind, wie die Landolphien, die einer Stütze bedürfen und erst spät Ertrag liefern, sondern Bäume, und dass deshalb grosse Hoffnungen auf sie gesetzt werden (vgl. Preuss in Gartenflora 1901 S. 298 und 303).

IV. Hierauf hielt Herr Prof. Dr. Carl Müller-Wildpark einen mit lebhaftestem Beifall aufgenommenen Vortrag über Befruchtung und Vererbung. Er besprach namentlich die neuerdings entdeckte Doppel-Befruchtung und das Mendelsche Gesetz der Vererbung. Der Vortrag und die sich daran knüpfende Diskussion werden in der Gartenflora abgedruckt werden.

V. Der Etat für 1902 wurde in zweiter Lesung einstimmig genehmigt.

VI. Herr Dr. Carl Bolle hat in einem Schreiben vom 13. Januar seinen wärmsten Dank für seine Ernennung zum Ehrenmitglied anlässlich seines 80. Geburtstages ausgesprochen.

VII. Auf Antrag des Dekorations-Ausschusses, den der Vorstand und ausserdem noch Herr Obergärtner Amelung unterstützte, bewilligte der Verein Herrn Koschel für die ausgezeichnete Dekoration seiner Schaufenster am Geburtstage Sr. Maj. des Kaisers eine goldene Medaille.

Auf Anregung des Herrn Genseler erklärte sich Herr Koschel bereit, den Vereinsmitgliedern seine Treibereien zu zeigen, augenblicklich sei aber keine günstige Zeit dazu.

VIII. Herr O. Cordel teilte mit, dass das Konzert zum Besten der Kaiser Wilhelm- und Augusta-Jubelstiftung für Gärtner am Donnerstag den 13. März in der Ressource zur Unterhaltung, Oranienburger Strasse, stattfinden werde.

IX. Das Preisgericht, bestehend aus den Herren Kgl. Gartenbaudirektor Echtermeyer-Wildpark, Obergärtner Nahlop-Britz und Blumenhändler Meermann, sprach den schönen Coleus thyrsoideus der Firma Spielberg & de Coene-Französisch Buchholz den Monatspreis von 15 M. zu.

X. Aufgenommen wurden als wirkliche Mitglieder die in der letzten Versammlung Vorgeschlagenen (siehe Gartenflora Heft 2 S. 33).

Carl Lackner.   L. Wittmack.

---

*) Prof. Sadebeck, Die Kulturgewächse der deutschen Kolonien, Jena 1899, S. 276, sagt, dass die Milch von Kickxia africana Benth ein für die Technik völlig unbrauchbarer Rohstoff sei und dass beim Vermengen mit der Milch der Kautschuk-Lianen (Landolphia-Arten) die letztere mehr oder weniger entwertet werde. Dies bezieht sich aber nicht auf Kickxia elastica, die Dr. Preuss im Kamerun-Gebiet auffand.

Andreas Drawiel.

(Hierzu 1 Porträt.)

Von L. Wittmack.

Anlässlich der goldenen Hochzeit, welche der Nestor der Berliner Gärtner, Herr Andreas Drawiel-Lichtenberg, am 12. Februar feierte, dürfte es allen seinen vielen Freunden erwünscht sein, etwas über seinen Lebensgang zu erfahren. Wir folgen dabei ausser eigenen Erkundigungen der Biographie, die in Möllers Deutscher Gartenzeitung

Abb. 17. Andreas Drawiel, geb. den 9. August 1818.

1886 S. 234 gelegentlich der Lebensbeschreibungen vieler verdienter Rosenzüchter gegeben ist.

Andreas Drawiel wurde am 9. August 1818 zu Preusslitz (Anhalt-Cöthen) als Sohn eines kleinen Landwirtes geboren. Er besuchte die Dorfschule in Preusslitz, trat aber seiner nicht ganz festen Gesundheit wegen erst mit dem 19. Jahre im herzoglichen Schlossgarten zu Biendorf in die Lehre und wanderte, nachdem die dreijährige Lehrzeit beendet war, im Herbst 1840 „frohgemut mit dem sehr bescheiden gepackten Felleisen und 1 Thaler 10 Silbergroschen in der Tasche" in die Fremde.

Er erhielt Stellung in Potsdam, in der Handelsgärtnerei von Heydert und ein halbes Jahr später in Sanssouci, wo er bis Mitte Sommer 1847 in verschiedenen Hofgärten beschäftigt war. Im Zusammenleben mit höher gebildeten Arbeitsgenossen, wie Heinemann (Erfurt), Lüddemann (der später sich in Paris niederliess) und Poppey, erkannte er bald die Lücken seines allgemeinen Wissens und war eifrig bemüht, mit Unterstützung seiner Kameraden und besonders auch des späteren Berliner städtischen Gartendirektors Meyer und des Kgl. Hofgärtners Nietner seine Kenntnisse zu erweitern.

Unter Meyers Leitung führte Drawiel die Anlage des dem Porzellanfabrikanten Schumann in Moabit gehörenden Gartens aus und arbeitete darauf unentgeltlich zu seiner Ausbildung ein Jahr im botanischen Garten zu Schöneberg. Im Jahre 1849 übernahm er die Leitung des Gartens des Geheimen Rechnungsrats Fanninger in Lichtenberg bei Berlin, eine Anlage, die damals durch einen schönen Rosengarten berühmt war. In dieser Stellung blieb er bis 1854. Da wurde es ihm durch Hilfe eines Freundes, des Brauereibesitzers Hoffmann in Potsdam, in Firma Adelung & Hoffmann, möglich, sein jetziges, ca. 4 ha grosses, heute 13 Häuser und ein grosses überbautes Rosarium aufweisendes Grundstück in Lichtenberg. Dorfstrasse 86/87, mit einem hübschen Wohnhaus für 10000 Thaler zu erwerben. Hier begann Drawiel in ganz bescheidenem Umfange die Anzucht von Rosen, besonders Centifolien, Moosrosen und Remontanten, wie Dubreuil, Du roi, La Reine, Quatre Saisons, und es gelang ihm bei seiner ausserordentlichen Thätigkeit, seine Kulturen bald bedeutend zu erweitern und sie auf eine für jene Zeit bedeutende Höhe zu bringen, besonders da er durch seinen Freund Lüddemann in Paris stets mit den besten französischen Treibsorten versehen wurde.

Die Vorliebe für französische Rosen bewahrte sich A. Drawiel auch noch lange Zeit, weil er der Ansicht war, dass sie sich besser treiben lassen, und erst später, als er sich eingehend davon überzeugt hatte, dass jetzt in Deutschland Ware gleicher Güte erzeugt werde, entschloss er sich, nur deutsche Rosen zu treiben.

Lange Zeit führte er die Gärtnerei allein, dann überliess er den vorderen Teil seines Grundstückes seinem ältesten Sohne Paul und von da an wurde nicht mit geteilten Kräften, sondern mit doppelten Kräften gearbeitet. Wir haben in der Gartenzeitung (nicht Gartenflora) 1884 S. 205 eine eingehende Schilderung der grossen Rosentreibereien gegeben. Damals wurden von Vater und Sohn zusammen 12—15000 Rosen während des Winters abgetrieben und täglich 30—40, ja 50 Dutzend geschnitten.

Aber nicht nur mit Rosen beschäftigte sich A. Drawiel, sondern auch mit Vorliebe noch mit Cinerarien, und er war der erste, welcher die schönen blauen Cinerarien von Vilmorin, Andrieux & Co.-Paris in Berlin vorführte.

Viele hohe Preise sind ihm auf den Ausstellungen zuteil geworden, u.a. erhielt er den Ehrenpreis des kronprinzlichen Paares (später Kaiser Friedrich und Kaiserin Viktoria) für eine herrliche Rosengruppe auf der Ausstellung des Vereins zur Beförderung des Gartenbaues im Jahre 1873, ausserdem zwei goldene und mehrere grosse und kleine silberne Medaillen für Rosen und Cinerarien. Er ist Ehrenmitglied und Inhaber der Vermeil-Medaille des V. z. B. d. G.

Geschichtlich sei noch erwähnt, dass bei A. Drawiel zuerst Versuche mit künstlichem Dünger zu Rosen seitens des V. z. B. d. G. angestellt wurden.

Im Jahre 1882 hat Herr Drawiel seine Gärtnerei ganz seinem Sohne Paul überlassen und seinem zweiten Sohne, Ernst, hat er ein anderes Grundstück in der Eldenaer Strasse übergeben. Das dritte Kind, eine Tochter, ist leider nicht mehr am Leben. Er selbst aber widmet sich einem anderen schönen Zweige der Gärtnerei, dem Obstbau, und hat gar oft im Verein die Früchte seiner Erstlinge vorgelegt.

Treu stand ihm in allem seinem Thun, in guten und in bösen Tagen seine Gattin Auguste, geborene Schilling, aus Berlin, zur Seite, und glücklich konnte der Verein in seiner Adresse am 12. Februar das Jubelpaar preisen, das nach so langer Thätigkeit nun sich eines schönen Lebensabends erfreuen kann. Mögen sie beide dessen noch lange geniessen! Möge Drawiels Vorgehen aber den Jüngeren ein Beispiel sein, wie man durch eigene Kraft, durch unermüdliche Thätigkeit zu Ehren, zu hohem Ansehen kommt!

Ameisenpflanzen.

Von Prof. Dr. Karl Schumann, Kustos am Kgl. botanischen Museum.

Vortrag, gehalten im Verein z. B. d. G. am 28. November 1901.

Unter Ameisenpflanzen verstehen wir solche Gewächse, die mit Ameisen in irgend einer engeren oder weiteren Wechselbeziehung stehen. Der Grad dieser Wechselbeziehung ist sehr verschieden. Es giebt 1. Pflanzen, die regelmässig mit Ameisen besetzt sind, bei denen wir aber nicht wissen, ob diese Art von Symbiose (Zusammenleben) eine Notwendigkeit ist, oder nur ein hergebrachter, zur Gewohnheit gewordener Zufall. Es giebt 2. Pflanzen, Bäume und Sträucher, auf denen bestimmte Ameisen sich regelmässig finden, weil ihnen dort Wohnung geboten wird, und 3. Pflanzen, welche nicht nur den Ameisen Wohnplätze, sondern sogar Nahrung liefern. Dieser Fall ist der komplizierteste, und es ist nachgewiesen, dass hier die Ameisen und die Pflanzen gegenseitig auf einander angewiesen sind.

Die einfachsten Verhältnisse sind die, wo die Ameisen den Pflanzen Teile, süsse Säfte usw., entziehen. So findet man z. B. auf der an Zäunen und auf Wiesen vorkommenden Zaunwicke, Vicia sepium, fast regelmässig Ameisen. Diese halten sich an bestimmten Stellen, am Grunde der Blätter, besonders gern auf. Dort sitzen zwei Öhrchen, die halbpfeilförmigen Nebenblätter, und auf diesen Öhrchen findet man eine kreisförmige, dunklere Stelle, welche Nektar (Honig) ausscheidet. Während sonst der Nektar meist von den Blütenteilen abgesondert wird, finden

wir bei dieser Wicke, auch bei der Saubohne und bei einigen anderen
Wicken, sogenannte extranuptiale (d. h. ausserhochzeitliche) Nektarien.
Derartige extranuptiale Nektarien sind sehr verbreitet, und man glaubt,
dass sie unberufene Gäste von den Blüten abhalten sollen, dass sie die
kriechenden Insekten gewissermassen abspeisen sollen, während der
Nektar in den Blüten für andere, namentlich die fliegenden Insekten
bestimmt ist.

Ein schönes Beispiel extranuptialer Nektarien bietet Adenia (aden
= Drüse), eine Passifloraceae mit herzförmigem Blatt und zwei Schüssel-
chen am Blattstiel von hellgelber Farbe.*) Auch die Drüsen am Blattstiel unserer Süsskirschen oder auf der Blattspreite der Sauerkirsche
und besonders des Kirschlorbeers gehören hierher.

v. Wettstein hat nachgewiesen, dass die Entfernung dieser Nektarien für die Pflanzen nachteilig wird. Wenn er an Jurinea mollis,
einer bei Wien und in der pontischen Ebene häufigen Pflanze mit
grossen, artischockenähnlichen Köpfen, an deren äusseren Hüllschuppen
des Kopfes sich solche Nektarien befinden, diese entfernte, so brachten die
Köpfe nicht so viel Früchte als die unverletzten. Warum? Weil eine grosse
Menge Blüten von Wespen und anderen Insekten abgenagt wurden,
während an den Exemplaren, an welchen die Nektarien erhalten geblieben waren, auch Ameisen sich eingestellt hatten, welche die Wespen
abhielten. Hier haben also die Ameisen einen Schutz für die Pflanze
zu bilden.

Weit komplizierter ist die Sache oft in den Tropen. Da finden
wir Pflanzen mit Wohnungen für Ameisen, und es ist höchst bemerkenswert, dass sich diejenigen Ameisen, welche auf solchen Pflanzen vorkommen, niemals auf der Erde, sondern nur in den Höhlungen, den
Schläuchen der Pflanzen finden. Es sind bestimmte Gattungen sowohl
in Asien wie Amerika, die derartig symbiotisch mit Pflanzen leben.

Die Form der Wohnräume ist äusserst mannigfaltig. Der einfachste
Fall ist der, dass in den Ästen sich Hohlräume bilden, die mitunter regelmässig und von selbst aufplatzen.

Einen solchen Fall fand ich an einer Muskatnussbaumart aus Neu-
Guinea. Ich sah an den hohlen Zweigen (des Herbarmaterials) Ameisen,
welche ich an den besten Kenner dieser Tiere, Prof. Emery in Bologna,
schickte. Er erkannte die Ameisen als eine Pflanzen bewohnende Art.
In den hohlen Zweigen fanden sich aber oft auch Schildläuse, und
manche Botaniker meinen, dass die Ameisen diese als junge Tiere dahin
geschleppt haben; denn da diese Schildläuse viel grösser sind als die
Öffnungen, so müssen sie nachträglich darin noch gewachsen sein.

Im botanischen Garten haben wir auch beobachtet, dass Ameisen
Blattläuse oder Schildläuse auf die Pflanzen schleppen, und zwar erscheinen diese aus den Tropen eingeführten Ameisen in ganz gewaltiger
Zahl, so dass man sich ihrer kaum erwehren kann. Dass übrigens auch
unsere Ameisen die Blattläuse gewissermassen als Milchkühe halten, sie

---

*) Der Vortragende zeigte diese und viele andere Pflanzen lebend aus dem
Kgl. botanischen Garten, andere getrocknet aus dem Kgl. botanischen Museum vor.

streicheln und hätscheln, damit die Blattläuse aus ihren beiden Röhren am Hinterende des Körpers einen süssen Saft entlassen, ist ja längst bekannt.

Ein weiterer Grad der Entwicklung ist der, dass die Schläuche an ganz bestimmten Stellen vorkommen.

Das ist namentlich bei Melastomataceen usw. der Fall, die braune Blätter und braune Behaarung haben. Diese braune Behaarung ist, wie ich fand, immer ein Kennzeichen dafür, dass man es mit einer Ameisenpflanze zu thun hat: so z. B. bei Duroia saccifera vom Amazonenstrom. Cola marsupium aus Westafrika. Bei Duroia hirsuta entsteht an dem Schlauch, der sich unterhalb des Blütenstandes befindet, ein Spalt, der an einer bestimmten Stelle von den Ameisen erweitert wird; er bildet den Zugang zu der Höhle, in die sie dann schlüpfen.

Ein englischer Forscher, Bower, sah auf Ceylon an einer Leguminose, Humboldtia laurifolia, ganz ähnliche kegelförmige Schläuche und fand, dass die Stelle, an welcher der Schlauch aufspringt, vorher dazu vorbereitet ist, indem da die festen, die mechanischen Gewebe fehlen. Die Stelle ist von Anfang an ausserordentlich verdünnt, und wenn der Zweig ein bestimmtes Alter erreicht hat, d. h. wenn die Pflanze blühen will, reisst er dort auf. Die Ameisen fressen dann den Rest des Markes aus und erhalten so eine schöne Wohnung, die sie besiedeln.

Der Umstand, dass diese Schläuche sich nur bilden, wenn Blütenstände erzeugt werden, und dass sie stets in der Nähe der Blüten sich finden, legt die Vermutung nahe, dass die Ameisen, die darin wohnen, eine Schutzwache für die Blüten gegen unberufene Gäste sind.

Ausser diesen in Stämmen und Zweigen vorkommenden Ameisenwohnungen giebt es noch eine grosse Reihe an anderen Stellen. So z. B. bei Tococa lanceolata, einer Melastomataceae, die sich auch durch ihre braune Behaarung auszeichnet. Hier haben wir einen Übergang von Stammschläuchen zu Blattschläuchen. Es sitzt auf den Zweigen ein beutelförmiges Organ, welches oben einen Zugang hat. Dieser Beutel ragt auch auf den Blattstiel hinauf und reitet zum Teil auf ihm.

Duroia saccifera hat ebenfalls rotbraun behaarte Blätter von länglicher Gestalt. Das Blatt trägt am Grunde jederseits ein beutelförmiges Organ, welches mit ihm zusammenhängt. Der Zugang ist auf der Oberseite; damit aber der Regen nicht eindringe, hat das Blatt über dem Beutel eine Falte gebildet, und unterhalb dieser Falte ist auf beiden Seiten des Blattstiels der Eingang zur Höhle.

Eine andere Form finden wir bei einigen Melastomataceen (z. B. Tococa, Maieta usw.). Da erheben sich am Grunde der Blattspreite 2 cm hohe Blattbeulen, die mitunter die Gestalt von abgestumpften Hörnern haben, bisweilen auch weniger hervortreten, wenn sie an der Basis am breitesten sind. Diese Schläuche sind nicht von oben, wie bei Duroia, sondern von der unteren Seite des Blattes zugänglich. Der Eingang liegt in der Achsel der Nerven, von denen bekanntlich bei vielen Melastomatoceen drei oder fünf fast parallel laufende Hauptnerven vorhanden sind.

Übrigens können wir auch bei Blättern vieler bei uns vorkommender

Gewächse Vertiefungen in den Achseln der Nerven beobachten. So z. B. bei unserer Winterlinde, Tilia parvifolia, wo sie eine feine braune Behaarung haben. Nach den Untersuchungen des Schweden Lundström sind sie Wohnungen für kleine Milben, und diese sollen nach seiner Theorie das Blatt frei halten von Pilzsporen. Sie sollen diese Sporen fressen und sich dann wieder in ihre Wohnungen zurückziehen. Er hat diese Höhlungen Domatien (domus = Haus) genannt.

Zweifellos sind auch die Höcker auf den Blättern der Melastomataceen, die übrigens auch weiter abwärts vom Blattstiel sitzen können, solche Domatien. Auch hier sind die Ameisen in Symbiose mit den Pflanzen. Die Reisenden berichten, dass, wenn die Pflanze gestört wird. eine ganze Schar scharf beissender, kleiner Ameisen hervorstürzt und den Feind vertreibt. Wir sehen die Blasen in der Nähe der Blütenstände und dürfen die Ameisen als Schutzgarde für die Blüten ansprechen.

Die am längsten bekannten „Ameisenpflanzen", die diesen Namen auch heute noch führen, gehören zu den Gattungen Myrmecodia und Hydnophytum aus der Familie der Rubiaceae. Schon Rumphius fand sie auf seiner Reise nach Amboina und bildete sie 1750 als Nidus formicarum niger (schwarzes Ameisennest, ein Hydnophytum) und Nidus formicarum ruber (rotes Ameisennest, eine Myrmecodia) ab. Morphologisch gehören hier die Ameisenwohnungen zu den Stengelgebilden. Der Stengel ist bei beiden Gattungen rüben- oder knollenförmig angeschwollen; beides sind kleine Sträucher, die als Epiphyten oft in grosser Menge vorkommen, namentlich in Indien, auf der Halbinsel Malakka, ferner auf den Gebirgen Javas (hier fast auf jedem Baum), auf den Molukken und endlich in Neu-Guinea, Kaiser Wilhelmsland usw. Das knollenförmige Gebilde, von der Grösse eines Kinderkopfes etwa, ist oft mit Rippen überzogen, die bei Hydnophytum glatt, bei Myrmecodia aber sehr stachelig sind. Aus den Knollen entspringen fleischige Stengel mit Laubblättern und Blüten, die uns hier nicht interessieren.

Sobald ein Mensch oder Tier die Knollen berührt, kommen eine Menge Ameisen hervor, welche so heftig beissen, dass die Eingeborenen sich dann in den nächsten Fluss stürzen, um sie Ioszuwerden. Rumphius meinte, dass die Knollen gar nicht zur Pflanze gehörten, sondern Nester von Ameisen seien.

Im botanischen Garten zu Berlin würden Samen dieser Ameisenpflanzen in grosser Menge zur Keimung gebracht; ich kann diese in verschiedenen Stadien bis zu drei Jahren vorzeigen.

Macht man einen Schnitt durch eine ausgebildete Knolle, so sieht man, dass sie von einer Galerie von Hohlräumen durchzogen ist, die mit einander in Verbindung stehen. Man war lange der Ansicht, dass die Ameisen diese Galerien herstellen; das ist aber nicht richtig, denn auch bei uns haben sich diese Galerien gebildet, obwohl die betreffenden Ameisen hier fehlen, und wenn man im Vaterlande um die künstlich erzogenen Keimpflanzen einen Wassergürtel anbringt, den keine Ameise überschreiten kann, so bilden sich doch die Anfänge solcher Galerien aus. Treub, der Direktor des botanischen Gartens in Buitenzorg, hat nun allerdings gemeint, dass diese Knollen eigentlich gar nichts mit den Ameisen zu thun hätten, sondern dass es Durchlüftungsräume seien. Ich stehe aber auf dem Standpunkt, dass wir es hier mit einem wirklich symbiontischen Verhältnis zu thun haben, weil wir in den einzelnen Arten von Myrmecodia und Hydnophytum immer bestimmte Gattungen oder Arten von Ameisen antreffen, und diese sonst nirdends gefunden werden.

Nachdem ich so eine Reihe von Wohnstätten für Ameisen besprochen habe, will ich einen Schritt weiter gehen und solche Pflanzen behandeln, welche in ihren betreffenden Organen den Ameisen nicht nur Wohnung, sondern auch Nahrung liefern.

Am berühmtesten ist in der Beziehung seit langer Zeit der Trompetenbaum, Cecropia, eine Moracee mit schildförmigen, fast gefingerten Blättern wie eine Aralie, aus deren ausgehöhlten Stengeln sich die Indianer Trompeten machen. Es giebt etwa 30 Arten, die sich alle sehr nahe stehen. Am bekanntesten sind Cecropia peltata L. auf Jamaika und C. palmata Willd. in Nordbrasilien und Guiana. Schon Piso und Marcgraf*) berichten in der „Historia rerum naturalium Brasiliae", Leiden 1648 fol., dass in den Stengeln der Cecropia Ameisen leben. Am genauesten ist die Sache von dem kürzlich verstorbenen A. F. W. Schimper untersucht, der sich längere Zeit zu dem Zweck in Brasilien aufhielt. Nach Schimper besteht der Stengel aus kurzen Gliedern, die über jedem Blatt eine vertiefte Stelle zeigen. Das ist der Ort, an dem die Knospe gesessen hat und durch ihren Druck während des Wachstums des Stengels die Vertiefung erzeugte. Das ist nun eigentlich nichts auffallendes, denn das kommt bei vielen Pflanzen vor, die grosse Knospen haben. Hier aber ist merkwürdigerweise das Gewebe an den betreffenden Vertiefungen ganz dünnwandig, während sonst der Stengel aus fester Substanz besteht. Eine weibliche Ameise durchbohrt nun diese dünne Stelle und legt ihre Eier in die Höhlung des Stengelgliedes. Der Wundreiz bewirkt dabei eine eigentümliche Erscheinung, es treten Zellmassen hervor, welche wie Blumenkohl aussehen und welche den Zugang wieder verschliessen. Sobald die Jungen ausgekrochen sind, weiden sie diese blumenkohlartigen Massen ab und stellen den Zugang zur Aussenwelt wieder her, behalten aber die Höhlung als Wohnung.

Öfter kommt es vor, dass die weibliche Ameise von einer Schlupfwespe, einer Ichneumonide, angestochen wird. Sie durchbohrt zwar noch den Stengel, kann aber keine Eier mehr legen, da sie bald stirbt. In diesem Falle bilden sich infolge des Wundreizes die blumenkohlähnlichen Massen doch; sie werden aber nicht abgeweidet und die ganze Stengelhöhle ist dann mit solchen Massen erfüllt.

Was haben diese Ameisen, die also einen vorbereiteten Hohlraum als ihre Wohnung benutzen, für eine Bedeutung für den Haushalt der Pflanze? Die Antwort wird uns, wenn wir dieselben im Vaterlande, in S. Paulo und Sa. Catharina, beobachten. Es giebt dort keine grösseren

---

*) Georg Marcgraf, geb. den 20. September 1610 zu Liebstadt bei Meissen, † 1644 an der Küste von Guinea.

Feinde für die Pflanzen als die sogenannten Blattschneiderameisen. Diese zerschneiden die Blätter in Stücke von etwa der Grösse eines 5 Pfennigstückes und schleppen dieselben in ihren Bau. Besonders befallen sie neu eingeführte Kulturgewächse, weil diese nicht geschützt sind. Die Cecropia aber ist geschützt. Sobald sich eine Blattschneiderameise auf ihren Blättern sehen lässt, fallen die in den hohlen Stengel-Internodien lebenden Ameisen mit der grössten Wut über sie her und vertreiben sie. Dafür aber ist die Pflanze ihren Einwohnern auch dankbar. sie gewährt ihnen nicht nur Wohnung und in der Jugend Nahrung, sondern sie liefert ihnen auch später Futter. Dieses spätere Futter wird am Grunde des Blattstiels auf einem gelben, sammetartigen Polster gebildet. Das Polster besteht aus zahlreichen feinen, nebeneinander stehenden Härchen. Auf der Oberfläche des Polsters, an der Basis der Haare also, erheben sich kleine ellipsoidische Körperchen, welche immer grösser werden und zuletzt die Länge der Haare erreichen. Dann reiben sie sich ab. hängen der Oberfläche des sammetartigen Polsterüberzuges an und werden von den Ameisen gefressen. Der Inhalt der kleinen Körperchen besteht aus Proteïn und Kohlehydraten. Sie werden nach ihrem Entdecker, unserm verstorbenen Landsmann Fritz Müller in Blumenau, „Müllersche Körperchen“ genannt.

Einen anderen bemerkenswerten Fall bietet uns die Hörner tragende Akazie, Acacia cornigera, in Zentralamerika, dem Süden von Mexiko. Sie hat am Grunde des Blattstiels ihrer gefiederten Blätter ein Paar starker Dornen. welche die Grösse eines Zeigefingers erreichen können und oft die Form von Ochsenhörnern annehmen. Die beiden Dornen hängen mit ihrer Basis zusammen, aber durch eine Scheidewand getrennt.

Dass sie Ameisen beherbergen, ist lange bekannt, interessant aber ist, wie diese hineinkommen. Sie beissen an der Spitze eines der beiden Dornen, aber auf der Unterseite, sodass kein Regen einzudringen vermag, an einer verdünnten Stelle ein elliptisches Loch, fressen den weichen Inhalt des noch grünen Dornes aus und befördern ihn nach aussen. Weiter durchbrechen sie auch die trennende Scheidewand durch einen Gang und höhlen dann den zweiten Dorn aus. So erhalten sie zwei Kammern: eine Zugangskammer und eine Aufenthaltskammer. Auch dieser Baum gewährt seinen Insassen nicht nur Wohnung, sondern ebenfalls Speise. Es bilden sich nämlich an dem Ende der Blattfiederchen kleine gelbe Körperchen, die sogenanten Belt'schen Körperchen, welche von den Ameisen verzehrt werden.

Zum Schluss möchte ich noch der eigentümlichen Pilzgärten der Ameisen in Südbrasilien gedenken. Wiederum handelt es sich hier um die Blattschneiderameise, die ich schon oben als höchst gefährliche Feinde der Pflanzen hinstellte, und die in wenigen Tagen einen Baum entblättern können. Sie setzen sich auf den Rand des Blattes und schneiden mit ihren Kiefern vom Rande her Stücke heraus. Diese Stücke erheben sie senkrecht zu ihrem Kopf in die Höhe, und so, wie mit einer Fahne versehen, wandern sie in ganzen Scharen auf geradezu breitgetretenen Wegen in ihr Nest zurück. Was sie da mit den Laubstücken anfangen, wusste man früher nicht; man glaubte, dass sie dieselben zerkauten, eine Art Papier daraus machten und ihr Nest damit austapezierten.

Der Forstmeister Prof. Dr. Möller in Eberswalde, Neffe des oben erwähnten Fritz Müller in Blumenau, hat das Rätsel gelöst. Er sah. dass die Ameisen die Blattstücke in den Wohnräumen am Boden niederlegen. Bald verfärbt sich die Blattmasse, wird grünlich-blau und es bildet sich ein feiner Überzug von Schimmelfäden. Möller sah ferner dass bestimmte Ameisen in den Nestern zurückbleiben und an den feinen Fäden knabbern, dafür sorgend, dass sie nicht zu weit hervorwachsen. Geschieht letzteres dennoch. so werden sie mit einem neuen Blattstückchen bedeckt. Die Pilzfäden zeigen dabei ganz eigentümliche Veränderungen. Während sie sonst aus feinen verzweigten, ungegliederten oder gegliederten Fäden bestehen, erheben sich hier viele keulenförmige Körper, die Möller ihrer Gestalt wegen „Kohlrabikörperchen" nennt. und er sah, dass diese den Ameisen als Nahrung dienen.

Entzog er ihnen diese Gebilde, so gingen die Blattschneiderameisen an Hunger zu Grunde. Es ist also klar erwiesen, dass diese Ameisen vollkommen bewusst die Kultur dieser Kohlrabikörperchen betreiben, dass sie diese sogenannten Pilzgärten anlegen, um sich Speise zu verschaffen, etwa ähnlich, wie ein Gärtner Champignonbeete anlegt.

Wenn Möller die Nester zerstörte. erwuchs aus den Pilzmassen ein in Südbrasilien wohlbekannter Hutpilz, Rozites gongylophora.

Endlich sei erwähnt, dass auch in den Knollen (Bulben) einer Orchidee, Schomburgkia tibicinis, sehr bissige Ameisen leben, wie in der „Gartenwelt" 1901, VI. Jahrg., S. 9. mit Abbildung. besprochen ist.

Ich habe so eine Übersicht über die verschiedenen Ameisenpflanzen, die teils nur Wohnung. teils aber auch Wohnung und Nahrung den Ameisen bieten, gegeben. Vieles ist durch die Forschungen der letzten Jahre in das richtige Licht gestellt, es ist dem Botaniker möglich gewesen, tiefe Blicke in dies wunderbare Getriebe der Natur zu thun; aber vieles ist doch noch vollkommen rätselhaft und die Lösung dieser Fragen bleibt der Zukunft vorbehalten.

Geschmackvolle Bindereien von Julius Siemers, Hamburg.

(Hierzu 1 Abb.)

Auf der Gartenbau-Ausstellung in Hamburg im Frühjahr 1901 brachte Herr Julius Siemers, Grindelallee 29, sechs höchst ansprechende Gegenstände. die wir nach einer im Auftrage des Herrn Siemers aufgenommenen Photographie des Herrn Th. Reimers wiedergeben.

Auf dem Tisch links sehen wir einen geschmackvollen Blumenkorb mit hohem Bügel. Derselbe war ganz in Weiss gehalten und bestand aus Odontoglossum crispum, Flieder und Maiblumen, durchstellt mit feinem Grün. ausserdem war der Korb mit weissem Seidentüll garniert, so dass derselbe einen recht duftigen Eindruck machte.

Daneben hat auf demselben Tische, auf schwarzem Plüsch, ein

Taufkranz Platz gefunden. Derselbe bestand aus einzelnen kleinen,
lachsfarbenen Begonienblüten und Asparagus plumosus in Halbmondform.
zum Schluss mit einer Schleife aus lachsfarbigem Seidenband versehen.
Auch dieser erhielt den zweiten Preis zuerkannt.

Abb. 18. Geschmackvolle Bindereien von Julius Siemers, Hamburg, (Grindel-Allee 29.

Besonders gefiel der leichten Arbeit sowie der ausserst zarten
Farbe wegen der daneben stehende Tauftisch. Die ganze Garnierung
desselben bestand aus zierlichen rosa Pfirsichblüten (Prunus triloba)
und Knospen; derselbe erntete denn auch den ersten Preis.
    Der grosse Blumentisch in der Mitte, in ovaler Form, ca. 2 m hoch,
war grün gestrichen und mit Silberbronze verziert. Eine grosse Cocos

Weddelliana bildete die Mittelpflanze, Croton, Pandanus Veitchii, verschiedene leichte Farne und Cyperus sowie Kentien, schön gefärbte Begonia Rex und ein Cypripedium gaben dem Arrangement ein leichtes Aussehen wie auch eine prächtige Farbenwirkung. Als Schlingpflanzen waren oben Ficus stipulata (repens) und unten Mikanien, Asparagus und Loniceren verwandt. Wie immer, erhielt der Aussteller auch diesmal für die wirklich wohlgelungene Zusammenstellung des Blumentisches den ersten Preis.

Der Tisch rechts zeigt einen bepflanzten Korb mit Cocos Weddelliana, Pandanus Veitchii, Diffenbachia Baueri, Begonia Rex sowie Cypérus als Blattpflanzen, ferner mit reinweissen Cyclamen und einer Erica hiemalis, Die Henkel waren mit grünseidenen Schleifen garniert. Derselbe erhielt den dritten Preis.

Endlich zu Füssen des Tisches waren auf schwarzer Sammetunterlage sechs diverse Ballgarnituren von ausserordentlicher Zierlichkeit befestigt. Dieselben bestanden a) aus dunkelroten Rosen, b) aus gelben Margueriten, d. h. Chrysanthemum frutescens „Etoile d'or", c) aus rosa Pfirsichblüten (Prunus triloba), d) aus gelben Rosen, e) aus rosa Rosen und f) aus weissem Flieder. Es fanden dieselben bei dem Damenpublikum allgemeine Anerkennung; und auch hierfür erhielt Siemers den ersten Preis.

Neue und empfehlenswerte Pflanzen usw.

Chaenomeles japonica (Cydonia japonica) und Chaenomeles Simirenkiana.

Mit Bezug auf die japanische Quitte Chaenomeles japonica möchte ich Ihre Aufmerksamkeit auf folgenden Fall lenken:

Das Okulieren der Varietäten von Chaenomeles japonica gelingt nie, wenn man sich der gewöhnlichen Quitte, Cydonia vulgaris, als Unterlage bedient, wenigstens haben alle meine Versuche in dieser Richtung nie gute Resultate gegeben. — Herr F. Jamin, der bekannte Baumschulbesitzer in Bourg-la-Reine (Seine) bestätigte meine Beobachtungen durch Versuche in seinem Etablissement und ich unterstütze daher die Behauptung des Herrn Prof. Koehne (Gartenflora 1901 S. 652), dass die Verwandtschaft zwischen beiden nicht sehr nahe ist.

Sie erinnern sich vielleicht der Chaenomeles Simirenkiana mit weissen Blättern, welche ich 1895 auf der internationalen Gartenbauausstellung in Paris ausgestellt hatte und wo ich die Ehre hatte, Sie kennen zu lernen (nicht in Amerika, wie Sie bei Besprechung meines Buches in Gartenfl. 1901 S. 591 sagten).

Die betreffenden Exemplare waren auf typische Chaenomeles japonica okuliert worden, nachdem meine Versuche mit Cydonia vulgaris fehlgeschlagen waren.

Chaenomeles Simirenkiana ist keine Hybride, sondern ist einem Dimorphismus zu verdanken. Es ist ein Sport, der sich in meinem Garten an einem alten Stock von Chaenomeles japonica zeigte und der durch Okulieren vervielfältigt wurde.

Leon Simirenko, Baumschulbesitzer in Gorodistsche,
Gouvernement Kiew, Russland.

Crinum Forbesii Schult. f.

Von Herrn Hofgärtner Heller in Dessau erhielt ich Blüten und Blatteile eines schönen Crinum aus Deutsch-Ostafrika. Ein junger Kaufmann hat die grossen Zwiebeln in der Nähe von Dar-es-Salaam gesammelt und Herrn Heller zur Kultur übergeben. Herr Dr. Harms vom botanischen Museum und ich haben festgestellt, dass es Crinum Forbesii Schult. f. (C. Forbesianum Herbert) ist, und ist es wunderbar, dass diese alte Species, die so nahe an den Thoren von Dar-es-Salaam verbreitet ist, bisher noch nicht in Deutschland eingeführt wurde. Sie ist sehr schön abgebildet im Bot. Mag. t. 6545. Die grossen Zwiebeln sind kugelrund, 15—20 cm im Durchmesser. Charakteristisch ist, dass die Blätter einen breiten, weissen, trockenhäutigen Rand haben, dass ferner

Blätter, anderseits durch ungewöhnliche Festigkeit auszeichnen. Wir haben Pflanzen von 1 Meter Umfang erzielt, wovon die steinharten Köpfe die grössere Hälfte ausmachten. Die zart hellgrüne Farbe geht nach der Mitte zu ins gelbliche über. Die Köpfe halten sich sehr lange geschlossen und gehen selbst in der Wärme nicht zu leicht in Samen.

Kopfsalat grüner Riesen, weisses Korn.

Gleicht dem vorigen in Grösse, Form und überhaupt in allen guten Eigenschaften und unterscheidet sich nur durch die dunkelgrüne Farbe der Blät-

Abb. 19. Kopfsalat, blonder Riesen-.

die Blumenblätter der grossen Blume schmal lineal sind. Ihre Farbe ist weiss, der Kiel karmosinrot getönt.

L. Wittmack.

Neuheiten
von
Dammann & Co.,
San Giovanni a Teduccio bei Neapel.

(Nach den Beschreibungen der Züchter.)

Kopfsalat blonder Riesen, schwarzes Korn.
(Hierzu Abb. 19)

Höchst wertvolle Sorte, deren Köpfe sich einesteils durch aussergewöhnliche Grösse und Zartheit, selbst der äusseren

ter, welche nach dem Herzen zu ins hellgrüne übergeht und den schwachen rötlichen Anflug an den Rückseiten der Blattränder.

Diese beiden Sorten wurden Seitens der Gartenbaugesellschaft in Genf unter einer grossen Anzahl Arten als die hervorragendsten bezeichnet und in der That verdienen sie vollständig das gespendete Lob; wir haben selten in unseren Kulturen bessere Sorten gesehen. Sie verlangen kräftigen Boden.

Pfeffer niedriger roter Tomaten.

Merkwürdige, ganz niedrige Art, so zwar, dass die Früchte bisweilen auf der Erde zu liegen scheinen. Diese, von scharlachroter Farbe, rund, gerippt, erscheinen in grosser Anzahl, so dass die Blätter häufig ganz verschwinden. Für Gruppen, Einfassungen und als Zierpflanze ausserordentlich wirkungsvoll.

Speisekürbis türkischer Honig.
(Hierzu Abb. 20)

Früchte länglich stumpf, ein Gewicht bis 25 Kilo erreichend, rötlich orangefarben, schwach weiss gezeichnet. Das chamoisfarbene Fleisch ist sehr mürbe, so dass es sich sehr gut zum Einkochen eignet, umsomehr, als es einen saftig süssen Geschmack besitzt, wodurch an Zucker sehr viel gespart werden kann. In der Heimat eine sehr beliebte Sorte.

prächtigen weissen Blumenrasen, da die Blumen sich täglich erneuern.

Linaria Pancici. ☉

Ein sehr schöne niedrig bleibende Art, aus dem Orient stammend, mit grossen kanariengelben Blüten und schmalen, lanzettförmigen, wechselständigen Blättchen. Sie zeichnet sich auch besonders noch durch ihren ca. Mitte Juli beginnenden, sehr langanhaltenden Flor aus.

Statice sinensis. ☉ und ♃
(Hierzu Abb. 21.)

Eine überaus zierliche, für Binderei höchst wertvolle Art, deren Blüten-

Abb. 20. Speisekürbis türkischer Honig.

Capsicum nigrum. ☉

Eine sehr schöne Zierpflanze mit glänzenden, schwarzen, schlehenförmigen Früchten reich besetzt und schwarzbrauner Belaubung und schwarzem Stengel, im Gegensatz zu den bisher im Handel befindlichen grünblättrigen Sorten. Erreicht eine Höhe von 30—40 cm und ist für Gruppenpflanzungen sehr zu empfehlen.

Chrysanthemum Balsamita ☉

Eine sehr reichblühende Form, 20 cm hoch, für niedrige Gruppen ganz besonders wertvoll. Blüten einfach, in der Grösse derer von Pyrethrum Tschihatschewi. Der Flor erstreckt sich von Juni bis September und bei 20 cm Pflanzweite erhält man einen

stengel eine Höhe von 40—50 cm erreichen. Die ausserordentlich reich erscheinenden Blütenrispen tragen Blumen in Form der St. sinuata, jedoch von weit zierlicherem, reizendem Bau. Die Farbe der Blumen ist rein weiss mit kanariengelb durchsetzt und von sehr hübschem Effekt. Sowohl frisch als getrocknet sind die Blüten sehr gut zu verwenden. Im März ausgesät, beginnen die Pflanzen bereits im Juni zu blühen.

Tridax gaillardioides. ○

Eine in der That ausserordentlich liebliche Coposite aus Californien. Die äusserst zahlreich erscheinenden, bis ca. 4 cm Durchmesser haltenden einfachen Blumen sind chromgelb mit weissem Rand. Die lanzettlich schmalen Blätter sind gleich den Stielen schwach behaart. Sie zeichnet sich ganz besonders durch ihren ungemein früh ein

Die Pflanze erreicht die Höhe von ca. 1 Meter, wächst sehr buschig und bietet, ihres langanhaltenden Flors wegen, sowohl für höhere Gruppenpflanzung als auch für grössere Tafelsträusse ein sehr wertvolles Material.

Abb. 21.   Statice sinensis.

setzenden und gleichzeitig überaus reichen Flor aus, sodass sie für früheste Gruppen besonders geeignet erscheint.

Xanthocephalum gymnospermoides. ☉

Eine Komposite mit chromgelben gefüllten Blüten von ca. 2 cm Durchmesser.

Zinnia elegans grandiflora laciniata fl. carneo pl. ☉

Der von uns vor zwei Jahren eingeführten und so schnell beliebt gewordenen und weitverbreiteten Z. eleg. grandifl. laciniata alba pl. fügen wir jetzt eine prachtvolle rosafleischfarbene von ebenso vorzüglichem Bau hinzu.

Kleinere Mitteilungen.

Verschönerung der Umgebung des Neuen Palais bei Potsdam.

Die weitere Umgebung des Neuen Palais wird in diesem Winter auf Anordnung des Kaisers in mancher Beziehung gärtnerisch verschönt, nachdem im Laufe der letzten Jahre der Park von Sanssouci durch die Lichtung des Baumbestandes etc. bereits grosse Ver

änderungen erfahren hat. Die gärtnerischen Arbeiten werden in diesem Jahre namentlich in dem nördlichen Teile des Parkes, bis zu der beim Neuen Orangeriegebäude vorbeiführenden Chaussee fortgesetzt, wo eine grosse Anzahl Eschen, Rüstern, Ahorne, Eichen, Akazien, Buchen und Tannen gefällt wurden. Ganz besonders wird aber die

Gegend beim Belvedere und beim Drachenhäuschen hinter dem Orangeriegebäude beim Paradiesgarten verschönert. Der alte, sehr verwilderte Baumbestand wurde gelichtet, neue Wege wurden abgesteckt, weite Rasenflächen wurden angesäet und das von Friedrich dem Grossem erbaute Belvedere auf dem Clausberge wurde neu abgeputzt, auch der Skulpturenschmuck erneuert. Zahlreiche Arbeiter sind ferner beschäftigt, Abholzungen und Wegeregulierungen in der Nähe des unweit des Neuen Palais belegenen, von König Friedrich Wilhelm IV. erbauten Schlösschens Lindstädt, sowie bei der Teufelsbrücke am Katharinenholz, die der Kaiser häufig bei seinen Spazierfahrten passiert, vorzunehmen. Auch in den neuen Anlagen am Ruinenberge werden Lichtungen des Baumbestandes vorgenommen.

Anbaufähigkeit ausländischer Hölzer.

(Aus: Mitteilungen der Deutschen dendrologischen Gesellschaft, Bonn-Poppelsdorf, 1901.)

Dieser letzte, vor kurzem erschienene Jahrgang enthält wieder zahlreiche hochinteressante Abhandlungen und Mitteilungen und eine farbige Tafel über Pseudotsuga Douglasii Carrière, die Douglas-Fichte. Letzterer Baum nimmt von allen fremdländischen Bäumen, welche im vergangenen Jahrhundert in Deutschland eingeführt worden sind, bei dem Forstmann und Gärtner den ersten Platz ein.

Der Verfasser, Herr Hofmarschall von St. Paul, giebt eine ausführliche Beschreibung der Douglasfichte. In Deutschland wendet man ihrem forstlichen Anbau grosse Aufmerksamkeit zu, in den preussischen Staatsforsten sind zum Versuche 14617 Ar damit bepflanzt. Das Klima in Deutschland sagt der Douglasfichte allenthalben zu und gedeiht sie sowohl in der Nähe der Küste als auf den höchsten Bergen der Mittelgebirge, in der Johannisburger Heide und bei Düsseldorf sehr gut. Ueber 700 m ist sie bisher nicht angebaut worden.

Frischer, milder, humoser Lehmboden behagt ihr am meisten, aber auch auf lehmhaltigem Sandboden gedeiht sie noch gut, auf trockenem Sandboden lässt ihre Entwickelung nach. Sodann berichtet obengenannter Autor nach Schwappach über die Anbauversuche mit fremdländischen Holzarten in den preussischen Forsten. Etwa 50 Holzarten sind in den forstlichen Versuchsstationen zur Prüfung gelangt, welche sich nach den gemachten Erfahrungen in vier Gruppen theilen lassen:

1. Arten, die sich für Norddeutschland als anbaufähig und auch als im Walde anbauwürdig erwiesen.

Hierher gehören 18 Arten; die wichtigsten derselben seien hier genannt: Abies concolor Lindl. et Gordon., ein Baum der Sierra Nevada von Californien, von 60 bis 75 m Höhe. Alte Bäume, welche man oft 300 Jahre alt antrifft, haben bis 30 m hohe gereinigte Schäfte und unten eine 15 cm dicke rissige Rinde. Von allen Tannen Nordamerikas verträgt sie am besten Höhe und Trockenheit.

Sie wächst selbst auf fast nacktem Fels, wo wenig andere Bäume Fuss fassen können. Bei den Anbauversuchen, die allerdings erst 8 Jahre alt sind, hat sich die A. concolor als frosthart und widerstandsfähig erwiesen in allen Gebieten. Sie gedeiht auf Kiefernboden 2. Klasse noch ganz gut. Schon in den ersten Lebensjahren ist das Wachstum nicht so langsam wie bei den anderen Abies-Arten, im ersten Jahr erreicht sie bereits eine Höhe von 10 cm und im 8. Jahre ist sie im Durchschnitt 1 m hoch.

Durch seinen Habitus als durch die Farbe der blaugrauen Exemplare eignet sich der Baum vortrefflich auch zur Verschönerung der Parkanlagen.

Acer saccharinum Wangenheim. Grosser, schöner Baum des östlichen Nordamerika, in Gestalt und Blatt dem Spitzahorn ähnlich. Wenn er auch in der Jugend etwas Schutz bedarf, besonders durch Zwischenpflanzung, so beweisen über 100 Jahre alte Bäume in Deutschland, dass seine Sicherheit für unser Klima unbestreitbar ist.

Carya alba Nuttall., grosser Baum von 24 bis 45 m Höhe auf reichen Abhängen in Nordamerika vom Stromgebiet des Lorenzo bis Texas verbreitet.

Ausser C. alba sind in Preussen auch C. amara, C. porcina, C. sulcata und C. tomentosa versucht worden. C. alba hat sich unstreitig als die beste erwiesen und kommt für ferneren Anbau allein in Betracht.

Chamaecyparis Lawsoniana Parlatore, grosser Baum von bedeutendem ökonomischen Wert. Seine Heimat sind die Waldungen im Küstengebiet vom Oregon und Nord-Californien. Diese Cypresse ist als Parkbaum in Deutschland längst bekannt und weit verbreitet. Sie gedeiht vorzüglich, ihre Bodenansprüche sind etwa die der Rotbuche, sie bevorzugt Kalk; trockener Standort und Kahlflächen sind ihr unzuträglich. Das Harz der Lawson-Cypresse ist ein Insektengift, also leidet sie nicht von Raupen oder Käfern. Von Pilzen ist ihr Agaricus melleus und Pestalozzia funerea hier und da schädlich gewesen.

Chamaecyparis obtusa Sieb. et Zucc. 30 bis 50 m. hoher Baum in Japan, wo sein Holz besonders zu Tempelbauten und Lackwaren geschätzt wird.

Fraxinus americana L. Es giebt im Ganzen 30 bekannte Eschen, von denen Nordamerika allein die Hälfte besitzt. Unbestritten ist von diesen die genannte Weissesche die beste, nicht allein des wertvollen Nutzholzes, sondern auch ihrer grossen Schönheit wegen. Am meisten findet sie sich in den reichen Auen von Ohio. In Deutschland, wo sie vor mehr als 100 Jahren eingeführt wurde, macht sie an den Standort dieselben Ansprüche wie F. excelsior. Sie verträgt jedoch Überschwemmungen während der Vegetationsperiode besser als letztere; selbst in Löchern, wo fast das ganze Jahr hindurch Wasser steht, gedeiht sie recht gut.

Juglans nigra L. Seit über 100 Jahren in Deutschland, aber so gut wie gar nicht forstmässig angebaut, liefert ein sehr geschätztes Tischlerholz. Seine Heimat in Nordamerika reicht von Massachusetts längs des Eriesees bis Nebraska und Kansas. Auf den Abhängen der Alleghanies wird er 30 bis 40 m hoch. In Deutschland verlangt der Baum guten Eichenboden und relativ warme Lage.

Magnolia hypoleuca Sieb. et Zucc., die Honoki-Magnolie, die grösste aller Magnolienbäume Japans. Wo die Eiche gut gedeiht, scheint auch die M. hypoleuca gut fortzukommen. Mindestens ihrer grossartigen Schönheit wegen verdient sie unsere Aufmerksamkeit.

Picea sitkäensis Mayr., ein Baum von 30 m Höhe aus dem westlichen Nordamerika. 1831 wurde dieser Baum von David Douglas in Europa eingeführt. Sie gedeiht am besten auf feuchtem Sandboden, auch im Sumpf. In der Heimat steigt sie von der Seeküste bis in Höhen von 1000 m. In Deutschland ist das Wärmebedürfnis der Sitka-Fichte nicht grösser als das der heimischen Fichte, dagegen stellt sie grössere Ansprüche an die Feuchtigkeit des Bodens und der Luft als diese. Sie ist unempfindlich gegen Ueberschwemmung und Stauwasser.

Die P. sitkäensis ist zum ausgedehnten Anbau sehr zu empfehlen.

2. Arten, die nicht anbaufähig, wenigstens für Norddeutschland, oder nicht anbauwürdig befunden sind.

Hierher unter andern Acer Negundo L., geringwertiger als alle übrigen Ahorne, Cryptomeria japonica Don, in günstigen Lagen nur als Parkbaum von Wert.

Picea Engelmanni Engelm. Wegen der Langwüchsigkeit verworfen, aber ein sehr schöner Zierbaum.

Pinus Jeffreyi, zu wählerisch in Bezug auf Boden und Standort.

3 Arten, mit denen die Beobachtungen fortzusetzen sind, besonders ist Cercidiphyllum japonicum Sieb. et Zucc. wegen des sehr geschätzten Holzes beachtenswert, ausgezeichnet durch die geradezu wunderbare Verfärbung des Laubes, und dadurch geeignet für Parks und Verschönerungsanlagen.

Ein grosser Baum des nördlichen Japan, Kadsara genannt, die jungen Bäume in Deutschland machen den Eindruck von etwas vollen Pyramidenpappeln.

4. Bäume, welche zwar im deutschen Walde gedeihen, forstwirtschaftlich bedeutungslos, dagegen aber sehr schön sind, ja zum Teil sogar hohen ästhetischen Wert haben.

Hierher Abies amabilis Forbes, A. firma S. et Z., A. nobilis Lindl., A. Nordmanniana Speck, Acer dasycarpum Ehrhart, Chamaecyparis pisifera S. et Z. und Populus serotina Hartig.

In einer interessanten Studie über „Die japanischen Holzarten in ihrer alten und neuen Heimat" betont der Verfasser Prof. Dr. Heinrich Mayr, dass das Studium des Verhaltens einer Holzart in ihrer Heimat, der Verhältnisse, unter welchen sie in Gottes freier Natur von Anfang an keimt, aufwächst und sich schliesslich zum dominierenden

Baum emporringt, die Grundlage bilden müsse für alle Versuche, diese Holzart ausserhalb ihrer Heimat anzubauen. Zu den wichtigsten Punkten, auf welche dieses Studium gerichtet sein muss, gehören zweifellos Klima und Boden. Es zählen aber hierher auch biologische Momente, die sogenannten waldbaulichen Verhältnisse, wie Lichtbedürfnis, Raschwüchsigkeit, Fortpflanzung, Vergesellschaftung der Holzart mit ihresgleichen oder anderen Holzarten, ferner zählt hierhin das Studium der Feinde der Tier- und Pflanzenwelt.

Auf langen Reisen im Auslande richtete Verfasser seine Studien vorzugsweise auf Holzarten, die in Deutschland anbauwürdig erscheinen würden; so ergab es sich für ihn, die Temperatur der in Deutschland in Frage kommenden Hauptvegetationszeit, nämlich die Monate Mai, Juni, Juli und August zum Ausgangspunkt von Betrachtungen verschiedener fremdländischer Waldgebiete zu machen und die nahe verwandten Gebiete mit den betreffenden deutschen Gebieten in eine klimatische Parallele zu bringen.

Er legt die Ergebnisse dieser mühsamen Forschungen in 19 Thesen nieder und geht dann auf sein Thema, die alte und neue Heimat japanischer Holzarten, über und setzt letztere in Beziehung zu den Thesen.

Die neue Heimat ist der 8 ha grosse Versuchsgarten in Grefrath in Bayern. Letzterer liegt an der Grenze der Fichten- und Buchenzone, seine südliche Exposition gehört der Buchen- und Eichen-, seine nördliche und die Tieflagen der Buchen- und Fichten-Zone an. Daraus ergiebt sich, dass von den japanischen Holzarten mit Aussicht auf Erfolg alle Holzarten geprüft werden können, welche in Japan mit der Rotbuche und Fichte zusammenleben.

Hierher zählen zunächst Angehörige der Gattung Picea selbst, Picea bicolor, P. Maximowiczii, ferner Larix leptolepis, Handolärche, L. Kurilensis, Pinus densiflora, P. Thunbergii, Chamaecyparis spec., Cryptomeria japonica, Magnolia hypoleuca und Zelkova Keaki.

J. B.

Die Witterung im Dezember 1901.

Die Witterungsübersicht des Königl. meteorologischen Instituts äussert sich über den Dezember v. J. dahin, dass der Monat in noch höherem Maasse als der November mild, trübe und nass war. Die Temperatur lag meist über der normalen und lediglich die kurzen Kälteperioden um den 5. und 17. haben es bewirkt, dass der Wärmeüberschuss des Monats nicht höhere Beträge erreichte. Immerhin stieg er vielfach über 1 Grad und im Südosten sogar über 3 Grad, bis zu 3,6 Grad in Ratibor; nur an der Nordseeküste entsprachen die Wärmeverhältnisse dem vieljährigen Durchschnitt. Die höchste Temperatur, die fast überall am letzten Tage des Jahres erreicht wurde, stieg bis zu 14,5 Grad in Köln, während Marggrabowa mit — 15,8 Grad und Erfurt mit — 16,7 Grad die grösste Kälte hatten. Die Niederschlagssumme übertraf im grössten Teile des Landes die normale Menge, im Nordosten sogar bis über den doppelten Betrag hinaus, während nur kleinere versprengte Gebiete etwas zu trocken waren. Auf den Gebirgen und in Ostpreussen hielt sich den ganzen Monat eine Schneedecke von meist 20 bis 30 cm Höhe, im Tieflande aber nur einige Tage um die Monatsmitte. Die Zahl der Schneetage stieg bis auf 20 in Marggrabowa. Die Bewölkung war meist noch erheblicher als sonst im Dezember. Die Zahl der heiteren Tage stieg nirgends über 3 und vielfach kam überhaupt kein heiterer Tag vor, während die Zahl der trüben Tage zwischen 10 und 26 schwankte. Die Sonnenscheindauer war sehr gering. Am meisten Sonnenschein hatten Erfurt mit 50 Stunden und die Schneekoppe mit 48 Stunden, am wenigsten Helgoland und Marggrabowa mit 20 und Rostock mit 15 Stunden Berlin hatte 34, Potsdam 46 Stunden Sonnenschein.

(Voss. Ztg.)

Gegen die Verunstaltung landschaftlich hervorragender Gegenden.

Ein Gesetzentwurf gegen die Verunstaltung landschaftlich hervorragender Gegenden ist dem preussischen Landtage zugegangen:

Die Landespolizeibehörden sind befugt, zur Verhinderung der Verunstaltung landschaftlich hervorragender Gegenden Reklameschilder und sonstige das Landschaftsbild verunzierende Aufschriften und Abbildungen ausserhalb der geschlossenen Ortschaften zu verbieten.

Der Entwurf richtet sich gegen die Unsitte, ausserhalb der geschlossenen Ortschaften Reklamecbilder und sonstige geschäftliche Anpreisungen in Schrift und Bild von möglichst auffallender Grösse und in den schreiendsten, möglichst in die Augen fallenden Farben anzubringen. Insbesondere ist dieses auch in den landschaftlich schönsten und daher vom Fremdenverkehr am meisten berührten Gegenden der Monarchie der Fall, so namentlich im Rheinlande.

_____

Stadtpark in Hamburg.

Die Bürgerschafts-Versammlung in Hamburg bewilligte in der Abendsitzung vom 8. Januar 1r02 ohne Kommissionsberatung die vom Senat verlangten 2 Millionen zum Ankauf der Sierich'schen Parkgrundstücke im Vorort Winterhude zwecks Anlage eines Stadtparkes nach dem Muster des Bremer Bürgerparks. Ein Preisausschreiben behufs Erlangung von Plänen wurde abgelehnt. Die Finanzdeputation richtete an die Bewohnerschaft Hamburgs die Aufforderung, durch reiche Schenkungen eine prächtigere Ausstattung des geplanten Parkes fördern zu helfen. (Voss. Ztg.)

_____

Aus den Vereinen.

Die Deutsche Dahlien-Gesellschaft hielt am 9. Februar zu Berlin die erste Versammlung dieses Jahres ab. Nach dem Geschäftsbericht umfasst die Gesellschaft 112 Mitglieder; die Ausstellung im Zoologischen Garten in Hamburg vom 13. bis 15. September 1901 war sehr gut besucht. Das Punktiersystem bei Wertzeugnissen hat sich bewährt, soll aber noch weiter ausgebaut werden. Es erhielten Wertzeugnisse; Köhler & Rudel, Windischleuba bei Altenburg für die Sorte: Herzogin Agnes, Herr Kohlmannslehner-Britz für die Sorten: Jugend, Gartendirektor Geitner, Hildegard Weimar, Lotte Kohlmannslehner, sämtlich Züchtungen von Tölkhaus in Broxten, Post Venne, Rgbz. Osnabrück. Ausserdem wurden beiden Genannten für andere Sorten Anerkennungen zu teil. — Zum Präsidenten wurde, da Hr Kotte eine Wiederwahl ablehnte, Hr. Hofgärtner Hoffmann-Berlin gewählt, zum Stellvertreter Hr. Kotte-Südende, zum Geschäftsführer Hr. Kohlmannslehner-Britz, zum Schriftführer Hr. de Coene, zum Schatzmeister Hr. E. Crass-Mariendorf. — Beisitzer sind geworden: Hoßief. A. Könemann, Nieder-Walluf a. Rh., Nonne, Ahrensburg, A. Ohrtmann, Nürnberg. — Hauptgegenstand der Beratung war die Dahlienausstellung in Erfurt. Hr. städt. Gartendirektor Linne war eigens aus Erfurt herübergekommen und erläuterte an der Hand eines Planes die malerisch am Schütenhause gelegene Erfurter Gartenbau-Austellung vom 6. bis 14. September d. J. (siehe Ausstellungen).

_____

Halbjahresbericht
des Deutschen Gärtnervereins London.

Der Deutsche Gärtnerverein London, welcher bestrebt ist, den hiesigen deutschen Gärtnern Gelegenheit zu geben, ihre Kenntnisse durch Beratung von Fachfragen zu erweitern, hat diesem Ziele auch im verflossenen Sommerhalbjahre in jeder Beziehung Rechnung getragen.

Die Sitzungen, die stets gut besucht waren, wurden durch Vorträge und fachwissenschaftliche Diskussionen so interessant als möglich gemacht, so dass der Verein mit den Erfolgen seines Strebens in jeder Hinsicht zufrieden sein kann.

Es fanden 11 Versammlungen und eine Generalversammlung statt; besucht waren diese Sitzungen durchschnittlich von 18 Mi'gliedern und 5 Gästen. Neuaufgenommen wurden 17 Herren, nach Austritt von 9 Herren beträgt die Mitgliederzahl 36.

Zeitschriften lagen folgende aus: Gartenflora, Gartenwelt, Gartenkunst, Möllers Deutsche Gärtnerzeitung, Allgemeine Deutsche Gärtnerzeitung, The Garden und Gardeners Chronicle.

Folgende Vorträge und Abhandlungen wurden geboten:

Zwiebelpflanzungen in den königlichen Parken: G. Pichelmeyer.

Bedeutung der Photographie in der Gärtnerei: H. Keber.

Kultur der Medeola asparagoides: W. Pingel.

Verwendung des Buschobstes: W. Dänhard.

Anlagen des Muskauer Parkes: W. Hirsch.

Dahlien-Ausstellung im Cristal-Palast: W. Dänhard.

Treiben und Zurückhalten der Lilien zur Schnittblumenkultur: A. Klosterkamp.

Abgeschnittene Piruszweige in 12 Sorten: Hr. Turner.

Vorzeigung und Erklärung derselben: Hr. Turner.

Abgeschnittene Nelken und Erklärung: H. Keber.

Schnittblumen von Lilien in 7 Sorten, Erklärung und Vorzeigung derselben: Hr. A. Klosterkamp.

Penstemum und Phlox-Blumen. Erklärung und Vorzeigung derselben: Hr. H. Keber.

Der Sommerausflug, der sich einer äusserst regen Beteiligung erfreute, ging nach Slough, behufs Besuchs des Turner'schen Etablissements und endete mit einer Fahrt nach Burnham Bicotus, einem althistorischen Buchenwald Englands.

Versammlungen finden jeden ersten und dritten Sonnabend im Monat im Vereinslokale

Weddes Hotel, 12 Greekstreet, Shoho, London W., statt.

Die am 5. Oktober stattgefundene General-Versammlung hatte folgendes Ergebnis in der Vorstandswahl:

I. Vorsitzender: Herr Friedrich, Stellvertreter: Herr Pingel; I. Schriftführer: Herr Lamsche, Stellvertreter: Herr Weber; I. Kassierer: Herr Gräfe, Stellvertreter: Herr Lehmann; I. Bücherwart: Herr Kreyenhagen, Stellvertreter: Herr Klosterkamp.

I. A. Der Schriftführer:
H. Lamsche.

Ausstellungen und Kongresse.

Erfurt, 6.—14. September. Erfurter Gartenbauausstellung in Verbindung mit der Deutschen Dahlien-Ausstellung, veranstaltet vom Erfurter Gartenbau Verein, dem Verein Erfurter Handelsgärtner nnd der Deutschen Dahlien-Gesellschaft. — Diese Ausstellung verspricht sehr bedeutend zu werden. Das Terrain, oberhalb des Schützenhauses, umfasst 20000 qm mit 3500 qm Hallenräumen. Die Pflanzen im Freien werden nicht nach Firmen aufgestellt, sondern unter Leitung des städt. Gartendirektors Linné landschaftlich zu einer Schmuckanlage gruppiert.

Personal-Nachrichten.

Am 24. Januar erlöste der Tod unser langjähriges Mitglied, Herrn Hoflieferant F. W. Kropp, von einem schweren unheilbaren Leiden. Eine verhältnismässig geringe Spanne Zeit, 28 Jahre, hatten seinem ausdauernden Fleisse und kaufmännisch veranlagten Sinne genügt, um das ehemalige Ad. Schmidtsche Samengeschäft vor dem Halleschen Thore auf die Höhe heutiger Zeitansprüche zu erheben. Geboren im Jahre 1848 zu Golzow im Oderbruch, woselbst der Vater Eigentümer gewesen, trat K nach zurückgelegter Schulzeit mit dem Jahre 1863 bei F. Meklenburg in die Lehre. Nach einjährigem Aufenthalte in der Rittergutsgärtnerei des Hrn. Rehfeldt bei Golzow kam er als Gehilfe im Jahre 1868 nach Berlin und konditionierte in jahrweiser Aufeinanderfolge bei L. Mewes-Fruchtstrasse, dann bei Kluge-Blumenstrasse, arbeitete 1869—71 im Schlossgarten Monbijou unter Hofgärtner Michaelis und darnach wiederum in Jahresabständen in den Geschäften von Metz & Co., Berlin-Steglitz, Riemeyer-Charlottenburg und Lemphul-Hasenheide. Von hier aus wendete er sich ganz dem Samengeschäft zu und trat 1873 bei Ad. Schmidt ein, dessen Geschäft er im Jahre 1874 käuflich erwarb. Dem Sinne des ursprünglichen Geschäftsinhabers folgend erwarb er sich im Jahre 1891 ein zwei

Morgen grosses Gartengrundstück in Südende, um hier Neuheiten an Pflanzen und Stauden, Obst und Gemüsen direkt beobachten und für einzelne Spezialartikel auch selbst Samen heranziehen zu können. Im Jahre 1885 erhielt Kropp den Titel eines Hoflieferanten seitens Sr. Kgl. Hoheit des Prinzen Alexander von Preussen verliehen und betrat hiermit einen neuen Abschnitt geschäftlicher Entwickelung. Kr. besass ein einfaches anspruchsloses Wesen und empfand einen Widerwillen gegen alles Sichhervordrängen. Mit seinem lebhaften Interesse für alle im Gebiete des Faches auftretenden Neuheiten verband er anhaltende Pflichttreue als Mitglied unseres Vereins sowie des gewerblichen Ausschusses. Nicht minder aber war er als Mitglied der städtischen Armenkommission lange Jahre hindurch thätig. Aber neben diesen Aemtern und den geschäftlichen Berufsarbeiten widmete er sich als fürsorgender Vater seiner Familie auf das eingehendste. Sein Sohn Max wird das Geschäft, das er vom Vater überkommen, in dem alten Geiste mit frischem Sinne weiter zu führen sich bemühen, und er wird versuchen, die Lücke hier und da zu ergänzen, welche durch den Dahintritt in des Vaters ehemaligem Wirkungskreise entstanden. Möge der Segen des Vaters auch dem Sohne zu teil werden!

Hoffmann.

Verleihung der goldenen Medaille an Herrn A. Koschel.

Die unterzeichneten Mitglieder des Dekorations-Ausschusses haben am 28. Januar d. J. die zur Feier des Geburtsfestes S. M. des Kaisers von Herrn Koschel, Charlottenburg, Joachimsthalerstrasse 4, veranstaltete Dekoration besichtigt und diese so neu und eigenartig, zugleich so geschmackvoll befunden, dass sie

eine goldene Medaille

für diese ausserordentliche Leistung beantragen.

Herr Koschel hat zwei seiner Schaufenster in Wintergärten mit den Büsten Sr. Maj. des Kaisers und Ihrer Maj. der Kaiserin verwandelt und damit die Wege gewiesen, wie man selbst Schaufenster in Schmuckgärtchen verwandeln kann. Er hat weiter in einem dritten Schaufenster eine erlesene Ausstellung von geschmackvollen Bindereien veranstaltet und diese in Verbindung gebracht mit einem im Hintergrunde stehenden Bilde Sr. Maj. des Kaisers, dessen Rahmen in ausserordentlich geschmackvoller Weise mit Blumen geschmückt war.

Wegen dieser aussergewöhnlichen Leistung halten wir auch eine aussergewöhnliche Belohnung in Gestalt einer goldenen Medaille für angemessen.

Anton Janicki. Oskar Cordel.
Fr. Weber. W. Wendt.
J. F. Loock. W. Habermann.

Der Verein zur Beförderung des Gartenbaues hat am 31. Januar einstimmig diese Medaille bewilligt.

Bei der Breslauer Promenaden-Verwaltung sind ernannt worden:

Der Städtische Obergärtner Dannenberg zum Städtischen Garteninspektor.

Herr Parkgärtner Heinze (Scheitnig) und Herr Parkgärtner Engeln (Südpark) zu Städtischen Obergärtnern.

Tagesordnung
für die

892. Versammlung des Vereins z. Beförderung d. Gartenbaues i. d. preuss. Staaten
am **Donnerstag, den 27. Februar 1902, abends 6 Uhr,**
in der Königlichen landwirtschaftlichen Hochschule, Invalidenstrasse 42.

I. Ausgestellte Gegenstände (Ordner: Herr C. Crass I.) Angemeldet: Herr E. Dietze-Steglitz, 100 Töpfe blühender Veilchen. II. Vortrag des Herrn Ingenieur Meckel von der Firma A. Borsig: Die Kälte-Erzeugung und ihre Bedeutung für den Gartenbau. Mit Lichtbildern. IV. Verschiedenes.

Es wird ersucht, die auszustellenden Gegenstände möglichst vorher dem General-Sekretariat anzumelden. Um zahlreiche Einsendungen wird gebeten.

Für die Redaktion verantwortlich Geh R. Prof. Dr. Wittmack, Berlin NW., Invalidenstr. 42. Verlag von Gebrüder Borntraeger, Berlin SW. 46, Dessauerstr. 29. Druck von A W. Hayn's Erben, Berlin.

GARTENFLORA

ZEITSCHRIFT

für

Garten- und Blumenkunde

(Begründet von **Eduard Regel**.)

51. Jahrgang.

Organ des Vereins zur Beförderung des Gartenbaues in den preussischen Staaten.

Herausgegeben von

Dr. L. Wittmack,

Geh. Regierungsrat, Professor an der Universität und an der Kgl. landwirtschaftl.
Hochschule in Berlin, General-Sekretär des Vereins.

Hierzu Tafel 1496.

Disa-Hybriden.

Berlin 1902
Verlag von Gebrüder Borntraeger
SW 46 Dessauerstrasse 29

Erscheint halbmonatlich. Preis des Jahrganges von 42 Druckbogen mit vielen Textabbildungen und 12 Farbentafeln für Deutschand und Oesterreich-Ungarn 12 Mark, für die übrigen Länder des Weltpostvereins 15 Mark. Zu beziehen durch jede Buchhandlung oder durch die Post (Zeitungsverzeichnis No. 2819.

Verlag von **Gebrüder Borntraeger** in Berlin SW. 46, Dessauerstr. 29.

Soeben erschien:

Hilfsbuch für das Sammeln von Zoocecidien

mit Berücksichtigung der Nährpflanzen Europas und des Mittelmeergebietes von **G. Darboux**, Professor der Zoologie an der Universität Lyon, und **C. Houard**, Assistent am botanischen Institut der Universität Paris. Taschenbuchformat. Dauerhaft gebunden 2 Mk.

Das obige Hilfsbuch bildet ein Seitenstück zu dem im gleichen Verlag erschienen „Hilfsbuch parasitischer Pilze von Dr. G. Lindau". Wie dieses Hilfsbuch soll auch das Zoocecidien-Hilfsbuch nicht zur Bestimmung dienen; aber der Cecidiologe soll einmal sofort den Schmarotzer einer von ihm gesammelten Galle wiederfinden, und zweitens soll ihm das Büchlein bei gegebener Pflanze die Liste aller Gallen anführen, die auf jener Pflanze vorkommen, unter Hervorhebung der Punkte, auf die er seine Aufmerksamkeit richten muss.

1 2. *Disa langlagensis (racemosa tripetaloides)* 1 in ½. 2 in nat.Gr

3.4. *Disa Veitchii (grandiflora racemosa) von G.Bornemann Blankenburg Harz* 3 in ½. 4 in nat.Gr.

Druck lith.Anst.v.C.Werner Berlin

Disa - Hybriden.

Von G. Bornemann, Gärtnereibesitzer, Blankenburg a. Harz.

(Hierzu Tafel 1496.)

Von den vielen Disa-Arten ist eigentlich nur die schönste und gross-blumigste, die rosig-zinnoberrot blühende Disa grandiflora, in weiteren Kreisen bekannt geworden, und auch ihr begegnet man selten in den Orchideensammlungen, da sie, wie alle Disa-Arten, obgleich sonst nicht schwer zu kultivieren, viel Licht und Luft verlangt und die Lüftungsvor-richtungen in den Orchideenhäusern für die Kultur dieser schönen Erd-orchideen meist nicht genügen.

Die Anzahl der Disa-Hybriden ist daher eine sehr geringe und meines Wissens giebt es deren nur drei, nämlich:

Disa kewensis (D. grandiflora × D. tripetaloides)
Disa langleyensis (D. racemosa × D. tripetaloides)
Disa Veitchii (D. grandiflora × D. racemosa).

Die beiden letzteren blühten im Jahre 1901 in meiner Gärtnerei und wurden von meiner Frau in beiliegender Farbentafel wiedergegeben. Das Blattwerk beider erinnert an das von Dianthus barbatus und ist bei D. langleyensis bläulich-grün, bei D. Veitchii hellgrün und grösser. Die kleine karminpurpurne Blume der ersteren ist nur von botanischem In-teresse; da der Blütenstand aber 9–12 Blumen trägt, die Pflanze leicht wächst, willig blüht und leicht Samen bringt, so würde Disa langleyensis ebenso wie ihre Stammart racemosa ein gutes Material zur Erzielung reich- und leichtblühender Hybriden liefern.

Bei Disa Veitchii sind die Blumen schon recht ansehnlich und fallen namentlich durch die prächtige Färbung auf. Die unteren Blumen-blätter sind leuchtend magenta-karmin, während das hutförmige obere Blumenblatt rosig perlweiss und karmin getuscht ist. Der Blütenstand wird von 4–6 Blumen gebildet.

Für den Orchideen-Liebhaber sind die Disa-Arten und Hybriden durch die ganz eigenartige Form der Blumen wie durch die aussergewöhn-lich lange Dauer derselben wertvoll. Die Blumen halten sich mehrere Wochen lang und würden als vorzügliches Schnittmaterial auch von handelsgärtnerischem Werte sein, wenn es gelänge, reichblühende und grossblumige Hybriden zu erzielen. Dass dies möglich ist, zeigt Disa Veitchii. Die Blütezeit fällt in den Mai, zu welcher Zeit feine Schnitt-blumen noch wertvoll sind.

Disa-Hybriden.

Von G. Bornemann, Gärtnereibesitzer, Blankenburg a. Harz.

(Hierzu Tafel 1496.)

Von den vielen Disa-Arten ist eigentlich nur die schönste und gross-blumigste, die rosig-zinnoberrot blühende Disa grandiflora, in weiteren Kreisen bekannt geworden, und auch ihr begegnet man selten in den Orchideensammlungen, da sie, wie alle Disa-Arten, obgleich sonst nicht schwer zu kultivieren, viel Licht und Luft verlangt und die Lüftungsvor-richtungen in den Orchideenhäusern für die Kultur dieser schönen Erd-orchideen meist nicht genügen.

Die Anzahl der Disa-Hybriden ist daher eine sehr geringe und meines Wissens giebt es deren nur drei, nämlich:

Disa kewensis (D. grandiflora × D. tripetaloides)
Disa langleyensis (D. racemosa × D. tripetaloides)
Disa Veitchii (D. grandiflora × D. racemosa).

Die beiden letzteren blühten im Jahre 1901 in meiner Gärtnerei und wurden von meiner Frau in beiliegender Farbentafel wiedergegeben. Das Blattwerk beider erinnert an das von Dianthus barbatus und ist bei D. langleyensis bläulich-grün, bei D. Veitchii hellgrün und grösser. Die kleine karminpurpurne Blume der ersteren ist nur von botanischem In-teresse; da der Blütenstand aber 9—12 Blumen trägt, die Pflanze leicht wächst, willig blüht und leicht Samen bringt, so würde Disa langleyensis ebenso wie ihre Stammart racemosa ein gutes Material zur Erzielung reich- und leichtblühender Hybriden liefern.

Bei Disa Veitchii sind die Blumen schon recht ansehnlich und fallen namentlich durch die prächtige Färbung auf. Die unteren Blumen-blätter sind leuchtend magenta - karmin, während das hutförmige obere Blumenblatt rosig perlweiss und karmin getuscht ist. Der Blütenstand wird von 4—6 Blumen gebildet.

Für den Orchideen-Liebhaber sind die Disa-Arten und Hybriden durch die ganz eigenartige Form der Blumen wie durch die aussergewöhn-lich lange Dauer derselben wertvoll. Die Blumen halten sich mehrere Wochen lang und würden als vorzügliches Schnittmaterial auch von handelsgärtnerischem Werte sein, wenn es gelänge, reichblühende und grossblumige Hybriden zu erzielen. Dass dies möglich ist, zeigt Disa Veitchii. Die Blütezeit fällt in den Mai, zu welcher Zeit feine Schnitt-blumen noch wertvoll sind.

Die Elektrizität im Gartenbau mit besonderer Berücksichtigung der elektrischen Heizung.

Vortrag, gehalten im Verein z. B. d. G. in Berlin am 19. Dezember 1901.

Von Franz Bluth, Gross-Lichterfelde.

Wenn ich hier einen Vortrag übernommen habe, so wollte ich eigentlich nichts weiter als meine Erfahrungen auf dem Gebiete der Elektrizität mitteilen, muss aber bezüglich der elektrischen Heizung gleich vorweg bemerken, dass es richtiger gewesen wäre, mit dem Bericht darüber noch etwas zu warten, denn die Sache ist noch nicht abgeschlossen, und Probieren geht über Studieren. Oft aber ist es nötig, dass man erst studiert und dann probiert. Die Regieruug befürchtet, dass die Gärtner zu viel Kapital in ihre Gärtnerei stecken; das mag in einzelnen Fällen richtig sein, im allgemeinen muss aber auch der praktische Gärtner Versuche machen, wenn er nicht zurückbleiben will, und bezüglich seiner Gewächshaus-Einrichtungen muss er sein eigener Schmied, Maurer und Heiztechniker sein. Die Wissenschaft der Heiztechnik lässt manche praktische Sachen aus dem Auge, und ich bin überzeugt, dass das bei der elektrischen Heizung auch so gehen wird.

Bezüglich der Anwendung der Elektrizität erinnere ich daran, dass zuerst auf der Berliner Gewerbeausstellung 1879 uns von Siemens & Halske ein elektrischer Strassenbahnwagen vorgeführt wurde, noch ganz primitiv. Für 10 Pfennige konnte man da ein kleines Stückchen fahren, jetzt fährt man für dasselbe Geld durch ganz Berlin.

Damals fingen die Gärtner auch an, den Einfluss des elektrischen Lichts auf die Pflanzen zu verfolgen; aber die Sache hatte mehr ein wissenschaftliches Interesse als ein praktisches; denn ob z. B. Erdbeeren bei elektrischer Beleuchtung 24—36 Stunden eher reifen als nicht belichtete, ist für die Praxis ziemlich wertlos.

Man hat auch sonstige interessante Versuche mit elektrischem Licht an Pflanzen ausgeführt, die wissenschaftlich von hohem Interesse sind; man hat ferner versucht, elektrische Ströme in die Erde zu leiten, um die Nährstoffe leichter löslich zu machen, event. die Pflanzenwurzeln selber zu grösserer Thätigkeit anzuregen. (Es ist ürigens nicht unmöglich, dass, wenn wir ein Dungbeet herstellen, nicht blos die Wärme direkt wirkt, sondern die Wärme die Stoffe leichter zersetzt.)

Das elektrische Licht für Gewächshäuser wandte im grossen zuerst Emil Liebig in Dresden an, der seine Gärtnerei elektrisch erleuchten liess, was damals noch eine kostspielige Sache war. Heute wäre wohl zu überlegen, ob man seinem Beispiel nicht mehr folgen sollte. Unser Arbeitslohn wird teurer, unsere gärtnerischen Leistungen müssen besser bezahlt werden, wenn wir überhaupt noch in Gärtnereien arbeiten sollen. Da fragt es sich, ob man nicht auch die Zeit besser ausnutzen kann und bei trüben Tagen oder im Winter, wo jetzt so früh Feierabend gemacht werden muss, noch einige Stunden bei elektrischer Beleuchtung arbeiten könnte. Es giebt eine Menge Arbeiten, die sich sehr gut dabei ausführen lassen. Seidel, sowie Helbig in Dresden sind bereits damit vorgegangen und lassen morgens und abends bei elektrischer Beleuchtung arbeiten.

In Berlin sagt man: das elektrische Licht wird zu teuer. Das ist richtig, weil wir dasselbe von einer Gesellschaft beziehen, die nach hohen Dividenden streben muss. Es fragt sich aber, ob nicht grössere Etablissements sich das elektrische Licht ebenso billig herstellen können wie Gasglühlicht. Gasbeleuchtung kann nicht jede Gärtnerei haben, namentlich wenn sie weit ab von einer Gasanstalt liegt. Acetylenlicht ist umständlich zu bereiten, da wäre elektrisches Licht immer vorzuziehen. Man wird vielleicht noch dahin kommen, nicht zu teure Motoren zu konstruieren, welche eine Dynamomaschine auf dem eigenen Grundstück behufs der Beleuchtung usw. treiben.

Veranlasst wurde ich zur Einrichtung der elektrischen Heizung in einem meiner Gewächshäuser durch das Vorgehen des Herrn Helbig in Laubegast-Dresden, welcher gelegentlich der Jahresversammlung des Verbandes der Handelsgärtner 1901 die Mitglieder einlud, sich bei ihm eine elektrische Heizung anzusehen, die Herr Elektrotechniker Eckmann angelegt hatte. Bekannt ist übrigens ja, dass man schon lange elektrisch kocht und brät. Ja, kürzlich habe ich in der Versuchsanstalt des Verbandes deutscher Müller an der landwirtschaftlichen Hochschule sogar einen elektrischen Backofen gesehen, der sehr gut funktioniert, allerdings nur in kleineren Dimensionen. Wenn sich der auch im grossen bewähren sollte und nicht zu teuer käme, so würde das für das Bäckergewerbe einen bedeutenden Umschwung ergeben, alles Einbringen von Feuerung in den Ofen und vor allem die schwierige Reinigung, nachdem das Feuer entfernt worden, fiele weg. Es würde eine viel grössere Sauberkeit auf dem Herde des Backofens erzielt werden.

Doch alle diese Heizungen zum Kochen und Backen, auch zum Heizen der Zimmer, beruhen darauf, dass durch die Elektrizität Wärmekörper erhitzt werden, die dann die Wärme wieder ausstrahlen. Das giebt aber immer eine trockene Luft.

Herr Eckmann geht von einem ganz anderen Prinzip aus, er saugt mittels eines elektrisch betriebenen Exhaustors die stets feuchte Luft des Gewächshauses an und führt sie der elektrischen Heizung zu. Die Heizungsvorrichtung ist ein ganz kleiner Apparat, ein sogenannter Widerstand. ein Kasten mit feinen isolierten Metalldrähten oder eigentlich feinen Stäbchen, von besonderer Komposition umsponnen, durch welche die mittels stärkerer Drähte zugeführte Elektrizität streichen muss. Muss ein starker Strom durch einen feinen Draht gehen, so findet er eben Widerstand, er erwärmt dabei diesen Draht und bringt ihn zum Glühen, oder falls der Draht in einem luftleeren Raum sich befindet, wie bei unseren elektrischen Birnen, sogar zum Leuchten.

Bei der Eckmann'schen Heizung braucht man die elektromotorische Kraft zu zwei Zwecken, einmal um den Widerstand glühend zu machen, zweitens um den Exhaustor, der anfänglich die Form eines Trichters hatte, zu treiben. Wird nun durch den Exhaustor (Eckmann nennt ihn Inhalator) die Luft durch den heissen Draht des Widerstandes gesogen oder gepresst, so erwärmt sie sich und strömt erwärmt wieder weiter.

In Dresden konnte man 2.5—3 m vom Apparat diesen Wärmestrom sehr gut spüren. Indes man wandte dort mit Recht ein, dass da, wo der Apparat steht, die Wärme höher sein wird als an anderen Stellen.

Dies stellte ich Herrn Eckmann vor, erbot mich im übrigen, ein Kalthaus zur Verfügung zu stellen, und trug die Kosten für den Anschluss von der Strasse bis in das Haus, während die Elektrizitätsgesellschaft, welche sich für den Versuch ausserordentlich interessiert, uns bei der Einrichtung sehr entgegenkam. Trotzdem kosteten die Versuche schon viel, da viel Strom verbraucht wird. (Elektrische Kraft kostet 16 Pfg. pro Kilowatt-Stunde, elektrische Beleuchtung 50 Pfg.)

Herr Eckmann schlug vor, um die Wärme gleichmässiger zu verteilen, statt eines Heizapparates (Widerstandes) sechs kleinere aufzustellen. Um aber nicht auch sechs Elektromotoren für die Inhalatoren zu benötigen, was sehr teuer gekommen wäre, presste er die Luft durch ein Zinkrohr nach allen sechs Apparaten, die jeder mit einem Trichter versehen wurden. Dies bewährte sich aber nicht, die Luft nahm nicht immer den richtigen Weg, die glühenden Metallstreifchen wurden von ihr oft nicht genügend bestrichen und litten. An anderen Stellen war der Luftstrom zu stark und kühlte den Widerstand zu sehr ab.

Mir ist nun die Idee gekommen, komprimierte Luft durch das Haus zu schicken, ähnlich wie das in der Spindler'schen Gärtnerei erfolgt, die dort nach dem Prinzip der Blasepumpe oder Zerstäuber dazu dient, beim Vorbeistreichen aus dem Hahn der Wasserleitung das Wasser herauszureissen und als feinen Sprühregen zu verteilen (ähnlich wie der Injektor bei einem Dampfkessel). Indessen ausgeführt ist das noch nicht.

Mit der Leistung der einzelnen Heizkörper bin ich ganz zufrieden, die Wärme war genügend und betrug andauernd 9—10⁰ C. Dabei ist wie bei manchen anderen Heizungen, ein empfindliches Kontaktthermometer angebracht, welches, wenn die Hitze zu hoch steigt, den Strom ausschaltet, so dass man immer dieselbe Temperatur hat.

Da wird das Heizen wirklich bequem, man braucht nur auf so und so viel Grad einzustellen und der Apparat funktioniert von selbst. Teurer wird natürlich die elektrische Heizung, viel teurer als mit Koks usw., aber man spart viel an Heizröhren, Kessel usw.

Aber es stellten sich doch manche Hindernisse ein. Zunächst ist die Feuchtigkeit, die in Glashäusern immer herrscht, sehr störend. Die Drähte waren dafür nicht genügend isoliert, ihre Umhüllung wurde feucht und leitend, die Elektrizität teilte sich den feuchten Stellagen, dem Erdboden, den Töpfen mit, und mitunter, wenn jemand einen Topf hochheben wollte, erhielt er einen solchen Schlag, dass der Topf an die Wand flog. Ebenso wurden die eisernen Thüren elektrisch, und als eines Mittags während der Tischzeit ein Händler die verschlossene Thür anfasste, bekam er ebenfalls einen starken Schlag. (Das wäre übrigens ein gutes Mittel gegen Diebstähle.)

Die sogenannten vagabondierenden Ströme wurden so stark, dass die ganzen Wände elektrisch waren und man keine mit feuchten Händen berühren durfte, ohne einen Schlag zu erhalten.

Unangenehm ist auch, dass der Exhaustor sehr viel Geräusch macht, was man wohl wird in den Kauf nehmen müssen.

Wie weit den anderen Übelständen abgeholfen werden kann, muss die Zukunft lehren; jedenfalls steckt ein gesunder Kern in der Sache. Es ist auch nicht einzusehen, weshalb manche der Apparate nicht ausserhalb aufgestellt werden können.

Vor allem wäre zu fragen, ob es nicht billiger kommen würde, wenn man sich die elektrische Kraft selbst erzeugt. Wenn man dann vielleicht die Kilowattstunde für 8—9 Pfg. herstellen könnte, würde das eine bedeutende Verbilligung sein. Die Bequemlichkeit wäre ja eine ganz bedeutende, man brauchte dann auch keine Heizkörper und keine Heizröhren mehr.

Man wird nun vielleicht einwenden, dass, wenn diese Art der elektrischen Heizung eingeführt würde, man keine Warmbeete, keine Vermehrungsbeete mehr hätte. Der Ingenieur hat aber auch diesen Punkt vorgesehen und plant einen Apparat, der in einen kleinen Wasserheizungskessel gestellt wird, um die Vermehrungsbeete zu heizen.

Ein Übelstand ist noch bei den messingenen Umhüllungsröhren der Drähte. Die Allgemeinen Elektrizitätswerke schreiben bekanntlich vor, dass zur Vermeidung von Beschädigungen und von Unglücksfällen die Leitungsdrähte in Messingröhren liegen müssen, die an den Enden übereinander geschoben, nicht verlötet werden. Diese Röhren aber beschlagen im Gewächshause und es tritt dann leicht Kurzschluss ein.

Herr Eckmann hat nach demselben Prinzip auch Apparate für Zimmerheizung konstruiert und es ist nicht zu leugnen, dass sie besser sind als die bisherigen, wo man Metallplatten oder andere Glühkörper durch den elektrischen Strom erhitzte und es nun der Wärme überliess, sich von da aus zu verteilen.

Nach dem Eckmann'schen System wird ja die Luft angesogen, man kann es dabei so einrichten, dass die Luft aus dem Freien angesaugt wird, erhält also im Zimmer und ebenso im Gewächshause immer frische Luft.

Dass die elektrische Heizung für ein Zimmer teurer kommen wird als die Heizung durch einen Kachelofen, ist wahrscheinlich, das müssen Versuche entscheiden. Aber auch hier ist die Annehmlichkeit der elektrischen Heizung gar nicht hoch genug anzuschlagen. Man kann auch das Regulierthermometer so einstellen, dass jede beliebige Wärme erzielt wird, kann es ganz ausschalten usw.

Kurz, die elektrische Heizung nach Eckmann'schem System dürfte noch eine grosse Zukunft haben, und wenn sie erst bei mir regelmässig funktioniert, bin ich gern bereit, sie Ihnen zu zeigen.

Eine neue Stadt im fernen Westen.

Von L. Wittmack.

(Hierzu 1 Abb.)

Kurzlich ward in den Zeitungen berichtet, dass in Nebraska, einer Stadt im fernen Westen Nordamerikas, eine ganze Stadt nach einer anderen Stelle verlegt sei. Das klingt für unsere Verhältnisse ganz ungeheuerlich, da wir dabei immer an eine Stadt mit Häusern aus Steinen denken. In den Vereinigten Staaten sind aber die meisten Häuser in kleineren Städten und selbst in den Vororten der grossen aus Holz, und so leicht, wie sie aufgebaut werden, so leicht lassen sie sich auch wieder abreissen.

Mir fiel beim Lesen jener Notiz ein, dass ich auf meiner Reise von Portland in Oregon nach San Franzisko, einer herrlichen, allerdings 40 stündigen Fahrt 1893 vom Eisenbahnzuge aus, als dieser etwas langsamer fuhr, von einer neuen Stadt im Urwalde eine Momentaufnahme gemacht hatte, und gebe diese in Figur 22 wieder.

Man sieht, welch schmucke Häuschen da stehen, während ringsum noch dichter Wald sich findet. Auf das Roden der Stümpfe der abgehauenen Stämme lässt man sich vorerst nicht ein; das kommt später, wenn sie erst mehr verfault sind. Wenn man eine Wiese haben will, geschieht es meist garnicht. Eine Wiese entsteht aber sehr bald aus einem Walde, wenn er abgeholzt ist, und umgekehrt wird eine Wiese wieder zum Walde, wenn man sie nicht regelmässig mäht. Das ist nicht nur in Amerika so, sondern überall.

Die Fahrt von Portland nach San Franzisko ist ausserordentlich interessant. Zwei Bergketten schliessen ein bald weiteres, bald engeres Thal ein: im Westen das Küstengebirge (Coast Range), im Osten das Cascadengebirge und dessen südliche Fortsetzung, die Sierra Nevada. Anfangs bestehen die dichten Urwälder besonders aus Douglasfichten, weiterhin gesellen sich Kiefern hinzu. Hier ist ja das Vaterland von Pinus ponderosa, Jeffreyi, Balfouriana, monticola, flexilis, Lambertiana Sabiniana etc., letztere erst weiter südlich.

Vielleicht interessieren einige Notizen aus meinem Tagebuche von dieser Reise.

Sonnabend, den 9. Sept. 1893. Vor Grants Pass botanisiert. (Das ist oft möglich, weil die Züge auch an kleineren. sozusagen auf freiem Felde oder wie hier im Walde belegenen Stationen öfter lange halten.) 4 Äpfel für 5 cs (20 Pfg.), 3 Birnen gleichfalls für 5 cs gekauft. — Bei Goldhill hat ein Cyclon die Methodistenkirche halb umgeworfen. — Bei Centralpoint reichtragende Birnbäume. Bei Medford sehr viel Obstbäume, alles pyramidenförmige Halbstämme, Pfirsiche, reich behangen, Pflaumen, Äpfel. Zwischen den Bäumen teils Mais, teils Melonen. Das Land. wo Mais steht, sehr gut kultiviert. Haferstoppeln. Der Hafer ist sehr hoch abgeschnitten. — Snakefences, wörtlich Schlangenzäune, in Wirklichkeit Zickzackzäune, wie im Osten der Verein. Staaten. — River Valley. Viel Sonnenblumen am Wege.

Die Bahn steigt, die Luft wird sehr kühl, zu beiden Seiten Berge. Der Hafer steht sehr weitläufig. Sehr viele Pfirsiche und Birnen auf ganz niedrigen Stämmen. Entfernung der Stämme ca. 15 Fuss im Quadrat. (Dr. Cardwell in Portland, bei dem ich vorher war, nimmt meist 20 Fuss.)

Zwischen Medford und Phoenix wieder viel Obst und viele Eichen auf den vertrockneten Wiesen. Bei Phoenix kultivierte Sonnenblumen. Weiterhin schöne Zwetschen. Die Bäume brechen fast von der Last der Früchte. Zwischen den jungen Obstbäumen Melonen und Kürbis. — Auf den Eichen viele Misteln.

In Ashland kauft ein Herr Pfirsiche. Ich messe eine; sie hat 26,1 cm Umfang am Äquator und 24,6 cm Umfang am Meridian.

Abb. 22. Eine neue Stadt im fernen Westen.
Momentaufnahme von L. Wittmack.

Prächtige Fahrt über die Siskiyou-Berge zwischen Ashland und Hornbrook (mit 4 pCt. Steigung), vielen Tunnels und scharfen Kurven.

Wir haben den Staat Oregon verlassen und sind in Kalifornien. Nun im Shasta-Thale abwärts, im Osten wird der mächtige schneebedeckte Mount Shasta vom Scheitel bis zur Sohle sichtbar. Er ist 4400 m hoch und einer der höchsten Berge der Sierra Nevada, ein ehemaliger Vulkan.

Das Thal wird breit und flach, viele Berge in der Ferne. Auf den Feldern Luzerne und Hafer, auch an den Wegen viel verwilderter Hafer. Die Weiden z. Z. kahl wegen der Dürre. — Zum erstenmale ein Exemplar von Eschscholtzia californica!

Sonntag, den 10. Sept., morgens 10¹⁵ Ankunft in San Franzisko, der Hauptstadt des goldigen Kaliforniens. Wie hatte ich mir es anders ge-

dacht. Ich erwartete eine üppige Vegetation, aber die Berge waren alle
kahl, die Wiesen desgleichen, indess man sagte mir, es sei nur im September so, und diesmal sei es besonders so, weil seit April kein Regen
gefallen; der käme erst Ende September.

Aber es kam anders. Am Nachmittag bezog sich der Himmel und
gar bald erhob sich ein gewaltiger Sturm mit Regen, sodass ich am Goldenen Thor Park den „Stillen" Ozean als einen sehr lauten kennen lernte.
Glücklicherweise ward es in den nächsten Tagen wieder besser, und in
Südkalifornien hatte ich stets schönes Wetter.

Himbeere „Immertragende von Feldbrunnen".

Jn einer Herbstversammlung des Vereins zur Beförderung des Gartenbaues in den preussischen Staaten (Gartenflora 1901 S. 597) wurden
auch einige Zweige einer immertragenden Himbeere vorgezeigt mit dem
Bemerken, dass dieselbe vermutlich die „Immertragende von Feldbrunnen" sei.

Über den Wert dieser Sorte sprachen sich verschiedene Herren
aus, rühmten, dass dieselbe eine vorzüglich rentierende Sorte sei und die
allseits angepriesene Fruchtbarkeit besitze, einer aber sagte. dass sie
für den Massenanbau nicht zu empfehlen sei, sondern nur für Liebhaber.

Derselbe Herr glaubte, es wäre die „Immertragende von Feldbrunnen", wahrscheinlich die Sorte „Belle de Fontenay".

Ich möchte nicht ein falsches, gänzlich unverdientes Urteil über die
Himbeere „Immertragende von Feldbrunnen" aufkommen lassen, und da
vielleicht viele noch nicht Gelegenheit hatten, die Immertragende von
Feldbrunnen als Massenanpflanzung zum Zwecke der Früchtegewinnung.
sondern höchstens in Baumschulen, also zum Zwecke der Pflanzen-
gewinnung, zu sehen, möchte ich einige Worte über diese Sorte und
zwar aus eigenen Erfahrungen darüber anführen.

Von allen nur bekannten Sorten Himbeeren werden in der Frei-
herrlich von Oldershausenschen Obstplantage in Feldbrunnen bei
Osterode a. H. sowohl unter Bäumen als im freien Felde eine grössere
Menge angepflanzt, um die Güte und Fruchtbarkeit der Sorten usw.
zu prüfen.

Von den zahlreichen Sorten wurden schon viele wegen gänzlicher
Unrentabilität wieder verworfen und als hauptsächlichste Sorte die
„Falstaff" angepflanzt.

1894 fand sich ein Sämling in mehreren Exemplaren, welcher sich
durch ausserordentliche Tragbarkeit auszeichnete und sich besonders als
vorzügliche remontierende Himbeere entwickelte. Dieser Sämling wurde
angepflanzt, stark vermehrt und veredelt, d. h. es wurden nur immer die
besttragenden mit den schönsten Früchten versehenen Ruten angepflanzt
und 1896 als „Immertragende von Feldbrunnen" in den Handel gegeben. Jetzt ist damit hier eine Fläche von 3 ha zur Gewinnung von
Früchten für die Presserei bepflanzt.

Neben der kolossalen Tragfähigkeit und dem guten Remontieren zeichnet sich diese Sorte durch die Widerstandsfähigkeit gegen Trocken-heit und Kälte ganz besonders aus.

Während bei der heurigen Trockenheit „Falstaff" und andere Sorten mit den zurückgetrockneten Spitzen ein trauriges Bild darboten, zeigte die „Immertragende von Feldbrunnen" schon bei der ersten Ernte ein ganz befriedigendes Resultat und lieferte in der zweiten Tracht eine so reiche Ernte, dass die Erträge diejenige der „Falstaff" um das Dreifache überstiegen.

Auf die Behauptung, dass die „Immertragende von Feldbrunnen" mit der „Belle de Fontenay" identisch sei, bemerke ich, dass es wohl kaum zwei Himbeersorten giebt, welche in Wuchs, Holzfärbung, Grösse der Früchte und Aroma derselben, vor allem aber in den Erträgen grössere Verschiedenheiten aufweisen als diese zwei Sorten.

Die Sorte „Belle de Fontenay" wurde bedauerlicherweise auch in der Freiherrl. von Oldershausenschen Obstplantage in grossen Massen in verschiedenen Lagen und Bodenverhältnissen angepflanzt. Nirgends aber hat sie sich unter den hiesigen Verhältnissen als anbau-würdig erwiesen und ist nun vom Massenanbau vollständig ausge-schieden.*)

Die „Belle de Fontenay" hat hier in der Grosskultur im trockenen Frühjahr in der ersten Tracht vielfach nicht den Pflückerlohn gedeckt und es mussten grosse Quartiere ungeerntet bleiben, wohingegen die „Immertragende von Feldbrunnen" die reichsten Ernten lieferte. Die „Belle de Fontenay" entwickelte ferner eine solche Unzahl von Aus-läufern, dass auch die zweite Ernte absolut kein Resultat an Früchten ergiebt, ausserdem bleiben die Ruten zu niedrig, um wirklich hohe Er-träge geben zu können. Die Ruten der „Immertragenden von Feld-brunnen" erreichen eine zwei- bis dreifache Höhe gegen „Belle de Fon-tenay" und sind Ruten ohne besondere Kultur von 2,50 m Höhe bei ersterer keine Seltenheit.

Während aus dieser Darlegung hervorgeht, dass „Belle de Fontenay" absolut für den Massenanbau ungeeignet ist, so geht gleichermassen daraus hervor, dass die „Immertragende von Feldbrunnen" für den Massenanbau ganz besonders geeignet ist.

Es kommt noch hinzu, dass die Pressrückstände von den Früchten der „Immertragenden von Feldbrunnen" ganz besonders gering sind. Nach Mitteilung einer der ersten Saftpressereien wurde von ihren Früchten 76 pCt. reiner Saft gewonnen. Dieser Saft hat auch die beliebte tief dunkelrote Färbung und es bedarf daher keiner künstlichen Färbemittel, welche immer auf Kosten der Bekömmlichkeit und des Aromas ange-wendet werden.

Ganz besonders hat das verflossene Jahr den hohen Wert der „Immertragenden von Feldbrunnen" gerade für den Massenanbau gezeigt.

---

*) In Feldbrunnen ist eigens ein Versuchsgarten für Himbeeren, wo sämtliche Sorten angepflanzt werden und dieselben gleichmässig verschiedenartig gedüngt werden, um die Sorten sowohl auf Wuchs wie auf Tragbarkeit usw. zu prüfen.

Wie bekannt, haben beinahe alle Himbeeren in fast allen Gegenden unseres Vaterlandes Missernten, stellenweise sogar totale Fehlernten zu verzeichnen. Die „Immertragende von Feldbrunnen" lieferte in erster Tracht auch in diesem Misswachsjahre eine recht befriedigende Ernte und ersetzte den verhältnismässig geringen Ausfall gegenüber günstigeren Jahren durch eine überaus reiche zweite Ernte. Als nämlich die erste Ernte kaum beendet war, begannen die ersten Früchte der zweiten Ernte sich zu färben und diese Ernte dauerte bis zum Eintritt des Frostes.

(Wir hätten hier am 31. Oktober noch Tausende von Zweigen voll von Früchten liefern können.)

Gerade bei der „Immertragenden von Feldbrunnen" hat man die Ernteresultate etwas in Händen. Sieht man, dass die erste Ernte von ungünstigen Witterungsverhältnissen beeinflusst wird, so kann man durch Entfernen der mangelhaft tragenden Ruten der ersten Ernte sowie durch Rückschnitt der zweiten Tragruten, die zweite Ernte forcieren und einen jeweiligen Ausfall der ersten Ernte decken.

Ich kann jedem Fachgenossen nur dringend die „Immertragende von Feldbrunnen" empfehlen, nicht nur für kleine Anpflanzungen, sondern auch ganz besonders für die Grosskultur, mache aber darauf aufmerksam, beim Einkauf sich ja zu versichern, dass wirklich die „Immertragende von Feldbrunnen" geliefert wird, und dann Ware mit nur guter Bewurzelung zu kaufen.

Gleichzeitig möchte ich auch auf eine einmaltragende Himbeere hinweisen, welche sich hier gefunden hat und sich ausserordentlich bewährte. Dieselbe wird heuer zum ersten Male von der Firma J. C. Schmidt, Erfurt, unter dem Namen „Goliath" in den Handel gegeben.

A. Haindi, Obergärtner,
Freiherrl. von Oldershausensche Obstplantagen,
Feldbrunnen bei Osterode a. H.

Die Hasselmann'sche Holzkonservierung.

(Hierzu 1 Abb.)

Jedes Holz verfällt früher oder später, wie alles Organische. dem Zersetzungsprozess, und dies um so rascher, je mehr es der Feuchtigkeit ausgesetzt ist. Es ist nun zu allen Zeiten das Bestreben der Industrie gewesen, den Fäulnisprozess des Holzes hintan zu halten durch Bestreichen oder Einwirkenlassen chemischer Reagentien, jedoch hat erst die jüngste Zeit geeignete Methoden ergeben, wodurch praktische und greifbare Resultate erzielt wurden. Unter der grossen Anzahl jener Verfahren ist das von dem Architekten Fritz Hasselmann erfundene Imprägnierungsverfahren besonders bemerkenswert. Während in allen früheren Fällen eine Tränkung des Holzstoffes mit einer Schutzsubstanz ausgeführt wurde, handelt es sich bei dem Hasselmann'schen Verfahren um einen wirklichen chemischen Prozess, wobei die Holzfaser direkt in eine andere, in Wasser noch unlöslichere Verbindung übergeführt wird. So bleibt das Holz, so weit es eben nach menschlichen Kräften möglich ist, widerstandsfest gegen atmosphärische Einflüsse und ist auf absehbare Zeit gegen Fäulnis und Wurmfrass geschützt.

Die Imprägnierungsmischung besteht nach uns gewordenen Mitteilungen im wesentlichen aus Eisenvitriol, schwefelsaurer Thonerde, Kupfervitriol, Kainit und etwas Chlorcalcium. Äusserlich ist das imprägnierte Holz wenig verändert. Der Geruch ist auch unverändert, die Farbe kaum nuanciert, dagegen die Härte ganz bedeutend gewachsen, wodurch zwar die Bearbeitung des Holzes etwas erschwert wird, aber doch nicht in dem Masse, dass darin irgend ein Nachteil zu sehen wäre.

Die nebenstehende Abbildung zeigt Probestücke von imprägniertem und nicht imprägniertem Holz. Beide Stücke sind nach 20 monatlichem Gebrauch dem Austriaschacht bei Pilsen entnommen. Das rohe Holz zeigt deutlich die Sprengung der Holzfaser durch Fäulnis und Rissigkeit bis an das Mark heran, das imprägnierte Stück zeigt keine wesentliche Änderung, Härte und Aussehen sind fast unverändert.

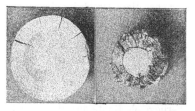

In allen Fällen, wo also Holzschwellen und Pfähle grossen Temperatur-Schwankungen und wechselnder Feuchtigkeit ausgesetzt sind, wird das Hasselmann-Verfahren von Vorteil sein. Im Grubenbau, im Eisenbahnbetrieb, speziell in Sachsen, ist die Verwendung imprägnierter Hölzer eine ausgedehnte. Ihre Verwendung als Grubenhölzer hat Ingenieur Dr. Max Krause, Berlin, eingehend geprüft und auf dem VII. allgemeinen Bergmannstage in München das günstigste Urteil darüber abgegeben. Mehr interessieren uns hier das Gutachten und die Versuche, welche die K. K. chem. physiolog. Versuchsstation für Wein- und Obstbau zu Klosterneuburg bei Wien über die Dauerhaftigkeit und Widerstandsfähigkeit der imprägnierten Rebpfähle gemacht hat. Auch hier hat ein einjähriges Studium unter denkbar ungünstigsten Witterungsverhältnissen ein glänzendes Resultat gegeben, ja, es war sogar bei einigen Pfählen eine Nachhärtung des Holzes zu konstatieren. Prof. Dr. Roesler in Klosterneuburg erweiterte seine Versuche nun dahin, dass er Rebpfähle aus Eiche, Buche, Ahorn, Pappel, Akazie etc. imprägnieren und prüfen liess. Nach 3 Jahren wurden die Pfähle untersucht. Die Hasselmann'schen Pfähle waren noch vollkommen unversehrt, die nicht imprägnierten Rebpfähle waren schon nach dem zweiten Winter vollständig abgefault. Ein anderes, sehr interessantes Experiment hat der Stadtbaurat Arndt in Eberswalde mit den Imprägnierungshölzern gemacht. Man legte diese in feuchte Gruben und umgab die Hölzer mit vollständig mit Schwamm besetzten Holzstücken. Nach einem Halbjahr fand die Prüfung statt und war das imprägnierte Holz ohne eine Spur von Schimmelansatz.

Auf weitere Ausführung wollen wir vor der Hand verzichten. So

viel steht fest. dass wir es hier mit einer Erfindung von anscheinend grosser
Bedeutung zu thun haben. Die Versuche im gärtnerischen Betriebe müssen
jedoch erst fortgesetzt werden, ehe man zu einem abschliessenden Urteil
wird kommen können.   P. R.

Bismarckhacken.
Aus: Mitteilungen der sächsischen Maschinenprüfungsstation zu Leipzig.
(Hierzu 1 Abb.)

Der Landwirt Arno Drechsler in Zeicha, Post Naundorf bei Oschatz,
hat Zug- und Druckhacken für Handarbeit konstruiert, welche in
verschiedenen Grössen als Rüben- und Getreidehacken und auch im
Gärtnereibetrieb sich in Oschatz und Umgegend so bewährt haben, dass
viele Landwirte und Gärtner diese Hacken ausschliesslich verwenden.
Da hiernach diese neuen Hacken bereits hinlänglich praktisch erprobt
sind, hat Herr Drechsler dieselben unserer Station zur Prüfung und Abgabe eines Urteils übergeben.

Beschreibung. Von den bisher gebräuchlichen Handhacken unterscheiden sich die Bismarckhacken zunächst dadurch, dass die Arbeitsbreite die Höhe des Blattes bedeutend übertrifft, sodass selbst bei den
kleinsten Hacken die Arbeitsbreite immer noch mehr als einmal so gross
(10 cm) ist, als die mittlere Höhe (4½ cm). Das Charakteristische dieser
Hacken besteht aber dann darin, dass die der Arbeitskante gegen-
überliegende Kante des Blattes nicht, wie üblich, nur abgerundet. sondern
stark abgeschrägt ist, sodass die Höhe des Blattes nur in der Mitte 5
bis 4½ cm beträgt, sich aber dann nach den Seiten hin bis auf 2½ cm
bei den grössten und bis auf 1½ cm bei den kleinsten Nummern vermindert (s. Abbildung 24).

Das Blatt ist aus dünnem, konisch gewalzten Federstahl angefertigt
und an eine kurze eiserne, schwanenhalsförmige Hülse genietet, welche
den runden Stiel aufnimmt. Angefertigt werden die Hacken von der
Sächsischen Gussstahlfabrik zu Döhlen bei Dresden; der Versand findet
jedoch ab Zeicha statt und sind auch von hier etwaige neue Stahlplatten
zu beziehen.

Die Dimensionen und Preise sind:

	Dimensionen in cm				Preise in Mark ab Zeicha		
---	a	b	c	d	für 10 Stück	für 100 Stück	für 1000 Stück
Nr. 1	24	2½	12	5	10	95	900
„ 2	20	2½	10	5	10	95	900
„ 3	16	2	5	5	10	90	850
„ 4	13	2	4	5	10	90	850
„ 5	10	1½	2	4½	9	80	700

Unter 10 Stück werden nicht abgegeben.

Prüfung und Beurteilung. Herr Kammergutspächter A. Uhle-
mann in Mügeln bei Oschatz war so liebenswürdig, die Prüfung bei sich
in Feld und Garten zu gestatten und führte Herr Drechsler am 25. Juli
seine Hacken in Gegenwart der Herren Kammergutspächter A. Ulemann-
Mügeln, Rittergutsbesitzer Platzmann-Nenkersdorf bei Frohburg, Rittergutsbesitzer A. Ihle-Oetzsch, Gutsbesitzer G. Gasch-Döhlen, Kunstgärtner Schrecker-Mügeln und des Unterzeichneten in verschiedenen
Kulturen und im Garten vor.

Wie mit den sonst gebräuchlichen Hacken kann man auch mit
dieser durch Aufheben und Niederschlagen ein Lockern des Bodens bewirken, als auch den Boden in mehr oder weniger dünnen Schichten
fast wagerecht durchziehen und dadurch die Unkräuter abschneiden und
vertilgen. Dieses Durchziehen vollzieht sich mit den Bismarckhacken,
wie sich der Unterzeichnete selbst durch Arbeiten mit den Hacken überzeugt hat, leichter als mit den bisher üblichen Handhacken. Die Bismarckhacken dringen leicht in den Boden ein,
und lässt sich derselbe mit ihnen sehr schnell
durchziehen, wobei das dünne gewalzte Stahl-
blatt so viel Elastizität besitzt, dass es etwaigen
starken Widerständen nachgiebt.

Abb. 24. Bismarckhacke.

Die Vorteile des abgeschrägten Blattes bestehen darin, dass man z. B. die Rüben ganz dicht
an den Reihen entlang hacken kann, ohne dass
die Pflanzen von überfallender Erde, wie dies
bei den bisher gebräuchlichen Hacken leicht geschah, wieder bedeckt werden. Dies ist insofern
von Bedeutung, als man die jungen Pflänzchen mit diesen Hacken
schon sehr früh bis dicht an die Reihen heran bearbeiten kann,
die durchzogene Erde fällt immer senkrecht zur abgeschrägten Kante
nach der Mitte der Reihe hin ab und somit niemals auf die kleinen
Pflänzchen. Vollends wird dieser Vorteil nicht hoch genug zu schätzen
sein auf Rübenfeldern mit hängiger Lage, wo ja das Übel des Bedeckt-
werdens noch mehr zur Geltung kommt; der gleiche Vorteil ergiebt
sich auch bei dem Querhacken.

Und wenn die Rüben grösser geworden sind, so wird die zweite
Hacke mit den Bismarckhacken dadurch wesentlich verbessert und erleichtert, dass man wegen der geringen Höhe des Blattes der Hacken
(bei b) viel dichter an die Reihen herankommen kann, ohne durch die
Blätter der Pflanzen daran behindert zu werden, oder diesen wesentlich
zu schaden.

Aber auch die Arbeit mit der Maschine wird durch diese Hacken
wesentlich unterstützt. Dadurch, dass man mit denselben ganz dicht an
die Pflanzen herankommen kann, wird auch der die Pflanzen unmittelbar
umgebende Streifen, welcher von der Maschine nicht bearbeitet werden
kann und von dieser eher noch fester zusammengeschoben wird, gelockert, sodass er auch bei der nachfolgenden Maschinenarbeit in seinem
Zusammenhalt besser gestört wird und daher die Luft leichter Zutritt
zu ihm erhält, das Pflanzenwachstum gefördert wird.

Da die Hacken verschiedene Arbeitsbreiten haben, so lässt sich auch für jede vorhandene Reihenentfernung bei Rüben und im Getreide die passende Hacke finden.

So praktisch wie im Felde ist die Hacke auch im Garten, wo man die kleinere Nummer mehr verwenden wird. Auch hier im Garten kann man mit den Hacken ganz dicht an die Pflanzen herankommen, also beispielsweise jeden einzelnen Kohlkopf rund umfahren und so viel sicherer, schneller und vollständiger des Unkrauts Herr werden, als mit anders gestalteten Hacken. Auch zum Häufeln lassen sich die Hacken benutzen, wenn man mit ihnen schräg mit der Kante b arbeitet; sie dringen dann besser und tiefer in den Boden ein als die bisher üblichen Hacken mit ihrer ganzen Arbeitsbreite, dabei doch dasselbe schaffend. Und schliesslich werden sie sich selbst in Kieswegen zum Entfernen des Unkrauts bewähren, weil das zur Verwendung gelangte dauerhafte Material durch das Stossen gegen den Kies wenig angegriffen wird.

Nach dem einstimmigen Urteil der Prüfungskommission bilden die Bismarckhacken wegen ihrer allen praktischen Bedürfnissen entsprechenden guten Form und ihres guten dauerhaften Materials ein ganz vorzügliches Handgerät, welches nicht nur den Landwirten, sondern insbesondere auch den Gärtnern und jedem Gartenbesitzer im Bedarfsfalle zur Anschaffung auf das beste empfohlen werden kann.

Leipzig, im August 1901.

Sächsische Maschinenprüfungsstation.
Prof. Dr. Strecker.

Pulque.

In den öden, wasserarmen Gegenden Mexikos, auf steinigem, unwirtlichem Boden, wo die Vegetation sich nur auf einige wenige Vertreter beschränkt, stehen die Succulenten. besonders die Agaven und die Kakteen in üppigem Wuchs. Die fürsorgliche Natur, die durch meist so einfache und doch so wirksame Mittel hilft, hat auch diesen Pflanzen Eigenschaften verliehen, die sie befähigen, von der ausdörrenden Hitze ihres heimatlichen Klimas unbeeinflusst, eine schnelle und rege Vegetation zu entwickeln.

Vor allem ist es die Agave, die ihre riesigen, saftstrotzenden Blätter und honigreichen Blüten üppig zu entfalten weiss. Durch eine feste, pergamentartige Epidermis und einem feinen Wachsüberzug bietet sie dem Eindringen der Sonnenstrahlen energischen Widerstand und gestattet dem ohnehin schon dicken und schleimigen Saft eine nur ganz allmähliche Verdunstung.

Die Agaven oder hundertjährige Aloë, wie sie oft fälschlich von Laien genannt werden, sind als Zierpflanze der Gärten, Gewächshäuser und Zimmer sehr beliebt und wohlbekannt und dennoch wissen viele nicht, trotzdem sie sie täglich vor Augen haben, welch ungeheueren Wert dieselben, ausser dieser Funktion als Zierpflanze bei uns, als

Nutzpflanze für die Industrie und für ihre Heimat haben, dass viele tausend Menschen von ihrer Existenz abhängen und weite Länderstrecken veröden mussten, falls diese Pflanzen aussterben würden.

Unter den zahlreichen Arten der Agave ist die hier am meisten in Betracht kommende Agave atrovirens Karw oder, wie sie früher genannt wurde, Agave Salmiana Otto. Diese Agave liefert dem unter der Hitze seiner Heimat schmachtenden Mexikaner den vielgeschätzten Pulque. Dies ist ein in ganz Mexiko bekanntes, sehr beliebtes Getränk, welches aus dem Saft der Agave gewonnen wird und einen weinartigen und sehr erfrischenden Geschmack hat, der nur durch seinen bitteren, jedoch nicht unangenehmen Nebengeschmack an seine Abstammung, die Agave, erinnert.

In ihrer Heimat erreicht die Agave atrovirens ganz enorme Dimensionen, wie man sie bei uns nur ganz vereinzelt in den Gewächshäusern findet. Ihre einzelnen Blätter haben häufig eine Länge von 1,80 m und werden bis zu 40 cm breit, sodass eine einzelne gut entwickelte Pflanze mindestens 3,50 qm Platz gebraucht, um sich ungehindert ausbreiten zu können. Aber es werden die einzelnen Exemplare einer Pflanzung natürlich nicht in einem derartig weitem Abstande gepflanzt, sondern man giebt ihnen nur soviel Raum, wie sie zu einer kräftigen Entwicklung unbedingt benötigen.

Erst im vierten oder fünften Jahr ist eine Pflanze für den Weingewinn geeignet, da erst nach Ablauf dieses Zeitraumes die Blüte erscheint, welche für den Züchter das massgebende Zeichen ist, dass die Pflanze jetzt alle Eigenschaften in sich vereinigt, um einen guten und kräftigen Pulque zu liefern. Zu diesem Zweck schneidet er den eben erst erschienenen jungen Blütentrieb mit den drei jüngsten Herzblättern heraus, wodurch eine muldenförmige Höhlung entsteht, welche je nach der Stärke der Pflanze 2—4 Ltr. zu fassen vermag. In dieser Mulde sammelt sich im Laufe des Tages Saft und zwar so reichlich, dass dieselbe täglich dreimal geleert werden muss. Somit liefert eine grosse Pflanze täglich 8—10 und eine kleine Pflanze 5—6 Liter. Dieser Saftfluss dauert 4—5 Monate ununterbrochen fort und ist im zweiten Monat am ergiebigsten. Es liefert demnach eine grosse Pflanze, wenn sie täglich 9 Ltr. Saft erzeugt, in $4\frac{1}{2}$ Monaten ungefähr 1000 Ltr. Saft, und eine kleine Pflanze, die täglich durchschnittlich 5 Ltr. absondert, liefert in derselben Zeit 650 Ltr. Eine solche Ernte bringt dem Züchter von 30—40000 Exemplaren jährlich 25—30000 Piaster ein.

Der frisch gewonnene Saft ist trübe und milchig und sieht ähnlich aus wie Molken; er wird von den Mexikanern „Aqua miel", d. h. Honigwasser genannt, seines süssen honigartigen Geschmackes wegen. Man zieht den Saft mit einem getrockneten, innen hohlen Flaschenkürbis, der als Heber dient und „Calabassa" genannt wird, heraus und füllt ihn in Schläuche. Diese Arbeit wird von dem eigens hierfür bestimmten „Tlachicero" besorgt, der während der ganzen Zeit der Ernte weiter nichts wie nur diese Arbeit zu verrichten hat. Die muldenartige Aushöhlung wird nach jedem Leeren mit einem scharfkantigen eisernen Löffel von dem sich bildenden Schlamm gereinigt. Hierdurch wird das

Becken immer grösser und vermag demzufolge stetig mehr Saft zu fassen.

Die sackartigen, ledernen Schläuche, in die der Saft gefüllt wird, sind aus Bockshäuten angefertigt und werden je zwei von einem Maultier getragen. Zur Zeit der Ernte ziehen täglich lange Züge von Maultieren, jedes mit zwei schweren Schläuchen voll Saft beladen, nach ihrem Bestimmungsort, daneben geht, mit einem langen Stecken versehen, der Treiber und während er mit heiserer, rauher Stimme eine mexikanische Volksweise singt, treibt er seine Tiere ab und zu zu einem beschleunigteren Tempo an. An dem Bestimmungsort, der sogenannten „Tinacal", einer Art Kelterei, angekommen, wird der Saft in ein Gefäss gegossen, wo er bald in Gährung übergeht. Dieses Gefäss besteht wie die Schläuche ebenfalls aus Häuten, aber aus Rinderhäuten, die mit Riemen aus demselben Material fest. zusammengeschnürt werden. Die auf diese Weise entstandene Decke wird auf einem viereckigen Holzrahmen gelegt, der von vier fünf Fuss hohen, starken Pfählen getragen wird. Nun werden die Seiten und Ecken der Decke fest an den Rahmen gebunden und die Mitte mit Steinen und Sand beschwert, sodass die Haut eine Mulde bildend nach unten sackartig herunterhängt und durch das Gewicht der Steine straff gezogen wird. Nach Verlauf von einigen Tagen ist die Haut trocken und steif geworden und bildet jetzt, nachdem Steine uud Sand wieder entfernt sind, ein durchaus dauerhaftes und billiges Gefäss. Als sehr eigentümlich ist hierbei noch zu bemerken, dass der Pulquefabrikant sonderbarerweise die rauhe, haarige Seite der Felle nach innen und die glatte nach aussen nehmen, und in diesen haarigen Behälter giesst er nun seinen Saft ohne irgend welche vorherige Reinigung. Eine gerade nicht sehr für die Appetitlichkeit dieses Getränkes sprechende Thatsache. Aber jeder Mexikaner besteht fest und steif auf seiner vom Vater geerbten Meinung, ein Pulque, anders zubereitet, schmeckt nicht oder ist wenigstens minderwertig.

Ist der Pulque noch ganz frisch, so ist er flüssig wie Wein, moussiert und ist sehr erfrischend und süffig. Hat er jedoch schon einige Zeit gestanden, so wird er säuerlich und bekommt einen eigenartigen Käsegeschmack, an dem man schon etwas gewöhnt sein muss, um verstehen zu können, dass die Eingeborenen ihn gerade dann am schönsten finden. Wird im fünften Monat der Saftfluss der Pflanzen schwächer und schliesslich so schwach, dass er nicht mehr die genügende Menge liefert, so sind die Pflanzen erschöpft und die Ernte ist beendet. Man hackt jetzt die sehr zusammengeschrumpften Blätter ab und wirft sie als Futter dem Vieh vor, von welchem die weichen Fleischteile herausgefressen werden. Die harten Überreste werden in der Sonne getrocknet und als Brennmaterial verwendet, in dessen Asche wieder die zur nächsten Anzucht bestimmten kleinen Pflänzchen gepflanzt werden. Auf diese Weise wird die Pflanze in jeder Hinsicht ausgenutzt, und es ist kein Teil an ihr, den man als nutzlos wegwerfen müsste.

Der Alkoholgehalt des Pulque ist ungefähr eben so hoch wie der eines kräftigen Bieres, er könnte aber bei einer rationellen Behandlung, hauptsächlich während der Gährungszeit, ein weit höherer sein, als dies gegenwärtig der Fall ist. Der Eingeborene selbst würde schwer dafür zu gewinnen sein, eine andere als seine althergebrachte Methode zu versuchen, er ist im Gegenteil mit seinem Pulque sehr zufrieden und wünscht garnicht denselben zu verbessern. Man hat aber in letzter Zeit ein Mittel gefunden, den Pulque, welcher bisher nicht transportfähig war, weil er unterwegs zu sehr leidet, transportfähig zu machen, und man wird demzufolge auch wohl grössere Sorgfalt auf seine Zubereitung, namentlich auf die Sauberkeit dabei legen, um ihn auch bei uns erfolgreich einführen und absetzen zu können.

Neben diesen obengenannten vortrefflichen Eigenschaften werden die Agaven auch in anderer Hinsicht in der Industrie für Flecht- und Gewebearbeiten sehr geschätzt. Ihre Blätter liefern ausserordentlich zähe und kräftige Fasern, die einen ausgezeichneten Webstoff geben. Die für diesen Zweck geeignetste Art ist die Agave rigida sisalana, aus deren Fasern der weltberühmte Sisalhanf bereitet wird. Um denselben zu gewinnen, werden die Blätter nach vollendeter Grösse abgehackt und getrocknet. Die getrockneten Blätter werden in ein Walzwerk gebracht, welches die Fasern von den anderen Substanzen reinigt, Selbst das zum Verpacken nötige Nähzeug liefert die Agave. Der damit beschäftigte Arbeiter knickt einfach den an der Spitze eines jeden Blattes sitzenden langen Dorn um und zieht denselben mit der an der anderen Seite sitzengebliebenen Haut an dem Blatt herunter und hat Nadel und Zwirn, womit er Ballen und Säcke, die ebenfalls aus Agavenfasern gewebt sind, fest zusammennäht.

Durch alle diese Vorzüge sind die Agaven Kulturpflanzen erster Ordnung geworden und bedeuten in gewissen Distrikten für den Mexikaner dasselbe, wie bei uns in manchen Gegenden die Kartoffel.

V. Cornils, Berlin.

Begründung des Zolltarifs für den Gartenbau.

In der Begründung zum Zolltarifentwurf, die dem Reichstag seiner Zeit zugegangen, wird Band I S. 53 über die Gartenbauzölle folgendes gesagt:

„Nach der Anbaustatistik vom Jahre 1893 kommt je 1 ha Gartenland

in der Rheinprovinz	auf 32 ha Ackerfläche,	
im Grossherzogtum Baden	„ 35 „	„
im Königreich Bayern	„ 36 „	
in der Provinz Sachsen	„ 81 „	
„ „ „ Westpreussen	„ 84 „	
„ „ „ Posen	„ 89 „	
„ „ „ Pommern	„ 104 „	
„ „ „ Ostpreussen	„ 105 „	
im Reiche	„ 54 „	„

Nach der Berufszählung vom Jahre 1895 betrug die Gesamtzahl der Kunst- und Handelsgärtnereibetriebe im Reiche 32 540 und die dazu benutzte Fläche 23 570 ha, gleich 0,09 pCt. des Acker- und Gartenlandes. Insgesamt fanden in der Kunst- und Handelsgärtnerei ihr Brot 24 873 Selbständige und 83 859 Angestellte und Arbeiter, mit Einschluss der Angehörigen und häuslichen Dienstboten 248 227 Seelen, 114 537 mehr als im Jahre 1882.

Von der Gesamtfläche der landwirtschaftlichen Betriebe wurden als Weingarten oder Weinberg benutzt 126 109 ha (0,29 pCt.).

Während beim Getreidebau eine schwierige Lage der heimischen Produktion anzuerkennen ist, die zu angemessener Verstärkung des Zollschutzes nötigt, liegen die Verhältnisse beim Gartenbau, Obst- und Weinbau im allgemeinen nicht in gleichem Masse ungünstig. Ganz auszuscheiden ist der deutsche Grosssamenbau. Dieser Zweig des deutschen Landbaues, der gleichsam eine Vereinigung von Landwirtschaft und Gärtnerei bildet, steht anerkanntermassen auf höchster Stufe und bringt seine Erzeugnisse in grossem Umfang zur Ausfuhr. Wünsche nach Gewährung eines Zollschutzes sind von dieser Seite nicht hervorgetreten.

Auch die Verhältnisse des deutschen Weinbaues bieten zu weitergehenden zollpolitischen Schutzmassnahmen im allgemeinen keinen Anlass. Die Wünsche dieser Kreise bewegen sich mehr auf anderen Gebieten der Gesetzgebung als auf dem der Zollpolitik.

Bei den übrigen Zweigen der Gärtnerei sind die wirtschaftlichen Verhältnisse nicht gleichmässig geartet. Es ist nicht zu verkennen, dass zumal der Gemüsebau und zum Teil auch die Ziergärtnerei zu gewissen Zeiten und in bestimmten Gegenden auf dem deutschen Markte einem lebhaften Mitbewerb des Auslandes ausgesetzt sind, welches infolge günstigerer klimatischer Verhältnisse und geringerer Erzeugungskosten mit Hilfe der fortgeschrittenen Verkehrsmittel seine Produkte frühzeitiger in grossen Mengen und zu billigeren Preisen anzubieten imstande ist, als es die heimische Erzeugung vermag. Dies gilt unter anderem für den rheinischen Gemüsebau, welcher unter der Einfuhr gewisser Gemüsesorten, z. B. des Weisskohls aus den Niederlanden, leidet. In anderen Gegenden sind die Verhältnisse indessen wesentlich anders geartet. So führt z. B. der Gemüsebau in Oberschlesien und in den sächsischen Grenzgebieten bei Zittau seine Erzeugnisse in erheblichen Mengen in das Ausland aus. Die Erhaltung dieser Absatzgebiete ist für jene Gegenden von grösster Bedeutung. Die Ansichten über die Notwendigkeit und Zweckmässigkeit zollpolitischer Schutzmassnahmen sind demgemäss in den Kreisen der Gärtner sehr geteilt. Umsomehr bedarf es der Abwägung, inwieweit die übrigen inbetracht kommenden Verhältnisse eine Zollbelastung der Erzeugnisse des Gartenbaues ratsam machen.

Der heimische Gartenbau geniesst einen gewissen Schutz gegen den ausländischen Wettbewerb schon dadurch, dass die gärtnerischen Erzeugnisse in der Mehrzahl nicht besonders haltbar und versendungsfähig sind. Auch die Versendungskosten fallen stark ins Gewicht. Eine Eisenbahnwagenladung Blumenkohl kostet z. B. in Italien zu der Zeit, zu der er bei uns noch nicht zu haben ist, nur 500 M., hat aber bis zu uns 1060 M. Fracht zu tragen. Ferner ist zu berücksichtigen, dass unsere stark auf die Ausfuhr angewiesene Konservenindustrie ein grosses Interesse an dem billigen und von der Jahreszeit möglichst unabhängigen Bezug von frischen Gemüsen hat. Endlich kommt inbetracht, dass eine Förderung durch Zollschutz beim Gartenbau schon an sich bedenklicher für die weitere Zukunft erscheint, als bei der eigentlichen Landwirtschaft, denn der letzteren soll durch den Zollschutz nur ein Ausgleich gewährt werden gegen die extensivere Bewirtschaftung und die darauf beruhenden günstigeren Produktionsbedingungen neu erschlossener Länder, mit deren Erträgen wir der Güte wie auf gleicher Fläche der Menge nach sehr wohl wetteifern können. Der Gärtnerei aber, für die der Unterschied in der Gunst der Natur stets bestehen bleiben wird, würde durch Schutzzölle der Anreiz unverhältnismässig hoher Aufwendung für Anlage und Betriebskapital sowie für Arbeitslöhne geboten werden, um den sich stetig steigernden Bedarf der Bevölkerung an frischem Gemüse, an Blumen und sonstigen gärtnerischen Erzeugnissen unter Zuhilfenahme der Treibhauskultur zu decken. Je höher die durch Schutzzölle hervorgerufenen Aufwendungen steigen, umso schwerer würde ein etwaiger Rückschlag sich fühlbar machen, wenn späterhin im Interesse der Deckung des Bedarfs auf eine Beseitigung der Zölle Bedacht genommen werden müsste.

Hinsichtlich der Zweckmässigkeit von Schutzmassnahmen gegenüber der Einfuhr frischer Erzeugnisse der Ziergärtnerei. insbesondere der abgeschnittenen Blumen und des Bindegrüns, ist das lebhafte Interesse des Blumenhandels und der auf diesem ihr Forkommen gründenden weiten Kreise der Bevölkerung zu beachten. Bei der Natur dieses Handels muss angenommen werden, dass eine Verteuerung der Ware ohne weiteres zu einem Rückgang des Absatzes führen würde. Die Aufwendung höherer Preise für eine vorwiegend ästhetischen Luxuszwecken dienende Ware ist mindestens in den breiteren Bevölkerungsschichten ausgeschlossen.

Der zur Zeit in erfreulichem Umfange blühende Handel mit frischen Blumen, welcher im wesentlichen auf der billigen Zufuhr ausländischer Ware sich aufgebaut hat und erheblich zum Gedeihen der heimischen Gärtnerei beiträgt, würde voraussichtlich eine starke, nicht nur dem Handel selbst, sondern mittelbar auch der heimischen Gärtnerei nachteilige Einbusse erleiden, wenn seine Fortführung in derjenigen Jahreszeit, in welcher die heimische Gärtnerei nur bei ganz besonderen Aufwendungen für künstliche Anlagen und deshalb immer nur zu hohen Preisen frische Blumen zu liefern imstande ist, durch die Erschwerung der ausländischen Zufuhr in Frage gestellt würde. Eine solche Erschwerung würde aber selbst bei niedrigen Zollsätzen eintreten, da die Notwendigkeit der zollamtlichen Untersuchungen und Abfertigung Verzögerungen in der Weiterbeförderung und durch das Öffnen der Sendungen eine Gefährdung der leicht verderblichen Ware nach sich ziehen würde. Dabei ist auch noch zu beachten, dass schon jetzt unter der Einwirkung des Transports nahezu 50 pCt. des Inhaltes der Sendungen in verdorbenem Zustande eintreffen.

Bei dieser Sachlage empfiehlt es sich im allgemeinen nicht, den gegenwärtigen Zustand der Zollfreiheit für Erzeugnisse der Gärtnerei aufzugeben und zu Schutzzöllen überzugehen.

Für die Beurteilung der Zweckmässigkeit von Zöllen auf frisches Obst kommt in Betracht, dass Deutschland zwar seinen Bedarf an Obst

zur Zeit bei weitem nicht zu decken vermag. dass aber in den letzten
Jahren von behördlicher und privater Seite grosse Anstrengungen zur
Förderung der Obstkultur gemacht worden sind, um jenem Missstande
abzuhelfen. Ohne merkbare Beeinträchtigung der übrigen Kulturen kann
Deutschland noch erheblich mehr Obst hervorbringen. und an Güte steht
das deutsche Obst dem ausländischen keineswegs nach. Es liegt jedoch
in der Natur der Sache, dass die zur Vermehrung der Obstgewinnung
getroffenen Veranstaltungen erst nach längerer Zeit Erfolg haben können·
Dieser Sachlage entsprechend ist mit der Zunahme der Bevölkerung und
bei einer verhältnismässig vielleicht noch stärkeren Ausdehnung des Obst-
genusses die Einfuhr an Obst in den letzten Jahren stark gestiegen. Sie
betrug

im Jahre	an frischem Obst	an getrocknetem usw. Obst
1894	1 160 334 dz	343 387 dz
1895	1 174 516 „	376 454 „
1896	1 056 748 „	415 057 „
1897	1 413 728 „	491 220 „
1898	1 807 954 „	576 175 „
1899	2 149 830 „	558 387 „
1900	1 871 804 „	628 073 „

Demgegenüber stellte sich die Ausfuhr im Durchschnitt der Jahre
1894/1900 bei frischem Obst auf rund 153 660 Doppelzentner und bei getrocknetem usw. auf rund 1310 Doppelzentner jährlich. Das Hindernis,
das an erster Stelle einer gedeihlicheren Entwicklung des deutschen Obstbaues zur Zeit entgegensteht, ist der Mangel an sachgemässer Einerntung,
Sortierung, Aufbewahrung und Verpackung des frischen Obstes. Infolgedessen ist es in Deutschland noch unmöglich, in nennenswertem Umfange
Tafelobst in ausgeglichener Güte und zu bestimmten Zeitpunkten zu erhalten. Tafelobst, das diesen Bedingungen entspricht, muss deshalb vielfach von auswärts bezogen werden. Daher kommt es nicht selten vor,
dass im Inlande bei guten Ernten grosse Mengen an sich tadellosen Obstes
nur minderwertige Verwendung als Wirtschafts- oder Mostobst finden.
Die Einführung eines Zolles auf Tafelobst erscheint geeignet, dem Obstbau einen Anreiz zur Verwendung grösserer Sorgfalt und Arbeit auf die
Erzielung besserer und höherwertiger Obstsorten zu bieten. Dagegen empfiehlt es sich nicht, das in den breiteren Volksschichten als Genussmittel
und in der Nahrungsmittelindustrie als Rohstoff zur Verwendung kommende
gewöhnliche Obst mit Zöllen zu belegen.

Zu No. 33. Küchengewächse.

Nach den Ausführungen in den einleitenden Bemerkungen ist
von der Einführung der Zollpflicht für die zur Zeit zollfreien frischen
Erzeugnisse des Gemüsebaues grundsätzlich Abstand zu nehmen. Dagegen müssen die Zollsätze für zubereitete Küchengewächse in einzelnen
Punkten Änderungen erfahren.‘

(Fortsetzung folgt.)

Neue und empfehlenswerte Pflanzen usw.

Cypripedium hybridum „Frau Geheimrat Borsig".

(Cypripedium insigne×Chamberlainianum.)

Blätter dunkelgrün, gewellt, wie bei Chamberlainianum, sonst vom Charakter beider Eltern, 40 cm lang, 5 cm breit. Der Blumenstiel ist aufrecht, rotbraun behaart, 30 cm hoch und trägt drei fast nebeneinander stehende Blumen. Die Blume, 13 cm Durchmesser, zeichnet sich durch edle Haltung und schöne Färbung aus.

Das obere Sepalum ist 5 cm breit, 6 cm hoch, von schöner Form, zeigt grüne Schattierung auf rahmgelbem Grund und 12 regelmässig von der Basis ausgehende punktierte Längsstreifen, welche sich gegen den Rand hin verlaufen, der Rand ist leicht gewellt. Das untere Sepalum ist hellgrün mit braunen Längsnerven.

Die Petalen sind 6,5 cm lang und 1,8 cm breit, von gelbgrüner Grundfarbe. Gegen das Zentrum hin sind dieselben purpurbraun gefleckt und ausserdem sind sie mit purpurbraunen punktierten Längsstreifen, die vom Zentrum auslaufen, versehen. Die Ränder zeigen acht wellenförmige Einbuchtungen und sind mit purpurbraunen Haaren besetzt. Das Labellum (der Schuh) steht bei 5,5 cm Länge und 2,7 cm Breite in richtigem Verhältnis zur Blume und ist schön geformt. Die Färbung ist rosa, genau wie bei Chamberlainianum, mit feiner purpurfarbener Punktierung und Behaarung, welche sich auf die inneren Wandungen des Labellums fortsetzen.

Das Staminodium ist oval, am Rande ausgeprägt gelb, im Zentrum glänzend grün gefärbt.

Diese Hybride wurde im Jahre 1893 durch Befruchtung von Cypripedium insigne mit Pollen von Cyp. Chamberlainianum in der Gärtnerei von Frau Geheimrat Borsig erzielt. Die Samen wurden 1894 ausgesät und die Sämlinge 1895 zum ersten Mal pikiert.

Während Cyp. Chamberlainianum seit der Einführung im Wachstum durchgängig zurückgegangen ist und man selten ein schönes Exemplar antrifft, zeichnet sich diese Kreuzung infolge der Einwirkung von Cyp. insigne durch ein üppiges kräftiges Wachstum aus.

Sie erhielt ein Wertzeichnis vom Verein zur Beförderung des Gartenbaues in den pr. Staaten.

H. Weidlich.

Asparagus Sprengeri, Regel var. ochroleuca Spr. (fruct. luteo).

In meinem Garten, ca. 270 m ü. M., ist eine sehr schöne und interessante Varietät dieses beliebten Spargels gefallen, welche ein feines Pendant zu der rotfrüchtigen Spezies geben wird. Sie zeichnet sich nicht allein durch die Menge der glänzend schwefelgelben Früchte, sondern auch dadurch aus, dass sie zierlicher in allen ihren Teilen erscheint — wunderbare, lichtgrüne, höchst zierende Ampelpflanzen ergiebt. Sie ist vollkommen konstant aus Samen. Die Pflanze bildet reich verzweigte, dichte Büsche, mit locker gestellten Cladodien, zierlichen, nicht stechenden, lanzettlichen, schmalen Blättern, verschwindend kleinen geraden und nicht scharfen Dornen am Fusse der Cladodien, langgestielten, armblütigen, einzeln oder zu zwei gestellten Blütentrauben, kleinen, gesternten, weissen, lieblich duftenden Blüten und, wie gesagt, glänzenden schwefelgelben Beeren, welche bei mir im Freien vollkommen im Januar reifen.

Asparagus Sprengeri scheint auch in seiner Heimat in den Bergen an den Grenzen von Griqualand in Südafrika sehr zu variieren, ist aber hier in Süditalien scheinbar noch mehr dazu geneigt. Ich kultiviere bereits sechs verschiedene höchst interessante, hier bei mir erschienene Varietäten, von denen seinerzeit berichtet werden wird. Meine Varietät mit gelben Früchten ist im höchsten Grade zierend und für Ampeln unübertrefflich. Als ein neapolitanisches Hügellandskind erzogen und gewachsen unter allen Unbilden seines nasskalten Winters, dürfte diese Varietät auch an Härte nicht viel zu wünschen lassen. — Die Beeren sind kleiner als an der typischen Art und hängen in zierlichen Träubchen oder nach der Spitze zu einzeln an den Zweigen und zwischen dem lichten

Grün. Die Samen sind vollkommen rund, immer nur einzeln, glänzend schwarz und kleiner als die der rotfrüchtigen Art. Kultur und Verwendung sind im allgemeinen dieselbe, doch wird es ratsam sein, die var. ochroleuca kühler zu halten, besonders den Sommer über ganz im Halbschatten im Freien und reichlich zu bewässern. Besonders schöne Varietäten dieses Spargels kann man auch durch Teilung recht gut vermehren.

Vomero-Napoli, 19. Febr. 1902.

C. Sprenger.

Galanthus cilicicus Apollo.

Herr Siehe sandte mir vor einigen Jahren aus Mersina in Klein-Asien einige Muster von seinem schönen G. cilicicus, ganz kleine, an den natürlichen Standorten gesammelte Zwiebeln, welche ich in Kultur nahm. Einige davon blühten alsbald, andere zögerten, weil sie zu klein waren, und blühten erst im Winter 1900, und im Winter 1901 blühte zum erstenmal der Rest. Die Zwiebeln waren inzwischen sehr gross und schön geworden, mussten aber umständehalber jedes Jahr umgelegt werden. Unter den Mitte Januar 1901 blühenden befand sich ein Exemplar von so besonders grossen, schön entwickelten Blüten und überhaupt so ausgezeichnet, dass ich nicht unterlassen darf, besonders darauf hinzuweisen und es als Form hier zu beschreiben.

Die Blätter sind breit, sehr lang und sichelförmig zurückgeschlagen. Die Blütenstiele überragen die Blätter und tragen eine sehr grosse Blüte, welche aus kräftig entwickeltem Hüllblatte nickend und schlank heraustritt. Die Blüte ist rein schneeweiss. Die inneren Segmente sind innen lebhaft grün und aussen mit frischgrünen, fast herzförmigen, grossen Flecken geziert. Aber auch die äusseren, 4½ cm langen und breiten Blütenblätter tragen auf der oberen Seite grosse, grüne oder gelblich grüne, übrigens durchscheinende längliche Flecke, und diese bei Schneeglöckchen besonders selten vorkommende Zeichnung, ausser ihrer späten Blüte im Januar, ihre vollendet schöne Form und ihre besonders grosse Blüte veranlasst mich, sie als besondere Form,

die ich „Apollo" nennen will, hervorzuheben.

Galanthus cilicicus „Apollo" ist grossblumiger als irgend ein bis heute bekanntes Schneeglöckchen und übertrifft an Schönheit alle anderen. Im übrigen ist G. cilicicus, wie es scheint, an den wilden Standorten, wie das ganz natürlich ist, sehr variabel. Herr Siehe sollte noch nach anderen Formen, besonders auch gefüllten, fahnden, die sicherlich in seinem Gebiete vorkommen werden.

Ich werde dieses Schneeglöckchen vermehren lassen und es wird auf irgend eine Weise in die Gärten eingeführt werden. Ich selber aber verkaufe es nur wie alle meine neuen Zwiebel- und Knollengewächse en bloc und nehme Angebote gern entgegen.

C. Sprenger, Vomero-Napoli.

Neue Pflanzen
von
G. Bornemann in Blankenburg a. H.

(Nach den Beschreibungen des Züchters.)

Chrysanthemum „Glorious"

mit Abbildung in natürlicher Grösse. Neuheit 1902. Dunkelsamtartig blutrot, eine reine, rosa Färbung von grösster Wirkung, schon früh im Freien blühend, unter Glas den Flor lange fortsetzend. Wuchs kräftig, aber niedrig, buschig, Laub schön geschlitzt. Besonders wertvolle Blume für Schnitt und Topfkultur.

Chrysanthemum „Mrs. Emma G. Fox".

Neuheit 1902. Samtartig dunkelscharlach oder samtartig blutrot, mit gelbbrauner Rückseite, riesengross. Nach der Abbildung 19 cm Durchmesser. Sehr schön und von edler Form. Wuchs sehr niedrig, daher vorzügliche Topfpflanze.

Chrysanthemum „Mad. R. Cadbury".

Neuheit 1901. Weiss, nach der Mitte rahmfarben, sehr lange bandartige, teils herabfallende, teils einwärts gebogene Blumenblätter. Eine ganz grossartige Neuheit. Nach der Abbildung 18 cm Durchmesser.

Ausserdem noch viele andere riesenblumige Chrysanthemum für 1902, 1901 usw. Ferner drei wertvolle Hybriden von Fuchsia triphylla: Andenken an Heinrich Henkel; Mary (triphylla × corymbiflora); Fürst Otto von Wernigerode (triphylla × Surprice). — Weiter Canna, Pelargonien, Dahlien und Amaryllis eigener Zucht. Campanula Mayi, hervorragende Neuheit. Blätter graufilzig, Blumen hellviolett-blau. Reichblühende Ampel- und Topfpflanze mit Abb. und vieles andere.

Köhler & Rudel in Windischlenba (Altenburg).

Drei Edeldahlien eigener Zucht: „Herzogin Agnes", rosa, in der Tiefe mit gelbem Schein auf langen Stielen aufrecht über dem Laube.

„Aprikose", eine Verbesserung von „Else", aussen chinesisch rosa, nach innen in Nankinggelb übergehend. Früh.

„Elsa von Brabant", 50—60 cm hoch, darüber 25 cm lange starke Blütenstiele, innen kupferbraun, nach aussen in Lila übergehend, wie „Countess of Pembroke". Eine echte Kaktusdahlie mit dem festen Stiel der alten Georginen.

Neuheiten[*])
von
Dammann & Co.,
San Giovanni a Teduccio bei Neapel.

(Nach den Beschreibungen der Züchter.)

Ageratum mex. nanum „Vergissmeinnicht" fl. albo.

Eine allerliebste reinweiss blühende Varietät der bisher so beliebt gewordenen, von uns vor Jahren eingeführten blauen Stammform.

Aphanostephus arkansanus. ◯

Eine sehr reichblühende Composite. Die Blumen in der Grösse von Acroclinum sind milchweiss mit rosa Rückseite und gelber Scheibe. Blätter ziemlich lang, schmal lanzettförmig. Der langandauernde, sehr reiche Blütenflor beginnt im Juni und erstreckt sich bis Ende September. Die Blumen halten sich abgeschnitten sehr gut.

---

[*]) Siehe auch Heft 4, S. 104.

Kleinere Mitteilungen.

Borsigs Garten.

Der Borsigsche Garten prangt jetzt, zur Zeit der Camellienblüte, im schönsten Schmuck und ist täglich gegen ein kleines Eintrittsgeld, das zu milden Zwecken verwendet wird, geöffnet. — Kürzlich besuchten die Schülerinnen der Gartenbauschule für Damen in Marienfelde den Garten, wenige Tage später eine grosse Zahl von Studierenden der Landwirtschaftlichen und der Tierärztlichen Hochschule, die darauf dann auch die Bollesche Molkerei eingehend in Augenschein nahmen

L. W.

Die Nicolaische Gärtnerei in Coswig bei Dresden.

Wie man zuverlässig hört, bietet der Konkurs über den Nachlass des Han-delsgärtners Johs. Nicolai in Coswig bei Dresden Aussicht auf allseitige Befriedigung, wenn es gelingt, einen Käufer für das hochrentable Unternehmen zu finden. Die Gärtnerei wird für Rechnung der Masse in ihrem vollen Umfange fortgeführt, die Kulturen sind durchgängig als tadellos zu bezeichnen und liefern ununterbrochen gute Erträge.

Das musterhaft eingerichtete Etablissement mit den überreichen Beständen an wertvollsten Pflanzen ist auf den Gesamtwert von über $\frac{1}{2}$ Million Mark taxiert, soll aber seitens der Verwaltung unter der Hälfte obigen Taxwertes abgegeben werden. Berücksichtigt man nun, dass der ganze Betrieb in der höchsten Ertragsfähigkeit steht, in den Wintermonaten die Orchideen- und

Rosenhäuser einen fortlaufenden sicheren und hohen Tagesertrag liefern, im Mai zu den Orchideen die Phyllocacteen als Schnittblumen kommen, während im Freien die vorzüglich angelegte Spargelplantage, gegenwärtig im fünften Jahre nach der Bepflanzung, bedeutende Erträge liefert, dem sich in ununterbrochener Aufeinanderfolge der Blumenschnitt von den Freilandkulturen, den Cattleya Gaskelliana, Odontoglossum grande und crispum, Laelien und besonders Cattleya lab. autumnalis anschliessen, so wird der zuerst vielleicht hoch erscheinende Preis erklärlich. Nun liegt aber die Gärtnerei mit ihren ca 4300 qm Areal so ausserordentlich günstig im Bebauungsplan des stark aufblühenden Vorortes Coswig, dass sie rings von Strassen umsäumt und das Freiland der Länge nach von zwei Strassen durchschnitten wird, welche bis an die Grenze der Gärtnerei ausgebaut und mit Villen besetzt sind, so dass sich das nicht bebaute Areal jederzeit sehr nutzbringend verwerten lässt. Es ist also mit voller Sicherheit anzunehmen, dass diese Gärtnerei in geschickter Hand aussergewöhnlich gewinnbringend wird, und seien Interessenten auf diese günstige Gelegenheit aufmerksam gemacht.

F. Ledien.

Bericht über das Ernteerträgnis der hauptsächlichsten Sorten Waldsamen von Conrad Appel in Darmstadt.

Pinus silvestris, Kiefern, hat in Deutschland gar keine Zapfenernte aufzuweisen, Oesterreich produzierte nur weniges und sind wir daher auf das Zapfenerträgnis unserer westlichen Nachbarn angewiesen. Diese Verhältnisse bedingen natürlich wieder eine teuere Produktion und dementsprechenden höheren Samenpreis wie in normalen Erntejahren, trotzdem können sich bei sehr zufriedenstellender Qualität die Forderungen noch unter den vorjährigen Sätzen bewegen.

Picea excelsa, Fichten, hat in Deutschland wiederum eine Missernte gehabt und dürften von gutem, hochkeimendem Samen nur noch wenig Lager vorhanden sein. Oesterreich allein konstatiert eine mittlere Zapfenernte; es mussten indessen hohe Preise bewilligt werden und dabei liefern diese Zapfen ein kleineres Samenerträgnis, wie sonst gewohnt. Alles Umstände, welche die diesjährige Preisnotiz rechtfertigen.

Larix europaea, Lärchen, hat in Deutschland nur strichweise eine minimale Ernte gebracht, welche, da diese Zapfen sehr wenig und teilweise verholzten Samen zeigen, kaum in Betracht kommt. Tirol und einige Gegenden der Schweiz lieferten ein ergiebigeres Erträgnis, doch bleibt wirklich hochkeimender Samen rar. Ich bin in der Lage, vorzüglich gereinigte Saat, mit zuverlässig guter Keimkraft, sicher liefern zu können.

Pinus strobus, Weymuthskiefern, hat so wenig geliefert, wie seit Jahrzehnten nicht, der Samen ist aber von guter Keimkraft, indess gesucht und teuer.

Pinus austriaca, Schwarzkiefern, hat in Oesterreich keine Ernte gebracht und ist der Bedarf mit jährigem Samen zu decken, wobei solcher mit einer Keimkraft von 60 pCt. als gute Qualität zu erachten ist.

Abies pectinata, Weisstannen, wurde in kleinerem Quantum, wie anfangs vermutet, eingebracht. Es ist aber immerhin eine gewisse Menge Samen in Ueberwinterung genommen, so dass der Bedarf darin mit Saat von 40—50 pCt. im Schnitt, zu mittleren Kursen gedeckt werden kann.

Von den weiteren Nadelhölzern hatte Pinus cembra, Zirbelkiefern, eine mittelmässige Ernte, und Pinus maritima, Seekiefern, sowie Pinus corsica, korsische Kiefern, können bei genügenden Vorräten zu bekannten Preissätzen der Nachfrage begegnen.

Bezüglich der Laubholzsamen, so hatten die am meisten begehrten Sorten Quercus pedunculata und Quercus robur, Stiel- und Traubeneicheln, nicht allein in ganz Deutschland, sondern auch in den übrigen für diese Sorten bekannten Produktionsgegenden eine so kleine Mast, wie schon seit Jahren nicht. In Deutschland war es vorzugsweise Schlesien und noch einige andere Gebiete, welche ganz vereinzelt einiges aufgebracht haben und diese Mengen wurden grösstenteils auch wieder an Ort und Stelle zur Herbstaussaat benutzt. Nur eine minimale Quantität konnte aus diesem Grunde zur Ueberwinterung gebracht werden und behauptet sich wegen der Rarheit des Artikels ein schon lange nicht für Eicheln vernommener Preis.

Dagegen hat Quercus rubra, amerikanische Roteiche, einen sehr guten Ertrag geliefert, die Qualität ist vorzüglich und der Preis sehr billig. Es sind grössere Posten davon überwintert worden und dürfte sich die Verwendung zu Frühjahrskulturen umsomehr empfehlen, da die gewöhnlichen Eicheln so äusserst rar und Roteicheln dieses Mal so preiswert sind, so dass solche vielleicht, wo angänglich, als Ersatz für erstere eintreten können.

Von Fagus sylvatica, Rotbucheln (Bucheckern), konnten nur aus dem Auslande, mit Bewilligung guter Preise beschränkte Quantitäten, eingebracht und gelagert werden, die Qualität ist indessen eine gute, die Saatware zeigt 80/90 pCt. im Schnitt und kann Interessenten bestens empfohlen werden.

Rot- und Weisserlen lieferten, namentlich erstere Sorte, eine mittelmässige Ernte und auch Birken hat weniger Samen wie im Vorjahre gebracht. Eschen hat auch ein kleines Ergebnis zu verzeichnen, während Akazien eine bessere Ernte aufweist. Auch von den beiden Ahornsorten, gemeiner sowie Spitzahorn, wurde auffallend wenig Samen geerntet. Noch rarer sind die Lindenarten, wovon die grossblätterige Sorte nur äusserst wenig lieferte; kleine Linden sind fast garnicht vorhanden. Ginstern (gewöhnliche) ist knapp und teuer, ebenso Stachelginstern. Ulmen hat eine vollständige Missernte.

Auch dieses Jahr erwarte ich ein grösseres Sortiment der bekanntesten und von forstlichen Autoritäten empfohlenen ausländischen Holzsamen, worunter besonders Abies-, Picea-, Pinus-Sorten und andere hervorhebe, auch eine Kollektion der beliebtesten japanischen Nadel- und Laubholzsamen halte werten Interessenten zur Verfügung.

Ein radikales Mittel zur Vertilgung der Erdflöhe und Raupen.

Der Gartenbau und die Landwirtschaft, speziell der Gemüsebau, hat häufig mit Insekten zu kämpfen, welche oft in Massen auftreten, so dass durch die Schädlinge ganze Kulturen vernichtet werden.

Unter den Schädlingen, von denen der Gemüsebau am meisten zu leiden hat, sind wohl keine mehr gehasst und gefürchtet als der Erdflohkäfer, welcher vom Erwachen der Vegetation bis gegen den Herbst hin an seinem Zerstörungswerk arbeitet, besonders bei anhaltender trockener Witterung lässt er oft kaum einen Keim oder junge Pflanze aufkommen.

Im Herbst sind es die Kohlraupen, welche an allen Kohlarten oft grossen Schaden anrichten.

Wer hat nicht schon Kohläcker gesehen, auf dem kein ganzes Blatt mehr vorhanden war, sondern nur noch kahle Blattrippen?

Alles von den Kohlraupen verzehrt!

Herr Hermann Schmidt, Handelsgärtner in Töss bei Winterthur (Schweiz) hat sich die Aufgabe gestellt, ein Mittel zu finden, das dem Zerstörungswerk obengenanter Schädlinge Halt gebietet.

Nach zweijährigen fortgesetzten und mühevollen Versuchen ist es Herrn Schmidt angeblich nun gelungen, ein wirklich radikales Mittel herzustellen.

Herrn Schmidts Absicht war es anfänglich nur, ein Mittel gegen die Erdflöhe zu suchen, es zeigte sich bei der Anwendung, dass dasselbe gleichfalls ein Vertilgungsmittel gegen die Kohlraupen sei.

Ebenso könnte es vielleicht zur Bekämpfung anderer Insekten gute Dienste leisten, z. B. bei Raupen auf Obstbäumen, sowie gegen Blattläuse.

Angeblich sind erfolgreiche Versuche an anderen Schmarotzern, hervorgerufen durch Pilzkrankheiten, nicht ausgeschlossen.

Das Mittel ist leicht und ohne grosse Kosten herzustellen.

Herr Schmidt beabsichtigt, durch eine Broschüre seine Erfahrung und die Zusammensetzung des Mittels bekannt zu machen, und werden Interessenten jetzt schon darauf aufmerksam gemacht.

Wasserbedarf für die Springbrunnen in Berlin.

Zur Speisung der öffentlichen Springbrunnen in Berlin sind im Jahre vom 1. April 1900 bis 31. März 1901 von den städtischen Wasserwerken 1202550 cbm

Wasser unentgeltlich geliefert worden.
Um die Wassermengen richtig beurteilen
zu können, muss man sich gegenwärtig
halten, dass in demselben Jahre zur
Besprengung der Strassen Berlins nicht
viel mehr Wasser verbraucht worden
ist, nämlich 1286199 cbm. Da der
Selbstkostenpreis für ein cbm Wasser
0,09175 M. betrug, so hatte die zur
Speisung der Springbrunnen gelieferte
Wassermenge einen Wert von 110334
Mark.   (Voss. Ztg.)

Der Verkehr auf dem Markthallen-Bahnhof in Berlin.

Der Verkehr auf dem Markthallen-
Bahnhof an der Central-Markthalle am
Alexanderplatz entwickelt sich immer
gewaltiger. Er begann im Jahre 1888
mit einer Einfuhr von rund 12 Millionen
Kilogramm und war bis zum Jahre 1900
auf rund 85 ¼ Mill. kg, d. h. das Sieben-
fache gestiegen. Hiermit ist der Betrieb
an der äussersten Grenze der Leistungsfähigkeit angelangt. Es wurde deshalb
der Beschluss gefasst, die Erteilung der
Empfangsberechtigung für die Anschluss-
stelle von einer sechsmonatlichen ununterbrochenen Standinhaberschaft abhängig zu machen. Der Erfolg dieser
Maassregel wird zwar kein dauernder
sein, weil die Händler auf den Galerien,
die früher nur während der Dauer des
Obstgeschäftes Stände mieteten und
nach dessen Beendigung wieder aufgaben, diese nunmehr behalten und
die nicht unbedeutende Ausgabe an
Standgeld nicht scheuen, um sich die
Eisenbahnempfangsberechtigung zu sichern. Der Eisenbahnbetrieb in seiner
jetzigen Gestalt wird für die Dauer
nicht aufrecht zu erhalten sein, er wird
versagen, wenn nach der beabsichtigten
Verlegung des Fleischgrossmarktes, der
den Bahnhof nur verhältnismässig wenig
in Anspruch nimmt, grosse Räume für
den Obst- und Gemüsegrünhandel verfügbar werden. Da es schon seit längerer Zeit in diesem Grosshandel an
Platz fehlt, so werden durch die spätere
Raumgewinnung für diesen Zweck die
Eisenbahnzufuhren in Obst- und Gemüse eine weitere bedeutende Steigerung erfahren, und eine Erweiterung
unserer Eisenbahnanschlussgeleise, d. h.
eine Vergrösserung des Bahnhofs wird
dann unabweisbar sein.

(Voss. Ztg.)

Zahl der Obstbäume in Preussen.

Die endgiltigen Ergebnisse der
Obstbaumzählung vom 1. Dezember
1900, der ersten derartigen Erhebung,
die veranstaltet worden ist, werden in
der „Stat. Korr." für Preussen veröffentlicht. *)

Danach betrug die Gesamtzahl der
Obstbäume 90387061 Stück, unter denen
sich 26897039 Apfelbäume, 12246905
Birnbäume, 37419637 Pflaumen- und
Zwetschenbäume und 13823480 Kirschbäume befanden. Unter 100 Obstbäumen sind 29,76 Apfelbäume, 13,55 Birnbäume, 41,40 Pflaumen- und Zwetschenbäume und 15,29 Kirschbäume. Das
Steinobst ist mithin, wenn auch nicht
nach dem Ertrage, so doch nach der
Zahl der Bäume, dem Kernobst überlegen. Auf den Kopf der Bevölkerung
entfallen 2,62 Obstbäume. Dieser Betrag ist, wie die amtliche „Statist. Korr."
meint, sehr niedrig und für den Verbrauch keineswegs ausreichend, wenn
man bedenkt, dass einerseits nicht alle
ermittelten Bäume tragfähig sind, und
andererseits lediglich ein Teil von ihnen
in jedem Jahre Früchte liefert. Wir
glauben, dass Mittel- und Süddeutschland weit höhere Zahlen liefern wird,
so dass sich das Ergebnis für das gesamte Reich günstiger gestaltet. Unter
den preussischen Provinzen hat die
meisten Obstbäume Sachsen mit 14,8
Millionen Stück, dann folgen Rheinland
mit 12,5, Schlesien mit 11,8, Brandenburg mit 10,8 und Hannover mit 9,6
Millionen, während in Westpreussen
nur 3,3 und in Schleswig-Holstein 2,4
Millionen Stück gezählt worden sind.
Die Apfel- und Birnbäume sind am
zahlreichsten im Rheinland, die Pflau-
men- und Kirschbäume in Sachsen und
demnächst in Brandenburg.

(Nach Voss. Ztg.)

---

*) Die Statistische Korrespondenz vom
6. Dezember in welcher diese Zahlen ganz
eingehend nach den einzelnen Kreisen sowie für Hohenzollern, Waldeck und Pyr-
mont aufgeführt sind, ist als Sondernummer
erschienen und vom Verlag des Kgl. statistischen Bureaus, Berlin SW. 68, Lindenstrasse 28 zu beziehen.

Wir haben bereits im Illustr. Gartenbau-
Lexikon auch die Zahlen für die übrigen
deutschen Bundes Staaten, soweit wir sie
s. Z. erhalten konnten, mitgeteilt.

L. W.

Litteratur.

Stachelbeerkultur und Stachel-
beerwein, Anzucht und lohnende
Pflanzung, Pflege, Feinde und Sorten
für Gross- und Kleinbetrieb, sowie Verwertung der reifen Früchte von
J. Barfuss. Verlag von Richard
Karl Schmidt, Leipzig.

An guten Büchern über Beerenobst,
in welchen auch die Stachelbeere gebührend berücksichtigt ist, ist kein
Mangel, sodass ich, da ich im vorigen
Jahre an dieser Stelle ein solches von
einem namhaften Beerenobstzüchter
besprechen durfte, nicht umhin kann
zu sagen: das vorliegende Buch ist zu
entbehren.

Ich will nicht von der Hand weisen,
da dieses Buch nur eine Spezies des
Beerenobstes der Ribes-Gattung behandelt, dass, wer gerade speziell die
Stachelbeere der Weinbereitung, überhaupt der Konservierung wegen züchten
will, in demselben eine Hilfe findet,
weil im V. Teile die Verwertung der
Früchte auf 17 Seiten ausgiebig behandelt ist.

Neben diesem Teil ist aber auch für
den rationell handelnden Züchter nur
der II. Teil von Belang, welcher die
Stachelbeer-Anpflanzungen auf dem
Felde, zwischen Obstbäumen, im Garten
und mit passenden Nutzpflanzungen in
praktischer Weise beschreibt.

Alles andere, was von der Vermehrung, den Kulturformen, der Sorten-
beschreibung (es ist dieses eine solche,
wie sie in den meisten Katalogen anzutreffen ist) und gar von dem Treiben (!) der Stachelbeere handelt, kann
nur für den speziellen Liebhaber von
Interesse sein.   Amelung.

Die Landwirtschaftskammer der Provinz Brandenburg giebt seit kurzem
eine Zeitschrift unter dem Titel: Mitteilungen über Garten-, Obst-
und Weinbau heraus, die an alle
Vereine, die ihr angeschlossen sind,
unentgeltlich versandt wird. Sie
dient zugleich als Ersatz für die Mitteilungen des Märkischen Obstbau-
vereins. Schriftleiter ist Herr Geschäftsführer Fr. Grobben.

Pflanzen-Schutz.

Dr. Otto Appel, Zur Bedeutung
des Frühlings-Kreuzkrautes, Se-
necio vernalis, als Unkraut.
(Sonderabdruck aus der Biologischen
Abteilung. Land- und Forstwirtschaft
am Kaiserl. Gesundheitsamt, Bd. II
Heft 3. 1902.) Verlag von Paul
Parey und Julius Springer. Zwei
Seiten.

Verfasser weist nach, dass S. vernalis kein so schlimmes Unkraut ist,
wie man früher annahm, da es nur auf
Kleefeldern, meist aber an Oertlich-
keiten ausserhalb der landwirtschaftlichen Kulturflächen vorkommt.

Bespritzen mit 15 prozentiger Eisen-
vitriollösung, die beim Hederich so
ausgezeichnet wirkt, hatte keinen be-
friedigenden Erfolg. Gründliches Aus-
jäten genügte.

Ausstellungen und Kongresse.

Gent, April 1903. 15. internationale Gartenbau-Ausstellung
der Société Royale d'Agriculture et de
Botanique. Das vorläufige Programm
dieser stets so bedeutenden, alle fünf
Jahre wiederkehrenden Ausstellung ist
erschienen. Die Interessenten werden
aufgefordert, etwaige Pflanzen, die sie
noch berücksichtigt wünschen, zu
nennen. Von der Bedeutung geben
die Berichte der Gartenflora 1888, 1893
und 1898 einen Begriff.

Antwerpen. 174. Ausstellung im Zoolog. Garten 26. bis 28. April. Manche Aufgaben sind doppelt gestellt, einmal für Liebhaber, einmal für Handelsgärtner.

Karlsruhe. Gartenbau-Ausstellung zur Feier des 50jährigen Regierungsjubiläums des Grossherzogs von Baden, veranstaltet vom Verein selbständiger Handelsgärtner Badens vom 19. bis 26. April. Beteiligung nur für Baden zulässig. Anmeldungen an Fr. Ries, städtischer Garteninspektor · in Karlsruhe.

Budapest. Internationale Frühjahrs-Gartenbau-Ausstellung des Ungarischen Landes-Gartenbau-Vereins vom 3. bis 12. Mai. Anmeldungen an das Komitee, Budapest, IV. Bezirk, Koronaherczeg-utcza 16.

Wien. Frühjahrs - Ausstellung der k. k. Gartenbaugesellschaft vom 7. bis 12. Mai. Anmeldungen an die Gesellschaftskanzlei, Wien, Parkring 12.

Neubrandenburg. Gartenbau-Ausstellung in Verbindung mit einer landwirtschaftlichen Ausstellung vom 30. Mai bis 1. Juni. Beteiligung nur für Mecklenburg-Strelitz zulässig. Anmeldungen an Garten - Inspektor C. Schultz, Neubrandenburg, Südbahnstr. 12.

Düsseldorf, 21.—24. Juni. Der Verein deutscher Rosenfreunde hält seine diesjährige Hauptversammlung in den Tagen vom 21.—24. Juni (event. 14 Tage später, wenn die Rosenblüte spät eintreten sollte) innerhalb der grossen Rheinisch - Westfälischen Industrie-, Gewerbe- und Kunstausstellung ab, verbunden mit einer grossen Rosenschau in der Festhalle. Ausserdem sind grosse Rosenpflanzungen und reizende Gartenanlagen aller Art auf dem Gelände hergestellt. Der Vorstand hat beschlossen, von einem speziellen Ausstellungs - Programm abzusehen und jedem Mitgliede es zu überlassen, auszustellen was und in welcher Art er es für gut finde. Preise werden den Preisrichtern zur Verfügung stehen. Tageskarten zum Eintritt in die Gesamt - Ausstellung erhalten die Mitglieder bei Ausweis durch die Quittungskarte zu 50 Pfennig an der Kasse. Düsseldorf bietet jedem Garten-· und Kunstliebhaber sehr viel und es werden neben den Beratungen der Tagesordnung Besichtigungen und Ausflüge geplant.

Oldenburg. Rosen-Ausstellung des Vereins Oldenburger Rosenfreunde Ende Juni. Anmeldungen an Pastor Eiben in Oldenburg.

Erfurt. Gartenbau-Ausstellung in Verbindung mit einer Dahlien- und Schnittblumen - Ausstellung des Gartenbau-Vereins im September.

Gützkow. Gartenbau - Ausstellung des Gartenbau - Vereins am 14. September.

Grevesmühlen. Obst- und Gartenbau-Ausstellung des Obst- und Gartenbau-Vereins am 20. und 21. September.

Altenburg (S.-A.). Gartenbau-Ausstellung des Gärtnervereins vom 26. bis 29. September. Beteiligung nur für Vereinsmitglieder zulässig.

Magdeburg. Obst-Ausstellung des Obstbau-Vereins Ende September. Anmeldungen an Professor Dr. Blath, Magdeburg, Bismarckstr. 26.

Stettin. Obst - Ausstellung in Verbindung mit der Versammlung des Deutschen Pomologen-Vereins im Oktober.

Reval, 5. bis 8. September. Allgemeine Gartenbau - Ausstellung, veranstaltet vom Estländischen Gartenbau-Verein.

0

Aus den Vereinen.

**Sitzung des Liebhaber-Ausschusses
vom 11. November 1901.**

I. Gegenstand der Tagesordnung ist
die Obstmadenplage dieses Jahres.

Hierzu ist auf Wunsch des Herrn
Cordel Herr Stadtrath Töbelmann
eingeladen.

Herr Cordel hat an den Stellen, wo
er fleissig gespritzt hat, alljährlich
keine Obstmaden gehabt; aber da er
in diesem Jahre verhindert war zu
spritzen, so haben sich die Maden sehr
reichlich gezeigt.

Herr Stadtrat Töbelmann: In diesem Jahre ist besonders die Apfelmade
häufig, es ist aber kaum anzunehmen,
dass der warme Sommer schuld sei.
Vom Bespritzen ist nur dann Erfolg zu
erwarten, wenn man die Maden an den
Früchten oder hinter der Rinde durch
den Strahl abspritzen kann.

Herr Stadtrat T. schildert den Ent-
wicklungsgang des Apfelwicklers, Car-
pocapsa pomonella. Das Weibchen dieses dunkelgrauen, mit dunkelbraunen
Querstreifen versehenen Schmetterlings
legt die gelblichroten Eier, wie Ta-
schenberg angiebt, einzeln an die
unreifen Aepfel und Birnen, in welche
sich die nach 8 bis 10 Tagen aus-
schlüpfenden Räupchen (die sog. Maden)
sofort einbohren. Nach 4—5 Wochen
ist die Raupe erwachsen, bohrt sich
aus der Frucht, wo sich dieselbe um
diese Zeit auch befinden mag (am
Baum, an der Erde, in der Obstkammer),
heraus und sucht sich ein Versteck,
weniger in der Erde, als hinter Rinden-
schuppen oder auf den Obstlagern.
Hier überwintert sie und verpuppt sich
erst im Juni. Schnell entsteht der
kleine Schmetterling, der dann wieder
seine Eier in die Aepfel und Birnen
legt. Sie bevorzugen weiche Sorten,
z. B. Goldparmänen, mehr als harte.

Goethe hat in Mittlg. aus Geisenheim 1901 S. 137 nachgewiesen, dass
der Apfelwickler auch zwei Generationen
durchmachen kann. Man muss deshalb
die Madenfallen schon im Juli nachsehen und falls man Puppen darunter
findet, sie zerstören, die Fallen aber
wieder umlegen.

Herr Stadtrat Töbelmann hat gefunden, dass 15—20 cm breite Woll-
streifen (alte Teppiche usw.), um den
Baum mit Draht etc. befestigt, den Maden
sehr zum Schlupfwinkel dienen. Trotzdem, dass er dadurch voriges Jahr
viele Maden und Puppen fing, hat er
dies Jahr doch wieder viele Maden.
Möglicherweise ist dies die zweite
Generation.

Die Apfelmadenfalle ist das beste
Gegenmittel, aber sie muss im Juli,
August abgenommen, die Maden und
Puppen zerstört und die Falle wieder
umgelegt werden.

Auch Gläser mit Honig usw. sind gut,
doch fangen sich darin auch viele nützliche Schlupfwespen.

Herr Cordel: Wie macht man es an
Pyramiden?

Herr Töbelmann: In 30 cm Höhe
oder höher lege man die Falle um, oder
man hänge einfach wollene Lappen in
den Baum. — Auch in den Obst-
kammern muss man solche Lappen
auslegen.

Herr Demharter fragt, in welcher
Höhe die Leimringe angebracht werden
sollen.

Herr Töbelmann: In 1½ bis 2 m
Höhe.

Herr Demharter: Die Maden können
leicht unter dem Lappen in den Rinden-
gängen hoch steigen.

Herr Töbelmann: Die Bäume
müssen eben möglichst glatte Rinde
haben.

Frl. Blohm: Wir streichen die
Bäume mit Lehm und Kuhmist an.
Bei mir haben die Walnüsse jetzt so
viel Maden.

Bei Herrn Cordel sind in den
frühesten Stachelbeeren 2 cm lange
grüne Maden.

Herr Demharter hat trotz allen Ab-
bürstens doch Maden.

Herr Cordel hat sehr viele Komma-
Schildläuse. Wenn sie noch jung sind,
sieht der Baum wie bestäubt aus, dann
kann man die Läuse mit der Spritze
abspritzen.

Herr Kotte empfahl das Spritzen mit
vollem Strahl bei Aepfeln.

An einer Pyramide von Langtons
Sondergleichen bei Herrn Cordel ist nie
eine Made, weil sie sehr viel gespritzt
wurde.

Herr Töbelmann: Der Schmetterling Carpoc. pomonella legt die Eier

Anfang Juni an die taubeneigrossen Aepfel.

Das Aufsammeln des abgefallenen Obstes ist nach Herrn Töbelmann auch wichtig.

Herr Töbelmann: Ein Liebhaber, der nur wenig Bäume beaufsichtigen kann, thut am besten, sobald er junge angestochene Aepfel sieht, dieselben abzunehmen, dadurch werden zugleich die anderen grösser.

Herr Cordel: Man kann im Kleinen auch die angestochene Stelle ausschneiden, oder nach Herrn Töbelmann mit einem Zahnstocher hineinstechen, um die Made zu töten.

Herr Töbelmann: Das Absuchen und Abnehmen der angestochenen Früchte bei Zwergobst so früh wie möglich ist aber dem Liebhaber sehr zu empfehlen, selbst für den Züchter.

II. Herr Cordel legt den Plan seiner neuen Villa in Nikolassee, der von Herrn Landschaftsgätner W. Wendt entworfen ist, vor.

———

Breslau. Die diesjährige Hauptversammlung des Vereins deutscher Gartenkünstler findet auf Grund der zwischen dem Vorstande und der Gruppe Schlesien getroffenen Vereinbarung in den Tagen vom 24. bis 27. August in Breslau statt. Für die Beratungen steht eine umfangreiche und wichtige Tagesordnung in Aussicht, während neben den Besichtigungen der städtischen Gartenanlagen auch Ausflüge nach Sybillenort, dem Besitztum Sr. Majestät des Königs von Sachsen, Bad Salzbrunn, Schloss Fürstenstein, Proskau, Hohenwiese und Koppitz vorgesehen werden. Als nächstjähriger Vorort dürfte München in erster Linie in Betracht zu ziehen sein.

———

Eingesandte Preisverzeichnisse.

———

Wilh. Werner & Co., Berlin. Hauptkatalog für 1902. Samen für Land- und Forstwirtschaft und Gartenkultur. — Boettcher & Voelker, Gr. Tabarz (Thüring.). Engros - Preisverzeichnis für Gras-, Klee, Wald- und Obstsamen. — G. Bornemann, Blankenburg a. H. Illustriertes Preisverzeichnis 1902 über moderne Blütenpflanzen, mit 1 Abb. — Wilhelm Pfitzer, Stuttgart. Illustriertes Samen- und Pflanzenverzeichnis 1902, enthält viele Neuheiten von Gemüse- und Blumensamen. — Société anonyme horticole de Mont-St.-Amand bei Genf (Altes Haus K. J. Knyk), Hauptpreisverzeichnis 1902 über Spezialkulturen von Azalea, Camellia, Palmen u. a. — Köhler & Rudel, Windischleuba-Altenburg. Illustriertes Hauptpreisverzeichnis 1902 über landwirtschaftliche, Gemüse- und Blumensamen. — Dieselben. Edeldahlien-Spezialzucht, drei Neuheiten von Edeldahlien. — Metz & Co., Steglitz bei Berlin. Hauptpreisverzeichnis 1902 über landwirtschaftliche, forstwirtschaftliche Sämereien und für Gartenbau. — Richard Schwarz, Rudolstadt i. Th. Preis- und Grössenverzeichnis aller gangbarsten Porzellan-Pflanzenetiketten. — E. G. Ziegler, Grosszschocher bei Leipzig. Illustriertes Preisverzeichnis 1902 über Sämereien, Blumenzwiebeln, Stauden u. a. — J. Lambert & Söhne. Trier. Illustriertes Preisverzeichnis für das Jahr 1902 mit vielen Blumensamen - Neuheiten. — F. C. Heinemann, Erfurt. Illustrierter Generalkatalog 1902 nebst Neuheitenliste. — Nonne & Hoepker, Ahrensberg bei Hamburg. Engros-Samenliste 1902. — Maurice Verdonck, Gent-Brügge. Orchidées. Illustriertes Preisverzeichnis über Orchideen neu importierter und alter Sorten. — Adolph Schmidt Nachf., Berlin. Preisverzeichnis 1902 über Sämereien für den Gartenbau, Land- und Forstwirtschaft. — Ernst Rappe & Hecht, Berlin. Engros-Katalog über konservierte Palmen, Makart-Bouquets und künstliche Blumen. — Köhler & Rudel, Windischleuba bei Altenburg. Illustrierter Pflanzenkatalog 1901/02 über Freiland-Neuheiten, Alpenpflanzen, Schnitt- und Treibstauden, winterharte Cacteen,

Dahlien u. a. — Krelage, Haarlem. Neue und seltene Pflanzen, Knollenbegonien, Canna, Dahlien, Gladiolus, Gloxinien, Lilien, Stauden usw. für 1902. Das Verzeichnis enthält einen Nachruf und ein wohl gelungenes Porträt des verstorbenen Mitinhabers der Firma, Jacob Heinrich Krelage — F. Sündermann, Linden i. Bayern. Hauptpreisverzeichnis von kultivierten in- und ausländischen Alpenpflanzen, nebst Spezialofferte für 1902. — Gustav Scherwitz, Königsberg i. P. Illustriertes Preisverzeichnis 1902 über landwirtschaftliche Saaten, Sämereien für Gartenbau, Haarlemer Blumenzwiebeln, Gartengeräte und Düngemittel. — Franz De Laet in Contich (Belgien), Kakteengärtnerei. Frische

Kakteensamen und Knollen, Begoniensamen. — C. Berndt (vorm. J. Lindners Baumschulen in Zirlau bei Freiburg in Schlesien). Gehölze (Areal 25 ha). — Heinrich Junge, Hameln. Neuheiten, Stauden und Wasserpflanzen. Ziergräser, Farne, Dahlien usw., mit vielen Abbildungen. — Fred'k W. Kelsey, 150 Broadway, New York. Verzeichnis Nr. 48. Choice Trees and hardy shrubs (auserlesene Bäume und harte Gehölze). Reiche Auswahl, mit vielen Abbildungen, besonders auch Rhododendron - Arten. — Conrad Appel, Darmstadt. Forst- und landwirtschaftliche Samen. — Pommersche Obstbaum- und Gehölzschulen, Inhaber J. Hafner in Radekow bei Tarlow.

Personal-Nachrichten.

Der Kgl. Obergärtner Habermann, bisher im Schlossgarten Monbijou zu Berlin, ist stellvertretungsweise mit der Verwaltung der Pfaueninsel an stelle des † Oberhofgärtners Reuter betraut worden.

Die schon über 25 Jahre im gärtnerischen Betrieb des Palmengartens zu Frankfurt a. M. thätigen Herren G. Alt, Th. Witt und O. Maedicke wurden in Anerkennung ihrer Dienste zu Obergärtnern ernannt. Der Vorsitzende des Gartenausschusses, Herr Robert de Neufville, überreichte den Herren im Auftrage des Verwaltungsrates ein diesbezügliches, künstlerisch ausgeführtes Diplom.

Heinrich Weber, Kunstgärtner in Stannaitschen, erhielt das preussische Allgemeine Ehrenzeichen.

Der Vorsteher der Biologischen Abteilung des Kaiserl. Gesundheitsamtes, Regierungsrat Dr. Freiherr von Tubeuf hat einen Ruf als Nachfolger seines Schwiegervaters, Prof. Dr. Hartig, an

der Universität München angenommen. Hartig ist übrigens am 9. Oktober 1901 gestorben, nicht am 10., wie wir in Gartenfl. 1901 S. 646 gemeldet hatten.

Am 24. Februar d. J. beging Freiherr Eduard von Lade zu Monrepos-Geisenheim a. Rh seinen 86. Geburtstag. Seine grossen Verdienste um die Pomologie, Hygiene, Schulreform und auf anderen Gebieten sind bekannt. Von hohem Wert für Gartenbesitzer und Gärtner ist seine sich auf 30jährige Erfahrung stützende Schrift „Der Obst- und Gartenbau in Monrepos".

Maillard, Obergärtner in Sanssouci, ist zum Hofgärtner ernannt. Ihm ist die Vertretung des seit Monaten schwer erkrankten Hofgärtners Eulefeld in Hannover, Georgsgarten, übertragen.

G. Potente, Gartenarchitekt, früher in Wilhelmshöhe, Hannover und London, ist zum Obergärtner in der Hof-Gartenintendantur Sanssouci ernannt. Er verwaltet die Parkanlagen ausserhalb des eigentlichen Schlossgebietes.

P. Dannenberg, bisher städtischer Obergärtner in Breslau, wurde zum städtischen Garteninspektor befördert.

Max Beyer wurde als Obergärtner der Villenkolonie Sachsenwald-Wohltorf bei Hamburg angestellt.

M. Cigler wurde als Direktor der Pomologischen Lehranstalt in Brünn angestellt.

Constantin, Professor an der Normalschule zu Paris, wurde als Nachfolger des verstorbenen Professors Dr. Maxime Cornu zum Direktor des botanischen Gartens (Jardin des plantes) in Paris ernannt.

Th. Durand folgte François Crépin, der aus Gesundheitsrücksichten zurücktrat, in der Leitung des botanischen Gartens in Brüssel.

Friedrich J. A. Schäfer, Handelsgärtner in Newburg, N. Y. (Nordamerika) starb am 8. Januar. Der Verstorbene war im Jahre 1833 in Sachsen geboren und galt als ein tüchtiger Geschäftsmann.

Anton Diepold wurde zum Kgl. Obergehilfen im Hof-Blumentreibgarten in München befördert.

Christian Thomas, ein wohlbekannter Florist New Orleans', La. (Nordamerika), ist am 7. Januar gestorben. Er war 1847 in Preussen geboren und 1871 nach den Vereinigten Staaten von Nordamarika ausgewandert.

J. M. Kraaijenbrink, Kgl. Obergärtner in Baarn (Holland), starb am 15. Januar im 76. Lebensjahre.

Dem Kgl. Gartenbaudirektor Ritter in Engers (Rheinprovinz) ist der Rote Adlerorden 4. Kl. verliehen.

Gottlieb Perlenfein, Obergärtner im botanischen Garten in Frankfurt a. M.,

Ferdinand Link, ehemaliger Gutsgärtner in Quittainen,

Christoph Schröter, Gutsgärtner in Quittainen, und

Adolf Geduhn, Guts-Obergärtner in Karwinden, erhielten das preussische Allgemeine Ehrenzeichen.

Ernst Rudolph, seit 50 Jahren im Dienst der Familie des Dichters Friedrich Rückert in Neuses bei Koburg, erhielt die herzogl. koburgische Verdienstmedaille.

C. Bartlewski, bisher Handelsgärtner in Frankenstein, wurde als Friedhofsinspektor in Leobschütz angestellt.

Karl Glocker, bisher Kgl. Obergehilfe im Hof-Blumentreibgarten in München, wurde in gleicher Eigenschaft an den Kgl. Wintergarten versetzt.

Carl F. Klunder, einstmals ein berühmter Florist New Yorks und Chicagos, ein geborener Deutscher, ist im Alter von 64 Jahren gestorben.

Johann Dommermuth, bisher in Greiz, übernimmt am 1. März die Leitung der Parkanlagen von Otto Mühlberg in Loschwitz bei Dresden.

Josef Machovec wurde von Baron Albert von Rothschild in Wien zum Obergärtner seiner Gärten berufen.

Der städt. Garten-Inspektor Heicke in Aachen ist als Stadtgärtner nach Frankfurt a. M. an Stelle des † Weber berufen.

Der Kgl. Hofgärtner Eulefeld in Hannover ist nach längerer Krankheit verstorben.

Die nächste Versammlung des Vereins z. B. d. G.

findet des Gründonnerstags wegen bereits am **20. März** statt, und wird Herr Kgl. Garten-Inspektor Ledien - Dresden in derselben einen Vortrag halten über „Künstlichen Dünger bei Topfpflanzen."

Für die Redaktion verantwortlich Geh. R. Prof. Dr. Wittmack, Berlin NW., Invalidenstr. 42. Verlag von Gebrüder Borntraeger, Berlin SW. 46, Dessauerstr. 29. Druck von A. W. Hayn's Erben, Berlin.

15. März 1902.   Heft 6.

CARTENFLORA

ZEITSCHRIFT

für

Garten- und Blumenkunde

(Begründet von **Eduard Regel**.)

51. Jahrgang.

Organ des Vereins zur Beförderung des Gartenbaues in den preussischen Staaten.

Herausgegeben von

Dr. L. Wittmack,

Geh. Regierungsrat, Professor an der Universität und an der Kgl. landwirtschaftl.
Hochschule in Berlin, General-Sekretär des Vereins.

Berlin 1902
Verlag von Gebrüder Borntraeger
SW 46 Dessauerstrasse 29

Erscheint halbmonatlich. Preis des Jahrganges von 42 Druckbogen mit vielen Textabbildungen und
12 Farbentafeln für Deutschand und Oesterreich-Ungarn 12 Mark, für die übrigen Länder des Weltpostvereins 15 Mark. Zu beziehen durch jede Buchhandlung oder durch die Post (Zeitungsverzeichnis
No. 2819 .

[2

Verlag von **Gebrüder Borntraeger** in Berlin SW. 46, Dessauerstr. 29.

Soeben erschien:

Hilfsbuch für das Sammeln von Zoocecidien

mit Berücksichtigung der Nährpflanzen Europas und des Mittelmeergebietes von **G. Darboux**, Professor der Zoologie an der Universität Lyon
und **C. Houard**, Assistent am botanischen Institut der Universität Paris.
Taschenbuchformat. Dauerhaft gebunden 2 Mk.

*Das obige Hilfsbuch bildet ein Seitenstück zu dem im gleichen Ver-
lag erschienen „Hilfsbuch parasitischer Pilze von Dr. G. Lindau". Wie
dieses Hilfsbuch soll auch das Zoocecidien-Hilfsbuch nicht zur Bestimmung
dienen; aber der Cecidiologe soll einmal sofort den Schmarotzer einer
von ihm gesammelten Galle wiederfinden, und zweitens soll ihm das
Büchlein bei gegebener Pflanze die Liste aller Gallen anführen, die auf
jener Pflanze vorkommen, unter Hervorhebung der Punkte, auf die er
seine Aufmerksamkeit richten muss.*

892. Versammlung des Vereins zur Beförderung des Gartenbaues in den preussischen Staaten am 27. Februar 1902 in der Königlichen landwirtschaftlichen Hochschule zu Berlin.

I. Der Direktor des Vereins, Kgl. Gartenbaudirektor Lackner, teilte den zahlreich erschienenen Herren und Damen mit, dass das lebenslängliche Mitglied, der Herzog Rudolf von Croy-Dülmen am 10. Februar d. J. in Cannes verstorben sei und erhoben sich die Anwesenden zum Zeichen der Teilnahme von ihren Sitzen.

II. Vorgeschlagen wurde zum wirklichen Mitgliede:
Herr Kaufmann M. Schönner-Schöneberg bei Berlin, Motzstr. 72 durch Herrn Obergärtner Amelung.

III. Ausgestellte Gegenstände waren in grosser Zahl vorhanden: 1. Herr städtischer Obergärtner Böttcher und Herr Gartentechniker Glum führten als Lehrer für Zeichnen an der vom Verein mit unterhaltenen städtischen Fachschule für Gärtner die von den Schülern im abgelaufenen Wintersemester gezeichneten Pläne vor, die von einer besonderen Kommission, bestehend aus den Herren Clemen, W. Wendt und Strenger geprüft werden sollen. Herr Garteninspektor Perring sprach seine Freude über die guten Resultate aus, welche in so kurzer Zeit erzielt worden sind. Selbstverständlich darf man nicht den Massstab anlegen wie an die Pläne der hervorragendsten Schüler der Königlichen Gärtner-Lehr-Anstalt in Potsdam oder gar wie an die Pläne, die auf der Pariser Weltausstellung von den französischen Gartenkünstlern vorgeführt waren, bei welch letzteren öfters selbst Landschaftsmaler mitgewirkt haben dürften. Er dankte den Lehrern und deren Assistenten sowie den Schülern für ihren grossen Eifer.

Herr L. Wittmack teilte mit, dass kürzlich im Auftrage des Herrn Handelsministers die Fachschule von dem Herrn Regierungs- und Gewerbeschulrat Lackner eingehend besichtigt sei. Es war das namentlich geschehen, um zu prüfen, ob der Unterricht im Deutschen und im Rechnen einen Ersatz biete für den Unterricht in der Fortbildungsschule, da diejenigen Vorortsgemeinden. z. B. Steglitz und Rummelsburg, in denen der Fortbildungsunterricht obligatorisch ist, verlangen, dass die Gärtnerlehrlinge in ihre Fortbildungsschulen gehen. Leider musste der Regierungsrat erklären, dass der Unterricht nicht völligen Ersatz biete, weil er nur ein Semester stattfände, während in den Fortbildungsschulen der Unterricht auf 4 Semester bezw. 4 Jahre ausgedehnt werde. Einen gewissen Ausgleich erhielten die jungen Leute freilich durch den Unterricht in den übrigen Fächern. — Herr Kohlmannslehner wies daraufhin, dass nach einer neuen Verfügung des Herrn Handelsministers die Gärtnerei

nicht zum Gewerbe gehöre. L. Wittmack bemerkte, dass der Herr
Regierungskommissar zur Zeit der Besichtigung nur durch die Zeitungen
Kenntnis von dieser Verfügung hatte, dass er aber äusserte, wenn diese
Verfügung in Kraft trete, würde wohl der Zwang zum Besuch der Fortbildungsschulen in den betreffenden Orten aufhören müssen. Herr Bluth
sprach sich in längerer Rede dahin aus, dass der Verein seine Fachschule immer mehr erweitern möge, und dass sie womöglich obligatorisch
werde. Herr Kgl. Garteninspektor Lindemuth sprach gleichfalls für
eine weitere Ausgestaltung der Fachschule und teilte mit, dass er selbst
früher den jungen Gärtnern Unterricht gegeben habe. Von Seiten des
Vereins müsse verlangt werden, dass die Lehrlinge nicht gezwungen
werden, in die Fortbildungsschule zu gehen. Auf Antrag Bluth und
Hofgärtner Hoffmann wird der Antrag den Ausschüssen, speziell dem
gewerblichen Ausschuss überwiesen.

2. Herr E. Dietze - Steglitz erfreute die Versammlung durch
100 Töpfe des Veilchens „Prinzesse de Galles", das ausserordentlich
reichblütig und jetzt von ebenso dunkler Farbe war, wie die zum Vergleich vorgeführten italienischen Veilchen. Es ist auch etwas dunkler
als die Sorte „Kaiserin Augusta". Die Töpfe haben keinen Frost bekommen, sondern sind gleich im Herbst in die Häuser gebracht. Die
Temperatur ist nicht über 5 Grad gestiegen, denn diese Sorte lässt sich
nicht treiben. Jetzt blüht sie über 3 Wochen und war der Absatz infolge
der schönen grossen langgestielten Blumen bis jetzt noch ein sehr guter.
Im ganzen hat Herr Dietze cirka 11 000 Pflanzen. -- Herr Hofgärtner
Hoffmann hatte Bedenken. ob die Kultur lohnend sei, da die grossblumigen Veilchen weniger reichlich blühen, als die kleinblumigen, besonders aber, da jetzt die Veilchen in der Markthalle zu Schleuderpreisen
verkauft werden, 10 Bunde für 60—70 Pfennige.

3. Herr Gärtnereibesitzer H. E. Wendt-Niederschönhausen erregte
die lebhafteste Aufmerksamkeit durch ein grosses Sortiment Amaryllis
Hybriden, darunter auch einzelne mit etwas Wohlgeruch. Herr Wendt
bemerkte, dass er bei diesen seinen eigenen Züchtungen besonders auf
die jetzt verlangte rundblütige, geschlossene Form Wert gelegt habe,
während früher spitzblättrige allgemein waren. Der Wohlgeruch sei
augenblicklich an den betreffenden Exemplaren infolge der Kälte auf dem
Transport nicht so bemerkbar als in der Wärme.

4. Herr Kohlmannslehner-Britz hatte eine Gruppe schön rosa
blühender Haemanthus „mirabilis" zur Schau gestellt. Dieselben
stammen von der Gesellschaft L'Horticulture internationale (vormals
Linden) in Brüssel, welche durch diese und noch zwei andere Sorten:
„Fascinator" und „Diadema" auf der Gartenbauausstellung zu Mainz im
Herbst vorigen Jahres grosses Aufsehen erregt hatten. Seit acht Wochen,
bemerkte Herr Kohlmannslehner, ist Haemanthus mirabils in meinem
Besitz und stand schon in Knospen, als er ankam. Die Blütendolde
behält 4 Wochen ihre volle Schönheit und ist dann noch 14 Tage im
Verblühen schön, wobei sie etwas blasser wird. Es ist keine Art mit
runder Zwiebel, sondern eine mit verlängerter strunkähnlicher, und wie
sich jetzt herausgestellt hat, ein schöner Winterblüher. Nur ist zu be-

fürchten, dass sie nach der Blüte zurückgeht und man sie immer verjüngen muss.

Möglicherweise gelingt es, eine Kreuzung zwischen dieser und den
rundzwiebeligen zu erzielen. Die strunkartigen blühen früher als die
zwiebeltragenden, die oft erst nach 4 Jahren blühen. Die beiden anderen
Einführungen von Linden sowie die Kreuzung des verstorbenen Herrn
Johannes Nicolai in Coswig bei Dresden „König Albert von Sachsen"
(Gartenflora 1900, Seite 113 mit Abb. und Farbentafel 1472) hoffe ich
Ihnen im Herbst vorführen zu können.

5. Herr Kohlmannslehner legte ferner einen abgeschnittenen
Blütenstiel von Zantedeschia (Calla) aethiopica grandiflora,
Nicolai's Varietät vor, von 1 m Länge, mit einer Blütenscheide von
20 cm Länge und 17 cm Breite, mit einem daran sitzenden Blatt, dessen
Stiel 70 cm. dessen Spreite 32 cm lang und 25 cm breit war. An
kräftigen ausgepflanzten Exemplaren erreichen die Stengel dieser von
Woldemar Nicolai gezüchteten Race 1,50 m Länge und die Spatha
30 cm Durchmesser. Die Blätter werden oft so gross wie die von
Caladien. Die gewöhnliche Calla aethiopica grandiflora hat ein ziemlich
hellgrünes Blatt, diese dagegen ist metallisch grün.

Auf eine Anfrage, wie alt die ausgestellten Haemanthus seien, antwortete Herr Kohlmannslehner, er halte sie für zweijährig. Herr
Königlicher Garteninspektor Perring bemerkte, dass Linden sie in
grossen zusammenhängenden Häusern auf Beeten ziehe. Wahrscheinlich
bilden sie unten Sprossen und er teilt die Pflanzen dann. Allem Anschein nach sind vorliegende Exemplare solche kräftigen Sprosse. Bei
blosser Topfkultur würden solche sich wohl nicht bilden. — Herr Königl.
Garteninspektor Weidlich: Haemanthus Lindeni hat im Borsig'schen
Garten alle Jahre einmal, mitunter auch zweimal geblüht, ward aber im
Topf von Jahr zu Jahr immer kleiner. Man muss ihn deshalb auspflanzen in ein Gemisch von Lehm nnd Lauberde; darin wachsen auch
die Sämlinge, die ich erzogen habe, gut.

6. Von Herrn A. Wenck, Magdeburg, Franckestr. 2 war eine kleine
Probe des aus Melasse-Schlämpe und Nährsalzen hergestellten Dünge-
mittels Heureka eingesandt. Herr Königl. Garteninspektor Perring
erklärt, er wende nicht gern Geheimmittel an. Herr Kluge teilt mit,
dass er keinen Erfolg davon gehabt habe, Herr Hoflieferant Klar dagegen, dass Herr Königl. Hofgärtner Kuhnert in Potsdam gute Resultate
erzielt habe. Herr Hofgärtner Hoffmann: Es ist am besten, die Pflanzennährsalze in reinster Form anzuwenden; andererseits ist es aber Aufgabe
des Vereins, derartige Mittel zu prüfen und empfiehlt er, die Sache dem
Versuchsausschuss zu überweisen.

7. Herr Obergärtner Beuster hatte aus dem Garten des Herrn
von Siemens in Biesdorf ein Sortiment ausserordentlich schön erhaltener Aepfel ausgestellt. Darunter war 1. der „Apfel aus Lunow",
von der Lorbergschen Baumschule, Berlin eingeführt, noch ziemlich neu.
Es ist zwar kein Tafelapfel, aber er trägt sehr reich, ist sehr fest und
hält sich bis Juni; 2· grosse Casseler Reinette. bekanntlich gleichfalls
sehr fest und sehr haltbar; 3. Harberts Reinette; 4. weisser Winter·

Calvill; 5. Ribston Pepping; 6. Orleans-Reinette, jetzt schon etwas welk, aber noch sehr gut im Geschmack, und noch einige andere, alle vom Hochstamm. Am meisten Interesse erregte es aber, dass auch noch Gravensteiner in der Sammlung waren, die ihren vorzüglichen Geschmack trefflich bewahrt hatten. Herr Bluth bemerkte, der Graven-steiner beweise, dass der Aufbewahrungsort ganz ausgezeichnet sein müsse. Nach Herrn Beuster ist es ein Keller, der unter der Veranda des Schlosses liegt, aber im allgemeinen haben die Aepfel sich dies Jahr dort noch nicht einmal so gut gehalten, wie sonst.

8. Herr Gärtnereibesitzer Kind, der aus Angermünde eigens zu der Versammlung gekommen war, überbrachte einen riesigen Blütenschaft von Clivia (Imantophyllum) miniata mit ausserordentlich zahlreichen und sehr grossen, allerdings nicht dunkelroten, sondern etwas hellen Blumen. Er bemerkt dazu, dass er vor einigen Jahren von Herrn Strauss in Ehrenfeld bei Cöln Samen bezogen habe, welche viele Pflanzen mit solchen grossblumigen, aber hellen Blüten ergaben; das Publikum in Angermünde will lieber diese hellen haben, weil sie eben gross-blumiger sind.

Herr Hofgärtner Hoffman: Im Allgemeinen ziehen die Gärtner die dunklen Blumen vor, dieser Blütenstand ist aber ausgezeichnet nicht nur durch die Grösse der Blumen, sondern auch dadurch, dass sie aufrecht stehen.

Herr Gartendirektor Lackner dankte allen Ausstellern für ihre zahlreichen interessanten Einsendungen und übergab alsdann Herrn Königl. Gartendirektor Perring den Vorsitz.

IV. Hierauf hielt Herr Ingenieur Meckel von der Firma A. Borsig einen mit lebhaftem Beifall aufgenommenen Vortrag über „Die Kälte-erzeugung und ihre Bedeutung für den Gartenbau". Die Firma hatte eigens zu dem Zwecke Lichtbilder (Diapositive) durch Herrn Junius am Laboratorium des Vereins der Deutschen Zucker-Industrie anfertigen lassen, welche dieser selbst mit dem ausgezeichneten Skioptikon des genannten Vereins vorführte, das der Vorsteher des ge-nannten Laboratoriums, Prof. Dr. Herzfeld, freundlichst zur Verfügung gestellt. Der Vortrag und die sich daran schliessende Besprechung werden in der „Gartenflora" abgedruckt werden.

V. Der General-Sekretär machte Mitteilung von dem Vorhaben des Aktien-Vereins „Zoologischer Garten", eine grosse Ausstellungshalle im Zoologischen Garten nahe dem Bahnhof mit einem Kostenaufwand von etwa 1 200 000 Mk. zu erbauen und legte kleine Pläne, die ihm von Herrn Geh. Baurat Boeckmann zur Verfügung gestellt waren, vor. Die Halle soll bereits im Frühjahr 1903 fertig gestellt werden, falls die Aktionäre den Bau beschliessen, und würde Herr B. es gern sehen, wenn sie durch eine Gartenbau-Ausstellung etwa im April eröffnet werde. Um den Aktionären zu beweisen, dass die Halle rentabel sei, hat Herr Geh. Baurat Boeckmann ersucht, der Verein möge sich wenigstens im Prinzip dahin erklären, dass er, falls die Bedingungen ihm günstig erscheinen, eine solche Ausstellung beabsichtige, auch für fernere Ausstellungen die Halle ins Auge fassen werde. Der Verein möge sich nur vormerken lassen, er sei noch nicht gebunden. — Der Generalsekretär teilte die vorläufig festgesetzten Bedingungen mit, die sehr einfach sind. Der Zoologische Garten erhält die halben Eintritts-Einnahmen und liefert dafür den Ausstellungsraum, Heizung, Wasser und glänzende Beleuchtung. Aktionäre und Abonnenten sollen halben Eintrittspreis zahlen, dafür die Ausstellungsbesucher auch für den halben Preis den Zoologischen Garten besichtigen dürfen. In der Diskussion, an der sich die Herren Perring, Bluth. Habermann, Dieckmann, Kohlmannslehner, Weiss. Cordel und Wittmack beteiligten, sprach man sich allseitig zustimmend zu dem Gedanken aus und beauftragte den Vorstand, in dem gewünschten Sinne Herrn Geheimen Baurat Boeckmann zu schreiben, sowie eine Kommission zu ernennen, die gemeinsam mit dem Vorstande die Angelegenheit des näheren prüft.

VI. Des Gründonnerstages wegen beschloss die Versammlung die nächste Sitzung schon am Donnerstag den 20. März abzuhalten.

VII. Das Preisgericht, für die ausgestellten pflanzlichen Gegenstände, bestehend aus den Herren Fasbender, Kgl. Garteninspektor Greinig und Königl. Garteninspektor Weidlich, hatte infolge der vorzüglichen Leistungen 2 grosse silberne Medaillen und einen Monatspreis zuerkannt, nämlich:

1. Herr Gärtnereibesitzer E. Dietze-Steglitz für 100 Töpfe Veilchen „Princesse de Galles" 1 grosse silberne Medaille.
2. Herr Gärtnereibesitzer H. E. Wendt, Nieder-Schönhausen für ein Sortiment Amaryllis 1 grosse silberne Medaille.
3. Herr Obergärtner Beuster in Biesdorf für eine Sammlung Aepfel den Monatspreis von 15 Mk.

(Herr Kohlmannslehner-Britz hatte seine Haemanthus mirabilis ausser Preisbewerb gestellt.)

VIII. Aufgenommen wurden als wirkliche Mitglieder die in der letzten Versammlung Vorgeschlagenen (siehe Gartenflora Heft 2 S. 39).

Carl Lackner.   L. Wittmack.

Ausschüsse des Vereins zur Beförderung des Gartenbaues 1901/02.

V. = Vorsitzender.   St. = Stellvertreter.

I. Ausschuss zur Vorbereitung der Neuwahl des Vorstandes.

1. Herr Gärtnereibesitzer **Bluth.**
2. „ Städt. Obergärtner **Clemen.**
3. „ Königl. Obergärtner **Habermann.**
4. Herr Gärtnereibesitzer **Schwarzburg.**
5. „ Königl. Garteninspektor **Weidlich.**

2. Ausschuss für Revision der Kasse und der Bibliothek.

1. Herr Obergärtner **Amelung.**
2. „ Gärtnereibesitzer **F. Bluth.** V.
3. „ Eisenb.-Sekretär **Dieckmann.** St.
4. Herr Kaufmann **Heese.**
5. „ Hofgärtner **Hoffmann.**

3. Ausschuss für Blumenzucht.

1. Herr Gärtnereibesitzer **Bacher**.
2. „ Gartenbaudirektor **R. Brandt**. V.
3. „ Gärtnereibesitzer **C. Crass II.**
4. „ Garteninspektor **W. Perring**.

5. Herr Gärtnereibesitzer **A. Schwarzburg**.
6. „ Garteninspektor **F. Weber**. St.
7. „ Garteninspektor **H. Weidlich**.

kooptiert: Herr Gärtnereibesitzer **de Coene.**,
„ „ Gärtnereibesitzer **Dietze**.
„ „ Gärtnereibesitzer **Paul Drawiel**.
„ „ Königl. Obergärtner **Habermann**.
„ „ Gärtnereibesitzer **M. Hoffmann**-Treptow.
„ „ Hofgärtner **Jancke**.
„ „ Gärtnereibesitzer **Kretschmann**.

4. Ausschuss für Gemüsezucht.

1. Herr Obergärtner **Amelung**.
2. „ Obergärtner **Beuster**.
3. „ Rentier **C. Crass I.** St.
4. „ Gärtnereibesitzer **Gensler**.

5. Herr Hoflieferant **Josef Klar**.
6. „ Kgl. Garten-Insp. **R. Moncorps**. V.
7. „ Obergärtner **Nahlop**.

kooptiert: Herr Obergärtner **Wetzel**.
„ „ **Adolf Demmler**.

5. Ausschuss für Obstbau.

1. Herr Kgl. Garten-Inspektor **Greinig**.
2. „ Inspektor **Grünenthal**.
3. „ Gartenbaudirektor **C. Mathieu**. V.

4. Herr Gärtnereibesitzer **H. Mehl**.
5. „ Städt. Obergärtner **O. Mende**. St.
6. „ Stadtrat **H. Töbelmann**.

kooptiert: Herr Gartenbaudirektor **Echtermeyer**.
„ „ Rentier **Martiny**.
„ „ Herr Königl. Garteninspektor **Weber**.

6. Ausschuss für Gehölzkunde und bildende Gartenkunst.

1. Herr Geschäftsführer **F. Brettschneider**.
2. „ Städt. Obergärtner **E. Clemen**. V.
3. „ Städt. Garteninspekt. **A. Fintelmann**.
4. „ Hofgärtner **M. Hoffmann**.

5. Herr Landschaftsgärtner **Klaeber**.
6. „ Ober- und Landschaftsgärtner **O. Vogeler**. St.
7. „ Städt. Obergärtner **Weiss**.

kooptiert: Herr Gärtnereibesitzer **Hering**.
„ „ Inspektor **Kiersky**.

7. Ausschuss für gewerbliche Angelegenheiten.

1. Herr Gärtnereibesitzer **F. Bluth**. V.
2 „ Landschaftsgärtner **A. Brodersen**.
3. „ Gärtnereibesitzer **de Coene**.

4 Herr Hoflieferant **J. F. Loock**.
5. „ Gärtnereibesitzer **O. Neumann**. St.
6. „ Kunst- und Handelsgärtner **Taube**.

kooptiert: Herr Gärtnereibesitzer **Kiausch**.
„ „ Gärtnereibesitzer **Platz**
„ „ Gärtnereibesitzer **Tubbenthal**.

Zur Feststellung der Handelswerte für die Ein- und Ausfuhr für das Kaiserl. Statistische Amt, sowie zur Berichterstattung über die Lage der Handelsgärtnerei in Berlin für die Aeltesten der Kaufmannschaft sind ernannt:

1. Herr Gärtnereibesitzer **Bluth**.
2. „ „ **de Coene**.
3 „ Geschäftsführer **Brettschneider**.
4 „ Landschaftsgärtner **Brodersen**.
5. „ Garteninspektor **Greinig**.
6 „ Gärtnereibesitzer **Kettlitz**.
7. „ Hoflieferant **Klar**.
8 „ Blumenhändler **Kohlmann**.
9. „ Gärtnereibesitzer **Koschel**.

10 Herr Hoflieferant **Loock**.
11 „ Gärtnereibesitzer **O. Neumann**.
12 „ „ **Platz**.
13 „ Obstzüchter **Puhlmann**.
14. „ Oekonomierat **L. Späth**.
15 „ Gebrüder **Strötzel**.
16 „ Blumenhändler **Taube**.
17. „ Gärtnereibesitzer **Weber**.
18. „ Landschaftsgärtner **W. Wendt**.

8. Ausschuss für die Interessen der Liebhaber.

1. Herr Schriftsteller **O. Cordel.** St.
2. „ Kaufmann **Demharter.**
3. „ Kaufmann **Heese.**
4. „ Dr. Freiherr **von Landau.**

5. Herr Prof. Dr. **Rodenwaldt.**
6. „ Geh. Rechnungsrat **Schmidt.**
7. „ Architekt L. **Urban.** V.

kooptiert: Fräulein **M. Blohm.**
„ Herr Obergärtner **Braune.**
„ „ Eisenbahnsekretär **Dieckmann.**
„ „ Dr. **Maren.**
„ „ Ingenier **O. Peschke.**
„ „ Gärtnereibesitzer **Schwiglewski.**
„ „ Konsul **R. Seifert.**

9. Ausschuss für Redaktions-Angelegenheiten.

1. Herr Obergärtner **Amelung.**
2. „ Geschäftsführer **F. Brettschneider.**
3. „ Städt. Obergärtner **Clemen.**
4. „ Schriftsteller **O. Cordel.** St.

5. Herr Hofgärtner **M. Hoffmann.**
6. „ Gartenbaudirektor **C. Mathieu.**
7. „ Garten-Insp. **R. Moncorps.** V.

10. Ausschuss für Versuche.

1. Herr Obergärtner **Beuster.**
2. „ Geschäftsführer **F. Brettschneider.**
3. „ Gärtnereibesitzer **E. Dietze.**
4. „ Hoflieferant **J. Klar.** St.

5. Herr Gartenbaudirektor **C. Mathieu.**
6. „ Städt. Obergärtner **O. Mende.** V.
7. „ Gärtnereibesitzer **A. Schwarzburg.**

II. Mitglieder des Vereins im Kuratorium der Fachschule für Gärtner.

Vorsitzender Herr Dr. **Deite,** ernannt von der städtischen Gewerbedeputation.

1. Herr Obergärtner **Amelung.**
2. „ Gartenbaudirektor **Brandt.**
3. „ Städt. Obergärtner **E. Clemen.**
4. „ Städt. Garteninspekt. **A. Fintelmann.**
5. „ Obergärtner **Habermann.**
6. „ Geh. Reg.-Rat Prof. Dr. **L. Wittmack**
(Dirigent der Fachschule).

7. Herr **Otto Albrecht.**
8. „ Geschäftsführer **Fr. Behrens.**
9. „ Obergärtner **W. Schmidt-Pankow.**

} Delegierte der Märkischen Gauvereinigung des Allg. Deutschen Gärtnervereins.

12. Mitglied des Kuratoriums der Kgl. Gärtner-Lehranstalt pro 1899—1902.

Herr Städt. Garteninspektor **A. Fintelmann** (ist im Mai 1899 auf 3 Jahre gewählt).

13. Ausschuss für Düngungsversuche.

1. Herr Prof. Dr. **Sorauer,** Berlin.
2. „ Gärtnereibes. **F. Bluth,** Steglitz. V.
3. „ Hofgärtner **M. Hoffmann,** Berlin St.

4. Herr Garten-Insp. **Weber,** Spindlersfeld.
5. „ Garteninspektor **H. Weidlich,** Berlin.

14. Ausschuss für Dekorationen.

1. Herr Schriftsteller **O. Cordel.**
2. „ Gärtnereibesitzer **Fasbender.**
3. „ Städt. Garten-Insp. **Fintelmann.** St.
4. „ Königl. Gartendirektor **Geitner.**
5. „ Königl. Obergärtner **Habermann.** V.
6. „ Kunst- und Handelsgärtner **Janicki.**

7. Herr Gartenbaudirektor **Jawer.**
8. „ Hoflieferant **Klings.**
9. „ Hoflieferant **J. F. Loock.**
10. „ Landschaftsgärtner **Maecker.**
11. „ Garteninspektor **Weber.**
12. „ Kunst- u. Landschaftsg. **W. Wendt.**

Wer ausserdem den Sitzungen eines technischen Ausschusses regelmässig beizuwohnen wünscht, wolle das dem General-Sekretär anzeigen; der betr. Ausschuss wird dann das Weitere veranlassen.

Ein weiterer Fall natürlichen Ankopulierens.

Von P. Magnus.

(Hierzu Abb. 25 und 26.)

Im 37. Jahrgange der Gartenflora (1888) habe ich S. 51—53 eine bei Proskau stehende Kiefer beschrieben, mit der der obere Theil einer anderen Kiefer verwachsen ist, während der untere Teil der letzteren fehlt. Ich gab meiner Beschreibung eine schöne instruktive Zeichnung von Herrn von Freyseisen bei.

Diesen Fall unterzog Herr Dr. Ernst Jacky im 51. Jahrgang der Gartenflora (1902) S. 42 wieder einer Besprechung und gab auf S. 41 eine photographische Aufnahme derselben. Wenn er meint, dass seine Abbildung den Lesern ein anschauliches Bild giebt, so will ich das etwas bedingt gelten lassen. Wenn er aber die von mir beigegebene Zeichnung des Herrn von Freyseisen „primitiv" nennt und meint, dass seine Abbildung eher den Lesern ein anschauliches Bild des interessanten Falles giebt, so muss ich dem entschieden entgegentreten. Im Gegenteil hat die Zeichnung des Herrn von Freyseisen einen bedeutend grösseren wissenschaftlichen Wert, als Jackys photographische Aufnahme. So sieht man z. B. an letzterer nichts von der Verwachsung, während man an von Freyseisens Zeichnung deutlich erkennt, dass die freie Kiefern-krone an mehreren Stellen mit der im Boden wurzelnden Kiefer ver-wachsen ist, woraus sich die spiralige Krümmung der angewachsenen Kiefernkrone erklärt.

Ferner meint Herr Jacky l. c., dass nach Aussage verschiedener Förster der Stamm der angewachsenen Kieferkrone seinerzeit absichtlich abgehauen worden sei. Ich hörte 1888 auf Erkundigung das Gegenteil, und fand es auch nach dem Befund wahrscheinlich. Ich muss gestehen, dass es mich etwas wundert, dass 26 Jahre, nachdem Herr v. Freyseien bereits die Zeichnung aufgenommen hatte, verschiedene Förster noch wissen sollen, dass der Stamm seinerzeit — also wohl vor mehr als 30 Jahren, da ihn Sorauer schon 1873 kannte und ihn Herr von Freyseisen 1875 schon als eine bekannte Erscheinung abzeichnete — absichtlich abgehauen worden sei. Doch will ich gern die Möglichkeit zugeben.

Wie dem aber auch sei, so habe ich jetzt einen unzweifelhaften Fall natürlicher Ankopulation in der Litteratur kennen gelernt, den ich den Lesern mitteilen will. In dem schönen, durch eingehende Schilderungen und vorzügliche Abbildungen gleich ausgezeichneten Prachtwerke von Fr. Stützer in München „Die grössten, ältesten oder sonst merkwürdigen Bäume in Wort und Bild", das im Verlage der K. B. Kunst- und Verlags-Anstalt von Piloty und Loehle in München erscheint und von dem bisher 2 Lieferungen veröffentlicht sind, sind S. 73—75 zwei verwachsene Buchen beschrieben, die beim Dorfe Hallerstein in Bayern stehen, und auf die zuerst Herr Lehrer Erh. Friedmann in Schwarzenbach a. S. die Auf-merksamkeit gelenkt hatte. Von den beiden oben an einem Hauptaste der Krone miteinander verwachsenen Buchen kränkelte die eine und war 1899 anscheinend schon seit vielen Jahren am Wurzelstocke voll-ständig abgefault, sodass ihre angewachsene Krone nur vom gesunden

Stamme ernährt wird. Im Herbste 1900 oder im Winter 1901 wurde, wie das Kgl. Forstamt Sparneck Herrn Fr. Stützer mitteilte, der schon gänzlich morsche abgefaulte Baumstamm vom Sturme nahe der Verwachsungsstelle abgebrochen.

Abb. 25. Die zwei verwachsenen Buchen zu Hallerstein in Bayern, Kreis Oberfranken, aufgenommen im Frühjahr 1899. Man sieht noch den morschen, unten abgefaulten Stamm der einen.

Abb. 26. Die zwei verwachsenen Buchen zu Hallerstein in Bayern, Kreis Oberfranken, aufgenommen im Winter 1901. nachdem der untere, morsche Teil des Stammes der einen vom Winde abgebrochen war.

Herr Fr. Stützer hat zwei photographische Aufnahmen der interessanten Verwachsung der Beschreibung beigegeben und auf meine Bitte mit grosser Liebenswürdigkeit die beiden Clichés derselben zum Abdrucke in der Gartenflora übersandt. Ich spreche ihm auch hier meinen verbindlichsten Dank dafür aus.

Von den beiden Abbildungen ist die linke im Frühjahre 1899, die rechte nach dem inzwischen erfolgten Abbruche des morschen Stammes im Winter 1901 aufgenommen. Dies ist doch gewiss ein schönes Beispiel natürlichen Ankopulierens! Wie Herr Lehrer Erh. Friedmann mitteilte, ist von seiten der Königl. Forstverwaltung bestimmt worden, dass dieses interessante Brüderpaar nicht gefällt werde, sondern möglichst lange erhalten bleibe.

Begründung des Zolltarifs für den Gartenbau. *)

(Schluss.)

Zu No. 35. Champignons.

Für einfach zubereitete Champignons, zu denen die in Salzlake eingelegten zu rechnen sind, ist eine von dem bestehenden Zustand abweichende Bemessung des Zollsatzes vorgesehen. Der Wert dieser Ware beträgt nach den Schätzungen des statistischen Amtes 198 M. für 100 kg; von einzelnen Sachverständigen wird er auf 200—300 M. angegeben. Zur Zeit beträgt der Zoll je nach der Art der Zubereitung 4 oder 20 M. für 100 kg. Daneben kommt für diejenigen Zubereitungsformen, welche unter die No. 25 p 1 des geltenden Tarifs fallen, noch der Satz von 60 M. in Betracht. Vorwiegend findet indessen der Satz von 4 M. Anwendung, da diese Pilze von den Konservenfabriken meist nur mit Salzlake in Fässer eingelegt bezogen werden. Wenn vorgeschlagen wird, in Zukunft einfach zubereitete Champignons mit einem Zoll von 10 M. für 100 kg zu belegen, so bedeutet dies für die überwiegende Menge des Eingangs eine Zollerhöhung. Eine solche erscheint gerechtfertigt durch die Rücksicht auf den heimischen Gartenbau, für den die Champignonzucht einen sehr lohnenden und ohne wesentliche Aufwendungen ausdehnungsfähigen Nebenerwerb bildet. Die Zollbelastung würde etwa 5 vom Hundert des durchschnittlichen Warenwertes. betragen. Einer höheren Belastung stehen die Interessen der heimischen Konservenfabrikation entgegen, welche in grossem Umfange unter Verwendung dieser Ware für die Ausfuhr arbeitet.

Zu No. 36. Getrocknete Gemüse.

Durch die Verarbeitung, besonders das Trocknen, wird zwar der Genusswert der Gemüse nicht durchweg gesteigert, dagegen ihre Versendungs- und Aufbewahrungsfähigkeit so wesentlich erhöht, dass eine Erhöhung des bisherigen Zollsatzes gerechtfertigt erscheint. Die Einfuhr an getrockneten Gemüsen (Präserven), deren Wert für 100 kg auf 90 bis 100 M. geschätzt wird, ist nicht ganz unbedeutend. Im übrigen ist die Gemüse-Präserven- und Konserven-Herstellung ein überwiegend deutsches Gewerbe, dem an der Eröffnung neuer Absatzgebiete sehr viel gelegen sein muss. Diesen Umständen trägt der vorgeschlagene Zollsatz von 10 M. Rechnung, welcher zwischen den jetzt im wesentlichen in Betracht kommenden Sätzen von 4 M. und 20 M. liegt. In einer Zubereitung, welche die

*) Vergl. S. 165.

in No. 33 aufgeführten Erzeugnisse als Gegenstände des feineren Tafelgenusses erscheinen lässt, fallen sie unter No. 214 und sollen einem Zollsatz von 75 M. unterliegen.

Zu No. 37. Lebende Pflanzen, Erzeugnisse der Ziergärtnerei.

Aus den in den einleitenden Bemerkungen entwickelten Gründen (Heft 5,
Seite 130) ist für eine Anzahl Erzeugnisse des Gartenbaues die Einstellung
von Zollsätzen empfehlenswert. Hierfür kommen insbesondere die lebenden
Pflanzen in Betracht, soweit nicht die heimische Gärtnerei selbst ein Interesse an deren wohlfeilem Bezug aus dem Auslande besitzt.

Die Handelsstatistik unterscheidet bisher nicht zwischen den verschiedenen lebenden Pflanzen; es ist deshalb nicht möglich, im einzelnen
weitergehende Angaben über den Aussenhandel zu machen.

Cycasstämme.

Aus der Gruppe der lebenden Gewächse sind im Entwurf zunächst
ausgesondert die Cycasstämme. Dies sind die noch treibfähigen, bei der
Versendung wedel- und wurzellosen Stammgebilde der verschiedenen die
Gruppe der Palmenfarne bildenden Cycas-Arten, insbesondere der Cycas
revoluta. Die heimische Gärtnerei findet eine sehr lohnende Thätigkeit
in dem Antreiben dieser hauptsächlich aus Japan und Brasilien kommenden Stämme, da die gezogenen frischen Wedel, welche in der Binderei
besonders zu Grabschmuck Verwendung finden, einen hohen Ertrag liefern.
Dem gleichen Gesichtspunkte entspringt, wie schon hier bemerkt sei, die
Einstellung eines Zollsatzes für die Cycaswedel, wodurch dem massen-
weisen, die heimische Treiberei unlohnend machenden Eindringen dieser
Wedel, welche meist in sehr minderwertigem, halb oder ganz getrocknetem
Zustande eingehen und künstlich aufgefrischt (gefärbt) werden, einigermassen entgegengewirkt werden soll.

Lorbeerbäume.

Die gesonderte Behandlung der Lorbeerbäume entspricht ebenfalls
den Wünschen der deutschen Gärtnerei, welche diese Gewächse nicht in
dem für den Bedarf erforderlichen Umfange selbst zu ziehen vermag, da
die klimatischen Vorbedingungen für Freilandkulturen im grossen, wie z. B.
Belgien sie besitzt, bei uns fehlen. Der Wert der Lorbeerbäume wird
auf 40 M. für 100 kg angegeben. Die Belastung durch den vorgeschlagenen Zoll von 3 M. für 100 kg würde 7,5 vom Hundert des Wertes betragen und mit allen berechtigten Interessen vereinbar sein.

Andere lebende Pflanzen.

Alle anderen lebenden Gewächse der in der Tarifstelle bezeichneten
Art sollen nach dem Entwurf gleichmässig behandelt werden. Von besonderer und für die Zollbemessung ausschlaggebender Bedeutung sind
dabei die Erzeugnisse der Baumschulen.

Der deutsche Baumschulbetrieb leidet unter den hohen, zum Teil
den Wert der Ware erreichenden Zöllen unserer Nachbarstaaten. Dadurch
wird nicht nur der deutsche Absatz dorthin eingeschränkt, sondern es
werfen infolge davon andere Länder mit entwickeltem Baumschulbetrieb

(wie die Niederlande und Belgien), welche wegen ihrer grösseren Entfernung jene Zölle noch weniger überwinden können, ihren Ueberschuss in
verstärktem Masse auf den offenstehenden deutschen Markt. Dieser Umstand ist um so bedenklicher, als in Ermangelung eines Zolles auch die
minderwertigste Ware hereingebracht werden kann. Im Entwurf ist deshalb ein Zoll von 6 M. für 100 kg vorgesehen. Von der Trennung der
mit oder ohne Erdballen eingehenden Artikel dieser Nummer ist abgesehen worden, weil sehr häufig gemischte Sendungen vorkommen. Die
Zollbehandlung würde zum Schaden der Ware dadurch erschwert werden.
Wenn infolge der Gleichstellung die mit Erdballen zur Einfuhr kommenden
Pflanzen durch den Zoll ungleich höher betroffen werden, so erscheint
dies doch auch um deswillen unbedenklich, weil nur die wertvollsten Erzeugnisse in dieser Art versendet zu werden pflegen.

Zu No. 38.   Frische Blumen und Blätter, Blumenzwiebeln
und Orchideen.

Die Gründe, welche es zweckmässig erscheinen lassen, auch in Zukunft frische Blumen und Blätter usw. nicht mit einem Eingangszoll zu
belegen, sind in den einleitenden Bemerkungen (S. 131) hervorgehoben
Bleiben diese zollfrei, so muss auch von der Zollbelegung der unter No. 39
aufgeführten Blumenzwiebeln usw. abgesehen werden, um der heimischen
Gärtnerei nicht den Bezug dieser zum Treiben dienenden Pflanzenteile
zu erschweren. Für die Zollfreiheit der unter No. 38 bezeichneten Orchideenbulben sprechen noch andere Gründe. Die knollenartigen Wurzel-
verdickungen der tropischen Orchideenarten, wie sie im Urwalde gesammelt
und mehr oder weniger trocken, mit oder ohne Wurzelfasern, jedoch nicht
eingewurzelt, sondern lose versendet werden, bilden das im Inlande nicht
zu gewinnende Rohmaterial der lohnenden Orchideentreiberei. Die heimische Gärtnerei selbst legt den grössten Wert darauf, den Bezug nicht
erschwert zu sehen.

Zu No. 42.   Cycaswedel.

Eine abweichende Behandlung sollen die Cycaswedel finden, und
zwar die getrockneten ebenso wie die frischen. Die Gründe sind schon
bei No. 37 erörtert. Der Wert der Wedel ist vom Statistischen Amt auf
180 M. für 100 kg angegeben; die Belastung durch den vorgeschlagenen
Zollsatz von 20 M. würde danach etwa 11 vom Hundert des Wertes betragen.

Zu No. 43.   Getrocknete Gräser.

Getrocknete Gräser und andere Pflanzenteile finden ausgedehnte
Verwendung in Industrien, welche stark für die Ausfuhr arbeiten. Sie
werden zur Ausschmückung von Hüten, in der Korbflechterei, in der Spiel-
warenfabrikation, bei der Herstellung von Kotillongegenständen verwendet.
Der Wert wird im Durchschnitt auf 100 M. für 100 kg angegeben. Die
dargelegten Umstände lassen die Beibehaltung der Zollfreiheit ratsam
erscheinen.

Frisches Obst.

Mit Ausnahme der Weinbeeren und der Nüsse unterliegt frisches
Obst zur Zeit einem Zoll nicht. Die Gründe, welche eine teilweise Än-

derung dieses Zustandes angezeigt erscheinen lassen, sind in den einleitenden Bemerkungen (Seite 132) dargelegt. Die vorgeschlagenen Sätze tragen dem Umstande Rechnung, dass der Bedarf des Inlandes durch den heimischen Obstbau in absehbarer Zeit nicht gedeckt werden kann, und dass es in der Hauptsache genügen wird, die wertvolleren Obstsorten, deren Zucht mit Erfolg im Inlande betrieben werden kann, gegen den Wettbewerb des Auslandes zu schützen.

Zu No. 44. Weintrauben.

Die Einfuhr an Weintrauben (Weinbeeren) stellt sich folgendermassen:

im Jahre	Tafeltrauben				andere als Tafeltrauben				zusammen			
	überhaupt		davon aus Italien		überhaupt		davon aus Italien		überhaupt		davon aus Italien	
	dz	Wert in Million. M.	dz	Wert in Million. M.	dz	Wert in Million. M.	dz	Wert in Million. M.	dz	Wert in Million. M.	dz	Wert in Million. M.
1894	49 248	2,1	82 525	1,1	86 441	1,6	56 288	0,9	135 684	3,7	88 808	2,0
1895	58 839	2,2	39 731	1,4	139 871	2,9	83 689	1,6	198 705	5,1	123 400	3,0
1896	55 627	2,8	89 629	1,8	101 026	1,8	74 194	1,2	156 658	4,1	113 823	2,5
1897	69 589	3,0	53 330	2,0	122 699	2,1	85 651	1,8	192 288	5,1	138 981	3,3
1898	84 424	3,7	67 659	2,7	245 522	5,1	164 791	2,9	329 946	8,8	282 450	5,6
1899	112 466	5,2	83 914	3,5	281 524	5,5	153 012	2,4	393 99	10,7	236 926	5,9
1900	104 547	4,1	71 707	2,5	166 925	3,2	28 784	0,5	271 472	7,3	100 491	3,0

Neben Italien kommen Frankreich und Oesterreich-Ungarn in Betracht. Der geltende Zolltarif unterwirft Weintrauben dem Zollsatze von 15 M., und zwar sowohl zum Tafelgenuss bestimmte, als auch Trauben der Weinlese. Im Vertragswege sind jedoch sehr erhebliche Ermässigungen dieses Zollsatzes eingeräumt worden. Tafeltrauben geniessen, falls sie mit der Post in Sendungen von 5 kg Rohgewicht oder weniger eingehen, Zollfreiheit, anderenfalls unterliegen sie dem Zollsatz von 4 M. Andere Trauben zahlen vertragsmässig 10 M.; gehen sie in Fässern, Bütten oder Kesselwagen eingestampft oder eingeraspelt ein, so werden sie ohne Rücksicht auf eine etwa eingetretene Gärung. wenn die Masse alle Teile der Frucht, neben dem Safte also auch noch die Kämme, Kerne und Schalen der Trauben enthält, zu dem ermässigten Zollsatz von 4 M. zugelassen. Andere gemostete oder gegorene Weintrauben werden wie Wein behandelt.

Die durch den scharfen Wettbewerb Belgiens, der Niederlande und Nordfrankreichs hervorgerufenen Wünsche der Gärtner nach einer starken Zollbelastung der unter Glas gezogenen Tafeltrauben können eine Berücksichtigung nicht finden, da eine praktisch durchführbare Unterscheidung zwischen diesen und den Freilandtrauben als ausgeschlossen gelten muss. Auch die verschiedene Bemessung des Zolles nach der Jahreszeit ist unzweckmässig. Überhaupt empfiehlt es sich nicht, den Begriff der Tafeltraube als Gegensatz zu denjenigen Trauben, welche zur Weinbereitung verwendet werden sollen, in den Tarif aufzunehmen, da ein praktisch durchführbarer Unterschied nicht besteht. Eine allgemeine Erhöhung des

Zollsatzes würde über den Rahmen des von den Gärtnern erstrebten Zweckes hinausgehen und zu unerwünschten Folgen führen, denn im allgemeinen würde für den deutschen Weinbau die Zucht von Tafeltrauben nicht von besonderem Werte sein. Die Rieslingtraube ist wenig dazu geeignet, findet vielmehr, da sie als Keltertraube zum grossen Teil ausser Wettbewerb steht, in voraussichtlich stets steigendem Masse ihre lohnendste Verwertung durch Kelterung.

Der Entwurf beschränkt sich darauf, für die frischen Weinbeeren den bisherigen allgemeinen Zollsatz einzustellen. Unter den ersten Absatz dieser Tarifstelle sollen in Übereinstimmung mit dem bestehenden Zustand auch diejenigen frischen Weinbeeren ohne Rücksicht auf eine etwa eingetretene Gärung fallen, welche in Fässern oder Kesselwagen eingestampft eingehen, wenn die eingestampfte Masse alle Teile der Frucht, neben dem Safte also auch noch die Kämme, Kerne und Schalen (Bälge oder Hülsen) der Trauben enthält.

Für gemostete, gegorene Weintrauben ist ebenso wie für Weinmaische, entsprechend dem Grundsatz des geltenden allgemeinen Tarifs, die Gleichstellung mit dem in Fässern oder Kesselwagen eingehenden Wein von nicht mehr als 14 Gewichtsteilen Weingeist in 100 vorgeschlagen.

Zu No. 45. · Nüsse.

Unausgeschälte unreife Nüsse sind zur Zeit zollfrei. Andere unreife, sowie nicht zubereitete reife Nüsse unterliegen einem Zoll von 4 Mark, welcher für reife Nüsse in natürlichem Zustande im Vertragswege auf 3 M. ermässigt ist. Die einfach zubereiteten Nüsse sind mit dem Zollsatz von 60 M. belastet. Diese Unterscheidung ist ohne wirtschaftlichen Wert; es ist deshalb die Zusammenziehung unter Einstellung des bisherigen Satzes des allgemeinen Tarifs vorgeschlagen.

Zu No. 46. Kern-, Stein- und Beeren-Obst.

An Obst wurden eingeführt

im Jahre	an frischem Obst	an getrocknetem usw. Obst
1894	1 160 334 dz	343 387 dz
1895	1 174 516 „	376 454 „
1896	1 056 748 „	415 057 „
1897	1 413 728 „	491 220 „
1898	1 807 954 „	576 175 „
1899	2 149 830 „	558 387 „
1900	1 871 804 „	628 073 „

Demgegenüber stellte sich die Ausfuhr im Durchschnitt der Jahre 1894—1900 bei frischem Obst auf rund 153 660 dz und bei getrocknetem usw. auf rund 1310 dz jährlich.

Im Hinblick auf die einleitenden Ausführungen (S. 132) empfiehlt sich bei Kernobst eine Scheidung zwischen gewöhnlichem Obst und sogenanntem Tafelobst. Das erstere umfasst das Wirtschafts- und dasjenige Obst, welches zur Obstweinbereitung, Branntweinbrennerei und Konservenfabrikation dient. Da derartiges Obst aus dem Auslande in der Regel

unverpackt oder nur in Säcke verpackt in Eisenbahnwagen- oder Schiffsladungen eingeht, wird es durch die vorgeschlagene Einteilung von dem
regelmässig in anderer Verpackung eingehenden Tafelobst im grossen
Ganzen gesondert. Die Beibehaltung der Zollfreiheit ist hauptsächlich
deshalb zu empfehlen, weil unsere Obsternten ungemein schwanken. Auch
in den am meisten Obstbau treibenden Gegenden Südwest-Deutschlands
kommen Jahre vor, in denen der Bedarf der Bevölkerung namentlich an
Mostobst durch Einfuhr ergänzt werden muss. In solchen Jahren dem
neuerdings mehr und mehr aufblühenden Obstverwertungsgewerbe keine
Schwierigkeit zu bereiten, liegt im besonderen Interesse der Landwirtschaft, da jenes ihr die Möglichkeit sicherer Obstverwertung gewährt.
Schon jetzt wird im allgemeinen inländisches Obst lieber aufgenommen
als ausländisches, da bei dem verhältnismässig geringen Werte der Ware
die Frachtkosten sehr ins Gewicht fallen. Käme zu diesen Frachtauslagen
noch ein Zoll, so würde das die Industrie wie den Obstverbrauch breiter
Volksschichten schwer treffen.

Anders liegt die Sache bei dem in verpacktem Zustande eingehenden
Obst. Der zollfreie Eingang wertvollerer Obstsorten erschwert eine ge-
deihliche Entwickelung des deutschen Obstbaues. Das Ausland befindet
sich in kulturtechnischer Beziehung uns gegenüber im Vorteil. Während
in Deutschland der Obstbau so gut wie ausschliesslich Kleinbetrieb ist,
bei welchem das Hauptgewicht auf möglichst grosser Mannigfaltigkeit der
Sorten liegt, hat man im Auslande vielfach einheitlichen Plantagenbetrieb
zum Zweck der Versorgung des Weltmarktes eingerichtet. Daher liefert
das Ausland gleichmässig verpackte Sendungen, wie sie der Handel verlangt. Um damit in Wettbewerb treten zu können, muss das im Inlande
gewonnene Obst erst einer Zusammenstellung nach Sorten unterzogen
werden. Der vorgeschlagene Zoll erscheint geeignet, der obstbauenden
Bevölkerung einen weiteren Anreiz zur zweckmässigen Pflege des Obstbaues zu bieten. Da die von dem Zoll betroffenen Obstsorten nicht einen
Gegenstand des Verbrauchs breiterer Volksschichten bilden, so stehen in
dieser Hinsicht der Zollbelegung Bedenken nicht entgegen.

Eine verhältnismässig höhere Zollbelastung der frischen Aprikosen
und Pfirsiche erscheint gerechtfertigt. weil diese im ganzen höherwertig
sind und im Inlande niemals Gegenstand des landwirtschaftlichen Massen-
anbaues, vielmehr stets des mit höheren Aufwendungen verbundenen
rein gärtnerischen Obstbaues sein werden. Aprikosen und Pfirsiche gehen
meist in sorgfältiger, der Eigenschaft der Ware als Luxusgegenstand entsprechender Verpackung ein.

Pflaumen, Kirschen, Weichseln und Mispeln sind nicht nur durchschnittlich weniger wert als die vorangegangenen Obstarten, sondern infolge ihrer geringen Haltbarkeit auch weniger versendungsfähig. Auch
sind sie im allgemeinen Massenerzeugnisse des ohne besondere Aufwendungen möglichen Obstbaues. Der Zollsatz kann sich daher in engeren
Grenzen halten. Der durchschnittliche Einfuhrwert wird von der Handelsstatistik für 1900 bei Zwetschen auf 6 M., bei Kirschen aller Art auf 35 M.
für 100 kg angegeben.

Zu einer Zollbelastung der Hagebutten und Schlehen, sowie des anderweit nicht genannten Stein- und Kernobstes liegen keine Gründe vor. da es sich zumeist weder um landwirtschaftlich noch um gärtnerisch gebaute Obstarten handelt.

Die Beerenkultur nimmt im gärtnerischen Betriebe eine nicht unbedeutende Stellung ein. Besondere Beachtung verdient dabei die Treiberei von Erdbeeren. Infolge der Vervollkommnung der Versendungsvorrichtungen ist es schon jetzt möglich. auch diese leicht verderblichen Früchte auf grössere Entfernung in den Verkehr zu bringen; weitere Verbesserungen sind mit Sicherheit zu erwarten. Die Frühkulturen von Erdbeeren haben schon jetzt unter dem Wettbewerb des Auslandes zu leiden. Demgegenüber empfiehlt sich die Einführung eines Zolles, der in der Bemessung auf 15 M. zur Abschwächung des ausländischen Wettbewerbs ausreichend erscheint.

Für eine Zollbelegung anderer Beerensorten liegen zwingende Gründe nicht vor.

Zu No. 47. Obst-Produkte.

Im allgemeinen lässt der Stand der Obstverwertung in Deutschland noch zu wünschen übrig. Durch das billige Angebot ausländischer Obstpräserven ist sie, namentlich als Hausbetrieb, stellenweise sogar zurückgegangen; auch die fabrikmässige Obstverwertung, die überall gute Ansätze zeigt, leidet unter ausländischem. Wettbewerb. Eine Erhöhung der Zölle auf getrocknetes, gedörrtes Obst ist geeignet, die Obstverwertung und damit den Obstbau zu fördern. Die vorgeschlagenen Zollsätze gehen über den jetzigen Satz von 4 M. in verschiedenem Masse hinaus, um den Wertunterschied zwischen den einzelnen Obstsorten besser zu berücksichtigen, als es bei dem einheitlichen Zoll von von 4 M. der Fall ist.

Durch die Unterscheidung der getrockneten Pflaumen nach Gewicht und Verpackungsart soll einerseits die Beibehaltung eines mässigen Zollsatzes für die Massenware, die handelsüblich in der im Entwurf angegebenen Aufmachung eingeht. sowie andererseits die höhere Belastung der sehr viel wertvolleren Sorten ermöglicht werden, die sich durch die Art der Verpackung als solche kennzeichnan.

Im ganzen bewegen sich die vorgeschlagenen Zollsätze für getrocknetes, gedörrtes Obst im Verhältnis zu den Durchschnittswerten der verschiedenen Obstarten innerhalb der Grenzen von 8 bis 18 vom Hundert.

Zu No. 48. Gemahlenes usw. Obst.

Das gemahlene, zerquetschte oder sonst in anderer Weise als durch Trocknen oder Dörren einfach zubereitete Obst ist zur Zeit teils mit 4. teils mit 60 M. zollpflichtig, weil die Früchte auch bei verhältnismässig einfacher Zubereitung zum Teil zu den Gegenständen des feineren Tafelgenusses gerechnet werden. Der Zoll von 60 M. erscheint unverhältnismässig hoch. Im Entwurf ist deshalb von einer Unterscheidung abgesehen und als Einheitszoll der Satz von 5 M. vorgeschlagen. Da die Handelsstatistik den durchschnittlichen Einfuhrwert auf 40,58 M. für 100 kg beziffert, macht dieser Zoll etwa 12 vom Hundert des Wertes aus.

Zu No. 49—50. Südfrüchte, auch Südfruchtschalen.

In den Tarifentwurf sind fast überall die Zollsätze des zur Zeit geltenden allgemeinen Tarifs eingestellt worden, da von keiner Seite gegen deren Höhe beachtenswerte Bedenken geltend gemacht worden sind. Soweit infolge der anderweiten Zusammenfassung der Gruppen Veränderungen gegen den bestehenden Zustand eintreten sollten, erscheinen sie durch die Gleichartigkeit der Warenwerte begründet und ohne wirtschaftliche Tragweite. Dies trifft zu bei getrockneten Datteln, welche auf die gleiche Stufe mit den Traubenrosinen (No. 52) gestellt sind, und bei Kokosnüssen, welche in die No. 56 versetzt sind, wo sie unter den Zollsatz von 4 M. fallen, während sie zur Zeit Zollfreiheit geniessen. Die Änderungen erscheinen ohne Belang für den Verbrauch. Frische Ananas sind zur Zeit zollfrei, da sie dem Obst zugerechnet werden. Eine mässige Zollbelastung empfiehlt sich schon mit Rücksicht auf die für Obst eingestellten Zollsätze. Geschält oder ohne Zucker eingekocht wird Ananas von den Konservenfabriken in grösserem Umfange bezogen; da diese Ware sich nur als Halbfabrikat darstellt, würde der in No. 216 vorgesehene Zollsatz von 60 M. sie zu hoch belasten. Sie ist deshalb, dem derzeitigen Zustande entsprechend, der No. 54 mit einem Zollsatz von 4 M. zugewiesen.

Ein Bedürfnis für die fernere Zulassung der Verzollung der frischen Südfrüchte nach der Stückzahl ist nicht mehr anzuerkennen. Die Zollfreiheit für verdorbene Früchte, die in Gegenwart der Abfertigungsbeamten vernichtet werden, ergiebt sich aus § 6, Absatz 2 des Entwurfs eines Zolltarifgesetzes.

Zu No. 58—59. Frucht- und Pflanzensäfte.

Es gehören hierher nur die uneingekochten oder ohne Zuckerzusatz eingekochten, nicht äther- oder weingeisthaltigen Säfte von Früchten (mit Ausnahme von Weintrauben) und von Pflanzen, soweit sie nicht anderweit genannt sind.

Die anderen Arten von Frucht- und Pflanzensäften finden je nach ihrer Beschaffenheit ihre Stelle bei den Erzeugnissen der Nahrungs- und Genussmittelgewerbe (zu vergl. No. 211, 212, 183).

Bei den zum Genuss dienenden Pflanzensäften der hier in Betracht kommenden Art ist für Zitronensaft und ähnliche Südfruchtsätze ein Zollsatz von 1 M. für 1 dz vorgesehen. Die Beibehaltung der Zollfreiheit scheint gegenüber der Zollpflichtigkeit der Früchte nicht angemessen. Für ungegohrene Obstsäfte ist ebenfalls eine Erhöhung des jetzt 4 M. betragenden Zollsatzes vorgesehen. Sie empfiehlt sich, weil die Herstellung ungegohrener Obstsäfte sich neuerdings auch im Inlande zu entwickeln begonnen hat. Der Zoll von 6 M. macht etwa 16 vom Hundert des Durchschnittswertes aus.

Für die übrigen zum Genuss, sowie für die zum Gewerbe- oder Heilgebrauch dienenden Säfte, soweit sie hierher fallen, wird die bestehende Zollfreiheit beizubehalten sein.

Grassamen.

In gewissen Gegenden (namentlich in Hessen) ist das Sammeln von Grassamen ein nicht unwichtiger Erwerbszweig. Im allgemeinen reicht jedoch die heimische Gewinnung zur Deckung des Bedarfs nicht aus;

auch ist es bei unseren Verhältnissen nicht leicht, gleichmässige und reine Saaten in dem Umfange, wie der Handel sie braucht und wie es für die Landwirtschaft erspriesslich ist, durch Anbau zu gewinnen. Die Einfuhr betrug im Jahre 1900 9720 Tonnen im Werte von 4.6 Millionen M.; davon kamen aus Grossbritannien 4928 Tonnen, wobei es sich um Erzeugnisse englischer Kolonien handeln dürfte, und aus den Vereinigten Staaten von Amerika 2201 Tonnen. Die Ausfuhr belief sich im Jahre 1900 auf 3516 Tonnen. Mit Rücksicht auf die nicht unerhebliche Einfuhr ist ein mässiger Zollsatz vorgesehen.

Zucker- und Runkelrübensamen.

Obwohl zur Zeit Rübensamen und namentlich Zuckerrübensamen in hervorragendem Masse ein landwirtschaftlicher Ausfuhrartikel ist, erscheint es doch nicht ausgeschlossen, dass künftig der Absatz im Auslande erschwert wird. Verschiedene fremde Staaten verlegen sich in steigendem Umfange auf die Erzeugung dieser Sämereien, und zwar vielfach auf Grundlage deutscher Züchtungen oder mit deutschem Kapital. Ein Zollsatz von 1 M. erscheint hiernach angezeigt.

Gemüse- und Blumensamen.

Grunde zur Aufhebung der bestehenden Zollfreiheit der hierher gehörigen Sämereien liegen nicht vor.

Neue und empfehlenswerte Pflanzen usw.

Asparagus Sprengeri Regel, var. falcatoides Spr.

Etwas vor Ausbruch des Krieges in Südafrika erhielt ich Samen einiger wilden Asparagus Arten, gesammelt in den Bergen von Buruman an den Grenzen des Griqualandes, nicht weit vom Orangeriver. Unter denselben fanden sich der schöne Asparagus suaveolens, welcher sich des Sommers hier mit vielen tausenden weisser, süss duftender Blätter bedeckt und ein ausserordentlich üppigwachsender Hängespargel, der von Anfang an sichtlich zu Asp. Sprengeri Regel zu gehören schien, obwohl er einige Uebergänge zu Asparagus sarmentosus zeigte und die grossen Blätter denen des Asparagus falcatus, oder auch des Duchesnei vom Congo, ähnelten. Mittlerweile aber hat die schöne Pflanze geblüht und fruktifiziert und ist somit als echter Asp. Sprengeri Regel rekognoziert worden. Ich nehme keinerlei Bedenken die Varietät als Asp. Spr. var. falcatoides folgendermassen zu beschreiben: Mattimmergrün, hängend, nicht kletternd wie falcatus und Duchesnei, mit sichelförmig gebogenen, oft bis 2 Meter langen, holzigen Zweigen, langen, schlanken Cladodien, dunkelgrünen, sehr langen und schmalen, wenig sichelförmig gebogenen Blättern, einzeln, bis zu 5 oder 6, mit dem charakteristischen Mittelnerv, kurzen graden Dornen unterhalb der Cladodien, lockeren Trauben, weisser wohlriechender Blüten im Juli und sehr grossen scharlachrothen, leuchtenden Beeren, welche hier diesen Winter im Freien im Januar reiften. Die Samen sind kugelrund, meist einzeln, seltener zu zweien und dann an einer Seite abgeplattet wie die Kaffeebohne. Sie keimen leicht und geben vollkommen konstante Pflanzen. Diese sehr schöne Form ist der Kiese aller Ampelpflanzeu und von grosser Schönheit im Schmucke seiner leuchtenden Beerenfrüchte. Die langen, wundervoll lockeren und herrlich grünen Zweige geben das Non plus ultra für grosse Vasen und Tafeldekorationen und übertreffen in dieser Hinsicht die typische Art. Die Pflanze ist zudem womöglich noch widerstandsfähiger als der Typus, der indessen ebenfalls hier vollkommen winterhart ist und seine Früchte bei mir des Winters 260—270 Meter über dem Meer vollkommen reift.

C. Sprenger, Vomero-Napoli.

Kleinere Mitteilungen.

Berichtigung.

In Heft 5 der Gartenflora, Seite 120 und 121, wird verschiedene Male die Himbeere „Falstaff" erwähnt. Herr Garteninspektor Maurer, Jena, hat kürzlich in Möllers Deutsch. Gärtnerztg. nachgewiesen, dass die richtige Schreibweise der bekannten Himbeersorte „Fastolf" ist, nicht „Fastolff", wie gewöhnlich üblich und wie auch im Illustr. Handb. unter Himbeere No. 6 angegeben, und auf keinen Fall „Falstaff".

H. Jensen, Baumschulenweg.

Nibelungen-Ring-Spritze.

Die gewöhnlichen Blumen- und Gewächshausspritzen verteilen die Flüssigkeit durch eine mit Löchern versehene Metallplatte. Je dicker, also dauerhafter die Platte ist und je feiner die Löcher sein sollen, um so schwieriger ist die Herstellung und um so leichter tritt Verstopfung ein. Die Reinigung der Löcher durch Aufbohren ist aber nur unter Erweiterung ihres Durchmessers zu bewerkstelligen.

Die Firma Oehme & Weber, Leipzig, Blücherstrasse 11, bringt eine neue, in Deutschland und im Auslande patentierte „Nibelungen-Ring Spritze" in den Handel, bei der diese Nachtteile vermieden sind. Diese Spritze trägt als Zerstäuber keine durchbohrte Platte, sondern ein System ineinanderliegender, konischer Ringe, die an ihrer Aussenseite Einschnitte tragen und durch eine zentrale Schraube zusammengehalten werden. Diese Einschnitte können in jeder beliebigen Feinheit, viel feiner als Löcher durch Bohrung hergestellt werden, sodass eine nebelartige Zerstäubung erzielt werden kann, was namentlich bei der Vertilgung von Insekten durch Tabakslauge etc. sehr wichtig ist. Es wird dadurch auch eine Verschwendung der Sprengflüssigkeit vermieden. Um den Zerstäuber zu reinigen, hat man nur die Schraube zu lösen und die Ringe etwas abzubürsten. — Dem Hauptübelstande der grösseren feinlöcherigen Spritzen, dem zeitraubenden, langsamen Einsaugen der Flüssigkeit ist in sinnreicher Weise durch Einsatz eines Kegel-Saug-Ventils abgeholfen. — Nach demselben System wie die Spritzen fertigt die Firma auch Rasensprenger, Fontänenaufsätze, Zerstäuber für Schlauchansätze, Douchen usw. an, und haben alle diese Erzeugnisse durch die Solidität des verwendeten Materials und die Gediegenheit der Arbeit überall grossen Beifall gefunden.

Apfelsinen- und Zitronenmessen in Kalifornien.

Die Apfelsinen- und Zitronenzucht in Kalifornien giebt in jedem Jahre Veranlassung zum Abhalten grossartiger Messen, die eine der wesentlichsten Merkwürdigkeiten des Landes ausmachen. Diese Messen werden in der Regel im April in einer der bedeutendsten Städte des Staates abgehalten. Selbstverständlich verfehlen die angeseheneren Züchter des Landes nicht, sich zur rechten Zeit am rechten Orte einzustellen. Bei diesen Gelegenheiten denken der Handelstrieb und der Reklamesinn der Yankees natürlich allerlei Schnurrpfeifereien aus. So hatte einer eine riesenhafte Zitrone ausgestellt, die aus 3000, an einem Gerüst von geeigneter Gestalt befestigten Apfelsinen bestand. Ein anderer Aussteller hatte eine Säule von mehreren Metern Höhe errichtet. Auf anderen derartigen Messen sah man ein Fort, eine Krone, ein 4 Meter langes und 9 Meter hohes Schulgebäude von mehreren Stockwerken, das inwendig mit elektrischer Beleuchtung versehen war, ferner eine riesenhafte Hohlkugel, aus nicht weniger als 10000 Stück Apfelsinen und Zitronen. Als letztes Wunderwerk sei noch eines Fahrzeuges gedacht, einer Art von Omnibus mit zwei Pferden davor, Wagen und Gäule waren aus Apfelsinen zusammengesetzt. Die ungeheuere Menge von Apfelsinen und Zitronen, die bei einer einzigen Messe zusammengebracht wird, ist weniger erstaunlich, wenn man weiss, dass es im Staate Kalifornien gegenwärtig gewiss mindestens 20 Millionen Orangen- und Zitronenbäume giebt und dass in jedem Jahre mindestens 15 000 Wagen jener Früchte verladen werden. Diese umfassen verschiedene Spielarten, und von Apfelsinen ist die verbreitetste der „Nabel von Washington", eine grosse, saftige, kernlose Frucht, die aus Brasilien eingeführt ist. Man findet auch aus den Küstenländern des Mittelmeeres stammende Sorten, die „süsse Saint-Michel", die Orange von Valencia, von Tanger, von Malta, die Blutapfelsinen usw. Bei der grossen Menge dieser Früchte werden sie bis auf die Antillen ausgeführt.

Prinz Heinrich in Amerika.

New-York, 10. März. (Laffan Meldung.) Das gestrige Mahl im Hause Cornelius Vanderbilts war das grösste Ereigniss unter den vom Prinzen Heinrich besuchten gesellschaftlichen Veranstaltungen in Privathäusern. Der Saal, in dem sich 52 Gäste eingefunden hatten, war in reichen Blumenschmuck gehüllt, zu dem eine Fülle von weissen und rosafarbenen Kamelien verwandt worden war; an jeder elektrischen Lampe hing ein Büschel Akazienblüthen. Beim Eintreten schritten die Gäste durch eine Gasse von blühenden Pflanzen und Rosen. Auf der Tafel des Prinzen Heinrich, die im Wintergarten aufgestellt war, waren American Beauty-Rosen und Frühlingsblüten aufgehäuft. Die Wände waren bis zur Decke mit Azaleen, Rosen, Akazienblüten und tropischen Ranken bedeckt.

Litteratur.

Den Obstbau schädigende Pilze und deren Bekämpfung von Ph. Held, Kgl. Garteninspektor. Preis 2 M. Verlag von Trowitzsch & Sohn, Frankfurt a. O.

Mit dem Erscheinen dieses 57 Seiten starken Büchleins, welchem nach der Art älterer Gartenbücher hinten in einer Tasche zwei grosse Bogentafeln mit farbigen Abbildungen beigefügt sind, scheint meinem Empfinden nach, d. h. nach dem, was ich Praktikern in Gesprächen über fehlende Sachen in unserer Gartenbaulitteratur abgelauscht habe, einem wirklichen Bedürfnis entsprochen zu sein.

Hat der deutsche Obstzüchter schon mit Arbeiten in kultureller Hinsicht genug zu thun, wird seine ganze Kraft schon dadurch in Anspruch genommen, dass er sich bei reichen Obsternten konkurrenzfähig erhalten muss, so ist für ihn das Auftreten von Schmarotzern, die den Erfolg so vieler Mühe und Arbeit zu vernichten drohen, das reine Schreckgespenst.

Vorliegendes Buch giebt nun in kurzer und doch klarer Weise Aufschluss über die Ursachen der Erkrankung aller Obstsorten an pflanzlichen Parasiten.

Ferner sind Mittel angegeben, dem Auftreten dieser Parasiten vorzubeugen, wie auch Mittel zur Bekämpfung bereits vorhandener Schmarotzer.

Wenn dem praktischen Obstzüchter auch längst klar ist, dass die Unterdrückung gewisser Schmarotzer, weil mit zu grossen Kosten verknüpft, in grossen Beständen ganz unmöglich ist, so muss aber gerade die Art und Weise, wie der Verfasser dieses Buches die Vorbeugemittel hervorhebt, welche sich auch auf Vermeidung des Anpflanzens gewisser Sorten beziehen, dem Obstzüchter Vertrauen und Mut einflössen, den Kampf gegen die Parasiten aufzunehmen.

Ganz abgesehen von dem praktischen

Werte des Buches, möchte ich nicht verfehlen, darauf hinzuweisen, dass es wohl Pflicht jedes Obstzüchters und Gärtners sein dürfte, sich über die Ursache des Auftretens der Obstparasiten und deren Vertilgung im Interesse der Allgemeinheit zu belehren, wozu dieses Buch in seiner harmonischen Verbindung der belebenden Praxis mit der Theorie, welch letztere uns leider noch allzuhäufig zu wissenschaftlich vorgesetzt wird, in anregender Weise beitragen wird, umsomehr, da die beigefügten guten natürlichen Abbildungen der pflanzlichen Obstparasiten uns befähigen, dieselben bei unseren Arbeiten im Obstgarten leicht und sicher kennen zu lernen. Amelung.

Gewerbliche Angelegenheiten.

Die Gärtnerei ist kein Handwerk.

Der Minister für Handel und Gewerbe hat unter dem 20. Januar in einem Erlasse an die Regierungspräsidenten verfügt:

„Es entspricht nicht der geschichtlichen Entwickelung und der Verkehrsauffassung, die Gärtnerei, selbst wo sie einen rein gewerblichen Charakter gewonnen hat, als Handwerk anzusehen. Die Inhaber gewerblicher Gärtnereien können daher wohl zu freien Innungen zusammentreten, dagegen ist für sie die Errichtung von Zwangsinnungen nicht zulässig. Ebensowenig unterstehen die Gärtnereibetriebe und Gärtnerinnungen der Handwerkskammer, daher kommt für sie auch die Bildung von Prüfungsausschüssen und Prüfungskommissionen, der Erlass von Gesellen- und Meisterprüfungsordnungen nicht in Frage. Demgemäss sind etwa gebildete Prüfungsausschüsse aufzulösen und etwa erlassene Gesellen - Prüfungsordnungen zurückzunehmen."

Damit ist die Angelegenheit im Sinne des Verbandes der Handelsgärtner erledigt. Abzuwarten bleibt jedoch noch, ob die Gärtnerei offiziell der Landwirtschaft zugezählt wird.

Aus der Zolltarif-Kommission.

Für die Gruppe Küchengewächse, die nach der Vorlage in frischem Zustande zollfrei sein sollen, sind Erhöhungsanträge gestellt: die Abgg. Gäbel (Refp.), Graf Kanitz (kons.), v. Kardorff (Rp.), Dr. Paasche (natl.), Rettich (kons.), Frhr. v. Wangenheim (kons.) beantragen für Pos. 33: Rotkohl, Weisskohl, Wirsingkohl, Knollensellerie, Zwiebeln 2,50 Mk. und für andere frische, zum Beispiel Artischocken, Blumenkohl (Karviol), Speisebohnen und Erbsen, auch in Hülsen, Endivien, Gurken-, Kopfsalat, Melonen, Radieschen, Spargel etc. in der Zeit vom 1. Dezember bis einschliesslich 30. Juni 50 Mk., vom 1. Juli bis einschliesslich 30. November 4 Mk., für Pos. 35 Chapignons in Salzlake (statt 10 Mk. der Vorlage) 50 Mk., Küchengewächse der Pos. 36 (statt 10 Mk. der Vorlage) 62,50 Mk. Dagegen wollen die Abgg. Gamp (Rp.), Dr. Heim (Z.), Herold (Z.), Graf Schwerin (k.) für Pos. 33 folgende Teilung der Sätze: Rotkohl, Weisskohl, Wirsingkohl 2,50 Mk.; Knollensellerie, Zwiebeln 4 Mk., andere 10 Mk. Erstere Gruppe Abgg. Gäbel u. Gen. wollen für Cycasstämme ohne Wurzel und Wedel (Vorlage frei), für Lorbeerbäume (Vorlage 3 Mk.) und andere (Vorlage 6 Mk.) gleichmässig 15 Mk. Zoll; für Blumenzwiebeln in der (Vorlage frei) 7,50 Mk.[*) — Blumen, Blüten zu Binde- und Zierzwecken in der (Vorlage frei) 2 Mk., — Blätter, Gräser (Vorlage frei) 75 Mk.; — und endlich für Cycaswedel (Vorlage 20 Mk.) 250 Mk.

*) Die Schweiz will 50 Frcs. Zoll für Blumenzwiebeln. L. W.

Aus den Vereinen.

Sitzung der ver. Ausschüsse für Gehölz- und Obstzucht am 14. Nov. 1901.

Verlesen wird das Protokoll vom 18. April.

Herr Stadtrat Töbelmann bemerkt zu dem darin besprochenen Frostschaden, dass in Scharbeutz bei Lübeck in seinem Villengarten nichts erfroren sei. Das müsse die Folge der Seeluft sein.

Herr Mehl: Bei mir sind Lathyrus latifolius fl. albo mit dicken Wurzeln alle erfroren.

Herr Mende: Die Nielrosen sind in Blankenburg nicht erfroren, weil sie mindestens 10 cm mit Torf und Sand bedeckt waren.

Bezüglich der Etiketten bemerkt Herr K. Garteninspektor Weber, dass die Elfenbeinetiketten sich auf die Dauer nicht bewähren.

Sie zerfallen wie morsches Holz. Dagegen sind Zinketiketten unverwüstlich.

Herr St.-R. Töbelmann benutzt als vorläufige Etiketten gut geleimtes Papier, mit Bleistift beschrieban, zusammengerollt und mittelst Bindfaden angebunden.

Herr Brettschneider: Herr Druschky nagelt an seine Rosen Kartons mit gedruckten Namen. Herr Mehl: Bei Herrn Tornow waren s. Z. Etiketten aus sog. chines. Baumwollpapier.

Herr Weiss: Im Viktoriapark und im Humboldthain ist Anemone japonica Honorine Jobert erfroren und viele andere Stauden auch, dagegen Ligustrum ovalifolium nicht.

Ein Gutes aber hat der strenge Winter gehabt, er hat die Gänseblümchen auf dem Rasen getötet.

III Herr Mende legt vor: Winter-Goldparmänen, welche die Potsdamer Ausstellung durchgemacht haben. Eine grosse Anzahl war damals noch grün, jetzt sind sie herrlich gelb und rot gefärbt. Ein etwas grünlicher Schein am Stielende ist auch vorhanden und das ist, wie Herr Stadtrat Töbelmann bemerkt, das beste Kennzeichen für die Winter-Goldparmaene.

2. Adams Parmaene (hat etwas Aehnlichkeit mit Cox Orange Reinette), Dezember-März. Sie wird in Süddeutschland sehr empfohlen, bei uns wächst der Baum aber schwach. Die Früchte sind nur im warmen Sommer gut, sonst schrumpfen sie.

Die Frucht ist vorzüglich, aber sie verlangt guten Boden.

Herr Brettscheider: Der Baum wächst sehr „schleuderig" und braucht viel Platz.

Die Früchte sitzen immer nur einzeln.

Herr Stadtrat Töbelmann: Die Adams-Parmäne wird von den Pomologen über Gebühr gelobt, sie bringt zu wenig.

3. Cox Orange Reinette.

Dieser ist einer der feinsten Aepfel.

Herr L. Wittmack fragt nach dem pomologischen Namen der Birne „Kaiserkrone". Es ist Bosc's Flaschenbirne.

Uebrigens wird auch die Prinzessin Marianne als „Kaiserkrone" oder „Kleine Kaiserkrone" verkauft. Diese ist früher. Wenn unsere Bosc's Flaschenbirne vorüber, kommt aus Hamburg etc. die „Doppelt Wrist"-Birne, auch eine Form der Bosc's Flaschenbirne.

IV. Vorgezeigt wurde das mit dem Wertzeugnis gekrönte Rhododendron Griffithii × R. arboreum, gezogen von Herrn Oberg. Schultz, Kgl. Pozellan Manufaktur.

V. Die Ursache des frühen Faulens des Obstes in diesem Jahre.

Herr Mehl ist auch der Meinung, dass der trockene Sommer die Ursache sei.

Es ist dann wieder Regen gefallen und die Früchte haben wieder angefangen zu wachsen. Dann aber wurden die Zellen nicht ganz reif.

Frühes Obst soll man früh pflücken, spätes möglichst spät. Die Birne Neue Poiteau ist Hrn. Mehl gefault, dagegen ist ein Exemplar, das zufällig noch am Baum geblieben, noch jetzt ganz hart.

Herr Mende: Das in Blankenburg früh abgenommene und in kühlen Kellern aufbewahrte Obst hat sich gut gehalten. In Potsdam war es im Orangeriehaus glühend heiss, daher das schnelle Verderben.

Auch in der Markthallen-Zeitung sagt ein Händler: Ein heisser Tag bewirkt schnelles Faulen des Obstes.

Wenn vereinzelt im September nur 4 Grad Wärme sind, hält sich das Obst gut, selbst auf einem Boden.

Herr Mende verliesst seinen Aufsatz aus der „Gartenflora", in welchem die hohen Temperaturen Ende September und Anfang Oktober mitgeteilt sind.

Herr Brettschneider erklärt, dass er ganz die Ansicht des Herrn Mende teile. Es hat die Wärme noch bis lange in den Oktober hinein angedauert. Wenn man der Theorie folgt, dass zu einer Entwickelung einer Frucht eine bestimmte Wärmesumme nötig ist, so ist klar, dass diese Summe in diesem Jahre eher erreicht wurde. Das Obst ist also früher reif geworden und fault daher auch eher.

Auch die Gehölze baben in Folge der hohen Wärme ihr Holz eher ausgereift, aber nachfolgende Regen hat dann die Knospen wieder zur Weiterentwickelung gebracht, z. B. bei Spiraea sorbifolia.

Herr Stadtrat T ö b e l m a n n: Bei mir ist nicht viel Obst gefault. Nur mitunter zeigt sich ein weisser Punkt (Stich von einem Tier?), von dem die Fäulnis ausging, so z. B. beim London Pepping.

In Scharbeutz ist die Vegetation auch früh abgestorben.

Herr M e n d e: Solche weissen Punkte fand ich Anfang September bei der Birne Jules Guyot. Es zeigte sich, dass darin eine kleine, winzige, weisse Made mit schwarzem Kopf sass.

Diese Erscheinung soll im Jahre 1902 weiter verfolgt werden.

Herr W e i s s: An einigen Goldparmänen, die im Schatten stehen, blieb die Frucht ganz grün, und sie sind auch heute noch grün und faulen nicht. Ich kann nicht so sehr über Fäulnis klagen. Der rote Stettiner ist bei mir auch grün abgenommen und hält sich gut.

Herr M e n d e empfiehlt, bessere Obstkeller zu benutzen, wie das in Frankreich geschieht. Sie müssen aber nicht zu trocken sein, eher etwas feucht.

Herr B r e t t s c h n e i d e r: In Frankreich hatte man früher und wohl auch heute noch oft auf dem Felde eine Hütte, d. h. ein Holzgestell, mit Rohr gedeckt und verkleidet, wie unser Eiskeller, in welcher das Obst aufbewahrt wird und sich vortrefflich darin hält.

Herr Garteninspektor W e b e r: Ganz entschieden fault das Obst in diesem Jahre mehr als je. Auch die Händler klagen z. B. Herr K ü h n e in Köpenick. Auch Dauerobst fault schon. Ein Apfel, der früh gepflückt wird, erhält nicht so gutes Aroma, wie ein später gepflückter. In diesem Jahre trocknen Druckstellen nicht ein, wie sonst meist, sondern sie faulen.

Die italienischen Aepfel sind fast alle mit Druckstellen behaftet, aber bei diesen trocknen sie meist ein.

Herr Stadtrat T ö b e l m a n n: In Italien wird das Obst vielfach schlecht behandelt, aber faule Exemplare sieht man dort selten, wahrscheinlich weil die Aepfel reifer geworden sind. Der Zucker ist ein Konservierungsmittel. Sie welken dort auch nicht so. Eigentlich müsste unser Obst sich auch dies Jahr besser halten, weil es reifer geworden ist.

Herr M e n d e: Während der Ernte hatten wir viel feuchte Wärme, daher wohl die Fäulnis.

Herr W e b e r: Ich pflücke mein Obst, wenn es Zeit ist, einerlei ob es regnet oder nicht. Aber kühle und frische Luft erhalten das Obst am besten. Ich mache sehr viel Zugluft.

Verlesen wird ein anscheinender Scherzartikel gegen den Obstbau aus „Der neue Alb-Bote".

Herr M e n d e bemerkt, dass in Amerika in diesem Herbst nur 50 pCt. des Obstes geerntet sind und dass es wohl noch von Europa wird beziehen müssen. Die hiesigen Händler sind darüber gut unterrichtet.

Auf den Rieselfeldern von Berlin sind 2000 Zentner (à 50 kg) geerntet, die mit ca. 11 M. bezahlt wurden. Die Obsthändler hoffen auf einen guten Export und das Obst wird wohl zu Weihnachten sehr teuer werden.

In Amerika erheben sich Stimmen gegen die geplante Unterstützung des Obstexportes.

Verlesen wird ein Aufsatz über Konservirung der Wassermelone in Rumänien (siehe Gartenflora 1902, Heft 1, Seite 48).

Herr M e h l: Die sogen. Melonen-Kürbisse halten sich bis Weihnachten und das dann daraus bereitete Kompott hält sich ebenfalls sehr lange.

Herr W e b e r: Birnen halten sich über der Erde besser als im Keller.

Herr B r e t t s c h n e i d e r empfiehlt, dass auch bei den Monatsausstellungen ein Ordner ernannt werde, der den Herren die Plätze anweist.

Herr M e n d e bittet die Gegenstände einige Stunden vorher auszustellen

Eingesandte Preisverzeichnisse.

Alexis Dallière, Chaussée de Bruxelles, Gand (Belg.). Palmen, Orchideen, Anthurium, Bromeliaceen. — Lacroix Ernest, 9 rue Titon, Chalons-sur-Marne, France. Porte-fraises fleurs et plantes (Erdbeerträger aus Eisendraht mit 3 Füssen und Ring mit 1 Haken, alles aus 1 Stück). — Herrmann Woith, Böttchermeister, jetzt Berlin NW., Alt-Moabit 98. Berliner Spezial-Fabrik für Pflanzenkübel. — Otto Froebel, Zürich V. Vollständige Liste der dieses Frühjahr abgebbaren Alpenpflanzen und winterharten Freilandstauden. — Jul. C. Erdmann, Arnstadt in Thüringen, Hoflieferant. Spezial-Preisliste über Stauden, Nelken etc. — Repenning u. Taxer, Baumschulen, Kiel. Preisverzeichnis für Handelsgärtner. — H. Wrede, Hoflief., Lüneburg. Spezial-Kultur von Viola tricolor maxima. — A. Metz & Co., Berlin W., Bülowstr. 57. Land-Sämereien. — Pinehurst Nurseries (Otto Katzenstein, Manager) in Pinehurst, North Carolina U. S. Engros-Katalog von Baumschulartikeln und Samen. Aufgeklebt auf dem Katalog ist ein Stück der korkigen Rinde von der durch unsern Landsmann Purpus entdeckten Abies arizonica Merriem, der Kork-Silbertanne. — C. von der Smissen, Steglitz-Berlin. Preisliste Nr. 78. Cyclamen-Sämlinge, Gladiolen, Lilien, Canna, Dahlien. — Derselbe, Nr. 90 Gartengeräte, darunter Tigerhacke und Planet unior.

Personal-Nachrichten.

Herr Emil Neubert Hamburg, der jetzt 25 Jahre Mitglied des Verwaltungsrates des Gartenbauvereins für Hamburg-Altona und Umgegend ist und am 10. März seinen 70. Geburtstag feierte, ist zum Ehrenmitglied des genannten Vereins erwählt worden Emil Neubert gehört zu den hervorragendsten deutschen Gärtnern, der sein Geschäft im grossen Stile einrichtete und sich dabei auf gewisse Spezialitäten legte. Ganz besonders hervorragend waren seine Leistungen in Clivia (Imantophyllum) miniata, und wir haben in unserem Zimmer noch ein eingerahmtes Bild einer Gruppe seiner Clivien in 26 eigenen Züchtungen aus dem Jahre 1886. Sein Sohn Woldemar Neubert setzt das Geschäft in noch grossartigerer Weise fort.

Gleichzeitig mit Herrn Emil Neubert ist auch L. Wittmack, Berlin, als geborener Hamburger, zum Ehrenmitgliede des Gartenbauvereins seiner Vaterstadt erwählt worden.

Tagesordnung
für die
893. Versammlung des Vereins z. Beförderung d. Gartenbaues i. d. preuss. Staaten
am Donnerstag, den 20. (nicht 27.) März 1902, abends 6 Uhr,
in der Königlichen landwirtschaftlichen Hochschule, Invalidenstrasse 42.

I. Ausgestellte Gegenstände. (Ordner: L. Wittmack.) II. Vortrag des Herrn Dr. Walter Busse, Botaniker am Kaiserl. Gesundheitsamt und Privatdozent an der Universität: **Landschafts- und Vegetationsbilder aus Deutsch-Ostafrika.** Mit Lichtbildern. III. Die Ausstellung im Zoologischen Garten. IV. Verschiedenes.

Zu dieser Versammlung werden auch die verehrten Damen ganz besonders eingeladen. Gäste willkommen.

Es wird ersucht, die auszustellenden Gegenstände möglichst vorher dem General-Sekretariat anzumelden. Um zahlreiche Einsendungen wird gebeten.

Die Bibliothek des Vereins ist Montags und Donnerstags von 5—8 Uhr geöffnet (Invalidenstr. 42, Hof, Portal 8, I).

Für die Redaktion verantwortlich Geh. R. Prof. Dr. Wittmack, Berlin NW., Invalidenstr. 42. Verlag von Gebrüder Borntraeger, Berlin SW. 46, Dessauerstr. 29. Druck von A. W. Hayn's Erben, Berlin.

1. April 1902.   Heft 7.

GARTENFLORA

ZEITSCHRIFT

für

Garten- und Blumenkunde

(Begründet von **Eduard Regel.**)

51. Jahrgang.

Organ des Vereins zur Beförderung des Gartenbaues in den preussischen Staaten.

Herausgegeben von

Dr. L. Wittmack,

Geh. Regierungsrat, Professor an der Universität und an der Kgl. landwirtschaftl.
Hochschule in Berlin, General-Sekretär des Vereins.

Hierzu Tafel 1497.

Allamanda cathartica L.

Berlin 1902
Verlag von Gebrüder Borntraeger
SW 46 Dessauerstrasse 29

Erscheint halbmonatlich. Preis des Jahrganges von 42 Druckbogen mit vielen Textabbildungen und
12 Farbentafeln für Deutschand und Oesterreich-Ungarn 12 Mark, für die übrigen Länder des Weltpostvereins 15 Mark. Zu beziehen durch jede Buchhandlung oder durch die Post (Zeitungsverzeichnis
No. 2819.

Allamanda cathartica L.

(Hierzu Tafel 1497.)

Im Illustrierten Gartenbau-Lexikon 3. Aufl. finden wir über die Gattung Allamanda vom Kgl. Garteninspektor Mönckemeyer, Bot. Garten, Leipzig, folgendes bemerkt:

Allamanda L. (nach Dr. F. Allamand; in der zweiten Hälfte des 18. Jahrhunderts Professor der Naturgeschichte in Leiden) Familie Apocynaceae, Bäume oder kletternde Sträucher des tropischen Amerika, mit meist quirl- oder gegenständigen Blättern; Blüthen gross. an den Zweigenden, locker traubig, gelb oder violett. A. nobilis Th Moore hat goldgelbe, am Grunde jedes Zipfels blassgefleckte Blumen; A. grandiflora Paxt. hat grosse schlüsselblumengelbe Blüten und A. cathartica L., ein bis 6 m hoher Schlinger, hat ebenfalls grosse, gelbe Blüten in endständigen Trugdolden. Von ihren Varietäten zeichnen sich var. Hendersonii hort. und Williamsii hort. durch geringere Grösse aus, wodurch sie auch für kleinere Warenhäuser geeignet sind. Die A. lieben nahrhafte Erde, Luft und Licht und in der Triebzeit viel Wasser. Am besten gedeihen sie ausgepflanzt. Vermehrung durch Stecklinge, schwer wachsende pfropft man auf A. Schottii Pohl.

Wir geben nach K. Schumann (in Engler & Prantl Natürl. Pflanzenfamilien IV., 2 p. 127) die Diagnose der Gattung Allamanda gekürzt wieder:

„Kelch nicht klein, mit zugespitzten Zipfeln. Blume glockig trichterförmig mit kurzer zylindrischer Grundröhre und erweiterter Oberröhre, Zipfel gross und breit, links deckend. Staubbeutel am Schlunde der Grundröhre befestigt. Diskus (Scheibe um den Fruchtknoten) ringförmig, ganz oder gelappt. Fruchtknoten 1fächerig mit vielen Samen. Griffel kurz, keulenförmig, mit zylindrischem Narbenkopf, der unten einen ganzen, oder fünflappigen Hautsaum bildet, oben in einen zweilappigen Kegel ausgeht. Frucht eine stachelige zweiklappige Kapsel. Samegeflügelt. — Blüten in dichasialen (gabeligen) Verbänden.

Etwa zwölf Arten, hauptsächlich in Brasilien. — Die verbreitetste Art, welche eine ausserordentliche Mannigfaltigkeit der

Ga..'en f

Allamanda cathartica L.

(Hierzu Tafel 1497.)

Im Illustrierten Gartenbau-Lexikon 3. Aufl. finden wir über die Gattung Allamanda vom Kgl. Garteninspektor Mönckemeyer, Bot. Garten, Leipzig, folgendes bemerkt:

Allamanda L. (nach Dr. F. Allamand, in der zweiten Hälfte des 18. Jahrhunderts Professor der Naturgeschichte in Leiden) Familie Apocynaceae, Bäume oder kletternde Sträucher des tropischen Amerika, mit meist quirl- oder gegenständigen Blättern; Blüthen gross, an den Zweigenden, locker traubig, gelb oder violett. A. nobilis Th Moore hat goldgelbe, am Grunde jedes Zipfels blassgefleckte Blumen; A. grandiflora Paxt. hat grosse schlüsselblumengelbe Blüten und A. cathartica L., ein bis 6 m hoher Schlinger, hat ebenfalls grosse, gelbe Blüten in endständigen Trugdolden. Von ihren Varietäten zeichnen sich var. Hendersonii hort. und Williamsii hort. durch geringere Grösse aus, wodurch sie auch für kleinere Warenhäuser geeignet sind. Die A. lieben nahrhafte Erde, Luft und Licht und in der Triebzeit viel Wasser. Am besten gedeihen sie ausgepflanzt. Vermehrung durch Stecklinge, schwer wachsende pfropft man auf A. Schottii Pohl.

Wir geben nach K. Schumann (in Engler & Prantl Natürl. Pflanzenfamilien IV., 2 p. 127) die Diagnose der Gattung Allamanda gekürzt wieder:

„Kelch nicht klein, mit zugespitzten Zipfeln. Blume glockig trichterförmig mit kurzer zylindrischer Grundröhre und erweiterter Oberröhre, Zipfel gross und breit, links deckend. Staubbeutel am Schlunde der Grundröhre befestigt. Diskus (Scheibe um den Fruchtknoten) ringförmig, ganz oder gelappt. Fruchtknoten 1fächerig mit vielen Samen. Griffel kurz, keulenförmig, mit zylindrischem Narbenkopf, der unten einen ganzen oder fünflappigen Hautsaum bildet, oben in einen zweilappigen Kegel ausgeht. Frucht eine stachelige zweiklappige Kapsel. Samegeflügelt. — Blüten in dichasialen (gabeligen) Verbänden.

Etwa zwölf Arten, hauptsächlich in Brasilien. — Die verbreitetste Art, welche eine ausserordentliche Mannigfaltigkeit der

Formen besitzt, ist A. cathartica L., von Brasilien bis West-
indien."

Den Speziesname cathartica führt die Pflanze, weil das Kraut ab-
führend wirken soll.

Unsere Abbildung ist von Frau Schellbach-Amberg nach einem
Blutenzweige gemalt, den Herr Kgl. Garteninspekter Weidlich aus dem
Borsigschen Garten im Ver. z. B. d. G. am 31. Oktober 1901 ausstellte.
(Gartfl. 1901 S. 596). Wie Herr Weidlich damals bemerkte, eignet sich
dieses schlingende Gewächs, das oft 4—5 qm bedeckt, sehr gut für
grosse hohe Warmhäuser. Die Blüten halten sich abgeschnitten 4—5
Tage frisch und die nächste Knospe blüht noch im Wasser auf. Für die
Binderei sind sie ebenfalls zu verwenden, z. B. zur Garnierung von Korb-
henkeln. Die Pflanze ist anspruchslos in der Kultur und braucht im
Topf 3 Jahre bis zur Blüte.

Zum Schlusse sei bemerkt, dass die Gattung Allamanda ganz nahe
verwandt ist mit den Kautschuk liefernden Lianen in Afrika, den Lan-
dolphien. — Dass im übrigen unser Immergrün, Vinca minor, ferner der
Oleander, Nerium Oleander, die herrliche Stephanotis floribunda, die
Plumiera und viele andere schöne Zierpflanzen auch zu der Familie der
Apocynaceen gehören, ist bekannt.

Über die Verbreitung und das Vorkommen von Spaerotheca mors-uvae (Schw.), dem Stachelbeer-Meltau, in Russland.

Von P. Hennings.

Sphaerotheca mors uvae (Schw.) B. u. C. ist in Nordamerika
auf Beeren verschiedener Grossularia-Arten verbreitet und als
„Gooseberry-Mildew" bekannt. Im August 1900 wurde dieser schädliche
Pilz zuerst in Irland in Gärten von Whitehall, Ballymena, Co. Autrim
auf zahlreichen Stachelbeersträuchern beobachtet und hierüber von Herrn
E. S. Salmon in Kew im Journ. of the Roy. Horticultural Societ. 1900
S. 9—11 berichtet und Abbildungen des Pilzes gegeben. Die gleiche
Mitteilung wurde vom Verfasser ebenfalls in der Zeitschr. f. Pflanzen-
krankheiten, Bd. XI, 1901, Heft 2—3 publiziert. Der Verfasser nimmt
an, dass die Krankheit höchstwahrscheinlich aus Nordamerika einge-
schleppt worden sei und sich voraussichtlich auch auf andere Teile
Europas ausbreiten werde.

Vor einigen Tagen erhielt ich aus Russland, Gouvernement Moskau, Gut Michailowskoje, von Herrn N. A. Mossolow unter zahlreichen anderen Pilzen Stachelbeeren, welche von einer Erysiphee befallen waren, zur Bestimmung übersendet. Es ergab sich schon auf den ersten Blick, sowie später durch Vergleich mit Spaerotheca mors-uvae aus Nordamerika und Irland, dass hier der gleiche Pilz vorliegt. Derselbe tritt anscheinend epidemisch auf kultivierten Stachelbeeren auf. Eine Einschleppung des Pilzes aus Nordamerika oder aus anderen Gebieten hat zweifellos nicht stattgefunden, sondern es ist dieser Pilz jedenfalls in Russland heimisch.

Bereits in A Monograph of the Erysiphaceae, New-York 1900, S. 71 stellt Herr E. Salmon als Synonym zu obiger Art Spaerotheca tomentosa Otth (= Sph. gigantasca) Sorck. et Thüm., welcher Pilz auf verschiedenen Euphorbia-Arten in Russland, Schweiz, Oesterreich-Ungarn, angeblich auch in Deutschland und in Dänemark verbreitet ist. Diese Art tritt nun besonders auf verschiedenen Euphorbien in Russland auf, und ist derselbe in der That von Spaerotheca mors-uvae (Schw.) morphologisch nicht unterscheidbar. Es scheint sich hier also um eine Anpassungsform zu handeln, welche zweifellos weitere Verbreitung besitzen dürfte, als bisher angenommen worden ist. In Nordamerika tritt der Pilz besonders auf dort heimischen Arten der Grossularia-Gruppe auf, kommt aber nach Salmon auch auf kultivierter Ribes Grossularia, sowie auf R. rubrum vor. In Irland und Russland ist diese Form bisher nur auf kultivierten Stachelbeerarten beobachtet worden. Uebersandte Stachelbeeren sind vollständig mit dem rostbraunen Mycel, welches aus $3\frac{1}{2}-5\,\mu$ dicken, braunen, einfachen oder verzweigten Hyphen besteht, überzogen und finden sich zwischen diesen kugelige, dunkelbraune, $90-100\,\mu$ grosse Perithecien,„ welche nur einen eiförmigen, ca. $80-100 \times 60-80\,\mu$ grossen Askus mit 8 elliptischen, farblosen $12-20 \times 12-14\,\mu$ grossen Sporen enthalten. Der Pilz wurde bereits am 8. Juli 1901 in völlig sporenreifen Exemplaren gesammelt, da derselbe epidemisch im Garten des Gutes auftrat.

Dieser Stachelbeer-Meltau ist ein äusserst schädlicher Pilz, da er die befallenen Beeren vollständig vernichtet. Hoffentlich werden wir von dieser Epidemie verschont bleiben, doch habe ich immerhin auf diesen Schädling aufmerksam machen wollen.

Weinkultur bei St. Joseph in Michigan.

Von L. Wittmack.

(Hierzu 1 Abb.)

Am Sonntag den 13. August 1893 machte ich mit dem Dampfer Chicora von Chicago eine Extrafahrt nach St. Joseph. Es ist das eine lange Fahrt, die um so ermüdender ist, als sich an Bord keine Restauration befindet (wenigstens Sonntags nicht). Dazu kommt, dass der Dampfer nur wenige Stunden in St. Joseph bleibt und dann zurückfährt. Die meisten Passagiere beschränken sich darauf, nach dem Landen in einem der Hôtels zu Mittag zu essen und dann vielleicht nach einem kurzen Spaziergange wieder an Bord zu gehen. Es liegt ihnen hauptsächlich an der „Seefahrt", d. h. der Fahrt auf dem Michigan-See. dem grössten See, der ganz in den Vereinigten Staaten liegt. Er ist 360 engl. Meilen, à 1,61 km, lang und 108 Meilen breit und bis 275 m tief. An der West-küste, an der u. a. Milwaukee liegt, geht eine kalte Strömung von Norden nach Süden, an der Ostküste dagegen eine warme Strömung in umgekehrter Richtung. Dies ist die Hauptursache dafür, dass am Ostufer an einigen Orten Pfirsich und Wein ausgezeichnet gedeihen, während am Westufer der Pfirsichbaum kaum den Winter überlebt und noch einige Meilen weiter westlich ganz fehlschlägt. Dieser hat dort aber noch einen zweiten Feind. Nach Prof. Winchell sind die kältebringenden Winde haupt-sächlich die westlichen, die von den weiten Hochebenen des Innnern kommen. Im Sommer sind dieselben Winde glühend heiss, geben aber die Wärme beim Hinüberstreichen über den 173 km breiten Michigan-See ab und mildern dadurch die Temperatur im Osten, andererseits nehmen sie aber im Winter die Wärme wieder auf und langen am Ostufer nicht mehr so kalt an.

Hier sieht man wieder, welch wichtigen Einfluss grosse Wasser-flächen haben.*)

Der Hauptsitz des Pfirsich- und Weinbaues am Ostgestade ist St. Joseph, ein kleiner Badeort auf sandigem, steilen Dünenterrain, der aber inbezug auf seine Obstanlagen an Werder bei Potsdam erinnert. Die Pfirsichbäume sind alle Halbstämme wie in Werder. Sie stehen aber nicht an Hügeln wie z. T. in Werder, sondern auf flachen Feldern, die oft gar nicht eingezäunt sind. Die Höhe des Stammes beträgt nur 1,20 m, die Zahl der Hauptäste meist 4, die Entfernung der Bäume jederseits 4 m. Die Früchte an den meist noch jungen Bäumen waren reichlich, aber klein, ein Teil war schon abgeerntet.

Zwischen den Reihen wird gewöhnlich nichts gebaut, aber es wird fleissig gepflügt, bezw. gegrubert und geeggt, alles mit 1—2 Pferden. In einer Anlage fanden sich schöne aufrechte Brombeeren zwischen den Reihen.

---

*) Vergl. meinen Aufsatz über die Pfirsiche in dem amtlichen Bericht des Reichs-kommissars für die Weltausstellung in Chicago.

Ganz eigentümlich ist bei St. Joseph die Weinkultur, die mir von einem Weinbauer, Capitain J. A. Napier, erklärt wurde. Die Reben stehen auf ebenen Feldern und sind selbstverständlich amerikanische, kräftig wachsende Sorten. Die Reihen sind 2,5 m auseinander, sodass man mit einem Wagen hindurchfahren, auch mit Gespann pflügen und hacken kann. Die Reben stehen in den Reihen nach meiner Erinnerung ebensoweit. Man zieht sie nicht an Pfählen wie bei uns in Weinbergen, sondern an horizontalen Drähten (s. Abb. 27).

Zu dem Zwecke werden halbrunde Pfähle in die Erde geschlagen,

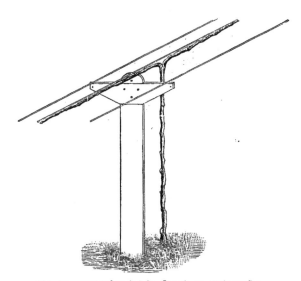

Abb. 27. Weinkultur bei St. Joseph am Michigan-See.

welche 1,10 m über den Erdboden hervorragen. An diese Pfähle nagelt man oben ein 6 eckiges, an der Seite abgeschrägtes Brett, das oben 65 cm breit ist. Auf der Oberkante dieses Brettes befestigt man 3 horizontale verzinkte Eisendrähte, einen in der Mitte, die andern an beiden Seiten. Im ersten Jahre erreicht der Rebstamm die Höhe des Pfahles und wird dann in 2 Aeste geteilt, die alljährlich etwas zurückgeschnitten werden, so entstehen ähnlich wie beim Schnurbaum nach und nach lange Leitzweige, die bis 12 m lang werden können.

Im Winter schneidet man die an den beiden Leittrieben ausgebildeten Tragreben auf Zapfen, die aber hier nur 2 Augen haben. Im Uebrigen ist die Behandlung wie bei uns. Gedüngt und gespritzt (mit Bordeläser Brühe) wird reichlich.

Kurz gesagt ist also die Form die eines zweiarmigen Schnurbaumes. Im Staate New-York hat man 3 horizontale Drähte über einander, wie bei einem Drahtzaun, den ersten ca. 80 cm über dem Boden, den zweiten 1 m, den dritten 1,50 m. — In Illinois nimmt man nur 2 Drähte 45 cm von einander. — In Iowa sollen in der Nähe von Dubuque, am Mississippi in einer deutschen Gemeinde, die anfangs dichteren Reben jetzt 8×16 Fuss von einander entfernt stehen und der oberste Draht 9 Fuss über der Erde sein.

Bei Herrn Mitchell Stover in Edgemont, West-Maryland, werden die Weinstöcke 8×10 Fuss gepflanzt. Wenn sie 2 Jahr alt sind, erhalten sie 9 Fuss hohe starke Pfähle, die 1½ Fuss in die Erde getrieben werden. Oben auf der Hirnseite der Pfähle werden kreuzweise starke Drähte mittelst Krampen befestigt, sodass also die Drähte 7½ Fuss über dem Boden Rechtecke bilden. An den Enden werden die Drähte im Boden an Steinen befestigt, ähnlich wie bei Hopfendrahtanlagen, oder wie bei Telegraphenpfählen. Der Hauptstamm erhält 4 Aeste, die an den 4 Drähten entlang laufen bis zur Mitte zwischen 2 Pfosten, sodass sich dort die Reben zweier benachbarten Stöcke begegnen, Herr Stover, der diese Methode selbst erfunden, rühmt, dass man 1. dadurch in den Stand gesetzt ist, unter den Weinstöcken mittelst Pferden das Land mit einem flach gehenden Kultivator zu bearbeiten, dass 2. die Luft frei unter den Stöcken zirkuliren kann, was viele Krankheiten verhindert, 3. die Früchte werden besser, wenn sie 4--6 Fuss über dem Boden hängen, 4. die Sonne kann besser in die Rechtecke hineinscheinen und die Stöcke erhalten fast von allen Seiten Licht, 5. die Kreuzdrähte halten die Pfähle besser fest, 6. vor allem der Ertrag ist gegen andere Methoden verdoppelt. Stover erntete von 20 ar auf denen 350 Concord-Reben standen, 5 t (fast 5000 kg) Trauben, also per Stock ca. 14 kg.

Im Staate New-York hat man jetzt vielfach das sog. Erneuerungssystem eingeführt. Man lässt da nicht oben am Stock 2 Hauptäste dauerd bestehen, sondern schneidet sie auf Zapfen zurück und lässt ausserdem am Stamme selbst einen Schenkel und darunter einen Zapfen stehen. Von allen diesen Teilen entwickeln sich dann neue Reben, die im nächsten Winter wieder zurückgeschnitten werden, um immer junges und wie man annimmt, widerstandsfähigeres Holz zu haben. — Das kommt also unseren Methoden näher.

In Kalifornien hält man die Stämme ganz niedrig und wendet den Kopf- oder Bockschnitt an. Die Zweige liegen z. T. auf der Erde, damit sie den Boden besser beschatten, ähnlich wie in einigen Teilen Süd-Frankreichs.

Beschreibung der Edeldahlie „Alma Schwiglewski".

(Hierzu 1 Abb.)

Meine obenstehende Neuheit „Alma Schwiglewski", die ich in diesem Jahr in den Handel gegeben habe, ist ein Sämling von „Ruby". Sie besitzt alle Eigenschaften derselben, jedoch stehen die Blumen auf noch steiferen Stielen frei über dem Laube. Die Farbe der „Alma Schwiglewski" ist rubinrosa, an den Spitzen bläulich schimmernd und

Abb. 28. Edeldahlie „Alma Schwiglewski", rubinrosa.

an der Basis der Petalen gelblich; die Blumenblätter sind gedreht, nach innen gebogen, und hat die Blume eine edle Form. Sie ist sehr dicht gefüllt und bringt selten eine hohle Blume. Ausserdem hat sie den Vorzug, dass sie nur knapp 1 m hoch wird, und in Blütenreichtum ist sie ein Pendant zu „Princess Victoria Luise". „Alma Schwiglewski" wurde von allen Fachleuten, die sie bei mir sahen, als vorzügliches Bindematerial anerkannt.

A. Schwiglewski, Carow bei Berlin, Post Fr.-Buchholz.

Aus der Zolltarifkommission.*)

I.

An der 36. Sitzung der Zolltarifkommission, am Mittwoch den 12. März, nahmen teil: die Staatssekretäre Graf Posadowsky, Dr. Freiherr v. Richthofen, Freiherr v. Thielmann, Minister v. Podbielski und zahlreiche Vertreter der verbündeten Regierungen. Die Beratung beginnt mit

Pos. 33, Küchengewächse, frisch . . . frei.

Hierzu liegen folgende Anträge vor:

1. Antrag der Abg. Gamp (Rp.), Dr. Heim (Z.), Herold (Z.), Graf Schwerin (kons.), lautend:

Küchengewächse, frisch: Rotkohl, Weisskohl, Wirsingkohl 2,50 Mk., Knollensellerie, Zwiebeln 4 Mk., andere 10 Mk.

2. Antrag der Abgg. Gäbel (Rp.), Graf Kanitz (k.), v. Kardorff (Rp.), Dr. Paasche (nl), Rettich (k.), Frhr. v. Wangenheim (k.):

Küchengewächse (Gemüse, essbare Kräuter, Wurzeln und dergl.): frisch: Rotkohl, Weisskohl, Wirsingkohl, Knollensellerie, Zwiebeln 2,50 Mk, andere frische: z. B. Artischocken, Blumenkohl (Karviol). Speisebohnen und Erbsen, auch in Hülsen, Endivien, Gurken, Hopfenkeime, Karotten, Kerbelrübchen, Kopfsalat, Melonen, Radieschen, Rhabarber, Rosenkohl, Schwarzwurzeln, Spargel, Spinat, Staudensellerie, Tomaten: in der Zeit vom 1. Dezember bis einschliesslich 30. Juni 50 Mk., in der Zeit vom 1. Juli bis einschliesslich 30. November 4 Mk.

Abg. Trimborn (Z.) berichtet über die aus allen Teilen Deutschlands zahlreich eingelaufenen Petitionen; diejenigen aus Kreisen der Gärtner verlangen Zölle von 3—20 Mk. für Gemüse, für Blumen bis zu 300 Mk. Die Blumenhändler der grossen Städte fordern dagegen Zollfreiheit für Blumen und Pflanzen. Abg. Herold (Z.) begründet seinen Antrag (s. o. No. 1) und bekämpft die Einteilung nach Zeitperioden, wie sie der Antrag Gäbel verlangt. Die deutschen Treibhäuser seien nicht im stande, mit der italienischen Sonne in Wettbewerb zu treten. Staatssekretär Frhr. v. Richthofen legt das grösste Gewicht darauf, dass die Anträge nicht angenommen werden, sondern die Regierungsvorlage, und giebt zur Begründung schwerwiegende Mitteilungen vertraulichen Charakters. Abg. Frhr. v. Wangenheim führt aus, die Gärtnerei sei der ausgebildetste Zweig der Landwirtschaft und bedürfe deshalb besonders des Zollschutzes. Der Gartenbau werde immer mehr an Stelle des Landbaues treten. Die deutsche Gärtnerei sei sehr wohl in der Lage, mittels ihrer Gewächshäuser auch der italienischen Sonne Wettbewerb zu machen. Ferner sei die Gärtnerei gezwungen, im Winter Treibereien in ihren

---

*) Da die Zölle auf gärtnerische Artikel nicht nur den Fachmann, sondern auch den Liebhaber und vor allem den Konsumenten interessieren, geben wir die Debatten der Zolltarifkommission, nach dem Bericht der Vossischen Zeitung, die sehr eingehend darüber referiert hat, wieder. Selbstverständlich haben erst Reichstag und Bundesrat endgiltig zu entscheiden.

Gewächshäusern zu unternehmen, um ihr Personal halten zu können.
Gerade diese Wintergärtnerei wurde durch die italienische Einfuhr lahm-
gelegt. Eine Verteuerung falle nicht ins Gewicht, da es sich um Luxusgemüse handle. Die deutsche Gärtnerei sei von der Notwendigkeit eines
Zolles fest überzeugt. Es sei doch nicht die Aufgabe der deutschen
Volksvertretung die Interessen der italienischen Bauern wahrzunehmen,
sondern die der deutschen Gärtner und Bauern. Abg. Rettich (als
Kommissionsmitglied) legt besonderen Wert auf den Zoll für Rotkohl,
Weisskohl, Wirsingkohl. Der Berliner Markt sei mit holländischem ·und
dänischem Kohl versorgt und dieser habe den deutschen Kohl nahezu entwertet, daher müsse er Schutzzoll für Kohl verlangen. Abg. Fischer-Sachsen
(Soz.) bekämpft den Zoll auf Küchengewächse als unvernünftige Forderung
der Agrarier. Die Gärtner wünschten zum Teil gar keinen Zoll, z. B. die
ihm persönlich wohlbekannte Ausfuhrgärtnerei der Oberlausitz. Die Zahl
der Gärtnereien sei gestiegen; das beweise, dass die Gärtner sich nicht
in Notlage befänden; sie würden fast alle wohlhabende Leute. Abg.
Antrick (Soz.) bestreitet, dass es sich bei den eingeführten Gemüsen
um Luxusgemüse handle. Die deutschen Gärtner seien gar nicht in der
Lage, den vollen Bedarf zu decken; das hätten ihm Fachmänner z. B.
bezüglich des Blumenkohles versichert. Man solle nicht fortgesetzt die
Lebensmittel durch Zölle verteuern, und lieber den Gärtnern durch Kanäle
helfen. Die Gärtner in der Nähe der Städte hätten stets gute Preise.
Die Küchengewächse müssten zollfrei bleiben. Abg. Graf Kanitz erwidert, die sozialdemokratischen Redner seien keine Fachmänner, und
der Fachmann der Sozialdemokraten, der Gärtner Stolle, habe ge-
schwiegen. Auch er (Redner) wünsche, dass das· Gemüse den Ver-
brauchern möglichst billig zukomme, man müsse aber auch dabei bedenken, dass die Produzenten bestehen müssten und könnten. Bei den
Gemüsen handle es sich um Artikel von hohem Wert; warum solle das
Geld dafür ins Ausland gehen? Im wirtschaftlichen Ausschuss seien für
Gemüse Zollvorschläge geltend gemacht worden; er bedaure, dass ihnen
die Regierung keine Folge gegeben habe. Staatssekretär Graf Posadowsky
giebt Zahlen dafür an, wie sich die Gärtnereibetriebe von 1882 bis 1895
vermehrt haben; sie sind um 58 pCt. gestigen, das Personal habe sich
um 114 000 Personen vermehrt. Die Einfuhr betreffe meist Gewächse,
die von den breiten Massen verbraucht würden, weniger Luxusgemüse.
Im wirtschaftlichen Ausschuss habe sich eine gärtnerische Autorität gegen
den Gemüsezoll ausgesprochen. Eine Notlage der Gärtner bestehe nicht
im Gegenteil habe sich Deutschlands Kunstgärtnerei sehr gut entwickelt.
Ein Zolltarif könne nicht jeden Artikel schützen, das führe zum isolierten
Staate und mache Handelsverträge unmöglich. Abg. Dr. Müller-Sagan
(fr. Vp.) bekämpft den Gemüsezoll im Interesse des schlesischen Baues
von Ausfuhrgemüsen. Abg. Schrader spricht sich in dem gleichen
Sinne aus auf Grund seiner Kenntnis der Braunschweiger Gärtnereien
und Konservenfabriken. Abg. Speck schlägt vor, den Antrag Gamp
(s. o. No. 1) im 2. und 3. Zollsatz wie folgt zu fassen: Artischocken,
Melonen, Pilze, Rhabarberstengel, Tomaten 20 Mk., andere 4 Mk. Abg,
Gamp wendet sich gegen die Ausführungen des Grafen Posadowsky:

Wenn die Zahl der Gärtnereiarbeiter so sehr gestiegen sei, so folge daraus erst recht die Notwendigkeit des Schutzzolles. Der Kohlbau müsse besonders begünstigt werden. er zeuge Lebensmittel in grossen Massen und stelle ein grosses Wertobjekt dar. Am Berliner Markte erhalte der Kohlbauer einen ruinösen Preis von 17—18 Pf. für den Zentner. Dabei höre jede Produktion auf. Abg. Wallenborn (Z.) empfiehlt den Gemüsezoll. In der Gegend von Aachen liessen die Landwirte den Kohl auf dem Felde verfaulen. weil er die Transportkosten nicht mehr einbringe. Die kleinen landwirtschaftlichen Produzenten dürften nicht die Kosten bei dem Zoll tragen; sie bedürften ebenfalls des Zollschutzes. Staatssekretär Frhr. v. Richthofen betont. das Auswärtige Amt beabsichtige nicht, die Verhandlungen durch häufiges Eingreifen in die Erörterungen zu verlängern; nur dann, wenn es sich um wichtige zollpolitische Fragen handle, müsse es eingreifen. Eine derartige wichtige Frage sei der geplante Gemüsezoll, der unannehmbar sei. Er bitte daher nochmals, die Zollanträge abzulehnen, die Zollfreiheit der Gemüse zu beschliessen. Abg. Speck (Z.) begründet seinen Abänderungsantrag, der bezwecke, Luxusgemüse schärfer zu treffen, als Gemüse, die die Masse verbrauche. Abg. Dr. Paasche (nl.) verteidigt den Gemüsezoll und bemerkt, der Gemüsebau wirke auch erzieherisch auf die kleinen Leute; das werde vereitelt durch die Einfuhr ausländischen billigen Gemüses.

Hierauf folgt der Schluss der Besprechung. Antrag Gäbel wird in seinem ersten Teil zurückgezogen, der Rest wird abgelehnt.

Sodann wird vom Antrag Gamp der erste Zollsatz, „Rotkohl, Weisskohl, Wirsingkohl" 2,50 Mk. angenommen.

In diesem Augenblicke wünscht Staatssekretär Frhr. v. Richthofen das Wort. Vorsitzender Abg. Rettich trägt Bedenken. das Wort in der Abstimmung zu geben. Sozialdemokraten und Freisinnige sprechen den Wunsch aus, dass der Staatssekretär während der Abstimmung das Wort erhalte. Staatssekretär Frhr. v. Richthofen erklärt, seine Mitteilung. dass die Zollsätze auf Küchengewächse unannehmbar sind, beziehe sich auf jeden der unter Pos 33 aufzuführenden Artikel. Hierdurch ist die Besprechung wieder eröffnet. Es geht wiederum ein Schlussantrag ein. Abg. Stadthagen wünscht, dass der Abg. Molkenbuhr noch das Wort erhalte (Unruhe). Abg. Dr. Müller-Sagan bittet festzustellen, dass 1. der Regierungskommissar auch mitten in der Abstimmung das Wort erhalten müsse; 2. bei Wiedereröffnung der Besprechung ein sofortiger Schlussantrag unzulässig sei. Abg. Dr, Paasche (nl.) widerspricht dieser Auffassung.

Der Schlussantrag wird angenommen, die Abstimmung nimmt ihren Fortgang; es werden die beiden Zollsätze des Antrages Speck angenommen, also Artischocken, Melonen, Pilze, Rhabarbarstengel, Tomaten 20 Mk., andere 4 Mk. Pos. 34. Paraguaythee, Lorbeerblätter, Salbeiblätter, Waldmeister und sonstige zum Würzen von Nahrungs- und Genussmitteln dienende Blätter und Kräuter, getrocknet 4 Mk., wird, nachdem ein sozialdemokratischer Antrag auf Zollfreiheit abgelehnt, angenommen. Zu Pos. 35. Champignons, in Salzlake eingelegt oder sonst einfach zubereitet, 10 Mk., beantragen Abgg. Gäbel und Gen. (s. oben) unter derselben Bezeichnung einen Zollsatz von 50 Mk. Dieser Antrag wird ohne Erörterung angenommen. — Pos. 36: „Küchengewächse, einschliesslich der als solche dienenden Feldrüben, zerkleinert, geschält, gepresst, getrocknet, gedarrt, gebacken oder sonst einfach zubereitet, soweit sie nicht unter No. 34 und 35 fallen; unreife Speisebohnen und Erbsen, getrocknete, Speisebohnen und Erbsen (reife und unreife), gebacken oder sonst einfach zubereitet; Kartoffeln, zerkleinert (ausgenommen Graupen und Gries aus solchen), gedarrt, gebacken oder sonst einfach zubereitet 10 Mk. — Hierzu beantragt Abg. Speck, entsprechend seinen bei Pos. 33 angenommenen beiden Zollsätzen (Artischocken, Melonen etc.), diese Sätze auch hier einzustellen für die Küchengewächse in den näher bezeichneten Zubereitungsformen. — Ohne wesentliche Erörterung wird die Regierungsvorlage mit diesen Zollsätzen Speck angenommen. — Mit Pos. 37 beginnt die Gruppe „Lebende Pflanzen, Erzeugnisse der Ziergärtnerei". Nach Eröffnung der Besprechung tritt jedoch Vertagung ein.

II.

Zwischen der Mehrheit der Kommission und dem Staatssekretär Frhrn. v. Richthofen kam es am Donnerstag den 13. März aus Anlass der gestrigen Erklärung des Staatssekretärs zu einem heftigen Zusammenstoss. Der Nationalliberale Dr. Beumer erklärte, er sei durch die Erklärung Richthofens überrascht und um so peinlicher berührt worden, als er und seine Freunde sich bewusst seien, nur die heimische Erzeugung gebührend verteidigt zu haben. Staatssekretär Frhr. v. Richthofen betonte dieser Auslassung gegenüber nachdrücklichst, dass „weder im englischen noch in irgend einem anderen gleichwertigen Parlamente so gewichtige Erklärungen, wie er gestern vom Standpunkte der auswärtigen Politik namens der verbündeten Regierungen abgegeben habe, so gleichgiltig behandelt worden wären, dass sie in der Debatte kaum gestreift wurden und auf die Abstimmung nicht gewirkt hätten". Im weiteren Verlaufe seiner mit sichtlicher Gereiztheit gegebenen Darlegung suchte der Staatssekretär der Mehrheit zu Gemüt zu führen, wie nachteilig schon ihre gestrigen Beschlüsse auf unser Verhältnis zum Auslande einwirken. Die Kommission erwecke den Verdacht, als ob die Reichtagsmehrheit keine neuen Handelsverträge wolle. Als der Abg. Frhr. v. Wangenheim der auswärtigen Politik unterstellte, dass ihr „dass Interesse der Italiener wichtiger zu sein scheine, als das der nationalen Produktion" und seinerseits behauptete, dass die Majorität der Kommission absolut gegensätzliche wirtschaftliche Anschauungen vertrete zur Reichsregierung", erwiderte Frhr. v. Richthofen mit abweisender Entschlossenheit, „die Reichsregierung vertrete das wirtschaftliche Gesamtinteresse, während die Mehrheitsparteien nur Einzelinteresse zur Geltung zu bringen suchten, Die Reichsregierung werde aber darüber keinen Zweifel lassen, dass sie gegebenenfalls auch gegen die Beschlüsse der Kommission neue Handelsverträge abschliessen werde". Als im weiteren Laufe der Verhandlungen Abg. Speck (Z.) den Staatssekretär des Auswärtigen betreffs des Standes der zolltariflichen Verhandlungen und den Vorbereitungen für diese im

Auslande befragte, lehnte Staatssekretär v. Richthofen ab, über solche schwebenden Fragen Auskunft zu geben.

*   *   *

Der 37. Sitzung der Zolltarifkommission wohnten bei die Staats-Staatssekretäre Graf Posadowsky, Dr. Frhr. v. Richthofen und Minister v. Podbielski.

Der am Schlusse der gestrigen Sitzung bei Pos. 36, Küchengewächse in besonderer Zubereitung (im allgemeinen 10 Mk.), für besondere Küchengewächse angenommene Antrag Speck setzt fest für

> Artischocken, Melonen, Pilze, Rhabarber, Spargel, Tomaten,
> zerkleinert, geschält, gepresst, getrocknet, gedarrt, gebacken oder sonst einfach zubereitet . . . . 40 Mk.

Die heutigen Erörterungen beginnen bei der Gruppe „Lebende Pflanzen, Erzeugnisse der Ziergärtnerei“ mit

Pos. 37 Bäume, Reben, Stauden, Sträucher, Schösslinge zum Verpflanzen und sonstige lebende Gewächse, ohne oder mit Erdballen, auch in Töpfen oder Kübeln; Pfropfreiser:

> Cycasstämme ohne Wurzeln und Wedel . . . . frei
> Lorberbäume . . . . 3 Mk.
> andere . . . . 6 „

Hierzu liegen vor die Anträge
1. der Abgg. Antrick und Gen., auch den 2. und 3. Satz durch 2 frei zu ersetzen,
2. der Abgg. Gäbel und Gen. für die 3 Sätze je . . . . . 15 „
3. des Abg. Wallenborn (Z.) folgende Sätze:

> I. Lebende Pflanzen in Töpfen . . . . 30 „
> II.   „   „   ohne Erdballen . . . . 20 „
> III. Rosen . . . . 40 „
> IV. Bäume und andere vorstehend nicht genannte lebende Pflanzen, einschl. Lorberbäume und Cycasstämme ohne Wurzel und Wedel . . . . 15 „

Abg. Wallenborn macht für seinen Antrag geltend, dass er den Wünschen des Gärtnergewerbes entspreche. Die vom Auslande eingeführten Pflanzen und Rosen vertrügen einen hohen Zoll, da sie einen hohen Wert hätten und Luxuspflanzen wären. Geheimrat Blau macht Bedenken gegen Antrag Wallenborn geltend und bemerkt, die Einfuhr der Rosen aus dem Auslande sei nicht bedeutend. Abg. Stolle (Soz.) verteidigt den Antrag auf Zollfreiheit; er bezweifelt, dass es in der Gärtnerei einen Notstand gebe. Die Vermehrung der Gärtnereibetriebe um 55 v. H. sei ganz ausserordentlich. Die Kleingärtner führten Pflanzen aus Holland ein, würden also durch den Zoll geschädigt. Der Grossgrundbesitz mache den Gärtnern viel Wettbewerb; erst solle man im eigenen Lande bessere Verhältnisse schaffen, dann an das Ausland denken. Blumenpflege wirke veredelnd auf das Gemüt, daher dürfe man die Blumen nicht verteuern. Abg. Frhr. v. Wangenheim hält den Antrag Wallenborn für besser, als den von ihm mitunterzeichneten Antrag Gäbel, und ist gegebenenfalls bereit, ihm beizutreten. Lebende Pflanzen in Töpfen seien Luxusartikel, müssten daher am höchsten verzollt werden. Der Wettbewerb werde neuerdings durch Masseneinfuhr aus Italien verschärft. Es handle sich um die grundsätzliche Frage, ob man den Erzeuger oder den Handel schützen oder fördern wolle. Er stehe auf Seiten des Schutzes der deutschen Arbeit. Von diesem Standpunkte aus könne er auch dann nicht abgehen, wenn ihn die Regierung bekämpfe. Ministerialdirektor Wermuth hält die im Antrage Wallenborn vorgeschlagenen Zollsätze für zu hoch; selbst im Wirtschaftlichen Ausschuss seien so hohe Zölle nicht beantragt worden. Der Antrag sei undurchführbar. Die Ausfuhr von Pflanzen sei ebenso gestiegen wie die Einfuhr; beide haben sich verdoppelt. Abg. Antrick (Soz.) hebt hervor, dass man durch den Zoll auf ausländische Pflanzen den kleinen Gärtnern das Rohprodukt verteuere; die Einfuhr sei also notwendig. Ausserdem handle es sich um den Schutz der schlecht gelohnten Gärtnereiarbeiter. Abg. Müller-Meiningen (fr. Vp.) ist der Ansicht, dass die Herren der rechten Seite mit dem Feuer spielen; man sehe, dass ihnen die Abschliessung von Handelsverträgen ganz gleichgiltig sei, denn hier werde ganz schablonenhafte Hochschutzzöllnerei getrieben. Im Interesse der kleinen Gärtner sei die Einführung höherer Zölle auf diese Erzeugnisse ganz unbegreiflich. Um Luxusartikel handle es sich hier nicht, wie Frhr. v. Wangenheim meine. Die Bekämpfung der Einfuhr sei auch vom künstlerischen Standpunkte hoch bedauerlich. Aus handels-, sozialpolitischen und ästhetischen Gründen seien er und seine Freunde gegen die Erhöhung dieser Zölle.

Auf Antrag des Abg. Müller-Meiningen wird zunächst ausdrücklich festgestellt, dass Cycasstämme ohne Wurzeln und Wedel . . . frei bleiben sollen. Sodann wird bei der weiteren Abstimmung der Antrag Gäbel und Gen. abgelehnt. dagegen der Antrag Wallenborn in seinen drei ersten Sätzen unverändert angenommen, bei dem vierten Satze fällt der Schluss, betr. Cycasstämme, weg, jedoch wird das Wort „Pfropfreiser" zugefügt und hierfür der Zollsatz von 15 Mk. beschlossen. Die Annahme geschah mit 15 gegen 11 Stimmen.

Vereinigt werden in der Besprechung (Pos. 38: Orchideenbulben, nicht eingewurzelt, frei. Pos. 39; Blumenzwiebeln -Knollen und -Bulben, vorstehend nicht genannt, frei.

Hierzu beantragen die Abg. Gäbel und Gen. folgende Fassung für Pos. 39: Blumenzwiebeln. -Knollen vorstehend nicht genannt, 7,50 Mk. Abg. Dr. Beumer (nl.) legt dar, dass es sich hier doch nicht um Mindestzölle handle. dass also eine Verhinderung von Handelsverträgen, insbesondere eines Vertrages mit Italien, nicht beabsichtigt werde. Seine politischen Freunde wollten Handelsverträge, aber nicht minderwertige, sondern Handelsverträge, die die deutsche Arbeit schützen. Im Uebrigen wahre man die Interessen des Verbrauchers auch dadurch, dass man ihm den Bezug guter deutscher Ware ermögliche; die holländischen Rosenstämme, Bäume u. dergl. seien vielfach auf Moorboden getrieben und passten weder für den deutschen Boden, noch für das deutsche Klima. Kaufe der deutsche Verbraucher solche Waren, so schädige er sich selbst. Staatssekretär Dr. Frhr. v. Richthofen äussert sein Bedauern darüber, dass die Erklärung der Regierung bei der Kommission keine Berücksichtigung gefunden. Der Staatssekretär bittet demgemäss um Ablehnung des Antrages auf Verzollung der Blumen und Blätter. Es bestehe kein Zweifel darüber, dass die verbündeten Regierungen dem Fortbestehen der gegenwärtigen Zollfreiheit für gewisse frische Küchengewächse (Gemüse) und für frische Blumen und Blätter als eine Vorbedingung für das Zustandekommen eines neuen Handelsvertrags zwischen Deutschland und Italien ansehe und diese Zollfreiheit bei einer vertragsmässigen Neuregelung unseres Handelsverhältnisses zu Italien zu gewähren entschlossen sei. Abg. Frhr. v. Wangenheim empfiehlt dringend den Zoll auf Blumenzwiebeln und erklärt sodann, er wünsche auch Handelsverträge, aber solche, die Deutschlands Interessen wahren, die nicht mit Preisgabe deutscher Interessen erkauft werden. Die Mehrheit der Kommission vertrete ihre Anschauung auch der Regierung gegenüber, das Plenum habe ja dann zu entscheiden. Staatssekretär Frhr. v. Richthofen betont, dass die verbündeten Regierungen ebenfalls für sich in Anspruch nehmen, das Gesamtinteresse Deutschlands zu vertreten. Abg. Schrader (fr. Vg.) meint, es sei noch niemals vorgekommen, dass eine wichtige Erklärung der verbündeten Regierungen mit der Entschiedenheit abgelehnt und so gleichgiltig behandelt worden sei, wie das gestern und heute der Fall gewesen. (Widerspruch der Nationallib.) Redner teilt den Standpunkt der Regierung. Abg. Stolle (Soz.) bestreitet gegenüber dem Abg. Beumer, dass die ausländischen Blumenzwiebeln schlecht seien, selbst der Sächsische Gärtnerverein habe sie als gut bezeichnet. Das Vorgehen der Mehrheit werde zum Zollkriege führen. Abg. Speck findet, die Erklärung des Auswärtigen Amtes sei durchaus nicht gleichgiltig aufgenommen worden. Der Wunsch nach Schutz für die deutschen Gärtnereien und nach Vermeidung der Einschleppung von Infektionskeimen aus dem Auslande habe die Beschlüsse der Kommission herbeigeführt. Der Staatssekretär habe die Beschlüsse der Kommission als gleichgiltig bezeichnet; die Mehrheit der Kommission halte Handelsverträge für wünschenswert. Staatssekretär Frhr. v. Richthofen erwidert, das Umgekehrte sei der Fall; nicht er habe die Kommission, sondern die Kommission habe seine Erklärung desavouiert. Abg. Dr. Spahn (Z.) ist der Ansicht, dass zu einer Erklärung des Staatssekretärs für die Zukunft kein Grund vorgelegen habe, die Regierung solle nur ruhig abwarten, was die zweite Lesung bringe. Staatssekretär Frhr. v. Richthofen entgegnet, er habe keine Erklärung für die Zukunft, sondern von aktuellster Bedeutung abgegeben, um Beunruhigungen zu vermeiden. Abg. Dr. Müller-Sagan (fr. Vp.) verweist auf den gewaltigen Aufschwung der deutschen Gärtnerei und Blumenbinderei, die das deutsche Publikum daran gewöhnt habe, auch im Winter Blumen um sich zu haben. Durch die Zölle wolle die Mehrheit Handelsverträge unmöglich machen. Die Beschlüsse der Kommission müssten von dem Auslande als chikanös angesehen werden. Noch nie sei eine Regierung von der Kommission so schlecht behandelt worden, wie die jetzige. — Abg. Gamp (Rp.) wendet sich gegen die Ausführungen des Abg. Schrader und des Staatssekretärs Frhrn. v. Richthofen; die Kommission habe die Pflicht, die ver-

schiedenen Interessen gegen einander abzuwägen. Gute Handelsverträge
seien ein Bedürfnis. Abg. Dr. Paasche (nl.) weist den Tadel des Abg.
Schrader scharf zurück. Die Linke würde die Nationalliberalen sicher
wegen Umfallens verspottet haben, wenn sie auf die Erklärung des
Staatssekretärs hin bei den betr. Positionen gegen den. Zoll gestimmt
hätten. Jetzt tadle man sie. weil sie fest geblieben. Warum stimme
Herr Schrader denn nicht für den ganzen Tarif, wenn er soviel Gewicht
auf das Urteil der Regierung lege? Herr Schrader tadle die Nationalliberalen mit behäbigem Lächeln. Vorsitzender Rettich erklärt diesen
Ausdruck für unzulässig. Abg. Dr. Paasche bemerkt: die Erklärung
des Staatssekretärs sei unerwartet gekommen und habe die Verhältnisse
und die Lage nicht gefördert. Abg. Stadthagen bezeichnet als Hauptziel. die deutsche Arbeit durch Zollfreiheit zu schützen, nicht aber den
Grossbetrieben auf Kosten der kleinen Nutzen zu schaffen. Staatssekretär
Frhr. v. Richthofen wiederholt, dass er seine Erklärung auf die ihm
unerwartet gekommenen Anträge nicht wohl eher habe abgeben können,
als sofort bei Beginn der Beratung. Abg. Graf Schwerin (kons.) entgegnet dem Staatssekretär, dass dessen Androhung, eventuell sich über
die Schlüsse der Kommission hinwegsetzen zu wollen, der Kommission
nicht imponieren könne, denn diese urteile nach den Bedürfnissen Deutschlands, nicht nach denen des Auslandes. Die Schwierigkeit der Lage rühre
daher. dass die Regierung dem Auslande zuviel Einfluss gestattet habe.
Nur für Deutschland vorteilhafte Handelsverträge seien erstrebenswert.
Staatssekretär Frhr. v. Richthofen: Die Regierung habe nicht die Absicht à tout prix Handelsverträge zu schliessen. sondern solche, die besonders die Landwirtschaft berücksichtigen, darauf weise das ganze Tarif-
werk hin. Die Einmischung des Auslandes in unsere Zollvorbereitung
sei nicht grösser, als unsere bei gleicher Lage in die Angelegenheiten
des Auslandes. Abg. Schrader bedauert den Beschluss der Kommission,
es stehe dabei ein kleines Interesse dem Gesamtinteresse gegenüber.
Abg. Speck wünscht Auskunft über den Stand der Zollvorbereitung in
anderen Staaten. Staatssekretär Frhr. v. Richthofen giebt vertrauliche
Auskunft.

Pos. 35 und 39 werden. letztere unter Ablehnung des Antrags
Gäbel und Gen.. nach der Regierungsvorlage genehmigt. Es folgen
gemeinsam besprochen Pos. 34: Blumen, Blüten, Blütenblätter und Knospen
zu Binde- oder Zierzwecken, frisch . . . frei. Blätter, Gräser, Zweige
(auch solche mit Früchten), zu Binde- oder Zierzwecken, frisch . . . frei.
Pos. 43: Blumen, Blätter, auch Palmwedel und zu Fächern zugeschnittene,
Palmblätter, Blüten, Blütenblätter, Gräser. Seemos, Knospen, Zweige
auch solche mit Früchten), zu Binde- oder Zierzwecken, getrocknet, getränkt (imprägniert) oder sonst zur Erhöhung der Dauerhaftigkeit zubereitet, auch gefärbt . . . frei. Hierzu beantragen die Abgg. Gäbel
und Gen., bei Pos. 40 200 Mk.. Pos. 41 75 Mk. und Pos. 43 62,50 Mk.
Abg. Frhr. v. Wangenheim begründet kurz diese Anträge. Bei der
Abstimmung werden sie gegen 11 Stimmen abgelehnt und Pos. 40, 41
und 43 nach der Vorlage angenommen. Pos. 42 Cycaswedel, frisch oder
getrocknet 20 Mk. Hierzu beantragt Frhr. v. Wangenheim 250 Mk.

Nach kurzer Erörterung, in der sich Ministerialdirektor Wermuth warnend dagegen ausspricht, durch zu hohe Zölle das Cycaswedel-Geschäft zu schädigen, Abg. Stolle ebenfalls den Antrag bekämpft, während Abg. Speck sich dafür ausspricht, namentlich in Rücksicht darauf, dass es sich um Luxus handle, wird der Antrag Wangenheim mit 12 gegen 11 Stimmen angenommen.

Hierauf vertagt sich die Kommission bis Dienstag, 8. April 10 Uhr vormittags.

Hunderttausend Mark Belohnung für Vertilgung der Feigendistel, Opuntia vulgaris, in Queensland, Australien.

Die Kaktusart Opuntia vulgaris ist in Quensland zu einer wahren Landplage geworden. Die „Queensland Governement Gazette" vom 31. Dezember 1901 veröffentlicht behufs Ausrottung fo'gendes Preisausschreiben, das uns von dem Herrn Minister für Landwirtschaft etc. zugegangen ist und das wir in Uebersetzung wiedergeben.

Queensland.
Department of Agriculture.

Brisbane, den 20. Dezember 1901.

Es wird hiermit zur allgemeinen Kenntnis gebracht, dass eine Belohnung von 5000 Lstrl. (Pfund Sterling à 20 Mk.) für irgend ein erfolgreiches Mittel zur vollständigen Ausrottung der „Prickly Pear" (wörtlich stachelige Birnen Opuntia vulgaris Miller) ausgesetzt wird unter den nachfolgenden Bedingungen.

Bedingungen:

1. Das Mittel kann mechanischer Art sein, zum Ausgraben oder Ausziehen der ganzen Pflanze mit ihren Wurzeln und der nachfolgenden Zerstörung derselben oder irgend ein giftiges oder anderes flüssiges oder pulverförmiges Mittel oder eine Verbindung von beiden.

2. Das Mittel darf vorher noch nicht veröffentlicht gewesen sein.

3. Die Flüssigkeit oder sonstige Substanz darf für Menschen oder Tiere bei Berührung mit derselben während oder nach der Anwendung nicht schädlich sein.

4. Das Mittel oder Gerät muss mässig im Preise sein, leicht zu beschaffen oder zu fabrizieren, sparsam und schnell auf einer grossen Fläche wirken.

5. Versuche, um die Maximalkosten für den Acker vor der Prüfung zu ermitteln, sind erlaubt. Wenn die Kosten dabei als zu hoch sich herausstellen, wird das Mittel zur Prüfung nicht zugelassen.

6. Das Mittel darf das Land nicht unfruchtbar für das nachfolgende Pflanzenwachstum machen oder das Land sonst beschädigen.

7. Das Mittel darf durch darauffolgendem Regen nicht in seiner Wirkung beeinträchtigt werden.

8. Das Mittel muss die Opuntia gründlich, einschliesslich der Wurzeln, zerstören. sodass binnen zwei Jahren kein Nachwuchs eintritt.

9. Der Apparat oder das Gerät, welches für ein flüssiges oder pulverförmiges Präparat gebraucht wird, muss aus solchem Material und von solcher Bauart sein, dass kein Rosten (Erosion) oder Lecken stattfinden kann.

10. Wenn das Mittel sich bewährt, darf es nur dem Ackerbau-Departement bekannt gegeben werden und wird mit allen Einzelheiten, Zeichnungen und Erläuterungen etc. Eigentum desselben.

11. Die Prüfungen finden auf einem Opuntia-Land, welches das Ackerbau-Departement auswählt, statt, unter persönlicher Aufsicht von einer oder mehrerer Personen, welche das Ackerbau-Departement dazu bestimmt und auf Kosten der Wettbewerber.

D. H. Dalrymple
Secretary of Agriculture.

Versammlung der Obst- und Weinbau-Abteilung der Deutschen Landwirtschaftlichen Gesellschaft.*)

Dienstag, den 11. Februar, Nachmittags 2 Uhr.

Die Sitzung eröffnet um 2 Uhr der Vorsitzende. Herr Rittergutsbesitzer Degenkolb-Rottwerndorf. Nach Entgegennahme des Geschäftsberichtes und Vollzug der satzungsgemässen Wahlen für den neuen Sonderausschuss für Rebendüngung geht man über zum Punkt 3 der Tagesordnung:

Die hauptsächlichsten Verwertungsarten des Obstes im privaten und genossenschaftlichen Betriebe.

Hierüber berichtet Herr Direktor Müller-Diemitz bei Halle a. S. das Folgende:

Das sicherste Mittel, den deutschen Obstbau zu beleben, zur Begründung und Erweiterung der Kulturen anzuregen, bildet der Nachweis eines gesicherten Absatzes der Obsternten. Sobald der Landwirt einem gesicherten Erfolg mit Zuversicht entgegensehen kann, wird er, namentlich in der heutigen, bedrängten Lage, mit Freuden eine Gelegenheit ergreifen, seine wirtschaftlichen Verhältnisse zu verbessern und seine bis dahin anderweitigen Kulturen dienenden Flächen einem Zweige nutzbar machen, der ihm eine höhere Rente in Aussicht stellt.

Neben anderen Vorschlägen wird heute mit Vorliebe auf den Obstbau hingewiesen, als eine Quelle hohen Reingewinnes, Es lässt sich aber leider im Obstbau nicht mit so regelmässigen Ernten und noch weniger mit so gesicherten Absatzverhältnissen rechnen, dass eine Enttäuschung

---

*) Aus dem Tageblatt der Winterversammlung, 1902, No. 2.

ausgeschlossen bleibt. Die Schwierigkeiten in der Auswahl der geeigneten Obstarten und Sorten bei den verschiedenen Lage- und Bodenverhältnissen, die verhältnismässig lange ausbleibende Ernte einer Neupflanzung und in Verbindung hiermit eine Nichtverzinsung des Anlagekapitals, die Abhängigkeit, der Ernte von den Witterungsverhältnissen, von den Einflüssen der Feinde und Krankheiten, die Unkenntnis der Landwirte mit der Obstkultur und in noch weit höherem Masse mit dem Verkauf von Obst, alles das hat bisher einer wünschenswerten schnellen Vermehrung der Obstpflanzungen hindernd im Wege gestanden. Es ist daher mit allen Mitteln danach zu streben, die Ueberzeugung von der Einträglichkeit des Obstbaues durch Herbeischaffung zahlenmässiger Beweise in landwirtschaftlichen Kreisen herbeizuführen, und dies ist durch eine rationelle Verwertung des Obstes am ersten zu erreichen.

Rationell verwertet man das Obst, wenn man der zur Verfügung stehenden Obtsart entsprechend, diejenige Verwertungsart vorherrschen lässt, die den höchsten Reingewinn abwirft, und im übrigen den Betrieb so einrichtet, dass auch die Nebenerzeugnisse und Rückstände nach Möglichkeit ausgenutzt werden.

Die beste Verwertung des Kernobstes ist in dem Rohverkauf der Früchte zu suchen, indem zur Zeit ein derartiger Mangel an Kernobst vorhanden ist, dass alljährlich das Ausland zur Deckung des Bedarfs in hohem Masse herangezogen werden muss. Der Apfel als hervorragendster Vertreter des Kernobstes wird die höchsten Preise auf absehbare Zeit ergeben, sodass man dessen Vermehrung in den neu anzulegenden Anlagen auch in erster Linie zu empfehlen hat, besonders auch aus dem Grunde, weil wir in der Apfelweinbereitung eine vorzügliche Verwertung derjenigen Äpfel besitzen, die sich beim Sortieren zum Rohverkauf als unverkäuflich erweisen. Der Apfelwein ist das einzige Obstgetränk, dessen Herstellung in grossen Mengen einen zunehmenden Absatz mit Sicherheit erwarten lässt. Er ist neben dem Heidelbeerwein der einzige Wein, der Anspruch darauf machen kann, für weitere Bevölkerungsschichten zu einem Volksgetränk zu werden, wegen des geringen Alkoholgehaltes und der am wenigsten zu befürchtenden Überdrüssigkeit bei fortgesetztem Genuss desselben. Solange es nicht gelingt, die übrigen Beerenweine als leichte Weine herzustellen, ohne ihnen die erfrischende, würzige Eigenart zu nehmen — das wird voraussichtlich nicht gelingen —, wird der Verbrauch des Beerenweins immer ein sehr beschränkter bleiben. So erwünscht es auch immerhin ist, die Beerensträucher als Unterkultur in den Obstpflanzungen anzubringen, wird die Empfehlung derselben mit grosser Vorsicht zu geschehen haben und mehr als früher einzuschränken sein.

Die Gelee- und Marmeladenbereitung aus den verschiedensten Fruchtarten ist als eine recht lohnende Verwertung zu bezeichnen und liesse sich als eine hervorragende Ausfuhrware verwerten, besonders nach England, wo bekanntlich der Jam-Genuss eine hohe Rolle spielt und das Rohmaterial für dieses Erzeugnis zum grossen Teil in nicht vollreifem Zustande aus anderen Ländern bezogen wird.

Die Obstkrautbereitung hat sich am Niederrhein zu einer ausgedehnten Industrie entwickelt.

Die Obstsäfte werden in unserer jetzigen, zur Nervosität neigenden Zeit immer grössere Verbreitung finden, indem sie ein erquickendes Getränk bilden und den schädlichen Einflüssen, die von einem reichlichen Alkoholgenuss herrühren, am besten entgegenarbeiten.

Das Einkochen der Früchte (Sterilisieren) wird bei den vermehrten Ansprüchen, die man heute an die Beköstigung stellt, nicht nur auf der Tafel der Vornehmen, sondern auch auf dem bürgerlichen Tische begehrte Aufnahme finden, sodass sich der Absatz immer mehr heben wird. Das Dörren der Früchte bietet nach den heutigen Erfahrungen die geringste Aussicht auf lohnenden Erfolg.

Es frägt sich nun: wie ist die Verwertung am zweckmässigsten einzurichten: durch Förderung derselben im Haushalt, durch Gewinnung von Grossindustriellen, die sich damit befassen, oder auf genossenschaftlichem Wege?

Wir leben in einer Zeit der Genossenschaftsgründungen, und in den Gegenden, in denen die Landwirtschaft in hoher Entwicklung steht, giebt es sehr wenig Vereinsgebiete, die nicht den Genossenschaftsgedanken auf die verschiedensten Wirtschaftszweige zur praktischen Anwendung gebracht haben. Es liegt daher nahe, auch bei der Obstverwaltung die Gründung von Genossenschaften anzustreben und von diesen das Ziel eines lohnenden Obstbaues zu erwarten. Vom theoretischen Standpunkt aus sollte man auch die Obstverwertungsgenossenschaft als das Endziel einer rationellen Obstverwertung ansehen.

Denn es ist anzunehmen, dass bei grösseren Unternehmungen die Einrichtung des ganzen Obstverwertungsbetriebes sich wesentlich billiger beschaffen lässt, als in vielen Einzelbetrieben kleineren Massstabes, und dass eine Genossenschaft das Betriebskapital zu einem niedrigeren Zinsfuss geliehen erhält, als ein Privatunternehmer. Eine thätige Kraft an der Spitze eines derartigen Unternehmens kann voll ausgenutzt werden, wenn möglichst viele dieser verschiedenen Verwertungszweige vereint werden. Durch Ineinandergreifen mehrerer Verwertungsarten ist eine grössere Ausnutzung der Rückstände zu ermöglichen, und nur darin liegt häufig der Reingewinn begründet.

Bei grösseren Betrieben tritt an Stelle der teuren Handarbeitskräfte die billigere maschinelle Arbeit. Die Reklame für einen flotteren Absatz der Erzeugnisse verteilt sich umsomehr und wird umsoweniger Aufschlag auf den Preis der Erzeugnisse bewirken, je grösser die Hertsellungsmenge ist,

Und doch finden wir in der Praxis fast nirgends einen Beweis für die Richtigkeit dieser Annahme. Die meisten Obstverwertungsgenossenschaften arbeiten unter den schwierigsten Umständen, und bisher ist nicht eine einzige vorhanden, die auf hohen Reingewinn im Verlauf einer Reihe von Jahren zurückblicken kann. Eine grosse Anzahl derselben hat trotz erheblicher Unterstützungen den Betrieb wieder einstellen müssen.

Redner glaubt die Gründe hierfür darin zu sehen, dass 1. die Einrichtungen von vornherein in zu gros-em Massstabe aufgebaut sind, dass mit der Herstellung der verschiedensten Erzeugnisse der Absatz derselben nicht gleichen Schritt gehalten hat.

2. An die Spitze einer Genossenschaft ist nicht immer die geeignete Persönlichkeit gestellt, die die erforderlichen technischen und kaufmännischen Fähigkeiten und vor allem auch das nötige Interesse besass. In der Beziehung fehlt es an Gelegenheiten zur Schulung und Heranbildung solcher Kräfte, und der Staat könnte der Obstindustrie einen grossen Nutzen stiften, wenn unsere Anstalten mit einem reicheren Unterrichtsmaterial ausgestattet würden.

3. Die von vielen Umständen abhängenden, schwankenden Obsternten bedingen oft den Bezug des Rohmaterials aus anderen Gegenden zu viel zu hohen Einkaufspreisen, um die gleichmässige Nachfrage nach Erzeugnissen zu befriedigen.

4. In den Geschäftsordnungen haben die Genossenschaften sich häufig den Genossen gegenüber inbezug auf die Abnahme zu sehr gebunden und auch zu hohe Preise für das Rohmaterial in Aussicht gestellt,

5. Sehr oft ist auch eine Genossenschaft in einer Gegend gegründet, wo die Bedingungen für das Emporblühen von vornherein wegen Mangel an vorhandenem Obst ausgeschlossen waren.

6. Endlich bildet eine Genossenschaft in ihrer Zusammensetzung aus vielen in ihren Meinungen weit auseinandergehenden Gliedern einen viel zu schwierigen Apparat, um einer plötzlichen Änderung in der Geschäftslage sofort Rechnung zu tragen.

Daher strebe man die Obstverwertung als Hausindustrie zu fördern überall da, wo keine zu kostspieligen Einrichtungen erforderlich sind, wo zur Herstellung tadelloser Erzeugnisse nicht mehr Kenntnisse erforderlich sind, als sie der Laie sich anzueignen vermag, und wo der Absatz im grossen Schwierigkeiten macht. Hierzu würde ich die meisten Verwertungsarten rechnen mit Ausnahme der Apfelweinbereitung, der Heidelbeerweinbereitung und der übrigen Verwertungsarten, soweit sie weiter als zur Deckung des eigenen und des Bedarfs in Bekanntenkreisen ausgedehnt werden sollen. Dem Grossindustriellen überlasse man das übrige und greife erst da mit der Bildung von Genossenschaften ein, wo die Bedingungen in jeder Weise hierfür günstig erscheinen.

Den Rohobstverkauf genossenschaftlich zu leiten, bietet zur Zeit bei den verworrenen Sortenverhältnissen auch noch recht grosse Schwierigkeiten. Andererseits ist hier ein gemeinsames Arbeiten am Dringendsten nötig, und in dieser Beziehung haben sich die seit einigen Jahren in verschiedenen Städten begründeten Verkaufsvermitelungsstellen als recht fruchtbringend erwiesen.

Je mehr bei der Erweiterung der Obstanlagen auf eine Beschränkung der Sorten hingearbeitet wird und je mehr man diese Sorten in erster Linie den Rohverkauf angepasst wählt, um so eher wird unser Obstbau gesunden und der Beweis für seine Einträglichkeit erbracht werden.

Der Vorsitzende spricht dem Redner den besten Dank aus. In der Besprechung führt Herr Obstbautechniker Kühn aus, dass er für den gewerblichen Obstbau die hauswirtschaftliche Verwertung nicht für genügend hält; hier müsse die genossenschaftliche Form eintreten. Hinsichtlich der Obernburger Genossenschaft meint Herr K., dass dieselbe den Zweck der Steigerung der Obstpreise vollkommen erreicht hat und aus diesem Grunde nicht mehr die früheren Renten abwerfen könne. Das Dörren sei bei uns nicht so einträglich wie in Amerika, da unsere Firmen nicht so gross und einträglich seien. Herr Prof. Dr. Kulisch-Colmar stellt sich ganz auf den Standpunkt des Vortragenden, und zwar aus technischen Gründen. Er ist aber ferner der Meinung, dass die Genossenschaft in vielen Fällen nicht imstande ist, die Weine technisch-tadellos zu liefern; dieser Grund sei auch für den Rückgang einer ganzen Anzahl Genossenschaften massgebend; zudem habe man oft die Anlage ganz entfernt von allen Verkehrsmöglichkeiten errichtet. Herr Prof. K. bittet die Abteilung. dahin zu streben, dass die Verbreitung guter technischer Kenntnisse allgemeiner werde. Man müsse dahin streben, dass die grosse Menge mangelhafter Produkte endlich verschwinde, denn nur eine gute, marktfähige Ware sichere den Absatz. Für die Obstsäfte z. B. sei sehr wesentlich, dass die Säfte die Säure behalten, damit sie eine schmackhafte Limonade liefern. Redner stellt schliesslich die Forderung auf, dass von seiten des Staates Spezialanstalten für die Technick des Obstbaues und der Obstverwertung eingerichtet werden. Herr Stobbe-Stettin berichtet über die Obstverwertungseinrichtungen der Landwirtschaftskammer für die Provinz Pommern, die sehr segensreich gewirkt haben. Herr Obstbaulehrer Haeckel-Crossen bespricht ein anderes Beispiel aus Ostpreussen, wo mit der hauswirtschaftlichen Verwertung gute Erfolge erzielt sind. Herr Landesökonomierat Prof. Stoll-Proskau hält dem Redner gegenüber die Herstellung von Apfelwein im Kleinbetriebe in solchen Gegenden, wo diese Weine im Volksleben eine grössere Rolle spielen, für durchaus zweckmässig. Dies sei für Süddeutschland durchaus der Fall, dagegen, wie Herr Garteninspektor Stobbe-Stettin ausführt, für das nördlichste Deutschland.

Dem stimmt auch der Berichterstatter ausdrücklich zu, der es für verfehlt hält, als Haustrunk des kleinen Mannes sich mit einem schlechten Erzeugnis begnügen zu sollen. Einen Unterschied zwischen Eigen- und Handelsbedarf dürfe man nicht machen. Der Vorsitzende spricht zum Schlusse die Hoffnung aus, dass die Abteilung noch manches zur besseren Verwertung des Obstes in Zukunft thun werde.

Zum nächsten Punkte der Tagesordnung berichtete Herr Administrator Dern-Erbach kurz über die Traubenwein-Kosthalle, ihre Ziele und die Pläne für ihre Ausgestaltung. In der Kosthalle sollen nämlich in Zukunft gemeinschaftliche Kostproben abgehalten werden.

Zu Wünsche und Anträge bemerkte der Vorsitzende, dass der Ausschuss der Abteilung einen Antrag des Herrn Kühn-Rixdorf auf Einrichtung der Prämiierung von Obstgütern aus Mangel an Mitteln habe ablehnen müssen.

Herr Obstbautechniker Kühn kommt ferner auf die Schädigung des Obstbaues durch die Verfälschung der Obsterzeugnisse zu sprechen: Die Herstellung einwandfreier Obsterzeugnisse ist eine der Grundbedingungen eines lohnenden Obstbaues. Vom Kernobst werden nur gut ausgewählte, vollkommen entwickelte Früchte genügend hoch bezahlt. Die kleineren Aepfel geben ein vorzügliches Material für die Apfelweinbereitung. Diese aber hat nicht einen so grossen Umfang, dass sie alle diese Früchte aufnehmen kann, und infolgedessen mangelt es oft an Abnehmern für dieselben zu Preisen, welche der Obstbau braucht, soll er genügende Erträge geben.

Hier kann die Apfelkraut (Gelee-) bereitung eingreifen. Apfelkraut ist der mit oder ohne Zuckerzusatz eingekochte Saft frischer Aepfel. Die Krautfabriken aber benutzen zu seiner Herstellung in der Hauptsache amerikanische Dörrrückstände, Schalen und Kernhäuser, welche getrocknet in Schiffsladungen in Deutschland eingeführt werden, und ersetzen den Rohr- oder Rübenzucker durch Capillärsyrup.*) Sind die amerikanischen Dörr-Abfälle einwandfrei zubereitet, worüber aber jede Kontrolle fehlt, so ist ihre Verwendung unbedenklich. Auch die Verwendung säurefreien und dextrinfreien Capillärsyrups ist nicht zu beanstanden. Der letztere aber ist so dick eingesotten, hat soviel Körper, dass bei seiner Verwendung für die gleiche Gewichtsmenge Apfelkraut viel weniger Apfelsaft erforderlich ist, als bei der Verwendung von Zucker. Dazu kommt, dass Rohr- oder Rübenzucker als hochwertiges Nahrungsmittel erkannt wurde, was beim Capillärsyrup in viel weniger hohem Masse gilt.

Soll darum eine Täuschung des Publikums vermieden werden, so muss der Verbrauch von Dörr-Abfällen mit Capillärsyrup auf den Versand- bezw. Verkaufsgefässen kenntlich gemacht werden, dann wird im Verbrauch das aus dem Safte frischer Aepfel und mit Verwendung von Zucker hergestellte Apfelkraut höher bezahlt, die Verwendung frischer Aepfel gefördert werden, und den letzteren wird es an Absatz nicht fehlen.

Die kleinen Früchte der Zwetsche (Hauspflaume) werden am lohnendsten durch die Musbereitung verwertet. Auch dem Pflaumenmus setzt man Capillärsyrup zu, vermindert dadurch den Gebrauch von Früchten, aber auch den Wert des Erzeugnisses.

Auch aus den verschiedensten anderen Obst- und Beerenobstfrüchten werden Gelees zubereitet, und es liegt im öffentlichen Interesse, dass ihre Bestandteile, sind sie nicht ausschliesslich aus dem Safte frischer Früchte und mit Zucker hergestellt, auf den Verkaufsgefässen kenntlich gemacht werden.

Marmelade ist das durch eine Passiermaschine oder durch ein Haarsieb getriebene, mit Zucker eingekochte Mark frischer Früchte. Man bereitet sie neuerdings aber auch, oft unter Zusatz künstlicher Farbstoffe und von Wohlgerüchen, aus den Rückständen der Apfelwein-, Fruchtsaft- nnd Fruchtweinbereitung mit Zugabe von Capillärsyrup.

Es liegt im Interesse der gewerblichen Obstverwertung, dass auch ihre einwandfreien Rückstände lohnende Verwendung finden. Vorbedingung aber für Herstellung und Verkauf derartiger Marmeladen muss sein, dass die zu ihrer Bereitung verwendeten Grundstoffe kenntlich gemacht werden und ihr Preis ein entsprechend billiger ist. Erzeugnisse mit dem Namen einer bestimmten Frucht sollen ausschliesslich aus dieser Frucht

---

*) Syrup aus Kartoffelstärke, also flüssigen Stärkezucker. L. W.

(mit Zucker) hergestellt sein, und die gemischte Marmelade soll auf den Verkaufsgefässen die frischen Früchte kennzeichnen, welche zu ihrer Herstellung dienten. Leider aber geschieht das nicht immer, und die Folge dieser Praxis ist, dass unsere besseren Geschäfte an Stelle deutscher Marmelade englische Jams führen, die oft aus deutschen Früchten und deutschem Zucker eingekocht sind, zum Schaden für die reelle deutsche Obstverwertung.

Die Verwertung der Beerenfrüchte durch die Weinbereitung ist eine beschränkte und steht an der Grenze der Ueberproduktion. Zur Fruchtsaftbereitung aber können, da der Bedarf an Fruchtsaft nie voll befriedigt werden kann, immer steigende Mengen verwendet werden. Auch in diesem Zweige der Obstverwertung sind Uebelstände vorhanden, welche im Interesse der reellen Fabrikanten, der Verbraucher und des deutschen Obstbaues dringend der Beseitigung bedürfen.

Man färbt und parfümiert in vielen Betrieben die Fruchtsäfte künstlich, um einen oft recht erheblichen Wasserabsatz zu verdecken, man setzt, um das zu ermöglichen, übergrosse Mengen von Salizylsäure zu, deren Gesundheitsschädlichkeit von vielen Fachleuten behauptet wird und verschliesst ihnen dadurch den Weltmarkt, der, im andern Falle erhebliche Posten deutscher Fruchtsäfte aufnehmen würde, man entblödet sich sogar nicht, derartige Fälschungen als unentbehrlich oder allgemein gebräuchlich hinzustellen, und erstritt dadurch sogar in Strafprozessen wegen Nahrungsmittelverfälschung zuweilen obsiegende Erkenntnisse.

Man behauptet sogar, dass reine Fruchtsäfte zur Bereitung von Brauselimonaden unbrauchbar seien, weil derartige Limonaden nicht haltbar seien, missfarbig, dick und ekelhaft schmeckend, beim Genuss gesundheitsschädlich wirkten, trotzdem das Gegenteil der Fall ist, was durch ein von zwei Seiten bereits veröffentlichtes Verfahren erwiesen wird.

Das Gesetz vom 14. Juni 1879 genügt nicht zur Verhinderung aller dieser Fälschungen; Herr K. beantragt daher die Annahme eines ausführlichen Beschlussantrages, der den Regierungen mitgeteilt werden sollte.

Der Herr Vorsitzende und Herr Lierke-Stassfurt weisen darauf hin, dass die D. L. G. Resolutionen u. a. an die Regierung nicht übermittelt, daher auch diesen Beschlussantrag nicht annehmen könne. Dagegen sei es dankenswert, dass diese Frage hier zur Sprache gebracht sei; zu derselben reden noch die Herren Freiher von Solemacher-Antweiler, Lierke-Stassfurt, Garteninspektor Stobbe-Stettin.

Der Antrag wird weiterer Erwägung und Bearbeitung innerhalb der Abteilung überwiesen. Alsdann schliesst der Vorsitzende die Versammlung gegen 5 Uhr.

Die Zieglerschen Spritzen und Sprüher.

(Hierzu 1 Abb.)

Die grosse Aufmerksamkeit, welche die Zieglerschen Konstruktionen und Verbesserungen der Gartenspritzen und Rasensprüher in den interessierten Vereinen gefunden hat, lässt es angezeigt erscheinen. diese Neuheiten einer eingehenden Besprechung zu unterziehen.   Im Verein z. B. d. G. wurden die Zieglerschen Spritzen am 27. Juni 1901 einer grösseren Anzahl von Mitgliedern vorgeführt (siehe Gartenflora Heft 14, 1901, S. 370). Ebenso wurde der weiter unten beschriebene Rasensprenger am 25. Juli 1901 dem Verein vorgeführt (siehe Gartenflora Heft 16, 1901, S. 427).   Auch der Verein Deutscher Gartenkünstler, Berlin, interessierte sich für die Zieglerschen Fabrikate; auf der Hauptversammlung

Abb. 29.   Ziegler'scher Rasensprenger.

in Elberfeld waren die Spritzen auf der Ausstellung zu finden, ebenso auf der Provinzial-Obstausstellung in Potsdam, über deren Ausstellungs-objekte ja ein ausführlicher Bericht von seiten des Ausstellungskomités erscheinen wird.   Wir wollen deshalb im folgenden kurz auf die Ziegler-schen Neuheiten eingehen.

Es handelt sich bei allen Zieglerschen Spritzen um ein eigenartig konstruiertes Mundstück, welches vermöge seiner schiefliegenden Spreng-löcher, die Wasserstrahlen in Regentropfen zerteilt. Die auswechselbaren Einlageplatten lassen nun je nach Bedarf eine feine. mittlere oder grobe Besprengung einstellen, immer aber geschieht dies durch umfangreichste Verteilung der Wassermasse, sodass ein Wegspülen des Erdbodens oder ein Wegschwemmen frischer Saat ausgeschlossen ist.   Das unmittelbare Aufschrauben des Mundstückes auf den Schlauchteil ist übrigens für den Gärtner noch insofern angenehm, als es das lästige Kälten der Finger verhindert, wie überhaupt ein Zurücklaufen des Wassers und Benetzen des Sperngers fast ausgeschlossen ist.

Dieses Zerstäuber-Mundstück „Regen" lässt sich nun mit allerlei Konstruktionen von Sprengern und Spritzen verbinden, um ganz praktische und brauchbare Apparate zu schaffen. So als Obstbaum- und Gewächshausspritzen, erstere zur feinen Besprengung mit Brühen bei Vertilgung von Schmarotzern, letztere zur Bestäubung und Tränkung von Balkon- und Zimmerpflanzen. Die gangbaren Spritzen messen etwa $^1/_4$ oder $^1/_2$ l Inhalt. Ein Verstopfen bei Brüh-Sprengungen ist auch bei der feinsten Einlagplatte nicht vorgekommen.

Bei grossen Rasenflächen und bei Besprengung grösserer Kulturen ist das Zerstäuber-Mundstück natürlich mit grösserer Konstruktion verbunden. Der Rasensprenger ruht auf einem soliden tellerartigen Untersatz. eingerichtet für $^3/_4$, 1 und $1^1/_2$" Schlauch (siehe Abb.).

Die Besprengung ist eine sehr gleichmässige und intensive, die Handhabung eine bequeme, da man nur nötig hat, den Regenspender mit einem starken Bindfaden von Ort zu Ort zu ziehen. Für Blumengeschäfte grösserer Bedeutung wird dagegen die Luftdruckspritze benutzt, wie sie auch von anderen Fabriken der Branche hergestellt werden. Sie fasst etwa 2—10 l Wasser, braucht nicht gepumpt zu werden, und eignet sich speziell überall dort, wo das Wasser von einem entfernteren Ort transportiert werden muss.

Die Verbesserungen in Spritzen und Mundstücken sind in jüngster Zeit von verschiedenen Stellen aufgenommen worden, sie beruhen alle auf der mehr oder minder sorgfältigen Verteilung des Wasserstrahles. Die Zieglerschen Fabrikate haben sich bisher bewährt, ob sich mit der Zeit Nachteile herausstellen werden, das muss eben diese Zeit lehren, denn die Neuheit datiert erst seit Jahresfrist. Empfehlend ist jedenfalls das gute Funktionieren bis dato und der mässige Preis, der die Anschaffung auch den kleinsten Betrieben ohne grosse Kosten ermöglicht.

P. R.

Kleinere Mitteilungen.

Berichtigung.

In dem Artikel über Asparagus Sprengeri falcatoides in Heft 6, S. 162, muss es Spalte 1, Zeile 14 von unten selbstverständlich heissen: mit Tausenden Blüten statt Blättern.

Die Bismarckhacke oder jetzt: Tigerhacke.

In der Nummer vom 1. März cr. der „Gartenflora" steht auf Seite 124/25 ein Artikel über die Bismarckhacke. Vom Erfinder derselben, Herrn Arno Drechsler in Zeicha, ist mir die Generalvertretung der Bismarckhacke, jetzt „Tigerhacke" genannt,*) für die Provinzen Brandenburg, Mecklenburg - Schwerin, Pommern, Ost- und Westpreussen übertragen. Ich bitte daher um Berichtigung des Namens, sowie der Preise, welche Sie aus meinem beifolgenden Katalog Seite 10 und 11 ersehen. Unsere jetzigen Preise sind die Originalpreise des Herrn Drechsler, er hat die Preise erhöhen müssen.**) C. van der Smissen.

*) Warum ist sie denn umgetauft?
Die Redaktion.
**) Die grösseren Hacken kosten jetzt 1,50 Mk. per Stück. Die Redaktion.

Rezept zu schwarzem Johannisbeer-Liqueur-Wein.

1¹/₂ Kilo Beeren, 60 Gramm Blätter geschnitten, ¹/₂ Gramm Gewürznelken, 1 Gramm Zimmt, 1 Kilo Zucker, 1¹/₂ Kilo Weingeist, 2 Liter Wasser.

Nachdem man den Zucker in obigem Quantum Wasser aufgelöst, in ein Gefäss gethan und Obenerwähntes hinzugefügt, lässt man das Ganze 14 Tage bedeckt stehen; sodann presst man diese Masse, filtriert sie nach Verlauf von 2 Tagen und der Wein ist fertig, den man, wenn man ihn nicht sofort verbrauchen will, sehr lange in gut verkorkten und verlackten Flaschen aufbewahren kann.

Garten-Inspektor G r e i n i g.

In der Sitzung des Obst und Gehölz-Ausschusses am 13. März d. J. wurde dieser Wein gekostet und fand vielen Beifall.

Die sogenannte „heilige Lilie der Chinesen".

Der junge, so talentvolle und leider viel zu früh verstorbene W i l l y M ü h l e aus Temesvar, mein bester Freund so lange er hier auf Erden wandelte, brachte mir, als er im November 1901 aus Japan zurückkehrte und hier landete, manche schöne und seltene Pflanze aus jenen fernen Florengebieten mit. Darunter waren viele Zwiebelgewächse und unter diesen auch Narcissenzwiebeln, die ich als zum Subgenus „Tacetta" erkannte. Diese haben nun hier bei mir im November-Dezember letzten Winters geblüht und stehen noch heute in überaus kraftvoller Vegetation, haben mich aber enttäuscht. Wir haben viel schönere Varietäten hier am Mittelmeer, und besonders Cypern, wie überhapt der nähere Orient bieten dem Liebhaber als auch dem Treibgärtner gar viel brauchbares Material. — Die heilige Narcisse — eine Lilie ist sie natürlich nicht — ist nichts weiter als Narcissus Tazetta L. und muss, um sie als Varietät zu bezeichnen, wozu sie wohl berechtigt erscheint: Narcissus Tacetta var. chinensis genannt werden. Sie hat eine mittelgrosse, mehr rundliche, in eine braune Tunika gehüllte Zwiebel, über 70 cm, also viel zu lange Blätter, die, etwas über der Basis 4 cm breit, nach oben langsam verschmälert sind und zu 5—7 aus der Zwiebel sprossen. Sie sind fast flach, an den Rändern scharf, dicklich, rinnig mit vielen Längsadern, an

der Spitze stumpf und leicht blaugrün bereift. Der Blütenschaft ist viel weniger lang, ragt aber zur Zeit der Blüte doch etwas über die dann noch kürzeren Blätter heraus. Er trägt an seiner Spitze 7—12 ziemlich grosse Blüten, die sich aber durch nichts vor ihren europäischen Vettern auszeichnen, ja manchen derselben sehr viel nachstehen. Sie duften nicht so angenehm als viele der letzteren und haben eine gelblich weisse Blume (Perianth) und eine dottergelbe Nebenkrone. — Die Ovarien schwellen zwar an, bringen aber hier bei mir sterile Samen. Ihre Kultur weicht in keinerweise von der ihrer europäischen Vettern ab und ich begreife noch immer nicht, wie man für diese Narcisse, die man in Europa sehr billig kaufen kann, so fabelhafte Preise bezahlen konnte als thatsächlich in früheren Jahren dafür bezahlt wurden. In Italien, Cypern, Griechenland und Türkei nächst Narc. Tacetta auf feuchten und selbst überschwemmten Wiesen und können ganz ebenso wie diese und wie Hyacinthen über Wasser kultiviert werden, so dass die Wurzeln völlig im Wasser sich befinden. Die besten europäischen zweifarbigen Narcissen (Bicolores), welche ich kenne, sind: N. elatus, canaliculatus von Ischia, N. Tenori von Cypern und aus Sicilien, N. Cypri, die schönste, N. floribunda, formosa, decora, ganymedoides und orientalis. Sie alle blühen sehr früh und lassen sich demnach leicht „treiben".

Vomero-Napoli, 10. Februar 1902.
C. Sprenger.

Das Ätherverfahren von W. Johannsen in der praktischen Ausführung.

Die gärtnerische Versuchsstation am Kgl. botanischen Garten zu Dresden hat mit dem von W. Johannsen angegebenen Verfahren des Aetherisierens der Pflanzen zur Frühtreiberei Versuche gemacht, über die Herr F. L e d i e n in dem Jahresbericht der Gartenbau-Gesellschaft der „Flora" zu Dresden berichtet. Die Versuche hatten zum Teil recht günstige Erfolge. Die geprüften Fliedersorten „Marie Legraye", „Charles X" und Léon Simon" wurden in der ersten Hälfte des Dezember, zum Teil noch früher, zu voller Blüte und schönster Belaubung gebracht, in 18 Tagen vom Warmstellen an gerechnet. Die nicht ätherisierten Vergleichspflanzen genannter Fliedersorten kamen zum Teil garnicht zur Blüte, sondern gingen zu Grunde wegen zu zeitigen Warmstellens, oder sie kamen 8—20 Tage später zur Blüte und dann fast ohne Laub.

Es ergab sich ferner als Regel, dass die ätherisierten Pflanzen bei niedrigeren Temperaturen getrieben werden können als es sonst bei dieser frühen Treiberei der Fall ist. Dies bedeutet für die handelsgärtnerische Verwertung eine ganz ausserordentliche Heizmaterialersparnis.

Ferner wurden zu den Versuchen benutzt Viburnum tomentosum plicatum, Azalea mollis, Prunus triloba, Deutzia gracilis, Maiblumen, Hyacinthen auf Wasser, Rosen und abgeschnittene Zweige unserer schönsten Frühjahrsblüher im Freien.

Gleich günstig wie beim Flieder erwies sich das Verfahren bei Viburnum und bei Azalea mollis. Dagegen Prunus triloba verhielt sich indifferent gegen die Einwirkung des Aethers. Deutzia gracilis litt darunter, indem die Blütenknospen verkümmerten, das Laub aber sehr üppig kam.

Mit Prunus triloba hatte Johannsen bessere Resultate erzielt. Bei ätherisierten Maiblumen waren die Erfolge wechselnd, so dass man besser zum frühen Treiben dieser Blumen zu den Eiskeimen greifen wird. Für Rosen versagte das Verfahren vollständig. Ein Einfluss zeigte sich nur darin, dass bei den behandelten Pflanzen mehr Augen zum Austreiben kamen als bei den unbehandelten, sodass erstere dichter belaubt waren. Als Kuriosität ist noch zu bemerken, dass abgeschnittene Zweige von Azalea pontica ätherisiert in 23 Tagen vollständig erblüht waren, so wie sie an der Pflanze nur sein können; die nicht behandelten Zweige blüten 12 Tage später.

Von wirklichem Werte bleibt somit das Verfahren nur für Flieder, für Viburnum und Azalea mollis. Viburnum tomentosum plicatum war warmgestellt am 14. November und blühte reinweiss und voll am 2. Januar, also in 48 Tagen. Die nicht ätherisierten Vergleichspflanzen nahmen das allzufrühe Warmstellen übel und trieben garnicht richtig aus. Wahrscheinlich könnte man die Pflanzen schon zu Weihnachten blühend haben. Azalea mollis, am 26. ätherisirt, und

warmgestellt am 28. November, war voll erblüht am 20. Dezember, also in 22 Tagen; die nicht behandelten Vergleichspflanzen erblühten sehr mangelhaft Anfang Januar.

Den Hauptwert hat das Aetherisieren für die ganz frühen Treibsätze im November und Dezember; für jede Pflanzenart etwa drei Wochen früher, als man sie sonst zu treiben wagte. Später angewendet hat das Verfahren keinen rechten Zweck mehr, da der durch dasselbe gewonnene Zeitvorsprung zu gering ist; so trat bei Azalea mollis, warmgestellt am 12. Dezember, die Vollblüte bei den behandelten und nicht behandelten Pflanzen um den 4. bis 6. Januar herum ein, also nach 24 Tagen.

J. B.

Die Ausstellungshalle im Zoologischen Garten zu Berlin.

Im Restaurationsgebäude des Zoologischen Gartens sind soeben die Pläne der Baulichkeiten ausgestellt, zu deren Ausführung die Aufnahme einer Anleihe für die nächste Generalversammlung beantragt ist. Es ist eine stattliche Reihe reizvoller Zeichnnngen, unter denen die geplante Ausstellungshalle den Hauptraum einnimmt. Sie ist in romanischem Stil geplant; zwei der Blätter tragen eigenhändige Genehmigungsvermerke des Kaisers, der laut einer mitausgestellten Abschrift, der die Genehmigung ertheilenden Ministerialverfügung „seine Allerhöchste Freude über das Unternehmen selbst. sowie die geplante künstlerische Ausführung zu erkennen giebt". Mehrere der Pläne zeigen Rotstiftkorrekturen von der Hand des Kaisers. Ferner liegen interessante Aufrisse zum Umbau des alten Affenhauses, zum Neubau von Häusern für Bisons, Jaks, Büffel sowie für eine Meiereianlage vor, in der einheimische Rinder, Pferde etc. vorgeführt werden sollen. Die letztere Anlage wird das Landwirtschaftsministerium durch einen erheblichen jährlichen Beitrag subventionieren. Diese Bauten insgesamt werden das grossartige Bild unseres Zoologischen Gartens in würdiger Weise vervollständigen. Es ist wünschenswert, dass möglichst viele Aktionäre durch persönlichen Besuch der Ausstellung sich ein eigenes Urteil von den Neubauplänen schaffen.

Abholzungen.

Umfangreiche Abholzungen finden jetzt auf dem Könipsplatze statt. Alte Eichen und Rüstern, darunter viele stattliche hochgewachsene Stämme, die sich in den Anlagen östlich und westlich vom Siegesdenkmal erheben, müssen wegen Herstellung der geplanten neuen Wege der Axt zum Opfer fallen.

Litteratur.

J. Dörfler's Botaniker-Adressbuch, 2. Aufl., 1902. Im Selbstverlage des Herausgebers, Wien III, Barichgasse 36. — Dieses Buch ist für Botaniker, bot. Gärtner etc. unentbehrlich. Es umfasst die Namen und Adressen der lebenden Botaniker aller Länder, der bot. Gärten und Institute, Gesellschaften etc. und zeichnet sich durch grosse Zuverlässigkeit aus. Selbstverständlich hat es den Fehler, den jedes Adressbuch besitzt, dass während des Druckes schonj wieder Veränderungen eingehen, die nicht mehr berücksichtigt werden können. L. Wittmack.

Notizblatt des Kgl. botanischen Gartens und Museums zu Berlin. Index seminem in horto botanico regio Berolinensi anno 1901 collectorum enthält ein Verzeichnis aller Sämereien, die im Berliner botanischen Garten im letzten Jahre gesammelt sind. J. B.

Anleitung zur Pfirsichzucht am Wandspalier und freistehenden Baume von Fr. Buche, Baumschulenbesitzer in Brumath i. Els. Zweite verbesserte und vermehrte Auflage. Verlag von Trowitzsch & Sohn, Franklurt a. O. Im Vorwort dieser zweiten Auflage bemerkt der Verfasser, dass man mancherorts der Kultur des Pfirsichbaumes mehr Aufmerksamkeit geschenkt habe, und es auch gelungen sei, die Kultur des Pfirsichs als Buschform rentabel zu gestalten.

Wenngleich feststeht, dass in Deutschland, besonders in Mittel- und Norddeutschland Pfirsichanpflanzungen nur in ganz geschützter Lage oder unter Beobachtung geeigneter Schutzanwendung gute und lohnende Resultate bringen, so habe auch ich in den Provinzen Hannover, Sachsen, Brandenburg und Schlesien die Beobachtung machen können, dass man bei strenger Auswahl von widerstandsfähiger Sorten und Anwendung der Buschformen, welche neuerdings häufig (besonders in Werder bei Berlin) aus Sämlingen herangezogen werden, in weniger guten Lagen ganz leidliche Erfolge, trotz ungünstiger Winter erzielt hat.

Aus diesem Grunde möchte ich die Lektüre dieses kleinen Werkes empfehlen, um trotz mancher misslungener Versuche sich immer wieder zum Anpflanzen neuerdings erprobter Sorten anregen zu lassen, denn der Pfirsich hat wohl unstreitbar den ersten Platz unter dem Steinobst als Tafelfrucht.

Den grössten Raum im vorliegenden Buche nimmt ja allerdings die sehr eingehend und mit grosser Sachkenntnis bearbeitete Behandlung des Pfirsichbaumes am Spalier (überhaupt in regelmässiger Form) ein. Diese Bearbeitung würde wohl dem süddeutschen Pfirsichpächter am meisten zu gute kommen, während für die Züchter und Liebhaber in Mittel- und Norddeutschland mehr die neueren Erfahrungen auf dem Gebiete der unregelmässigen Baum-, Busch- und Pyramidenform in kultureller Hinsicht und in der Sortenwahl inbetracht kommen dürften.

Da der Verfasser auch die Ernte, das Verpacken und Versenden der Pfirsichfrüchte, die Krankheiten und deren Heilung, sowie die dem Pfirsichbaum schädlichsten Tiere und die Bekämpfung derselben eingehend erläutert, so wird das Büchelchen den Ansprüchen, die ein in der Pfirsichzucht nicht ganz Unerfahrener an ein solches Spezialwerk stellt, genügen.

Amelung.

Unterrichtswesen.

The Horticultural College in Swanley, Kent England, gegründet 1889, verbunden mit den Berkshire, Essex, Kent, London und Staffordshire County Councils (Grafschaftsverwaltungen) und dem Board of Education (Unterrichtsministerium), Syllabus (Uebersicht) der Arbeit, Mittsommer 1901.

In England giebt es bekanntlich keine staatlichen Gärtnerei-Lehranstalten und lange Zeit auch kaum private. Jeder musste sehen, wo er seine Kenntnisse sich verschaffe und kann dann allerdings sich einem Examen vor der Gartenbau Gesellschaft in London unterwerfen, ähnlich wie man auch als Gelehrter in London vor der Universität ein Examen ablegen kann, ohne an einer Universität studiert zu haben, wenn man nur die erforderlichen Kenntnisse erlangt hat.

Die Gartenbauschule in Swanley ist die erste halbprivate Anstalt und verdient um so mehr Beachtung, als hier männliche und weibliche Gärtner zugleich ausgebildet werden. Swanley liegt nur 17½ englische Meilen (ca. 4 deutsche) von London, in einer gesunden, viel Gartenbau treibenden Gegend. Hauptzweck ist, Handelsgärtner und Privatgärtner auszubilden.

Das Hauptgebäude ist die frühere Wohnung von Sir Edward Reed mit ihrem interessanten Bessemer Salon, es enthält Vorlesungsräume, Klassenzimmer und Laboratorien. Vorhanden sind ferner 15 Gewächshäuser, je 100 Fuss lang, ein neues Kalthaus (conservatory), Ställe, Arbeitsschuppen, Scheunen, Bienenstand, Molkerei, Geflügelhäuser etc. — Die Grundfläche beträgt 43 acres a 40 ar oder 1½ preuss. Morgen Pachtland (freebold-land). Davon sind 2 acres für Blumenzucht, 12 für Gemüse und Marktgärtnerei, 17 für Obstbau.

Die Hauptleitung hat Herr Eason Wilbeinson, B. A. d. h. Bachelor of Arts, Barcalaureus, der dem Verwaltungsrat (Kuratorium) veranwortlich ist, die Damen überwacht Frl. Watson. Besuchszeit: Dienstag 10—5, ev. zu anderen Zeiten auf Anmeldung.

Unterricht und Methode. Der Unterricht wird theoretisch und praktisch betrieben, erst kommt die Theorie, das Warum, dann die Praxis. Unterrichtsstunden täglich 2. Die Arbeitszeit beginnt im Sommer 6½ Uhr, im Winter 9 Uhr.

Das 1. Jahr arbeiten die Schüler (sie werden students genannt) in kleinen Gruppen (Männer und Frauen getrennt). Diese praktische Arbeit verteilt sich auf 5 Abteilungen (Gegenstände), sodass am 6. Tage die Schule wieder in der 1. Abteilung arbeitet. Am Ende des ersten Jahres können die Schüler sich spezialisieren, entweder für Privat- oder Handelsgärtnerei.

Es giebt 2 Kurse, 1. den vollen Diplom-Kursus, 2. den Certifikat-Kursus. Beide dauern zwei Jahre. Die Examina in praktischen Arbeiten sind für beide dieselben.

Diplom-Examina zur Erlangung des Diploms, der höchsten Auszeichnung, werden um Johannis abgehalten. Sie werden hauptsächlich von Examinatoren vorgenommen, die ausserhalb der Anstalt stehen. Ein Diplom 1. Klasse wird verlangt bei den (späteren) Examina der R. Horticultural Society. Obligatorische Gegenstände sind: Praktischer Gartenbau, schriftlich oder mündlich, Prinzipien (Grundzüge) des Gartenbaues, der Botanik und der Chemie (theoretisch und praktisch) und Buchhalten. — Fakultativ sind die übrigen Fächer, doch müssen mindestens noch drei von den folgenden gewählt werden: Insektenkunde, Feldmessen, Geflügelzucht, Bienenzucht, Meiereiwesen.

Ein Minimum von 55 pCt. Marken muss in den Examinas bei jedem Gegenstande erlangt werden, und 66½ pCt. der Summe der Gegenstände. Studierende, die in ein oder zwei Gegenständen weniger als 55 pCt. Marken haben, können die Prüfung später dann wiederholen, vorausgesetzt, dass sie obigen Durchschnitt erlangt haben. Im Diplom wird gesagt, für welche Gegenstände es gegeben ist.

Certifikat. Wer ein Certifikat wünscht, muss eine 1. Klasse beim Examen der R. Horticultural Society erzielen, ausserdem die praktische Arbeit thun und das Tagebuch (Diary) führen, wie es für das Diplom verlangt wird.

Exkursionen finden von Zeit zu Zeit nach verschiedenen Gärten, Baumschulen und Ausstellungen statt.

Studentengärten. Jeder Studirende kann ein kleines Stück Land erhalten, um das nach seinem Geschmack in seiner Mussestunde zu bebauen

Eintritt. Der Eintritt muss möglichst zu Anfang September, wenn das Studienjahr beginnt, erfolgen. Die Schüler müssen über 16 Jahr alt sein und zwei genügende Referenzen geben.

Internat. Die männlichen Studirenden wohnen in der Anstalt. Einige. wenige Privat-Studirende können zu besonderen Bedingungen aufgenommen werden.

Externat. Mit besonderer Erlaubnis können auch ausserhalb Wohnende in der Anstalt studiren, Frauen aber nur, wenn sie nicht unter 25 Jahr, Männer, wenn sie nicht unter 21 Jahr sind. Sie müssen unter den Wohnungen wählen, die die Anstalt als gut anerkannt hat.

Erholungen. Mehrere Klubs für Cricket (Kolbenspiel), Hockey (wörtlich Erntefest), Fussball, Tennis etc. Auch sind musikalische, litterarische und Debattiervereine. Für Fahrräder ist Platz. Eine Turnhalle wird zu Weihnachten 1902 fertig.

Frauen - Abteilung. Die Häuser, in denen die Frauen wohnen, sind wenige Minuten von der Anstalt. Es sind Privathäuser im Dorf. Man beabsichtigt ein Wohnhaus für Frauen, ein chemisches Laboratorium und eine Bibliothek zu bauen, sobald Mittel da sind und Frl. Sieveking, Ehrensekretär des Verwaltungsrats forderte deshalb in einem Briefe vom 16. Juni 1901 an die Times zu Beiträgen auf. Die Lady Superintendent (Aufsichtsdame) und ihre Assistenten wohnen in South Banks (nahe bei). Die übrigen Häuser Nord, West und East Banks stehen unter Aufsicht verantwortlicher Personen.

Einteilung des Kursus und Ferien. Das Jahr ist in drei Teile von je ca.

13 Wochen geteilt, ungefähr 16. Januar, 1. Mai, 11. September.

Kosten. Für das Internat 80 Lstr. = 1600 Mk. pro .Jahr pränumerando, zu jedem der drei Termine, alles inbegriffen, nur nicht ein besonderes Zimmer, Arzt, Heizung im Schlafzimmer, Wäscherin, Bücher und eine kleine Abgabe für das Leihen der Mikroskope und Geräte — Externe: 40 Lstr.

Freistellen. Die Grafschafts-Räte (Kreisverwaltungen) von Berkshire, Essex, Kent und London, gewähren sowohl Männern wie Frauen, Staffordshire nur für Frauen, ihres Bezirks Freistellen. Die Bewerber müssen sich (vor der Aufnahme) einem Examen unterwerfen und erhalten, wenn sie es bestehen, meist freien Unterricht, Kost und Wohnung auf zwei Jahre.

(Schluss folgt.)

Abgangsprüfung an der Königl. Gärtner-Lehranstalt zu Potsdam-Wildpark.

Die diesjährige Abgangsprüfung an der Königl. Gärtner-Lehranstalt zu Potsdam-Wildpark fand am 18. und 19. März unter Vorsitz des Ministerial-Direktors, Herrn Wirkl. Geh. Rats Dr. Thiel und im Beisein des Direktors der Anstalt, Herrn Königl. Hof - Garten-Direktors G. Fintelmann, und des Deputierten des Vereins z. Bef. d. G., Herrn Städt. Garten-Insp. A. Fintelmann, statt. Zum Examen wurden 21 Kandidaten zugelassen, welche dasselbe mit Erfolg bestanden. Es waren dies: Ahlisch, Barth, Bertram, von Boehn, Bruns, Grill, Hamel, Hebenstreit, Hopfe, Ihrig, Meyer, Nauck, Nörrenberg, Nose, Quantz, Röhnick, Schinabeck, Schönfelder, Schütze, Simon und Teuber.

Aus den Vereinen.

Sitzung der Vereinigten Ausschüsse für Obst und Gehölzzucht vom 9. Januar 1902.

Vorsitz: Herr Clemen.

I. Herr Gart.-Insp. Weber legt mehrere Äpfel vor und empfiehlt als beste, stets gut tragende Äpfel: Winter-Gold-

parmäne, Kasseler Reinette und Jungfernäpfel.

1. Der Jungfernapfel leidet viel weniger von dem Winde als die Goldparmäne. In Böhmen wird er noch grösser.

2. Webers Reinette oder Webers ver-

besserte Kasseler Reinette wird nicht so riesig als die Kasseler Reinette. Gegen Pfingsten färbt sie sich erst recht schön. Herr Cordel hält sie im Geschmack für den besten Apfel.

3. Weisser Rosmarin hat bisher zwar mitunter geblüht, aber dies Jahr zum ersten Mal getragen.

4. Zum Vergleich echte Rosmarin. Sie sind grösser und nicht so spitz wie die hiesigen.

Herr Stadtrat Töbelmann las im Praktischen Ratgeber in einem Reisebericht von einer verbesserten Kasseler Reinette in der Gegend von Halle. Er bittet Herrn Weber einige Exemplare an Herrn Boettner zu schicken, um zu sehen, ob diese verbesserte Reinette dieselbe sei wie seine.

Herr Stadtrat Töbelmann hält den Jungfernapfel nicht für so sehr wohlschmeckend, er gilt meist nur als Apfel zweiten Ranges. Die Kasseler Reinette hat auch manche Fehler, sie trägt nur ein Jahr ums andere und bringt sehr viel krüppelhafte Früchte, besonders in schlechtem Boden. Sie wird jetzt immer mehr durch den Schönen von Boskoop ersetzt.

Herr Mende stimmt dem bei. Die Kasseler Reinette leidet auch sehr vom Fusicladium, sie wird jetzt vielfach umgepfropft, weil man sie für nicht so gut hält.

Herr Weber: Ich spreche von meinem Verhältnis in Spindlersfeld und wir haben schlechten Boden. Alle drei Sorten tragen bei uns jedes Jahr.

Herr Weiss: Herr Lauche erklärte die Kasseler Reinette für einen der besten Strassenbäume.

Herr Greinig: Bei uns sind ³/₄ der Kasseler Reinetten rissig und klein.

Herr Mende: Die Laub- und Kasseler Reinette sieht jahrgangsweise ganz schlecht aus, im August oft wie Taback, wegen des Fusicladiums, und sie verbreitet des Fusicladium auch.

Herr Brettschneider: Die Verbreitung der Casseler Reinette ist besonders dem verstorbenen Herrn Hördemann in Cassel zu verdanken. Sie soll bei Witzenhausen viel gebaut werden. Dort ist Lehm und darunter Schotter. Die Früchte, die in Hessen ausgestellt werden, sind meist schön, aber es giebt viele Varitäten. Die Sorte ist an gewisse Höhenlagen und Bodenverhältnisse gebunden. — Die ersten 5 bis 6

Blätter eines jungen Triebes werden bei uns meist schlecht; erst was nach Johannis wächst, ist besser. — Der rote Jungfernapfel trägt immer regelmässig. Dem Wuchs nach passt er allerdings mehr für das Feld als für den Garten.

Vorgelegt wurde ein Sauromatum venosum von Herrn G. Insp. Lindemuth, ferner: Crinum Forbesii von Hofg. Herre, Dessau.

III. Ausdehnung des Versuchsfeldes auf Obstbäume. Herr Mende teilt mit, dass auf Vorschlag des Herrn Brettschneider die auf der Pomologen-Versammlung in Cassel empfohlenen Sorten auf den Rieselfeldern angebaut werden sollen, nachdem die Deputation für Kanalisationswerke eine Erweiterung des Versuchsgartens genehmigt hat.

Herr Stadtradt Töbelmann bemerkt dazu, dass er und einige andere Herren bereits auf der Pomologenversammlung in Breslau die betr. Sorten empfohlen haben, er sei dann drei Jahre später aufgefordert, die Liste noch einmal zu revidiren und so ist sie denn in Cassel angenommen worden.

Herr Brettschneider hält das Empfehlen weiterer Septemberbirnen für überflüssig, Herr Stadtrat Töbelmann noch mehr das von ganz späten Winterbirnen, die bei uns nicht mehr reifen.

Herr Brettschneider teilt mit, dass bei Herrn Seidel in Grüngräbchen die Erfolge der Kulturen wohl mehr dem jungfräulichen Boden als den reinen Nährsälzen zuzuschreiben seien. Herr Mehl ist derselben Ansicht; Herr Töbelmann auch, er habe jetzt in Scharbeutz auf Weizenboden herrliche Erfolge. Aber was ist die Ursache, dass jungfräulicher Boden so gut wirkt?

Herr Brettschneider: Wenn eine Pflanze auf jungfräulichem Boden kommt, kann sie sich die Stoffe auswählen. Leider können wir Gehölzkulturen noch wenig mit künstlichem Dünger behandeln. Wo Lupinen gestanden haben, bleibt der Boden für den Sommer feuchter, weil die Wurzeln hohl werden und als Wasserleitungsröhren dienen.

Der Verein zur Förderung der Blumenpflege bei Schulkindern

hielt am 3. März im Bürgersaal des Rathauses seine fünfte Jahresversammlung ab. Der Verein, der seine Thätigkeit mit der Blumenverteilung in 37 Schulen begonnen hatte, hat im letzten Jahre in 55 Schulen 10000 Topfgewächse oder gut bewurzelte Pflanzenstecklinge Kindern zur häuslichen Pflege übergeben. Die Beurteilung der Ergebnisse dieser Pflege hat im September stattgefunden. Von der Prämiierung bester Leistungen ist neuerdings abgesehen worden, doch herrscht an den meisten Schulen die Einrichtung, über gute Leistungen in der Blumenpflege einen Vermerk ins Schulzeugnis zu schreiben. Besonders gefördert ist das Werk auch im letzten Jahre durch Gartendirektor Mächtig und Garteninspektor Fintelmann, die über 2000 kräftige Pflanzenstöcke in Töpfen überwiesen. Die Einnahmen des Vereins, betrugen 338 Mk., die Ausgaben 208 Mk., es verblieb somit ein Ueberschuss von 130 Mk Prof. Schumann, Kustos des Botanischen Museums, hielt sodann einen instruktiven Vortrag über die Kakteen und ihre Bedeutung als Zimmerpflanzen.

Die Kgl. Gartenbau-Gesellschaft in London.

Die Royal Horticultural-Society hielt am 11. Februar in der zugigen Drill-halle (einem Exerzierhaus) ihre Jahresversammlung ab. Der Präsident Sir Trevor Lawrence, Bart., konnte erfreulicher Weise von einem ganz ausserordentlichen Aufblühen der Gesellschaft berichten, 1888 hatte sie nur 552 zahlende Mitglieder, jetzt ca. 5500. Allein im Jahre 1901 sind 930 Personen eingetreten und in den ersten 6 Wochen von 1902 schon 180.

Es darf nicht vermutet werden, sagte Sir Trevor Lawrence, dass das irgendwie der „Mode" zu verdanken ist. Das Hauptziel ist jetzt darauf gerichtet, eine eigene Ausstellungshalle zu erbauen, die Verhandlungen wegen des Terrains schweben noch. Man hofft indessen die Halle 1904, zum 100jährigen Jubiläum der Gesellschaft fertig zu haben. Dem Gedanken, durch eine internationale Gartenland - Ausstellung dies Jubiläum zu feiern, steht der Vorstand ziemlich kühl gegenüber. Wir haben, sagte Tr. Lawrence, in früherer Zeit unser Geld wie Wasser weggeschüttet, wir verloren in South Kensington 1 600 000 Mark, jetzt müssen wir mit unseren Mitteln haushälterisch umgehen, um ein dauerndes Gedeihen der Gesellschaft zu ermöglichen, und nicht unnötige Gefahren eingehen.

                                          L. W.

Personal-Nachrichten.

Der Direktor des Vereins zur Beförderung des Gartenbaues in den preussischen Staaten, Kgl. Gartenbaudirektor Carl Lackner in Steglitz bei Berlin, ist zum Kommandeur des französischen Ordens du Mérite agricole (Orden für landwirtschaftliche Verdienste) ernannt worden. Herr Lackner war Vizepräsident der Gruppe „Gartenbau" auf der Weltausstellung in Paris 1900.

Der Hofgärtner Schulze vom Hofküchengarten Schwerin ist nach Ludwigslust versetzt und ihm dort die Leitung der Grossherzoglichen Anlagen „Schloss - Prinzen - Blumen - Küchen Garten" übertragen.

Der Gartentechniker Adix, zuletzt Schierstein, ist als Grossherzoglicher Obergehülfe nach Ludwigslust berufen.

Der Hofgärtner Voss in Ludwigslust ist zur Leitung des Grossherzoglichen Hofküchengartens nach Schwerin versetzt.

Für die Redaktion verantwortlich Geh. R. Prof. Dr. Wittmack, Berlin NW., Invalidenstr. 42. Verlag von Gebrüder Borntraeger, Berlin SW. 46, Dessauerstr 29. Druck von A. W. Hayn's Erben, Berlin.

15. April 1902. Heft 8.

GARTENFLORA

ZEITSCHRIFT

für

Garten- und Blumenkunde

(Begründet von **Eduard Regel.**)

51. Jahrgang.

Organ des Vereins zur Beförderung des Gartenbaues in den preussischen Staaten.

Herausgegeben von

Dr. L. Wittmack,

Geh. Regierungsrat, Professor an der Universität und an der Kgl. landwirtschaftl.
Hochschule in Berlin, General-Sekretär des Vereins.

Berlin 1902

Verlag von Gebrüder Borntraeger

SW 46 Dessauerstrasse 29

Erscheint halbmonatlich. Preis des Jahrganges von 42 Druckbogen mit vielen Textabbildungen und
12 Farbentafeln für Deutschand und Oesterreich-Ungarn 12 Mark, für die übrigen Länder des Weltpostvereins 15 Mark. Zu beziehen durch jede Buchhandlung oder durch die Post (Zeitungsverzeichnis
No. 2819).

893. Versammlung des Vereins zur Beförderung des Gartenbaues in den preussischen Staaten am 20. März 1902 in der Königlichen landwirtschaftlichen Hochschule zu Berlin.

I. Der grosse Hörsaal der Landwirtschaftlichen Hochschule ist über-füllt. Der Direktor des Vereins. Kgl. Gartenbaudirektor Lackner, be-grüsst die überaus reiche Zahl der Teilnehmer, unter ihnen auch die vielen Damen, welche zum heutigen Abend besonders eingeladen waren, da ein Vortrag des Herrn Dr. Busse über Ostafrika mit Lichtbildern angekündigt war.

II. Vorgeschlagen wurde zum wirklichen Mitglied
Herr Kgl. Obergärtner Potente in Sanssouci
durch Herrn Kgl. Hofgärtner Kurt Nietner.

III. Ausgestellte Gegenstände: 1. Von Hrn. G. Bornemann in Blankenburg a. Harz war im Anschluss an die in voriger Sitzung von Hrn. Kohlmannslehner ausgestellte Zantedeschia (Calla) aethiopica grandi-flora (Gartenflora Heft 6 S. 147) ein riesiger Blütenstand und ein Blatt von Zantedeschia (Calla) aethiopica multiflora praecox übersandt, zu welchem derselbe folgendes schrieb:

„Der Blütenstiel ist $1^1/_2$ cm lang, die Blütenscheide hat eine Länge von 26 cm, eine Breite von 22 cm. Ich habe aber schon mehrmals Blütenscheiden von 30 und selbst 32 cm Länge und 25 cm Breite ge-messen. Die Ausdehnungen des Blattes entsprechen der Grösse der Blütenscheide (50 cm grösste Länge und 37 cm grösste Breite L. W.) — Dass diese Calla beträchtlich grösser ist als die von Hrn. Kohlmanns-lehner in der letzten Versammlung vorgeführte C. aethiopica gigantea (resp. grandiflora), hat seinen Grund darin, dass meine Calla ausgepflanzt sind; aber auch den ausgepflanzten Exemplaren der Calla aethiopica grandiflora der Hrn. Nicolai steht Calla aethiopica multiflora praecox in keiner Weise in den Grössenverhältnissen nach. Besonders wertvoll ist sie wegen ihres leichten und frühen Blühens bei geringer Wärme und wegen der Eigenschaft des Remontirens. An derselben Stelle er-scheinen 2 und 3 Blütenstände nacheinander, und zwei- und dreijährige Pflanzen liefern etwa 7 Blütenstände. An dem übersandten Pflanzenteile ist zu sehen, dass neben dem entwickelten Blütenstande gleich ein neuer erscheint. Calla aethiopica multiflora praecox wurde von mir vor etwa 6 Jahren gezüchtet und vor 3 Jahren in den Handel gegeben." (Die zweite Blüte hat sich inzwischen an dem im Wasser stehenden Stiel schon fast entwickelt, der Stiel hat an dieser Stelle die ausserordentliche Breite von 7 cm und einen Umfang von 15—16 cm. Die erste Blüte hielt sich aber nicht so lange wie die von C. aeth. grandiflora, die noch nach 8 Tagen frisch war. L. W.)

2. Gleichzeitig hatte Herr Bornemann einige Durchschnittsblumen seiner Amaryllis übersandt und bemerkte dazu, dass er das Beste leider nicht habe schicken können, da er dies als Material zur Samengewinnung nicht entbehren könne. Unter den vorgelegten Blumen sei eine mit nicht ganz einwandsfreier spitzer Form der Blumenblätter. Diese habe er nur mitgeschickt, um die Eigenartigkeit der Färbung zu zeigen. Gerade diese Blume fand aber den allerlebhaftesten Beifall wegen ihrer ganz abweichenden, prachtvoll dunkel karminroten Farbe, die sich lebhaft von dem weissen Rande abhob. Hr. Bornemann machte mit Recht darauf aufmerksam, dass bei einer Blume mit breiteren, übereinander liegenden Blumenblättern der weisse Rand nicht zur Geltung kommen würde. Die Versammlung fand aber diesen weissen Rand garnicht störend; im Gegenteil, er hob die wunderbar schöne Karminfarbe noch mehr.

Hr. Kohlsmannslehner bemerkt in der Besprechung, dass es jetzt so viele Calla-Varietäten gebe, dass es kaum möglich sei, Fachmänner zu finden, welche die Sorten auseinander zu kennen imstande sind. Die Calla candidissima, welche 8—12 Blumen an einer 3jährigen Pflanze bringt, soll z. B. nichts anderes als eine ganz gewöhnliche Calla aethiopica sein. — Calla aethiopica multiflora praecox ist entschieden gut, sie blüht schon als einjähriger Sämling. Dass sie so gross wird, habe ich bisher nicht gewusst. Nicolai hat auch ausgepflanzte Calla und es ist nicht unmöglich, dass sich unter ihnen ähnliche finden.

Hr. Gartenbaudirektor Lackner teilt mit, dass in England die Calla im Winter, namentlich zu Weihnachten, viel getrieben werden. Er sah bei Beckwith in Tottenham bei London grosse Mengen, nach Angabe von Hrn. Beckwith zieht dieser jährlich 2 Millionen.

Herr Kohlmannslehner: Auch in Amerika werden viele Morgen damit bepflanzt und die Amerikaner bieten uns schon Rhizome an. Ich fürchte, dass die Ueberproduktion in Calla bald so gross wird, dass sie, wie in Südafrika, als Schweinefutter dienen müssen. Eine Zukunft haben noch die gelben Calla, wie z. B. Elliotiana, Nelsoni und Pentlandii, und die rosafarbene Calla; Hr. Bornemann hat sehr schöne Kreuzungen davon gemacht (siehe Abb. der rosaroten Calla (Zantedeschia oder Richardia) Rehmanni in Gartenfl. 1894 S. 15, der gelben mit purpurnem Grunde, Z. Pentlandii, in Gartenfl. 1898 S. 593 mit farb. Tafel 1456).

3. Hr. Kgl. Garteninspektor Weber hatte aus dem Garten des Hrn. Geh. Kommerzienrat Spindler in Spindlersfeld b. Köpenick eine Sammlung ganz vorzüglich erhaltener Aepfel ausser Preisbewerb ausgelegt. Es waren folgende Sorten: Winter-Goldparmäne, Roter Eisenapfel, Gravensteiner, Kaiser Alexander, Grosse Kasseler Reinette, Webers Reinette (zu Ehren des Ausstellers benannt), Roter Stettiner, Königlicher Kurzstiel, Roter Jungfernapfel, Weisser Rosmarin, Baumanns Reinette und ein Sämling. Hr. Weber bemerkt dazu: Ich habe den Gravensteiner und den Kaiser Alexander nur der Merkwürdigkeit wegen konserviert, Geschmack haben sie meist nicht mehr; den Gravensteiner wird man für gewöhnlich nur bis Weihnachten erhalten. Der Keller, in welchem

das Obst aufbewahrt wird, liegt über der Erde, die Früchte lagern auf Stellagen und kommen in den Keller, auch wenn sie nass sind; das schadet garnicht. Der Keller wird sehr luftig, ja zugig gehalten, selbst bei 7--8⁰ Kälte lasse ich die Fenster öffnen, denn es ist immer noch Wärme genug darin. Die Kunst des Konservierens liegt darin, dass man eine möglichst gleichmässige und niedrige Temperatur bei genügender Feuchtigkeit während des ganzen Winters zu erhalten sucht.

L. Wittmack teilte mit, dass nach Gardeners Chronicle im letzten Herbst in Paris Pfirsiche ausgestellt waren, die 55 bezw. 58 Tage in einem Kühlraum gelegen hatten und so schön waren, dass ein Engroshändler 4 Fr. für das Stück bot.

4. Hr. Gärtnereibesitzer Emil Dietze führt aus vom Verein zu Versuchszwecken erhaltenem Samen eine Anzahl Cineraria „Stella" vor. Die Sternform, bemerkt er, tritt noch nicht sehr hervor, zumal die Randblüten und die Scheibenblüten in diesem Falle alle beide rot waren. Die Sorte ist noch der Verbesserung bedürftig. — Hr. Kohlmannslehner fügt hinzu, dass die Firma Friedr. Römer, Quedlinburg, die diese Sorte züchtet, sie auf Ausstellungen meist auf Papier ausbreitet, dann tritt die Sternform mehr hervor. Wünschenswert seien auch noch längere Blumenstiele.

5. Hr. Obergärtner Bartsch führt aus dem Garten des Hrn. Dr. Reichenheim-Wannsee ein riesiges Elensfarn, Platycerium grande vor und bemerkt, es sei sehr anspruchslos in der Kultur und sei seit 4 Jahren nicht verpflanzt.

6. Hr Bartsch stellt ferner eine von ihm gemachte Kreuzung zwischen Begonia rubella × heracleifolia, die er vor Jahren ausgeführt, aus. Beide Eltern sind nicht besonders schön im Bau, die Kreuzung ist aber sehr schön in Blättern und Blüten. Sie fand allgemeine Anerkennung. Aus Blättern wächst sie leicht und blüht nach 3 Monaten im gemässigten Hause.

Hr. Prof. Dr. Paul Magnus bemerkt zu dem Platycerium, dass dies Farn eigentlich ein Epiphyt sei, der auf der Rinde der Bäume wächst und daher auch in den Gewächshäusern oft so gezogen wird. Goebel und andere Botaniker haben auseinandergesetzt, dass die anliegenden Blätter, die sog. Elephantenohren als Nischenblätter aufzufassen sind, welche Erde, Staub, Humus etc. auffangen. Eigentlich braucht es gar keinen Topf. — Hr. Direktor Lackner fügt hinzu, dass man die Platycerien oft viele Jahre an der Wand eines Gewächshauses erhalten kann.

7. Hr. Landschaftsgärtner Salefsky zu Rastenburg in Ostpr. fragt nach dem besten Mittel, um das Eindringen von Wurzeln in Drainröhren zu verhindern, namentlich ob ein Theeren der Muffen helfen würde. — Hr. Landschaftsgärtner W. Wendt bemerkt: Es giebt kein Mittel, die Wurzeln gehen, wenn der Theer verflogen ist, doch in die Röhren. Die Kanalisationsröhren kann man mit Asphaltkitt dichten. — Hr. Mende: Ein sicheres Dichtungsmaterial der Muffen bei glasierten Thonröhren ist noch nicht gefunden, selbst bester Zementverschluss ist nicht absolut zuverlässig. (Hr. Hofg. Janke hat nachträglich vorgeschlagen, die Drainröhren in Kokes und dergleichen unfruchtbares Material zu legen, da die Wurzeln sich von solchem sterilen Boden wegwenden.) Hr. Mende be-

merkt noch, dass man auf den städtischen Rieselfeldern die Ausläufe, d. h. das letzte Ende der Drainröhren in Zement lege. Die Drainröhren werden im übrigen in Torf gelegt, da, wo Schwemmsand ist, sogar auf Bohlen. Kommt es trotzdem vor, dass Wurzeln von Weiden hineingewachsen sind, so muss der Drainstrang einmal herausgenommen werden. Das macht auf den Rieselfeldern keine Schwierigkeit, weil immer Drainarbeiter da sind, die dann den Auslass wieder mit Zement umgeben.

Hr. Kgl. Garteninspektor Perring macht auf ein von den Herren Lassen & Wedel in Vejle (Dänemark) in den Handel gegebenes Insektengift „Aphitoxin" aufmerksam, das bei der Samenhandlung von Kröger & Schwenke, Schöneberg bei Berlin, zu haben ist. Dasselbe besteht vorzugsweise aus reinem Nikotin und wird in einem kleinen Kessel zum Verdampfen gebracht. Die Wirkung war nach den Versuchen im Kgl. botanischen Garten eine ganz ausgezeichnete, selbst die Schmierläuse auf den Cyradeen, die sich infolge der trockenen Dampfheizung in dem betreffenden Hause sehr vermehrt hatten, waren tot und lagen wie Schnee am Boden, allerdings waren nicht alle ganz tot, wohl weil sie in Haufen zusammengesessen hatten. Auch gegen Blasenfuss (Thrips) wirkt das Aphitoxin vortrefflich. Leider kann dasselbe nicht billig abgegeben werden, da das reine Nikotin selbst so teuer ist; aber es ist empfehlenswert.

L. Wittmack legt einen verbänderten Eschenzweig aus dem Forstrevier des Hrn. Grafen von der Schulenburg-Angern in Angern (Reg.-Bez. Magdeburg) vor, den Herr Forstaufseher Koch in Angermünde dem Museum der Landwirtschaftl. Hochschule geschenkt hat.

IV. Hierauf hielt Hr. Dr. Walter Busse, Botaniker am Kaiserl. Gesundheitsamt und Privatdozent an der Universität einen mit reichstem Beifall aufgenommenen Vortrag über Landschafts- und Vegetationsskizzen in Ostafrika. Redner schilderte in eingehender Weise die beiden Reisen, die er in Ostafrika ausgeführt, und erläuterte alles durch eine grosse Zahl trefflicher Lichtbilder.

Aufgenommen wurde als wirkliches Mitglied

Herr Kaufmann A. Schönner in Schöneberg b. Berlin.

Carl Lackner.   L. Wittmack.

Eine Sommerreise nach der Riviera.

Vom Kgl. Obergärtner Habermannn.

Während die meisten Besucher der Riviera diese glückliche Küste des Mittelländischen Meeres zu unserer Winterzeit sehen und sich an dem dort schon beginnenden Frühling erfreuen, war ich genötigt, sie im heissesten Sommer zu besuchen, da meine amtlichen Geschäfte eine Reise dahin im Winter nicht erlauben.

Es war am 18. Juli 1899, als ich Berlin verliess und zunächst in München bei 28° C Hitze Station machte. Ich besichtigte dort u. a.

Nymphenburg, diese bekannte Schöpfung Sckells, die einen sehr guten Eindruck macht, wenngleich der Rasen hätte besser gehalten sein können. — Der englische Garten ist eine prächtige, waldartige Parkanlage mit wundervollen Gehölzgruppierungen und grossen Wiesenflächen, auf deren üppigem Boden das Gras fast 1 m Höhe erreicht. — Der Hofgarten, unmittelbar am Schlosse, in der Stadt, ein von Kolonnaden eingeschlossener öffentlicher Platz, ist nachmittags sehr besucht, da dort unentgeltlich Konzerte stattfinden.

Ueber den Brenner gings nach Mailand. In Ala bereits hatten wir 33° Hitze. Von hier bis Mailand ist die Gegend zwar eben, aber man hat hübsche Blicke auf die Alpen und sieht in der weiten Po-Ebene fast nichts als Maulbeeren, Wein, Oliven und Maisfelder. Je näher nach Mailand, desto mehr gewahrt man auch schon Cypressen.

In Mailand fällt gleich am Bahnhof ein grosser Platz in die Augen, auf dem viele Palmen ausgepflanzt sind. Man findet auch Cycas und Agaven, mit Phoenix und Pritchardien zu schönen Gruppen vereinigt.

Ueberwältigend wirkt auf den Fremden die Fülle von Marmor, die in Mailand zu schauen. Vor allem ist bekanntlich der gewaltige Dom ganz aus Marmor, ebenso aber viele Statuen, so die von Victor Emanuel im Giardino publico. Dieser Garten bildet eine schöne Anlage mit ausgepflanzten Magnolien bis zu 12 m Höhe und Melaleuca etc. Arten von üppigster Entwickelung. Besonders schön ist eine Vorfahrt, ganz im Sinne Gustav Meyers, und vielleicht nach dessen Ideen; denn der italienische Gärtner daselbst hatte Meyers „Lehrbuch der schönen Gartenkunst" gelesen. Auch die Blumen- und Blattpflanzengruppen sind prächtig, die grossblumigen Canna, die sog. orchideenblütigen, viel schöner als bei uns.

Die Fahrt von Mailand nach Genua ist zwar nicht lang, aber sie wurde bei der entsetzlichen Hitze fast unerträglich, zumal da wegen der vielen Tunnels die Fenster geschlossen werden mussten. Trotzdem drang so viel Steinkohlenrauch ein, dass drei Damen ohnmächtig wurden. Alle Welt, auch die vielen Herren hatten Fächer, nur ich hatte versäumt, mir einen mitzunehmen und musste so um so mehr von dem erstickenden Russ leiden.

In Genua findet sich dicht am Bahnhof das grosse Monument für Christoph Columbus mit herrlichen Blattpflanzengruppen. Ebenso sind die übrigen städtischen Plätze mit Palmengruppen, Agaven etc. reich geschmückt.

Die berühmte Villa Pallavicini zu Pegli bei Genua war leider nicht zu besichtigen, ich machte dafür mit einem Bekannten eine Fahrt auf der sog. Berg- oder Höhenstrasse um die Stadt, wobei wir wundervolle Blicke auf die Stadt und das Meer einerseits, auf die Citronen- und Orangengärten andererseits genossen. Oleander, Passifloren, Pelargonien etc. sieht man vor jedem Bauernhause und jeder Wärterbude der Eisenbahn, an denen meist Frauen als Wärterinnen dienen, welche einen Diensthut mit der betreffenden Nummer tragen.

Die Citronen- und Orangengärten bei Genua sind etwa mit den Obstgärten bei Werder zu vergleichen; meist sind aber mehrere kleinere

und grössere von einer ganz verwilderten Mauer aus Sandstein umgeben.
In den Gärten selbst war alles sehr sauber gehalten. Die meisten haben
nur eine Grösse von $^1/_2$—$^2/_3$ ha.

Kein Fremder wird versäumen, in Genua wie in Mailand das Campo
Santo, den Friedhof, zu besuchen; die Grabhügel in Genua sind zwar
z. T. verwildert, aber um so mehr fesseln die vielen Kreuzgänge mit den
Grüften, vor denen die Verstorbenen meist in sehr realistischer Haltung
in Marmor dargestellt sind. — Unweit vom Friedhof liegt ein grosser
Olivenhain.

Noch einmal wandte ich mich den öffentlichen Plätzen mit ihren
Palmen etc. zu, denn wenn man sich 30 Jahre mit Palmen beschäftigt
hat, so freut man sich, seine Zöglinge einmal im freien Grunde zu sehen
und erstaunt über die Dimensionen, die sie da erreichen. Auch die
Cycas gedeihen trefflich und verbrennen trotz der glühenden Sonne nicht.
Ein Exemplar war 6 m, eine blühende Agave 8 m hoch.

Ein grosser Irrtum ist es, anzunehmen, dass im Süden dem Gärtner
alles nur so zuwächst und er wenig Mühe habe. Im Gegenteil, wir
Gärtner im Norden haben viel leichteres Arbeiten als unsere Kollegen
im Süden. Das trifft besonders wegen der Wasserversorgung zu. Das
Wasser muss namentlich bei Genua bei dem bergigen Terrain mittelst
Göpelwerk hoch hinauf gebracht werden und läuft dann von da in Rinnen
wieder abwärts. Wir sahen, wie ein Gärtner seine Nelken- und seine
Tomatenbeete aus diesen Rinnen mühselig bewässerte, indem er mit
einer kleinen, nur kurz gestielten Schaufel das Wasser auf die Beete
schöpfte. An den Rinnen wächst sehr viel Arundo Donax, etwa wie bei
uns die Weiden an den Wassergräben. Das harte Rohr dient u. a. zur
Herstellung der Körbe, in welchen die italienischen Blumen versandt
werden.

In San Remo war mein erster Gang nach der Villa Zirio, in
welcher unser hochseliger Kaiser Friedrich gelebt und gelitten. Mit
tiefer Wehmut betrachtete ich das ca. 2 m lange, sehr geschmackvolle
Relief in Bronze, welches zu seinem Gedächtnis seitens der Krieger-
vereine ausserhalb der Mauer an der grossen, mit Eucalypten bepflanzten
Freitreppe angebracht ist. Es war leider sehr bestaubt, wie denn überhaupt der Staub an der Riviera, selbst im Winter, entsetzlich lästig ist.
Zur Sommerszeit geht deshalb bekanntlich auch fast niemand nach der
Riviera; die grossen Hotels sind meist geschlossen und nur einige Häuser
für Passanten sind offen.

In San Remo sieht man zuerst Phoenix und andere Palmen, sowie
Eucalyptus als Alleebäume angepflanzt. Gleich am Bahnhof ist der
Weg, der zu dem Tennis-Platz der Engländer führt, mit mächtigen Pritchardien bepflanzt; ihr Stamm hat 1 m Durchmesser und ist so blank
wie Mahagoniholz. Fast alle Pflanzen sind von Winter in Bordighera
geliefert. Auch Livistonia chinensis, Phoenix canariensis und Kentien
sind in riesigen Exemplaren zu schauen. Die Einfassungen sind von Eisen
oder aus Cacteen oder Mesembrianthemum gebildet. Rasen sieht man
im Sommer nicht, Blumen fast ebenso wenig. Sehr schön ist die Anlage
direkt am Lawn-Tennis-Hause.

Schauen wir nun, wie im Sommer die Kulturen gehandhabt werden.

In einem Garten sah ich einige Gehilfen die grossen Phoenix beschneiden. Sie standen auf hohen Leitern und schnitten mit einem Messer, das einer Sichel ähnlich, aber etwas kleiner ist, die alten Blätter ab. Auch der Rasen wurde bearbeitet, aber nicht gegraben, sondern mit einem Karst, etwa in Form einer Düngerhacke, behandelt. Die Erdklösse zerfallen, wenn der Regen eintritt und dann wird Grassaat eingesäet.

Die Bearbeitung der Nelken- und Rosenbeete macht oft ausserordentlich viel Mühe, namentlich weil sie meist auf abschüssigem Terrain liegen. Dies ist aber so sorgfältig mit der Wasserwaage planiert, dass man staunen muss über die Mühe. Die Gehilfen, namentlich die Nordländer, die dort Stellungen gefunden, klagen aber auch mit Recht über die viele Arbeit bei der kolossalen Hitze. Und wenn sie auch wegen der letzteren 3 Stunden Mittag haben, so ist der Dienst doch viel schwerer als in Deutschland.

Von San Remo wandte ich mich nach Bordighera, um die berühmten Palmenkulturen unsers Landsmannes Winter zu sehen. Hier war ich geradezu sprachlos im Anblick dieser riesigen Massen von Palmen. Winters Kulturen erstrecken sich östlich bis fast nach S. Remo, südwestlich bis Ventimiglia, bez. La Mortola. Ich kann mir eine nähere Beschreibung der Anzucht der Palmen ersparen, da Hr. C. Becker, der mich so freundlich führte, diese ausführlich in Gartenflora 1901 S. 184 geschildert hat. Hervorheben möchte ich nur, dass die Töpfe, in welche die Palmensamen gelegt werden, sehr hoch sind, etwa in der Form unserer Hyacinthentöpfe, und dass die Temperatur in den ausgeschachteten Beeten, in welche die Töpfe gestellt werden. 40—50° C betrug, weil Mistbeetfenster darüber gelegt waren. Gewächshäuser oder wirkliche Mistbeete sind zur Anzucht dort ganz überflüssig. Den Dünger erhält Hr. Winter aus Genua. Einer seiner Gärten liegt unmittelbar am Mittelmeer, da stehen auch die berühmten „Scheffel-Palmen", unter denen Victor Scheffel oft ruhte. Hier konnte ich auch die Früchte von Crassula coccinea (?) kosten, die wie Erdbeeren schmecken. Am Bergabhange liegt ein anderer Garten mit der geschmackvollen Villa des Hrn. Winter und mit mächtigen Phoenix, von denen eine einen Kronendurchmesser von 12 m hat.

Bei Ventimiglia liegt die Villa La Mortola, bei welcher der für die Botanik begeisterte Engländer Sir Thomas Hanbury vor 33 Jahren einen grossen botanischen Garten mit jetzt etwa 5000 Arten von Pflanzen angelegt hat. Die Unterhaltung kostet jährlich ca. 30—40 000 Frcs.; beschäftigt werden ca. 20 Personen. Ausser dem Kurator, unserm Landsmann Hrn. Berger, ist noch ein englischer Obergärtner und ein italienischer Untergärtner da. Berühmt sind die Succulenten, namentlich die Agaven und Cacteen, ferner die Eucalypten. Sehr schön ist auch eine Cypressen-Allee. Alljährlich wird am 1. Januar ein Verzeichnis der wichtigeren Pflanzen herausgegeben, welche in dem abgelaufenen Jahre geblüht haben, meist sind das 4—500 Arten; ausserdem wird ein Tauschkatalog von Samen versandt. Die Bearbeitung des Gartens ist schwierig wegen der vielen Berge. Montags und Freitags nachmittags ist der Garten dem Publikum zugänglich.

Einen hübschen Abend verbrachte ich mit Hrn. Winter in Grimaldi, einem Vergnügungsort bei Bordighera, auf schroffem, 200 Fuss steil sich über dem Meer erhebendem Felsen. Man schaut auf das Kap Martin, auf das weite Meer, auf Nizza und Mentone, und als es dunkler ward in unserer italienischen Pergola, beim lieblichen „Asti spumante", da leuchtete in der Ferne ein Punkt hell auf: das war Monte Carlo.

Am nächsten Tage eilte ich nach Monte Carlo. Die Anlagen auf dem koupierten Terrain sind grossartig, eine herrliche Schöpfung Edouard Andrés in Paris; allein schon die mit Palmen bepflanzte Promenade zu sehen, lohnt die Reise. In die Spielsäle kamen wir nicht, denn dazu gehört ein schwarzer Anzug, den wir als Touristen nicht bei uns hatten.

Weiter gings nach Monaco, das so herrlich am Meer gelegen. Das Schloss ist schön, da aber gerade Jahrmarkt war und viele Buden um dasselbe aufgestellt waren, hatten wir keinen rechten Genuss davon. Die Gartenanlage am Meer sah nicht sehr sauber aus, auch die Wegeführung und die Einfassungen hätten besser sein können.

Jetzt aber wurde die Rückreise angetreten. Ich besuchte noch Lugano, wo man vereinzelt noch tropische Gewächse, Palmen etc. im Freien findet und fuhr dann durch den Gotthard-Tunnel nach Strassburg. Hier besichtigte ich die Orangerie unweit vom Kaiserpalast und fand dort grossartige Kulturen, u. a. eine riesige Tecoma radicans als Hochstamm gezogen. In einigen Stämmen der schönen Orangenbäume sieht man noch Gewehrkugeln aus dem Kriege 1870, die aber meist überwallt sind.

Hierauf besuchte ich die „Akademie" der schönen Gartenkunst: den Palmengarten in Frankfurt a. Main. Nirgends wird wohl so viel für Blumenschmuck gethan wie hier, und in den Gewächshäusern findet sich fast stets das Neueste vom Neuen. Kann man sich auch im Palmengarten nicht entschliessen, die eigentliche Teppichgärtnerei ganz aufzugeben, so verwendet man doch auch viele blühende Pflanzen zu Gruppen, und wenn ich auch kein Freund von Teppichbeeten bin, so muss ich doch sagen, dass die Teppichbeete im Frankfurter Palmengarten schön sind für ein internationales Publikum, wie es dort verkehrt. —

Als Resumé meiner Reise komme ich zu der Ueberzeugung, dass es von grossem Vorteil für einen strebsamen Gärtner ist, wenigstens einen Teil seiner ihm anvertrauten Zöglinge einmal in der Heimat beobachten zu können; denn die Natur in unmittelbarer Anschauung ist einer unserer besten Wegweiser in Bezug auf Kultur und Verwendung der Pflanzen. Niemals wird einseitige Theorie dem Gärtner in seinem Wirken für sie genügend Ersatz bieten können. Nur die Naturanschauung, die unmittelbare praktische Erfahrung ist die Grundlage, auf welcher mit Sicherheit Erfolge zu erzielen sind. Diese meine Ansicht, die ich stets gehegt habe, fand ich überall während meiner Reise bestätigt.

Den Verein zur Beförderung des Gartenbaues in den preussischen Staaten aber halte ich für berufen, strebsamen, leistungsfähigen Gärtnern behilflich zu sein, um auch in der Fremde die Kulturen aus eigener Anschauung kennen zu lernen, auf dass sie dann, zurückgekehrt, durch deutschen Fleiss und Intelligenz einen Teil der auswärtigen Konkurrenz zu überwinden suchen.

Erfurter Gartenbau-Ausstellung in Verbindung mit der Deutschen Dahlien-Ausstellung, vom 6.—14. Sept. 1902,

veranstaltet vom Erfurter Gartenbau-Verein, dem Verein Erfurter Handelsgärtner und der Deutschen Dahlien-Gesellschaft.

Jn den Tagen vom 6. bis 14. September d. J. wird in dem landschaftlich schönst gelegenen Teile der weltberühmten Blumenstadt Erfurt am Auslauf des Steigerwaldes eine Ausstellung stattfinden, wie solche in ihrer Eigenart bisher wohl noch nicht geboten wurde. Auf einem zirca 20 000 qm grossen Gelände, über dem Schützenhaus, im Hintergrund von einem gewaltigen Höhenzug umrahmt und mit einem herrlichen Ausblick über die Fluren hinweg auf die prächtig gelegene Stadt und ihre Umgebung, sollen hier, ausschliesslich von Mitgliedern obiger Vereine, in ungefähr 3500 qm umfassenden Hallenräumen alle jene Fortschritte gezeigt werden, welche in den letzten Jahrzehnten in der Schnitt- und Fiorblumen-Kultur errreicht wurden, einem Gebiete, dessen unermüdlich sorgsamer Bearbeitung Erfurt seinen Weltruf als „Blumenstadt" seit nunmehr länger als einem vollen Jahrhundert verdankt. Neben den unabsehbaren Mengen von Blumen aller Arten in den mannigfaltigsten Farben und Formen, wie sie in diesen Hallenräumen zur Schau gestellt werden, soll das verbleibende freie Terrain, zu einer Schmuckanlage umgeschaffen, die Kinder Floras in ausgepflanztem Zustande landschaftlich arrangiert vorführen. Nicht nur dem Gärtner von Fach, sondern auch dem Liebhaber soll so Gelegenheit gegeben werden, hier in einem Gesamtbilde zu schauen, was auf dem Gebiete des Gartenbaues in Erfurt gegenwärtig geleistet wird und von der grossen Vielseitigkeit und Eigenart der Erfurter Kulturen ein getreues Urteil zu gewinnen. Dabei darf nicht unerwähnt bleiben, dass auch jede einzelne Erfurter Gärtnerei in ihren Garten-, Gewächshaus- und Feldkulturen stets eine Fülle des Sehenswerten bietet. Wenn deshalb bisher alljährlich schon viele Tausende bei ihren Wanderungen in das schöne Thüringerland Erfurt als erstes Ziel ins Auge fassten, so kann es nicht zweifelhaft sein, dass die in diesem Jahre stattfindende Ausstellung in erhöhtem Masse Veranlassung geben wird, die Schritte nach Erfurt zu lenken. Ausserdem hat die Deutsche Dahlien-Gesellschaft unsere Einladung, ihre Jahresausstellung für 1902 nach Erfurt zu legen und mit der unsrigen zu vereinigen, bereitwilligst Folge geleistet. Es wird daher die Edeldahlie, eine der wichtigsten Blumen unserer Zeit, in besonders hervorragender Weise auf unserer Ausstellung vertreten sein und dieser hierdurch eine

vermehrte Anziehungskraft verliehen. Einladung lassen wir schon jetzt
in der Ueberzeugung ergehen, dass unsere Au»stellung in ihrer Mannigfaltigkeit und Eigenart jedem Besucher reiche Anregung und Befriedigung
gewähren wird. An alle Fachgenossen und Freunde des Gartenbaues
richten wir daher das Ersuchen, bei ihren Reisedispositionen für das
laufende Jahr die Erfurter Gartenbau-Ausstellung in Betracht zu ziehen.
Alle werden sie uns willkommene Gäste sein in der blumenumkränzten
Stadt Erfurt, der Metropole des vielbesungenen, unvergleichlich schönen
Thüringerlandes.

Erfurt 1902.   Der Gartenbau-Verein zu Erfurt.
                    Der Verein Erfurter Handelsgärtner.

Arabis alpina fl. pl.

(Hierzu 1 Abb.)

Diese schöne Pflanze ist von A. Lenormand in Caën, rue St. Sau-
veur 41, Frankreich, in den Handel gegeben und in Berlin zuerst
durch Hrn. Kgl, Gartenbaudirektor R. Brandt, Charlottenburg, der
sie von dieser Firma bezog, bekannt geworden. Wir haben uns an Hrn.
A. Lenormand gewendet mit der Frage, wer der Züchter sei. Er ant-
wortet uns unter dem 22. März folgendes: „Ich habe nicht die Arabis
alpina gezogen, es ist ein Besitzer, ein Freund meiner Firma (c'est un
propriétaire, ami de la maison), der sie vor 4 Jahren zog. Nach Amerika
ist sie durch einen Vermittler gekommen." Wir bedauern, dass Hr. Lenormand nicht den Namen seines Freundes genannt hat. Das wäre für die
Geschichte der Pflanze doch von Wichtigkeit gewesen.

Wir finden sie in der Litteratur zuerst erwähnt im Journal de
la Société nationale d'Horticulture de France 1899 p. 371.
Es wird dort berichtet, dass die Firma Cayeux et Le Clerc, Quai
de la Mégisserie 8, Paris, ein Loos Arabis alpina (Corbeille d'argent)
mit gefüllten Blüten in der Versammlung vom 13. April 1899 ausgestellt habe. Es heisst weiter: „Beachtenswerte Varietät neuerer
Zucht, welche sich ebenso leicht kultivieren und vermehren lässt
wie die alte Corbeille d'argent (wörtlich Silberkorb), die so wertvoll
für den Schmuck der Gärten im Frühjahr ist. Zu der Zeit des Jahres,
wo weisse Blumen so selten sind. wird diese neue Varietät von den
Blumenbindern sehr geschätzt werden. Die Blumen dieser interessanten
Varietät sind sprossend, im Zentrum jeder Blume entsteht, nachdem
diese geöffnet ist, eine Knospe, welche seiner Zeit auch aufblüht und
so den Flor verlängert.

In Gardeners Chronicle 1899 II S. 33 lesen wir, dass ein Amerikaner
gesagt habe, es sei eine der besten Einführungen des Jahres, was der
Schreiber des Artikels in Gard. Chron. bezweifelt, indem er auf die vor
einigen Jahren angepriesene Iberis sempervirens fl. pl. verweist, die

nichts tauge. Wir kennen letztere Pflanze nicht, von der Arabis aber können wir sagen, dass es eine sehr schöne, reich und grossblühende Pflanze ist, wie es unsere Abbildung zeigt. — Herr Gartenbaudirektor

Abb. 80. Arabis alpina fl. pl.

Brandt hat die Pflanze in Gartenflora 1900, S. 362, auch in der Garten-welt, Jahrg. V (1901) S. 487 beschrieben. Wir geben zum Vergleich auch die einfache Form in unserer Abbildung wieder.

Wie aus obiger Notiz im Journ. d. l. Soc. d'Hort. d. France hervorgeht, nennt man nicht diese Varietät Corbeille d'argent, sondern letzteres ist

der Name für die gewöhnliche Arabis alpina bezw. A. albida. Danach
ist auch unsere Angabe im Illustr. Gartenbau-Lexikon S. 63 zu berichtigen.

    Arabis alpina und A. albida sind einander sehr ähnlich. Was in
unseren Gärten als A. alpina geht, ist aber meistens A. albida. Die Blätter
sind bei dieser letzteren wenig gezähnt und stark weiss oder grau-
weiss behaart, fast filzig, die Wurzelblätter verkehrt - ei - länglich, die
Stengelblätter herz - pfeilförmig, stengelumfassend, die weissen Blumen
zahlreicher und früher, März und April, bei Arabis alpina sind die Blätter
mehr gezähnt, lanzettlich, zugespitzt, grauzottig, die Wurzelblätter fest
gestielt, die Stengelblätter herzförmig - stengelumfassend. Die Blumen
erscheinen erst im April und Mai.

    Unserer Meinung nach verdient die Pflanze besser die Bezeichnung
prolificans als flore pleno. Hr. Lenormand will davon aber nichts wissen,
er schreibt uns, Herr Correvon in Genf sage auch alpina flore pleno.

L. W.

Geschichte der Hofgärten in Karlsruhe. *)

(Wir finden beim Durchblättern unserer älteren Manuskripte auch die Nrn. 163 und 164 der
Karlsruher Nachrichten 1885, in welchen unter dem Titel: „Aus Karlsruhes Vergangenheit,
  Der Hofgarten" sich viel allgemein Interessantes findet. D. Red. der „Gartenflora".)

Der botanische Garten, Schlossplatz und Schlossgarten haben früher
durchaus nicht so wie jetzt ausgesehen, ja die Veränderungen,
welche dieselben im Laufe der Zeiten erlitten haben, sind so bedeutend, dass man wohl sagen kann: Nur die Lage, der Platz ist so ungefähr der gleiche geblieben, alles übrige aber, selbst mit Einschluss der
Wege, hat sich verändert. Im botanischen Garten trat die grosse Um-
änderung 1848 nach dem Theaterbrand und dem darauffolgenden Neubau
ein, wobei zugleich die alten Gewächshäuser entfernt wurden und neue
an ganz anderen Orten entstanden sind. Da, wo das jetzige Orangerie-
gebäude steht (früher ganz mit Glas bedeckt), war das Wahrzeichen Alt-
Karlsruhes, ein Abagraben, der den Garten von der „Mannheimer Strasse"
trennte; diesseits des Gartens befand sich eine Feigenanlage, in 9 verschiedenen Sorten angelegt, jenseits standen Gleditschia, Tulpen- und
Wallnussbäume. Senkrecht auf diesen Abagraben liefen die 3 Gewächshäuser und zwar zunächst dem Schlossgarten die grosse Orangerie, welche
im Sommer als Ausstellungsraum benutzt wurde, sodann etwas weiter
südlich das tropische Pflanzenhaus und das kleine Gewächshaus, in zwei
Abteilungen geteilt, für Kalt- und Warmpflanzen. In Fortsetzung der
ersten Orangerie, ungefähr da, wo jetzt das grosse Palmenhaus steht,
befand sich das Haus für Cap- und Neuholländerpflanzen, davon weiter
östlich die zweite Orangerie, etwa bis zur Mitte des jetzigen Winter-

---

    *) Obige Darstellung, ein Vortrag im hiesigen Gartenbauverein, bringen wir im An-
schluss an unsere früheren Mitteilungen über die hiesigen Hofgärten (Jahrg. 1872 und 1884
hiermit gerne zum Abdruck. (Bemerkung der Karlsruher Nachrichten.)

gartens gehend; weiter unten waren Remisen, Küchen, Fischhaus u. dgl., zum Hofhalt, nicht mehr zum Garten gehörig. Ausserdem stand noch, von Tuya-Haag umgeben, etwa im östlichen Teil der jetzigen Vertiefung das Vermehrungshaus nebst Mistbeeten. Der übrige Teil des Gartens war in ziemlich gleich grosse, rechtwinkelige Teile eingeteilt, in denen gleichbreite Rabatten, von N. nach S. laufend, zur Anzucht der ein- und zweijährigen Staudengewächse dienten. Vier hölzerne Thore führten in den Schlossgarten. Dicht hinter den Gewächshäusern lief eine breite Allee, deren westlicher Teil mit Sophora, der östliche mit italienischen Pappeln besetzt war. Letztere, im Jahre 1764 gepflanzt, sind als erstimportierte die Stammväter aller inländischen Pyramiden-pappeln geworden. Die Durlacher Allee wurde im Jahre 1770 mit ihren Abkömmlingen angepflanzt.

Die Gärtnereiwohnung war ungefähr da, wo jetzt das Hübsch-Denk-mal steht. An dessen jetziger Stelle befand sich ein Magazin; zwischen beiden war der Haupteingang in den Garten. Hinter dem Theater befand sich ein kleiner Hügel, mit immergrünen Gehölzen bepflanzt. Längs der Hauptwege wurden Weinspaliere mit 80 Sorten gezogen, im Garten selbst standen verschiedene Obstbäume, wie Mirabellen, Kirschen, Reineclaudes u. dgl. Der letzte Zeuge dieser Geschmacksverirrung fiel der grossen Kälte im Jahre 1879/80 zum Opfer. Die äusseren Wände sämtlicher Ge-wächshäuser waren mit verschiedenen ausländischen Schlingpflanzen be-pflanzt. Rechts und links des tropischen Pflanzenhauses waren Wohn-zimmer angebaut, deren eines der Lieblingsaufenthalt des Grossherzogs Karl Friedrich war, in den anderen wurden die Sämereien aufbewahrt. Ebenso schlossen sich an das kleine Pflanzenhaus Kabinetchen an, in denen die Holzsammlung sich befand. Die Hölzer hatten die Form eines Buches, die eine Seite war behobelt, die andere poliert, im Innern des Buches waren die Blätter, Blüten und Samen des betreffenden Baumes aufbewahrt. Es ist uns unbekannt, was aus jenen interessanten Samm-lungen geworden ist; ein kleiner Teil davon ist im Sammlungsgebäude untergebracht. Die Gewächshäuser hatten teilweise Halbsatteldächer, teilweise, so wie das jetzige Caphaus, der letzte Rest aus jener Zeit, gerade Fenster und nach damaliger Mode einen sog. Sonnenfang. Hinter denselben gegen N. befand sich ein geräumiger Heizgang. Als Heiz-material wurde Holz verwendet und die Wärme durch in den Gewächs-häusern hinziehende Kanäle vermittelt. Ueberhaupt war alles in Holz gebaut, doch nach damaligen Begriffen sehr schön und grossartig an-gelegt.

Der Schlossplatz wurde gleich nach Erbauung des Schlosses im Jahre 1717 nach französischem Geschmack von dem Gärtner Berceon angelegt. Schon damals zeigte derselbe eine Parterreanlage, deren Farben-abstufung nicht wie jetzt durch Pflanzen, sondern durch farbigen Sand, zerstossenes Glas, Muscheln, Porzellan u. dergl. hervorgebracht wurde. Die Wege waren mit Bux, Taxus und Hainbuchenhecken eingefasst, oder es waren aus diesen Pflanzen durch regelmässiges Beschneiden die ab-sonderlichsten Figuren geschaffen worden. Mit der Zeit verschwand diese Teppichgärterei, bis es vor etwa 20 Jahren der Mode gefiel, solche

Unnatur wieder der Vergangenheit zu entziehen und mit Hilfe des seitdem viel reicher gewordenen Pflanzenschatzes mittelst Zirkel, Messer und Scheere das Unglaublichste in Verzerrungen und Karrikaturen zu liefern. — So will es eben die Mode, welcher alles unterworfen ist.

Der Erbauer der Stadt, Markgraf Karl Wilhelm, war ein grosser Pflanzenkenner und Pflanzenfreund. Als er im Jahre 1722 die Regierung hierher verlegte, wurden auch wohl viele Pflanzen von Durlach und Sulzburg, wo die ersten Markgrafen residierten, hierher gebracht. Bis zum Jahre 1809 wurde der Durlacher Garten noch unterhalten, von da ab aber nichts mehr für ihn verwendet. Die grossen Kastanienbäume darin stammen gleichfalls noch von jenen ersten, welche in Deutschland und Frankreich eingeführt wurden. Markgraf Karl sandte im Jahre 1731 den Hofgärtner Thran und den Professor Hebenstreit nach Afrika, um neue Pflanzen für den Garten zu sammeln. Thran kam 1733 mit so reichen Schätzen zurück, dass im gleichen Jahre noch das erste Verzeichnis sämtlicher Pflanzen gedruckt werden konnte. Gegen 2000 Arten wurden darin aufgeführt. Bauhin und der grosse Linné erwähnen rühmend der reichen und seltenen Pflanzenschätze der Karlsruher Gärten. Der damaligen Mode der Tulpomanie folgend, wurden auf den beiden äusseren Schlossplätzen, an Stelle der grossen Bassins, Vertiefungen, 10 Fuss tief, bis fast auf das Horizontalwasser gemacht, um die Pflanzen holländischen Verhältnissen mehr anzupassen, und wurden hier im Freien und unter Glas Tulpen, Narzissen, Jonquillen, Ranunkeln, Tuberosen, Anemonen, ferner auch Aurikeln, Primeln, Nelken, Rosen u. s. w. in grosser Vollkommenheit gezogen. Enorm viel Geld wurde an jene Modepflanzen gehängt, es kostete oft eine einzige Tulpenzwiebel*) Tausende von Gulden.

Die schönsten Blumen wurden nach der Natur gezeichnet und gemalt und entstand hierdurch ein überaus kostbares Prachtwerk. Im Jahre 1747 erschien ein zweites Pflanzenverzeichnis im Druck, doch von da an gingen die Pflanzenbestände zurück. Zwei von den oben erwähnten Vertiefungen, deren jede etwa ein Morgen gross war, hatten Gewächshäuser. Auch der im Jahre 1768 hierher berufene berühmte Botaniker Dr. Koelreuter konnte dem Rückwärtsgehen keinen Einhalt thun. Möglich, dass die durch einen weniger umsichtigen Mann besetzte Garteninspektorstelle Ursache hiervon war. Die erste Gemahlin des Grossherzogs Karl Friedrich, Karoline Louise von Hessen, war eine tüchtige Pflanzenkennerin und soll auch die Pflanzen vortrefflich nach der Natur gezeichnet und gemalt haben. Ihr zu Ehren nannte Linné eine Pflanze Carolinea princeps „zum Andenken der Durchlauchtigsten Fürstin und Frau Karolina Louisa, Markgräfin von Baden, welche wegen der Liebe zu Pflanzen und deren Kenntnis sehr berühmt ist, und deren Namen allen, die Kenntnis der Pflanzen betreiben und lieben, ehrwürdig sein soll."

---

*) Nach einer Karlsruher Anekdote verzehrte einst ein Gartengehilfe eine solche Zwiebel zum Frühstück und wurde dabei vom Markgrafen überrascht, welcher in seiner urwüchsigen, kräftigen Art den Unglücklichen über den Wert der Zwiebel in ernstestem Tone belehrte. (Anm. d. Red. der Karlsruher Nachrichten.)

Ums Jahr 1757 wurde der Schlossgarten durch den Obergärtner Saul nach dem Geschmack jener Zeit mit geraden Alleen angelegt, welche mit Hecken u. dgl. eingefasst waren. Die hübschere Partie beim früheren chinesischen Häuschen wurde 1783 durch Hofgärtner Müller ausgeführt. Mit dem Jahre 1784, wo der Geheime Hofrat Gmelin, ein weit über Badens Grenzen rühmlichst bekannter Botaniker, als Lehrer der Botanik an den höheren Schulen und als wissenschaftlicher Vorstand des Gartens angenommen wurde, trat eine Wendung zum Besseren ein. Die Pflanzensammlung, welche nach einer Zusammenstellung im Jahre 1787 nur noch 1294 Arten enthielt, stieg bis zum Jahre 1791 auf 4000 und bis 1795 auf 5000 Arten. Leiter des Gartens war der durch seine Tüchtigkeit sich auszeichnende Garteninspektor Schweyckert. Hofrat Gmelin, welcher nach Frankreich und Spanien mehrere naturwissenschaftliche Reisen unternahm, brachte von da ein reiches Pflanzenmaterial mit zurück, so dass sich bald Garten und Gewächshäuser zu klein erwiesen.

Einem Erlass zum Neubau der Gewächshäuser traten die französische Revolution und die darauf folgenden Napoleonischen Kriege hindernd entgegen und es blieb alles beim Alten. Die Kriege, in welche auch Baden mit hineingezogen wurde, erforderten auf allen Gebieten grösstmögliche Sparsamkeit, und es erlitt auch der Garten als Luxusobjekt die meisten Einschränkungen, wonach selbstverständlich ein Rückgang erfolgen musste. Bei der 1806 erfolgten Dienstübernahme des Garteninspektors Hartweg waren nur noch 3000 Pflanzenarten vorhanden. Trotz der Kriegsereignisse wurden aber 1808 und 1809 drei grosse neue Gewächshäuser gebaut, dieselben, welche bis 1848 standen. Allmählig hoben sich wieder die Pflanzenschätze, sodass deren Zahl im Jahre 1811 bereits 6000 betrug. In diesem und dem folgenden Jahre wurden die oben erwähnten Vertiefungen vor dem Schloss, weil die Tulpen aus der Mode kamen, wieder eingefüllt. Die Buxus-, Taxus- und Hainbuchenhecken, welche über 100 Jahre von einer steifen Zopfzeit Zeugnis ablegten, wurden entfernt, dafür aber 1817 die vier Reihen Lindenbäume gepflanzt und die beiden Bassins mit den eine Muschel haltenden Najaden gesetzt. Vom Jahre 1815—1817 wurde der botanische Garten auch Tiergarten, indem in jener Zeit in den Gewächshäusern „eine Menge ausländischer vierfüssiger Tiere, Wasser- und anderer Vögel, worunter sich viele seltene befanden", wohl nicht zur Freude der Gärtner untergebracht wurden. In genanntem Jahre wurden dieselben wieder in die Fasanerie zurückgebracht. Durch Hofbaumeister Dyckerhoff wurde 1819 das grosse Cap- und Neuholländerhaus gebaut, welches nach damaligen Verhältnissen „zu den grössten und am zweckmässigsten eingerichteten" zählte. Nach dem im Jahre 1820 erfolgten Tode des Hofgärtners Müller wurde dessen auf den Schlossplätzen befindliche Gärtnerei, welche als selbständige Schöpfung 33 Jahre lang bestanden hatte, mit dem botanischen Garten wieder vereinigt. Im Schlossgarten wurden um diese Zeit auch mancherlei Verschönerungen und Veränderungen angebracht und u. a. 1823 die mit Motiven aus der griechischen Mythologie geschmückten vier Urnen aufgestellt; 1824 wurde das Seepferd bei der Hofküche errichtet. Die übrigen Veränderungen im Schlossgarten und auf dem Schlossplatz sind neueren Datums und können nicht mehr als zu deren Vorgeschichte gerechnet werden.

So sehen wir, wie in der verhältnismässig kurzen Zeit von etwa 150 Jahren der botanische Garten, der Schlossgarten und der Schlossplatz mancherlei bedeutende Veränderungen erlitten haben. Noch aber ist der letzte Spatenstich nicht gethan und gerade unserem jetzt lebenden, so kunstsinnigen Grossherzog verdanken wir die grossartigen Veränderungen im botanischen Garten, auf den Schlossplätzen und in dem Schlossgarten, und dankbar erkennen es die Bewohner Karlsruhes an, dass fürstliche Munifizenz ihnen den Zutritt zu diesen Gärten und Gewächshäusern in liberalster Weise gestattet.

Paeonia.

Übersicht der Arten nach F. Huth in Engler, Bot. Jahrb. XIV, **265.**

I. Sektion Palaearcticae. Blumenblätter viel grösser als die Kelchblätter.

1. Herbaceae. Stengel krautig, Diskus häufig klein oder kaum ausgebreitet, die Fruchtblätter nur an der Basis umhüllend.

A. Blättchen alle ganzrandig, bisweilen an der Basis zusammenfliessend.

a) Blättchen am Rande sehr fein gezähnt und rauh, was nur unter der Lupe sichtbar.

1. Paeonia albiflora Pall. Blättchen lanzettlich oder elliptisch, oft an der Basis zusammenfliessend, Samen braun; var. α. typica, Blumen weiss oder rosa, Fruchtblätter, wenigstens die jüngeren, glatt; β. trichocarpa, Fruchtblätter behaart; γ. hirta, wie β, aber purpurn.

b) Blättchen am Rande ganzrandig oder etwas wellig.

α. Blumen gelb, Blättchen verkehrt-eiförmig.

2. P. Wittmanniana Lindl. Blättchen getrennt. unterseits immer weichhaarig.

β. Blumen purpurn, rosa oder weissgelb.

aa) Fruchtblätter, auch die jüngeren, glatt.

3. P. obovata Maxim. Blättchen dünnhäutig, breit-eiförmig oder verkehrt-eiförmig, auch die älteren unten weichhaarig, mittleres Blättchen häufig langgestielt, purpurn. Ost-Sibirien und Japan.

4. P. coriacea Boiss. Blättchen lederartig, eiförmig, ganzrandig, kurz gestielt, ältere glatt. purpurn und rosa. Spanien und Algier.

bb) Jüngere Fruchtblätter dicht filzig, reife oft ziemlich glatt.

5. P. corallina Retz. Blättchen eiförmig oder verkehrt-eiförmig, ganzrandig, glatt und unterseits weichhaarig. Blumen purpurn, selten weisslich oder gelblich. Fruchtblätter ungefähr fünf, abstehend oder zurückgebogen, Samen zuletzt schwarz; var. α. typica; β. flavescens, Blumen gelblich; γ. Pallasii, Blättchen kreisrund-eiförmig, zuweilen weisslich; δ. Broteri, Fruchtblätter dicht. weissfilzig; ε. Russi, mehr oder

weniger weichhaarig, reife Früchte oft glatt; ζ. Cambessedesii, Blättchen unterseits etwas purpurn, Fruchtblätter 5—7, aufrecht und etwas purpurglänzend.

B. Blättchen halbgelappt.

a) Blättchen oberseits in den Nervenrinnen sehr fein weiss behaart (nur unter der Lupe sichtbar).

6. P. anomala L. Knollen gross, fast sitzend. Stengel einblütig. Blättchenzipfel lanzettlich oder lineal-lanzettlich, an der Spitze vorgezogen, spitz. ganzrandig, Blütenblätter rosa-purpurn, an der Spitze ausgefressen. Fruchtblätter glatt oder filzig, α. typica, Blattzipfel lanzettlich, ca. 10 mm breit; β. hybrida Pallas, Blattzipfel lineal-lanzettlich, 3—5 mm breit; γ. nudicarpa, auch die jungen Fruchtblätter glatt; δ. Emodi, Zipfel sehr breit, 20—40 mm, Fruchtblätter 1—2, filzig.

7. P. decora Anders. Knollen länglich, Stengel 2 Fuss hoch, einblütig, Blättchen-Abschnitte eingeschnitten. gekerbt, Blumenblätter ca. 8, purpurn, Balkan-Halbinsel.

b) Blättchen oberseits auf den Nerven glatt.

α. Blüten zweimal bis dreimal dreizählig.

8. P. peregrina Miller. Knollen länglich gestielt, Stengel einfach, 30—60 cm hoch, einblumig, Zipfel länglich oder oval, ca. 10 mm oder mehr breit, ganzrandig. Blumenblätter ca. 8, purpurn, selten weiss oder gelblich, Staubgefässe gelb, Fruchtblätter 2 oder 3, gerade und abstehend, weiss-filzig oder etwas glatt. Samen gross, oval, blau-schwarz, glänzend; var. α. officinalis Retz (als Art), Blattzipfel länglich, 10 bis 25 cm breit, stumpflich, unterseits zerstreut, schwach weichhaarig, Fruchtblätter filzig; β. villosa, Blätter unterseits weisslich-graugrün, zottig; γ. humilis, Blätter unterseits zottig, Fruchtblätter fast glatt; δ. cretica, Fruchtblätter fast glatt, Blumen anscheinend gelblich; ε. bonatica, Zipfel breit, 30—40 cm.

9. P. tenuifolia L. Knollen gross, länglich, gestielt, Blätter gefiedert, zusammengesetzt, Zipfel lineal-pfriemenförmig, 1—2 cm breit, Blumenblätter 8—10, purpurn oder dunkelpurpurn, Fruchtblätter mit braunrot-purpurnen Zacken, Samen länglich, dunkelbraun, nicht glänzend; var. β. parviflora.

β. Blätter einfach dreizählig oder die Blättchen breit zusammenfliessend, Blumen gelb.

10. P. lutea Delavay. Stengel an der Basis etwas holzig, fusshoch, Blätter graugrün, lederartig, Blumenblätter 7, fast kreisrund, Fruchtblätter 2—4, abstehend. China. Noch nicht in Kultur.

2. Fruticosae. Stengel holzig. Diskus häufig ausgebreitet und die Karpelle als häutiger Krug mehr oder weniger umschliessend.

11. P. Moutan Ait. Blätter zweimal dreizählig. Blättchen drei- bis fünflappig, gestielt, Lappen oval, spitz, Fruchtblätter fünfzottig.

12. P. Delavayi Franchet. Blätter dreizählig, Abschnitte lanzettlich oder oval-lanzettlich, 5—10 cm lang, 1—2 cm breit, an der Basis keilförmig herablaufend, zusammenfliessend, Blumen klein, dunkelpurpurn, Blumenblätter 5—9, fast kreisrund, Fruchtblätter 5, auch die jüngeren glatt, sternförmig abstehend. China.

II. Sektion Nearcticae. Blumenblätter kaum länger als die Kelchblätter, lederartig. Diskus fleischig, gelappt.

13. P. Brownei Dougl. Blätter graugrün, zweimal dreizählig Lappen der Blättchen verkehrt-eiförmig, stumpflich, Fruchtblätter 5, länglich, glatt, aufrecht. Westl. Nordamerika.

14. P. californica Nutt. Blätter nicht graugrün, einfach dreizählig, Blättchen drei- bis fünfteilig, zerschlitzt, Abschnitte länglich-lanzettlich, spitz. Fruchtblätter 3, glatt. Westl. Nordamerika, Kalifornien, bei Pasadena.

Zweifelhafte Spezies.

Paeonia mollis Anders. Blättchen eilanzettlich, unterseits blaugrau behaart. Fruchtknoten filzig, gerade. Diese Pflanze wurde aus Samen kultiviert, die Pallas aus Sibirien geschickt hatte; sie unterscheidet sich von P. anomala durch unterseits dicht behaarte Blätter.

Neue und empfehlenswerte Pflanzen usw.

Crinum Johnstoni Baker.

Zwiebel kugelig, von mittlerer Grösse, Hals nicht vorgezogen, Blätter (ca. 20) grün, gegen die Spitze hin lang verschmälert; äussere schwertförmig (wir würden sagen: zungenförmig. L. W.), 5—6 Fuss! lang, innere lineal. Blütenschaft mässig stark, lang (2 Fuss). Dolden vielblütig, Blütenstiele kurz, Klappen (Blätter) der Blütenscheide lanzettlich-dreieckig. Röhre der Blume leicht gekrümmt, 4 Zoll lang, Saum kürzer als die Röhre, Zipfel eiförmig oder länglich, spitz, weiss, auf dem Rükken leicht karmin getönt. Geschlechtsorgane herabgebogen, kaum kürzer als der Saum. — Vom Berge Zomba, 40 engl. Meilen von Blantyree in Britisch-Central-Afrika. Benannt zu Ehren von Sir Henry Hamilton Johnston, von 1891 bis 1897 Kommissar und Generalkonsul für die Gebiete nördlich vom Zambesi. Steht in der Mitte zwischen C. latifolium aus dem tropischen Asien und C. longifolium vom Kap (Bot. Mag. t. 7812.)

Kleinere Mitteilungen.

Muscari comosum L. als Nahrungsmittel.

Die hübsche, blaublühende Schopfhyazinthe ist eine der gemeinsten Zwiebelgewächse im weiten, schönen blütenreichen Mittelmeergebiete und wächst auf selten geackerten Triften, auf Wiesen, an Wegen und Rainen, ja selbst auf den Getreideäckern in ungeheueren Mengen wild. Hier in Apulien ist sie überall gemein, liebt Kalk, kommt aber auf reinen Sandboden auch vor und wächst überdies in jeglichem Erdreich. Es schadet ihr nicht, wenn sie selbst mitten in der Vegetation umgeackert und bedeckt wird, sie kommt übers Jahr dennoch wieder zum Vorschein und wächst nur um so üppiger darnach! —

Sie kommt in der Ebene sowohl als im Hügellande und im Gebirge vor, zieht aber die Ebene vor. Sie treibt im Oktober, biühet spät im März-April und zieht ihre Blätter nach der Samenreife im Mai-Juni ein. Sie reift enorm leicht viele schwarze, glänzende Samen, und diese keimen sehr leicht und geben in 2—3 Jahren ausgewachsene blühbare Zwiebeln. Ihre Blüten sind

zweierlei Art. Die unteren sind zwei-
geschlechtlich, kurz gestielt, oliven-
farben; die oberen sind geschlechts-
los, lang gestielt und bilden einen tiefblauen Schopf, der manchmal auch
hellblau, lila, schwarzblau, rosenfarben,
purpurreinweiss und selbst schwefelgelb ist. Sie ist ungeheuer variabel,
sodass ich früher bereits bis zwanzig
sehr distincte Formen kultivierte. Sie
würde sich in dieser Beziehung noch
besser, im Sinne des Gärtners zu reden,
verhalten, als die orientalische Hya-
zinthe, hätte sie den lieblichen Duft derselben. Die Bienen umschwärmen sie
stetig. Nun wohl, diese Pflanze, die
wir nur ihrer Blumen wegen kultivieren, verspricht in neuerer Zeit Aufnahme als reine Kulturpflanze und als
Nahrungsmittel nicht nur für den Menschen, sondern auch für dessen Haustiere zu werden. Ihre Zwiebeln werden seit undenklichen Zeiten gesammelt
und bilden hier zu Lande ein sehr be-
gehrtes und beliebtes Gericht. Sie
waren sicher bereits den Römern bekannt und ebenso gesucht als heute.
Man sammelt die Zwiebeln hinter dem
Pflug oder gräbt sie auf den Triften
von Oktober bis April und bringt sie
auf die Märkte, wo sie hier niemals
fehlen und regelmässig hohe Preise
erzielen. Man bereitet sie auf vielfache
und gewandte Weise und ich muss gestehen, dass ich sie sehr gerne nehme.
Gekocht und darnach erkaltet oder ge-
röstet und gebacken und mit Butter
oder Essig und Oel als Salat genossen,
sind sie delikat, zwar etwas bitter,
aber das ist es eben, was sie vielen so
angenehm macht. In den letzten Jahren wurden diese Zwiebeln soviel für
Argentinien begehrt und auch dorthin
versendet, dass die Nachfrage nicht
gedeckt werden konnte und man zur
Kultur schreiten will Ueberall wo
Italiener und besonders Apuler in Süd-
Amerika leben, wünschen dieselben
die heimatlichen und beliebten Gemüse und Früchte zu geniessen und
wenden sich an das Mutterland, um
dasselbe zu erreichen.

Cerignola (Apulien), 16. Jan. 1902.
C. Sprenger.

Bemerkung: Muscari comosum kommt
auch bereits in Mittel- und Süddeutschland vor, in Weinbergen und auf Sand-
feldern. L. W.

Die Heuschreckenplage in Spanien.

Nach einem uns vom Herrn Minister
für Landwirtschaft etc. zur Kenntnis-
nahme zugegangenen Bericht des Kaiserl.
Deutschen General-Konsuls für Spanien
in Barcelona vom 10. Dezember 1901
ist dem spanischen Ministerium
für Landwirtschaft etc. am 22. Januar 1901 ein ausserordentlicher
Kredit von 1 000 000 Pesos zur Bekämpfung der Heuschreckenplage bewilligt worden. Von diesem Betrage
sind bis zum 30. Juni 1901 bereits
820 450 Pesos verwandt. Davon entfallen 143 167 Pesos auf Tagegelder
und Remunerationen der betr. Beamten
des landwirtschaftlichen Dienstes, von
denen 20 ständige und 4 nichtständige
Oberbeamte, 20 Hülfsarbeiter und 67
nichständige Sachverständige thätig gewesen sind.

Für Insekten tötende Gifte sind
708 029 Pesos bezahlt worden, wovon
auf Gasolin 500 000 Pesos fallen. Im
übrigen sind mit Erfolg die nach ihren
Fabrikanten Gomas (Madrid), Cazalilla
(Linnares) und Guerra (El Grao Valencia) benannten Mittel angewendet worden. Andere Mittel haben sich nicht
bewährt.

Ausserdem ist besonders mit Bodenbearbeitung gegen die Heuschrecken
vorgegangen. Auch Borstenvieh und
insektenfressende Vögel haben schätz-
baren Dienst geleistet. Im ganzen sind
231 577 ha von Heuschrecken befallen
gewesen.

Da die bestehende Gesetzgebung sich
als unzureichend erwiesen, hat die Regierung unter dem 19. Okt. v. J. den
Cortes einen Gesetzentwurf zur Bekämpfung der Heuschrecken vorgelegt,
gleichzeitig mit einem solchen zur
Ausrottung der Reblaus. Die hauptsächlichsten Bestimmungen sind:

Es werden Gemeinde- und Provinzial-
Kommissionen ernannt zur Feststellung
der von den Heuschrecken befallenen
Grundfläche.

Die Arbeiten zur Bekämpfung werden entweder von den Grundeigen-
tümern unter der Kontrolle der genannten Kommissionen oder von letzteren selbst vorgenommen.

Für die in Bodenbearbeitung bestehenden Ausrottungsarbeiten müssen
sämtliche Besitzer von Zugtieren gegen
Entschädigung Zwangsdienste leisten.
Vor Beginn der Arbeiten werden die

Grundeigentümer nach einer Schätzung für den Schaden entschädigt, der voraussichtlich dem Grundstück zugefügt werden wird.

Die Kosten der Ausrottungsarbeiten werden innerhalb der Gemeinden nach Massgabe des Grundsteuerreinertrags von den Grundbesitzern aufgebracht; nur in Ausnahmefällen sollen aus Provinzial- oder Staatsmitteln Beihilfen gegeben werden.

Für Gasolin und sonstige Insektenvertilgungsmittel wird, wenn die Einfuhr für Rechnung der Regierung erfolgt, Eingangszoll nicht erhoben, ebensowenig wie Konsumsteuer innerhalb der Gemeinden.

Gesetz ist der Entwurf bisher (d. h. bis zum 10. Dezbr. 1901) nicht geworden.

Der Grunewald als Volkspark.

Die vom Kaiser genehmigte Umwandlung des Grunewalds in einen Volkspark ist vor kurzem gemeldet worden. Es ist hierbei zu betonen, dass es sich in der Hauptsache zunächst um das grundlegende Einverständnis des Kaisers zu diesem weitschichtigen Plane handelt. Sein Zustandekommen ist nicht nur von der Krone, sondern auch von den Anliegern, den an den Grunewald angrenzenden ländlichen Gemeinden abhängig, deren Rechte durch die notwendige Anlage neuer Zufuhrstrassen berührt werden. Doch darf ohne weiteres angenommen werden, dass diese Schwierigkeiten, wenn auch nicht gerade in überstürztem Tempo, überwunden werden können. Die Krone, denn der Grunewald ist nun einmal nicht „Staatsforst", sondern, wie weiter unten erörtert werden soll, eine „königliche" Forst, hat mit ihrem durch den Kaiser gezeichneten Beschluss eine hochherzige Initiative bewiesen. Den Grunewald als Jagdpark aufgeben und ihn in weit grösserem Umfange als bisher den Bewohnern der Reichshauptstadt als Erholungsplatz zugängig machen — für diese lediglich dem öffentlichen Wohle dienende Massnahme ist dem Kaiser die Zustimmung aller Kreise sicher.

Es dürfte noch viel Wasser die Spree hinabfliessen, bis der jetzt auf dem Papier stehende Plan in die vollendete Thatsache übersetzt worden ist. Nicht einmal die Grenzen des Projekts stehen bis jetzt genau fest. Will man, wie anfänglich beabsichtigt, etwa den ganzen Grunewald parkmässig bewirtschaften? Nach den bisher bekannt gewordenen Einzelheiten ist dieser Plan nicht vorgesehen. Der Grunewald ist so gross — seine Fläche nimmt 4000 Hektar ein —, dass hieran kaum noch ernsthaft zu denken ist. Ein wirklicher Park kann nur geschaffen werden durch die wechselvolle Gestaltung von Grasplätzen, grossen Flächen, Baumschrabbs und Hochmassivs. Der Boden würde dann aber bald versanden. Denn allein die dauernde Inschattenhaltung durch die Baumkronen verleiht ihm seine Kraft. In trockenen Sommern würden Gras- und Baumwuchs bald notleidend werden. Um einen eigentlichen Park, zudem in dem kolossalen Umfange des Grunewalds, heranzubilden, müsste das Wasser durch Dampfpumpen, gleichwie in den königlichen Gärten in Potsdam, auf die vorhandenen Hügel hinaufbefördert werden. Dieses gewaltige Projekt würde aber ebenso grosse Summen erfordern, ohne dass das Publikum bei der kolossalen Ausdehnung des Geländes einen greifbaren Nutzen von dieser Aufwendung hätte.

Etwas Derartiges ist jedoch auf Grund der fortgeschrittenen Untersuchung über die Verwendbarkeit des Grunewalds zu Gunsten der Kapitale nicht mehr beabsichtigt. Wenn es heisst, dass der Grunewald fortan als Volkspark gehalten werden soll, so deckt der Name eben die Art der Verwendung nicht genau. Die Forst soll vielmehr ihren Charakter als solche weiter führen und der Baumbestand nur so weit gelichtet werden, als Zufuhrstrassen und die Anlegung von Erfrischungsstationen und Spielplätzen vorgesehen sind. Mit diesem Grundzug des Projekts werden sich die Berliner sehr gern einverstanden erklären. Wenn heute eine Abstimmung über die Frage herbeigeführt wird: „Soll der Grunewald seinen Charakter als Wald behalten oder in einen stark gelichteten, wohlfrisierten Park verwandelt werden?" so würde die Antwort sein: „Wir haben im Tiergarten einen reizenden, wohlgepflegten Park und haben uns mit dessen starker Lichtung ausgesöhnt. Aber den Grunewald wollen wir als Forst behalten! Gebt neue Strassen hinein; wir nehmen jede Verkehrserleichterung an, aber in ihm wollen wir noch berechtigterweise nach der Väter Art das Lied singen: „Wer hat Dich, Du schöner Wald, aufgebaut so hoch da droben?"

Die Absichten der Krone decken sich also in diesem Falle mit den Wünschen der grossen Mehrheit in Berlin. Was jene hinsichtlich des Grunewalds zu Gunsten Berlins thut, ist lediglich ihr guter Wille. Eine eigentliche Zivilliste existiert in Preussen nämlich nicht, vielmehr sind die königlichen Besitzungen in die Benutzung des Staates seiner Zeit hineingegeben worden, und der König hat sich aus diesem seinem Eigentum eine Rente vorbehalten. Ein Teil derselben ist auch auf die Oberförsterei Grunewald radiziert, sodass diese gewissermassen als Pfandobjekt für die dem König zustehenden Einkünfte anzusehen ist. Nun ist freilich der Grunewald bisher niemals als Gegenstand zur Erzielung hoher Einnahmen im fiskalischen Sinne behandelt worden. Vielmehr wurde von jeher darauf Bedacht genommen, ihn stets für die öffentliche Benutzung der Bevölkerung bereit zu stellen. Die forstwirtschaftlichen Erträgnisse sind sehr mässig, weil eben mit besonderer Rücksicht auf die Erhaltung des alten, schönen Baumbestandes gewirtschaftet wird. Die Quote, die hierbei herausgearbeitet wird, beträgt nur 150000 Mk. jährlich. Hiergegen wurde in den letzten 25 Jahren der Betrag von 500 000 Mk. für Wegebauten verausgabt, die eine jährliche Unterhaltungspflicht von 30 000 Mk. beanspruchen. Ein Geschäft macht also die Krone mit dem Grunewald nicht, obwohl sie die Rente aus demselben leicht vielfach potenzieren könnte, und zwar nicht nur aus dem forstwirtschaftlichen Betriebe, sondern auch durch Abgabe von Forstland zu Bauzwecken. Es werden der Verwaltung ständig seitens der Bauspekulation Offerten unterbreitet, die jedoch grundsätzlich abgelehnt werden. Die einzige Ausnahme, die gemacht wurde, bestand in der Hergabe von 1200 Morgen zur Gründung der Grunewaldkolonie. Seit dieser Zeit ist jedoch seitens der Staatsregierung konsequent daran festgehalten worden, unter keinen Umständen, weder zu Zwecken der Bauspekulation noch für wirtschaftliche oder ärztliche Unternehmungen (Sana-

torien), etwas von dem kostbaren Gelände abzugeben. Man fürchtet, dass der Appetit beim Essen kommt und dass kosthappenweise das schöne Revier von den Interessenten verspeist werden könne.

Es gehört eine gewisse Enthaltsamkeit des Staates dazu, das grossartige Waldgebiet in vollem Umfange auf Menschenalter hinaus unentgeltlich zum Vorteil hygienischer Bestrebungen gegenüber verlockenden Angeboten festzulegen. Andrerseits ist sein Forstbesitz ein so immenser, dass er sich diesen Luxus gestatten kann, auf die Gefahr hin, dass auch andere Grossstädte mit ähnlichen Anträgen auftreten. Der materielle Wert des Grunewalds steigt mit der zunehmenden Expansionskraft der Hauptstadt, die ihn trotz alledem vielleicht in Jahrhunderten als Bauland notwendig haben wird. Der verstorbene Finanzminister v. Miquel hat ihn, sicherlich etwas optimistisch, nach dieser Richtung auf eine Milliarde Mark bewertet. Den Zeitgenossen aber bietet sich ein freundlicheres Bild. Nicht die hallende Axt wird Kahlhiebe an seinen stillen Seen im herrlichen, alten Baumrevier vornehmen. Die schönen Stämme werden vielmehr von sorgsam pflegender Hand geschont und nur hier und da gelichtet, um Raum zu geben für Weg und Steg, für weite Spielplätze, auf denen Jung-Berlin sich nach Herzenslust tummeln kann, sodass auch die in ihrer Ruhe gestörte Dryade ein Lächeln und lustigen Segenswunsch für all die grossen und kleinen Menschenkinder haben wird.

(„Berliner Lokal-Anzeiger.")

Der Voss'sche Düngerstreuer.

Ein von dem weithin bekannten Gärtner und Kulturpraktiker Voss konstruierter Düngerstreuer wird von der Maschinenfabrik Wilhelm Wiechert zu Güstrow in Mecklenburg, Neuestrasse 36—39, angefertigt und hat sich bei den Prüfungen der Deutschen Landwirtschaftsgesellschaft bewährt, sodass er auch auf der Ausstellung der D. L. G. ausgezeichnet wurde. — Auch die städtische Gartenverwaltung von Berlin beabsichtigt, wie uns mitgeteilt wird, einen solchen Düngerstreuer anzuschaffen.

Litteratur.

Allgemeine Regeln für die Anpflanzung und Unterhaltung von Bäumen in Städten nebst einem Verzeichnis der für Strassenpflanzungen verwendbaren Baumarten. Aufgestellt und herausgegeben vom Verein deutscher Gartenkünstler. Berlin 1901.

Es sind 45 Paragraphen aufgestellt, welche bei der Bepflanzung von Strassen und Plätzen mit Bäumen zu berücksichtigen sind. Die Strassen sind einzuteilen in 1. Strassen bei geschlossener Baumreihe ohne Vorgärten, 2. solche mit Vorgärten, 3. Strassen bei nicht geschlossener Baumreihe, 4. Promenaden, Ufer- und Aussenstrassen. Als Grundregel der Bepflanzung gilt: Je enger die Strasse, desto weiter der Reihenabstand der Bäume. Die Baumarten, die zu wählen sind, sind hinsichtlich ihrer Höhe und Kronenausdehnung auch in 4 Klassen zu unterscheiden, von denen Klasse 1 die grössten, Klasse 4 die kleinsten aufweist. Typisch für Klasse 1 sind: Acer Pseudoplatanus, Quercus pedunculata, Platanus orientalis, Tilia platyphyllos, Ulmus compestris, für Klasse 2: Ailanthus glandulosa, Alnus glutinosa, Robinia Pseudacacia, Gleditschia triacanthos, für Klasse 3: Acer rubrum, Aesculus rubicunda, Sorbus aucuparia, die Pyramidenformen von Quercus, Ulmus u. a., für Klasse 4: Crataegus, Robinia inermis, Ulmus umbraculifera. Das Verzeichnis enthält in Klasse 1 44 Baumarten, Klasse 2 26, Klasse 3 14, Klasse 4 10 Arten, und giebt für jede Art kurze Notizen über Ansprüche an Boden, Licht, Empfindlichkeit, Nutzen u. dergl.

J. B.

Florilegium Harlemense, Kolorierte Abbildungen schönblühender Zwiebel- und Knollengewächse mit Beschreibung. Haarlem 1901.

Von diesem prächtigen Werk sind Heft 16 und 17 erschienen. Sie enthalten „Hyacintha Obelisk", eine der besten einfachen gelben Hyacinthen, die jetzt eine der Hauptsorten im Handel ist. Sie stammt aus dem Jahre 1873. Doppelte frühe Tulpen, Lord Beaconsfield von glühend karmosinroter Farbe und Parmesiano, weiss Letztere seit 1870 im Handel, erstere 10 Jahre später. Lilium speciosum album var., eine schneeweisse Varietät in bester Form. Einfache rote Hyacinthe „Roi des Belges", eine der prächtigsten, strahlend dunkelscharlachfarbig. Sie wurde schon 1860 aus Samen gezogen, ebenfalls eine Hauptsorte des Handels. Einfache frühe Tulpen. Von manchen Sorten dieser einfachen Tulpen giebt es Formen mit bunten Blättern. Eine der schönsten buntblättrigen Tulpen ist „Gele Prins" („Gelber Prinz"), sie gehört zu den seltenen Sorten, bei denen die ganze Oberfläche der Blätter gestreift und geflammt ist. In Gärten ist sie besonders als Rand um Beete zu empfehlen. Wegen der hellen frischen Farbe ist die rote Tulpe „Prinz von Oesterreich" sehr gesucht. Beide genannten gehören zu den weniger wohlriechenden frühen Tulpen. Die rot und gelb gefleckte „goldene Braut von Haarlem" ist eine Formenvariation der „Braut von Haarlem". Iris xiphoides (anglica) var.; abgebildet sind drei der schönsten Farbenvariationen, weiss, hell und dunkel violett.

J. B.

H. C. Irish, Garden Beans cultivated as esculents. Annual Report of the Missouri Botanical Garden. 1901. S. 81—165 und 11 Tafeln.

Verfasser kultivierte 1898 und die folgenden Jahre im Botanischen Garten in Missouri sämtliche Gartenbohnen, die in den Preiskuranten amerikanischer und europäischer Firmen aufgezeichnet waren. Sämtliche Varietäten gehörten fünf verschiedenen Gattungen an, nämlich Phaseolus, Dolichos, Vigna, Glycine und Vicia. Zunächst giebt Verfasser in dieser trefflichen Monographie einen Ueberblick über die wichtigste Litteratur und die Geschichte der Bohnen. Phaseolus vulgaris und Ph. multiflorus wurden wild bisher nicht gefunden, man hält für ihre Heimat Süd-Amerika, Ph. lunatus macrocarpus wurde in Brasilien wild entdeckt. Dolichos sesquipedalis stammt aus West-Indien und dem tropischen Amerika, D. Lablab aus Indien, Vigna und Glycine aus Japan, und Vicia Faba schliesslich aus Afrika und ist eine der ältesten Kulturpflanzen. Die zahlreichen Varietäten der Gartenbohnen werden am sichersten nach der Form der Samen bestimmt, weil letztere ebenso konstant als die Farbe oder der Habitus der Pflanzen ist, sogar vielleicht noch konstanter. Samenhändler und Gärtner pflegen sie zwar in Zwerg- oder Kletterformen zu unterscheiden, was für deren Zweck sicher am bequemsten ist. Auf die Arten und Varitäten hier näher einzugehen, gestattet leider der Raum nicht. Das Buch enthält einen Schlüssel, an dessen Hand es leicht ist, die Varität zu bestimmen, ferner erleichtert das letztere noch ein Index der populären Bohnennamen. Ausgestattet ist das Buch mit 11 Tafeln, auf denen die wichtigsten Bohnen abgebildet sind.

J. B.

Pflanzen-Schutz.

Frederick Bioletti and E. H. Twight, Report on condition of vineyards in portions of Santa Clara Valley, Californien. Univ. of Calif. College of Agriculture. Bulletin Nr. 134. Berkeley, Sept. 23. 1901.

Im Santa Clarathale ist in den letzten Jahren ein grosser Teil der Weinstöcke abgestorben, und führen die Verfasser das hauptsächlich auf die geringe Regenmenge während der Jahre 1897 bis 1900 zurück, ausserdem auch auf die Wunden, die durch Abschneiden starker Aeste und durch Pinzieren etc. den dort sehr niedrig gehaltenen Stöcken zugefügt werden.

Die gegen die Reblaus widerstandsfähigen Reben sind meist auf mehr Wasser angewiesen und gedeihen daher nicht in ganz trockenen Lagen. Am besten hat sich noch Vitis rupestris bewährt, und zwar die Sorten St. George und Martini, ausserdem eine nicht zu V. rupestris gehörende Sorte: Champini.

L. W.

R. H. Loughridge, Tolerance of Alkali by various Cultures. (Unempfindlichkeit mancher Kulturpflanzen gegen Alkali.) Bulletin Nr. 13 of University of California College of Agriculture. Agricultural Experiment Station G. W. Hilgard Director. (Berkeley Vat. 1901.) Sacramento 1901.

In Kalifornien, namentlich in der Gegend von Chico und Tulare, hat man viel zu kämpfen mit der Unfruchtbarkeit des Bodens infolge seines hohen Gehalts an Alkalien Besonders ist es das kohlensaure Natron (sog. schwarzes Alkali), welches so schädlich auf die Vegetation wirkt, und man kann unserm Landsmann Prof. K. Hilgard, Direktor der Agricultural Experiment Station in Berkeley bei San Francisco, nicht dankbar genug sein, dass er ein Mittel fand, dem Uebel abzuhelfen. Er liess nämlich Gyps (schwefelsauren Kalk) aufstreuen, der bei Regenfall oder Bewässerung gelöst wird. Dann geht die Schwefelsäure des Kalkes, als die stärkere Säure, an die stärkere Basis: das Natron, und es entsteht schwefelsaures Natron (Glaubersalz), welches weniger schädlich ist, und ner kohlensaurer Kalk (gewöhnlicher Kalk), der natürlich nützlich ist. —

Aber auch Kochsalz (Chlornatrium) und Glaubersalz (weisses Alkali) sind oft vorhanden, und das Kochsalz sieht Loughridge als unter Umständen ebenfalls schädlich an. Es hat sich nämlich herausgestellt, dass nach der Behandlung mit Gyps wohl Weizen und Gerste gedeihen, nicht aber Obstbäume etc. Die litten eben von dem sog. weissen Alkali.

Eingesandte Preisverzeichnisse.

Georges Truffaut, Versailles, 39 avenue de Picardie 39. Engrais spéciaux pour l'horticulture. Zahlreiche Spezialdünger für Gartenpflanzen (auch Tabletten) für Blumen, für Blattpflanzen, Obstbäume etc.

A. Lietze, Post office Bon 644, Rio de Janeiro, Brasilien. Neue Züchtungen breitblattriger Caladien. Unser wegen seiner Caladien so berühmte Landsmann hat diesen Katalog in englischer Sprache herausgegeben, manche deutsche Gärtner können deshalb die Farbenbezeichnungen nicht verstehen. Es sind nicht weniger als 265 neueste Sorten aufgeführt und noch viele ältere.

A. Lietze liefert auch Palmensamen etc. — E. Neubert, Wandsbeck bei Hamburg. Verzeichnis junger Farne mit vielen, wenn auch kleinen, doch sehr deutlichen Abbildungen der besten Handelsfarne. Ferner Neuheiten, wie Coleus thyrsoideus, Maiblumen-, Eiskeime etc.

Personal-Nachrichten.

Dem Königl. Gartenbau-Direktor und Direktor des Palmengartens in Frankfurt a. M., Herrn August Siebert, wurde der Rote Adlerorden 4. Klasse verliehen.

Dem Gutsgärtner Treese in Pritzier das preuss. Allgemeine Ehrenzeichen.

Dem Stadtgärtner F. Hartrath in Märkisch-Gladbach der Titel Garteninspektor und zugleich die feste Anstellung.

Carl Heicke, bisher Stadtgärtner in Aachen, unser verehrter Mitarbeiter, ist zum Stadt-Gartendirektor in Frankfurt a. M. erwählt.

Hermann Gründler wurde von der Firma Köhler & Rudel in Windischleuba als Verwalter ihres Zweiggeschäftes in Altenburg angestellt.

Alwin Arnold ist als Leiter der Gartenanlagen der Landw. Akademie zu Tabor in Böhmen angestellt.

Fr. W. Bartmuss feierte am 1. März das 25jährige Jubiläum als Gärtner bei Herrn Dr. Bruno Giesecke in Leipzig-Plagwitz.

Friedrich Simon, Gärtner am Friedrichshain, feierte am 24. Februar sein 25jähriges Jubiläum im Dienst der städtischen Parkverwaltung von Berlin.

Gestorben:

Handelsgärtner Ernst Wilhelm in Reichenbach im Vogtlande; Handelsgärtner W. Rink in Nürnberg.

Emile Victor Mussat, einer der Vizepräsidenten der Soc. nat. d'Horticulture de France und Professor der Botanik an der Gartenbauschule von Versailles und an dem landw. Institut zu Grignon. Gelegentlich der Kongresse auf der Pariser Weltausstellung waren wir mit Herrn Mussat bekannt geworden und beklagen seinen Heimgang auf das lebhafteste.

Gustav Broose, geb. 1855 in Hannover, † am 4. Februar als Mitinhaber der Firma Broose Flower, Seed- and Plant Company zu Los Angelos in Süd-Kalifornien.

Dr. Johannes Christoph Klinge, Ober-Botaniker am Kaiserl. bot. Garten in St. Petersburg, geb. zu Dorpat, † im 51. Lebensjahre.

Tagesordnung
für die
894. Versammlung des Vereins z. Beförderung d. Gartenbaues i. d. preuss. Staaten
am Donnerstag, den 24. April 1902, abends 6 Uhr,
in der Königlichen landwirtschaftlichen Hochschule, Invalidenstrasse 42.

I. Ausgestellte Gegenstände. (Ordner: Herr Brandt.) II. Vortrag des Herrn Königl. Garteninspektors F. Ledien, Dresden, Botanischer Garten: Über die Resultate neuester Düngungsversuche an den wichtigsten Handelspflanzen. III. Verschiedenes.

Für die Redaktion verantwortlich Geh. R. Prof. Dr. Wittmack, Berlin NW., Invalidenstr. 42. Verlag von Gebrüder Borntraeger, Berlin SW. 46, Dessauerstr 29 Druck von A. W. Hayn's Erben, Berlin.

1. Mai 1902.   Heft 9.

GARTENFLORA

ZEITSCHRIFT

für

Garten- und Blumenkunde

(Begründet von **Eduard Regel**.)

51. Jahrgang.

Organ des Vereins zur Beförderung des Gartenbaues in den preussischen Staaten.

Herausgegeben von

Dr. L. Wittmack,

Geh. Regierungsrat, Professor an der Universität und an der Kgl. landwirtschaftl.
Hochschule in Berlin, General-Sekretär des Vereins.

Hierzu Tafel 1498.

Odontoglosssum grande Lindl. var. Pittianum hort.

Berlin 1902
Verlag von Gebrüder Borntraeger
SW 46 Dessauerstrasse 29

Erscheint halbmonatlich. Preis des Jahrganges von 42 Druckbogen mit vielen Textabbildungen und
12 Farbentafeln für Deutschand und Oesterreich-Ungarn 12 Mark, für die übrigen Länder des Weltpostvereins 15 Mark. Zu beziehen durch jede Buchhandlung oder durch die Post (Zeitungsverzeichnis
No. 2819).

Odontoglossum grande Lindl, var Pittianum

Odontoglossum grande Lindl. var. Pittianum hort.

Von Dr. Kränzlin-Berlin.

(Hierzu Tafel 1498.)

Die hier abgebildete Varietät des Odontoglossum grande Lindl. ist erst seit ein paar Jahren eingeführt und findet sich augenblicklich nur in den besseren Sammlungen. Die energischen Farben der Stamm-art sind hier stark abgeblasst, das tiefe Dunkelbraun ist zu einem noch halbwegs intensiven Gelb abgeschwächt, das Goldgelb auf der vorderen Hälfte der Sepalen zu einer matten Crêmefarbe. welche bei künstlichem Licht bereits weiss erscheint, und das Hellgelb am Labellum zu Weiss; nur die purpurrote Zeichnung an der Basis der Lippe hat ihre ursprung-liche Färbung behalten. Da einzig und allein die Farbe abweicht. die Grösse und die Form der Blüten aber genau dieselbe ist, wie die des Typus, so ist die Aufstellung einer neuen Art natürlich ausgeschlossen. Ich habe die an unserer Tafel linksseitig fehlende Blüte zur Untersuchung gehabt und kann versichern, dass die Farben in natura noch beträchtlich lichter sind als auf der Tafel. Die Pflanze zeigt gewissermassen die Tendenz, ein Albino zu werden, aber nur diejenigen Teile, in welchen ein nur wenig gefärbter Farbstoff in den Zellen zu beseitigen war, führen farblosen Saft; in den anderen Zellen hat eine nur teilweise Entfärbung stattgefunden. Die Albinos werden bekanntlich umso höher geschätzt, je ausgesprochener ihre weisse Farbe ist; sollte es gelingen, eine absolut weisse Form zu entdecken, so wird dieser dereinst der Preis gebühren. Wie gross die Unterschiede in der Färbung auch bei dieser Varietät sein können, zeigt der Vergleich dieser Tafel mit der. welche in der letzten Lieferung des Dictionnaire Iconographique des Orchidées (Odon-toglossum pl. 13 A) erschienen ist; die dort abgebildete Pflanze aus der Sammlung des Hrn. M. A. A. Peeters in St. Gilles-Bruxelles ist in allen Teilen um ein paar Nüancen dunkler, falls die Tafel naturgetreu ist und nicht auch bei ihr wie bei unserer Abbildung die Farben beim Druck dunkler geworden sind, als sie werden sollten.

Wenn bei einem Zierstrauch oder einer beliebigen dicotylen Pflanze von auch nur einigem gärtnerischen Werte plötzlich ein Albino oder eine buntblättrige Form auftritt, so versucht der glückliche Besitzer, diese Form auf geeignete Weise zu vervielfältigen und meist mit Erfolg. Bei Orchideen denkt niemand an so etwas; man ist meist froh, wenn man den Bestand an Pflanzen und die Stärke derselben erhalten oder durch glückliche Kultur die Stärke der Bulben nach und nach steigern kann. Ich möchte hier, um der Frage doch etwas mehr als das blosse Re-gistrieren einer neuen Varietät abzugewinnen, es anregen. einmal den

---

*) Benannt nach H. T. Pitt, Esq. Rosslyn, Stamford Hill, England.

Odontoglossum grande Lindl. var. Pittianum hort.

Von Dr. Kränzlin-Berlin.

(Hierzu Tafel 1498.)

ie hier abgebildete Varietät des Odontoglossum grande Lindl. ist erst seit ein paar Jahren eingeführt und findet sich augenblicklich nur in den besseren Sammlungen. Die energischen Farben der Stamm-art sind hier stark abgeblasst, das tiefe Dunkelbraun ist zu einem noch halbwegs intensiven Gelb abgeschwächt, das Goldgelb auf der vorderen Hälfte der Sepalen zu einer matten Crêmefarbe, welche bei künstlichem Licht bereits weiss erscheint, und das Hellgelb am Labellum zu Weiss; nur die purpurrote Zeichnung an der Basis der Lippe hat ihre ursprüng-liche Färbung behalten. Da einzig und allein die Farbe abweicht, die Grösse und die Form der Blüten aber genau dieselbe. ist, wie die des Typus, so ist die Aufstellung einer neuen Art natürlich ausgeschlossen. Ich habe die an unserer Tafel linksseitig fehlende Blüte zur Untersuchung gehabt und kann versichern, dass die Farben in natura noch beträchtlich lichter sind als auf der Tafel. Die Pflanze zeigt gewissermassen die Tendenz, ein Albino zu werden, aber nur diejenigen Teile, in welchen ein nur wenig gefärbter Farbstoff in den Zellen zu beseitigen war, führen farblosen Saft, in den anderen Zellen hat eine nur teilweise Entfärbung stattgefunden. Die Albinos werden bekanntlich umso höher geschätzt, je ausgesprochener ihre weisse Farbe ist; sollte es gelingen, eine absolut weisse Form zu entdecken, so wird dieser dereinst der Preis gebühren. Wie gross die Unterschiede in der Färbung auch bei dieser Varietät sein können, zeigt der Vergleich dieser Tafel mit der, welche in der letzten Lieferung des Dictionnaire Iconographique des Orchidées (Odon-toglossum pl. 13 A) erschienen ist; die dort abgebildete Pflanze aus der Sammlung des Hrn. M. A. A. Peeters in St. Gilles-Bruxelles ist in allen Teilen um ein paar Nüancen dunkler, falls die Tafel naturgetreu ist und nicht auch bei ihr wie bei unserer Abbildung die Farben beim Druck dunkler geworden sind, als sie werden sollten.

Wenn bei einem Zierstrauch oder einer beliebigen dicotylen Pflanze von auch nur einigem gärtnerischem Werte plötzlich ein Albino oder eine buntblättrige Form auftritt, so versucht der glückliche Besitzer, diese Form auf geeignete Weise zu vervielfältigen und meist mit Erfolg. Bei Orchideen denkt niemand an so etwas; man ist meist froh, wenn man den Bestand an Pflanzen und die Stärke derselben erhalten oder durch glückliche Kultur die Stärke der Bulben nach und nach steigern kann. Ich möchte hier, um der Frage doch etwas mehr als das blosse Re-gistrieren einer neuen Varietät abzugewinnen, es anregen, einmal den

*) Benannt nach H. T. Pitt, Esq. Rosslyn, Stamford Hill, England.

Versuch zu machen, ob ein Vordertrieb einer Orchidee an die entsprechende Stelle einer anderen Varietät derselben oder eventuell einer anderen Art gepfropft werden kann. Sofern die Fortpflanzung durch Samen den Kultivateuren nicht zu langweilig ist, ist sie bei Orchideen im weitesten Umfang möglich; die künstliche Bastardierung ist in einem Umfang möglich, welcher mit den berüchtigsten Beispielen aus dem Gebiete der Dicotylen (Rosa, Salix und Hieracium) erfolgreich konkurriert. Als Mr. Dominy vor beinahe 50 Jahren Calanthe Masuca mit Calanthe furcata kreuzte und die erste Hybride Calanthe Dominii züchtete, war des Erstaunens kein Ende, heutzutage hält sich kein Gärtnerlehrling für zünftig, wenn er nicht seine neue Cypripedium-Kreuzung ausgeführt hat (d. h. wenn er darf). Auf die Kreuzungen der Arten folgte die der Gattungen, und auch dies glückte; zuerst im Gebiet der Epidendreen mit überraschendem Erfolg, dann nach und nach gleichsam tastend auch sonst. Man sieht, die Orchideen haben sich dem Züchter in einer Weise willig gezeigt, wie nur je eine Gruppe von Pflanzen. Nun bliebe es übrig, zu untersuchen, ob und wieweit sie durch Propfen vermehrt werden können und ob es z. B. möglich ist, eine gute Varietät von Dendrobium nobile etwa nobilius oder Cooksonianum auf ein kräftiges Exemplar des gewöhnlichen Dendr. nobile zu setzen. Die eigentümlichen vegetativen Verhältnisse der Orchideen und die Schwierigkeiten, welche sich daraus für eine solche Behandlung ergeben, sind mir durchaus bekannt, aber ich meine, dass auch hier Probieren über Studieren geht. Eine Orchidee, welche dazu ausersehen ist, Samen zu tragen, bezahlt diese ihr vom Menschen aufgezwungene Rolle mit gründlichster, vielleicht absoluter Erschöpfung. Die Mutterschaft ist bei diesen Pflanzen stets eine gefährliche Ehre. Sehr viel riskanter ist es auch nicht, die Vordertriebe zweier Orchideen auszuwechseln oder bei den stammbildenden Arten 2 Stücke eines Stammes. Die Versuche müssten oder könnten zuerst mit minderwertigen Arten gemacht werden, mit Pflanzen, deren Handelswert gering, deren Blüten — dem Börsenpreis entsprechend — billig sind und deren Besitzer nicht in jeder Pflanze eine Aktie sieht, welche ihre sichere Dividende bringen muss. — Ich kann die weitschichtige Frage hier nur streifen; dass sich zunächst bei vielen Besitzern eine starke Abneigung geltend machen wird, ihre teuer erkauften Pflanzen zu solchen Experimenten zu riskieren, davon bin ich von vornherein überzeugt, und für sie ist das hier Gesagte nicht gesagt. Ich bin auch überzeugt, dass es zunächst nicht Jedermanns Sache sein wird, derartige Operationen erfolgreich zu vollziehen; ebensowenig wie es vor einem Jahrtausend Allgemeingut war, einen Obstwildling geschickt zu veredeln. Die Wissenden werden auch hier die Bevorzugten sein, wie sie dies stets waren und in alle Zukunft sein werden. Der Erfolg einer solchen Behandlung wird ein schnelleres Blühen der besseren Sorten sein, genau wie bei den Obstbäumen und Rosen ein schnelleres Blühen und Früchtetragen die Folge ist. Denn erfahrungsmässig sind doch nur die sehr prekäre Aufzucht der jungen Pflanzen und die lange Zeitdauer, bis sie zur Blüte kommen, die Gründe, weshalb Orchideensamen in den Samenkatalogen fehlen und unser Verein nicht in seinem Januarheft unter den an die

Mitglieder „unentgeltlich abzugebenden Samen" (nicht alle Nummern anstreichen!) auch die Samen von Cattleyen und Laelien von Vanda und
Odontoglossum enthält; Samen, deren Aufzucht für die in unsern Kreisen
zahlreich vertretenen Besitzer von Gewächshäusern sonst keine unüber-
windlichen Schwierigkeiten hätte. — Nach diesem Streifzug in zunächst
noch unbetretene Gebiete zurück zur Wirklichkeit.

Die Pflanze, welche unsere Tafel darstellt, blühte in der Sammlung
des Reichsfreiherrn Max von Fuerstenberg zu Hugenpoet b. Düsseldorf
unter der Pflege des Hrn. Friedr. Cremer. Die Sammlung ist neueren
Datums, mir indessen wohlbekannt durch ihren recht beträchtlichen, auch
wissenschaftlich wertvollen Inhalt, wie der Besitzer bekannt ist durch
die Freude an allem, was Orchidee heisst, gleichviel ob die Blüte ansehnlich ist oder nicht, eine Sammlung und ein Sammler, für welchen
der Preis und die Anzahl bunter Quadratzentimeter den Wert nicht bestimmen. — Die Abbildung ist das Werk der Baronesse Mathilde von
Fuerstenberg, welche die Pflanze an Ort und Stelle malte, naturgetreu
wie Botaniker und Gärtner es haben müssen, ohne Zusatz desjenigen
Surrogates (richtiger gesagt — derjenigen Fälschung), welche die
Modernen „Stil" nennen und welche in neueren Orchideen-Abbildungen
anfängt, sich breit zu machen.

Die besten Handelsfarne und eine Uebersicht sämtlicher Farne nach Christ's Farnkräuter der Erde.

Von L. Wittmack.

(Hierzu Abb. 31—56.)

Es war ein glücklicher Gedanke des Herrn Woldemar Neubert, Inhaber der rühmlichst bekannten Firma E. Neubert, Wandsbeck bei
Hamburg, Ahrensburger Strasse 4, einmal all die besten Handelsfarne
photographieren zu lassen. Hr. Woldemar Neubert betreibt die Anzucht
junger Farne als eine Spezialität im grossartigsten Stile, wie wir uns im
Jahre 1901 persönlich überzeugten; da ist es kein Wunder, wenn die
Auswahl eine sehr grosse ist, die er in seinem Preisverzeichnis anbietet.
— Hr. Neubert war so freundlich, uns die Clichés zu leihen, und wenn
diese die Pflanzen auch sehr verkleinert darstellen, so sind letztere meist
doch noch ganz deutlich erkennbar.

Die Kenntnis der Farne lässt bei manchem Gärtner und selbst bei
manchem Botaniker noch viel zu wünschen übrig. Wer sich eingehender
über sie unterrichten will, dem empfehlen wir das treffliche Werk von
Dr. H. Christ in Basel: „Die Farnkräuter der Erde. Beschreibende
Darstellung der Geschlechter und wichtigeren Arten der Farnpflanzen
mit besonderer Berücksichtigung der exotischen." Jena, Verlag von Gustav
Fischer *) 1897. Preis 12 M. Christ giebt folgende Uebersicht (leider

---

*) Die Verlagshandlung von Gustav Fischer hat die Güte gehabt, uns eine Anzahl
Clichés zu leihen, und sagen wir ihr auch an dieser Stelle den verbindlichsten Dank dafür.

ohne Nummern oder Unterbezeichnungen, die wir der Deutlichkeit wegen hinzufügen).

Klasse Filicinae Farne.

I. Unterklasse **Isosporeae.** Mit einerlei Sporangien u. Sporen. (II. Heterosporeae. Mit zweierlei Sporangien und grossen u. kleinen Sporen, Wasserfarne. Diese kommen hier und auch bei Christ nicht in Betracht.)

Die **Isosporeae** zerfallen in 2 Abteilungen:

A. **Leptosporangiatae** Goebel

Sporangien (Sporenbehälter) aus einer einzigen Zellenschicht.

B. **Eusporangiatae** Goebel

Sporangien aus mehreren Zellschichten.

Zu dieser letzteren gehören die Familien der Marattiaceae und Ophioglossaceae, die als Handelsfarne keine Bedeutung haben.

Es bleiben also hauptsächlich die Leptosporangiatae näher ein-zuteilen und diese zerfallen in 3 Hauptgruppen.

I. **Polyangia.** Sori (Sporangienhaufen) aus zahlreichen Sporangien (Sporenbehältern).

II. **Oligangia.** Sori mit wenigen Sporangien.

    Hierher gehören nur die Matoniaceae und die Gleicheniaceae.

III. **Monangia.** Sporangien nicht zu Sori vereinigt.

    Hierzu gehören nur die Schizaeceae (Schizaea, Lygodium etc.) und die Parkeriaceae (z. B. Ceratopteris, eine Wasserpflanze.

Die wichtigste Hauptgruppe ist also die der Polyangia. Sie wird nach Christ eingeteilt in folgende Familien:

1. Familie Hymenophyllaceae Hautfarne.

Sori randständig, am Ende der fertilen Nerven, mit unter-ständigem Indusium (Schleier), Sporangien an einer Säule, mit voll-ständigem schiefem oder wagerechtem Ring, Blattgewebe zarthäutig (daher der Name), fast stets aus einer Zellschicht und ohne Spaltöffnungen. Abb. 49, S. 233, Trichomanes pinnatum.

Hierher Hymenophyllum mit taschenförmigem Indusium.

    „ Trichomanes   „ röhren- oder glockenförm. Indusium. Beide Gattungen sind als schwer zu kultivieren bekannt. Sie gedeihen aber in manchen botanischen Gärten sehr gut, wo man sie an der Nord-seite eines Hauses kühl und in feuchter Atmosphäre hält.

2. Familie Polypodiaceae Tüpfelfarne.

Die grösste Familie. Sporangien gestielt, mit senkrechtem, unvoll-ständigem Ring, durch Querspalte sich öffnend. Blattgewebe aus mehreren Zellschichten, mit Spaltöffnungen.

Unterfamilie a. Acrosticheae.

Sori nicht an den Nerven allein, sondern auch am nervenlosen Parenchym meist zu einer dichten Masse zusammenfliessend. Kein Indusium.

7 Gattungen, meist nur von botanischem Interesse.

Abb. 31. Pteris tremula.   Abb. 32. Pteris serrulata.   Abb. 33. Aspidium falcatum.

Abb. 34. Pteris cristata.   Abb. 35. Nephrolepis cordata.   Abb. 36. Pteris Wimsetti.

Abb. 37. Adiantum scutum.   Abb. 38. Blechnum brasiliensis.   Abb. 39. Dennstaedtia
tenera.

Unterfamilie b. Vittarieae.

Blätter zungenförmig mit Soruslinien, die der Mittelrippe oder dem Nervennetz folgen, meist nahe dem Rande.

7 Gattungen, meist nur von botanischem Interesse.

Unterfamilie c. Gymnogrammeae.

Sori lineal, ohne Indusium, an den Nerven, aber nicht an deren Spitze, sondern ihrem Rücken der Länge nach folgend. (Abb. 50, S. 234.)

5 Gattungen, darunter Hemionitis mit meist handförmigen Blättern und Gymnogramme.

Gymnogramme (gymnos nackt, gramme Schriftzeichen) Schriftfarn. Meist mehrfach gefiedert. Nerven fächerförmig oder in den Segmenten wiederholt gegabelt. Sori radial den Nerven folgend.

Unterfamilie d. Polypodieae. Tüpfelfarne.

Sorus meist rundlich oder oval und meist an der Spitze eines Nervs sitzend, ohne Indusium (Schleier). Blattstiel an der Basis meist gegliedert.

9 Gattungen, darunter Polypodium. Blatt einfach bis mehrfach gefiedert, nicht gegabelt. Sori längs der Mittelrippe oder zwischen den Seitennerven ein- oder mehrreihig.

Abb. 40. Adiantum fragantissimum.

Abb. 41. Pteris cretica major (nemorosa).

Abb 42. Pteris umbrosa.

Abb. 43. Pteris Victoriae.

Abb. 44. Pteris argyraea.

Abb. 45. Nephrolepis exaltata.

Abb 46. Adiantum concinnum latum.

Abb. 47. Nephrolepis davallioides.

Abb. 48. Nephrolepis imbricata.

Platycerium. Elensfarn. Blätter sitzend, dimorph (zweigestaltig) mit radial-dichotomem (gabeligem) Wachstum. Die sterilen Blätter (die sog. Nischenblätter oder Elefantenohren) horizontal gerichtet, die Sori an den fertilen kleinen Längsmaschen zu sehr grossen, plattenförmigen Massen vereinigt. (Abb. 51, S. 235.)

Unterfamilie e. **Pterideae.** Saum- (oder Rand-) Farne.

Sorus länglich bis lang lineal, randständig. Indusium von derselben Form, gebildet durch den übergebogenen Rand des Blattes, nach der Mittelrippe sich öffnend.

12 Gattungen. Darunter die wichtigen Gattungen der Handelsfarne Adiantum und Pteris.

Adiantum. Frauenhaar. Sorus an Zähnen des Randes, die über den Rand hinaustreten und mit dem Sorus zurückgeschlagen sind. Vielfach gefiedert, Spindel poliert, Fiederchen frei, gestielt, oft gehälftet. Nerven frei, selten in Maschen. Ueber 100 Arten. (Abb. 52, S. 236.)

Christ teilt diese Gattung in folgende Untergattungen:

1. **Reniformia.** Blatt einfach nierenförmig. Hierher die Art A. reniforme L.
2. **Caudata.** Blatt einfach gefiedert, oft wurzelnd. Fiederchen gehälftet. Hierher A. lunulatum und A. caudatum.
3. **Polysoria aequalia.** Sori kurz, in Reihen. Fiederchen nicht gehälftet. Hierher A. peruvianum Klotzsch, mit A. Seemanni und macrophyllum, die grösste Form des Genus. Fiederchen 6 cm lang, 4 cm breit.

4. **Polysoria dimidiata.** Sori in Reihen. Fiederchen gehälftet. Hierher A. trapeziforme L. Sehr gross. Blattstiel 40 cm lang, schwarz
   poliert. Blatt über $^{1}/_{2}$ m lang. Abschnitte trapezförmig, $^{2}/_{3}$ gehälftet.
   Prachtpflanze des tropischen Amerika von Mexiko bis Südbrasilien.
   Häufig kultiviert. A. polyphyllum Wilk. Sehr gross. Blatt meter-
   lang und $^{1}/_{2}$ m breit, mit langer Endfieder.   Subandines Gebiet
   von Venezuela, Columbien und Peru.
5. **Oligosoria aequalia.** Sori in langen, oft ununterbrochenen Linien
   längs den Rändern der nicht gehälfteten Fiederchen. Hierher A.
   Seemanni und macrophyllum.
6. **Oligosoria dimidiata.** Sori in meist ununterbrocher Linie. Fiederchen gehälftet.
   Hierher A. pulverulentum, A. incisum, A. villosum etc.
7. **Cuneata.** Gärtnerisch die wichtigste Abteilung. Blatt mehrfach
   gefiedert. Fiederchen klein, keilförmig, mit fächerförmigen Nerven.
   Hierher **Adiantum Capillus Veneris L.** Venusfarn. Rhizom
   kriechend. Blätter gebüschelt, auch einzeln, an der Spitze hängend.
   Blattstiele schwach. Pflanze kahl, doppelt gefiedert. Fiederchen
   haarfein gestielt, 3 cm lang, 2 cm breit, Basis keilig. Aussenwand
   flach zugerundet, tief fächerförmig eingeschnitten. Textur zarthäutig.
   Sori etwas eingebuchtet, an der Spitze der Lappen rundlich, verkehrt-eiförmig. An Kalktuff und Quellen durch die Tropen und die
   gemässigten Zonen, nicht südlich vom Amazonas.
   A. cuneatum Langsd. Fisch. Keilförmiges Frauenfarn. Vertreter
   voriger Art in Südamerika. Blätter zahlreich gebüschelt, gedrungener,
   Verzweigungen mehr aufrecht, zahlreicher, Fiederung drei- bis vier-
   fach. Fiederchen schmal-keilig, schwach bläulich bereift. Sori in
   tieferen, entschieden halbkreisförmigen Buchten der Lappen. Brasilien.
   Adiantum gracillimum Moore wird von Christ nicht erwähnt.
   Es dürfte dem A. cuneatum nahe stehen. Vaterland unbekannt, wurde
   1874 von B. S. Williams in den Handel gegeben (s. Index Biblio-
   graphique de l'Hortus belgicus 1887).   Wir geben nachstehend die
   Originalbeschreibung Moore's von Adiantum gracillimum in
   Gard. Chron. 1874 p. 14 hier wieder: Wedel dreieckig-eiförmig,
   reich (fünffach) zusammengesetzt, gelblich-grün, krautig; letzte
   Fiederchen entfernt, klein, deutlich gestielt, verkehrt-eiförmig, aus-
   gerandet oder 2—3 lappig, die Lappen zuweilen schief einwärts gebogen, die sterilen stumpf. Nerven spärlich gegabelt, auf der Unterseite hervortretend. Sori auf den ganzrandigen Fiederchen einzeln,
   auf den grösseren gelappten zu 2—3, an der Basis einer geschlossenen terminalen Spalte oder Bucht. Indusium meist kreisrund, blass-
   braun, gross im Verhältnis zum Fiederchen. Spindel kastanienbraun,
   sehr schlank und haarähnlich, ausspreizend-verzweigt und wie die
   etwas dunkleren kräftigeren Stiele glatt und glänzend.
   Da B. S. Williams, London, der diesen zierlichen Farn unter
   dem Gartennamen A d. elegantissimum 1894 in Bath zuerst
   ausstellte, nichts Näheres über ihn sagen konnte, ist die Geschichte
   desselben ewig dunkel geblieben und wird es auch vielleicht

bleiben. Th. Moore vermutet, es sei eine Form von A. cuneatum oder vielleicht ein Bastard von A. cuneatum × glaucophyllum.

A. scutum Linden et v. Houtte, welches Christ nicht aufführt, ist synonym mit A. tenerum Sw.*)

A. tenerum Swartz. Zartes Frauenhaar. Von A. Capillus Veneris verschieden durch beträchtlichere Dimensionen, ausgebreitetere Verzweigung und 3—4fache Fiederung, tiefgrüne, mehr rundlich-keilige und etwas schiefe Fiederchen, die am Ansatz des Stieles eine Gliederung mit deutlichem Knötchen zeigen. Textur sehr dünn. Von den Bermudas und Mexiko durch das warme Amerika bis in den tiefen Süden. Gemein in Kultur, mit vielen Gartenvarietäten, teils mit sehr vergrösserten und vielgeschnittenen Fiederchen (A. Farleyense Moore**), teils mit sehr kleinen, aber äusserst zahlreichen Fiederchen. — A. fragrantissimum, welches Christ nicht aufführt, gehört wohl auch hierher.

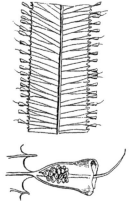

A. concinnum H. B. K. Anmutiges Frauenhaar (Abb. 46). Gross. Blatt mit Blattstiel bis $^3/_4$ m. Blätter oval-dreieckig, dreifach gefiedert, Fiedern im Zickzack, höchst regelmässig abwechselnd. Fiederchen dichtstehend, kurz gestielt, 1—2 cm im Durchmesser, breitkeilig; äusserer Rand rundlich, sehr tief mehrfach gelappt; unterstes Fiederchen jeder Hauptfieder und Seitenfieder sitzend, etwas grösser als die andern, über die Hauptspindel übergreifend. Sori in runden Buchten, Textur krautig, zart. Prachtpflanze des ganzen tropischen Amerika. — Var. latum hort. Etwas breiter.

Abb. 49. Trichomanes pinnatum.
Teil einer Fieder, etwas vergrössert
Sorus vergrössert.

Zu erwähnen sind ferner A. Gravesii Hance. Tonkin und Südchina (Abb. 52) etc.

8. Pedata. Blatt gegabelt, fächerförmig, dreifach gefiedert. Fiederchen gehälftet.

Hierher A. pedatum L. Fussförmiges Frauenhaar. Nordamerika und Nordasien. Das zarteste aller Adianten, hellgrün. A. brasiliense Raddi. Gross. Prachtpflanze Südbrasiliens und hier gemein. Aehnlich dem A. polyphyllum, aber mehr gabelig verzweigt, die Sori meist rund nierenförmig, nicht in Buchten.

---

*) Zum Auffinden der Synonyme etc. empfehlen wir: C. Salomon, Nomenclator der Gefässkryptogamen. Leipzig. Verlag von Hugo Voigt. 1883.

**) Christ sieht demnach A. Farleyense nicht als einen Bastard an, wie das vielfach geschieht, da er keine Sporen trägt.

Von den weiteren Gattungen der Saumfarne (Pterideae) seien noch angeführt:

Cheilanthes (cheilos Lippe, Rand; anthe Blume). Kleine Pflanzen, Blätter gebüschelt, oft stark beschuppt und behaart. Nerven frei (d. h. nicht netzmaschig). Sori am angeschwollenen Nervenende; klein rundlich.

Pellaea. Aufbau ähnlich wie Cheilanthes, Nerven meist frei, aber Segmente weniger geteilt, lederig. Sori auf einem durch Anastomose der Nervenenden gebildeten Behälter. Mönkemeyer führt im Illustr. Garten-

Abb. 50. Gymnogramme triangularis Klfs.
Blatt nat. Grösse. Segment vergrössert.

bau-Lexikon, 3. Aufl., als Binde- und Jardinìerenmaterial besonders auf: P. falcata Fée und P. rotundifolia.

Pteris. Wie Pellaea, aber grössere Pflanzen, mit beträchtlicheren Blattspreiten. Nerven frei bis reichlich anastomosierend (netzmaschig).

Diese fast 100 Arten zählende Gattung, zu der auch unser Adlerfarn Pteris aquilina gehört, welches in der ganzen Welt vorkommt, zerfällt in verschiedene Untergattungen, von denen die wichtigste Eupteris und zwar deren Abteilung Creticae ist:

Creticae. Hierher Pteris cretica L. Kretischer Saumfarn. Blattstiel 30 cm lang, aufrecht, aber etwas gebogen, kahl wie die ganze Pflanze,
strohfarben. Blätter 35 cm lang, 25 cm breit, eiförmig - dreieckig und

Abb. 51.   Platycerium Stemmaria Desv.
Habitusbild, verkleinert   Westafrika.

etwas fächerförmig. Eine lange, oft etwas herablaufende Endfieder und
2—3 genäherte, sitzende, gegenständige Seitenfiedern. Fiedern verlängert-
lanzettlich bis lineal, $1^{1}/_{2}$—2 cm breit, zugespitzt, die sterilen breiter als
die fertilen und grannig gezähnelt; das unterste Paar oft in 2 oder 3

nach unten gerichtete lange Lappen geteilt. Textur fest, aber ziemlich dünn, die dichtstehenden, oft parallelen, oft gegabelten Nerven deutlich zeigend, hellgrün. Indusium schmal, blass, häutig.

Durch fast alle warmen und gemässigten Länder verbreitet (durchaus nicht nur auf Kreta). Dieses Kalthausfarn ist bekanntlich besonders in seiner Varietät albo-lineata, sowie in der Form P. cretica major (nemorosa) beliebt.

Pteris umbrosa R. Br. Schattenliebendes Saumfarn (Abb. 42). Aehnlich, aber grösser. Seitenfiedern zahlreicher und durch einen von

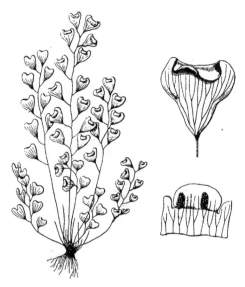

Abb. 52. Adiantum Gravesii Hance.

Habitusbild, nat. Grösse. Fieder und Sorus vergrössert, nach Hooker. Tonkin und Südchina. Ahnlich A. venustum D

oben zum nächstunteren Fiederpaar herablaufenden Flügel an der Spindel miteinander verbunden. Fiedern wieder geteilt. Vertritt Pteris cretica in Australien.

Pteris serrulata L. fil. Gesägtes Saumfarn (Abb. 32). Kleiner als P. cretica, von gleichem Aufbau, aber Spindel geflügelt. Fiedern zahlreicher, schmäler, bandförmig verlängert, untere in ebenso lange Seitensegmente geteilt; sterile Fiedern stark gezähnt. Textur krautig, sich leicht einrollend, dunkelgrün. Nerven weit auseinander. Japan und China. Viel kultiviert. Häufig (z. B. an den Mauern von Rio de Janeiro) verwildert.

Pteris cristata (Abb. 34) ist wohl eine Form hiervon.

Pteris Victoriae scheint auch nur eine Varietät von P. serrulata.

Pteris Wimsetti (Abb. 36) ist nach A.Hemsley in Gard.Chron 1899 II, S. 414 in einer Samenschale von Pteris cretica var. cristata gefunden. Hemsley, der Leiter des grossen Farngeschäfts von H. B. May, Upper Edmonton, erklärt dort mit Recht. dass jetzt zwischen den Formen von Pteris serulata und P. cretica garnicht mehr unterschieden werden könne, da sich so sehr viele Zwischenformen finden.

Pteris semipinnata L. Sofort durch die gehälfteten Fiedern kenntlich (Abb. 53).

Pteris argyraea Moore ist eine Varietät von P. quadriaurita Retz bezw. von dessen Unterart P. biaurita. Blätter dreieckig - länglich,

Abb. 53. Pteris semipinnata.
Fieder, nat Grösse

2—3 fach fiederspaltig mit langer Endfieder, unterstes Paar der Seitenfiedern abwärts verzweigt; bei der Varietät argyraea sind die Blätter zn beiden Seiten der Mittelrippe silberig.

Unterfamilie f. Aspleniaceae. Streifenfarne.
Abb. 54. A. alternans.

Sorus einseitig, längs den fertilen Nerven, länglich bis lineal, mit einem Indusium von derselben Gestalt, das auch an dem fertilen Nerv seitlich befestigt ist und sich meist nach innen (gegen den Mittelnerv) öffnet. Blattstiel ungegliedert.

Gruppe α. Blechneae. Rippenfarne. Sorus am äusseren Bogen einer Masche. Hierher Blechnum (inkl. Lomaria), Woodwardia.

Lomaria sieht Christ nicht als eigene Gattung an, sondern nur als Untergattung von Blechnum.

Blechnum: Blatt meist kammförmig gefiedert, oft dimorph (zweigestaltig. die fruchtbaren anders als die unfruchtbaren), Nerven frei, Sorus lineal. einem der Mittelrippe parallelen Nervenbogen aufsitzend. Indusium ziemlich fest, meist grau, an der Aussenseite des fertilen Nervenbogens angewachsen.

1. Untergattung Lomaria.

Blätter dimorph. Fiedern der fertilen Blätter so verschmälert, dass die Sorusreihe nahe dem Rande liegt und das Indusium beinahe rand-ständig erscheint.

Hierher Blechnum gibbum R. Br. (Lomaria gibba Labillardiere). Gross. Rhizom bis 1 m hoch, fast baumartig, schuppig, schwarz. Blätter

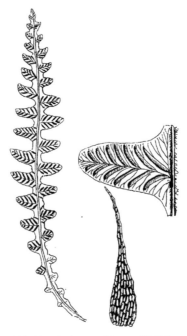

Abb. 54.   Asplenium alternans Wallich.
Habitusbild, nat Grösse, Segment und Schuppe, vergrössert, z. T nach Beddome

in dichter Krone, zahlreich. Blattstiel kurz, stark, an der Basis dicht mit langen, pfriemlichen schwarzen Schuppen umhüllt. Blatt 1 m hoch, etwa 20 cm breit; steriles länglich, im oberen Drittel am breitesten. Fiedern kammförmig-dicht, 10 cm und länger, kaum 1 cm breit, aufrecht abstehend, zur Spindel hinabreichend, am Grunde zusammenfliessend, mit verbrei-tertem, oft etwas geöhrtem und verdicktem Ansatz, nach der Basis des Blattes allmählich verkürzt, fast ganzrandig, stark gewellt, kahl. Textur lederig, Farbe lebhaft grün. Nerven gabelig, zahlreich. Fertile (frucht-bare) Fiedern etwas entfernt, 3 mm dick. — Neu-Kaledonien. Viel in Kultur.

Blechnum ciliatum Moore (Lomaria ciliata Moore). Rhizom aufrecht, 20 cm hoch. aber dünn. Blätter zu wenigen gebüschelt, kurz gestielt, 30 cm hoch, breit oval. Von B. gibbum verschieden durch entfernter stehende, weniger zahlreiche, aber breitere, stumpfe und vorn
ausgerandete oder gespaltene Fiedern, die am Rande deutlich gelappt
und grannig gewimpert sind. Textur dünn. Farbe trocken schwarz.
Nerven sehr deutlich, gegabelt. Sehr eigenartig durch die stachelspitzig
gewimperten, gelappten Fiedern. Seltenheit Neu-Caledoniens.

Dieses Farn giebt E. Neubert in diesem Jahre zum erstenmal
unter dem Namen Lomaria ciliata in den Handel und schreibt: Dieses

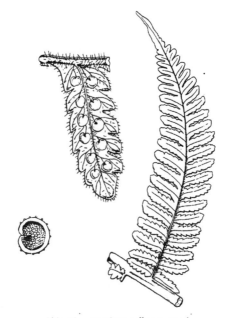

Abb. 55. Aspidium villosum Presl.
Fieder, nat. Grösse. Segment und Indusium, vergrössert, nach Hooker.

Handelsfarn ersten Ranges wird sich bald überall einführen, weil es sich
wegen seines schnellen schlanken Wuchses besser als Lomaria gibba
zum Topfverkauf eignet.

2. Untergattung Eublechnum.

Wedel nicht oder wenig dimorph. Sorus nahe der Rippe, mit breitem
Raum zwischen Sorus und Rand der Fieder. Der Unterschied zwischen
Eublechnum und Lomaria ist nach Christ nur graduell und kann als
Gattungsmerkmal nicht dienen.

Hierher Blechnum brasiliense Desv. Gross. Stamm $\frac{1}{2}$ m hoch.

dick, aufrecht, an der Spitze mit schwarzbraunen, faserigen Schuppen bedeckt. Blätter in geschlossener, aufstrebender Krone. Blattstiel 30 cm lang, dicht beschuppt. Blätter oval-länglich, im oberen Drittel am breitesten, 1 m lang, 30 cm breit, dicht gefiedert. Fiedern an der Basis verbunden, nicht oder kaum zur Spindel hinabgeschnitten, in der Spitze herablaufend, nach der Blattbasis allmählich bis zu stumpfen, kurzen Oehrchen verkleinert, 2 cm breit, lederig, kahl, dunkelgrün, fein gezähnelt, in eine geschweifte Spitze auslaufend, gewellt. Nerven zahlreich, parallel. Sori dicht an der Mittelrippe, Indusium schmal. Brasilien und Peru. Viel kultiviert.

Gruppe *β*. Asplenieae. Streifenfarne im engeren Sinn. Sorus fast stets am freien Teil eines Seitennerven.

Hierher die Gattungen: Asplenium (z. B. A. alternans Wallich, Nordwest-Himalaya und Abessinien [Abb. 54]). Ceterach. Scolopendrium. Diplazium, Athyrium (z. B. A. Filix-femina Roth).

Unterfamilie g. Aspidiaceae.

Sorus rundlich, meist auf dem Rücken der Nerven. Indusium meist vorhanden, rundlich, entweder seitlich ansitzend oder zentral befestigt, seltener unterständig umfassend. Nerven einfach, gefiedert oder netzbildend. Sterile Nervenenden meist nicht verdickt.

Hierher die Gattungen: Aspidium. Phegopteris. Cystopteris. Woodsia. Onoclea. Struthiopteris u. a. Siehe Abb. 55, Aspidium villosum Presl,. ein 4—5 m hohes Riesenfarn, eine Zierde des tropischen Amerika. — Lastrea sieht Christ nur als eine Untergattung von Aspidium an. Seitennerven der Segmente frei, nicht unter sich verbunden. Diese Gruppe umfasst die schmalen Aspidiumformen mit Segmenten, die tief genug gegen die Spindel herabreichen, sodass die Nervengruppen sich aus Mangel an Raum in der schmalen oder unterdrückten Lamina in den Segmenten allein entwickeln.

3. Familie Davalliaceae.

Sori in der Regel rundlich, randständig, an der Spitze eines Nerven oder längs dem Rande eines Segments verbreitert und die Spitzen mehrerer Nerven beanspruchend. Indusium unterständig, röhren-, schalen- bis bandförmig verbreitert, bestehend aus einer inneren besonderen Membran und einem äusseren, in der Regel dem Blattrand angehörenden Teil. Rhizom kriechend.

Hierher die Gattungen: Nephrolepis, Davallia, Dennstaedtia. Lindsaya etc.

Nephrolepis. Einfach gefiederte Pflanzen mit annähernd indefinitem (d. h. nicht abgeschlossenem) Wachstum, ungegliedertem Blattstiel, aber gegliederten Fiedern. Nerven fast stets frei (also nicht netzmaschig). Sorus rundlich, an der Spitze der Nerven nahe dem Rande, oder verbreitert und über mehrere Nervenspitzen hin dem Rande entlang laufend. Indusium nierenförmig, an der unteren Basis angewachsen oder dem Sorus entsprechend bandartig verbreitert.

Christ teilt diese Gattung nach dem gesamten höchst charakteristischen Aufbau in folgende Untergattungen:

1. Sektion Ramosae (Verzweigte).

Hierher nur N. ramosa Moore.

2. Sektion Aspidioideae.

N. cordifolia (L). Presl., Abb. 56. (N. tuberosa Hook.) Epiphytisch. Rhizom Ausläufer treibend, an deren Enden öfter fleischige, haselnussgrosse, schuppige Knollen als Nahrungsspeicher für die der Sonne ausgesetzte epiphytische Pflanze sitzen. Blätter dicht gebüschelt, Blattstiel kurz. 5—7 cm lang, leicht beschuppt. Spindeln gelblich, poliert, etwas schuppig. Blätter 30—60 cm lang, 5—6 cm breit, bandförmig, nickend, Fiedern sich berührend, sehr zahlreich, bis 60 jederseits, 3 cm lang, $1\frac{1}{2}$ cm breit, ungleichseitig, rautenförmig, oberseits geöhrt, nach der Spitze verschmälert, trocken sich leicht abgliedernd, beim fertilen Blatt seicht gekerbt und schmäler, beim sterilen meist ganzrandig und breiter. Textur etwas lederartig. Pflanze fast kahl, Nerven gegabelt, Sori am Rande etwas eingerückt, in dichter Reihe, rundlich. Indusium nierenförmig, bleibend, fest. — Verbreitet als Baumepiphyt, aber auch als Erdfarn von Nord-Indien und Japan bis Australien, im tropischen Ost- und Westafrika und wieder im ganzen tropischen Amerika.

Wir vermuten, dass N. cordata (Abb. 35) dasselbe ist.

N. vobulilis J. Sm. Von voriger verschieden durch lang kletterndes, drahtförmiges Rhizom, an den Internodien gepaarte und gebüschelte Blätter, weniger zahlreiche, vorn rundlich abgestumpfte Fiedern. Ohne Knollen. Nord-Indien bis Neu-Guinea.

N. exaltata Schott (N. pendula Fee). Abb. 45. Ohne Knollen. Wenig verschieden von N. cordifolia. Blätter länger, Sori noch näher dem Rande. Spindeln und Fiedern öfter rötlich-flaumig: N. hirsutula Presl.

N. pendula ist nur eine schmälere Form.

N. exaltata hat dieselbe Verbreitung wie N. cordifolia und ist häufig in Kultur.

N. imbricata Klfs. (Abb. 48) ist synonym mit N. cordifolia.

3. Sektion Davalliodeae.

N. davallioides Kunze (Abb. 47). Blätter dicht gebüschelt, nickend, Blattstiel 30 cm lang, an der Basis etwas schuppig. Blätter 1 m lang, 30 cm breit, nach der Basis nicht oder kaum verschmälert, im unteren Teil steril. Fiedern etwas entfernt gestellt, 15 cm lang, 3 cm breit, spitz, schmal lanzettlich, gekerbt; Basis wenig ungleich, keilförmig verschmälert, oberer Teil des Blattes fertil. Fertile Fiedern bedeutend verschmälert,

lineal, aber tief und regelmässig gelappt, mit rundlicher Bucht, Lappen
3 mm lang, stumpf, am Ende einen Sorus tragend. Indusium nierenförmig,
mit schmalem Ansatzpunkt. Nerven dicht, parallel. — Sundainseln, Java,
Celebes.

   Davallia. Blattstiel gegliedert. Wedel meist dreieckig und sehr zerteilt. Sori am Ende der Nerven. Indusium röhren- oder schalenförmig,
mit breiter oder keiliger Basis angewachsen.

   Dennstaedtia. Grösser als die meisten Davallien, lang gefiedert,
sehr zerteilt. Blattstiel nicht gegliedert. Sorus rundlich. Indusium eine
flache Schale, etwas zweiklappig. — Dennstaedtia tenera Moore (Abb. 39)
heisst besser D. cicutaria Kuhn.

(Schluss folgt.)

Der Kampf gegen die Blutlaus.

Von Dr. R. Thiele.

Mit den ersten Strahlen der Frühlingssonne erwacht die schlummernde
Natur von neuem, um uns mit wiederkehrender Blütenpracht für
die Unbilden des Winters zu entschädigen. Aber mit dem Leben unserer
Lieblinge beginnt sich auch dasjenige ihrer Feinde zu entfalten, und
mannigfach sind am Ende des Sommers die Schäden, die von ihnen angerichtet sind. Zahlreiche Vertreter aus der Klasse der Insekten allein
sind es, die z. B. unseren Obstbäumen zu schaden imstande sind, und
unter diesen wieder nicht in letzter Linie die Blutlaus. Plötzlich erscheint
sie und zeigt uns den Nistplatz durch den ihr eigentümlichen Flaum an,
welcher wie ein zurückgebliebenes Schneeflöckchen an den Aesten oder
Trieben haftet.

   Woher kommt dieses Insekt? Vielfach ist die Meinung vorherrschend,
dass sie aus den Eiern, den sog. Wintereiern der verstorbenen Herbst-
generation hervorgeht, aber der Prozentsatz dieser Tiere ist der denkbar
kleinste, die meisten entstammen den überwinterten Weibchen, welche
trotz des Frostes in engen Baumritzen geschützt ihr Leben den Winter
über gefristet haben und nun mit neuer Lebenskraft für die ausgiebige
Vermehrung ihres Stammes. Sorge tragen. Die jungen Tierchen laufen,
ohne Flaum nur selten sichtbar und daher trefflich geschützt, an andere
Stellen des Baumes, um dort in einer Wunde oder auf einem Trieb sich
festzusetzen. Aber nicht nur der von ihnen besetzte Baum wird von ihnen angegriffen, es können auch andere bisher freie Exemplare plötzlich z. B. im Juli
von ihnen als Futterplatz erwählt werden. Dass dem so ist, trotzdem dass ein
Wandern auf gesunde entfernt stehende Bäume ausgeschlossen ist, weiss
jeder aufmerksame Beobachter. Es ist deshalb noch ein Zwischenglied
notwendig, das sich thatsächlich im Juni und Juli, je nach der vorherrschenden Temperatur, finden lässt. Es sind dieses nämlich kleine zierliche fliegende Blutlausweibchen, die zu diesem Zeitpunkte die Luft
durchschwirren und sich auf bisher reinen Bäumen ihren Brutplatz auswählen können. Diese Weibchen haben nun die Eigenschaft, junge par-

thenogensische (d. h. ohne direkte Befruchtung erzeugte) Tierchen hervorzubringen *), die ihrerseits wieder imstande sind, Kolonien zu bilden und
so die Obstbäume zu verseuchen. Abweichend von dieser Sommergene-
ration ist diejenige des Herbstes, deren geflügeltes Weibchen Tierchen
hervorbringt, welche nur dazu berufen sind, zur Erhaltung ihrer Sippe
während des Winters beizutragen und welche in Männchen und Weibchen
getrennt sind. Die Weibchen legen nach der Begattung ihr Ei und
hauchen nach vollendeter That ihr Leben aus.

Dieser Generationswechsel vollzieht sich nun im Laufe einer jeden
Jahresperiode nicht schematisch, sondern er ist völlig abhängig von der
jeweiligen Temperatur, indem nämlich einmal die Metamorphose unserer
Schädlinge im Frühjahr eine längere Zeit braucht, sich alsdann bis zum
Hochsommer mit steigender Temperatur verkürzt, während die Intervallen
der einzelnen Entwickelungsabschnitte im Herbst wiederum geraume Zeit
in Anspruch nehmen. **)

Alles dieses muss der Obstbautreibende berücksichtigen, wenn er
die Vertilgung der Blutlaus in richtiger und rationeller Weise durchführen
will, denn es giebt ja leider keine Obstsorten — Apfelsorten —, welche
von dem Insekt verschont bleiben und die bei einem eventuellen Neu-
anbau berücksichtigt werden könnten.

Es fragt sich aber vor allen Dingen: Wie sollen wir unseren Feinden
entgegentreten? Es lässt sich die Art der Abwehrmittel nun in zwei
grosse Kategorien teilen, einmal in die Arbeit, welche für den Obstzüchter
die dankbarste und ehrendste ist, nämlich in die Vorbeugung, und weiter
in die Massregeln, die er zu ergreifen hat, das bereits vorhandene Insekt
zu töten bezw. zu vermindern.

Bei der Vorbeugung kommt natürlich in erster Linie die Pflanzung
eines guten, gesunden Obstbaumes in Betracht, dessen Rinde völlig frei
von Wunden ist, welcher ausserdem ein gutes Wurzelwerk und eine gute
Krone besitzt. Mit den Pflanzen an den eigentlichen Standpunkt ist nun
aber die Vorbeugung nicht beendet, sondern sie hat ihren Gipfelpunkt in
der Baumpflege zu suchen. Diese Pflege, über welche sich ein jeder
leicht in jedem Handbuche orientieren kann, besteht einmal in einem
zweckmässigen Schnitt der Obstbäume, weiterhin aber auch in rationeller
Düngung, d. h. die von dem Baume dem Boden entzogenen Nährstoffe
müssen in geeigneter Weise und Form ersetzt werden. Im Herbst ist es
alsdann zweckdienlich, die alte Rinde der Bäume abzukratzen und die
Ueberreste zu verbrennen, den Baum aber nach verrichteter Prozedur
mit Kalkmilch, welche aus $^2/_5$ Lehm, $^2/_5$ Kuhdünger und $^1/_5$ Kalk besteht,
anzustreichen. Vorteilhaft ist es dabei, dieser Mischung noch 1 pCt. Lysol
zuzufügen, welches sich als sehr gutes Desinfizienz bewährt hat. Auch
sollte nicht versäumt werden, dem Baum einen Fanggürtel, welcher am
besten aus Moos besteht, anzulegen, da sich in diesem eine erhebliche
Menge der verschiedensten Schädiger zusammenfindet und ausgangs

---

*) Vergl. auch Thiele, Neues aus dem Leben der Blutlaus. Vorl. Mitteilung. Zeitschr.
f. Pflanzenkrankh. 1899 Heft V.
**) Ausführlicher beschrieben in Thiele, R. Die Blutlaus. Zeitschr. f. Naturwissensch.
1902 Bd. 74 p. 861—460.

Winter vernichtet werden kann. Desgleichen darf der Klebring, aber mit
Brumata-Leim bestrichen, nicht fehlen. Endlich erscheint es auch angezeigt, eine gewissenhafte Vorbeugung auf die Einführung der Obstbäume
und Edelreiser auszudehnen und so die Einschleppung des lästigen In-
sektes zu verhindern. Ganz zu verwerfen sind die Auktionen hollän-
discher Ware, sowie der noch in einigen Teilen Deutschlands betriebene
Hausierhandel mit Obstbäumen etc.

Schreiten wir nun zu den Vertilgungsmassregeln, so ist die auf den
Markt gebrachte Anzahl der Mittel eine so ausgiebige, dass es schwer
sein dürfte, das Richtige aus diesen herauszufinden. Die mir zur Verfügung stehenden 86 Mixturen hatten natürlich nicht alle die gleiche
Wirkung, sondern es ergaben sich nicht wenige als völlig ungeeignet.
Ausser verschiedenen noch zu erwähnenden giebt es noch eine Anzahl
mechanische, welchen nach ihrer Wirkung unstreitig der erste Platz gebührt. Diese umfassen folgende Manipulationen:

    1. Abreiben mittelst rauher Gegenstände.
    2. Abschneiden und Verbrennen.
    3. Ausschneiden der Blutlausstellen.
    4. Raupenfackel.

Bei dem Abreiben werden die Schädlinge entweder durch den Druck
der Hand oder durch die verwendeten Bürsten bezw. Pinsel getötet.
Ratsam ist es dabei, die Pinsel mit einem Desinfektionsmittel zu befeuchten,
etwa Petroleumemulsion, Seifenwasser, Gaswasser oder dergl.

Als Radikalmittel ist das Verbrennen der Aeste bezw. Aststücke
anzusehen, dagegen ist es entschieden verwerflich, ganze Bäume mit
Petroleum zu bestreichen und dieselben dem Feuertode preiszugeben.

Mehrfach werden die kranken und befallenen Rindenstücke abgeschnitten und vernichtet, während die Schnittwunde gereinigt und des-
infiziert wird. Lysol hat sich bei diesem Verfahren sehr gut bewährt.

Neuerdings ist auch die Raupenfackel in Aufnahme gelangt und
zwar sind die damit erzielten Erfolge keineswegs zu unterschätzen, da
das Instrument auch bei belaubten Bäumen Anwendung finden kann.
Selbstverständlich ist gerade bei dieser Methode Vorsicht und Uebung
erforderlich.

Was nun die übrigen Mischungen anbetrifft, so seien hier nur einige
erwähnt, welche sich als gut bewährt haben.

Schmierseifenlösung mit Schwefelkohlenstoffzusatz.

Zu 10 l Wasser bringt man $\frac{1}{2}$—1 kg Schmierseife und löst letztere
auf. alsdann setzt man nach Sorauer $\frac{1}{25}$ Teil Schwefelkohlenstoff hinzu.
Besser ist die Wirkung, wenn der Schwefelkohlenstoffzusatz etwas erhöht wird.

Schmierseife mit Petroleum. Quecksilbersalbe und Rohspiritus.

Man gebraucht zur Herstellung
                100 g Quecksilbersalbe (giftig)
                700 g Schmierseife
                200 g Petroleum.

Schmierseife und Salbe werden durch Verreiben innig miteinander vermengt, hierauf wird unter fortwährendem Rühren das Petroleum langsam
hinzugefügt, bis das Ganze eine salbenartige, grauschimmernde Masse
bildet. Ist die Salbe für den Gebrauch etwa hart geworden, so lässt sie
sich durch Rohspiritus leicht zu jeder beliebigen Dünnflüssigkeit verwandeln. Die mit ihr bestrichenen Wunden blieben mindestens $\frac{1}{2}$ Jahr
völlig blutlausfrei.

Schwefelkohlenstoff.

Zwar gefährlich, aber bei richtiger Anwendung das trefflichste Mittel.
Zu seiner Anwendung benutzt man einen Stab, in welchen man oben
einen Wattebausch einklemmt. Man taucht die Watte in das Gefäss und
fährt alsdann über die Blutlauskolonien. Wegen seiner Feuergefährlich-
keit und Giftigkeit ist mit Vorsicht zu arbeiten.

Steinkohlentheer.

Ein treffliches und dem Baume völlig unschädliches Mittel. Sind
die Wunden gut gereinigt und ausgeschnitten, so bestreiche man sie mit
Steinkohlentheer. Sind die Wunden sauber bestrichen, werden sie niemals wieder von der Blutlaus angegriffen. Mir sind Bäume bekannt, die
zur Hälfte schwarz sind, welche sich aber auch als blutlausfrei erwiesen,
obwohl sie vor der Behandlung stark verlaust waren.

Ausser den erwähnten giebt es natürlich noch eine ganze Anzahl
gutwirkender Substanzen, die aber hierselbst wegen Raummangel nicht
erwähnt werden können, über deren Güte aber die obengenannte Arbeit
ausführliche Angaben bringt.

Schon die eben genannten werden kräftige Waffen in der Hand des
Obstbautreibenden sein, und er wird bei ihrer Anwendung sicherlich sehr
günstige Resultate erzielen.

Ueber den Stachelbeer-Meltau.

Von P. Magnus.

nlässlich des in der Gartenflora 1902 Seite 170 veröffentlichten Auf-
satzes von P. Hennings über das Auftreten des Stachelbeer-Meltaus
in Russland möchte ich darauf hinweisen, dass ich bereits im 50. Jahrgange der Gartenflora S. 413 auf das Auftreten des Stachelbeer-Meltaus
in den Gärten von Whitehall in Irland nach der Mitteilung von Salmon
in der Zeitschrift für Pflanzenkrankheiten Bd. XI 1901 S. 78—81 aufmerksam machte. Wenn Hennings l. c. sagt, dass Salmon annimmt, dass
die Krankheit höchstwahrscheinlich aus Amerika eingeschleppt sei, so ist
das nicht richtig. S. Salmon sagt vielmehr l. c. von dem Auftreten der
Sphaerotheca mors uvae (Schw.) in den Gärten von Whitehall: „Und da
in diese Gärten niemals irgendwelche Pflanzen aus Amerika eingeführt
sind, kann man nicht wohl daran zweifeln, dass der Pilz dort (d. h. bei
Whitehall in Irland) einheimisch ist." Also Salmon spricht sich, wie ich
auch l. c. berichtet habe, dafür aus, dass der Pilz in Irland einheimisch

sel, nicht dorthin eingewandert ist.. Es ist dies um so bemerkenswerter,
weil E. S. Salmon in seinem Monograph of the Erysiphaceae (Memoirs
of the Torrey Botanical Club Vol. X Oct. 1900) S. 74 sagt: „The goose-
berry disease cansed by Sphaerotheca mors uvae is confined to North-
America." Dies sagte er, nachdem er die Erysipheen aus allen Teilen
der Welt revidiert hatte.

Dennoch sprach sich also Salmon im folgenden Jahre l. c. für die
einheimische Natur des Stachelbeer-Meltaus in Irland aus, und ebenso
sagt P. Hennings l. c., dass er jedenfalls in Russland heimisch ist. worauf
ich noch zurückkomme.

Der Salmonschen Antwort trat ich l. c. entgegen, indem ich darauf
hinwies, dass der Pilz nicht dort zuerst hingelangt sein muss, wo er zuerst mit Verständnis beobachtet wurde, und dass er durch importierte
Stachelbeeren verschleppt sein könnte. Ich meine, dass eine so auffallende und verderbliche Krankheit, wenn sie dort heimisch wäre, wohl
beachtet worden wäre. Um zu zeigen, wie schnell und verderblich er
auftritt, will ich den von Salmon l. c. mitgeteilten Bericht des Gärtners
wiedergeben. Der Gärtner berichtete ihm: „Der Pilz ist jetzt sehr verbreitet, obwohl er zuerst nur auf zwei Pflanzen auftrat. Ich bemerkte
ihn zuerst Anfang Juni in geringem Masse besonders auf Amber-Beeren;
aber jetzt ist keine Art mehr gänzlich frei davon. Wir haben ungefähr
40 Sträucher ganz mit dem Pilze bedeckt, der Blätter und Zweige sowohl
als auch Früchte angreift." — Bei einer so schnellen Ausbreitung der
einmal an ein paar Sträuchern aufgetretenen Krankheit wäre diese sicher
den interessierten Gärtnerkreisen nicht entgangen, und ebenso, wie wir
behaupten können, dass sie bei uns bisher noch nicht aufgetreten ist,
ebenso war sie auch in Irland nicht vorhanden und ist dorthin erst von
Nordamerika aus gelangt, wo sie, sobald sie auf eine Anpflanzung von
Stachelbeersträuchern gelangte, sofort den Charakter einer epidemischen
Erkrankung dieser Anpflanzung annahm.

Nun teilt P. Hennings l. c. mit, dass er von Herrn N. A. Mossolow
auf Gut Michailowskoje im Gouvernement Moskau Stachelbeeren, die von
der Sphaerotheca mors uvae befallen waren, erhalten hat. Er fügt dieser
Mitteilung hinzu: „Derselbe tritt anscheinend epidemisch auf kultivierten
Stachelbeeren auf. Eine Einschleppung der Pilze aus Nordamerika oder
aus anderen Gebieten hat zweifellos nicht stattgefunden, sondern es ist
dieser Pilz jedenfalls in Russland heimisch."

Gründe für seine Behauptung giebt P. Hennings nicht an. Ueber
die im Gouvernement Moskau auftretenden Erysipheen sind mir zwei
Arbeiten bekannt. Die eine ist das russisch geschriebene, mir leider
nicht zugänglich gewesene „Verzeichnis der Brand-, Rost- und Meltau-
Pilze, hauptsächlich aus der Umgegend von Petrowskoje-Rasumowskoje"
von Grätschew, das 1891 in den Nachrichten der Landwirtschaftlichen
Akademie zu Petrowskoje, XIV. erschienen ist. Dieses Verzeichnis ist
aber vollständig benutzt worden von Fr. Buchholz in seiner 1896 erschienenen: Uebersicht aller bis jetzt angetroffenen und beschriebenen
Pilzarten des Moskauer Gouvernements. Weder Grätschew, dessen Aufmerksamkeit speziell auf die landwirtschaftlich wichtigen Meltaupilze ge-

richtet war, noch Buchholz erwähnen diese so auffallende Erkrankung der Stachelbeeren im Moskauer Gouvernement. Auch Heyden giebt sie nicht an in seinem Beitrage zur Pilzflora des Gouvernements Moskau in Hedwigia Bd. XXXVIII 1899 S. 269—273. Auch in den anderen mir zugänglichen Pilzverzeichnissen Süd- oder Nordrusslands findet sie sich nicht.

Nun erwähnt aber P. Hennings, dass nach Salmon die auf Euphorbien auftretende Sphaerotheca tomentosa (Otth) Jacz. von Sph. mors uvae (Schw.) morphologisch nicht unterscheidbar ist, und bestätigt es. Heyden hat sie l. c. S. 272 auf Enphorbia virgata (bezeichnet als Erysiphe gigantasca Sorik.. die synonym mit Sphaerotheca tomentosa (Otth) Jacz. ist) von Serpuchow bei Moskau angegeben. P. Hennings meint, dass es sich bei dem Auftreten des Stachelbeer-Meltaus (der Sphaesotheca mors uvae [Schw.]) bei Moskau „um eine Anpassungsform handle, welche zweifellos weitere Verbreitung besitzen dürfe, als bisher angenommen worden ist", das heisst, wenn ich ihn recht verstehe, dass Sphaerotheca tomentosa (Otth) Jacz. von den Enphorbien auf die Stachelbeeren übergegangen sei. Nun giebt aber Salmon schon l. c. S. 73 an, dass sich von Sphaerotheca mors uvae (Schw.) die Sph. tomentosa (Otth) Jacz. auf Euphorbia dadurch unterscheidet, „that in the form on Euphorbia the hyphae are perhaps slightly more flexnons and the perithecia are sometimes more irregularly shaped, with a slightly larger (especially longer) ascus." Aber er glaubt (J believe), dass diese Unterschiede nicht konstant und jedenfalls nicht grösser sind, als die, die sich oft bei den Formen einer Art auf verschiedenen Wirtspflanzen finden. Er zieht sie deshalb in eine Art zusammen und meint, dass Impfversuche mit dem Meltau von Euphorbia auf Ribes und von Ribes auf Euphorbia sehr interessant wären. Nach den exakten und interessanten Impfversuchen, die Fr. W. Neger soeben in der Flora, 90. Bd. 1902 S. 248--253 veröffentlicht hat, ist es aber wenig wahrscheinlich, dass solche Impfversuche Erfolg haben. Bei der verschiedenen geographischen Verbreitung beider Formen zweifle ich nicht, dass sie zwei verschiedenen Arten entsprechen. Sphaerotheca tomentosa (Otth) Jacz. ist auch in Deutschland sehr verbreitet. So habe ich sie reichlich bei Leipzig auf Euphorbia dulcis beobachtet, und Herr Lehrer W. Krieger sammelte sie reichlich bei Nossen. Und dennoch ist der Stachelbeer-Meltau nie in Sachsen aufgetreten.

Ich bin daher der Ueberzeugung, dass der Stachelbeer-Meltau, Sphaerotheca mors uvae (Schw.) in Irland und bei Moskau von Nordamerika aus eingeschleppt ist, und fürchte sehr, dass er sich, wie andere einwandernde Pilze und Pflanzenkrankheiten, auch bald bei uns zeigen wird.

Neue und empfehlenswerte Pflanzen usw.

Mertensia primuloides C. B. Clarke.

Dies ist eine neue, sehr hübsche und sehr leicht zu kultivierende, winterharte Frühlingspflanze, welche zur Zeit, 15. April, hier in voller Blüte steht.

Sie bildet kleine Büsche mit graugrünen lanzettlichen Blättern; es erscheinen sehr rasch 6—8 kleine Aehren, 12 bis 15 cm hoch, welche reich und dicht mit myosotisartigen Blümchen besetzt sind, deren Farbe am Rande indigo, dann in weiss und gelb übergehend ist. Es giebt dieser Wechsel den kleinen Blumen einen auffallenden Reiz; Einfassungen oder kleine Gruppen, welche dem Beschauer nahe gerückt stehen, bilden ein liebliches, auffallendes Bild. Die Pflanze stammt von 11,000 Fuss Höhe im Himalaya. Die Gattung gehört zu den Boraginaceae und ist mit Myosotis nahe verwandt.

· Max Leichtlin, Baden-Baden.

Kleinere Mitteilungen.

Frühblühende Prunus-Arten.

Leipzig-Gohlis, 18. April 1902.

Gleichzeitig übersende ich Ihnen per Post ein Kästchen, enthaltend:

1 Blütenzweig von einer hängenden Weichsel,

1 Blütenzweig von einer japanischen Kirsche.

Verschiedene Zweige von japanischen Pflaumen, wie sie dort als Ziersträucher in den Gärten kultiviert werden. Alles sind japanische Arten und recht früh blühend; später blühende schicke ich Ihnen später zu

Ich ersuche Sie höflichst, diese Blüten gefälligst beurteilen zu wollen; als Ziersträucher sind sie bei uns winterhart, 3 Stämmchen, welche ich riskier e, haben 6 Jahre ausgehalten, ohne jeden Schutz in freier Lage

Albert Wagner.

Bemerkung der Redaktion: Verbindlichsten Dank! Die Blumen waren prächtig. Es sind fast alles Prunus Mume, davon nur zwei in der typischen rosaroten Farbe, unter diesen auch die aus dem Freien, ferner eine prachtvoll karmoisinrote, wie wir sie noch nicht sahen,[*] die andern weiss, teils einfach, teils gefüllt, einige etwas rosa angehaucht. Ein Zweig (C bezeichnet) scheint mir Prunus Armeniaca in weisser Varietät.

Von den japanischen Kirschen ist Nr. 16 Prunus serrulata weiss, Nr. 229 wahrscheinlich auch P. serrulata oder P. Pseudocerasus.

Die hängende Weichsel scheint Prunus fruticosa.

Sie ist weiss mit schwach rosa Anhauch.

Bekanntmachung des Direktoriums der D. L. G. Wanderausstellung Mannheim 1902.

Preisausschreiben für frisches Obst und Gemüse für die Ausstellung in Mannheim.

· Auf Anregung aus dem landwirtschaftlichen Vereinsbezirk von Rheinhessen hat das Direktorium beschlossen, ein Preisausschreiben zu erlassen für frisches Obst und Gemüse, welches· auf der Ausstellung in Mannheim zur Vorführung kommen soll. Es werden 19 Klassen sowohl überwintertes wie frisches Gemüse, auch frische Kirschen und Erdbeeren, Dörrobst, Fruchtsäfte und dergl. zur Ausstellung gebracht. Es ist eine grössere Anzahl Preismünzen und Ehrengaben zur Verfügung gestellt.

Der Anmeldetermin wird am 5. Mai geschlossen,[*] und sind Anmeldepapiere von der Hauptstelle der D. L. G., Kochstrasse 73, zu beziehen.

---

[*] Die Narbe ragt bei ihr schon in der Knospe heraus. Die Blume ist also stark protogynisch, d. h. das weibliche Organ eher entwickelnd als das männliche.

---

[*] Das erscheint uns viel zu früh. L. W.

Der Einfluss des Windes auf den Pflanzenwuchs der ostfriesischen Inseln

ist nach den Unters chungen, die unlängst Adolf Hansen veröffentlicht hat, ungeahnt gross. Die ganze Pflanzenwe t dort ist niedrig im Wuchs, auch giebt es dort nur wenige aufrechte Pflan en gegenüber den als Rosette dem Boden angedrück en oder solchen, die mit ihren längeren Sprossen dem Boden anliegen. Was aufrecht steht, ist entweder mit harten Blättern versehen oder gehört zu den Pflanzen, die in der Nähe der menschlichen Wohnungen unter günstigen Bedingungen leben. Die Ursache dieser Eigentümlichkeit ist lediglich der Wind, der täglich jahraus jahrein weht. Er bew rkt nach den Beobachtungen von Hansen zunächst eine verstärkte Verdunstung in den Blättern, die sich an ihren Spitzen und am Rande zuerst zeigt und von dort langsam weiter greift. Ist der Wind, wie thatsächlich auf den Nordsee-Inseln, heftig und anhaltend, so vertrocknet das Blatt zuletzt ganz, wird mechanisch zerrieben und verschwindet. Wo die unmittelbare Wirkung des Windes verhindert wird, also z. B. im Schutze von Häusern oder Dünenketten, gedeihen auf den Nordsee-Inseln auch Bäume. Auch die strauchartigen Gewächse würden infolge der Einwirkung des Windes dort verschwinden, wenn ihnen nicht, gerade wegen ihrer geringen Erhebung, die kleinen Unebenheiten des Bodens Schutz gewährten. Man hat früher angenommen, dass in entlegener Vorzeit die friesischen Inseln mit Wäldern bedeckt gewesen seien. Nach Hansen ist dies völlig ausgeschlossen; so lange das heutige Windklima dort herrschte, können Wälder nicht bestanden haben. Die Beobachtungen Hansens haben grosse wissenschaftliche Bedeutung, indem sie Licht werfen auf die Bildung grosser Steppen im Innern der Festländer. Auch hier spielt die austrocknende Wirkung des Windes eine grosse Rolle. Nur windharte Pflanzen können in der Steppe bestehen, daher z. B. die äussere Uebereinstimmung der Dünenflora mit derjenigen der ungarischen Pussten. Endlich wird die Baumgrenze in den Alpen auch nicht lediglich durch die Temperatur un i die Kürze der günstigen Jahreszeit bedingt sein, s ndern die Winde spielen dort die nämliche Rolle wie anderwärts. Hansen hat thatsächlich durch Beobachtung festgestellt, dass es sich beim Absterben der Bäume an der Baumgrenze in den Alpen um e'n Vertrocknen durch den Wind handelt. (Tägl. Rundschau.)

Das Unwetter in Berlin.

Nach einem ausserordentlich warmen Tage, dem ersten schönen Sonntag im Frühjahr, brach am Montag d. 14. April früh, nach 3 Uhr über Berlin und Umgegend ein furchtbares Gewitter mit wolkenbruchartigem Regen und Hagel herein. Es fielen in der Zeit von 3 bis 8 Uhr morgens nach dem Regenmesser an der kgl. landw. Hochschule im Mittel 143 mm Regen, an anderen Orten der Stadt weniger; im Durchschnitt kann man 100 mm rechnen, das ist etwa $^1/_6$ der ganzen Jahresmenge. Die landw. und besonders die gärtnerischen Kulturen haben sehr gelitten.

Das Treiben einiger Stauden durch übergebaute Kasten, die mit Mistbeetfenster belegt werden.

Durch die Stauden ist den Gärtnereibetrieben, in denen viel frisches Bindematerial gebraucht und hauptsächlich langstielige Blumen verarbeitet werden, Material gegeben, welches von langer Dauer und guter Verwendungsweise immer sicheren Absatz finden wird. Da nun ein grosser Teil der Stauden seine Blütezeit im Frühjahr oder zu Anfang des Sommers beginnt, wo es schon nicht mehr an anderen frischen Blumen fehlt, so habe ich Versuche gemacht, die Stauden so zu treiben, dass mit wenig Unkosten und Arbeit. durch Uebersetzen von Kästen, die mit Fenstern belegt werden können, schon im Nachwinter eine Frühlingstemperatur im Staudenbeet unterhalten und der Trieb. der Stauden zeitig angeregt wird. Zu diesem Versuche habe ich alle solche Stauden verwendet, die wegen grosser und zur Binderei sich eignender Blumen zu empfehlen sind und habe ich mit den Folgenden recht gute Resultate erzielt:

Adonis vernalis, Anemone silvest·is, Aquilegia gland losa vera, Bellis perennis fl. pl., Diclythra spectabilis, Doronicum magnificum, Gentiana acaulis, Helleborus Hybriden, Hepatica triloba, Heuchera sanguinea, Hoteia japonica, Iberis sempervireus, Iris pumila, germanica und hispanica, Omphalodes verna, Crocus verna, Paeonia chinensis hybridus, Papaver orientale, Phlox canadensis und nivalis, Primula veris, acaulis, hybrida und capitata, Pyrethrum roseum hybridum, Ranunculus aconitifolius fl. pl. und die gelbe Varietät, Saxifraga crassifolia hybrida und Viola odorata hybrida.

Der gute Treiberfolg hängt zunächst von einer geeigneten Vorkultur und einer längeren Ruheperiode ab. Es sind in erster Linie nur junge und kräftig entwickelte Pflanzen dazu zu benutzen, alte verhungerte Stauden bringen nur geringe Resultate und sind von der Treiberei auszuschliessen, ausgenommen Paeonien, Iris, Diclythra und Hoteia, insofern diese in guter Kultur stehen.

Es ist daher unerlässlich, die zum Treiben bestimmten Stauden ein oder zwei Jahre vorzubereiten und gebe man den jungen Pflanzen einen recht kräftigen, mit altem Mist gedüngten Nährboden, halte dieselben von Unkraut frei, versäume das Begiessen nicht und verabfolge in der Vegetationsperiode allwöchentlich einen kräftigen Durchguss.

Beim Pflanzen richte man die Beete gleich so ein, dass später der Treibkasten bequem darüber zu stellen ist und dass bei dem Umsatz um den Kasten keine Pflanzen unter dem Umsatz zu stehen kommen. Die abgetriebenen Stauden können bei guter Kultur fast ohne Ausnahme im folgenden Jahr nochmals getrieben werden. Nachdem nun die Stauden ihre Ruheperiode, die darin besteht, dass längere Zeit Frost auf dieselben eingewirkt, durchgemacht haben, bedecke man die Kästen mit Fenstern, was schon Ende Dezember geschehen kann, die nachts mit Deckladen usw. zu belegen sind, damit die Temperatur des Nachts, bei kalten Tagen auch zur Tageszeit, nicht mehr zu tief sinken kann.

Bei Sonnenschein entwickelt sich unter dem Glase schon eine recht angenehme Wärme, die den Schnee und das Eis allmählich abthaut und den Trieb anregt, hauptsächlich dann, wenn die Kasten mit einem Umsatz aus Laub usw. zeitig umgeben werden.

Nun möchte ich noch bemerken, dass mit dem Treiben der Reihe nach so begonnen wird, wie der Frühling die Stunden im Freien aus dem Winterschlafe erweckt. Man darf nicht etwa fordern, dass im Februar schon Paeonien usw. in diesen Kästen blühen sollen, nein, es werden zunächst Helleborus, Adonis und Omphalodes usw. den Anfang machen und wird so fortgefahren bis dann die später blühenden an die Reihe kommen.

Ein Umsatz aus Laub oder Pferdedünger um die Kasten befördert das Treiben ungemein, nur ist bei günstiger Witterung reichlich frische Luft zuzulassen; denn sobald die Temperatur bei Sonnenschein im Kasten zu hoch steigt, stellen sich Läuse ein und der Treiberfolg wird dadurch geschädigt, wenn nicht ganz beeinträchtigt.

Bei einigermassen Aufmerksamkeit kann man immer darauf rechnen, dass vier, unter günstigen Umständen schon sechs Wochen früher, Blumen von den Stauden geschnitten werden können, als wenn dieselben nicht mit Kasten bedeckt würden. Im April, und auch schon im März bei Sonnenschein, dürfen die Fenster am Tage ganz entfernt werden, auch wird sich bei den meisten Stauden ein durchdringendes Begiessen notwendig machen und ein kräftiger Dungguss zur Ausbildung der Blumen viel beitragen. Bei einigermassen günstigem Frühling macht diese Treibmethode im Verhältnis wenig Arbeit und lohnt reichlich durch langstieliges Bindematerial, was überall guten Absatz finden wird.

Man kann aber auch durch diese Treibmethode seinen Staudenflor im Herbst um 4—6 Wochen verlängern, und schliesslich ganz im Spätherbst die unten angeführten Sorten auf obige Weise bis in den Dezember hinein blühend erhalten, indem man solche Stauden, die im ersten Jahr schon zum Blühen gebracht werden können, im Mai aussät, auf Beete oder Kasten pflanzt und den Flor durch mit Fenstern belegte Kästen vor den Herbstfrösten schützt.

Mit gutem Erfolg habe ich folgende Stauden und auch Sommer-Gewächse bis Weihnachten zum Schnitt erhalten:

Pentstemom hyp. Hartwegii, Antirrhinum majus, Lobelia cardinalis, Lychnis Haageana, Phlox decussata, spätblühende Sorten, Rudbeckia bicolor, etc. und noch ein ganzer Teil Sommergewächse.

Auch Herbstlevkojen und Margarethen-Nelken halten sich recht gut ịn solchem Kasten, und nicht vergessen will ich die Monatsrosen Hermosa zu nennen, welche guten Ertrag liefern.

Dies habe ich Jahre lang praktisch erprobt und werden die Herren Kollegen es gewiss bestätigt finden. Da ich aber diese Methode so wenig verbreitet gefunden, sehe ich mich veranlasst, meine Erfahrung zu veröffentlichen.

Villa Spindler, Gr. Tabarz in Thür.

J. Biemüller.

Aluminium-Pflanzenschilder.

Für jeden Gartenbesitzer, namentlich aber für jeden Gärtner von Beruf, ist ein Pflanzenschild von denkbar grösster Bedeutung. Dasselbe muss aber, wenn es den Zwecken des Gärtners voll und ganz dienen soll, folgende Eigenschaften besitzen:

1. Die Aufschrift muss ohne besondere Schwierigkeiten geschehen können und dabei auf viele Jahre haltbar sein.

2. Das Aussehen der Aufschrift muss schön sein.

3. Die Verbindung des Pflanzenschildes mit dem Anhängedrahte muss ịn einer Weise hergestellt sein, dass ein Durchscheuern des Drahtes am Schilde und infolgedessen ein Abfallen des Schildes vom Drahte, etwa infolge Wind und Sturm, unmöglich ist.

4. Der Preis muss billig sein und darf den der hauptsächlich jetzt verwendeten Holzetiketten nicht sehr überschreiten.

Die Aluminiumfabrik Ambos, G. m. b. H., in Dresden, hat neuerdings ein Patent auf Pflanzenschilder angemeldet, infolgedessen die obigen 4 Punkte nun in jeder Hinsicht erreicht sind. Bei denselben erfolgt die Aufschrift in gewöhnlicher Weise mit Bleistift und erscheint dabei auf dem Schilde ohne weiteres vertieft. Diese Schrift kann nun mit einer schönen schwarzen, wetterfesten Aluminiumtinte nachgezogen werden, sodass auch dem Schönheitssinne genügt ist. Der Anhängedraht ist nicht nur durch Wulstöse, sondern noch durch seine eigenartige dreifache Verbindung des Schildes mit dem Anhängedrahte geschützt und infolgedessen ein Abfallen des Schildes vom Drahte unmöglich. Endlich ist der Preis der Schilder noch billiger als bisher und können auch diese Schilder immer wieder von Neuem verwendet werden. Sie sind also im Gebrauche bedeutend billiger als jedes Holzetikett.

Litteratur.

Dr. C. G. de Dalla Torre et Dr. H. Harms, Genera Siphonogarum ad Systema Englerianum conscripta. Fasciculus tertius. Desgl. Fasc. quartus. Leipzig. Verlag von Wilh. Engelmann 1901. — Vollständig in etwa 10 Lieferungen à 10 Bogen. Subskriptionspreis für jedes Heft 4 Mk., Einzelpreis 6 Mk.

Dieses für systematische Botaniker wichtige Werk schreitet rüstig vorwärts. Es giebt ein ganz genaues und zwar nummeriertes Verzeichnis der Synonyme. Der Laie wird oft geradezu über den Wust von Synonymen, die einige Gattungen (z. B. Vicia) haben, erstaunen; aber es ist zu bedenken, dass manche dieser Synonymen Untergattungen darstellen, die von Engler und seinen Mitarbeitern zur Hauptgattung gezogen werden, während die betreffenden Botaniker, welche die Namen aufstellten, sie nach ihrer Meinung für eigene enger umschriebene Gattungen gaben. — Das Werk ist besonders für Herbarien geeignet, da man nach den Nummern die Gattungen ordnen kann. Die Arten sind nicht gegeben, das würde das so schon ausgedehnte Werk um das hundertfache vergrössert haben. L. W.

Pflanzen-Schutz.

Frederick T. Bioletti and E. H. Twight, Erinose of the Vine. Bulletin Nr. 136 of University of California College of Agriculture. Agricultural Experiment Station G. W. Hilgard Director. (Berkeley Cal. 1901.) Sacramento 1901.

Beschreibung der auch bei uns häufigen, durch eine mikroskopisch kleine Milbe, Phytoptus vitis, veranlassten filzigen Gallen (Erios = Wolle) auf den Weinblättern, die meist harmlos sind. Gegenmittel: Schwefeln, was auch gegen rote Spinnen hilft. Man schwefle mehrmals, im späten Frühjahr und im Vorsommer. — In schlimmen Fällen hat man in Kalifornien auch noch eine Winterbehandlung angewendet, wie in Frankreich, indem man die Stümpfe des Weinstocks mit 1 Liter kochenden Wassers übergoss. Dies soll sehr wirksam sein, und mit tragbaren Kesseln kann man 1500—2000 Reben in einem Tag behandeln.

Es ist interessant zu erfahren, dass die Experiment-Station zu Berkeley bei San Francisco in Kalifornien erst 1896 zum ersten Male Blätter mit dieser Erinose befallen, aus Windsor, Sonoma County, erhält. L. W.

Frederick T. Bioletti, The Phylloxera of the Vine. Bulletin Nr. 131 of University of California College of Agriculture. Agricultural Experiment Station G. W. Hilgard Director. (Berkeley Cal. 1901.) Sacramento 1901.

Die Reblaus ist seit 1874 auch in Kalifornien beobachtet. Gegenmittel: 1. Behandlung des Bodens mit Schwefelkohlenstoff. 2. Unterwassersetzen der Weinanlagen. 3. Anpflanzungen auf Sandboden. 4. Anbau widerstandsfähiger Sorten.

Im Departement L'Herault, Südfrankreich, stellt sich das Areal nach der Umrechnung von Bioletti in Acres*) folgendermassen:

	Acres Weinland:		
	1880	1890	1899
1. Behandelt mit Schwefelkohlenstoff .	6 600	6 200	800
2. Unter Wasser gesetzt	8 900	15 000	11 000
3. Im Sand gepflanzt	—	9 900	1 200
4. Widerstandsfähige Reben gepflanzt . .	6 600	311 000	440 000

Warren T. Clarke, The Potato-Worm in California (Gelechia operculella Zellec.) Bulletin Nr. 135

*) 1 acre = 40 ar.

der University of California, College of Agriculture. Agricultural Experiment Station G. W. Hilgard, Director. (Berkeley Cal. 1901.) Sacramento, A. J. Johnston, Superintendent, State Printing 1901.

Diese Motte wurde zuerst 1873 von dem deutschen Forscher Zeller in seinen „Beiträge zur Kenntnis der Nordamerikanischen Nachtfalter beschrieben. Die Flügel sind wie bei dem nahe verwandten Pfirsichwurm, Anarsia lineatella, schmal und gefranst. Sie sind graubraun, untermischt mit okerfarbenen Tönen. Das Ei ist kaum $^1/_4$ mm im Durchmesser und $^1/_2$ mm lang, oval, weiss. Die ausgekrochene Raupe wird bis 5—6 mm lang, der Kopf ist dunkelbraun, der erste Brustring altrosa, mit mahagonibraunem Cervical-Schild, der zweite Brustring ähnlich trüb-rosa, der dritte trüb-weiss, ebenso die 7 Bauchringe.

Die Puppe entsteht nach 6 Wochen, sie ist 6 mm lang, erst hellgelb, später bis dunkel mahagonibraun.

Die Raupe (Made) lebt in den Stengeln und in den Knollen, je nachdem das Weibchen die Eier ablegt. Geschieht dies an dem oberirdischen Teil der Pflanze, so wählt sie z. B. die Basis eines Blattes. Die Raupe bohrt sich dann unter der Epidermis abwärts, was man am Stengel deutlich erkennen kann, da sie den zurückgelegten Gang mit ihrem dunklen Kot anfüllt. Der Stengel stirbt schliesslich ab. — Viel häufiger ist die Beschädigung der Knollen. Die Raupe (der Kartoffelwurm) bohrt sich an einem Auge in die Knolle ein und geht dann auch unter der Schale entlang oder quer durch das Fleisch. Ist ersteres der Fall, so kann man das leicht an der Schrumpfung der Schale zu beiden Seiten des Ganges erkennen. Im Fleisch der Kartoffel kann man den Gang an den missfarbigen Exkrementen erkennen. Durch diese wird die Kartoffel natürlich unverkäuflich und ausserdem sind diese Gänge der Ausgangspunkt für Fäulnis und Schimmelbildung.

Ist eine junge Kartoffelpflanze oberirdisch befallen, so kann die Larve allenfalls ihr ganzes Leben im Stengel abwärtsbohrend zubringen, hat aber die Motte das Ei an eine ältere Pflanze gelegt, so bohrt zwar die Larve auch abwärts, aber der unterste Teil des

Stengels wird ihr dann zu hart, sie verlässt den Stengel und geht durch die Erde an eine Knolle.

Von Knollen werden besonders solche befallen, die trotz des Anhäufelns frei an die Luft ragen und sich grün färben. An diese grünen Teile legt die Motte ihre Eier.

Auch die nach der Ernte auf dem Felde liegen gebliebenen Knollen können mit Eiern belegt werden, endlich und vor allem die in den Mieten und sonstigen Räumen aufbewahrten Kartoffeln. Es sind im ganzen 4 Generationen in 11 Monaten in einem Aufbewahrungsraum beobachtet. Das Weibchen legt etwa 22 Eier; wenn auch nur die Hälfte auskommt, ergiebt das nach 6 Monaten 15 000 Motten. Auch Kartoffeln in Säcken werden infiziert, wenn nur einige wenige Knollen Eier oder Larven enthalten.

Gegenmittel. 1. Entfernen aller Unkräuter aus der Familie der Solanaceae, z. B. S. nigrum, in Californien auch noch S. Douglasii, S. umbelliferum, S. Xanti. (Eigentlich müssten auch die Tabakspflanzen entfernt werden, da auch sie von der Motte befallen werden. Man nennt das Tier deshalb auch Tabakswurm. L. W.)

2. Aufstellung von Fanglaternen, zunächst zwei bis drei, um zu sehen, ob die Motten schon auf einem Felde sind. Ist letzteres der Fall, so stellt man etwa alle 100 Fuss eine Laterne auf. Die einfachste Fanglaterne macht man sich, indem man einen Fackelkörper in dem Centrum einer flachen Pfanne

anlötet und unten eine Zwinge aus Zinn anbringt, die man auf der Spitze einer in den Boden getriebenen Stange befestigt.

3. Zerstören der infizierten Stengel.

4. Sorgfältiges Anhäufeln.

5. Beim Ausgraben muss man die Kartoffeln nicht lange frei liegen lassen, damit die Motte nicht ihre Eier daran ablege.

6. Gutes Auflesen der zurückgelassenen Kartoffeln und gutes Reinigen des Feldes.

7. Bekämpfung der Motte an aufbewahrten Kartoffeln durch Schwefelkohlenstoff. Bei Getreideschädlingen genügen auf 1000 Kubikfuss Raum 1 Pfund Schwefelkohlenstoff, bei Kartoffeln ist es besser, 1½ Pfund zu nehmen.

Es werden dadurch besonders die Puppen, die meist auf der Schale in der Mündung des Larvenganges oder in Vertiefungen, oder auch in den Ritzen des Aufbewahrungsortes oder in den Falten der Säcke sitzen, vernichtet. Ob die Kartoffeln frei liegen oder in Säcken, bleibt für die Wirkung gleich. Das Behandeln mit Schwefelkohlenstoff ist völlig wirksam nur, wenn die Räume luftdicht verschlossen werden können. Dies ist aber selten der Fall und schon deshalb muss man nicht einmal, gleich nach dem Einbringen in die Miete, desinfizieren, sondern 3—4 mal, in Zwischenräumen von je 1—2 Wochen. Das ist um so mehr nötig, als noch auf dem Lager neue Generationen ausschlüpfen können.

L. W.

Ausstellungen und Kongresse.

Budapest. Internationale Gartenbau-Ausstellung im Industriepalast vom 3—12. Mai d. J. Anmeldungen an das Ausstellungs-Komitee, Budapest IV, Korona herczeg uliza 16.

Baarn, Holland. Ausstellung von Pflanzen und Blumen etc. 2—5. August.

Allgemeine deutsche Obstausstellung in Stettin 2.—5. Oktober 1902.

Der Plan einer Allgemeinen Deutschen Obstausstellung gelegentlich der XVI. Versammlung Deutscher Pomologen und Obstzüchter vom 2.—5. Oktober 1902

in Stettin ist nunmehr herausgegeben und von der die Ausstellung veranstaltenden Landwirtschaftskammer für die Provinz Pommern in Stettin an die Regierungen der Deutschen Staaten, Landwirtschaftskammern und zweckverwandten Körperschaften mit der Bitte übersandt, das Unternehmen fördern zu wollen.

Es ist das erste Mal, dass der Deutsche Pomologen-Verein Hand in Hand mit einer Landwirtschaftskammer an die Erfüllung einer gemeinsamen Aufgabe, der Förderung des deutschen Obstbaues, herantritt.

Bei der Aufstellung des Planes ist darauf Rücksicht genommen, nur Aufgaben zu stellen, welche auch den entfernter wohnhaften Obstzüchtern, Baumschulbesitzern und anderen Interessenten im gleichen Masse wie den in unmittelbarer Nähe wohnhaften erfüllbar sind, nicht auf das Gebiet der Ausstellungen engerer Landesteile überzugreifen und zu vermeiden, dass durch ein Uebergewicht in der Darstellung prunkvoller Einzelleistungen das Gesamtbild der wahren Produktion in Deutschland ungenügend zum Ausdrucke kommt.

Die Ziele, welche im Wesentlichen aus dem Plane hervorgehen, gipfeln darin, in friedlichem Wettbewerb darzustellen, was in den verschiedenen Anbaubezirken über ganz Deutschland hin in den obstzüchtenden Kreisen thatsächlich in grösserer Menge produziert wird, was hinsichtlich der einzuschlagenden Zucht- und Anbaurichtung unter den verschiedenen Verhältnissen anzubauen empfohlen wird, was die Baumschulen an anerkannten Sorten verbreiten und schliesslich, was der Einzelne in der Obstzucht zu leisten imstande ist.

Wenn dieser Grundgedanke als richtig anerkannt wird, so folgert sich daraus von selbst die Notwendigkeit einer Fortlassung der Baumschulartikel, Konserven und anderer Gegenstände, deren Ausstellung und gerechte Prämiierung z. B. auf einer Provinzialausstellung mit weit sichererem Erfolge durchführbar ist, als auf einer Allgemeinen De.tschen Obstausstellung im Norden unseres Vaterlandes. Ob der in dem Plane zum Ausdruck gebrachte Apell an die vereinigten Züchter ganzer Landesteile zur Beteiligung in Sammelausstellungen ein erfolgreicher sein wird, bleibt abzuwarten.

Jedenfalls ist durch die Einrichtung des Entschädigungsverfahrens für eingesandte nicht prämiierte Obstmengen selbst dem kleinsten Obstzüchter in weitgehendstem Masse die Beteiligung erleichtert und die Würde des Preiserwerbs durch Beschränkung auf eine den Leistungen entsprechende Zuerkennung von Preisen gesichert. Es wird nunmehr Aufgabe der Körperschaften und Vereine sein, für die Sammelausstellungen leitende Stellen zu wählen, durch Veranstaltung von Lokal- und Vereinsschauen das Material für die Sammel-Ausstellung zu vereinigen, und sich auf der Ausstellung einer kleinen aber auserwählten Zahl von Sorten, welche für den Anbau ihres Bezirks typisch sind, zu beschränken.

In der Gruppe B des Planes ist unsern deutschen Gärtnerlehranstalten und pomologischen Insti uten die Gelegenheit geboten, lehrreiche Sammlungen auszustellen, wie sie für die Zurichtung ihres Bezirks von besonderem We:te sind.

Der Ausstellungsplan, das Preisausschreiben für die beste Denkschrift zur Förderung des Obstbaues auf dem Lande, sowie sonstige Auskünfte werden von der Landwirtscha tskammer für Pommern in Stettin auf Wunsch übersandt beziehungsweise erteilt.

Gewerbliche Angelegenheiten.

Abänderung der Reblaus-Konvention.

Der Ver ein z. B. d. G. erhielt folgendes Schreiben vom Deutschen Pomologen-Ver ein:

Am 20. Feb uar 1901 richtete der Deutsche Pomologen -Verein an das Reichsamt des Innern eine Petition um A änderung der Internaionalen Reblaus-Konvention von 18 1, die Sie s. Z. auch unterzeichnet haben. Auf dieselbe ist jetzt nachstehen e Antwort eingelaufen, die w r uns beehren Ihnen zur Kenntnis zu bringen:

Der Staatssekretär des Innern.

J. 2104.

Berlin, den 6. März 1902.

Euer Hochwohlgeboren benachrichtige ich ergebenst, dass die Petition des Deutschen Pomologen -Vereins vom 2). Februar v. Js., betreffend Abänderung der Internationalen Reblaus-Konven ion, auf einer voraussichtlich Anfang Juni stattfindenden Konferenz von Vertretern der beim Weinund Obstbau hauptsächlich interessier-

ten Bundesstaaten zur Erörterung gebracht werden wird. Indem ich ergebenst anheimstelle, hiervon diejenigen Vereine, welche sich der Petition angeschlossen haben, zu benachrichtigen, ersuche ich Sie mit Bezug auf Ihre Besprechung mit dem diesseitigen Referenten ergebenst an der Hand thatsächlichen Materials, dessen vertrauliche Behandlung zugesichert wird. im Einzelnen die Schädigungen darzulegen, welche nach dortiger Auffassung dem internationalen Verkehr mit Pflanzen, ausgenommen die Rebe, durch die Konvention zugefügt werden. Im Auftrage
gez. Hopf.

Wir bitten Sie nun ganz ergebenst uns recht bald thatsächliches Material,

welches die Schädigung des Gartenbaues durch die Reblaus-Konvention beweist, an die Hand zu geben, damit wir es noch rechtzeitig im Mai verwenden können.[*)]

Hochachtungsvoll
Der Deutsche Pomologen-Verein

Späth,
Königl. Oekonomierat,
Vorsitzender.

Lucas,
Königl. Oekonomierat,
Geschäfsführer.

_____

*) Wir bitten alle Leser, welche thatsächliches Material über die Schädigung des Gartenbaues durch die Reblaus-Konvention beibringen können, dies schleunigst uns mitzuteilen. Die Redaktion.

Eingesandte Preisverzeichnisse.

Carl Gronemann, Hoflief., Blomberg im Fürstentum Lippe. Hauptverzeichnis der Spezial-Nelkenzucht und Geraniensammlung, 1902. — J. Gottfried Mehler, Hamburg. Prospekt über Grottenbau und Naturholzarbeiten. — A. Schwiglewski, Carow bei Berlin. Preisliste 1902 über Edeldahlien. Zahlreiche Abbildungen. Eigene Züchtung. 1900 und 1901 — Osman & Comp. London. Illustrierte Engros-Preisliste für Gartenbau. — Wilh. Werner & Comp., Berlin, Chausseestrasse 3. Samenhandlung für Landwirtschaft, Forstwirtschaft und Gartenkultur. Hauptkatalog für 1902. — Jul. C. Erdmann, Arnstadt i. Th. Spezialpreisliste über Stauden, Nelken usw. 1902. — Otto Breustedt, Gutsbesitzer, Schladen a. Harz. Saatkartoffeln und Saatgetreide, Preisliste 1902, Frühjahr. Vorzüglichste Neuzüchtung: Bund der Landwirte. — Oehme & Weber, Leipzig, Blücherstrasse 11. Preisliste. Abteilung Flüssigkeitszerstäuber (Nibelungen-Ring-Spritzen). — Otto Heyneck, Magdeburg, Breiteweg 18. Nachtrag zum Hauptkatalog. — Koehler & Riedel in Windischleuba-Altenburg. Pflanzen-Katalog über Freiland-Neuheiten, Alpenpflanzen, feinste Schnitt- und Treibstauden, winterharte Kakteen, Dahlien usw., Saison 1901/1902.

Personal-Nachrichten.

Endlich — 18 Monate nach Beschickung der Weltausstellung in Paris — sind die Diplome für prämiierte Obstkollektionen eingetroffen, nachdem vor wenigen Wochen die entsprechenden Medaillen verabfolgt worden sind. Den musterhaft benamten, in Form, Grösse und Färbung unübertroffenen, die deutsche Obstzucht glänzend repräsentierenden Erzeugnissen der Obstgärten von Momepos (Geisenheim) wurde die höchste Auszeichnung — der Grand Prix — zuerkannt.

Von der bayerischen Gartenbau-Gesellschaft in München ist Freiherr von Lade zum Ehrenmitglied ernannt worden.

Der Gärtnerei-Besitzer Albert Schwarzburg, Pankow bei Berlin, feiert am 2. Mai sein 50 jähriges Gärtner-Jubiläum.

Dem Gartenarbeiter Fritz Schulz zu Dalmin im Kreise West-Priegnitz ist das Allgemeine Ehrenzeichen verliehen. Desgl. August Schreiber, Kunstgärtn. in Nechlin, August Neumann, Herrschaftsgärtner in Pasterwitz, Gottlieb Kühn, Kunstgärtner in Waldau, und Plantikow, Kunstgärtner in Linde.

Herrmann Grussdorf, Kgl. Gartenbau-Dir., langjähriges Mitglied d. V. z. B. d. G., † am 18. April 1902 nach langem, schwerem Leiden in Quedlinburg. Er war geboren am 28. Juni 1842 zu Trossin bei Torgau und trat am 1. April 1862 in das Geschäft seines Vetters, des späteren Königl. Oberamtmanns Martin Grashoff, der ältesten Samenfirma in Quedlinburg, ein. Nachdem Martin Grashoff am 7. Oktober 1866 gestorben war, ward Herrmann Grussdorf Geschäftsführer und am 1. Juni 1879 übernahm er das gesamte Etablissement selbst.

Der Königl. Hofgärtner A. A. Singer in Bad Kissingen wurde zum Königl. Ober-Hofgärtner ernannt.

Der Kunst- u. Handelsgärtner Julius Hiepler, Berlin, Mitglied des Vereins z. B. d. G., starb am 10. April.

Wertzeugnis.

Sitzung des Preisgerichtes betr. einiger Rhododendron-Hybriden (Rh. Griffithii) und Rh. arboreum hybridum
des Herrn Obergärtners Otto Schulz an der Kgl. Porzellan-Manufaktur zu Berlin am 17. April 1902.

Zum Vorsitzenden wird Herr Gartenbaudirektor Brandt erwählt.

Herr Schulz führt 5 Sämlinge seiner Kreuzungen vor. Alle haben als Mutter Rhododendron Griffithii.

Nr. 2 hat als Vater „Kohinor",

„ 3 „ „Gabriele Liebig",

„ 4 „ „Carl Lackner",

„ 5 „ „Comte de Gomer",

„ 6 „ „Dr. D. Mil".

Es sind alles 5-jährige Sämlinge.

Die Preisrichter beschliessen einstimmig:

1. Die Erneuerung des für Sämling Nr. 1 am 14. November 1901 verliehenen Wertzeugnisses für den jetzt vorgeführten Sämling Nr 2. Dieser hat als Vater nicht wie Nr. 1 die Sorte Dr. Mil, sondern Kohinor; er ähnelt in der Farbe und Blütenform zwar etwas der Nr. 1, hat aber ein anderes Blatt und verspricht bei der gleichmässigen reichen Verzweigung, die an jedem Trieb zahlreiche Blütenknospen zeigt, eine gute Handelspflanze zu werden.

2. Dem Sämling Nr. 4, der als Vater „Carl Lackner" hat, das Wertzeugnis zu erteilen.

Begründung: Die Belaubung erinnert an die der Mutter, die Blüte hat ein zartes leuchtendes Rosa, eine grosse, trichterförmige Gestalt und zeigt unter allen vorgeführten Sämlingen am deutlichsten den Charakter der Mutter.

Die Farbe ist so eigenartig und schön, wie sie von keinem anderen Rhododendron bisher bekannt sein dürfte.

R. Brandt. W. Perring. Wilh. Ernst. H. Weidlich. Fr. Weber. H. Mehl.

Für die Redaktion verantwortlich Geh. R. Prof. Dr. Wittmack, Berlin NW., Invalidenstr. 42. Verlag von Gebrüder Borntraeger, Berlin SW. 46, Dessauerstr. 29. Druck von A. W. Hayn's Erben, Berlin.

15. Mai 1902.　　　　　　　　　　　　　　　　　　Heft 10.

GARTENFLORA

ZEITSCHRIFT

für

Garten- und Blumenkunde

(Begründet von **Eduard Regel**.)

51. Jahrgang.

Organ des Vereins zur Beförderung des Gartenbaues in den preussischen Staaten.

Herausgegeben von

Dr. L. Wittmack,

Geh. Regierungsrat, Professor an der Universität und an der Kgl. landwirtschaftl.
Hochschule in Berlin, General-Sekretär des Vereins.

Berlin 1902

Verlag von Gebrüder Borntraeger

SW 46 Dessauerstrasse 29

Erscheint halbmonatlich. Preis des Jahrganges von 42 Druckbogen mit vielen Textabbildungen und
12 Farbentafeln für Deutschand und Oesterreich-Ungarn 12 Mark, für die übrigen Länder des Weltpostvereins 15 Mark. Zu beziehen durch jede Buchhandlung oder durch die Post (Zeitungsverzeichnis
No. 2819 .

894. Versammlung des Vereins zur Beförderung des Gartenbaues in den preussischen Staaten am 24. April 1902 in der Königlichen landwirtschaftlichen Hochschule zu Berlin.

I. Der Direktor des Vereins, Kgl. Gartenbaudirektor Lackner, zeigte das Hinscheiden zweier Mitglieder an, des Hrn. Kgl. Hofgärtner Julius Hiepler, Berlin (gest. 10. April), sowie des Hrn. Kgl. Gartenbaudirektor Hermann Grussdorf, Quedlinburg (gest. 18. April), und widmete ihnen warme Worte der Teilnahme. Die Anwesenden erhoben sich zum ehrenden Gedächtnis von ihren Sitzen.

II. Zu wirklichen Mitgliedern wurden vorgeschlagen:

1. Hr. Kaiserl. Regierungsrat Dr. R. Aderhold, Mitglied des Kaiserl. Gesundheitsamtes, Charlottenburg. Schillerstr. 115/116, durch L. Wittmack;

2. Hr. Gärtnereibesitzer Ludwig Winter, Bordighera (Italien), durch L. Wittmack;

3. Hr. Prof. Dr. Rudolf Jürgens, Berlin NW., Brücken-Allee 28, durch Hrn. Kgl. Hoflieferanten J. F. Loock.

III. Ausgestellte Gegenstände waren in reicher Zahl und besonderer Schönheit vorhanden.

1. Hr. Kgl. Garteninspektor Robert Moncorps, Hohen-Schönhausen, führt die vom Verein bezogenen neuen grossblumigen Pelargonien von Boutreux in Montreuil vor, dessen Sortimente auf der Pariser Weltausstellung 1900 so viel Aufsehen gemacht hatten. — Hr. Moncorps hatte besonders den Handelswert geprüft und fand fast alle gut, nur nicht Nr. 417 des Katalogs, M. Viger, rot, die zu locker und hoch gebaut ist, sowie Nr. 224, Talisman, hellrosa mit dunkelkarmin Flecken. Folgende sind dagegen zu empfehlen: Nr. 405, René Houin, weiss mit 2 roten Flecken, sehr reich und leicht blühend, wie wir es hier noch nicht haben; Nr. 104, Triomphe de Paris, dunkelrot mit schwarzen Flecken, wohl die beste Handelspflanze, selbst 'Triumph von Wien kommt ihr in der Reichblütigkeit nicht gleich*); Nr. 343, General Duchesne, dunkelrot mit schwarzen Flecken, gut; Nr. ? Empress Frederick, weiss, erinnert sehr an „Mme. Steffen Blond" oder an „Ruhm von London" und erhält wie diese bei Niederschlägen leicht Spritzflecke; Nr. 96, Duchesse d'Isly, weiss mit roten Flecken, ähnlich wie die ältere Sorte „Mary"; Nr. 39, Triomphe de Mignon, lila mit dunkel sammt purpurnen Flecken; Nr. 432, M. Picard. — Für Liebhaber: Nr. 397, Pierre d'e

---

*) Ich notierte 1900 in Paris „aber kleine Dolden". L. W.

Montreuil, interessant wegen seiner bräunlich-roten, goldlackähnlichen, schmal weiss umsäumten Blütenblätter. — Die schönste von allen, die grossblumigste und früheste ist die neue Sorte: Nr. 429. Lucien Boutreux, lachsrosa mit schwarzen Flecken. Sie hat schon im März geblüht und dürfte eine grosse Zukunft für den Handel haben. — Für uns kommt es besonders darauf an, früh blühende Sorten zu haben; wir müssen mit dem Verkauf fertig sein, wenn man an anderen Orten anfängt, denn die Berliner wollen die Pelargonien vielfach schon zu einer Zeit haben, wo sie sie eigentlich — noch garnicht gebrauchen können!

2. Hr. Goverts, in Firma Goverts & Co., Metallwarenfabrik, Berlin S., Boppstr. 6, stellt eine Anzahl sehr geschmackvoller Blumenampeln und -Kübel (Übertöpfe, cache-pots) aus poliertem Kupfer aus, die nach Kopenhagener Mustern gefertigt sind.

In Kopenhagen, wo eine grosse Liebe zu Topfpflanzen herrscht und viele Leute sie sich selbst ziehen, sind davon viele Tausende verkauft, da sie sich auch durch billigen Preis auszeichnen. L. Wittmack erinnerte an die prachtvollen Blumenvasen und -Töpfe der Kgl. Porzellanmanufaktur in Kopenhagen. Hr. Gartenbaudirektor Lackner meint, es sei besser, wenn die kupfernen Blumentöpfe nicht poliert wären, da sie das Auge blenden. Hr. Goverts bemerkt, dass er auch oxydierte liefere, für Ampeln sei aber poliertes Kupfer wohl besser.

3. Hr. Kgl. Garteninspektor Weber führte aus dem Garten des Hrn. Geh. Kommerzienrat Carl Spindler in Spindlersfeld bei Berlin eine riesige Orchidee von ca. 2 m Höhe mit palmenähnlichen Blättern vor, die er nach 16 Jahren (!) endlich zur Blüte gebracht und die Hr. Prof. Dr. Kränzlin als Cyrtopodium punctatum Ldl. bestimmt hat. Im Jahre 1886 kaufte Hr. Geheimrat Spindler auf der südbrasilianischen Ausstellung einige Orchideenbulben, darunter auch das vorliegende Riesenexemplar, das aller Kunst zum Trotz nicht blühen wollte; um so grösser ist nun die Freude des Hrn. Weber, dass es endlich zur Blüte gekommen ist. Die näheren Mitteilungen des Hrn. Weber werden später mit der Abbildung der seltenen Pflanze folgen. In der Sitzung wurden sie von Hrn. Prof. Kränzlin verlesen, da Hr. Garteninspektor Weber wegen Rheumatismus der Versammlung nicht mehr beiwohnen konnte.

Hr. Prof. Dr. Kränzlin bemerkte dazu noch folgendes: Die Pflanze hat die Eigentümlichkeit, dass die Deckblätter der Blüten riesig entwickelt sind und dieselben braune Flecken zeigen, wie die gelben, braun gefleckten Blüten, nur etwas blasser. Die Gattung ist vorwiegend südamerikanisch. Die meterlangen zylindrischen Bulben mit zweizeilig gestellten Blättern erinnern etwas an einen Palmenwedel. In unseren Häusern ist sie selten, wie die ganze Gattung. Dass zwei Leute die trockenen Bulben der vorliegenden seinerzeit in Brasilien haben tragen müssen, erscheint sehr glaublich, ich sah ähnlich grosse bei F. Sander & Co. in St. Albans und, wenn ich nicht irre, bei Sir Trevor Lawrence. Sie ist eine Erdorchidee, gehört zu den Vandeen und ist weitläufig verwandt mit Cymbidium und Cyrtopera. Über die Verwandtschaft von Cyrtopodium palmifrons Bot. Mag t. 7807, und C. punctatum werde ich einige Zeilen in der Gartenflora veröffentlichen. — Jedenfalls ist es ein Triumph der Kultur, dass Hr. Garteninspektor Weber die Pflanze zur Blüte gebracht hat. Ich fürchte fast, dass sie anfangs zu heiss kultiviert ist, in Südbrasilien ist es nicht mehr so heiss, sie verlangt kein Vandeenhaus, aber viel Licht. Die Bletia-Arten werden auch meist viel zu warm kultiviert

Hr. Kgl. Garteninspektor Ledien, Botanischer Garten, Dresden: Im botanischen Garten zu Dresden blüht gerade jetzt auch ein Exemplar, allerdings nur mit einer Rispe, nicht mit zwei, wie hier. Hr. Garteninspektor Weber hat mir gesagt, dass die Pflanze meist zu heiss kultiviert werde, er habe sie aber im Sommer ziemlich luftig gehalten. Wir besitzen im botanischen Garten zu Dresden zwei Pflanzen, ich weiss aber auch, dass sie bei warmer Kultur leicht fault. Sie macht dann zwar schöne Bulben, aber an irgend einer Stelle erhält sie dann einen kleinen schwarzen Fleck und damit beginnt die Fäulnis. Unsere Pflanzen stammen übrigens, soviel ich weiss, aus Venezuela.

Hr. Prof. Kränzlin: Da gerade jetzt an zwei Orten das Cyrtopodium zu gleicher Zeit blüht, möchte ich fast glauben, es geht damit wie mit gewissen Bambus, die blühen in einer bestimmten Gegend alle zu gleicher Zeit, und zu der Zeit blühen dann auch die Exemplare, die nach Europa gekommen sind. Es wäre wichtig zu erfahren, ob Cyrtopodium punctatum jetzt auch im Vaterlande blüht.*) (An der Westküste Vorderindiens hat man das gleichzeitige Blühen von Bambusa arundinacea Retz in Zwischenräumen von 32 Jahren beobachtet, so 1804, 1836, 1868. L. W. Siehe Dr. Brandis in Engler & Prantl. Nat Pflanzenfamilien, II. Teil, 2 Abb., S. 90.)

L. Wittmack erinnerte bei dieser Gelegenheit daran, dass bei manchen amerikanischen Kiefern, z. B. Pinus muricata und tuberculata, die Zapfen viele Jahre lang ungeöffnet an den Zweigen und am Stamm sitzen bleiben, bis dann infolge eines Waldbrandes oder einer anderen Ursache die Fruchtschuppen aufspringen. Daher sind alle Bäume einer Gegend gleichalterig. (Siehe Wittmack, Gartenzeitung, nicht Gartenflora, 1884 S. 321, mit Abb. von P. tuberculata D. Don nach Gard. Chronicle.)

4. Hr. Obergärtner Otto Schulz von der Kgl. Porzellan-Manufaktur erfreute die Versammlung durch eine Anzahl Bastarde von Rhododendron Griffithii (Aucklandi), befruchtet mit R. arboreum hybridum. Mehrere davon hatte er bereits am 17. April einem engeren Kreise vorgeführt und war ihm für Sämling Nr. 2 das Wertzeugnis, welches er für den ähnlichen Sämling Nr. 1 am 14. November 1901 (Gartenflora 1901 S. 648) erhalten hatte, erneuert worden, für den Sämling Nr. 4 aber ein weiteres Wertzeugnis erteilt worden (siehe Garten-

---

*) Es ist interessant, dass auch an einem dritten Orte, in Amsterdam bei Hrn. C. W. R. Scholten, Cyrtopodium punctatum gegenwärtig blüht, wie Hr. Drost in Het Nederlandsche Tuinbouwblad vom 26. April d. Js. mit Abb. mitteilt. Drost hatte die Bulben 1889 in Venezuela gesammelt und trotz aller Mühe wollten sie nicht blühen; jetzt ist eine erblüht. L. W.

flora Heft 9 S. 256). Hr. Schulz empfahl den dunkelroten, reich verzweigten Sämling Nr. 2, der schon seit dem 30. März blüht, als die beste
Handelspflanze. Sämling Nr. 3 zeichnet sich durch magnolienartige
Blätter und wellige Blumenblätter aus; sie wird wegen der gefälligen
Bewegung in den Blumenblättern von Künstlern für die schönste gehalten, dürfte aber vielleicht keine so gute Handelspflanze werden. Nr. 4
ist am meisten der Mutter in der Glockenform der Blüte ähnlich, aber
nicht weiss wie diese, sondern prächtig hellrosa und ganz wachsartig,
auch die übrigen waren sehr schön. – Hr. Gartenbaudirektor Lackner
und L. Wittmack wünschen Hrn. Schulz viel Glück zu seinen Erfolgen
und zu seiner Ausdauer, denn die Sämlinge wurden 6 Jahr, z. T. sogar
8 und 10 Jahr alt, ehe sie jetzt blühten.

5. Hr. Gärtnereibesitzer Ernst, Charlottenburg, überraschte die Anwesenden durch herrliche grossblumige Knollenbegonien und reich in
Blüten und Knospen stehende Schlingrosen „Crimson Rambler".
Hr. Ernst bemerkte dazu: Die Rosen sind holländischen Ursprungs; sie
wurden 1 Jahr im Topf kultiviert und von Mitte Januar an langsam,
nicht zu warm getrieben. Die holländischen Rosen können nicht in derselben Weise wie die unseren kultiviert werden, man muss immer etwas
Heideerde zusetzen. — Die Begonien sind einjährige Knollen, sie wurden
Mitte Februar eingelegt und bei 10—12° R. in Töpfen mit einem Gemisch
von Heideerde und Lauberde kultiviert.

Hr. Gärtnereibesitzer Schwarzburg erklärt, die Begonien seien
ganz wundervoll, alles was angestrebt wurde, runde Form, leuchtende
Farbe, sei erreicht, ganz besonders schön sei die weisse gefüllte mit aufrechten Stielen. — Hr. Ernst erklärt, er beziehe die Knollen auch von
einem Züchter, der mit der grössten Strenge alle geringen aussortiere
und nur die besten zu Samen stehen lasse. Schon 10—12 Jahre beziehe
er von ihm und daher diese Vollkommenheit.

6. Hr. Gärtnereibesitzer Dietze, Steglitz, führte mehrere vom Verein
bezogene Sorten von Spiraea (Astilbe) japonica vor, die er zur Kultur
übernommen hatte. Die Pflanzen sind erst vor zwei Monaten eingepflanzt
und langsam getrieben worden, denn schnell treiben lassen sie sich nicht.
Besonders empfehlenswert ist „Königin von Holland" (Queen of Holland);
bei ihr erheben sich die Blütenstiele in vorteilhafter Weise sehr über
das Laub und sind kräftiger als die gewöhnlichen; die andere, Gladstone,
ist niedriger und ähnelt mehr unseren alten Sorten, die übrigen blühen
noch nicht.

Hr. Schwarzburg sprach seine Freude darüber aus, dass der
Verein immer wieder Neuheiten ankaufe, und bat so fortzufahren. Hr.
Gartenbaudirektor Lackner fügte den Wunsch hinzu, dass auch alle die
Herren, welche Pflanzen zu Versuchen erhalten, eingehend darüber be-
richten möchten, selbst wenn die Pflanzen sich als wertlos erwiesen.

7. Hr. Kgl. Hoflieferant J. Klar legte einige Früchte der japanischen
Mispel, Eriobotrya japonica, vor, und wies darauf hin, dass die
Samen kaum 6 Wochen keimfähig bleiben. — L. Wittmack teilte mit,
dass er vor wenigen Wochen auf einer kurzen Osterreise nach der
Riviera die japanischen Mispeln in grosser Menge als niedrige oder

mittelhohe Bäume mit fast reifen Früchten gesehen habe; die Früchte werden viel mit Zucker glaciert und bilden einen Teil der „Fruits glacés" aus Nizza usw. — Hr. Gartenbaudirektor Lackner bemerkte, dass die japanische Mispel eine sehr schöne Blattform zeige und auch eine gute Zimmerpflanze sei. — Hr. Kgl. Garteninspektor Lindemuth machte darauf aufmerksam, dass die Samen ausserordentlich schnell keimen.

8. Hr. Gärtnereibesitzer F. Bluth, Gr.-Lichterfelde, übergab im Anschluss an die in Gartenflora Nr. 8 S. 211 abgebildete Arabis alpina fl. pl. einen Strauss abgeschnittener Blumen von dieser Pflanze. Sie ist ebenso hart wie die alte Arabis alpina, macht sich in Kränzen und Sträussen bei ihrem schönen Weiss sehr hübsch, blüht vor allem ausserordentlich lange und hält sich auch abgeschnitten lange. Sie blüht schon seit mehreren Wochen in einem kalten Kasten, der nur gegen das Frühjahr hin, als der Schnee schmolz, etwas geschützt wurde. Die Blume hat auch einen ganz angenehmen Geruch, und wenn im Frühjahr die Italiener nicht mehr so viel Allium neapolitanum schicken, ist sie ein gutes Aquivalent als weisse Blume. — Hr. Kgl. Gartenbaudirektor Brandt, Charlottenburg, teilte historisch mit, dass er diese Pflanze 1899 von Hrn. Lenormand in Caën bezogen habe. Man vermehrt sie am besten durch Stecklinge, diese wachsen selbst im Freien, wenn man z. B. einige Zweige unter einem schattigen Strauch in die Erde steckt. Man kann sie nach der Bewurzelung in kleine Töpfe pflanzen und in diese kalt überwintern; man kann sie aber auch ins freie Land pflanzen, denn sie halten unseren Winter ganz gut aus. Arabis alpina fl. pl. eignet sich zur Bepflanzung sehr, weil sie so lange und so reich blüht In Charlottenburg hat man sie bereits in den öffentlichen Anlagen und da blüht sie jetzt auch schon. — Hr. Dietze teilte mit, dass auch bei ihm sie schon im Freien blüht.

9. Von dem Landwirt Arno Drechsler in Zeicha, Post Naundorf bei Oschatz. Königreich Sachsen, war eine Anzahl der von ihm erfundenen Tigerhacken (früher Bismarckhacken genannt) eingesandt, die bereits in Gartenflora d. Js. Heft 5 S. 124 beschrieben und abgebildet sind. Die Neuerung besteht bekanntlich darin, dass das Blatt der Hacke kein Rechteck bildet, wie beifolgende Skizze ▭ zeigt, sondern ein Trapez, indem die beiden Seitenkanten abgeschrägt sind, wie nachstehende Figur zeigt. ◁▱ Die Abschrägungen ermöglichen es. dass der Boden beim Hacken nicht seitwärts nach den Pflanzen zu geschoben, sondern über die abgeschrägten Seiten in die Hackrinne zurückgeleitet wird. Ausserdem kann man wegen der abgeschrägten Seiten bis dicht an die Pflanze heran, und es werden die Blätter derselben in keiner Weise beschädigt. Sie sind bei Herrn v. der Smissen. Steglitz, zu haben.

Ausser der S. 124 aufgeführten Sächsischen Maschinenprüfungsstation zu Leipzig hat auch die Maschinenprüfungskommission der Landwirtschaftskammer für die Provinz Sachsen zu Halle unter dem 23. Juli 1901 einen sehr günstigen Bericht abgegeben. Die Arbeit mit derselben ist eine bedeutend sicherere und schnellere als mit der gewöhnlichen Handhacke. — Hr. Hoflieferant Klar befürchtet, dass sich die Erde an der inneren Seite leicht ansetzen werde, da hier die Stelle, an welcher das Blatt an den Stielhalter angenietet ist, sehr dick ist und einen Absatz bildet. — Mehrere der Anwesenden nahmen einige Hacken mit und werden seinerzeit darüber berichten.

IV. Hierauf hielt Hr. Kgl. Garteninspektor Ledien vom botanischen Garten in Dresden einen eingehenden, mit dem lebhaftesten Beifall aufgenommenen Vortrag über die Resultate neuester Düngungsversuche bei Handelspflanzen. Redner besprach namentlich die in der Gärtnerischen Versuchsstation im botanischen Garten zu Dresden gemachten Düngungsversuche bei Azaleen, die bereits in der Praxis im Grossen eingeführt sind, und ferner die bei Maiblumen.

Bei den Azaleen muss man 3 Perioden unterscheiden.

1. Periode: Kultur in armem Boden, damit sich die Wurzelballen recht ausbilden. Diese dauert bis Ende Juni.

2. Periode: Starke Gaben von Stickstoff (am besten in Form von schwefelsaurem Ammoniak, nicht Chilesalpeter), und von phosphorsaurem Kalk. Man giebt am zweckmässigsten 1 g schwefelsaures Ammoniak und 1 g phosphorsauren Kalk auf 1 l Wasser. In der Grosskultur giebt man täglich einen solchen Dungguss bis Ende Juli.

3. Periode: Ruhezeit. Man hört von Ende Juli an mit dem Düngen ganz auf; dann bilden sich die Knospen gut aus.

Bei Maiblumen wurden gute Erfolge durch Kalkdüngung erzielt, weniger durch Kali und Phosphorsäure. Zu reiche Stickstoffgabe giebt zwar starke Keime, aber oft wenig Blüher, wenigstens wenig Frühblüher.

Der ausführliche Bericht wird in der Gartenflora erscheinen. Eine Diskussion über das interessante Thema konnte der vorgeschrittenen Zeit wegen nicht mehr stattfinden.

V. Das Preisgericht, bestehend aus den Herren Kgl. Gartenbaudirektor Brandt, Paul Drawiel und Kgl. Obergärtner Habermann, hatte folgende Preise zuerkannt:

1. Hrn. Obergärtner Otto Schulz, Kgl. Porzellan-Manufaktur, Berlin, für seine neuen Züchtungen von Rhododendron Griffithii × arboreum hybridum eine grosse silberne Medaille;

2. Hrn. Gärtnereibesitzer Ernst, Charlottenburg, für blühende Knollenbegonien den Monatspreis von 15 M.;

3. Demselben für die prachtvoll blühenden Schlingrosen Crimson Rambler eine grosse silberne Medaille;

4. Hrn. Goverts & Co., Metallwarenfabrik. Berlin S., Boppstr. 6, für geschmackvolle Blumenampeln und -Kübel aus Kupfer ein Anerkennungsdiplom.

VI. Aufgenommen wurde der in der letzten Versammlung Vorgeschlagene (siehe Gartenflora Heft 8 S. 201).

Carl Lackner.   L. Wittmack.

Die besten Handelsfarne und eine Uebersicht sämtlicher Farne nach Christ's Farnkräuter der Erde.

Von L. Wittmack.

(Schluss.)

(Hierzu Abb. 57—66.)

4. Familie Cyatheaceae. Becherfarne.

Meist Baumfarne. Sori kugelig, an convexem Receptakel: Sporangien zahlreich, mit schiefem, vollständigem Ring, durch einen Querriss sich öffnend. Indusium, wenn vorhanden, unterständig. Siehe die Abb. 57, 58, 59.

Unterfamilie 1. Dicksonieae. Sori an der Spitze fertiler Nerven mit zweiklappigem Indusium. Dicksonia. Cibotium.

Unterfamilie 2. Alsophileae. Sorus auf dem Rücken oder in der Gabel der fertilen Nerven. Indusium kugel- oder becherförmig oder fehlend.— Cyathea. Abb. 57: Cyathea microphylla Mett. Stamm 1 m hoch. Anden von Ecuador und Peru. — Alsophila. Abb. 58 und 59: Alsophila praecincta Kunze. Küste von Nord-Brasilien. — Hemitelia.

Unterfamilie 3. Thyrsoptereae. Indusium und Sporangium wie Cyathea, aber Sorus endständig am fertilen Nerven.

5. Familie Osmundaceae. Rispenfarne.

Sporangien kurz gestielt mit rudimentärem Ring, nur durch eine Gruppe dickwandiger Zellen angedeutet; senkrecht aufspringend.

Osmunda. Todea. Leptopteris. (Letztere wird meist wie die Hymeno-phyllaeaceae kultiviert.)

Wir lassen der Uebersichtlichkeit wegen auch die übrigen Gruppen noch folgen.

Abb 57. Cyathea microphylla. Segment des Blattes, Sorus und offenes Indusium, vergrössert Aus „Christ, Farnkräuter der Erde", wie die folgenden Figuren

II. Oligangia.

Farne mit wenigen, fast ungestielten Sporangien zu einem Sorus vereinigt.

6. Familie Matoniaceae.

Sporangien mit schiefem, vollständigem Ring, sich durch eine Querspalte öffnend. Blatt gabelig, einseitig oder unregelmässig gefiedert.

Einzige Gattung Matonia, Habitus teils von Gleichenia, teils von Lygodium.

7. Familie Gleicheniaceae.

Indusium fehlend. Sporangien mit wagerechtem, vollständigem Ring. vertikal sich öffnend.

Einzige Gattung Gleichenia. Pflanzen von harter Textur, meist gabelig verzweigt und in der Gabel sprossend, mit freien Nerven. (Abb. 60.)

III. Monangia

Farne, deren Sporangien nicht zu Sorihaufen vereinigt sind, sondern einzeln am Blattrande oder in den Achseln von indusiumartigen Brakteen (Deckblättern) sitzen.

8. Familie Schizaeceae.

Klein oder mit verlängerter, lang kletternder Spindel, meist mit dimorph - gesondertem, fruchtbarem, verschmälertem Blattteil oder besonderen fertilen Teilen der Segmente. Sporangien an der Unterseite der sehr reduzierten Blattspreite neben der Rippe nahe dem Rande, oval, von

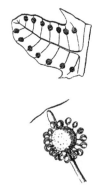

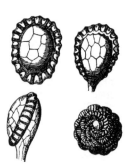

Abb. 58. Alsophila praecincta.
Segment und Receptakel, vergrössert.

Abb. 59.   Alsophila praecincta.
Sporangien und Sorus, vergrössert.

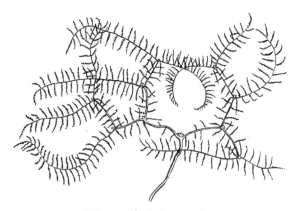

Abb. 60. Gleichenia circinata.
Habitusbild, verkleinert.

einem deckelförmigen, vollständigen Ring gekrönt, mit senkrechter Spalte sich öffnend.

Hierher Schizaea. Aneimia. Lygodium.

Schizaea. Kleine Pflanzen. Blätter in fiederig oder fingerig geteilte schmale Segmente endigend. Sporangien an deren Rippe, ohne Indusium. reihenweise.

Aneimia. Kleine Pflanzen. Fertile Blätter am Grunde dreiteilig. sich in einen abstehenden sterilen Teil und zwei aufrecht rispenartig geteilte fertile Zweige spaltend. Xerophil, d. h. Trockenheit liebend. Zentrum auf dem trockenen Plateau von Brasilien. A. Phylittidis Sw., gemeinste Art, von Westindien bis Südbrasilien. Steriler Blattteil einfach gefiedert.

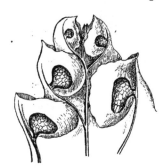

Abb. 62. Lygodium Japonicum.
Spitze eines fertilen Segments mit den Sporangien und deren Deckschuppen, vergrössert.

Fiedern 4—8 Paar, nebst Endfieder, untersten Paar am grössten, verlängert und oval, ziemlich spitz, gekerbt. Nerven schief, in längliche zahlreiche Maschen

Abb. 63. Lygodium Japonicum.
Sporangium, vergrössert

Abb. 61. Lygodium Japonicum.
Habitusbild und fertiles Fiederchen, nat.
Grösse Links ein Haar, vergrössert.

verbunden. Spindeln und Rippen drüsig, flaumig.

Lygodium. Grosse Schlingpflanzen mit unbegrenzt wachsender Spindel und gabelig geteilten Fiedern. Fertile Segmente verschmälert, aus der dachziegelartig mit Schuppen besetzten Spindel bestehend. In der Achsel jeder Schuppe ein etwas seitlich angewachsenes Sporangium.

Lygodium flexuosum Sw. Gross, kenntlich durch sehr verlängerte, spitze, an der Basis tief- und handförmig fiederspaltige oder selbst-gefiederte Segmente III. Ordnung. mit Lappen, die in lange Spitzen verlängert, gezähnelt und oft kurz behaart sind. Aehrchen sehr zahlreich, am Rande der wenig verschmäler-ten fertilen Fieder-chen, oft verlängert bis zu 2 cm. Vorder-indien bis Nord-australien.

Abb 64. Angiopteris evecta.
Ausschnitt aus einer Fieder, ver-grössert Sporangien, vergrössert

Uns interessiert besondersLygodium Japonicum Sw., wel-ches als Kletter-farn auf Blumen-tischen und als Bindematerial etc. sehr beliebt ist. Es steht nach C h r i s t dem L. flexuosum Sw. (L. pinnatifidum Hook. Bak.) sehr nahe und ist nach ihm wohl nur eine kleinere Form mit schmäleren Segmenten und Lappen und sehr stark zerteilten, bis fast auf die Costa (Rippe) und die Ährchen redu-zierten fertilen Fiederchen. (Abb. 61—63.)

9. Familie Parkeriaceae.

Sporangien einzeln auf der Unterseite des Blattes an anastomosierenden Nerven, fast kugelig, mit Querspalte sich öffnend. Wand der Sporangien nach Kny in der An-lage aus 2 Zellschichten bestehend, deren innere später verkümmert; also Annäherung an die Eusporangiatae.

Einzige Gattung und Art ist Cerato-pteris thalictroides Brongn. Gemein in den Tropen, in stehendem Wasser.

B. Eusporangiatae Goebel

Sporangien aus mehreren Zellschichten be-stehend.

10. Familie Marattiaceae.

Grosse Pflanzen, fast ohne Schuppen, mit knollig angeschwollenem vielköpfigem Rhizom,

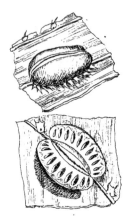

Abb 65. Marattia fraxinea.
Synangium geschlossen, offen und im Durchschnitt, alles vergrössert.

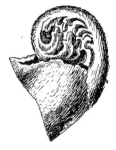

Abb. 66. Marattia fraxinea.
Junges Blatt mit den Nebenblättern

gegliedertem oder doch unten angeschwollenem fleischigem Blattstiel und meist gegliederten Fiederchen. — Blatt in der Knospenlage eingerollt, am Grunde mit 2 fleischigen Nebenblättern (die oft wie zwei Halbkugeln aussehen). Sporangien feste Kapseln bildend ohne Ring. durch einen Längsschlitz auf der Oberseite sich öffnend, einzeln oder in Gruppen oder auch zu länglichen oder runden Behältern (Synangien) zusammengewachsen, welche sich zweiklappig oder durch Poren öffnen. Beliebte Pflanzen grosser Warmhäuser und Wintergärten.

Angiopteris. Sehr grosser Farn mit kopfgrossem, rundlichem, oberirdischem, grünem Rhizom und dichtgestellten mächtigen (bis 5 m langen) Blättern mit unten aufgetriebenem Blattstiel, an der Basis mit 2 Oehrchen, die am Rhizom neben der Narbe des sich abgliedernden Blattstiels verbleiben. Sori aus 8—15 Kapseln bestehend, die in einer ovalen Gruppe nahe dem Rande, längs den Nerven befestigt sind.

Monotype Gattung (d. h. nur mit 1 Art) Angiopteris evecta Hoffn. Eine Charakterpflanze des indischen Waldes, von Nord-Indien und Süd-Japan bis Nordaustralien, auch in Madagascar (Abb. 64).

Marattia. Wie Angiopteris, aber die Kapseln zu kahnförmigen ovalen Behältern (Synangien) zusammengewachsen, die sich später in 2 Hälften auseinanderlegen (Abb. 65 u. 66).

Weitere Gattungen sind Danaea und Kaulfussia.

11. Familie Ophioglossaceae.

Keine Sori. Sporangien ohne Ring, durch Spalte sich öffnend. Blätter in einen vorderen fertilen und einen hinteren sterilen Teil gespalten; ersterer bildet eine ähren- oder rispenförmige Inflorescenz ohne Blattspreite, letzterer ein zungenförmiges Blatt (wie z. B. bei Ophioglossum) oder ein vielfach-fiederteiliges (wie bei Botrychium). Blätter in der Knospenlage nicht eingerollt, wie sonst bei allen anderen Farnen.

Gattungen: Ophioglossum, Natternzunge, Helminthostachys und Botrychium, Mondraute.

Die Gärtnerei des Herrn Koschel und die des Herrn Friedrich in Lichtenberg bei Berlin.

Der erste diesjährige Ausflug sämtlicher Ausschüsse am 21. März galt besonders der in Lichtenberg am Krugstege belegenen Gärtnerei des Herrn A. Koschei. Diese Anlage, als eine solche neuester Zeit, hat sich innerhalb des kurzen Zeitraumes von ca. 5 Jahren ausserordentlich schnell zu ihrem jetzigen Umfange entwickelt. Da nun Einrichtungsweise und systematisch geordnete geschäftliche Handhabung notwendig hierbei ineinander greifen, wird sich die nachstehende Darstellung auch in diesem

Zusammenhange zu .bewegen haben. Zuvor sei erläuternd bemerkt, dass Herr K. vor etwa 10 Jahren in Berlin auf der Friedrichstrasse (nahe dem Zentral-Hotel) ein Blumengeschäft begründete und damals zu seinem Betriebe eine Pachtgärtnerei in der Hasenheide inne hatte. Etwa 6 Jahre später gründete er im Westen Berlins, Kant- und Joachimsthalerstrassenecke ein neues Blumengeschäft, und richtete obenbenannte Gärtnerei vor ca. 5 Jahren ein. Diese zu Lichtenberg befindliche Handelsgärtnerei besteht im wesentlichen aus 17 eisernen (16 einzelnen und 1 Längshause), untereinander verbundenen Gewächshäusern sowie einer Mistbeetkastenanlage von etwa 1000 Fenstern. Die 17 Häuser sind mit einer Warmwasserheizung von Nitsche-Dresden versehen und beansprucht diese allerdings einen bedeutenden Kohlenverbrauch im Jahre.

Gewonnener Erfahrung gemäss hielt es Herr K. für notwendig, das im Geschäft täglich geforderte Schnitt- und Blumenmaterial durch eigenen Betrieb herbeizuschaffen; konnte er dann doch mit Recht hoffen, seinen Kunden mit stets frischem Material aufwarten zu können. Das täglich geforderte Quantum an Adiantum und Asparagus-Wedeln, getriebenen Zwiebeln, Rosen, Lilien, Flieder und getriebenen Sträuchern, das einem Selbstkostenwerte von etwa täglich 3 – 400 M. entspricht, wird nur von hier. aus nach dem Stadtgeschäft geliefert. Selbstverständlich sind noch nebenhergehende Posten sonstigen Pflanzenmaterials anderweitig zu beschaffen. Umgekehrt wird dasjenige, was von dem draussen herangezogenen Material im Stadtgeschäft keine direkte Verwendung finden kann, an Händler verkauft, und damit ist dem Lichtenberger Geschäft eine stehende Einnahmequelle für die laufenden Betriebsunkosten gesichert. Zunächst hat sich hierbei das Prinzip einer rein kaufmännischen Behandlungsweise durch den Zeitraum von 5 Jahren bewährt: dass nämlich das Stadtgeschäft in erster Linie der beste Kunde der eigenen Handelsgärtnerei ist. Zwei Hauptfaktoren bilden hierfür gewissermassen die „conditio sine qua non", die Grundvoraussetzung, d. h. Erhaltung einer kaufkräftigen Kundschaft durch kaufmännische Behandlung und zum anderen durch weitgehendste Befriedigung der Ansprüche bezüglich zeitgemässe Geschmacksrichtung. Erst vor wenigen Wochen wurde die zu Ehren des Geburtstages Sr. Majestät durch Herrn K. in seinem Geschäftsraume veranstaltete Dekoration von unserem Verein mit einer goldenen Medaille ausgezeichnet. Und ebenso ist wohl die grosse Sammlung getriebener Flieder, welche Herr K. in der Winterblumen-Ausstellung 1900 zur Vorführung brachte, noch in aller Gedächtnis. An hervorragenden Fliedersorten, deren Verbrauchszahl sich jährlich auf 10000 beziffert. werden hauptsächlich getrieben: Marie Finger, Marie Legraye, Louis Späth, Abel Carrière, Léon Simon, Jean Bart, Michael Buchner, vorwiegend also Sorten zur Zeit mit gefüllten Blumen. An Azaleen begegneten wir u. a. einer sehr dankbar blühenden Az. amoena Hybride: A. amoena Forsteriana, ferner: Sakuntala, Emma (Spielart von Frau Herm. Seidel), Deutsche Perle, Empereur du Bresil, Coelestine u. a.; an Tulpensorten: Thomas Moorus (orange-gelb), Silber Standard (weiss mit rosa), La reine, Rosa Christolin; an Rosen: Caroline Testout, Deutsche Kaiserin, Mad. Victor Verdier, Capitain Christy, Crimson

Rambler, Duke of Wellington (eine der besten dunklen) u. a., alle Sorten der augenblicklich herrschenden Geschmacksrichtung entsprechend. An Maiblumen treibt Herr K. jetzt gegenwärtig etwa jährlich $1\frac{1}{4}$ Millionen Keime, Tulpen etwa 300000, Hyazinthen 50000, Crocus 100000. Rechnet man hinzu den täglichen Verbrauch an Asparagus und Adiantum. Wedeln, sowie sonstigem Bindegrün, so ist es wohl erklärlich, dass die betreffenden Abteilungen von Gewächshäusern allein den Bedürfnissen nicht zu entsprechen vermögen. In der That hat Herr K. noch die da.

Abb. 67. Geschmackvoller Pflanzenkorb von Paul Herrmann in Hamburg.

(Text umseitig)

neben liegende vormals Mewes'sche Gärtnerei (mit gleichfalls 16 Häusern, welche vermittelst Biesel'scher Dampfheizung erwärmt werden), sowie drittens die ebenfalls -in Lichtenberg belegenen Gewächshausanlagen im ehemaligen Dottischen Garten, deren Er-wärmung bisher durch antike Kanalheizung bewirkt wird, gepachtet. Die hierzu gehörende Schornsteinanlage würde einer Zentral-Brotbäckerei alle Ehre machen, jedenfalls besser als den Erfordernissen einer Ge-wächshausheizung. Hinsichtlich der Bodenpachtpreise ist jetzt im allge-meinen ein jährlicher Pachtzins von 100 M. pro Morgen nicht mehr auf-fallend; erhebt man doch auf dem Gebiete der Domäne Dahlem jetzt die doppelte Pachtsumme. Diese Thatsache allein lässt schon erkennen, wie viel intensiver die Spatenkultur gegenüber der Kultur durch den Pflug sein muss. Trotzdem wäre die Schlussfolgerung verfehlt, in dieser Handelsgärtnerei lediglich gärtnerische Kulturen zu gewärtigen. Die Zeitverhältnisse spielen hierbei eine ganz besondere Rolle. Nur meist einjährige Kulturen greifen hier Platz, da mehrjährige Anzuchten keineswegs solche, dem hohen Pachtzins entsprechende Erträge zu liefern vermöchten.

Gleichsam ein Gegenstück zu dieser neuesten Einrichtung bot sich den Besuchern in der Besichtigung der in der Nähe befindlichen Rosengärtnerei des Herrn Friedrich dar. Eine höchst saubere Anlage alten Stils, in der nur wenige Kulturen, Rosen und Pelargonium peltatum getrieben werden. Aber das, was man hier zu sehen bekommt, ist gärtnerisch betrachtet, musterhaft und bei der Art des Betriebes (primitive Hausanlagen und eigene Bedienung) lassen sich immer noch Erträgnisse erzielen. Jenes Wesen, das mit dem Begriffe der Zufriedenheit vordem, in heutiger Zeit aber oft als „Thorheit" bezeichnet zu werden pflegt, bildet den Schlüssel zu dieser Erscheinung.

Hoffmann.

Geschmackvoller Pflanzenkorb von Paul Herrmann in Hamburg.

(Hierzu 1 Abb.)

Der Gesamteindruck dieses Pflanzenkorbes war ein äusserst graziöser, die Cocos Weddelliana in der Mitte, links und rechts dunkelblättrige japanische Ahorne, Adiantum gracillimum, lilafarbene Begonia Rex, Cypripedium Charlesworthii, Odontoglossum, Rossi majus mit ganz genau in denselben Farbentönen schattiertem Sammetband, gaben dem Korb eine selten schöne Farbenharmonie.

Der Behälter war aus Rohr, mit grünem und weissem Draht bewickelt, in einer schmuckvollen Form hergestellt.

Neue und empfehlenswerte Pflanzen usw.

Angraecum Eichlerianum Kränzl.

In der Flora of Tropical Africa wird als Verbreitungsgebiet genannter Orchidee Süd-Kamerun und Kapamba an der Mündung des Orange-River, beide im Golf von Guinea, bezeichnet. Der Kew-Garten erhielt die Pflanze aus Old Calabar in Nigeria im Jahre 1900, sie blühte in einem Tropenhause im Juni und trug die Blüten bis September. In Blütenform und -Farbe ähnelt sie sehr A. Pyriamal Rendle, aber im Habitus, Aufbau, Belaubung weicht sie ab. Die Blüten sind grün, nur die grosse Lippe ist weiss berandet. Abb. Bot. Mag No. 685 tab. 7813.   J. B.

Bauhinia yunnanensis Franch.

Diese Spezies ist eine wunderbar schöne Kletterpflanze der Gewächshäuser. Sie stammt aus West-China, wo sie von dem Abt Delavay auf den bewaldeten Hügeln von Lokoshan im Tapintze-Gebiet in Yunnan entdeckt wurde. Auf Bergen südwestlich von Mengtze in derselben Provinz wurde sie ferner in Höhen von 2000 m von Dr. Henry gesammelt. Nach Kew kam die Pflanze 1·93, wo sie willig grünte und blühte. Sie ist ein kletternder, kahler Strauch, Blätter klein, ledern, blassgrün. Blütenbüschel terminal, Blüten ca. 5 cm gross, blassrosa mit dunkler rosa Saftmalen. Abbildung dieser hübschen Pflanze Bot. Mag. N. 685 tab. 7814.   J. B.

Hyacinthus ciliatus-candidus; var. nova.

Boissier in seiner klassischen Flora orientalis lässt nur ausschliesslich Hyacinthus orientalis L. als solche gelten und stellt alle anderen H. älterer und neuerer Autoren zu Muscari und besonders zu Bellevallia. Hyacinthus ciliatus Cyrill ist bei ihm als Bellevallia azurea Fenzl. beschrieben und ward seit langem in Wien als Amphilobus coelestis Schott. kultiviert. Der Index Kewensis aber nimmt die schöne Alpenpflanze wieder zu Hyacinthus, und obwohl der Gärtner dieselbe am liebsten für eine Perlhyacinthe, also für ein Muscari ihrer ganzen Pracht nach nehmen möchte, muss er doch der botanischen Auorität folgen und sie als gute Hyacinthe gelten lassen. — In meinem Garten ist aus Samen eine völlig neue, ganz wunderschöne Varietät mit blendend weissen Blüten gefallen, welche ich hiermit zunächst kurz beschreiben möchte. Zwiebel haselnussgross, fleischig, fes und lichtbräunlich. Blätter zu 2—6 im Januar erscheinend, im Norden wahrscheinlich später, fleischig-dicklich, ganz schmal lanzettlich, tiefrinnig, ein schmales tiefes Kanoe darstellend, mit der Spitze nach innen gebogen, aussen glänzend grün. innen bläulichgrün. Schaft meist kürzer als die Blätter, aber zur Zeit der Blüte im März dennoch über dieselben hervorragend, untere Hälfte isabelfarben, obere lebhaft grün, fast zylindrisch oder leicht dreikantig mit abgerundeten Kanten, reichblumig. Blumen zahlreich in dichter Endtraube gedrängt fast sitzend, sehr kurz gestielt, rein atlasweiss, nicht wohlriechend und nickend. Blumenkrone weit offen, nicht zusammengeschnürt an der Spitze wie beim Typus und wie bei vielen Muscari- und Bellevallia-Arten, etwa so offen wie bei userm wilden

Maiglöckchen. Kapseln und Samen bisher unbekannt weil keine erzeugt wurden und trotz aller Aufmerksamkeit nicht er ielt werden konnten. Die schöne Pflanze wächst bei mir im Halbschatten am Fusse einer Mauer in feuchtem, aber durchlassendem Boden vorzüglich. Dieselbe einzige Zwiebel brachte dieses Jahr drei Blütenschäfte, die ungleich lang nacheinander erschienen und so die Blütezeit erheblich ausdehnten.

Wenn auch das grosse Publikum heutigentags meist nur dem Riesenhaften, Grossblumigen und Langstieligen huldigt und ausser einigen Unaustilgbaren, wie Maiglöckchen, Veilchen, Vergissmeinnicht und wenigen anderen Favoriten kein kleines Blümchen weiter beachtet, so bleibt doch noch immer ein grosses Heer dere, die fest am Alten halten, ohne darum das Neue zu verschmähen, und diesen sei die liebliche kleine Hyacin he geweiht. Boissier giebt als Heimat der „Bellevallia azurea“ den Cilicischen Taunus an, wo sie von Kotschy in einer Höhenlage von 6100 Fuss auf feuchten Wiesen und Aeckern oft sehr häufig wachsen soll. Siehe sandte sie mir aus Mersina. Von diesem erfolgreichen Botaniker und Sammler erhielt ich auch vor Jahren eine sehr schöne und üppige Form, welche er Hyacinthus azurevs „giganteus“ nennt. Es wäre aber richtiger: Hyacinthus ciliatus var. giganteus. Diese sehr hübsche Form trägt hier bei vorzüglicher Kultur ca. 16 cm lange und 2 cm breite Blätter, die ebenfalls kahnförmig, nach oben an der Spitze aber nach auswärts zurückgeschlagen sind und hochragende Stengel mit fast zylindrischer Blumenrispe, tiefazurblauen, reinweiss gesäumten, zusammengeschnürten Blüten, deren letzte obere wie bei Muscari meist steril sind. Man wird diese wunderschöne kleine Hyacinthe billig bei Hrn. Siehe kaufen können. Sie hat zwar absolut nichts Giganisches in ihrer ganzen Pracht und Herrlichkeit, aber schön und kulturwürdig ist sie doch. Freilich ist sie etwas grösser und vollkommener als der Typus. Man muss diesen kleinasiatischen Zwiebelgewächsen recht viel Wasser während der Blütezeit verabreichen und kann ihre Zwiebeln jahrelang ungestört liegen lassen, auch bald wieder legen so man sie heben muss.   C. Sprenger, Neapel.

Kleinere Mitteilungen.

Nochmals japanische Prunus-Arten.

Ausser den in Heft 9 S. 248 erwähnten Prunus-Arten sandte uns Herr
Albert Wagner, Leipzig-Gohlis, noch
zweimal reichhaltige Sortimente von
japanischen Prunus-Arten, eine Sorte
fast schöner als die andere. Die meisten
gehörten zu Prunus serrulata, einige
zeigten sich aber durch die dichte Behaarung der Blätter als P. Pseudocerasus,
zu denen die S. 248 aufgeführte No. 229,
wie wir bei näherer Untersuchung
fanden, auch gehört E Köhne hat
in Gartenflora d. J. Heft 1 S 2 auf die
dichte Behaarung bei Prunus Pseudocerasus als gutes Unterscheidungs-
merkmal dieser sich nahestehenden
Arten besonders hingewiesen. Dort
sind auf Tafel 1494 Sorten beider Arten
aus dem Späth'schen Arboretum abgebildet. — Hr. Wagner schickte uns auch
einen 90 cm langen Ast, über und über
besetzt mit gefüllten rosa Blüten. Er
hat diese Pflanze vor Jahren aus Metz
unter dem Namen Pr. Sieboldi erhalten. Das ist nach Köhne l. c. nichts
anderes als P. Pseudocerasus fl.
roseo pleno, und der Augenschein
ergiebt das auch Nach dem Index
Kewensis soll Cerasus Sieboldii Carr.
zwar Prunus paniculata Thunbg.
sein, die der Prunus Mahaleb ähnlich
ist. Die vorliegende P. Sieboldi ist das
entschieden nicht, sondern ist ganz
ähnlich der Abb. a auf Tafel 1494.

L Wittmack.

Neuer Botanischer Garten bei Berlin.

Die Gebäude des neuen Botanischen
Gartens in Dahlem sind mit Ausnahme
des grossen Palmenhauses im Rohbau
und teilweise auch schon völlig fertig-
gestellt. Besonders gilt dies von den
Dienstwohnungen für die Angestellten
des Botanischen Gartens, die schon zum
Teil bezogen sind. Das an der Dahlemer
Chaussee belegene Gebäude für das botanische Museum und für die Lehrsäle
wird in kürzerer Zeit vollständig vollendet werden. Mit dem Bau des Palmenhauses, des letzten noch zu errichtenden
Gebäudes, wird im Laufe des Sommers
begonnen werden.

Neuheiten in Pflanzenschildern.

Die alten bequemen Holzetiketten
scheinen allmählich ausser Mode zu
kommen, wenigstens kommen fast jedes
Jahr Neuheiten in Pflanzenschildern
auf den Markt und werden bald hier,
bald dort in grösserem Massstabe eingeführt. Es war vor allem das That-
sächliche massgebend, dass Holzetiketten verhältnismässig leicht faulen,
die Schrift verblasst oder abregnet und
dass dem Gärtner immer wieder eine
langweilige Arbeit aufgehalst wird,
wenn er seine Bäume, Sträucher und
Pflanzen umnummerieren und um-
schreiben muss. Wir wollen im Nachstehenden speziell drei Neuheiten herausgreifen, die sich einer gewissen Beliebtheit zu erfreuen scheinen und von
denen jede in ihrer Art Vorzüge aufzuweisen hat. Die erste Neuheit, die
allerdings schon Jahre zurückdatiert
(sie wurde z. B. schon auf der letzten
grossen Winterblumen-Ausstellung des
Gartenbauvereins hier in Berlin gezeigt)
wird eingeführt von der Aluminiumfabrik „Ambos" G. m. b. H. in Dresden-A. (siehe übrigens Gartenflora 1902
Heft 9 S. 251). Diese Aluminium-Pflanzen-
schilder werden gegenwärtig viel verwendet, weil sie sich in und ausser der
Erde vorzüglich halten und selbst blos
mit Bleistift beschrieben, jahrelang unverändert und deutlich leserlich bleiben.
Sie sind dabei billiger als Holzetiketten
und leicht und bequem mit Kupferdraht
zu befestigen. In der ersten Zeit, als
sie in den Handel kamen, lag der
Uebelstand an der dickflüssigen, schwer
schreibbaren Tinte; auch das scheint
nach den neusten Urteilen beseitigt zu
sein, sodass die Aluminiumschilder
thatsächlich etwas Brauchbares und
Praktisches für den Gärtner bedeuten.
— Eine andere hübsche Idee führt die
Metallwarenfabrik H. Ziegler, Berlin S.
in Pflanzenschildern aus. Es ist dies
dieselbe Firma, welche mit ihren Spritzen
und Zerstäubern Anerkennung fand
und die auch hier eine eigenartige
Neuheit bringt. Es handelt sich um
ein Metallschild, dessen Oberseite wie
mit einem Schieber durch eine Glasplatte verschlossen werden kann. Nun
kann man die Pflanzennamen auf ein
beliebiges Stückchen Papier schreiben,

es unter die G'asplatte schieben und die Kan'en, welche aus Weichble bestehen, einfach mit den Fingernägeln zudrücken. Die Luft, Wasser, Regen kann absolut nicht an d e Schrift heran, sodass die Aufschrif unbegrenzt haltbar ist. Was aber der Neuheit einen ganz besonderen Vorteil gewährt, ist die Einrichtung, dass man also die Schrift unter der Glasplatte jederzeit ändern und auswechseln kann, was bei den anderen Baumschildern teils garnicht, teils nur recht schlecht geschehen kann. Der Preis der Ziegler'schen Pflanzenschilder ist in anbetracht ihrer vielseitigen Verwendung ebenfalls sehr mässig. — Die dritte Firma, welche in

Pflanzenschildern etwas Neues in d eser Kampagne bringt, ist d e bekannte Obstbaumschule von C. Jokisch in Gransee. Hier handelt es sich um eine Neuheit, die mit einer gewissen Eleganz auftritt. Es sind die schon viel und lange gebrauchten Porzellanschilder in neuer Form. Jokisch braucht nicht mehr soviel Porzellan wie früher, es sind kleine dicke Scheiben, die halbrund die Schrift tragen. Sehr hübsch machen sich diese neuen Porzellanschilder in Ziergärten, und zweifellos werden die Besitzer von Privatgärten die Hauptabnehmer dieser kleinen geschmackvollen Dinger sein. Die Befestigung geschieht mit Kupferdraht.

P. R.

Litteratur.

Ewert, Das Gedeihen der Süsskirsche auf einigen in Oberschlesien häufigen Bodenarten. Auf geologischer Grundlage bearbeitet. Thiels Landwirschaftliche Jahrbücher. Berlin 1902. B. XXXI. S. 129—154.

Die Untersuchungen des Verfassers beziehen sich speziell auf veredele Süsskirschenbäume, nur zum Teil auf Süsskirschenwildlinge (Prunus avium L.), dagegen nicht auf Sauerkirschen mit Süsskirschenunterlage. Pomologisch versteht man allgemein unter Gedeihen einer Obstart das Hervorbringen vieler und gut ausgebildeter Früchte bei gesundem Baum; Verfasser hat dagegen nur auf ein gesundes Holzwachstum des Baumes Rücksicht genommen, da dieses Vorbedingung für die Vollkommenheit der Früchteausbildung, besonders aber für die Dauer der Fruchtbarkeit des Baumes ist. Die Kirsche auf ungünstigen Bodenverhältnissen macht schwache Jahrestriebe, die Zweige sterben teilweise ganz ab. Das Aufreissen der Rinde und die Unfähigkeit, solche Risse zu überwallen, ferner das Auftreten von Gummifluss sind ebenfalls Beweise, dass die Kirschenart sich auf dem betreffenden Boden nicht wohl fühlt. Als Hauptaufgabe betrachtete Verfasser dann, die Anpassungsfähigkeit der Süsskirsche an das gegebene Bodenmedium zu studieren; hierbei kam

auch in Betracht, wie sich die in die Tiefe strebende Süsskirschenwurzel mit dem gebotenen Wurzelraum abfindet, was durch Untersuchung der Untergrundsverhältnisse klargelegt wurde. Geologisch gegliedert hat Verfasser den Kirschenwuchs auf folgenden Böden geprüft:

1. Böden des turonischen Kreidemergels.
2. Böden des Muschelkalks, speziell der Chorzower Schichten.
3. Böden des Diluviums,
   a. fluviatile-Gebilde,
   b. subaërische Gebilde.

Das Hauptergebnis der Untersuchungen, welche in der nächsten Umgebung von Proskau ausgeführt wurden, ist etwa Folgendes: Die Süsskirsche ist eine Pflanze des leichten, tiefgründigen Bodens und gedeiht auf den diluvialen Sanden von grosser Mächigkeit, sowie auf dem Lössboden besonders gut. Auf schweren thonreichen Böden, wie dem turonen Kreidemergel bei Proskau gedeiht sie nicht Ein Boden von etwa 80% abschlemmbaren Teilen ist für die Kirschenkultur selbst bei einem Gehalt von 40—50% Kalk nicht geeignet, wenn dieser hauptsächlich in abschlämmbarer Feinheit vorhanden ist. Dagegen ist der Kirschenbau nicht abhängig von einem grösseren Kalkgehalt des Bodens. Die Süsskirsche gedeiht noch bei einem Kalkgehalt von 0,04 bis 0,15%. Für ein kräf iges Kirschenwachstum ist nicht eine besonders hohe Menge von Pflanzennährstoffen massgebend, sondern vielmehr in ers er Linie die günstige Körnung des Bodens und die durch sie bedingten physikalischen Eigenschaften desselben. Die Süsskirsche verträgt weder stehendes noch fliessendes Grundwasser und ist daher die Tertiärformation bei schwacher diluvialer Decke eine Gefahr für ihr Gedeihen. Die Süsskirschenwurzel vermag sich einem durch zerklüfteten Kalkfels beengten Wurzelraum anzupassen und kommt sie daher auf flachgründigen Böden mit Kalksteinuntergrund wie dem Muschelkalk und zum Teil auch dem turonen Kalkmergel gut fort. Für trockene Böden und Lagen ist sie eine sehr geeignete Obstart. Die Ungeeignetheit einer Bodenart für die Süsskirsche schliesst den Anbau einer anderen Obstart nicht aus. Eine exakte Bodenkunde und Standortslehre unserer Obstgehölze ist für die Ausbreitung des Obstbaues in Deutschland dringend notwendig und kann am Besten auf geologischer Grundlage bearbeitet werden.   J. B.

———

T. Hedlund. Monographie der Gattung Sorbus. (Kongl. Svenska Vetensk.-Akad. Handl. Bd. 35. Nr. 1 [1901]. S. 1—148 in 4°, mit Abbildgn. im Text.)

Ein sehr wichtiger, in deutscher Sprache verfasster Beitrag zur Kenntnis der Gattung, die Verfasser in ziemlich weitem Umfange auffasst. Er zieht dazu ausser den typischen Sorbus-Arten nicht bloss Aria und Torminaria, sondern auch Cormus und selbst Aronia. Ausgeschlossen bleibt dagegen ein Teil von Micromeles. Verfasser unterscheidet Elementararten (welchen Ausdruck er in einer Anmerk. S. 4 an stelle des im Text verwendeten Ausdrucks „Sippe" zu stellen wünscht) mit A Abänderungen, die von äusseren Verhältnissen unabhängig sind, nämlich 1. Abarten, 2. Varietäten, 3. Spielformen, 4. Sprossvarietäten und B. Abänderungen, die von äusseren Verhältnissen abhängig sind, und zwar 1. Lokalformen, 2. Modifikationsformen, 3. Lokalrassen. Dazu kommen natürlich noch Bastarde verschiedener Art.

Eine Spezies oder Art verhält sich im Sinne des Verfassers zur Elementarart wie Gattung zu Art Eine Bestimmungstabelle für die Gruppen beginnt auf S 12, eine zweite für die Spezies, Subspezies, Bastarde und einige von Bastarden abstammende Varietäten auf S. 15. Verfasser bespricht dann kritisch nicht weniger als 55 fortlaufend numerierte Spezies und Subspezies, zu denen dann noch zahlreiche nicht numerierte Formen untergeordneteren Wertes und Bastarde hinzukommen. Es ist nicht leicht, sich in dieser Fülle von Erscheinungen zurechtzufinden, auch unmöglich, hier auf Einzelheiten einzugehen. Erwähnt sei nur als Beispiel, dass Verfasser die amerikanische, kleinfrüchtige Sorbus-Art unserer Gärten als S. microcarpa Pursh aufführt, die grossfrüchtige (vom Referenten früher für sambucifolia angesehene) als S. splendida (vermutlich aucuparia × microcarpa) neu benennt, die grossfrüchtige, in Amerika einheimische, bei uns aber nicht kultivierte Art als S. americana Pursh bezeichnet. Sorbus sambucifolia, welche mit letzterer vielfach verwechselt worden ist, betrachtet er mit Recht als eine ganz verschiedene Art; auch Sargent, sowie Referent (vgl. Gartenflora Bd. 50, 1901, S. 410) haben auf diese Verschiedenheit schon hingewiesen. Entgangen ist dem Verfasser die Pyrus Matsumurana Makino = Sorbus Matsumurana (Makino) Koehne, obgleich sie schon 1897 beschrieben worden ist. Des Ref. oben erwähnter Artikel in der Gartenflora, der etwa gleichzeitig mit des Verf. Arbeit erschienen sein muss, konnte Verf. natürlich nicht berücksichtigen. Eine Pflanze, die mit des Ref. Sorbus Pekinensis identisch ist, scheint dem Verf. nicht vorgelegen zu haben, er erwähnt nichts, was sich damit vergleichen liesse. In der Synonymie der einzelnen Formen bemerkte Ref. verschiedene Lücken. Durch manche Eigentümlichkeiten der äusseren Einrichtung ist die Arbeit etwas schwer übersichtlich geworden, und man wird sich nicht gerade leicht klar darüber, wie der Verf. die zahlreichen Formen einander zu co- und zu subordinieren beabsichtigt. Darum bleibt aber doch der Wert der Arbeit sehr bedeutend und macht sie für jeden, der sich mit

Sorbus im weiteren Sinne beschäftigen will, zu einem ganz unentbehrlichen Hilfsmittel.　　　E. Koehne.

Leopold Kriwanek und Theobald Suchanek, Geschichte des mährischen Obst-, Wein- und Gartenbau - Vereins in Brünn 1816—1896. Festschrift. Brünn 1898. Verlag des Vereins. gr. 8. 380 S. 1 photogr. Aufnahme und 2 Relief-Bilder.

Diese aus Anlass des 50 jährigen Regierungs-Jubiläums des Kaiser Franz Josef I. vom mährischen Gartenbau Verein herausgegebene umfassende geschichtliche Darstellung, ist verfasst von dem Direktor des pomol. Vereinsgartens, Leopold Kriwanek unter Mitwirkung des 2. Vereins - Vorstandes Theobald Suchanek; sie trägt zwar die Jahreszahl 1898, ist uns aber jetzt erst zugegangen.

Von allgemeinem Interesse sind die Angaben in der Einleitung. Die ganze dem Obst- und Weinbau zugewiesene Kulturfläche Mährens beträgt nur ca. 1 pCt., d. h. ca. 230 Quadratkilometer des Gesamtflächeninhaltes. Der Wein giebt nur einen jährlichen Ertrag von 170—200 000 hl. Die drei südlichen Kreise Mährens: Hradisch, Brünn und Znaim liefern die besten Obstsorten und edelsten Weinreben.

Berühmt sind die Znaimer Herz-kirschen, die „Felsen- und Knorpel-kirschen" um Eibenschitz und an vielen anderen Orten, die nebst sonstigem edlen Obst am Wiener Markt gut bezahlt werden.

Der Haupt Obstbaum Mährens ist die Hauszwetsche, besonders im Hradischer, Brünner, Olmützer und Prerauer Kreise. — Von Aepfeln, die in einzelnen Teilen des mährischen Hügellandes nördlich und östlich von Brünn ganz vorzüglich gedeihen, sind besonders zu nennen: Gravensteiner (nicht überall gedeihend), geflammter Kardinal, böhmischer roter Jungfernapfel, Edelborsdorfer oder Mischensker Apfel (Misen = Meissen), graue französische Spitalreinette oder Lederapfel, Winter Goldparmäne oder Goldreinette, grosse Kasseler Reinette und — aber nur wo er gut gedeiht — der Wintertaffetapfel. — Von Birnen: Kaiserbirne oder weisse Herbst Butterbirne, doch wird sie nur schön und ertragreich auf gut verwittertem Kalkboden in warmen Lagen; besser gedeiht und als Marktfrucht allgemein verbreitet ist Diels Butterbirne, dann folgen Forellenbirne, Virgouleuse, graue Herbstbutterbirne. — Bemerkenswert ist ferner die sogenannte „Brünner Zwetsche", im Hradischer Kreise, welche gleich der Hauszwetsche als Dörrpflaume sehr geschätzt wird und als solche durch ihr Aroma noch die Hauszwetsche übertrifft.

Der 2.—6. Abschnitt behandeln die geschichtliche Entwickelung des Obst-, Wein- und Gartenbaues in Mähren. Dann folgen im Anhange Listen verschiedener Art. Beigegeben ist eine Abbildung des Baumgärtner - Instituts im pomologischen Garten in Brünn. — Das ganze Werk zeugt von der regen Thätigkeit des Vereins.　　　L. W.

Pflanzen-Schutz.

Eine neue Kartoffelkrankheit, erzeugt durch Bacillus solanicola G. Del.

Dr. G. Delacroix, Direktor der Station de pathologie végétale in Paris (Nachfolger von Prillieux) veröffentlicht im Bulletin du Ministère de l'agriculture, Direction de l'agriculture XX. Jahrg. No. 5, Paris 1901 p. (1013) seine Entdeckung dieser Bakterie. Im mittleren und westlichen Frankreich beobachtet man seit mehreren (ca. 5) Jahren von Juli ab eine fast epidemische Krankheit an den Stengeln der Kar-toffeln. Anfangs hielt Delacroix sie durch den von Prillie und ihm entdeckten Bacillus caulivorus veranlasst, aber eingehende Untersuchungen bewiesen das Gegenteil.

Erscheinung der Krankheit: Die befallenen Stöcke scheinen aufzuhören, sich zu entwickeln, die Blätter werden gelb, dann fahlgrau und vertrocknen. Die Basis der Stengel zeigt oft an der Oberfläche bleigraue Flecke und beim Durchschneiden hellbraune Stellen, die mehr oder weniger hoch reichen.

Der unterirdische Teil zeigt zuweilen vernarbte Wunden. Hier kann der Keim der Krankheit eindringen.

Die Mutterknolle ist aber auch schon infiziert gewesen. Die Knollen werden ebenso befallen wie die Stengel. Sie zeigen auf dem Schnitt blassgelbe, später braune Flecke, zuerst an dem Nabel, bleiben oft klein. Auch Tomaten können angegriffen werden, doch ist das seltener.

Die Ursache ist eine Bakterie, sie wandert hauptsächlich in den Gefässen weiter, welche dann viele sog. Thyllen (Ausstülpungen der benachbarten Pareuchymzellen in die Gefässe) und viel braunes Gummi bilden. Es sind einzeln lebende Zellen, kurze Stäbchen von 1,5—1,75 μ (Mikromillimeter) Länge und 0,25 m Breite, die anscheinend keine Wimpern haben. Ausserdem finden sich oft n ch Pilze ein.

Gegenmittel: 1. Man pflanze möglichst spät und nur gesunde ganze Knollen. 2. Man unterdrücke möglichst die im Boden befindlichen, die Krankheit erzeugenden Bakterien, indem man nur alle 4 Jahre den betreffenden Acker mit Kartoffeln bestellt. 3. Man behandle die Knollen vor dem Pflanzen 1½ Stunden mit 1 Teil Formol des Handels in 120 Teilen Wasser.　　　　　L. W.

Unterrichtswesen.

Swanley Kent.
(Schluss von Heft 7 S. 198.)

Uebersicht über die praktische und theoretische Arbeit.

1. Gartenarbeiten.

Praktische Arbeiten im 1. Jahr. Gebrauch der Gartengeräte. Einebenen. Anlage und Unterhaltung von Fusssteigen, Beeten und Rasenflächen. Zubereitung des Bodens: Gräben ziehen, Graben, Hacken, Harken, Mähen, Fegen, Walzen. Düngerarten, ihre Bereitung, Aufbewahrung und Methode der Anwendung. Unkräuter, ihre Dauer und Mittel der Ausrottung. Pflanzen und Erziehen von Gemüsen. Auslese der Varietäten, Pflücken und Aufbewahren. Obstkultur, Pflanzen, Pinzieren, Pflücken, Aufbewahren. Aussaaten der Samen und Anzucht der Unterlagen etc. Okulieren und Pfropfen. Einkürzen der Wurzel und der Zweige.

Praktische Arbeiten im 2. Jahr. Herrichtung von Saatbeeten und Mistbeeten, Säen von Samen, Verpflanzen und Verdünnen. Vermehrung, Anzucht und Pflanzung von Freiland-Warm- und Kalthauspflanzen etc. Bereitung von Dünger- und Kompostarten. Eintopfen, an Stöcke binden und Begiessen. Besorgung der Häuser, Mistbeete, Kasten etc. Lüften, Heizen, Pflege der Farngruppen, der Beete krautartiger Pflanzen, Strauchpartien, des Rosengartens, der Teppichbeete, der Einjährigen etc. Zucht von Gemüse, Salatarten et ·. Einschlagen, Bleichen etc. Erziehung der Obstbäume und harten Schlingpflanzen an Mauern etc. Einsammeln der Samen etc. Erzeugnisse für den Markt: Vermehrung, Anzucht, Pflücken, Packen, Bündeln und zu Markt bringen. Treiberei von Obst und Gemüse Beschleunigtes Pinzieren (advanced pruning, was hiermit gemeint ist, ist mir nicht recht klar. L. W) und Vermehren. Fruchtfolge. Etikettierung.

Praktischer Unterricht wird auch gegeben in Anfertigung von Marmeladen (jam) und Einmachen und Konservieren von Früchten, Anfertigung von Sträussen und Tafeldekorationen. Ferner in Zimmermannsarbeiten, Ausbessern, Anstreichen und Verglasen der Gewächshäuser etc.

Praktische Arbeiten im 3. Jahr. Weitere Spezialisierung des Vorhergehenden, Anzucht spezieller Klassen von Pflanzen Kreuzungen. Auslese der Varietäten. Planzeichnen. Unterweisung und Beaufsichtigung der Anfänger bei der Pflege der Gewächshäuser etc. Demonstrationen in den wissenschaftlichen Klassen der Anfänger.

Es folgt alsdann ein Verzeichnis der nötigen Schulbücher nebst Angabe der Preise.

Dann eine Uebersicht über die Gegenstände, die beim Unterricht im Gartenbau vorgetragen werden. Die Gegenstände verteilen sich natürlich über 3 Jahre, da der Unterricht dreijährig ist. Als Beispiele geben wir das

Pensum für Herbst 1901 ff. Herbst: Nelken, Obstbäume, Verpflanzen derselben, Chrysanthemum, Margueriten, Beerenobst, Vermehrung desselben. Tomaten, frühe. Zwiebeln und Knollen zum Treiben. Erdbeeren in und ausser dem Hause.

Frühjahr 1902: Gurken, frühe; Aepfel, Birnen, Einjährige für Töpfe und fürs Freie. Begonien. Hartes Steinobst. Frühe Kartoffeln, Treiberei. Brokkoli und Blumenkohl. Salatarten. Freiland-Blü ensträucher.

Sommer 1902: Obstbäume in der Treiberei. Sellerie und Kardi. Champignons. Lilien für Töpfe und Beete Melonen. Fruchtfolge (Rotation) der Gemüsepflanzen. Pflanzen für Zimme - dekoration.

Weiter folgen die Prinzipien des Gartenbaues, d. h. die wissenschaftlichen Grundlagen desselben.

1. Jahr: Zusammensetzung der Pflanzen; Wasser; verbrennliche und unverbrennliche Teile; charakteristische Unterschiede in verschiedenen Pflanzen und Pflanzenteilen.

Pflanzenleben: Chemische Elemente, die aus der Luft. bezw. dem Boden aufgenommen werden, wie werden sie aufgenommen und wie verbraucht. Bildung, Keimung und Entwickelung der Samen. — Physik des Bodens. Chemie des Bodens Bearbeitung und Dünger. Ernte.

2. Jahr: Boden. Dünger. Samenprüfung. Ernte. Wiesen und Grasland. Ansaat und Behandlung der Rasenflächen. Heumachen Pflanzenkrankheiten und Gegenmittel.

Botanik.

Jeder Schüler muss eine gute Lupe mit 3 Linsen, ein Skalpell, 2 Präpariernadeln, ein Dutzend Objektträger 3 Zoll × 1 Zoll, $1/4$ Unze Deckgläschen $5/8$ Zoll im Quadrat und ein le cht hohlgeschliffenes Rasirmesser mitbringen.

1. Jahr: Morphologie, Histologie und Physiologie der angiospermen Blütenpflanzen mit mikroskopischen Uebungen.

2. Jahr: Klassifikation der Pflanzen und Morphologie Physiologie. Krankheiten. Mikroskopische und physiologische Uebungen.

Chemie.

1 Jahr: Chemische und physikalische Prozesse. Elemente etc. Dämpfe. Wasser. Eis. Regen. Dichtigkeit des Wassers etc. Wasserstoff. — Metalle. Nichtmetalle. Kohlenwasserstoffe, Kohlenhydrate etc. etc. Praktische Uebungen im Laboratorium.

Weiter wird unterrichtet in Insektenkunde, Buchhalten und gärtneris hem Rechnen, Feldmessen, Bienenzucht, Geflügelzucht und Meierei, mit praktischen Uebungen.

Aus den Vereinen.

Sitzung der vereinigten Ausschüsse für Blumen und Gemüsezucht am 2. Januar 1902.

Herr Kgl. Garteninspektor Weidlich stellt folgende vom Verein bezogene Versuchspflanzen aus:

1. Begonia Haageana erecta,
2.   „   „   penduliflora,
3.   „   Viaudii.

Es sollen dies Winterblüher sein, aber sie haben noch nicht geblüht.

Herr Nahlop bemerkt, dass Beg. Haageana grosse Blumen bildet, die sich abgeschnitten lange halten.

Ferner berichtet Herr Weidlich, dass die Knollenbegonie, Begonia hybr. cristata, in verschiedenen Farben sehr schön geblüht habe.

Er hat Samen ausgesät und wird Sämlinge anbieten.

Herr Kretschmann hat schon vor 5 Jahren von Beg. cristata Knollen von Vilmorin, Andrieux & Co., Paris, bezogen (damals die Knollen zu 8 Fr.). Die Blumen sind sehr schön.

Herr de Coene stellt als Versuchspflanze aus: Zweige von Habrothamnus (elegans), erectus corallinus (Solanaceae). Die Pflanze baut sich sehr hoch, macht sehr lange Zweige und hat infolgedessen kein schönes Ansehen.

Ausserdem hat Herr de Coene Zantedeschia (Richardia oder Calla) Nelsoni und Elliotiani zu Versuchen in Kultur.

Die Knollen waren sehr klein und haben nicht ausgetrieben, dagegen sind viele kleinere Nebenknollen entstanden.

Von anderen Versuchspflanzen erwähnt er Jasminum nitidum, blüht
weiss, ähnlich J. grandiflorum. Es hat
im vergangenen Sommer einige wenige
Blumen gebracht und wächst sehr langsam.

Hydrangea hortensis Mariesi
wird hoffentlich im Frühjahr blühen.

Kalanchoe flammea ist sehr schön,
ähnlich einer Rochea falcata. Die
Blütezeit währt 5—6 Wochen lang. Sie
vermehrt sich sehr gut aus Blättern.

Herr Crass II: Bei Zantedeschia
(Calla) marmorata stirbt auch oft die
Knolle ab und es bilden sich bis zu
20 Brutknollen. Ich habe diese dann
in kleine Töpfe gebracht und später
im Freien ausgepflanzt und kultiviert.

Herr de Coene: Wenn bei den
zugesandten Zantedeschia-(Calla)Knollen
die Wurzeln vorher entfernt sind,
können sie nicht gut wachsen. Man
sollte in Kultur befindliche Calla im-
portieren.

Auf Anfrage des Herrn Hofgärtners
Janke teilt Herr de Coene mit, dass
die Calla „Little Gem" oft auch gross
werden.

Viel schöner sei „Perle von Stuttgart". Diese bildet sehr schöne
Pflanzen.

Eine gute Blüherin ist auch Zantedeschia (Calla) aethiopica multiflora
praecox. Sie blüht schon als kleine
Pflanze, wenn sie erst zwei Blätter
hat.

Herr Brandt: Habrothamnus blüht
an der Riviera an langen Trieben sehr
schön. Das Laub riecht aber nach
Wanzen.

Herr Lackner: Das ist meist Habrothamnus elegans.

Herr Nahlop: Der Obergärtner
Krieger beim Kommerzienrat R. Bu-
ckardt in Schöneberg kultivierte sehr
viele Habrothamnus.

Vorgelegt wurde von Herrn Sekretär
Braun ein Strauss von Chrysanthemum „Florence Davis" mit ganz
langen, engröhrigen, rötlichen Blumen.
Es ist das derselbe Strauss, welcher
am 28. November, also vor ca. 5 Wochen
von Herrn Dietze in vergrüntem Zustande vorgeführt wurde. Herr Braun
hatte den Strauss in Wasser, an einem
kühlen, nach Norden gelegenen Ort gestellt und die Blumen haben sich so
abgeschnitten bis heute erhalten, haben

sich aber statt grün jetzt rosa, lila oder
weiss gefärbt.

Herr de Coene bemerkt, dass „Florence Davis" bei längerem Blühen oft die
rötliche Farbe annehme.

Herr Kretschmann teilt mit, dass
Chrysanthemum überhaupt abgeschnitten sich viel länger halten als
an der Staude.

Herr Direktor Lackner spricht seine
Freude darüber aus, dass heute mehrere
Herren über Versuchspflanzen berichtet
haben, auch über solche, die noch nicht
blühen. Es wäre schon interessant,
selbst nur über ihre Vegetation etwas
zu hören. Er bittet, öfter solche Berichte zu erstatten.

Herr Kretschmann regt an, dass
Herren, die gar keine Berichte erstatten,
keine Pflanzen weiter erhalten.

Herr Garteninspektor Moncorps teilt
mit, dass die meisten englischen Pelargonien, die er erhalten, gut gewachsen
seien, nur „Prof. Wittmack" nicht.

Sitzung des Liebhaber-Ausschusses am 13. Januar 1902.

I. Hr. Cordel empfiehlt nochmals
gegen Obstmaden und Schildläuse starkes
Spritzen im Juli.

II. Hr. Demharter stellt 3 schöne
Orchideen aus Mexiko aus:

1. Laelia Gouldiana (nat. Krzg. von
   anceps × autumnalis.
2. Laelia anceps Dawsoni.
3. L. anceps Barkeri.

Hr. Demharter benutzt als Erde für
Orchideen Moos, Holzerde und Laub.

II. Hr. Brodersen hielt hierauf einen
Vortrag über Villengärten, der nebst
der Diskussion besonders abgedruckt
werden wird.

Hierauf wurden einige Timm'sche
Pflanzentränker verteilt.

Hr. Brodersen teilt mit, dass er, wenn
er kurze Zeit, bis etwa 8 Tage, verreiste,
er in den Boden des Topfes von wertvollen Pflanzen einen Schwamm ge-
steckt habe, der in einen Eimer Wasser
tauchte.

Andererseits habe er auch mitunter
einen Wollfaden auf der Erde des Topfes
befestigt, der mit dem andern Ende in
ein Gefäss mit Wasser tauchte. In
grösserem Masse habe er letzteres bei
Iris Kaempferi, die am Rande von

zementierten kleinen Teichen stehen und kein Wasser erhalten, ausgeführt, indem er dicke Baumwollenstricke an beiden Enden etwas ausfaserte, das eine Ende in den Teich steckte, das andere Ende auf den Erdboden legte, in welchem die Iris standen.

In allen Fällen haben auf diese Weise die Pflanzen einige Zeit lang genügend Wasser erhalten.

Eingesandte Preisverzeichnisse.

J. Holzinger, in St. Avold (Lothringen). Baumschutz-Vorrichtungen eigenen Systems, Einfriedigungen etc. — G. Wehner & Co., Britz bei Berlin, Jahnstr. 70. Frühbeetfenster. — Goverts & Co., Berlin S, Boppstr. 6, Metallwarenfabrik. Blumenampeln und Kübel aus Kupfer. — Gebrüder Stiegler, Cannstatt-Stuttgart Illustrierte Preisliste über Blumenzwiebeln, Pflanzen etc. — F. Knoll, Leipzig-Lindenau. Handelsgärtnerei, Versandgeschäft für gärtner. Bedarfsartikel, Gartenmesser, Scheeren, Aluminium-Etiketten etc. — Georg Diemar & Co., Cassel. Gartenschläuche aller Art. — Paul Parey, Berlin SW., Hedemannstr. 10. Auswahl der wichtigsten in dem grossen Verlage dieser Firma erschienenen Werke über Gartenbau. — Otto Froebel, Zürich. Vollständige Liste der dieses Frühjahr abgebbaren Alpenpflanzen und winterharten Freilandstauden. Frühling 1902. — Derselbe. Spezial-Offerte über Rosa hybr. „Gottfried Keller" usw., Sumpf- und Wasserpflanzen. — Derselbe. Spezial-Offerte über Neuheiten von Gruppen- und Gewächshaus-Sträuchern, sowie Auszug von Kollektions- und Gruppenpflanzen. — J. & P. Wissinger, Berlin NO.43. Land- und Forstwirtschaftliche Samen. — Damman & Co., San Giovanni a Teduccio bei Neapel. Gemüse, Blumen und Samen. — Simon Louis frères, in Plantières bei Metz, Lothringen. Obstbäume und Ziergemüse, Stauden usw. — Vilmorin, Andrieux & Cie., Paris. Haupt-Preisverzeichnis über Gemüse, Blumen und Samen. — J. C. Schmidt, Erfurt. Cotillon-Touren. — Tempelhofer Baumschulen, Tempelhof-Berlin. Preisverzeichnis 1901/1902.

Preisliste über Gartenschläuche, insbesondere Berolina-Hochdruckschläuche von Otto Köhsel u. Sohn Nachf. Berlin NO. 43, Neue Königstr. 35, nahe Alexanderplatz. Preise bedeutend herabgesetzt. — Aktiengesellschaft Schaeffer u. Walcker, Berlin SW. Preisliste über komplette Fontänenanlagen, Wassersprung- und Gartenmundstücke. — General-Katalog No. 221/222 von F. C. Heinemann, Hoflieferant Sr. Maj. des deutsch. Kaisers u. Königs v. Preussen, Erfurt (Thüring.). — Engros-Preisverzeichnis von Boettcher und Völcker, Samenhandlung und Klenganstalt, Gross-Tabarz in Thüring. Zur Frühjahrskultur 1902. — Preisverzeichnis von Gebrüder Dippe, Samenbau und Samenhandlung in Quedlinburg. — Illustriertes Preisverzeichnis botanischer Apparate von Friedr. Ganzenmüller, Nürnberg, nebst einem Katalog litterarischer Werke aus dem Gebiete der Botanik 1902. Spezialität: Lupen, Gitter-Pflanzenpressen. — Hauptverzeichnis von Otto Thalacker, Kunst- und Handelsgärtnerei, Leipzig Gohlis. Frühjahr 1902. — Prospekt über Giersberg-Kuppelung, Strahlrohre usw. von Oppen u. Lonizke, Spandau. — Preisliste von Gemüse, Blumen, landwirtschaftlichen, Gehölz, Koniferen- und Palmensamen, Blumenzwiebeln, Kanna-Knollen, Neuheiten in Samen etc. vom Samenzüchter Dammann u. Comp. San Giovanni a Teduccio bei Neapel. — Katalog über Orchideen von Charlesworth u. Co., Heaton, Bradford. — Hauptverzeichnis 1902 von Ernst Benary, Samenhandlung, Erfurt. — Illustriertes Verzeichnis über Samen und Pflanzen von Chr. Lorenz, Erfurt, Hoflieferant, 1902. — Preisverzeichnis von J. Lambert u. Söhne, Hoflieferanten Sr. Kgl Hoheit des Grossherzogs von Hessen, sowie Sr. Kgl. Hoheit des Grossherzogs von Sachsen-Kob.-Gotha, Samenhandlung, Kunst- und Handelsgärtnerei, Blumenbinderei, Trier, Rheinprovinz. — Preisliste der Dampfkelterei „Victoria" Dr. Rothschild Sohn, Frankfurt a. M, Grünestr. 2—12. —

Personal-Nachrichten.

Pfeiffer, Carl, Grossh. Fachlehrer, Oppenheim a. Rh., wurde zum Vorstandsmitglied der Centralstelle für Obstverwertung in Frankfurt a. M. gewählt.

H. Lippel, Stadtgärtner in Mannheim, wurde zum Stadt-Gartendirektor ernannt.

Der Grossherzoglich hessische Hofgarten-Ingenieur Herr Philipp Siesmayer, Teilhaber der Firma Gebrüder Siesmayer-Frankfurt a. M. wurde in Anerkennung seiner Verdienste um den Gartenbau zum Kgl. Preuss. Gartenbaudirektor ernannt.

Verleihungen.

Knapp II, Philipp, Gärtner in Homburg v. d. Höhe, erhielt das allgemeine Ehrenzeichen.

Anlässlich des 50jährigen Regierungs-Jubiläums S. K. H. des Grossherzogs von Baden erhielten aus dem Bereiche der Grossh. Gartenverwaltung u. a. nachstehende Beamte und Bedienstete Auszeichnungen:

Graebener, Leopold, Hofgartendirektor in Karlsruhe, das Ritterkreuz I. Klasse des Ordens vom Zähringer Löwen;

Sommer, Gustav, Hofgärtner in Mannheim, und Würtenberger, Alex, Rosengärtner in Dettighofen, das Verdienstkreuz vom Zähringer Löwen;

Pfeier, Friedr., Obergartenwächter in Karlsruhe, Himmer, G., Stadtgärtner in Heidelberg, Schmöger, M., Stadtgärtner in Freiburg i. B., und Raupp, Gustav, Gartenwächter. in Karlsruhe, die grosse goldene Verdienstmedaille;

Granget, Friedr., Gartenwächter in Karlsruhe, und

Bassemir, Karl, Gartenwächter in Schwetzingen, die kleine goldene Verdienstmedaille;

Schumacher, Jul., Hilfsgartenwächter in Schwetzingen, Krieger, Joh., Bless, Edmund., Centmeier, Johann., Centmeier, Georg Hch., sämtlich Gartenarbeiter in Schwetzingen, sowie Binder, Franz, Gärtner der Heil- und Pflegeanstalt in Pforzheim, die silb. Verdienstmedaille.

Die Jubiläumsmedaille erhielten ausser den oben Genannten noch 29 Beamte und Bedienstete der Hofgärtnereien Karlsruhe, Baden, Schwetzingen, Mannheim und Favorite.

Druckfehler-Berichtigung.

Seite 246	Zeile	11	von oben	liess	Ansicht statt Antwort.
„ 247	„	11	„	„	„	Sorok „ Sorik.
„ „	„	13	„	„	„	Sphaerotheca statt Sphaesotheca.
„ „	„	17	„	„	„	Euphorbien „ Enphorbien.
„ „	„	21	„	„	„	flexuous statt flexnons.

Tagesordnung
für die

895. Versammlung des Vereins z. Beförderung d. Gartenbaues i. d. preuss. Staaten
am Donnerstag, den 29. Mai 1902, abends 6 Uhr,
im Kgl. Botanischen Museum Grunewaldstr. 6–7 (im Botanischen Garten).

I. Ausgestellte Gegenstände. (Ordner: Herr Kgl. G.-Insp. Perring.) II. Vortrag des Herrn Bildhauer Schellbach: Die Bindekunst im Verhältnis zur neuen Kunstrichtung. III. Bericht des Herrn Kohlmannslehner über die Budapester und Wiener Gartenbau-Ausstellung. IV. Neuwahl sämtlicher Ausschüsse. V. Vorbereitung des Stiftungsfestes.

NB. Während des Sommers finden die Versammlungen nicht in der Kgl. Landw. Hochschule, sondern im Kgl. Botanischen Museum statt. Eingang von der Grunewaldstrasse oder vom Bot. Garten.

Für die Redaktion verantwortlich Geh. R. Prof. Dr. Wittmack, Berlin NW, Invalidenstr. 42. Verlag von Gebrüder Borntraeger, Berlin SW. 46, Dessauerstr. 29. Druck von A. W. Hayn's Erben, Berlin.

1. Juni 1902.   Heft 11.

GARTENFLORA

ZEITSCHRIFT

für

Garten- und Blumenkunde

(Begründet von **Eduard Regel**.)

51. Jahrgang.

Organ des Vereins zur Beförderung des Gartenbaues in den preussischen Staaten.

Herausgegeben von

Dr. L. Wittmack,

Geh. Regierungsrat, Professor an der Universität und an der Kgl. landwirtschaftl.
Hochschule in Berlin, General-Sekretär des Vereins.

Hierzu Tafel 1499.

Rhododendron Griff. (Auckl.) × Rh. arboreum hybridum.

Berlin 1902
Verlag von Gebrüder Borntraeger
SW 46 Dessauerstrasse 29

Erscheint halbmonatlich. Preis des Jahrganges von 42 Druckbogen mit vielen Textabbildungen und
12 Farbentafeln für Deutschand und Oesterreich-Ungarn 12 Mark, für die übrigen Länder des Weltpostvereins 15 Mark. Zu beziehen durch jede Buchhandlung oder durch die Post (Zeitungsverzeichnis
No. 2819 .

Johanna Beckmann

Die Kreuzungen von Rhododendron Griffithianum (Aucklandii) ♀ mit Rh. arboreum hybridum ♂

des Hrn. Obergärtner Otto Schulz an der Kgl. Porzellan-Manufaktur zu Berlin, insbesondere Sämling Nr. 1.

Von L. Wittmack.

(Hierzu Tafel 1497 u. 4 Abb.)

Zweige mit etwas sich ablösender Rinde. Blätter länglich bis länglich lanzettlich, wie bei gewöhnlichen Rhododendron. Achse der Dolkentraube etwas verlängert. Blumen zu 8—13. Blütenstiel dick, Kelchlappen 5, gross, aufgerichtet halbkreisförmig. Blumenkrone gross, weitglockig (nicht radförmig glockig), beim Aufblühen karminrot, später bis in Lachsrosa verblassend. Im übrigen siehe Gartenflora 1901, S. 648.

Die Königliche Porzellan-Manufaktur zu Berlin besitzt einen eigenen Garten mit Gewächshäusern, in welchem möglichst alle Pflanzen, welche für die Porzellan-Malerei als Vorlagen dienen können, herangezogen werden. Sie besitzt aber auch in Herrn Otto Schulz einen Obergärtner, der nicht nur diesem Bedürfnisse in bester Weise entspricht, sondern der aus voller Liebe zur Sache immer noch Neues zu schaffen sucht. So hat er sich denn seit etwa 10 Jahren auf die Kreuzung von Himalaya-Rhododendron ♀ mit pontischen Rhododendron gelegt, welch letztere man gewöhnlich als Rhod. arboreum hybridum bezeichnet, und hatte im November 1901 zum erstenmal die Freude, einen seiner Sämlinge blühen zu sehen. Ihm ist damals vom Verein z. B. d. G. der bekanntlich sehr streng bei der Beurteilung neuer Pflanzen verfährt, für diesen Sämling Nr. 1 ein Wertzeugnis zugesprochen worden (Gartfl. 1901 S. 626), und wir sind heute in der Lage, diese herrliche Pflanze in farbiger Tafel, ganz naturgetreu gemalt von Fräulein Johanna Beckmann, vorführen zu können. Am 17. April 1902 erneuerte das Preisgericht, das auf den Sämling Nr. 1 erteilte Wertzeugnis für den ihm jetzt vorgeführten Sämling Nr. 2, der ziemlich ähnlich ist, aber nach Ansicht des Herrn Schulz noch eine bessere Marktpflanze zu werden verspricht. Ausserdem aber erteilte die Jury Herrn O. Schulz noch ein zweites Wertzeugnis für den zart leuchtend rosa gefärbten Sämling Nr. 4, der eine besonders tiefglockige Gestalt der Blumenkrone, wie die Mutter, zeigt (Gartfl. 1902 S. 256) und als endlich Herr Schulz in der Monatsversammlung des Vereins am 24. April Nr. 2—9 seiner blühenden Sämlinge ausstellte, erteilte ihm die Jury dieser Versammlung in vollster Anerkennung über solch grossartige Leistung eine grosse silberne Medaille (Gartfl. 1902 S. 259 u. 262). Den letzten der blühenden Sämlinge, Nr. 10, sah ich am 21. Mai d. J.; er ist von wunderbarer schöner zart rosa Farbe, mit karminroten Punkten auf dem oberen Blumenblatt.

Herr Schulz nennt die Mutter seiner Pflanzen Rhododendron Aucklandii Hook. fil. (in Rhododendron of Sikkim Himalaya t. 11) und er hat in gewisser Hinsicht Recht, denn Hooker selbst, der 1848 u. 1849 seine berühmte Reise nach dem Himalaya ausführte, hat Aucklandii

Johanna

Die Kreuzungen von Rhododendron Griffithianum (Aucklandii) ♀ mit Rh. arboreum hybridum ♂

des Hrn. Obergärtner Otto Schulz an der Kgl. Porzellan-Manufaktur zu Berlin, insbesondere Sämling Nr. I.

Von L. Wittmack.

(Hierzu Tafel 1499 u. 4 Abb.)

Zweige mit etwas sich ablösender Rinde. Blätter länglich bis länglich lanzettlich, wie bei gewöhnlichen Rhododendron. Achse der Doldentraube etwas verlängert. Blumen zu 8–13. Blütenstiel dick, Kelchlappen 5, gross, aufgerichtet, halbkreisförmig. Blumenkrone gross, weitglockig (nicht radförmig glockig), beim Aufblühen karminrot, später bis in Lachsrosa verblassend. Im übrigen siehe Gartenflora 1901, S. 648.

Die Königliche Porzellan - Manufaktur zu Berlin besitzt einen eigenen Garten mit Gewächshäusern, in welchem möglichst alle Pflanzen, welche für die Porzellan - Malerei als Vorlagen dienen können, herangezogen werden. Sie besitzt aber auch in Herrn Otto Schulz einen Obergärtner, der nicht nur diesem Bedürfnisse in bester Weise entspricht, sondern der aus voller Liebe zur Sache immer noch Neues zu schaffen sucht. So hat er sich denn seit etwa 10 Jahren auf die Kreuzung von Himalaya - Rhododendron mit pontischen Rhododendron gelegt, welch letztere man gewöhnlich als Rhod. arboreum hybridum bezeichnet, und hatte im November 1901 zum erstenmal die Freude, einen seiner Sämlinge blühen zu sehen. Ihm ist damals vom Verein z. B. d. G., der bekanntlich sehr streng bei der Beurteilung neuer Pflanzen verfährt, für diesen Sämling Nr. 1 ein Wertzeugnis zugesprochen worden (Gartfl. 1901 S. 626), und wir sind heute in der Lage, diese herrliche Pflanze in farbiger Tafel, ganz naturgetreu gemalt von Fräulein Johanna Beckmann, vorführen zu können. Am 17. April 1902 erneuerte das Preisgericht das auf den Sämling Nr. 1 erteilte Wertzeugnis für den ihm jetzt vorgeführten Sämling Nr. 2, der ziemlich ähnlich ist, aber nach Ansicht des Herrn Schulz noch eine bessere Marktpflanze zu werden verspricht. Ausserdem aber erteilte die Jury Herrn O. Schulz noch ein zweites Wertzeugnis für den zart leuchtend rosa gefärbten Sämling Nr. 4, der eine besonders tiefglockige Gestalt der Blumenkrone, wie die Mutter, zeigt (Gartfl. 1902 S. 256), und als endlich Herr Schulz in der Monatsversammlung des Vereins am 24. April Nr. 2–9 seiner blühenden Sämlinge ausstellte,, erteilte ihm die Jury dieser Versammlung in vollster Anerkennung über solch grossartige Leistung eine grosse silberne Medaille (Gartfl. 1902 S. 259 u. 262). Den letzten der blühenden Sämlinge, Nr. 10, sah ich am 21. Mai d. J.; er ist von wunderbarer schöner zart rosa Farbe, mit karminroten Punkten auf dem oberen Blumenblatt.

Herr Schulz nennt die Mutter seiner Pflanzen Rhododendron Aucklandii Hook. fil. (in Rhododendron of Sikkim Himalaya t. 11) und er hat in gewisser Hinsicht Recht, denn Hooker selbst, der 1848 u. 1849 seine berühmte Reise nach dem Himalaya ausführte, hat Aucklandii von

R. Griffithianum*) Wight für verschieden gehalten. Dennoch sollen beide identisch sein wie schon in dem Journal „The Garden" 1881 S. 328 vermutet ist, und im Index Kewensis wird R. Aucklandii direkt als Synonym von Griffithianum bezeichnet.

Rh. Griffithianum Wight stammt aus Bhotan und bildet dort Bäume bis zu 40 Fuss Höhe, Rh. Aucklandii ist dagegen von J. D. Hooker im Sikkim Himalaya in 7—9000 Fuss ü. M. entdeckt, wo dasselbe in Buschform wächst. Die Blumen von Rh. Aucklandii sind auch viel grösser als von R. Griffithianum, immerhin scheint es nur eine Form des letzteren

Abb. 68   Rhododendron Griffithianum (Aucklandii). ¹/₂ nat. Grösse

zu sein. (Regel in Gartfl. 1881 S. 311.) Regel beschreibt daselbst nach „The Garden" 1881 S. 328 Rh. Aucklandii folgendermassen:

Blätter ziemlich lang gestielt, oval länglich, spitz, am Grunde abgerundet oder fast herzförmig, beiderseits durchaus kahl. (Wir möchten hinzufügen: und namentlich in der Jugend blaugrau.) Blumen in armblütigen Dolden, lang gestielt. Kelch becherförmig**) ungleich, 5 lippig. Blumenkrone mit breitglockiger Röhre und mit breitem, 5 lippigen, bis 15 cm im Durchmesser haltenden Saum, von weisser, rot angehauchter Färbung. Staubfäden 12—18 (? L. W.), Fruchtknoten drüsig, 12 fächerig." — Bemerkenswert ist, dass die von J. D. Hooker mitgebrachten, in liberalster Weise verteilten Samen seiner Himalaya-Rhododendron sehr verschieden schnell sich entwickelten. Schon in 3 Jahren nach der Aussaat

---

*) Der Name Griffithianum ist richtiger als Griffithii.
**) Das ist er nicht, er ist flach.

kamen R. ciliatum und R. Dalhousiae zur Blüte, aber erst 9 Jahre nach der Aussaat blühte R. Aucklandii zum erstenmal in Kultur. — Bei Herrn Schulz hat es 6—9 Jahre gedauert, ehe seine Bastarde von Griffithianum (Aucklandii) zum erstenmal blühten.

Als Mutterpflanze ist von Herrn Schulz in allen Fällen R. Griffithianum benutzt, als Vaterpflanze verschiedene Sorten der gewöhnlichen Rhododendron Hybridum, Dr. Mil, Kohinoor, Gabriele Liebig etc. Diese gewöhnlichen Hybriden stammen bekanntlich meistens von Kreuzungen zwischen Rhododendron arboreum vom Himalaya und Rh. catawbiense aus Nordamerika oder Rh. ponticum vom Kaukasus. — Beim Sämling Nr. 1 ist die Sorte „Dr. Mil", eine schön karminrot blühende,

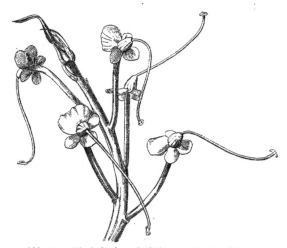

Abb. 69.   Rhododendron Griffithianum (Aucklandii).

Achse der Blütentraube lang, Blütenstiele kurz u. dick, Kelch sehr gross, flach ausgebreitet, nach dem Abblühen. ²/₃ nat. Grosse.

der Vater gewesen. — Deutlich erkennt man in dem Sämling den Einfluss beider Eltern.

Von der Mutter hat er folgende Eigenschaften: 1. die etwas sich ablösende Rinde des Stammes, zwar nicht so stark wie bei ihr, aber nicht so schwach wie beim Vater, 2. die etwas verlängerte Achse der Blütentraube, die aber nur etwa halb so lang ist wie bei der Mutter, 3. die dicken Blütenstiele, 4. vor allem die deutlich entwickelten Kelchlappen, 5. die grosse breit glockige Blumenkrone, welche beim Vater mehr radförmig-glockig ist.

Vom Vater dagegen 1. den besseren Wuchs, 2. das festere Holz, 3. die derberen Blätter, 4. vor allem die schön rote Farbe der Blumen, die bei Griffithianum resp. Aucklandii rein weiss ist. Beim Aufblühen sind die Blumen herrlich karminrot, später werden sie etwas blasser, bleiben aber immer schön.

Besonders nach dem Abblühen zeigt sich, dass der Bastard wirklich ein Mittelding ist. Einmal erkennt man dann besser die Länge der Blütenachse, die fast die Mitte hält zwischen der recht, verlängerten von R. Griffithianum und der oft kurz gestauchten vom Rh. arboreum hybridum. Zweitens aber sieht man, dass der Kelch viel besser entwickelt ist als beim Vater. Die gewöhnlichen Rhododendron-Hybriden und ihre meisten Stammeltern haben einen äusserst kleinen Kelch. Seine quer-ovalen Läppchen sind ganz unscheinbar und bilden sozusagen nur ein ganz flaches Näpfchen, in welchem der Fruchtknoten steht. An 2 Exemplaren, die ich mass, hatte der Kelch nur 5 mm Durchmesser (Fig. 70). Bei der Mutter ist der Kelch dagegen sehr gross (Fig. 69) und hat von vorn nach hinten gemessen bis 25 mm im Durchmesser; von rechts nach links nur 20 mm, seine grossen Lappen sind ganz flach ausgebreitet, dabei

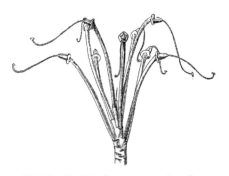

Abb. 70. Rhododendron arboreum hybridum.
(Gewöhnliches Rhododendron.)
Achse der Blütentraube kurz gedrungen, Blütenstiele sehr lang, dünn, Kelch sehr klein, napfchenförmig. ²/₃ nat Grosse

Abb. 71. Rhododendron Griffithianum (Auckl.) ♀ × Rh. arboreum hybr. ♂
Achse der Blütentraube mittellang, Blütenstiele lang, mitteldick, Kelch nach dem Abblühen mittelgross, Lappen aufrecht, an einzelnen Blumen 1 Zipfel verlängert zurückgeschlagen (unten links und rechts). Staubfäden auffallend lange bleibend ²/₃ nat. Grösse.

die seitlichen oft viel kleiner. · Der Bastard hat einen Kelch von 15 mm Durchmesser (Fig. 71), seine Lappen sind ca. 8 mm breit, aber ziemlich aufgerichtet, sodass sie in der Hinsicht wieder vom Vater beeinflusst sind. An einigen Blüten waren die Kelchlappen zu längeren Zähnen (Fig. 71) ausgewachsen, die mit der Spitze nach aussen gebogen waren, also vielleicht wieder flach werden wollten wie bei der Mutter. — Gerade solche unscheinbaren Organe, auf die der Mensch gar keine Einwirkung beabsichtigte, zeigen oft am allerbesten die Bastardnatur. Dem Züchter aber ist es natürlich weit wichtiger, dass Form und Farbe der Blume beeinflusst sind.

Soweit wir bis jetzt nachsehen konnten, findet sich in der Litteratur nur ein Fall von Kreuzung mit R. Aucklandii erwähnt, nämlich Rh. Manglesii Veitch (Aucklandii × Rh. album elegans, einer Gartenhybride). Sie wird beschrieben als reinweiss, oberster Zipfel rot punktiert, sehr grossblumig (Gartfl. 1886 S. 188). Die Firma James Veitch & Sons London, die so viel erfolgreiche Kreuzungen mit Rhododendron angestellt hat, scheint mehr R. javanicum und ciliatum benutzt zu haben. Auffallend war, dass auch auf der Bastardkonferenz in London 1901 unter den vielen von dieser Firma ausgestellten Rhododendron-Bastarden kein einziger derartiger war. Vielleicht lag das übrigens an der Jahreszeit.

Sei dem, wie ihm wolle, wir Deutschen können jedenfalls stolz sein, dass es einem unserer Landsleute gelungen ist, solch herrliche Züchtungs· produkte zu erreichen: denn wie gesagt, nicht nur Nr. 1 ist schön, sondern Nr. 2 bis 10 auch, einer fast schöner und eigenartiger als der andere. Denjenigen Handelsgärtnern aber, welche die Rhododendron-Kultur als Spezialität betreiben, möchten wir dringend raten, diese Neuheiten zu erwerben und zu vermehren, denn das Vermehren ist Sache der Händelsgärtner. — Herrn Otto Schulz aber wünschen wir nochmals Glück zu seinen ausgezeichneten Erfolgen und hoffen, dass er auch den Lohn für seine vielen Mühen finden werde. Allen jüngeren Gärtnern aber, die oft nicht schnell genug Resultate sehen können, möchten wir Herrn Schulz als Beispiel gegenüberstellen, der 6—10 Jahre warten musste, ehe seine Sämlinge blühten, und ihnen zurufen: „Wer ausharret, wird gekrönt!"

Pflanzensammlungen in nordamerikanischen Privatgärten.

Von Richard Rothe, Sunset, Laverock, Pa.
(Hierzu 2 Abb.)

Trotzdem der amerikanische Grosskapitalist heute im allgemeinen dem Gartenbau bereits ein ganz erhebliches Interesse entgegenbringt, welches sich am augenscheinlichsten in der Ausschmückung der näheren Umgebung seines Heimes äussert, sind doch die Fälle noch verhältnismässig selten, in welchen sich dasselbe so weit vertieft findet, dass zur Anschaffung und sachgemässen Erhaltung grösserer Sammlungen exotischer Zierpflanzen geschritten wird. Der ungeheure Luxus, welcher mit Schnittblumen bei festlichen Gelegenheiten wie auch im Alltagsleben zur Tafelausschmückung getrieben wird, und der Bedarf für die immerwährende Erneuerung der Blumen in den zahlreichen Vasen, welche die Amerikanerin in ihrem Hause aufstellt, erklärt es, dass auch zumeist die vorhandenen privaten Gewächshäuser der Anzucht von Schnittblumen dienen. Der Rest dieser Bauten ist gewöhnlich für Ueberwinterungszwecke und nimmt die grösseren Dekorationspflanzen, welche während des Sommers die geräumige Veranda und den Rasen in nächster Umgebung der Wohnung schmücken, auf. Immerhin findet man heute bereits hier und da unter den Reichen des Landes Pflanzenliebhaber, welche ausgedehnte Sortimente einer bevorzugten Art besitzen. Die Orchideensammlungen von Mrs. Geo B. Wilson in Philadelphia, sowie von Oakes Ames in North Easton, Massachusets, und C. G. Roebling in Trenton, New Jersey, sind rühmlich bekannt und haben uns auch schon des öfteren mit wertvollen Neuheiten beschenkt, wenn auch grössere Schauexemplare seltener Varietäten, wie sie die europäischen Gärten zu Zeiten auf Ausstellungen vorführen, noch fehlen. Dass in dieser Richtung auch die Farne mit ihrer unendlichen Mannigfaltigkeit der Blattform Liebhaber finden, ist naturgemäss und man braucht nicht allzuweit zu gehen, um sich von der Thatsache zu überzeugen, dass die hiesigen Kulturleistungen durchaus auf der Höhe der Zeit stehen. So war Schreiber dieses Artikels aufs angenehmste überrascht, als er bei Gelegenheit eines Besuches im nahen Chestnut Hill, in Compton Garden, der Besitzung des Herrn

Abb. 72. Grottenwerk im Farnhause des Herrn J. T. Morris zu Compton Garden, Chestnut Hill (Pennsylvania). Unmittelbar nach der Bepflanzung.

J. T. Morris, unter anderem eine ungewöhnlich reiche Kollektion Farne fand. Was jedoch von besonderem Interesse war, lag in der eigenartig künstlerischen Anordnung des Innern dieses Farnhauses. Aus primitiven Felsstücken ist von japanesischen Dekorateuren ein wunderliches Durch-einander von Grottenwerk mit Wasserfall und Fontaine geschaffen worden, welches, nachdem es vom Obergärtner Hrn. Frank Gould bepflanzt, sich in seiner gegenwärtigen Gestalt bereits als ein Schmuckstück ersten Ranges entfaltet. Nach Angabe des letzteren birgt dieses Haus über 300 Varietäten von Farnen und Selaginellen, worunter 83 Spezies Adian-tum und 40 Vertreter der Selaginellen sich befinden. Als besonders hervorzuheben ist die durchaus korrekte Durchführung der Namensbe-zeichnung, die sich auch in den reichhaltigen Stauden- und Gehölzsamm-

lungen des ausgedehnten Gartens aufs vorteilhafteste bemerkbar macht
und welche zugleich Zeugnis ablegt von dem tiefen Interesse, welches
Hr. Morris der Pflanzenliebhaberei entgegenbringt. „Ohne korrekte Namens-
bezeichnung keine Neuanschaffung" ist hier der Grundsatz.

Zwar befindet sich die Anlage im Freien teilweise noch im Stadium
des Entstehens, doch wenn es gelingen sollte, in der Anordnung der
Gehölz- und Staudensammlungen auch das landschaftlich Schöne in geschickter Weise zu berücksichtigen, dann dürften die Compton Gardens

Abb. 78. Grottenwerk im Farnhause des Herrn J T. Morris in Compton Garden, Chestnut
Hill (Pennsylvania).   Im 2. Jahre nach der Bepflanzung.

für die Gartenfreunde und Botaniker Philadelphias in wenigen Jahren
eine Quelle der Anregung und ein Sporn zur Nacheiferung werden.

Es war mir eine Freude. unter der freundlichen Führung des Hrn.
Gould das bereits Geschaffene zu besichtigen. Man sieht, es regt sich
hier wie überall auf dem Gebiete unserer Gartenkunst. Wenn ich auch
nicht glaube, dass wir uns trotz Vanderbilt und Biltmore heute schon
in der oben angegebenen Richtung zu der Bedeutung eines Krupp (Villa
Hügel) oder Gruson emporgeschwungen haben, so ist dies doch bei dem
unerschöpflichen Reichtum in den Händen Einzelner und der Thatkraft
der Amerikaner nur noch eine Frage der Zeit. Eine Grille — eine Anwandlung, und fast wie über Nacht kann es entstehen und erreicht, ja
vielleicht sogar übertroffen sein.

Die Aufgaben, die der in Ostafrika weilende Gärtner zu lösen hat.

Von Alfred Karasek, Wien.

Ich will nicht, dass mich der Leser „unbescheiden" nennt, indem ich mir das Recht nehme, hier über „Probleme und Aufgaben" eines in den Tropen weilenden Gärtners zu berichten, sondern ich will nur aufmerksam darauf machen, dass ein Gärtner viel zu der naturwissenschaftlichen Durchforschung des Gebietes beitragen kann, wenn er nur den Willen hat.

Nächst einem Fachbotaniker und einem botanisch geschulten Reisenden ist der Gärtner die einzige Person, die über die Flora der Umgebung die genauesten Angaben machen kann. Es ist selbstverständlich, dass ein Gärtner, falls die an ihn gestellten Forderungen von botanischem Interesse sind, auch botanisch gebildet sein muss. Leider finden wir nur zu oft Leute, die sich nur für das interessieren, was zu ihrer Thätigkeit als Erwerb gehört, das übrige ist ihnen gleichgiltig. Nicht solche Individuen, sondern Gärtner, die theoretisch botanisch gebildet, lassen sich auch für die Forschung verwenden, nur solche sollen angestellt werden. Wie kann nun ein Gärtner in den Tropen wirken, um auch für die botanische Wissenschaft etwas thun zu können? Die Beantwortung dieser Frage bildet den Inhalt meines Artikels; der Zweck ist, die Aufmerksamkeit des Gärtners zu erhöhen, sein Interesse auch für idealere Zwecke zu wecken, als es die prosaische Wirklichkeit bietet, ihn anzuspornen, selbständig etwas zu leisten.

Die erste und auch zugleich die wichtigste Aufgabe eines Gärtners, insbesondere eines Plantagenleiters, sollte bestehen in dem egoistischen und zugleich idealen Grundsatze: was ich hab, was ich leiste, ist wenig; mehr, immer mehr! In meinem Garten werden viele nützliche Gewächse kultiviert; aber es ist noch nicht genug. Es ist bekannt, dass die Anzahl der guten Obstgewächse in Ostafrika eine geringe ist. Viele vorzügliche Arten könnten hier kultiviert werden. Ich nenne nur davon Anona squamosa, Anona cherimolia. die vorzügliche Früchte tragenden Passiflora-Arten, Spondias dulcis etc.

Würde der Gärtner fremdes Obst kultivieren, so würde er auf zweierlei Weise wirken: erstens verbreitet er die Art und zweitens bereichert er die Gegend. Dass er dabei finanzielle Vorteile haben wird, ist selbstredend. Weil wir schon von Obst reden, so wollen wir uns bei diesem länger aufhalten. Wer z. B. den Mangobaum (Mangifera indica L) beobachtet, der wird gewiss einige Varietäten beobachtet haben. Die Auswahl der besonders guten Arten, die Erzielung von Exemplaren mit vollkommneren Früchten durch Zuchtwahl, die Anlage eines Sortiments, das alle Varietäten umfasst, das sollte das Ideal eines Gärtners in Ostafrika sein. Es nützt oft nicht, die besten Varietäten auszusuchen, denn jede Varietät hat gewisse individuelle Eigenschaften bezw. Vorzüge; indem z. B. die grossfrüchtige Varietät in niedrigen Lagen gut gedeiht. gedeiht die kleinfrüchtige besser in höheren Lagen. Solche Versuche. sorgfältig ausgeführt, sind von grossem Werte. Und was bei Obstbäumen ich gesagt, das gilt auch für andere Gruppen von Nutzpflanzen.

Durch Hybridation, durch Veredeln könnte der Gärtner ferner die Arten den Verhältnissen anzupassen suchen. Indem der Gärtner in seinem Garten viele Arten kultiviert, ist es ihm möglich, über die kultivierten Pflanzen Beobachtungen zu machen, so über das Wachstum (ob stark oder langsam wüchsig), über den Eintritt der Fruchtbarkeit, über die Zeit der grössten Fruchtbarkeit etc.

Bei der Anzucht der Pflanze ergeben sich Beobachtungen uber pflanzliche und tierische Parasiten. Die Parasitenkenntnisse in den Tropen sind noch sehr gering; ein jeder Beitrag ist daher erwünscht. Bemerkt ein Gärtner, dass die Blätter plötzlich schwarze Flecke bekommen, dass sie von einem mehligen Ueberzuge bedeckt sind, dass sie plötzlich ab.fallen, so thut er gut, einige davon an einen Fachbotaniker, am besten aber an das Botanische Museum in Berlin zu senden. Bei tierischen Parasiten muss er nebst den Parasiten auch die angegriffenen Teile einsenden.

Von nicht geringer kolonialwirtschaftlicher Wichtigkeit ist die Kautschukfrage. Im deutschen ostafrikanischen Gebiet kommen verschiedene Kautschukpflanzen vor, u. a. auch Landolphia Petersiana, von welchen der Saft zur Kautschukgewinnung bisher noch nicht verwendet wird; andererseits sollte man dem Ausrotten der Landolphia Kirkii eine Grenze setzen.

Versuche mit Gemüse, mit Arten, die bisher wenig oder garnicht kultiviert wurden, Versuche über die beste Vermehrungsmethode, über den wahren Wert wären Dinge, die auch materiellen Vorteil bringen würden.

Eine nicht unbedeutende Rolle kann der ostafrikanische Gärtner in der Pharmacie spielen. Eine ganze Unmenge von Pflanzen, die der Eingeborene verwendet, wurden bisher medizinisch nicht untersucht, und es lässt sich bestimmt annehmen, dass hier noch neue Arzneien zu finden sein werden. Die Kultur von bekannten und die Versuchskulturen von angeblichen Medizinalpflanzen müssten auch bisher in Ostafrika nicht kultivierte Arten von besonderer Wichtigkeit, wie den Chinarindenbaum, umfassen.

Von nicht geringer Wichtigkeit wäre die Einführung von schönblühenden, gärtnerisch verwendbaren Arten in die europäischen Gärten.*)

Alle jetzt besprochenen Aufgaben bieten neben der wissenschaftlichen Bedeutung auch einen materiellen Vorteil; die übrigen hier anzuführenden Aufgaben können nur wenig an Einnahmen abwerfen, dafür haben sie einen idealeren, mehr wissenschaftlichen Zweck.

Werfen wir einen Blick in die botanische Litteratur des ostafrikanischen Gebietes, so sehen wir oft Fragezeichen bei Blättern, Früchten, Blütenfarbe, oder lesen: Frucht unbekannt, Blätter fehlten an den eingesandten Exemplaren etc. Diese Fragezeichen zu entfernen und unvollständige Angaben zu vervollständigen, ist jedermanns heiligste Pflicht.

---

*) Näheres darüber nebst einem Verzeichnis aller schöneren und wichtigeren gärtnerisch verwendbaren Pflanzen ersieht man in dem Kapitel: Die Zierpflanzen Ostafrikas von G. Lindau in „Pflanzenwelt Ostafrikas" von Dr. A. Engler.

Ein vollkommenes, alle in der Umgebung vorkommenden Arten umfassendes, gut angelegtes Herbarium, an ein botanisches Museum gesandt,
wird Aufschluss über die Flora geben. Gesammelte Früchte, Samen etc.
als Belegexemplare sind von besonderer Wichtigkeit. Manche Familien,
so die Flechten, Moose, Algen, überhaupt Kryptogamen sind nur unvoll-
ständig bekannt. Sammel-Ausflüge an wenig besuchte Orte möchten vieles
Neue ans Licht bringen. In dem gesammelten Material von noch nicht
besuchten Orten sind gewiss neue Arten zu finden. Ein Verzeichnis von
Standortsangaben sollte sich ein jeder Gärtner anlegen, es ist für ihn
und für den Botaniker wichtig, insbesondere falls es Angaben über noch
nicht besuchte Lokalitäten enthält, und verliert seinen Wert nicht, wenn
es auch Angaben, selbstverständlich richtige, über gewöhnliche Pflanzen
enthält. Eine jede Beobachtung, jede bisher ungewöhnte Erscheinung
hat einen spezifisch hohen Wert.

Auch für die Biologie kann ein Gärtner Beiträge liefern. Er kann
die Verbreitung der Samen, den Einfluss der Witterung, des Bodens, Lage
etc. beobachten. So wären Angaben über die Verbreitung von besonders
grossen Samen und Früchten durch die Natur besonders erwünscht.

Die Volksnamen der Pflanzen sind ebenfalls erwünscht und derzeit
nur mangelhaft bekannt.

Wenn ein Gärtner sich in den Tropen befindet, so vergisst er oft,
dass in der Heimat Sammlungen von tropischen Gewächsen erwünscht
wären. Unsere Mittelschulen, die getrocknete, technisch wichtige fremde
Pflanzen zu hohen Preisen kaufen müssen, die wären für getrocknete
fremde Nutzpflanzen besonders dankbar. Auch Früchte, Hölzer und andere
Gegenstände würden gern zu billigen Preisen von den Naturalien-Kabi-
netten unserer Mittelschulen gekauft werden. Jetzt kann es vorkommen,
dass selbst zu hohen Preisen solche Sammlungen nicht zu beschaffen sind.
Es sollte ein Botanischer Garten eventl. ein privates Unternehmen sich
die Aufgabe stellen, die Naturalien-Kabinette und die botanischen Sammlungen überhaupt mit dem notwendigen naturwissenschaftlichen Material
zu versehen. Ein derartiges Unternehmen möchte nicht nur prosperieren,
es möchte sich einen grossen Verdienst um unsere Jugend, um unsere
Anstalten erwerben, andererseits dem Staate viel Geld ersparen.

Es liesse sich noch manches anführen. Der Gärtner kann noch
dies und jenes, was die Verhältnisse erfordern, ausführen. Der Zweck
dieser Zeilen aber war, zu zeigen, dass auch ein Gärtner, selbstverständlich falls er guten Willen hat, was ich besonders betonen will, für die
Wissenschaft, für die Allgemeinheit, für unsere Jugend viel wirken kann
und auch wirken soll.

Vor mir liegt das schöne Werk von Hrn. Geheimrat Dr. A. Engler
über die Flora von Ostafrika. Es würde eine besondere Bedeutung haben,
ein Werkchen zu besitzen, klein, in handlichem Format, das alles das
Unbekannte, wie Fragezeichen bei Arten etc., alles also, was wünschenswert wäre zu wissen, übersichtlich zusammengestellt enthält. Ein derartiges Werkchen möchte dem Gärtner, dem in Ostafrika weilenden
Europäer, dem Reisenden erwünscht sein, da er dann weiss, worauf es
noch ankommt.

Lemoine's neue Begonien: B. Buisson rose und B. Perle Lorraine.

Von L. Wittmack.

(Hierzu 2 Abb.)

Die glücklichen Züchter der Begonia Gloire de Lorraine. die sich im Fluge die Welt eroberte, die Herren Victor Lemoine und Sohn in Nancy, haben 2 neue Begonien in den Handel gegeben, die wir anbei

Abb. 74. Begonia Buisson Rose.

in Abbildungen bringen. Die Clichés sind uns von der Firma freundlichst zur Verfügung gestellt.

Begonia Buisson Rose (d. h. Rosenknospe), Abb. 74, stammt nach
dem Katalog von Lemoine et fils, Nr. 151, 1902, p. IV, von B. diversifolia,
die den ganzen Sommer im Freien in voller Sonne blüht und befruchtet
wurde mit B. polyantha, deren Blütezeit im Winter im gemässigten Hause
stattfindet. Auf unsere Anfrage, ob unter B. diversifolia die B. gracilis
var. diversifolia zu verstehen sei, die aus Mexiko stammt, schreiben uns
die Herren Lemoine et fils: „Ja." — Eine Begonia polyantha findet sich
nirgends beschrieben, die Herren Lemoine et fils schreiben uns, es sei
dieser Name von ihnen gegeben, es sei eine Pflanze ähnlich der B. incarnata, aber kräftiger.

Beschreibung. Begonia Buisson Rose, Wurzelstock dick, fleischig,
Pflanze nicht über 60 cm hoch, im Sommer reichlich Laubtriebe und im
Freien von Ende August an Blumen zeigend, dann im Herbst ins kalte
Haus gebracht, später ins Warmhaus, bleiben die Pflanzen bis Januar
in Blüte.

Stengel von mittlerem Durchmesser, etwas knickig, mit genäherten
Knoten. Blätter klein, schmal, sehr schief, hellgrün, zuweilen rosa gerandet. Blütenstände ebenso zahlreich wie bei B. diversifolia in allen
Blattachseln, 3—4 blütig, männliche Blumen 4 blätterig, Blumenblätter
wie bei B. diversifolia, d. h. centifolienartig rosa-karmin, Staubbeutel goldgelb. Weibliche Blumen 5 blätterig.

Diese Pflanze, die sich vorzüglich zur Topfkultur eignet, ist sehr
geeignet, die Gewächshäuser zu einer Zeit zu beleben, wo die Knollenbegonien ruhen, und wo man nichts als Chrysanthemum sieht.

Begonia Perle Lorraine (Lothringer Perle), Abb. 75. Erzogen
aus B. polyantha, die mit der im Winter blühenden B. daedalea befruchtet wurde. Auf unsere Anfrage, ob dies B. daedalea Lemaire, Ill.
hort. 7. misc. p. 54; 8, t. 269 sei, die nur ein Synonym für B. strigillosa
Dietr., einer mit B. manicata nahe verwandten Art ist, deren Blumen
als weisslich - rosa beschrieben werden, sagen uns V. Lemoine et fils,
sie kennten die Synonymee der B. daedalea nicht, es sei eine B. mit grünen,
schwarz marmorierten Blättern und mit weissen Blumen in Rispen, die
das Laub überragen. Diese Neuheit, eine wahre Perle, bildet einen
Busch von 50 cm Höhe und eben solcher Breite. Stengel sehr fleischig,
fingerdick, bronzegrün mit rosa Höckern (Lenticellen) sich in allen Blattachseln verzweigend. Blätter mittelgross, schief, etwas länger und
nierenförmiger als bei B. daedalea, schön smaragdgrün, schwarz punktiert
und getigert (im französischen sagt man leopardiert, was auch bezeichnen-
der ist. denn der Tiger hat Streifen, der Leopard Flecke), unterseits
hellgrün, rot gefleckt.

Die Blumen erscheinen von Anfang Januar an in lockeren Rispen,
die aus 30—40 Blumen bestehen. Blumen 2 blätterig, weiss, am Grunde
leicht rosa. Sie halten sich gegen 40 Tage lang frisch, sodass, wenn
die Pflanze auf der Höhe ihrer Blütezeit steht, sie wie mit einem Mantel
aus Schnee bedeckt scheint. Die Blütezeit währt bis Ende April.

Die Pflanze vereinigt schönes Laub mit schöner Blüte und durch die lange Dauer der Blütezeit wird sie sich, wie die Züchter annehmen

Abb. 75. Begonia Perle Lorraine.

einst wie B. Gloire de Lorraine verbreiten. Hoffen wir das Gleiche! Zunächst aber unseren Glückwunsch den unermüdlichen „Kreuzern" in Nancy zu ihren neuen Errungenschaften.

Über Villengärten.

Vortrag des Herrn Landschaftsgärtner B r o d e r s e n, i. F. Körner & Brodersen, Steglitz, im Liebhaber-Ausschuss des Vereins z. B. d. G. am 13. Januar 1902.

Villengärten sind je nach dem Hause, zu dem sie gehören verschieden und haben doch etwas Gemeinsames. Das Gemeinsame ist, dass sie fest umgrenzt und selbst in ihren Scenerien mit wenigen Ausnahmen abgeschlossen sind. In früherer Zeit waren, namentlich in den Klöstern, die Gärten mit Mauerwerk abgeschlossen. Auch bei uns wurden bis in die 70er Jahre des 19. Jahrhunderts bessere Gärten mit Mauerwerk umgeben, bis die Polizei das verbot.

Für die Pflanzen selbst ist die allseitige Umgebung mit Mauern schädlich, weil die Mauern den unteren Partien die Luft nehmen, und wenn oft in den Gärten im Juli der Rasen schlecht wird, und Unterholz und Stauden nicht gedeihen, so liegt dies eben an den Mauern und Planken, welche die Luftzirkulation hindern. Wenn aber doch ein Garten durch eine feste Umwehrung eingeschlossen werden soll, ist eine Mauer besser als ein Bretterzaun, da eine Mauer, wenn der Örtlichkeit entsprechend, einen angenehmeren Eindruck macht, besonders wenn dieselbe durch Bekleidung mit Schlingpflanzen belebt wird. Der Glaube, durch eine Mauer oder einen Bretterzaun gegen neugierige Nachbarn völlig abgeschlossen zu sein, ist aber nicht berechtigt. Ein Drahtzaun oder Gitter hält die Neugierigen mehr ab, als ein Bretterzaun. Ausserdem ist ein Drahtzaun billiger.

In manchen Gegenden wird mit den Gittern und Drahtzäunen der Zweck verbunden, dass mehrere Gärten ein Ganzes bilden sollen, damit man hübsche Aussichten auf das andere Grundstück habe, so in Hamburg, wobei aber die Sitzplätze beider Grundstücke möglichst entfernt liegen. An der betr. Stelle, wo die Aussicht ist, der Zaun niedriger.

Einteilung der Villengärten. Jeder Besitzer, der einen Garten anlegt, muss denselben Prozess durchmachen wie Jemand, der Gärtner werden will. Er fragt alle Bekannten und es wird ihm bald dies bald das gesagt werden. Dem jungen Gärtner sagt der Eine, er müsse alle seine Kräfte auf einen Punkt konzentrieren, wer Baumschulbesitzer werden will, soll gleich in eine Baumschule treten, andere dagegen raten, erst eine allgemeine Gärtnerei zu besuchen. So wird auch dem Villenbesitzer alles Mögliche geraten. Vor allem soll er eine grosse Rasenfläche schaffen mit Springbrunnen, ferner einen Obstgarten und Gemüsegarten usw.

Ist das Terrain gross und sind die Mittel reich, so kann das gehen, ist es klein, so wird leicht zu viel hineingebracht und der Besitzer wird nie ein Gartenfreund, zumal die Unterhaltung teuer wird.

Unterhaltung. Hier kann man unterscheiden, ob

1. reichliche Mittel vorhanden für Gewächshäuser, Obergärtner usw.,

2. nur mässige Mittel,

3. geringe Mittel, indem der Besitzer selber die Sache machen will.

Gerade im letzteren Fall sollte der Besitzer sich recht überlegen ob er es allein auch bewältigen kann.

Man fragt meist nur, was kostet die Anlage? nicht, was kostet die Unterhaltung?

In Friedenau und Lichterfelde waren anfangs hübsche Gärten, viele aber verfielen, weil in der ersten Zeit, als das Terrain noch billiger war, manche sich ein ziemlich grosses Grundstück zu einem Garten anlegten. Aber die Unterhaltung des verhältnismässig luxuriös angelegten Gartens verleidete ihnen den Garten. Das geht in städtischen Anlagen oft ähnlich.

Diejenigen Gärten, welche auf dem Papier hübsch aussehen, sehen nachher oft am schlechtesten aus, weil die Besitzer die sauberen Linien nicht unterhalten.

Einteilung eines Villengartens. Diese erfolgt nach der Liebhaberei des Besitzers. Bei uns vermisst man leider öfter, dass die Besitzer sich zu wirklichen Liebhabern ausbilden, wie in England. Da ist in fast jedem Garten eine besondere Liebhaberei für diese oder jene Pflanzenfamilie oder desgl. und dadurch unterscheiden sich englische und deutsche Gärten von einander.

Bei uns wird in den Villenvororten fast alles „nach Schema F" gemacht, nur einige Orchideen-Liebhaber, Dahlien-Liebhaber, Chrysanthemum-Liebhaber machen eine Ausnahme.

Man sollte erwarten, dass der eine mehr Stauden, der andere mehr Gehölz, der dritte mehr Wasserpflanzen ziehen werde, das ist leider meist nicht der Fall.

Wenn der Landschaftsgärtner den Besitzern dazu raten will, sich zu spezialisieren, so hören sie meist nicht. Manche wollen von Obstsorten, durchaus den Weissen Rinetten Kalville und die Beurré blanc, weil sie in der Kindheit diese gegessen haben. Sagt man ihnen, dass gehe nicht, sie gedeihen nicht, so wollen sie trotzdem es versuchen. Ähnlich ist es bei Rosen usw.

Manche erkundigen sich auch nicht nach den Ursachen eines eintretenden Schadens, z. B. wenn im Frühjahr Nachtfröste eingetreten sind, sondern schieben die Schuld auf den Lieferanten oder auf den den Garten besorgenden Gärtner.

Es müsste in den Vereinen mehr darauf aufmerksam gemacht werden und die Gartenfreunde mehr belehrt werden, nicht zu viel in den Garten zu bringen.

Diskussion:

Herr Cordel: Herr Professor Rodenwaldt hat mich darauf aufmerksam gemacht, dass im Grunewald die Drahtzäune dicht mit Thuja bepflanzt werden. Das ist zu beklagen. Im Allgemeinen bieten unsere deutschen Gärten dem Wanderer doch hübsche Einblicke, entgegen z. B. den italienischen Gärten, die meist von Mauern umschlossen sind.

Herr Cordel findet ferner, dass unsere Villengärten oft zu bunt sind, mehr Gehölz derselben Art würde besser wirken. In grösseren Anlagen wirkt eine Flieder- oder Goldregen- oder Catalpa-Gruppe oft grossartig; das kann man in kleineren Gärten freilich nicht haben, aber schon eine Gruppe einer einzelnen Rosensorte, z. B. Mme. Rothschild wirkt besser als verschiedene Rosen in einer Gruppe.

Herr Professor Rodenwald: Herr Brodersen hat uns früher auseinandergesetzt, dass die Engländer sich ganz abschliessen, aber doch
selbst hinaussehen wollen.

Im Grunewald wird es jetzt ähnlich. Bei kleinen Gärten ist es
freilich oft nicht anders möglich; aber bei grossen Gärten sollte die
Einfriedigung nicht so dicht bepflanzt werden, wie es jetzt geschieht.
Noblesse oblige. So gut wie unsere Fürsten, welche fast alle ihre Gärten
öffnen, sollten unsere reichen Besitzer wenigstens einen Einblick gestatten.
Die Herren Landschaftsgärtner sollten dem dichten Bepflanzen der
Gitter entgegentreten.

Herr Brodersen: Der Wunsch sich abzuschliessen ist überall vor:
handen, und da im Grunewald die Herrschaften auch im Winter wohnen,
wollen sie auch im Winter nicht gesehen werden. Deswegen nehmen
sie immergrüne Gewächse. Hoffentlich werden aber die Allee- und
andere Bäume durch ihren Druck die Thuja-Hecken zum Absterben
bringen.

Den Drahtzaun nehmen die Besitzer nur der Billigkeit wegen, nicht
um dem Publikum einen Einblick zu verschaffen.

Ein grosser Fehler ist, dass die Besitzer oft nicht genug Mittel zur
ersten Bearbeitung des Bodens aufwenden.

Die bunten Gehölze sind auch nur Modesache. Im allgemeinen
wünschen die Besitzer einheitliche Anpflanzung, legt man den Besitzern
aber eine Bepflanzungsliste vor, so wollen sie doch mehr Arten als man
ihnen empfiehlt, und lieber von jeder Art weniger.

In Biesdorf hat Herr Brodersen absichtlich nur wenige Arten, aber
in grossen Mengen verwendet, und wird erst später bunte Gehölze und
Roliturbäume pflanzen.

Dass so viele bunte Gehölze gepflanzt werden, liegt auch an den
Baumschulkatalogen. Da heisst es: 100 bunte Gehölze meist nicht viel
teurer als grüne. Da nehmen die Besitzer denn die bunten.

Auf dem Lande sehen bunte Gehölze noch viel schlechter aus als
in einem kleinen Villengarten. Fürst Pückler wollte nicht einmal die
Blutbuchen in seinem Park dulden, nur in der Nähe des Schlosses liess
er eine zu. Im Walde darf man auch keine Blutbuche oder sonst bunte
Gehölzgruppe pflanzen, eher in der Nähe der Gebäude.

Die Anlage der Wege. In den meisten Fällen wird der Landschaftsgärtner versuchen, möglicht wenig Wege zu legen, um grössere Flächen
zusammenzuhalten. Die Besitzer meinen aber meist, es seien zu wenige.
Die vielen Wege aber nehmen dem Garten seine Ruhe, ebenso die
vielen Sitzplätze. Man mache die Wege so breit, dass drei Personen
nebeneinander gehen können.

Herr Cordel: Ich habe nicht buntlaubige Gehölze, sondern nur
bunte Bepflanzung gemeint.

Dass bei der Bodenbearbeitung zu viel gespart wird, ist sehr zu
beklagen. Man sieht auch in der Landwirtschaft oft auf Äckern, über
die sonst ein Weg ging, noch lange Jahre die Stelle. Es verzinst sich
aber in der Landwirtschaft wie im Gartenbau nichts besser als die Tief-
Bodenbearbeitung.

Herr Peschke: Es ist leider Thatsache, dass die meisten Besitzer alles hineinhaben wollen, und nachher den Garten nicht unterhalten können. Für kleine Gärten möchte ich auf kleine duftende und sonst hübsche Sträucher, namentlich solche, die nacheinander blühen, nicht verzichten.

Herr Brodersen: Je kleiner der Garten, desto mehr müssen wir uns mit kleinen Gehölzen begnügen. Dazu sind auch die bunten geeignet. Als höchste wäre Pyrus, Goldregen und Syringe zu rechnen. Aber die Herrschaften wollen auch Linden, Rüstern usw. haben. Dies würde nicht schaden, wenn sie die grossen Bäume später entfernten, aber da der Gartenfreund nicht zu einem Gartenliebhaber geworden ist, so lässt er sie stehen, anstatt sich auf Stauden-, Knollen- usw. Gewächse zu beschränken.

Herr Demharter: In einem kleinen Garten muss man vielerlei haben, damit man den ganzen Sommer etwas hat. Jeder will den ganzen Sommer Blumen haben. Eine Gruppe Catalpa passt nicht.

Herr Professor Rodenwaldt spricht Herrn Brodersen den verbindlichsten Dank aus.

Herr Cordel wünscht, dass dem Vortrage eine grosse Publizität gegeben werde. Oft kostet die Villa mehr als im Anschlag vorgesehen war und dann wird am Garten gespart. Die Meisten unterschätzen auch die Kosten für einen Garten; dem müsste entgegen getreten werden.

Herr Brodersen: Wenn Jemandem gesagt wird, eine Sache mache wenig Arbeit, so geht das Publikum darauf ein, z. B. Kultur von Sauromatum venosum, sie wird gekauft, weil sie ohne Erde im Wasser blüht. Ebenso ist es mit Herrn Stringfellow, der empfiehlt die Bäume ganz kurz zu schneiden und den Boden wenig zu bearbeiten.

Das Sprengen des Bodens mit Dynamit für Ostplantagen anstatt des Rigolens scheint eine gute Lockerung hervorzurufen, weil seine Sprengrisse sehr weit gehen. Die Kosten, ein 1 m grosses Loch zu graben, werden etwa 25—28 Pf. betragen, mehr kostet Dynamit auch nicht, aber die Lockerung ist eine viel weitgehendere; ganz besonders auf schweren trockenen Lehmböden. Wenn man dann in das durch Dynamit entstandene Loch Wasser giesst, so läuft dies in die seitlichen Spalten und das dürfte der seitlichen Ausbreitung der Wurzeln sehr förderlich sein.

Herr Peschke: Dynamit wird sich wohl nur in hartem Boden bewähren. Es wirkt nur nach unten, durch die Erschütterung des Untergrundes allein werden die seitlichen Teile mit gelockert.

Herr Cordel: Welche Erfahrungen liegen über Düngung des Untergrundes vor?

Herr Brodersen: Ich bin ein grosser Freund derselben, besonders bei Obstbäumen, namentlich Zwergbäumen im Sandboden. Aber Stalldung, selbst Kompost in die Tiefe zu bringen, hat keinen Zweck. Es ist jedoch notwendig, dass die Wurzeln in die Tiefe gehen. Thomasmehl. Kainit oder noch besser 40 pCt. Kalisalz sind sehr geeignet zur Düngung.

Wenn wir die Obstbäume in kleineren Gärten mit Stalldung düngen, wachsen sie nur ins Holz, sodass man sie wieder zurückschneiden muss.

Wenn man aber den Untergrund mit Kali und Phosphorsäure düngt, und später Stickstoffdünger oder Stalldung, Kompost oder Latrine giebt, so können die Bäume Holz und auch Früchte ausbilden.

Wir sehen im Herbst bei Zwergobst oft, dass, nachdem sich im Juli Fruchtknospen gebildet haben, später wieder die Holzaugen austreiben. Wenn man im Frühjahr Chilisalpeter giebt, kann er im Herbst nicht mehr wirken. Kuhdünger dagegen wirkt noch im Herbst nach Regen wieder und die Bäume treiben dann eben wieder aus.

Herr Peschke: Die Frage der Düngung bei Obst und Wein wurde s. Z. in Breslau 1893 sehr diskutiert. Während Göthe - Geisenheim bei der Herrichtung des Pflanzengrundes nur wenig Kali und Thomasmehl giebt, nimmt Herr Haupt in Brieg das 20fache, sodass die Pflanze auf Jahrzehnte hinaus Vorrat daran hat. Er setzt dann alljährlich Stickstoff zu.

Herr Cordel: Unsern Sandböden fehlt in vielen Fällen der Kalk. Deshalb ist bei der Untergrunddüngung Kalk zu nehmen. Thomasmehl enthält zwar auch Kalk, das wird aber zu teuer.

Die Bergwergsverwaltung Rüdersdorf empfiehlt gemahlene Kalksteine.

Herr Brodersen: Man wird bei unseren Sandböden immer gut thun Kalk hineinzubringen. Der hält sehr lange vor.

In humussäurereichen Böden nehme man zerfallenen gelöschten Kalk, damit er entsäure, aber damit muss man vorsichtig sein.

Herr Peschke: Wenn man Wein an eine Mauer pflanzt, so gedeiht er sehr gut, weil viel Kalk beim Bau in die Erde hineingefallen ist. Falls gerade ein Bau in der Nähe, kann man auch den Mörtel benutzen.

Herr Brodersen: Mörtel ist unlöslicher als Kalk. Man muss letzteren aber bald in den Boden bringen.

Herr Cordel: In England hat man, wenigstens früher, auf schwerem Boden im Herbst gebrannten Kalk aufgefahren, damit der Boden über Winter lockert.

Herr Brodersen: Auf einer grösseren Obstplantage haben wir den Untergrund mit Kainit und Thomaserde, den oberen Boden aber mit Stalldung, Kainit und Thomasschlacke gedüngt und zwar pro Morgen:

a) 5 Ctr. Kainit u. Thomasschlacke (4:1), im Frühjahr 1 Ctr. Chile-Salpeter
b) 10 „ „   „   „   „   2 „   „
c) 15 „ „   „   „   „   3 „   „

Wo Rasen gewesen war, werden nur 3 Ctr. Kainit und Thomasschlacke genommen.

Einige Bäume standen auf der Grenze. auf dem Rasen wo nicht gedüngt war, waren die Bäume früh gelb, auf der andern Hälfte grün. Besonders die Pflaumen, die früher sehr klein und zahlreich waren, brachten letztes Jahr zwar weniger aber viel schönere Früchte.

Das Verjüngen alter Bäume ist bisweilen nicht so gut als das Düngen derselben. Beim Verjüngen macht allerdings der Baum lange neue Triebe, aber es ist nur ein Scheinerfolg, viel auffallender wirkt eben eine Düngung.

Über die Anzucht junger Farne.

Von Woldemar Neubert, i. Fa. E. Neubert, Wandsbek bei Hamburg.

(Hierzu 4 Abb. Vergl. auch die Abbildungen der jungen Farne in Heft 9 S. 229.)

Seit meiner frühsten Jugend habe ich mich für die verschiedenarti-
gen Farne interessiert, und es giebt für mich ausser den Maiblumen
keine Pflanzenart, die das ihr entgegengebrachte Interesse so dankbar

Abb. 76. Ein Haus junger Farne, zum drittenmal in Kästen pikiert, in der Handelgärtnerei von E. Neubert, Wandsbek bei Hamburg.

belohnt, wie diese Cryptogamen. Vor vielen Jahren hatte mein Vater
ein kleines niedriges Treibhaus, dessen Wände mit einer Lehmschicht
bestrichen waren, und schon damals machte es uns Kindern lebhafte
Freude, zu beobachten, wie die an diese Wand geflogenen Sporen der
Adiantum capillus veneris sich zu schönen Pflanzen entwickelten, und wie

sich allmählich die ganze Wand mit diesem Farn bedeckte und meinem
Vater zu einer guten Einnahmequelle wurde. Als ich dann vor 23 Jahren
berufen ward, hier in Wandsbek, im väterlichen Geschäft zu wirken, da
zog ich zuerst die jungen Adiantum auch in dieser natürlichen Weise
auf. Wenn im Mai–Juni die Azaleen ins Freie gekommen waren, stellte

Abb. 77.   Ein Haus junger Farne, zum letztenmal frei auf Tische verpflanzt, in der
Handelsgärtnerei von E. Neubert, Wandsbek bei Hamburg.

ich auf die zurückgebliebene Erde, Adiantum, cuneatum und scutum, mit
reifem Samen. Die Sporen fielen aus, und schnell bildete sich unter
jeder Pflanze ein grüner Teppich von den Prothallien auf der Erde. Die
Vorkeime wurden aufgesammelt, und zu grossen Pflanzen herangezogen.
Dieses natürliche Verfahren bewährte sich aber nicht für alle Farnsorten,
es nahm viel unnötigen Platz weg, und machte viel überflüssige Arbeit,

so dass ich später dazu überging, die Farnsporen aller Handelssorten zu sammeln und diese in Schalen auszusäen.

Von den Farnmutterpflanzen werden die Sporenwedel abgeschnitten sobald die Sporenbehälter aufspringen, in Papier gewickelt und an einem trockenen Platz aufgehoben. Die Sporen fallen darin aus, werden gereinigt und dann gewöhnlich im November, Dezember auf Schalen in einem Warmhause ausgesät. Recht feucht und warm gehalten, laufen

Abb. 78. Blechnum ciliatum (Lomaria ciliata),
ein Handelsfarn 1. Ranges, aufgenommen in der Handelsgärtnerei von
E. Neubert, Wandsbek bei Hamburg.

die Sporen schon in 8—14 Tagen auf. Die Vorkeime entwickeln sich schnell und nach 2—3 Monaten bilden sich die ersten kleinen Blättchen. Nach diesem Zeitpunkte wachsen die Farne lebhaft weiter, und deshalb wird jetzt mit dem ersten Verpflanzen in andere Schalen begonnen. Je nach dem Wuchs der Sorten und der Wärme des Hauses müssen die kleinen Pflanzen dann nach 6—8 Wochen wieder umgepflanzt werden und zwar zum zweiten- und drittenmal in kleine Holzkästen, weil sie sich

darin leichter bearbeiten lassen. (Siehe Abb. 76.) Sind es kleine Pflänzchen geworden, so versetze ich sie zum vierten- und fünftenmale auf

⋅|Abb. 79. Nephrolepis exaltata.
3 jährige Pflanze, aufgenommen in der Handelsgärtnerei von E. Neubert,
Wandsbek bei Hamburg.

Tische (siehe Abb. 77.) in den Treibhäusern, wo sie sich kräftig entwickenl
und bis zum Versand im Mai—Juni stehen bleiben. — Die Erde,
die ich zu allen diesen Arbeiten benutze, ist eine Mischung von $1/_2$ Mist-

beeterde und $\frac{1}{2}$ Lauberde, die je nach dem Alter der Pflänzchen fein oder grob gesiebt zur Verwendung kommt.

Doch ist die Anzucht der jungen Farne nicht so leicht, wie sich's liest. Vielmehr sind die kleinen Farne das wunderlichste Zeug, was man sich denken kann. Während die eine Aussaat wie Gras wächst, kann man bei der nächsten Aussaat das Unmöglichste machen, und kein Korn läuft, und freut man sich eines abends über die schön grün schimmernden frisch gelaufenen Samenschalen, so findet man zuweilen am andern Morgen, zu seinem Schrecken, nur schwarze Erde vor, und die ganze Aussaat ist verzogen, unbekannt wohin. Das „Laufen" lässt sich eben nicht erzwingen. Und so kommt es vor, dass durch diese Unbeständigkeit der Aussaaten es zuweilen unmöglich ist, eine Farnsorte zu erzielen, die in anderen Jahren massenhaft zu haben war.

Peinliche Beobachtung, grösste Sauberkeit und die beste Einrichtung sind vielmehr erforderlich, um erfolgreich junge Farne heranzuziehen. Schon mancher Kollege hat die Anzucht von Farnen im Grossen versucht und hat trotz anfänglicher Erfolge doch kein klingendes Resultat erzielt.

Eigentümlich hat es mich berührt, dass gerade die schönsten und interessantesten Farne, wie die Gymnogramme, Lastraea und Osmunda etc.-Sorten, im Grosshandel absolut nicht los zu werden waren, und dass ich von diesen hübschen Pflanzen habe Tausende wegwerfen müssen. Die schnellwachsenden härteren Handelssorten sind deshalb die einzigsten Sorten, die ich noch ziehe.

Wir geben im Anschluss hieran und an unsere Besprechung S. 239 noch die Abbildung des neuerdings von Herrn Neubert als ausgezeichnete Handelspflanze erkannte Blechnum ciliatum Moore (Lomaria ciliata Moore) und ferner die Abbildung einer Schaupflanze von Nephrolepis exaltata (vergl. S. 241).

Ausflug nach Potsdam.

Das Revier des Herrn Kgl. Hofgärtner K u n e r t in Sanssouci und die Neuanlagen am Drachenberg des Herrn Kgl. Obergärtner P o t e n t e.

otal verregnet, und doch herrlich gelungen!" Das ist in kurzen „ Worten das Ergebnis des Ausfluges, welchen die vereinigten Ausschüsse des Vereins z. B. d. G. am Donnerstag, den 22. Mai, nach den Kgl. Gärten in Potsdam mit Genehmigung des Herrn Kgl. Hofgarten-Direktor F i n t e l m a n n unternahmen. Letzterer konnte leider einer Dienstreise wegen die Führung selbst nicht übernehmen, hatte aber Herrn Kgl. Hofgärtner K u n e r t und Herrn Kgl. Obergärtner P o t e n t e damit beauftragt. Trotz des strömenden Regens hatten sich 21 Teilnehmer eingefunden, die am Bahnhof Charlottenhof von gedachten beiden Herren empfangen wurden.

Zunächst wurden die Herrn Hofgärtner K u n e r t unterstehenden Gewächshäuser und Weintreibereien in Sanssouci auf dem sogenannten

Terrassenrevier besichtigt. Ueberreich war die Fülle der Blumen und
der Ansatz der Weinstöcke, ein Haus schon mit reifen Trauben. Da
aber über diese sowie über die grossartigen Weinhäuser am Drachenberg
schon Herr Hofgärtner Hoffmann in Gartenflora 1898, S. 475 und 1901,
S. 263 berichtet hat, so wollen wir uns hier kurz fassen.

Die Gewächshäuser des Herrn Kunert gleichen wahren Schauhäusern; zu jeder Zeit des Jahres findet man Interessantes. Jetzt waren
es besonders die Begonien, teils herrliche Knollenbegonien, teils strauchartige, teils semperflorens Abkömmlinge für Gruppen. Besonders schön
waren: Verbesserte Erfordia, ferner elegantissima, dunkelkarmin, Erfurter
Kind, weiss; Corbeille de feu, grossartig für Gruppen, Floribunda und
eine hoch am Dach hinaufgezogene Herzogin von Portland. Bezüglich der Begonien hat Herr Kunert die Erfahrung gemacht, dass es garnicht nötig ist,
die Teppich-Begonie Erfordia aus Stecklingen zu vermehren, sondern
dass man sie viel leichter aus Samen ziehen kann. Er säet diesen Ende
Januar aus, pikiert sie zweimal und bringt sie dann auf Mistbeete. Wie
der Augenschein lehrt, hatten sie sich vortrefflich bewurzelt und waren
vor allem schön buschig und niedrig geblieben. Welch eine Arbeit wird
dadurch erspart!

Die Farne, Adiantum cuneatum, gracillimum usw. hat Herr Kunert
mit Heureka gedüngt und so ganz vorzügliche Resultate erzielt. Die
Wedel waren Ende Januar alle abgeschnitten und jetzt standen die
Pflanzen schon wieder mit grossen Wedeln, sogar voller Sporen; die
kleineren Pflanzen, die nur Kuhdung erhalten hatten, waren noch nicht
so weit. Interessant war uns auch die Beobachtung des Herrn Kunert,
dass sich Polypodium Reinwardtii im kalten Hause bei 6—8° viel besser
hält als nebenan in einem wärmeren bei 15—18°. Im letzteren werden
zwar die Wedel länger, aber im kalten gedrungener und zahlreicher.
Beides waren übrigens wahre Prachtexemplare. Auch schöne Anthurium
Scherzerianum waren vorhanden, darunter ein ganz tief dunkelrotes. Von
bunten Blattpflanzen fanden sich Strobilanthes Dyeranus, Gynura auran-
tiaca etc. etc. Eine grosse Bougainvillea war leider schon abgeblüht.
Auf die grösseren schönen Pflanzen im Palmenhause wollen wir hier
nicht weiter eingehen. — Viel Interesse erregte die seltsame Gesneraceae
Columnea Schiedeana, die übrigens mehr merkwürdig als schön ist.
Grossartig war ein Anthurium Veitchii mit fast $1^3/_4$ m langen Blättern,
ebenso schön die Kultur des Streptocarpus Wendlandi, der verschiedenen
Farn-Spezies, besonders der Elensfarne, der Saintpaulia ionantha etc.,
der Orchideen etc.

In den Kästen draussen standen die Chrysanthemum und die 2000 Canna
in Töpfen, letztere meist eigene Züchtungen. An den Chrysanthemum
sind im vorigen Jahre Blumen bis zu 34 cm Durchmesser erzielt worden.
Neu war uns die Erfahrung des Herrn Hofgärtner Kunert, dass ein
Einstutzen der Chrysanthemum gar nicht nötig ist. Wenn sie
etwa $2/_3$ m hoch sind, bildet sich die mittlere Knospe nicht weiter aus,
es bilden sich 3 Seitenzweige, die dann jeder eine grosse Blume bilden.
Besonders lobte Herr Kunert die Prinzessin Bassaraba de Brancovan,
die Herr O. Heyneck-Magdeburg in Deutschland eingeführt hat.

Eine neuere Erdbeere „Hohenzollern" zeichnete sich durch riesig hohe, dicke Stiele und überreichen Blütenflor aus, sie schmeckt mindestens so gut wie König Albert.

.Geradezu erstaunlich war die Menge des Topfobstes und der reiche Fruchtansatz. Von Aepfeln zieht Herr Kunert fast nur den weissen Winter-Calville, der sich dafür ganz besonders eignet. Ebenso schön waren die Weinkulturen. Hier sah man auch Wein an den Rückwänden. So lange ein Haus vorn noch junge Reben hat, die das Haus nicht ganz bedecken, kann man das ganz gut thun, aber — man muss die Reben nicht direkt an die Hinterwand pflanzen, sondern etwa in 1/3 m Ent-fernung an einem Drahtspalier oder dgl., damit sie auch hinten frei sind. Die Hauptsache bei der Treiberei für einen Hof ist natürlich möglichst früh uud möglichst lange Wein (desgl. auch Pfirsiche etc.) zu haben. Schon jetzt war der „blaue Malvasier" in einem Hause reif. Er zeichnete sich durch die Dünnschaligkeit der Beeren aus. Andere Häuser zeigten den Wein halbreif, in noch andern wird er zurückgehalten, sodass im November-Dezember noch Wein geliefert werden kann; dazu eignen sich besonders Gross-Colman und Black-Alicante. Ueberall sieht man in den Wein-häusern senkrechte Thonröhren, die aus dem Boden hervorragen. Durch diese tritt die warme Luft nach unten in eine Schicht geschlagener Steine, welche unter dem ganzen Erdboden sich hinzieht und durch diese an die Wurzeln.

Das grösste Erstaunen bemächtigte sich aber der Besucher, als sie die Gurkentreiberei in einem ganz niedrigen Hause sahen. Herr Kunert hat seit einigen Jahren eine neue noch nicht in dem Handel befindliche Sorte gezüchtet, die, soviel wir uns erinnern, aus Hampel's Treibgurke und Prescott Wonder hervorgegangen ist. Diese trägt so voll, dass eine Pflanze mitunter 34 Gurken liefert und ist so früh, dass man 55 Tage nach dem Legen schon die ersten Gurken schneiden kann. ·Der Samen wurde kurz nach Neujahr gelegt und schon Ende Februar waren die ersten Gurken für die Küche herangewachsen. Die allerbesten Individuen werden durch Stecklinge vermehrt, was ausserordentlich leicht ist, da die abgeschnittenen Zweige in 14 Tagen Wurzeln machen. Eine Befruchtung der Gurken ist nach Herrn Kunert garnicht nötig, wenn man nicht Samengurken ziehen will; die Frucht selbst bildet sich doch aus, wird nur am Ende (in der Jugend) etwas schmäler. Der Hof will gerade solche Gurken, weil sie keine Kerne haben.

Hierauf besuchte man die riesigen Weinhäuser am Drachenberge, die Herrn Oberg. Gilbert unterstehen, und die wahrhaft künstlerisch gelungenen neuen, von Hrn. Potente ausgeführten Anlagen am Drachen·berge. Darüber in nächster Nummer.

(Schluss folgt.)

Neue und empfehlenswerte Pflanzen usw.

Syringa Bretschneideri hybrida und S. Josikaea hybrida.

Im Jahre 1880 schickte der russische Arzt Dr. Bretschneider aus Peking von dem Norden Chinas dem Pariser Museum Samen einer Fliederspezies, welche dann später im Jahre 1886 zum erstenmal blühte. Franchet hielt diese Sorte für eine Rosa - Form des Himalaya-Flieder. Unter diesem Namen, nämlich S. Emodi rosea beschrieb auch Cornu die Pflanze im Jahre 1888 in der Revue horticole. Bald stellte sich aber heraus, dass der Flieder Bretschneiders, S. Bretschneideri hort., nicht zu S. Emodi gehörte, sondern vielmehr die S. villosa Vahl sei. Die Hauptvorzüge der S. Bretschneideri bestehen in der langen Blütezeit, welche etwa 12 Tage nach derjenigen des gemeinen Flieders folgt. Reiche Fülle der Blüten und die schöne Form der pyramidenförmigen Rispen, die Grösse der einzelnen Blüten, ferner die Fülle und Schönheit des Triebes zeichnen die Art vor vielen anderen Fliedersorten aus. Die Blütenfarbe ist rosa, oder wenigstens zeigen sie eine Nuance von Rosa. Dieses Kolorit entbehrt aber nicht der Wärme, es ist von grosser Frische und wirklicher Schönheit.

Der ungarische Flieder, S. Josikaea gehört derselben Gruppe an wie S. Bretschneideri, ist also mit letzterem verwandt, unterscheidet sich hauptsächlich durch schmälere Blätter, die unterseits kahl und silbernfarben, nicht aber behaart und blass sind. Ihre Blütenstände sind ebenfalls nur klein, wenigblütig, kaum verzweigt. Bei dem typischen ungarischen Flieder ist die Blütenfarbe ein schönes Purpurviolett, das ins Blaue spielt. L. Henry, Paris, führte zwischen beiden genannten Flieder-Sorten Kreuzungen aus, die er 1870 begann und in der Weise ausführte, dass er die Blüten des S. Bretschneideri nach Kastration mit den Pollen von S. Josikaea befruchtete und umgekehrt. Die erste Kreuzung ergab S. Bretschneideri hybrida L. Henry (= S. Bretschneideri ♀ × S. Josikata ♂). Die Pflanzen zeigen den Charakter von Bretschneiders Flieder in der Grösse und allgemeinen Form der Inflorescenzen, die aber länger, mehr pyramidenförmig, lichter, schöner aufgebaut sind. Meist sind die Blüten ein wenig kleiner als bei dem Typus, bald aber grösser. Die Blütenfarbe violett-bläulich-purpurn. In der Revue horticole ist diese Hybride in Nr. 2 dieses Jahrganges prächtig dargestellt. Die zweite erzielte Kreuzung ist S. Josikaea hybrida L. Henry (= S. Josikaea ♀ × S. Bretschneideri ♂). Die Pflanzen sind kräftiger als der Typus, Blätter grösser und etwas länger und im allgemeinen weniger behaart. Rispen etwas gedrängter, die Blüten mehr rot, bis purpurn, reinfarben. Durch beide Kreuzungen wird die grosse Reihe der schönen und prächtigen Fliedersorten vermehrt.

J. B.

Kleinere Mitteilungen.

Vereinfachte Verpackung von feinem Obst.

In der Revue horticole 1900 S. 635 macht J. Fr. Favard auf eine neue Methode der Obstverpackung aufmerksam, welche C. Leroux in Sarcelles (Seine et Oise) auf der Pariser Weltausstellung vorführte.

Während man sonst gewöhnlich das auserlesene Obst direkt in Watte oder Holzwolle verpackt, schliesst Herr Leroux die Holzwolle erst in Seitenpapier ein und zwar bildet er teils Kissen, teils wurstförmige Rollen daraus.

Auf dem Boden der Kiste oder dergl. legt er ein solches Kissen, ebenso an jede Seitenwand. Dann legt er auf das Bodenkissen Längsreihen der wurstförmigen Rollen, sodass jede Reihe Obst von der andern dadurch getrennt ist. Jede einzelne Frucht wird von der anderen in derselben Reihe wieder durch ein kleines Kissen getrennt. Für Pfirsiche und Aprikosen sind alle Kissen und Rollen aussen noch mit Watte umgeben.

Man muss die Zwischenräume etwas enger machen als die Früchte gelegt sind, damit diese festliegen.   L. W.

Hexenbesen an Syringen.

Die Syringenblüte naht! Da erfährt mancher Gärtner und Gartenbesitzer eine arge Enttäuschung, indem er wahrnimmt, dass statt der Blüten an seinen Syringen eigenartige, verkrüppelte, mit zahllosen Knospen besetzte Zweigsysteme vorhanden sind, zum Teil aber verkrüppelt eben austreiben. Diese, Hexenbesen genannten Zweigsysteme sind durch Milben hervorgerufen, die sich über Winter zwischen den Schuppen der Syringa-Knospen aufgehalten und nun beim Austreiben der Knospen die Verkrüppelung der jungen Triebe durch ihr Saugen verursacht haben. Zur Bekämpfung der Erscheinung empfiehlt es sich daher, die Hexenbesenbildungen auszuschneiden und zu verbrennen und die mit solchen behafteten Sträucher im kommenden Winter zurückzuschneiden.

Herr von Tubeuf hat im vorigen Jahre in der „Gartenkunst" die Aufmerksamkeit weiterer Kreise auf die Erscheinung gelenkt. Es sind daraufhin an die biologische Abteilung des Kaiserlichen Gesundheitsamtes zu Berlin Meldungen über das Vorkommen solcher Hexenbesen aus Berlin, Braunschweig, Celle, Halle, Frankenhausen a. Kyffh., Karlsruhe, München, Wien, Breslau, Königsberg und Tilsit gelangt. Es würde der biologischen Abteilung von Wert sein, weitere Angaben über das Vorkommen und besonders über die Grösse des durch die Hexenbesen angerichteten Schadens zu erhalten, und es wird daher gebeten, etwaige verdächtige Syringatriebe mit bezüglichen Angaben dorthin (Berlin N.W., Klopstockstrasse 20) einsenden zu wollen.[*]

[*] Der Unterzeichnete hat bereits in der „Garten-Zeitung" 1882 S. 128 auf diese Hexenbesen aufmerksam gemacht und Abbildungen gegeben.   L. Wittmack.

Litteratur.

Sonderabdruck aus fachliche Mitteilungen der k. k. Tabakregie Wien 1902, Heft 1, über Nicotiana alata Link et Otto. (Nicotiana affinis Morren.) Mit zwei Tafeln.

Bulletin du Jardin impérial botanique de St. Petersburg, I. Band 1901.

Diese neue, sehr inhaltsreiche, 3 Rubel jährlich kostende, in 6—9 Lieferungen jährlich erscheinende Zeitschrift ist in russischer Sprache geschrieben, aber mit kurzen französischen oder deutschen Resumés und giebt in erster Linie eine Reihe sehr interessanter Arbeiten über Flechten von A. Elenkin, so über die Wanderflechten der Steppen und Wüsten, über Flechten des Kaukasus, über fakultative Flechten, ferner mykologische Arbeiten von Jaczewski und einen Bericht über die phytopathologische Zentralstation des Gartens von Fischer von Waldheim.

Vom 2. Band sind bis jetzt 3 Lieferungen erschienen.   J. B.

Acta Horti Petropolitani Bd. XX. St. Petersburg 1901 enthält die grosse Arbeit von L. Komerow, Flora Manshuriae, Teil I, Gefässkryptogamen, Gymnospermen und Monocotyledonen. In russischer Sprache.   J. B.

Pflanzen-Schutz.

Atlas der Krankheitsn und Beschädigungen unserer landwirtschaftlichen Kulturpflanzen (Weinstock und Beerenobst). Herausgegeben von Professor Dr. O. Kirchner und H. Boltshauser Verlag von Eugen Ulmer, Stuttgart. In demselben Verlage ist ferner erschienen: 11. Jahrgang der Zeitschrift für Pflan-

zenkrankheiten, Organ für die Gesamt-
interessen des Pflanzenschutzes, herausgegeben von Professor Dr. Paul Sorauer-Berlin.

Eine Krankheit der Anemonen, Sclerotinia tuberosa*).

Prof. Dr. Fr. Thomas, Ohrdruf,
sprach über ein thüringisches Vorkommen von Sclerotinia tuberosa (Hedw.)
Fuck. als Gartenfeind der Anemonen.
Im Hausgarten des Vortragenden brachte
dieser Pilz im Frühjahre 1901 Anemone
nemorosa fl. pl. zum Absterben. Die
Anemonen gediehen an der betreffenden
Stelle seit 40 oder mehr Jahren sehr
gut. Jetzt ist, ohne dass zuvor eine
Neupflanzung daselbst vorgenommen
worden, in unaufgeklärter Weise die
hierorts bisher nicht beobachtete Krankheit aufgetreten. Möglich, dass die
Sporen des Pilzes, der höchstwahrscheinlich auch in den Wäldern bei
Ohrdruf auf Anemone nemorosa L. vorkommt, mit dem Fichtenreisig, das zum
Decken der Rosen benutzt wird, eingeschleppt worden sind. Ungewöhnlich
ist die beobachtete enorme Anzahl der
braunen Peziza-Becher, die sich bekanntlich auf schlanken Stielen bis über
die Erde erheben. Die Beschreibungen
des Pilzes beziffern die Zahl dieser
Becherfrüchte auf 1—6 für ein Sclerotium**); englische Berichte (s. u.) geben
bis 17 an; an den am dichtesten besetzten Ohrdrufer Sclerotien (welche
Herrn W. Krieger in Königstein für
die von ihm herausgegebene Exsiccaten-
Sammlung schädlicher Pilze überwiesen
wurden) waren bis gegen 40 zu zählen!
Es erklärt sich dies wohl durch die gute
Düngung, welche der Standort alljährlich durch Auffüllung von Komposterde
erhält Schon Brefeld bei seinen
Kulturen von Peziza-Arten, darunter
P. tuberosa Bull. (d. i. der ältere Name

obigen Pilzes), dass sie bei saprophy-
tischer Ernährung sehr viel üppiger
sich entwickelten als bei parasitischer
Lebensweise (Sitzungsbericht der Ges.
naturf. Freunde zu Berlin vom 15. Nov.
1875, abgedr. in der Bot. Z. 1876 Sp
266 f.). Auf wildwachsender Anemone
nemorosa L. ist der Pilz in Deutschland
nicht gemein, aber verbreitet. Aus Thüringen ist er in unseren Mitteilungen
1893 (V. S. 21) bekannt gegeben durch
F. Ludwig, der ihn im Göltzschthal
und Krummthal bei Greiz fand.*) Für
das Vorkommen auf A. ranunculoides
L. kennt Vortr. aus Deutschland nur die
Mitteilung von Hennings (Verhandl.
d. Bot. V. d. Pr. Brandenburg 1898
S. XXVII), welche sich auf einen Fund
von Kirschstein (Rathenow) bezieht.
In Gärtnereien ist der Pilz besonders
in England und Holland lästig geworden
Gardeners' Chronicle brachte wiederholt
derartige Nachrichten (so von Smith
1887, 3. S., Vol. I. p. 712 f., mit Abbildungen). in welchen als Substrate ausser
„double A. nemorosa" noch angegeben
werden: A. apennina L. und A. hortensis L. (l. c. 1893, Vol. XIV, p. 75). In
Holland hat ein heftiges Auftreten der
Krankheit an A. Coronaria L. und deren
Hybriden in Harlemer Gärtnereien eine
Untersuchung von Wakker veranlasst,
die unter dem Titel „La morve noire
des Anémones, produite par la Peziza
tuberosa Bull." in den Archives Néer-
landaises T. 23. Haarlem 1888 p 373
bis 382 erschien. Das normale Rhizom
von A. Coronaria L. ist dicker als bei
A. nemorosa L. und mit dem Sclerotium
leicht zu verwechseln, wodurch die Bekämpfung der Krankheit sehr erschwert
wird. M. Cornu beobachtete 1880 in
einem Pariser Garten eine fast vollständige Zerstörung von A. nemorosa
L. durch den Pilz (Bullet. Soc. bot.
France 1880 p. 210). Eine Schädigung
der Anemone-Kulturen in deutschen
Gärtnereien ist, wie es scheint, bisher
nicht beobachtet oder doch nicht in der
botanischen Litteratur verzeichnet worden. Brefeld (Bot. Unters. über Schim-

---

*) Aus „Mittheilungen des Thür. Bot.
Vereins", Neue Folge, Heft XVI, 1902,
Seite 5.

**) Sclerotium (von skleros - hart, trocken)
ist ein Dauergewebe eines Pilzes, welches
meist überwintert. Auf ihm bilden sich im
nächsten Jahre die Fruchtkörper, hier Becher-
oder Scheibenpilze: Peziza. — Das Mutterkorn
ist auch ein Sclerotium.

                                    L. W.

---

*) Die nachfolgenden Notizen hat der
Vortr. dem Sitzungsbericht einverleibt, weil
sowohl in Rabenhorst's Kryptogamenflora
(Pilze III, bearb. v. Rehm, 1896, S. 814)
als in den Handbüchern über Pflanzenkrankheiten von Frank und Tubeuf nur A. nemorosa als Substrat aufgeführt ist.

melpilze IV. 1881) fand, dass Sclerotien, die er mehrere Jahre trocken aufbewahrt hatte, beim Befeuchten noch keimten. Zur Vertilgung sind die aus dem Beete enternten Teile zu verbrennen oder längere Zeit in Wasser zu legen; der Boden aber ist mit gebranntem Kalk zu mengen (Wakker).

Kaiserl. Gesundheitsamt. Biologische Abteilung f. Land- und Forstwirtschaft, Flugblatt Nr. 1, Februar 1902, zweite völlig neubearbeitete Auflage. Aufforderung zum allgemeinen Kampf gegen die Fusicladium oder sog. Schorfkrankheit des Kernobstes. Neu bearbeitet von Regierungsrat Dr. Aderhold. Verlag von Paul Parey und Julius Springer, Berlin. Einzelpreis 5 Pfg. (+ 3 Pfg. Porto) 100 Exempl. 4 Mk. Bestellungen sind nur an Paul Parey, Berlin SW., Hedemannstrasse 10 zu richten.

Eine treffliche, populär-wissenschaftliche, kurz und bündig gehaltene Beschreibung des Schorfes, der unseren Aepfel und Birnen so verderblich ist. m. Abb., nebst Angabe der Gegenmittel: Bespritzen mit Kupferkalkbrühe, vor der Blüte mit 2%iger Brühe, nach vollendeter Blüte mit 1%iger Brühe und 14 Tage bis 3 Wochen nach der zweiten Bespritzung wieder mit 1%iger Brühe. Wir werden in nächster Zeit einen ausführlichen Artikel über denselben Gegenstand bringen.

Unterrichtswesen.

Kursus über Weinuntersuchung und Weinbehandlung in Geisenheim a. Rhein.
In der Zeit vom 9.—21. Juni 1902 findet an der oenochemischen Versuchsstation der Königlichen Lehranstalt zu Geisenheim a.Rh. ein Kursus über Weinuntersuchung und Weinbehandlung statt. Der Kursus setzt sich aus Vorträgen und praktischen Uebungen im Laboratorium zusammen. Gelehrt wird die chemische Untersuchung und Beurteilung der Weine unter Zugrundelegung der gesetzlichen Bestimmungen, ferner die gesamte Kellerbehandlung der Weine (Schwefeln, Klären, Schönen, Filtrieren, Pasteurisieren, rationelle Weinverbesserung, Weinkrankheiten und deren Beseitigung u. s. w.

Nähere Auskunft hierüber erteilt der Vorstand der genannten Versuchsstation, Dr. Karl Windisch in Geisenheim a. Rhein.

Ausstellungen und Kongresse.

Die Königliche Gesellschaft für Gartenbau von Gent beabsichtigt vom 18. bis 26. April 1903 in Gent die 15. internationale Gartenbau-Ausstellung abhalten. Die Ausstellung wird unter dem Protektorat Sr. Majestät des Königs und Ihrer Majestät der Königin stehen. Das Programm der Ausstellung ist bereits erschienen und umfasst 670 Konkurrenznummern in 28 Gruppen.

Aus den Vereinen.

Deutsche Dahlien-Gesellschaft.
Die zweite Jahresversammlung der Deuschen Dahliem-Cesellschaft findet Sonntag den 1. Juni nachmittags 2 Uhr im Restaurant Schiesshaus zu Erfurt statt. Die Tagesordnung wird unseren geehrten Mitgliedern noch per Karte bekannt gegeben

Tagesordnung: 1. Ausstellungs-Angelegenheiten, a) Besichtigung des Geländes und der Baulichkeiten. b) Etwaige Anweisung der Plätze. c) Programm-Beratung. 2. Geplante Ausstellungs-Ausflüge. 3. Verschiedenes.

Da bei dieser Versammlung sowohl eine gemeinsame Besprechung mit dem Ausschuss des Erfurter Gartenbau-Vereins geplant ist, als auch an die Sitzung anschliessend eine Besichtigung des diesjährigen Auspflanz-Terrains für alle unsere geehrten Mitglieder und Aussteller von Interesse sein dürfte, so ergeht an alle Interessenten die Bitte, sämtlich und pünktlich zu erscheinen. Nichtmitgliedern wird die Tagesordnung gern per Karte mitgeteilt.

Deutsche Dahlien-Gesellschaft.
Der Vorstand.
Heinrich Kohlmannslehner,
Geschäftsführer.

Jahresbericht der Gartenbau - Gesellschaft zu Frankfurt a. M. über deren Thätigkeit im Jahre 1901.

In der Generalversammlung vom 3. Januar 1902 erstattete der Herr Vorsitzende, Kgl. Gartenbaudirektor Siebert, den Jahresbericht.

Von den vielen und sehr interessanten Vorträgen, welche in den verschiedenen Sitzungen gehalten wurden, seien nur folgende erwähnt:

1. Landwirtschaftsinspektor K. Fr. Reiser-Wiesbaden über „Neuigkeiten des letzten Jahres im Garten- und Obstbau".

Zwecks Bekämpfung von tierischen und pflanzlichen Schädlingen empfiehlt er ein Mittel, bestehend in einer Brühe aus 7—8 Teilen schwarzer Seife,
2—6 „ Petroleum
mit 1 pCt. Lösung von Kupferkalk. Von gleich guter Wirkung sei auch eine Kupferkalklösung mit einer 6 pCt. Lösung schwarzer Seife.

2. Oberlehrer E. Sillig über „Die Vogelschutzpetition der Gartenbau-Gesellschaft".

Sowohl der Herr Vortragende als auch die zu diesem Zwecke gewählte Kommission schlagen folgende Petition, welche ca. 12000 Unterschriften erhielt, vor:

Die Reichsregierung solle ersucht werden, den staatlichen und kommunalen Behörden zur Pflicht zu machen, die Landesgesetzgebung bezw. die Polizeiverordnungen darauf zu revidieren, dass

1. allgemein bestimmt werde, dass Hecken nur in der Zeit vom 1. September bis 1. April geschnitten werden dürfen;

2. dass Gebüsche, Gestrüpp u. s. w. an Flussufern, Wegen und Rainen, desgleichen Wachholderbüsche und buschiges Unterholz in den Forsten nicht ohne zwingenden Grund beseitigt und dass, falls dies notwendig war, für entsprechenden Ersatz gesorgt werde;

3. dass auf Staatskosten in den Staatsforsten Nistkästen als Ersatz für die fallenden Hochbäume aufgehängt und regelmässig nachgesehen werden;

4. dass in gleicher Weise die Kreisverwaltungen, wie die Stadt- und Landgemeinden angehalten werden, für den Wegfall von natürlichen Nistgelegenheiten und Wohnstätten künstlichen Ersatz zu schaffen;

5. dass das Raubzeug aus der Klasse der Vögel wie der Säugetiere (Eichhorn, Haselmaus) regelmässig abgeschossen und dafür Abschussprämien staatlicherseits bewilligt werden;

6. dass wildernde Katzen, sobald sie nicht im Hause des Eigentümers sind, getötet werden dürfen; auch sind Abchus-prämien für sie auszusetzen;

7. dass die Unterrichtsverwaltungen angewiesen werden, in den Schulen ein tieferes Verständnis für unsere einheimischen Vögel und deren Schutz zu wirken.

Ganz besondern Erfolg verspricht sich die Kommission davon, dass in den Lehrplänen aller Schulen, niedere wie höhere, die Kenntnis unserer einheimischen Vögel und deren Schutz als besonderer Gegenstand des Unterrichts gefordert werde. Eine so unterwiesene Jugend wird ihre Heimat immer besser verstehen und lieben lernen und in erziehlicher, ethischer und ästhetischer Hinsicht vielfach fördernde Anregung erhalten. Auch in der Häuslichkeit des Vogelpflegers wird schon frühzeitig manch ein Samenkorn der Liebe zur Tierwelt und der gewissenhaften Pflichterfüllung in die Herzen der Jugend gepflanzt, das später in Familie, Gesellschaft und Staat gute Früchte zeitigen wird.

3. Dr. H. Becker über: „Chemisch interessante Kakteen" (mit Lichtbildern).

4. Kreisobstbau-Techniker C. Fetisch-Oppenheim a. Rh. über: „Ernte, Verpackung und Aufbewahrung des Obstes".

Am Schluss sei noch der Vortrag des Hoflieferanten Herrn J. Fromm über „Wein- Obst- und Gartenbau auf der Pariser Weltausstellung" erwähnt. Redner machte die erfreuliche Mitteilung, dass deutsches Obst trotz des strengeren Klimas mit dem südlichen Obst konkurrieren könne.

Geschäftsbericht des Provinzial-Verbandes Schlesischer Gartenbau Vereine über das Jahr 1901. Proskau 1902. Druck von Josef Wolff in Oppeln.

Jahresbericht des Landes-Obstbauvereins für das Königreich Sachsen auf das Jahr 1901.

Deutscher Gärtner-Verein, London.

Nachstehender Bericht über das verflossene Winterhalbjahr des Deutschen Gärtner-Vereins, London, zeigt zur Genüge, dass der Verein seiner Bestimmung, hiesigen deutschen Gärtnern durch Abhaltung von fachwissenschaftlichen Vorträgen und Berichten, öffentlichen Meinungsaustausch über gärtnerische Fragen u.s.w. Gelegenheit zur Erweiterung ihrer Kenntnisse zu geben, vollständig Rechnung getragen hat; und dass dies auch allseitig anerkannt wird, beweist die siete Zunahme der Mitgliederzahl.

Es fanden 11 Versammlungen und 1 Generalversammlung statt, in denen durchschnittlich 20 Mitglieder und 6 Gäste anwesend waren. 17 Mitglieder wurden neu aufgenommen, sodass nach Austritt von 5 Herren die Mitgliederzahl 48 beträgt.

Die Feier des Stiftungsfestes fand am 7. Dezember statt und nahm den schönsten Verlauf.

An Zeitschriften lagen aus: Gartenflora, Gartenwelt, Deutsche Gärtnerzeitung, Gartenkunst, Allg. Deutsche Gärtnerzeitung, The Garden und Gardeners Chronicle.

Von stattgehabten Vorträgen seien erwähnt: Kultur der Cassien — H. Reber, Paeonia albiflora — H. Reber, Zonalpelargonien als Herbstblüher — A. Klostercamp, Oeffentliche Anlagen in London — H. Gensel, Phyllanthus roseo pictus — H. Reber, Die Anwendung des Schwefeläthers vor dem Treiben des Flieders — H. Reber.

Die Versammlungen finden jeden ersten und dritten Sonnabend im Vereinslokal, Wed des Hotel, 12 Greec-Str. London W, statt.

Der in letzter Generalversammlung gewählte Vorstand besteht aus folgenden Herren:

1. Vors.: Hr. Pingel.
Stellv.: Hr. Lutz.
1. Schriftf.: Hr. Daniel.
Stellv.: Hr. Meili.
1. Kassierer: Hr. Gräfe.
Stel v.: Hr. Hoffmann.
1. Bücherw.: Hr. Klein.
Stellv.: Hr. Karrer.

London, 20. April 1902.
I. A. Der Schriftführer G. Daniel.

Eingesandte Preisverzeichnisse.

Illustrierte Preisliste über Blumenzwiebeln, Pflanzen etc. von Gebrüder Stiegler, Cannstatt-Stuttgart. — Erfolge der Kalidüngung im Obstbau von E. Lierke-Leopodshall. Im Auftrage des Verkaufs-Syndikats der Kaliwerke Leopoldshall-Stassfurt: Ratgeber zur zweckmässigen Kalidüngung von Dr. A. Felber, Berlin 1902, Druck von Pass & Garleb. — Engros Preisverzeichnis 1901/1902 von A. Keilholz Samenbau und Samenhandlung in Quedlinburg. — Preisliste für Wiederververkäufer, Hortus orientalis, 1902 von Walter Siehe-Mersina über Trockenblüher. — Preisliste über Insektenvertilgungsmittel (Insekten-Fanggürtel „Einfach") von Otto Hinsberg-Obstgut Insel Langenau, Post Nackenheim bei Mainz. — J. C. Schmidt, Hoflieferant Sr. Majesät des Kaisers und Königs, Erfurt. Preisliste über Blumenzwiebeln etc. — Chemische Werke vorm. H. u. E. Albert-Biebrich a. Rhein empfehlen ihre hochkonzentrierten Nährsalze im Garten und Obstbau. — Preisverzeichnis über Neuheiten von Caladium mit vielfarbigen Blättern von H. Lietze-Rio de Janeiro (Brasilien). — Neue Heizungsanlagen System „Tropical" von Nieuw Stelzel, Gent. — Moritz Verdomk, Gent. Ankündigung von Odontoglossum.

Personal-Nachrichten.

Am 27. Mai, dem Tage der 25jährigen Wiederkehr des Hinscheidens 'es Gartendirektors der Stadt Berlin Gustav Meyer fand an seiner Ruhestä te in Potsdam, die von Herrn Friedhofs - Inspektor Kierski würdig geschmückt war, und an seinem Denkmal im Treptower-Park zu Berlin, dessen Ausschmückung seitens des stä itischen Obergärtners Weiss erfolgt war, eine Niederlegung von Kränzen durch den Vorstand des Vereins deutscher Gartenkünstle statt, dem viele Mitglieder des Vereins und sonstige Freunde des Verewigten beiwohnten. In Potsdam hielt der Kgl Hofgartendirektor Gustav Fintelmann, in Treptow der städt. Garten - Inspektor Axel Fintelmann die Gedächtnisrede. An diese letztere Feier schloss sich eine Besichtigung des Treptower Parkes und den neuen Anlagen im Plänterwald.

Der Königliche Hofbuchhändler Martin Bahn, Berlin ist nach langem Leiden am 21. Mai im 77. Lebensjahre gestorben. Er war Inhaber der Firma M. Bahn Verlag, Königliche Hof - Buch- und Musikalienhandlung (früher T. Trautwein) und langjähriges Mitglied des Vereins z. B. d. G. Noch im Oktober v. J. war er persönlich in der Versammlung anwesend, um die schönen, von seinem bewährten Obergärtner Seelbinder gezogenen Riesen - Chrysanthemum vorzuführen.

Dr. G o e z e , Kgl. Garten-Inspektor am bot. Garten in Greifswald, tritt in den Ruhestand. Die von ihm bekleidete Stelle soll zum 1. Oktober neu besetzt werden.

Der Geh. Kommerzienrat Spindler, Mitgl. des Ver. z. B. d. G., feierte am 17. Mai seine silberne Hochzeit.

Herr Geh. Reg -Rat Prof. Dr. Engler hat die Direktorialwohnung im Neuen bot. Garten in Steglitz bezogen.

Herr Schriftsteller Oscar Cordel hat seinen Wohnsitz nach Nicolassee (Rehwiese), Pos: Wannsee, verlegt.

Berichtigungen.

Zu Heft 10, S. 268. Die Häuser des Herrn K o s c h e l, Lichtenberg, sind aus Holz, nicht aus Eisen. Die Warmwasserheizung des Herrn Nitsche-Dresden beansprucht nicht einen bedeutenden Kohlenverbrauch, sondern im Gegenteil einen verhältnismässig geringen, wie wir aus einem Schreiben des Herrn Koschel entnehmen.

Zu Heft 10, S. 272, ist nach einer Zeitungsnotiz gesagt, das botanische Museum und die Lehrsäle würden in kürzerer Zeit vollständig vollendet werden. Es bezieht sich das aber auf das pharmakologische Institut, welches neben dem für das bot Museum reservierten Platz errichtet ist. Das letztere wird erst erbaut werden.

Beitrag zum Verein zur Beförderung des Gartenbaues.

Die geehrten Mitglieder, welche ihren Beitrag noch nicht entrichtet haben, werden aufgefordert, denselben bis zum **15. Juni** an den Schatzmeister, Herrn Kgl. Hoflieferanten **J. F. Loock**, Berlin N , Chaussestr. 52a, einzusenden. Von denen, die bis dahin den Beitrag nicht eingeschickt haben, wird angenommen, dass sie die Einziehung durch die Post wünschen. — Der Beitrag beträgt für Berlin und Umgegend 20 M., für das übrige Deutschland und Oesterreich 13 M., für das Ausland 15 M.   D e r   V o r s t a n d. ·

Für die Redaktion verantwortlich Geh. R. Prof. Dr. Wittmack, Berlin NW., Invalidenstr. 42. Verlag von Gebrüder Borntraeger, Berlin SW. 46, Dessauerstr. 29. Druck von A. W. Hayn's Erben, Berlin.

15. Juni 1902.   Heft 12.

GARTENFLORA

ZEITSCHRIFT

für

Garten- und Blumenkunde

(Begründet von **Eduard Regel**.)

51. Jahrgang.

Organ des Vereins zur Beförderung des Gartenbaues in den preussischen Staaten.

Herausgegeben von

Dr. L. Wittmack,

Geh. Regierungsrat, Professor an der Universität und an der Kgl. landwirtschaftl.
Hochschule in Berlin, General-Sekretär des Vereins.

Berlin 1902

Verlag von Gebrüder Borntraeger

SW 46 Dessauerstrasse 29

Erscheint halbmonatlioh. Preis des Jahrganges von 42 Druckbogen mit vielen Textabbildungen und
12 Farbentafeln für Deutschand und Oesterreich-Ungarn 12 Mark, für die übrigen Länder des Weltpostvereins 15 Mark. Zu beziehen durch jede Buchhandlung oder durch die Post (Zeitungsverzeichnis
No. 2819).

895. Versammlung des Vereins zur Beförderung des Gartenbaues in den preussischen Staaten am 29. Mai 1902 im Königlichen botanischen Museum zu Berlin.

I. Der Direktor des Vereins, Königlicher Gartenbaudirektor Lackner, widmete dem entschlafenen Mitgliede, Herrn Königlichen Hofbuch- und Musikalienhändler Bahn, warme Worte der Teilnahme und erhoben sich die zahlreich Erschienenen zum Zeichen der Teilnahme von ihren Sitzen.

II. Hierauf teilte derselbe mit, dass der Vorstand dem so verdienten Sekretär, Herrn S. Braun, gelegentlich seiner Verheiratung eine Ehrengabe von 200 Mark mit dem Motto; „Schmücke Dein Heim!" übersandt habe, und verlas das Dankschreiben des Herrn Braun. Die Versammlung genehmigte stillschweigend diese Ausgabe.

III. Ausgestellte Gegenstände waren in reicher Fülle vorhanden.
1. Herr Königlicher Garteninspektor Lindemuth führte neue, höchst interessante Impfversuche an Malvaceen vor und zwar an Palava malvaefolia, Sida Napaea und Anoda hastata. Er wird darüber selbst eingehend berichten. In der Besprechung bemerkte Herr Prof. Dr. Paul Magnus, dass Prof. Karl Koch alle Fälle der Übertragung der Panachüre vom Edelreis auf die Unterlage oder umgekehrt für Zufall erklärt habe, und dass er dem s. Z. entgegeugetreten sei.

2. Herr Garteninspektor Lindemuth legte ferner als Kuriosum eine aus Farnrhizomen (Davallia) hergestellte Kröte vor, die sich begrünte, indem die Rhizome wieder austrieben. Er verdankte das Exemplar Herrn Wahl, Lützowplatz 1. Es sollen derartige Gegenstände aus Japan importiert werden und sich zu Ampeln im Zimmer eignen, was wegen der trocknen Luft wohl ausgeschlossen ist, im Gewächshause aber sehr gut möglich wäre. — Herr Kohlmannslehner bemerkte dazu, dass die Rhizome in allen möglichen Formen über Holland eingeführt werden, als Schiffe, Hampelmänner usw., die Form hält sich aber nicht, da die Rhizome ungleich austreiben. Es ist Davallia bullata, und die einzige schöne Form ist die eines Balles, wie er selbst eine besitze. — Herr Königlicher Hoflieferant Klar erinnerte daran, dass die Ausschüsse am 22. Mai bei Herrn Königlichen Hofgärtner Kunert Frösche aus Davallien gesehen hätten. — Herr Königlicher Hoflieferant Loock teilte mit, dass er schon vor zehn Jahren derartige Davallienrhizome importiert und u. a. Herrn Königlichen Garteninspektor Weidlich und Weber übergeben habe. Anfangs wurden sie warm kultiviert, da hielten sie sich nicht, als aber Herr Weber sie kühler behandelte, gediehen sie gut und haben sich bis heute gehalten; Tierformen waren damals nicht darunter.

3. Herr de Coene, von der Firma Spielberg & de Coene, Fr.-Buchholz, überbrachte die ihm vom Verein zur Kultur übergebene Hydrangea hortensis Mariesii, die sich durch riesig grosse Randblüten auszeichnet, welche aber in verhältnismässig kleiner Zahl vorhanden sind. Da die im vorigen Mai bezogene Pflanze alt war, so machte er später Stecklinge, die sich anfangs Januar bewurzelten und jetzt diese grosse Pflanze geliefert haben.

4. Herr de Coene führte ferner die ihm zur Kultur überwiesene Zantedeschia Elliotiana vor, eine der sogenannten gelben Calla-arten. Die Knollen hatten bei der Ankunft nur 4 cm Durchmesser und wuchsen anfangs gut, die Triebe starben aber nach einigen Monaten ab. Er nahm dann die Knollen, da sie noch Leben zeigten, heraus, schüttelte die Erde ab, liess sie trocken werden und legte sie im Dezember wieder in die Erde, und so sind sie jetzt zur Blüte gekommen. Die Blume ist noch klein, die Pflanze wächst auch nicht so gut wie die weisse Calla.

5. Endlich erfreute Herr de Coene die Versammlung durch ein reiches Sortiment von Anthurium Scherzerianum, das die schönsten Hybriden und viele Sämlinge auswies. Von bunten seien besonders genannt Rothschildianum und ferner Mme. Dallière, eine rein rosa Farbe, die auch treu diese Farbe vererbt, was sonst bekanntlich bei Hybriden selten ist, wie es andererseits schwer ist, eine rein weisse Farbe zu erzielen. A. Scherzerianum ist, wie Herr de Coene ausdrücklich hervorhob, eine sehr gute Handelspflanze, denn sie hält sich so vorzüglich im Zimmer, wie kaum eine andere Blume und blüht oft drei Monate lang; auch abgeschnitten halten sich die Blumen lange. Dass sie nicht noch allgemein verbreitet ist, ist merkwürdig. Die Blumenhändler erklären, es sei eine eigentümliche Pflanze, damit wollen sie sagen, es sei keine schöne Pflanze; sie wissen vielleicht selbst nicht, warum. Die Calla ist ja auch eine eigentümliche Blume und doch so beliebt. Das Anthurium Scherzerianum ist keine Pflanze des feuchten Warmhauses, sie erträgt trockene Zimmerluft sehr gut. Herr de Coene stellte dieses Sortiment ausser Preisbewerb aus und gab zugleich Anregung betreffs Aenderung der Preise in den Versammlungen.

6. Herr C. Bornemann aus Blankenburg am Harz überbrachte ebenfalls die gelbe Calla: Zantedeschia Elliotiana (Richardia Elliotiana) aber in einem älteren, grossen Exemplar. Er berichtet. Z. Elliotiana wurde anfangs der 1890er Jahre aus Transvaal eingeführt. Die erste sah ich blühend auf der „Tempelschau" in London 1894, die Knollen waren damals sehr teuer und kamen per Stück 40 M. Da die Pflanze sich etwas schwer kultivieren lässt, ist der Preis nicht sehr gefallen, er beträgt immer noch ca. 10 M. Die Sämlinge sterben leicht ab, aber wenn die Pflanze einmal kräftig geworden ist, kommt sie ganz leicht durch den Winter. Sie variiert übrigens sehr. Es giebt ganz dunkel orangegelbe bis zum hellsten Citronengelb. Weil die Zantedeschien (Richardien) sich leicht kreuzen, glaube ich, dass es gar keine gute Spezies, sondern eine natürliche Hybride ist, denn Richardia Elliotiana wurde s. Z. mit R. aethiopica (Calla aethiopica) zusammen gefunden. Als das bekannt wurde, liessen alle Importeure sich grosse Mengen von

Calla aethiopica kommen, in der Hoffnung, auch gelbe darunter zu finden; das ist aber nicht der Fall gewesen.

Zu gleicher Zeit wurde auch Zantedeschia (Richardia) Pentlandii[*]) eingeführt. Sie ist ganz ähnlich, hat aber nicht den dunklen, schwarz purpurnen Grund der Blütenscheide und vor allem einfach grüne Blätter, während C. Elliotiana durchscheinend punktierte Blätter hat wie Richardia albo-maculata.

7. Herr B o r n e m a n n führte ferner eine e i g e n e K r e u z u n g von Z. E l l i o t i a n a × Z. A d l a m i vor, welcher er den Namen „S o l f a t a r a" gegeben hat. Z. Adlami hat eine k l e i n e, mattgelbe Blume mit schwarzem Grunde, ihre Blätter sind rein grün, die des Bastards dagegen etwas durchscheinend gefleckt und die Blütenscheide g r o s s, etwas grünlich gelb, citronengelb, am Grunde schön schwarz-purpurn.

Während Richardia Elliotiana etwas empfindlich ist, ist der Bastard ganz unempfindlich und dürfte sich selbst im Freien kultivieren lassen, ähnlich wie Gladiolen. Auch für Schnittblumenzwecke dürfte sie eine Zukunft haben, da die grünlich gelbe Farbe der Blütenscheide gut zum neuen Stil passt.

R. Elliotiana eignet sich mehr zur Topfkultur, Solfatara, von der ich ein ganzes Haus voll besitze, mehr zum Auspflanzen. Im Topf bleibt sie kleiner.

8. Endlich zeigte Herr B o r n e m a n n eine Monstrosität vor, eine weisse Calla, bei welcher das unter der Blütenscheide befindliche Laubblatt, das ganz nahe an den Kolben gerückt ist, zur Hälfte auch weiss geworden ist. Vielleicht ist dies durch zu starke Düngung entstanden, wie Herr B. meint. Er hatte der Erde etwas Ammoniak-Superphosphat beigemischt.

9. Herr Obergärtner B a r t s c h führte aus dem Garten des Herrn Dr. M a x R e i c h e n h e i m in Wannsee ein grosses Sortiment schön blühender O r c h i d e e n ausser Preisbewerb vor, darunter besonders viele Cattleyen: C. Mossiae, C. Mendeli Grusoni sehr schön; C. Luddemannia, C. intermedia, C. citrina; ferner Laelia purpurata, L. grandis tenebrosa, L. Boothiana; sodann: Epidendrum vitellinum, E. Friderici Guilelmi, Odontoglossum crispum, O. cordatum, Oncidium pulvinatum, O. (Miltonia) vexillarium, O. (M.) candida, Masdevallia ignea, Cypripedium Exul, C. Wendlandi, C. Lawrenceanum, C. selligerum und Vanda tricolor. — Herr B a r t s c h machte besonders u. a. auf C a t t l e y a M e n d e l i· G r u s o n i aufmerksam und schilderte kurz das Haus, welches ähnlich eingerichtet ist, wie das von ihm in Gartenflora 1901 S. 400 mit Abbildung beschriebene. Es ist ein einfaches Sattelhaus in fünf Abteilungen, kalte, warme und gemässigte. Das Eigentümliche ist besonders die Berieselungsanlage. Es sind zwei durchlöcherte Röhren am First angebracht; wenn es im Sommer zu heiss wird, berieselt man damit die ganze Glas-·fläche, die Glasfläche beschlägt von innen und das Haus kühlt sich um

---

[*]) Gartenflora 1898 S. 593 t. 1456. Daselbst auch eine kurze Geschichte der Zantedeschien. — Siehe auch K r e l a g e über Richardia Rehmanni mit Abbildung in Gartenflora 1894 S. 12.

etwa 3 Grad ab. Man braucht gar nicht viel Wasser; sobald die ganze Glasfläche benetzt ist, kann man den Hahn wieder schliessen. Für kalte Orchideen ist das sehr zweckmässig. Zur Beschattung dienen aufrollbare Kokosdecken. Herr B. verwendet als Pflanzmaterial nur Polypodium und Sphagnum, keine Lauberde; mit letzter hatte er anfangs gute Erfolge, später nicht.

10. Herr Königlicher Hofgärtner Virchow, Wilhelmshöhe, hatte riesige, etwa ³/₄ m hohe Blütenstiele von Cineraria stellata übersandt und dazu geschrieben: „Ich bezog von dieser Cineraria im Jahre 1900 Samen aus England, von Sutton and Sons in Reading. Die Pflanzen erregten mein lebhaftestes Interesse, weil sie zu Dekorationszwecken vorzüglich brauchbar sind und weil die Stengel abgeschnitten eine erstaunliche Haltbarkeit zeigten. Im vorigen Jahre schaffte ich wiederum etwas Samen an, erzog aber auch aus eigener Ernte eine Anzahl bester Pflanzen."

Herr Direktor Lackner wies darauf hin, dass Cineraria stellata eine uralte Pflanze sei, die für Wintergärten grossen Wert habe, weniger als Handelspflanze, da sie sehr langstielig werde. — Herr Kohlmannslehner: Ich habe C. stellata vor kurzem in Wien bei Rothschild in grosser Schönheit gesehen. Ein ganzes Haus war damit dekoriert. Die Blüten waren aber grösser und das Farbenspiel reicher. Es geht ja oft so, dass, wenn eine Pflanze in Vergessenheit geraten ist wie diese, es erst vieler Anstrengungen bedarf, um sie wieder zu verbessern. Mir hat diese. Cineraria bei Herrn Joly, dem Gartendirektor des Herrn Baron v. Rothschild, sehr gefallen, und glaube ich sogar, dass sie als Schnittblume unter Umständen brauchbar wäre, vor allem ist sie aber eine schöne Dekorationspflanze.

11. Herr Silvester Gornicki, Technisches Gummiwarenhaus in Radebeul-Dresden, führte einen horizontal drehbaren, nach jeder Richtung hin einstellbaren Hydrantenaufsatz zur Aufnahme von Schlauchrollen etc. in Thätigkeit vor. Die bisherigen Schlauchrollenhalter gestatteten nur das Spritzen nach rechts oder nach links; wollte man anders sprengen, so knickte der Schlauch meist ein; das ist hier vermieden, indem die Schlauchrolle an einem, am Hydrantenkopf angebrachten, in horizontaler Richtung drehbaren (gekröpften) Arme befestigt ist. Preis in Messing 45 M., in Nickel 55 M. Herr Königlicher Garteninspektor Perring bemerkte dazu, dass er am Morgen desselben Tages den Apparat probiert habe, der Schlauch bez. die Schlauchrolle lässt sich mit der grössten Leichtigkeit drehen. Bei der Besichtigung nach Schluss der Versammlung fand man das bestätigt. Für kleinere Privatgärten ist der wirklich elegant gefertigte Hydrantenaufsatz gewiss sehr zu empfehlen, bei grösseren Schlauchlängen und demzufolge schwererem Gewicht dürfte der gekröpfte Arm in Gefahr kommen, abzubrechen. Herr Gornicki machte aber darauf aufmerksam, dass man nur halb so viel Schlauchlänge braucht wie sonst, weil man eben nach allen Richtungen spritzen kann.

12. Herr Gärtnereibesitzer Albert Schwarzburg, Pankow, hatte die ihm zur Kultur überwiesenen neuen Deutzien von Victor Lemoine

& fils, Nancy, ausgestellt und berichtete darüber. Der Bericht wird besonders abgedruckt werden (s. S. 329). Hier sei nur erwähnt, dass die
neueren Sorten die älteren D. Lemoinei und gracilis nicht übertreffen
(ausgenommen vielleicht D. Lemoinei Boule de neige); zur Treiberei
eignen sich die rosa Sorten alle nicht, da sie blass werden.

13. Herr Gärtnereibesitzer Franz Bluth, Gross-Lichterfelde (Post
Steglitz), Schützenstrasse, führt seine neue Züchtung Azalea indica,
„Frau Meta Bluth" vor, eine gefüllte Sorte, die vor Kurzem vom Ver-
bande der Handelsgärtner Deutschlands mit dem Wertzeugnis gekrönt
ist. Sie ist ein Kreuzungsprodukt zwischen „Louise Bluth" und „Borsig"
(letzterer ist der Vater von Louise Bluth). Dieser Weg wurde eingeschlagen, um etwas kleinere Blumen zu erhalten, denn die belgischen
Azaleen haben nach Herrn Bluths Ansicht als Handelspflanzen zu grosse
Blumen. Für Schaupflanzen und zu grossen Dekorationen sind grosse
Blumen allerdings erwünscht, für Handelspflanzen aber sind sie zu schwer,
auch sind grossblumige Sorten oft undankbar. Es ist Herrn Bluth gelungen, eine neue rosa Farbe zu erhalten, die nach dem Ausspruche der
Preisrichter noch recht gut ist. Die Blumen sind an den Mutterpflanzen
grösser als an diesen Stecklingen, wahrscheinlich werden sie durch gute
Kultur noch grösser werden. Die Pflanze ist gut gebaut und blüht lange,
die Blumen sind fest, tragen sich gut, die vorgeführten Exemplare blühen
seit 6 Wochen. Als Vorbild galt Herrn Bluth „Empereur du Brésil", die
hat ein mattes gelbliches Rosa, wächst aber sehr undankbar und wird in
der gleichen Zeit nur halb so gross. Der Redner schloss mit dem Wunsche,
dass auch deutsche Züchter sich wieder mehr mit den Azaleen beschäftigen möchten.

14. Herr H. Kohlmannslehner-Britz stellt ausser Preisbewerb
Phyllocactus „Deutsche Kaiserin" aus und bemerkt, dass Herr Vieweg,
Quedlinburg, diese Sorte zwar für den alten Phyllocactus alatus halte,
dass es aber nach dem Ausspruch mehrerer Sachkenner doch eine andere
Sorte sei, dass sie namentlich viel reicher blüht.

15. Herr Kohlmannslehner führt ferner Blumen von der Begonia
„Gloire de Lorraine" vor, um zu zeigen, dass sie fast immerfort blüht,
sodass es schwer ist, Stecklinge zu erhalten. Das Beste sind Wurzelstecklinge.

16. Herr Albert Wagner, Leipzig-Gohlis, übersandte Zweige der japanischen Kirsche, Prunus serrulata, weiss, gefüllt, Nr. 21 seines Sortiments und schrieb dazu, sie seien von derselben Pflanze geschnitten, von
der er schon am 9. Mai einen Zweig gesandt, es gehe daraus hervor,
wie lange diese Sorte blüht. Auch abgeschnitten halten sie sich mehrere
Tage. — Herr Bluth, der auch von Herrn Wagner Blumen davon erhalten, bemerkte, dass dieselben, da die Sendung als Muster ohne Wert
erfolgt war, meist abgefallen waren. Die Hoffnung des Herrn Wagner,
dass dieselben als Schnittblumen sich einbürgern möchten, dürfte wohl
kaum in Erfüllung gehen und auch als Topfbäumchen würden sie wenig
gekauft werden, denn die Zeiten, wo das Publikum so gern getriebene
Prunus kaufte, sind leider längst vorüber. Ueberhaupt werden Topfpflanzen
jetzt wenig mehr gekauft, nur noch zu Balkon- oder Friedhofsdekorationen.

Die Blumen der übersandten Sorte sind klarer weiss als unsere gefüllten Kirschen, auch grossblumiger und scheinen auch etwas härter, aber abfällig sind sie wie alle Prunus. Als Sträucher im Park sind sie aber unentbehrlich.

Hierauf übernahm Herr Konsul Seifert den Vorsitz.

IV. Herr Kohlmannslehner hielt einen mit lebhaftestem Beifall aufgenommenen Vortrag über die Internationale Gartenbau-Ausstellung in Budapest und über die Gartenbauausstellung in Wien. Darüber wird besonders berichtet werden. Er betonte, dass in Budapest der Privatgartenbau mehr vertreten gewesen sei als die Handelsgärtner, dass in Wien aber letztere sehr gut sich beteiligt hatten. An beiden Orten waren die Gemüse-Ausstellungen vortrefflich.

V. Herr Professor Dr. Paul Magnus legte eine Anzahl Photographien von 2 überwallten Bildern, welche in einer uralten Eiche gefunden wurden, vor, die ihm Herr Inspektor Stützer, München, freundlichst überlassen. Herr Stützer giebt ein Prachtwerk: „Die grössten, ältesten oder sonst merkwürdigen Bäume in Wort und Bild," Verlag der Kgl. Bayer. Kunst- und Verlagshandlung von Piloty & Loehle in München heraus und hat Prof. Magnus bereits in der „Gartenflora" d. J., Heft 6 S. 152, unter dem Titel „Ein weiterer Fall natürlichen Ankopulierens" die zwei verwachsenen Buchen zu Hallenstein mit zwei Abbildungen aus jenem Werke besprochen. Der vorliegende Fall ist noch viel interessanter:

Es handelt sich um die am 7. Januar d. J. vom Sturm gefällte ca. 600 Jahre alte Rieseneiche von St. Johann bei Falkenfels in Bayern, die 10 m Umfang besass. In 1,05 m Entfernung von der Rinde fand man im Innern zwei auf Blech gemalte Bilder, die nach den Jahresringen der Ueberwallung zu urteilen etwa vor 300 Jahren angebracht sind.*) Ausführlicheres darüber später. Herr Professor Magnus wies darauf hin, wie jetzt der Sinn für die Erhaltung alter Bäume und überhaupt der Naturdenkmäler immer mehr erwache und begrüsste den in der Versammlung anwesenden Herrn Professor Dr. Conwentz aus Danzig, der durch sein „Forstbotanisches Merkbuch der Provinz Westpreussen" das Vorbild gegeben habe, wie derartige Naturmerkwürdigkeiten dem jetzigen und den künftigen Geschlechtern in Wort und Bild kund gemacht werden können.

In ähnlicher Weise arbeitet jetzt Herr Inspektor Stützer in München, Herr Professor Dr. Jentzsch in Ostpreussen, der Botanische Verein f. d. Prov. Brandenburg in der Mark.

Der Vorsitzende Herr Konsul Seifert: Wenn jetzt überall das Bestreben sich geltend macht, alte Burgen oder sonstige alte Baudenkmäler zu erhalten, so ist es nicht minder freudig zu begrüssen, dass die Erhaltung der Denkmäler der Natur jetzt ebenso gepflegt wird. Die Tiere und die Pflanzen haben nicht dieselbe Widerstandsfähigkeit wie die Bauwerke und es sind die Bestrebungen der Männer, welche darauf ausgehen, sie

---

*) Der Fund ist bereits in der Zeitschrift Haus, Hof und Garten, Beilage zum „Berliner Tageblatt" vom 10. Mai 1902 besprochen und abgebildet worden.

zu erhalten, darum aufs Lebhafteste zu unterstützen. Namentlich Gärtner, Förster und Landwirte können viel auf dem Gebiete thun und zum Schutz alter Bäume etc. anregen.

In Berlin ist auch ein anderer Verein, der sich dieser Arbeit mit unterzieht, der Verein für volkstümliche Naturkunde. Ebenso wird auch unser Verein gern die Sache fördern helfen. Wir freuen uns, den um die Sache so verdienten Herrn Professor Dr. Conwentz aus Danzig hier unter uns zu sehen, derselbe wird gewiss uns sagen können, ob eine Zentralstelle für ganz Preussen existiert und wie deren Adresse ist.

Herr Professor Dr. Conwentz-Danzig: Für die Provinz Brandenburg hat der Botanische Verein der Provinz Brandenburg die Sache in die Hand genommen und ich bitte, dass die Herren, welche bemerkenswerte Bäume, Sträucher oder Kräuter an Ort und Stelle beobachtet haben, dem genannten Verein Mitteilung machen.

Herr Professor Magnus: Die Adresse des Bot. Vereins der Provinz Brandenburg ist: Berlin W., Grunewaldstrasse 6—7, im Kgl. Botanischen Museum.

L. Wittmack bemerkt, dass er selbst die Ehre habe, der Kommission des Bot. Ver. der Prov. Brandenburg anzugehören, welche den Gegenstand behandle. Es sind eine grosse Zahl Fragebogen, namentlich an die Kgl. Oberförster versandt und auch sehr viele beantwortet zurückgekommen.

Diese hat zunächst Herr Landgerichtsrat Hauchecorne durchgesehen und soll jetzt eine Probebearbeitung angefertigt werden, die dann als Muster dienen wird.

VI. Herr H. Ziegler, Metallwarenfabrikant, Berlin S., Boekhstr. 25, der im vorigen Jahre seine Rasensprenger vorführte, zeigt einen kleinen Zerstäuber vor, zum Besprengen von Blumen, welcher auch für die Binderei brauchbar sein dürfte. Anstatt dass man sonst genötigt ist, in den Zerstäuber mit dem Munde hineinzublasen, geschieht hier die Vertreibung der Luft durch einen Gummiball mit Druckapparat. Zugleich brachte Herr Z. seine Obstbaumspritzen etc. in Erinnerung. — Herr Konsul Seifert berichtet im Ausschluss daran, dass sich bei ihm der Ziegler'sche Sprengkopf zum Rasensprengen sehr bewährt habe, weil er ein mildes Sprengen möglich mache, nicht einen scharfen Strahl gebe wie die gewöhnliche Spritze.

VII. Hierauf erfolgte die Neuwahl aller Ausschussmitglieder. Die nach der Versammlung vorgenommene Stimmzählung ergab die Wiederwahl aller Ausschussmitglieder soweit diese auf den verteilten Stimmzetteln aufgeführt waren.

VIII. Als Mitglied des Kuratoriums der Kgl. Gärtner-Lehranstalt in Potsdam wird Herr Städt. Garteninspektor Axel Fintelmann auf drei Jahre wiedergewählt.

IX. Desgleichen wurde für die Vorbereitung des Stiftungsfestes die Herren Loock, Crass I und Habermann wiedergewählt. (Weil letztere beiden verhindert sind, ist Herr Meermann hinzugetreten.)

X. Das Preisgericht, bestehend aus den Herren Benick, Carl
Crass II und Albert Schwarzburg, hatte

    Herrn Gärtnereibesitzer Franz Bluth, Gross-Lichterfelde (Post
    Steglitz), für seine neue Züchtung „Azalea indica" und „Frau
    Meta Bluth" die grosse silberne Medaille

zugesprochen.

XI. Aufgenommen wurden als wirkliche Mitglieder die in der letzten
Versammlung Vorgeschlagenen (s. Gartenflora Nr. 10 S. 257).

    C. Lackner.   R. Seifert.   L. Wittmack.

Eine Bemerkung zu M. Hollrungs Jahresbericht über die Neuerungen und Leistungen auf dem Gebiete des Pflanzenschutzes. Bd. III S. 85.

Von P. Magnus.

M. Hollrung berichtet l. c. über meine mit E. Wehmer im Centralblatt für Bakteriologie, Parasitenkunde und Infektionskrankheiten, zweite
Abteilung, VI. Bd. 1900 geführte Controverse über den Meltau des Apfels.
Er sagt, dass Wehmer nach seiner Ansicht ganz mit Recht bezweifelt,
ob durch das bei Oidium Tuckeri wohlbewährte Schwefeln eine wirksame
Bekämpfung des vorzugsweise auf der Blattunterseite sitzenden Apfel-
meltaues zu erreichen sein wird, und dass ich daran festhalte, dass sowohl der Apfel- wie der Rosenmeltau durch Schwefeln wirksam bekämpft
werden kann. Hierbei verschweigt er, dass Wehmer l. c. S. 54 Kupfer-
brühe gegen den Rosenmeltau (bei Halb- und Hochstämmen) empfahl
und dass ich mich S. 255 hauptsächlich dagegen wandte. Er hat daher
den Hauptpunkt der Controverse nicht berichtet.

Da Hollrung die Wirksamkeit des Schwefels gegen das Oidium
Tuckeri zugiebt, so wird er wohl die giftige Wirkung des Schwefels resp.
der sich bildenden schwefeligen Säure oder anderer Schwefelverbindungen
auf die anderen Oidien zugeben. Ich halte mich für berechtigt, wie ich
l. c. S. 254 that, zu sagen, dass ich dem Schwefeln zur Bekämpfung des
Meltaues im allgemeinen einen grösseren Wert zuerkennen muss. Herr
Hollrung scheint zu meinen, dass der Schwefel nicht auf die Unterseite
der Blätter gelange. Ich verstehe nicht, warum die kleinen Teilchen des
mit dem Zerstäuber verstäubten Schwefelpulvers sich nicht auch auf die
Blattunterseite und den Stamm absetzen sollen. Natürlich muss der
Gärtner, wie überall, zielbewusst operieren. Ich kann nur wiederholen,
dass das Schwefeln oft mit gutem Erfolge gegen den Meltau der Rosen
angewandt worden ist.

Ich führe hier noch das Urteil eines bewährten Praktikers aus letzter
Zeit an. In den Mitteilungen der k. k. Gartenbau-Gesellschaft für Steiermark 1900 behandelt Friedrich Richter von Binnenthal die pflanzlichen Schädlinge der Rosen und deren Bekämpfung. Er sagt daselbst
S. 42: Wenden wir uns nun zu den verschiedenen gegen den Meltau an-

zuwendenden Mitteln, so haben wir an erster Stelle, als das altbewähr-
teste die Bestäubung der Pflanzen mit Schwefelpulver zu nennen. — Er
führt dann aus, dass man am besten zur Bestäubung gemahlenen Schwefel

Abb 80. Echium vulgare, Natternkopf.
Links verbändert, 52 cm hoch, 8 cm breit; rechts normal.
(Text umseitig)

und die Bestäubung am besten bei einer Luftwärme von 20—31⁰ C. (16
bis 25⁰ R.) ausführt, da sich erst bei dieser Temperatur die schweflige
Säure resp. die anderen den Meltau tötenden Schwefelverbindungen bilden.
Dasselbe gilt natürlich für den Apfelmeltau.

Verbänderung am Natternkopf, Echium vulgare.

(Hierzu 1 Abb.)

Eine interessante Verbänderung an dem bekannten an unseren Rainen oft so häufigen Natternkopf, Echium vulgare (Fam. der Rauhblättrigen Pflanzen, Asperifoliaceae) fand auf einer unter meiner Leitung am 22. Juni 1901 stattgehabten botanischen Exkursion der Studierende an der Kgl. Thierärztlichen Hochschule Hr. Hauber auf einem Brachacker dicht am Bahnhof Hermsdorf i. M., und gebe ich diese in Abb. 80 nebst einem Zweige der normalen Form wieder. — Der verbänderte Stengel ist im Museum der Kgl. Landwirtschaftlichen Hochschule in Spiritus aufbewahrt. Er hat eine Länge von ca. 52 cm und eine Breite von ca. 8 cm. Deutlich sieht man die spiralige Anordnung, die durch die sog. Zwangsdrehung erfolgt ist. — Am meisten kommen Verbänderungen bei sehr schnell wachsenden Trieben vor, z. B. bei Lilien, Spargel, Eschen, Ailanthus. Kürzlich erst überbrachte Hr. Forstaufseher Koch aus Forstrevier Buchum des Hrn. Grafen von der Schulenburg-Angern, Rgbz. Magdeburg, einen verbänderten Eschenzweig dem Museum zum Geschenk, und am 24. April übergab uns Hr. Kohlmannslehner-Britz einen verbänderten Rosenstamm von der Sorte Ulrich Brunner fils aus den Kulturen des Hrn. Weimar in Britz b. Berlin.

L. Wittmack.

Nochmals die verwachsenen Kiefern von Ellguth-Proskau.

Von Ernst Jacky.

In seiner „Ein weiterer Fall natürlichen Ankopulierens" betitelten Arbeit (Gartenflora 51. Jahrg. S. 152) kommt der Herr Prof. Magnus eingangs wiederum auf die verwachsenen Kiefern von Ellguth-Proskau zu sprechen. Dabei unterzieht er die Frage, ob der Stamm der angewachsenen Kieferkrone unten absichtlich abgehauen oder ob er von selbst abgefault sei, einer erneuten Besprechung. Wenngleich diese Frage kaum weiterer Beachtung wert erscheint, so dürfte doch eine Ergänzung zu meiner Arbeit „Proskau's merkwürdige Bäume" (Gartenflora 51. Jahrg. S. 39.–42) einiges Interesse beanspruchen. Im Prakt. Ratgeber für Obst- und Gartenbau, 17. Jahrg. 1902 No. 2, S. 20, ist nämlich inzwischen eine kurze Notiz von Johannes Mengelberg erschienen, die wir hier zum Abdruck bringen:

„Ein eigentümlicher Fall natürlichen Zusammenwachsens (Ablaktion) findet sich in einem Forste bei Proskau in Oberschlesien. Zwei grosse Kiefern, von denen die eine seinerzeit nur wenig schwächer als die andere war, sind infolge Annäherung und Reibung an mehreren Stellen zusammengewachsen. Das Zusammenwachsen zweier Waldbäume wäre an sich nichts besonderes, obschon ein solches bei Nadelholzbäumen seltener vorkommt als bei Laubbäumen. Der vorliegende Fall aber gehört jedenfalls zu den Seltenheiten. Wie aus der ersten im Jahre 1869 von mir nach der Natur gezeichneten Abbildung ersichtlich ist, war der Stamm der einen Kiefer in einer Höhe von ungefähr 2 m vom Boden abgehakt worden und ernährte von da ab der andere, unversehrt gebliebene Baum zwei mächtige Kronen. Obgleich dem Aussehen nach das Abhacken bereits vor mehreren Jahren stattgefunden haben musste, so war bis zum Sommer 1869 noch kein wesentlicher Unterschied im Wachstume der beiden Baumkronen zu bemerken; sie gediehen allem Anscheine nach beide recht gut und wuchsen lustig weiter. Im Jahre 1896, also 27 Jahre später, hatte ich wieder Gelegenheit, in diese Gegend zu kommen und das Aussehen der beiden zusammengewachsenen Kiefern durch eine Skizze zu veranschaulichen. Innerhalb dieses Zeitraums von 27 Jahren ist der noch in der Erde stehende Baum bedeutend stärker geworden, während der andere zurückgeblieben ist, sowohl im Dickenwachstum von Stamm und Aesten als auch in der Kronenausbreitung. Trotzdem war selbst das Stammstück des abgehackten Baumes, welches sich unterhalb der untersten Anwuchsstelle befindet und also rückwärts ernährt werden musste, noch vollkommen gesund. Aus dem Wulst an der Zusammenwuchsstelle hatte sich inzwischen ein dichtbuschiger Ast gebildet."

Aus diesem kurzen Bericht geht somit hervor, dass der in Rede stehende Kieferstamm abgehackt worden ist, wie ich das, im Gegensatze zu Magnus, schon in meiner früheren Mitteilung behauptet hatte. Ausser dieser Bestätigung findet sich weiterhin noch die wertvolle Ergänzung, dahinlautend, dass die Basis des Kieferstammes schon einige Jahre vor 1869 abgehackt worden sei, somit ungefähr 10 Jahre früher, als ich vermuten konnte.

Ueber den „grösseren wissenschaftlichen Wert", den Magnus (l. c.) für die von Freyseisen'sche Zeichnung im Vergleich zu meiner photographischen Aufnahme beansprucht, möge der Leser unter Vergleichung der beiden diesbezüglichen Bilder (Gartenflora 1888 S. 52 und 1902 S. 41) selber urteilen.

Vorläufige Mitteilungen über weitere Impfversuche an Malvaceen-Arten.

Vorgeführt in der Versammlung d. V. z. B. d. G. vom 29. Mai 1902.
Von H. Lindemuth.

Palava malvaefolia Cav.

Nach Schumann (in Engler & Prantl) sind die Palava-Arten ausdauernde Kräuter aus Chili und Peru, bei uns sind diese den Tropen entstammenden Pflanzen im Winter im Freien nicht ausdauernd. In älteren Büchern finde ich die Schreibweise „Palavia". Die Pflanze ist nach einem ehemaligen Professor der Botanik in Madrid, A. Palau y Verdera, benannt. Nach Heynhold, in Nomenclator botanicus hortensis, ist Palava (nach ihm Palavia) einjährig, und diese Angabe trifft insofern zu, als sie am besten als einjähriges Gewächs im freien Lande kultiviert wird. Sie bringt hier reichlich Samen, der im Frühjahr ausgesäet werden muss.

In einer Veröffentlichung in den Berichten der Deutschen botanischen Gesellschaft, Jahrgang 1901, habe ich die Pflanze, welche ich hier vorzeige (Versuch 69), besprochen.

Abutilon Thompsoni wurde am 25. Juni 1901 auf eine Spezies der Malvaceengattung Palava copuliert und am 19. Juli in das freie Land gepflanzt. Am 26. August machte ich mir folgende Notiz: Edelreis sehr kräftig entwickelt; reife Samen von den Seitenzweigen der Unterlage gesammelt. — Notiz vom 28. Oktober: Alle vier Seitenzweige der Unterlage abgestorben, hängen geknickt am kräftigen Stamme. Edelreis 25 cm lang, sehr kräftig, hat Blütenknospen. Das Edelreis hat die Seitenzweige der Unterlage abgestossen und verkehrt auf dem direktesten Wege mit der Wurzel. Mit Energie hat aber der Grundstock noch für die Fortpflanzung seines eigenen Geschlechtes durch Zeitigung der Samen gesorgt; ihn hieran zu hindern, ist dem Abutilon-Edelreise nicht gelungen. Soweit meine Mitteilungen in den genannten Berichten im Dezember v. Js. Der Stamm der Unterlage trägt heute noch die toten Seitenzweige; er hat sich stark verdickt und zeigt eine eigenartige Beulen- und Korkbildung von anscheinend nicht krankhafter Natur. Seit ich die Pflanze, wie erwähnt, besprach, hat sie einen Zuwachs und eine Veränderung erfahren, die uns hier von besonderem Interesse ist. Am Grunde des Stammes sind nämlich drei Triebe entstanden mit noch kleinen, jugendlichen, deutlich panachirten, krausen Blattspreiten. Ich führe noch einen gleichartigen Versuch (Nr. 10) vor. Die Veredelung wurde am 12. Juni v. Js. ausgeführt und die Pflanze am 21. Juni ins freie Land gepflanzt. Im Herbste wieder eingepflanzt, wurden beide Exemplare in einem Kalthause überwintert. Tote Zweige sind an dem kurzen, nur 10 cm langen Stamme der Unterlage (Versuch 10) nicht mehr vorhanden. Einer der drei am Grundstamme in diesem Frühjahr hervorgebrochenen Sprosse ist bereits 10 cm lang geworden. Alle Blätter sämtlicher Triebe sind, wie am vorgezeigten Stocke, kraus und gelbbunt. Noch eine auffallende Erscheinung zeigt dieser Stock (Versuch 10), nämlich zahlreiche, bis 8 cm lange Luftwurzeln an der Zunge (dem mit der Unterlage verbundenen Teile) des aufgesetzten Abutilonreises. Ich habe schon früher hier und auch in den Berichten der D. bot. Ges. darauf hingewiesen, dass viele Edelreiser — selbst solche, die als Stecklinge fortgepflanzt sich nicht leicht bewurzeln — ihre Selbständigkeit und Unabhängigkeit dadurch wieder zu gewinnen suchen, dass sie an der Basis häufig büschel- und pinselförmig Luftwurzeln hervorbringen. Im Freien, auch in Gewächshäusern in trockener Luft, wird diese Wurzelbildung erschwert, meist verhindert, sie tritt aber gewöhnlich nach kurzer Zeit ein, wenn man die Pflanze in einen geschlossenen, feuchte Luft enthaltenden Raum stellt. Das vorstehende Exemplar stand seit etwa zehn Tagen in einem Mistbeetkasten. Wäre es daselbst stehen geblieben, so würden die Wurzeln bald den Boden erreicht haben. Ich bin überzeugt, dass hiernach eine Trennung von der Unterlage nach nicht allzulanger

Zeit erfolgt sein würde. Die buntblättrige Palava malvaefolia wird sich wahrscheinlich durch Stecklinge unschwer vermehren lassen. Ob aus Samen buntblättrige Individuen hervorgehen werden, muss die Zukunft lehren. Beide Pflanzen werde ich in das freie Land versetzen. Auffallend an dieser buntblättrigen Palava ist, dass sie im ersten Sommer an den Nebenzweigen der Unterlage keine bunten Blätter hervorgebracht hat und nun, im Frühjahr, an den Endtrieben so intensiv buntblättrig geworden ist.

Sida Napaea Cav.

In der Sitzung des Vereins zur Beförderung des Gartenbaues am 31. Oktober 1901 zeigte ich zwei Pflanzen von Sida Napaea vor, die ganz gleichmässig und gleichzeitig mit Abutilon Thompsoni durch Kopulation veredelt worden waren (Versuch 163 und 159—1901). Beide Pflanzen waren gleichalterig und fortwährend nebeneinander am gleichen Orte und in gleicher Weise behandelt worden. Die Edelreiser hatten eine Länge von 25 cm erreicht, waren frisch und gesund. Jede Pflanze hatte an der Unterlage drei Triebe gebildet. Die Blätter der Sidatriebe der einen Pflanze (159—1901) waren intensiv bunt geworden, die der andern (163—1901) dagegen grün geblieben.

Beide Versuchspflanzen, die in einem Kalthause überwintert wurden, führe ich heute der Versammlung wiederum vor. Die Sida Napaea ist eine Staude. Die veredelten Triebe mit ihren Edelreisern sind zu Anfang des Winters abgestorben. Die toten Teile wurden an Stäbe gebunden und den Pflanzen erhalten. Pflanze 159 besitzt jetzt einen in diesem Frühling entstandenen, lebhaft gelbbunt beblätterten Erdtrieb von 60 cm Länge; einen gleichen Trieb hat jetzt auch Pflanze 163, doch sind dessen Blätter grün und zeigen keine Spur von Panachure. Die gleiche Erscheinung machte ich auch an auf Abutilon Thompsoni veredelten Gartenmalven (Althaea rosea) beobachtet. Nur ein Teil der aufgepfropften Malven wird meist bald bunt; die andern können Jahre lang auf ihren reich belaubten, buntblättrigen Abutilon-Unterlagen sitzen, ohne die Panachure anzunehmen.

Ich finde für diese Thatsache nur die eine Erklärung, dass die aus Samen hervorgegangenen Individuen einer Art, selbst einer Pflanze und einer Frucht, nicht in allen Eigenschaften vollkommen miteinander übereinstimmen. Ich muss annehmen, dass es Malvaceenarten giebt, deren Individuen nur zum Teil für die Annahme der Panachure empfänglich sind. Es wäre zu untersuchen, ob aus Stecklingen empfänglicher Individuen gewonnene Pflanzen die der Mutterpflanze gleiche Empfänglichkeit zeigen.

Es will mir scheinen, als ob die individuelle Verschiedenheit bei den Pflanzen noch nicht genügend beachtet worden sei. — Dieses individuell verschiedene Verhalten verhindert nicht nur im vorliegenden Falle, sondern unzweifelhaft auch bei manchen andern wissenschaftlichen Versuchen gleichartige Resultate. Mancher wissenschaftliche Streit ist vielleicht auf die individuelle Verschiedenheit der Versuchsobjekte zurückzuführen und nicht die Schuld des einen oder andern Experimentators.

Wir erkennen aus vorstehender Betrachtung, dass ein einzelner Versuch wenig beweist. — Nur zahlreiche, lange Zeit, Jahre lang hindurch fortgesetzte Versuche berechtigen zu sicheren Schlüssen. Man lasse sich durch einen erfolglosen Versuch nicht von weiteren Bemühungen abschrecken und hüte sich, vorzeitig ein absprechendes Urteil zu fällen.

Anoda hastata (W) Cav.

Eine etwa 1 m hoch werdende einjährige Pflanze mit ziemlich stark verholzenden Zweigen, hübschen, rötlichen Blüten und spiessförmigen Blättern. Unter mehreren auf Abutilon Thompsoni veredelten Exemplaren wurde eines buntblättrig, gelbfleckig. Ein rotbrauner Farbstoff, der an normalen Blättern im Mittelnerv und am Rande seinen Sitz hat, wurde zum Teil verdrängt und zeigte sich mit dem Gelb vermischt oder im Grün der Blattflucht verschiedenartig verteilt. Die Färbung ähnelt derjenigen eines schönen Coleusblattes. Die Samenkapseln des buntblättrigen Edelreises sind vorn gleichfalls von der Panachure ergriffen worden, gleichmässig goldgelb gefärbt, während die unreifen Samenkapseln ungepfropfter Pflanzen grün sind. Mit dem Reifen und Trocknen werden alle Kapseln schwarzbraun.

Die Veredelung wurde ausgeführt den 12. Juni, der Stock in das freie Land gepflanzt am 5. Juli. Im Herbste wieder in einen Topf gepflanzt und in ein Kalthaus gestellt, starb das Edelreis, — welches 32 cm lang geworden war, — Mitte Dezember ab. Nicht bunt gewordene Edelreiser anderer Stöcke hatten eine Länge bis 52 cm erreicht. Auf eine andere Art als durch Samen wird sich diese einjährige Pflanze kaum vermehren lassen.

Die Samen der bunten Pflanze wurden in diesem Frühjahre ausgesät. Es ging nur ein Pflänzchen auf, welches bis jetzt noch keine Buntfärbung erkennen lässt.

Ausflug nach Potsdam.

Das Revier des Herrn Kgl. Hofgärtner Kunert in Sanssouci und die Neuanlagen am Drachenberg des Herrn Kgl. Obergärtner Potente.

(Schluss.)

In den riesigen neuen Weinhäusern am Drachenberge hatte Herr Kgl. Obergärtner Gilbert einen Korb reifer Pfirsiche (Alexander) zur Schau gestellt, die alle Besucher durch die Schönheit der Farbe überraschte.

Auch die Erdbeertöpfe Laxtons-Noble standen mit reichen Früchten behangen da. Ebenso waren schon die Tomaten reif und wurden bereits seit zehn Wochen geliefert.

Auch die Treibbohne Suttons Forcing war ausgestellt. Von den

Weinsorten nennen wir besonders eine weisse, die den Namen Früher Drachenberger erhalten hat und dem Diamant Gutedel ähnlich sieht. Herrlich waren auch die Nelken, besonders die Malmaison, sowie die zweijährig kultivierten Margaretennelken.

Dass auch ebenso grosse Trauben wie in England kultiviert werden können, zeigte eine Rebe, der allerdings nur drei Trauben belassen waren.

Originell sehen die Pfirsichspaliere aus, da sie meist hochstämmig und in Fächerform angelegt sind. Im obersten Gewächshause sahen wir im Juni 1901 gepflanzte Weinstöcke, die im Herbst zurückgeschnitten waren und jetzt Blätter von 29—33 cm Durchmesser hatten.

Den Schluss des Ausflugs bildete die Besichtigung der Neuanlagen am Drachenberge, dessen Pavillon (Belvedere) jetzt restauriert wird. Hier ist aus einer wahren Wildnis eine herrliche Anlage nach den Plänen des Herrn Königl. Hof-Gartendirektors Gustav Fintelmann von Herrn Königl. Obergärtner Potente geschaffen worden.

Die Anlage am Westabhange wurde von Herrn Potente durch einen vorgelegten Plan näher erläutert.

Der steile Westabhang ist mit einem sanft ansteigenden Fahrwege versehen, der dem Königl. Hof gestattet, selbst vierspännig vom Neuen Palais nach dem Belvedere-Tempel zu fahren.

Ein schöner Promenadenweg führt gleichfalls hinauf und zwischen beiden senkt sich eine künstlich geschaffene liebliche Schlucht hinab, deren durch eratische Blöcke markierten Ränder höchst geschmackvoll mit Farnen und sonstigen Pflanzen der Wildnis geschmückt sind. Auch von oben hat man einen herrlichen Blick, indem der Wald gelichtet ist. In der Nähe des Tempels finden sich schöne Gruppen von Rhododendron etc.

In schroffem Gegensatz zu diesem in natürlichem Stil gehaltenen Westabhang ist das auf der Ostseite sich aufschliessende Plateau im streng regelmässigen Stil gehalten.

Eine grosse Rasenbahn ist angelegt worden, die mittels einer Ueberbrückung bis zum Orangeriehause fortgesetzt werden soll. Zu beiden Seiten sind Alleebäume gepflanzt, die weiter aussen wieder von Koniferen umrahmt werden.

Beim Abstieg führte Herr Hofgärtner Kunert die von allem Gesehenen hochbefriedigten Teilnehmer noch nach den Treibereien an den Terrassen von Sanssouci, die durch ihren reichen Fruchtansatz alle in Erstaunen setzten.

Neue und empfehlenswerte Pflanzen usw.

Minkelersia biflora Hemsl.

Alle bekannten Arten der Gattung Minkelersia stammen aus Mexiko. Es sind drei, nämlich M. galactioides Mart. et Gal. von den Kordilleren von Aoxaca, M. biflora und eine dritte von der Sierra Madre.

Die oben genannte M. biflora wurde durch Schaffner im Thal von Mexiko entdeckt. Die Gattung M. steht der Gattung Phaseolus sehr nahe, unterscheidet sich nur durch längere Kelchlappen und längere Blumenkronblätter. Sie wurde von Bentham zu Ehren des Physikers Professor Minkelers benannt.

Samen der M. biflora kamen nach Kew 1897 durch J. N. Rose, Washington, die erzogenen Pflanzen blühten im Oktober 1900 im Kalthaus. Stamm sehr schlank, windend, Blätter dreizählig, Blüten paarweise auf gemeinsamem, langem, axillarem Stiel, blass rot-purpurn, gross. Abbildung im Bot. Mag., tab. 7819.   J. B.

Calathea crocata E. Morr.

Von dieser Gattung waren vor zwei Jahrzehnten nur 60 Arten bekannt, jetzt kennen wir mehr als die doppelte Anzahl. Ausgenommen einige tropischafrikanische Arten sind alle übrigen amerikanischen Ursprungs und sehr schwer von einander zu unterscheiden, besonders an getrockneten Exemplaren. 1874 wurde die C. crocata aus Brasilien von Jacob Maķoy eingeführt. 1901 blühten auch in Kew Pflanzen dieser Art. Ganze Pflanze 25—30 cm hoch, Blätter auf der Oberseite blassgrün, unterseits violett-graugrün, der Blütenschaft erhebt die Blüten nicht über die Blätter empor, Blüten orangegelb. Abgebildet findet sich diese hübsche Marantaceen-Spezies in der Belgique horticole 1875, 141, t. 8, und im Bot. Mag., tab. 7820.   J. B.

Montrichardia aculeata Crüg.

Eine schöne tropische Aroidee, einheimisch in verschiedenen Gegenden der Küsten des westindischen Archipels bis zum Amazonenstrom-Gebiet. Der verstorbene Leiter des botanischen Gartens von Trinidad, Hermann Crüger, entdeckte die Gattung und nannte sie seinem Freunde Graf Montrichard zu Ehren. 1890 gelangte aus Britisch-Guinea eine Planze nach Kew, die jetzt 2,5 m hoch ist, sie blühte im Juni 1900 im Tropenhause. Die Spatha des Blütenkolbens wird 20 cm lang, aussen gelbgrün, innen rot, der Kolben selbst 10 cm lang. Abgebildet ist diese Pflanze im Bot. Mag., tab. 1817.   J. B.

Plectranthus Mahonii N. E. Brown.

Die grosse Labiaten-Gattung Plectranthus ist auf die alte Welt beschränkt, es sind in der Flora of Tropical Africa 78 Spezies verzeichnet, welche Zahl sich aber fortwährend noch vergrössert. Da die Gattung schwer von Coleus, zumal wenn man nur Herbarmaterial besitzt, zu unterscheiden ist, so wurde genannte Spezies zuerst auch als eine Coleus-Art in der Flora of Tropical Africa von Baker beschrieben.

In Kew wurde die Pflanze 1898 aus Samen gezogen, die durch Vermittelung des Botanikers John Mahon aus den Zomba-Bergen um 1500 m über dem Meere erhalten waren. Im November 1900 blühten die Pflanzen im Kalthaus und blühten den ganzen Winter hindurch. Sie werden ca. 1 m hoch, Blätter 8 bis 10 cm lang. Blütentrauben locker, 6 bis 10 cm lang, Blüten violett-blau, Lippen weit auseinandersperrend. Eine prächtige Pflanze, abgebildet im Bot. Mag., tab. 7818.   J. B.

Solanum Xanti A. Gray.

Eine sehr hübsche Pflanze aus Süd-Kalifornien, wo sie zuerst von L. J. Xantus de Vesey nördlich von Sta. Barbara und östlich bei Nevada gesammelt wurde. Eine Varietät, var. Wallacei A. Gray hat grössere Blätter und Blüten und die Blütenbüschel sind dichter mit klebrigen Haaren besetzt. Sie stammt von der Santa Catalina-Insel an der Küste von Cälifornien 33° n. Breite. Im Juli 1900 erhielt der botanische Garten in Cambridge aus Süd-Kalifornien Samen der Pflanze. S. Xanti variiert ausserordentlich in den Blättern. Bei manchen Exemplaren sind sie nur 1,5 cm lang, an anderen viel länger, bis 10 cm, Farbe blassgrün.

Blütenbüschel terminal, Blüte ca. $2^1/2$ bis 4 cm im Durchmesser, teller- bis glockenförmig, blass purpurn, am Schlund mit 5 grünen Flecken, prächtige Blüten. Abbildung im Bot. Mag., tab. 7821.

J. B.

Die neueren Deutzia-Sorten.

(Versuchspflanzen, vorgeführt durch Alb. Schwarzburg - Pankow, am 29. Mai 1902 im Verein z. Bef. d. G.)

Deutzia Lemoinei Boule de neige, volle, schöne, reichblühende, weisse Sorte, grosse Blume.

„ gracilis discolor grandiflora, sehr schöne, grosse, runde Blume, blüht nicht sehr reich.

„ „ venusta, sehr reichblühend, runde offene Blume, matt rosa.

„ „ rosea, etwas lebhafter in Farbe wie vorige Sorte, sehr reichblühend.

Deutzia gracilis campanulata, runde, weisse Blume, glockenartig.

„ „ carminea, die lebhafteste rosa Sorte, Rückseite der Blumenblätter karmin.

„ „ calmiaeflora, schöne, weisse Blume, breitgebaute Blume.

Vergleichsweise wurden Lemoinei und D. gracilis mit vorgeführt. Letztere beiden Sorten werden in ihren guten Eigenschaften durch alle obigen nicht übertroffen, nur durch Boule de neige. D. Lemoinei zeichnet sich durch guten Wuchs, reiches Blühen, grosse Blumen und leichtes Treiben aus. D. gracilis ist ihr aber wegen des eleganten Baues, wenn auch die Blumen, nicht so gross, gleichwertig.

Zur Treiberei eignen sich die rosa Sorten nicht, da sie alle verblassen und fast weiss werden.

Kleinere Mitteilungen.

Ueber Wasserförderung.

Es hat allen Anschein, als ob dieser Sommer durch andauernde Hitze und Trockenheit nachholen wollte, was das Frühjahr versäumt hat. Das stellt an die Wasserförderung für unsere Gärten aber so hohe Anforderungen, dass diese kaum durch Handbetrieb zu bewältigen sind. Wir möchten unsere Leser daher auf eine sehr billige Wasserförderung aufmerksam machen, welche den Vorzug hat, dass sie ausser der geringen Anschaffung keinerlei Betriebskosten verursacht, ohne jede Aufsicht und Abwartung Tag und Nacht arbeiten kann. Die Deutschen Windturbinen-Werke in Dresden haben nach ihrem bewährten Herkulessystem für kleine Wasserförderungen einen Stahlwindmotor Gnom gebaut, welcher alle Vorzüge eines grossen Windmotors besitzt, aber mitsamt Pumpe nur 150 M. kostet. Die Leistungen desselben bei leichtem Wind sind erstaunlich. Das geförderte Wasserquantum rich'et sich natürlich danach, wie hoch das Wasser gehoben und wie hoch gedrückt werden soll. Bei einer Förderhöhe von 3 m beträgt die Leistung 1500 l stündl., doch selbst bei 20 m Höhe wird der kleine Gnom noch 300 l stündlich leisten. Die Aufstellung muss natürlich windfrei geschehen und geschieht entweder auf einem eisernen Turm, welcher jedem Garten zur Zierde gereicht, oder wenn man sich die Sache billig beschaffen will, auf einer Holzsäule. Für die Herstellung derselben sendet die Fabrik gern die Zeichnung kostenlos ein und dürfte jeder Zimmermann für 20 M. die Arbeit übernehmen. Der Motor wird zusammengesetzt, mit al'en Befestigungsschrauben versandt, sodass er nur an die umgelegte Säule angeschraubt zu werden braucht; das aus einem Stück bestehende Rad wird aufgesetzt, die Fahne eingehängt und die Säule dann aufgerichtet. Auch die eisernen Türme sind ebenso leicht zu montieren, indem sie aus zwei Stücken zusammengesetzt versandt werden. Genaue Instruktion wird hierzu geliefert, ebenso über den Einbau der Pumpe.

Remontant-Rosen mit einfachen Blüten.

Von solchen Rosen beschreibt Léon Chenault in der Zeitschrift „Les Roses" drei Theehybriden, die von Alex. Dickson und Sons, Newtownard in Irland stammen und im Jahre 1900 unter dem Namen „Einfache Rosen von Irland", „Irish Beauty", „Irish Glory" und „Irish Modesty" in den Handel gebracht wurden.

Die erstere hat 7 bis 8 cm grosse Blüten von reinstem Weiss und erinnert sehr an Rosa laevigata. Sie ist die schönste von den dreien. Die Blüten der „Irish Glory" sind innen marmorweiss und aussen etwas rosa angehaucht, jedoch im Colorit ein bisschen zu blass. Gleich schön ist die dritte, „Irish Modesty", die von korallenroter Farbe ist. Alle drei blühen ununterbrochen, die verblühten Blüten ergänzen sich ohne Unterlass und wie Léon Chenault treffend bemerkt: „Die grosse Zahl lässt die kurze Dauer der Blüten vergessen."   J. B.

Konservierung von Obst mittelst Gummi arabicum.

Nach der Revue horticole hat T. Husnot gute Resultate erzielt bei der Konservierung von Birnen, indem er dieselben gleich nach der Ernte mit einer Lösung von Gummi arabicum überzog. Letztere wurde hergestellt durch Auflösung von 500 g Gummi in 1 l Wasser. Die gesunden, nicht angestossenen Früchte werden in die Lösung eingetaucht, dann an ihrem Stiel aufgehangen. Sind die Früchte darauf getrocknet, nach etwa 8 bis 10 Stunden, bringt man sie auf Gestelle, sodass sie sich gegenseitig nicht berühren.

So gegen den Einfluss der Luft geschützt, halten sie sich leichter als nicht gummierte Birnen. Winterbirnen wurden auf diese Weise bis zum Juli und August des folgenden Jahres gut erhalten.

Vor dem Genuss degummiert man die Früchte wieder, indem man sie 2 oder 3 Stunden in klares Wasser legt und sie dann abwäscht, um die letzten Reste von Gummi zu entfernen, trocknet sie und bringt sie auf die Gestelle zurück, wo sie nun nachreifen, gerade wie frisch gepflückte.

Der Prozess ist einfach, praktisch, billig und sicher.

Dieses Verfahren von Husnot ist jedoch nichts ganz neues, denn bereits 1882 findet sich in der oben genannten Fachschrift ein Verfahren angegeben, in dem an Stelle des Gummi arabicum warmer Zuckersirup verwendet wird.   J. B.

Citrus Limetta rugosa.

Zirca 200 Citrus-Arten und Formen finden sich in den Gärten Reggio's und Siziliens und darunter zahlreiche Formen, die nie bestimmt und beschrieben wurden.

Eine Riesenarbeit harret noch des Meisters, der sie zu bewältigen versteht, eine Arbeit, die nicht nur Italien, dem alten Hesperia, zu Gute kommen würde, sondern der ganzen subtropischen Kulturwelt.

Risso stellt die Limette als einfache Form der Citrus medica, also der Zitrone dar. Thatsächlich stimmen beide in mancher Hinsicht überein, so im sparrigen Wuchse und in der Farbe der Frucht.

Indessen ist es dunkel, woher sie stammt, ob sie als Form eingeführt wurde und wann und woher. Sie ist viel empfindlicher als die Zitrone, leidet leichter vom geringsten Froste und blüht im April nur einmal im Jahr, während der Zitronenbaum öfter, ja fast das ganze Jahr blüht und fruktifiziert.

Man unterscheidet zahlreiche Formen der Limette, von denen in Kalabrien und Sizilien sechs gut charakterisierte kultiviert werden. Von diesen ist die Varietät rugosa besonders in den Gärten Reggios zu Hause und wird sehr viel für den Lokalverbrauch kultiviert.

Der Baum erreicht in gutem, kalkreichem, nicht zu schwerem und feuchtem Boden jene Höhe von ca. 8 m, ist locker verzweigt, sparrig, und äusserlich, genau besehen, unschön, sicherlich nicht für Orangerien geeignet. Die Rinde ist dunkel aschenfarben, das Holz weiss und sehr hart, die jungen Zweige lichtgrün und weiss punktiert, das Laub

langgestielt, sehr gross, lederartig, eilanzettlich, scharf gesägt und hellgrün.
Jedes Blatt ist an der Basis eines pfrie-
menförmigen, geraden, sehr scharfen
Dornes gestellt. Die Blüten sitzen in
kleinen Träubchen in den Blattachseln
und erscheinen im April—Mai, sie
duften, wie die aller Zitronen-Arten,
höchst angenehm, fast berauschend,
sind weiss und etwas unregelmässig
monströs, das letztere ein Zeichen ihrer
zivilisierten Herkunft aus den Gärten des
Orients oder selbst Italiens, welches
sicherlich das lachende Heimatland sehr
zahlreicher Citrusformen ist.

Die Frucht, meist einzeln, wiegt 100
bis 200 Gramm, ist ballartig rund, mit
ausgeprägtem Nabel, an dem zuweilen
das Pistill sitzen bleibt und mit vergrössert ist. Sie ist rauhschalig, voller
Warzen und Pusteln, glänzend und
dunkel-zitrongelb. Das Fleisch ist sehr
saftig, brüchig, süss und angenehm erfrischend.

Die Schale der schönen Frucht ist
sehr aromatisch. Sie kommt den ganzen
Herbst und Winter bis Juni auf die
Märkte und ist eine der beliebtesten
Obstarten Siziliens. Die Samen sind
einzeln im Fruchtfleische gebettet und
sehr klein. Sie keimen leicht, geben
aber nie die Form rein wieder, auch
sind die jungen Sämlinge aller Limetten
sehr empfindlich.

Man okuliert oder pfropft die Formen
sicherer und vorteilhafter auf Sämlinge
der milden bitteren Orange: Citrus Bi-
garadia.

Die Limettenfrucht mit Geschmack
und Anstand zu geniessen, zu schälen,
und das brüchige Fleisch von den dick-
häutigen Zwischenwänden zu lösen, ist
eine Kunst, die gelernt sein will.

Der Limettenbaum wird freistehend,
aber im Schutze der vollkronigen
Orangenbäume kultivier, zuweilen auch
in warmer Lage für sich, in kleinen
Beständen, mit einem allseitigen Abstande von 6 m. In dieser Lage ist er
höchst malerisch.

Auch giebt er ganz vorzügliche
Hecken

Reggio Calabria,
  27. März 1902.

C. Sprenger.

Eucalyptus corymbosa, Smith.

Vor nunmehr ca. 30 Jahren, als das
Eucalyptusfieber im Lande Hesperia
am ärgsten wütete und seine schönsten
Blüten trieb, die leider allzu rasch ver-
welkten, wurden in diesen fieberreichen
Strichen, am Golfe von Gioja Tanon,
sehr viele Eucalyptus gepflanzt und
nicht immer nach allen Regeln behandelt und gepflegt. Es wurde besonders
unterlassen, die Species zu erkennen
und zu unterscheiden und so kam es,
dass man jedwede Art durcheinander
pflanzte, die oft ganz conträre Lebensbedingungen heischen. Die natürliche
Folge davon war, dass manche fort-
kamen und sich durcharbeiteten, noch
mehr aber alsbald zurückgingen und
abstarben. E. corymbosa blieb, wuchs
anfangs rasch und später langsamer,
vielleicht von nahestehenden E. globulus und amygdalina unterdrückt, denen
er an schnellem Wuchs und Ueppigkeit
es nicht gleich thun kann. E. corymbosa ist der beste Blutholzbaum von
Queensland und Neu - Süd - Wales, von
geringerer Dimensionen als manche
seiner Artgenossen, aber von grösserer
Dauer als z. B. globulus. Die Rinde
ist dunkel, fast schwarz, schwustig,
stark rissig, korkig, innen rostrot und
tanninreich. Das Holz ist dunkelrot,
wenn getrocknet hart und schwer, sehr
dauerhaft für Untergrundarbeiten, Bukk-
ken, Eisenbahnschwellen und Wasser-,
resp. Uferbau- Arbeiten. Es soll unter
Wasser, wie man hier versuchte, schwerer und dauerhafter werden und als
Eisenbahnschwellen bis 30 Jahre dauern, wie wiederholt von Neu Holland
berichtet wird. — Der schöne Baum
giebt dichten Schatten, trägt lang
herabwallende, schlanke, rutenartige
Zweige mit lanzettlichen, etwas sichel-
förmigen, dunkelgrünen, zugespitzten
Blättern und kleinen rötlichen, in flacher
Scheindolde stehenden, kurzgestielten
Blüten mit weissen Staubfäden. Er
blüht hier in Calabrien vom 15. April
bis Anfang Mai und reift gerne Samen
im Mai des folgenden Jahres. Die
Früchte gleichen den Hagebutten der
Rosa sempervirens Süd-Europas, stehen
auf gemeinsamen Stiel zu 3—9 in regelmässiger Trugdolde und sind erst grün,
später braunrot und endlich im dritten
Jahre dürr und braun. Sie bleiben viele
Jahre sitzen, öffnen aber ihre Scheibe,
ähnlich den Papaver und Nelumbium

und streuen nach und nach die sehr
kleinen schwärzlichen Samen in alle
Winde. Diese Samen keimen hier im
nahen Weingelände an besonders feuchten Stellen recht gut und es ist demnach sehr wahrscheinlich, dass der
schöne schattenspendende Baum in
manchen Gegenden Italiens vollkommen
eingebürgert werden könnte. Wir wollen ihn als Alleebaum verwenden und
auch sonst im Flussgebiete als Schutz-
baum anpflanzen. Unser Boden hier
ist zumeist angeschwemmtes Land;
Sand und Humus mit nicht 1% Kalk.
Rinde und Laub sind reich an Tannin
und ätherischen Oelen, und der kräftige Duft aller Teile des ebenso malerischen als nützlichen Baumes zeigt
seinen Wert als fieberheilende Macht an.

San Ferdinando di Calabria,
7. April 1902.

C. Sprenger.

Vertilgung der Opuntia. — Kartoffelsorten für Italien gesucht.

Ein einfaches Mittel zur vollkommenen Ausrottung der Opuntia vulgaris
habe ich seinerzeit nach dem Erscheinen
Ihrer Notiz im ersten Aprilhefte der
Gartenflora an den Secretary of Agriculture D. H. Dalrymple nach Brisbane
gesendet. Für derlei Mittel aber kommt
nie etwas heraus, es sind immer nur
Versprechungen und rechne ich auch
nicht auf Dank! Wir ernten hier allein
ca. 40 Wagen Kartoffeln der weiss-
fleischigen Juli-, die alle nach Deutschland — zumeist nach Berlin — reisen.
Die Saat kommt immer aus Deutschland und kostet uns meist 7—8 Mark
per Doppelzentner, dazu die Fracht.
Alles das scheint aber bei den neuen
Zollvorschlägen ausser Acht gelassen
zu werden. Die Saatkartoffeln halten
sich hier nicht und im Gebirge kann
ich sie einstweilen nicht bauen, muss
also immer wieder nach Deutschland
deswegen! —

Wir haben dieses Jahr die interessante Beobachtung machen können,
dass nach dem Besprengen mit 2%iger
Bordeauxbrühe das Wachstum des Kar-
toffellaubes und der Stengel ganz wesentlich hinter dem danebenstehen-
den nicht besprengten zurück blieb.
Dagegen waren die Knollen bei der
Ernte nicht zurück geblieben, sondern
ebenso gross und so zahlreich und
ebenso schwer im Gewicht als die der
Nichtbesprengten. Das Besprengen
geschah, als sich in einer feuchten
Vertiefung des Ackers Peronospora
infestans zeigte, deren Ausbreitung
wir mit einmaligem Sprengen vorbeugen
konnten. Uebrigens steigt die abscheu-
liche Krankheit hier nur selten bis zu
den Knollen hinab und endet, wenn sie
an der Erdoberfläche ankommt. Nur
da und dort findet man eine angegriffe-
ne Knolle, die nicht oder gering mit
Erde bedeckt war. Ich möchte sehr
gerne eine runde, frühe, nicht zu tief-
liegende Augen zeigende, gelbfleischige
Kartoffel hier für kommenden Herbst
pflanzen. Ist Ihren Lesern eine solche
bekannt und wo könnte man 3—4
Wagenladungen preiswert kaufen? —
Wir wollen alle ital. Sorten aufgeben.
Ist die neue Kaiserkrone ertragreich?
— wird sie leicht befallen? — Sie ist
wohl nicht mehr im Grossen zu kaufen.
Die early Rose und late Rose gedeihen
hier bei der Dezemberpflanzung ganz
ausgezeichnet. Auch die in Hamburg
beliebte gelbe Niere kommt sehr gut.

San Ferdinando di Calabria,
5. Mai 1902.

C. Sprenger.

Wicken-Arten in Süd-Italien.

Die etwas schwierige Wickengruppe
mit gabeligem Cirrhus und langgestielten
vielblumigen Blütenständen ist hier auf
der Düne sowohl als an Wegrändern,
in Wäldern, Hecken und Weinbergen
zahlreich vertreten und ziemlich schwer
von einander zu unterscheiden. Da ist
zunächst die hochkletternde, ausserordentlich schöne und nützliche Vicia
elegans Gussoni, die an Waldrändern,
in Weingärten, an Wegrändern und besonders Hecken und Zäunen überall in
diesem schönen Thal oft massenhaft
auftritt und vom März—Juli alles was
sie überrankt und erklimmt, mit frischem
glänzenden Grün und zahlreichen sehr
langgestielten blauen und purpurnen,
einseitig gestellten Blüten überschüttet.
Sie ist perennierend, klettert 2 m hoch
und würde ein ganz vorzügliches Grünfutter geben. In einer wilden, breiten
Opuntienhecke fand ich sie dieser Tage
mit blendend schneeweissen Blüten und

an anderer Stelle mit inkarnatroten Trauben.

Diese reinweisse würde ein hochelegante Gartenschlingpflanze geben. Die gleichfalls sehr schöne Viia atropurpurea Desf. vel. V. bengalensis L. ist überall besonders in den Rebengeländen und an Waldrändern gemein, ist annuell, rankt sehr hoch oder weit, giebt prachtvolles Grünfutter oder Heu und trägt sehr lange purpurne Blütentrauben. Viia Cracca, die perennierend ist, kommt nur im nahen Gebirge, nicht im Thale vor. Sie wird durch die noch schönere, ungemein variierende Vicia Gerardi Vill., die gleichfalls perenniert, vertreten. Die schöne Form australis Ten. der ligurischen Vicia tenuifolia Roth. mit himmelblauen lieblichen Blütentrauben sollte gleichfalls in unseren Gärten Aufnahme finden. Ebenso die schöne, hier überall gemeine, violette oder weisse Vicia varia Hort. und ebenso die grossblumige Form ambigua Guss., beide hier und in Sicilien gemein. Von Mitte Februar bis jetzt ist die Düne hier von der kurzen Vicia Pseudo-Cracca, Bert. ganz bedeckt und stellenweise himmelblau durch ihre zahlreichen Blüten. Auch findet man sie unter den Eltern mit milchweissen oder gelblichen Trauben. Sie ist eine der schönsten italienischen Wicken und

im höchsten Grade wertvoll für Dünenkultur und Dünengärten. Sie ist annuell, wurzelt sehr tief und ist infolgedessen sehr geeignet, Flugsand mit zu befestigen und anderen Pflanzen zeitweise Schutz zu gewähren. Die ihr sehr nahe liegende Vicia glauca Presl. hat blass fleischfarbene Blütentrauben und scheint mit dem Wasser, Giessbächen, erst vom Gebirge des Aspromonte hierhergetragen zu sein. Vicia ochroleuca Ten. ist an Waldrändern hier seltener als bei Neapel. Sie hat sehr lange, blassgelbe Blütentrauben und kommt gleichfalls ganz weiss vor. Vicia sparsiflora Ten. ist nicht hier, sondern in Lukanien, der neuen Basilicata, sie ist aber fast noch schöner als die vorhergehende, der sie nahesteht. Vicia bithynica L. kommt hier in der Form major sehr häufig im Hügelgelände vor und ist ein ganz vorzügliches Futterkraut.

Die armblütige Vicia monanthos Desf. hat himmelblaue, grosse Blüten und zählt gleichfalls zu dieser Gruppe, in der es zahlreiche Uebergänge und vielleicht auch Stilarten giebt.

Hier ist das rechte Reich schöner Leguminosen.

San Ferdinando di Calabria,
im Mai 1902.

C. Sprenger.

Litteratur.

Die bisher im Verlage von Gebauer-Schwetschke, Halle a. S., erschienene Zeitschrift „Die Natur" ist mit der bei Gustav Fischer, Jena, erscheinenden „Naturwissenschaftlich. Wochenschrift" vereinigt worden.

Die Teppichgärtnerei in der Praxis.

La Mosaïculture pratique, par Alb. Maumené. 3. édition. Guide de l'ornement des jardins, Paris, bei H. Martinet.

In einer grösseren, von dem Redakteur der Zeitschrift „Le Jardin", Herrn Garten-Architekten und Professor der Gartenbau-Schule zu Versailles H. Martinet herausgegebenen Sammlung verschiedener Abhandlungen, betitelt „Biblio-

theque du „Jardin", welche zum Gegenstand die Ausschmückung des herrschaftlichen Gartens haben, ist u. a. auch eine eingehende Darstellung über Teppichgärtnerei von Alb. Maumené enthalten. Die bereits in kurzer Zeit erschienene III. Auflage dieses Buches scheint schon an sich für den Wert des dargebotenen Inhalts zu sprechen. Nicht mit Unrecht äussert sich der Herr Verfasser in der Vorrede bezüglich des Wertbegriffes „Teppichgärtnerei" dahin, dass, sobald die mit Geschmack und Ueberlegung ausgeführte Teppichgärtnerei den Bedürfnissen der heutigen Geschmackrichtung Rechnung trage, dieselbe entsprechend zu wirken vermöge, daher als besonderer Ausschmückungsgegenstand im Gartenareal berech-

tigt sei. In XIV übersichtlich geord-
neten Kapiteln erörtert Verfasser
eingehend den gesamten Stoff: geschichtliche Entwickelung dieser spec.
Abteilung im Gartenbauwesen, ihre
Anwendung in Deutschland, Holland
und Amerika. Ferner: die ästhetischen
Grundzüge bei Anwendung der Teppichgärtnerei, ihre Mannigfaltigkeit in
der Darstellung. Farbenlehre in kurzen
Grundzügen, Berechtigung und Verwendung der Pflanze im Arrangement
des Teppichbeetes; Studien, Zeichnungen und Motive in der Bepflanzungs-
ausführung; Uebertragung der Zeichnung auf das freie Terrain; die bei
Auspflanzung zu treffenden Vorsichts-
massregeln; die für das Teppichbeet
geeigneten Pflanzen sowohl in Berücksichtigung der verschiedenen Jahreszeiten, wie hinsichtlich ihrer Einzel-
wirkung oder Zusammenstellung in
Gruppen. Die Teppichpflanzen in bezug
auf ihren Wert, Färbung, Erziehung,
Vermehrung, Aufbewahrung. Eine besonders eingehende Behandlung erfahren sodann die Entwürfe für Teppichbeet-Anlagen, welche, neben vielen anderen Illus rationen, hier besonders in
ca. 50 verschiedenen Zeichnungen nähere Erläuterung erhalten. Nicht ge-

ring wirkt der Umstand hierbei, dass
ein grosser Teil der dargestellten Muster vorhandenen Anlagen (so u. a. auch
Teppichbeet-Anlagen in Sanssouci-Char-
lottenhof;Dresden-GrosserGarten;Frank-
furt a. M.-Palmengarten) entnommen,
ihre Vorführungen direkt aus der Praxis
stammen. Hinsichtlich der Kapitel
Dissonanz, Harmonie, Gegenüberstel-
lung (Kontrastwirkung) der Farben
macht der Verfasser hier und da sehr
treffende, von feiner Beobachtung zeu-
gende Bemerkungen. Auch an kleinen
satyrischen Randglossen, so u. a. bezüglich Darstellnng eines bei Teppichpflanzen wiedergegebenen heraldischen
Löwen vor dem Affenhause im Zoologischen Garten zu Lyon, fehlt es nicht,
sodass der sonst trockene Ton derartiger Erörierungen mitunter höchst wirksam unterbrochen wird. Der Leser
wird unwillkürlich bei näherem Studium des Buches die Empfindung haben,
dass der Verfasser diesen Gegenstand
durchaus beherrscht un t dass dieser
Umstand wesentlich dem Ganzen ein
wohlthuendes Gepräge aufdrückt. Schon
aus diesem Grunde möchten wir diese
Lektüre jedem Fachmann und Liebhaber anempfehlen.

Hoffmann.

Unterrichtswesen.

Obergärtner-Prüfung in Proskau (Schlesien).
Durch Erlass des Herrn Ministers für
Landwirtschaft, Domänen und Forsten
ist am Königlichen pomologischen Institut in Proskau (Schlesien) eine Obergärtner-Prüfung (Staatsexamen) eingeführt worden, welche zur Anstellung
als Obergär ner bezw. Gartenbaulehrer
berechtigt.
Bedingungen für die Zulassung sind:
1. Berechtigungsnachweis zum einjäh-
rig-freiwilligen Mili ärdienst.
2. Beendigung des 2jährigen Lehrganges
an der Anstalt
und
3. mehrjährige Praxis nach Verlassen
der Anstalt.

Auskunft über nähere Bedingungen
erteilt die Direktion des Instituts.

Königlicher Botanischer Garten Berlin.
So lange der Neue Botanische Gar-
ten nicht eröffnet ist, gelten für den
Besuch desselben durch Vereine an
Sonn- und Feiertagen folgende Bestim-
mungen:

§ 1.

Die Besichtigung kann erfolgen in der
Zeit von 10 Uhr morgens bis 7 Uhr
abends und kann von jedem Verein
auf 3 Stunden ausgedehnt werden.

§ 2.

Die Bauplätze sind nicht zugänglich.

§ 3.

Der Verein wird von erklärenden
Führern und Aufsehern begleitet, wofür
folgende Gebühren zu entrichten
sind:

für 10—30 Personen 7 M.
(1 Führer, 2 Aufseher),
für 31—45 Personen 12 M.
(2 Führer. 3 Aufseher),
für 46—60 Personen 14 M.
(2 Führer, 4 Aufseher),
für 61—75 Personen 19 M.
(3 Führer, 5 Aufseher).
für 7(—90 Personen 21 M.
(3 Führer, 6 Aufseher).

§ 4

Damit die nötigen Anordnungen getroffen werden können, müssen die Besuche 8 Tage vor dem gewünschten Termin bei der Direktion des Botanischen Gartens, Berlin W. 30, Grunewaldstrasse 6 7, angemeldet werden. Ebenso ist dorthin der Betrag vor dem Besuch portofrei einzusenden

An den Wochentagen können Vereine von 2—6 Uhr den Garten unter der Bedingung besuchen, dass für je 4 Personen bei dem Pförtner an der Potsdamer Chaussee oder im Gartenbureau

die über die Alpenanlagen erschienene Schrift zum Preise von 1 Mark gekauft wird.

Führung wird an den Wochentagen nicht gestellt.

Die Direktion.

Zusatz zu § 4.

Bei mehr als 20 Personen dürfen die Besucher nur in Abteilungen von höchstens 20 Personen im Garten herumgehen.

Gärtner-Lehranstalt.

(Aus der Sitzung des Abgeordnetenhauses vom 12. Juni.)

Der Verein deutscher Gartenkünstler in Berlin wünscht Umwandlung der Gärtner-Lehranstalt Wildpark-Potsdam in eine Hochschule für Gartenkunst. Die Kommission schlägt vor, mit Rücksicht auf die von der Regierung abgegebenen Erklärungen über die Petition zur Tagesordnung überzugehen. Das Haus beschliesst demgemäss.

Eingesandte Preisverzeichnisse.

G. R. Herzog, Dresden-A., Weiseritzmühlgraben Nr. 6. Preisliste V. Ausgabe über Stahlwindmotoren, Pumpen, Türme, Wasserleitungen etc. — Gustav A. Schultz, Hoflieferant S. M. des Kaisers und Königs, Lichtenberg-Berlin. 1902, Sonderangebot von Blumenzwiebeln. — Oswald Weigelt, Antiquarium, Leipzig, Königstrasse 1. Botanischer Lagerkatalog 1902, Nr. 105—107. — Verzeichnis des antiquarischen Bücherlagers von A. Bielefeldt, Hofbuchhandlung, Riebermann & Comp. in Karlsruhe (Baden) über fossile Pflanzen, Gartenbau, Blumenzucht. Eine seltene Sammlung alter Kräuterbücher. — Antiquariats-Katalog Nr. 18 von C. Trömers Universitätsbuchhandlung (Ernst Marms) in Freiburg i. Br. über Naturwissenschaften. — 936. Katalog von Karl Theodor Völkers Verlag und Antiquariat in Frankfurt a. M., Römerberg 3 über Botanik. — Katalog

der Universitätsbibliothek von H. Welter, Paris, Bernard Podissy-Strasse Nr. 4, über Blumen- und Pflanzenkunde. — Preisliste Frühjahr 1902 von Eduard Willall-Smyrna über Zwiebelgewächse. — Vollständiges illustriertes Preisverzeichnis über Pflanzen von H. Cannell & Sohn Swanley, Kent, 1902. — Thonwarenfabrik Ernst March Söhne, Charlottenburg. Preisliste A und B. Wetterfeste Terrakotten, Standbilder, Figuren, Vasen für Gärten in reicher Auswahl.

Ausstellungen.

Die Ausstellung und der Kongress des Vereins deutscher Rosenfreunde findet vom 27. bis 29. Juni in Düsseldorf statt.

Personal-Nachrichten.

Dem Gärtnereibesitzer Rudolph Seidel in Grüngräbchen, Königreich Sachsen, dem Oekonomierat Dahlen, Wiesbaden, General-Sekretär des deutschen Weinbauvereins, dem Hoflieferanten J. Fromm in Frankfurt a. M. und dem Kommerzienrat du Roi in Braunschweig ist das Kommandeurkreuz des französischen Ordens du Merite agriole verliehen.

Dem Grossherzogl. Hofgärtner Klett zu Schwerin i. M. ist von S. K. H. dem Grossherzoge von Mecklenburg-Schwerin das Verdienstkreuz des Hausordens der Wendischen Krone verliehen.

Dem Direktor im französischen Ackerbau-Ministerium Wassilière, Paris, ist der Rote Adlerorden 2. Klasse, dem General-Sekretär der französischen Gartenbau-Gesellschaft Abel Chatenay in Ivry sur la Seine der Rote Adlerorden 4. Klasse, dem Baumschulbesitzer Charles Baltet in Troyes der Königl. Kronenorden 4. Klasse verliehen.

Berichtigung.

In der Gartenflora, Heft 11, Seite 312, ist unter Personalnachrichten fälschlich angegeben, dass das Denkmal Meyers im Treptower Park vom städt. Obergärtner Weiss ausgeschmückt worden sei.

Ich bemerke hierzu, dass eine besondere Ausschmückung des Denkmals überhaupt nicht stattgefunden hat, dass eine solche die im herrlichsten Frühlingsschmucke prangende Umgebung des Denkmals nur beeinträchtigt haben würde. Die Unterhaltung des Treptower Parkes, zu der natürlich auch die des Meyer-Denkmals und seiner Umgebung sowie die Ausschmückung mit Blumengruppen vor dem Denkmale gehört, wird stets von dem Unterzeichneten besorgt.

E. Clemen.

Tagesordnung

für die

896. Versammlung des Vereins z. Beförderung d. Gartenbaues i. d. preuss. Staaten

am 80. Jahresfeste

am Donnerstag, den 26. Juni 1902, abends 6 Uhr,

im Kgl. Botanischen Museum, Grunewaldstr. 6—7 (im Botanischen Garten).

I. Ausgestellte Gegenstände. (Ordner: Herr Kgl. G.-Insp. Perring.) II. Jahresbericht. III. Kassenbericht. IV. Neuwahl des Vorstandes. V. Vortrag von L. Wittmack: Ostertage an der Riviera. VI Verschiedenes.

Um zahlreiche Einsendung von Pflanzen zu dem 80. Stiftungstage wird gebeten.

Am Tage vorher, Mittwoch den 25. Juni, findet 3 Uhr nachm. eine Fahrt von Tegel aus mit Dampfschiff nach Tegelort statt, wozu die hiesigen Mitglieder besonders eingeladen werden.

Für die Redaktion verantwortlich Geh. R. Prof. Dr. Wittmack, Berlin NW., Invalidenstr. 42. Verlag von Gebrüder Borntraeger, Berlin SW. 46, Dessauerstr. 29. Druck von A. W. Hayn's Erben, Berlin

1. Juli 1902. Heft 13.

GARTENFLORA

ZEITSCHRIFT

für

Garten- und Blumenkunde

(Begründet von **Eduard Regel.**)

51. Jahrgang.

Organ des Vereins zur Beförderung des Gartenbaues in den preussischen Staaten.

Herausgegeben von

Dr. L. Wittmack,

Geh. Regierungsrat, Professor an der Universität und an der Kgl. landwirtschaftl.
Hochschule in Berlin, General-Sekretär des Vereins.

Hierzu Tafel 1500.

Byblis gigantea Lindl.

Berlin 1902
Verlag von Gebrüder Borntraeger
SW 46 Dessauerstrasse 29

Erscheint halbmonatlich. Preis des Jahrganges von 42 Druckbogen mit vielen Textabbildungen und
12 Farbentafeln für Deutschand und Oesterreich-Ungarn 12 Mark, für die übrigen Länder des Weltpostvereins 15 Mark. Zu beziehen durch jede Buchhandlung oder durch die Post (Zeitungsverzeichnis
No. 2819).

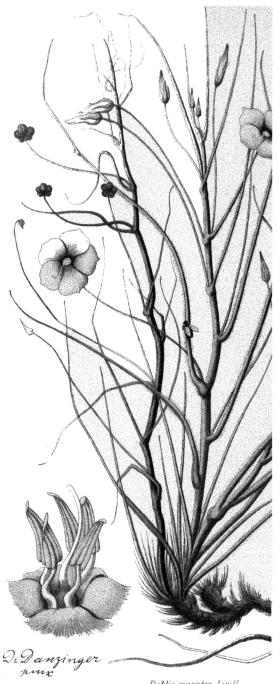

Dr. Danzinger
pinx

Byblis gigantea Lindl.

Byblis gigantea Lindl.

Von Dr. Hermann Ross, München.

(Hierzu Tafel 1500.)

Die Zahl der tierfangenden Pflanzen oder Insektivoren ist überhaupt keine sehr grosse, doch finden sich einzelne Vertreter derselben in allen Erdteilen in den verschiedensten Zonen und Regionen. In der europäischen Flora gehören zu den tierfangenden Pflanzen die Gattungen Drosera, Aldrovandia, Drosophyllum, Pinguicula, Utricularia. Von den in unseren Gewächshäusern kultivierten Pflanzen, welche in diese Gruppe gehören, sind ferner zu nennen: Dionaea, Sarracenia, Darlingtonia, Heliamphora, Cephalotus und Nepenthes, sowie viele aussereuropäische Arten der Gattung Drosera und Utricularia. Dagegen befinden sich die ebenfalls tierfangenden Pflanzen aus der Gattung Roridula, einer in Südafrika heimischen Droseracee, kaum, Polypompholyx von Australien und Genlisea aus dem tropischen Amerika — letztere beide zu den Lentibulariaceen gehörig — meines Wissens gar nicht in Kultur.

Eine wertvolle Bereicherung dieser Pflanzengruppe haben unsere Gewächshäuser erfahren durch die Einführung der Byblis gigantea Lindl, welche bisher ebenfalls nicht in Kultur war.*) Die Samen derselben brachte Professor Goebel von seiner Reise nach Australien und Neuseeland im März 1899 mit.

Die ersten Aussaaten ergaben viele junge Pflänzchen, aber es zeigte sich sehr bald, dass es einer vorsichtigen und sorgfältigen, eigenartigen Behandlung bedurfte, um sie zur Weiterentwickelung zu bringen. Nach den bisher gemachten Erfahrungen in dem hiesigen botanischen Garten ist die beste Kulturmethode folgende: Die Samen werden am besten im Frühjahr ausgesät und zwar in Schalen in eine Mischung von Heideerde mit viel Quarzsand. Die Keimung geht ziemlich rasch vor sich. Bemerkenswert ist, dass die aus dem Jahre 1899 stammenden Samen, welche nach und nach in kleineren Portionen ausgesät wurden, auch noch in diesem Frühjahr gut gekeimt haben. Wenn die Pflänzchen 2—3 Blättchen entwickelt haben, werden sie am besten in dieselbe Erdmischung piquiert in Töpfe von 3—4 cm Durchmesser und 6—7 cm Länge. Diese Töpfe werden in grössere Gefässe von etwa 8 cm Durchmesser in gut gewaschenen Sand oder Torfmoos eingefüttert. Es ist dies bekanntlich dieselbe Art und Weise, auf welche man erfolgreich Drosophyllum und viele andere, gegen unregelmässige Wasserzufuhr empfindliche Pflanzen behandelt. Während aber Drosophyllum ausser-

---

*) Auch in den botanischen Gärten zu Glasnevin und Edinburg ist Byblis erblüht. Gard. Chr. 1899, I, 241, 1899 II, 409, 1900 II, 851. Roridula blühte in Edinburg. Siehe Gard. Chr. 1899 I, 65.

D: Danzinger

Byblis gigantea Lindl.

Byblis gigantea Lindl.

Von Dr. Hermann Ross, München.

(Hierzu Tafel 1500.)

Die Zahl der tierfangenden Pflanzen oder Insektivoren ist überhaupt keine sehr grosse, doch finden sich einzelne Vertreter derselben in allen Erdteilen in den verschiedensten Zonen nnd Regionen. In der europäischen Flora gehören zu den tierfangenden Pflanzen die Gattungen Drosera, Aldrovandia, Drosophyllum, Pinguicula, Utricularia. Von den in unseren Gewächshäusern kultivierten Pflanzen, welche in diese Gruppe gehören, sind ferner zu nennen: Dionaea, Sarracenia, Darlingtonia, Heliamphora, Cephalotus und Nepenthes, sowie viele aussereuropäische Arten der Gattung Drosera und Utricularia. Dagegen befinden sich die ebenfalls tierfangenden Pflanzen aus der Gattung Roridula, einer in Südafrika heimischen Droseracee, kaum, Polypompholyx von Australien und Genlisea aus dem tropischen Amerika — letztere beide zu den Lentibulariaceen gehörig — meines Wissens gar nicht in Kultur.

Eine wertvolle Bereicherung dieser Pflanzengruppe haben unsere Gewächshäuser erfahren durch die Einführung der Byblis gigantea Lindl, welche bisher ebenfalls nicht in Kultur war.[*]) Die Samen derselben brachte Professor Goebel von seiner Reise nach Australien und Neuseeland im März 1899 mit.

Die ersten Aussaaten ergaben viele junge Pflänzchen, aber es zeigte sich sehr bald, dass es einer vorsichtigen und sorgfältigen, eigenartigen Behandlung bedurfte, um sie zur Weiterentwickelung zu bringen. Nach den bisher gemachten Erfahrungen in dem hiesigen botanischen Garten ist die beste Kulturmethode folgende: Die Samen werden am besten im Frühjahr ausgesät und zwar in Schalen in eine Mischung von Heideerde mit viel Quarzsand. Die Keimung geht ziemlich rasch vor sich. Bemerkenswert ist, dass die aus dem Jahre 1899 stammenden Samen, welche nach und nach in kleineren Portionen ausgesät wurden, auch noch in diesem Frühjahr gut gekeimt haben. Wenn die Pflänzchen 2—3 Blättchen entwickelt haben, werden sie am besten in dieselbe Erdmischung piquiert in Töpfe von 3—4 cm Durchmesser und 6—7 cm Länge. Diese Töpfe werden in grössere Gefässe von etwa 8 cm Durchmesser in gut gewaschenen Sand oder Torfmoos eingefüttert. Es ist dies bekanntlich dieselbe Art und Weise, auf welche man erfolgreich Drosophyllum und viele andere, gegen unregelmässige Wasserzufuhr empfindliche Pflanzen behandelt. Während aber Drosophyllum ausser-

---

[*]) Auch in den botanischen Gärten zu Glasnevin und Edinburg ist Byblis erblüht. Siehe Gard. Chr. 1899, I, 241, 1899 II, 409, 1900 II, 851. Roridula blühte in Edinburg. Siehe Gard. Chr. 1899 I, 65.

ordentlich wenig Wasser braucht und man bei dieser Pflanze nur vorsichtig den Sand im äusseren Topfe giessen darf, verlangt Byblis,
welche in ihrem Vaterlande, Westaustralien, an feuchten, sandigen Stellen
am Ufer der Flüsse wächst, dementsprechend eine grössere Menge
Wasser, sowie auch grössere Luftfeuchtigkeit und muss deshalb auch
regelmässig der innere Topf gleichmässig feucht gehalten werden.

Während Drosophyllum ferner das Verpflanzen sehr schlecht
oder garnicht verträgt, können die Byblis - Pflanzen bei der nötigen
Vorsicht selbst unter Entfernung schlechter Erde mit Vorteil verpflanzt
werden.

Byblis gedeiht am besten an einem sonnigen Standorte im temperierten Hause mit genügender Luftfeuchtigkeit. Nur in den Sommermonaten ist es notwendig, während der heissen Stunden sie leicht zu
beschatten.

Die Pflanze entwickelt ihre hübschen, violetten, stattlichen Blüten
bei uns im zweiten Jahre.

In ihrem Vaterlande erreicht die Byblis gigantea, wie das zahl-
reiche von Professor Goebel mitgebrachte Spiritus- und Herbarmaterial
zeigt, eine Höhe von 30—40 cm. Die Tafel, welche von Herrn Assistent
Dr. G. Dunziger gemalt ist, stellt ein derartiges, in Alkohol aufbewahrtes
Original-Exemplar dar. Die Farben aller Teile, sowie alle feineren
Einzelheiten sind nach lebenden Pflanzen unseres Gartens gezeichnet.

Aus dem kräftigen, harten Rhizome entspringen zahlreiche, aufrechte
Stengel, welche am Grunde etwas verholzt sind und so der ganzen
Pflanze fast den Charakter eines Halbstrauches geben. Die Blätter sind
schmal-linealisch, 20—25 cm lang, am Grunde $2^{1}/_{2}$, in der Mitte 1 mm
breit. Sie stehen, mit Ausnahme des unteren Teiles des Stengels, wo
sie ziemlich dicht sind, in der Entfernung von 2—3 cm in spiraliger
Anordnung. Die Sprossachsen und die Laubblätter sind mit gestielten
und sitzenden Drüsen reichlich bedeckt, welche über die ganze Blatt-
fläche zerstreut sind. Das klebrige Sekret, welches sich besonders am
äussersten Ende derselben anhäuft, glänzt wie zarte Tautropfen. Dass
Byblis thatsächlich zu den tierfangenden Pflanzen gehört, sieht man an
den zahlreichen Insekten, welche an den drüsigen Blättern haften.

Die schön violett gefärbten ca. 3 cm grossen Blüten stehen einzeln
in den Blattachseln, auf 11—13 cm langen Stielen.

Die Gattung Byblis, von der man nur noch eine zweite Art, die
sehr zierliche und kleine Byblis liniflora Salisb., kennt, ist in
Australien endemisch. Bisher wurde diese Gattung allgemein zu den
Droseraceen gerechnet. Jedoch schon Bentham hebt in Flora austra-
liensis, Bd. II, S. 469, hervor, dass die Gattung Byblis eigentlich nur
äussere, besonders auf dem Vorhandensein der Drüsen beruhende Ahn-
lichkeit mit den Droseraceen zeigt, und er vermutete eine nähere Verwandtschaft mit den Pittosporeen. Neuere, sehr eingehende, sich sowohl
auf die vegetativen wie auf die reproduktiven Organe erstreckende
Untersuchungen, welche von Dr. Franz Xaver Lang auf Veranlassung
von Professor Goebel im hiesigen pflanzenphysiologischen Institute
gemacht wurden (vergl. Flora oder allgemeine botanische Zeitung, 1901,

88. Bd.), haben gezeigt, dass Byblis mit Ausnahme des Habitus. in welcher Hinsicht sie dem Drosophyllum am nächsten steht, von allen Droseraceen vollständig abweicht, und in allen Hinsichten mit den Lentibulariaceen, und zwar besonders mit Pinguicula, übereinstimmt.

Die Blätter sind nicht in der Knospenlage eingerollt, wie bei den Droraceen, und zeigen nicht ein Spitzenwachstum wie jene, sondern ein intercalares Wachstum, d. h. sie wachsen vermittelst eines teilungsfähigen Gewebes, welches sich nahe dem Blattgrunde befindet. Die Drüsen sind thatsächlich auch anders gebaut als diejenigen der Droseraceen und zeigen Übereinstimmung mit denen von Pinguicula. Ferner ist die Krone verwachsenblätterig, wenn der Zusammenhang der Blumenblätter auch nur auf eine sehr geringe Zone beschränkt ist. Ganz besonders zeigt aber Byblis in Bezug auf den Bau und die Entwickelung der Samenanlagen, hauptsächlich des Embryosackes, dass sie zu den Lentibulariaceen gehört. Sie stellt nach Lang vielleicht eine primitive Form dieser Familie dar, was um so verständlicher wäre, da Australien ja bekanntlich so reich ist an primitiven Formen, sowohl des Pflanzenwie des Tierreiches.

Erklärung der Tafel 1500.

Die Mittelfigur zeigt das Habitusbild der Pflanze in $^2/_3$ natürlicher Grösse, Figur rechts Staubblätter und Fruchtblätter, vergrössert, Figur links das Diagramm der Blüte.

Die Resultate neuester Düngungsversuche an den wichtigsten Handelspflanzen.

Vortrag, gehalten im Verein z. B. d. G. in Berlin am 24. April 1902, vom Kgl. Garteninspektor Ledien, Kgl. Botan. Garten, Dresden.

(Hierzu 2 Abb.)

Hochgeehrte Versammlung!

Meine Freude über die Ehre, vor Ihnen heute sprechen zu dürfen, wird beeinträchtigt durch das Bedauern, kein Belegmaterial vorführen zu können.

Die Erfolge mit den Düngeversuchen an den Pflanzen sprechen viel eindrucksvoller für sich selbst, als es mir je gelingen kann, ohne Belegstücke. Aber diese stehen nur im Herbste zur Verfügung und in ausreichendem Masse auch nur an Ort und Stelle — Maiblumen zu einer anderen Zeit als Azaleen usw.

Wenn ich trotzdem der Aufforderung gefolgt bin, so geschah es, um aus meiner Erfahrung heraus zu zeigen, welcher Art die Thätigkeit einer ohne grossen Apparat zu gründenden gärtnerischen Versuchsstation etwa sein könnte.

Ich habe aus dem reichhaltigen Jahresprogramm der Versuchs-Station zu Dresden nur Düngeversuche an gewissen Hauptpflanzen zur Be-

sprechung gewählt, weil wir Gärtner auf diesem Gebiete wirklich hilfs-
bedürftig sind und weil wir ohne Frage bedeutend zurück sind hinter
dem gebildeten Landwirte, für den landwirtschaftliche Versuchs-Stationen
schon viel länger arbeiten.

Die schwierigsten Vorarbeiten, welche wirklich grossen wissenschaftlichen Apparat verlangten, sind von den landw. Vers.-Stat. auch für uns
gethan.

Stickstoff, Phosphorsäure, Kali, Kalk sind uns als die Hauptnähr-
stoffe bezeichnet, die für unsere Kulturen in Betracht kommen und deren
Vorhandensein der fortwährenden Kontrolle bedarf. Wir haben durch die
landwirtschaftlichen Vers.-Stat. erfahren, dass ein Ueberschuss an Stickstoff im Nährstoffgemenge aufs Wachstum wirkt, dass die Phosphorsäure
auf die Ausbildung der Samen, dass das Kali der Ausbildung des Holzes,
der Knollen zu Gute kommt und dass der Kalk eine gewisse Frühreife
der Gewächse erzeugt, wobei das Vorhandensein der in unseren Kulturen
nie fehlenden übrigen Pflanzennährstoffe vorausgesetzt ist. Wir werden
ferner durch die landw. Vers.-Stat. auf dem Laufenden erhalten über die
besten Formen, in denen wir die genannten Nährstoffe geben, die chemischen Verbindungen und Quantitäten. Wir wissen heute, dass wir den
Nährstoffgehalt von einem Zentner Mist ebenso gut durch so und so viel
Gramm der obengenannten Nährstoffe in Form ihrer hochkonzentrierten
Salze ersetzen können, wenn wir ausserdem den an sich nicht als Nähr-
stoff zu bezeichnenden Humus etwa durch ein entsprechendes Quantum
Torfmull geben. Alles das lehren uns die landwirtschaftlichen Versuchs-Stationen.

In Stich gelassen werden wir aber naturgemäss von ihnen, sobald
unsere speziellen Kulturerzeugnisse in Betracht kommen; auch für die
Landwirte ist mit der Erledigung obiger Fundamentalfragen nicht alles
geschehen. Aber mit ihnen sollte ein jeder Landwirt, ein jeder Gärtner
in jungen Jahren vertraut werden; sie müssten ihm in Fleisch und Blut
übergegangen sein, schon bevor er in leitende, verantwortliche Stellungen
kommt. Was darüber hinausgeht, bildet heute bei den Landwirten das
Arbeitsprogramm ihrer zahlreichen Versuchs-Stationen, die jede für sich
nur bestimmte Fragen oder einzelne Kulturpflanzen bearbeiten und von
denen jedes Land, jede Klimaprovinz ihre eigenen haben muss.

Hierzu nun fehlt bei uns noch garzuviel.

Für Obst- und Weinbau ist ja einigermassen gesorgt, aber mit
sämtlichen anderen Massenkulturgewächsen sind wir ganz allein auf die
Erfahrung des prakt. Gärtners angewiesen, die auch durch diesen sicherlich in vielen Fällen eine ins Kleinste gehende Ausbildung erfahren hat,
die dem Gelehrten nur imponieren muss. Aber der Mann der Praxis ist
naturgemäss konservativ, er verhält sich, sobald grosse Verhältnisse
in Frage kommen, fast ängstlich ablehnend gegen Neuerungen, die ihm
nicht durch gross angelegte Beispiele als brauchbar bewiesen werden.
Auf den Gebieten der gärtnerischen Grosskulturen werden Fortschritte
nur ausserordentlich langsam gemacht; es könnte in manchen Fragen
ganz gewiss rascher gehen, wenn wir an den Hauptproduktionszentren
gärtnerische Versuchs-Stationen besässen. Wir brauchen nach dem

Muster des landwirtschaftlichen Versuchswesens mehrere kleine Anstalten und vielleicht gar keine grosse Zentrale; die ersteren müssten nur eine Organisation und Verbindung unter einander erhalten, wie sie dort schon besteht, nämlich durch ein gemeinsames Publikations-Organ. Der Wunsch, mehrere im Reiche zerstreute kleinere statt einer grossen Versuchs-Station zu besitzen, erklärt sich schon aus der ausserordentlichen Mannig. faltigkeit und Artenzahl der gärtnerischen Kulturprodukte, die wieder direkt zusammenhängen mit gewissen Klima- und örtlichen Bodenverhält. nissen ganzer Gegenden, und die demgemäss stark auseinandergehende Interessenverschiedenheiten erzeugen, zumal alles auf Spezialisierung hindrängt.

Eins aber müssen alle Versuchs - Stationen, die für uns arbeiten, jahrelang als eisernen Bestand ihres Arbeitsprogrammes führen: das sind Düngekulturen, welche geeignet sind, als Demonstrationsmaterial zu dienen für gewisse allgemeine Ernährungslehren, die uns Praktikern noch lange nicht genügend in Fleisch und Blut übergegangen sind. Es handelt sich nicht um Experimente, die fortwährend neue, noch nicht dagewesene That. sachen aufdecken, sondern um ein ständiges Lehrmaterial, welches den Kreisen der Praktiker nach Möglichkeit nahe gebracht werden muss. Wie gesagt, die Hauptarbeit ist schon geschehen und nur die Anwen. dung in der Praxis ist zu studieren und zu lehren.

Der Praktiker kann nicht selbst experimentieren; ihm muss eine neue Methode durch das Beispiel und mit einer präzisen Vorschrift vor. geführt werden, sonst geht er nicht an Neuerungen heran, die ihm im übrigen sehr plausibel erscheinen mögen.

Eine solche Anstalt zur Popularisierung der Errungenschaften wissen. schaftlicher Forschung muss aber ein unabhängiges Staatsinstitut sein! Wenn die Arbeiten Hand in Hand mit einem Dünger produzieren. den industrieellen Privatunternehmen gehen, so liegt immer die Gefahr vor, dass die Belehrungen zu Gunsten eines bestimmten Produktes zuge. stutzt werden; deshalb kann man nicht vorsichtig genug an gewisse, mit schönen Bildern von Düngeergebnissen geschmückte Reklameschriften herangehen.

Bei der Einrichtung unserer Versuchsstation war die Wichtigkeit des Düngewesens von Anfang an durchaus nicht in vollem Masse erkannt. Das hat sich erst entwickelt, als die ersten Versuche darthaten, wie dankbar gerade dieses Feld für eine systematische Arbeit war, da noch soviel wie garnichts geschehen war auf dem Gebiete der gärtne. rischen Spezialkulturen.

Der Anstoss, der unseren Hauptarbeiten die Richtung gegeben hat, kam von einzelnen Praktikern.

Der Eine fragte, warum Eriken und andere Topfsachen gut gediehen, soweit sie vom Brunnen aus bewässert wurden und nicht befriedigend, wo Leitungswasser verwendet wurde.

Ein Anderer fragte ob es nicht möglich wäre, bei der Maiblumen. kultur die Zahl der nach dem 2. Kulturjahr fertigen Blühkeime so weit zu steigern, dass das dritte Kulturjahr erspart werden könnte u. s. w.

Wir haben in allen solchen Fällen nicht, wie mancher Laie erwarten mochte, einen grossen wissenschaftlichen Apparat in Bewegung gesetzt und mit dem kostbaren Rüstzeuge der chemischen Analyse etwa das Nährstoffbedürfnis der betreffenden Pflanze aus der Asche ergründet. Wir sind vielmehr einfach mit Berücksichtigung dessen, was über die Ernährung der Kulturpflanzen im allgemeinen bekannt ist, mit systematischen vergleichenden Düngeversuchen vorgegangen, indem wir die reinen Nährstoffe einzeln und in Kombinationen verwendeten und danach die Frage zu beantworten suchten. — Wir dürfen heute sagen, es gelang zur Zufriedenheit unserer Fragesteller und schneller und klarer, als wir es selbst erwartet hatten. Dass da noch manche Frage, manche wissenschaftliche Erklärung ungelöst bleibt, ist selbstverständlich, aber das geht dann meist die Praktiker nichts mehr an.

Sehen wir zunächst ab von Einzelresultaten, so erschien es uns bald als allgemeine Notwendigkeit, gewissen alten mangelhaften Düngemethoden den Krieg zu erklären. Das gilt der direkten Verwendung vieler organischer Düngemittel für die intensive Topfkultur, weil dieselben infolge ihrer unkontrollierbaren Zusammensetzung niemals eine präzise Wirkung zu der Zeit, wann und in dem Masse, wie man dies wünschen muss, liefern können. Hornspähne, Hornmehl, Blutmehl, Rinderguano, Jauche aller Art u. s. w. sind aus jeder Quelle etwas anderes und müssen erst eine Reihe von Zersetzungs- und Umsetzungsprozessen durchmachen, bevor sie der Pflanze etwas leisten können. Die Erfolge mit ihnen sind immer schwankend. die Anwendung, auch in der Hand des gewiegtesten Praktikers, immer von Zufälligkeiten abhängig und Schädigungen mannigfachster Art immer zu befürchten.

Wenn jene Stoffe einem nichts kosten, so sind sie sehr willkommen zur Kompostierung d. h. Anreicherung unserer Kulturerde im Erdmagazin, sobald wir sie kaufen müssen, werfen wir Geld fort, da die in ihnen enthaltenen und bezahlten Nährstoffe doch nur zum geringsten Teile zur Wirkung kommen zur Zeit, da die Pflanze sie braucht. Ein anderer Teil geht verloren oder kommt zur Wirksamkeit, wenn die Pflanze längst ihre Schuldigkeit gethan hat und womöglich schon wieder auf dem Komposthaufen liegt. Der Stickstoff, die Phosphorsäure, das Kali u. s. w. die im günstigsten Falle wirklich in jenen genannten Stoffen enthalten sein mögen, sind dort nicht in einer für die Pflanze unmittelbar aufnehmbarer Form vorhanden; sie brauchen vielmehr unter verschiedenen Umständen verschieden lange Zeit, um löslich und aufnehmbar zu werden, und dann ist das so wichtige Massverhältnis in dem sie auftreten, in keiner Weise zu kontrollieren und zu regeln. Mag ihre Verwendung in trockener Form als Beimischung zur Erde, mag sie als Jauche flüssig geschehen, immer hat sie ihre Mängel, die einem vielfach erst klar werden, wenn man sich von diesen alten Methoden losgesagt hat und etwas Besseres dafür einzusetzen gelernt hat. Bei all unseren gärtnerischen Topfkulturen von Blütenpflanzen sind drei Kulturmomente von grösster Bedeutung.

   1. Die Bildung eines Ballens aus möglichst zahlreichen aufnahmefähigen Wurzeln, wie wir ihrer für gewöhnlich durch mehrfaches Verpflanzen in allmählich grösser genommene Töpfe erzielen;

2. eine kräftige Entwicklung der vegetativen Organe, die Ausbildung einer möglichst grossen, gesunden Laubmasse;

3. der Knospenansatz.

In jenen drei Entwicklungsperioden, die natürlich nicht immer scharf begrenzt nebeneinander bestehen, sondern ineinander überfliessen, ist das Nährstoffbedürfnis ein bekanntermassen sehr verschiedenes:

Die Bildung einer reichen Bewurzelung von der alles abhängt, geschieht in relativ nährstoffarmer Erde am gleichmässigsten und schnellsten; für die eigentliche Wachstumsperiode enthält der enge Raum des Topfes niemals ausreichende Nährstoffmengen, und sind immer besondere Zufuhren zu schaffen. In der dritten Periode, der Knospen-bildung ist schliesslich wieder eine stark fliessende Nährstoffquelle oft verhängnisvoll und jedenfalls überflüssig.

Der der Erde beim Pflanzen zugesetzte Dünger zersetzt sich unbe-kümmert um das Bedürfnis der Pflanze und womöglich am stärksten, wenn die betreffende Düngerwirkung garnicht mehr erwünscht oder gar schädlich ist. Das tritt im allgemeinen weniger in die Erscheinung bei den gewöhnlichen krautartigen Marktpflanzen, die vielfach ein sehr starkes Nährstoffbedürfnis besitzen und bis zum gewissen Grade alles verarbeiten können. Misserfolge sind aber sehr oft auf jene Umstände zurückzuführen. Unheil entsteht aber viel leichter bei den sensibleren holzartigen Blütengewächsen wie Ericaceen und Neuholländern und ge-wissen Knollengewächsen z. B. Cyclamen, bei denen jene drei Perioden viel ausgesprochener auftreten und die Wurzeln notorisch empfindlich sind.

Hier ist das Ideal ein Düngemittel, welches ohne Rest, der zur un-rechten Zeit zur Wirkung kommen könnte, verarbeitet wird; es muss besonders die Nährstoffe in sofort aufnehmbarer, d. h. wasserlöslicher Form enthalten; es muss sich je nach dem Stadium der Pflanze dosieren lassen und bei dem geringsten Anzeichen von Nahrungsmangel im Augen-blicke, da es gegeben wird, auch in Wirkung treten, damit die Pflanzen die wünschenswerte Vollendung der Entwicklung erreichen. Und schliess-lich muss es ohne Schwierigkeiten und mit möglichster Arbeitsersparnis angewendet werden können.

All diesen vielen Forderungen entsprechen nur die mit dem Giess-wasser in Lösungen von $1^0/_{00}$ oder mehr anzubringenden, technisch reinen, hochkonzentrierten Salze der anfangs genannten Hauptnähr-stoffe der Pflanzen, wenn man erst richtig mit ihnen umzugehen ge-lernt hat.

Man kann nicht bestreiten wollen, dass gelegentlich mit der An-wendung von Blutmehl oder Hornmehl in Wasser, mit Kuhjauche u. s. w. befriedigende Erfolge erzielt werden. Aber das Bessere ist immer der Feind des Guten und der Handelsgärtner kann nicht mit seinen Pflanzen zufrieden sein, wenn er erfährt, dass er sie noch besser haben könnte. Diese Thatsachen haben geschickte, chemisch gebildete Ge-schäftsleute längst erkannt und daher uns unter den verschiedensten Namen Düngergemische hergestellt, die uns nur dadurch verdächtig sein müssen, dass ihre Zusammensetzung uns unbekannt bleibt und dass sie für alles gut sein sollen; Universalmittel giebt es nun einmal nicht. Wir haben finden müssen, dass für bestimmte Zwecke ganz besimmte Düngesalze geboten sind und deswegen soll der Handelsgärtner für Spezialkulturen nicht „Müllers"- oder „Schulzes"-Blumendünger, sondern Salpetersaures Kali, Schwefelsaures Ammoniak, entsprechende phosphorsaure Salze u. s. w. verwenden. Der Konsument muss genau wissen, was er für sein Geld bekommt und muss den Gehalt garantiert bekommen, sonst ist er des gewünschten Erfolges nicht sicher, und diese Sicherheit müssen wir anstreben.

Die verschiedenen Blumendüngergemische des Handels sind durchweg zu teuer im Verhältnis zu ihrem Gehalt an wirksamen Nährstoffen und bieten dafür keinerlei Vorteil in der Anwendung. Sie spekulieren einzig und allein und mit Erfolg auf die Unbekanntschaft der Praktiker mit den reinen chemischen Nährsalzen, die aber auch in ihrem Blumendünger nur die wirksamen Bestandteile sind. Ausserdem enthalten sie Beimischungen, die Fabrikgeheimnisse sind und die wir unbedingt zu scheuen haben. Wir müssen unsere Düngungen spezifisch modifizieren können und können daher kein feststehendes Gemisch gebrauchen.

Wenn ich im Nachfolgenden etwas von unseren Azaleendüngungen mitteile, so gehe ich nur deshalb gerade auf diese Kultur näher ein, weil die Azalee eine der empfindlichsten Pflanzen ist gegen unrichtig angewendete Düngungen. Die Azaleen sind thatsächlich noch empfindlicher als die Eriken, solange man nicht alle Sorten auf Rhododendron veredelt haben kann; denn nur im letzteren Falle braucht man weniger ängstlich zu sein in der Bemessung der Quantität der Düngesalze.

Ich halte es daher für ratsamer, von einer solchen notorisch schwierigen Kultur zu sprechen, als Ihnen allerhand Rezepte für verschiedene Pflanzenarten anzugeben, die schliesslich unter den speziellen Verhältnissen der einzelnen Gärtnereien doch nicht einschlagen dürften.

Man sollte überhaupt von der Versuchs-Station weniger Einzelanweisungen, als vielmehr die Begründung und Präzisierung der Methoden verlangen. Ein Jeder muss nachher, mit seinen eigenen Verhältnissen, die ja in jeder Gärtnerei wechseln, rechnen lernen; das war früher so und das wird auch immer so bleiben.

Wir haben bei den Azaleensorten von der heute nicht mehr feststellbaren Urelternschaft her etwa drei Typen zu unterscheiden, die bei der Anzucht verschieden behandelt werden müssen,

1. solche, deren Wachstum bei der gewöhnlichen Behandlung im allgemeinen befriedigt, deren Knospenansatz und Frühtreibbarkeit aber manchmal versagen,
2. schwachwüchsige Sorten, die oft zu vorzeitigem Knospenansatz und „Hartwerden" der Blütenknospe neigen,
3. solche, die nur auf extra starkem Holze Knospen machen und meist nur sehr unregelmässig ansetzen.

Zu diesen drei Gruppen gehören eine grosze Anzahl bester Handelssorten, welche znm Teil infolge der Unzuverlässigkeit und Unkontrollierbarkeit der alten Düngemethoden in den verschiedenen Jahren leider noch immer sehr verschieden ausfallen. Die dünnen Salzlösungen gestatten es uns jederzeit, wenn wir eine jener Schwächen bei dieser oder jener Sorte merken — und der Spezialist sieht das natürlich früh genug — noch in letzter Stunde helfend einzuspringen und ist es besonders diese Möglichkeit, welche den von uns empfohlenen Dungungen bei den Grosskultivateuren so grosse Anerkennung und rasche Einführung gebracht hat.

Wenn sich in Dresden thatsächlich noch einige Azaleenzüchter ablehnend dagegen verhalten, so liegt dies einfach daran, dass bisher doch noch nicht alle es für nötig befunden haben, sich um unsere Arbeiten zu kümmern und dass Viele trotz des guten Resultats doch die Scheu vor dem Unbekannten nicht überwinden können.

Das Wesentliche bei unserer Düngemethode für Azaleen ist die strenge Innehaltung einer mageren Vorkultur zur Ballenbildung bis Anfang Juni, eine darauf folgende energische Stickstoffdüngung mit hochprozentigen Ammoniaksalzen, am besten mit schwefelsaurem Ammoniak, dem aus gewissen, hier nicht zu erörternden Gründen saurer phosphorsaurer Kalk beigegeben wird; beides in der Quantität von 1 g pro Liter Giesswasser, also in Lösung von $1^0/_0$. Diese Stickstofffütterung geschieht in der Grosskultur täglich mit dem Giessen, indem die Salze einfach den Giesswasserbassins nach ihrem Literinhalt entsprechend dem Verbrauche zugemessen werden; sie ist in ziemlich genau 6 Wochen erledigt, sodass Ende Juli alles Düngen ein Ende hat.

Dann sind die obengenannten Mängel der einzelnen Sorten beseitigt und höchstens vereinzelte Nachhilfen noch nötig.

Es bleibt dann für die Pflanze genügend Zeit, um bis zur frühen Versandperiode nach Russland etc. noch die genügende Reife zu erlangen, ohne dass ein Austreiben auf einer 10—14tägigen Reise zu befürchten ist. Es ist selbstverständlich, dass die Düngung nicht sofort zu bemerken ist, aber schon nach 8--10 Tagen tritt eine merkliche Dunkelfärbung des Laubes ein, die immer eine Garantie für eine gesunde Weiterentwicklung bildet.

Bei den verschiedenen Sorten tritt naturgemäss der Abschluss der Düngewirkung sehr verschieden ein; im Allgemeinen nicht so früh als bei magerer Kultur. So kann es wohl kommen, dass einzelne Sorten, bei denen man im August schon die Blütenknospe zu fühlen gewöhnt ist, dieselben noch nicht oder nur wenig zeigen. Es hat sich aber immer bewährt, dass noch bei keinem anderen Düngeverfahren der Knospenansatz ein derartig sicherer, die zu erwartenden Blumen so gross und schön entwickelt und die Treibbarkeit eine so sichere und frühe ist, als bei dieser Düngungsweise.

Wenn von Seiten der Abnehmer gelegentlich gegenteilige Erfahrungen berichtet werden, so liegt das oft daran, dass die eben angekommenen Azaleen gar zu schlecht behandelt wurden, anstatt dass dieselben, besonders die frühen Sorten, möglichst bald eine pflegliche Behandlung in einem hellen, wenn auch kühlen Hause erhielten. Der dabei sich unmerkbar abspielende Entwickelungsabschluss bildet unter günstigen Umständen die beste Vorbereitung für das frühe Treiben.

Selbstverständlich wirkt der Dünger auf Pflanzen derselben Sorte

welche auf verschieden wüchsigen Unterlagen veredelt sind, verschieden,
aber einfach im geraden Verhältnisse zu der Bewurzelung, welche die
Unterlage der Pflanze bieten kann. Auf „Hexe" veredelte Pflanzen gedeihen üppiger als wurzelechte, aber unvergleichlich viel schöner noch
geraten die auf Rhododendron veredelten Pflanzen, da diese Unterlage
die reichste Entwicklung gestattet infolge des hervorragend aufnahmefähigen Wurzelvermögens. Für mich ist das Verfahren der Magerkultur
gewisser Sorten zur Erzielung eines sicheren Blütenansatzes eine ab-
gethane Sache; es bedeutet zweifellos einen Verzicht auf eine leicht zu
erzielende sichere Mehreinnahme, ohne irgend welche Vorteile zu bieten;
denn die Kosten-Ersparnis für die Düngesalze kann keine Rolle spielen;
dieselben belaufen sich bei dem eben angeführten schwefels. Ammon. auf
weniger als einen Pfennig pro Topf.

Eine ganz ausserordentliche Bedeutung hat dies Verfahren auch
noch für die Behandlung sogenannter altbackener Pflanzen, d. h. schon
einmal abgetriebener. Dieselben bildeten bisher eine rechte Last für die
Gärtnerei, sie wurden zurückgeschnitten und wieder ausgepflanzt, bei
einigen willigen Sorten in grössere Töpfe verpflanzt und weiter kultviert.
Sie gaben jedenfalls niemals im nächsten Jahre wieder treibbare Pflanzen.
In Zukunft werden wir sie kräftig zurückschneiden, nicht verpflanzen,
sondern nur kräftig düngen, sobald sie frische Wurzeln gemacht haben,
was auch vor Mitte Juni nicht eintritt. Der Erfolg ist besonders bei
sonst ungleich ansetzenden Sorten ein erstaunlicher. Man erzielt in demselben Herbste einen Knospenansatz, wie ihn die frischen Pflanzen im
ersten Treiben vielleicht nicht gehabt haben und die Sorte kommt drei
Wochen früher zur Blüte, als sie sonst zu haben gewesen wäre. Wenn
ich vorhin von der Notwendigkeit sprach, die Düngungen modifizieren zu
können, so bezieht sich das darauf, dass thatsächlich die Düngnng mit
schwefels. Ammon. + phosphors. Kalk im Allgemeinen die günstigsten
Resultate ergab, dass aber doch einzelne Sorten eine grössere Frühtreibbarkeit zeigten bei einer Düngung mit salpetersaur. Kalk + Kali-
phosphat in gleichem Mengenverhältnis.

Diese Erscheinung trat aber nur bei einzelnen Sorten auf und bildete
eine bemerkenswerte Ausnahme. (Siehe Abb. 82, S. 351.)

Wir können ein Ähnliches vermelden von einzelnen schwerblühenden
Erikensorten, die sich im Allgemeinen ebenso verhielten, wie die Azaleen.

Die Kalisalze haben keinerlei nennenswerte Erscheinungen gezeitigt,
sodass wir vielleicht annehmen dürfen, dass der Kaligehalt der bei
uns verwandten und zum Teil kompostierten Azaleenerden reichlich
gross genug ist.

Zur Illustration des Faktums, dass die Azalee empfindlicher ist
gegen ungeeignete Beimengungen des Düngesalzgemisches als die Erika,
möchte ich hier erwähnen, dass die Azaleen durch Chilisalpeter' in der
Dosis $2^{1}/_{2}$ $^{0}/_{00}$ sehr stark litten und verbrannte Blattränder aufwiesen,
während die Haupthandelssorten der Eriken das gleiche Quantum Chilisalpeter sehr gut vertrugen. Wir haben aber allen Anlass, von der Verwendung des Chilisalpeters bei unseren intensiven Kulturen überhaupt
ganz abzusehen, weil sein Gehalt an notorischen Pflanzengiften immer

mehr zunimmt und wir für energische Stickstoffdüngungen bessere, garantiert reine Salze besitzen.

Die Praktiker, welche mit uns zusammen arbeiten, hantieren heute mit den genannten Salzen genau so sicher, wie früher mit den alten Düngemitteln und sind zum Teil ganz froh darüber, dass nicht alle Konkurrenten mit gleichem Mute an die neuen Düngesalze heran. gegangen sind.

_____

Ich habe im Bisherigen vielleicht ein etwas sonderbares Gemisch von theoretischen Ueberlegungen und recht allgemein gehaltenen Angaben über die praktische Ausführung gegeben; ich hoffe aber doch, an dem einen Beispiele gezeigt zu haben, wie eigentlich ein Jeder überlegen sollte, welcher Art die Hülfe einer gärtn. Versuchs-Station auf diesem Gebiete sein kann. Vielleicht spinnt Mancher von Ihnen zu Hause den Faden mit Erfolg weiter.

Ich möchte nun noch an einem zweiten Beispiele zeigen, wie wir mit den Praktikern im freien Lande zusammen arbeiten.

Bei den ausgedehnten Freilandflächen liegen die Verhältnisse natürlich ganz anders und ist es noch viel weniger möglich, Rezepte zu geben.

Die allgemeine Grundlage, der Boden wechselt und das Klima ist garnicht zu beeiflussen. Vielmehr muss Alles diesen beiden Hauptfaktoren angepasst werden.

Und doch kann die Versuchs-Station mit dem schönsten Erfolge vorbildlich arbeiten, ohne die Mannigfaltigkeit der Verhältnisse selbst zur Verfügung zu haben. Ihr fällt besonders auch die Deutung der Erscheinungen zu, in der der Praktiker leicht irrt. Die Denkarbeit des Einzelnen muss auch hier das verbindende und ausfüllende Element bilden.

Hier ist noch mehr als bei den Topfpflanzen der vergleichende systematische Düngeversuch das beste Mittel zur Erkennung des Nährstoffbedürfnisses einer bestimmten Pflanze unter gegebenen Bodenverhältnissen. Die gärtn. Versuchs-Station kann nur das Beispiel geben zur richtigen Anstellung und Deutung solcher von Jedem selbst anzustellenden Versuche.

Festzuhalten ist dabei immer, dass die Hauptnährstoffe, die sich als wirksam erweisen, auch hier nicht nur vorhanden, sondern im Überschuss vorhanden sein müssen und zwar zur Zeit, da sie gebraucht werden und dann in löslicher, von der Pflanzenwurzel aufnehmbarer Form. Typisch sind hier unsere Maiblumen-Düngeversuche; ihre Ergebnisse sind aber ganz naturgemäss ein Gemisch von allgemein gültigen Kulturgrundsätzen und besonderen lokalgültigen Erfahrungen.

In der Maiblumen-Kultur giebt es 2 extreme Erscheinungen, die sich fast auszuschliessen scheinen:

Auf leichten, nicht zu armen und trockenen Böden:

Frühe, reichliche Blütenentwicklung, leichte Treibbarkeit, oft nur kleine Glöckchen, schwache Keime, oft nach zwei Jahren das Aufnehmen lohnend.

Demgegenüber auf schweren oder humosen, gleichmässig feuchten Böden:

Mastige Keime, mit nicht immer ausreichender Blütenzahl, die immer drei Jahre brauchen. Treibbarkeit meist nicht früh genug; Glockenzahl und Grösse meist hervorragend.

Dazwischen giebt es natürlich unzählige Varianten je nach abweichenden Boden- und Feuchtigkeitsverhältnissen, die nun zum Teil auch künstlich erzeugt werden können durch geeignete Kulturmassnahmen.

Die Kunst des Züchters liegt darin, in allen diesen Dingen das richtige Mass zu treffen, um eine Ware von gewünschter Qualität zu ziehen und auch noch sein Verdienst dabei zu finden. Das kann nur gelingen bei genauer Kenntnis des eigenen Bodens und des Verhaltens der Maiblumen auf demselben, besonders auch unter gewissen, immer einmal eintretenden Ausnahmeverhältnissen, z. B. im dürren oder ausnahmsweisen nassen Sommer; ferner gehört hierzu ein richtiges Verständnis der Wirkung der verschiedenen Düngemittel auf dem betreffenden Boden.

Hier kann uns der Laboratoriumsversuch garnichts nützen; nur der vergleichende Düngeversuch, den jeder bei sich anstellen muss, kann eine brauchbare Antwort geben. Sonst wirft man viel Geld für Düngemittel fort und, was das Schlimmste ist, man hat immer wieder mit Ernteausfällen zu thun, die einen in seinen Dispositionen stören.

Es leuchtet ein, dass das nicht blos für die Maiblumenkultur, sondern für jede Freilandkultur in gleichem Masse gilt.

Prof. Heinrich in Rostock giebt in seinem Buche „Dünger und Düngen" eine ausgezeichnete, wenn auch der Einfachheit der Sache entsprechend nur kurze Schilderung der Ausführung der vergleichenden Düngeversuche unter gegebenen Boden- und Klimaverhältnissen. Wir erfahren durch diese in einfachster Weise, was die Pflanze auf dem gegebenen Boden braucht, um diese oder jene Kultureigenschaft zu erreichen.

Nebeneinanderliegende Parzellen von gleicher Grösse, gleicher Lage und natürlicher Beschaffenheit, mit gleicher Anzahl der betr. Pflanzen besetzt, werden mit den verschiedenen in Frage kommenden Düngemitteln einzeln und in Kombinationen behandelt und gestatten bei richtiger sachgemässer Ausführung die wertvollsten Beobachtungen und Schlüsse.

Diese Art der Versuchsanstellung ergab bei uns und bei den mit uns arbeitenden Praktikern höchst beachtenswerte Erfolge einer reichlichen ausschliesslichen Kalkdüngung, während Kali und Phosphorsäure spezifische Wirkungen nicht erkennen liessen.

Dem Gärtner ist es ferner selbstverständlich, dass die Maiblume infolge einer energischen Stickstoffdüngung in Gegenwart eines reichen Humusvorrates höchst üppig wächst. Als irrig müssen wir es aber entschieden bezeichnen, wenn es heisst: ein stark ernährter, üppiger Keim blüht auch immer befriedigend.

Die Keime werden allerdings bei solcher Behandlung sehr ansehnlich; es kommt dann aber schliesslich nur auf die Stärke der Stickstoffgaben an, um die Zahl der wirklichen Blüher thatsächlich schädlich zu beeinflussen und besonders auch die Frühtreibbarkeit zu vermindern.

Wir hatten in einem solchen Versuche auf der einen Parzelle durch die Wirkung des Kalkes bei magerer Ernährung 94 pCt. Blüher (der gepfl. K.) und auf der anderen durch zu hohe Stickstoffgaben eine prach. tige Laubentwickelung, aber nur 7 pCt Blüher, was einer Unterdrückung der Blütenentwickelung gleichkommt. (Siehe Abb. 81, Kasten No. 16.)

Im Lande sah die Sache nach dem zweiten Jahre ebenso aus. No. tabene: die Unterlage zu dem Versuche war nicht etwa ein absolut armer Boden, sondern mittlerer Gartenboden von nicht sehr grosser Tiefe.

Solche Düngeerfolge muss man gesehen haben, um die Bedeutung des ganzen Düngewesens und der Hilfen, die es bieten kann, recht würdigen zu können.

Das Bild stellt die Keime getrieben vor und zwar früh im Dezember, zu welcher Zeit die mageren Kalkkeime so prompt kamen wie nur möglich, während die Stickstoffkeime völlig versagten. Nach Weihnachten

Abb. 81. Maiblumen-Düngungsversuche in der gärtn. Versuchs-Station
am Kgl. botanischen Garten zu Dresden.
0 = ohne jede Behandlung.
16 = Stallmist-Unterlage + 3 × N P K. (Blüten blieben völlig zurück!)
2 = reine Kalkdüngung ohne weitere Zusätze.

änderte sich das Bild bedeutend zu gunsten der mastig ernährten Keime, die dann sehr schöne Stiele und grosse Glocken brachten.

Diese beiden extremen Versuchsergebnisse, die übrigens nicht nur für Maiblumen gelten. sondern in ihrer grundsätzlichen Bedeutung auch von den landwirtschaftlichen Versuchsstationen für andere Kulturgewächse nachgewiesen sind. geben unseren Betrachtungen und Ueberlegungen die Richtung. Wir können sie beide so in der Praxis nicht gebrauchen und nicht nachmachen, aber sie zeigen uns den Weg. auf dem wir die Schwächen unserer Kulturen heben können.

Ich verweile gern noch etwas bei den Maiblumen-Kulturen, weil in Ihrem Verein. dafür gewiss ein allgemeines Interesse vorhanden ist.

Von besonderem Interesse waren mir im vergangenen Jahre die Maiblumen-Kulturen in Drossen bei Frankfurt a. O. Die Kulturverhält· nisse sind dort erheblich abweichende von den üblichen auf sandigen Böden. Es steht dort ein seit Jahrhunderten in hoher Gartenkultur befindlicher schwarzer Wiesenboden von meist sehr günstiger gleichmässiger Feuchtigkeit zur Verfügung. Der starke Humus- und Stickstoffgehalt des Bodens, der durch alljährliche energische Jauche- und Stallmistdüngungen noch erhöht wird, erzeugt dort einen Keim mit vorzüglichen weissen Wurzeln. wie er in leichtem Sandboden in solcher Stärke nicht zu erzielen ist. Da nun gewisse Kunden der deutschen Maiblumenzüchter auf diese Keimstärke ein grosses Gewicht legen, so wird man die dafür förderlichen Momente wohl berücksichtigen müssen. Für mich war es aber von noch grösserer Wichtigkeit. dass diese starken Keime mit Ausscheidung aller allzu schwachen Pflanzkeime schon im zweiten Kulturjahre erzielt werden. Man lässt dort seltsamer Weise den Boden im dritten Jahre in der Brache ausruhen, nützt also das gewonnene Jahr nicht aus, was m. E. sehr wohl möglich wäre (durch Nachfrucht).

Man rechnet bei dieser Kultur am Ende des zweiten Jahres auf 40 bis 50 pCt. (von der Zahl der gepflanzten Keime) Blüher I. Qualität, für die die höchsten Preise erzielt werden. Man ist, trotz ungewöhnlich grosser Pflanzweite gezwungen, am Ende des zweiten Jahres aufzunehmen, weil im dritten Jahre die Keime derartig ineinander verwachsen, dass sie ohne Schaden für die Bewurzelung nicht gerissen werden können. Im dritten Jahre hat man wohl mehr Blüher, aber der Durchschnitt ist schwächer infolge des Blühens im zweiten Jahre und der enormen Sprossbildung. Eine Folge der sehr reichen Stickstoff-Ernährung der Keime ist ein stellenweise starkes Auftreten von „Vorblühern", d. h. Blühkeimen, die schon beim Aufnehmen die Blüte stark vorgeschoben haben, zum Teil sogar schon im Oktober ausserhalb der Zwiebelblätter zeigen. Die Erscheinung deutet sich schon im August an durch ein Schwinden des Blattgrüns aus dem Laube, ohne dass dasselbe etwa schon abgestorben wäre. Die betreffenden Pflanzen zeichnen sich schon von weitem als „weiss" aus und bedeuten natürlich einen Verlust an Blühern I. Qualität, denn es sind immer extra starke Keime. Dieselben finden sich immer besonders zahlreich an gewissen kleinen flachen Vertiefungen im Terrain, wohin das Regenwasser gelöste Dungteile von allen Seiten her zusammenträgt, sodass dort eine unbeabsichtigte Ueberfütterung eintreten muss. Im allgemeinen haben sich die Drossener Keime nicht anders im Treiben gezeigt. als andere Keime von trockeneren Böden, der Dresdener Keim aus der Lössnitz und aus Laubegast ist vielmehr meist früher zu haben und in der Grösse und Anzahl der Glocken meist überlegen. Jedenfalls verdient die Anzucht der Maiblumen auf solchen humösen Böden grösste Beachtung und ist dieselbe sicherlich in ihren Resultaten noch regulierbar durch die bei uns mit so grossem Erfolge angewandte Kalkdüngung. Dort wie bei uns hält man an dem Grundsatze fest, dass nach Möglichkeit die Pflanzung der Maiblumen im Herbste vollendet sein sollte. Im Einschlage leiden die Keime bis zum Frühjahr immer mehr oder weniger und wird in der dichten Lagerung desselben zweifellos auch die Entwickelung des sogenannten „Rostes", den wir besser als Schorf bezeichnen, begünstigt. Herr Max Friedrich in Drossen, der sowohl Versuchsmaterial als auch seine Erfahrungen in der freimütigsten Weise zur Verfügung stellte, beobachtete eine eigentümliche Erscheinung bei den in Mieten überwinterten Pflanzkeimen. Er fand, dass besonders in schneelosen Wintern mit vorherrschenden Ostwinden die Keime auf dem diesen zugewendeten Teile der Miete stark angegriffen waren, trotzdem die Mieten vorschriftsmässig abgedeckt wurden. Ich halte es für wahrscheinlich, dass es sich hier um die jedem Maiblumentreiber wohlbekannte Erscheinung des „Trockenfrierens" handelt, die dadurch hervorgerufen wird, dass beim Gefrieren den in trockenem Material eingeschichteten Keimen ihr Gewebewasser in nicht mehr erträglicher Weise entzogen wird. Man kann die schönsten Blüher, die vielleicht für ein frühes Treiben durch ein leichtes Ueberfrieren vorbereitet werden sollen, verlieren, wenn die Kälte unter ein gewisses, noch nicht ganz genau bekanntes Mass hinabgeht, im Zusammenwirken mit stark austrocknenden Winden.

Was das Düngen der Maiblumen betrifft, so geschieht darin sehr oft ein Uebriges, in der Auffassung, dass die Maiblumen, etwa wie ihr

Abb. 82.   Azalee „Helene Telemann" auf Azalea veredelt.
Links: Schwefelsaures Ammoniak + saurer phosphorsaurer Kalk.
Rechts: Salpetersaurer Kalk + phosphorsaures Kali.
Aufgenommen in der gärtn Versuchs-Station am Kgl. Botanischen Garten zu Dresden

Verwandter, der Spargel, darin kaum genug kriegen könnten. Im humusarmen Sandboden ist die Regel in Bezug auf Stallmist wohl giltig. Doch muss man auch dort von Verschwendung sprechen, wenn zu einer Zeit gedüngt wird, wo infolge des Mangels frischer Wurzeln von einer Nahrungsaufnahme garnicht die Rede sein kann. Die Maiblumen machen die zur Nahrungsaufnahme befähigten frischen Wurzeln nicht, vor der zweiten Woche des Juni. Wenn man also hört, dass jemand mit Chilisalpeter im Februar oder März düngt, so ist die Massregel in anbetracht der leichten Löslichkeit des Düngesalzes als völlig verfehlt zu bezeichnen. Man wird überhaupt für diese Kultur von der Verwendung des Chilisalpeters absehen und statt dessen das vom Boden besser festgehaltene schwefelsaure Ammoniak verwenden. Den Stallmist möchte ich am liebsten, wenn es nicht, wie auf bindigen Böden, auf eine Lockerung ankommt, nur als Kopfdüngung verwendet sehen. Ein zu tiefes Einbringen des Mistes in eine Erdschicht, zu der die Maiblumenwurzeln nicht mehr hingelangen, ist zwecklos, das Geld dafür fortgeworfen.

Zur Ersparung des dritten Kulturjahres kann es gelegentlich von grossem Nutzen sein, wenn man, nach Ausscheidung aller zu schwachen Keime, dieselben noch sortiert nach Einjährigen und Zweijährigen. Nach ungünstigen Jahren werden allerdings die sogenannten zweijährigen Keime auch noch nicht das Aufnehmen lohnen. Wenn aber einmal die Witterung einigermassen passte, so bietet die Trennung der Pflanzkeime nach der Stärke die Möglichkeit, dieses auszunützen, während dann die noch nicht fertigen Einjährigen unberührt stehen bleiben können.

Betreffs der Ausführbarkeit der vergleichenden Düngeversuche in der Praxis muss zum Schlusse bemerkt werden, dass mancher sich die Sache nach meinen Ausführungen wahrscheinlich etwas zu schwierig vorstellt. In der That ist das Verfahren aber einfach genug, besonders wenn für den Anfang die Hilfe eines geschulten Versuchsgärtners zur Seite steht. Es handelt sich schliesslich nur um ein wenig genaues Arbeiten in der Auswahl der Versuchsflächen, in der gleichmässigen Vorbereitung derselben; ferner um ein einigermassen genaues Zählen der gepflanzten und der später geernteten Keime. Selbstverständlich ist auch eine genaue Zumessung der wenigen in Frage kommenden Dünger notwendig. Damit kann ein zuverlässiger Gehilfe betraut werden, der zweifellos das Nötige mit völlig genügender Exaktheit durchführen kann.

Genaue Schilderungen unserer Düngungsversuche enthalten die Jahresberichte der Kgl. Gartenbaugesellschaft „Flora" zu Dresden 1900 (Maiblumen) und 1901 (Azaleen), welche im Buchhandel zu haben sind.

In meinem Vortrage musste leider mit Recht aus meiner praktischen Erfahrung heraus sehr oft von weggeworfenem Gelde die Rede sein. Es handelt sich dabei weniger um die Summen, welche für falsch angewandte Düngemittel verloren gehen, sondern vielmehr um den Ausfall an Einnahme, den das geringwertigere Produkt zur Folge hat, und der die Kosten der Düngemittel oft um das 20- bis 50-fache übersteigen dürfte. Jedenfalls liegen auf dem Gebiete des Düngewesens noch in reichem Masse die Mittel, um dem zweifellos notleidenden produzierenden Gartenbau die Existenz zu erleichtern.

Jahresbericht

über die Thätigkeit des Vereins zur Beförderung des Gartenbaues im 80. Ge-
schäftsjahre, vom 27. Juni 1901 bis 26. Juni 1902, nebst einem Rückblick
auf die letzten 10 Jahre.

Erstattet vom Vorstande.

I. Dem Gebot der Statuten entsprechend geben wir im Nachstehenden
einen kurzen Überblick über die Thätigkeit im verflossenen Vereinsjahr.
Da mit dem heutigen Tage aber der Verein sein 80. Lebensjahr vollendet,
so sei es gestattet, auch einen Rückblick zu werfen auf die letzten 10
Jahre, ähnlich wie das 1882 (Gartenzeitung, nicht Gartenflora, 1882.
Verhandlungen S. 53) und 1892 (Gartenflora, Verhandlungen S. 58) geschehen. Wir können uns dabei aber kürzer fassen, da beim 75 jährigen
Jubiläum des Vereins eine Geschichte desselben gegeben ist (im Katalog
der Jubiläums-Ausstellung 1897).

II. Als bedeutsames Ereignis ist gleich zu Anfang des Jahrzehnts
der Eintritt einer grossen Zahl von Mitgliedern der Gartenbau-Gesellschaft zu
Berlin, vormals Gesellschaft der Gartenfreunde zu Berlin, zu verzeichnen,
nachdem diese Gesellschaft am 12. August 1892 beschlossen hatte,
sich aufzulösen und ihr Vermögen von ca. 6000 Mk. und ihre Bibliothek
dem Verein zu vermachen. (Gartenflora 1892, Verhandlungen S. 106.)

III. Um die Interessen der Handelsgärtner, welche in der Gartenbau-
Gesellschaft von Berlin besonders zahlreich vertreten waren, noch besser
wahrnehmen zu können, ward zu den 4 technischen Ausschüssen, die bis
dahin bestanden (Blumen-, Gemüse-, Gehölz- und Obstzucht), ein 5. für
gewerbliche Angelegenheiten im November 1892 gebildet; anderseits,
um die Interessen der Liebhaber zu fördern, gleichzeitig ein Ausschuss
für die Interessen der Liebhaber.

IV. Die Mitgliederzahl hob sich im Laufe der Jahre bedeutend.
Sie betrug 1883 nur 445, 1892 529; durch den Eintritt vieler Mitglieder
der sich auflösenden Gartenbau-Gesellschaft und einer grossen Zahl
anderer stieg sie:

1893	auf	657
1894	„	700
1895	„	708
1896	„	715
1897	„	733
1898		715
1899		704
1900	auf	724
1901	ebenso	724
1902		686

Der Ruckgang 1902 dürfte seinen Hauptgrund in der ungünstigen
Geschäftslage 1901/1902 haben.

Das Spezielle über die Mitgliederbewegung ergiebt sich aus Nachstehendem:

Bestand am 30. Juni 1901	724	wirkliche Mitglieder.
Abgang durch Tod	21	
„ „ freiwilliges Ausscheiden		
oder Streichung	41	
Zusammen	62	wirkliche Mitglieder.
Bleiben	662	wirkliche Mitglieder.
Zugang durch Aufnahme	24	„ „
Ist-Bestand	686	wirkliche Mitglieder.
Ehrenmitglieder zählte der Verein . . .	22	
Abgang durch Tod: J. H. Kreloge Haarlem . .	1	
bleiben	21	
Zugang: Frau Geh. Kommerzienrat Borsig, Berlin	1	
Herr Dr. Carl Bolle, Berlin . .	1	
„ Gärtnereibes. Schwanecke, Oschersleben . .	1	
„ Prof. Edouard André, Paris	1	
Ist-Bestand	25	
Korrespondierende Mitglieder waren .	40	
Abgang durch Tod: Kgl. Oberhofgärtner Reuter, Pfaueninsel b. Potsdam	1	
bleiben	39	
Zugang: Herr Gärtnereibes. Freundich, Zarskoje Selo	1	
„ Dr. Preuss, Direktor des botanischen Garten in Viktoria, Kamerun . .	1	
Ist-Bestand	41	
Von den wirklichen Mitgliedern sind hiesige .	432	
„ „ „ „ „ auswärtige	254	
Zusammen	686	
Liebhaber . . sind 273 gegen 291 im Vorjahre,		
Berufsgärtner „ 354 „ 369 „ „		
Vereine . . . „ 59 „ 64 „ „		
Zusammen 686 gegen 724 im Vorjahre.		

V. Ganz im Gegensatz zu der Abnahme der Mitglieder ist über eine erfreuliche Zunahme der Anwesenden in den Monatsversammlungen zu berichten. In einzelnen Fällen war der grosse Hörsaal der Kgl. landwirtschaftlichen Hochschule sogar überfüllt. Das ist der beste Beweis, dass ein frisches Leben im Verein herrscht. Mit Genugthuung darf auch gesagt werden, dass die Monatsversammlungen durch interessante Vorträge und Diskussionen, sowie durch Vorführung von zahlreichen Pflanzen und anderen Gegenständen eine Fülle von Anregung und Belehrung boten. Allen, die dazu beigetragen, sei der herzlichste Dank ausgesprochen.

An Vorträgen wurden folgende gehalten:

Am 25. Juli 1901: a) Herr Konsul R. Seifert: Eine merkwurdige
Wiesenbildung in der Wüste Atakama (Süd-Amerika); b) Herr
Prof. Dr. G. Schweinfurth: Über die Kultur der Dattelpalmen
in der algerischen Sahara.

Am 29. August 1901: Herr Gärtnereibesitzer F. Bluth uber den
neuen Zolltarif.

Am 19. September 1901: Herr L. Wittmack: Bericht uber die
Mainzer Gartenbau-Ausstellung.

Am 31. Oktober 1901: Herr Königl. Obergärtner, jetzt Königl.
Hofgärtner Habermann: Über Befruchtung von Chamaedoreen.

Am 28. November 1901: Herr Prof. Dr. K. Schumann: Über
Ameisenpflanzen.

Am 19. Dezember 1901: Herr Gärtnereibesitzer F. Bluth: Die
Elektrizität im Gartenbau mit besonderer Berucksichtigung der
elektrischen Heizung.

Am 30. Januar 1902. Herr Prof. Dr. C. Müller: Über Befruchtung
und Vererbung.

Am 27. Februar 1902: Herr Ingenieur Meckel von der Firma
A. Borsig: Die Kälte-Erzeugung und ihre Bedeutung für den
Gartenbau, mit Lichtbildern.

Am 20. März 1902: Herr Dr. Walter Busse: Landschafts- und
Vegetationsbilder aus Deutsch-Ostafrika, mit Lichtbildern.

Am 24. April 1902: Herr Königl. sächsischer Garteninspektor
F. Ledien: Über die Resultate neuester Düngungsversuche
an den wichtigsten Handelspflanzen.

Am 19. Mai 1902: Herr A. Kohlmannslehner: Bericht über
die Budapester und die Wiener Gartenbau-Ausstellung.

VI. Auch in den Sitzungen der verschiedenen technischen Ausschüsse, die regelmässig alle Monate tagten, sowie auch in den gemeinsamen Sitzungen aller Ausschüsse herrschte reges Leben. Es wurden
neben beruflichen Interessen und internen Vereinsangelegenheiten auch
wichtige Tagesfragen beraten, für deren eingehende Behandlung sich
unter den Ausschussmitgliedern ein lebhaftes Interesse kundgab. Besonders der „Entwurf zum Zolltarif" war es, der eine Kommission aus
6 Herren eingehend beschäftigte. Diese Kommission hat eine umfangreiche Denkschrift ausgearbeitet, die sämtlichen Bevollmächtigten zum
Bundesrat, sämtlichen Mitgliedern des Reichstages und den beteiligten
preussischen Ministerien zugesandt worden ist.

VII. Es wurden folgende Ausflüge sämtlicher Ausschüsse unternommen:

Am 18. Juli 1901: Besichtigung der Weintreibereien des Herrn
Grafen von Talleyrand-Périgord, Steglitz.

Am 14. August 1901: Besichtigung der städtischen Wasserwerke
in Tegel und des Gartens von Frau Klara Veit in Tegel.

Am 21. März 1902: Besichtigung der Gärtnereien des Herrn
Koschel und des Herrn Friedrich in Lichtenberg b. Berlin.

Am 22. Mai 1902: Ausflug nach Potsdam zur Besichtigung des
sog. Terrassen-Reviers des Herrn Königl. Hofgärtners Kunert
in Sanssouci, der Weintreibereien am Drachenberg des Herrn
Gilbert und der Neuanlagen am Drachenberg des Herrn
Königl. Obergärtners Potente.

VIII. Das Winterfest des Vereins fand am Freitag, den 17. Januar,
in den Räumen des Hotels Impérial unter ausserordentlich reger Beteiligung statt.

Am 25. Juni wurde das 80. Stiftungsfest des Vereins unter
grosser Beteiligung von Damen und Herren durch einen Ausflug nach
Tegel, verbunden mit einer Dampferfahrt auf der Oberhavel gefeiert.

IX. Reiche Gelegenheit war im verflossenen Jahre gegeben, Auszeichnungen zu verleihen. Am 1. Oktober 1901 überreichte der Verein
Herrn städtischen Gärtner Wilhelm Tiegs, Berlin, eine silberne Medaille
mit der Umschrift „Für 25jährige treue Dienste", und am 15. Oktober
übersandte er seinem Mitgliede Herrn Reinhold Müller, Obergärtner
in der Baumschule der Herren Ratthke & Sohn in Praust bei Danzig, eine
grosse silberne Medaille mit der gleichen Inschrift.

Am 21. November 1901 feierte unser verehrtes Mitglied, Herr
Dr. Carl Bolle, Mitglied der Parkdeputation und früher viele Jahre
erster Stellvertreter des Direktors, seinen 80. Geburtstag. Er wurde aus
Anlass desselben zum Ehrenmitgliede ernannt.

Am 12. Februar 1902 feierte der Nestor der Berliner Gärtner, Herr
Andreas Drawiel in Lichtenberg, unser Ehren- und wirkliches Mitglied,
das Fest seiner goldenen Hochzeit, wobei ihm der Verein eine kunstvoll
ausgeführte Adresse durch den Vorstand überreichen liess.

Endlich wurde Herrn Max Leichtlin, Stadtrat in Baden-Baden
und korrespondierendem Mitgliede des Vereins, aus Anlass seines 70. Geburtstages am 21. Oktober 1901 die Vermeil-Medaille mit der Inschrift
„Für Förderung der Zwecke des Vereins durch allgemeine Förderung des
Gartenbaues" verliehen.

X. An Medaillen wurden anderen Vereinen zur Verfügung
gestellt:

Dem Potsdamer Gartenbau-Verein in Verbindung mit dem Märkischen
Obstbau-Verein für seine Provinzial-Obstausstellung eine goldene, eine
grosse silberne, eine kleine silberne und eine bronzene Vereinsmedaille.

XI. Das Vereinsorgan „Die Gartenflora" konnte mit dem Ablauf
des Jahres 1901 auf den 50. Jahrgang zurückblicken. Ein General-
Register der letzten zehn Bände ist in Arbeit. Mit dem Jahre 1894 übernahm der Verein die Gartenflora in eigenem Verlage; auf Antrag der
Firma Gebr. Borntraeger entschloss er sich aber, sie vom Jahre 1900
ab dieser bewährten Verlagshandlung zu übergeben. Eine kurze Geschichte der Gartenflora ist 1901 S. 1 gebracht worden und ist daselbst
darauf hingewiesen, dass mit dem immer grösseren Aufblühen der
Handelsgärtnerei auch diesem Zweige mehr Raum gewidmet werden
musste; ebenso ist selbstverständlich, dass sie als Organ des Vereins
auch dessen Verhandlungen und sonstigen Angelegenheiten in ausführ-
licherer Weise, als es sonst in einer Zeitschrift üblich ist, Raum ge-

währen musste. Bildet doch die Gartenflora für alle, welche die Versammlungen zu besuchen nicht in der Lage sind, das wichtigste Bindemittel.

XII. Die Bibliothek hatte sich einer regen Benutzung zu erfreuen. Es wurden 276 Werke an 80 Empfänger ausgeliehen und in den regelmässig stattfindenden Ausschusssitzungen viele Zeitschriften und Bücher eingesehen. Die statutengemässe Revision der Bibliothek hat in dankenswerter Weise besonders sorgfältig durch den Revisions-Ausschuss stattgefunden.

XIII. Über die Kulturversuche auf den städtischen Rieselfeldern bei Blankenburg haben die Herren Hoflieferanten J. Klar, Berlin, und städtischer Obergärtner O. Mende in der Gartenflora 1902 S. 44 und 61 eingehenden Bericht erstattet. Allen, die sich am Versuchswesen mit Rat und That beteiligt haben, sei der wärmste Dank des Vereins ausgesprochen.

XIV. Von den unentgeltlich und nur an Mitglieder des Vereins abzugebenden Samen wurden 1684 Proben an 68 Empfänger versandt.

XV. Zu Anfang des Jahres wurde die städtische Fachschule für Gärtner, welche von der Stadt Berlin und dem Verein gemeinsam unterhalten wird, im Auftrage des Herrn Handelsministers von Herrn Regierungs- und Gewerbeschulrat Lachner eingehend besichtigt.

Herr städtischer Obergärtner Böttcher und Herr Gartentechniker Glum reichten als Lehrer für Zeichnen an der Fachschule die von einigen Schülern im Wintersemester gezeichneten Pläne ein. Die Pläne wurden einer besonderen Kommission überwiesen, welche folgende Schüler auszeichnete:

Herrn C. Neubauer, Gartengehilfe im Kgl. bot. Garten, Berlin,
„ Ed. Pollack, „ in Charlottenburg.

Der Besuch stellte sich im Winterhalbjahr 1901/02 auf 95, im Sommerhalbjahr 1902 auf 14 Teilnehmer.

XVI. Das Wertzeugnis des Vereins konnte dreimal erteilt werden:
1. Herrn Kgl. Garteninspektor Weidlich, Berlin, für seine selbstgezogene Hybride Cypripedium insigne×Chamberlainianum,
2. Herrn Obergärtner Otto Schulz in der Kgl. Porzellan-Manufaktur Berlin:
   a) für eine Kreuzung von Rhododendron Griffithianum (Aucklandii)×Rhod. arb. hybridum Sämling Nr. 1,
   b) für den Sämling Nr. 4 einer ähnlichen Kreuzung.

XVII. Der Vorstand hielt in diesem Jahre 14 Sitzungen ab und war fast in jeder Sitzung der technischen Ausschüsse durch ein oder mehrere Mitglieder vertreten.

XVIII. Eine Ausstellung fand im abgelaufenen Vereinsjahre nicht statt, wohl aber veranlasste der Verein eine Anzahl seiner Mitglieder, sich an der Internationalen Ausstellung für Feuerschutz- und Feuer-

Verein zur Beförderung des Garten-

Jahres-

Der Etat setzt aus M.	Pf.	Einnahmen Titel und Gegenstand der Einnahmen	Fol. der Rechnung	M.	Pf.	Ist-Einnahme M.	Pf.
		An Resten aus früheren Jahren	Fol. 2 u. 8			1 144	72
8 671	—	A. Titel I. An Zinsen	„ 5			8 720	98
2 940	—	„ II. „ Zuschüssen	„ 7			2 940	—
12 445	—	„ III. „ Mitglieder-Beiträgen . . .	„ 9			12 164	—
800	—	„ IV. Aus Vermächtnissen	„ 11			800	—
800	—	„ V. „ dem Vereins-Organ . . .	„ 13			21	50
19 656	—	Sa. . .				20 291	20
		Ausgabe Sa. . .				15 859	19
		An Saldo Vortrag Januar 1902				4 932	01
		An Effekten zum Nennwert		105000			

Berlin, den 3. März 1902.

J. F. Loock,
Schatzmeister.

baues in den preussischen Staaten.

Rechnung 1901.

Der Etat setzt aus M. Pf.	Ausgaben Titel und Gegenstand der Ausgaben	Fol. der Rechnung	Ist-Ausgabe M. Pf.	M. Pf.
	A. Laufende dauernde Ausgaben.			
3 825 —	Titel I. Besoldungen	Fol. 20	8 870 —	
1 500 —	„ II. Amtl. ökonom. Bedürfnisse	„ 22	947 80	
800 —	„ III. Zu den Sammlungen des Vereins .	„ 24	375 84	
7 800 —	„ IV. Zu den Kosten des Vereinsorgans incl. Porto	„ 25	7185 44	
1 250 —	„ V. Zu gärtnerischen Versuchen . . .	„ 27	856 89	
420 —	„ VI. Kosten d. gärtnerischen Fortbildungs- unterrichts	„ 28	420 —	
500 —	„ VII. Zu Prämien bei Ausstellungen . .	„ 29	785 08	
500 —	„ VIII. Zu den Kosten des Jahres- und Winterfestes	„ 30	501 70	
200 —	„ IX. Zu Fuhrkosten und Dispositionsfond des Vorst.	„ 31	92 10	
700 —	„ X. Unvorhergesehene ausserordentliche Ausgaben	„ 32	444 84	
16 995 —				15 359 19

			An Effekten	An Kasse
	Die Wilhelm- und Augusta-Jubelstiftung für deutsche Gärtner besitzt:			
	an Effekten zu 3½ %/₀	Fol. 41	11 500 —	
	an Kasse baar Anfang Januar 1901 . .	„ 41		895 65
			11 500 —	395 65

rettungswesen zu beteiligen und diese haben in opferwilligster Weise
während der mehrere Monate dauernden Ausstellung stets dafür gesorgt, dass die Ausstellung im schönsten Blumen- und Gehölzschmuck
prangte. Auch nahmen viele Mitglieder an der grossen Obst-Ausstellung
in Potsdam teil.

Im übrigen darf der Verein, wenn er das letzte Jahrzehnt überblickt, mit Befriedigung auf die von ihm veranstalteten Ausstellungen
schauen, welche den weitesten Kreisen wahre Freude und Anregung boten.

Am 9. bis 12. Novembnr 1893 fand die grosse Chrysanthemum- und
Herbstblumen-Ausstellung im Kaiserhof statt, die auch von Ihrer Maj.
der Kaiserin besucht wurde, und am 11. bis 18. April 1895 eine Blumen-
zwiebel-, Stauden- und Spätobst-Ausstellung in der Flora zu Charlottenburg.

Im Jahre 1896, dem Jahre der Berliner Gewerbeausstellung, beteiligte sich zwar der Verein als solcher nicht bei der Ausstellung, da
dies aus formellen Gründen nicht angängig war, wohl aber waren viele
seiner Mitglieder teils dauernd, teils zu gewissen Zeiten rühmlich auf der
Ausstellung vertreten.

Die Gewerbeausstellung aber gab den Anlass, die grosse allgemeine
Gartenbau-Ausstellung zur Feier des 75jährigen Bestehens des
Vereins vom 28. April bis 12. Mai 1897 in Treptow abzuhalten und
noch heute haben wir der Stadt Berlin wie der Leitung der Berliner
Gewerbeausstellung herzlichst zu danken für das Entgegenkommen,
welches uns damals bewiesen wurde. Wenngleich schon fünf Jahre vergangen sind, so steht das Bild dieser grossen Gartenbau-Ausstellung
sicherlich jedem noch klar vor Augen, und mit Stolz gedenkt der Verein
jener grossartigen Schau, welche von Ihrer Maj. der Kaiserin Allerhöchst
selbst eröffnet wurde.

Nicht von gleichem pekuniärem Erfolge war die grosse deutsche
Winterblumen-Ausstellung vom 22. bis 28. Februar 1900 im Luisenhof
(Dresdenerstrasse) gekrönt, die Beteiligung war reich, der Besuch aber
verhältnismässig schwach, hauptsächlich weil sich die Stadtgegend, in
der die Ausstellung stattfand, nicht für geeignet erwiesen hat. Trotzdem
aber ist der moralische Erfolg ein grosser gewesen und es ist allen Besuchern klargelegt worden, welche Fülle von Blumen die deutsche Gärtnerei auch im Winter erzeugen kann.

Mehr wie je stellte sich bei dieser Gelegenheit heraus, wie dringend
das Bedürfnis für ein grosses günstig gelegenes, auch im Winter benutz-
bares Ausstellungsgebäude in der Reichshauptstadt ist.

Kleinere Mitteilungen.

Zum englischen Krönungsfest.

Das „Gardeners Chronicle" vom 21. Juni erscheint als „Krönungs-nummer" im Festgewande, mit rotem Umschlag und Golddrucktitel. Es bringt vor allem zehn Ansichten aus der Sommerresidenz des Königs und der Königin von England: Sandringham, das nicht weniger als 11 000 acres, etwas über 4400 ha umfasst. Mit be-sonderer Erlaubnis war einem Spezial-berichterstatter des G. C. gestattet, den Garten zu besichtigen und Photogra-phien aufzunehmen. Von diesen sind dargestellt: das „Norwich Tor", die Gartenfront des Schlosses, der Stief-mütterchen-Garten der Königin, der höchst geschmackvoll angelegt is⁴, der heilige Brunnen, die „York Cottage", malerisch am Wasser belegen, Abies Pinsapo, gepflanzt im Jahre 1874 von Ihrer Majestät der Königin Alexandra, die Meierei mit dem Theezimmer der Königin und dem davor liegenden holländischen Garten, der in vertieftem Grunde eigentümlich geschnittene Bäume zeigt. Es folgt der Mittelweg (Zentralweg) des Küchengartens, 310 Yards lang! (Wann werden die Eng-länder endlich nach Metern rechnen? 1 Yard ist 0,9 m), der „Bothy"-Weg mit den Giebelseiten der zahlreichen Gewächshäuser, die an dem Kopfende höchst gefällig mit Blumengruppen umrahmt sind, sodann das Porträt des Gärtners Seiner Majestät, des Herrn T. H. Cook und das Bild seiner Woh-nung, die sehr idyllisch liegt. — An-statt einer Lichtdruck - Beigabe wie sonst bringt die Krönungsnummer eine grosse Farbentafel mit den Ab-bildungen von Laelio - Cattleya hybrida „Königin Alexandra", rosa, Lippe rosa - karmin mit tiefgelbem Schlund, und Laelia hybrida „Eduard VII.", Lippe ausserordentlich entwickelt und zierlich gefranst, Blume weisslich-rosa und purpurn. Beides sind Züchtungen von Jas. Veitch & Sons, London. Erstere ist entstanden aus Laelio-Cattleya hyrida bella und Cattleya Trianae, letztere aus Laelia Digbyana und L. purpurata. — An schwarzen Abbildungen werden weiter gegeben: Odontoglossum „Edwardus Rex", zitronengelb mit

kastanienbraunen Flecken, Lippe weiss mit grossem rötlichem Fleck, und Cy-pripedium „Emperor", oberes Kelch-blatt weiss, mit rosa getönt und mit tief purpurnen Linien, die übrigen Teile der Blume rosa getönt und dunkel-purpurn gefleckt. Beide sind von F. Sander & Co. — Weiter sehen wir den Terrassengarten in Windsor, einen Blick in den Wald von Windsor. einen Blick in den Garten des Buckingham-palastes, der, trotzdem er in dem rauchigen London liegt, doch sehr schöne Kulturen aufweist, endlich einen Blick in den Grossen Park zu Windor, sowie die lange Reihe der alten Obst-treibhäuser in Frogmore bei Windor. — Mit Recht macht das G. C. darauf aufmerksam, wie allgemein die Liebe zu seinem Königshause in England ist und wie gerade durch die Benennung so vieler Pflanzen nach den Majestäten sich das ausspricht. Wollen wir doch nicht vergessen, dass gleich nachdem die jetzige Königin den britischen Boden betreten, das schöne Odonto-glossum Alexandrae nach ihr benannt wurde, und wenn auch die Wissenschaft nachgewiesen hat, dass es eigentlich der Priorität nach O. crispum heissen muss, so ist der Name O. Alexandrae doch so populär geworden, auch bei uns in Deutschland, dass er schwerlich wieder verschwinden wird.

Die Krönungsfeier ist nun verschoben worden. Auch wir in Deutschland be-klagen tief, dass König Eduard VII gerade wenige Tage vor seinem Ehren-tage von einer so ernsten Krankheit befallen wurde, und wünschen von ganzem Herzen baldige Genesung.

L. W.

Die ersten Werderschen Kirschen und Erdbeeren

sind am 20. Juni früh in der Dorotheen-Markthalle eingetroffen, aber in so ge-ringer Anzahl, wie dies kaum jemals der Fall gewesen ist, so lange das Dampfschiff der Werderschen Obst-züchter - Genossenschaft nach Berlin fährt. Während sonst der erste Dampfer stets 1500 bis 2000 Tienen Kirschen brachte, war er diesmal nur mit 150 Tienen Kirschen und noch weniger Erd-beeren beladen. Im allgemeinen wird in Werder die Ernte schlecht sein. Einzig und allein gut steht es mit den Erdbeeren, die denn auch in kurzer Zeit in grösseren Posten auf den Berliner Markt kommen werden.

Noch zu Zantedeschia. (Richardia) Solfatara.

Die in der letzten Versammlung des Vereins zur Beförderung des Gartenbaues von mir vorgeführte Richardia (Zantedeschia) Hybride „Solfatara" ist ein Kreuzungsergebnis zwischen Richardia Elliottiana und R. Adlami, und zwar in beider Richtung; die Hybriden zeigten so wenig Unterschied, dass sie unter einem Namen zusammengezogen werden konnten.

Die Blütenscheide (Spatha) ist schwefelgelb mit stark hervortretendem schwarzem Auge im Grunde des Hüllblattes; viel grösser wie bei Adlami und meistens noch grösser wie bei Elliottiana. Im Dämmerlicht zeigen sie einen grünlichen Schein.

Durch diese angenehme Färbung, wie durch die ungemein lange Dauer der Blütenscheiden, die im Verblühen nicht eintrocknen, sondern sich grün färben, hat Richardia Hybr. Solfatara eine grosse Zukunft als Schnittblume. Die Blumen, welche ich in der Versammlung zeigte, führte ich danach noch acht Tage lang in glühender Hitze in einer Pappschachtel mit mir und zu Hause angekommen, hielten sie sich noch weitere acht Tage in schönster Frische.

Ein weiterer Vorzug der Richardia Hybr. „Solfatara" ist, dass sie auch als Pflanze, im Gegensatze zu R. Elliotiana, ungemein widerstandsfäig ist. Ich mache jetzt Versuche, sie wie Gladiolen im Freien zu kultivieren. Unter Glas Anfang März gepflanzt, gelangt sie Anfang Mai zur Blüte. Durch frühere Pflanzung der Knollen erreicht man natürlich eine frühere Blütezeit.

Ich werde die Neuheit in diesem Herbst in den Handel geben.

Blankenburg a. H.
                          G. Bornemann.

Litteratur.

„Bericht über die Provinzial-Obst-Ausstellung Potsdam 1901 und die Verhandlungen des im Anschluss an die Ausstellung am 30. September und 1. Oktober 1901 abgehaltenen Obstbau-Kongresses." Mit Unterstützung des Kgl. preussischen Ministeriums für Landwirtschaft, Domänen und Forsten herausgegeben von der Geschäftsführung. Mit 11 Abbildungen. Berlin, Verlag von Gebr. Borntraeger. 1902. gr. 8°. 183 S.

Dieser von dem Geschäftsführer, Kgl. Gartenbaudirektor Echtermeyer, Wildpark, herausgegebene Bericht erscheint in einem höchst geschmackvollen und doch ein'achen Einbande. Auf grauem Ton ist der Titel in Weiss gedruckt und links oben in der Ecke die auf der Ausstellung verteilte Medaille in natürlicher Grösse, 55 mm Durchmesser, in Silberdruck als Vignette angebracht. Das Titelblatt ziert die Ansicht des Orangeriehauses und im übrigen sind eine ganze Anzahl Ansichten von der Ausstellung gegeben, die noch einmal uns die so geschmackvoll arrangierte Ausstellung in den schönen Räumen vor Augen führen. Auf S. 45 fehlt dazu die Unterschrift, doch ist dieselbe entbehrlich.

Von besonderem Werte ist es, dass die besten Lösungen einiger schriftlichen Aufgaben wörtlich wiedergegeben sind. So S. 57 die mit dem 1. Preise (300 M.) ausgezeichnete Arbeit von Herrn E. Weiter in Zossen bei Berlin: Aufgabe 5: Entwurf für eine grössere Obstplantage nach gegebener Länge mit Bepflanzungsplan, Kostenanschlag und Rentabilitätsberechnung. Welter hat dabei auch noch eine Gemüse-Anlage mit veranschlagt.

Ebenso die Arbeit des Obstbaumlehrers W. Pilz in Belzig bei Berlin, der für Aufgabe 80: „Aufstellung einer Taxe nebst Rentabilitätsberechnung von angepflanzten Obstgehölzen für mittleren Boden" den Ehrenpreis des Geh.

Kommerzienrats Spindler, 100 M., erhielt. Hieraus kann jeder, der Obstbäume zu taxieren hat, etwas lernen.

Der Bericht über die unter Leitung des Kgl. Hofgartendirektors G. Fintel-mann, Sanssouci, stattgehabten Kongress nimmt den zweiten Teil der Schrift ein.

Wir werden gelegentlich darauf zurückkommen. L. W.

Pflanzen-Schutz.

Arbeiten aus der Biologischen Abteilung für Land- und Forstwirtschaft am Kaiserlichen Gesundheitsamt. Verlag von Paul Parey und Julius Springer. II. Band Heft 5 mit 3 Taf. Preis 4 M.

Dieses Heft enthält wiederum sehr wichtige Aufsätze:

1. Regierungsrat Dr. Rudolf Aderhold. Ueber Clasterosporium carpophilum (Lév.) Aderh. und Beziehungen desselben zum Gummifluss des Steinobstes. — Aderhold vermutet nach eingehenden Darlegungen, die von 2 Täfeln und von schwarzen Abbildungen begleitet sind, dass der Pilz Clasterosporium carpophilum, der auf Kirschen, Pfirsichen und Aprikosen schwarze Flecke, auf den Blättern braun umränderte, später durchlöcherte Flecke erzeugt, ein Ferment ausscheidet, welches den Gummifluss hervorruft, sagt aber, dass die Aufklärung der eigentlichen Ursache der Gummibildung noch dahinstehe. Jedenfalls ist durch diese Arbeit der Weg gewiesen, wie man weiter experimentieren muss.

2. Derselbe. Ein Beitrag zur Empfänglichkeit der Apfelsorten für Fusicladium dendriticum und deren Beziehungen zum Wetter. Mit 1 Tafel. — Die Stärke der Erkrankung oder die Disposition einer Sorte wechselt mit dem Jahre. Allgemein widerstandsfähig sind nur wenige, meist wenig verbreitete Sorten. Ein trockener Vorsommer, besonders ein trockener Mai schränkte in Proskau die Erkrankung sehr ein.

3. Regierungsrat Dr. Freiherr von Tubeuf. Das Triebsterben der Weiden. Mit 1 Tafel. — Diese Krankheit wird durch Fusicladium saliciperdum bezw. verwandte Arten veranlasst. Die getöteten gebräunten Triebspitzen hängen abwärts. Gegenmittel wie bei anderen Fusicladien: Vernichten des Laubes, Bespritzen der Bäume mit Kupfervitriol im Winter, mit Bordelaiser Brühe im Frühjahr nach dem Laubausbruch. Wittmack.

A. Wenck, Magdeburg, Franckestrasse 2, empfiehlt Melasseschlempedünger, ein neues Düngemittel, dem vaterländischen Boden entstammend. Derselbe enthält nach verschiedenen Analysen Stickstoff 3—4 pCt. und wasserlösliches Kali 10—11 pCt.

Aus den Vereinen.

Sitzung der vereinigten Ausschüsse für Blumen- und Gemüsezucht am 6. Febr. 1902.

I. Herr Amelung teilt mit, dass durch das Auspumpen des Wassers beim Bau der Untergrundbahn der Boden im Joachimsthalschen Gymnasium, in 300 m Entfernung, trocken geworden sei. Das Stauwasser hat sich um 2 m gesenkt. Ebenso sind nach Herrn Inspektor Perring seit dem Bau der Untergrundbahn die Teiche im botanischen Garten ausgetrocknet.

II. Warum ist das Aetherisierungsverfahren in Berlin noch nicht eingeführt?

Herr Kretschmann meint, weil es zu gefährlich sei und weil man auch noch nicht sicher sei, ob es sich rentiere. — Herr Lackner teilt näheres aus der Schrift des Herrn Johannsen

„Das Aetherisierungsverfahren" mit.
Das Prinzip ist das, dass durch das
Aetherisieren die Knospen zum schnelleren Austreiben kommen; es dürfte
sich aber nur bei ganz früher Treiberei
empfehlen.

Das Geschäft in frühem Flieder im
September und Oktober ist aber ein
beschränktes, daher dürften sich die
Kosten nicht lohnen.   .

Verlesen werden die betreffenden
Artikel aus Johannsen, Das Aetherisierungsverfahren beim Frühtreiben,
und Harms Aufsatz in Möllers Gartenzeitung Nr. 1 1902.

Herr Direktor Lackner teilt mit,
dass er frisch aus dem freien Lande
genommenen Charles X. nie habe gleich
treiben können, während Marly sich
sehr gut treiben lässt.

Die S rothomagensis lassen sich
auch gleich treiben, fallen aber beim
Aufblühen gleich ab.

Die frühere Firma Dreisse & Papenberg in Dresden trieb anfangs Syringa
rothomagensis, aber er war nicht schön.
Dann kauften sie eingewachsenen
Charles X. von Herrn Lackner und
später immer wieder.   .

Herr Lackner glaubt, dass der
Marlyflieder ein Bastard zwischen
Syringa vulgaris und chinensis sei. bei
dem allerdings vulgaris Blut überwiege.

Herr Kgl. Obergärtner Habermann
erinnert daran, dass er im Oktober
blühenden Flieder vorgeführt habe von
Herrn Schmeisser in Burg, der
diesen zurückgehalten hatte in kalten
Räumen.

Es hatte aber der Flieder keinen
Preis und durch das massenhafte Angebot wurden die Preise noch mehr
erniedrigt. — L Wittmack erinnert
daran, dass Herr Geheimrat Frank
früher auch schon das Zurückhalten
durch Kälte empfohlen habe. — Herr
Lackner hält das Aetherisieren für zu
teuer. — Herr Nahlop: Durch das
Zurückhalten der Maiblumen hat man
gar keine Vorteile. Die Maiblumen
haben gar keinen Preis.

Rob. Moncorps.   Wittmack.

**Sitzung der vereinigten Ausschüsse für
Blumen- und Gemüsezucht am Donnerstag, den
6. März 1902.**

I. Ausgestellte Gegenstände. Herr
Garteninspektor Weber stellt eine
prachtvoll blaue Primula acaulis aus,
welche aus Samen treu bleibt.

II. Herr Amelung legt eine Probe
von Liberia-Kaffee — roh und gebrannt — vor, welche derselbe von
dem Plantagenleiter Herrn Morris
zur Feststellung des Aromas erhalten
hatte.

Er stammt aus der Plantage Kally
Kourry, Guinée Francaʼse, Westafrika,
welche mehreren Hamburger Kaufherren unter Bevollmächtigung der
Firma Colin & Co. gehört.

Der Kaffee war unsortiert und sollte
keine Handelsware darstellen. Durch
ungeschicktes Abernten seitens der
Leute waren Früchte mitgepflückt, die
noch nicht völlig reif waren, daher die
ungleiche Farbe und Grösse der
Bohnen. Selbstverständlich sind diese
Fehler bei den bevorstehenden grösseren
Ernten zu vermeiden. — Im rohen Zustande ist die charakteristische Farbe
des Liberia-Kaffees weisslich-grün. Gewöhnlich findet die Kaffeeernte in
Französisch-Guinea vom Dezember bis
April statt.

Da maschinelle Einrichtungen noch
nicht vollständig vorhanden sind, so
war die bisherige Reinigung des Kaffees
nur eine provisorische. Die äussere
Schale der Kaffeefrucht, welche von
fünf Jahre alten Pflanzen stammt,
wurde durch eine gewöhnliche Schälmaschine entfernt, infolgedessen musste
die den Kaffee noch umgebende Pergamenthaut durch einfaches Stampfen
mit Holzstampfen in Mörsern beseitigt
werden.

Diese Mörser bestehen aus ausgehöhlten Baumstämmen. Künstlicher
Dünger wie: Knochenmehl, Kainit,
Superphosphat und Kalk wird beim
dortigen Kaffeebau erst dann verwendet,
wenn die Bäume im älteren Stadium
erschöpft erscheinen; denn der Preis
genannter Dünger daselbst ist ein sehr
hoher.

Herr Klar: Kaffee braucht viel
Dünger.

Herr Amelung stimmt dem bei.
Bei der Kultur wird der Boden erst
abgeplaggt und diese Plaggen dann in
die 1 cbm haltenden Pflanzlöcher geworfen.

Herr Obergärtner Beuster legt
eine Treibbohne „Suttons Forcing"
vor, die nur 1 Fuss hoch wird und
reich trägt.

Herr Garteninspektor Moncorps: In Potsdam sahen wir voriges Jahr in den alten Häusern die bekannte Ilsenburger Bohne und Osbornes Treibbohne gezogen, am Drachenberge dagegen in den neuen Treibereien die Suttons Forcing.

Wittmack bedauert, dass man so wenig kleine junge Bohnen, Haricots verts, in Deutschland geniesst, während das in Paris eine ganz allgemeine Speise ist. Man müsste die Bohnen jünger pflücken und dem Publikum anbieten. — Die Herren Moncorps, Demmler und Klar erklären, das Publikum bezahle solche jungen Bohnen nicht. — Herr Beuster: Das Wasser, in welchem Haricots verts gekocht werden sollen, muss schon kochend und mit Salz versehen worden sein, ehe die Bohnen hineingethan werden. — Herr Garteninspektor Perring bemerkt, dass in Karlsbad die Bohnen auch wie in Paris bereitet werden.

Herr Beuster: Die weisse Hinrichs-Riesenbohne ist die beste Sorte, um als junge Bohnen (Haricots verts) gegessen zu werden.

II. Welches ist das billigste Schattenmaterial?

Herr Garteninspektor Perring: Die billigste Beschattung ist Magermilch gemischt mit grüner Erde. So ist es in Belgien. In Berlin beschattet man meist mit Deckladen. Auf die Dauer sind Rollschattendecken die billigsten, sie halten 15—20 Jahre.

Es kostet allerdings viel Schnur.

Eventuell nehme man Jutematten, die das Quatratmeter nur 20 Pf. kosten.

Herr Beyroth hat die Schattendecken 30 cm über den Scheiben, das giebt vorzügliche Durchlüftung. In den Gewächshäusern des Kaiserl. Gesundheitsamtes in Dahlem ist es ähnlich.

Herr Garteninspektor Weber: Man müsste eigentlich den Schatten 3—4 m höher anbringen können, denn wir nehmen bei dem dichten Auflegen der Schattendecken unseren Pflanzen viel zu viel Licht. Der Anstrich mit Kalk giebt eine schlechte Luft, wenn z. B. 14 Tage keine Sonne ist.

Ich bespritze die Häuser von aussen mit Lehm. Nach jedesmaligem Regen muss er freilich erneuert werden.

Herr Amelung führt verschiedene Mittel zur Beschattung an.

Herr Garteninspektor Moncorps hat auch viel Lehmanstrich angewendet. Bei Pelargonien ist in längeren Regenperioden jeder andere festsitzende Anstrich störend.

Herr Garteninspektor Weidlich: Kokosgeflecht hält nicht, Jute auch nicht.

Herr de Coene empfiehlt die holländischen Rohrdeckenmatten von Haas in Cleve, die pro Quatratmeter nur 25 Pf. kosten. Sie sind 2 m lang und acht- bis neunmal geschnürt.

Herr Kretschmann verwendet Jute aus Stralau, $1\frac{1}{2}$ m breit, das laufende Meter 23 Pf. Diese Leinewand hält 2 Jahr. Sie lässt sich schnell auf- und abrollen. Er will die Jute einmal imprägnieren und hofft, dass sie dann noch länger hält.

Herr Garteninspektor Moncorps: Für Mistbeete sind die Rohrschattendecken gut, aber für Häuser mit Blütenpflanzen zu dicht. Sie halten nur 5 bis 6 Jahre.

Herr Garteninspektor Perring: Ich habe solche Rohrdecken, wie erwähnt wurden, bei Stauss in Brandenburg a. H. machen lassen. Bei grossen Häusern sind sie nicht zweckmässig. Auch Kokosfasern eignen sich zum Abrollen. — Jute hält sich nicht, ich habe diese sogar bei Herrn Schramm nach Hasselmann'scher Methode imprägnieren lassen, aber dadurch wurde sie brüchig. Theer und Oel macht sie auch hart.

Herr Dietze: Als dauernden Schatten nehme ich gewöhnliches Maurerrohrgeflecht mit Draht geflochten. Das liegt 4 Jahre und kostet pro Quadratmeter 12—13 Pf.

Herr de Coene: Man kann von den Rohrmatten zwei Stück à 2 m übereinander legen.

Herr Weidlich: Herr Repke in Fürstenwalde lässt sich aus starkem Hanf leichtes Maschenwerk machen und dies auf Rahmen spannen. Das Ganze wird gefirnisst und hält sich 10 Jahre.

Herr Garteninspektor Moncorps empfiehlt zur Imprägnierung Kupfervitriol. — Herr Friedrich stellt seine Blumenstäbe eine Nacht in Kupfervitriol.

Herr Perring thut das auch, selbst

die Etikettenspitzen steckt er in Kupfervitriol.

Herr Brandt: Kalk mit Wasser lässt sich leicht entfernen, Kalk mit Milch viel schwerer.

Herr de Coene hat Rollschattendecken à 40 qm mit schönen, glatten Latten. Sie liegen von April bis September. Die Pflanzen gewöhnen sich an das gedämpfte Licht, ein häufiger Wechsel von Licht und Schatten ist nicht so günstig.

Herr Moncorps: Bei Pelargonien ist das fortwährende Beschatten nicht angänglich.

III. Neuere Fuchsien. Herr Inspektor Perring: teilt mit, dass der botanische Garten die Fuchsie „Andenken an Heinrich Henkel" beschafft habe. — Herr de Coene: In Treptow hatten wir F. triphylla×fulgens ausgestellt. Wir haben sie anfangs gut verkauft, namentlich auch an Privatkunden. Sobald aber mehr vorhanden waren, wollten die Geschäftsleute sie nicht haben, weil sie sich nicht hält. Die anderen Fuchsien hielten sich aber auch nicht. Die Händler verlangen, dass alle neuen Sachen sich halten sollen, bei alten tadeln sie es nicht, wenn das nicht der Fall ist. In Frankfurt a. M. und München werden viel mehr feinere Pflanzen, z. B. Bromeliaceen gekauft, als in Berlin.

Herr Amelung hat mit neueren Fuchsien wenig Glück gehabt auf Gräbern, die etwas schattig liegen. Nach 14 Tagen waren bei ausgepflanzten die Blüten abgefallen und erneuerten sich nicht. Nur die Sorte „Tubbenthals Fuchsie" hielt sich. — Die alten, von coccinea abstammenden Sorten halten sich besser.

Die meisten Fuchsien werden von den Gärtnern nicht genügend abgehärtet, daher fallen die Blumen so leicht ab. Vielleicht ist das Blut von F. fulgens oder triphylla auch schuld an dem raschen Abfallen der Blüten bei den Bastarden.

Herr Kretschmann: Ich habe in Möllers Deutsch. Gartenztg. Nr. 23 1901 einen Artikel über Fuchsien geschrieben und darauf aufmerksam gemacht, dass viele ältere Sorten verschwunden sind. Die „Jamin" ist die beste Sorte, sie baut sich gut und die Berliner kaufen sie gern. Auch Cupido, Lord Byron, Marktsieg und „Tubben-

thals Fuchsie" sind gut. Phänomenal hat zu grosse Blumen, lässt sich nicht gut transportieren. Emma Töpfer desgleichen.

Die Berliner Handelsgärtner hängen zu sehr von den Zwischenhändlern ab, die wollen starke Pflanzen, ob alt oder neu, ist ihnen gleich.

Herr Dietze bestätigt das. Mit den Schnittblumen ist es ebenso, z. B. bei den Rosen; man hat nur immer die alten Sorten Fisher & Holmes, Ulrich Brunner usw. Theerosen sieht man selten, das Publikum kauft aber solche und überhaupt andersfarbige bei mir gern. Die weisse Rose von Tubbenthal (wohl die alte Sorte „Schwan") ist auch beliebt. — Eine alte Fuchsie, die „Goliath", ist immer noch beliebt, obwohl sie garnicht schön ist.

Herr J. Weber: Wenn man Fuchsien zum Auspflanzen haben will, muss man keine alten mit Knospen pflanzen, sondern junge mit frischen Spitzen. Cupido ist am besten dazu und blüht schon bei 10—15 cm Höhe.

Herr Inspektor Perring hat gefunden, dass die Dekorationsgärtner jetzt wieder Fuchsien mit weissem Kelch verwenden.

Herren Janicky und Maecker haben sie viel zu Vasen benützt, weil sie mit ihrem, langen weissen, röhrigen Kelch sehr viel mehr in die Ferne wirken. Schon Herr Killisch von Horn wollte keine rotkelchigen Fuchsien.

Herr Garteninspektor Weidlich: Die Pflanzen werden in den Blumenläden zu schlecht behandelt, auch bei Kälte transportiert man sie oft nicht genügend verpackt.

Herr Brandt: Goliath war früher sehr beliebt, Venus de Medici und Rose of Castille sind auch noch alte gute Sorten. Die bewährtesten neuen Sorten sind Cupido, niedrig, und Charming, letztere auch als Hochstamm; Fuchsien mit Blüten sind im Zimmer nicht zu halten.

Herr Amelung: Fuchsia gracilis hält unter 1 Fuss dicker Torfbedeckung im Freien aus.

Herr Moncorps: Oberhofgärtner Reuter hatte F. Riccartoni im Freien ausdauernd.

L. Wittmack macht auf die hochstämmigen Fuchsien in der Villa

Spindler in Gr.-Tabarz (Oberg. Bie-müller) aufmerksam. (Gartenflora 18.)

Herr Kretschmann: Fuchsien, die als Hochstämme überwintert werden. sollen, müssen recht in der Sonne stehen. — Das Veredeln von Fuchsien kann man sich ersparen. Mein Sohn hat einfach durch Abschneiden der Seitenzweige 2 m hohe Hochstämme in einem Jahr gezogen.

Herr Amelung: Prof Bahn am Joachimsthalschen Gymnasium über-wintert seine Fuchsien im trockenen Keller, vorher schneidet er sie zurück. Im März kommen sie auf den Korridor, dann wird noch etwaiges trockenes Holz entfernt.

Herr Perring: Cupido eignet sich nicht zum Hochstamm, die muss man veredeln. Herr Harms in Hamburg veredelte vor 30 Jahren auf der Sorte „Wucherer" alle anderen. Er hatte 2—3 m hohe Hochstämme. Auch Heine-mann in Erfurt zieht viele Hoch-stämme.

Herr Garteninspektor Weber: Cupido kann man in einem Jahre bis 1 m Höhe haben.

Er gräbt eine Grube von 1 m Tiefe und schlägt sie ein, wenn sie schon etwas Frost gehabt haben, dann kommt Wellblech und Laub darüber.

Im Frühjahr werden sie erst be-schnitten, die dann entstehenden Triebe müssen aber bleiben.

Herr Inspektor Perring: In Potsdam in den Orangeriehäusern stehen auch Hochstämme von Fuchsien zur Ueber-winterung, die aus dem Freien in Töpfe kommen, und halten sich dort gut.

Herr Garteninspektor Moncorps: Lassen sich Araucarien in einem Raum, in welchem Lorbeeren aufbewahrt werden, überwintern? — Man ant-wortet: Ja.

———

Jahresbericht des Vereins zur Förde-rung der Blumenpflege bei Schul-kindern (in Berlin) für das Jahr 1901/02, abgedruckt in Schule und Werkstatt, Berlin. Nr. 5, 1902.

Es sind im Sommer 1901 55 Ge-meindeschulen beteiligt gewesen.

Eingesandte Preisverzeichnisse.

———

Preisliste 1902 von François Ger-beaux, Nancy, 1 Rue du Ruisseau, über Stauden (Spezialität der Firma) und Gewächshauspflanzen. — Preisliste vom Hoflieferanten Adam Rackeles, Frankfurt a. M., über Aepfelweine, Aepfelweinchampagner usw. — Gebr. Heinrich, Obstweinkelterei, Rostock-Gehlsdorf. — Nr. 150. Januar 1902 von V. Lemoine und Söhne, Nancy, über Begonien, Fuchsien, Pelargonien usw.

Personal-Nachrichten.

———

Dem Kgl. Hofgartendirektor Gustav Fintelmann, Sanssouci, ist vom Schah das Kommandeurkreuz des persischen „Sonnen- und Löwenordens" verliehen.

Der Hofgärtner Kunert, Sanssouci, Terrassen-Revier, empfing vom Schah von Persien den Sonnen- und Löwen-orden 4. Klasse für seine prachtvollen Dekorationen in und am Orangerie-hause.

———

Der bisherige Kgl. Obergärtner Habermann auf der Pfaueninsel ist zum Königl. Hofgärtner ernannt.

Sprechsaal.

Frage 1. Es giebt kleine Luft-
druckspritzen — ähnlich wie Syphonia
im grossen — zum Zerstäuben von
Flüssigkeiten. Ich habe sie schlecht,
aber auch gut gesehen. Könnten Sie
mir die Adresse eines Lieferanten der
guten Sorte geben? Ich suche ein Instrument mit ca. 2 l Inhalt. Ich habe
hier eine grossartig schöne Baumblüte
genossen. Jetzt prangen Azaleen und
Rhododendron, aber Regen ist heiss
erwünscht. Besten Gruss!)
Fischbach, 16. Juni 1902. v. St. Paul.

Antwort. Für Ihren Zweck eignet
sich am besten der Apparat von Gebr.
Misch, Berlin N., Chausseestrasse 22.
(S. Gartenflora 1899 S. 541.)   L. W.

Frage 2. Von Kellerasseln (Por-
cellio Latreille, Oniscus scaber) im
Treibhaus, Treibhauskeller, in Früh-
beeten usw. werde ich sehr belästigt
und geschädigt.
Die mir bekannten Vertilgungsmittel,
wie Auslegen von Ködern (faules Obst
usw.) unter Blumentöpfen usw. erweisen sich der grossen Vermehrung
dieser Tiere gegenüber nicht wirksam.
Sehr dankbar würde ich für eine gefällige Mitteilung von sachverständiger
Seite sein, die es mir ermöglicht, die

geschilderte Plage gründlich beseitigen
zu können.
        Büsing, Kgl. Baurat, Westend.

Antwort. Haben diese Schädlinge
dermassen überhand genommen, dass
sie sozusagen in Scharen über die
Kulturen herfallen, so hilft nur ein
Ausräumen und gründliches Reinigen
der Räumlichkeiten. Besonders ist ein
Entfernen alter, morscher Bretter, sowie ein Verschmieren von etwa vorhandenen Löchern in den Wänden,
ferner ein gründliches Kalken derselben
und des Fussbodens geboten.
In Mistbeeten sind alle Fugen zwischen
Kastenwand und Beet mit fester Erde,
womöglich Lehm, auszufüllen, wobei
auch besonders auf das gute Schliessen
der Eckpfähle an den Brettern zu
achten ist, denn in diesen Hohlräumen
halten sich oft tausende von Kellerasseln auf.
Wo durchaus wegen gewisser Kulturen in Gewächshäusern und Kellern
ein gründliches Reinigen und Ausräumen nicht gleich möglich ist, da
empfehle ich nach dem Verstopfen der
Fugen mit Lehm ein massenhaftes
Auslegen alter ausgehöhlter Kartoffeln,
welche jeden Tag auf hineingekrochene
Kellerasseln nachgesehen werden müssen.   Amelung.

DruckfehlerBerichtigungen.

In dem Artikel von H. Lindemuth
„Vorläufige Mittheilungen über weitere
Impfversuche an Malvaceenarten" sind
einige sinnentstellende Druckfehler zu
berichtigen. Seite 325, Zeile 7 von
oben, lies: Erdtrieben statt Endtrieben, — S. 326, Zeile 13 von oben
Blattfläche statt Blattflucht, — auf
derselben Seite, Zeile 15 von oben,
waren statt sind vorn.

Besichtigung des neuen Botanischen Gartens in Dahlem.

Mit Genehmigung der Direktion des Botanischen Gartens werden die Mitglieder des Vereins und ihre Damen hiermit eingeladen, am Montag, den
7. Juli cr., nachmittags 4 Uhr, am Hauptportal sich einzufinden. Man fährt
von Berlin nach Steglitz. Vom Bahnhof bis zum Garten sind etwa 15 Minuten
zu Fuss.

Für die Redaktion verantwortlich Geh. R. Prof. Dr. Wittmack, Berlin NW., Invalidenstr. 42. Verlag von
Gebrüder Borntraeger, Berlin SW. 46, Dessauerstr. 29. Druck von A. W. Hayn's Erben, Berlin.

GARTENFLORA

ZEITSCHRIFT

für

Garten- und Blumenkunde

(Begründet von **Eduard Regel**.)

51. Jahrgang.

Organ des Vereins zur Beförderung des Gartenbaues in den preussischen Staaten.

Herausgegeben von

Dr. L. Wittmack,

Geh. Regierungsrat, Professor an der Universität und an der Kgl. landwirtschaftl.
Hochschule in Berlin, General-Sekretär des Vereins.

Berlin 1902
Verlag von Gebrüder Borntraeger
SW 46 Dessauerstrasse 29

Erscheint halbmonatlich. Preis des Jahrganges von 42 Druckbogen mit vielen Textabbildungen und 12 Farbentafeln für Deutschand und Oesterreich-Ungarn 12 Mark, für die übrigen Länder des Welt postvereins 15 Mark. Zu beziehen durch jede Buchhandlung oder durch die Post (Zeitungsverzeichnis No. 2819).

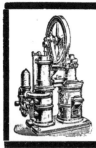

896. Versammlung und zugleich 80. Jahresversammlung des Vereins zur Beförderung des Gartenbaues in den preussischen Staaten am 26. Juni 1902 im Königlichen botanischen Museum zu Berlin.

Vorsitzender: Der Direktor des Vereins, Kgl. Gartenbaudirektor Lackner.

I. Vorgeschlagen wurde zum wirklichen Mitglied:

Herr Kgl. Obergärtner A. Reuter, Sanssouci-Potsdam, durch L. Wittmack.

II. Auf Antrag des Vorsitzenden und der Vorsitzenden der technischen Ausschüsse verlieh die Versammlung die am Jahresfeste als besondere Auszeichnung zu verteilende Vermeilmedaille (grosse silberne Medaille vergoldet), welche nur vergeben wird „Für Förderung der Zwecke des Vereins durch allgemeine Förderung des Gartenbaues":

1. als Liebhaber Herrn Schriftsteller Oskar Cordel, Nicolassee bei Berlin W.;
2. als Gärtner Herrn Friedrich Brettschneider, Geschäftsführer der Lorbergschen Baumschule, Berlin.

III. Mitgeteilt wurde, dass auf Grund der in der letzten Versammlung abgegebenen Stimmzettel alle diejenigen Mitglieder in die betreffenden Ausschüsse gewählt seien, die auf den Stimmzetteln vorgeschlagen waren.

IV. Ebenso ist auf Grund derselben Stimmzettel Herr städtischer Garteninspektor Axel Fintelmann, Berlin, auf drei Jahre zum Mitgliede des Kuratoriums der Kgl. Gärtner-Lehranstalt wiedergewählt worden.

V. Ausgestellte Gegenstände. 1. Herr Gärtnereibesitzer Otto Weber, Friedrichsfelde, führte eine reiche Sammlung hochstämmiger Fuchsien (Charming), sowie ein grosses Sortiment englischer Pelargonien vor. Er bemerkte dazu, dass die Fuchsien etwas späte Stecklinge vom März, die Pelargonien Stecklinge vom Herbst seien. Die Hauptsache bei englischen Pelargonien ist, sie möglichst niedrig zu erziehen. Dies erreicht man dadurch, dass man sie im Kasten, nicht im Hause hält. Die Sorten sind von Herrn Bürger, Halberstadt, bezogen.

2. Das korrespondierende Mitglied, Herr Gartenbaudirektor Haupt in Brieg, hatte am 18. Juni einen herrlichen Blütenstand des Cypripedium Rothschildianum eingesandt, der von verschiedenen Mitgliedern des Vorstandes und der Ausschüsse seinerzeit bewundert worden war; heute konnten die von Herrn Haupt eingeschickten Photographien vorgezeigt werden. Ein Artikel mit Abbildungen wird in der Gartenflora

darüber erscheinen. — Herr Garteninspektor Weber meinte, die Kultur sei nicht so einfach. Nach Herrn Direktor Lackner ist sie allerdings nicht ganz leicht; wenn man sich aber Mühe giebt, erzielt man sehr gute Resultate. Die Pflanze muss ziemlich alt werden, ehe sie blüht, dann aber blüht sie alle Jahre. Es ist jedenfalls eine durch die grössere Zahl der Blüten an einem Stiele und durch deren Streifung sowie durch den ganzen Habitus höchst interessante Orchidee, allerdings auch noch ziemlich teuer.

3. Von Herrn Max Fowe, Berlin NW., Kielerstrasse 2, waren Etiketten aus gewebtem Gummistoff, wie er zum Dichten von Röhren usw. verwendet wird, übersandt, und werden dieselben einem Versuch unterzogen werden. — Herr Bluth bemerkte, dass für Gewächshäuser die teuersten Etiketten, die Porzellan-Etiketten mit eingebrannter Schrift, auf die Dauer die billigsten seien. Bei allen übrigen leide im Laufe der Zeit die Schrift. Eine Ausnahme machen nur die Aluminium-Etiketten von Knoll in Leipzig, wenn sie mit seiner neuen Tinte beschrieben werden. Gummi dürfte doch leicht brüchig werden. — Herr Kgl. Garteninspektor Weidlich: Wir haben in Borsigs Garten seit mehreren Jahren die Porzellan-Etiketten von N. Kissling in Vegesack, sie sind sehr preiswürdig und sehr praktisch, namentlich für Koniferen, Obstbäume und Gewächshauspflanzen. — Herr Kgl. Garteninspektor Moncorps: Die Aluminium-Etiketten halten sich im Freien nicht so gut, wie man denkt, sie bedecken sich doch mit einer Schicht, welche die Schrift, wenigstens die mit der alten Knollschen Tinte geschriebene, undeutlich macht. Die neue Knollsche Tinte ist erst seit etwa 1¹/₂ Jahren im Handel. — Herr Hofgärtner Hoffmann schlug vor, die verschiedenen Arten von Etiketten dem Versuchsausschuss zur Prüfung in Blankenburg zu übergeben. Er selbst hat Zinketiketten von R. Brandes in Hannover schon 15 Jahre im Gebrauch, und die sind noch leserlich. Das rührt daher, dass Herr Hoffmann sie mit feinstem Kopallack überzogen hatte, nachdem sie beschrieben waren. Gewöhnlichen Kopallack darf man dazu nicht nehmen. — Herr städtischer Obergärtner Mende, Leiter des Versuchsgartens in Blankenburg, erklärt sich bereit, die verschiedenen Etiketten zu prüfen.

4. Die von der Firma Oehme & Weber, Leipzig, angekündigte Sendung verschiedener Nibelungen-Spritzen kam infolge eines Missverständnisses erst unmittelbar nach der Sitzung in die Hände des Vereins und werden dieselben in der nächsten Versammlung vorgezeigt werden.

5. Ein schönes Geburtstagsgeschenk ward dem Verein von unserem Landsmann, Herrn A. Lietze in Rio de Janeiro, Post Office Box 644, dem berühmten Caladien-Züchter, angekündigt, indem derselbe mitteilte, dass er 56 Sorten derselben zur Prüfung übersende. Sein Schreiben wird besonders abgedruckt werden.

6. Herr Kohlmannslehner, Britz, stellte mehrere Exemplare des von dem verstorbenen Herrn Nicolai in Coswig bei Dresden gezüchteten Haemanthus-Bastard „König Albert von Sachsen" aus, der dauernd eine schöne Erinnerung an den kürzlich heimgegangenen König von Sachsen, diesen grossen Förderer des Gartenbaues und grossen Sachkenner auf dessen verschiedensten Gebieten, namentlich der Koni-

feren, bilden wird. Die herrliche Pflanze ist in Gartenflora 1900 S. 113 eingehend beschrieben und t. 1472 farbig, sowie S. 115 und 117 nebst ihren Eltern, H. puniceus, der Mutter, und H. Katherinae, dem Vater, schwarz abgebildet. — Herr Kohlmannslehner bemerkte zu seinen Pflanzen, dass es noch schwache Zwiebeln seien, die schon etwas ausgetrieben hatten, als er sie im April erhielt. Er hat den ganzen Vorrat von den Nicolaischen Erben erworben. Eine Anzahl Zwiebeln hat Herr Kohlmannslehner in Torfmüll aufbewahrt, er hofft sie so zurückhalten und im Herbst oder gar im Winter blühend vorführen zu können. — L. Wittmack teilte mit, dass bei ihm kürzlich das grosse Exemplar, nach welchem er 1900 die Beschreibung gemacht, geblüht habe; es war ein prächtiger Anblick.

7. Weiter legte Herr Kohlmannslehner Zweige der Fuchsie „Charming" vor, die sehr grossblumig waren.

VI. Hierauf erfolgte die Verlesung des Jahresberichtes und darauf gab der Schatzmeister eine kurze Erläuterung zu dem der Versammlung gedruckt vorliegenden Kassenabschluss. Beide sind in Gartenflora Heft 13 S. 353 ff. abgedruckt. Herr F. Bluth, Vorsitzender des Revisionsausschusses, berichtete über die vorgenommene Durchsicht der Rechnung und über die eingehende Revision der Bibliothek. Die vom Ausschuss beantragte Entlastung wurde von der Versammlung dem Vorstande und insbesondere dem Schatzmeister erteilt und sprach der Vereinsdirektor Herrn Kgl. Hoflieferanten Loock den herzlichsten Dank für seine grosse Mühewaltung bei der Kassenführung aus.

VII. Hierauf schloss der Direktor des Vereins, Kgl. Gartenbaudirektor Lackner, das 80. Geschäftsjahr des Vereins mit einem dreifachen Hoch auf Se. Majestät den Kaiser und König, den Allerhöchsten Protektor des Vereins, in welches die Versammlung begeistert einstimmte.

VIII. Die nun folgende Neuwahl des Vorstandes erledigte sich sehr schnell, da auf Antrag des Herrn städtischen Obergärtners Weiss die Versammlung die Wiederwahl des alten Vorstandes durch Zuruf beschloss.

Der Vorstand besteht demgemäss aus folgenden Personen:
Direktor: Kgl. Gartenbaudirektor C. Lackner, Steglitz.
1. Stellvertreter: Konsul R. Seifert.
2. Stellvertreter: Kgl. Garteninspektor W. Perring.
Schatzmeister: Kgl. Hoflieferant J. F. Loock.
Generalsekretär: Geh. Regierungsrat Prof. Dr. L. Wittmack.

IX. Alsdann hielt L. Wittmack einen Vortrag „Ostertage an der Riviera", der besonders abgedruckt werden wird.

X. Angezeigt wurde, dass — die Genehmigung der Direktion vorausgesetzt — am Montag, den 7. Juli, eine Besichtigung des Neuen Königlichen botanischen Gartens in Dahlem seitens der Vereinsmitglieder und ihrer Damen stattfinden werde.

XI. Das Preisgericht, bestehend aus den Herren Kgl. Hofgartendirektor Gustav Fintelmann, Potsdam, und den Kgl. Garteninspektoren
Weber und Weidlich, hatte folgende Preise zuerkannt:

1. Herrn Gärtnereibesitzer Otto Weber, Friedrichsfelde, für
   hochstammige Fuchsien und Pelargonien eine grosse silberne
   Medaille.
2. Herrn H. Kohlmannslehner, Britz, für Haemanthus „König
   Albert von Sachsen" eine kleine silberne Medaille.

Carl Lackner.   L. Wittmack.

Kanarische Echium-Arten im Hamburgischen Botanischen Garten.

Von Dr. H. Hallier, Hamburg
(Hierzu 2 Abb.)

Wem je das Glück zuteil wurde, die kanarischen Inseln besuchen zu
können, der pflegt mit Entzücken und Begeisterung von der Üppigkeit und Mannigfaltigkeit ihrer Pflanzenwelt zu berichten. Vom warmen
mexikanischen Golfstrom bespült und begünstigt durch ein mildes, gleich-
mässiges Klima, tragen jene glücklichen Inseln in ihrer Flora schon einen
nahezu tropischen Charakter zur Schau, wie er sich vornehmlich in dem
Vorherrschen immergrüner Holzgewächse zeigt, dann aber auch in der
grossen Zahl stattlicher holziger Sträucher aus solchen Pflanzenfamilien, die bei uns nur durch bescheidene Kräuter und Stauden vertreten sind.

Unter den letzteren ist unser Natterkopf mit seinen langen, walzen-
förmigen blauen Blütenrispen immerhin noch ansehnlich genug, und doch
ist er ein Zwerg gegen jene riesenhaften strauchigen Formen, wie sie
nur das gleichmässig und doch nicht übermässig warme Klima der
Kanaren hervorbringen konnte. Eine Anzahl solcher kanarischer Echium-
Arten verdankt der Hamburgische Botanische Garten Herrn Professor
Dr. K. Kraepelin, dem Direktor unseres Naturhistorischen Museums,
welcher im Jahre 1894 die Kanaren bereiste und von dort eine grosse
Anzahl von Sämereien mitbrachte. Unsere beiden Abbildungen, welche
von Frau Professor Zacharias im Botanischen Garten aufgenommen
und mir von Herrn Professor Zacharias, dem Direktor der Botanischen
Staatsinstitute, zur Veröffentlichung überlassen wurden, führen uns die
beiden stattlichsten Arten vor, welche Ende April zu blühen begannen
und trotz der Ende Mai und Anfang Juni herrschenden grossen Hitze erst
in der zweiten Juniwoche das Ende ihrer Blütezeit erreicht haben.

Die kleinere Art ist ein Strauch mit mehreren sparrig verästelten,
blattlosen Stämmen, der eine Höhe von 1½ m und einen Querdurch-
messer von 1,30 m erreicht und alljährlich aus den zahlreichen endständigen, seidig grau behaarten Blattschöpfen seine zylindrischen Blütenrispen entwickelt. Die letzteren setzen sich aus zahlreichen einfachen
Wickeln zusammen, die unterseits mit zwei Reihen von Deckblättchen,

oberseits mit zwei Reihen von blassblauen oder hell rosafarbigen Bluten besetzt sind. Die Blumenkrone überragt die fünf schmalen grünen Kelch. zipfel nur wenig und erreicht eine Länge von 1 cm. Ihre helle Grund. farbe geht in Form von schmalen, nach oben blind endenden Streifen auch noch auf die beiden dunkler blauen oberen Kronlappen über. Dem. nach stimmt unsere Art, die nach Professor Kraepelin auf allen Inseln verbreitet ist, vollkommen überein mit einer von den Felsen Maderas stammenden Pflanze, welche in Edwards's Botanical Register I (1815) Taf. 44 als E. candicans L. f. abgebildet worden ist. Nach einem vor zwei Jahren von Bornmüller in 1100 m Höhe auf Teneriffa gesammelten Exemplar (no. 1006) sowie nach den Beschreibungen in Webb's Phyto. graphia canariensis und in Christ's Übersicht über die kanarischen Echium-Arten (Engler's Jahrbücher IX, 1888, S. 127) gehört indessen unsere Pflanze und also auch diejenige des Bot. Reg. zu E. virescens DC., das man früher mit E. candicans vereinigt hatte. Dahingegen weicht eine von Bornmüller ebenfalls auf Teneriffa gesammelte und als E. virescens DC. bestimmte Pflanze (no. 2661) von der unserigen ab durch breitere Blätter, unterseits stärker hervortretende Nerven, längere, mehr abstehende Behaarung und, wie bei Echium vulgare, einfarbig dunkelblaue Blumenkronen. Nach Christ's kurzer Beschreibung gehört diese Pflanze, die von Bornmüller auch in 1400 m Höhe am Pico Grande auf Madera gesammelt wurde (no. 1005), zu E. candicans L. f. Auch von dieser einfarbig dunkelblauen Art ist im Mai ein kleines, nur zweiästiges Exemplar im hiesigen botanischen Garten zur Blüte gelangt.

Die zweite in unseren Abbildungen zur Darstellung gelangte Art, Echium simplex DC., erreicht zur Blütezeit eine Höhe von 2,65 m und trägt auf kräftigem, unverzweigtem, blattlosem, bis 5 cm dickem, $1^{1}/_{2}$ m hohem Stamm eine Rosette lanzettlicher, graugrüner, beiderseits seidig behaarter Blätter, die an den jüngeren, noch nicht blühenden Exemplaren bis 35 cm lang und 10 cm breit werden. An mehrjährigen Pflanzen entwickelt sich schliesslich aus dieser Rosette ein dicht beblätterter Schaft, der mit einer mächtigen, szepterförmigen, bis 70 cm langen Rispe milchweisser Blüten endigt. Die Wickel, aus denen sich diese Rispe zusammensetzt, sind an unseren lebenden Pflanzen und in Webb's Abbildung (Hist. nat. îles canar. III, 2, sect. 3 Taf. 145) gegabelt; an unserem von Bornmüller in Orotava gesammelten Herbarexemplar (no. 999) hingegen sind die Seitenzweige der Rispe fiederig verzweigt und erst die Seitenzweige zweiter Ordnung gegabelt. Wie schon der agavenartige Wuchs der Pflanze vermuten lässt und wie es auch Webb bereits beschrieben hat, gehört E. simplex gleich den Agaven, Fourcroya-Arten, manchen Palmen (z. B. Corypha) und den als Asa foetida bekannten orientalischen Doldengewächsen zu jenen Riesen der Pflanzenwelt, welche zunächst eine Reihe von Jahren mit der Ausbildung ihrer vegetativen Organe verbringen, dann aber ihre ganze in dem massigen Vegetationskörper angehäufte Kraft mit der Hervorbringung eines mächtigen Blütenund Fruchtstandes vollständig erschöpfen und in der Erfüllung dieser letzten und grössten Pflicht, der Erzeugung einer möglichst zahlreichen Nachkommenschaft, ihr Leben beschliessen.

Wie ich oben bereits erwähnte, kommen bei der strauchartig verzweigten, als E. virescens DC. bestimmten Art sowohl blassblaue als
auch rosafarbige Blüten vor. Dies hat indessen nichts zu thun mit jener
vielen anderen Boragineen, wie z. B. Myosotis, Pulmonaria und Litho-
spermum purpureo - coeruleum eigenen Erscheinung, dass die jungen
Blüten rot sind und erst allmählich ihre definitive Blaufärbung erhalten.
Bei unserem Echium behalten die Blüten vielmehr ihre ursprüngliche

Abb. 88.   Im Vordergrunde ein Kübel mit zwei Sträuchern von Echium virescens DC.,   im
Hintergrunde zwei Kübel mit drei zwitterblütigen und einer noch nicht blühenden Pflanze
von Echium simplex DC.; die fünfte, weibliche Pflanze ist durch E. virescens verdeckt.

Farbe bei und die blauen und rosafarbigen Blüten finden sich auf zwei
verschiedenen Pflanzen, die sich nebeneinander in einem und demselben
Kübel befinden. Die Rinde der Zweige, die Form, Nervierung und Behaarung der Blätter und die dunkelblauen, von hellen Streifen durch-
zogenen oberen Kronlappen sind an beiden Pflanzen vollkommen gleich
und es kann kein Zweifel darüber bestehen, dass sie zu einer und derselben Art gehören. Ausser der verschiedenen Grundfarbe der Blüten
zeigen sie aber noch einige weitere Verschiedenheiten. Die rosablühende

Form (in Abb. 83 zur Rechten, mit zwei Blütenständen) ist nämlich viel
robuster, die Blätter grösser und infolgedessen die Blattschöpfe breiter,
die Blütenwickel länger, daher auch die Rispen dicker und kräftiger und
schliesslich auch die Blüten etwas grösser als bei der blaublühenden
Form (in der Abbildung links, mit zahlreichen Rispen). Besonders auffällig ist es aber, dass die Länge der Staubblätter eine ganz verschiedene
ist. Während sie nämlich bei der rosablütigen Form die Blumenkrone

Abb. 84. Echium simplex. (Der in Abb. 83 rechts befindliche
Kübel mit 3 Pflanzen.)

weit überragen und fast die Länge des Griffels erreichen, sind bei der
blauen Form die meisten Staubblätter und zwar zumal diejenigen der
unteren Blüten nur so lang wie die Blumenkrone. Diese verschiedene
Länge der Staubblätter brachte mich auf die Vermutung, dass hier vielleicht ein Fall von Heterostylie vorläge, doch liess sich in der Länge der
Griffel kein wesentlicher Unterschied feststellen.

Erst eine genauere Betrachtung der zweiten Art, des Echium simplex,
sollte mir Aufklärung geben über die Natur der bei Echium virescens

beobachteten Verschiedenheiten. Auch von E. simplex sind zweierlei Pflanzen vorhanden und zwar sind hier die Unterschiede in der Grösse der Blüten noch viel bedeutender und augenfälliger als bei E. virescens. Während nämlich die Blumenkrone an den drei höheren und kräftigeren Pflanzen, die sich auch durch grössere Blätter. grössere Deckblättchen und kräftigere, längere Wickel auszeichnen, 1 cm in Länge und Weite erreicht, ist sie an einer schwächlicheren und viel niedrigeren vierten Pflanze kaum halb so gross, 4—5 mm lang und weit. Auch hier ragen die Staubblätter der kleinblütigen Form kaum aus der Blumenkrone hervor, während sie bei der grossblütigen fast die Länge des Griffels erreichen. Ausserdem gewahrt man aber, dass bei der letzteren die Staubbeutel aufspringen und reichlich mit Blütenstaub beladen sind, bei ersterer aber nicht aufspringen, sondern ohne sich zu öffnen welken. Das gleiche ist nun auch bei E. virescens der Fall. Untersucht man die Staubbeutel der kurzen Staubblätter unter dem Mikroskop, so findet man zwar auch diese bei beiden Arten reichlich mit Blütenstaubkörnern erfüllt, doch gewahrt man auf den ersten Blick, dass die letzteren nicht normal entwickelt, sondern stark verschrumpft sind. Demnach kommen also bei beiden Arten neben grösseren, normalen Zwitterblüten mit langen, aufspringenden und fruchtbaren Staubblättern auch weibliche Blüten mit zwar der äusseren Form nach normalen. aber kürzeren, nicht aufspringenden, sterilen Staubblättern vor. Im Gipfel einer am 26. Mai eingelegten Rispe der blaublütigen weiblichen Pflanze von E. virescens finden sich nun neben kurzen, nicht aufgesprungenen, mit blauen Filamenten versehenen Staubblättern auch einige mit roten Staubfäden und reichlich normalen Blütenstaub ausstreuenden Antheren; und am Ende der Blütezeit, in der zweiten Woche des Juni, waren auch an der blaublütigen Pflanze, und zwar am Ende sämtlicher, auch der unteren Wickel, nur noch Zwitterblüten mit langen, fruchtbaren Staubblättern vorhanden, die, nebenbei bemerkt, nicht etwa die rote Grundfarbe der anderen Pflanze hatten, sondern in ihrer blauen Färbung mit den inzwischen abgeblühten weiblichen Blüten desselben Blütenstandes übereinstimmten. Während also Echium simplex streng gynodiöcisch ist und neben Pflanzen mit lauter normalen Zwitterblüten auch rein weibliche, vollständig auf Fremdbestäubung (oder auch auf Parthenogenese?) angewiesene Pflanzen vorkommen, ist bei Echium virescens auch an der vorwiegend weiblichen Pflanze, wenn keine Fremdbestäubung stattgefunden hat, die Möglichkeit der Selbstbestäubung noch dadurch gesichert, dass sich an der anfänglich rein weiblichen Blütenrispe schliesslich doch noch Zwitterblüten entwickeln; E. virescens ist also gynomonöcisch.

Dem Vorausgehenden muss ich nachträglich noch hinzufügen, dass ich am 20. Juni an den grossen, zwitterblütigen Pflanzen von E. simplex, nachdem dieselben schon seit geraumer Zeit ihr Blühen eingestellt hatten, zu meiner grössten Überraschung wieder Blüten vorfand, und zwar kleine, weibliche Blüten, die sich von denen der weiblichen Pflanze nur durch eine blaue Färbung der fünf Mittelnerven der Kronröhre unterscheiden, ebenfalls nur 5 mm in Länge und Breite messen und ebenfalls kurze Staubblätter mit verkümmerten Antheren besitzen.

Beim genaueren Zusehen bemerkte ich am Ende sämtlicher Wickel aller drei Blütenrispen, die inzwischen eine trüb dunkelgrüne Färbung angenommen hatten, Gruppen von freudig hellgrünen Blütenknospen, von denen einzelne bereits ihre weissen Kronen geöffnet hatten. Von den grossen Deckblättern und Kelchen der Zwitterblüten waren diese kleinen Deckblätter und Knospen durch eine Zone von Brakteolen mit verkümmerten Blütenknospen getrennt. Auch E. simplex ist also gynomonöcisch, gleich E. virescens, aber in umgekehrter Reihenfolge der Zwitter- und weiblichen Blüten. Bei ersterer mag also die Entwickelung eingeschlechtiger Blüten vielleicht die Folge einer Art Erschöpfung sein, während bei E. virescens umgekehrt die auch in ihren Vegetationsorganen schwächere weibliche Pflanze erst allmählich die Kraft und Fähigkeit zur Ausbildung normaler, vollkommener Blüten erlangt. Auch an der weiblichen Pflanze von E. simplex haben sich übrigens wieder junge Blütenknospen entwickelt und es ist nicht unmöglich, dass sich auch hier, wie an den zwitterblütigen Pflanzen derselben Art und an der weiblichen von E. virescens, noch die andere Blütenform, in diesem Falle also Zwitterblüten, entwickeln, wodurch dann den letzten weiblichen Blüten der ursprünglich zwitterblütigen Pflanzen immer noch die Möglichkeit der Befruchtung geboten werden würde. Dahingegen sind die Wickel der ursprünglich weiblichen Pflanze von E. virescens sämtlich vollständig ausgeblüht, während die beiden Rispen des zwitterblütigen Strauches leider vor dem völligen Bekanntwerden der oben beschriebenen Verschiedenheiten eingelegt wurden, sodass also von dieser Art wenigstens im laufenden Jahre keine weiteren Überraschungen mehr zu erwarten sind.

Wie die neueren blütenbiologischen Werke (z. B. E. Loew's Blütenbiologische Floristik, Stuttgart 1894. S. 282) und Kirchner's Flora von Stuttgart lehren, ist auch unser einheimischer Natterkopf gynomonöcisch oder gynodiöcisch, und zwar (nach Ludwig's Lehrbuch der Biologie der Pflanzen, 1895, und nach eigener Beobachtung im botanischen Garten) ebenfalls mit grösseren Zwitter- und kleineren weiblichen Blüten. In die systematischen Lehr- und Handbücher scheint die Kenntnis dieser Thatsache jedoch noch nicht eingedrungen zu sein; wenigstens findet sich in Engler und Prantl's Natürlichen Pflanzenfamilien IV, 3a S. 72 in der Familiencharakteristik der Boragineen noch die irrige Angabe: Blüten stets zwitterig.

Die Blüten- und Zweigdürre bei Cydonia japonica.

Von Dr. A. Osterwalder,
Assistent an der Versuchsstation Wädensweil (Schweiz).

In Wadensweil und wohl auch anderswo kann man gegenwärtig an den Ziersträuchern von Cydonia japonica dürre Blüten und welkende, verdorrende Zweige und Äste bis 50 cm Länge ohne jegliche Spuren irgend welcher mechanischen Verletzung beobachten. Wenn auch mit dieser Erscheinung, die stellenweise recht auffällig auftritt, nicht gerade grosser materieller Schaden verbunden ist, so wollen wir doch nicht unterlassen, über die Ursachen derselben in kurzen Worten aufzuklären. Die Krankheit, die an demselben Strauch in verschiedenen Entwickelungsstadien auftritt, wird verursacht durch den Polsterschimmel Monilia fructigena, einen der gemeinsten Fäulnispilze des Obstes, auf dem er die bekannten braungelben bis grauen polsterähnlichen Schimmelrasen erzeugt. Am häufigsten tritt die Blütendürre auf. Recht beachtenswert sind dabei jene Blütenbüschel mit abgestorbenen Blüten, neben denen sich noch völlig gesunde und erst kürzlich erkrankte sich entfalten. An den Griffeln, Staubblättern, hie und da auch an den Kronblättern und Blütenstielen, besonders aber am äussern Teil des becherförmigen Blütenbodens der dürren Blüten fallen kleine braungelbe stäubende Pusteln auf, jene Gebilde, die wir bereits oben schon erwähnt haben, und die nichts anderes sind als Häufchen von zitronenförmigen oder elliptischen Sporen. Neben diesen völlig verpilzten Blüten stehen nun oft solche mit nur teilweise bis gänzlich gebräuntem Blütenstiel und Blütenboden, wobei zu bemerken ist, dass die Bräunung von unten nach oben gegen die noch unverletzte Blütenhülle hin fortschreitet. Der Parasit dringt also hier zuerst in die Blütenstiele ein, um sich hierauf nach oben auszubreiten. Anders verhalten sich in dieser Hinsicht die zuerst erkrankten, jetzt dürren sporentragenden Blüten, wo die Infektion in den oberen Partien stattgefunden hat. Bei Kirschbäumen wenigstens, die mancherorts z. B. in Deutschland, unter denselben Erscheinungen durch denselben oder doch, wenn die neuesten Forschungen von Woronin Recht behalten, einen sehr nahe verwandten Pilz (Monilia cinerea) erkranken, soll die Infektion nach einigen Forschern (Aderhold, Woronin) nur durch die Narbe stattfinden. Webner dagegen neigt zu der glaubwürdigeren Ansicht, dass auch andere Blütenteile, sofern sie zart und nass sind und absterben, der Monilia den Eintritt gestatten. Ist der Pilz einmal eingedrungen und sind die Verhältnisse für sein Wachstum günstig, so breitet er sich nach dem Blütenstiel aus, infiziert auch diesen, um schliesslich an der Basis desselben in die benachbarten Blüten einzudringen. So erklärt sich die schon erwähnte nach oben fortschreitende Bräunung.

Auch in dem Tragzweig tritt Monilia vom Blütenbüschel aus über, um da nach oben und unten namentlich den mittleren und inneren Teil der Rinde und die Cambialzone zu durchwuchern. Infolgedessen verfärbt und bräunt sich die Rinde des Tragzweiges in der Nähe der dürren Blütenbüschel und sinkt ein. Diese erkrankten Rindenpartien sind bis einige Zentimeter lang, ein Beweis, wie schnell der Pilz seit einigen Wochen, d. h. seit der Infektion, gewachsen ist. An der Übergangsstelle von kranker und gesunder Rinde entstehen nicht selten Risse. Ist der Tragzweig auf seinem ganzen Umfange verpilzt, und sind die Leitungsbahnen für die nötigen Nährstoffe nach dem peripheren Teil desselben unterbrochen, so tritt Zweigdürre ein. An demselben Tragästchen stehen oft mehrere moniliakranke Blütenbüschel; da die Ansteckung der Blüten durch Moniliasporen nur eine zufällige ist, so kann es auch vorkommen, dass zwischen kranken Blütenbüscheln an demselben Zweig noch völlig gesunde ohne irgend ein Anzeichen einer Infektion sich befinden.

Wie bereits erwähnt, tritt Monilia fructigena häufig als Faulnispilz auf Kernobst auf, wie ja auch der sehr nahe verwandte Pilz Monilia cinerea, den verschiedene Forscher für identisch halten mit Monilia fructigena, Fäulnis der Kirschen hervorruft. In den 90 er Jahren, speziell 1897 und 1898 ist Monilia an Blüten und Zweigen von Kirschbäumen in verschiedenen Gegenden Deutschlands epidemisch aufgetreten und hat den Kirschenbau mancherorts geradezu in Frage gestellt. Hierzulande wird diese Erscheinung an Kirschbäumen nicht beobachtet oder zeigt sich jedenfalls nur selten. Dagegen ist in der Schweiz im Jahre 1900 die Blüten- und Zweigdürre, verursacht durch Monilia fructigena, von Prof. Müller-Thurgau, an zahlreichen Apfel- und Birnbäumen konstatiert worden. Die Krankheit tritt auch dieses Jahr wieder auf unter denselben Erscheinungen wie bei Cydonia japonica, nachdem sie uns letztes Jahr verschont hatte. Neben Kirschbäumen werden besonders noch die Aprikosenbäume von dem Parasiten heimgesucht. In einem Fall beobachteten Frank und Krüger die Krankheit auch an Prunus pendula, sowie an Prunus triloba amygdalopsis und an Mandelbäumchen. Als neues Glied schliesst sich dieser Reihe nun noch Cydonia japonica an.

Nach unseren Beobachtungen zu schliessen, tritt die Krankheit an den von uns untersuchten Sträuchern dieses Frühjahr zum ersten Mal auf und steht wohl im ursächlichen Zusammenhang mit der langen Regenperiode des Monats Mai, in welcher Zeit die meisten Blüten von Cydonia japonica geöffnet waren und unter der Unbill der Witterung sehr zu leiden hatten, sodass anzunehmen ist, dass die Moniliasporen, die im Wasser sehr leicht keimen, in die nassen, absterbenden, zarten Blütenorgane eindringen konnten. Man hat die Krankheit bei Kirschbäumen auch schon mit Frostschäden in Zusammenhang bringen und das Auftreten der Monilia als sekundäre Erscheinung auffassen wollen. Dass in unserem Fall Frost im Spiel sei, ist wohl kaum anzunehmen, da kurz vor oder während der Blütezeit von Cydonia japonica die Temperatur nur einmal (am 7. Mai) auf — 0,4 Grad C. sank (allerdings in unmittelbarer Nähe eines Wohnhauses und ziemlich weit vom Boden weg).

Am besten wird die Krankheit jetzt bekämpft werden durch Ausschneiden und Verbrennen der erkrankten Zweige, wobei zu beachten ist, dass der Schnitt einige Zentimeter hinter der erkrankten Stelle geführt werden muss. Als Vorbeugungsmittel ist zu empfehlen: Entfernen und Verbrennen von moniliakrankem Obst, das im Herbst an den Bäumen hängen bleibt.

Kosten der elektrischen Heizung.

$\mathcal{J}$n Nachstehendem gebe ich Ihnen die Kosten der elektrischen Heizung, und zwar berechnet auf den in Wirklichkeit erzielbaren Heizeffekt — nicht auf den theoretischen.

Ich stelle folgende Benennungen und Werte voran:
Heizwert von 1 kg Gaskoks theoretisch 6600 Wärmeeinheiten

$$\text{in praxi} \quad 4000 \qquad \_ \qquad \text{in min.}$$

1 cbm Leuchtgas 5000

Es ergiebt ferner:

$$\begin{aligned}
\text{1 Kilo-Calorie} \quad &= \quad 1\,000 \ \text{Wärmeeinheiten} \\
\text{1 Kilo-Wattstunde} &= \quad 1{,}36 \ \text{PS. (Pferdekräfte)} \\
\text{1 Pferdestärke} \quad &= \quad 75 \ \text{Meterkilogramm sekundlich} \\
\text{oder } 75 \cdot 3600 &= 270\,000 \qquad \text{„} \qquad \text{stündlich} \\
\text{1 Wärmeeinheit} \quad &= \quad 424
\end{aligned}$$

folglich

$$\text{1 Pferdekraft } \frac{270\,000}{424} = 637 \ \text{W.-E. theoretisch}$$

mithin

$$\text{bei } 75\% \ \text{Nutzeffekt} = 477 \ \text{W.-E. thatsächlich}$$
$$\text{oder rund} = 480 \ \text{Wärmeeinheiten}$$

daher

$$\text{1 Kilo-Wattstunde } 1{,}36 \cdot 480 = 652{,}8 \ \text{W.-E.}$$

Es kostet zur Zeit:

1 Kilogramm Gaskoks bei einem Preise von 1,10 Mk. für

$$\text{das Hektoliter} = 45 \ \text{kg} = \frac{110}{45} \ \ldots \ldots \ldots = 2{,}50 \ \text{Pf. rund}$$

1 Kubikmeter Leuchtgas . . . . = 10,00 „
1 Kilo-Wattstunde elektrische Energie . . . . . . = 16,00 „

Daher kostet 1 Kilo-Calorie bei Heizung mittels:

$$\text{Gaskoks} \quad \frac{2{,}50 \cdot 1000}{4000} = \ 0.625 \ \text{Pf.}$$

$$\text{Leuchtgas} \quad \frac{10 \cdot 1000}{5000} = \ 2{,}000 \ \ \text{„}$$

$$\text{Elektrizität} \ \frac{166 \cdot 1000}{652} = \ 24{,}600 \ \ \text{„}$$

Demnach ist Gasheizung ca. $3\frac{1}{3}$ mal teurer als Koksheizung, elektrische Heizung rund 40 mal teurer.

Berlin.   Otto Peschke, Ingenieur.

Bericht über die erste internationale Gartenbau-Ausstellung in Budapest.

(Hierzu 3 Abbildungen.)

Das im westlichen Europa noch viel zu wenig bekannte und von dort aus viel zu wenig besuchte und doch so einzig schöne Budapest hat seine erste internationale Gartenbau-Ausstellung durch seinen hohen Protektor Sr. kais. und kgl. Hoheit Erzherzog Josef am 3. Mai bei herrlichem Wetter eröffnet.

Die feierliche Eröffnung, welcher auch Erzherzog August mit hoher Gemahlin, Ministerpräsident Koloman von Széll, Ackerbau-Minister Dr von Darányi, Hofrat Ritter von Emich als Präsident des ungar. Landes-Gartenbau-Vereins, sehr viele Notabilitäten des In- und Auslandes anwohnten, trug ein feierliches Gepräge.

Als Platz der Ausstellung war der Industrie-Palast und die davor liegenden ausgedehnten Korso-Anlagen gewählt. Beides war für diesen Zweck wie dazu geschaffen, indem sie auch ohne Fülle der gärtnerischen Ausstellungs-Dekoration sehenswerte Objekte sind; nur schade, dass das schöne Eröffnungswetter nicht lange Stand gehalten hat und durch die Temperatur — für hiesige Verhältnisse ganz ungewohntermassen — eher dem März als dem Mai entsprach, was selbstverständlich die Besucherzahl, am empfindlichsten aber die Kasse schmälerte. Indessen die Ausstellung wurde um zwei Tage verlängert und dadurch auch für die Kasse das ersehnte „Plus" erzielt.

Der frequenteste Tag war der 6. Mai, als Seine Majestät der König Franz Josef I. die Ausstellung durch seinen Besuch beehrte.

Als Aussteller verdient F. Sander & Co. in Brügge in erster Linie erwähnt zu werden, der auch unter anderen Preisen den höchsten Preis, den Ehrenpreis Sr. Majestät, davontrug. Er hatte nicht weniger als 10 gepfropft volle Eisenbahnwaggons Prachtpflanzen auf den Platz gebracht. unter welchen die Rhododendron-Riesen, Dracaenen, Araucarien, Balantium, Phormium, Agaven, Dasylirium, Yucca, Elaeagnus Fortunei, eine Sammlung japanischer Miniatur-Coniferengreise etc. besonderer Erwähnung verdienen.

Als seltene Pflanzen resp. Neuheiten waren darunter: Yucca hybr. Franz Josef I., Yucca hybr. Széll Kálmán, Yucca hybr. Kossuthiana, Brahea Roezli (30jährige Riesenpflanze). Latania aurea u. s. w.

Glanzleistungen in blühenden Pflanzen brachten nur Budapest und Wien.

Das entzückendste Blumenfeld hatte Ilseman, Chef der Budapester hauptstädtischen Gärten mit seinen $2^{1}/_{2}$ m im Durchmesser haltenden Azaleen, Acacien, Rhododendron, Araucarien, Palmen, Anthurien etc. geschaffen. [Siehe Abb. 85] (Ausser Konkurrenz.)

Die kais. und kgl. Hofgärten Wien, Budapest und Gödöllö hatten einen Teil ihrer berühmten und bekannten Orchideen und blühender Ericaceen. Amaryllis, Chorizema, Howea sowie viele Dekorationspflanzen gebracht (Ausser Konkurrenz.)

Auch die grossherzoglichen Gärten Sr. kgl. Hoheit Erzherzog Josef (Budapester Margaretheninsel und Alcsuth, Obergärtner Magyar und Obergärtner Hatos) hatten mit blühenden Amaryllis, Haemanthus, Gloxinien, Begonien, Rhododendron, Anthurien, ferner mit prächtigen Caladien, hohen seltenen Palmen u. s. w. daneben Platz genommen. (Ausser Konkurrenz.)

Die fürstl Esterhazy'sche Gärtnerei in Tata (Obergärtner Nagy) erhielt für schöne Farne und getriebene Gehölze sowie für fruchtbehangene grosse Kübelorangen einen Ehrenpreis und eine goldene Medaille.

Abb. 85. Azaleen aus der Gärtnerei der Residenzstadt Budapest (Stadtgartendirektor Ilsemann) auf der Internat. Gartenbau-Ausstellung in Budapest.

In würdiger Weise hatte sich die Budapester kgl. Gartenbau-Lehranstalt (Obergärtner Räde) beteiligt, indem sie auf ihrem geschmackvoll angelegten Parterre die schönsten blühenden Topfrosen, Bürgersche engl. und Zonale-Pelargonien, blühende Lilien und Freesien, hochstämmige getriebene Flieder und schöne Caladien etc. sowie die reichhaltigste Sammlung frischen Obstes, als: Weintrauben, Pfirsich, Erdbeeren, Himbeeren, Äpfel, sowie Tomaten, Gurken, Melonen und allerhand Frühgemüse zeigte. (Ausser Konkurrenz.)

Eine der grössten und imposantesten Ausstellungen war die des kgl. Hoflieferanten Edmund Mauthner, Budapest. Er brachte in tadelloser Ware: 800 Cinerarien mit Blütendolden von 40 cm Durchmesser. 400 Calceolarien in vollendeter Blütenpracht, mehrere Gruppen blühender

Remontant-Nelken, eine grosse Gruppe blühender Crimson-Rambler, viele tausende blühende Tulpen, viele Gruppen blühende Zonale Pelargonien, mehrere Gruppen Viola maxima tricolor, einen ganzen Wald von Lorbeerbäumen aller Formen. (Ausser Konkurrenz.)

Auch Ernst Seyderhelm, Budapest, hatte sich mit seinen Cycaskolossen eingefunden, die ja schon in Paris auf der Weltausstellung 1900 die höchste Auszeichnung errungen hatten. (Ausser Konkurrenz.) Abb. 86.

Die Graf Harrach'sche Gärtnerei (Garten-Direktor Sandhoffer),

Abb. 86. Gruppen von E. Seyderhelm auf der Internat. Gartenbau-Ausstellung in Budapest.
Coniferen, Rhododendron, Azaleen, Succulenten etc Im Hintergrunde einige Gewächshäuser.

Prugg, zeigte eine Gruppe wertvoller Proteaceen, sowie eine in voller Blüte stehende grosse hängende Azalee.

Arpád Mühle, Temesvár, hatte schöne engl. Pelargonien, Rosen und bunte Funkien zur Schau gebracht.

Der Pelargonist Hofrat G. von Emich, Budapest, erzielte mit seinen Samen-Pelargonien allgemeinen Beifall.

H. Kohlmannslehner, Britz-Berlin, der mit einem Ehrenpreis gekrönt wurde, war mit seinen schönen Phyllocactus-Hybriden hier und zeigte auch 5 Riesenblumen seiner Calla grandiflora.

Mit Handelspflanzen war auch die Firma Clercq-Van Ghyseghem, Ledeberg-Gand stark vertreten; dieselbe brachte in grosser Anzahl

Kentien, Araucarien. Laurus, Phormium, Dracaenen, Rhododendron, Evonymus, Bromeliacen sowie div. Kalthauspflanzen; alles in Muster-Kultur.

Duval & Söhne - Versailles blühenden Vriesea- und Anthurium-Sämlinge, sowie Heynek's blühenden Frühjahrs-Chrysanthemum aus Magdeburg waren leider sehr verspätet angelangt. Beide Gruppen verrieten viel Kulturpflege nnd gelangten somit zur Nachprämiierung. (Beide erhielten je eine silberne Staatsmedaille.)

Baumschulen-Artikel waren in fast durchwegs schöner Ware in stattlicher Menge vorhanden.

Ehrenpreise und goldene Medaillen errangen: Armin Petz, Budapest, für Bäume, Gehölze und Coniferen, Wilhelm Guder, Carlowitz-Breslau, für Coniferen, W. F. Niemetz. Temesvár, für Coniferen (siehe Abb. 87), Frets & Söhne, Boskoop, für Coniferen und Freiland-Azaleen, Gillemot, Budapest, für hochstämmige Rosen, Gaucher, Stuttgart, für den schönsten Formobstgarten, Ranft & Söhne, Basel, für schönste Formbäume. Alle staatlichen Baumschulen waren ausser Konkurrenz.

Krelage's Darwintulpen (Haarlem) waren sehr schön, sie erhielten eine goldene Medaille.

Die höchsten Auszeichnungen für getriebenes Gemüse, überwintertes Obst etc. erhielten: Johann Nonn, Budapest, für getriebenes Gemüse, Fürstl. Esterházy'sche Gärtnerei (Oberg. Nagy) für Erdbeeren und Gemüse, Istvàntelker Gartenbau-Schule (Oberg. Köhler) für Obst und Gemüse, Graf Zichy'sche Gärtnerei. Vedröd (Oberg. Richon) für 38 Sorten Winteräpfel, Samuel Szaló, Klausenburg, für 36 Sorten Winteräpfel und Birnen, Fr. Hausknecht, Budapest, für getriebenes und überwintertes Gemüse, Fr. Macsek. Budapest, für getriebenes und überwintertes Gemüse, A. Kardos, Budapest, für eingekochtes Obst. Edmund Mauthner, Budapest, hatte seine 400 Sorten Kartoffeln und sein reiches Sortiment von getriebenem und überwintertem Gemüse ausser Konkurrenz ausgestellt.

Die schwächste Seite der sonst so gelungenen Ausstellung zeigte die Gruppe Binderei, in welcher nur die Firma J. Szellnár, Budapest, Nennenswertes leistete und dafür unter anderen auch einen Ehrenpreis erzielte. — Früher angemeldete Firmen hatten am letzten Tage abgesagt.

Erwähnenswert sind noch an dieser Stelle G. Bernolák's, Saroksár, prachtvolle langstielige (60—70 cm) Rosen, welche Oberg. Gärtner gezogen hatte. Es waren die Sorten: La France, Karoline Testout, Ulrich Brunner, Alfred Colomb, General Jaqueminot, John Laing.

Mit schön entworfenen Gartenplänen, welche höher prämiiert wurden, sind zu nennen: Johann Hein, Budapest. Arpád Mühle, Temesvár, Armin Petz, Budapest. — Karl Räde, Budapest, hatte ein Tableau von 25 Photographien seiner Entwürfe ausser Konkurrenz ausgestellt.

Als technische Leistungen sollen an dieser Stelle nur die Gewächs-häuser erwähnt sein, zumal den auf allen Gartenbau-Ausstellungen üblichen Maschinen, Werkzeugen u. s. w. im Leserkreise der Gärtner, hauptsächlich aber in diesem Falle doch nur oberflächliche Beachtung geschenkt wird. Die Gewächshaus-Firma Schott, Breslau, hatte das praktischste Sattelhaus mit Glasstehwänden, praktischer Lüftung und Heizeinrichtung (Viktoriakessel) gebracht und erhielt hierfür den höchsten Preis. Firma Schlick, Budapest, Firma Knuth, Budapest, sowie Unzeitig, Wien, hatten ebenfalls je ein Haus mit Heizeinrichtung erbaut.

Wohl alle waren brauchbar für den viel Geld habenden Gartenliebhaber, jedoch ein praktisches, billiges Kulturhaus, wie es der mit Geld sehr genau rechnende Gärtner brauchen möchte, fehlte in Budapest ebenso, wie auf den meisten Gartenbau-Ausstellungen.

Abb. 87. Gruppe des Baumschulbesitzers Niemetz in Temesvár auf der Internat. Gartenbau-Ausstellung in Budapest.

Vorwiegend Coniferen: Chamaecyparis Lawsoniana, Picea pungens argentea, Thuja diversifolia, Picea alba etc.

Alle 4 Häuser sind im Hintergrund auf Abb. 86 ersichtlich.

Im vorhergehenden wäre somit der Hauptaussteller und Höchstprämiierten Erwähnung gethan, wobei zu bemerken ist, dass dieser Bericht, um nicht zu weitläufig zu werden, unmöglich alle Aussteller aufzählen kann. Hiermit sei im Vornhinein etwaigen diesbezüglichen Beschwerden begegnet.

Von Interesse für den Fachmann dürfte aber das verlaufene Programm sein.

Schon am Vorabend des Eröffnungstages hatten sich zahlreiche in- und ausländische Herren zum gemütlichen Zusammensein in Drexlers Restaurant, Andrassy-Strasse, eingefunden.

Um 2 Uhr des Eröffnungstages fand zu Ehren aller anwesenden Gäste und Aussteller im Hotel „Erzherzog Stefan" ein Festessen statt, welches höchst animiert verlief, zumal zahlreiche Toaste in ungarischer, deutscher und französischer Sprache vorgebracht wurden.

. Nach diesem besuchten viele der Herren den hiesigen botanischen Garten, bei welcher Gelegenheit Garten-Inspektor Jos. Fekete in liebenswürdigster Weise als Cicerone diente.

Der Nachmittag des zweiten Tages war dem Besuch der Margarethen-Insel gewidmet, leider war das Wetter nicht günstig genug, um diese Budapester Perle eingehender besichtigen zu können. Die Besucher fanden aber Ersatz bei einer lukullischen Jause (Abendessen?), welche Erzherzog Josef seinen Gästen gab.

Erhaben gestaltete sich das opulente Fest-Diner, welches die Hauptstadt Budapest ihren von nah und fern hergeeilten Gästen im Hotel Hungaria gab. Oberbürgermeister Markus bedrüsste mit markanter Rede in ungarischer Sprache die Gäste, worauf Bürgermeister Matuska französisch sprach, Ackerbau-Minister von Darányi sprach ungarisch und französisch. Kommerzienrat Benary, Erfurt. toastierte deutsch, Hofrat Ritter von Emich ungarisch, Leroy, Angers, französisch, Gaucher, Stuttgart, deutsch u. s. w. In animierter Stimmung verliess die Gesellschaft das Diner und begab sich per Wagen zum Besuch der kgl. ungarischen Gartenbau-Lehranstalt, nach deren Besichtigung sich die Stimmung der internationalen Gesellschaft beim Glase echten ungarischen Weines immer heiterer gestaltete.

Karl Räde,
Staats-Obergärtner der kgl. Gartenbau-Lehranstalt Budapest

Kleinere Mitteilungen.

Berichtigung.

In Gartenflora Nr. 13 S. 364, Spalte 1, Mitte, muss es heissen: Dreisse & Papenberg kauften eingewachsene Syringa rothomagensis von Herrn Lackner, nicht Charles X. Letzteren gab es damals noch gar nicht.

Zur Kultur der Richardia.

Es ist sonderbar, wie lange es dauert, bis die meisten Gärtner von althergebrachter Kulturmethode abweichen und besseres oder neues versuchen. Richardien finden sich in Südafrika in Gegenden, wo Gladiolen und Kniphofia wachsen; also warum nicht die gleiche Kultur versuchen! Seit 6 Jahren kulti-

viere ich mit bestem Erfolg diese Pflanzen im Freien, ganz wie die Gladiolen, und erziele dabei weit schönere und grössere Blumen als unter Glas, auch ist die Farbe viel intensiver. Man muss Ende Oktober oder sobald Fröste erscheinen, die Knollen mit etwas anhängender Erde aufnehmen und an sonnige Stel'e ins Kalthaus zum allmählichen Abwelken verbringen; Mitte November wird die Erde abgeschüttelt und die Wurzeln zum Eintrocknen blossgelegt; zu Anfang Dezember reinigt man die Knollen und legt sie schichtweise in trockenes Spagnum, um sie im März wieder ins Freie zu bringen.

Vor zwei Jahren wurde eine kleine

Wurzel von R. Adlami aufzunehmen vergessen; der Platz wurde nicht benützt, und so blieb diese Wurzel auch über Winter draussen, und heute, am 2. Juli, steht sie fröhlich in Blüte.
Baden-Baden.   Max Leichtlin.

Heuschreckenvertilgung in Portugal.

Die in den letzten Jahren wiederholt durch Heuschreckenschwärme verursachten Verwüstungen sind, wie das Kaiserlich deutsche Generalkonsulat für Portugal mitteilt, die Veranlassung gewesen, dass unter dem 20. Februar d. J. in Portugal ein Königliches Dekret erlassen ist, laut welchem im Falle einer Heuschrecken-Invasion die ganze Bevölkerung des ergriffenen Bezirks vom 18. bis zum 50. Lebensjahre aufgeboten werden kann, um sich an ihrer Vernichtung zu beteiligen. In Algarve und im südlichen Montejo soll diese „allgemeine Dienstpflicht" schon seit unvordenklichen Zeiten bes ehen.

Ankauf von Gasolin zur Heuschrecken-Vertilgung in Spanien.

Durch Gesetz vom 21. März d. J. sind in Spanien, wie das Kaiserliche Konsulat in Madrid mitteilt, 650000 Pesetas für den Ankauf von Gasolin und anderen zur Vertilgung von Heuschrecken angewandten Mitteln bewilligt worden, und darf dieses Gasolin ohne die sonst üblichen Förmlichkeiten des Verdingungsverfahrens erworben werden.

Litteratur.

Der wissenschaftliche Lehrer am Kgl. pomologischen Institut zu Proskau, Dr. Ewers, hat auf geologischer Grundlage das Gedeihen der Süsskirsche auf einigen in Oberschlesien häufigen Bodenarten bearbeitet. Diese Abhandlung ist in cen Landwirtschaftlichen Jahrbüchern pro 1902, Verlag von Paul Parey, Berlin, Hedemannstr. 10, erschienen. Der Autor hat die Ergebnisse seiner Forschungen in klarer und übersichtlicher Weise wiedergegeben, sodass dieselben zum Studium bestens empfohlen werden können.

Regierungsrat Dr. L. Hiltner. Die Keimungsverhältnisse der Leguminosensamen und ihre Beeinflussung durch Organismenwirkung. Mit 4 Abbildungen im Text. Heft 1, dritter Band, Jahrgang 1902 der Arbeiten aus der Biologis hen Abteilung für Land- und Forstwirts haft am Kaiserlichen Gesundheitsamte. Paul Parey, Berlin.
Eine höchst wichtige Arbeit, die da ze gt, dass oft nicht der Same selbst schuld ist, wenn Leguminosen nicht aufgehen, sondern dass sie oft nicht den im Boden vorhandenen schädlichen Organismen widerstehen können. Man müsste eigentlich die Prüfung stets in Erde von jenem Boden vornehmen, auf dem die Aussaat erfolgen soll, denn jeder Boden verhält sich anders. Das ist natürlich für gewöhnlich nicht ausführbar, uur in Streitfällen.   L. W.

Dr. Erich Tschermak, Privatdozent an der k. k. Hochschule für Bodenkultur in Wien. Ueber die gesetzmässige Gestaltung der Mischlinge, fortgesetzte Studie an Erbsen und Bohnen. 81 Seiten 8° mit einer Tafel in Buntdruck S.-A. aus Zeitschrift f. Landw. Versuchswesen in Oesterreich 1902.
Der Verfasser bespricht in übersichtlicher und klarer Weise das Versuchsmaterial, die Korrelation zwischen vegetativen und sex alen Merkmalen an Pisum arvense-Mischlingen, das Verhalten der Blütezeit, die Beobachtungen an den Phaseolus Bastarden und anderes mehr.
Diese Forschungen sind für Züchter sehr wichtig und ihnen zum Studium sehr zu empfehlen.

Ausstellungen und Kongresse.

Berlin. Am 4. und 5. August findet in Berlin die Hauptversammlung_ des Verbandes der Handelsgärtner Deutschlands statt.

Hannover. Der Allgem. Deutsche Gärtner-Verein veranstaltet im Anschluss an seine VI. Generalversammlung am Sonntag, den 10. August d. Js. in Hannover um 3 Uhr den IV. Allgem. Deutschen Gärtnertag.

Programm zur Jahresversammlung der Deutschen Dendrologischen Gesellschaft in Hannover am 10., 11. und 12. August 1902.

Anmeldungen zur Teilnahme sind bis spätestens 3. August an Herrn Stadtgartendirektor Trip in Hannover, Heidestrasse 3a, zu richten, der zu allen Auskünften, auch eventuell betreffend Unterkunft, gern bereit ist. — Wohnung. Empfohlen wird das Hotel zu den „Vier Jahreszeiten", in welchem auch alle Sitzungen und Mahlzeiten stattfinden; elegantes, komfortables Haus, Zimmer von 2,50 M. an. Herr Trip ist auch eventuell bereit, andere Hotels nachzuweisen. — Anzug zu allen Ausflügen, Sitzungen und Mahlzeiten stets Reiseanzug.

Tageseinteilung.
Vorabend, Sonnabend, 9. August. Von 7,30 Uhr abends ab: gegenseitige Begrüssung und gemütliches Zusammensein in dem für die Gesellschaft reservierten Saale des Hotels zu den „Vier Jahreszeiten". — Sonntag, 10. August. 9—1 Uhr: Beginn der Verhandlungen und Vorträge, 2 Uhr: Mittagessen ebendaselbst (2,50 M., kein Weinzwang), 4 Uhr: Besichtigung des Georgen-Gartens (Führung Herr Hofgärtner Maillard), eines Teiles des Herrenhauser Grossen-Gartens (Führung Herr Hofgärtner Winkelmann) und des Berg-Gartens (Führung Herr Hofgärtner Pick). Gemeinsames Abendessen nach Belieben im Hotel zu den „Vier Jahreszeiten". — Montag, 11. August: 9 bis 11,30 Uhr: Fortsetzung der Vorträge, 12 Uhr: Mittagessen wie am Tage vorher, 1,35 Uhr: Bahnfahrt ab Hannover, 3,01 Uhr: an Hameln (Gang durch die Stadt), 3,30 Uhr: ab Hameln, Weserbrücke, mit Motorboot (hin und zurück 50 Pf.), 4 Uhr: an Ohr, wo die um-

fangreichen und dendrologisch hochinteressanten Anlagen des Baron von Hake in Ohr besucht werden. Imbiss nach Belieben im Restaurant Loges auf dem Ohr-Berge. Rückfahrt in gleicher Weise. 8,30 Uhr: ab Ohrberg mit Motorboot, 9 Uhr: an Emmerthal, ab 9,21 Uhr (Bahnfahrt), 11,6 Uhr: an Hannover. — Dienstag, 12. August. 9 Uhr: Fortsetzung der Vorträge, 11,30 Uhr: Gabelfrühstück im Hotel (1,50 M.), 12,50 Uhr: Bahnfahrt ab Hannover, 1,45 Uhr: an Bückeburg, 2—3,30 Uhr: Besichtigung des fürstlichen Hofgartens (Führung Herr Hofgärtner Vollmer) und des Gartens des Herrn Lüding (Koniferen), 3,30 Uhr: Fabrt in Gesellschaftswagen (1 M.) durch den Wald über Bad Eilsen, wo 4—5 Uhr Mittagessen im Kurhause (1,50 M., ohne Weinzwang) und Besuch des Kurparkes, — nach 5,30 Uhr: Schloss Ahrensburg, wo die forstlichen Anpflanzungen fremder Koniferen besichtigt werden (Führung Herr Verwalter Paul). Hierauf 18 Minuten Fussweg nach 6,45 Uhr: Bahnhof Steinbergen (Kleinbahn, umsteigen in Stadthagen), 8,42 Uhr: Ankunft in Hannover.

Vorträge. (Bis jetzt angemeldet.)
Herr Hofgärtner Pick (Hannover): Ueber die ausländischen Gehölze in den Herrenhauser Anlagen. Herr Rudolph Seidel (Grüngräbchen): Ueber winterharte Rhododendron. Herr Gartenmeister Zabel (Gotha): Ueber winterharte Azaleen. Herr von Saint-Paul-Illaire (Fischbach im Riesengebirge): Waldverschönerung mit besonderer Berücksichtigung von Rhododendron und Azaleen. Herr Garteninspektor Wocke (Oliva): Dendrologisches aus Westpreussen. Herr Graf von Schwerin (Wendisch-Wilmersdorf): Das Absterben der Pyramidenpappeln. Herr Gartendirektor Schoch (Magdeburg): Ueber amerikanische Eschen in Deutschland. Herr Garteninspektor Beissner (Poppelsdorf): Neues über Koniferen. Derselbe: Kleine dendrologische Mitteilungen. Herr Garteninspektor Purpus (Darmstadt): Dendrologische Mitteilungen. — Anmeldungen weiterer Vorträge, sofern sie die Dauer von 10 Minuten überschreiten, werden bei

dem unter.eichneten Vorsitzenden bis spätestens zum 1. August erbeten, um ihnen einen angemessenen Platz in der Tagesordnung zu sichern.

Verlosung.

Unter die anwesenden Mitglieder werden 20 Stück 3—4jährige Abies arizonica Merriam verlost werden. Wert einer Pflanze 10 M

Der Vorsitzende.

von Saint-Paul-Illaire.

Antwerpen. Vom 8.—10. November findet im Festpalast der Kgl zoologischen Gesellschaft zu Antwerpen die 175. Ausstellung der Kgl. Gesellschaft für Garten- und Ackerbau statt. Zur Ausstellung gelangen Chrysanthemum, verschiedene Pflanzen und technische Pflanzen.

Anmeldungen an den Sekretär der Gesellschaft Stanislas Cardon de Lichlbuer in Anvers, Longue rue de l'Hospital 9.

Aus den Vereinen.

Sitzung des Liebhaber-Ausschusses am 10. März 1902.

I. Ausgestellte Gegenstände. Fräulein Blohm stellte ein Arum palaestinum (A. sanctum) aus, das sie ausser anderen Knollen von Otto Ziegler in Leipzig bezogen, und bemerkte, dass Herr Ziegler sie sehr gut bedient habe. Die Arumknolle wurde im Oktober-November in einen Topf gelegt, trieb zu Weihnachten aus und brachte Anfang März eine Blütenknospe, die sich seit dem 7. März in voller Schönheit entfaltete.

II. Winterschutz für Rhododendren.

Fräulein Blohm teilt mit, dass auf dem alten Luisen-Friedhof in der Bergmannstrasse die Rhododendren garnicht gedeckt werden. Herr Dieckmann erklärt, dass es genügt, wenn man die Zweige zusammenzieht und eine Sackleinewand darüber hängt. Der Fuss muss allerdings mit Laub gedeckt werden. Die am meisten geschützten leiden am meisten. Einige seiner Rhododendren haben gar keinen Schutz erhalten und sind unbeschädigt geblieben. Herr Braune: Es ist zwar richtig, dass eine Anzahl Rhododendren hart ist, aber viele, viele andere nicht. Herr Braune schützt die Rhododendren durch ein leichtes Gerüst, welches er mit Leinewand deckt. Damit es nicht so hässlich aussieht, legt er Wachholderreis darüber. Die Sorte „Ludwig Leopold Liebig" hat in jedem Jahr gelitten. — Selbst Seidel sagt, es sei gut, die Rhododendren im Winter gegen die Sonne zu schützen. Namentlich wenn im Februar und März die Sonne stark scheint und nachts Kälte eintritt, sind die Rhododendren recht gefährdet.

Herr Cordel fragt, ob es äussere Kennzeichen giebt, um die Winterfestigkeit zu erkennen. Herr Braune verneint dies, weist ferner auf den Seidelschen Rhododendron-Wald bei Striessen hin, wo die Rhododendren unter Kiefern stehen.

Hr. Dr. Baron v. Landau: Im Himalaya stehen die Rhododendren in 10000 bis 12000 Fuss Höhe und erfrieren nicht. Diese Himalaya-Rhododendren sind bei uns nur im Kalthause zu ziehen.

Herr Cordel: Die pontischen Azaleen sind gegen Trockenheit sehr empfindlich, am besten ist es, sie mit etwas Moorerde zu umgeben. — Herr Braune: Rhododendren müssen erst etwas mehr Wurzeln machen, ehe sie blühen können. — Herr Cordel: Herr Garteninspektor Weidlich sagte mir, er hebe die Rhododendren jedes Jahr etwas an, und erziele dadurch reiches Blühen. — Herr Braune: Das kann nur dann nützlich sein, wenn der erste Trieb entwickelt ist. Die Holländer sollen sie dann verpflanzen. Es müssen überhaupt zu der Zeit die Rhododendren trocken gehalten werden.

III. Winterschutz der Stauden.

Herr Prof. Dr. Rodenwaldt bemerkt, dass ein Gärtner sich ein grosses Verdienst erwerben würde, wenn er ein Verzeichnis von solchen Stauden aufstellen würde, welche winterhart sind. — Herr Braune hält zum Decken der Stauden Laub für besser als Pferdemist; höchstens langer, vom Regen ausgespülter Mist ist geeignet. Tritoma (Kniphofia) nimmt man besser heraus und überwintert sie trocken in einem Topf; zu Anfang des Frühjahrs kann man etwas giessen. Lilium auratum haben zehn Jahre ausgehalten, 1900/01 sind sie trotz einer dünnen Laubdecke erfroren. Möglicherweise hatte sie gelitten, weil später der geschmolzene Schnee an der Stelle wieder gefror.

Herr Prof. Dr. Rodenwaldt: Manche Stauden, wie Lunaria rediviva, kann man nicht gut decken. — Herr Geh.-R. Schmidt: Im Bellevuegarten sind die Lunaria verschwunden.

Herr Braune: Es empfiehlt sich, immer erst einige Stöcke um die Stauden zu thun und dann erst Laub, damit sie nicht ersticken. — Die Monatsrose Fellemberg hält fast ohne Decke, selbst ohne Reisigdecke aus.

Herr Rodenwaldt empfiehlt, da jetzt die Stauden mehr kultiviert werden, doch mehr Material über die Winterfestigkeit und die Art des Winterschutzes zu sammeln.

Phlox divaricata braucht nicht gedeckt zu werden.

IV. Welches sind die besten blühenden Pflanzen für ein warmes Zimmer?

Fräulein Blohm empfiehlt Haemanthus albiflos und Crinum giganteum. — Wittmack: Imantophyllum miniatum und Anthurium Scherzerianum. — Herr Geh.-R. Schmidt: Hippeastrum robustum, welches im August, September blüht und garnicht einzieht.

Fräulein Blohm bemerkt, dass Anthurium Scherzerianum viel Sonne wolle, bei ihr sei es an der Nordseite zurückgegangen. — Herr Cordel hat ein weisses Anthurium Scherzerianum den ganzen Sommer im Freien gehalten. — Hoya carnosa, die Wachsblume, ist auch zu empfehlen. Epiphyllum truncatum desgleichen. Je wärmer ein Zimmer, desto kürzer die Blütezeit. Vallota purpurea ist im August wunderschön, besonders an der Ostsee in den Fischerdörfern, weil die Häuser da keine Doppelfenster haben.

Herr Cordel: Menschen und Pflanzen machen ganz verschiedene Ansprüche an den Raum. Der Mensch will eine relativ trockene Luft, die Pflanze eine feuchtere. Dazu kommen bei uns auch noch die dunklen Vorhänge.

Am besten sind für ein Zimmer immer Palmen.

Herr Braune: Sparmannia africana ist für ein warmes Zimmer nicht so

sehr zu empfehlen, weil sie zu lange Triebe macht.

Das 80. Stiftungsfest des Vereins zur Beförderung des Gartenbaues.

Am Mittwoch, den 25. Juni, feierte der Verein sein 80. Stiftungsfest mit Damen durch eine Dampferfahrt auf der Havel von Tegel aus. — Zunächst ging es, an Scharffenberg vorüber, der Insel, die unserem Ehrenmitgliede Herrn Dr. Bolle gehört, nach Tegelort, wo Kaffee getrunken wurde; dann ward die Fahrt nach Heiligensee fortgesetzt und abends ein Festessen im Restaurant Eubest in Tegel veranstaltet. Den Toast auf Se. Maj. den Kaiser brachte Herr Kgl. Gartenbaudirektor Lackner aus, den auf den Verein und seinen Vorstand Herr Gude; Herr Brodersen sprach auf die Damen, Herr Hoffmann auf die Gäste, L. Wittmack auf die Festordner: Herrn Loock und Herrn Meermann.

Besichtigung des Botanischen Gartens.

Am Montag, den 7. Juli, besichtigten zahlreiche Mitglieder des Vereins zur Beförderung des Gartenbaues mit ihren Damen den neuen Kgl. botanischen Garten in Dahlem. Herr Kgl. Baurat Körner war selbst erschienen, um die Baulichkeiten, besonders die Gewächshausanlagen zu erläutern. Die pflanzengeographischen Gruppen usw. wurden in Abteilungen besichtigt.

Alle waren hoch erfreut über die schönen Anlagen, die zweckmässigen Häuser, die herrliche Lage des Gartens.

Herr Baurat Körner erläuterte zunächst die ganze Anordnung des Gartens (siehe den Plan Gartenflora 1898 S. 44 und die Vorträge der Herren Engler, Körner und Perring ebendaselbst). Das Hauptprinzip ist, dass der auf der Ostseite belegene Wirtschaftsbetrieb streng von dem eigentlichen Garten getrennt ist. Die Gewächshäuser stehen auf Terrassen, die Heizung liegt viel tiefer, sodass das warme aus den Häusern zurückfliessende Heizwasser durch natürlichen Fall mit noch 60 Grad C. Wärme in den Kessel gelangt.

Von den im Plan vorgesehenen Häusern sind eine ganze Anzahl von Kulturhäusern bereits fast fertig, alle in Eisen, mit Holzsprossen und einfachem Glas. Ganz besonders ragt das grosse Winterhaus hervor, welches 40 m lang, 20 m und 14 m im First hoch ist und einen sehr eleganten Eindruck macht. Hinzugekommen ist noch ein Haus für Kolonialpflanzen neben dem Kolonialgarten, dasselbe soll s. Z. auch dem Publikum geöffnet werden.

Ueber die technischen Anlagen wird noch ein besonderer Bericht erscheinen.

Hierauf wurde in drei Abteilungen, jede unter einem besonderen Führer, die Wanderung durch den herrlichen Garten angetreten und namentlich den in schönster Pracht stehenden Gebirgspflanzen der verschiedenen Gebirge von den Pyrenäen bis zum Himalaya eine rege Aufmerksamkeit geschenkt. Alle Welt war erstaunt, wie gut die Pflanzen in der kurzen Zeit angewachsen waren. Nicht minder erfreut war man über das in schönster Blütenfülle stehende Rosarium, und erstaunt war man geradezu über die Fülle von Spiraea, Deutzia und Philadelphius-Arten, die meist aus den vom Kgl. Gartenmeister Zabel stammenden Sammlungen in Hannöversch-Münden herrühren, welche der Bot. Garten übernommen hat.

Wir verweisen im Uebrigen auf unsere Beschreibungen Gartenflora 1900 S. 545 und Gartenflora 1901 S. 331. Auch machen wir auf Englers Schrift: Die Pflanzenformationen und die pflanzengeographische Gliederung der Alpenkette, erläutert an der Alpenanlage des neuen Kgl. Bot. Gartens zu Dahlem-Steglitz (Gartenflora 1901 S. 220) und auf seine neuere Publikation über die nordamerikanische Flora aufmerksam.

———

Der Jahresbericht über die Verhandlungen des Stettiner Gartenbau-Vereins im Jahre 1901 erwähnt in erster Linie das Hinscheiden seines bisherigen langjährigen Vorsitzenden, des Herrn Ernst Koch. In den Monatsversammlungen wurden mehrere Vorträge gehalten, die allgemeines Interesse erregten. Einige derselben seien hier erwähnt: Ueber die Entstehung von Neuheiten im Pflanzenleben, Wanderung durch deutsche Formobstgärten, die Rostpilze und ihre Uebertragbarkeit.

Besondere Fürsorge widmete der Verein auch in diesem Jahre wieder der Bekämpfung der Blutlausseuche, die namentlich in den Vororten Stettins wieder stark um sich gegriffen hatte. — Auch trat der Verein der von dem deutschen Pomologen-Verein entworfenen Petition an das Reichsamt des Innern einstimmig bei. In der letzteren wird der Wunsch ausgesprochen, dass die internationale Reblaus-Konvention vom Jahre 1881 derartig abgeändert werde, dass sie sich nur auf den Verkehr mit Weinreben beschränke und den internationalen Verkehr mit anderen Pflanzen nicht mehr belästige. In der Besprechung der Petition wurde geltend gemacht, dass der gesamte Gartenbau Deutschlands an der Aufhebung der Verkehrsbeschränkungen für Bäume, Sträucher und Topfpflanzen ein grosses Interesse habe und sei die ausgesprochene Bitte umsomehr berechtigt, als trotz der rigorosen Bestimmungen der Reblaus-Konvention die Rebläuse in allen Weinbaudistrikten Europas sich immer mehr verbreiten, weil sie teilweise geflügelt sind und vom Winde überall hin getragen werden. Zudem sei von allen Seiten anerkannt, dass die Reblaus nur auf den Wurzeln der Weinrebe leben kann, dagegen auf den Wurzeln anderer Pflanzen zugrunde geht. Auch sei noch niemals bewiesen, dass durch andere Pflanzen als Weinreben die Reblaus verbreitet worden sei.

———

Personal-Nachrichten.

———

In Pallanza starb am 15. Juni Carlo Rovelli, der Chef der berühmten Firma Fratelli Rovelli, einer der grössten Handelsgärtnereien der Welt, bekannt in allen Landen. Ursprünglich gemeinschaftliches Eigentum dreier Brüder, verblieb die Firma schliesslich bei Carlo, da der älteste Bruder starb und der andere sich von Carlo trennte, um in demselben Pallanza, auf der anderen Seite des Städtchens, eine neue Handelsgärtnerei mit der Firma Enrico Rovelli zu gründen. Es giebt also seit den letzten Jahren zweierlei Gärtnereien Rovelli in Pallanza: die alte, allen Besuchern Pallanzas wohlbekannte, auf der Hügelspitze gegen Intra gelegene, unter dem traditionellen Namen „Fratelli Rovelli", Alleineigentum des Carlo Rovelli, und daneben eine neue, mit Namen und Eigentum des Enrico Rovelli.

Karl Stoldt-Wandsbek, geb. den 23. November 1847 zu Wusterhausen in Pommern, feierte am 1. Juli sein 25jähriges Geschäfts-Jubiläum. Auch wir wünschen ihm herzlichst Glück dazu.

Der Obergärtner R. Bünger in dem Garten des Herrn L. F. Blohm, Hamburg-Horn, bekannt durch seine Topfobst- und Weinkulturen usw., starb am 11. Juni im 53. Lebensjahre.

Der Frau Luise Bock, geb. Wittelsbach, Mitglied des Vereins z. B. d. G., Inhaberin der Firma Gustav Bock in Berlin, Unter den Linden 59, ist seitens des Grossherzogs Friedrich von Baden die fünfzigjährigen Regierungs-Jubiläum gestiftete Jubiläums Medaille verliehen worden.

Herr Marc. Micheli, ein grosser Gartenfreund in Genf, der in seinem Jardin du Chrest eine Fülle seltener Pflanzen kultivierte, und auch in der Gartenflora wiederholt Abbildungen davon brachte, † am 29. Juni im 58. Lebensjahre.

Unserm lebenslänglichen Mitglied, dem Wirklichen Geheimen Rat Krupp zu Essen, ist der Königliche Kronen-Orden I. Klasse verliehen worden.

Unser Mitglied, der dänische Generalkonsul in Berlin, Geheimer Kommerzienrat Ernst v. Mendelssohn-Bartholdy hat infolge seiner kürzlich erfolgten Berufung in das Preussische Herrenhaus seine Entlassung als Generalkonsul eingereicht; an seiner Stelle ist Herr Paul v. Mendelssohn-Bartholdy, Mitinhaber des Bankhauses Mendelssohn & Co., von der dänischen Regierung mit der Führung des Berliner Generalkonsulats beauftragt worden.

Herrn Charles Baltet in Troyes ist nicht der Kronenorden 4. Klasse, wie S. 336 gesagt, sondern 3. Klasse verliehen. Ausserdem ist ihm der Preis des Verwaltungsrates der französischen Gartenbau-Gesellschaft, eine goldene Medaille, für die Sämlinge und Einführungen seines Geschäftes von 1848 bis 1901 verliehen.

Tagesordnung

für die

897. Versammlung des Vereins z. Beförderung d. Gartenbaues i. d. preuss. Staaten

am Donnerstag, den 31. Juli 1902, abends 6 Uhr,

im Kgl. Botanischen Museum, Grunewaldstr. 6—7 (im Botanischen Garten).

I. Ausgestellte Gegenstände. (Ordner: Herr Kgl. Gartenbaudirektor Brandt) II. Vortrag des Herrn Bildhauer Schellbach: Die Bindekunst im Verhältnis zur neuen Kunstrichtung. III. Abänderung der Preise für die Monatsversammlungen. IV. Verschiedenes.

Für die Redaktion verantwortlich Geh. R. Prof. Dr. Wittmack, Berlin NW., Invalidenstr. 42. Verlag von Gebruder Borntraeger, Berlin SW. 46, Dessauerstr. 29. Druck von A. W. Hayn's Erben, Berlin.

1. August 1902.   Heft 15.

GARTENFLORA

ZEITSCHRIFT

für

Garten- und Blumenkunde

(Begründet von **Eduard Regel**.)

51. Jahrgang.

Organ des Vereins zur Beförderung des Gartenbaues in den preussischen Staaten.

Herausgegeben von

Dr. L. Wittmack,

Geh. Regierungsrat, Professor an der Universität und an der Kgl. landwirtschaftl.
Hochschule in Berlin, General-Sekretär des Vereins.

Hierzu Tafel 1501.

Cypripedium hybridum „Frau Geheimrat Borsig“

Berlin 1902
Verlag von Gebrüder Borntraeger
SW 46 Dessauerstrasse 29

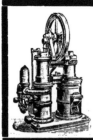

Cypripedium hybridum „Frau Geheimrat Borsig.

E. Schellbach-Amberg.

Druck v. Carl Laue, Berlin.

Cypripedium hybridum „Frau Geheimrat Borsig".

(Hierzu Tafel 1501.)

W ie wir bereits früher in Gartenflora mitgeteilt haben, ist von Herrn Kgl. Garteninspektor Weidlich im Borsig'schen Garten eine Kreuzung zwischen Cypripedium insigne und Chamberlainianum ausgeführt worden, die nach langjähriger Kultur der gewonnenen Säm.linge ein so gutes Resultat ergab, dass dem Herrn Weidlich vom V. z. B. d. G. ein Wertzeugnis dafür erteilt wurde (Gartenflora 1901 S. 648).

Inzwischen hat Herr Weidlich in Gartenflora 1902 S. 133 eine Be.schreibung der Pflanze gegeben, die er zu Ehren von Frau Geh. Kommerzienrat Borsig benannte und wir können bei unserer heutigen Abbil.dung auf diese Beschreibung verweisen. — Wir sahen, dass bereits zwei Blüten am Stiele stehen; bei C. Chamberlainianum kommen bis 12 und mehr vor. Hoffentlich zeigt sich sein Einfluss mit dem Alter der Kreuzung immer mehr.

Vegetationsversuche mit Kohlrabi zur Erforschung der die Kopf- ausbildung dieser Pflanze beeinflussenden Nährstoffe.

Von Dr. Richard Otto in Proskau.

B ei den nachstehenden Versuchen, welche in veränderter Form noch fortgesetzt werden, suchte ich die Fragen zu beantworten:

1. Bilden in Sandkulturen gezogene Kohlrabipflanzen Köpfe oder nicht? Wenn nicht, woran liegt dies?

2. Welche Nährstoffe und in welchen Mengen hat man event. die-selben zu geben, um die Pflanzen zur Ausbildung grösstmöglichster und als Handelsware wertvoller Köpfe (bezw. anderer Organe) zu bringen?

Die von mir nach dieser Richtung hin in den Jahren 1889 und 1900 ausgeführten Vegetationsversuche (Sandkulturversuche) mit Kohlrabi[*]) hatten gezeigt, dass in Sandkulturen gezogene Kohlrabipflanzen es stets. selbst unter relativ ungünstigen Versuchsbedingungen (sehr kleine Ver.suchsgefässe) zur Kopfausbildung gebracht hatten, doch war dieselbe bei Verwendung entsprechend grösserer Kulturgefässe mit einem grösseren

---

[*]) Vergl. R. Otto, Arbeiten der chemischen Abteilung der Versuchsstation des Kgl. pomologischen Instituts zu Proskau I. Bericht; Botanisches Centralblatt Bd. 82 Nr. 10 und 11; II. Bericht; daselbst Bd. 86 Nr. 10; ferner Proskauer Obstbau-Zeitung 1902 S. 87 u. folg.

Cypripedium hybridum „Frau Geheimrat Borsig".

(Hierzu Tafel 1501.)

Wie wir bereits früher in Gartenflora mitgeteilt haben, ist von Herrn Kgl. Garteninspektor Weidlich im Borsig'schen Garten eine Kreuzung zwischen Cypripedium insigne und Chamberlainianum ausgeführt worden, die nach langjähriger Kultur der gewonnenen Sämlinge ein so gutes Resultat ergab, dass dem Herrn Weidlich vom V.z.B. d. G. ein Wertzeugnis dafür erteilt wurde (Gartenflora 1901 S. 648).

Inzwischen hat Herr Weidlich in Gartenflora 1902 S. 133 eine Beschreibung der Pflanze gegeben, die er zu Ehren von Frau Geh. Kommerzienrat Borsig benannte und wir können bei unserer heutigen Abbildung auf diese Beschreibung verweisen. — Wir sahen, dass bereits zwei Blüten am Stiele stehen; bei C. Chamberlainianum kommen bis 12 und mehr vor. Hoffentlich zeigt sich sein Einfluss mit dem Alter der Kreuzung immer mehr.

Vegetationsversuche mit Kohlrabi zur Erforschung der die Kopfausbildung dieser Pflanze beeinflussenden Nährstoffe.

Von Dr. Richard Otto in Proskau.

Bei den nachstehenden Versuchen, welche in veränderter Form noch fortgesetzt werden, suchte ich die Fragen zu beantworten:

1. Bilden in Sandkulturen gezogene Kohlrabipflanzen Köpfe oder nicht? Wenn nicht, woran liegt dies?

2. Welche Nährstoffe und in welchen Mengen hat man event. dieselben zu geben, um die Pflanzen zur Ausbildung grösstmöglichster und als Handelsware wertvoller Köpfe (bezw. anderer Organe) zu bringen?

Die von mir nach dieser Richtung hin in den Jahren 1889 und 1900 ausgeführten Vegetationsversuche (Sandkulturversuche) mit Kohlrabi*) hatten gezeigt, dass in Sandkulturen gezogene Kohlrabipflanzen es stets, selbst unter relativ ungünstigen Versuchsbedingungen (sehr kleine Versuchsgefässe) zur Kopfausbildung gebracht hatten, doch war dieselbe bei Verwendung entsprechend grösserer Kulturgefässe mit einem grösseren

---

*) Vergl. R. Otto, Arbeiten der chemischen Abteilung der Versuchsstation des Kgl. pomologischen Instituts zu Proskau I. Bericht; Botanisches Centralblatt Bd. 82 Nr. 10 und 11; II. Bericht; daselbst Bd. 86 Nr. 10; ferner Proskauer Obstbau-Zeitung 1902 S. 87 u. folg.

Bodenvolumen eine weit normalere als bei Benutzung kleinerer Gefässe mit geringerem Erdquantum.

Weiter hatten von mir ausgeführte Versuche hinsichtlich der zweiten Frage, welche Nährstoffe und in welchen Mengen man dieselben zu geben hat, um die Pflanzen zur Ausbildung grösstmöglichster und als Handelsware wertvoller Köpfe (event. auch anderer Organe) zu bringen, mit Sicherheit ergeben, dass gleichzeitig neben einer normalen Düngung (Volldüngung) eine verabfolgte starke einseitige Düngung mit den Nährstoffen Stickstoff, Phosphorsäure, Kali und Kalk direkt schädigend auf die Kopfausbildung einwirkt, indem nur sehr kleine Köpfe gebildet werden gegenüber den Pflanzen, welche die Normaldüngung allein erhalten hatten, und solchen, welche neben der Normaldüngung nur schwach einseitig mit Stickstoff, Phosphorsäure, Kali und Kalk gedüngt waren. —

Für das Versuchsjahr 1901 lautete nun die zu behandelnde Frage: „Welche Nährstoffe bewirken eine in jeder Beziehung gute Kopfausbildung der Pflanze und wie wird dieselbe durch die einzelnen Nährstoffe beeinflusst, resp. wie wirkt die neben der Volldüngung gegebene einseitige Düngung auf die Entwickelung und Ausbildung der ganzen Pflanze ein?"

Um eine noch bessere Kopfausbildung in den einzelnen Versuchsreihen zu erzielen als früher, erschien es angezeigt, bei den diesjährigen Versuchen sowohl die Normaldüngung als auch die einseitigen Düngungen um die Hälfte schwächer zu nehmen als bei den Versuchen des Jahres 1900 (s. l. c.).

Die Versuchsanstellung war demgemäss, ähnlich der der früheren Jahre, im wesentlichen folgende: Der schon im Vorjahr verwendete geglühte und äusserst nährstoffarme Seesand (bezogen von Dr. Th. Schuchardt in Görlitz) wurde mit Salzsäure und darauf wiederholt mit destilliertem Wasser bis zur neutralen Reaktion und Abwesenheit von Chlorverbindungen gewaschen, getrocknet und dann zu gleichen Teilen mit noch ungebrauchtem Seesand derselben Quelle gemischt. Dieser Sand hatte nach von mir angestellten Versuchen eine kapillare Hubhöhe des Wassers von 20 cm. Seine wasserhaltende Kraft betrug 27,1 pCt.

Als Versuchsgefässe dienten grosse, innen glasierte Blumentöpfe mit einem Abzugsloch am Boden; oberer Durchmesser derselben 30 cm, äussere Höhe 25 cm. Sie wurden mit einer Schicht Kieselsteine am Boden, darüber gelegter dünner Watteschicht, sowie einer an der inneren Seite der Töpfe befindlichen Glasröhre, welche zur Luftzirkulation diente. alle vor dem Einfüllen des Sandes auf das gleiche Gewicht von 5 kg gebracht.

Auf jedes dieser so vorbereiteten Kulturgefässe kamen dann 8 kg reiner trockener Seesand, der mit 1,25 l destilliertem Wasser gleichmässig angefeuchtet und in diesem Zustande locker in die Vegetationstöpfe eingefüllt wurde. Das Gewicht des gefüllten Gefässes betrug nunmehr 14,25 kg. Auf je 1 kg trockenen Seesandes wurde in diesem Jahre. wie schon oben erwähnt, die Hälfte der Konzentration der Nährstoffe der Sachs'schen Normallösung gegeben, es war somit die Konzentration der Nährstoffe in diesem Jahre um die Hälfte herabgesetzt gegenüber den Versuchen von 1900 (s. l. c.). Sie betrug für 1901 nur 1,7 pro mille bei der Normaldüngung und 2,2 pro mille bei der höchsten Beidüngung gegen 3,4 pro mille resp. 4,4 im Jahre 1900. Die Normaldüngung be. stand für je 1 kg trockenen Seesandes demgemäss aus: 0,5 g Kalium. nitrat (KNO_3), 0,25 g Natriumchlorid ($NaCl$), 0,25 g Calciumsulfat ($CaSO_4$), 0,25 g Magnesiumsulfat ($MgSO_4 + 7H_2O$), 0,25 g Calciumphosphat ($Ca_3P_2O_8$) und 0.2 g frisch gefälltes Eisenhydroxyd [$Fe_2(OH)_6$]. Die einseitigen Düngungen enthielten ausser dieser Normaldüngung für je 1 kg Seesand noch eine ein- und zweifache Kalizugabe, eine ein- und zwei- fache Phosphorsäurezugabe, eine ein- und zweifache Stickstoffzugabe und schliesslich eine ein- und zweifache Kalkzugabe. Es waren somit neun Versuchsreihen vorhanden, von welchen jedes Vegetationsgefäss mit 8 kg Sand, wie folgt, gedüngt war:

Reihe   I (normal). $4g KNO_3 + 2g NaCl + 2g CaSO_4 + 2g MgSO_4 + 7H_2O + 2g Ca_3P_2O_8 + 1,6g Fe_2(OH)_6$.

Reihe   II (K_1). Dieselbe Normaldüngung + 1fache Kaligabe in Form von 2 g Kaliumchlorid (KCl).

Reihe III (K_2). Dieselbe Normaldüngung + 2fache Kaligabe in Form von 4 g Kaliumchlorid (KCl).

Reihe IV (P_1). Dieselbe Normaldüngung + 1fache Phosphorsäure- gabe in Form von 2 g Natriumphosphat ($Na_2HPO_4 + 12H_2O$).

Reihe   V (P_2). Dieselbe Normaldüngung + 2fache Phosphorsäure- gabe in Form von 4 g Natriumphosphat ($Na_2HPO_4 + 12H_2O$).

Reihe VI (N_1). Dieselbe Normaldüngung + 1fache Stickstoffgabe in Form von 2 g Natriumnitrat ($NaNO_3$), später als Kopfdüngung.

Reihe VII (N_2). Dieselbe Normaldüngung + 2fache Stickstoffgabe in Form von 4 g Natriumnitrat ($NaNO_3$), später als Kopfdüngung.

Reihe VIII (Ca_1). Dieselbe Normaldüngung + 1fache Kalkgabe in Form von 2 g Calciumsulfat ($CaSO_4$).

Reihe IX (Ca_2). Dieselbe Normaldüngung + 2fache Kalkgabe in Form von 4 g Calciumsulfat ($CaSO_4$).

Die Düngungen wurden in chemisch reiner Form in der Zeit vom 22. bis 24. April 1901 in 1 l Wasser suspendiert und in Dreiviertel des Sandes (6 kg) der Gefässe gleichmässig untergemischt mit Ausnahme der Nitratgaben (2 g und 4 g $NaNO_3$) der Stickstoffreien Nr. VI und VII. welche in $^1/_4$ l destilliertem Wasser gelöst als Kopfdüngung am 10. Mai gegeben wurden, nachdem die Pflanzen angewachsen waren. Es sollte hierdurch der Gefahr des Ausgewaschenwerdens der Salpeterdüngungen aus dem Boden vorgebeugt werden.

    Die Pflänzchen selbst, alle gute gleichmässige Exemplare der Sorte „Erfurter Dreienbrunnen Kohlrabi", bezogen aus dem Kgl. pomologischen Institut, wurden am 3. Mai in die Kulturgefässe eingesetzt und in den ersten Tagen zum Schutze vor zu grosser Verdunstung und zum Zwecke schnelleren Anwachsens mit grösseren Glasgefässen überdeckt. Die

Kulturen standen am Tage im Freien, nur bei schlechtem Wetter und nachts wurden sie zum Schutze gegen Unbill der Witterung in das gut durchlüftete Vegetationshaus gefahren. Während der Versuchsdauer wurden die Pflanzen in jeder Weise ganz gleich gehalten, namentlich auch hinsichtlich des Wasserbedürfnisses, welches stets in Form von destilliertem Wasser befriedigt und mittels der Wage kontrolliert wurde, sodass jede Pflanze auch im Feuchtigkeitsgehalte des Bodens der anderen gleich war. In dem ganzen Versuche war also nur die Düngung eine verschiedene; alle anderen Vegetationsbedingungen (Licht, Wärme, Wasser usw.) waren ganz gleich.

Während der Vegetationszeit der Pflanzen wurde folgendes beobachtet:

Am 9. Mai. Die Pflanzen sind angewachsen. Noch keine wesentlichen Unterschiede zu konstatieren.

Am 10. Mai. Die Stickstoffdüngung 2 und 4 g Natriumnitrat in 0,25 l destilliertem Wasser gelöst den Reihen VI und VII als Kopfdüngung gegeben (s. oben).

Am 20. Mai. Die Pflanzen wachsen sämtlich weiter. Die mit Nitratdüngung (Reihen VI und VII) zeigen sämtlich eine tief grünere Färbung als die nicht so behandelten, doch im allgemeinen noch keine wesentlichen Unterschiede in den einzelnen Reihen zu erkennen.

Am 26. Mai. Die Pflanzen haben sich sämtlich gut weiter entwickelt und, wie es scheint, alle Köpfe angesetzt.

Am 29. Mai. Reihe I gut mit Kopfansatz. II noch etwas besser, von III eine Pflanze erheblich zurück. IV und V gut, auch im Kopfansatz, VI und VII gut, VIII und IX sehr gut.

Am 4. Juni. Die Pflanzen haben sich gut weiter entwickelt, Reihe I gut, II und III durchweg besser als I, IV und V nicht ganz so gut wie II und III, doch besser als I, VI und VII sehr gut und tief dunkelgrün, VIII und IX fast so gut wie VI und VII, aber nicht so tief grün.

Am 14. Juni. Die Kohlrabipflanzen scheinen sehr empfindlich gegen starke Phosphorsäuregaben zu sein, denn die Reihe mit der höchsten Phosphorsäuregabe ist die schlechteste von allen und den übrigen gegenüber weit zurück.

Am 19. Juni. Die Pflanzen haben sich normal weiter entwickelt. Am meisten sind zurück Reihe V (P_2) und VII (N_2).

Am 25. Juni wurden die Kulturen photographiert. Es sind jetzt in der Kopfausbildung deutlich zurück die Reihen V (P_2) und VII (N_2). Im übrigen zeigen jedoch alle Pflanzen ein normales und gesundes Aussehen.

Am 26. Juni wurde der Versuch, nach fast achtwöchentlicher Vegetationszeit, abgebrochen.

Es ergaben je 1 Exemplar der durchaus normalen Pflanzen im frischen Zustande folgende Daten:

Reihe   I (normal). 1 Kopf = 50 g. Umfang desselben = 15,5 cm. Blattmasse der Pflanze 58,5 g. Blätter normal und hellgrün.

Reihe   II (K_1). 1 Kopf = 57 g. Umfang desselben = 16 cm. Blattmasse der Pflanze 55 g. Blätter normal und hellgrün.

Reihe III (K_2). 1 Kopf = 62 g. Umfang desselben = 17 cm. Blattmasse der Pflanze 52,5 g. Blätter normal und hellgrün.

Reihe IV (P_1). 1 Kopf = 71.5 g. Umfang desselben = 17 cm. Blattmasse der Pflanze 57,5 g. Blätter normal und etwas dunkelgrüner.

Reihe   V (P_2). 1 Kopf = 23 g! (sehr klein). Umfang desselben = 11.8 cm. Blattmasse der Pflanze 68 g. Blätter ziemlich gross und dunkelgrün. (Hier starke Blattausbildung. aber mangelhafte Kopfausbildung vermutlich wegen zu hohen Phosphorsäuregehaltes des Bodens.)

Reihe VI (N_1). 1 Kopf = 92,5 g! (sehr schwer). Umfang desselben = 19,5 cm. Blattmasse der Pflanze 104,5 g! Ausserordentlich grosse und tief dunkelgrüne Blätter.

Reihe VII (N_2). 1 Kopf = 28,5 g! (klein). Umfang desselben = 12 cm. Blattmasse der Pflanze 88,5 g! Ausserordentlich grosse und tief dunkelgrüne Blätter. (Infolge zu reicher Stickstoffgabe reiche Blatt-, aber mangelhafte Kopfausbildung.)

Reihe VIII (Ca_1). 1 Kopf = 53 g. Umfang desselben = 16 cm. Blattmasse der Pflanze 71 g. Normal grüne Blätter.

Reihe IX (Ca_2). 1 Kopf = 48,5 g. Umfang desselben = 15,5 cm. Blattmasse der Pflanze 70,5 g. Normale und ziemlich dunkelgrüne Blätter. (Auch hier wahrscheinlich infolge zu hohen Kalkgehaltes eine geringere Kopfausbildung als bei Reihe VIII und I.)

In den Reihen V (P_2), VII (N_2) und IX (Ca_2) sehen wir deutlich den Einfluss einer zu hohen und einseitigen Konzentration des betreffenden Nährstoffes, welche sich in der Ausbildung kleinerer Köpfe als bei der Normaldüngung zu erkennen giebt. Dafür ist jedoch das Gewicht der Blattmasse bedeutend höher als in Reihe I.

Sämtliche Köpfe waren zart, wasserreich und nicht holzig. Zwecks chemischer Untersuchung wurden dann die geernteten, oben näher charakterisierten Köpfe in dünne Scheiben geschnitten, im Lufttrockenschrank bei 60° C. vorgetrocknet und hieraus die Trockensubstanz bei 105° C. hergestellt.

Die von dem Assistenten der chemischen Abteilung der Versuchs-

station, Herrn Dr. W. Kinzel, ausgeführten analytischen Untersuchungen
ergaben die in der nachstehenden Tabelle verzeichneten Resultate.

Reihe	Trocken-substanz	Stick-stoff der Trocken-substanz	Asche der Trocken-substanz	In 100 Teilen Asche sind enthalten:				Be-zeich-nung
				Kalk	Magnesia	Kali	Phosphor-säure	
	g	pCt.	pCt.	(CaO)	(MgO)	(K$_2$O)	(P$_2$O$_5$)	
I	4,5080	3,72	11,98	4,62	4,31	57,89	12,10	Normal
II	5,7618	2,69	11,13	7,00	1,88	49,52	10,47	K$_1$
III	4,8965	2,32	12,59	7,65	3,90	51,11	9,93	K$_2$
IV	5,7853	3,10	11,72	5,85	4,83	50,87	12,00	P$_1$
V	2,2190	3,93	13,01	3,49	6,17	51,94	8,90	P$_2$
VI	7,6286	3,74	12,15	4,37	3.56	51,19	8,83	N$_1$
VII	2,9924	5,58	12,12	5,03	5,21	45,35	10,87	N$_2$
VIII	4,6945	3,46	11,35	6,05	5,46	47,82	13,15	Ca$_1$
IX	4,3244	3,33	11,42	6,77	5,58	48,06	8,17	Ca$_2$

Ergebnisse: Die vorstehenden Untersuchungen zeigen deutlich,
dass die Reihen mit einfacher Nährstoffzugabe (II, IV, VI und VIII) einen
weit höheren Ertrag an Frischgewicht wie an Trockensubstanz ergeben
haben als die Normaldüngung für sich allein, dass dagegen die Reihen
mit doppelter Nährstoffzugabe (III, V, VII und IX) in jeder Beziehung
weit zurückgeblieben sind hinter der Normaldüngung (I).

Es hat die stärkere Beigabe eines einzelnen der vier Nährstoffe
Kali, Phosphorsäure, Stickstoff und Kalk (wahrscheinlich infolge zu starker
Konzentration der Düngung) hier schädlich auf die Kopfausbildung eingewirkt. Am meisten ist dies der Fall bei der doppelten Phosphorsäurezugabe (Reihe V), nächstdem bei der doppelten Stickstoffzugabe
(Reihe VII), und zwar sowohl in Bezug auf den Ertrag, als auch in An-
sehung der Störung des Nährstoffverhältnisses. — Am günstigsten ist der
Ertrag an Frischgewicht wie an Trockensubstanz bei einfacher Stickstoffzugabe (VI), dagegen zeigt sich ein jäher Abfall bei doppelter Stickstoffzugabe (VII). Die Reihen mit der Kalkzugabe (VIII und IX) sind unter
sich ziemlich gleich; auffallend ist nur das Abnehmen des Phosphorsäuregehaltes der Asche bei der doppelten Kalkzugabe (IX). Die Kalizugabe bedingt keine Steigerung des Kaligehaltes der Asche, welcher
weitaus am höchsten bei der Normaldüngung ist. Nur Stickstoff- und
Kalkzugabe steigern den Gehalt an Stickstoff und den Kalkgehalt der
Asche. Auch die doppelte Kalizugabe (III) scheint den Kalkgehalt der
Asche zu erhöhen.

Beim Magnesiagehalt der Asche ist es auffallend, dass die doppelten
Kali-, Phosphorsäure- und Stickstoffzugaben jedesmal den Magnesiagehalt
in ganz beträchtlicher Weise ansteigen lassen (weniger stark ist dies bei
der doppelten Kalkzugabe der Fall), was bei deutlicher Störung des

sonstigen Nährstoffverhältnisses in die Augen fallend ist. Umgekehrt gestaltet sich der Einfluss der doppelten Nährstoffzugaben auf den Phosphorgehalt der Asche, hier sehen wir mit Ausnahme der doppelten Stickstoffzugabe (VII) überall eine Abnahme desselben. Ferner bewirkt die doppelte Stickstoffzugabe (VII) eine Abnahme des Kaligehaltes der Asche, welcher sonst in allen Reihen (von der Normaldüngung abgesehen) ziemlich gleich bleibt.

Die doppelte Phosphorsäurezugabe (V) war auch in den diesjährigen Versuchen wieder höchst schädlich für die Ausbildung der Köpfe. Wie bereits am 14. Juni (s. oben) beobachtet wurde, waren in dieser Reihe die Pflanzen schon damals die schlechtesten von allen und den übrigen gegenüber weit zurück. Die Kohlrabipflanzen scheinen mithin sehr empfindlich gegen starke Phosphorsäuregaben zu sein. Auch bei meinen früheren Versuchen in Wasserkulturen*) hatte sich schon gezeigt, dass die Pflanzen bei höheren Konzentrationen von Phosphorsäure im Gegensatz zu solchen von Stickstoff, Kali und Kalk zugrunde gingen. Ebenso ist nach Lierke (Praktische Düngetafel, P. Parey, Berlin) die Entnahme von Phosphorsäure aus dem Boden eine verhältnismässig geringe gegenüber der von Kali, Stickstoff und Kalk. Es werden hiernach in einer mittleren Ernte von 30000 Köpfen und 25000 kg Blättern pro Hektar dem Boden entzogen: 230 kg Kali, 206,5 kg Stickstoff und 183 kg Kalk, dagegen nur 89 kg Phosphorsäure.

Die Kohlrabipflanzen brauchen mithin vor allem eine verhältnismässig sehr starke Stickstoff- und Kalidüngung neben entsprechender Kalkgabe.

Chemische Abteilung der Versuchsstation
des Kgl. pomologischen Instituts zu Proskau, im Juni 1902.

Weitere Mitteilungen über die Verbreitung und das Vorkommen von Sphaerotheca mors-uvae (Schw.), dem Stachelbeer-Meltau, in Russland.

Von P. Hennings.

In No. 7 dieser Zeitschrift p. 170 gab ich über das epidemische Auftreten des Stachelbeer-Meltaus in der Nähe von Moskau im Sommer 1901 eine kurze Mitteilung. Am 15. Juli d. J. schreibt mir Hr. N. A. Mosolow, dass dieser Pilz alle Stachelbeersträucher des Gutsgartens von Michaelowskoje, Kreis Podolsk, Gouv. Moskau, befallen hat, und sind nicht nur die sämtlichen Früchte vollständig vernichtet, sondern es tritt der Pilz auch an den jungen Trieben auf.

Am 17. d. M. erhalte ich eine freundl. Zuschrift von Hrn Professor Dr. Buchholtz von dem Botanisch-zoolog. Kabinett des Polytechnischen

---

*) Vergl. R Otto, Wasserkulturversuche mit Kohlrabi usw. Berichte d. deutsch. botanischen Gesellschaft 1899, Bd. 17, S. 139—144.

Instituts in Riga, worin mir derselbe mitteilt, dass er vor wenigen Tagen denselben Pilz auf kranken Stachelbeerzweigen aus Port Kunda in Esthland erhalten hat. Dort hat die Sphaerotheca mors-uvae ebenfalls die ganze Ernte vernichtet. Die gefährliche Krankheit scheint nach Professor Buchholtz Ansicht immer mehr um sich zu greifen und zwar von Osten nach Westen. —

Demnach scheint der Pilz aus dem Innern Russlands zu kommen und hier vielleicht verbreiteter zu sein, wie ich dies bereits früher mitgeteilt habe und nicht, wie Prof. Magnus annimmt und in dieser Zeitschrift mitgeteilt hat, aus Nordamerika mit kranken Stachelbeersträuchern eingeschleppt zu sein. Letzteres wäre auch kaum denkbar, da schwerlich lebende Stachelbeersträucher aus Nordamerika nach Russland importiert worden sind, jedenfalls nicht in den Gutsgarten von Michaelowskoje. — Wir möchten hierdurch nochmals auf diesen äusserst gefährlichen Pilz aufmerksam machen, da es sehr wohl möglich ist, dass diese Krankheit auch bei uns auftreten wird. In diesem Falle wäre es zweckmässig, alle befallenen Sträucher an Ort und Stelle sofort durch Feuer zu vernichten, nicht befallene Sträucher aber stark mit Bordeauxbrühe zu besprengen.

Interessanter Fund.

Von Fr. Stützer, Inspektor in München.

Vorgetragen von P. Magnus in der Sitzung am 29. Mai 1902.

(Hierzu 1 Abb.)

Am 7. Januar d. J. wurde die grösste Eiche des bayerischen Waldes, die St. Johanniseiche bei Falkenfels, vom Sturme niedergerungen. Bei Zerkleinerung des Riesenstammes von 10 m Stockumfang fand man tief im Innern des Baumes, von der Rinde 1,05 m entfernt, zwei auf Blech gemalte, von eisernen Gittern überdeckte Bilder von 40/60 cm Grösse. Die Bilder waren in der morschen Holzmasse 1,20 m von einander in der Richtung von West nach Ost entfernt, so dass der Baum zur Zeit der Einführung der Bilder schon einen Umfang von fast 4 m gehabt haben musste. (Siehe Abb. 88.)

Soweit die zum Teil noch gut erkennbaren Jahresringe einen annähernden Schluss auf das Alter der Eiche zulassen, dürfte dieselbe, die in Kirchenrechnungen aus dem 16. Jahrhundert schon als grosse, alte Eiche genannt wird, bei der Anbringung der Bilder über 300 Jahre alt gewesen sein. Das Überwachsen der Bilder mit einem über meterstarken Holzring möchte weitere 300 Jahre beansprucht haben.

Die Bilder sind also wahrscheinlich anfangs des 16. Jahrhunders als Marterln von einem frommen Katholiken angebracht und verehrt worden.

Durch die Verödung oder auch durch die Protestantisierung der Umgegend im 30 jährigen Kriege mögen dann die Marterln ausser Besuch und Beachtung gekommen sein, so dass sich die durch die Einlassung der Bilder (der noch sichtbare Falz ist im Holz 6 cm tief) geschaffene Holzwunde ungehindert über Bilder und Gitter schliessen konnte.

Nach der Maltechnik der Bilder zu schliessen, wovon das auf der Ostseite gefundene eine Waldpartie mit zwei Figuren zeigt, während das auf der Wetterseite befindliche fast ganz verwischt ist, können dieselben aus dem 16. Jahrhundert, zu dessen Anfang das Malen auf Eisenblech erstmals versucht wurde, stammen. Ein weiteres, kleineres, auf Holz gemaltes Bild, wahrscheinlich die Altöttinger Mutter Gottes vorstellend, wurde in einer bei Lebzeiten des Baumes gut sichtbaren, fast arm.

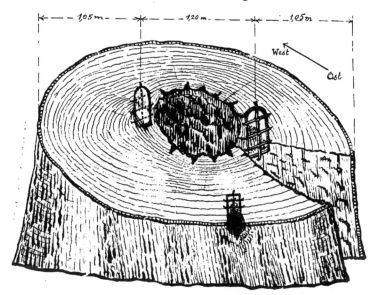

Abb. 88. Schematischer Querschnitt der St. Johannis-Eiche bei Falkenfels in Bayern mit den eingewachsenen drei Bildern und Gittern. Entworfen von Fr. Stützer.

langen Höhlung, gleichfalls von einem Gitter geschützt, aufgefunden. In einer Ecke dieses Bildchens ist die etwas verwischte Jahreszahl 1807 oder 1827 ersichtlich.

Die in ihrer Art bis jetzt in Bayern wohl einzig dastehenden Funde wurden von dem Besitzer der Eiche, Ökonomen Fuchs in Falkenfels, dem mit der Erforschung der bayerischen Baumwelt sich befassenden Inspektor Stützer aus München, der nach dem Sturze und während der Aufarbeitung der Eiche von derselben verschiedene Aufnahmen machte, behufs Unterbringung in einer staatlichen Sammlung überlassen. Herr Inspektor Stützer hatte die grosse Freundlichkeit, mir die photographischen Aufnahmen und die oben wiedergegebene Beschreibung zu senden, und ich bin überzeugt, dass der Fall bei allen Botanikern und Pflanzenfreunden grosses Interesse erweckt. Es ist eine der interessantesten

Überraschungen, die Vortragender kennen gelernt hat. Ich spreche
Herrn Inspektor Fr. Stützer auch an dieser Stelle nochmals meinen
besten Dank aus.

Von den von Herrn Stützer gesandten Photographien konnte hier
leider nur der von ihm konstruierte Querschnitt reproduziert werden.
Die anderen Photographien stellen den vom Sturme umgeworfenen
Eichenstamm, sowie die eingeschlossenen und überwallten Bilder und
Gitter und Teile der Überwallungsholzringe dar. Sie werden hoffentlich
in Herrn Stützer's Prachtwerk „Über die merkwürdigsten Bäume in
Wort und Bild" zum Abdruck gelangen.

Bericht über die Handelsgärtnerei in Berlin 1902.*)

(Aus dem Bericht über Handel und Industrie von Berlin im Jahre 1901, erstattet von den
Ältesten der Kaufmannschaft von Berlin.)

1. Topfpflanzen.

Der Handel mit Topfpflanzen wurde zu Beginn des Berichtsjahres durch
die plötzlich eintretende und lang anhaltende kalte Witterung ungünstig beeinflusst. Auch bewirkte der Tod der Königin von England und die damit verbundene Absage aller Hoffestlichkeiten eine Ein-
schränkung des Absatzes mancher Gärtnereien. So hielt sich das Geschäft den ganzen Winter hindurch nur in engen Grenzen. Grössere
Blatt- und blühende Pflanzen wurden kaum begehrt. Doch wird andererseits ein befriedigendes Geschäft in Hyazinthen, Maiblumen, Flieder etc.,
sowie in Palmen und Farnen gemeldet.

Einen günstigeren Verlauf brachte das Frühjahrsgeschäft. Wenn
auch keine erhöhten Preise erzielt wurden, so fand doch ein erfreulicher
Umsatz statt. Die Ausschmückung der Balkons, die wiederholt in Fachzeitschriften Gegenstand eingehender Artikel und guter Abbildungen war.
hat auch im Osten und Nordosten Berlins einen erfreulichen Aufschwung
genommen. Auch der Bedarf auf den Kirchhöfen war, wie alljährlich,
recht bedeutend.

Zu den Gruppen für Privat- und öffentliche Anlagen wurden mehr
blühende Pflanzen gefordert, während die Nachfrage nach Blumen für
Teppichbeete zur Zeit in der Abnahme begriffen ist. Besonders wurden
Pelargonien, Fuchsien, Petunien und Hortensien verlangt.

Von Pfingsten bis Oktober herrscht gewöhnlich im Berliner Blumen-
handel grosse Geschäftsstille, die erst mit dem Eintreten der Nachtfröste
und den Herbstdekorationen der Kirchhöfe ihr Ende findet. Da aber in
diesem Jahre bis in den Dezember hinein mildes Wetter herrschte, so
entwickelte sich ein reges Geschäft nur ganz allmälig. Erika und Chrysanthemum kommen hierbei hervorragend in Betracht, konnten aber,
wenn sie auch genügend gehandelt wurden, keine hohen Preise erzielen.
In anderen Pflanzen, wie Nelken, Cyclamen, Primeln, Farnen etc., blieb

---

*) Bericht des Vereins zur Beförderung des Gartenbaues in den preuss. Staaten.

das Geschäft nur mittelmässig. Nur beste Ware fand Absatz, geringere Qualitäten blieben unverkäuflich.

Das Weihnachtsgeschäft, sonst oft eine Haupteinnahmequelle, war mittelmässig. Maiblumen, Hyazinthen und Tulpen fanden Beachtung. Für grössere Schau- und Dekorationspflanzen war aber kein nennenswerter Absatz zu erzielen. Nach kleinen Araucaria excelsa bestand grosse Nach. frage, dagegen nach grösseren merkwürdiger Weise gar nicht.

Blühende seltene Pflanzen waren gesucht und wurden gut bezahlt, doch verlangt man von ihnen so viel gute Eigenschaften, dass es schwer ist, derartige Exemplare zu züchten.

Für blühenden Topfflieder waren Preise und Absatz zufriedenstellend. Orchideen erzielten guten Absatz bei gedrückten Preisen. Blühende Bro. meliaceen erfreuen sich bei Kennern wegen ihrer Haltbarkeit im Zimmer einer grossen Beliebtheit; Preise und Absatz waren zufriedenstellend. Ebenso verhielt es sich mit blühenden Imantophyllum (miniatum Clivia), während Amaryllis wenig begehrt, aber gut bezahlt wurden. Von Cyclamen wurden nur grössere Schaupflanzen gut bezahlt.

2. Abgeschnittene Blumen.

Da zu Anfang Januar der Import vom Süden vorherrschte, so hatte die Berliner Produktion recht schwer zu leiden. Eine Ausnahme machten solche Blumen, die, wie Maiblumen, Flieder, Amaryllis. Cyclamen etc.. einen so weiten Transport nicht vertragen. Als dann im Februar die deutschen Treibrosen in guter Qualität auf dem Markte erschienen und der massenhafte Rosenimport aus dem Süden nachliess, hob sich das Geschäft sichtlich. Leider blieb das nicht von langer Dauer; denn im März erschien der zweite Rosenflor aus dem Süden. und später kamen die deutschen Rosen, die infolge der abermals einsetzenden Winterkälte lange zurückgeblieben waren, in kalten Kästen fast überall gleichzeitig zur Blüte, was einen starken Preisrückgang verursachte. Vom Juli bis September war der Verbrauch im Ganzen gering, das Geschäft aber immerhin befriedigend. In den Monaten Oktober bis Dezember herrschte eine wahre Ueberfülle von Blumen besonders von Chrysanthemum in allen nur erdenklichen Farben, Formen und Grössen, sodass mehr als die Hälfte unverkäuflich blieb. Im November setzte noch einmal der Import aus dem Süden mit aller Macht ein, erlahmte aber bald. da an der Riviera, ganz wider Erwarten, eine kühle Temperatur eintrat. So blieb denn die gefürchtete Ueberfüllung des Berliner Marktes glücklich aus, doch mussten trotz des flauen Geschäftsganges für Rivierablumen höhere Preise gezahlt werden, sodass das finanzielle Resultat des ausländischen Verkäufers dennoch ein günstiges blieb.

Der deutsche Züchter befindet sich zur Zeit jedenfalls in einer wenig beneidenswerten Lage, und so manchem ist es trotz aller Umsicht und allen Fleisses nicht gelungen, seinen Betrieb aufrecht zu erhalten.

3. Baumschulartikel.

Die geschäftliche Lage des Jahres 1901 war im Baumschulbetrieb durchschnittlich günstig, doch hatte der harte Winter von 1900/1901 für viele Betriebe Deutschlands grosse Verluste im Gefolge, die sich noch nach Jahren bemerkbar machen werden.

Der Absatz und die Preise in hochstämmigen Apfel- und Pflaumenbäumen war trotz geringerer Nachfrage befriedigend. Besonders waren Apfelbäume für Massenanpflanzungen gesucht.

Birnen- und Kirschenhochstämme stehen jedoch überall in grossen Posten zum Angebote, und können trotz des sehr ermässigten Preises, der bei Kirschenstämmen grösstenteils schon unter den Produktionspreis heruntergegangen ist, keine Käufer finden. Sauerkirschen-Stämme wurden von ausserhalb zu dem aussergewönlich niedrigen Preise von 30 M. pro Hundert angeboten.

Zwergobst, besonders Pyramiden- und Buschobst, fand schlanken Absatz zu guten Preisen. Stachelbeer- und Johannisbeerbüsche standen zwar sehr niedrig im Preise, doch wurden bei dem grossen flotten Umsatze dennoch günstige Resultate erzielt. Hochstämmige Stachel- und Johannisbeersträucher stehen im Preise etwas höher; gute Ware ist zu steigenden Preisen geräumt worden.

Erdbeeren, die im Winter 1900/19001 ungemein in Nord-Deutschland gelitten hatten, waren im Herbst von Liebhabern ausserordentlich gesucht und erzielten bei schlankem Absatz den alten guten Preis.

Rosenhochstämme stiegen im späten Frühjahr 1901 zu einem so hohen Preise empor, wie man ihn seit Jahren nicht mehr gekannt hatte; doch sind niedrige Rosen (Treibrosen) auf einem so tiefen Standpunkt angekommen, dass selbst bei grossem Umsatz oft nicht die Kosten gedeckt werden.

Ziergehölze für Park- und Gartenanlagen sind im Laufe der letzten Jahre wohl nach und nach im Preise gefallen; doch hat sich der Bedarf auch stets gesteigert, sodass bei dem grösseren Umsatze und den etwas niedrigeren Preisen dennoch günstige Resultate erzielt wurden.

Immergrüne Gehölze, besonders Nadelhölzer, wurden stark zu Dekorationszwecken für Höfe, Hausflure und Restaurationen gefordert, behielten aber trotzdem sehr niedrige Preise. Starke Exemplare werden hier bevorzugt, doch wird irgendwelcher Wert auf vorhergegangene, fachgemässe Kultur nicht gelegt. Die Anfuhr billigster Ware aus anderen Gegenden, sowie auch aus dem Auslande, nimmt jährlich zu.

Die stärkste Nachfrage im Baumschulbetriebe herrschte in Allee- und Strassenbäumen. Von starken Stämmen wurde gute, gleichmässige Ware zu hohen Preisen ausverkauft. Gehölzsämlinge und Obstwildlinge sind im Preise sehr gefallen, trotzdem sind die Vorräte infolge der Massenproduktion in Norddeutschland und des von daher ausgehenden reklamehaften Angebotes nicht geräumt worden.

4. Landschaftsgärtnerei.

Die Landschaftsgärtnerei hatte im Berichtsjahre unter ungünstigen Verhältnissen zu leiden. Zwar wurden verhältnismässig viele kleine Gärten neu angelegt, doch wirkten die allgemeine Depression und besondere Umstände einer Besserung der Lage entgegen. Infolge einer Lohnbewegung der Gehilfen stiegen die Löhne der gärtnerischen Hilfskräfte, während andererseits in der Ausführung der Gartenanlagen sich ein immer stärkerer Preisdruck geltend machte. Bei der vorhandenen grossen Kon. kurrenz und infolge der Billigkeit lassen aber die ausgefürten Gärten oft eine sorgfältige Durcharbeit für die zukünftige gute Entwickelung der Pflanzungen vermissen. Manche Gartenbesitzer leisten bei der Anlage ihrer Gärten, meistens aus Unkenntnis, der Pfuscherarbeit Vorschub. nicht ahnend, dass sie sebst hierdurch die am meisten Geschädigten sind. Viele Klagen über die unbefriedigenden Erträge bei Neuanlagen der Obstkul. turen haben ihre Ursache in der mangelhaften Ausführung der Anlage — sie war eben billig und schlecht. — Glücklicherweise aber giebt es doch auch noch Besitzer, die sowohl für ihren Park wie für ihren Obst. garten entsprechende Mittel aufwenden wollen.

Günstige Resultate wurden in der Dekorationsgärtnerei erzielt. Die Neigung des Publikums, häusliche Feste und grössere Feierlichkeiten durch ausgewählte Blumendekorationen zu verschönern, nimmt noch immer zu, und auch alle besseren Restaurants und Kaffees verwenden in ihren Räumen Pflanzenschmuck. Infolge des vermehrten Bedarfs an Dekorationen hat zwar die Zahl der betreffenden Gärtnereien zugenommen, doch sind bisher keine Zeichen einer Ueberproduktion zu bemerken; die Dekorationsgärtnerei befindet sich zur Zeit in einem Stadium des Aufschwungs.

5. Gemüse.

Die Lage der Berliner Gemüsegärtnerei verschlechtert sich von Jahr zu Jahr. Zu dem starken Importe ausländischer Gemüsesorten kamen im Berichtsjahre noch widrige Witterungsverhältnisse hinzu, um das Ergebnis des Berichtsjahres sehr ungünstig zu gestalten. In den Wintermonaten verdarb der scharfe und schneelose Frost einen grossen Teil der im Einschlag konservierten, bereits verweichlichten Gemüse und räumte mit sämtlichen Winterspinatbeständen, jungen wie alten Saaten, Radieschen, zum Teil auch mit Rosenkohl, Porree und Grünkohl vollständig auf.

Das verhältnismässig günstige Frühjahr ohne Spätfröste brachte für die Monate Mai und Juni an Spinat, Radies. Salat, Kohlrabi, frühem Blumen und Wirsingkohl Ueberfülle und damit geringe Preise.

Der überaus heisse und trockene Sommer ermöglichte nur noch in ganz grundfeuchten Lagen ein normales Wachstum. In trockenen Lagen war die Ernte durch Hitze und Raupen gänzlich vernichtet, Die Folge davon war ein ziemlich flaues Geschäft während des ganzen Sommers, trotzdem Salat und Spinat zu Zeiten ganz exorbitante Preise erzielten. Eintretender Regen im September beförderte zwar noch einmal das Wachstum, ein besonderer geschäftlicher Vorteil war aber mit dieser verspäteten Ernte nicht verbunden.

Was die Berliner Gemüsegärtnerei am meisten bedroht, ist der Umstand, dass sie ihre Produktion auf wenige Frühjahrs- und Sommermonte zusammendrängen muss, um nicht vom Ausland erdrückt zu werden. Für diese kurze Spanne Zeit wächst natürlich auch die eigne Konkurrenz und die Gefahr einer Überproduktion. Der Bau von Treibgemüse verbietet sich ohnehin durch den Import aus dem Süden. Gurken aus den Früh-

beeten rentieren seit Jahren nicht mehr, und Melonen wurden im letzten
Sommer so billig eingeführt, dass sich für die hiesige Kultur kaum die
Abnutzung der Fenster bezahlt machte.

Der Grossartikel, wie des Wirsingkohls und Weisskohls für Ein-
machezwecke, der Mohrrüben und des Rotkohls, hat sich die Landwirtschaft in einer Weise bemächtigt, dass für den hiesigen Gemüsezüchter
kaum noch ein rentables Geschäft übrig bleibt. Für den Winter kommen
noch Import- und Dörrgemüse, sowie Konserven hinzu, um dem Gemüsezüchter das Geschäft zu erschweren.

6. Samenhandel.

In dem verflossenen Geschäftsjahr hat sich im Allgemeinen in dieser
Branche nichts geändert. Reisende aus allen Gegenden Deutschlands
durchziehen nach wie vor die Umgegend Berlins und suchen durch An-
preisung und Unterbietung ihre Produkte abzusetzen.

Die Preise in Gemüsesamen hatten keine höhere Tendenz zu verzeichnen, wenngleich die Krupbohne „Hinrichs Riesen", die weissgrun-
dige sowohl wie die bunte, die Höhe des Preises der Stangenbohne erreichte.

Die Nachfrage nach Grassamen war ausnahmsweise gross, da in
Schottland die Wiesen bedeutend ausgewintert waren. Schottland kaufte
daher speziell englisches Raygras mit 10 M. Aufschlag gern zurück und
suchte bereits abgeschlossene Geschäfte, wenn irgend möglich, rückgängig
zu machen. Raygras war daher nahezu ausverkauft. Auch nach anderen
Gräsern war eine recht bedeutende Nachfrage.

Samenbau wird in der Umgegend Berlins fast gar nicht betrieben.

7. Getrocknete Blumen und Gräser.

Bei der anhaltenden Kälte der Monate Januar und Februar 1901
wurden sämtliche Vorräte von Immortellen, Statice und Gypsophila ausverkauft.

Infolgedessen konnten Kultur- und Kaufaufträge für die neue
Ernte nur zu erhöhten Preisen untergebracht werden, da man auch für
den Herbst und Winter auf ein flottes Geschäft hoffte. Leider haben sich
diese Hoffnungen nicht erfüllt, und am Tage Allerseelen und am Toten-
feste wurden die genannten Artikel nur ganz vereinzelt verlangt. Der
Absatz war daher ganz minimal, und die teuer eingekaufte Ware lagert
heute noch.

Französische Immortellen standen hoch im Preise. Die naturgelbe
Farbe ist zur Zeit am beliebtesten. Die Einfuhr von Kapblumen war
gering. Der sonst sehr beliebte Artikel blieb völlig vernachlässigt. In
Berlin finden nur die allerbesten Blumen Verwendung. Auch Statice, in
früheren Jahren sehr gefragt, wurde gegen Ende des Jahres wenig gekauft.

Bromus brizaeformis und Helichrysum wurden grösstenteils an das
Ausland zu gedrückten Preisen abgesetzt.

Als hauptsächliches Material für billige Trauerkränze, welches namentlich den Verkauf der vorerwähnten Artikel beeinträchtigt, sind

präparierte Cycaswedel und gewachste Papierblumen zu nennen, ferner Tannen-, Pinien- und andere Zapfen für Waldkränze, Flechten, Moose, Karden-, Wetter- und Golddistel, sowie Physalis für Phantasiekränze.

Als beliebtes und modernes Material für Trauerkränze hat sich immer mehr das sogenannte Schnee- und Eismaterial eingebürgert. Zu dem Zweck werden Pflanzenteile mit einem haltbaren Klebestoff uberzogen und dann mit Glasflitter, der mit etwas Woll- oder Seidenstaub versetzt ist, bestreut. Es wäre für die Gärtnerei dringend zu wünschen, dass diese Mode bald wieder verschwände.

Die Binderei für Vasensträusse beschränkte sich vornehmlich auf billige Artikel für Warenhäuser. Schöne langgeschnittene Stiele von Lunaria biennis waren und bleiben für Vasendekorationen gesucht.

—

Die Erfurter Gartenbau-Ausstellung.

(Hierzu eine Abbildung.)

Die Erfurter Gartenbau-Ausstellung wird durch die Eigenart ihres Arrangements, durch den Ruf des Erfurter Gartenbaues in diesem Jahre das Interesse aller Fachleute und Freunde des Gartenbaues auf sich lenken.

In den Tagen vom 6.—14. September dieses Jahres wird diese Ausstellung, an der sich nur die Mitglieder des Erfurter Gartenbau-Vereins, des Vereins Erfurter Handelsgärtner und die Deutsche Dahlien-Gesellschaft beteiligen, eine grosse Reihe von Besuchern nach Erfurt ziehen.

Die Arbeiten für die Ausstellung sind auf dem 30 000 qm grossen Terrain voll im Gange. Die Erdarbeiten sind im Groben vollendet, die Bauten werden jetzt errichtet.

Der beifolgend abgedruckte Plan zeigt die Disposition der Ausstellung. Vom Kaisergarten des Erfurter Schützenhauses tritt man durch die Kolonaden hindurch in die Schau- oder Empfangshalle, die mit einem fast den ganzen Raum füllenden Diorama ausgeschmückt wird. Von hier aus gelangt man in das eigentliche Ausstellungsterrain, das sich am Abhang des Steigerwaldes ca. 330 m weit hinauf erstreckt und am höchsten Punkte ungefähr 40 m über dem Schützenhause liegt.

Der untere Teil dieses Terrains ist als freie, landschaftlich ausgebildete Anlage mit reichstem Blumenflor gedacht. Die Anordnung der Blumen erfolgt lediglich nach gartenkünstlerischen Grundsätzen, sodass die einzelnen Ausstellungsobjekte desselben Ausstellers meist ganz zerstreut liegen werden.

In gleicher Weise wird das Innere der Haupthalle (Nr. 5), die 70 m lang und 20 m breit ist, landschaftlich ausgestattet. In diesem Raum werden auch die auszustellenden Schnittblumen und Bindereien als Dekorationen verteilt werden.

Auf halber Höhe des Ausstellungsterrains befindet sich ein grosser

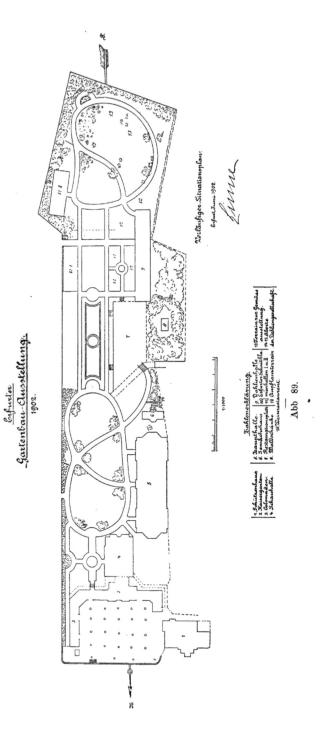

Abb. 89.

Restaurationsplatz (Nr. 7) mit Waldschänke (Nr. 8). Vor dem erhöhten Restaurationsplatz dehnt sich ein grosses Blumenparterre aus, das gemeinschaftlich von den Erfurter Handelsgärtnern ausgeschmückt werden soll.

Nr. 9 und 12 des Planes zeigen die Halle und das Auspflanzungs-terrain der Deutschen Dahliengesellschaft.

Die Hallen Nr. 10 und 11 sowie das vor ihnen liegende Terrain dienen zur Aufnahme der Schnittblumensortimente und der Pflanzen-sortimente in Töpfen.

Der höchstgelegene Teil des Terrains (Nr. 13) soll die auszustellenden Gemüsesortimente, Früchte usw. aufnehmen.

Die Ausstellung findet ohne jede Konkurrenz statt. Ein Preis-gericht existiert nicht, Preise werden überhaupt nicht verteilt.

Das ganze Unternehmen, das mit einem Kostenaufwande von ca. 45000 M. (ohne Berechnung der hohen Aufwendungen der einzelnen Aus-steller) ins Werk gesetzt wird, soll auf geschlossenem Raume ein mög-lichst umfassendes Bild geben von der Vielseitigkeit des Erfurter Garten-baues.

Es wird geplant, an den Wochentagen im Ausstellungsterrain je einen populären Vortrag über verschiedene Zweige des Gartenbaues unter Benutzung des vorhandenen Demonstrationsmaterials zu halten. Der Zutritt zu diesen ist für die Besucher der Ausstellung frei.

Die Erfurter Gärtner hoffen, und gewiss nicht mit Unrecht, dass zu dieser Ausstellung ihre Geschäftsfreunde und Kunden gern und zahlreich Gelegenheit nehmen werden, sich an Ort und Stelle von der Leistungs-fähigkeit und dem berechtigten Rufe Erfurts in der Gärtnerwelt zu über-zeugen.

Die bisherigen Vorbereitungen der grosse Eifer und die volle Ein-mütigkeit, mit der die sämtlichen ausstellenden Firmen an der Aus-stellung arbeiten, bieten die beste, sicherste Gewähr für ein gutes Ge-lingen dieses eigenartigen Unternehmens.

Ribes Grossularia ☿ × nigrum ♂ (R. Schneideri Maurer in litt).

Von E. Koehne.

Unbewehrt, von kräftigem Wuchs, dichtzweigig, ältere Zweige hell aschgrau oder auf der Lichtseite gelbbräunlich überlaufen, später durch Zerreissen der Oberhaut in Längsrissen und Sichtbarwerden der Innenrinde schwärzlich gestreift. Blattstiele etwas kürzer als die Blatt-fläche — flaumhaarig-grau. Blattfläche 15—50 mm lang, 19—57 mm breit, mit fünf abgerundeten oder mehr dreieckigen Lappen, bald mehr denen von R. Grossularia bald mehr denen von R. nigrum ähnlich, die Lappen mit weniger zahlreichen, aber etwas spitzeren Zähnen als bei letzterer. Oberseite kahl, Unterseite besonders auf den Hauptnerven etwas flaumhaarig, drüsenlos, oder mit ganz vereinzelten kleinen Drüs-

chen. Trauben zwei- bis vierblütig, mit dem Stiel etwa 2—3 mm lang,
an allen Teilen (an der Aussenseite des Kelches etwas schwächer) dicht
flaumhaarig-grau. Blütenstiele bis 3 mm lang, ihre Tragblätter so lang
oder kürzer als die Stiele. Kelch etwa 8 mm lang, mit halbkugeligem
Becher und fast 6 mm langen, breiten, während des Blühens auswärts
gebogenen Abschnitten, schmutzig purpurbräunlich, Blumenblätter 2,5 bis
fast 4 mm lang, spatelig-rundlich, weisslich. Kelchbecher innen kahl
oder nur hier und da mit einem einzelnen Haar. Staubblätter wenig
tiefer als die Blumenblätter eingefügt, fast 3 mm lang, mit ovalen
Beuteln. Griffel im unteren Drittel schwach bauchig geschwollen. im
oberen Viertel zweispaltig, mit einzelnen Haaren besetzt. Fruchtknoten
zwischen den Haaren mit einzelnen, kleinen, sitzenden Drüsen. Früchte
sehr vereinzelt, etwa 8 mm lang, schwarzrot, fein behaart, ohne Samen,
von säuerlichem Geschmack und stachelbeerähnlichem Aussehen.

Ueber die Geschichte dieses von Beissner in den Mitt. d. Deutsch.
Dend. Ges. 1895 S. 37 erwähnten Bastards, den ich aus dem Späth'schen
Arboret kenne, hat Herr Maurer-Jena, von dem der Strauch bezogen
wurde, folgende Mitteilungen an Herrn Oekonomierat Späth gelangen
lassen:

Die Pflanze wurde von Herrn Restaurateur Wilhelm Schneider
zu Königsbrück in Sachsen auf der Dresdener Beeren-Obst-Ausstellung
1890 ausgestellt. Herr Schneider selbst hat Herrn Maurer berichtet,
dass zwischen zwei Stachelbeersträuchern ein Ahlbeerstrauch stand und
dass infolge sehr nasser Witterung die Stachelbeeren ungepflückt blieben
und ausgefallen waren. (Hieraus wäre also wohl zu schliessen, dass
die fragliche Pflanze aus einem Stachelbeersamen hervorgegangen ist.)
Der Strauch ähnele im Laube mehr der Stachelbeere, sodass er zuerst
von ihm für einen stachellosen Stachelbeerstrauch angesehen worden sei;
die Blätter schillerten zur Zeit der Fruchtreife rötlich. Der Fruchtansatz
sei gering. Herr Maurer fügt aus eigener Beobachtung hinzu, dass die
Rinde beim Schaben ähnlich wie die der Ahlbeere rieche.

Dass der Bastard eine empfehlenswerte Beerenobstpflanze werden
könne, ist nach der übereinstimmend vom Entdecker, von Herrn
Maurer und im Späth'schen Arboret festgestellten geringen Fruchtbarkeit nicht zu erwarten. Dies ist zu bedauern, da die Kernlosigkeit der
Früchte eine angenehme Eigenschaft darstellen würde. Er verdient also
nur als eine botanische Merkwürdigkeit beschrieben zu werden, da die
Abstammung von zwei nicht gerade nahe verwandten Gattungsgenossen
ihm ein besonderes Interesse verleiht. Die geringe Verwandtschaft der
Eltern ist vielleicht die Ursache davon, dass im Mischling die Eigenschaften der Eltern nicht in der gewöhnlichen Weise ausgeglichen sind,
und somit die einzelnen Merkmale Mittelwerte darstellen, sondern dass
in ihm überwiegend einzelne Merkmale des Vaters neben solchen der
Mutter ziemlich unvermittelt auftreten. So hat er vom Vater den Wuchs,
den vollständigen Mangel an Stacheln. die Kahlheit der Innenseite des
Kelchbechers, von der Mutter die fast vollständige Drüsenlosigkeit der
Blätter (bei gleichmässiger Mischung müssten viel mehr Drüsen vorhanden
sein). Auch die Behaarung des Griffels ist viel geringer, als man nach

der Abstammung von Ribes Grossularia erwarten sollte. Die Frucht scheint von der Ahlbeere nur wenig an sich zu haben.

Hinzuzufügen ist noch, dass ein „Ribes alpinum latifolium", welches von Reinhold Behnsch in Dürrgoy unter diesem Namen verbreitet und mir ebenfalls aus dem Späth'schen Arboret bekannt wurde, genau dasselbe ist, wie der oben beschriebene Bastard und demnach mit R. alpinum garnichts zu thun hat.

Neue und empfehlenswerte Pflanzen usw.

Disa Kewensis.

Als ich Ihnen im vergangenen Jahre die Malereien von Disa langleyensis (racemosa × tripetaloides) und Disa Veitchii (grandiflora × racemosa) sandte, versprach ich in der beigefügten Mitteilung, d.e Sie mit den Malereien in der Gartenflora veröffentlichten, ein Bild der dritten Disa-Hybride, D. Kewensis (grandiflora × tripetaloides) zu bringen, sobald diese bei mir blühen würde.

Ich freue mich, dass es mir schon jetzt möglich ist, mein Versprechen zu erfüllen. In der beiliegenden Malerei, die wohl für eine Farbentafel der Gartenflora Verwendung finden kann, ist Disa Kewensis durch meine Frau ziemlich richtig wiedergegeben worden. Das Rosa der beiden unteren Blumenblätter könnte noch etwas zarter sein; diese Farbe ist sehr schwer zu treffen. Disa Kewensis ähnelt der Disa Veitchii. Die Blumen sind etwas kleiner, die unteren Blumenblätter sind ganz zart karminrosa und ohne die magente Tönung, die D Veitchii zeigt. Das obere helmförmige Blumenblatt ist karminrosa punktiert. Bei D. Veitchii sind diese Punkte nicht vorhanden. Der Blütenstand ist meist 8blütig.

Gleichzeitig sende ich Ihnen eine Blume von Disa Kewensis. Eine Pflanze von Disa grandiflora wird bei mir in den nächsten Tagen blühen; da diese aber sehr armblütig ist und ich die Blumen sehr nötig zum Hybridisieren gebrauche, kann ich davon leider keine abgeben. D. tripetaloides besitze ich leider nicht.

Blankenburg a. H.

G. Bornemann

Kleinere Mitteilungen.

Borsigs 5000. Lokomotive.

Am 20. und 21. Juni fanden in der Borsigschen Maschinenfabrik in Tegel grosse Festlichkeiten statt. Galt es doch die Vollendung der 5000. Lokomotive zu feiern! Hr. Ernst Borsig ward bei dieser Gelegenheit zum Kgl. Kommerzienrat ernannt, und wenn er bei dem Festessen erklärte, dass er und sein Bruder Konrad, unser Mitglied, treu den Fussstapfen ihres Vaters folgen wollen, so sind wir überzeugt, dass sich dies nicht nur auf die Maschinenfabrik und das Bergwerk in Oberschlesien, sondern eben so sehr auch auf die Borsigschen Gärten bezieht. Wir haben in Gartenflora 1894 S. 6 diesen Garten beschrieben und Abbildungen daraus gebracht. Noch heute sind diese Gärten eine umso kostbarere Perle, als alle sonstigen einst berühmten grossen Privatgärten Berlins in der Stadt verschwunden sind. — Ein Freund des Hauses Borsig, Hr. Direktor Hempel, hatte die hübsche Idee, auch durch Blumen die 5000. Lokomotive darstellen zu lassen, die am 21 Juni in Tegel überreicht wurde und auch am Abend bei dem Festmahl im Zoologischen Garten die Tafel schmückte. Er hatte Hrn. Meermann, Berlin N..

Chausseestr., mit der Anfertigung betraut, und dieser hat die schwierige Aufgabe, aus einer Lokomotive einen geschmackvoll dekorierten Gegenstand zu machen, in trefflichster Weise gelöst. Wir werden nächstens die Abbildung bringen.

Düngungsversuche bei Gypsophila elegans und bei Petunien.

Die „Commission des Engrais" (der Ausschuss für Düngungsversuche der Soc. nat. d'hort. de France) hat in dem Journal der Gesellschaft 1901 sehr interessante Düngungsversuche veröffentlicht, auf die wir besonders hinweisen, weil kürzlich erst in der Gartenflora die so lehrreichen Versuche an der Versuchsstation Dresden von Hrn. Kgl. Garteninspektor Ledien beschrieben sind.

Monströse Calla.

In der vorletzten Nummer der Gartenflora, S. 315, berichteten Sie irrtümlich (im Sitzungsbericht), dass die von mir gezeigte Missbildung an einer Callablume von einer weissblühenden Zantedeschia gewesen sei. Es war ein Blütenstand der Hybride „Solfatara" (Elliotiana × Adlami). Ich erlaube mir, Ihnen dies mitzuteilen, da Herr Prof. Magnus mir schrieb, dass sie noch eine Abbildung dieser Monstrosität in der Gartenflora bringen würden. G. Bornemann.

Calla-Kultur im Freien.

Ich habe eine Anzahl Knollen der Hybride „Solfatara" ins Freie gelegt, genau wie Gladiolen, und sie stehen jetzt in schönster Blüte. Die Blumenhüllen sind grösser und offener wie bei den unter Glas kultivierten Exemplaren und der Wuchs ist bedeutend gedrungener. Herrn Leichtlin's Mitteilung aus der letzten Nummer der Gartenflora finde ich vollkommen bestätigt, wenigstens bei dieser Hybride, die ja bedeutend widerstandsfähiger ist wie ihre Stammart Elliotiana.

G. Bornemann.

Unverwüstlichkeit vieler Pflanzen.

Es ist erstaunlich, wie die Natur im Pflanzenreich ihre Kinder zu schützen und zu erhalten versteht und wie sie gegen mancherlei diesen Pflanzen höchst feindliche Elemente kämpft. Es giebt Pflanzen, welche Wassers- und Feuernot, grosser Dürre, verheerendem Insektenfrasse und allen ähnlichen Ungebilden und Gefahren unter Umständen widerstehen und weiter leben und vegetieren, sobald diese Elemente und Gefahren vorübergezogen sind. Ja, es giebt Pflanzen, welche aller Wurzeln beraubt, jahrelang ausserhalb der Erde im Sonnenbrande liegend, dennoch weiter grünen und wachsen, sobald sie wieder in die Erde gepflanzt werden. Man braucht dabei garnicht gleich an Cacteen zu denken, denn diese sind meist sogar empfindlicher gegen lange Dürre, wenn sie dieselbe entwurzelt ausserhalb der Erde zu überstehen haben. Das beweisen die schlecht gesammelten und lange an der Luft gelegenen Cacteen Mexikos und anderer Gegenden, welche man uns zu teuren Preisen nach Europa sendet und die fast immer eingehen.

An den Küsten Siciliens werden von den Stürmen oftmals grosse oder kleine Agave americana losgerissen und monatelang von der Salzflut umher getrieben. Man begegnet solchen Pflanzen zuweilen auf der Oberfläche des ruhigen Meeres, wenn man an den Küsten der Insel gondelt, oder in kleinen Dampfern von Sicilien nach den Aeolischen Inseln fährt.

Sie werden nach vielen Monaten, vielleicht nach 1—2 Jahren, endlich den Strudeln der Enge von Messina entrissen und hier irgendwo mit halb verfaulten Blättern an die Küste getragen und treiben, obwohl sie völlig wurzellos waren, willig weiter, wo man sie pflegt. Der feste Kern der Pflanze widerstand allen Angriffen des Wassers und blieb gesund. Dieselbe Pflanze entwurzelt liegt 2—3 Jahre unter dem Himmel Süd-Kalabriens im Sonnenbrande des Sommers und allen Unbilden des Winters ausgesetzt, lebt und wächst weiter, so man sie danach wieder aufrichtet und einpflanzt.

Hier um Palmi an den felsigen malerischen Küsten giebt es prächtige Olivenwälder. In einem mir besonders bekannten Haine wurde vor 6 Jahren von einem Sturme ein sehr alter Oelbaum entwurzelt und umgeworfen, er war zu schwer, um wieder aufgerichtet und weiter kultiviert werden zu können, und man liess ihn liegen. Es wurden ihm alle Aeste abgeschnitten und am Wurzelhalse der Stamm durchsägt, um später verkauft zu werden. Aber der Stamm liegt heute noch nach 6 Jahren gesund und grünend auf der Erde, ohne Wurzeln, und hat nach 4 Jahren da und dort junge, noch grünende Zweige getrieben! — Von den Stürmen umgeworfene und völlig entwurzelte Oelbäume werden meistens wieder aufgerichtet, nachdem man alle Aeste abgeschnitten hat! Sie grünen alsbald weiter und werden bereits nach 3—4 Jahren wieder tragbar.

Im Thale von San Ferdinando, nicht weit von hier, liess jch im Frühlinge 1899 an den Biegungen eines Kreuzweges in einem Weingelände Schutzpfosten mannesschenkeldicker, einfach abgehauener Oelbaumäste stecken. Dieselben blieben grünlebend und trieben nun kräftige Blütenzweige. Der dürre und doch grünende Stab Moses ist mir nun kein Rätsel mehr.

Entwurzelte Feigenbäume bleiben gleichfalls jahrelang am Leben und wachsen fröhlich weiter, so man sie wieder in die Erde bringt. Alte Stämme leben im Grase liegend einige Jahre. Noch zäher sind Ficus benghalensis und Ficus Benjamina. Ihre abgehauenen Stämme widerstehen jahrelang dem Tode und leben und grünen im Grase, besonders im Halbschatten ihrer Genossen ruhig weiter.

Die Gärten Palermos, diese paradiesischen Dorados, können davon erzählen.

Opuntia Ficus indica, wenn alt geworden, trägt oft nur schwer das gliederreiche Haupt und ein Sturm schleudert den verholzten Stamm gelegentlich zu Boden. Dort bleibt er viele Jahre lebend und grünend und gelegentlich auch blühend und fruchtbringend. Es scheint, als ob er unsterblich sei.

Alte Platanenstämme, abgeschnitten und wieder gepflanzt, leben und treiben nach einem Jahre junge Zweige. Alte Populus nigra und besonders Populus canescens abgesägt und zu Boden geworfen bleiben ebenfalls lange frisch und grünen weiter, so man sie ihrer Aeste beraubte. Auch Morus alba lässt solche Eingriffe geduldig über sich ergehen ohne zu verdorren. Er darf unbeschadet zweimal des Stammes entlaubt werden und treibt dennoch wieder junges Laub, ja man darf ihm unbeschadet mitten im Sommer alle Aeste abhauen, er treibt dennoch wieder aus.

Cyperus rotundus L ist ein unausrottbares Unkraut. Die dunkelbraunen Knöllchen können 3 Jahre im Sonnenbrande an der Erdoberfläche liegen und treiben sofort wieder Wurzeln, so man sie mit Erde bedeckt. Ich lasse dieselben sorgfältig beim Hacken in den Nebengeländen sammeln und in hohe Haufen setzen, sie fermentieren, grünen aber dennoch jahrelang fort und so oft ich diese Haufen umsetzen lasse, ganz töten kann ich sie nur, wenn ich sie reichlich mit ungelöschtem Kalk durchsetzen lasse, und dann noch leben viele Knöllchen weiter. Der Winzer hierzulande hasst sie mehr als anderes Unkraut, sammelt sie sorgfältig aus und wirft sie mitten in die staubigen, glühend heissen Wege. Auch hier leben sie jahrelang weiter und verdorren nicht.

Im Wasser treiben sie 5 Monate lang, wahrscheinlich länger, ohne zu faulen. Heisse Asche, wie ich versuchte, tötet sie nicht. Ganz ähnlich verhalten sich Cyperus comosus, C. melanorhizus und C. esculentus.

Vom Kaplande und aus Natal importierte riesige Crinum-Zwiebeln des Cr. capense, Cr. Mac Owani, Cr. riparium und Cr. Moorei leben 2 Jahre lang ohne zu verlieren, ausser der Erde und wachsen dann fröhlich weiter, wenn man sie pflegt. Aehnlich verhalten sich die Zwiebeln von Amaryllis Belladonna, Nerine sarniensis und Pancratium maritimum.

Alte Bäume der Celtis australis, durch Brände mitten im Sommer völlig entlaubt und an der Staude verbrannt und geschwärzt, grünt bald wieder weiter. Man sollte diesen Celtis und auch C. occidentalis sowie Ricinus communis in geeigneten Geländen als Schutzsäume um wertvolle Waldpartien pflanzen, sie würden den Bränden Einhalt thun.

Die Köhler in den Kastanienwäldern Italiens töten alte Bäume durch Winterfeuer oft gänzlich aus und verbrennen teilweise die Stauden, dennoch grünen und fruktifizieren solche Bäume und werden sehr alt.

Cynara spinosissimus, die dornige, wilde Artischocke Italiens, kann viele Monate lang im Sonnenbrande der Apulischen Ebenen Italiens liegen und grünt,

wenn man die holzigen Wurzelstöcke danach pflanzt, weiter.

Stämme der Cycas revoluta völlig
entlaubt und entwurzelt können 2 Jahre
ausser der Erde bleiben, ohne an Lebenskraft zu verlieren. Die riesige
Cycas media Australiens soll nach F. v.
Müller 8 Jahre in einem Konservatorium
gelegen und danach eingepflanzt junge
Blätter getragen haben. Cycas Nor-
manbyana uud Zamia spiralis habe ich
2 Jahre in einem hellen, aber kühlen
Keller ohne Erde und ohne Wurzeln
aufbewahrt und sie verloren nichts an
Lebenskraft und Frische.

Baumfarne wie Cyathea medullaris,
Cibotium und Balantium können unge-
fährdet ohne Verpackung monatelang
reisen und grünen alsbald wieder, so
man sie in feuchte und warme Luft
bringt.

Alte Stämme der Dracaena Draco
liegen gleichfalls monatelang im Sonnenbrande entwurzelt auf der Erde
ohne an Lebenskraft einzubüssen und
Stämme von Yucca aloëfolia bleiben
länger als ein Jahr frisch, wenn man
sie entwurzelt in der Sonne liegen lässt.
Diese stattliche Schar lebenskräftiger,
fast unverwüstlicher Pflanzen liesse sich
noch erheblich vergrössern, wollte man
nur aus dem Schatze eigner Erfahrungen stets aufzeichnen. Feld- und Gartenbau können unter Umständen Nutzen
daraus ziehen.

Palmi, Calabrien, im Mai 1902.

C. Sprenger.

Lilium candidum L. (silvestre).

Woher stammt die weisse Lilie? Diese
vielleicht schönste, in Europa aber
sicher beliebteste, prächtige Lilie, diese
edle vollkommene Blume ist heimats-
los geworden und wandert ohne Ge-
burtsschein, nur mit einem Taufschein
des milden Va ers Linné ausgestattet,
durch alle Gärten der blumenliebenden
und -pflegenden Welt. Zwar sagen
alle Botaniker Italiens von ihr: da und
dort auf Mauern und Ruinen wild, und
setzen aber wohlbedacht hinzu: kultiviert in den Gärten Ich glaube, keiner
hat sie wild gefunden, ich wenigstens,
so oft und so wiederholt es mir auch
seit 5 Jahren nunmehr vergönnt war,
alle Winkel des wunderschönen Landes,
seiner grossen und kleinen Inseln zu
durchstöbern, habe sie nirgends wild
gesehen. Vielmehr fand ich sie in mittelalterlichen Klostergärten und zuweilen
auch ausserhalb derselben. So in Su-
biaco, Fiesole, Albani, Ostia und Gen-
zano.

Aber immer war sie den Gärten nur
entwichen, nirgends augenscheinlich
wild. Boissier sagt desgleichen und
keiner der neueren und jüngeren Forscher und Sammler hat sie im weiten
Oriente jemals wild gesehen.

Kein Zweifel, als eine der schönsten
Blumen Europas — ich nehme als ganz
bestimmt an, dass sie ursprünglich auch
in Italien wirklich wild war — musste sie,
so lange die Lande hier bevölkert waren, die Aufmerksamkeit der Menschen,
auch der halbwilden Barbaren, auf sich
lenken, und immer wieder ward sie
in die ersten Anfänge der Kultur übernommen. Und da sie als eine
der edelsten Gewächse nicht gemein
ist und nicht überall auftrat, musste sie
auch mit dem Zunehmen der Kultur
nach und nach verschwinden. Aber ihrer
Schönheit verdanken wir es, dass sie
uns erhalten blieb.

Sie mag am ganzen Mittelmeer verbreitet gewesen sein, oder aber sie ist
mit den Völkern und deren Zellen
wandernd, durch Klimawechsel und
Boden etc. einerseits wandelbar und
andererseits vollkommen unfruchtbar
geworden.

Von den Hunderttausenden Lilium
candidum, welche ich in Italien kultivierte, habe ich durch manches Jahr
hindurch trotz vieler Mühe nur sehr
selten eine Frucht mit teilweise fruchtbarem Samen erreichen können und
aus diesem auch einige frühblühende
und abweichende Formen erzogen, die
aber wieder, soviel ich sicher weiss,
von unwissenden Menschen vernichtet
wurden.

Die weissen Lilien Griechenlands,
Cyperns, Corfus, Tunis, Algiers und Süd-
Frankreichs einerseits, welche ich sämtlich kultivierte, und die Palästinas,
Smyrnas und Italiens andererseits weichen untereinander mehr oder weniger
ab und bilden für sich abgeschlossene
Kulturkreise. Ja, selbst die Lilien von
Ravenna, Florenz, Rom, Neapel und Palermo sind deutlich von einander zu unterscheiden, freilich nicht von jedermann
sogleich auf den ersten Blick, und dem
Gärtner dürften sie so ziemlich alle

gleich erscheinen, wenngleich vielleicht auch eben er sich diese ihre Wandelbarkeit sehr leicht nutzbar machen könnte, ich will hier nur an die frühere oder spätere Blüte, welche um 2—3 Wochen variieren kann, erinnern. Als eine der schönsten weissen Lilien ist mir die von Florenz erschienen.

Sie bildet riesige Blütenpyramiden mit bis 18 oft sehr grossen Blättern. Die von Palermo ist armblättrig, aber ihre Petalen sind breit und zurückgeschlagen.

Mag man nun in Folgendem einen Versuch, die Heimat der schönen Lilie zu finden erblicken oder nicht, es scheint mir Pflicht, auf etwas hier aufmerksam zu machen, welches mir von höchstem Interesse, sowohl der Wissenschaft, als auch ganz besonders des Gartenbaues und der Hybridisation zu sein scheint.

Namentlich hat das wilde Aspromontegebirge eine eigentümliche und sehr reiche Flora. Besonders reich an Gramineen, Liliaceen und Orchideen, sowie Papilionaceen. Kalk ist reichlich vorhanden und die Lilie liebt Kalkgestein als Unterlage! Wild fand ich sie bisher nicht im Aspromonte, aber ganz sind meine Bemühungen doch nicht nutzlos geblieben. Am Fusse des Aspromonte auf grünem Hügel nahe am Flusse Mesima liegt die kleine Stadt Rosarno; im Altertum lag unten in der Ebene am Mesina die Griechenstadt Mesma.

Auf dort ausgegrabenen Terracotta-Vasen hat man Lilien geformt gefunden. Hier gab es seit dem 10 Jahrhundert ungefähr Mönchsklöster in Rosarno und die Mönche waren lange Zeit fast die einzigen Träger auch der Botanik und besonders als gute Gärtner bekannt hierzulande. Sie hatten sicher in ihren Klostergärten auch die weisse Lilie, deren Blüten sie im katholischen Ritus nicht entbehren mochten. Die Lilie ist sowohl dem heiligen Antonius (man erinnere sich an das griechische Wort „anthos" = Blume) als auch dem heiligen Ludwig Gonzaga und ganz besonders der Heiligen Jungfrau geweiht. Diese Mönche mochten nun die Lilie aus dem Felde in ihre Klostergärten bringen, um sie sicher im Monate Mai, der heiligen Jungfrau geweiht, immer zur Hand und sicher in Blüte zu haben zu Ende des Monats und somit vor völliger Ausrottung durch fortschreitende Kultur bewahren. Aber noch mehr. Der Ritus orientalis, griechischen Ursprungs, der Basilianer, eines Ordens, gegründet vom heiligen Basilius, siedelte sich bereits zur byzantinischen Periode in Süd-Italien an und diese griechischen, langbärtigen Mönche gründeten auch hier in Rosarno ein Kloster, welche erst viel später von römisch-katholischen Mönchen verdrängt und später ganz aufgehoben wurde. Wie leicht konnten diese byzantinischen Mönche die wilde Lilie, die man heute hier findet, aus dem Orient eingeführt haben.

Kurz, entweder haben bereits heidnische Griechen lange vor Christi Geburt die Lilie hergebracht, oder es waren Basilianer, griechische Mönche, welche sie brachten, oder, was wahrscheinlich, sie wächst ursprünglich hier im Hügellande, welches an malerischer Schönheit seinesgleichen sucht, wild. — Die hiesige Form der weissen Lilie weicht erheblich von allen hier bekannt gewordenen Lilien ab und zeichnet sich durch grosse Fruchtbarkeit d. h. Samenerzeugung aus.

Dieser Umstand allein deutet auf ihre Ursprünglichkeit hin und dürfte von grösster Wichtigkeit für die Zukunft der Lilienkultur sein.

Ich fand die typische „wilde" Lilie ursprünglich auf alten Friedhöfen, bei Priestern und hier nahe bei San Ferdinando unter einer Eucalyptus-Pflanzung, sowie nahe bei einem alten Madonnenbilde am 20. Mai 1898 blühend und war vom ersten Augenblicke von ihrer Schönheit sowie völligen Abweichung von allen mir bekannten weissen Lilien überrascht. Noch mehr aber, als ich im darauffolgenden Herbst ganze Bündel vollkommener Fruchtstengel fand, welche sie ohne jede menschliche Hülfe (Bestäubung) gereift hatte. — Es folge hier eine kurze Beschreibung. Zwiebel mittelgross, leicht zur Teilung geneigt, mit schmalen, spitzigen Schuppen, locker und leicht. Schaft schwärzlich-braun, schlank, dicht mit zungenförmigen, langen und schmalen Blättern, welche nach oben kleiner werden, besetzt und ca. 1,50 m hoch. An seiner Spitze 10—16 Blüten tragend, die länger gestielt sind als die der meisten Kulturformen, zuweilen auch zu zweien auf einem Stengel erscheinen.

Diese Seiten Blütenstiele sind gleichfalls zuweilen mit einem oder zwei Stengelblättern besetzt. Ovarium lichtgrün, grösser und schlanker als das der Kulturformen. Griffel sehr lang, oben dunkelgrün. Pistill kleiner als das der Kulturformen, lichtgrün, Staubfäden dicklich, kräftig, Antheren klein, Pollen licht schwefelgelb, während der Pollen aller Kulturformen goldgelb ist. Innere Petalen 9—10 cm lang und 2—3 cm breit, äussere genau so lang, oben nur 1½ cm breit, höchst elegant zurückgeschlagen, blendend weiss, aussen lichtgrün tuschiert.

Der Duft dieser sehr schönen Lilie ist absolut verschieden von allen andern L. candidum, die ich kennen lernte, er ist mir nicht leicht definierbar und nur mit dem zarten, unendlich lieblichen und jedermann angenehmem Duft mancher Orchideen, z. B. Catleya, vergleichbar.

Es liegt auf der Hand, dass diese köstliche Lilie der Lilienkultur und besonders der Erschaffung neuer Hybriden vorzügliche Dienste leisten kann.

San Ferdinando di Calabria,
1. Juni 1902.
C. Sprenger.

Delphinium cardinale, verbändert.

Per Post sandte ich Ihnen eine ganze Pflanze eines verbänderten De'phinium cardinale und hoffe, dass dasselbe Ihr Interesse haben wird. — Dieser schöne Rittersporn wächst hier am besten auf Schutthaufen, säet sich von selbst aus, blüht im zweiten Jahre, ist vollkommene Staude, wird ca. 2 m hoch in blühendem Zustande, blüht von Mai bis Oktober, ist unermüdlich und bringt reichlich Samen. Es verlangt wenig oder kein Wasser, wohl aber die volle Sonne und freien Standort. Unter meinen Sämlingen findet sich dieses Jahr ein hochfeiner Albino, der ungefähr so aussieht wie Delph. solphorum aus Persien und Turkestan, nur etwas blasser ist und natürlich ein echter cardinale ohne Blutmischung.

Vomero-Napoli, 7. Juli 1902.
C. Sprenger.

Verbindlichsten Dank! L. W.

———

Frau Clara Veit lässt auf ihrer Besitzung in Tegel ein Palmenhaus durch die Firma Liebenow & Jarius errichten.

———

Litteratur.

Georg Heber, Ingenieur für Elektrotechnik in Rendsburg. Verlag von Schulze & Comp., Leipzig. **Elektrizität und Pflanzenwachstum.** Vortrag, gehalten in der Elektrotechnischen Gesellschaft zu Leipzig.

Der Vortragende weist durch ausgeführte Versuche die Ertragserhöhung bei Pflanzen infolge Anwendung von Elektrizität nach. Auch sei durch ein elektrochemisches Verfahren die Vertilgung der Reblaus möglich. Letzteres wäre mit Freuden zu begrüssen und würde für die Weinbau treibenden Länder eine wahre Wohlthat sein.

———

Enzio Reuter. Ueber die Weissährigkeit der Wiesengräser in Finnland. Ein Beitrag zur Kenntnis ihrer Ursachen. Verlag Helsingfors 1900.

Eine treffliche Arbeit, welche endlich einmal alle die Ursachen der Weissährigkeit aufdeckt. L. W.

———

B. Leisering. **Winklers Einwände gegen die mechanische Theorie der Blattstellungen.** Oktav. 476 Seiten mit zwei Tafeln. Leipzig, Verlag von Wilhelm Engelmann. 1902.

Beiträge zur Naturkunde Preussens, herausgegeben von der Physikalisch - Oekonomischen Gesellschaft zu Königsberg. No. 8:

Dr. Alfred Jentzsch, Kgl. Landesgeologe und Professor. Nachweis der beachtenswerten und zu schützenden Bäume und Sträucher und erratischen Blöcke in der Provinz Ostpreussen. Quart. 150 Seiten mit 17 Tafeln. Gedruckt auf Kosten der

Provinz Ostpreussen. Druck von Emil Rautenberg, Königsberg i. Pr. 1900.

Giebt eine ausführliche Aufzählung und Beschreibung der schönsten Bäume usw., von denen viele abgebildet sind.

J. Gravereaux. Les Roses cultivées a l'Hay en 1902, mit einem Vorwort von Andre Theuriet, Mitglied der Académie francaise, sowie mit Aquarellen und Zeichnungen von S. Hugard. Im Buchhandel bei Pierre Cochet, Journal des Roses, Grisy-Suisnes (S. et M.) und bei Jules Rousset, 36 Rue Serpente, Paris. Gr. 8°, 232 Seiten.

Dieses glänzend ausgestattete Werk ist ein äusserst wichtiger Katalog der zahlreichen wilden und Garten-Rosen, die in dem Garten des Hrn. Gravereaux kultiviert werden. Wir glauben nicht fehlzugehen, wenn wir sagen, dass nirgends in der Welt ein so reiches Sortiment von wilden Rosen und vielleicht auch nicht von Gartenrosen zu finden ist als dort. Allen Rosenzüchtern sei das Werk bestens empfohlen. Ein spezieller Teil ist auch den Schlingrosen, ein anderer den Oelrosen gewidmet.

L. W.

Dr. Carl Holtermann, Anatomisch-physiologische Untersuchungen in den Tropen (Sitzungsberichte der Kgl. preuss. Akademie der Wissensch. XXX. Bd.) 1902.

Der Verfasser schildert in interessanter Weise besonders die Verhältnisse in Ceylon. Der südwestliche Teil der Insel ist feucht und zeigt an einzelnen Stellen eine Regenmenge von 450 cm (etwa zehnmal so viel als Berlin W.), der Norden aber und die südöstlichen Provinzen weisen an verschiedenen Orten nur 38—40 cm auf. Ceylon besitzt fast nur immergrüne Bäume, während die meis en ähnlichen Gegenden des nahen Südindiens Wälder von Bäumen mit Laubfall zeigen. — Die europäischen Bäume, die in den Tropen kultiviert werden, verhalten sich, wie es scheint, in der Hauptsache wie bei uns. In dem tropischen Gebirgsgarten zu Hakgala verlieren z. B. die Eichen (Quercus robur und Q. pubescens) im Oktober und November die Blätter und im Januar und Februar erscheinen die neuen. Die Angabe einzelner Lehrbücher, dass die europäischen laubabwerfenden Bäume in den Tropen immergrün dastehen, ist in keinem Falle richtig. Besonders bespricht der Verfasser die Transpiration der Pflanzen in den Tropen. Diese hört in dem feuchtwarmen Klima von Peradeniya kurz nach Sonnenuntergang beinahe oder vollständig auf, indem der Wasserdampf der Luft sich zu Tau kondensiert. Morgens ist die ganze Vegetation so nass, dass es oft den Anschein hat, als wenn es die ganze Nacht geregnet hätte.

Interessant sind die Untersuchungen bei einer Orchidee, Cymbidium bicolor, einer in Ceylon und Südindien sehr gewöhnlichen Orchidee. Es wächst auf den Bäumen, wo es oft, der allerheissesten Sonne ausgesetzt, wochen-, ja monatelang jeden Regentropfen entbehrt, nur wenige andere Orchideen, wie Rhynchostylis retu sa, Vanda Roxburghii etc. können unter solchen Verhältnissen leben. Die Wurzeln bilden ein nestartiges Geflecht; in diesem sammelt sich ein kleines Häuflein von mehr oder weniger zersetzten pflanzlichen Fragmenten und Humusbildungen. In diesem Wurzelgeflecht, das einem Polster von oft recht bedeutenden Dimensionen gleicht, wird die Feuchtigkeit für lange Zeit aufgespeichert und es ist die Temperatur in ihm viel niedriger als in der Nähe der Oberfläche. Die letztere betrug einmal 42 Grad C., ein anderes Mal 37 Grad, in der Mittagsstunde, abends 28 Grad. Das Polster aber hatte mittags nur 27—28 Grad, abends war sie indess fast nicht verändert. Selbstverständlich ist auch der anatomische Bau der Blätter so eingerichtet, dass die Pflanze xerophytisch (trocken) leben kann. Sie haben eine dicke Cuticula und besonders eine Schicht mechanischer Zellen, die parallel mit der Epidermis verläuft. Die Spaltöffnungen sind nur auf der Unterseite und auch hier nur in sehr geringer Zahl vorhanden, die Atemhöhle ist verschwindend klein.

Sehr schnell reagierte Cyanotis zeylanica, eine Commelinaceae, mit Tradescantia verwandt, wenn sie verschieden trocken oder feucht gehalten wurde. Während sie an trockenen Stellen bis 3 mm dicke fleischige Blätter besitzt, deren Wassergewebe (eine Schicht langer pallisadenartiger, mit Wasser erfüllter Zellen) ⁴/₅ der Blattdicke einnimmt, ist sie auf ihrem natürlichen, feuchteren Standorte nur mit 1 mm dicken, aber grösseren Blättern versehen, denen das Wassergewebe fast ganz fehlt. Kehrte man die Verhält-

nisse um, so veränderte sich mit erstaunlicher Schnelligkeit die Dicke des Wassergewebes an den neu gebildeten Blättern.   L. W.

Pflanzen-Schutz.

Vertilgung der Heuschrecken im Kaukasus.

Wie das deutsche Konsulat in Tiflis meldet, ist man im Ferganagebiet der Heuschreckengefahr in diesem Jahre rechtzeitig begegnet, sodass sie hier als beseitigt betrachtet werden kann. Als wirksamstes und billigstes Mittel zur Bekämpfung der Heuschrecke wurde ein Heer von Hühnern verwendet. Daneben bedient man sich auch des Mittels, die Heuschrecken in Gräben zu treiben und mit Erde zu verschütten. Seltener ist die Anwendung des Vermorelschen Apparates zum Besprengen des Feldes mit Pariser Grün und Kalklösungen.

Warnung vor der Monilia der Obstbäume. *)

Es hat sich in diesem Sommer stellenweise bei den Frühkirschen eine weitgehende Fäulnis der Früchte auf den Bäumen gezeigt. Da die Fäulnis schon beginnt, bevor die Kirschen plückreif geworden, werden dieselben von den Züchtern auf den Bäumen belassen, wo sie allmählich mit den dazwischen stehenden Blättern zu dicken grauen Klumpen verkleben. Der graue, sich zu kleinen Polstern ausbildende Ueberzug wird durch den bekannten Fruchtschimmel, Monilia fructigena, gebildet, der durch das nasse Frühjahr die ungewöhnliche Begünstigung erfahren hat.

Wir fürchten zwar keineswegs ein Absterben der Bäume, wie dies bei ähnlicher Gelegenheit vor einigen Jahren befürchtet worden ist, aber wir müssen auf die Möglichkeit hinweisen, dass der

*) Sonderabdruck aus den „Mitteilungen der D. L. G."

Pilz, wenn das Wetter unbeständig bleibt, auf die Pflaumen übergehen wird. Es werden zuerst die Eierpflaumen ergriffen werden; dann kommen andere weichfleischige Sorten und Reineclauden an die Reihe, bis auch unsere Hauspflaume schliesslich befallen wird. Mirabellen haben am wenigsten zu fürchten.

In Rücksicht auf diese Möglichkeit eines Monilia-Befalls, der sich auch auf Aepfel und Birnen auszudehnen vermag, raten wir zur baldigen Bespritzung der fruchttragenden Bäume mit einer 1—2 prozentigen Bordeauxmischung (Kupfervitriolkalkmischung). In der Voraussetzung, dass die Herstellung der Mischung allenthalben bekannt ist*), machen wir nur auf die Merkmale aufmerksam, welche eine richtig hergestellte Mischung haben muss.

Lässt man die Mischung stehen, so muss sich ein wolkiger, blauer Niederschlag bilden und die darüberstehende Flüssigkeit muss vollkommen klar (nicht bläulich oder grünlich) sein. Auch dürfen einige Tropfen einer Lösung von gelbem Blautlaugensalz, in die Lösung gegossen, keinen braunen Niederschlag erzeugen. Sollte dies der Fall sein, muss noch etwas Kalk hinzugefügt werden.

Die Nester aus fauligen Früchten und verklebten Blättern müssen von den Bäumen entfernt und verbrannt werden.

Prof. Dr. Paul Sorauer,
Berlin-Schöneberg.

*) Siehe das von der D. L. G herausgegebene Büchlein „Pflanzenschutz" II Aufl. S. 68.

Unterrichtswesen.

Zur diesjährigen Obergärtner-Prüfung an der Kgl. Gärtner-Lehranstalt hatten sich 6 Kandidaten gemeldet. Der Prüfung in Landschaftsgärtnerei unterzogen sich die Herren Acker-

mann, Gené, Glogau, Halbritter und Snowdon, während sich Hr. Wirtz in Obstbau prüfen liess. Sämtliche Kandidaten bestanden die Prüfung, die am 19. Juli in der Anstalt stattfand.

Ausstellungen und Kongresse.

Hannover. Provinzial-Gartenbau-Ausstellung, veranstaltet vom Hannov. Provinzial - Gartenbau -Verein gemeinschaftlich mit dem Gärtnerverein Hannover, vom 26.—28. Sept. in Bella Vista. Mit der Ausstellung ist auch eine Pflanzenbörse verbunden, welche eine geschlossene Abteilung für sich bildet. Anmeldungen bis 20. August beim Geschäftsführer, Stadtobergärtner Zeininger, Leinstr. 11.

Aus den Vereinen.

Einladung zur XV. Hauptversammlung des Vereins Deutscher Gartenkünstler vom 24. bis 27. August 1902 zu Breslau.

Zeiteinteilung:
Sonnabend. den 23. August, abends 8 Uhr: Zwanglose Zusammenkunft auf der Liebichshöhe. — Sonntag, den 24. August, vormittags 9—12 Uhr: Beratung von Vereinsangelegenheiten im grossen Sitzungssale des Provinzial-Landhauses, Gartenstr. 74.

Tagesordnung:
1. Eröffnung der Sitzung und Begrüssung. 2. Aufnahme und Anmeldung neuer Mitglieder. 3. Erstattung des Jahresberichts. 4. Vorlage und Genehmigung der Abrechnung für 1901. 5. Personalien. 6. Endgiltige Feststellung der Gebührenordnung. Berichterstatter: die Herren Kgl. Gartenbaudirektor Bertram und Städt. Garteninspektor Fintelmann - Berlin. 7. Genehmigung des Vertrages mit Gebr. Borntraeger betr. die Drucklegung und den Verlag der Gebührenordnung. Berichterstatter: Hr. Wendt-Berlin. 8. Stellung der Gruppen im Verein. Berichterstatter: oie Herren Städt. Friedhofverwalter Beitz - Köln a. Rh , Städt. Gartendirektor Linne-Erfurt und Gartenarchitekt Pietzner-Breslau. 9. Staatliche Obergärtner-Prüfungen. Berichterstatter: Hr. Städt. Gartendirektor Hampel -Leipzig. 10. Die Zweckmässigkeit des obligatorischen Fortbildungsunterrichtes für die Lehrlinge der Gärtnerei. Berichterstatter: Hr. Stadtobergärtner Engeln - Breslau. 11. Sonstige Anträge. 12. Vorlage des Haushaltungsplanes für 1902. 13. Wahl des nächstjährigen Vorortes. 14. Wahl der Ausschüsse. 15. Neuwahl des Vorstandes. 16. Genehmigung der Niederschrift. — Nachmittags 12 —1 Uhr: Früh-

stück dortselbst, von der Stadt gegeben Nachmittags 1—3 Uhr: Fortsetzung der Beratung von Vereinsangelegenheiten. Nachmittags 3—4 Uhr: Oeffentlicher Vortrag des Hrn. Apotheker Scholtz-Breslau: „Interessante Coniferen unter Vorlegung von Holzabschnitten, Zapfen usw." Nachmittags 4 Uhr: Festessen im Südpark-Restaurant (Gedeck 3 M.). Nachmittags 7 Uhr: Besichtigung des Südparkes. Im Anschluss daran Abendschoppen. —

Montag, den 25. August. Vormittags 8 Uhr: Zusammenkunft am Kaiser Wilhelm-Denkmal. Vormittags 9 Uhr: Promenadenbesichtigung. — Butterbrot gegeben von Hrn. Gartendirektor Richter. Vormittags 9½—10 Uhr: Wagenfahrt nach dem Schiesswerdergarten (Regierungsgebäude, Aeusserer Stadtgraben, Museum der bildenden Künste, Ring, Nikolaistrasse, Königsplatz, Blücherplatz, Universität, Schiesswerder). Vormittags 10—12 Uhr: Im Schiesswerdersaale: Fortsetzung der Beratung von Vereinsangelegenheiten. Mittags 12—2½ Uhr: Vorträge: Hr. Gartenarchitekt Pietzner-Breslau: „Ziele und Fortschritte der heutigen Gartenkunst", Herr Kgl. Gartenbaudirektor Göschke-Proskau: „Interessante Gärten Oberschlesiens", Herr Garteningenieur Glum - Berlin: „Die Technik des gärtnerischen Planzeichnens unter Berücksichtigung der geschichtlichen Entwickelung desselben". Nachmittags 2½—3½ Uhr: Gemeinschaftliches Mittagessen ebendaselbst (Gedeck 2 M.). Nachmittags 3½—4½ Uhr: Dampferfahrt vom Schiesswerder nach Scheitnig durch den städt. Hafen und den Grossschifffahrtskanal; Bewirtung mit Kaffee auf dem Dampfer. Nachmittags 4½—7 Uhr: Besichtigung des Scheitniger Parkes

(Schweizerei, Bandewäldchen, Göppert-
hain, Kaiser Wilhelm - Anlage, Diana,
Zoolog. Garten). Nachmittags 7 Uhr:
Abendessen in der Schweizerei. —
Dienstag, den 26. August. Vormittags
8½—10½ Uhr: Besichtigung des Rat-
hauses und interessanter alter Stadtteile.
Vormittags 10½—12 Uhr: Besuch des
Kgl. botanischen Gartens, Göppertstr. 6-8.
Nachmittags 12—1½ Uhr: Gemeinsames
Mittagessen in der Vereinigten Loge,
Sternstr. 28-30 (Gedeck 2 M.). Nach-
mittags 1½ Uhr: Fahrt nach dem Rechten-
Oderufer-Bahnhof. Nachmittags 2¹⁰ Uhr:
Abfahrt nach Sibyllenort. Besichtigung
des Parkes, Schlosses und Wasserwerkes.
Nachmittags 7³⁰ Uhr: Rückfahrt nach
Breslau.

Mittwoch, den 27. August: Gemeinsame Ausflüge nach Proskau und Dobrau
oder Salzbrunn, Fürstenstein etc. —

Die näheren Angaben für die Ausflüge
am Mittwoch, sowie empfehlenswerte
Hotels werden in der Augustnummer
des Vereinsorgans (Ztschr. für Gartenkunst) bekannt gegeben werden. Zur
Teilnahme am Festessen und an den
Ausflügen ist die Ausgabe von Karten
beabsichtigt. Die Führung und Unterhaltung der Damen während der Beratungen hat bereitwilligst ein Damen-
ausschuss übernommen

Am 7. September findet zu Erfurt,
anlässlich der daselbst stattfindenden
Gartenbauausstellung, eine Sitzung der
Gruppe Sachsen - Thüringen statt, auf
die wir bereits hiermit hinweisen.

Anträge zur Hauptversammlung sind
den Satzungen gemäss acht Tage zuvor
schriftlich an den Vorstand einzureichen.

Berlin, den 14. Juli 1902.

Der Vorstand
des Vereins Deutscher Gartenkünstler.

Der Vorsitzende:
Fintelmann, Städt. Garteninspektor.

Der Schriftführer:
Weiss, Berlin SW. 47, Viktoriapark.

Wir fügen noch hinzu, dass die
städtischen Behörden von Breslau 2000 M.
zur Bewirtung und Bewillkommnung
bewilligt haben, und dass Se. Maj. der
König von Sachsen den Verein zur Besichtigung von Sybillenort und zur Dar-
reichung eines erfrischenden Trunkes
hat einladen lassen. D. Red.

Sitzung der vereinigten Ausschüsse für Ge-
hölz- und Obstzucht am 13. Februar 1902.

Herr Mehl empfiehlt als Winterbirnen: Marie Guisse, Winter-Forelle
und Comte de Paris. Letztere ist vor
Weihnachten, die anderen nach Weihnachten reif.

Der von Herrn Jokisch in Nr. 2
der Gartenflora S 42 besprochene Baum
der Birne „Comtesse de Paris" steht
nicht bei Herrn Jokisch, sondern bei
Herrn Mehl; auch die abgebildete
Birne ist von Herrn Mehl; die Erfahrungen sind ebenfalls von Herrn Mehl.
Herr Mehl hat die Birne schon voriges
Jahr hier vorgelegt.

Herr Brettschneider findet die
Ernteerträge, die Herr Jokisch in
seinem Obstbuch angiebt, sehr hoch.

Herr Klaeber teilt mit, dass bei ihm
der weisse Rosmarin sehr gut gedeihe.
Er hat ca. 16 bis 18 Jahre alte Stämme
auf ganz leichtem Boden, die alle zwei
Jahre reich tragen. Herr Klaeber lässt
an seinen Bäumen garnichts schneiden.
Er dünnt nur Zweige aus, wo sie auf-
einander liegen.

Nur in den ersten Jahren sorgt er
durch Schnitt, dass die Leittriebe gut
wachsen. Er verwendet viel Bordelaiser
Brühe und verkauft oft für 6—800 M.
Obst.

Herr Mende meint, es sei sehr verschieden mit dem Schnitt, je nach der
Lage, z. B. wegen des Windes.

In freier Lage wachsen die Sorten,
welche der Windrichtung ausgesetzt
sind, dieser entgegengesetzt, z. B. bei
Nordwest nach Südost. Wenn die
Krone dann den Stamm nicht aus der
vertikalen Lage bringen soll, muss man
die Krone schneiden. Der Prinzenapfel
giebt den Stürmen sehr nach, er wächst
immer schief.

Herr Greinig: Manche Sorten muss
man schneiden. — Herr Töbelmann:
In den ersten Jahren muss man
schneiden, in den späteren Jahren nur
so viel, dass ein Gleichgewicht in der
Saftzuführung hergestellt wird. Wird
die Spitze etwas zu lang, so kneife man
sie etwas ein, ebenso pinciere man die
langen Seitentriebe.

Durch starkes Zurückschneiden wird
der Holztrieb befördert. Man kann auch
Einschnitte machen.

Herr Mehl: Wenn ich einen korrek-
ten Formbaum haben will, geht das
Ringeln nicht, da muss man schneiden.

Ich will ein festes, freistehendes Gerüst am Baum haben; bei hängenden Zweigen muss man schneiden.

Herr Töbelmann: Nur durch langen Schnitt lässt der Holzwuchs nach.

Herr Mehl: Wenn ich nicht schneiden will, darf ich keinen Formbaum ziehen wollen. — Herr Töbelmann: Wenn ein Baum kein Fruchtauge ansetzen will, schneide ich ihn auch. — Herr Klaeber: Vor 25 Jahren habe ich auf Anregung von Lauche und Lepère in Wannsee bei Herrn G. R.-Rat Conrad einen Formobstgarten angelegt und streng geschnitten und pinciert. Aber dann kam der Augusttrieb und da trieb alles wieder aus. In Frankreich ist es heisser, da wächst der Augusttrieb nicht so stark. Dann kam Herr Haeckel und schnitt alles kurz, da ging alles zurück und bis heute haben die meisten nicht wieder getragen. Jetzt ist der Garten zum Samenbau verpachtet.

Herr Mehl: Der Kordon entspricht nicht der Natur des Baumes, man soll die Kordons wenigstens schräg ziehen und grösser. Ueberhaupt sollte man die Formbäume grösser ziehen. — Der Rosmarinapfel trug bei mir früher gut, jetzt nicht mehr. Der Boden ist wohl zu schwer.

Herr Greinig: Wer nicht schneiden will, kann nur Buschobst und Hochstämme ziehen. An Pyramiden erzielt man aber bessere Früchte.

Herr Klaeber: Bei der Pariser Rambour (Canada) Reinette wachsen die Aeste kreuz und quer.

Herr Töbelmann: Bei der Canada Reinette muss man die Triebe, die oben an den Kordons sind, wegnehmen.

Herr Mehl: Birnen müssen feuchten Boden haben und viel Wärme. Sie gedeihen nicht überall und schrumpfen oft vom Hochstamm auch.

Die späte Forelle liebt schweren Boden und ist sehr zu empfehlen. Sie leidet bei Herrn Mehl nicht an Fusicladium. — Herr Brettschneider: In dem guten Boden der Uckermark gedeihen viele Sorten besser als bei uns, z. B. Bosc's Flaschenbirne. — Herr Klaeber: Bei meinen Grosseltern standen am Mühlenbach nur 2 m vom Wasser ab Bergamotten, die prachtvoll waren. Im Winter stand im Keller Wasser, da hielt sich auf Stellagen das Obst ausgezeichnet. — Herr Greinig:

Ich lege auf das Holz der Obststellagen Papier von Zuckerhüten.

Herr Brettschneider: In den Apfelkähnen schrumpft und fault das Obst auch. Es werden jeden Morgen grosse Mengen solchen Obstes billig verkauft. Die Gleichmässigkeit der Temperatur ist bei der Konservierung eine Hauptsache.

L. Wittmack teilt Versuche von Geh. Hofrat Wagner in Darmstadt mit, wonach durch Kochsalz bei Runkelrüben 200 dz pro ha mehr geerntet wurden, als ohne Kochsalz.

Herr Greinig: Dass Spargel nach Kochsalz gut gedeiht, ist auch bekannt.

Herr Mehl: Ich habe das Unkraut durch Kochsalz vertilgt, im nächsten Jahre aber wuchs es um so stärker.

Herr Brettschneider: Es zeigt sich mehrfach, dass die 40 pCt. Kalisalz nicht so gut wirken wie Kainit. — Herr Mehl empfiehlt, einen Versuch zu machen, um mit Salz die Quecken zu vertilgen. Durch Lupinen kann man sie töten. — Herr Mehl: Auch durch dichten Bestand von Wicken, Senf oder Hanf. — Herr Töbelmann: Bei mir ist die Ackerwinde sehr schlimm, sie geht sehr tief.

Herr Brettschneider bespricht aus der Ill. Landw. Zeitung einen Aufbewahrungskasten für Kartoffeln, um das Keimen der Kartoffeln zu verhüten. Unten an dem Kasten ist ein Auslauf, aus dem Kartoffeln entnommen werden. Die Kartoffeln gelangen dadurch ins Rollen und durch das Rollen sollen die Kartoffeln am Keimen verhindert werden. — Es wird empfohlen, die Kartoffeln in Zementtonnen zu thun und zu rollen.

Herr Stadtrat Töbelmann: In Oldenburg hat jede Haushaltung eine Kartoffelkiste, bei der auch unten ein Auslauf ist.

Herr Mehl: Bewegung hemmt die Vegetation.

Herr Mende: Die Victor wird jetzt als Salatkartoffel in Berlin gern gekauft, mir hat sie aber nicht geschmeckt. Auf dem Versuchsfeld des Vereins z. B. d. G. hat man die Victor 8 Tage später als die Sechswochen-Kartoffel befunden.

———

**Sitzung der vereinigten Ausschüsse für
Gehölz- und Obstzucht am 13. März 1902.**

Vorsitzender: Hr. Clemen.

Hr. Mende meint im Gegensatz zu
Hrn. Klaeber, der allen Schnit in
letzter Sitzung verwarf, dass die Form-
baumzucht doch wichtig sei und dass
diese erst durch Lepère hier recht bekannt geworden sei. — Ein Obstzüchter
darf nicht Hochstamm und Zwergstamm
zusammenwerfen. Wer keinen Raum
hat, muss Zwergstämme haben, um viele
Sorten mit verschiedener Reifezeit zu
besitzen, die nach jeder Richtung Abwechselung bieten und früh tragen.
Bei einem Hochstamm muss man 15 bis
20 Jahre warten. Gerade der Land-
shaftsgärtner muss auf Zwergbäume
dringen.

III. Vortrag des Hrn. städt. G.-Insp.
Fintelmann über Hagelschäden.

Am 21. Juli 1901 war ein orkanartiger
Sturm von SO. nach NW., der namentlich im Humboldthain und in dem nördlich von demselben gelegenen Stadtteile
von starkem Hagel begleitet war.
39 Bäume sind abgebrochen, darunter
19 starke Pappeln von 1,25 m in der
Barfuss-Strasse. Von 121 Bäumen wurden
die Pfähle abgebrochen und 56 Bäume
mehr oder weniger beschädigt Zur
Beseitigung der Schäden haben 6 Gärtner
und 30 Arbeiter sieben Tage gearbeitet
und beanspruchten einen Kostenaufwand
von 189 M. für Gehilfen, 680 M. für
Arbeiter. Dazu kommt Ersatz der 39
Bäume à 15 M. = 585 M. und deren Unterhaltung während 2 Jahre à 2 M. = 78 M.,
im ganzen 1532 M.

Die Schlossen hatten z. T. Taubenei-
grösse und besonders litten in der
Baumschule Ac. Pseudoplatanus, A. pla-
tanoides, A. Negundo, Plat. occidentatis,
amerikanische und deutsche Eichen und
Linden. Die Folgen sind: Das Gewebe
wird vollständig zerrissen und es bilden
sich pockenartige Erhebungen, die erst
nach 2 Jahren verharschen. Auch das
Längenwachstum wird beeinträchtigt.
500 qm Bindeweiden waren zerschlagen
und wurden wertlos. Der Schaden be-
läuft sich auf 350 Bund Weiden à 1 M.
= 350 M.

In der mit der Baumschule verbundenen Abteilung für den botanischen
Unterricht war der Schaden noch viel
bedeutender. Papaver sonniferum, Lupinus luteus, Mais Sorten, Serradella
Anthyllis vulneria, Chrysanthem. leu-

canthemum u. a., je 80—100 qm ein-
nehmend, waren vernichtet. Von jeder
Art werden 20 bis 30000 gebraucht.
Nehmen wir 7 Arten, so ergiebt das
140000—210000 Pflanzen. 2400000 Pflanzen sind voriges Jahr geliefert.

Da 1000 Pflanzen heranzuziehen etwa
6,30 M. kosten, so stellt sich hier der
durch Hagel verursachte Schaden auf
etwa 882—1323 M. Für den so entstandenen Ausfall musste. wenn der
Unterricht nicht leiden sollte, notge-
drungen Ersatz geschaffen werden. Es
geschah dies, abgesehen davon, dass
ohnehin alle Jahre ca. 45000 Pflanzen
auf Feld und Wiese gesammelt werden,
durch Sammeln der erforderlichen
Pflanzen im Freien, die einen Aufwand
von 7,80 M. pro 1000 Stück erfordern.
Im ganzen stehen zur Anzucht von
Pflanzen für den Schulunterricht 44000 qm
zur Verfügung. Darunter viele Stauden
neben ein- und zweijährigen Pflanzen.
Vor zwei Jahren bei dem scharfen
Winter sind Spiraea filipendula, Ulmaria,
Aruncus, Tanacetum vulgare u. a. erfroren. Die Lehrer erliessen einen Not-
schrei und einer meinte, die Parkverwaltung sei nachlässig gewesen.

Hr Fintelmann bittet, sich den Garten
einmal anzusehen, etwa im August.

Hr. Stadtrat Töbelmann: Charlotten-
burg ist auch im Begriff, einen solchen
Schulgarten anzulegen, aber es fehlt an
Terrain. Die Stadt hat wenig eigenes
Land und muss es erst kaufen.

Hr. Loock: Auf dem Friedhofe der
Barfuss-Strasse sind Linden, die 1891
gepflanzt und gut angebunden waren,
mittendurch gebrochen und zwar nur
auf 5 Ecken.

Hr. Fintelmann: Mit der Landfrage
haben wir auch zu thun. Nach 10 Jahren
muss man oft das Terrain gerade, wenn
es urbar gemacht ist, wieder abgeben.
Dabei müssen wir dann häufig mit dem
schlechtesten Boden fürlieb nehmen,
der einer sorgfältigen Verbesserung
bedarf. Vor 5 Jahren wurde uns das
Land in der Reinickendorferstrasse Ecke
Exerzierstrasse überwiesen, das 30 cm
stark mit Strassendung und 20 cm stark
mit Lehm befahren werden musste.

Die Auswahl der Stauden ist eine
derartige, dass nur solche gewählt werden,
die vom zeitigen Frühjahr bis Mitte
Juli und von Mitte August bis Ende
September blühen, sowie dies auch bei
den zweijährigen Pflanzen zu berück-

sichtigen ist. Natürlich hat man mit den Witterungsverhältnissen zu rechnen, die einer rechtzeitigen Entfaltung der Blüten hinderlich sind. Etwaige Ausfälle werden durch Anbau einjähriger Pflanzen gedeckt, wobei man genau berechnen muss, wann dieselben blühen können.

Hr. Brettschneider: Die Bäume, die am meisten freistehen, z. B. Eckbäume, werden meist abgedreht, wenn die Krone auf einer Seite etwas grösser ist. — In den Quartieren und an der Ansturmseite sind meist keine Schäden, sondern an den Ecken und an der Flucht, an der der Wind entlang geht.

Die Weide ist ausserordentlich empfindlich gegen Hagel, selbst von Perlkorngrösse. Die einjährigen Triebe brechen an der Stelle, die oft nur stecknadelknopfgross ist, ab. Daher ist ein Schutz gegen Hagel sehr schwer.

In der Lorbergschen Baumschule ist nur das Steinobst gegen Hagel versichert, weil dies dann Harzfluss erhält und wertlos wird. Kernobst leidet weniger.

Am Rhein hatte ein Hagel ganze Quartiere an die Erde gelegt und die Hagelschläge waren noch unterhalb des eingesetzten Auges sichtbar.

Hr. Hofg. Hoffmann regt eine Versicherung gegen Frostschäden an.

Hr. Mende fragt, ob es gute Hagelversicherungen gebe.

Hr. Töbelmann: Die Union in Weimar ist sicher, sie giebt 15 pCt.

Hr. Mende: Ein grosser Komplex Sommerweizen wurde versichert, die Gesellschaft schickte erst 14 Tage später die Sachverständigen, die auch den Schaden zugaben, aber sie bemerkten, der Sandboden sei garnicht geeignet für Sommerweizen.

Hr. Brettschneider: Die alte Hagelversicherung von 1832 hat nie über 3—4 pCt. gegeben, weil sie sehr entgegenkommend ist.

Ueber die Art des Bodens hat sich die Hagel-Kommission nicht zu äussern, aber oft wird die Ernte zu hoch versichert. Man kann bis 12 M. für Korn und Stroh versichern.

Die alte Berliner Gärtnerische Hagelversicherung ist wohl die einzige, welche Gartenprodukte versichert, und die Prämie ist nicht hoch. Die Gärtner von Frankfurt haben sich einst selbst erboten, die Prämie zu erhöhen, da ihnen die Ficus verhagelten.

Hr. Mehl: Es existieren nur da Hagelversicherungen, wo kein Hagel ist.

Hr. Brettschneider: Die Gesellschaften schätzen jeden Kreis auf seine Hagelsicherheit ein.

Hr. Weiss: Das muss die Versicherungsgesellschaft auch. Wenn 15 pCt Dividende von einer Hagelversicherungsgesellschaft gezahlt werden, so ist das wohl eine für landwirtschaftl. Produkte.

Die Berliner Hagelversicherung von 1832 zahlt denen, die sich auf 10 Jahre verpflichten, jährlich 1 pCt. mehr zurück

Die Gärtnerische Hagelgesellschaft Berlin zahlt 40 pCt. zurück.

Hr. Mende: Die jungen Rosen, einjährige Okulanten, leiden wenig; selbst wenn sie nach Johannis verhageln, bilden sie noch verkaufsfähige Pflanzen, namentlich Theerosen.

Hr Mende: Ein belgischer Züchter schickte verhagelte La France - Rosen ganz zurück und nach 6—8 Wochen blühten sie. —

Hr. Greinig giebt Likör aus schwarzen Johannisbeeren zum Kosten. Rezept: 1½ kg Beeren, 60 g Blätter geschnitten, ½ g Gewürznelken, 1 g Zimmt, 1 kg Zucker, 1½ kg Weingeist, 2 l Wasser.

Hr. Brettschneider: Im Norden von Paris, St. Denis, ist die Kultur von Cassis sehr bedeutend. Im Frühjahr werden die Quartiere von Frauen mit der Scheere beschnitten.

Hr. Gart.-Insp. Weber legt herrlich gefärbte Früchte des Boiken-Apfels von einer Pyramide vor. Er soll in der Magdeburger Gegend viel gebaut werden. Er hängt fest am Baum.

Hr. Töbelmann: Er ist benannt nach dem Deich-Hauptmann Boiken an der Weser. Er liebt das Seeklima, ist sehr fruchtbar und regelmässig tragend. Schön sind die Früchte immer. Der Apfel ist im Frühjahr ein ziemlich guter Essapfel und kommt mit den meisten Frühjahrsäpfeln mit. Besonders für rauhe, windige Lage, aber guten Boden geeignet, ist er mindestens so gut wie die Landsberger Reinette.

Hr. Brettschneider: Er verlangt guten feuchten Boden.

Hr. Mende bestätigt das, auf ganz feuchten Lagen ist er der stärkstwachsende Baum, übertrifft noch den roten Eiserapfel darin und bleibt fleckenlos.

Die Form und die Farbe, die Hr. Gart.-Insp. Weber vorführt, sind Folge der Zwerg-Obstkultur. Am Hochstamm würde man das nie erreichen. Obst für Festtafeln kann man nur vom Formbaum haben.

Hr. Mehl übergiebt Aufsätze von Schülern der Fachschule über Obst-, Wein- und Gemüsebau.

Ein Aufsatz von einem Landwirt Firck: Wie kann man auf ziemlich schlechtem Boden ohne viel Dung sich durch Gründüngung den nötigen Humus verschaffen? war ausgezeichnet, leider hat Herr F. ihn vernichtet.

Hr. Brettschneider: Der Allgemeine deutsche Gärtnerverein hat öfter Arbeiten dem Verband der Handelsgärtner zur Beurteilung eingeschickt; er regt eine Prämiierung an.

Weiss und Wittmack unterstützen das. Die Ausschüsse beschliessen, den Vorstand zu bitten, eine Prämiierung zu veranlassen.

Hr. Hering fragt nach dem Düngemittel Heureka. Er wird auf die Gartenflora No. 6 S. 147 verwiesen.

Verlesen wird der Artikel aus der Danziger Ztg. über den Tiergarten und findet derselbe allgemeine Zustimmung.

Hr. Stadtrat Töbelmann berichtet über die Generalversammlung des Zoologischen Gartens.

Eingesandte Preisverzeichnisse.

Laurice Verdonck, Gentbrugge, bietet einen Import von Cattleya gigas in verschieden starken Exemplaren zu mässigen Preisen an. — Friedr. Spittel, Arnstadt. Cineraria hybr. grandiflora striata mit farbiger Tafel. — M Herb, Neapel, Via Trivio 24-36. Blumenzwiebelkatalog. — Heinr. Becker, Heilbronn. Landwirtschaftl. Samen etc. — A Lietze, Rio de Janeiro, Rua Barão de Petropolis 4, Brasilien, P. O. Box 644. Verzeichnis neuester Caladien, von Befruchtungen des Jahres 1898, zum erstenmal in den Handel gegeben im April 1902. Unter den zahlreichen Sorten sind viele hervorragend schöne. Preis 5—20 M. Aeltere Sorten billiger. — Peter van Velsen & Söhne in Houtvaart Overveen bei Haarlem, Holl. Preisverzeichnis über Haarlemer Blumenzwiebeln.

Personal-Nachrichten.

Unser verehrter Mitarbeiter, Prof. Dr. Sorauer, korrespondierendes Mitglied d. V. z. B. d. G., hat sich als Privatdozent an der Universität Berlin habilitiert.

Geh. Regierungsrat Prof. Dr. Engler, Direktor des Kgl. Botanischen Gartens Berlin, tritt am 31. Juli eine Reise nach Ostafrika an. Er nimmt den Weg über Capstadt, von da zu Lande bis zur Delagoa-Bay und von dort zu Schiff bis Dar-es-Salam. Seine Freunde und Kollegen gaben ihm am 26. Juli ein Abschiedsfest. Ende November gedenkt E. zurück zukehren und dürfen wir viel Interessantes über die Flora von Ostafrika von diesem ausgezeichneten Kenner derselben erwarten.

Simon Délaux, ein grosser Chrysanthemumzüchter, Vizepräsident der franz. nat. Chrysanthemum-Gesellschaft, starb in St. Martin des Touch bei Toulouse im 62. Lebensjahre.

Sir Joseph Dalton Hooker, der frühere Direktor des Bot. Gartens in Kew, Ehrenmitglied der V. z. B. d. G., in Kew, ist zum auswärtigen Ritter des preussischen Ordens pour le mérite ernannt.

William Bull, der berühmte Gärtner in London-Chelsea, starb am 1. Juni im 74. Lebensjahre. Der Gartenbau verdankt ihm die Einführung ausserordentlich vieler Pflanzen, namentlich Warmhauspflanzen, die er durch eigene Reisende sammeln liess.

Für die Redaktion verantwortlich Geh. R. Prof. Dr. Wittmack, Berlin NW., Invalidenstr. 42. Verlag von Gebrüder Borntraeger, Berlin SW. 46, Dessauerstr. 29. Druck von A. W. Hayn's Erben, Berlin.

15. August 1902.　　　　　　　　　　　　　　　Heft 16.

GARTENFLORA

ZEITSCHRIFT

für

Garten- und Blumenkunde

(Begründet von **Eduard Regel.**)

51. Jahrgang.

Organ des Vereins zur Beförderung des Gartenbaues in den preussischen Staaten.

Herausgegeben von

Dr. L. Wittmack,

Geh. Regierungsrat, Professor an der Universität und an der Kgl. landwirtschaftl.
Hochschule in Berlin, Général-Sekretär des Vereins.

Berlin 1902
Verlag von Gebrüder Borntraeger
SW 46 Dessauerstrasse 29

Erscheint halbmonatlich. Preis des Jahrganges von 42 Druckbogen mit vielen. Textabbildungen und
12 Farbentafeln für Deutschland und Oesterreich-Ungarn 12 Mark, für die übrigen Länder des Weltpostvereins 15 Mark. Zu beziehen durch jede Buchhandlung oder durch die post (Zeitungsverzeichnis
No. 2819).

897. Versammlung des Vereins zur Beförderung des Gartenbaues in den preussischen Staaten am 31. Juli 1902 im Königlichen botanischen Museum zu Berlin.

I. Der Vorsitzende, Konsul Seifert, Stellvertreter des Direktors, teilte der Versammlung das Ableben des Hrn. Otto Strötzel, Mitinhabers der Firma Gebrüder Strötzel-Berlin, mit und erhoben sich die Anwesenden zum Gedächtnis des Dahingeschiedenen von ihren Sitzen.

II. Vorgeschlagen wurden zu wirklichen Mitgliedern:

1. Hr. Handelsgärtner und Gärtnereibesitzer K. W. John zu Andernach a. Rh. durch L. Wittmack.
2. Hr. Landschaftsgärtner Max Siewert, Berlin NW., Brückenallee 11, durch L. Wittmack.
3. Hr. Kgl. Gartenverwalter Jahnke, Kgl. Schlossgarten zu Monbijou, Berlin, durch Kgl. Hofgärtner Habermann.

III. Ausgestellte Gegenstände. 1. Frau Clara Veit in Tegel liess durch ihren Obergärtner Hrn. Kullack eine Gruppe von 18 Stück ausgezeichnet kultivierter Pelargonium zonale „Meteor" vorführen. Dieselben hatten Blütendolden von 15 cm Durchmesser und dabei sehr zahlreiche Blüten in einer Dolde. Hr. Kullack bemerkte, es seien Stecklinge vom März, die er in einem Sattelhause gehalten habe. Bei schönem Wetter wurden die Fenster abgenommen und hat das sicherlich zu dem kräftigen Wuchse beigetragen. Er erklärt „Meteor" entschieden für die beste Sorte. — L. Wittmack wies darauf hin, dass „Meteor" darum auch so allgemein verbreitet sei, auf jedem Balkon finde man sie und überall erfreue sie durch ihre leuchtend scharlachrote Farbe. — Hr. Kgl. Garten-inspektor Perring teilte mit, dass sogar schon in den Hochalpen, bei Engadin, bei Tarasp, die Sorte „Meteor" verbreitet sei, daneben sehe man auch viel die verbesserte Begonia semperflorens floribunda „Erfurter Kind". „Meteor" habe vielleicht den Fehler, dass sie etwas zu hoch werde; man könne das verhindern, indem man sie in Töpfen ziehe und die Töpfe etwas einsenke und den Wuchs dadurch störe. — Hr. Kgl. Garteninspektor Moncorps riet von einem tiefen Eintopfen ab, lieber pflanze man sie frei aus, die Pflanzen werden dann zwar höher, aber belauben sich so stark, dass die Höhe garnicht auffällt.

Hr. Moncorps fragte bei dieser Gelegenheit an, ob Jemand über das Pelargonium „Decorator" ein Urteil abgeben könne. Hierzu war aber niemand in der Lage.

Hr. Adam Heydt, Obergärtner der von Podbielski'schen Garten-verwaltung in Dallmin, Station Karstädt Berlin-Hamb. Bahn, hatte eine Anzahl hübscher Stauden abgeschnitten übersandt und wird sein Bericht vielleicht an den Gärtner-Lehranstalten einrichten. In der Gartenbau-schule zu Versailles müssen die jungen Leute selber Blumenbeete, Gruppen usw. komponieren. In Bezug der Binder in früherer Zeit stimmt Hr. Per-ring Herrn Loock zu.

Vor 100 Jahren trugen alle Leute Perrücken, heute trägt man das Haar kurz; die Mode spricht eben viel mit. In Hamburg sah man früher aus Blumen hergestellte Klapperstörche u. dergl. Da erschien auf einer Ausstellung Frau B o e h m aus Bromberg mit ihren reizenden Bindereien und damit war die Lehre zum Besseren gebrochen. Auch Hr. Agathus Thiel, Berlin, hat viel mit dazu beigetragen und er erhielt viele Auf-träge von Hamburger Kaufleuten. In Hamburg selbst haben die Gebrüder Seyderhelm sehr viel zur Hebung des Geschmacks beigetragen.

Bei dieser Gelegenheit teilte Herr Perring zugleich mit, dass er in Tarasp im Engadin in 1200 m Höhe in den Blumenläden sehr schöne Arrangements gesehen habe; ausserhalb der Stadt bieten die Gebirgs-bewohner ihre Alpenrosen, Edelweiss usw. zu 1 M. das Bund an. Das sind niedrige Preise, sobald man aber einen Strauss davon kauft, ist er sehr viel teurer und kommt 5 M.

Ein solcher Strauss besteht meist in der Mitte aus den fast schwarzen blumigen Orchideen Nigritella conica, um diese herum ein Kreis von Edelweiss und aussen ein Kreis von Alpenrosen, also die deutschen Farben Schwarz-weiss-rot.

Hr. Hofgärtner H a b e r m a n n entgegnet, dass freilich die Bindekunst nicht gelehrt werden könne, wohl aber könne man manches junge Talent wecken, wenn man ihm die Prinzipien der Farbenharmonie usw. ent-wickele. Herrn Bildhauer Schellbach wolle er sagen: Die Bildhauerkunst und die Gartenkunst sind nahe verwandt, beide unterstützen oft einander. Als 1890 bei der grossen Gartenbau-Ausstellung im Landes-Ausstellungs-gebäude Herr Bildhauer Schweidnitz für sein Werk, eine badende Nymphe, trotz aller Versuche keine geeignete sie heraushebende Stelle finden konnte, haben wir Gärtner dieselbe in eine Nische gestellt und das Po-stament mit grossblätterigem Epheu umrankt. Da war sie sofort heraus-gehoben. Für solche Sachen gehört etwas Verständnis, aber derartiges kann man lehren. Hr. Habermann behält sich vor, in den Ausschüssen einen betr. Antrag zu stellen.

Hr. Landschaftsgärtner W e n d t: Hr. Hofgärtner Habermann ist der Urheber des Dekorations-Ausschusses und ich habe in diesem Dekorations-Ausschuss bei den Besichtigungen, die wir vornahmen, viel gelernt. Wie soll man aber einem jungen Manne Unterricht darin geben? Dazu muss man eine ganze Anzahl Pflanzen haben und nun sagen: Jetzt bilde ein-mal aus diesen eine dekorative Gruppe! Wenn sie es dann nicht gut machen, kann man ihnen zeigen, wie es besser zu machen ist. Hr. Brett-schneider sagte einmal: Als Landschaftsgärtner kann man nur geboren werden. Herr Schellbach sagt dasselbe bezüglich der Binder, und das ist richtig.

Hr. Konsul S e i f e r t: Was heut als schön gilt, wird nach 10 Jahren vielleicht als hässlich erklärt. Wenn jemand sich an das klammern wollte, was ihm in der Jugend in Bezug auf Geschmack gelehrt worden sei, liefe er Gefahr, hinter seiner Zeit oft zurückzubleiben und den An-forderungen des Publikums nicht zu entsprechen.

Hr. Habermann: Ich will durchaus nicht, dass der junge Mann starr am Gelernten festhalten soll, er soll sich auch der Zeit anschmiegen; es soll durch den Unterricht nur das Schönheitsgefühl geweckt werden.

XII. Das Preisgericht, bestehend aus den Herren Johannes Bacher, Albert Schwarzburg und A. Steinberg, hatte folgende Preise zuerkannt:

Frau Clara Veit (Obergärtner Kullack), Tegel, für eine Gruppe Pelargonien „Meteor", eine kleine silberne Medaille.

Herrn Obergärtner Adam Heydt in Dallmin für Stauden ein An-erkennungsdiplom.

R. Seifert.   L. Wittmack.

Grünveredelung der Weinreben.

Berichtet von J. Zawodny.

(Hierzu 6 Abb.)

Wie der Name dieser Veredelungsart besagt, geschieht sie zur Zeit, wo die Weinreben noch nicht verholzt sind. Ich habe mit dieser Veredelungsart so günstige Erfolge erzielt, dass ich nicht ermangeln will, die Leser der „Gartenflora" auf dieselbe besonders aufmerksam zu machen. Sie wird durch den gewöhnlichen Weinbauer leicht erlernt und verbreitet, und das ist der beste Beweis, dass sie recht zu empfehlen ist. Nach Verlauf von drei Jahren erhält man einen ganz neuen, sogleich fruchtbaren Weingarten.

Diese Veredelungsart erfolgt in den Monaten Mai, Juni und anfangs Juli bei warmer Witterung und wird auch zur Ausbesserung von vorhandenen Lücken, welche durch Absterben ausgesetzter Ver-edelungen entstanden sind, angewendet. Die Ver-wachsung ist, da die Unterlage im kräftigsten Wachs-tum ist, eine rasche und vollkommene. Regen, Kälte und Winde sind die grössten Feinde der Grünveredelung.

Die beste Grünveredelungsart ist das einfache Kopulieren durch den Knoten. Unterlage und Edelreis müssen von gleicher Dicke sein (siehe Fig. 90). Der Schnitt wird so durch den Knoten geführt, dass Blatt und Knospe weggetrennt werden (siehe Fig. 91).

Am besten wählt man einen Knoten mit einer Ranke, in welchem Falle man viel besser und sicherer binden kann. Das Edelreis hat zwei Augen. In Fig. 92 ist das zugeschnittene Edelreis

Abb. 90.   Grünverede-lung der Weinreben.
Links das Edelreis, rechts die Unterlage, von gleicher Dicke.

und Unterlage, in Fig. 93 die ausgeführte Veredelung und in Fig. 94 der Verband dargestellt. Der Verband geschieht gewöhnlich mit einem Gummistreifen.

Die Unterlagen der Grünveredelungen (amerikanische Reben) müssen stets von der Irxenbrut-Geizen befreit werden, die Edeltriebe werden an Pfählen festgebunden.

Von einem Nichtausreifen der Edel- sowie Unterlagstriebe ist gar keine Rede; nur darf nicht zu spät veredelt werden und noch weniger

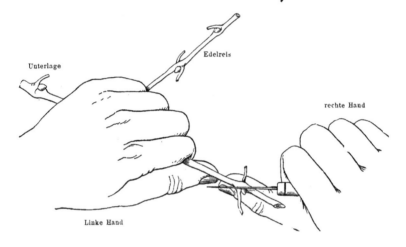

Abb. 91. Kopulieren der Weinreben.
Die Unterlage wird so durchschnitten, dass Blatt und Knospe abgetrennt werden. Die linke Hand hält
zwischen Ring- und kleinem Finger das Edelreis.

darf die Bekämpfung der Peronospora viticola vergessen werden. Im Spätherbste werden die Reben vergrübt Fig. 95 und im nächsten Frühjahre stehen schöne, kräftige, mit Gescheinen (Blüten) reichlich beladene europäische Reben vor uns da. Als Schnittreben verwendete Grünveredelungen, in die Rebenschule eingelegt, treiben viele kräftige Wurzeln und zeichnen sich durch Wachstum und Dauerhaftigkeit aus. Ich empfehle diese Veredelungsmethode meinen Genossen aufs Beste.

Abänderung der Statuten der Kaiser Wilhelm- und Augusta-Jubelstiftung für deutsche Gärtner.

Die bei Gelegenheit der goldenen Hochzeit Sr. Maj. des hochseligen Kaisers Wilhelms I. am 11. Juni 1879 vom Verein zur Beförderung des Gartenbaues begründete Kaiser-Wilhelm- und Augusta-Jubelstiftung für deutsche Gärtner, zu welcher auch Mitglieder des Vereins und einige andere Vereine damals beisteuerten, hat im Laufe der letzten Jahre durch Zuwendungen, welche der Verein zur Beförderung des Gartenbaues und einige seiner Mitglieder ihr machten, einen Kapitalbestand von ca. 12000 M. erreicht. Es erscheint damit der Zeitpunkt gekommen, die Zinsen in der statutenmässigen Weise zu verwenden. Um aber eine grössere Einfachheit in der Verwaltung zu erzielen, als sie im Statut (Monatsschr. des Vereins z. B. d. G. 1879 S. 341—343) vorgeschrieben ist, und namentlich um im Notfalle schnell helfen zu können, hat sich der Vorstand an die bei der Begründung mitbeteiligten Vereine gewendet und

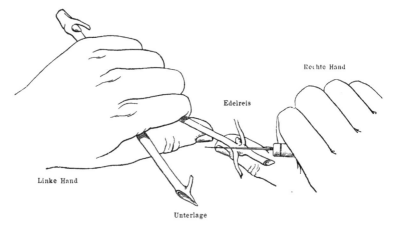

Abb. 92. Grünveredelung der Weinreben.
Die rechte Hand schneidet das Edelreis, die linke hält die Unterlage.

sie um ihre Zustimmung zur Abänderung der §§ 5 und 7 der Satzungen ersucht. Diese Zustimmung ist von allen diesen Vereinen erteilt, und wird der Wortlaut der alten §§ 5—7, sowie der neuen hiermit bekannt gemacht.

Alter § 5: Die Unterstützungen werden alljährlich am 11. Juni den dazu Erwählten ausgehändigt.

Neuer § 5: Die Unterstützungen werden thunlichst am 11. Juni den dazu Erwählten ausgehändigt.

Alter § 7: Diese Vereine (§ 6) [gemeint sind die Vereine, welche zum Grundkapital beigetragen haben] haben ihre etwaigen Unterstützungsvorschläge bis zum 1. März dem Vorstande anzumelden, welcher unter thunlichster Rücksichtnahme auf dieselben seine eigenen Vorschläge über die Verwendung des Jahreszinsertrages bis zum 1. April jenen Vereinen mitzuteilen hat. Sollten diese davon abweichende Vorschläge berücksichtigt wissen wollen, so haben sie dies binnen vier Wochen präklusivischer Frist dem Vorstande anzuzeigen.

Neuer. § 7: Der Verein zur Beförderung des Gartenbaues

und alle anderen Vereine, welche zu dem Grundkapital beigetragen haben oder künftig beitragen, haben das Recht, etwaige
Unterstützungsvorschläge beim Vorstande des Vereins zur Beförderung des Gartenbaues einzureichen.

Unverändert bleibt § 8: Der Vorstand (des Vereins zur Beförderung

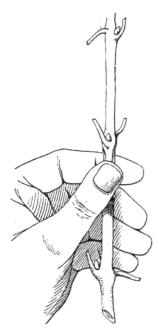

Abb. 93. Grünveredelung der Weinreben.
Die ausgeführte Veredelung.

Abb. 94. Grünveredelung der Weinreben.
Die ausgeführte Veredelung mit dem Verband
dargestellt.

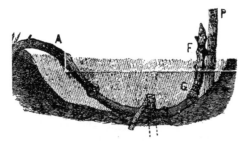

Abb. 95. Grünveredelung der Weinreben.
Die im Spätherbste vergrübten Reben.   A Unterlage (amerikanische Rebe).   G. Veredelungsstelle.
F. Edelreis (europäische Weinrebe)   P. Pfahl.

des Gartenbaues) hat demnächst endgiltig über die Verwendung des Jahreszinsertrages zu entscheiden.

Ueber den Zweck der Stiftung giebt § 2 Auskunft, welcher lautet: § 2. Die Zinsen des für diese Stiftung gesammelten und durch fernere Zuwendungen zu mehrenden Grundkapitals sind zur Unterstützung hilfsbedürftiger Gärtner des gesamten deutschen Reiches oder deren Hinterbliebenen und zur Unterstützung angehender, durch Talent und Tüchtigkeit hervorragender deutscher Gärtner, denen die zu ihrer Fortbildung erforderlichen Geldmittel fehlen, alljährlich zu verwenden.

Mit Rücksicht auf diesen wohlthätigen Zweck der Stiftung richten wir an alle Vereine und Private die herzliche Bitte, das immer noch geringe Kapital durch Zuwendungen mehren zu wollen.

Berlin, den 26. Juni 1902, am Tage des 80. Stiftungsfestes.

Der Vorstand des Vereins zur Beförderung des Gartenbaues
in den preussischen Staaten.

Ausflüge gelegentlich der Versammlung der Deutschen Landwirtschafts-Gesellschaft in Mannheim.

(I. Langenzell. II. Die ausländischen Koniferen in Weinheim.)

Von L. Wittmack.

I. Langenzell.

Gelegentlich der Ausstellungen und Wanderversammlungen der Deutschen Landwirtschafts-Gesellschaft werden stets auch zahlreiche Ausflüge gemacht und diese auf das Sorgfältigste vorbereitet. Es wird ein Hauptführer ernannt und mindestens noch ein, oft auch zwei andere Führer. Jeder Teilnehmer muss sich bis zum angegebenen Termin, meist 1—2 Tage vor dem Ausfluge, im Empfangsraum der Ausstellung melden und den Preis bezahlen. Er erhält dann in einem Briefumschlag, welcher aufgedruckt den Namen des Ausfluges und die laufende Nummer des Teilnehmers enthält, die Eisenbahnkarte, die Teilnehmerkarte mit angebogenem Abschnitt für das Mittagessen etc. und hat damit alles, auch die Trinkgelder, Wagen- und evtl. Bootfahrten, berichtigt.

In dem gedruckten, mit Plan der Stadt, in welcher die Ausstellung stattfindet, versehenen „Führer" ist eine genaue Beschreibung der auf den Ausflügen zu besichtigenden Orte gegeben, sodass man dieselbe schon vor Beginn des Ausfluges durchlesen kann.

Bei der diesjährigen Ausstellung der D. L. G. in Mannheim vom 5.—10. Juni waren unter den vielen Ausflügen auch einige, welche gärtnerisches Interesse erregen, und werden wir gelegentlich nach dem Führer einzelne Beschreibungen folgen lassen. Wir selbst konnten, zumal oft mehrere Ausflüge an einem Tage gleichzeitig stattfanden, nur zwei mitmachen, am Sonntag, den 8. Juni nach Langenzell, Dilsberg und Neckarsteinach (oberhalb Heidelberg) und am Montag den 9. Juni nach

Weinheim. Hauptführer waren für Langenzell: Hr. Landwirtschaftslehrer
Vielhauer in Wiesloch. Führer: Hr. Gutsverwalter Dahmen in Langenzell und Hr. Obergärtner Zeller in Langenzell. Zahl der Teilnehmer (im
Maximum) 80. — Das Gut Langenzell liegt, wie der „Führer" sagt,
5 km vom Bahnhof Bammenthal und gehört Sr. Durchl. dem Prinzen
Alfred von Löwenstein. Es ist eins der grössten Güter Badens. in
welchem Lande bekanntlich der Kleinbesitz vorherrscht, und umfasst
370 ha, davon 3 ha Gärten und 47 ha Wald, wozu auch wohl der herrliche Park gerechnet ist.

Nach Besichtigung des Gutes besuchten die Teilnehmer auch den
Garten. Es finden sich in ihm ein Palmenhaus zur Ueberwinterung der
Palmen, welche im Sommer alle, im Winter nur teilweise zur Schloss-
dekoration verwendet werden; ferner werden in demselben Hause etwa
30 grössere Exemplare von Musa Ensete überwintert. Sodann sahen wir
ein Kalthaus zur Ueberwinterung von Kalthauspflanzen, Geranium usw.,
auch werden Blütenpflanzen, welche Schnitt- und Dekorationszwecken zu
dienen haben, in diesem Hause gehalten, wie Cyclamen, Azalea, Cinerarien,
Primeln und Zwiebelgewächse. Das Glasdach ist mit Maréchal Niel-Rosen
unterwachsen, welche schon im Monat Februar vereinzelt blühen, in den
Monaten März und April aber den Hauptflor, etwa 3000 Stück, entwickeln.
Zwei Erdhäuschen und zwei heizbare Kästen dienen zur Anzucht ·der
ersten Gemüsepflanzen und zur Treiberei von Bohnen und Erdbeeren im
Winter. Die Mistbeete, 200 Fenster, werden im ersten Frühjahr fast ausschliesslich zur Gemüsetreiberei und Anzucht von Setzlingen verwendet.
Die ersten Mistbeete werden in der letzten Dezemberwoche angelegt und
müssen zu dieser Zeit fertige Salat-, Blumenkohl- und Kohlrabipflanzen
gezogen sein. Der Wintervorrat dieser Gemüse hat bis zu deren Entwickelung auszureichen. Das Freilandgemüse wird in dem anliegenden
Gemüsegarten gezogen. Ebenso werden daselbst die Sträucher, Zierbäume und Koniferen, welche zur Instandhaltung und Ausdehnung des
Schlossparkes erforderlich sind, gezogen. Ferner ist eine kleine Obstbaumschule vorhanden, in welcher die Obstbäume für Nach- und Neu-
pflanzungen auf dem Gute gezogen werden.

Vor zwei Jahren sind zu den verschiedenen Reben, Pfirsich, Aprikosen, Morellen, Birnen- und Apfelspalieren zwei neue, je 30 m lange
und 5 m breite Häuser zur Wein-, Pfirsich- und Erdbeertreiberei erbaut
worden. Die zur Zeit einjährigen Reben wurden selbst aus Augensteck-
lingen angezogen, das erforderliche Blindholz der verschiedensten Sorten
wurde von Friedrichshof aus der Hofgärtnerei I. M. der Kaiserin Friedrich
bezogen und sind schon jetzt mit 6—9 Stück schönen Trauben behangen.
Für dieses Jahr wurden die Reben nur durch die Sonne angetrieben und
sollen erst in den künftigen Jahren durch die sehr leistungsfähige Heizung
zur früheren Reife gebracht werden. Als Zwischenpflanzung werden in
genannten Häusern Blumenkohl, Tomaten und Erdbeeren mit Erfolg getrieben. Der Park umfasst ca. 30 ha und wurde grösstenteils in den
Jahren 1882—84 durch die rühmlichst bekannte Gartenarchitekten-Firma
Gebrüder Siesmayer in Bockenheim b. Frankfurt a. M. zur allergrössten
Zufriedenheit des Besitzers angelegt. Seit jener Zeit ist er schon zwei-

mal erweitert worden und zwar nach den Plänen Sr. Durchl. des Prinzen selbst. Er bietet in Bezug auf die Bepflanzung, die sich sehr üppig ent-wickelt, sowie in Bezug auf die Wegeführung und die Aussichten sehr viel Schönes im gärtnerischen wie im landschaftlichen Sinne. Zur In-standhaltung des Parkes sowie der ganzen Gärtnerei werden die nötigen Ausgaben nicht gescheut und ist genügendes Arbeitspersonal vorhanden.

Das prächtige Schloss, aus rotem Neckarsandstein und Kalkstein im Jahre 1870 erbaut, hat eine herrliche Lage mitten im Park. Es enthält u. a. eine grosse Halle und einen in weiss gehalten Speisesaal mit wunder-vollen alten Gobelins. In diesen Räumen empfing Ihre Durchlaucht die Frau Prinzessin von Löwenstein die Gäste zum Frühstück in Vertre-tung ihres Gemahls, der leider durch Unpässlichkeit verhindert war. Als eine ganz besondere Aufmerksamkeit ward es von den dankbaren Teil-nehmern empfunden, dass die Prinzessinnen-Töchter selbst die Gäste am Buffet bedienten.

Von Langenzell ging es nach dem Dillsberg mit alter Ruine, von wo man einen schönen Blick ins Neckarthal, namentlich auf das gegen-überliegende Neckarsteinach mit seinen vier teils wiederhergestellten Burgen hat. In der „Harfe" zu Neckarsteinach ward das Mittagessen ein-genommen und dann unter strömendem Regen, der uns überhaupt an dem Tage immer erreichte, wenn wir im Freien waren, die Rückfahrt nach Heidelberg mit Motorboot angetreten. Trotz des Regens gewann man ein gutes Bild von den romantischen Ufern des Neckars.

II. Weinheim.

Viel günstiger verlief der Nachmittagsausflug am Montag, den 9. Juni nach Weinheim, wo Schloss und Park des Hrn. Grafen von Bergheim unter Führung des Hauptführers, Landwirtschaftsinspektors Kuhn in Ladenburg, des Rentamtmannes Schretzmann in Weinheim, des Ober-försters Roth in Weinheim und des Hrn. Bürgermeisters Ehret von Wein-heim besichtigt wurden. Auch hier sind das Schloss, die Luxusställe etc. sehr schön eingerichtet und überall mit elektrischer Beleuchtung ver-sehen. Uns interessierten aber besonders die waldmässig angepflanzten ausländischen Koniferen, die dort ganz vorzüglich gedeihen. Schon im Garten finden wir einige selten schöne, freistehende Exemplare von Picea pungens argentea, Abies Nordmanniana etc., vor allem aber eine hohe Cedrus Libani, die freilich den Wipfel durch Blitzschlag verloren hat. Pinus Cembra will nicht recht gedeihen, es ist ihr wohl zu warm, dagegen wächst P. Strobus sehr gut.

Unser Weg führt uns weiter durch einen herrlichen Wald, der den Namen „Kastanienwald" führt. Es haben hier früher viele edle Kastanien gestanden, jetzt ist ihre Zahl verringert und werden sie meist nur noch als Niederwald mit 12—15jährigem Umtrieb behandelt. Man erhält in dieser Zeit 12 cm dicke Pfähle, welche als Rebpfähle sehr gesucht sind, da sie besser halten als eichene. — Es folgt ein ca. 100jähriger Buchen-bestand, wahrscheinlich 1798er Buchelmast, mit wahren Prachtexemplaren.

Hierauf gelangen wir zu den exotischen Koniferen, die im ganzen 33 ha einnehmen. Auf dem Terrain waren früher Weinberge, die aber,

weil meist nach der Nordseite liegend, wenig brachten, deshalb von 1864
ab ausgerodet und mit den Koniferen bestellt wurden. Der Vater des
jetzigen Besitzers war ein eifriger Botaniker, und es lag ihm deshalb
daran, die ausländischen Koniferen auch waldmässig angebaut zu sehen.
Zunächst schauen wir einen Bestand von Abies concolor und A. Lasiocarpa, 1879 gepflanzt, erstere sich breit, letztere sich schlank aufbauend,
ferner Bestände von Chamaecyparis Lawsoniana, Biota orientalis, Thuja
occidentalis, Libocedrus decurrens, Cupressus ruthaenus, Pinus Jeffreyi,
P. ponderosa etc. Wir wurden darauf aufmerksam gemacht, dass das
Kambium von P. Jeffreyi nach Orangen riecht, was in der That der
Fall. Pinus Strobus, 1880 gepflanzt, hat sich ganz ausserordentlich
schnellwüchsig erwiesen und pro ha 20 Festmeter Zuwachs im Jahr ergeben, während gewöhnliche Kiefern auf diesem Boden nur 5 Festmeter
lieferten. Es sind voriges Jahr wieder 150 000 Stück im ganzen Forst-
bezirk gepflanzt, wie überhaupt der jetzige Besitzer der Grundherrschaft,
Hr. Graf von Bergheim, keine Kosten scheut, den Koniferenwald mit allen
Mitteln zu pflegen und durch Aufforstung landwirtschaftlicher unrentabler
Flächen zu erweitern. Die Weymouthskiefern stehen auf schlechtem
Sandboden, aber an Südhalden. Als Brennholz sind sie wenig wertvoll,
umso besser aber als Nutzholz. Uns wurde ein Querschnitt einer zwanzig-
jährigen Weymouthskiefer gezeigt, welcher 37—38 cm Durchmesser hatte.
Weiter folgen Cryptomeria japonica, 14 Arten bezw. Varietäten von Biota,
Pinus lacrymans, Abies Morinda, Abies Reginae Amaliae. Bei den Cedrus
atlantica, die 1871 gepflanzt sind, erkennt man deutlich, dass sie auf
Granitboden viel besser gedeihen als auf Löss. Sequonia (Wellingtonia)
gigantea, 1866 gepflanzt, haben 18—20 m Höhe und bis 66 cm Durchmesser.
    Hierauf wurde die berühmte Weinanlage des Hrn. Grafen v. Berg-
heim, der Hubberg, besichtigt, über die wir gelegentlich besonders berichten werden, und dann im Schlosskeller eine Probe seiner besten Pro-
drukte angestellt. Bei dieser Gelegenheit teilt Hr. Oberförster Roth mit,
dass in dem sog. Kastanienwalde 62 fremdländische Holzarten kultiviert
werden, von denen 30 zwischen dem Aequator und unseren Breiten heimisch sind. Dass sie hier so gut gedeihen, erklärt sich teils durch die
gegen Nordost und Ost geschützte Lage; aber auch der Boden ist mit
die Ursache, denn nach Hrn. Roth tritt an der Bergstrasse da, wo der
Buntsandstein dem Granit weicht, eine Temperaturerhöhung ein; so direkt
nördlich von Heidelberg und bei Weinheim. Auf Grund phänologischer
Beobachtungen (Beobachtungen über das Entfalten der Blätter und Blüten
etc.) hat sich, wie Hr. Roth mitteilt, herausgestellt, dass im deutschsprach-
lichen Gebiete nach Meran und Bozen Weinheim die früheste Entwickelung zeigt, dann erst folgt Wiesbaden.

Einige Bemerkungen über den Hausschwamm (Merulius lacrymans).

In der „Baugewerks-Zeitung" Nr. 12 vom 8. Februar cr., S. 167, findet sich unter „Eingesandt" eine Mitteilung von C. L. aufgenommen, welche so eigentümlich irrige Ansichten über die Entstehung, die Lebensweise und Verbreitung des Hausschwammes enthält, dass ich im Interesse der Leser des Blattes hierüber eine kurzgefasste Entgegnung geben will. Zwar ist es mir zweifelhaft, ob Verfasser den sogenannten echten Hausschwamm, Merulius lacrymans, gemeint hat, oder irgend einen anderen holzbewohnenden Schwamm, zumal derselbe es für möglich erachtet, dass aus dem Mycel von Trametes Pini, des Kiefern-Porenschwammes, sich der Hausschwamm unter Umständen entwickeln kann. Das Mycel des echten Hausschwammes findet sich, wie ich bereits mehrfach in dieser Zeitschrift hervorgehoben habe, sehr oft im frischen Bauholze und kommt auch sicher in lebenden Stämmen vor, in denen es parasitisch lebt, ebenso wie die Mycelien der meisten holzbewohnenden Schwämme. Die lebende Pflanze vermag den Angriffen des Parasiten jedoch entsprechenden Widerstand zu leisten, welcher selbstfolglich im geschlagenen Stamm erstirbt. Im toten Holze wird der Pilz nun zum Saprophyten und vermag das Mycel sich unter den für seine Entwicklung günstigen Umständen rasch auszubreiten und das Holz zu zerstören. Diese günstigen Umstände beruhen auf abgeschlossener Luft und Feuchtigkeit, beides findet sich meist in Neubauten. Bei völliger Austrocknung des Holzes kann sich das Mycel nicht entwickeln. Wird nun aber das noch feuchte, mit dem Mycel behaftete Holz, meist Balkenholz, zum Neubau hineingebracht und verbaut, so kann je nach den Umständen eine verschiedenartige Entwickelung des Mycels stattfinden. Ist das Gebäude gut ausgetrocknet, so dass es im geschlossenen Raum, etwa unterhalb der Dielenlager, an Feuchtigkeit fehlt, so vermag sich das im Innern des vielleicht nur in der Mitte noch feuchten Balkens vorhandene Mycel zu entwickeln, ausbreiten und das Holz mehr oder weniger rasch zu zerstören. Nach aussen hin entwickelt das Mycel wegen mangelnder Luftfeuchtigkeit kein Luftmycel, oder solches nur so schwach, dass es für das blosse Auge oft nicht wahrnehmbar ist. Diesen Zustand bezeichnet man im gewöhnlichen Leben als „Trockenfäule". Diese Trockenfäule kann ausser durch den echten Hausschwamm auch durch Mycelien anderer Pilzarten, so des sogenannten Poren-Hausschwammes (Polyporus vaporarius), unter gleichen Verhältnissen verursacht werden. Welche Schwammart die Ursache dieser Zerstörung ist, lässt sich meistens nur durch eingehende Kulturversuche mit betreffenden Brettstücken feststellen. — Wenn nun aber im Neubau genügend Feuchtigkeit und Luftabschluss vorhanden sind, so entwickelt sich aus dem schwammkranken Holze das Luftmecyl.

Dieses kann besonders beim Hausschwamm die verschiedenartigsten Formen annehmen und ganz verschieden gefärbt sein. Ebenso kann der sich aus dem Mycel entwickelnde Feuchtkörper die verschiedensten Gestalten zeigen.

In ähnlicher Weise wie der echte Hausschwamm tritt in Gebäuden

der sogen. Poren-Hausschwamm auf und zerstört das Mycel desselben
das befallene Holzwerk in gleicher Weise. Das Mycel ist in seiner
typischen Ausbildung von dem des echten Hausschwammes unschwer zu
unterscheiden, doch ist dieses bei jungen Mycelformen oft nicht möglich.
Dieser Schwamm tritt fast ebenso häufig wie der echte Hausschwamm
in Gebäuden, so besonders in Berlin, auf. Im gewöhnlichen Leben wird
zwischen beiden Schwämmen kein besonderer Unterscied gemacht, beide
werden schlichtweg als Hausschwamm bezeichnet. Botanisch sind dieselben jedoch weit von einander verschieden, ebenso lässt sich selbst
für den Laien der Unterschied bei den entwickelten Fruchtkörpern leicht
mit blossem Auge feststellen. Nicht selten treten beide Schwammarten,
da sie unter gleichen Bedingnngen ihr Gedeihen finden. in gleichen
Räumen, ja, wenn auch selten, am gleichen Holze auf. Ausser diesen
Pilzen finden sich besonders in feuchten Kellerräumen noch andere
Schwammarten, die jedoch wenig gefährlich sind, so Corticium giganteum, Coniophora cerebella. Paxillus acheruntius, Lenzites sepiaria usw.
Letztere Art kann unter Umständen allerdings ebenso gefährlich
wirken wie der Hausschwamm, doch ist dieser Pilz viel seltener in Gebäuden. — Mit Coniophora cerebella, einer zu den Thelephoraceen gehörigen Pilzart, die von Herbst bis Frühling nicht selten an Holzwerk,
an Mauern, auf Erde feuchter Keller auftritt, aber nicht weiter an und
für sich schädlich ist, haben die Fruchtkörper des echten Hausschwammes
nun oft grosse Aehnlichkeit und sind für den Laien kaum unterscheidbar.
Selbst die Sporen beider Pilze sehen sich unter dem Mikroskope sehr
ähnlich. Niemals kann sich aber, wie betreffender Verfasser es für möglich hält, eine Pilzart aus dem Mycel einer anderen Pilzart entwickeln,
ebensowenig wie sich aus dem Samen einer Kleepflanze ein Gras, aus
einem Kirschkern ein Apfelbaum bilden kann.
Das Mycel des echten Hausschwammes, des Poren-Hausschwammes,
usw. entnimmt zu seiner Entwicklung und zum Aufbau des Fruchtkörpers
dem Holze seine Nahrung; wie bereits erwähnt ist, kann aber das Mycel
in entsprechender Form aus dem Holze herauswachsen, es kann nicht
nur anderes benachbartes, selbst gesundes, trockenes Holz angreifen und
zerstören, das Füllmaterial, das Mauerwerk, den Erdboden durchwuchern,
sondern auch durch Fugen des Mauerwerks in Nachbargebäude eindringen.
Wenn in den betreffenden Räumen grosse Luftfeuchtigkeit herrscht, so
kann das Mycel auf Erde und an Mauern üppige Wattenbildungen erzeugen und gehen aus dieses meist die oft sehr verschieden gestalteten
Fruchtkörper des Pilzes hervor. Diese Fruchtkörper und Luftmycelien
finden sich nicht selten ziemlich weit von dem eigentlichen Schwamm-
herde entfernt, doch zieht das Mycel die nötige Nahrung stets aus dem
Holze. Man muss unter Umständen oft sehr sorgfältig zu Werke gehen,
um den Ausgangspunkt des Mycels aufzufinden. Infolgedessen ist nicht
selten die Meinung verbreitet, dass der Hausschwamm aus Humus oder
aus Mauerwerk seine Nahrung nimmt. Selbstfolglich kann nun aber der
Hausschwamm auch auf andere Weise als durch frisches, mit Mycel be-
haftetes Bauholz in Gebäude hineingebracht werden. So ist es sehr
wohl möglich, dass das Füllmaterial mit Mycelien behaftet ist, ebenso

kann der Schwamm durch Holzwerk, selbst durch Mobilien, die in mit Schwamm behafteten Räumen vom Schwamm ergriffen sind, in schwammfreie Räume, wenn sich für die Entwicklung des Schwammes günstige Verhältnisse finden, verschleppt werden und sich hier weiter ausbreiten. Niemals kann sich aber aus der Feuchtigkeit an und für sich Schwamm entwickeln, wie es recht häufig angenommen wird.

Wohl stellen sich bei grösserer Feuchtigkeit. besonders in geschlossenen Räumen. auf Holzwerk, Tapetenbekleidung usw. die verschiedenartigsten Schimmelpilze ein, doch die Sporen dieser sind allgemein und überall verbreitet und entwickeln sich aus diesen die Schimmelpilze unter erwähnten Umständen binnen wenigen Tagen. Ob nun sogen. Winterholz oder Sommerholz leichter durch Schwamm ergriffen und zerstört wird, wage ich aus Mangel an Erfahrung nicht zu entscheiden. Vor allen Dingen kommt es darauf an, dass das Holz gut ausgetrocknet verbaut wird und dass ausserdem die Räume entsprechend ausgetrocknet werden.

(Baugewerks-Ztg. 1902, No. 31.)   P. Hennings.

Neue und empfehlenswerte Pflanzen usw.

Philodendron calophyllum. Brongn.

Wunderbar schön ist dieser Ph. infolge der glänzend karminen Farbe der Innenseite der weissberandeten Spatha. Entdeckt wurde die Pflanze von Wallis im Thal des Rio Branco, eines Nebenflusses des Rio Negro in Nordbrasilien. Auch im französischen Guiana ist die Pflanze heimisch. In Kew blühte sie im Araceen-Hause im April 1901. Der Stamm ist nur sehr kurz, Blätter zahlreich, nach allen Seiten gewendet, fast 1 m lang, 10—15 cm breit, Blütenschaft blassgrün, ca. 20 cm lang, Spatha 15 cm lang, aufrecht, fleischig, aussen blassgelb-grün, innen karminrot, Kolben so lang als die Spatha, der männliche Abschnitt 4—5 mal länger als der weibliche. Abbild. im Bot. Mag. tab. 7827.
· J. B.

Viscum cruciatum Sieb.

V. cruciatum wurde zuerst von De l'Ecluse als verschieden von V. album anerkannt. Der genannte Forscher entdeckte es auf 7 Olivenbäumen bei Hispali in Granada und beschrieb es 1576. In Granada scheint V. cruciatum eine gemeine Pflanze zu sein, die gewöhnlich auf Olivenbäumen schmarotzt, aber es kommt auch auf Crataegus, Populus alba und Pinus pinaster vor. In seiner ausgezeichneten Flora von Syrien giebt Post als sein Verbreitungsgebiet Zentral- und Süd-Palästina an; auch dort wurde es auf Crataegus gefunden. In den Blättern und weiblichen Blüten ist V. cruciatum sehr ähnlich dem V. album, das ebenfalls auch in Spanien und Syrien wächst, aber die grosse männliche Blüte kennzeichnet V. cruciatum. Ferner ist die Frucht weiss bei V. album, rotbraun bei V. cruciatum. Abbild. im Bot. Mag. tab. 7828.
J. B.

Tupistra grandis Ridl.

Die Arten der kleinen tropisch indischen Gattung Tupistra sind begrenzt auf das östliche Himalaya-Gebiet, Burma und den malayischen Archipel. Lebende Exemplare der genannten Art kamen 1899 nach Kew aus Singapore durch H. N. Ridley und blühten in demselben Jahre daselbst. Der Schaft dieser Liliacee ist kurz und dick, Blätter $2/3$—1 m lang, 7—12 cm breit, dunkelgrün, glänzend. Blütenschaft kurz, etwa in der Mitte knieartig gebogen, dann aufsteigend, rotbraun, Blütentraube

15—25 cm lang, Blüte festsitzend, gehäuft, glockenförmig, rotbraun. Der Fruchtknoten ist in eine lange weisse Griffelhaube ausgezogen, die aus dem dunkelrotbraunen Perigon herausragt und eine breite, peltate, strahlig gefurchte Narbe trägt. Abbild. im Bot. Mag., tab. 7829.   J. B.

Corydalis thalictrifolia Franch.

China verspricht sogar noch mehr Corydalisarten zu beherbergen als der Himalaya, von dem 50 Arten bekannt sind. In Hemsley's Enumeratio der chinesischen Pflanzen 1886 finden sich 20, seitdem sind andere beschrieben, im ganzen bis jetzt ca 60 Arten. Die genannte C. thalictrifolia ist eine der grössten chinesischen Arten, obgleich lange nicht so gross wie seine Verwandten in den Rocky Mountains in Amerika. Eine dieser, C. Brandegei Wats. wird ca. 1,5 m hoch. C. thalictrifolia wurde zuerst von Dr. E. Faber in den Bergen von Ningpo gefunden, andere sammelten die Art in Jchang und in Yunnan. 1901 blühte im Alpinum in Kew genannte Art. Die ganze Pflanze ist blassgrün, Blätter 10—15 cm lang mit 5 meist keilförmigen Fiederblättchen. Blütentraube gestielt, 7—14 cm lang, vielblütig, die gespornten Blüten blassgoldig. Abb. dieser hübschen Art im Bot. Mag. tab. 7830.

J. B.

Kalanchoë somaliensis. J. D. H.

Diese Crassulacee wurde 1890 durch Sir Edmund Loder im Somalilande gefunden. In Kew blühte sie in einem Warmhause im Februar 1901. Herbarexemplare aus demselben Lande, gesammelt von Miss Edith Cole, befinden sich ebenfalls in Kew. Ein aufrechter, verzweigter Strauch von weisslichgrüner Farbe, Blätter sitzend, dickfleischig, 10—12 cm lang. Blütenrispen gross, 10—15 cm lang und breit, trichotom verzweigt. Blüten weiss mit etwas gelb getönt, Kronentubus 6 cm lang. Abbildung im Bot. Mag., tab. 7831.

J. B.

Kniphofia multiflora W. et E.

Bis jetzt sind 34 Arten dieser südafrikanischen Gattung bekannt und von diesen schon 16 in gärtnerischer Kultur. K. multiflora gehört zu den noch wenig bekannten Arten mit aufrechtstehenden Blättern, am nächsten verwandt ist sie mit K. modesta Bother, welche sich durch viel schmalere Blätter, hängende Blüten und kürzere Staubfäden unterscheidet. Wirklich aufrechtstehende Blüten hat sonst nur noch K. pallidiflora Baker aus Madagaskar. Unsere K. multiflora wurde durch J. M. W. Merch zuerst entdeckt in Mooren auf dem Gipfel der Drakensberge in Natal zwischen Van Reeman und Nelsons Kop in einer Höhe von 1500—2000 m ü. d. M In Kew blühte die Pflanze im November 1900. Die Blätter ca. 1—2 m lang, in der Mitte 3 cm breit, hellgrün mit gesägtem Rand, Blütenschaft so lang als die Blätter mit einer ca. 60 cm langen Blütenhaube, letztere zylindrisch, ca. 5 cm im Durchmesser. Blüten zahlreich und dicht, aufrecht, weiss oder grünlich. Staubfäden lang herausstehend aus dem Perigon, weiss mit gelben Antheren. Abb. im Bot. Mag. tab. 7832.

J. B.

Berberis dictyophylla Franch.

Franchet betrachtet B. dictyophylla als nahe verwandt mit der Himalayaart B. angulosa Walt., von der sie sich besonders durch kleinere Blätter unterscheidet. B. dictyophylla wurde von Delavay auf dem Fanyang in Yunnan 1886 in Höhe von 1000 m entdeckt, sie blüht im Mai und fruchtet im Oktober. In Kew blühte die Pflanze 1897 im Arboretum im Mai, jedoch mit etwas kleineren Blüten als in freier Natur. Ein 2 m hoher Strauch, Stacheln 2 bis 3 cm lang, stark, dunkelbraun, Blätter klein, kürzer als die Stacheln, sitzend, blassgrün. Blüten einzeln und zu zwei in jedem Blattbüschel, blassgelb, Früchte hängende hellrote Beeren. Ein sehr hübscher Strauch. Abb. im Bot. Mag. tab. 7833.   J. B

Aloë oligospila.

Diese neue Aloë stammt aus Abessinien. Am nächsten steht sie der gut bekannten Kap-Art A. obscura Miller, aber unterscheidet sich durch die zerstreut gefleckten Blätter und kleineren b'assroten Blüten. Unter den abessinischen Arten steht sie A. macrocorpa Todaro und A. commutata Todaro am nächsten. Blätter zahlreich in dichter Rosette, aufsteigend, ca. 30 cm lang, am Grunde ca. 7 cm breit, zerstreut weiss gefleckt. Blütentrauben dicht, 8—12 cm lang, Blüten zylindrisch, blassrot und grün. Abb. Bot. Mag. tab. 7834.

J. B.

Eucalyptus cordata Zabill.

Am nächsten verwandt mit E. cordata ist E. pulverulenta Sims. Beide Arten haben gegenständige, sitzende, herzförmige Blätter und normal dreizählige Blüten auf sehr kurzem Stiel, unterscheiden sich aber in den Blättern, welche bei E. cordata gekerbt, bei E. pulverulenta aber nur undeutlich gekerbt sind. Ausserdem kommt die erstere nur in West- und Süd-Tasmanien, die letztere in Neu-Süd-Wales vor. In Kew befindet sich von E. cordata seit 1901 ein 5 m hoher Baum, der alljährlich im Herbst blüht. Blüten axillar, wie schon bemerkt, meist zu drei, selten zwei oder vier. Der Baum hält in Südengland auch im Freien aus. Abb. im Bot. Mag. tab. 7835.

J. B.

Honckenya ficifolia Willd.

Ein Strauch oder kleiner Baum aus der Familie der Tiliaceae, in Westafrika gemein, von Senegambien bis Angola, auch im Niam-Niam-Gebiet in Zentral-Afrika von Schweinfurth gesammelt. Wahrscheinlich giebt es noch mehrere Honckenya-Arten in Westafrika. 1898 sandte Millen Samen der H. ficifolia nach Kew, die hieraus gezogenen Pflanzen blühten im September 1901. Der Baum wird zuweilen fast 6 m hoch. Prächtige grosse Blüten, einzeln oder in kleinen Laubenbüscheln, 5—8 cm im Durchmesser purpurn violett. Abb. im Bot. Mag. tab. 7836.

J. B.

Kleinere Mitteilungen.

Berichtigung.

Seite 402 Zeile 1 von oben lies: U e b e r w a l l u n g e n statt Ueberraschungen.

„Heureka"-Pflanzennährsalz.

Ueber das neue Pflanzennährsalz aus Melasseschlempe „Heureka", welches auch in den Kreisen der Mitgl eder Beachtung gefunden hat, wird uns geschrieben: Der hohe Düngewert der Melasseschlempe bei der Verarbeitung von Melasse, einem Restprodukt aus der Zuckerfabrikation, entstehend, ist von einer Reihe der hervorragendsten Agrikulturchemiker, insbesondere den Geheimräten Prof. Dr. Maercker-Halle und Prof. Dr. Heinrich-Rostock, lobend anerkannt. Viele landwirtschaftliche Versuchsstationen Deutschlands und des Auslandes haben eingehende Versuche mit „Heureka" gemacht und die günstigsten Resultate erzielt. Es wurde kürzlich in der „Gartenflora" sehr richtig auseinandergesetzt, dass es durchaus falsch ist, ein Nährsalz als ein Universalmittel für alle Pflanzen, die doch verschiedene Bedürfnisse zu ihrer Entwickelung haben, hinzustellen. Auch die aus konzentrierter Melasseschlempe hergestellten Nährsalze müssen der Anwendung entsprechend modifiziert sein, sodass für Blumen und Gemüse eine andere Zusammensetzung nötig ist, als für Obst, Tabak etc. Jedenfalls zeichnen sich aber beide Marken dadurch vorteilhaft von allen Pflanzendüngern aus, dass sie keine grösseren schädlichen Mengen von Chloriden enthalten. — „Heureka" wurde von dem Chilinit Syndikat in Delft (Holland) eingeführt und früher von Magdeburg aus. vertrieben. Jetzt hat sich in Berlin eine besondere G. m. b. H gebildet, die sich speziell der Ausbreitung und Einführung des Heureka-Nährsalzes widmet.

P. R.

Empfehlenswerte Stauden der von Podbielskischen Gartenverwaltung, Dallmin (Bez. Potsdam).

Anbei erhalten Sie für die Versammlung am 31. Juli einige Staudenblumen. Hauptsächlich möchte ich die gelbe winterharte Marguerite (Anthemis) „Kelway" nebst neuen, cremeweissen Abarten im Verein vorführen. Anthemis

„Kelway" blüht ununterbrochen den ganzen Sommer hindurch und ist, wie gesagt, winterhart. Sie wird bis 1,25 m hoch und blüht ungeheuer reich. Es ist eine der besten Schnittstauden, aber auch in Parks auf Staudenrabatten ist sie nicht zu verachten; überall, wo sie gepflanzt wird, wird sie auffallen.

Das Delphinium ist eine Hybride von D. chinense. — Die Varietäten der Chelone (leider konnte ich sie nicht mit dem ganzen Stiel einpacken, weil zu lang; Stiele bis 1,50 m hoch sind nichts seltenes), sende ich Ihnen, um ein Beispiel der Variation zu bieten. Ich habe ca. 1000 Chelonen, und da zeigt sich die Farbenabstufung auffallend, von karminrot bis violett und rosa. — Die Coreopsis sind die alte Art grandiflora, eine nicht genug zu schätzende Bindeblume.

Die Gaillardien sind ebenfalls die bekannte Art G. grandiflora, eine der allerhärtesten Stauden, die selbst schneelose strenge Winter ohne Schaden überdauert.

Was die Anthemis „Kelway" noch betrifft, so ist zu bemerken, dass sie sehr haltbar sind, und gerade dieses erhöht ihren Bindewert. Würde es sich lohnen, die neueren helleren Varietäten zu pflegen?*)

Adam Heydt, Obergärtner, Dallmin, Bez. Potsdam.

Edelreiser des Apfels „Dallminer Herrenapfel".

Im vorigen Herbst hatte ich einen Apfelsorte: Dallminer Herrenapfel, zur Ansicht gesandt; sollte vielleicht im Verein ein oder das andere Mitglied davon Edelreiser wünschen, so bin ich bereit, dem Verein solche gern umsonst, so viel wie gewünscht werden, abzulassen.

Adam Heydt, Dallmin.

Kohlennot.

Gegenüber den Sorgen, die sich die Techniker wegen der allmäligen Erschöpfung des Kohlenvorrats der Erde machen, weist ein englischer Forstbeamter der Kapkolonie, Hr. D. E. Hut-

chins, auf das Holz als den Retter aus der befürchteten Not der Zukunft hin. Im Verein mit Sir D. Brandis hat Hutchins schon 1882 festgestellt, dass Eucalyptus Wälder auf tropischen Gebirgen jährlich dauernd 20 Tonnen Brennholz auf den Acre (40¹/₂ Ar) liefern. Die Eucalyptus-Pflanzungen erzeugen sich nach dem Abschlagen ohne weitere Kosten von selbst wieder, und ihr trockenes Holz, das bedeutend schwerer als Kohle, hat die gleiche oder sogar höhere Heizkraft als diese. Unter starker Sonnenwirkung und reichlichem Regenfall würde der Ertrag der Wälder noch gesteigert, vielleicht verdoppelt werden können. Diese Bedingungen findet Hutchins für ein Gebiet von 8000 Millionen Acres (¹/₄—¹/₅ der ganzen Landoberfläche) erfüllt. Nehmen wir nun den achten Teil dieses Gebietes (das nur Breiten unter 40 Gr. und mit einem Regenfall von mehr als 40 Zoll umfasst) als bewaldet an, so könnte man daraus jährlich mindestens 2000 Millionen Tonnen Holz gewinnen, was mehr als das Dreissigfache des gegenwärtigen jährlichen Kohlenverbrauchs auf der ganzen Erde ausmachte. Richtige Waldwirtschaft würde daher imstande sein, uns ausreichend mit Heizstoff zu versorgen, auch wenn die Kohle verbraucht wäre und die Technik andere Mittel zu ihrem Ersatze nicht gefunden hätte.

Die Obst- und Forstkulturen der Stadt Heidelberg, Speierershof und Kohlhof.

Die beiden Güter Speierershof und Kohlhof wurden gelegentlich der Ausstellung der D. L. G. in Mannheim am 9. Juni besichtigt. Der gedruckte „Führer", welcher zu den Ausstellungen und Versammlungen der D. L. G. ausgegeben wird, sagt über diese Exkursion, der wir selbst leider nicht beiwohnen konnten, da wir nach Weinheim gingen, u. a. folgendes:

Hauptführer: Hr. Landwirtschaftslehrer Vielhauer in Wiesloch.

Führer: Hr. Oberförster Krutina-Heidelberg, Herr Obstbaumwart Reinmuth-Kohlhof.

Speierershof und Kohlhof gehören der Stadt Heidelberg. Beide Güter werden in eigener Verwaltung bewirtschaftet und sind von allen Seiten vom Heidelberger Stadtwalde umgeben.

---

*) Wir meinen: Nein, die Randblumen sind zu blass.　　　　　　　　L. W.

Die Böden sind Verwitterungsböden des bunten Sandsteins und daher von nur mittelmässiger und je nach der Lage sehr wechselnder Güte. Die Lage ist eine sehr unebene.

Speierershof umfasst ein Areal von 13 ha und ist mit etwa 1500 Obstbäumen verschiedener Sorten bepflanzt. Als besonders empfehlenswert haben sich erwiesen:

Wintergoldparmäne.
Geflammter Kardinal.
Grüner, gelber, roter Stettiner.
Kugelapfel (Lokalsorte).
Goldgelbe Sommerreinette.
Champagnerreinette.
Sommerherrenbirne.
Schweizer Wasserbirne.

Der Boden ist mit Kleegrasmischungen angesäet. Die 3 m weiten Baumscheiben werden durch Spaten im Herbst und Hacken im Sommer offen und frei von Gras erhalten. Auf diese Weise gestaltet sich die Bewirtschaftung sehr einfach und werfen diese Baumwiesen schöne Ertäge ab, denn das Obst findet in den Städten, das Gras und Oehmd in den grossen Dörfern an der Bergstrasse und in der Rheinebene willige Abnehmer. Sowohl das Obst, wie auch Gras und Oehmd werden an Ort und Stelle versteigert. Um dies zu erleichtern, ist das ganze Areal in Teilstücke von $^1/_2$ ha abgeteilt und diese sog. Lose fortlaufend numeriert. Der Reinerlös stellte sich im Durchschnitt der letzten 10 Jahre auf 105 M. für den ha. Den höchsten Reinertrag brachte das Jahr 1900 mit 228 M. auf den ha, den niedersten mit nur 54 M. auf den ha das Jahr 1892. Für Heu und Oehmd wurden

im Jahre 1900 . . . . . 2589 M.
und für Obst in demselben Jahre 1182 „
eingenommen; im Ganzen also 3771 M.

Im allgemeinen ist ein langsames Steigen der Erträge — auf beiden Gütern zu beobachten, was einerseits mit dem Aelterwerden der Obstbäume, andererseits mit der regelmässigen Düngung und guten Pflege der Bäume wie des Kleegrases zusammenhängt. Gedüngt wird jedes zweite Jahr mit 12 Ztr. Thomasmehl und 8 Ztr. Kainit auf den ha. Seit 2 Jahren wird auch gebrannter Kalk verwendet. Die Obstbäume (unter 15 Jahren) erhalten ausserdem Stallmist in die grossen Baumscheiben.

Angrenzend an Speierershof finden sich drei interessante Waldkulturparzellen, welche manchem Ausflugsteilnehmer sehenswert sein dürften; es sind dies zwanzigjährige:

Abies Nordmanniana.
Picea Engelmanni.
Abies Douglasi.

Um 11 Uhr wird in der Restauration in Speierershof ein kleines Frühstück eingenommen werden, um dann, etwa um 12 Uhr, die Tour durch den Wald nach dem Kohlhof fortzusetzen. Derselbe umfasst ein Areal von 30 ha und wird genau ebenso bewirtschaftet wie der Speierershof. Wir finden hier etwa 3000 Stück Obstbäume im Alter von 3 bis 13 Jahren, welche wegen der guten Pflege einen guten Stand zeigen. Folgende Sorten sind besonders zahlreich vertreten:

Wintergoldparmäne,
Gravensteiner,
Geflammter Kardinal,
Roter trierischer Weinapfel,
Kasseler Reinette,
Ribston Pepping,
Odenwälder Schafnase (Lokalsorte),
Grüner Fürstenapfel,
Bohnapfel,
Goldgelbe Sommerreinette,
Spätblühender Taffetapfel,
Boikenapfel,
Champagner-Reinette,
Harberts Reinette,
Schweizer Wasserbirne,
Pastoren-Birne,
Sommerherren-Birne,
Grosser Katzenkopf (Lokalsorte),
Graubirne,
Lang's Mostbirne,
Palmischbirne,
Gundershauser Mostbirne.

Die besonders empfehlenswerten Sorten sind gesperrt gedruckt. Da der Boden geringer und die klimatischen Verhältnisse wegen der höheren Lage (500 m ü. M.) weniger günstige sind, bleiben die Erträgnisse hinter denjenigen des Speiererhofes zurück. Kohlhof ist gegen Ostwind und Spätfröste fast gar nicht geschützt, weshalb z. B. Zwetschgen fast nie ordentlich gedeihen. Der Reinertrag stellte sich im Durchschnitt

der letzten 10 Jahre auf 64 M. auf den
ha, wobei allerdings berücksichtigt
werden muss, dass die Bäume noch
jung sind und daher einerseits wenig
tragen, andererseits noch viel Pflege
brauchen. Die höchste Roheinnahme
für Heu und Oehmd brachte das Jahr

1900 mit . . . .   4233 M.
und dasselbe Jahr für Obst
eine solche von . . . .   718 „
im ganzen also   4951 M.
und einen Reinertrag auf den ha von
110 M., während das Jahr 1891 den
kleinsten Reinertrag mit nur 24 M. auf
den ha brachte. Wenn auch, wie bereits erwähnt, die Erträge des Kohl-
hofes diejenigen des Speiererhofes nicht
erreichen werden, so steht doch sicher
zu erwarten, dass die Einnahmen mit
dem Aelterwerden der Obstbäume sich
bedeutend steigern werden, da man
auch besonders in Bezug auf die Sorten-
auswahl die früher gemachten Erfahrungen benutzte.

Auch hier werden im angrenzenden
Stadtwalde eine ganze Anzahl sehr interessanter Wald-Kultur-Versuchs-Par-
zellen vorgeführt werden und zwar auf
je 10 ar grossen Teilstücken in zehn-
jährigem Bestande nebeneinander:

Abies Douglasi,
Tsuga canadensis,
Picea orientalis,
Tsuga Natull,
Tsuga Murray,
Eichen,
Edelkastanien,
Weymuthskiefern,

ferner in parkartiger Anlage viele schöne
Nadelhölzer, u. a. eine hübsche Gruppe
von Libanon - Cedern. Auch können
einige gut gelungene Felsenkulturen
mit Weymuthskiefern besichtigt werden.

Ueber die Thätigkeit der botanischen
Zentralstelle für die Kolonien
beim hiesigen botanischen Garten während des letzten Rechnungsjahres berichtet Prof. Engler folgendes: Es
wurden Untersuchungen angestellt und
Auskünfte erteilt über geeignete
Schattenbäume für Kaffee- und Kakao-
pflanzungen in Guatemala und Samoa;
über Togo-Kautschuk; über Mittel zur
Bekämpfung der Pilzkrankheiten des
Weins; über die Kräuselkrankheit des

Tabaks; über die Verwertbarkeit der
Pandanus- und Canangablüten zu Par-
fümeriezwecken; über Telfairiaöl; über
Arrowrootkultur in der Südsee; über
Möglichkeit und Aussichten des Plan-
tagenbetriebs auf den Karolinen; über
rationelle Kopraverwertung; über die
Schädlinge der Kokospalme; über die
Herkunft ostafrikanischer Pfeilgifte;
über die Möglichkeit der Kavakultur in
Deutschland; über die Verwertbarkeit
der Blüten des Kosobaumes; über Kaut-
schukkultur am Kilimandscharo; über
den Anbau der Mandel in Ostafrika;
über die Stammpflanzen der Drogen der
Massais; über die Solapflanze; über den
Wert der Magueyfaser u. s. w. Wie im
vergangenen Jahre wurde auch in diesem
darin fortgefahren, belehrend zu wirken:
1) durch eine Ausstellung der wichtigsten tropischen Nutzpflanzen in einem
besonderen, dem Publikum während der
Sommermonate täglich zugänglichen
Hause des Botanischen Gartens; 2) durch
eine Ausstellung der von Dr. Busse,
Dr. Preyer und Dr. Stuhlmann im Auftrage des Kolonial-Wirtschaftlichen Ko-
mitees in Deutsch-Ostafrika, auf Java
und in Britisch-Ostindien zusammengebrachten pflanzlichen Produkte, Photographien etc.; 3) durch Unterweisung
der für den Tropendienst vorgemerkten
Gärtner und anderer Herren, die sich
in überseeische Gebiete begeben wollen.
Dazu kommt der Austausch von Sämereien und Pflanzen zwischen der Zentralstelle, den Kolonien und botanischen
Gärten.

Mit dem Bau der Königl. Gärtner-
Lehranstalt ist auf der Domäne
Dahlem, wohin das Institut im nächsten
Jahre verlegt werden soll, jetzt begonnen worden. Die Anstalt hat ihren
Platz südwestlich vom neuen botanischen Garten zwischen der Dahlemer
und der Potsdamer Provinzialchaussee
erhalten.

Zur Erweiterung der Hofgärtnereien im Park von Sanssouci sind
vom Hofmarschallamt neuerdings mehrere in der angrenzenden Zimmerstrasse
und am Zimmerplatz zu Potsdam belegene Gärtnereigrundstücke angekauft
worden.

Litteratur.

Der Küchen- oder Gemüsegarten von F. C. Heinemann, Hoflieferant Sr. Majestät des Deutschen Kaisers. Samenhandlung, Kunst- und Handelsgärtnerei in Erfurt. Vierte vermehrte und verbesserte Auflage. Preis 1 Mk.

Spricht schon das Erscheinen der „vierten Auflage" für den regen Absatz des Werkes, so kann ich nach eingehender Prüfung des vorliegenden Buches nur sagen, dass es meine Erwartungen, die ich an ein Buch über Gemüsebau der Neuzeit stelle, umsomehr, da Bücher über diesen Gegenstand in der neueren Litteratur nicht wenig vertreten sind, erfüllt hat.

Es ist so recht aus der Praxis heraus für die praktische Thätigkeit geschrieben; kein Machwerk, welches, wie so manches andere, zusammengestoppelt ist, um nur das Buch zu füllen.

Leicht fasslich und übersichtlich behandelt dasselbe, im ganzen 166 Seiten stark, zunächst die allgemeinen Kulturbedingungen, wobei besonders die Art und Weise des Düngens, die Wirkung der verschiedenen Düngemittel hervorgehoben sind.

Auch die Krankheiten und Unkräuter des Gemüses sind in anregender Lesart besprochen. Recht übersichtlich sind nach einem bei jeder Gemüsegattung vorangestellten Verzeichnisse, die einzelnen besseren Sorten und sonstige Wichtigkeiten im Text durch fetten Druck hervorgehoben.

Dass in dem Buche die Erfurter und besonders die eigenen Züchtungen des Verfassers in den Vordergrund (häufig durch Abbildungen) gestellt sind, könnte manchem als Lokalpatriotismus auffällig erscheinen, doch ist dabei zu berücksichtigen, dass man Erfurt in erster Linie in Deutschland als die Wiege des Gemüsebaues betrachten muss, worin sich der Herausgeber dieses Buches seit langen Jahren hervorragend behauptet hat.

Neben der Beschreibung der Sorten, welche zum Teil durch güte Abbildungen erläutert wird, bringt das Buch noch eine Tabelle über die Keimfähigkeitsdauer der Samen, ferner eine Monatsarbeitsübersicht sowie Kochrezepte.

Alles in allem ist das Buch vorzugsweise dem Laien, aber auch Gärtnern, die im Gemüsebau noch nicht sattelfest sind, zu empfehlen.

Amelung.

Köstritzer Liederbuch. Liederbuch für die Vereine „Ceres" und „Pomona". Druck und Verlag von C. Seifert, Köstritz 1899.

Obwohl, wie das Jahr des Verlages andeutet, nicht mehr neu, möchte ich doch das Buch der Poesie, des Frohsinns einer Besprechung unterziehen.

Neben alten bekannten Liedern, die ich in längst vergangener Zeit gern mitgesungen, auch noch nicht vergessen habe, sind in dem Buche viele neue, welche in humoristischer Weise den Gärtnerstand, die Gärtnerei, die Botanik und Landwirtschaft verherrlichen, einige sind auch direkt dem Köstritzer Leben und Treiben gewidmet. — Wohl dem, der sich noch so viel Gemütsleben, soviel Friedfertigkeit bewahrt hat, dass er sich gerne ein solches Liederbuch anschafft, um, wenn auch nicht immer daraus zu singen, dies oder jenes Lied daraus zu lesen zur Erholung, zur Abwehr grosser Empfindlichkeit sowohl wie allzu heftiger Kampfesweise im Berufs- und Vereinsleben.

In diesem Sinne sei das Köstritzer Liederbuch für jede Hausbibliothek empfohlen. Amelung.

Die praktischen Kultureinrichtungen der Neuzeit, enthaltend die Anlage von Kulturkasten, Heizungseinrichtungen, Gewächshäusern, von Otto Schnurbusch, I. Teil. Verlag von Hugo Voigt, Leipzig.

Vorliegendes Buch bietet auf 90 Seiten Gelegenheit, sich über neuere praktische Einrichtungen in der Gärtnerei auf dem Gebiete des Gewächshaus- und des Mistbeetbaues zu orientieren und zu belehren. Von der Imprägnation des Baumaterials angefangen bis zum Fertigstellen der Kulturhäuser und Kästen nebst Schattierungsmaterial ist in dem Buche das Nötigste enthalten, was besonders einem jungen, sich selbständig machenden Gärtner oder einem älteren mit veralteten Einrichtungen brechenden Kollegen nützlich sein kann.

Der Herstellung von Beton-Mauer-
werk ist ein besonders ausgiebig ge-
haltener Abschnitt gewidmet. Im ganzen
ist es als sehr angenehm zu betrachten,
dass die Kosten der Einrichtungen
detailliert angegeben sind, denn gar
zu häufig machen sich junge Gärtner
mit unzureichenden Mitteln selbständig.
Ausser der Einrichtung von Gewächshäusern, Mistbeetkästen und Wasser-
behältern, behandelt das Buch eingehend die sogenannten Schutzkästen,
welche auch im Notfall mit Heizvorrichtung versehen werden können, ferner
Spargeltreib- und Champignonkästen.

Wirklich gute Abbildungen von Durchschnitten der Kulturräume sowie einzelnen Teilen desselben, ferner Darstellungen von praktischer Handhabung
des Materials beim Bau, geben dem
Buche einen soliden Anstrich und machen
es zur Selbsthilfe geeignet.

Amelung.

Der Friedhof in Ohlsdorf. Eine
Darstellung seiner Einrichtungen und
Führer durch die Anlagen von H. Ben-
rath. Mit neuestem Plan, zehn An-
sichten nach Original-Photographien
und Nachweis der Lage der wichtigsten
Gräber. Verlag von Johannes Kriebel,
Hamburg, Steindamm 3.

Jedem, der sich für parkartig angelegte Friedhöfe interessiert, besonders
städtischen Verwaltungen, sei dieses
anregend geschriebene Büchelchen nebst
dem leicht übersichtlichen Plane zum
Studium empfohlen.

Je mehr man sich in den Inhalt vertieft, desto mehr muss man zu der
Ueberzeugung kommen, dass die bisher
übliche Weise der Anlage und Einrichtung der Kirchhöfe mit der scha-
blonenhaften Einteilung der Ruhestätten
sowohl wie der äusseren Instandhaltung
der Friedhöfe nicht mehr den jetzigen
Anschauungen in pietätvoller und
ästhetischer Hinsicht entspricht.

Da nun auch nach der Beschreibung
das reiche, interessante Pflanzenmaterial
des Friedhofes in dendrologischer und
botanischer Hinsicht dem Fachmann
Anregung bieten soll, so dürfte eine
Besichtigung der Anlagen für jeden dort
hinreisenden Gärtner und Botaniker
auch aus diesem Grunde lohnend sein.

Amelung.

Die Haselnuss, ihre Kultur und
wirtschaftliche Bedeutung von Emanuel
Gross, Professor der kgl. böhm. landwirtschaftlichen Akademie Tetschen-
Liebwerd. Mit 37 Textabbildungen. Verlag von Paul Parey, Berlin 190?.

Der Herr Verfasser teilt in einem
Schlusswort mit, dass der Obstbauverein
für das deutsche Elbethal in Böhmen,
dessen Mitglied derselbe ist, eine rege
Thätigkeit entfalte. Dieser Umstand
und in der Erkenntnis, dass in den
Elbethälern Grundstücke vorhanden
seien, die sich zu Haselnussanpflanzungen
eignen, hat den Verfasser veranlasst,
eine Anleitung über die Kultur der
Haselnuss zu schreiben.

Auf 65 Seiten hat er diese Aufgabe
meinem praktischen Ermessen nach insofern gut gelöst, als er an der Hand
der neueren Litteratur über die Haselnuss, über die er ein Verzeichnis giebt
im Verein mit seinen praktischen Erfahrungen im dortigen Institutsgarten
alles aufgeboten hat, dem Interessenten
die Nützlichkeit und Rentabilität der
Haselnuss klar zu machen.

Ich will dahingestellt sein lassen, ob,
wenn man die augenscheinlich geeigneten Gelände mit besonders erprobten Haselnusssorten bepflanzt, die
Grosskultur derselben lohnend ist, soviel steht aber nach meinen Beobachtungen fest, dass man bei der Haselnuss in Mittel- und Norddeutschland
im Verhältnis viel weniger gute Ernten
zu verzeichnen hat, als beim Kern- und
Steinobst.

Jedenfalls giebt diese wissenschaftlich
wie praktisch gehaltene Beschreibung
eines Gelehrten, der auch die best-
gemeinten Ratschläge anderer Spezia-
listen zitiert, dem Praktiker, dem kaufmännisch denkenden Landwirt und
Gärtner wertvolle Anregungen, geeignetes Land zur Haselnusskultur auszunutzen, nur möchte ich warnen, zu
glauben, dass solches Land, wo andere
Obstsorten nicht mehr gedeihen, noch
für die Haselnuss gut genug sind. —

Der Preis von 1,50 M. für den nur
65 Seiten umfassenden Band erscheint
etwas hoch, doch rechtfertigt sich
dieser durch die reichlichen Abbildungen,
welche sich in der Hauptsache auf die
Fruchtformen und Vermehrungsweise
der Haselnuss, nebenher auch auf die
botanischen Merkmale sowie tierischen
und pflanzlichen Feinde beziehen.

Wenn es auch neuere grössere Werke über die Haselnuss giebt, so ist dieses Werk für jemand, der sich in aller Kürze mit der Sortenkenntnis und der Art und Weise des Anbaues, auch über den Handelswert dieser oder jener Sorte orientieren will, zur Belehrung geeignet.
Amelung.

Die automatische Bewässerung und Düngung für Gärten, Wiesen und Felder von Arthur Wichulla, Ingenieur für Kultur und Gartenbau, mit 14 meist in mehrfachem Farbendruck ausgeführten Abbildungen. Verlag von J. Neumann, Neudamm. Preis 3 Mark.
Der Autor bespricht in einem 67 Seiten umfassenden Bändchen seine im In- und Auslande patentamtlich geschützte Bewässerungs - Dreinage, welche nach seinen Angaben alle die Generalfehler vermeiden soll, die in dem System älterer Bewässerungstechniker möglicherweise vorhanden sind.
Es soll nicht meine Aufgabe sein, die Vor- wie Nachteile dieser und jener Systeme der Bewässerung zu prüfen, denn, wie ich selbst schon im Braunschweigischen Gelegenheit hatte, zu beobachten, ist es mit der künstlichen Bewässerung wie in jeder anderen kulturtechnischen Angelegenheit, nur die vorhandenen Verhältnisse geben den Ausschlag, welches System mit diesen oder jenen Abweichungen angewendet werden kann, sondern ich möchte nur bemerken, dass die Art und Weise, wie der Autor seine Erfindung erläutert, jeden Interessenten zum Nachdenken anregen müssen, die ihm oft naheliegenden Vorteile zu einer künstlichen Bewässerung auszunutzen.
Da der Verfasser bereits einige Anlagen nach seinem System in Ostpreussen ausgeführt hat, welche im vorliegenden Buche ebenfalls erläutert sind, so wäre es ja ein Leichtes, durch Anfragen bei den Besitzern dieser Anlagen ein kritisches Urteil darüber zu hören, bezw.

sich durch den Augenschein von dem Werte der Einrichtung zu überzeugen.
Im allgemeinen soll die automatische Bewässerungs- und Düngungsmethode des Verfassers in einer Kombination von zwei ineinander greifenden Querdrainagesystemen bestehen.
Neben anderen Vorteilen soll die Anlage absolut sicher sein gegen Wurzeleinwachsen.
Sollte letzteres wirklich der Fall sein, so hätte besonders der Landschafts- und Baumschulgärtner alle Veranlassung, dieser Erfindung näher zu treten.
Amelung.

Das Recht des Gärtners in Sachen „Zuständigkeit der Gewerbegerichte", Leitfaden zur Benutzung für Gewerbegerichte und Gärtner. Herausgegeben von der Rechtsschutzabteilung des Allgemeinen deutschen Gärtnervereins. Berlin 1902. Preis 30 Pfg.
Auch das Erscheinen dieser die sozialen Verhältnisse der deutschen Gärtnerei klärenden Schrift kann jeder deutsche Gärtner mit Freuden begrüssen. Jeder Deutsche kann meinem Ermessen nach Recht und Gerechtigkeit finden, wenn er nur den richtigen Weg wählt, sich nur an die „richtige Quelle" wendet.
Das vorliegende Heft sei zunächst jedem jungen Gärtner zur Belehrung empfohlen, denn nur dadurch, dass er sein Recht bezw. Unrecht erkennen lernt, kann er vor Verbitterung beschützt und dem Staate ein brauchbares Mitglied erhalten werden. Aber auch jeder ältere Gärtner, besonders Prinzipale sollten es sich anschaffen, damit sie sich nach Orientierung in demselben vor Uebereilung ihren Untergebenen gegenüber bewahren. Nur Aufklärung kann beide Teile, Vorgesetzte wie Untergebene, vor oft langwierigen, kostspieligen und zeitraubenden Prozessen schützen.
Amelung.

Aus den Vereinen.

Die Versammlung des Verbandes der Handelsgärtner Deutschlands
fand am 4. und 5. August zu Berlin unter reger Beteiligung statt. Von

Vertretern waren 94 Herren aus allen Teilen Deutschlands erschienen. Am Sonntag, den 3. fand bereits ein Festkommers zur Begrüssung und am Montag ein Festessen im Hotel Imperial statt. Am Dienstag Abend fand eine Besichtigung des Viktoriaparks und Wasserfalls statt, den der Magistrat ausnahmsweise am Dienstag statt Mittwochs erleuchten liess. Am Mittwoch wurde durch eine Dampferfahrt nach Potsdam der Beschluss gemacht und hierbei auch die Pfaueninsel besichtigt. (Ein weiterer Bericht folgt später.)

Hannover. Die von Hrn. Hofmarschall a. D. von St. Paul eröffnete Jahresversammlung der Deutschen dendrologischen Gesellschaft vom 10.—12. August war sehr gut besucht. Im Namen des Magistrats der Kgl. Haupt- und Residenzstadt Hannover begrüsste Hr. Senator Dr. Mertens die Erschienenen, wofür Geh. Hofrat Pfitzer-Heidelberg dankte. — Hr. Hofmarschall von St. Paul hielt einen Vortrag über Waldverschönerung, Hr. Kgl. Hofgärtner Pick sprach über die interessantesten Bäume in Herrenhausen. Hr. Gart.-Insp. Purpus-Darmstadt zeigt neue Gehölze vor, namentlich Plagiospermum chinense (Farn Rosaceae, Prunoideae) aus Nordchina, ferner Buddleia variabilis, Marsdenia erecta, Hypericum galoides, eine harte Agave, Agave Parnyi, etc. Von Hrn. Hesse - Weener (Ostfriesland) waren Bastarde von Lupinus arboreus, weissbunte Daphne, gelbbunte Elaeagnus longipes etc. etc. ausgestellt. — Hr. Stadtgartendirektor Schod besprach Fraxinus pubescens und americana, die in Schwapachs vorjährigem Bericht verwechselt scheinen. (Fortsetzung in nächster Nummer.)   L. W.

Personal-Nachrichten.

Unserm verehrten Kollegen, dem Geh. Regierungsrat Orth, Professor an der Landwirtschaftl. Hochschule und ausserordentlicher Professor an der Universität Berlin, Mitglied des V. z. B. d. G., ist der Kgl. Kronenorden 3. Kl. verliehen.

Ermässigte Fahrpreise

zur Erfurter Gartenbau-Ausstellung vom 6. bis 14. September 1902. Abfahrt vom Anhalter Bahnhof am 5. September, nachm. — II. Kl. 16,30 Mk., III. Kl. 10,90 Mk. 45 tägige Gültigkeit. Meldungen bis zum 23. August im General-Sekretariat, Invalidenstr. 42.

Verein zur Beförderung des Gartenbaues in den preuss. Staaten.

Wegen des feierlichen Einzuges Seiner Majestät des Königs von Italien findet die nächste Monatsversammlung des Vereins zur Beförderung des Gartenbaues **nicht** am Donnerstag, den 28. August, sondern erst 8 Tage später,

am 4. September 1902, abends 6 Uhr,

im Königl. Botanischen Museum (im Bot. Garten), Grunewaldstrasse 6/7, statt. — Die Tagesordnung wird erst in No. 17 bekannt gegeben.   **Der Vorstand.**

Für die Redaktion verantwortlich Geh. R. Prof. Dr. Wittmack, Berlin NW., Invalidenstr. 42. Verlag von Gebrüder Borntraeger, Berlin SW. 46, Dessauerstr. 29. Druck von A. W. Hayn's Erben, Berlin.

GARTENFLORA

ZEITSCHRIFT

für

Garten- und Blumenkunde

(Begründet von **Eduard Regel.**)

51. Jahrgang.

Organ des Vereins zur Beförderung des Gartenbaues in den preussischen Staaten.

Herausgegeben von

Dr. L. Wittmack,

Geh. Regierungsrat, Professor an der Universität und an der Kgl. landwirtschaftl. Hochschule in Berlin, General-Sekretär des Vereins.

Hierzu Tafel 1502.

Die Birne „Conference“.

Berlin 1902

Verlag von Gebrüder Borntraeger

SW 46 Dessauerstrasse 29

Erscheint halbmonatlich. **Preis des Jahrganges** von 42 Druckbogen mit vielen Textabbildungen und 2 Farbentafeln für Deutschland und Oesterreich-Ungarn 12 Mark, für die übrigen Länder des Weltpostvereins 15 Mark. Zu beziehen durch jede Buchhandlung oder durch die Post (Zeitungsverzeichnis No. 2819).

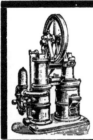

B rne   Co férence

à il i Email ave B in

Die Birne Conference.

Von C. Mathieu.

(Hierzu Tafel 1502.)

Obige Birne ist eine neue Frucht, die von Herrn Rivers, dem bekannten Baumschulbesitzer zu Sawbridgeworth in England s. Z. erzogen und im Jahre 1893 für das Festland durch Transon, frères, Orléans, jetzt Barbier fils & Cie. in den Handel gegeben wurde. Die Verbreiter der Sorte äusserten sich damals, bezüglich der Eigenschaften folgendermassen: „Baum kräftig wachsend, gut gedeihend auf Quitte wie auf Wildling, sehr fruchtbar, eine gute Sorte für Pyramide und Hochstamm., Frucht gross, Haut dunkelgrün mit Rost verwaschen, Fleisch lachsfarben, süss, saftig. sehr guten Geschmack." Ich kann mich nach achtjähriger Kultur dem Urteile der Herren nur anschliessen. Die Frucht ist nicht eine der vielen Neuheiten, die jährlich mit bekannter „Musik" wie ein weltbekannter belgischer verstorbener Gärtner, sich auszudrücken pflegte, in den Verzeichnissen angelobt werden, um nachher sich als mittelmässige, selbst schlechte Früchte, wenigstens für deutsche Verhältnisse, zu erweisen und bald wieder verlassen und vergessen werden. Diese Birne macht wirklich eine Ausnahme. Da sie in England entstand, hat sie überhaupt eher Aussicht, für deutsche Verhältnisse zu passen. als die französischen Birnen, die in einem Weinklima gezüchtet worden sind und sich daher mehr oder weniger erst für nicht ganz so geeignete Lagen anpassen sollen. Der Baum ist ziemlich kräftigen Wuchses, wohl durch die grosse Fruchtbarkeit hervorgerufen, etwa wie die Idaho, Dr. J. Guyot. Claigeau. van Marum, Morel's Liebling, B. v. Tongern und dergleichen fruchtbare Sorten. geht aufrecht in die Höhe und eignet sich durch seine Eigenschaften, besonders zu Spindeln und Schnurbäumchen, aufrechte wie schräge. Fleisch und Geschmack sind wie vorher bemerkt. Sie gedeiht auf jeder Unterlage. Für den Liebhaber, der nur beschränkte Flächen für seine Kulturen besitzt, eine sehr wertvolle und jährlich gute Erträge liefernde Sorte. Allem Anschein nach ist die Frucht aus der Marie Louise hervorgegangen, denn dem ersten Augenblicke nach hält jeder sie in Bezug auf die Frucht für eine solche, wogegen der Baum nicht den schleudernden und weidenartigen Wuchs der Zweige der Marie Louise besitzt, die erst in der Jugend austoben muss, um später eine gesetzte Lebensweise zu erlangen. Ich kann die neue Frucht für Anbau-Versuche nur empfehlen.

Bune Co

Die Birne Conference.

Von C. Mathieu.

(Hierzu Tafel 1502.

Obige Birne ist eine neue Frucht, die von Herrn Rivers, dem bekannten Baumschulbesitzer zu Sawbridgeworth in England s. Z. erzogen und im Jahre 1893 für das Festland durch Transon, frères, Orléans, jetzt Barbier fils & Cie. in den Handel gegeben wurde. Die Verbreiter der Sorte äusserten sich damals, bezüglich der Eigenschaften folgendermassen: „Baum kräftig wachsend, gut gedeihend auf Quitte wie auf Wildling, sehr fruchtbar, eine gute Sorte für Pyramide und Hochstamm. Frucht gross, Haut dunkelgrün mit Rost verwaschen, Fleisch lachsfarben, süss, saftig. sehr guten Geschmack." Ich kann mich nach achtjähriger Kultur dem Urteile der Herren nur anschliessen. Die Frucht ist nicht eine der vielen Neuheiten, die jährlich mit bekannter „Musik" wie ein weltbekannter belgischer, verstorbener Gärtner, sich auszudrücken pflegte, in den Verzeichnissen angelobt werden, um nachher sich als mittelmässige, selbst schlechte Früchte, wenigstens für deutsche Verhältnisse, zu erweisen und bald wieder verlassen und vergessen werden. Diese Birne macht wirklich eine Ausnahme. Da sie in England entstand, hat sie überhaupt eher Aussicht, für deutsche Verhältnisse zu passen. als die französischen Birnen, die in einem Weinklima gezüchtet worden sind und sich daher mehr oder weniger erst für nicht ganz so geeignete Lagen anpassen sollen. Der Baum ist ziemlich kräftigen Wuchses, wohl durch die grosse Fruchtbarkeit hervorgerufen, etwa wie die Idaho, Dr. J. Guyot, Claigeau, van Marum, Morel's Liebling, B. v. Tongern und dergleichen fruchtbare Sorten, geht aufrecht in die Höhe und eignet sich durch seine Eigenschaften. besonders zu Spindeln und Schnurbäumchen, aufrechte wie schräge. Fleisch und Geschmack sind wie vorher bemerkt. Sie gedeiht auf jeder Unterlage. Für den Liebhaber. der nur beschränkte Flächen für seine Kulturen besitzt, eine sehr wertvolle und jährlich gute Erträge liefernde Sorte. Allem Anschein nach ist die Frucht aus der Marie Louise hervorgegangen, denn dem ersten Augenblicke nach hält jeder sie in Bezug auf die Frucht für eine solche, wogegen der Baum nicht den schleudernden und weidenartigen Wuchs der Zweige der Marie Louise besitzt, die erst in der Jugend austoben muss, um später eine gesetzte Lebensweise zu erlangen. Ich kann die neue Frucht für Anbau-Versuche nur empfehlen.

Die Kälteerzeugung und ihre Bedeutung für den Gartenbau.

Vortrag, gehalten von Hrn. Ingenieur M e c k e l von der Firma A. B o r s i g im Verein zur
Beförderung des Gartenbaues am 27. Februar 1902.

(Hierzu 9 Abbildungen.)

ie Erzeugung von Kälte auf maschinellem Wege beruht auf
dem folgenden einfachen Vorgang: Giessen wir auf die flache Hand
einige Tropfen einer leicht verdunstenden Flüssigkeit, z. B. Aether,
so wird die benetzte Stelle nach wenigen Augenblicken empfindlich kalt
werden, indem der Aether an der Luft verdunstet und die für den Ver-
dunstungsprozess nötige Wärme der Hand entzieht. Denkt man sich
dasselbe Experiment mit grösseren Mengen eines solchen „Kältemediums"
ausgeführt, so bietet sich hierin die Möglichkeit, in beliebigem Masse
Kälte zu erzeugen; das Verfahren würde aber wegen des grossen Ver-
brauches an Kälteflüssigkeit viel zu kostspielig werden. Um diesen Nachteil zu vermeiden, wird in den Kältemaschinen das verdampfte Kältemedium
wieder verflüssigt und immer von neuem verwendet.

Die hauptsächlich in Frage kommende Methode zur Erzeugung von
Kälte ist diejenige vermittelst der Kompressionsmaschinen, mit welcher
wir uns deshalb auch in nachfolgendem ausschliesslich beschäftigen
werden.

Die in diesen Maschinen zur Verwendung kommenden Kältemedien
sind vorwiegend Ammoniak, schweflige Säure oder Kohlensäure, welche
die Eigenschaft besitzen, grössere Wärmemengen bei niederer Temperatur
aufzunehmen und bei höherer Temperatur wieder abzugeben.

Der Vorgang, welcher sich bei der Kälteerzeugung abspielt, ist bei
diesen drei Medien in der Hauptsache derselbe, weshalb ich mich darauf
beschränke, Ihnen die Wirkungsweise eines der Kälteträger und zwar
der schwefligen Säure in der Schwefligsäure - Kompressionsmaschine
an Hand einer schematischen Skizze zu erläutern. (Redner zeigt im
Lichtbilde einen Grundriss vor. Da der Stock für unser Format viel zu
gross ist, müssen wir leider darauf verzichten, die Abbildung wie noch
manche andere zu bringen.)

Die Kältemaschine besteht im Wesentlichen aus dem Kompressor,
dem Kondensator und dem Verdampfer.

Oelabscheidungsvorrichtungen, wie solche z. B. bei den Ammoniak-
maschinen notwendig, kommen in Wegfall, da die schweflige Säure selbst
schmierfähig ist und eine Schmierung des Kompressor-Inneren, sowie der
Kolbenstange mit Oel entbehrlich macht.

Der Kompressor der Kältemaschine ist im wesentlichen eine mit
selbstthätigen Ventilen versehene Saug- und Druckpumpe zweckmässigster
Konstruktion.

Der Kondensator besteht meist aus einem zylindrischen, schmiedeeisernen Gefäss, in welchem sich eine bezw. mehrere Rohrspiralen befinden, die durch ein Sammel- bezw. Verteilungsstück an die Flüssigkeits-
bezw. Druckleitung angeschlossen sind.

Bei Wassermangel oder unreinem Wasser wird häufig ein sogenannter

Abb. 96. Kühlhalle.

Berieselungs-Kondensator, bestehend aus vertikalen Rohrsystemen mit darunter befindlicher Wasserauffangschale, ausgeführt.

Der Verdampfer besteht in der Regel aus einem schmiedeeisernen Gefäss mit Rohrschlangen und Rührwerk und ist meist mit einer schwer gefrierbaren Salzlösung angefüllt.

Die Rohrschlangen sind wie bei dem Kondensator durch Sammel- bezw. Verteilungsstücke an die Saug- bezw. Flüssigkeitsleitung ange- schlossen.

Der Kompressor, welcher durch die Saug- bezw. Druckleitung mit dem Verdampfer bezw. dem Kondensator in Verbindung steht, saugt aus ersterem dampfförmige schweflige Säure ab, verdichtet dieselbe und drückt sie in den Kondensator, in welchem sie unter Einwirkung des Kühlwassers verflüssigt wird.

Die nunmehr flüssige schweflige Säure wird durch ein Regulierventil dem Verdampfer wieder zugeführt, um hier die zum Verdampfen benö- tigte Wärme dem die Verdampferschlangen umgebenden Salzwasser zu entziehen, wonach sie in dampfförmigem Zustand, von dem Kompressor angesaugt, den Kreislauf von neuem beginnt.

Die im Verdampfer befindliche abgekühlte Salzlösung kann nun ent- weder im Verdampfer selbst, wie z. B. bei der Eisfabrikation, nutzbar gemacht werden, indem sie das in die Eiszellen gefüllte Wasser zum Gefrieren bringt, oder sie kann vermittelst einer Pumpe irgend einer Verwendungsstelle zugeführt werden, um von da, nachdem sie sich er- wärmt, nach dem Verdampfer zurückzukehren und in demselben aufs neue abgekühlt zu werden.

Betrachten wir nun die Pressungen, unter welchen die drei Medien bei normaler Kühlwassertemperatur und Menge verflüssigt werden, so ergiebt sich für schweflige Säure ein Druck von etwa 2—3 Atm., während er bei Ammoniak 8—10 und bei Kohlensäure 60—70 Atm. beträgt.

Bei Verwendung wärmeren Kühlwassers oder geringeren Mengen erhöht sich der Druck entsprechend, steigt jedoch bei der Schwefligsäure- maschine selbst bei bedeutend reduzierter Kühlwassermenge oder bei hoher Temperatur desselben nur auf etwa 4—5 Atm., was ein wesent- licher Vorzug dieses Systems ist, weshalb sich dasselbe auch vorteilhaft für die Tropen und wasserarme Gegenden eignet.

Unter anderen haben sich derartige Anlagen in Chartum (Sudan), Colombo und Cairo in längerem Betriebe unter den schwierigsten klima- tischen Verhältnissen ausgezeichnet bewährt.

Der überaus schnellen Entwickelung der Kältemaschinen-Industrie dürften wohl ebenso die erhöhten Anforderungen, welche der moderne Mensch an die Beschaffenheit der Lebensmittel stellt, als auch die exakte und äusserst zweckmässige Ausführung der Kältemaschinen förderlich gewesen sein. Die verschiedensten Gebiete des Handels und der Industrie haben sich die Kältemaschinen dienstbar gemacht, und sind viele Be- triebe ohne Kältemaschinen heute überhaupt nicht mehr denkbar. Volks- wirtschaftlich besonders wichtig ist die Verwendung der Kältemaschinen für die Fleischkühlung, und da das Verfahren im wesentlichen dasselbe ist wie für alle anderen Zwecke, glaube ich die Aufmerksamkeit der

geehrten Zuhörer nicht nutzlos in Anspruch zu nehmen, indem ich mir
erlaube, Ihnen zunächst über eine der interessantesten und grössten Anlagen dieser Art, und zwar über die von der Firma A. Borsig in Berlin
auf dem hiesigen Schlachthofe errichtete Anlage einige Mitteilungen zu
machen.

Das Gebäude der Kühlanlage erhebt sich inmitten des Schweine-
Schlachthofes und vereinigt in einer Flucht von ca. 150 m Länge das
eigentliche Kühlhaus mit den obenliegenden Räucherkammern, das

Abb. 97.   Maschinenraum.

Maschinenhaus, den turmartigen Aufbau für die Dampfkondensation und
das Kühlhaus.

Das Kühlhaus selbst ist ein viergeschossiges Gebäude von 83,5 m
Länge und 22,5 m Breite.

Das Kellergeschoss ist in zwei Teile, die Pökelei und die Räume
für die Kühlapparate, gegliedert. Von letzteren ist ein schmaler Streifen
abgetrennt, welcher 5 Kammern von zusammen 67,5 qm Bodenfläche für
die Aufbewahrung von schwachfinnigem Fleisch und ferner den Raum
für den Eisgenerator und den Eisaufbewahrungsraum enthält. (Abb. 104.)

Die Pökelei enthält bei 582 qm Bodenfläche 153 Pökelbottiche verschiedener Grösse, welche zu 20 verschliessbaren Kammern vereinigt sind.

Das Erdgeschoss enthält neben der die Transportgeleise von den
Schlachthäusern aufnehmenden Durchfahrt einen Vorkühlraum von 487 qm
Bodenfläche mit Transportgeleise und Fleischhaken.

An diesen Vorkühlraum schliesst sich ein Kühlraum von 1103 qm

Bodenfläche an, in welchem sich 98 zu 20 Gruppen vereinigte Fleischzellen von zusammen 692 qm befinden. (Abb. 96.)

Im ersten Stockwerk befinden sich 2 Vorkühlräume von zusammen
214 qm und ein grosser Kühlraum von 1475 qm Grundfläche, mit 124
zu 26 Gruppen vereinigten Fleischzellen von zusammen 834 qm.

Die Temperatur in den verschiedenen Kühlräumen und im Pökel-
keller darf beim Betriebe der Anlage nur + 2 bis + 4° C., in den Vor-
kühlräumen höchstens + 6° C. betragen und muss in den fünf Aufbe-
wahrungsräumen für schwachfinniges Fleisch gleichmässig auf + 1½° C.
und im Eisspeicher auf 0° C. gehalten werden.

Der relative Feuchtigkeitsgehalt der Luft soll 75 pCt., bezogen auf
eine Kühlhallentemperatur von + 4° C., nicht übersteigen. Der Fleisch-
belag pro 1 qm Kühl- bezw. Vorkühlhallen-Bodenfläche ist zu 120 kg angenommen.

Für eine sorgfältige Isolierung der Kühlräume, um Kälteverluste
möglichst zu vermeiden, ist bestens Sorge getragen.

Im Maschinenhause haben vier Schwefligsäure-Kompressoren nebst
ihren beiden Antriebsmaschinen Aufstellung gefunden. (Abb. 97.)

Je zwei der Kompressoren sind mit je einer Einkurbel-Verbund-
Dampfmaschine direkt gekuppelt und ist ferner die Anordnung getroffen,
dass vermittelst der im Fundamentenraum gelagerten Transmission die
Kompressoren wechselseitig von jeder der beiden Dampfmaschinen betrieben werden können.

Das Verfahren der Kälteerzeugung ist das bereits erwähnte, weshalb
es sich erübrigt, nochmals näher darauf einzugehen. Die im Verdampfer
abgekühlte Soole findet ihre nutzbare Verwendung in eigens konstruierten
Luftkühlapparaten, indem sie vermittelst Pumpen nach dem oberen Teil
der Apparate gefördert, durch eine Reihe geschlitzter Rohre auf ein System
von Treppen von zweckentsprechender Form in gleichmässigster Weise
als dichter Regen verteilt und so in vielfältige Berührung mit der durch-
streichenden Luft gebracht wird.

Diese Wirkung wird noch dadurch bedeutend erhöht, dass durch
geeignete Anordnung der Treppen das Salzwasser kaskadenförmig nach
unten gelangt, wodurch einerseits eine weitere günstige Verteilung,
andererseits eine genügend lange Berührung der Soole mit der Luft
herbeigeführt wird, sodass ein vollkommener Wärmeaustausch ermöglicht wird.

Abbildung 99 zeigt die beiden Ventilatoren der grossen Luftkühler,
welche die in den Kühlräumen erwärmte Luft absaugen und sie behufs
Kühlung und Reinigung durch die Luftkühler wieder zurück in die Kühlräume fördern.

Die im Hintergrunde sichtbaren Seile dienen zum Umstellen hölzerner
Klappen. Durch das Oeffnen oder Schliessen derselben kann die ange-
gesaugte Luft entweder direkt in den Luftkühlapparat gelangen oder zuvor durch eine Heizvorrichtung angewärmt werden, was natürlich nur in
kalten Wintern in Frage kommt, um ein Herabsinken der Temperatur
in den Kühlräumen unter 0° C. zu vermeiden. Die folgende Abbildung

gestattet einen Blick in den in Thätigkeit befindlichen Luftkühlapparat und lässt die vorerwähnte Wirksamkeit desselben leicht erkennen. (Abb. 98.)

Ohne auf die vielen sonstigen Anwendungsgebiete der Kältemaschinen weiter einzugehen, wollen wir uns nunmehr, was wohl hauptsächlich das Interesse der geehrten Zuhörer erwecken dürfte, im Nachfolgenden damit

Abb. 98. Gegenluft-Kühlapparat.

beschäftigen, die Bedeutung der Kältemaschine in Bezug auf die Obstkultur und die Blumenzucht zu betrachten.

Es war vor noch nicht allzu langer Zeit unbekannt, dass Früchte längere Zeit hindurch in marktfähiger Beschaffenheit und transportfähig erhalten werden konnten. Versuche, welche in Amerika und Australien angestellt wurden, sind jedoch von ausserordentlichem Erfolge gewesen.

Bei sorgfältiger Auswahl und Verpackung der Früchte hat sich bei Lagerung in Kühlräumen, welche ständig mit trockener, reiner Luft versehen werden, gezeigt, dass dieselben sehr wohl marktfähig bleiben und auf weite Entfernungen hin versandt werden können.

Erdbeeren, derartig konserviert, werden in besonderen Kühlwaggons von Florida und Kalifornien nach New-York versandt, wo sie ca. 8 Monate statt früher 3 Monate auf dem Markte gehandelt werden.

Mit gleich gutem Erfolge werden Pfirsiche, Trauben, Bananen, Äpfel und Birnen von Kanada und Australien nach London versandt.

Es ist also sehr gut möglich, Früchte längere Zeit ohne jeglichen Schaden unter Einwirkung von Kälte zu konservieren, um sie an anderen Orten oder zu anderer Zeit auf den Markt zu bringen.

Zu beachten ist, dass die Früchte vor der vollständigen Reife in das Kühlhaus eingebracht werden, und zwar nur vollständig unbeschädigte Exemplare.

Die feineren Früchte werden zweckmässig in Sägespähne, Baumwolle oder auch Papierschnitzel verpackt.

Die Lagerräume müssen trocken und auf gleichbleibender Temperatur gehalten werden.

Beim Entnehmen ·der Früchte aus dem Kühlraum dürfen dieselben nicht plötzlich grossen Temperaturschwankungen ausgesetzt werden.

Die geeignete Temperatur, sowie die Lagerzeiten für die verschiedenen Früchte gehen aus folgenden Angaben hervor: *)

	Temperatur	Lagerzeit
Sommer-Aepfel .	0,5 bis 5 ° C.	2—4 Monate
Winter-Aepfel . .	0,5 „ 2 ° „	2—8 „
Birnen	0,5 „ 3,5 ° „	2—4 „
Pfirsiche	2 „ 3,5 ° „	2—4 Wochen
Apfelsinen . . .	2 „ 3,5 ° „	2—4 „
Trauben	3,5 „ 5 ° „	6—8 „
Melonen	5	
Pflaumen	3,5 „ 4,5 ° „	2—6 „
Kirschen	2.5 „ 4 ° „	4 „
Erdbeeren . . .	1 „ 2,5 ° „	3 „
Johannisbeeren .	0,5 „ 2 ° „	6 „
Himbeeren . . .	1 „ 2,5 ° „	3 „
Brombeeren . . .	3 „ 5 ° „	4 „

Auf ähnliche Weise lassen sich Blumenzwiebel und Keime, z. B. Maiblumenkeime, durch Lagern in Kalt-Lagerhäusern im Wachstum zurückhalten, wodurch es ermöglicht wird, das Blühen der Pflanzen von der Jahreszeit unabhängig zu machen.

Ohne weiteres ist klar, dass je nach den Lebensbedingungen der bezüglichen Pflanzen die Temperatur und der Feuchtigkeitsgehalt in den Kühlräumen verschieden sein müssen.

---

*) Nach Zeitschrift für die gesamte Kälteindustrie.

Maiblumenkeime, Flieder, Azaleen (Azalea mollis) und andere werden zweckmässig bei einer Temperatur von einigen Graden unter Null, Lilien, Rosen etc. bei einigen Graden über Null aufbewahrt.

Abbildung 100 zeigt ein Kühlhaus für solche Zwecke nebst der maschinellen Einrichtung.

Wie aus der Skizze ersichtlich, ist das Kühlhaus in verschiedene, mit Stellagen ausgerüstete Kammern abgeteilt, welche von einem gemeinsamen Gang aus zugänglich sind.

Sämtliche Räume sind sowohl mit Kühlrohrsystemen als auch mit Luftkanälen versehen, sodass jederzeit die gewünschte Temperatur und Trockenheit der Kühlhausluft erreicht werden kann, indem man je nach

Abb. 99. Ventilatoren.

dem erforderlichen Grad der Trockenheit mehr oder weniger die Kühlung durch die in den Rohrsystemen zirkulierende kalte Soole bezw. durch die im Luftkühlapparat gekühlte und getrocknete Luft bewirkt.

Die Umfassungswände, sowie Boden und Decke werden selbstverständlich mit einer guten Isolierung versehen und die Thüren doppelwandig mit Isolierfüllung ausgeführt, um Kälteverluste möglichst zu vermeiden.

Angenommen wurde, dass in den grösseren Räumen vorwiegend Maiblumen und in den drei kleineren Lilien, Hyacinthen und Rosen aufbewahrt werden sollen, und zwar können z. B. gleichzeitig ca. 1½ Mill. Maiblumenkeime und ca. 28 000 Lilienzwiebeln gelagert werden.

Das Lagern der Lilienzwiebeln wird am besten bewirkt, indem man dieselben möglichst dicht in Kästen aus Kokosnussfaser verpackt und auf die in den Kaltlagerräumen befindlichen Regalen verbringt, welche derart eingerichtet sind, dass die kalte Luft zwischen den einzelnen Kisten hindurchzustreichen vermag.

Vor dem Einbringen werden die Lilien sorgfältig untersucht, um zu

verhindern, dass etwa eine nicht intakte das Verderben des Inhaltes
einer ganzen Kiste verursacht.

Die Kühlung selbst geschieht mittelst Luft, welche zweckmässig in
einem Regenluftkühler entfeuchtet und gekühlt die Temperatur und den
Feuchtigkeitsgehalt im Kühlraum in ganz bestimmten Grenzen zu halten
ermöglicht.

Das Blühen der Lilien tritt ungefähr 3—3½ Wochen nach Entnahme
derselben aus dem Kaltlagerraum ein, sodass man in den Stand gesetzt

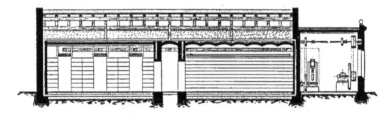

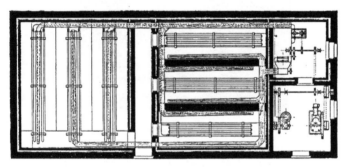

Abb. 100.   Kühlhaus für Pflanzen.

ist, zu einer ganz bestimmten Zeit beliebige Mengen derselben zur Verfügung zu haben.

Bei Lilien, welche zu Sträussen verarbeitet werden, entfernt man,
wie man aus England berichtet, um eine reichere Blüte zu erhalten, in
einem gewissen Stadium sämtliche Blätter, welch letztere zweckmässig
bei einer früheren Ernte zur Verwendung gelangen.

Das Lagern der Maiblumenkeime geschieht in ähnlicher Weise.

Die Gesamtbodenfläche der hier dargestellten Kühlräume beträgt
ca. 100 qm, und wird der hierfür erforderliche Kältebedarf durch eine
Kühlmaschine kleinen Modells stehender Bauart für Riemenbetrieb gedeckt.

Der Antrieb kann vermittelst eines beliebigen Motors erfolgen; im
vorliegenden Falle wurde ein Gasmotor gewählt.

Im Nebenraum des Maschinenhauses ist der mit dem Luftkühler
kombinierte Verdampfer und die Soolepumpe untergebracht.

Die Betriebskosten für Anlagen dieser Grösse dürften für Dampf- als auch Gasmotorbetrieb ziemlich die gleichen sein, während elektrischer Betrieb sich teurer stellen wird.

Bei grösseren Anlagen ist Dampfbetrieb aus ökonomischen Rücksichten immer vorzuziehen.

Abb. 101. Kältemaschine; kleines Modell.

Die Betriebskosten der Anlage setzen sich zusammen aus:
1. den Ausgaben für die Bedienung,
2. „ „ „ Kohlen bezw. Gas oder elektrischen Strom,
3. „ „ „ Putz- und Schmiermaterial
und dürften schätzungsweise bei Anlagen vorbeschriebenen Umfanges für den Jahresbetrieb mit M. 2500 anzunehmen sein.

Die Anschaffungskosten vorbeschriebener Anlage einschliesslich des Motors und der Montage dürften sich auf M. 11 000 belaufen.

Zu bemerken wäre noch, dass die Anwendung der Maschinen sich

in jedem Falle den speziellen Wünschen bezw. den vorliegenden Anforderungen anpassen lässt.

Hiernach sollen nun noch diejenigen Kältemaschinentypen (kl. Modelle), welche für die fraglichen Zwecke hauptsächlich Verwendung finden
dürften, den verehrten Zuhörern veranschaulicht werden. (Es folgte eine
Reihe Lichtbilder, von denen wir in Abb. 101 eine derartige kleine Kältemaschine wiedergeben.)

Ferner sei noch gestattet, eine Anlage im Bilde vorzuführen. welche
deshalb ein besonderes Interesse verdient, weil sie berufen ist, unter

Abb. 102. Eiserzeugungs-Anlage in Chartum.

den schwierigsten klimatischen Verhältnissen bei Temperaturen bis zu
+ 50° C. im Schatten Kälte zu erzeugen und überdies eine gewisse
historische Bedeutung besitzt, indem sie den ersten Schornstein, den
ersten Kessel und die erste Dampfmaschine im Sudan darstellt. Die
Anlage ist für eine Gesellschaft in Chartum von der Firma A. Borsig
errichtet worden. (Abb. 102 u. 103.)

Chartum ist bekanntlich die Stadt. welche noch vor nicht langer Zeit
von dem Mahdi beherrscht war und an welche sich viele geschichtliche
Ereignisse knüpfen.

Die Maschine dient zur Erzeugung von Eis und ist imstande, täglich
bis 8000 kg in Blöcken von je 20 kg zu erzeugen.

Der Transport wie auch die Montage war mit den grössten Schwierigkeiten verknüpft, da der von der Firma entsandte deutsche Monteur
allein auf einheimische Hilfe angewiesen war.

Diskussion.

L. Wittmack fragt, ob es auch kleinere, billigere Kältemaschinen giebt und ob es möglich ist, die Kühlröhren in ein Gewächshaus zu leiten. Es kommt oft vor, dass ein Gärtner zu Ausstellungen oder dergl. gern seine blühenden Pflanzen zurückhalten möchte; bis jetzt konnte er das oft nicht, weil plötzlich Hitze eintrat.

Hr. Kgl. Garten-Insp. Weber bestätigt, dass das wünschenswert sei. Der verstorbene Gartenbaudirektor G. A. Schultz habe einmal den Ausspruch gethan: Gegen Kälte kann ich mich schützen, gegen Wärme aber

Abb. 103.   Eiserzeugungs-Anlage in Chartum.

nicht. Es kommt auch vor, dass der Gärtner gern zu hohen Feiertagen seine Pflanzen zurückhalten möchte, da sie dann einen höheren Wert haben. Es handelt sich oft nur um 8--10 Tage. Wenn es möglich wäre, Röhren mit der Kühlflüssigkeit durch die Häuser zu legen, möchte das sich erzielen lassen. Um Maiblumenkeime zu konservieren, braucht der Gärtner keine eigenen Kühlräume, da kann er sich einen mieten.

Herr Meckel antwortet, dass es auch kleinere Maschinen gebe, die sich auf nur ca. 5000 M. stellen. Auch die Leitung der Kühlröhren in ein Gewächshaus ist möglich, aber es setzt voraus, dass die Kühlanlage auch noch anderweitig benutzt wird, denn nur um auf wenige Tage Kälte im Gewächshause zu erzeugen, eine Anlage zu machen, würde natürlich zu teuer kommen.

Hr. Hofg. Hoffmann: Viele Blumen, z. B. Rosen, würden sich das Kühlen wohl nicht gefallen lassen und würden die Knospen vielleicht nicht öffnen. In solchen Fällen kann man sich nur durch Schattengeben helfen.

Hr. Kohlmannslehner: Hr. Meckel sagt, Lilien würden nach dem Herausnehmen in 3—4 Wochen blühbar sein. Dann müssten aber die Kühlhäuser Licht haben, damit die Lilien sich darin schon etwas entwickeln können. Denn Lilien, die als ruhende Zwiebeln konserviert werden, kann man nicht in vier Wochen blühend haben. In Burg bei Magdeburg hat bekanntlich Hr. Schmeisser eine grosse Kühlanlage eingerichtet, aber viel Geld darin verbraucht. Es verführt eine derartige Anlage leicht zu Versuchen, die auch fehlschlagen können. Man sollte sich deshalb vorläufig auf die Konservierung von solchen Gegenständen beschränken, bei denen das Verfahren schon erprobt ist, wie Maiblumenkeime und Lilienzwiebeln.

Hr. Dietze: Für die Jubiläumsausstellung des Vereins im Treptower Park im April 1897 wollte ich eine Anzahl Rosen zurückhalten und legte Eis unter die Stellagen, denn wir hatten vor der Ausstellung, 22—24⁰ C. Wärme. Ich deckte auch die Häuser zu, doch so, dass etwas Licht hineinkam. Im ganzen verbrauchte ich ca. 50 Zentner Eis, das ich in Sägespäne packte, und brachte die Temperatur auf 6⁰. Da hielten sich die Rosen drei Tage länger; aber die empfindlichen Theerosen warfen die Knospen ab. Glücklicherweise hatte ich aber doch noch so viel Rosen, dass ich den Ehrenpreis der Stadt Berlin erhielt.

Hr. Bluth: Es lässt sich manches durch Kühlvorrichtungen erreichen, vielleicht mehr, als wir heute annehmen; aber der Gärtner muss stets dabei rechnen und sich fragen: Rentiert sich die Sache? Sonst könnte uns wieder wie in der Begründung zum Zolltarif gesagt werden: Die Gärtner werden dadurch veranlasst, zu viel Geld in ihre Anlagen zu stecken. Dem Handelsgärtner kann die Wärme nicht helfen und auch die Kälte nicht. Das sehen wir schon an den Eis-Maiblumen und Eislilien, die so massenhaft da sind, dass sie keinen Preis mehr erzielen. —

Hr. Hofg. Hoffmann erinnert an die zweckmässigen Kühlanlagen des Hrn. Hoflief. Eilers in Petersburg. Er hat eine Art Blockhaus erbaut, in welchem er die Pflanzen zurückhält. Er bringt diese im Herbst hinein und packt an den Seiten des Blockhauses und obenauf Eis.

Hr. Bluth bestätigt das. Hr. Eilers geht von dem richtigen Grundsatz aus, dass die kalte Luft sich nach unten senkt. Darum packt er kein Eis in das Haus, sondern obenauf. Sein Blockhaus hat ein Dach, das bis an die Erde geht, auf dieses kommt das Eis und darüber wieder Bretter, sodass kein Regen an das Eis kommen kann. Ausserdem bringt er noch Sägespäne darauf und darüber Rasenstücke. Das vom Eise abschmelzende Wasser fliesst am Dach herunter und wird durch einen Kanal abgeführt. Die Einrichtung kostet aber doch hübsches Geld, da man einen ziemlich grossen Raum haben muss. Bei uns würde das Eis wohl zu früh schmelzen.

Hr. Kohlmannslehner bezweifelt, dass man mit solcher Eislersschen Einrichtung Pflanzen, die nicht mehr ruhen, zurückhalten kann.

Hr. Oberg. Beuster teilt mit, dass er in dem Garten des Herrn von Siemens in Biesdorf, wo ein Eiskeller ist, der ca. 50 Fuhren Eis

fasst, auch Versuche mit Maiblumenkeimen gemacht habe, indem er eine
Kiste mit 2000 Keimen auf den Boden stellte.

Hr. Kgl. Garteninspektor Perring: Hr. Eilers war der Erfinder der
Maiblumen-Eiskeime. Die jetzige Kaiserin-Witwe von Russland hat ihren
Geburtstag im August, und selbstverständlich überreicht ihr Leib-Garde-
regiment zu dem Tage einen Strauss. Da die Maiblume ihre Lieblingsblume ist, so versuchte Eilers, auch diese Blume im August zu haben,
und nach mehrjährigen Versuchen gelang ihm das durch Zurückhalten

Abb. 104. Eiserzeugung.

der Keime auf Eis. — Ein Kühlraum gewährt übrigens eine viel grössere
Sicherheit als ein Eiskeller, zumal es mitunter bei uns Winter ohne Eis
giebt. Die Brauereien, welche früher tausende von Fuhren Eis in ihre
Keller brachten, haben jetzt alle Kühlanlagen.

Bemerkung der Redaktion:

Wie Gardeners Chronicle vom 15. März 1902 meldet, hat Hr. Loiseau,
Präsident des Gartenbauvereins in Montreuil sous Bois (Seine) auf der
Herbstausstellung der Französischen Gartenbaugesellschaft im Grand Palais
1901 einige Pfirsiche ausgestellt, welche in Kühlräumen konserviert
waren. Die Pfirsiche waren 53 bezw. 58 Tage in dem Kühlraum gewesen
und so gut erhalten, dass ein Grosshändler 4 Francs für das Stück bot.

Es waren die Sorten: Mignonne, Bon ouvrier, Belle Beauce, Impériale, Mexis Sepère und Galande.

Uns scheint, dass noch für viele Zwecke die Kältemaschinen im Gartenbau Anwendung finden könnten. Bekanntlich bewahren fast alle Bindereigeschäfte ihre Blumen auf Eis auf; da würde sich für grosse Geschäfte eine Kältemaschine viel mehr empfehlen. sie könnten zugleich damit die im Laden zu schnell verblühenden Blumen und Pflanzen zurückhalten. Namentlich aber dürfte für die Blumenhalle in der städtischen Markthalle Lindenstrasse eine Kältemaschine sehr notwendig sein.

L. Wittmack.

Die Jahresversammlung der Deutschen Dendrologischen Gesellschaft in Hannover vom 10.—12. August 1902.

Von L. Wittmack.

Wie schon kurz berichtet, war die Versammlung, die im Hotel zu den Vierjahreszeiten stattfand, sehr gut besucht. Etwa 60 Dendrologen (Gehölzkenner) und solche, die es werden wollen, hatten sich unter dem Vorsitze des Hrn. Hofmarschall v. St. Paul zusammengefunden, darunter Botaniker, eigentliche Gehölzspezialisten, Baumschulbesitzer, Gutsbesitzer, Hofgärtner, Gartendirektoren, Garteninspektoren, Redakteure usw. — Die Gesellschaft zählt nahezu 500 Mitglieder in und ausserhalb Deutschlands. Von ausserhalb war Hr. Baumschulbesitzer Jurrissen in Naarden bei Amsterdam erschienen. An den Vormittagen wurden Vorträge bezw. Demonstrationen gehalten, an den Nachmittagen Ausflüge gemacht. Alle Formalitäten wurden möglichst kurz erledigt, dagegen auf Vorzeigung zahlreicher neuer oder interessanter älterer Pflanzen und gute Vorträge ein besonderes Gewicht gelegt, nicht minder aber auch auf interessante Ausflüge, und man freut sich bei solchen Gelegenheiten besonders, zu sehen, dass es doch so viele schöne Gegenden in unserem lieben deutschen Vaterlande giebt, Gegenden, von denen man zum Teil keine Ahnung hatte. — Reden bei Tisch wurden garnicht gehalten, nur am Schlusse des letzten Ausfluges sprach Hr. Hofmarschall v. St. Paul den beiden Herren, welche sich um die Anordnung des Ganzen so verdient gemacht hatten, Herrn Grafen von Schwein-Wend.-Wilmersdorf und Hrn. Stadtgartendirektor Tripp-Hannover, den herzlichsten Dank für ihre geschickte Leitung aus.

A. Vorgelegte Gegenstände.

I. Hr. Garteninspektor Purpus-Darmstadt: 1. Ein Zweig einer interessanten mit Dornen versehenen Rosaceae aus Nordchina, die bisher für eine Prunus-Art gehalten wurde. aber nach Mitteilungen des Hrn. Baumschulbesitzers Kesselring in Petersburg Plagyospermum chinense Oliver ist. Die Frucht ist pflaumenartig und in der Mandschurei geschätzt. Gedeiht auf sandigem Boden in Darmstadt sehr gut und hat sich seit 6–7 Jahren dort als winterhart erwiesen. Der mit lanzettlichen Blättern versehene Strauch treibt schon im Anfang März aus. Die jungen

Blätter erfrieren zwar nicht, wohl aber oft die Blütenknospen. Die Blüten sind nankinggelb, nicht ganz so gross wie Kirschblüten. Die Blüten ähneln in der Form denen von Exochorda, stehen aber nicht in Trauben. sondern zu 5—6 in den Blattwinkeln. Vermehrung bis jetzt durch Steck·linge. 2. Buddleia variabilis, eine empfehlenswerte Pflanze, 2—3 m hoch und eben so breit, Trauben bis zu 100 an einem Exemplar, 30 bis 45 cm lang, violett. Seit Juli blühend. Nicht ganz winterhart, aber leicht wieder austreibend. 3. Marsdenia erecta, eine holzige, etwas schlin-gende Asclepiadaceae mit gelblich-weissen Blumen. Nur botanisch von Interesse. 4. Hypericum galoides aus Nordamerika. Durchmesser 1 m, winterhart. Blumen klein, aber zahlreich. 5. Crataegus uniflora var. grossulariaefolia. 6. Agave Parryi. Diese Agave wird voraussicht·lich von grosser Wichtigkeit werden, da sie (in Darmstadt) winterhart ist. Das wäre dann die erste winterharte Agave für Mitteleuropa. Sie ist von dem Bruder des Hrn. Purpus in grosser Höhe auf den Gebirgen Kaliforniens gesammelt und treibt einen Blütenschaft von 2—3 m Höhe. Sie wird von Hrn. Ahrens in Ronsdorf (Rheinprov.) in den Handel ge·geben werden.

Zur Verteilung übergab Hr. Garteninspektor Purpus folgende Ge-hölze: 7· Lonicera tatarica × floribunda (= amoena Zabel. 8. Rhamnus dahurica (fälschlich oft als crenata bezeichnet). 9. Prunus nigra (echt). 10. Caragana jeddoensis, neu. 11. Pinus edulis.

II. Hr Baumschulbesitzer Hesse in Weener (Ostfriesland) legte vor und liess durch Hrn. Purpus näher erklären: 12. Strauchartige Lupinen, natürliche Kreuzungen zwischen Lupinus arboreus und L. Colvillei (Blumen rötlich·gelb, weisslich, bläulich etc.). 13. Nandina domestica, blühend. 14. Catalpa syringaefolia, gelbbunt. 15. Daphne Mezereum. weissbunt. sehr schön. 16. Elaeagnus longipes, gelbbunt. 17. Cornus alternifolius, bunt. 18. Lonicera xylosteum, weissbunt gefleckt. junge Triebe rötlich. 19. Acer nikoënse. 20. Viburnum lantanoides, Nordamerika, mit riesigen Blättern, gedeiht nur auf Moorboden, in feuchter Luft und im Halbschatten.

III. Hr. Stadtgartendirektor Schoch legte Eschenzweige vor und zwar: 21. Fraxinus americana und 22. F. pubescens. Er bemerkte, dass nach dem Bericht des Hrn. Prof. Schwappach im vorigen Jahres-bericht Fraxinus americana in Wörlitz hart sein solle. Das müsse aber auf einer Verwechselung beruhen, da alle in Wörlitz und Gross-Gühna vorkommenden Individuen F. pubescens sind. Der Hauptcharakter der Fraxinus pubescens liegt in der an der Basis spitzen Frucht, der Flügel reicht nämlich nicht bis ganz hinunter und dadurch erscheint die Frucht spitzer. Sie wird deshalb auch Spitzesche genannt. Die Wörlitzer Garten·verwaltung verkauft hiervon jährlich viele Früchte. — Fraxinus americana hat einen lockereren Wuchs, die Blätter hängen mehr herunter, sind meist viel grösser und haben eine helle Unterseite. — Die Fraxinus pubescens erträgt die Ueberschwemmungen, denen die Dessauer Forsten oft ausge-setzt sind, sehr gut, besser als z. B. die einheimische Stieleiche, welche dort viel gepflanzt wird.

Hr. Schoch zeigt ferner vor: 23. Acer saccharinum aus dem Wilhelmsgarten in Magdeburg, wo er sich seit 1825—30 findet. Es ist

ein sehr schöner Parkbaum, aber im Wuchs lange nicht so stark wie
unsere einheimischen Ahorne, daher erscheint der Nutzen des Zuckerahorns für unsere Forstwirtschaft zweifelhaft. 24. Chamaecyparis pisifera. Die typische Spezies hat einen zierlicheren Wuchs als ihre Jugendformen. 25. Pinus rigida. Von dieser Kiefer finden sich in Wörlitz sehr
starke alte Exemplare, aber nur an feuchten Stellen, dicht am Wasser.
Sie sind vielleicht schon 1770—80 gepflanzt und werden von den Tischlern
besser bezahlt als einheimische Pinus silvestris, weil das Holz sehr harz-
reich und dauerhaft ist. — Hr. Schoch hat auch im Magdeburger Ueber-
schwemmungsgebiet eine Pflanzung von P. rigida gemacht; da der Boden
aber im Sommer sehr trocken wird, musste er sie stark wässern lassen.
26. Eine Form der Robinia Pseudocacia mit nur 5—9 Blättchen, die aber
viel grösser sind; als Alleebaum sehr zu empfehlen. Hr. Schoch ist er-
bötig. Reiser abzugeben.

Bezüglich des Zuckerahorns bemerkte Hr. Senator Domeyer, dass
er denselben in Minnesota gesehen habe, dass aber auch da diese Spezies
kleiner bleibt als andere Arten daselbst, vielleicht weil die Indianer die
Bäume so stark anhauen, um den süssen Saft zu gewinnen. Sehr wichtig
ist es übrigens, bei allen Mitteilungen über die Entwickelung von Bäumen
auch Angaben über den Untergrund zu machen; denn auf den kommt
viel an.

IV. Hr. Kgl. Garteninspektor Beissner-Bonn besprach verschiedene
Koniferen. Er zeigte an einem grösseren Ast, den Hr. Hofgärtner Virchow
mitgebracht, von 27. Chamaecyparis pisifera alle an dieser Art auftretenden Formen: die Jugendform (squarrosa), die Uebergangsform (plumosa) und die typische Form (pisifera). Die Jugendformen geben meist
keinen keimfähigen Samen; ist dieser aber keimfähig, so giebt der grösste
Teil die normale Form. — Ch. pisifera ist entschieden eleganter als obtusa, letztere aber forstlich wertvoller.

V. Von Hrn. Kgl. Garteninspektor Wocke in Oliva bei Danzig ist,
wie Hr. Beissner erläuterte, eine Form von 28. Pseudotsuga Douglasii
mit auffallend kurzen Nadeln und kleinen, nur 5 cm langen Zapfen über-
bracht, die also wohl zur Form glauca gehört. Der Baum steht sehr
dem Licht und der Luft ausgesetzt und ist 12 m hoch. Es giebt ausserordentlich viele Formen, in dem Forstgarten der Domaine des Barres in
Frankreich sah Hr. Beissner 10 cm lange Zapfen.

29. Die von Hrn. Hesse übergebene gekräuselte Abies subalpina
ist eine nächste Verwandte der A. arizonica. Wo genügend Boden- und
Luftfeuchtigkeit vorhanden, gedeiht sie gut. Das Exemplar des Hrn. Hesse
hat gelockte Nadeln, ähnlich etwa wie Salix babylonica annularis; sie
würde vielleicht als concinna zu bezeichnen sein.

VI. Hr. Steinmeyer legte 30. eine ganz gelbe Ulme: Ulmus latifolia lutescens Ohrt vor, die vor 8 Jahren in seinen Ableger-Quartieren
entstanden ist. Hr. Graf Schwerin-Wend.-Wilmersdorf bemerkte, dass
es seit 15 Jahren eine Ulmus montana lutescens gebe, welche dieselbe
Farbe habe.

(Fortsetzung folgt.)

Stundenplan

für die

Städtische Fachschule für Gärtner in Berlin im Winterhalbjahr 1902|1903.

Schulgebäude: Hinter der Garnisonkirche 2.

Honorar 3 Mark. Anmeldungen täglich ausser Mittwoch und Sonnabend abends 8—9 Uhr und Sonntag vormittags 9—10 Uhr bei Herrn Rektor Drehmann daselbst.

Anfang Freitag, den 10. Oktober d. J., abends 8 Uhr.

Tage:	Sonntag.	Dienstag.		Mittwoch.		Freitag.	
Stunden:	Vormittags von 9—12 Uhr.	Abends von 8—9 Uhr.	von 9—10 Uhr.	Abends von 8—9 Uhr.	von 9—10 Uhr.	Abends von 8—9 Uhr.	von 9—10 Uhr.
I. Abteilung:	Zeichnen. E. Böttcher, Städtischer Obergärtner.	Pflanzenkulturen, unter Berücksichtigung der Dekorationsgärtnerei. Victor de Coene, Gärtnereibesitzer.		Buchführung. Hertel, Städt. Lehrer.		Obst- und Gemüsebau. H. Mehl, Gärtnereibesitzer.	
II. Abteilung:	Zeichnen. F. Glum, Gartentechniker.	Deutsch. J. Peuckert, Städt. Lehrer.	Rechnen. J. Peuckert, Städt. Lehrer.	Botanik. Dr. F. Krüger.	Chemie u. Düngerlehre. Dr. Matz.	Deutsch. J. Peuckert, Städt. Lehrer.	Rechnen. J. Peuckert, Städt. Lehrer.

Sommerhalbjahr 1903.

An 12 Sonntagen von 8—10 Uhr Unterricht im Feldmessen durch Herrn Obergärtner E. Böttcher. Beginn am 3. Mai. Honorar 3 Mark. Anmeldungen bei Herrn Rektor Drehmann (siehe oben) und vor den Unterrichtsstunden bei Herrn Obergärtner E. Böttcher.

Die Bindekunst im Verhältnis zur neuen Kunstrichtung.

Von Siegfried Schellbach.

Wer mitten im Getriebe der Arbeit steht, verliert leicht den unbefangenen Blick für die Resultate seines Schaffens und beschreitet Wege, die nicht zu höheren Zielen führen, sondern sich schliesslich als Irrwege ausweisen.

Ein aufmerksamer Beobachter, der unbeeinflusst von überliefertem Fachwissen die Einzelthätigkeit mehr im Zusammenhange mit dem grossen Ganzen überschaut, wird Irrtümer meist leichter erkennen als der Fachmann, dem gerade die Traditionen zum verhängnisvollen Hemmnis bei einer vorurteilsfreien Prüfung der eigenen Arbeiten werden.

Einer der genialsten Gartenkünstler, Fürst Hermann von Pückler-Muskau, setzt vor seine „Andeutungen für Landschaftsgärtner" die Worte:

„Gestattet uns, das Schöne hier in Anschlag zu bringen; denn ich sehe nicht ein, weshalb man das Schöne vom Nützlichen ausschliessen sollte. Was ist denn eigentlich nützlich? Blos, was uns ernährt, erwärmt, gegen die Witterung beschützt? Und weshalb denn heissen solche Dinge nützlich? Doch nur, weil sie das Wohlsein des Menschengeschlechts leidlich befördern. Das Schöne aber befördert es in noch höherem und grösserem Masse, also ist das Schöne eigentlich unter den nützlichen Dingen das nützlichste."

Fast ein Menschenalter ist seit der Niederschrift dieser Worte vergangen, und erst jetzt versuchen wir statt des unsicheren Umherirrens durch alle Stil- und Geschmacksrichtungen überall den selbständigen Ausdruck unseres nationalen Empfindens zu verkörpern und auf allen Gebieten die rein praktischen Forderungen mit den ästhetischen in Einklang zu bringen. Endlich erkennen wir, dass das Schöne keine rein äusserliche Zuthat, kein im Grunde überflüssiger Schmuck ist, sondern der vollendetste Ausdruck, den eine Sache finden kann.

Schön nennen wir hier nicht etwa nur gewisse überlieferte Schmuckformen, sondern jede Erscheinung, deren Inhalt und Wesen in praktischer und ästhetischer Beziehung vollendet zur Darstellung kommt. Nirgends, sollte man meinen, lassen sich diese Forderungen besser erfüllen, als auf dem weiten Felde der Blumenbinderei und -Liebhaberei! Merkwürdigerweise jedoch hat hier der neue Kunstgedanke vielfach eine ganz verkehrte Auslegung gefunden.

Die unfruchtbare und verknöcherte Kunstanschauung vom Ausgang des 18. und Anfang des 19. Jahrhunderts erlag erst in den 80er Jahren dem siegreichen Ansturm einer neuen Kunst. — Lange vorher schon hatten geniale Künstler in ihren Werken die Rückkehr zur Natur gepredigt und darauf hingewiesen, dass Fortschritt nur durch eifriges und intensives Studium der Natur möglich sei. Das weitere Vordringen dieser Erkenntnis brachte uns Bilder, in denen die möglichst getreue Wiedergabe irgend eines Naturausschnittes als Endziel erschien. Angewidert von der alten nachahmenden, rein verstandesmässigen Malerei verschmähten es die Künstler, das Geschaute subjektiv zu färben und begnügten sich mit einer möglichst getreuen, aber ziemlich wahllosen Wiedergabe der

Natur. Diese Vorgänge in der grossen Kunst spielten sich zur selben Zeit auch in der Bindekunst ab. Sind wir recht unterrichtet, so brachten auf der ersten internationalen Gartenbau-Ausstellung zu Hamburg 1869 Frau Luise Böhm geb. Zawadski-Bromberg und Frau Luise Kuntze in Firma J. C. Schmidt-Berlin zum ersten male frei und natürlich arrangierte Blumenbindereien. Es folgten 1871 die Gebr. Seyderhelm-Hamburg; aber erst in den 80er Jahren begann man allgemein sich dieser neuen Richtung zuzuwenden, und an Stelle der mosaikartig zusammengepressten Pflasterarbeiten, bei denen es das höchste Ziel schien, der Blume jede Spur ihrer natürlichen Schönheit zu rauben, fing man an, locker gebundene Sträusse und Arrangements zu bevorzugen. Freilich glaubten die damaligen Bindekünstler, ohne ein Uebermass von Draht nicht auskommen zu können und die Natur verbessernd kurzgestielte Blüten in langstielige, hängende in aufrechtstehende verwandeln zu müssen. Es dauerte geraume Zeit, bis sich das verbildete Auge an die Schönheit ungekünstelter Formen gewöhnt hatte.

Was die Farben anlangt, so bevorzugte man freilich noch bis in unsere Tage starke Kontraste, ohne sich der unendlich feineren Wirkung durch abgestimmte Farbenharmonien zu bedienen.

Dass Blumen von jeher der schönste Schmuck gewesen, hatte man vergessen. Mit dem plötzlichen Anwachsen des Reichtums nach den grossen Kriegen hielt die ästhetische Bildung unseres Volkes nicht Schritt. An die Stelle der Dürftigkeit trat nur zu oft eine protzige Entfaltung von Reichtum. Eine geschmacklose Anhäufung von prunkhaftem Luxus füllte in dem letzten Drittel des vergangenen Jahrhunderts die Wohnungen der bemittelten Klassen, und in Nachäffung fürstlicher Pracht stattete man die kleinen Räume des Bürgerhauses wie Prunksäle eines Renaissance-Palastes aus und stopfte sie in süsslicher Butzenscheiben-Romantik voll toter Krimskrams-Imitationen vergangener Jahrhunderte. Die schweren Vorhänge und Uebergardinen der Fenster waren der Blumenpflege im Zimmer nicht günstig und in der verlogenen Pracht unechter Kostbarkeiten prangten Makart-Bouquets und Stoffblumen.

Kein Wunder, dass in dieser unnatürlichen Umgebung kein lebensfrischer Blumenstrauss zu sehen war. Höchstens als Bouquet fand er mit Draht umwunden und von steifer Papiermanschette umhüllt Aufnahme in die Salons. Heute sind diese Monstra glücklich verdrängt, und in den Schaufenstern der Blumenläden, in denen sie früher auf steifen Haltern paradierten, sieht man das Rohmaterial für die Binderei, das mehr und mehr vom Publikum begehrt und gekauft wird, da nur wenige Geschäfte in der Lage sind, Bestellungen auf Sträusse oder Arrangements wirklich geschmackvoll auszuführen und dem schönen Material auch eine schöne Fassung zu geben. Wie ein Bild, eine Skulptur, so will auch die Blume aus ihrer Umgebung herausgehoben und doch zugleich mit ihr in Einklang gebracht werden. Für das Bild ist der Rahmen die sichtbare Abgrenzung gegen die umgebende wirkliche Welt, ohne ihn würden die Linien und Farben des Gemäldes mit der Umgebung zusammenfliessen und jede geschlossene Wirkung des Kunstwerkes wäre aufgehoben. Aus denselben Gründen giebt der Bildhauer seinen Werken ein Postament, das sie gewissermassen von störenden Nebenerscheinungen abschliesst. Die geschickte und geschmackvolle Fassung erhöht nicht nur die Schönheit eines Edelsteins, sondern die eines jeden Dinges. — Der Eindruck, den ein lebloses Objekt — ebenso wie ein lebendiges Wesen — auf den Beschauer macht, wird sehr stark durch die Umgebung, in der wir es sehen, beeinflusst. Diese Erwägungen erklären die Wichtigkeit einer sachgemässen Fassung und Aufstellung unserer Blumen, falls wir einen vollkommenen Genuss von ihrem Anblick haben wollen.

Was nun die erste Zusammenfassung der Blumen anlangt, so wird darin mit farbigen Bändern und Papieren ein unglaublicher Missbrauch getrieben. Die Anwendung von Papier möchte ich überhaupt aus der Binderei ganz und gar entfernt wissen, höchstens sei es gestattet, den rohen Blumenscherben mit einer papiernen Topfhülle zu umkleiden. Verwerflich aber ist das Umwickeln des Stammes, der, falls er — wie bei getriebenen Sträuchern — zu kahl erscheint, bequem mit einem leichten grünen Geränk umkleidet werden kann. Schon die Empfindlichkeit des Papiers gegen das den Blumen so nötige Wasser, vor allem aber seine unfeinen Farben, verbieten unbedingt seine Anwendung. Zu verwerfen ist auch die geschmacklose und lächerliche Anbringung ausgestopfter Tiere. Schliesslich mögen einige Käfer oder Schmetterlinge die gärtnerischen Stillleben zieren, obgleich auch dieser Ausputz zu entbehren ist. Was aber in aller Welt haben die abscheulich ausgestopften Tauben mit ihren blauen oder rosa Bändchen zwischen Blumen zu thun? Man wende nicht ein, das Publikum verlange danach. Das Publikum verlangt nur, was man ihm darbietet. Wenn freilich einige Fabrikanten solche geschmacklose Ungeheuerlichkeiten wie z. B. das Eisblumenmaterial in Massen auf den Markt werfen, wenn sich dann renommierte Geschäfte bereit finden, diese Geschmacklosigkeiten aufzunehmen und gar anzupreisen, dann fällt es dem einzelnen schwer, gegen derartige Auswüchse anzukämpfen. Würden von den massgebenden Geschäften weder Kressenschweine noch jammervoll modellierte Thonfiguren, wie Dienstmänner, Negerjungen und ähnlicher Unfug -- geführt, so würde kein Mensch nach solchen Albernheiten Verlangen tragen, und die Gärtner brauchten sich nicht dazu herzugeben, die Taschen geschmackloser Fabrikanten zu füllen und sich zu Mitschuldigen bei diesen Versündigungen gegen den guten Geschmack zu machen. Was der Gärtner neben seinen Blumen im Laden führe sollte, sind Blumenvasen und -Körbe. Beide gehören untrennbar zu einer vollkommenen Blumenspende.

Weder in einer reich ornamentierten, buntfarbigen Majolika-Vase noch in einer niedrigen, bauchigen Schale würde die ganze Schönheit der Lilie zu voller Geltung kommen. Ihre elegante Schlankheit, die strenge und etwas herbe Formenschöne wird in einem hohen, glatten, ungefärbten Krystallglase von vornehmster Wirkung sein, während dagegen ein Veilchenstrauss uns nur in einer flachen, wenig sichtbaren Glasschale oder einem einfarbigen, kugligen Thonväschen gefallen kann. Eine mit bunten Blumen oder gar Figuren bemalte Vase vernichtet die zarte Schönheit eines Maiblumenstrausses, der uns in halbhohem Glase oder in lichtgrün glasierter Vase entzücken würde. Leider sind von der üblichen

Marktware unter 100 Blumenvasen 99 unbrauchbar. Unbrauchbar ist jede
Blumenvase, die mehr vorstellen will als ein Gefäss zur Aufnahme von
Blumen, die durch modellierten oder aufgemalten Schmuck die Aufmerksamkeit auf sich zieht, die so enghalsig ist, dass sie kaum einen Blumen-
stengel aufnimmt, oder die, was oft genug vorkommt, aus wasserdurch-
lässigem Thon besteht. Wir brauchen keine unerschwinglich teuren
Kunstwerke, sondern eine billige, einfache und praktische Gebrauchsware,
die in Form und Farbe ein ästhetisch gebildetes Auge befriedigen kann.
Verschieden geformte Vasen, dem besonderen Charakter der beliebtesten
Schnittblumen angepasst, ohne alle Profile und Ornamente, mit schön-
farbigen Glasuren überzogen, müssten in jedem Blumenladen zu billigen
Preisen käuflich sein, damit der Liebhaber zugleich mit dem Strauss das
dazu passende Gefäss erwerben könnte.

In Hamburg hat auf Veranlassung des verdienstvollen Direktors am
dortigen Museum, Herrn Prof. Lichtwark, die „Gesellschaft Hamburger
Kunstfreunde" für ihre Mitglieder Vasen im Preise von 30 Pfennig
bis zu 2 M. anfertigen lassen und dabei die erfreuliche Beobachtung gemacht, dass der Bedarf nicht entfernt gedeckt werden konnte. Durch die
ausserordentliche Güte der Frau Präsidentin Marie Zacharias bin ich
in der angenehmen Lage, Ihnen einige dieser Blumengefässe vorführen
zu können.

Unter den Gläsern findet sich eher Brauchbares, namentlich unter
den glatten farblosen, die nur leider oft zu dünnwandig und für grosse
und schwere Blumen zu leicht sind. Freilich liesse sich auch auf diesem
Gebiete durch verständnissvollere Ausnutzung der besonderen Eigenschaften der verschiedenen Glasflüsse Besseres und Schöneres bieten.
Die in faden, süsslichen Tönen, wie mattblau, grün, lila oder rosa gehaltenen Gläser, die vielfach im Handel sind, lassen sich mit keiner einzigen
Blume zu harmonischer Wirkung vereinigen und sind daher ganz unbrauchbar.

Was über das Verwerfliche süsslicher Farben und aufdringlicher,
bizarrer Formen bei Vasen und Gläsern gesagt worden ist, gilt gleichfalls für die Blumenkörbe. Auch hier sind die anspruchslosesten und
einfachsten Formen die besten. Soll das Naturgeflecht durchaus gefärbt
werden, so sind muntere und kräftige Töne den faden und weichlichen
vorzuziehen. Bisher unerreichte Vorbilder in der Korbflechterei sind uns
die Japaner, die überhaupt dem Kultus der Blumen schon seit Jahrhunderten eine feinsinnige und hochentwickelte Ausgestaltung gegeben haben
und bei denen die Beschäftigung mit den Blumen und deren künstlerische
Verwendung schon seit den frühesten Zeiten zur allgemeinen Bildung
gehört.

Treten schon bei den kleinen Blumenspenden die Bänder und Schleifen,
die Vasen und Körbe ungebührlich in den Vordergrund, so werden bei
den grossen Arrangements die Blumen oft derartig in den Hintergrund
gedrängt, dass man Modelle von Holzgittern, Gartenlauben oder sonstige
wildphantastische Naturholzspielereien vor sich zu sehen glaubt. Fast
scheint es den Bindekünstlern darauf anzukommen, trotz der Blumenum-
hüllung die Formen dieser hölzernen Schaustücke recht zur Geltung zu

bringen, und statt selbständiger Arbeiten liefern sie nur den Ausputz für die geschmacklosen Erzeugnisse der Attrappenarbeiter. Gilt es Innenräume zu schmücken, so folgt man sklavisch den Arbeiten des Dekorateurs, ein gerahmtes Bild erhält noch einen Rahmen von Blumen, die vergoldete Spiegelbekrönung noch eine Blumenkrone, das bereits geschmückte wird überschmückt und am Schmucklosen geht man vorüber. Noch ärgerlicher freilich sind jene Arbeiten, die — ähnlich den aus Briefmarken zusammengestellten Bildern — Gemälde nachahmen und sich in Blumenrahmen auf Blumenstaffeleien breit machen.

Die Tafeldekoration hat sich von Geschmacklosigkeiten ziemlich frei gehalten. Eine überreiche Anwendung von Zuthaten verbietet sich hier von selbst, und dem geschickten Binder, der seinen Blumen zu guter Wirkung verhilft, gelingen hier sehr anmutige Schöpfungen.

Ausgezeichnete Arbeiten findet man jetzt auch auf dem Gebiete der Binderei mit totem Material, und hier ist es — unseres Wissens — Herr Möhrke-Berlin, der zuerst bahnbrechend vorgegangen ist und den eintönigen Makartstrauss durch künstlerisch zusammengestellte Arrangements ersetzt und damit gezeigt hat, dass dieses Gebiet sehr wohl einer Entwickelung im neuzeitlichen Sinne fähig ist.

Fand in den 80er Jahren das künstlerische Streben nach Rückkehr zur Natur auch in der Bindekunst glückliche Förderung und verständnisvolle Anhänger, so zeigen sich in unseren Tagen — neben sehr, sehr wenigen verheissungsvollen Ansätzen — nur Auswüchse, die eine völlige Verkennung der neuen Kunstprinzipien beweisen.

Nicht auf die Schnörkel, wie einige allzu fixe Spekulanten dem Publikum glauben machen wollen, um ihre wert- und sinnlosen, auf den Namen „Sezession" und „Jugendstil" getauften letzten Neuheiten an den Mann zu bringen, kommt es an, sondern darauf, dass für jedes Ding der in praktischer und ästhetischer Beziehung befriedigendste Ausdruck gefunden werde. Unsere Urgrossväter und -Mütter schwärmten für Vergissmeinnicht-Kränze, unsere Grossväter erfreuten sich an der steifen Pracht eines Georginenbouquets — uns dagegen entzückt der zarte Farbenreiz eines anmutigen Strausses, die klare Schönheit einer einzelnen Blume. Das Vielerlei in Form und Farbe verwirrt uns, die grellen Kontraste beleidigen unsere Augen, und für die sentimentale Lieblichkeit eines Vergissmeinnichtstrausses fehlt uns die sinnige Beschaulichkeit der längst vergangenen Tage.

Der moderne Schnörkel, das Herbeischleppen rein äusserlicher Zuthaten vermögen die Bindekunst nicht zu fördern. Sollen wir wieder lebendiges Interesse, verständnisvolle Freude an den Blumen gewinnen, so kann es nur dadurch geschen, dass uns die Erzeugnisse des Gartenbaues in einer Form dargeboten werden, die unser modernes Empfinden befriedigt. Das Streben nach „Freiheit und Gleichheit" hat eine öde Gleichmacherei geschaffen, die uns jene Industrie brachte, deren Haupteinnahmequelle in der Erzeugung von Massenartikeln liegt.

Der Massenvertrieb von Bindereiarbeiten will jedoch nicht recht gelingen. Das Persönliche, das jede Blume besitzt, lässt sich nicht in die Schablone zwängen; gelänge es, dann würde das Publikum ebensogern Stoff- oder Papierblumen kaufen. Der Käufer lebender Blumen will ein Kunstwerk, das in dieser Form nur er besitzt, und dieser Wunsch ist leicht zu erfüllen. Nicht eine Rose gleicht der andern und kein Strauss braucht zur direkten Kopie eines Vorbildes herabzusinken. Die Binde-kunst lässt sich ebensowenig lernen, wie irgend eine andere Kunst. Was man in ihr erlernen kann, das sind nur die technischen Handgriffe. Ein Schüler, der feste Regeln über Farbenzusammenstellungen, über Form und Anordnung der Blumenstücke braucht, wird ewig nur ein Handwerker sein, allenfalls wird aus ihm ein Bindevirtuos, ein Künstler nie! Wie ein Dichter die Sprache, der Maler die Farben, der Musiker die Töne, so soll der Bindekünstler die Blumen und ihre Verwendbarkeit kennen; er soll wissen, was vor ihm in seinem Fach geschaffen wurde, aber er soll es nicht nachahmen. Denn auch der Schönheitsbegriff ist wandelbar, er ändert sich im Laufe der Zeit, wie alles auf dieser Erde. Nicht der Wiedererweckung versunkener Ideale, der Verkörperung der in uns herrschenden Vorstellung vom Schönen sollen wir leben.

Kleinere Mitteilungen.

Locheria hirsuta, eine hübsche Zimmerpflanze.

Von Adam Heydt.

Locheria hirsuta ist eine Gesneriacee, die sich nicht nur der Pflege seitens der Gärtner lohnt, sondern auch der Liebhaber, ja sogar im Zimmer gut gedeiht; wer sie nicht genau kennt, der hält sie für eine Achimenes.

Locheria hirsuta ist eine hübsche Zier-pflanze. Die Blätter sind herzförmig, gesägt, dunkelgrün, behaart, mit rötlich braunen Nerven. Die Blumen sind lila violett, 3—4 cm lange Röhre, die innen weiss mit etwas gelbem Schein ist, die Blume ist 5—7 cm breit.

Auch in den gärtnerischen Kulturen findet man Locheria wenig verbreitet. Die Anzucht geschieht durch Samen wie durch Stecklinge, auf letztere Art habe ich meine Locherien herangezogen. Was die Pflege anbetrifft, so verlangen sie leichte nahrhafte Erde, am zusagendsten ist Heide- mit Lauberde und Sand ver-mischt. Mit dem Antreiben beginnt man am besten zu Anfang März, und zwar ist das Vermehrungsbeet der ge-eigenste Ort dazu. Mit der vorschrei-tenden Entwicklung muss man die Locheria verpflanzen, und zwar in ge-nannter Erde. Sie gedeihen bei einer Wärme von 14—16 Grad R. ganz gut. Der Liebhaber giebt den Locherien am besten einen Platz hinter einem sonnig gelegenen Fenster, woselbst sie gegen die scharfe Sonne während der heissen Tagesstunden zu schützen sind. Der Gärtner freilich ist besser daran, indem er die Locherien im Warmhaus aufstellt, hier geht die Pflege Hand in Hand mit den übrigen Pflanzen dieses Hauses. Gegen Mitte Juli fangen die Locherien an zu blühen und blühen eine ganze Zeit fast bis zum Herbst.

Zu verschiedenen Arrangements, beson-ders auf Blumentischen lassen sich die Locherien sogar gut verwenden und fallen auf. Für den Handel eignet sich diese Pflanze wohl weniger, wenigstens nur im beschränkten Umfang, jedoch für den Handelsgärtner im Badeort, dürfte es lohnend sein, weil dort zur Sommerzeit derartige Gewächse be-achtet werden. Hingegen in den Privat-gärtnereien sollte man diese Locherien mehr pflegen.

Was die Ueberwinterung betrifft, so bewahrt man die kleinen Knollen trocken an einem frostfreien Ort auf, wie die Gloxinien und sonstige der-artige Gesneriaceen. Betreffs der An-zucht durch Samen sei bemerkt, dass

man den Samen, der in Deutschland
vielleicht bei Haage & Schmidt,
Erfurt zu haben sein wird, in der ersten
Hälfte des Januar säen muss, — hierbei benutzt man flache Schalen mit
leichter Erde, die im Vermehrungshaus
aufgestellt werden und mit Scherben
zu bedecken sind. Sobald mit der Pin-
zette fassbar, pikiert man die Locherien, welches je nach Bedarf geschehen
muss. Werden die Locherien einigermassen forciert kultiviert. so blühen
die jungen Sämlinge schon im Juli und
bringen zum Herbst starke Knöllchen
zur Reife, die man im März antreiben
kann.

Obstbaumzählung.

Das letzte reichsstatistische Viertels-
jahrsheft enthält Mitteilungen über die
Ergebnisse der Obstbaumzählung,
die im Jahre 1900 zum ersten male im
Deutschen Reiche stattgefunden hat.
Wir fügen den schon früher bekannt
gewordenen Hauptzahlen folgende
näheren Angaben hinzu:
Im ganzen wurden 164,4 Mill. Obstbäume gezählt. Davon entfallen auf
Apfelbäume 52,3 Mill. = 31 v. H., auf
Birnbäume 25,1 Mill. = 15 v. H., auf
Pflaumenbäume 69,4 Mill. = 41 v. H. und
auf Kirschbäume 21,6 Mill. = 13 v. H.
Auf 1 qkm der Gesamtfläche des Reichs
kommen durchschnittlich 311 Obstbäume,
darunter 128 Pflaumen-, 97 Apfel-, 46
Birnen- und 40 Kirschbäume. Zwischen
den einzelnen Staaten und Bezirken
zeigen sich ungemein grosse Verschiedenheiten. Verhältnismässig am grössten
war die Zahl der Obstbäume im würt-
tembergischen Neckarkreis mit 1037
auf 1 qkm; dann folgen Sachsen-Altenburg mit 1014, die Kreishauptmannschaft
Leipzig mit 907, Schaumburg-Lippe mit
883, der Staat Hamburg mit 842 und
der Regierungsbezirk Merseburg mit 808,
während untenan stehen die Regierungs-
bezirke Stralsund mit 98, Köslin mit 97
und Königsberg mit 87. Die Zahl der
Apfelbäume war am grössten im Neckarkreis mit 582, am kleinsten im Regierungsbezirk Marienwerder mit 21 auf
1 qkm. Auch bei den Birnbäumen steht
der Neckarkreis mit 210 obenan, während der Rgbz. Köslin mit 11 die geringste Zahl hat. Die meisten Pflaumenbäume hat Sachsen-Altenburg mit 531,
die wenigsten der Rgbz. Gumbinnen

mit 15. Auch die Kirschbäume sind in
Sachsen-Altenburg mit 164 auf 1 qkm
am häufigsten, während sie in Waldeck
mit 7 am wenigsten vorkommen. Ver-
gleicht man die Zahl der Obstbäume
nur mit der landwirtschaftlich benutzten
Fläche, so kommen auf 1 qkm 480 Obstbäume; auch hier steht der Neckarkreis
mit 1560 obenan, der Rgbz. Königsberg
mit 129 untenan. Im Vergleich zur Bevölkerung kommen auf 100 ortsanwe-
sende Einwohner 299 Obstbäume, also
auf jeden Einwohner ziemlich genau
3 Obstbäume. Am günstigsten steht
hierbei der Obstbau im Rgbz. Unter-
franken mit 769 Obstbäumen auf 100
Einwohner, am ungünstigsten, abgesehen
von Berlin, wo auf 100 Einwohner nur
1 Obstbaum entfällt, der Staat Hamburg
mit 46, der Staat Bremen mit 74 und
die Kreishauptmannschaft Chemnitz mit
95 Obstbäumen auf 100 Einwohner. Wenn
man nur die landwirtschaftliche
Bevölkerung, deren Zahl zuletzt im
Juni 1895 festgestellt worden ist, berücksichtigt, so kommen auf 100 Bewohner 945 Obstbäume, wobei Sachsen-
Altenburg mit 2907 obenan und Königsberg mit 297 untenan steht.

Die Ergebnisse der Obstbaumzählung in Deutschland, deren Hauptzahlen nach den Veröffentlichungen des
letzten reichsstatistischen Vierteljahrs-
heftes bereits mitgeteilt worden sind,
sind nur dazu angethan, klar vor Augen
zu führen, wie berechtigt es gewesen
ist, wenn die Landwirtschaft wiederholt
darauf hingewiesen worden ist, dass sie
sich die Pflege des Obstbaues mehr
angelegen sein lassen möge. Obwohl
die Zahl der Obstbäume zugenommen
hat, genügt sie in ihrer heutigen Stärke
immer noch nicht, um den Verbrauch
an Obst im Reiche zu decken. Es
wurden im Jahre 1900 an frischem oder
einfach zubereitetem Obst der 4 Haupt-
arten (Apfel-, Birnen-, Pflaumen- und
Kirschobst) 2,2 Mill. Doppelzentner im
Werte von 36,3 Mill. M. und im Jahre
1901 2 Mill. Doppelzentner im Werte
von 39,4 M. eingeführt. Ein Vergleich
der Zahl der landwirtschaftlich benutzten
Fläche mit der Zahl der Obstbäume ergiebt, dass eine Steigerung des Obstanbaues namentlich im Norden Deutschlands recht wohl möglich ist. Während
in Württemberg, wo der Verbrauch von

Aepfel- und Birnenmost schon seit langer Zeit auf die Vermehrung des Obstanbaues fruchtbar eingewirkt hat, im Neckarkreis auf 1 qm 1560 Obstbäume kommen, entfallen dann im Regierungsbezirk Königsberg auf den qm nur 129. Nun wird zwar aus klimatischen Gründen im Norden nicht überall mit dem Anbau von Obst vorgegangen werden können. Aber da, wo Gründe dieser Art nicht vorhanden sind, sollte man nicht zögern, sich einen lohnenden Erwerb zu Nutze zu machen. Man sollte nicht vergessen, dass der köstlichste unserer Aepfel und wohl der Aepfel überhaupt, der Gravensteiner, aus dem nördlichen Schleswig stammt. Jetzt liegt umsomehr Anlass vor, auf einen vermehrten Obstanbau hinzuarbeiten, als der infolge der Brüsseler Konvention wohl mit Sicherheit zu erwartende niedrigere Zuckerpreis unsere Industriellen veranlassen sollte, nun in schärfster Weise den Wettbewerb mit den englischen Jam- und Marmeladenfabrikanten aufzunehmen. Diese gehen einer ihrer Hauptwaffen, des billigen deutschen Zuckers, verlustig; die deutschen Fabrikanten aber behalten den Vorzug, den sie für ihre Ware an dem besseren, aromatischen Obst jetzt schon gehabt haben, und sie erhalten den billigeren Zuckerpreis zur Erleichterung des Wettbewerbs noch als eine willkommene Zugabe obendrein. Es wird nicht ausbleiben, dass unsere Schutzzöllner aus dem agrarischen Lager als Vorbedingung für eine erfolgreiche Vermehrung des Obstbaues auch hier wieder hohe Zölle auf fremdes Obst fordern werden. Die jetzt tagende Zolltarifkommission hat ja diesem Mangel bereits in ihrer gründlichen Weise abzuhelfen gesucht. Wir sind aus Gründen allgemeiner Art gegen einen solchen Zoll, dann aber auch aus dem Grunde, weil durch ihn der alte Schlendrian im Obstanbau nur verstärkt werden würde. Unser deutsches Obst besitzt einen natürlichen Schutz gegen den ausländischen Wettbewerb schon in seinem Wohlgeschmack, in dem es ihm, namentlich soweit der Apfel dabei in Betracht kommt, keine Frucht des Auslandes gleichthut. Es kommt nach der Ansicht aller urteilsfähigen Leute bei uns nur darauf an, dass wir uns auf den Anbau einiger weniger Apfel- und Birnensorten beschränken lernen, die sich durch Wohlgeschmack und Haltbarkeit besonders auszeichnen; die Vielheit unserer Obstsorten hat uns nur geschadet. Dann aber müssen wir auch auf eine bessere Behandlung des frischen und zubereiteten Obstes achten, und gerade hier kann uns eine sorgfältige Beachtung der Arbeit, die das Ausland seinem Obst zuteil werden lässt, nur von Nutzen sein und heilsamer als die höchsten Zölle. Die Sage, dass es Gegenden giebt, wo gutes Obst den Bauern wild zuwächst und mühelos geerntet und versandt werden kann, ist nur für agrarische Blätter und durch sie urteilslos gemachte Leser geeignet. Einer der herrlichsten Fruchtgärten Europas, das Bozener Land, ist nicht allzuweit von uns entfernt. Und nun beobachte man dort, wo die Sonne der Mitarbeiter des Obstzüchters, wie viel Mühe ihm seine Fruchtgärten trotzdem machen und wie sorgfältig er das gepflückte Obst behandelt und zubereitet. Wenige Stunden südlich von Bozen, am Gardasee, kann man sich ebenfalls überzeugen, dass auch im Lande der Zitronen und Goldorangen der Natur nicht alles allein überlassen werden darf, und in gleicher Weise hat uns Amerika gezeigt, wie man Obst gut entkernen und sauber in gedörrtem Zustande aufbewahren kann. Eine gute Auswahl der Obstbäume und eine sorgfältige Behandlung der von ihnen gewonnenen Früchte, und der deutsche Obstbau wird sieghaft alle fremden Wettbewerber auf dem einheimischen Markte abschlagen können.

(Vossische Zeitung.)

Unterrichtswesen.

In Wertheim a. Main. einem alten, hübsch gelegenen badischen Städtchen soll mit 1. Oktober d. J. eine neue, in ihrer Art einzige Schule errichtet werden, die den stolzen Namen: „Deutsche Nationalschule" führen wird. Eine Gruppe nationalgesinnter Männer Badens ist zur Durchführung dieses Gedankens zusammengetreten, dieselben gehen von der Ueberzeugung aus, dass uns eine Erziehungsschule fehle, welche ihre Zöglinge in besonderem Grade befähigt, auch ausserhalb der Reichsgrenzen ihre eigenen wirtschaftlichen Interessen sowie die unserer Nation zu fördern und der Pflege der deutschen Kultur in Sprache und Gesittung zu dienen. Die Ausbildung einer praktischen Tüchtigkeit und allgemeiner Brauchbarkeit, eines frohmütigen Selbstvertrauens, Liebe zum deutschen Volkstum, Kräftigung des Nationalgefühls, das sollen die Ziele des Unterrichts und der Erziehung sein. Die Schüler treten mit dem 9. Lebensjahr in den Unterbau, mit dem 15. und 16. Jahr in den Oberbau (Internat) ein. Der Lehrplan weicht in manchem von den öffentlichen Schulen, an welche sich aber der Unterbau anlehnt, ab Auf Zeichnen, Handarbeiten, Naturkunde, Kulturkunde und lebende Sprachen wird ein Hauptgewicht gelegt. Es sind Schritte gethan, der Schule die Einjährigen-Berechtigung zu gewähren.

Wenn es mit Freuden zu begrüssen ist, dass hier junge Leute, jeder Herkunft, herangebildet werden, die draussen mehr zu leisten imstande sind, als viele der jetzigen Kolonisten und Erwerbsthätigen im Auslande, welche leider nur zu oft mit einem Kopf voll Wissen aber ungeschicktem und unpraktischem Handeln so vielfach Schiffbruch leiden, so werden noch mehr unsere Volksgenossen draussen in der Ferne die Gründung einer Anstalt begrüssen, welche nicht nur ihnen brauchbare Kräfte, besonders auch als Lehrer schickt, sondern auch ihre eigenen Kinder aufnimmt, um sie im deutschen Geiste mit deutscher Gründlichkeit zu hoher Leistungsfähigkeit heranzübilden.

Der deutsche Gärtner ist heute schon viel in unseren Kolonien begehrt und wird es noch mehr werden; auch ihm ist in Wertheim die beste Gelegenheit gegeben, neben dem theoretischen Unterricht in den Anstaltspflanzungen unter der Leitung eines erfahrenen Gärtners auch die Praxis zu erlernen, sodass er mit Kenntnissen wohl ausgerüstet und praktisch durchgebildet auch unter fremden Verhältnissen erfolgreich den Wettbewerb wird aufnehmen können, drum sei die deutsche Nationalschule in Wertheim auch Gärtnern bestens empfohlen.

Alles nähere ist aus den Anstaltsprospekten zu erfahren, welche auf Wunsch von dem Anstaltsdirektor Dr. Kapf in Wertheim unentgeltlich verabfolgt werden. Die von Herrn Major a. D. Kressmann verfasste Denkschrift zur Gründung der Anstalt ist zum Preise von 1 M. durch jede Buchhandlung zu beziehen.

Ausstellungen und Kongresse.

Geplante Veranstaltungen in Erfurt.

Während der ersten Ausstellungstage jedenfalls vom 7.—9. September finden folgende gemeinschaftliche Ausflüge statt:

Nach Eisenach (Wartburg) und Ruhla, Führer Herr Hoflieferant Sauerbrey, Gotha. Der zweite Ausflug geht nach dem herrlichen Schwarzathal und Schwarzburg mit Umgebung. Hierbei hat Herr Friedhofsinspektor Rebenstorff, Erfurt, die Führung.

Im Bureau der Ausstellung ist näheres über die Tage des Stattfindens zu erfahren

Zur Teilnahme an diesen, die schönsten Punkte Thüringens berührenden Excursionen ist jedermann herzlich willkommen.

Deutsche Dahlien-Gesellschaft
Kohlmannslehner
Geschäftsführer.

Die diesjährige schlesische Prov inzial-Gartenbauausstellung

(für Obst-, Gartenbau und Imkerei) und zugleich mit ihr die Wanderversammlung des Provinzial - Verbandes Schles. Gartenbauvereine findet in der Zeit vom 27.—30. September in Naumburg a. Qu. statt. Ist es auch nur ein kleines Landstädtchen, in welches die Interessenten zum friedlichen Weltkampfe eingeladen, so bürgt doch die schon seit langer Zeit emsig betriebene Vorbereitung dafür, dass auch diese Ausstellung hinter den früheren nicht zurückbleiben werde. Namentlich aber wird der veranstaltende Imkerverein in seinen Bestrebungen zur Hebung des Gartenbaues im Queisthale mächtig

unterstüzt durch die höchsten Behörden unserer Provinz. Fordert doch der Herr Regierungspräsident zu Liegnitz die Kreise des Bezirks zur eifrigen Beschickung der Ausstellung auf und hat doch der Herr Oberpräsident von Schlesien, Se. Durchlaucht Fürst von Hatzfeld das Protektorat über die Ausstellung anzunehmen geruht. So ist mit Bestimmtheit zu erwarten, dass sich dort in Naumburg a. Qu. ein vollständiges Bild des schlesischen Gartenbaues entfalten, und dass der Wettstreit um die Auszeichnung des Staates, den grossen Ehrenpreis der Landwirtschaftskammer· und die vielen kostbaren Ehrenpreise ein recht lebendiger werden wird.

Aus den Vereinen.

Die Generalversammlung des Allgemeinen deutschen Gärtnervereins

beschäftigte sich in seiner Nachmittagssitzung sechs Stunden hindurch mit der Gewerkschaftsfrage und dem folgenden hierzu gestellten Antrage des Delegierten O. Albrecht-Berlin: „Die Entwickelungsgeschichte des gärtnerischen Vereinslebens hat im allgemeinen bewiesen und die im Allgemeinen deutschen Gärtnerverein während der letzten beiden Jahre stattgehabte Erörterung der sogenannten Gewerkschaftsfrage hat dies in der besonderen bis zur Gründlichkeit bestätigt, dass in Angliederung an die Gemeinschaft der sogenannten ı reien Gewerkschaften (sozialdemokratischer Tendenz) eine wirklich aktionsfähige Gärtner-Gewerkschaft nicht zu erreichen ist. Deshalb ist die Frage der Angliederung des Allgemeinen deutschen Gärtnervereins an irgend eine der bestehenden Gewerkschaftsgruppen für alle absehbare Zeit von der Tagesordnung abzusetzen und der Verein mit allen geeigneten Mitteln so auszubauen, innerlich und äusserlich so zu befestigen und zu stärken, dass er seine gewerkschaftlichen Aufgaben und Unternehmungen möglichst aus eigener Kraft zu günstigen Abschlüssen bringen kann. Als wesentlichstes Mittel, um der Organisation diese notwendige Kraft zu geben, betrachten wir die Erziehung der Mitglieder zur gewerk-

schaftlichen Charakterstärke und zu strenger Vereinsdisziplin, wozu ebensowohl der zweckentsprechende Ausbau der Unterstützungs-, Wohlfahrts- und Versicherungseinrichtungen, wie auch die unausgesetzte Förderung und verständnisvolle Pflege der Berufs- und Allgemeinbildung in weitestem und bestem Sinne die Grundlage abgeben muss. Im festen Vertrauen auf die Gerechtigkeit und Sieghaftigkeit der vom Allgemeinen deutschen Gärtnerverein vertretenen Bestrebungen und in der begeisterten Hingabe der Kollegen für dieselben erblicken wir die sichere Gewähr für endliche Verwirklichung der Ziele unserer Organisation und Bewegung." Der Antrag wurde von dem Genannten ausführlich begründet und vom Geschäftsführer des Vereins, Behrens, lebhaft unterstützt. In der Debatte vertrat der deutsch - freisinnige Abg. Goldschmidt, der in seiner Eigenschaft als Vertreter der Hirsch-Dunkerschen Gewerkvereine anwesend war, die Ansicht, dass der Allgemeine deutsche Gärtnerverein sich im eigenen Interesse der Frage des Anschlusses an irgend eine Gewerkschaft auf die Dauer nicht entziehen könne. Ohne den Verein beeinflussen zu wollen, bemühte sich der Redner, die Vorteile der Hirsch-Dunkerschen Gewerkvereine ins rechte Licht zu setzen. Ihm folgte später der Reichstagsabg. Legien (Sozialdemokrat) als Wortführer für die freien Gewerkschaften, die als solche mit der sozialdemokratischen Partei garnichts zu thun hätten, wenn auch die Mitglieder der freien Gewerkschaften grösstenteils Sozialdemokraten seien. Und auch der Vertreter der christlichen Gewerkschaften Giesberts-München-Gladbach that das Möglichste, die Anwesenden zu überzeugen, dass die von ihm vertretene Sache die richtige sei. Nach sehr langer Debatte in welcher mehr als zwanzig Redner zu Worte kamen, wurde der vorstehende Antrag mit der Abänderung angenommen, dass in der Ziffer II (dritter Absatz) hinter den Worten „christliche Gewerkschaften" und hinter dem Worte „verbietet" je das Wort „vorläufig" eingetragen wird, und das in der Ziffer IV (zweiter Absatz) die Worte „für alle absehbare Zeit" durch das Wort „vorläufig" ersetzt werden. — Der Beginn der Generalversammlung war auf 8 Uhr angesetzt, doch nahm die Verlesung des Protokolls über die letzte sechsstündige Nachmittagssitzung und die Erklärungen zum Protokoll so viel Zeit in Anspruch, dass die Versammlung erst gegen 9.30 Uhr in die Tagesordnung eintrat. Versicherung gegen Arbeitslosigkeit. Dem Referate des Geschäftsführers des Vereins, Behrens-Berlin, zufolge, soll die Versicherungskasse gegen Arbeitslosigkeit für die Mitglieder des allgemeinen deutschen Gärtnervereins nicht obligatorisch sein. Der Beitrag soll pro Mitglied 50 Pf. monatlich betragen. Die Leistungen der Kasse sollen sich in 12 Stufen gliedern, entsprechend der Dauer der Zugehörigkeit eines Mitgliedes zur Kasse. Jedes Mitglied bleibt ein Jahr in einer Stufe und tritt dann in die höhere. In der untersten Stufe kann ein Versicherter bei Arbeitslosigkeit bis zu 30 Tagen eine tägliche Unterstützung von 75 Pf. erhalten bis zu im ganzen höchstens 22,50 M., und in der höchsten Stufe bis zu 60 Tagen täglich bis 2 M., im ganzen also höchstens bis 120 M. Im Zusammenhange mit dieser Kasse wurde die Einrichtung einer Sterbekasse in Vorschlag gebracht. Man hofft durch die Beiträge für die Versicherungskasse so viele Mittel zu erhalten, dass die Fachzeitung statt vierzehntägig, alle acht Tage erscheinen kann. In der Debatte machten sich grosse Bedenken gegen die Versicherungskasse gegen Arbeitslosigkeit hinsichtlich ihrer Lebensfähigkeit geltend. Als endlich Schluss der Rednerliste angenommen wurde, waren noch über zwanzig Redner vorgemerkt.

(Hannoverscher Anzeiger.)

Deutscher Gärtnertag.

Im Anschluss an die Verhandlungen des Allg. Deutsch. Gärtnervereins wurde ein Deutscher Gärtnertag im „Hotel City" abgehalten, der auch von ausserhalb des genannten Vereins stehenden Personen sowie auch von Damen besucht war. Der erste Gegenstand der Tagesordnung war ein Vortrag des auch hier nicht unbekannten Herrn Damaschke über Bodenreform. Neues sagte er in seinem reichlich einstündigen Vortrage eigentlich nicht, doch wusste er das Thema über Bodenwucher wohl interessant zu gestalten. Seine Ausführungen kamen in der von ihm zur Annahme empfohlenen und einstimmig angenommenen Resolution deutlich zum Ausdruck. Die beantragte und zur Annahme gelangte Resolution hat folgenden Wortlaut: „Der 4. allgemeine Deutsche Gärtnertag erklärt sich grundsätzlich mit den Bestrebungen der deutschen Bodenreformer einverstanden und ersucht alle Organisationen, die wirklich ernst für die dauernde Hebung der arbeitenden Schichten unseres Volkes eintreten, sich als körperschaftliche Mitglieder dem Bunde der deutschen Bodenreformer anzuschliessen. Insbesondere hält er die Erfüllung folgender Forderungen der Bodenreformer für dringend: 1. Einen zweckmässigen Ausbau des Enteignungsrechtes der Gemeinden für Land, das zur Anlage von Parks, Schmuckplätzen und Gärten dienen soll. 2. Eine allgemeine Einführung der Grundsteuer nach dem gemeinen Werte. Dabei wird es sich empfehlen, die gesetzlichen Vorschriften nach zwei Richtungen hin zu verbessern: a) der gemeine Wert wird durch Selbsteinschätzung des Eigentümers gefunden, die Gemeinde hat im Bedarfsfalle das Enteignungsrecht zu diesem selbstgeschätzten Werte. b) Garten- und Parkgrundstücke, die im Grundbuche als solche bezeichnet werden, zahlen nur die Hälfte der Grundsteuer. Wird später jedoch die Bauerlaubnis für solche Grundstücke verlangt, so darf diese erst erteilt werden, wenn die Grundsteuer vom Tage der Eintragung in ganzer Höhe nachbezahlt wird." Das folgende Thema lautete: „Gesetzliche Organisation des Gärtnergewerbes." Vortragender war Albrecht-Berlin. Folgende von ihm beantragte Resolution gelangte zur Annahme: 1. Die gesetzliche Organisation des kunst- und ziergärtnerischen Produktionsgewerbes ist eine wirtschaftliche und soziale Notwendigkeit. 2. Die Bildung selbständiger sogen. Gartenbau- bezw Gärtnerkammern ist undurchführbar, da hierzu das Gärtnergewerbe nummerisch eine zu geringe Anzahl von Interessenten umfasst und deswegen eine solche Organisation zu kostspielig werden würde. 3. Es ist aus diesen Gründen eine Organisationsform anzustreben, welche sich an eine schon vorhandene gesetzliche Organisation eines anderen Produktionsgewerbes anlehnt. 4. Die bezüglichen Vertretungen der Landwirtschaft können für eine solche Anlehnung nicht in Betracht kommen, da deren Verfassungen den Bedürfnissen des Gärtnergewerbes in keiner Weise Rechnung tragen. 5. Die Kunst- und Ziergärtnerei weist bezüglich ihrer Angehörigen bezw. Berufsausübenden durchaus dem Handwerk ähnliche Verhältnisse auf, da sie genau wie dieses, in sozialer Beziehung auf das Meister-, Gesellen- und Lehrlingswesen basirt ist und auch in wirtschafts- und sozialpolitischer Hinsicht ganz dieselben Bedürfnisse aufweist, wie die Gewerbe im allgemeinen und das Handwerk im besonderen. 6. Die Handwerkskammern entsprechen hinsichtlich ihrer ganzen Verfassung ebenso dem Charakter der Kunst- und Ziergärtnerei wie dem der sonstigen Handwerke. Da diese Kammern durch § 103 der Gew.-Ordnung sogar die Bildung von besonderen Abteilungen für einzelne Gewerbegruppen zulassen, so sind dieselben als zur Vertretung der gärtnerischen Interessen durchaus geeignet zu betrachten. Die Leitung des 4. Allgemeinen Deutschen Gärtnertages wird beauftragt, der Reichsregierung und den Regierungen der einzelnen Bundesstaaten vorstehende Kundgebung eingehend begründet zu übermitteln und das Gesuch zu richten, die behördliche Verwaltungspraxis in entsprechendem Sinne ausüben zu wollen." Der letzte Gegenstand der Tagesordnung war der Vortrag des Geschäftsführers des Allgemeinen Deutschen Gärtner-Vereins Behrens-Berlin über „Wert und Bedeutung einer allgemeinen Tarifgemeinschaft für die Gärtnereien." Die Versammlung bekundete ihre Ansicht über die Ausführungen des Referenten durch die Annahme folgender von ihm beantragten Resolution „Der 4. Deutsche Gärtnertag hält eine allgemeine Tarifgemeinschaft im Interesse der Hebung der wirtschaftlichen Lage der Gärtner für zweckmässig und ersucht die wirtschaftlichen Organisationen der Gärtner, die Erreichung einer solchen anzustreben." Dann wurde der Gärtnertag mit einem brausenden Hoch auf die deutsche Gärtnerei geschlossen.

(Hannoverscher Anzeiger.)

Eingesandte Preisverzeichnisse.

Josef Klar, Berlin C. 28, Linienstrasse 80. Preis-Kourant über Haarlemer und Berliner Blumenzwiebeln. Verkauf von Ende August bis dahin Oktober. — Haage & Schmidt, Erfurt. Verzeichnis von Blumenzwiebeln und Knollengewächsen für Herbst 1902. — E. U. Krelage & Sohn, Haarlem (Holland) bietet bewährte Neuheiten von Blumenzwiebeln an. — C. van ver Smissen, Steglitz-Berlin. Sommerkatalog über Cyklamensamen, Maiblumenkeime, Romaine blanche, Hyazinthen, Tulpen etc. und Gartengeräte. — Hermann Hammerer, Stockbach (Baden) empfiehlt seine selbstthätige Reben und Pflanzenspritze durch Luftdruck betreibbar. — Rudolf Otto Meyer, Eisenwerk-Mannheim. Strebel's Original-Gegenstrom-Gliederkessel. — Gebrüder van Velsen, Blumenzüchter und Exporteure, Overveen bei Haarlem

(Holland). Preisverzeichnis über selbst-gezogene Haarlemer Blumenzwiebeln. — Franz Kunze, Hoflieferant, Alten-burg (S.-A.), Lindaustrasse 15. Engros-Preisverzeichnis über Schnittblumen und Cycaswedeln. — Gebrüder Dippe, Quedlinburg. Preisverzeichnis von Haar-lemerBlumenzwiebeln,Knollengewächse, Sämereien zur Herbstaussaat und zur Frühtreiberei, Erdbeerpflanzen. Otto Mann, Samenhandlung und Handels-gärtnerei, Leipzig-Eutritzsch, über Zwie-bel- und Knollengewächse. — Dam-mann & Co., San Giovanni a Teduccio bei Neapel. Verzeichnis von Blumen-zwiebeln, Erdorchideen usw. — Mexis Dallière, Gand (Belgien). Preis-Kou-rant für den Sommer 1902 über Azalien usw. — Oehme & Weber, Spezial-Fabrik von Blumen-, Gartenspritzen nach eigenen Patenten, Marke Nibe-lungen Ring, Leipzig, Blücherstr. 11. — D. A. Kortes, Boskoop bei Gouda, Niederlande. Haupt-Katalog für Handels-gärtner von Rhododendron, Azalea usw.

Personal-Nachrichten.

Wilh. Held, H ndelsgärtner in Hon-nef a. Rh., wurde zum Hoflieferanten der Königin von Schweden und Nor-wegen ernannt.

Heinrich Diekmann, wurde in Charlottenburg probeweise als städt. Obergärtner angestellt.

Wilhelm Ebeling in Magdeburg, ein hervorragender Botaniker, Leiter des Schulgartens in Herrenkrug, starb am 31. Juli im 73. Lebensjahre.

M. Görlich, Inspektor des Pomolo-gischen Instituts in Reutlingen und J. Waggerschauser, Verwalter der Filiale desselben Pomologischen Instituts in Unterlenningen, erhielten für lang-jährige treue Dienste die württemberg-ische König Karl-Jubiläumsmedaille.

Ludwig Marcuse wurde als Garten-verwalter des jüdischen Friedhofes in Breslau angestellt.

H. Scharnberg, Inhaber einer Blu-men- und Pflanzenhandlung in Hamburg, feierte am 1. August sein 25jähriges Geschäftsjubiläum.

B. Erler, Hofgärtner in Blankenburg a. Harz, erhielt das braunschweigische Verdienstkreuz I. Klasse.

August Wiemann, Obergärtner des botanischen Gartens in Wien, wurde zum Garteninspektor ernannt.

Tagesordnung

für die

898. Versammlung des Vereins z. Beförderung d. Gartenbaues i. d. preuss. Staaten

am Donnerstag, den 4. September 1902, abends 6 Uhr,

im Kgl. Botanischen Museum, Grunewaldstr. 6—7 (im Botanischen Garten).

I. Ausgestellte Gegenstände (Ordner: Herr Garten-Inspektor Perring). Angemeldet Herr H. Kohlmannslehner-Britz: Campanula Mayi und eine Gruppe Begonia semper-florens „Glarona". — II. a. Vortrag des Herrn Landschaftsgärtner A. Brodersen-Steglitz: Über Villengärten. b. Berichte: 1. Herr Garteninspektor Perring-Berlin über eine Reise nach dem Engadin; 2. über die Dendrologen-Versammlung in Hannover und die Haupt-versammlung des Verbandes der Handelsgärtner Deutschlands in Berlin. — III. Verschiedenes.

Für die Redaktion verantwortlich Geh. R. Prof. Dr. Wittmack, Berlin NW., Invalidenstr. 42. Verlag von Gebrüder Borntraeger, Berlin SW. 46, Dessauerstr. 29. Druck von A. W. Hayn's Erben, Berlin.

15. September 1902.   Heft 18.

GARTENFLORA

ZEITSCHRIFT

für

Garten- und Blumenkunde

(Begründet von **Eduard Regel.**)

51. Jahrgang.

Organ des Vereins zur Beförderung des Gartenbaues in den preussischen Staaten.

Herausgegeben von

Dr. L. Wittmack,

Geh. Regierungsrat, Professor an der Universität und an der Kgl. landwirtschaftl.
Hochschule in Berlin, General-Sekretär des Vereins.

Berlin 1902
Verlag von Gebrüder Borntraeger
SW 46 Dessauerstrasse 29

**Erscheint halbmonatlich. Preis des Jahrganges von 42 Druckbogen mit vielen Textabbildungen und
12 Farbentafeln für Deutschland und Oesterreich-Ungarn 12 Mark, für die übrigen Länder des Weltpostvereins 15 Mark. Zu beziehen durch jede Buchhandlung oder durch die Post (Zeitungsverzeichnis
No. 2819).**

═══ **1902. Heft 18, Inhalt:** ═══

898. Versammlung des Vereins zur Beförderung des Gartenbaues in den preussischen Staaten am 4. September 1902 im Königlichen botanischen Museum zu Berlin.

Die ordnungsmässig am letzten Donnerstag im August abzuhaltende Versammlung war, weil an dem Tage, dem 28. August, der feierliche Einzug S. M. des Königs von Italien in Berlin stattfand, auf den 4. September verlegt worden.

I. Der Vorsitzende, Konsul Seifert teilt mit, dass als wirkliches Mitglied vorgeschlagen wurde:

Der Gartenbauverein in Eupen (Rheinprovinz) durch L. Wittmack.

II. Ausgestellte Gegenstände waren in ausserordentlich grosser Zahl vorhanden. 1. Von Herrn Kohlmannslehner-Britz wurde eine schöne Ampelpflanze, die neue Campanula fragilis var. Mayi an schönen grossblumigen Exemplaren vorgeführt. Es waren zeitige Frühjahrvermehrungen (Wurzelstecklinge), welche im gemässigten Hause kultiviert waren. Diese herrliche Pflanze, welche sich von der gewöhnlichen C. fragilis besonders durch ein behaartes Blatt und grössere Blumen unterscheidet, blüht schon seit 4 Wochen und ist von leichter Kultur. Am besten ist eine leichte Mistbeeterde.

Von den Herren Klar, Müller, Mehl, Seifert und Wittmack wurde darauf hingewiesen, wie allgemein beliebt Campanula fragilis als Ampelpflanze ist; sicherlich wird C. fr. Mayi s. Zt. ebenso verbreitet werden.

2. Herr städtischer Obergärtner Mende, Blankenburg bei Berlin, führt ausser Preisbewerb aus dem Versuchsfelde des Vereins eine reiche Auswahl von Pflanzen vor, namentlich solche, welche von Besuchern des Versuchsfeldes übereinstimmend als besonders schön oder beachtenswert bezeichnet waren.

a) Ein Sortiment Astern von allen Klassen.

(Die Namen der Astern wie der übrigen Pflanzen werden besonders abgedruckt.)

Diese Astern sind auf Veranlassung des Versuchsausschusses, speziell des Herrn Brettschneider, beschafft worden, um den Besuchern eine Uebersicht über die zahlreichen Unterabteilungen der Astern zu geben. Die jungen Pflanzen sind von Gebrüder Dippe in Quedlinburg bezogen, welche dieselben unentgeltlich zur Verfügung stellten, wofür L. Wittmack ihnen den besten Dank aussprach.

Herr Mende bemerkt im übrigen, dass durch den Bezug der Astern aus Quedlinburg nicht ausgedrückt werden solle, dass diese Quedlinburger Astern besser seien als andere, die Erfurter seien gewiss eben so gut. Die Handelsgärtner bezw. Samenhändler beziehen einer vom anderen, und dadurch entsteht eine erfreuliche Gleichartigkeit. Die einzelnen Sorten sind jetzt im grossen und ganzen recht gut zu unterscheiden, während man früher viele Uebergänge fand. Das ist auf strenge Auswahl des Typischen zurückzuführen und kann man einen entschiedenen Fortschritt in der Asternzucht erkennen.

b) ein Sortiment Verbenen.

c) Statice longifoiaa azurea mit bis 1 m langen Blütenstielen, von herrlicher Farbe und sicherlich zu grösseren Dekorationen wegen ihres leichten Baues sehr gut zu verwenden. Der Verein hat sie vor 3 Jahren aus Nancy bezogen.

d) Riecherbsen, (wohlriechende Wicken, Lathyrus odoratus) in einer grossen Zahl, schon zu zierlichen Sträuschen gebunden, welche Herr Mende am Schluss der Versammlung verteilt.

Herr Konsul Seifert fragt Herrn Mende, ob noch Arzneipflanzen und Oelrosen auf den Rieselfeldern gebaut werden. Herr Mende antwortete, dass der Anbau von Arzneigewächsen ganz aufgegeben sei, teils wegen Leutemangels, teils wegen Unrentabilität. Die Abnehmer wollten meist keine hohen Preise anlegen und behaupteten, die Ware sei minderwertig. — Die Oelrosen werden nach wie-vor gebaut, aber nicht mit besonderem Nachdruck, weil die Kultur, das Pflücken zu viel Leute erfordern; 10 Mann pro Morgen ($^1/_4$ ha). Wir müssen auf den Rieselfeldern aber insofern extensive Kultur treiben, als wir möglichst wenig Leute beschäftigen, zumal diese in der Nähe einer Grossstadt sehr teuer sind. Die Firma Schimmel & Co. in Miltitz bei Leipzig sollen 20 ha mit Rosen bebauen.

Herr Konsul Seifert wies darauf hin, dass sich in Bezug auf den Anbau von Arzneigewächsen in Deutschland ein grosser Umschwung vollzogen habe. Früher wurden in Thüringen und in der Pfalz etc. grosse Mengen davon gärtnerisch gebaut, vor ca. 10 Jahren ist man auch auf den Berliner Rieselfeldern versuchsweise dazu übergegangen, hat das aber wegen der Schwierigkeiten beim Sammeln und Trocknen klugerweise wieder aufgegeben. Die Meinung, die man damals hatte, dass die auf den Rieselfeldern gezogenen narkotischen Arzneipflanzen minderwertig seien, hat sich aber nicht bestätigt, im Gegenteil sie waren alkaloidreicher als wildgewachsene. — Seit 4 Jahren hat aber auch der Anbau in Thüringen etc. nachgelassen und beschränkt sich auf einige Sämereien, Wurzeln und Kräuter, die im grossen, mehr landwirtlich, angebaut werden. Das Ausland liefert jetzt fast alles, für viele Millionen, namentlich Russland, Oesterreich-Ungarn und merkwürdigerweise auch Belgien, trotzdem dort die Arbeitslöhne und Grundrente teuer sind. Infolge der intensiven Kultur kommen die belgischen Züchter für einige Massenartikel, wie Eibisch-, Baldrian-, Angelikawurzel etc., doch auf ihre Kosten. Die Preise, zu welchen das Ausland die Arzneipflanzen anbietet, sind so niedrig, dass die deutschen Anbauer sie nicht dafür liefern können.

Herr Dr. Deite: Die Firma Schimmel & Co., Leipzig betreibt die Oelrosenkultur und Rosenölgewinnung nicht als Luxus, sondern ganz rationell. Es muss aber die Fabrik dicht bei dem Feld sein, sodass die

frischgepflückten Rosen sofort in den Destillationsapparat kommen. Anfänglich liessen Schimmel & Co. die Rosen nach Leipzig in ihre Fabrik
bringen, jetzt haben sie die Fabrikanlage dicht bei Miltitz. Sie bauen
auch Pfeffermünz etc., zur Oelgewinnung.

Herr Konsul Seifert: Ich kann nur bestätigen, das die Destillation
sofort, möglichst an Ort und Stelle geschehen muss. In Bulgarien (am
Balkan) hat man bekanntlich primitive Destillirapparate auf den Feldern
selbst. Ob die Rentabilität bei dem Anbau der Oelrosen in Deutschland
gross ist, möchte ich bezweifeln. Die deutschen Oelrosen geben allerdings ein ausserordentlich schönes Oel, aber es ist doch ziemlich teuer.

3. Von Herrn Adam Heydt, Obergärtner der von Podbielski'schen
Gartenverwaltung Schloss Dallmin, Priegnitz, war ein grosses Sortiment
von Edeldahlien (51 Sorten) übersandt, welche derselbe brieflich näher
erläuterte.

4. Herr Kgl. Gartendirektor Carl Mathieu erfreute die Versammlung durch lachende Aepfel und riesige Birnen. Es sind, wie er bemerkte, die besten Frühobstarten, die er jedem, namentlich solchen, die
keinen grossen Garten haben, empfehlen könne.

a) Der Bernoni-Apfel, ein Amerikaner, klein bis mittelgross,
schön gelb mit roter Backe, Streifen stark glänzend. Sehr hart im Fleisch
und deshalb sehr transportfähig. Bis jetzt noch fast unbekannt. Für
kleinere Formen, wie auch für Hochstamm geeignet. Geschmack vorzüglich; Tragbarkeit ausserordentlich gross. Als Marktfrucht vorzüglich.

b) Whitney Crab, ebenfalls eine amerikanische Züchtung, ein
Bastard zwischen dem Zierapfel Pyrus banata und dem echten Apfel
Pyrus Malus. Dieser ist roh nicht essbar, wenigstens nicht von besonderem Geschmack, giebt aber wie die Zieräpfel ein ausgezeichnetes
Gelée und ist auch zur Apfelweingewinnung brauchbar. Trotzdem er
von Zieräpfeln mit abstammt, ist er von ziemlicher Grösse und macht
sich am Baum sehr schön. Die kleine Pyramide, von der er entnommen,
hat nur Manneshöhe, ist aber überreich behangen.

c) Manks Codlin (Manks Küchenapfel). Noch nicht ganz reif,
ausserordentlich tragbar, oft sitzen 5—6 Früchte zusammen, sodass man
drei ausbrechen muss. Es ist der Apfel, welcher von Schottland aus als
Eve, d. h. Eva-Apfel verbreitet wurde. Da es aber schon mehrere
andere Evaäpfel giebt, so thut man besser, den richtigen Namen Manks
Küchenapfel anzuwenden. Er ist nur für die Wirtschaft geeignet.

d) Birne, Frucht von Trévoux in den Pomolog. Monatsheften
1901 S. 1 von Herrn C. Mathieu farbig beschrieben und von seinem
Sohn Alexander Mathieu farbig abgebildet. Diese von Treyve in
Trévoux gezüchtete Birne ist von Charles Baltet, unserem korrespondierenden Mitglied in Troyes s. Z. in den Handel gegeben. Sie ist sehr
gross, früh, noch früher als Clapp's Liebling. Das Exemplar war vom
Hochstamm und doch so gross wie sonst meist nur Birnen vom Formbaum
werden. Schon vor 14 Tagen war die erste abgepflückt.

Herr C. Mathieu sprach bei dieser Gelegenheit über die richtige
Zeit des Pflückens beim Sommerobst. Sommerobst muss man 8 Tage

vor der vollen Reife abnehmen und dann auf dem Lager liegen lassen. Bleiben die Birnen bis zur vollen Reife am Baum, so werden sie teigig.

Herr Brettschneider wies auf die eigentümliche Erscheinung hin, dass das Gelee aus den amerikanischen Zieräpfeln (Crab-Aepfel) nicht durchscheinend wird, wie das aus gewöhnlichen Aepfeln, sondern kreidig.

Herr Gärtnereibesitzer Neuheisel-Pankow führt aus Samen ge-zogenen Begonien vor. Im vorigen Jahr säete ich, bemerkte Herr Neuheisel, Begonia semperflorens „Vernon" aus und fand unter den Sämlingen eine Pflanze, die sich durch kompakten Wuchs und reicher Blüthwilligkeit auszeichnete. Hiervon wurde alsdann Vermehrung gemacht. Sie blüht schon als kleines Pflänzchen und blüht immerfort, während sie noch wächst.

Die Blume ist halb gefüllt, der Wuchs würde vielleicht noch niedriger werden, wenn die Pflanze statt in Mistbeeterde in magerer Erde gezogen würde. Sie eignet sich sowohl als Topfpflanze wie für das Freie.

Herr Hoflieferant Klar meint, dass sie der Begonia Teppichkönigin nahe steht. Herr C. Crass II. bemerkt, dass die vorliegende Pflanze einen kompakten Wuchs habe und ein wenig dunkler sei als bei der Teppichkönigin.

III. Abänderung der Monatspreise. Mit Bezug auf der in Heft 16 S. 426 festgesetzen Monatspreise schlug der Vorstand vor, dass den Empfängern von Medaillen es freistehen soll, anstatt dessen folgende Geldpreise zu rechnen:

anstatt einer grossen silbernen Medaille 25 M.
    „   „ kleinen   „   „ 15 M.
    „   „ brozenen   „ 10 M.

Die Versammlung genehmigte dies einstimmig.

IV. Hierauf hielt Herr Landschaftsgärtner Brodersen in Firma Körner & Brodersen, Steglitz, einen mit dem lebhaftesten Beifall auf-genommenen Vortrag über Villengärten. Derselbe wird in der Garten-flora besonders abgedruckt werden.

Herr Konsul Seifert dankt dem Redner für den anregenden licht-vollen Vortrag und stimmt ihm ganz darin bei, dass ein regeres Zu-sammenarbeiten von Gartenliebhabern und Gärtnern wünschenswert sei, der Verein z. B. d. G. strebe das auch gerade an. Das Verkehrte der zu vielen Wege, der zu vielen Sitzplätze sind alles Dinge, die wir schon empfunden haben, aber merkwürdigerweise werden fast immer dieselben Fehler gemacht, und in manchen Gärten findet man gerade an den schönsten Stellen einen langweiligen Lawntennis-Platz.

V. L. Wittmack berichtet sodann über die Jahresversammlung der deutschen Dendrologischen Gesellschaft in Hannover und deren Ausflüge, sowie das von ihm auf einer Reise Gesehene, bezw. Erlebte, so über Homburg, die Saalburg bei Homburg, Frankfurt a. M. (Gebr. Siesmayer, Palmengarten, Sinai), Niederwalluf (Goos & Koehnemann) Wilhelms-höhe und Magdeburg, Wilhelmsgarten mit dem ehemals Grason'schen

Gewächshäusern, Schwerin (Schlossgarten, Burggarten), Rabensteinfeld (Obstplantage von L. Ihlefeld), Wöbelin (Körner's Grab) und Ludwigslust.

VI. Herr Brettschneider sprach der Versammluug seinen herzlichsten Dank für die ihm verliehene Verveilmedaille aus.

Dem Gartenbauverein in Eupen wurde für seine Ausstellung beim 50jährigen Jubiläum Mitte September 1 grosse silberne, 1 kleine silberne und eine bronzene Medaille bewilligt.

VII. Das Preisgericht. bestehend aus den Herren Ad. Demmler, Jos. Klar und O. Mende hatte folgende Preise zuerkannt:

1. Herrn Kohlmannslehner-Britz für Campanula fragilis var. Mayi 1 kleine silberne Medaille;

2. Herrn Adam Heydt in Dalmin für Edeldahlien eine bronzene Medaille;

3. Herrn Neuheisel-Pankow für aus Samen gezogene Begonien eine bronzene Medaille.

VIII. Vor der Versammlung hatte ein aus 7 Personeu zusammengesetztes Preisgericht getagt, bestehend aus den Herren Demmler. Vorsitzender, Amelung, Dietze. Klar, Meermann, Mende und Agathus Thiel, und die Firma Martin Grashoff Quedlinburg für Astern ein Wertzeugnis zugesprochen.

IX. Aufgenommen wurden als wirkliche Mitglieder die in der letzten Versammlung Vorgeschlagenen. (S. Heft 16 S. 425.)

R. Seifert.   L. Wittmack.

Cypripedium Rotchshildianum Rchb. f.

Von C. E. Haupt, Königlicher Gartenbaudirektor und Civil-Ingenieur.

(Hierzu 2 Abb.)

Cypripedium Rothschildianum Rchb. f., durch Sander von Neu-Guinea eingeführt, ist ein der kulturwürdigsten Cypripedien, da die grossen Blumen sich durch besondere Schönheit auszeichnen und zu drei bis fünf an einem kräftigen hohen Stiel erscheinen.

Die Blätter sind derb, steif bis 40 cm lang, glänzend grün. Blüten auf spärlich behaartem, rötlichem, halbmeter hohen Schaft mit gelbgrünen, dunkelstreifigen, gewimperten Deckblättern, 10 cm breit, oberes Kelchblatt spitz-keilförmig, gelblich, braun schwarz gestreift, weiss gesäumt; unteres fast gleich, nur wenig kürzer, Blumenblätter linear, rippenförmig hängend, schnurrbartartig, 20 cm lang, gelb mit dunkeln, chokoladenbraunen Streifen und Punkten im Grunde, Lippe mit langem Stege, kurzpantoffelförmig, zimmtbraun mit ockergelben Innenwänden. Säulenplatte breit-keilförmig, gelblich, vorn behaart. Blütezeit März—Juli.

Die Pflanze ist von mir als kleines Exemplar vor einigen Jahren erworben, anfänglich in die übliche Mischung von Sphagnum und Poly-

podium, vor drei Jahren aber mit dem Ballen in belgische Lauberde gepflanzt worden; hin und wieder erhielt sie sehr verdünnte Dunggüsse
von Nährsalzlösung 1 : 100 000. Bei einer Temperatur von 22—25⁰ C.
im Warmhause hat die Pflanze sich sehr kräftig entwickelt, sie hat jetzt

Abb. 105. Cypripedium Rothschildianum, blühend bei Herrn Kgl. Gartenbau-Direktor
Haupt in Brieg im Juni 1902.

65 Blätter, brachte im vorigen Jahre 2 Stiele mit sechs. und dieses Jahr
3 Stiele mit 13 Blumen, die man à 1,00 M. bewerten kann, während die
Blumen anderer Cypripedien gewöhnlich nur 0,50 M. bringen. Die langstieligen, lange haltbaren Blütenstiele sind sehr geeignet für feine
Bindereien.

Nach der Blüte ist die Pflanze in mehrere Stücke geteilt worden. Es zeigte sich beim Austopfen, dass die Wurzeln nur in dem alten Ballen und im Sphagnum am obern Topfrande sassen; in die belgische Laub-

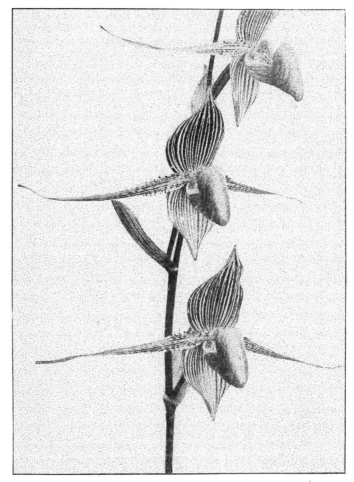

Abb. 106. Cypripedium Rothschildianum, blühend bei Herrn Kgl. Gartenbau-Direktor Haupt in Brieg im Juni 1902.

erde waren sie nicht hineingegangen, das gleiche hat sich auch bei fast allen meinen andern Orchideen gezeigt. Demnach sind nun die Teilstücke nicht wieder in Lauberde, sondern in leichten Kompost gepflanzt worden.

Unsere Gemüsepflanzen und ihre Geschichte.

Vortrag, gehalten im Klub der Landwirte am 12. März 1901 von Geh. Regierungsrat
Professor Dr. Wittmack.

Der Vorsitzende, Geheimer Regierungsrat Professor Dr. Orth, heisst
die zahlreich erschienenen Damen und Herren herzlich willkommen.
„Wir betrachten es immer als einen Ehrentag für den Klub, wenn wir
die Freude haben, die Damen unserer Mitglieder zugleich hier begrüssen
zu können. Es könnte in Frage kommen, ob nicht vielleicht eine der
verehrten Damen einmal einen Vortrag halten wollte. Die Wahl des
Themas bei einem Vortrage vor Damen in unserem Klub hat immer
eine gewisse Schwierigkeit, und da müssen wir es umsomehr anerkennen,
dass mein lieber Kollege Wittmack die grosse Güte gehabt hat, einen
Vortrag zu übernehmen, von dem wir glauben, dass er für die Damen
von Interesse ist.“

Berichterstatter Geheimer Regierungsrat Professor Dr. Wittmack-
Berlin: Meine hochverehrten Damen und Herren! Das Wort „Gemüse“
hat im Laufe der Zeit in seiner Bedeutung grosse Veränderungen erfahren. Das wird uns sofort klar werden, wenn wir uns fragen, woher
das Wort Gemüse eigentlich stammt. Die Antwort ist: von Mus. Im
Althochdeutschen bedeutet Gemüse überhaupt eine Speise irgend welcher
Art, ausgenommen Fleich. Alles, was man zum Fleisch ass, war Gemüse.
So finden wir es erläutert in Grimms deutschem Wörterbuch IV. 1. II.
S. 3293. Auch Luther wendet es im 2. Sam. 13. 6 als gleichbedeutend
mit dem Worte Speise an. Man sagt im Althochdeutschen: „Mehl und
ander Gemües“ und brauchte das Wort „Gemües“ für sämtliche Vorräte,
die die junge Frau bei der Hochzeit ins Haus mitbrachte, andererseits
selbst für Fische. In einem alten Fischbuch von Forer 146b heisst es:
„Das Fleisch“ (des Fisches), „so es gesotten, giebt ein rot Gemüss“.
Jedenfalls ist hier wohl Lachs gemeint, dessen Fleisch oft rot ist. Mitunter bedeutet das Wort sogar: gehacktes Fleisch. Etwas enger fasste
man den Begriff des Wortes später, indem man es vorzugsweise für Brei
anwandte. Es hiess dann auch wohl Zugemüse, das heisst also alles,
was man zum Brot zu essen pflegte; man sagte: ein Gemüss von Haber-
korn, und man erklärte das italienische Wort „Polenta“ als ein Gemüss
von Gerstenkorn. Allerdings wird die Polenta in Italien heute nicht
mehr aus Gerste, sondern aus Mais bereitet. In dem Kochbuch des
Klosters Tegernsee für die Fastenzeit heisst es nach H. u. J. Grimm:
„Seud (siede) es, bis es werde wie ein prein (Brei) oder Gemües.“ Hier
wird auch gehandelt von dem „Gemüess, so man mit Milch und Ayrn
(Eeir) isst“, dabei werden genannt „Veigen(Feigen)muess, Weinpermuess,
Mandelmuess, Weichselmuess, Vischmuess, alles zusammen als Gemuess“.
An einer anderen Stelle heisst es in diesem Kochbuch: „auf 40 Personen
Gemües; das war Reismuess, Veigenmuess, Weinmuess, Oepfl(Aepfel)muess,
Arbas(Erbsen)muess, auch Vischmuess und Stockvisch“. Später erst be-
schränkte sich die Bedeutung auf Speisen von Hülsenfrüchten und speziell
Küchengewächsen oder auf die letzteren allein, und das gilt auch für
die heutige Zeit, wo wir unter Gemüse eigentlich nur Küchengewächse

verstehen. Im Mittelalter wurde nach Grimms Wörterbuch selbst Futter
für die Tiere mitunter Gemüse genannt. In einem alten Gedicht
heisst es:

> Er treibet sie (d. h. die Schäflein) zur Weiden,
> Zum grünen Erdgemüs'.

Und in einem alten geistlichen Liede, welches auch in Jakob Grimms
Deutschem Wörterbuch abgedruckt ist, wird zu Joseph gesagt:

> Das Futter misch mit Rosen
> Dem Ochs und Eselein.
> Mach deinen frommen Tieren
> So lieblich Mischgemüs'.

Auch schon im Altertume hatte das Wort Gemüse seine Bedeutung
verschiedentlich gewechselt. Rohes, nicht gekochtes Gemüse hiess bei
den Griechen λάχανον (láchanon) von λαχαίνω (lachaino): hocken, graben,
also eigentlich Hackfrüchte, Pflanzen von gegrabenem Lande, im Gegensatz zu wildwachsenden, und der Plural τὰ λάχανα (ta lachana) bedeutete
den Teil des Marktes, auf dem die Küchenkräuter verkauft wurden. Gekochtes Gemüse hiess ὄψον (opson) von ἕψω (hepso) kochen. Es bedeutete also überhaupt etwas Gekochtes, und im heroischen Zeitalter,
zur Zeit des Homer, verstand man darunter gewöhnlich Fleisch, weil
man damals ausser Brot nur Fleisch zu essen pflegte, wie denn auch
die Kinder schon Fleisch und Wein bekamen. ὄψον hiess überhaupt
alles zu etwas anderem Gegessene, also Zukost, Zubeisse. So nannte
man die Zwiebel z. B. ὄψον πότω (ópson póto), Zubeisse zum Trunk,
weil man sie damals zum Wein zu essen pflegte, gerade so, wie man
in München heute die Rettiche zum Bier geniesst.

Im Lateinischen heisst Gemüse olus, olera. Dieses Wort stammt
her von oleo, wachsen. besagt also weiter nichts, als Gewächs. Man
verstand darunter aber nur Küchengewächse, insbesondere Kohl.

Aus den Namen, die das Wort Gemüse in den verschiedenen
modernen Sprachen hat, dürfen wir vielleicht auf das Gemüse schliessen,
welches in dem betreffenden Lande am meisten angebaut wurde. Im
Italienischen und Portugiesischen haben wir für Gemüse das Wort legume
im Spanischen legumbre, im Französchen légumes, also immer Hülsenfrüchte. Wir können daraus schliessen, dass in diesen Ländern hauptsächlich Erbsen und Bohnen als Gemüse gegeben wurden. Aber wir
wollen auch nicht vergessen, dass es im Spanischen noch ein anderes
Wort giebt: hortaliza, also Gartengewächse, dem das französische herbes
oder plantes potagères, Küchengewächse, entspricht.

Im Englischen heisst Gemüse bekanntlich vegetables, also ganz
allgemein: Vegetabilien; daraus können wir also nichts weiteres entnehmen. Bei verschiedenen anderen Völkern, namentlich den nordischen,
hat das Gemüse seinen Namen einfach von der grünen Farbe; so heisst
es z. B. im Holländischen groente, im Schwedischen groensaker, aber
auch skidfrucht (Schoten- oder Hülsenfrucht), im Dänischen groent, im
Russischen sélen von séleno (grün).

So viel über den Namen Gemüse.

Wenn wir nun heute besonders die Geschichte der Gemüsepflanzen betrachten wollen, müssen wir zunächst fragen: Aus welchen Quellen schöpfen die botanischen Geschichtsforscher ihre Kenntnis? Es ist vielleicht von Interesse, etwas näher gerade auf diesen Punkt einzugehen, weil man für gewöhnlich auf die Quellen nicht zurückzugreifen pflegt, sondern sich fast ausschliesslich nur aus den heutzutage erscheinenden Büchern zu orientieren sucht.

Wir haben zunächst als Quelle die Funde in Gräbern und die Darstellungen auf alten Tempeln, namentlich im alten Aegypten. Aber auch die Funde aus späterer Zeit, aus den Pfahlbauten und aus den Gräbern der alten Peruaner, welch letztere übrigens höchstens 7 Jahrhunderte alt sind, kommen für die pflanzengeschichtliche Forschung in Betracht. Die Funde in den Gräbern Aegyptens bieten für Gemüse leider nur sehr wenig Anhaltspunkte. Erst in neuerer Zeit hat Schweinfurth bei der Mumie Amenophis' II. zu Theben (18. Dynastie etwa 1550 v. Chr.) ausser Nymphäenblättern, die sozusagen als Agraffen um den Hals der Toten gehängt waren, auch Dill, und am Halse der Leiche eines Privatmannes, namens Quent (20. Dynastie), Blätter und Blüten des Sellerie gefunden.' Aus dem Vorkommen des Dills dürfen wir vielleicht schliessen, dass auch Gurken gebaut wurden. Auf den Abbildungen altägyptischer Tempel hat Unger, ein verstorbener grosser österreichischer Botaniker, Rettiche und Radieschen erkannt. Das ist so ziemlich alles, was wir aus Gräberfunden und bildlichen Darstellungen über Gemüsepflanzungen im alten Aegypten in Erfahrung gebracht haben. Auf andere Gräberfunde werden wir im speziellen Teil zurückkommen.

Sehr viel wichtiger sind für uns als Quellen die Schriften der Alten, aber leider wissen wir oftmals nicht recht, was sie unter einem bestimmten Wort verstanden haben; denn die Beschreibungen sind oft nicht deutlich genug. Theophrast, etwa 300 v. Chr., ein Schüler von Aristoteles, ist der erste griechische Schriftsteller auf diesem Gebiet. Später trat ein anderer Mann auf, der viel bekannter geworden ist als Theophrast, nämlich Dioskorides, 77 v. Chr. Er verdient nicht etwa mehr geschätzt zu werden als Theophrast, aber da er später lebte, sind von seinen Büchern zahlreichere auf uns gekommen, während die Theophrastischen meist verloren gegangen sind — und so kam es, dass Dioskorides, man kann sagen, 1 1/2 Jahrtausende die ganze Geschichte der Botanik beherrschte. Alles, was im Mittelalter über Pflanzen und deren Geschichte geschrieben wurde, entnahm man aus Dioskorides, und dabei hatten die mittelalterlichen Botaniker immer die Meinung, dass alle Pflanzen, die sich im Theophrast und Dioskorides fänden, sich auch bei uns am Rhein, in Württemberg und Bayern finden müssten. Erst sehr spät kam man dann zu der Einsicht, dass nicht alle Pflanzen, die in Griechenland gewachsen sind, auch bei uns vorkommen müssen.

Von den Griechen ist noch der Arzt Gelenus zu nennen, obwohl er, wie auch Theophrast, mehr die medizinischen Pflanzen behandelte.

Gehen wir zu den lateinischen Schriftstellern über, so haben wir da eine ganze Reihe: Plinius, Cato, Varro, Palladius, und vor allen Dingen Columella, der uns insbesondere vieles über die Landwirtschaft mitgeteilt hat. Wir haben dann einige Wandgemälde in Pompeji, die aber verhältnismässig mehr über Blumen als über Gemüsepflanzen Auskunft geben.

Wenn wir weiter gehen in die Zeit nach Christi Geburt, so haben wir hier besonders die mittelalterlichen Glossarien zu betrachten. Das Wort „Glosse" hat jetzt einen sehr unangenehmen Beigeschmack. Damals war das anders, Glossarien waren gewissermassen Wörterbücher für die Klosterschulen, in denen griechische und lateinische Namen nebeneinander gesetzt waren. Es wurde da gesagt: das griechische Wort so und so bedeutet im Lateinischen das und das. Aus diesen Glossarien kann man nun eine Menge von Pflanzennamen entnehmen, und auch ihre Bedeutung teilweise. zumal in manchen Fällen Erläuterungen dazu gegeben sind, erkennen. Weiterhin im Mittelalter haben wir dann eigene Schriftsteller, die sich mit der Pflanzenkunde beschäftigten. Da ist besonders Walfried Strabus zu nennen, der Abt im Kloster Reichenau war und in einem langen Gedicht die Pflanzen seines Gartens (23 an der Zahl) besang.[*] Er starb 849, lebte also ungefähr zur Zeit Karls des Grossen. Und damit kommen wir auf Karl den Grossen selbst.

Karl der Grosse, der mit weitem Blick Alles überschaute, hielt auch besonders darauf, dass in seinen kaiserlichen Pfalzen, auf den Krongütern, wie wir heute wohl sagen würden, strenge Ordnung herrschte. Er verlangte fortwährende Berichte von seinen Beamten, er schickte Revisoren herum, die nachsehen mussten, und hatte zu diesem Zweck Formulare drucken lassen, in welche sie Alles eintragen mussten. Ausserdem liess er auch für die Pfalzen ein sogenanntes Kapitulare schreiben, d. h. eine Verordnung in Kapiteln geordnet, das berühmte Kapitulare „de villis imperialibus", und im Kapitel 70 dieses Kapitulare finden wir, was er verlangt, dass in den Gärten sein soll. Es beginnt: Wir wollen, dass im Garten seien sollen alle Kräuter, d. h Lilie, Rose, Bockshornklee, Krauseminze, Salbei, Raute, Gurken, Melonen, Kürbisse — das sind aber Flaschenkürbisse. wie wir später sehen werden — Fasiolum — Vietzbohnen sind es wahrscheinlich nicht gewesen, sondern Langbohnen. Dolichos —, Gartenkümmel, Rosmarin, Wiesenkümmel, italienische Kichererbsen, Scilla, Gladiolus, Estragon, Anis, Coliquinthen — (hier eine Art Gurke). — Dann folgen noch verschiedene andere Gewächse, die ich übergehen will, deren Namen man nicht genau deuten kann, und dann kommen Salat, Schwarzkümmel, weisser Senf, Brunnenkresse. Klette, pulegium — (ein Gewürzkraut) —, Wasserfenchel, Petersilie. Sellerie, Liebstöckel Sadebaum, Dill, Fenchel, Cichorien, Diptam, Senf. Bohnenkraut, sisimbrium — was als Brunnenkresse übersetzt wird —, Münze, mentastrum — vielleicht Krauseminze —, Rainfarn, Katzenminze, kleines Tausendgüldenkraut, Mohn, Beete — wohl rote Beete —, Haselwurz, Eibisch, Malven, Karotten, Wurzeln, Pastinak. Melde, Erdbeerspinat, Kohlrabi, Kohl, Zwiebeln, Schnittlauch, Porre, Rettig — oder Radieschen; das kann man nach dem Ausdrucke nicht unterscheiden —, Schalotten,

---

[*] Walafridi Strabi Hortulus anct. F. A. Reuss. Wirceburgi 1834 8° cit. Fischer Benzon, Altdeutsche Gartenflora.

Zwiebeln — cepas, während es vorhin uniones waren —, Lauch. Karde.
grosse Bohnen — Vicia Fabe —, Erbsen, Koriander. Kerbel. lacteridas
— vielleicht eine Endivienart —, sclareiam — wohl die Muskateller
Salbei. Salvia Sclarea —. Und zum Schluss heisst es: und jeder Gärtner
habe über seinem Hause Joris barbam. Das ist Hauslauch, welchen
man auch heute noch oft auf den Dächern findet, namentlich auf Dächern
in Gebirgsgegenden. Von Bäumen — heisst es in dem Kapitulare weiter
— wollen wir, dass vorhanden seien: Aepfelbäume verschiedener
Gattung, Birnbäume verschiedener Gattung, Pflaumenbäume verschiedener
Gattung, Ebereschen, Mispeln, Kastanien, Pfirsiche verschiedener Gattung.
Quitten, Haselnüsse, Mandeln, Maulbeerbäume, Lorbeern, Pinien, Feigen.
Wallnüsse, Kirschen. Die Namen der Aepfel sind: gozmaringa (Rosmarinapfel), geroldinga. crevedella, spirauca. süsse und saure, alle servatoria
— d h. über Winter dauernd — und auch sogleich zu es en.

Dann folgt eine Stelle, an der die Uebersetzer sich vergeblich bemüht haben, die man aber meist in nachstehender Weise deutet· Von
Birnbäumen, welche Dauerbirnen tragen. giebt es drei bis vier Arten.
sowohl Tafel- wie Kochbirnen und späte. Wir wollen recht beachten.
dass Karl der Grosse sagte: „Wir wollen, dass im Garten seien"; damit ist noch nicht gesagt, dass die aufgeführten Pflanzen wirklich da
waren; einige davon gedeihen gar nicht in Deutschland, so z. B. die
Pinien. — Karl der Grosse hat das Verzeichnis nicht selbst geschrieben.
sondern. wie man annimmt, durch einen Benediktinermöch schreiben
lassen, dieser hatte jedenfalls den alten Dioskorides und den Theophrast
eingesehen und meinte nun, alle die dort aufgeführten Pflanzen müssten
auch in die deutschen Gärten verpflanzt werden. Vielleicht hatte er
auch aus Italien Nachrichten über Gartenpflanzen erhalten. wie denn
bekanntlish der ganze Gartenbau erst aus Italien nach Deutschland
gekommen ist.

Wir haben noch eine andere merkwürdige Quelle. Das ist der
Bauriss zu einem Kloster in St. Gallen aus dem Jahre 820*); der Bauplan
ist zwar nicht ausgeführt, aber in ihm hat der Baumeister nicht bloss
die Grundrisse des Gebäudes gegeben, sondern auch Andeutungen gemacht einerseits zu dem Apothekergarten, der in der Nähe des Hauses der
Aerzte liegen, und andererseits zu dem nahe der Gärtnerwohnung belegenen Garten, zu welchem Gemüse gezogen werden sollte. Er hat
ferner in diesen Plan die Namen der betreffenden Arzneipflanzen (16)
und Gemüsearten (18) hineingeschrieben. Fischer Benzon hat eine
Deutung der Namen versucht; es fehlen unter Anderem Puffbohnen und
Gurken.

Weiterhin haben wir eine höchst wichtige Quelle - und das wird
die verehrten Damen besonders interessiern — in einer Schrift der Aeb-
tissin Hildegardis de Pinguia. der heiligen Hildegard. Sie war geboren in Bechelheim in der Nähe von Sponheim 1093. Vom achten
Jahre an war sie im Kloster Dinbodenberg im Fürstenthum Zweibrücken,
wo sie schliesslich Aebtessin wurde. Sie wurde so berühmt. und das

---

*) Herausgegeben von Ferd. Keller, Zürich 1844. 4°.

Kloster infolgedessen so besucht, dass sie ein neues Kloster auf dem Ruppertsberg bei Bingen gründete, wo sie im Jahre 1179 gestorben ist. Diese Dame war ausserordentlich belesen, sie war zu gleicher Zeit ausserordentlich freimüthig, und obwohl sie wegen ihrer Visionen hochberühmt war und als Heilige verehrt und vom Papste sowie von Kaiser Friedrich I. hoch geschätzt wurde, eiferte sie doch mit grosser Energie gegen die Zuchtlosigkeit, die damals im Klerus herrschte. Ihre Schriften sind auf kirchengeschichtlichem Gebiete sehr wichtig, aber eine, die „Physika" (Strassburg 1533*), wie wir sie kurzweg nennen wollen, ist auch für uns eine sehr wichtige Quelle; dieses medizinische Werk enthält u. A. eine Menge von Angaben über Kräuter und Bäume, namentlich über Arzneigewächse, und da damals in der Medizin fast alle Pflanzen, auch Gemüsearten, benutzt wurden, erhalten wir eine treffliche Zusammenstellung der damals gebauten Pflanzen, oft mit deutschen Namen, obwohl das Buch lateinisch geschrieben ist. Ausserdem sind auch die Thiere, die Mineralien usw. behandelt, kurz, es ist die erste Naturgeschichte Deutschlands, wie von Fischer-Benzon mit Recht sagt.

In etwas späterer Zeit haben wir dann den Abt Albertus Magnus, 1193—1280, eigentlich Ritter Albert von Bollstädt oder Albert von Lauging, der sozusagen der erste deutsche Botaniker im grossen Stil, wie Theophrast oder Aristoteles im Altertume waren. Ernst Meyer und C. Jessen haben sein Hauptwerk: De vegetabilibus libri VII 1867 neu herausgegeben.

Die erste Naturgeschichte in deutscher Sprache schrieb Konrad von Megenberg (1309—1374), unter dem Titel: Das puch (Buch) der Natur. Neu herausgegeben von Franz Pfeiffer, Stuttgart, 1801. — Dann folgen eine Menge von Kräuterbüchern des 16. Jahrhunderts, die ebenfalls teils deutsch, teils lateinisch geschrieben sind. Am berühmtesten darunter ist das Kräuterbuch des Italieners Mattioli, herausgegeben von Joachim Camerarius, Frankfurt a. M., 1600, Folio, mit vielen Abbildungen. Camerarius selbst schrieb einen Hortus medicus et philosophicus, Frankfurt a. M., 1580. Weiter ist zu nennen Hieronymus Bock, geb. um 1498, gest. 1554, genannt Tragus, mit seinem „New Kreutterbuch", 1539. Dieses Buch enthält sehr viele interessante Beobachtungen und daneben humoristische Bemerkungen. — Weiter kommt Jacob Th. Tabernaemontanus aus Bergzabern, der ein „New vervollkommentlich Kreuterbuch" herausgab, wovon eine vermehrte Ausgabe im Jahre 1613 von Baechin in Frankfurt a. M. herausgegeben wurde. Ich übergehe alle Schriften des 17. und 18. Jahrhunderts und will aus dem 19. Jahrhundert, der letzten Jahrhundertwende, einen Schriftsteller nennen, Viktor Hehn: „Kulturpflanzen und Haustiere in ihrem Uebergang aus Asien nach Griechenland und Italien, sowie in das übrige Europa", 6. Auflage, herausgegeben von Schrader und Geheimrat Engler, dem Direktor des hiesigen botanischen Gartens, 1897. — Ferner ganz besonders Alphonse De Candolle, Botaniker in Genf: „Origine

---

. *) Neu herausgegeben in „Patrologiae cursus completus, Tom 197, Sancta Hildegardis Abbatissa Paris 1882". Vergl. auch von Fischer-Benzon, Altdeutsche Gartenflora 1894 Seite 194. .

des plantes cultivées", übersetzt von Dr. Goeze, Garteninspektor in
Greifswald, Leipzig 1884, und, was ganz besonders interessant sein wird,
ein Buch, das von einer Dame geschrieben ist, von Frau von Strantz,
der Gattin des Unterstaatssekretärs im Ministerium des Innern: „Unser
Gemüse", Berlin 1877. Frau von Strantz war eine ausserordentlich be-
lesene Dame, die uns in diesem Buche mit viel Humor und unter Ein-
streuung einer Menge von Anekdoten eine umfassende geschichtliche
Abhandlung über unser Gemüse giebt. Sie hatte vorher schon ein
ebenso lesenswertes Werk geschrieben: „Die Blumen in Sage und
Geschichte", Berlin 1875, 2. Auflage 1877". — Für den Geschichtsforscher
ganz besonders wichtig ist aber ein Buch von Professor Dr. R. v. Fischer-
Benzon: „Altdeutsche Gartenflora", Kiel und Leipzig. 1894. Dieses Werk
bespricht eingehend und kritisch alle älteren Quellen und giebt dann die
Geschichte der einzelnen Pflanzen. Endlich kommen noch in Betracht:
H. Buschan: „Vorgeschichtliche Botanik der Kultur- und Nutzpflanzen
der alten Welt auf Grund prähistorischer Funde". Breslau 1895, T. Hoeck:
„Der gegenwärtige Stand unserer Kenntnis von der ursprünglichen Ver-
breitung der angebauten Nutzpflanzen" (in Geogr. Zeitschr., V. und VI.
Jahrgang, Leipzig 1900)'. und eine kleine Schrift. welche sich mit den
Pflanzen des Talmuds beschäftigt: Duschdak, Rabbiner in Gaya: Zur
Botanik des Talmud", Pest 1871.

Gehen wir nun zu den einzelnen Gemüsearten über, so wollen wir
dabei nicht die übliche Einteilung in Wurzelgemüse und Stengelgemüse
und in Frucht oder Blütengemüse vornehmen. weil wir uns dann zu
häufig wiederholen müssten. Wir wollen vielmehr botanisch vorgehen
und uns zuerst mit der Familie der Liliengewächse beschäftigen: Sie
werden vielleicht erstaunt fragen: Werden denn Lilien auch gegessen?
Nun, die Blumen allerdings nicht. aber die Lilienzwiebeln werden in
Japan z. B. sehr viel gekocht gegessen, selbst die japanische Goldbandlilie
(Lilium auratum), die wir zu teueren Preisen kaufen, ferner Lilium lanci-
folium und andere. Auch in Kamschatka und in Sibirien werden viele
Lilien als Gemüse verwendet. Aber zur Familie der Liliengewächse
sind auch andere Pflanzen gehörig, die für uns hier mehr in Betracht
kommen. Da ist vor allen Dingen die Zwiebel selbst und ihre ganze
Verwandtschaft zu nennen. Die Zwiebel ist eine der allerältesten Kulturpflanzen; schon bei den alten Indern, Chinesen und Aegyptern finden
wir sie und lesen in der Bibel, dass, als die Israeliten aus Aegypten
zogen und in der Wüste Mangel litten, sie sich sehnten nach Lauch,
Zwiebeln und Pfeben — das sind Melonen — die sie in Aegypten assen.
Das spricht dafür, dass die Zwiebeln ausserordentlich beliebt waren,
und dass sind sie bei den orientalischen Völkern auch noch jetzt. Auch
heute noch ist die Kultur der Zwiebeln in Aegypten eine ausserordentlich
grosse und nimmt immer mehr zu. Es ist von hohem Interesse, dass
gerade in neuester Zeit von dort nach Deutschland und speziell nach
Berlin grosse Sendungen von Zwiebeln kommen; zu gewissen Zeiten
haben wir überhaupt keine anderen Zwiebeln, als ägyptische. Das

haben sich die alten Pharaonen sicher nicht träumen lassen. — Wir haben dann die verschiedenen mit den Zwiebeln verwandten Gewächse. die Schalotten, die nur selten, fast niemals blühen. Wir haben ferner die Perlzwiebeln. Früher wusste man garnicht recht, woher die Perlzwiebel stammt; man nahm und nimmt auch heute noch zum Teil an, dass sie eine Varietät des Knoblochs sei; Professor Hoffmann in Giessen hat aber nachgewiesen, und Garteninspektor Lindemuth in Berlin hat bestätigt, dass sie vom Porree abstammt. Wenn man Porree pflanzt und etwas eigentümlich behandelt, bekommt man daraus Perlzwiebeln, und umgekehrt, wenn man Perlzwiebeln zur Blüte kommen lässt und den Samen aussät, erhält man Porree, der aber in den Achseln noch einige Perlzwiebeln trägt. —

(Fortsetzung folgt.)

Neue und empfehlenswerte Pflanzen usw.

Neue und empfehlenswerte Pflanzen nach James Veitch u. Sons, Ltd.

Coniferen.

Abies (Picea) pungens glauca pendula unterscheidet sich von dem Typus nicht nur in der Farbe seiner Blätter, welche ein Blaugrau von ganz besonderer und bemerkenswerter Art aufweisen, sondern auch durch seine hängenden Aeste und Zweige.

Auf freie Plätze gepflanzt, kann er nicht übertroffen werden wegen seiner Regelmässigkeit und Schönheit.

Die Varietät Abies lasiocarpa var. arizonica kommt nur in den Gebirgen von Arigona, der südlichen Heimat der Art vor und zwar in einer Höhe von 2500 bis 3000 m, wo sie oft grosser Kälte ausgesetzt ist. Das silberweisse Blätterwerk ist von grosser Schönheit und soll sogar noch das der Picea pungens glanca übertreffen. Die Borke ist dadurch bemerkenswert, dass sie gelblich-weiss gefärbt und korkartig ist.

Abbildungen des Zapfens, des Blätterwerks und eines Stückes Borke erschienen in Gardeners Chronicle 1901, wo leicht die Schönheit des Laubwerks und die Eigentümlichkeit der starken, korkigen Rinde zu erkennen ist

Sciadopitys verticillata. Die Schirmfichte von Japan ist nicht nur eine besonders auffallende Conifere, sondern sie ist sogar der bemerkenswerteste immergrüne Baum, der je eingeführt wurde. Wo der Rhododendron gedeiht, da wächst auch Sciadopitys. Mangel an Berücksichtigung dieser einfachen Thatsache gegenüber ist schon oft die Ursache zu mancher Enttäuschung geworden. Wenn die Sciadopitys in einem genügend durchlässigen Boden gepflanzt wird, welcher die Wurzeln während des Treibens mit beständiger Feuchtigkeit versieht, so wird es sicherlich keine ornamentalen Anpflanzungen geben, in die sie nicht mit Erfolg eingefügt werden könnte, entweder in Gruppen als auch einzeln.

Retinispora (Cupressus) obtusa Crippsi, eine ganz besonders dekorative Art, stammt von R. obtusa und unterscheidet sich von der bekannten R. obtusa aurea durch ihr schlankeres und weniger dichtes Wachstum. Bei dieser Varietät schwankt die Farbe der Nadeln vom blassen schwefelgelb bis zum goldgelb, was sehr ihre Schönheit erhöht. J. B.

Verschiedene Gehölze.

Eine interessante und schöne Spezies ist Rhododendron racemosus, welche von den Gebirgen von Yunnan und West-China eingeführt ist und in einer Höhe von 2000—3000 m vorkommt. Die Pflanze ist hart, von zwergartigem, kompaktem Aeussern und mit zierlichem

Blattwerk versehen. Die Blätter sind 2,5 cm lang, kurz, lederartig, oben dunkelgrün und unten hell, fast weiss. Die Blüten stehen in dichten Büscheln am Ende der kurzen Zweige; sie messen 2,5 cm im Durchmesser, sind weiss mit einem rosa Hauch, der in ein leuchtendes Rosa an den Rändern übergeht. Sie ist eine wertvolle Neuheit in der Reihe der Zwergrhododendron.

Clethra canescens ist eine der hübschesten der harten Clethras, ist aus Japan eingeführt, wo sie als ein kleiner Baum mit hübschem dunkelgrünen Blätterwerk und zahllosen weissen Blüten vorkommt. Die Blätter sind elliptisch-oblong, an den Rändern scharf gezähnt, 10—15 cm lang und 3—5 cm breit. Die Blüten sind zahlreich, stehen in Rispen aufwärts, sind 2,5 cm lang, milchweiss. Der Baum blüht während der Sommermonate. 　　J. B.

Immergrüne Bäume und Sträucher.

Cyrilla racemiflora ist ein zierlicher Strauch, welcher äusserst interessant ist, sowohl botanisch wegen seiner Form als auch wegen seiner geographischen Verbreitung; er wird gefunden von Brasilien bis Mittelamerika, ferner nördlich von Florida bis Nord-Karolina und westwärts bis Texas.

Dort bildet er einen 1—2 m hohen Strauch mit schlanken, eckigen Zweigen und Büscheln länglicher, glatter dunkelgrüner Blätter von 3—5 cm Länge. Die Blütenstände bestehen aus blütenreichen Trauben, die aus kleinen weissen Blüten zusammengesetzt sind, die in Büscheln an den Enden des vorjährigen Holzes stehen.

Eine schöne Abbildung dieser Pflanze versehen mit einer vollständigen Beschreibung erschien in Gardener's Chronicle 1901.

Enkianthus campanulatus ist die Repräsentantin einer kleinen Art, die in Süd- und Ost-Asien vorkommt und eine der hübschesten Pflanzen aus der schönen Flora Japans ist. In ihrer Heimat erscheint sie als kleiner Baum von 10 m Höhe, aber hier bei uns wird sie nur ein niedriger Strauch mit hängenden Blättern und reichlichem Blütenschmuck. Die Blätter sind 50—60 cm lang, kurz gestielt, elliptisch-oval, an den Rändern gezähnt, sie sitzen in Büscheln an den Enden der Zweige. Die Blüten haben einen Durchmesser

von 1 cm, sind dunkelrot, hängend und kommen als stiellose verkürzte Trauben aus den Blattachseln hervor.

Von Berberis congestiflora var Hakeoides befindet sich eine sehr hübsche Abbildung im „Botanical Magazine" tab. 6770. Die Pflanze ist in ihrer Art auffallend und gleicht keiner der bisher kultivierten Berberis. Sie bildet einen grossen Busch mit gebogenen Zweigen, die mit zahllosen Mengen von Blüten überladen sind. Manche befinden sich sitzend in den Blattachseln, andere bilden Köpfchen an den Enden der Zweige Die Farbe der Blüten ist ein leuchtende goldgelb, die Blätter sind 2—5 cm lang, sitzend, ledern, dunkelgrün, unten bläulichgrau, mit sehr scharf gezähnten Rändern, die sich stachelig anfühlen.

Capenteria californica ist ein Strauch aus Kalifornien, der schon längst als einer der schönsten seiner Art erkannt worden ist, der einen Platz in jedem Garten finden sollte. Er erreicht eine Höhe von 2—3 m und mehr und hat gegenständige Blätter und Zweige. Die Blüten haben einen Durchmesser von 7—10 cm, duften, sind von reinstem Weiss und tragen gelbe Staubbeutel und einen sonderbaren, flaschenähnlichen Stempel.

Besonders gute Abbildungen eines blühenden Zweiges finden sich im „Botanical Magazine", tab. 6911 und im „The Garden", 1887, tab. 581.

Escallonia Langleyensis, ein Hybrid ist erzielt worden durch E. Philippiana mit Pollen von E. macrantha. Die zahllosen aufrechten Zweige tragen in ihrer Länge Blüten von glockenartiger Gestalt und leuchtend karminroter Farbe. Die kleinen ovalen Blätter haben ein dunkles glänzendes Grün.

Camellia sasanqua ist vor einigen Jahren von neuem wieder bei uns aus Japan eingeführt worden. Die japanische Art, die in zwei Varietäten erscheint, als einfache Blüte rot und als doppelte Blüte weiss. ist eine Pflanze von schlanker Gestalt, die sich dazu eignet, an Wänden gezogen zu werden. Sie ist reich blühend. Das Blattwerk gleicht dem unserer Treibhauskamelien, doch sind die Blätter kleiner.

Cotoneaster pannosa, eine neue Bereicherung unserer harten Sträucher, ist erst kürzlich aus Yunnan eingeführt worden. Der Strauch wird 1,5—2 m hoch, trägt schlanke, sich ausbreitende Zweige mit ovalen oblongen 3—5 cm langen Blättern, welche oben grün, unten filzig weiss sind. Die Blüten sind klein, weiss, sehr zahlreich und stehen in dichten Doldentrauben und aus ihnen entwickeln sich Früchte von leuchtendroter Farbe, die einen ausserordentlich ornamentalen Effekt erzielen.

Eucryphia cordifolia, ein hübscher chilenischer Strauch, blühte zum ersten Male in England in den Treibhäusern des Herrn Veitch und Söhne in Coombe Wood. In seiner Heimat erreicht er eine Höhe von 10 und mehr Meter und sein dunkelgrünes, immergrünes Blattwerk hebt sich vorteilhaft von den prächtigen weissen Blüten ab.

Veronica Hulkeana ist eine der zahlreichen Species der Veronica-Arten, welche der Vegetation von Neu-Seeland ein eigenartiges Aussehen verleihen. Sie ist verbreitet bis hinauf zu den Wairu-Bergen in Mittel-Island, wo sie noch in einer Höhe von 5000 bis 6000 m vorkommt und einen Strauch von $^1/_2$—1 m Höhe bildet mit gegenständigen, oblóng-ovalen, spitzen Blättern, die 3—5 cm lang werden und paarweise gekreuzt stehen. Die Blüten sind klein, von lila Farbe und stehen in dichten Rispen an den Enden der Zweige.

J. B.

Gehölze.

Acer distylum, ein schöner Ahorn, stammt aus den Hochgebirgen von Nippon in Japan, von wo er bei uns eingeführt worden ist. Die Blätter sind eigenartig; sie sind spitz-oval und am Rande gezähnt, 12—15 cm lang und 8—12 cm breit, oben grün, unten heller und kahl mit Ausnahme der Stellen am Anfange und an den Enden der grösseren Adern. Er ist in England vollkommen winterhart und dient als Zierbaum für Park- und Gartenanlagen.

Amygdalus persica magnifica stammt aus Japan, wo sie ihrer schönen Blüten wegen kultiviert wird; s e blüht im Frühling und ist eine der hübschesten Pflanzen, die man zur Ausschmückung eines Warmhauses nur finden kann. Unter den vielen Varietäten ist die genannte unfraglich die beste; die Blüte ist halb gefüllt und karminrot.

Buddleia Colvillei ist unstreitig die schönste der Buddleien, aber leider nicht winterhart genug. Wenn sie gegen eine Wand nach Süd oder Süd-west gepflanzt wird und bei strenger Kälte etwas geschützt wird, kann sie jedoch erhalten werden; ihre Blüte wird gefördert, indem sie reichlich dem Licht und der Luft ausgesetzt wird. Ihre Heimat ist Sikkim Himalaya in einer Höhe von 3000 bis 4000 m, wo sie einen grossen aufrechten Strauch oder kleinen Baum bildet, der 3 bis 4 m hoch wird. Die glockenartigen Blüten s ehen an den Enden der Zweige in grosser Zahl in langen Rispen und sind leuchtend rosa mit roter Schattierung.

Von Buddleia variabilis, diesem eigenartigen Strauche, der sich bei uns als vollständig winterhart erwiesen hat, findet sich im Botanical Magazine, t. 7606 eine ausgezeichnete Abbildung. Die Heimat der Pflanze sind die Berge von Ischang und der angrenzenden Provinzen Chinas Sie ist ein grosser Strauch von 3 bis 4 und mehr Meter Höhe, dessen Blattwerk sehr verschieden ist. Die Blüten stehen in dichten runden Köpfen in den Achseln der oberen Blätter; sie variieren in der Farbe von rosa bis lila und sind am Grunde orangegelb.

Nach Professor Sargent ist Betua Maximowiczii einer der schönsten Bäume Japans und überhaupt eine der eigenartigsten und hübschesten der Birken. Es ist ein ebenmässiger Baum von 20 bis 30 m Höhe, der sich von allen andern bisher in England kultivierten Birken durch seine blasse leicht gelb gefärbte Borke unterscheidet, deren Färbung sich ganz besonders hübsch macht. Die Blätter gehören zu den grössten der Gattung, sie sind breit oval, an den Rändern doppeltgezähnt, lang und von dunkelleuchtendem Grün auf der Oberseite. Die siebenjährigen Versuche mit dieser Birke in Coombe Wood waren höchst befriedigend und sie kann als wertvoller Baum jedem Park empfohlen werden.

Cerasus pseudo-cerasus James H. Veitch. Die schönste aller japanischen Kirschen ist kürzlich erst aus Japan eingeführt worden. Wie der ganze Typus, ist es nur ein kleiner Baum oder buschartiger Strauch, der seine dunkelrosa gefüllten Blüten im frühen Frühjahr zeitigt. Sie haben über 5 cm Durchmesser. Die Blüten sind zahlreich und stehen in lebhaftem Kontrast zu dem leicht bronzefarbenen jungen Blätterwerk. Wenn man sich auf ihre Treiberei verlegt, ist sie zu gleicher Zeit eine nützliche als auch nach etwas aussehende Pflanze.

Caesalpinia Japonica aus Japan eingeführt, ist der einzige Strauch seiner Art, welcher in England ausdauert und daher sehr wertvoll als Gartenstrauch ist. Seine Zweige breiten sich aus, aber er ist nur von bescheidener Höhe. Der Stamm und die Zweige sind mit stark gebogenen zahllosen Stacheln bewaffnet und tragen ein weiches gefälliges Blätterwerk. Die Trauben tragen 20 bis 30 leuchtend kanariengelbe Blüten, deren Durchmesser 2,5 cm beträgt, zu denen die roten Staubgefässe einen hübschen Kontrast bilden. Ihre Winterfestigkeit ist festgestellt, da sie während verschiedener Winter in den Gewächshäusern der Kälte ausgesetzt worden ist und nicht gelitten hat.

Die Heimat von Clerodendron trichotomum ist Japan von Hakodadi bis Yokohama, und es ist die einzige Spezies ihrer Art, die in England als lebensfähig bekannt ist. Es ist ein freiwachsender Strauch, der nach ein paar Jahren einen dichten Busch bildet; er wird 2 bis 3 m hoch und trägt dunkelgrünes Blattwerk. Die Blüten kommen im September und stehen an den Enden der Zweige in grossen Büscheln. Sie sind weiss mit rötlichem Kelch und duften köstlich. Seine Widerstandsfähigkeit, sein auffallender Anblick und die Zeit seiner Blüte (er blüht lange nachdem andere Sträucher schon längst ihre Schönheit verloren haben) empfehlen ihn als einen der eigenartigsten und dauerhaftesten Sträucher.

Cornus macrophylla ist einer der hübschesten Kornelkirschbäume und in Gestalt und Aussehen der stattlichste und imposanteste Vertreter seiner Art. In Japan sind Bäume von 20 bis 30 m Höhe nicht unbekannt. Die Stämme haben oft mehr als 30 cm im Durchmesser, und wenn derartige Exemplare sich über die dichten strauchartigen Untergewächse erheben, welche in den Bergregionen Mittel - Japans oft die steilen Abhänge bedecken, so machen sie einen grossartigen Eindruck mit ihren langen Zweigen, die rechtwinklig vom Stamme abstehen und daher eigenartige flache Ebenen von Blattwerk bilden, denn die Blätter stehen gedrängt an den Enden der kurzen senkrechten Aeste, welche fast aufrecht auf den älteren Zweigen wachsen. Sie sind 15 bis 23 cm lang und 7 bis 10 cm breit, auf der Oberseite dunkelgrün und unten sehr blass, manchmal fast weiss. Die Blüten befinden sich in reicher Fülle an den Enden der seitlichen Aeste und verzieren die obere Seite der breiten grünen Krone.

Ebenso wie die schon kultivierten Arten von Deutzia so ist auch D. corymbiflora ein einjähriger Strauch von bescheidener Grösse mit wirklich hübschem Blätterwerk. Die Blätter sind oblonglanzettlich und sehr scharf und fein gezähnt. Die Blüten sind von reinstem Weiss und so zahlreich, das der Strauch von weitem wie ein kleiner Schneeball erscheint. Eine hübsche Abbildung der Pflanze befindet sich in „Gardener's Chrouicle" von 1898.

Deutzia kalmaeflora ist eine Hybride, welche erzielt ist durch M. Lemoine aus Nancy durch Kreuzung von D. parviflora und der chinesischen Art D. discolor purpurascers. Sie bildet einen verzweigten Strauch, der grosse mattrosa Doldentrauben trägt, deren Blüten an den Rändern dunkler gefärbt sind. Sie gleichen keiner andern Deutzia-Blüte und erinnern eher an die Blüten der Kalmia. Die Pflanze ist ausdauernd und eignet sich für Treiberei.

Eucryphia Pinnatifolia ist ein ausserordentlich hübscher Strauch mit einem der Rose ähnlichen Blattwerk und grossen weissen Blüten, aus Süd-Chile eingeführt, wo er unter Felsen am Fusse der Kordilleren in der Provinz Conception vorkommt. In der Heimat wird er 3 bis 5 m hoch, doch ist er dort ziemlich selten. Die ältesten Exemplare sind dort fast ebenso gross und tragen ein glänzendes, tief dunkelgrünes, gefiedertes Blattwerk; jedes Blatt besteht aus 5 ovalen gezähnten Fiederblättern von 1 Zoll Länge. Die Blüten, welche den Achseln der oberen Blätter entspringen, haben einen Durchmesser von 5—7 cm, haben 4 reinweisse Blumenblätter und zahlreiche Staubgefässe mit langen Staubfäden, die in leuchtend goldgelben Staubbeuteln enden. Sie erinnern an Hypericum oder Stuartia und blühen im Juli und August.

Hamamelis mollis kann leicht von allen verwandten Arten unterschieden werden durch die Blätter, welche nicht nur die breitesten und grössten sind, sondern sie sind auch anders gestaltet und unten mit einer dichten filzartigen Masse mit sternförmigen Haaren versehen Die Blüten tragen in vielem denselben Charakter wie die von H. arborea. Die Blumenblätter sind 2 cm lang, stehen dicht und sind leicht beweglich und haben ein leuchtenderes Gelb wie die andern Hamamelis. Die Hamamelisarten sind bekannt als die ersten Sträucher, die im späten Winter und ersten Frühling blühen und die Eigenart und Bildung ihrer Blüten als auch ihre Widerstandsfähigkeit geben ihr einen Platz unter den frühblühenden Sträuchern.

Unter den vielen schönen blühenden Sträuchern, mit welchen unsere Gärten durch die wunderbare Flora Japans bereichert worden sind, wird Stuartia pseudo-camellia stets als eine der besten anerkannt werden wegen ihrer hübschen Blüten und ihres leuchtend herbstlich gefärbten Blätterwerks. In ihrer Heimat ist sie baumartig und erreicht eine beträchtliche Höhe. In England sind die ältesten eingeführten Pflanzen dichte Sträucher mit weichen Zweigen und Blättern, von denen die letzteren denen der Camelie gleichen. Die zartweissen Blüten haben einen Durchmesser von 5 bis 7 cm. Eine Abbildung befindet sich im Botanical Magazine t. 7045.

Styrax Obassia ist einer der schönsten der kleinen verschwenderisch blühenden Bäume, an welchem die Flora Japans so reich ist. In der Heimat erreicht er eine Höhe von 6 bis 10 m und ist während der Sommermonate mit einem grossartigen Blätterwerk bedeckt, dessen untere Blätter einen Durchmesser von 15 bis 20 cm haben. Oben sind sie hell leuchtend grün, unten behaart. Nach einigen Jahren werden Blüten in grosser Fülle hervorgebracht. Sie stehen in hängenden Trauben, die 15 bis 20 cm lang sind, an den kurzen seitli hen Schösslingen. Jede Traube hat 15—30 reinweisse, glockenförmige Blüten, die 2,5 cm im Durchmesser gross sind und streng, aber angenehm riechen.

Loropetalum Chinense ist eine hübsche chinesische Pflanze, wenn auch keine Neuheit, doch mindest in der letzten Zeit als Winterblüher bekannt gewordener Strauch. Die rein weissen Blüten, die bandartigen Blumenblätter, welche etwas denen ihrer nahen Verwandten Hamamelis gleichen, stehen in dichten Köpfen, 6—8 Blüten enthaltend, an den Spitzen der Zweige und in den Achseln der äussersten Blätter.

Kleinere Mitteilungen.

Verbesina helianthoides, eine wertvolle Zierpflanze für die Gärtner.

Von Adam Heydt.

Wenn ich hier mich mit Verbesina helianthoides befasse, so veranlasst dies mich deshalb, weil diese Pflanze einen nicht zu verachtenden Wert besitzt, sei es für den Gärtner, der Pflanzen zur Zierde oder zu seinem Erwerb kultiviert, oder für den Liebhaber. Es zeichnet sich Verbesina helianthoides durch reiches Blühen und lange Dauer der Blumen aus, zudem noch kommt, dass sie zu einer Zeit blüht, zu welcher derartige Blüten im Bereich der Topfkultur, ich meine die Blütenfarbe, selten ist. Die Blumen sind klar goldgelb. Die Blüteze t fällt in die Monate von Juni bis November. Im freien Lande freilich hat man zu der Zeit genug Abwechselung, wenige hingegen unter den Topfpflanzen und Gruppengewächsen, ja gerade deshalb empfehle ich die genannte Verbesina, die zu wenig kultiviert worden, ich möchte fast behaupten, dass sie in den Gärten, mit Ausschluss der Botanischen, kaum sich in Kultur befindet. — Je nach der Kultur. die so einfach wie nur möglich ist, kann man sie in Blüte haben.

Jedes Jahr ziehe ich einen Teil Pflanzen durch Samen heran, die sich in meiner Sammlung noch nicht befinden. So fiel dieses Jahr mein Augenmerk auf Verbesima helianthoides und da ich mir sagte, dass sich, wie der Name helianthoides bedeutet, immerhin etwas interessantes vermuten lässt, so säete ich im März etwas Samen von dieser Verbesina aus und ich habe es nicht zu bereuen.

Verbesina ist eine Composite und diese so artenreiche Pflanzenklasse birgt ja an und für sich Pflanzenschätze, welche durch Verbesina helianthoides bestätigt wird.

Die Pflanze wird bis zu einem Meter hoch und entwickelt, wenn bei Zeiten und je nach Bedürfnis entspitzt, eine Anzahl von Trieben, die nachher aus allen Blattwickeln eine grosse Anzahl bis zu 5 cm breiten Blumen zeitigen.

Verbesina helianthoides bildet kompakte Büsche, die als Topfpflanze eine recht vielseitige Verwendung haben, so z. B. zur Dekoration. Auf Blumentischen bieten sie eine angenehme Abwechslung, ja, da sie sich dort gut halten und lange blühen, eine vorzügliche Dekorationspflanze für Privatgärtner, aber auch zum Bepflanzen ganzer Gruppen eignen sie sich. Und gerade unter Gruppenpflanzen fehlt es an goldgelben Blumen, die eine Abwechselung bieten, hier ist Verbesina helianthoides am Platze

Die Anzucht von Verbesina geschieht teils durch Stecklinge, teils durch Samen. Beide Methoden führen zum Ziel, nur mit dem Unterschied, dass die durch Stecklinge gewonnenen Pflanzen eher blühen. Sie verlangen eine kräftige Erde, ich gebe Misterde mit Nadelerdezusatz und ⅓ Sand und habe damit guten Erfolg. Im Allgemeinen ist Verbesina helianthoides eine Kalthauspflanze und liebt keine allzugrosse Wärme. Nach dem Einpflanzen der Stecklinge bringt man diese in ein Mistbeet zum Behuf der schnelleren Entwickelung. Hier werden sie auf die übliche Art und Weise behandelt wie frisch eingepflanzte Fuchsien oder Pelargonien.

Sind sie durchwurzelt, so verpflanze man sie in grössere Töpfe und zwar benutzt man dabei wieder dieselbe kräftige Erde. Das Hinzufügen von Dünger liebe ich nicht, ich habe die Erfahrung gemacht, dass eine Gabe flüssigen Düngers nachher, wenn die Pflanzen in voller Thätigkeit stehen, weit besser ist. Wird die flüssige Düngung öfters wiederholt, dann bleibt auch der Erfolg nicht aus.

Verbesina helianthoides ist auch sehr geeignet zu Gruppenpflanzen und zwar wird sie hier in halbschattiger Lage am ehesten angebracht sein. Im Freien wird sie kompakter als in Töpfen. Auch kann man Stämme erziehen und die Krone kann dann bis 1 m hoch vom Topfrand beginnen. Solche Verbesina mit Stämmen lassen sich in der Landschaftsgärtnerei gut verwenden. Auch in Gewächshäuser, in denen die Pflanzen zur Schau dienen, sind sie am Platze.

Die Ueberwinterung der Verbesina helianthoides geschieht im Kalthaus. Im März werden sie verpflanzt und von frischem in Kultur genommen. Wird nun diese Verbesina schon Ende Februar verpflanzt, dann dürfte bei forcierter Pflege sie auch schon im Mai blühen und zu dieser Zeit eine leicht verkäufliche Pflanze sein, immerhin ist es eine Abwechselung für die Blumenhändler. Dem Liebhaber aber, dem es an einer langblühenden Pflanze gelegen ist, sei sie bestens empfohlen.

Eine Zählung der Gärten in Berlin

hat zuerst bei den Bevölkerungsaufnahmen von 1871 und 1875 und dann erst wieder bei denjenigen von 1895 und 1900 stattgefunden Von 1895 zu 1900 ist sogar noch eine Vermehrung der Grundstücke mit zugehörigem Garten eingetreten, von 6883 auf 7509 oder im Verhältnis zur Gesamtzahl der Grundstücke von 28,7 pCt. auf 29,5 pCt. Im einzelnen vermehrten sich die Grundstücke mit Hausgärten von 3737 auf 4232, die mit Vorgärten von 2068 auf 2131, die mit Haus- und Vorgärten von 1078 auf 1146. Zugenommen hat freilich nur die Zahl der kleinen Gärten (abgesehen von den winzigsten, nur 10 qm grossen „Gärten", deren Zahl von 371 äuf 321 zurückging). Die Gärten von mehr als 200 qm Grösse haben sich beträchtlich vermindert, von 1958 auf 1730. Besonders die grössten Gärten sind verhältnismässig sehr viel seltener geworden. So verhinderten sich die über 500 qm grossen Gärten von 971 auf 817, von diesen die über 1000 qm grossen von 519 auf 419. von diesen wieder die über 2500 qm grossen von 256 auf 182. Am spärlichsten sind die Gärten natürlich in den inneren Stadtteilen zu finden, am zahlreichsten in der Tiergarten-Vorstadt, wo 1900 volle drei Viertel aller Grundstücke ihren Garten hatten.   (Lokal-Anzeiger.)

Der Gift-Sumach.

Im Tegeler Forst auf der sogenannten Burgdorffschen Plantage steht der dem wilden Wein ähnelnde Giftsumach wieder in voller Entwickelung. Der Giftsumach, der aus Nordamerika stammt, im Tegeler Forst aber schon seit mehr als 100 Jahren verwildert vorkommt, ist eine sehr gefährliche Giftpflanze. Bekanntlich hat sich erst vor wenigen Monaten der bekannte Botaniker Dr. Carl Bolle beim Ausgraben eines solchen Strauches im Tegeler Forst eine arge Vergiftung zugezogen, in deren Verfolg der Kopf des greisen Gelehrten kürbisartig anschwoll und Hals und Hände mit blatterartigen Pusteln bedeckt wurden. Auch im hiesigen botanischen Garten hat sich vor Jahren ein Gärtner infolge unvorsichtigen Hantierens mit dem Giftsumach eine ähnliche starke entzündliche Schwellung der Haut, des Gesichts und der Vorderarme mit Blasen- und Pustelbildung zugezogen, und ein Landpastor in der Mark, der seine Laube von dem mit wildem Wein verwechselten Giftsumach hatte beranken lassen, musste es erleben, dass sowohl er selbst wie auch andere in der Laube verweilende Personen von Unwohlsein und Enzündungen der Augen und Hände befallen wurden. Erscheinungen, die man sich zuerst garnicht hatte erklären können. Also Vorsicht!

Litteratur.

Louis Gentil, Inspektor des Forstwesens des unabhängigen Kongostaates. Bemerkungen über den Botanischen Garten in Victoria-Kamerun. Sonderabdruck aus dem Tropenpflanzer. Verfasser würdigt als Ausländer unsere Bemühungen im Auslande und lobt den Erfolg und die Einrichtungen obigen Gartens.

Mitteilungen über Garten-, Obst- und Weinbau. herausgegeben vom Sonderausschuss für Garten- und Obstbau der Landwirtschaftskammer der Provinz Brandenburg. Verlag von A. Mieck, Prenzlau. Diese Mitteilungen erscheinen regelmässig am Anfang eines jeden Monats. Bezugspreis für Nichtmitglieder der der Landwirtschaftskammer angeschlossenen Obst-, Garten- und Weinbauvereine beträgt jährlich 2,50 M., für das Ausland 3 M. Einzelnummer 25 Pf. Austellungen und Abonnementsbeträge sind an Herrn Fr. Grobben, Berlin N.W., Werftstr. 9 zu senden. — Praktischer Ungeziefer-Kalender von Heinrich Freiherr von Schilling mit 332 Abbildungen. Verlag Trowitsch & Sohn, Frankfurt a. O. Preis in dauerhaftem, biegsamen Ganzleinenband 3 M. 10 Exemplare je 2,75 M., 100 Exemplare je 2 M. Dieses Werk kann allen auf das lebhafteste empfohlen werden und ist das Buch für Jedermann.

Bericht über die Provinzial-Obstbau-Ausstellung Potsdam 1901 und über die Verhandlungen des im Anschluss an die Ausstellung am 30 September und 1. Oktober 1901 abgehaltenen Obstbaukongresses. Mit Unterstützung des K. P. Ministeriums für Landwirtschaft, Domänen und Forsten herausgegeben von der Geschäftsführung. Verlag von Gebr. Borntraeger, Berlin 1902. Von den gehalten Vorträgen sind hervorzuheben: Welche weiteren Mittel und Wege sind zur Förderung der Obstzucht empfehlenswert und einzuschlagen. Bedeutung und Anwendung der Weinhefe bei der Bearbeitung von Obst- und Beerenwein.

Nicolaus Gaucher. — Handbuch der Obstkultur. Aus der Praxis für die Praxis bearbeitet. 3. illustrierte und vermehrte Auflage mit 609 Originalholzschnitten und 15 Tafeln in 20 Lieferungen à 1 M. Verlag von Paul Parey, Berlin SW., Hedemannstrasse 10. Dieses Werk ist heute das verbreitetste und von Berufsgärtnern wie Liebhabern am meisten geschätzte Handbuch der Obstkultur, dem keine fremdsprachliche Litteratur auch nur etwas Aehnliches an die Seite zu stellen vermag.

Carl Winters Universitätsbuchhandlung, Heidelberg 1902, berichtet über Sandner's Forstwirtschaft in Deutsch-Ostafrika, herausgegeben vom Kaiserl. Gouvernement Dar-es-Salam, I. Band 1. Heft 2,80 M., I. Band 2. Heft 2,40 M.

Ausstellungen und Kongresse.

Esthländischer Gartenbau-Verein.

Wir beehren uns Ihnen mitzuteilen, dass wir heute beschlossen haben, die zum September d. J. geplante Obst-, Gemüse- und Blumen-Ausstellung in Reval auf das nächste Jahr zu verschieben, weil die beständig kalte und feuchte Witterung des Sommers der Obsternte und dem Gedeihen der Blumen hinderlich gewesen sind.

Der Vorstand.

Vom 27. September bis 2. Oktober d. J. findet in Pau eine internationale Garten- und Obstbauausstellung und ein Kongress der Pomologischen Gesellschaft von Frankreich statt. Anmeldungen sind bis zum 31. August und nicht, wie im General-Programm angegeben, bis 15. September an den Generalkommissar Herrn M. Martinet, Pau, zu richten.

Altenburg S.-A. Gartenbau-Ausstellung des Gärtner-Vereins vom 26. bis 29. September.

Gotha Landes-Obst-Ausstellung des Landes-Obstvereins vom 26. bis 28. September. Anmeldungen an Landes-Obstbauinspektor O. Blissmann, Gotha.

Hannover. Provinzial-Gartenbau-Ausstellung des Provinzial-Gartenbau-Vereins und des Gartenbau-Vereins der Stadt Hannover. 26. bis 28. September. Anmeldungen an Herrn Stadtobergärtner Zeininger, Hannover, Leimstrasse 11 II.

Itzehoe. Obst- und Gartenbau-Ausstellung für Schleswig-Holstein. 26. bis 29. September.

Angermünde. Obst-Ausstellung des Gartenbauvereins für Angermünde. 27. und 28. September.

Stettin. Allgemeine deutsche Obstausstellung, veranstaltet von der Landwirtschaftskammer für Pommern, in Verbindung mit der Versammlung des deutschen Pomologen-Vereins, 2. bis 5. Oktober. Anmeldungen bei der Ausstellungsleitung in Stettin, Werderstrasse 31/32.

Hamburg. 18. bis 23. November. Gemeinsame Ausstellung des Gartenbau-Vereins für Hamburg-Altona und Umgegend sowie des Vereins Hamburger Chrysanthemumfreunde im Velodrom, Hamburg, Rotenbaum Chaussee 80-92. Preisordnung zu beziehen von E. Neubers, Hamburg, Ferdinandstrasse 45 und Karl G. A. Schumacher, Hamburg, Hermannstrasse 10-12.

Erfurt. Die Erfurter Ausstellung war geradezu grossartig. Grossartig inbezug auf die Anordnung des Ganzen, die von Herrn Stadtgartendirektor Lenné herrührte, grossartig aber auch inbezug auf die Leistungen. Selten aber dürfte auch ein besser geeignetes Terrain gefunden werden. Ein ehemaliger alter Lehmhügel ist mit riesiger Mühe in einen grünen Wiesenhang verwandelt worden, auf dem zu beiden Seiten herrliche Blumengruppen Platz erhalten hatten, während die Mitte grosse Rasenflächen, z. T. mit Riesen-Teppichbeeten, einnahmen. Nachdem am 5. September abends beim gemütlichen Beisammensein im Rheinischen Hof sich schon viel Gärtner zusammengefunden, die durch Liedervorträge des Herrn Schmidt und des Herrn Engelhardt erfreut wurden, fand am 6. September 10½ Uhr die feierliche Eröffnung durch den Oberpräsident der Provinz Sachsen, Herrn Staatsminister a. D. von Bötticher, statt, dessen Brust das gelbe Band des schwarzen Adlerordens schmückte. Herr Pastor Winkler, Vorsitzender des Erfurter Gartenbauvereins, wies in seiner Rede darauf hin, dass Erfurt im Mittelalter namentlich durch den Weinbau sich grossen Reichtums erfreut hatte, dass es dann aber nach dem Rückgang des Weinbaues infolge der Einführung des Indigos zu einer kurmainzischen Landstadt herabgesunken und erst durch den Ratsmeister Christian Reichart, welcher die berühmten Gartenkulturen im Dreiambrunnen einrichtete, zu neuem Leben erblüht sei. Erfurt habe 1865 die erste internationale Gartenbau-Ausstellung in Deutschland abgehalten, 1876 eine allgemeine deutsche Ausstellung, jetzt handle es sich vorwiegend um eine lokale Ausstellung. Herr Oberbürgermeister **Schmidt** dankte namens der städtischen Behörde für die Opferwilligkeit der Aussteller. Herr Kommerzienrat **Friedrich Benary** betonte darauf, dass die Ausstellung in 2 Punkten sich von vielen andern unterscheide, 1. es finde keine Preisverteilung statt, 2. es sei die Ausstellung allein von Erfurter Firmen beschickt (von 17) mit Ausnahme der Halle, in welcher die Mitglieder der Deutschen Dahlien - Gesellschaft ausstellen. Herr Staatsminister **von Bötticher** hob in seiner Rede hervor, dass die Liebe zur Natur und die Freude am Edlen und Schönen die Triebfedern seien, welche den Erfurter Gartenbau eine so hohe Stufe haben erklimmen lassen. Er beglückwünschte die Veranstalter dazu, dass sie eine so grosse Lokalausstellung geschaffen haben und schloss mit einem Hoch auf S. M. den Kaiser, indem er darauf hinwies, dass die letzten Tage in Posen uns wieder gezeigt haben, wie der hohe Herr bestrebt ist, den Frieden nach aussen und nach innen zu erhalten. „Möge ihm beschieden sein, dass auch der letzte Gegner der Krone und des Reiches von der Erde verschwinden!"

L. W.

Ein eingehender Bericht über die schöne Ausstellung folgt.

Eingesandte Preisverzeichnisse.

J. C. Heinemann-Erfurt (Thüringen) Herbstkatalog No. 225 über Blumenzwiebeln, Sämereien, Getreide, Erdbeeren, Beerenobst, verschiedene Pflanzen, Requisiten mit zwei farbigen Abbildungen zweier kostbaren Neuheiten, Waterloo, schwarzfrüchtig, grossfrüchtige Ananas-Erdbeere und Mont Blanc, weissfrüchtig. — **Gebrüder Siesmayer**, Hoflieferanten, Garten-Architekten und Baumschulenbesitzer, Frankfurt a. M.-Bockenheim und Eschersheim, Preisverzeichnis über Park- und Ziergehölze, Gartenarchitektur usw. Eine Sammlung von Plänen und Ansichten eines Teiles der durch die Firma ausgeführten Anlagen wird gegen Vergütung von 5 M. abgegeben. — **Wilhelm Werner & Comp.**, Berlin N., Chausseestr. 3, Samenhandlung. Hauptkatalog für 1902. — **Louis de Smet-Lederberg-Gand** (Belgien), Katalog No. 40, Herbst 1902 über Azalien, Palmen etc.

Franz Kunze, Hoflieferant, in Firma J. J. Kunze, Kunst- und Handelsgärtnerei, Baumschulen Altenberg S.-A. Engros-verzeichnis über Schnittblumen und Cycatwedel usw. — **Carl Lerm und Gebrüder Ludwig**, Berlin N.O., Elisabethstrasse 61. Neueste Preisliste über Drahtgeflechte, eiserne Bänke, Tische, Stühle etc. Herbstausgabe 1902. — **Paul Koch**, Samenhandlung, Allstedt S.W., Engros-Offerte für Herbst 1902 über Blumenzwiebeln und verschiedene Herbstsaaten. — **Adolf Demmler**, Berlin S.O. 26. Dresdenerstr. 17 und Friedrichsfelde, Wilhelmstr. 4. Preisverzeichnis über ausgewählte, schön blühende Blumenzwiebeln und Knollen. — **E. G. Ziegler**, Leipzig. Preisverzeichnis über Blumenzwiebeln und Erdbeerpflanzen. — **Wilhelm Pfitzer**, Kunst- und Handelsgärtnerei, Stuttgart, Militairstr. 74, Preisverzeichnis über Rosen und holländische Blumenzwiebeln sowie aus dem Hauptkatalog über Neuheiten in Topf- und Freilandspflanzen, Sträuchern, Beerenfrüchten und Samen zur Herbstaussaat, Herbst 1902.

Personal-Nachrichten.

Am 1. Juli waren es, wie wir erst im August von Herrn Ludwig **Möller**, Erfurt, erfahren haben, 25 Jahre, dass derselbe als Redakteur thätig ist. Am 1. Juli 1877 erschien nämlich die erste Nummer der deutschen Gärtnerzeitung, als Organ des Verbandes deutscher Gärtnervereine. Später begründete Herr **Möller** eine eigene Zeitung, Ludwig Möllers deutsche Gärtnerzeitung, die sich jetzt eines Weltrufs erfreut.

Dem kgl. Hofgartendirektor Gustav Fintelmann, Potsdam, ist von S. M. dem König von Italien das Offizierkreuz des Ordens der Italienischen Krone und dem Kgl. Hofgärtner Glatt daselbst das Ritterkreuz desselben Ordens verliehen worden.

Dem städtischen Gartenbaudirektor Mächtig in Berlin ist von S. M. dem Könige von Italien gelegentlich seines Einzuges in Berlin das Ritterkreuz des St. Maurizio- und Lazarus-Ordens verliehen.

Dem kgl. Gartendirektor Geitner, Berlin, wurde die Ehre zuteil, von S. M. dem Kaiser am 31. August zur Mittagstafel im Neuen Palais eingeladen zu werden.

Am 5. September verschied im 81. Lebensjahre der Geh. Medizinalrat Prof. Dr. Rudolph Virchow, der berühmte Forscher, der grosse Parlamentarier, der unermüdlich thätige Stadtverordnete, dem Berlin in erster Reihe seine Kanalisation und damit seine vorzüglichen Gesundheitsverhältnisse verdankt. Der Magistrat beschloss, das Leichenbegängnis des Ehrenbürgers der Stadt vom Rathause aus erfolgen zu lassen und hier hatte Herr städtischer Gartendirektor Mächtig alles aufgeboten, um auch durch Pflanzen- und Blumenschmuck die Feier zu heben. Mächtige Lorbeeren standen am Hauptportal des Rathauses und herrliche Blumen und Blattpflanzen zu beiden Seiten der Haupttreppe und eine majestätische Gruppe von Palmen und Blattpflanzen bildete den Hintergrund für den mit Kränzen bedeckten Sarg. Ganz besonders schön hob sich aus dieser Gruppe die mittlere Palme, eine hohe Seaforthia elegans, durch ihre edlen Formen hervor.

Die Zahl der gespendeten Kränze aus allen Ländern war Legion, einer übertraf fast den andern an Kostbarkeit. Wie das ganze deutsche Volk seinen Virchow betrauert, so ganz besonders auch diejenigen, die ihm Anregung oder Förderung verdankten. Zu diesen gehört auch der Unterzeichnete, der eigentlich nur dadurch, dass Virchow ihm seit vielen Jahren vorgeschichtliche Samen zur Bestimmung übersandte, namentlich die in Troja gefundenen, immermehr zum Studium vorgeschichtlicher Samen hingedrängt wurde. Und noch am Tage vor seiner Abreise nach Harzburg übersandte er der Landwirtschaftlichen Hochschule Samenproben aus Persien zur Bestimmung, zugleich auch eine Postkarte, die wohl eines der letzten seiner Autogramme ist. Virchow hatte auch für den Gartenbau ein reges Interesse und besonders gern weilte er bei seinem jüngsten Sohne, jetzt kgl. Hofgärtner in Wilhelmshöhe, um an der Herrlichkeit der Pflanzenwelt sich zu erfreuen und neue Kraft zu neuen Forschungen zu sammeln. — „Von der irdischen Unsterblichkeit ist er jetzt zur ewigen Unsterblichkeit eingegangen," wie der Geistliche am Sarge sagte.

Sein treues, schlichtes und unerschrockenes Wesen, das unentwegt nach der Wahrheit forschte, aber leuchte uns allen immerdar voran!   L. W.

Tagesordnung
für die
899. Versammlung des Vereins z. Beförderung d. Gartenbaues i. d. preuss. Staaten
am Donnerstag, den 25. September 1902, abends 6 Uhr,
im Kgl. Botanischen Museum, Grunewaldstr. 6—7 (im Botanischen Garten).

I. Ausgestellte Gegenstände (Ordner: Herr Garten-Inspektor Perring). II. Berichte: 1. Herr Garteninspektor Peiring-Berlin: Eine Reise nach dem Engadin; 2. Herr Hofgärtner Hoffmann-Berlin: Die Erfurter Ausstellung; 3. Herr Gärtnereibesitzer Dietze-Steglitz: Die Blumen-Ausstellung in Steglitz; 4. Herr Gartenbau-Direktor Lackner-Steglitz: Die Liebhaber-Ausstellung in Frankfurt a. M. — III. Verschiedenes.

Für die Redaktion verantwortlich Geh. R. Prof. Dr. Wittmack, Berlin NW., Invalidenstr. 42. Verlag von Gebrüder Borntraeger, Berlin SW. 46, Dessauerstr. 29. Druck von A. W. Hayn's Erben, Berlin.

1. Oktober 1902.　　　　　　　　　　　　　Heft 19.

GARTENFLORA

ZEITSCHRIFT

für

Garten- und Blumenkunde

(Begründet von **Eduard Regel**.)

51. Jahrgang.

Organ des Vereins zur Beförderung des Gartenbaues in den preussischen Staaten.

Herausgegeben von

Dr. L. Wittmack,

Geh. Regierungsrat, Professor an der Universität und an der Kgl. landwirtschaftl.
Hochschule in Berlin, General-Sekretär des Vereins.

———————

Hierzu Tafel 1503.

Cyrtopodium punctatum Lindl.

———————

Berlin 1902
Verlag von Gebrüder Borntraeger
SW 11 Dessauerstrasse 29

Erscheint halbmonatlich. Preis des Jahrganges von 42 Druckbogen mit vielen Textabbildungen und
12 Farbentafeln für Deutschland und Oesterreich-Ungarn 12 Mark, für die übrigen Länder des Weltpostvereins 15 Mark. Zu beziehen durch jede Buchhandlung oder durch die Post (Zeitungsverzeichnis
No. 2819).

Cyrtopodium punctatum Lindl.

Lindl. Gen. et Sp. Orch. Pl. 188.

Von Dr. F. Kränzlin in Berlin.

(Hierzu Tafel 1508 und 2 Abbildungen.)

Die Bulben erreichen die Länge von 60—100 cm bei ca. 8 cm grösster Dicke in der Mitte, die Blätter stehen zweizeilig und so dicht, dass die Bulbe mit Blättern das ungefähre Aussehen eines Palmblattes mit etwas angeschwollenem Blattstiele darbietet, der Blütenschaft entspringt aus einem der unteren Blattwinkel und erreicht bei starken Exemplaren die Höhe von über 1 m, er ist reich verzweigt und trägt eine reichblütige Traube grösser Blüten, wie die nebenstehenden Abbildungen sie zeigen. Dem Charakter der Gattung gemäss sind die Deckblätter, nicht nur der Blüten, sondern auch die der oberen Verzweigungen, blumenblattähnlich in Textur und Farbe und tragen wesentlich zur Schönheit der Pflanze mit bei. Die Blüten haben grüngelbe Sepalen mit kastanienbraunen Panterflecken, ähnlich geformte, rein goldgelbe, nur an der Basis gefleckte Petalen und ein beinahe vierlappiges Labellum, dessen beide Seitenlappen hoch aufgerichtet stehen, dessen tief zweiteiliger mittlerer Lappen ziemlich flach ausgebreitet nach vorn steht. Zwischen den Seitenlappen befindet sich ein eigentümlicher körniger Tuberkel und ähnliche aber kleinere Granulationen finden sich am Rande. Auch bei der Lippe ist die Grundfarbe gelb, aber sie ist fast gänzlich überdeckt von der purpurbraunen Zeichnung.

Der Gesamteindruck der Pflanze ist ein ungemein imposanter, da zur Blütezeit der vorjährige und diesjährige Trieb noch den vollen Schmuck ihrer grossen maisblattähnlichen Blätter haben.

Die Heimat der Pflanze ist das ganze tropische Amerika, sie findet sich aber niemals im eigentlichen hochtropischen Gebiet, sondern im gemässigten Teile, der „tierra templada". Diesem Vorkommen entspricht die Behandlung, welche also die Pflanze in die wärmeren Stellen des temperierten Hauses verweist. Wegen ihrer Grössenverhältnisse kommt die Pflanze in der Freiheit seltener auf Bäumen wachsend vor, sondern meist auf Felsen. So fand sie Schiede auf Basaltfelsen. Von einem anderen Sammler wird als Fundort angegeben „scorching savannahs", d.h. glühend heisse Savannen, bei Merida (Mexiko). aber in 5000 Fuss, also nahezu 1700 m Meereshöhe. Gesammelt resp. beobachtet wurde die Pflanze seit den ersten Zeiten der botanischen Erforschung Amerikas, d. i. seit Beginn des achtzehnten Jahrhunderts, fast überall. (Der erste Beobachter ist Charles Plumier, dessen Reisen in Zentral-Amerika zwischen 1693 und 1710 fallen und der die Pflanze zuerst an Ort und Stelle gezeichnet hat. (Plant. Americanar. Fasc. ed. Burmannus t. 187)

Cyrtopodium punctatum Lindl.

Lindl. Gen. et Sp. Orch. Pl. 188.

Von Dr. F. Kränzlin in Berlin.

(Hierzu Tafel 1503 und 2 Abbildungen.)

Die Bulben erreichen die Länge von 60—100 cm bei ca. 8 cm grösster Dicke in der Mitte, die Blätter stehen zweizeilig und so dicht, dass die Bulbe mit Blättern das ungefähre Aussehen eines Palmblattes mit etwas angeschwollenem Blattstiele darbietet, der Blütenschaft entspringt aus einem der unteren Blattwinkel und erreicht bei starken Exemplaren die Höhe von über 1 m, er ist reich verzweigt und trägt eine reichblütige Traube grosser Blüten, wie die nebenstehenden Abbildungen sie zeigen. Dem Charakter der Gattung gemäss sind die Deckblätter, nicht nur der Blüten, sondern auch die der oberen Verzweigungen, blumenblattähnlich in Textur und Farbe und tragen wesentlich zur Schönheit der Pflanze mit bei. Die Blüten haben grüngelbe Sepalen mit kastanienbraunen Panterflecken, ähnlich geformte, rein goldgelbe, nur an der Basis gefleckte Petalen und ein beinahe vierlappiges Labellum, dessen beide Seitenlappen hoch aufgerichtet stehen, dessen tief zweiteiliger mittlerer Lappen ziemlich flach ausgebreitet nach vorn steht. Zwischen den Seitenlappen befindet sich ein eigentümlicher körniger Tuberkel und ähnliche aber kleinere Granulationen finden sich am Rande. Auch bei der Lippe ist die Grundfarbe gelb, aber sie ist fast gänzlich überdeckt von der purpurbraunen Zeichnung.

Der Gesamteindruck der Pflanze ist ein ungemein imposanter, da zur Blütezeit der vorjährige und diesjährige Trieb noch den vollen Schmuck ihrer grossen maisblattähnlichen Blätter haben.

Die Heimat der Pflanze ist das ganze tropische Amerika, sie findet sich aber niemals im eigentlichen hochtropischen Gebiet, sondern im gemässigten Teile, der „tierra templada". Diesem Vorkommen entspricht die Behandlung, welche also die Pflanze in die wärmeren Stellen des temperierten Hauses verweist. Wegen ihrer Grössenverhältnisse kommt die Pflanze in der Freiheit seltener auf Bäumen wachsend vor, sondern meist auf Felsen. So fand sie Schiede auf Basaltfelsen. Von einem anderen Sammler wird als Fundort angegeben „scorching savannahs", d.h. glühend heisse Savannen, bei Merida (Mexiko), aber in 5000 Fuss, also nahezu 1700 m Meereshöhe. Gesammelt resp. beobachtet wurde die Pflanze seit den ersten Zeiten der botanischen Erforschung Amerikas, d. i. seit Beginn des achtzehnten Jahrhunderts, fast überall. (Der erste Beobachter ist Charles Plumier, dessen Reisen in Zentral-Amerika zwischen 1693 und 1710 fallen und der die Pflanze zuerst an Ort und Stelle gezeichnet hat. (Plant. Americanar. Fasc. ed. Burmannus t. 187.)

Er nennt sie in dem schwerfälligen Styl vorlinnéischer Zeit: „Helleborus
ramosissimus cauliculis et floribus maculosis, Flores sulphurei rubro-picti".
Es folgen dann die verschiedensten Sammler, Mac Kenzie und Schiede,
die sie in Mexico, Gardner und von Martius, die sie in Brasilien fanden. Von
letzterem rührt eine in ihrer Abfassung stark an Plumier erinnernde Notiz
her: „Oncidium palmophilum palmis aliisque arboribus parasiticum sylvae

Abb. 107. Cyrtopodium punctatum Lindl.
im Garten des Herrn Geh. Kommerzienat Spindler in Spindlersfeld bei Berlin.
Ganze Pflanze, ca. 2 m hoch. Photographiert von Herrn Dr. Spindler.

Catingas prov. Bahiensis." Der Vergleich mit Oncidium mutet aus dem Munde
des Herrn von Martius ebenso fremdartig an als der mit Helleborus
140 Jahre früher. Bemerkenswert sind jedoch an dieser Notiz die „Ca-
tinga Wälder", heisse, trockene, sehr lichte Waldungen von nicht hoch-
tropischem Charakter. Zwischen Brasilien und Westindien liegt an der
Nordküste Venezuela, wo sie Wagener bei las Caracas fand, und Columbien, wo derselbe Reisende sie entdeckte. Für eine so weite Verbreitung

ist die Variabilität auffallend gering, denn die einzige etwas abweichende neben der Stammart aufgestellte Art Cyrtop. bracteatum Lindl. ist nichts weiter als eine dürftige Form mit einfachem Blütenstand.

Ueber die Kultur ist hier höchstens ein Umstand zu registrieren, welcher in den Augen der Gärtner ein schlimmes Armutszeugnis für eine Pflanze ist, nämlich, dass es als ausgeschlossen gelten kann, dass

Abb. 108. Cyrtopodium punctatum Lindl.
im Garten des Herrn Geh. Kommerzienrat Spindler in Spindlersfeld bei Berlin.
Oberer Teil mit den beiden Blütenständen. Photogr. von Herrn Dr. Spindler.

sie regelmässig jedes Jahr blüht. Gelegentlich der Diskussion über die hier abgebildete und s. Z. lebend im Gartenbauverein ausgestellte Pflanze wurden Berichte über andere in diesem Jahre blühende Exemplare derselben Art beigebracht.*) Die Herren Referenten sind Gärtner von hohem Ruf und oft bewährtem Geschick und beide waren völlig unabhängig von

---

*) Siehe Gartenflora 1902, Heft :0, S. 258 und 259.

einander auf dieselbe richtige Idee verfallen, die Pflanze temperiert zu kultivieren. Das war ohne Zweifel richtig und ist für die Weiterexistenz der betreffenden Exemplare von hohem Werte, hat aber mit dem Blühen gerade in diesem Jahre wenig zu thun. Ein periodisches massenhaftes Blühen und dann ein scheinbares Verschwinden derselben Art auf Jahre hinaus ist bei vielen Pflanzen beobachtet und auch bei unseren mitteleuropäischen Orchideen Regel. Wenn auf unseren Wiesen Jahr aus Jahr ein gewisse Orchideen in Menge blühen, so lösen sich die Exemplare nur ab, wir übersehen dies. weil wir nicht gewöhnt sind. ein und dasselbe Pflanzenindividuum stetig zu beobachten, sonst würden wir auch bei diesem bemerken, dass es keineswegs jedes Jahr blüht. Bei selteneren Arten, auf welche scharf aufgepasst wird, beobachtet sich diese Erscheinung leichter. Bekannt ist u. a. das Verschwinden von Epipogon Gmelini auf Jahre hinaus sowie das der auch durch seinen Geruch sehr aufdringlichen Aceras hircina. Orchideen verausgaben sich durch Blühen stärker als die meisten anderen Gewächse. Einer Bestätigung oder Widerlegung dieser These werden wir im nächsten Frühjahr entgegen zu sehen haben. Das Exemplar blühte im Garten des Herrn Geh. Kom.-Rats Spindler zu Spindlersfeld bei Köpenick und stammt aus dem südlichen Brasilien; es wurde gelegentlich einer kleinen Spezialausstellung brasilischer Erzeugnisse hier in Berlin von Herrn Geh. Kom.-Rat Spindler erworben und seit einer ganzen Reihe von Jahren von Herrn kgl. Garteninspektor Fr. Weber kultiviert.*)

Herr Kgl. Garteninspektor Weber machte am 24. April d. J. noch folgende Mitteilungen über diese Pflanze.

Im Jahre 1886 gelegentlich der brasilianischen Ausstellung im Börsengebäude zu Berlin, in welcher Herr Germer die Produkte der Kolonie Blumenau vorführte, waren auch einige Orchideen ausgestellt, wie Cattleya Forbesi, Oncidium planifolium, einige Stanhopeen und ein Cyrtopodium spec. welche Herr Geheimrat Spindler insgesamt käuflich erwarb. Von Cyrtopodium war ein kollossales Stück ausgestellt, an welchem 2 Mann zu tragen hatten. das, nach Aussage des Herrn Germer, in ganz freier Lage an einem Felsen gesessen hatte. Alle Mühe, die ich mir gab, die Pflanze zur Blüte zu bringen, blieb erfolglos, und auch die verschiedenen Methoden in der Kultur änderten nichts daran.

Soweit ich die Litteratur verfolgt habe, sind alle Cyrtopodium-Arten als hartnäckige Blüher bekannt; umsogrösser war meine Freude, als in diesem Frühjahr, nach nunmehr 16 Jahren, zugleich mit den jungen Trieben sich Blütenstiele zeigten, die sich ziemlich schnell entwickelten und deren Blüten sich nunmehr zu seltener Pracht entfaltet haben. Wie

---

*) Bulbis fusiformibus ad 1 m altis foliosis, foliis distichis illa Zeae simulantibus plicatis ad 45 cm longis, racemo supra paniculato, rhachi supra et bracteis florum necnon ramulorum purpureo-maculatis et pulcherrime pictis. Sepalis petalisque undulatis obovatis his laete viridi-luteis pantherinis illis aureis basi punctulatis, labelli lobis lateralibus obovatis rotundatis erectis, intermedio profundo trilobo margine granuloso, caruncula granulosa magna inter ipsos lobos laterales, gynostemio generis, viridi, flores fere 3 cm diametro.   K.

mir Herr Professor Dr. Kränzlin. nach Untersuchung der Blumen, bestätigte, ist diese Pflanze Cyrtopodium punctatum Lindl., die als die
schönste der Gattung gepriesen wird. Gelegentlich der Blumenausstellung
in Chiswick im Jahre 1846. wo C. punctatum in Blüte ausgestellt war,
erhielt sie den Namen: „Palme mit Orchideenlaub", und der Vergleich
ist sicher nicht unrecht. Abgebildet ist die Pflanze in Dr. Lindley's
Sertum Orchidaceum, beschrieben und erwähnt auch in der allgemeinen
Berliner Gartenzeïtung Jahrgang 1837 pag. 125, 1838 pag. 319, 1842
pag. 125 und 1847 pag. 133.

Während des vergangenen Sommers wurde die Pflanze von mir
halbschattig, im ziemlich luftigen Hause kultiviert; wahrscheinlich hat
der lange und warme Sommer das Seine dazu beigetragen um die Bulben
zu gehöriger Reife zu bringen.   Fr. Weber.

Zantedeschia Elliotiana × Adlami (Solfatara) mit doppelter Spreite.

Von P. Magnus.

(Hierzu 3 Abbildungen.)

Herr Bornemann aus Blankenburg a. H. hat in der Sitzung unseres Vereins am 29. Mai 1902 seine neueste Kreuzung Zantedeschia Elliotiana
× Z. Adlami, die er „Solfatara" nennt, in schönen Blütenständen vorgelegt.
Unter diesen befand sich einer mit doppelter Spreite, den er mir freundlichst übergab. Herr Inspektor. Lindemuth photographierte ihn sofort
(s. Abb. 109). Ausserdem hatte Herr Geh. Rat Wittmack auf meine Bitte
den Längsschnitt des Blütenstandes und die eine Hälfte des äusseren
Hüllblattes von aussen ·photographiert, die hier verkleinert reproduziert
sind. Wie mir Herr Bornemann mitteilte, sind noch an mehreren
Exemplaren dieser Züchtung solche Blütenstände mit zwei Hüllblättern
aufgetreten.

Blütenstände von Aroideen mit doppelter Spatha (Hüllblatt) sind
schon sehr oft beobachtet und beschrieben worden. Ich will hier nur
zitieren die Studie von Al. Braun: Ueber das Vorkommen mehrerer
Hüllblätter am Kolben von Arum maculatum L., Calla palustris L. und
Richardia africana Kth., die in den Verhandlungen des Bot. Vereins der
Provinz Brandenburg Bd. I 1859 p. 84—97 erschien, und die Mitteilung
von Fr. Buchenau: Ueber das Vorkommen von zwei Hüllblättern am
Kolben und die Keimung von Richardia aethiopica (L.) Buchenau in den
Abhandlungen des Naturwissenschaftlichen Vereins in Bremen Bd. I 1868
S. 51—57. Diese beiden Forscher haben denselben Fall behandelt, der
hier vorliegt.

Wie schon Al. Braun auseinandersetzt, steht der Blütenschaft bei
Richardia (die man jetzt mit dem Sprengelschen Namen Zantedeschia
bezeichnet) terminal, und der Spross in der Achsel des vorletzten Laub-
blattes setzt den knolligen Stamm fort. Das letzte Laubblatt hat daher
keinen bald grosse Laubblätter bildenden Spross in seiner Achsel, sondern höchstens steht ein kleines knollenförmiges Knöspchen in seiner
Achsel, wie das hier in der Achsel des äusseren Hüllblattes der Fall ist

(s. Abb. 110). Dieses letzte Laubblatt, welches sonst also an der Basis des Blütenschaftes steht, ist es, welches an denselben hinaufgerückt ist und das äussere Hüllblatt bildet. Es ist nun sehr interessant und ist von mir in zahlreichen Fällen, namentlich bei Zantedeschia albo-maculata (Hook.) Baill. verfolgt worden, wie die Ausbildung dieses an den Blütenschaft hinauf-

Abb. 109. Blütenstand von Zantedeschia Elliotiana × Z. Adlami (Solfatara), gezogen von G. Bornemann in Blankenburg a. H. Mit 2 Hüllblättern. Aufgenommen von H. Lindemuth. Das äussere Hüllblatt ist durch den Transport rechts etwas abgerissen.

gerückten Blattes abhängt von der Höhe, bis zu der es an den Blüten-schaft hinaufgerückt ist. Je höher es am Blütenschafte steht, desto mehr nimmt es die blumenblattartige Beschaffenheit der Spatha an, und je tiefer es am Blütenschafte steht, desto mehr ähnelt es in seiner Ausbildung dem Laubblatte.

An dem von Hrn. Bornemann erhaltenen Schafte ist nun das Laub-blatt nicht bis zur Basis des inneren Hüllblattes, der eigentlichen Spatha, hinaufgewachsen, sondern von derselben durch ein deutliches Internodium getrennt (s. Fig. 110). Daher zeigt auch das äussere Hüllblatt deutlich Charaktere, die an das Laubblatt erinnern. Ueber seiner zusammenge-zogenen Basis ist seine Spreite scharf abgesetzt, indem ihr unterer Rand unter einem nahezu rechten Winkel von der Basis abgeht (s. Fig. 111), wie das bei der normalen Spatha, dem inneren Hüllblatte unserer Pflanze, nicht

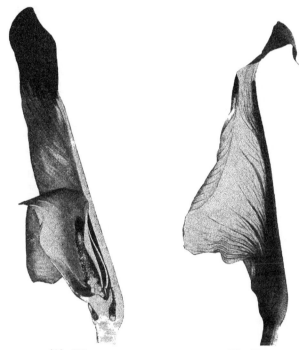

Abb. 110.   Abb. 111.

Abb. 110 u. 111. Blütenstand von Zantedeschia Elliotiana × Z. Adlami (Solfatara), gezogen von G. Bornemann in Blankenburg a. H, mit 2 Hüllblättern. Aufgenommen von L. Wittmack.
Links: Längsschnitt des Blütenstandes.
Rechts: Die eine Hälfte des äusseren Hüllblattes von aussen gesehen.

der Fall ist. Ferner ist die Mittelrippe deutlich stark entwickelt (s. Fig. 111) im Gegensatze zur Spatha, und schliesslich sind die Basis, Mittelrippe und Spitzen des äusseren Hüllblattes grün gefärbt (die dunkle Färbung in Fig. 111), während nur die vorgezogenen Seitenteile die blumenblatt-ähnliche Beschaffenheit und weisse bis hellgelbliche Färbung der Spatha haben. So zeigt uns dieses äussere Hüllblatt einen recht deutlichen Uebergang vom Laubblatt zur Spatha und den Zusammenhang dieser Ausbildung mit dem Grade des Hinaufrückens an den Blütenschaft.

Ich habe in den Verhandlungen des Botanischen Vereins der Provinz Brandenburg Bd. XXIV (1882) S. 115—119 nachgewiesen, dass, wenn in monströsen Orchideenblüten innere Blumenblätter an das Griffelsäulchen anwachsen, dieselben in ähnlicher Weise umsomehr die Beschaffenheit von Antheren annehmen, je höher sie ans Griffelsäulchen angewachsen sind, und habe dort auf das allgemeine Interesse hingewiesen, das diese Beziehungen des Hinaufrückens zur morphologischen Ausbildung für unsere allgemeinen Vorstellungen über die Gestaltungsvorgänge haben.

Ich will hier noch kurz darauf hinweisen, dass es noch Fälle des Auftretens mehrerer Hüllblätter bei Aroideen giebt, die in anderer Weise erklärt werden müssten. Es erhält nämlich öfter das Tragblatt der untersten Blüte des Kolbens eine der Spatha ähnliche Ausbildung. So habe ich es namentlich öfter an der Gattung Anthurium kennen gelernt, z. B. oft an Anthurium Scherzerianum, Anth. Andreanum und Verwandten gesehen. Ich sah es ferner bei Anthurium lenconeurum. An Anth. Laucheanum und Anth. magnificum sah ich es an Stöcken im Borsigschen Garten in Berlin konstant auftreten. Auch traf ich es einmal an Acorus Calamus im Grunewald bei Berlin. An Spathiphyllum cannaefolium sah ich im Botanischen Garten zu Lüttich fünf Hüllblätter auftreten, die successive nach oben kleiner wurden, hier standen aber Gruppen von Blüten über den Medianen der inneren kleineren Spatha, und sind diese Blütengruppen zum Teil aus der Achsel der inneren Spatha an die Achse des Blütenstandes emporgerückt.

Ueber andere interessante Abweichungen an den Spathen von Anthurium Andreanum ist nach einer Mitteilung von Ed. André in der Revue horticole in diesem Jahrgange der Gartenflora S. 27 von Herrn Dr. J. Buchwald berichtet worden.

Die Jahresversammlung der Deutschen Dendrologischen Gesellschaft in Hannover vom 10.—12. August 1902.

Von L. Wittmack.

(Fortsetzung von S. 464, Heft 17.)

Herr Hofgärtner Richter-Wörlitz hatte eine Anzahl Zweige von interessanten Nadelhölzern übersandt, die Herr Stadtgartendirektor Schoch, welcher früher lange Jahre dem Wörlitzer Park vorstand, erläuterte.

31. Abies grandis mit herrlichen Zapfen. Der schöne Baum, von dem sie stammen, hat leider am 11. Juli durch heftigen Sturm die Krone verloren. Abies grandis ist das schnellwüchsigste Nadelholz in Wörlitz und trägt schon seit 1880 keimfähigen Samen. In Magdeburg dagegen kann Herr Schoch, obwohl das Terrain ähnlich ist, sie nicht gross ziehen.

32. Picea pungens mit Zapfen.

33. Picea sitchensis schon 1860 gepflanzt, ein Prachtbaum mit bläulichen Nadeln.

34. Picea orientalis, sehr stark, will in Mageburg nicht recht gedeihen.

35. Picea Alcockiana (Abies bicolor) und

36. Picea ajanensis Fischer (P. hondoënsis Mayer). Beide werden, wie Herr Garteninspektor Beissner bemerkt, oft verwechselt und sind doch leicht zu unterscheiden. P. Alcockiana steht unserer Fichte, Picea excelsa, näher, bei P. ajanensis sind die Nadeln unterseits bläulich weiss.

Herr v. St. Paul billigt die Unterscheidung von P. ajanensis und hondoënsis, die eine wächst hoch, die anderere bleibt niedrig, es mögen freilich nur geographische Arten sein.

Hierauf fand eine Verlosung von 20 Stück 3—4jähriger Abies arizonica Merriem, der neuentdeckten Kork-Tanne statt, welche, wenn wir nicht irren, die Firma Gebr. Henckel, Darmstadt, zur Verfügung gestellt hatte. Da der Wert jeder Pflanze 10 M. beträgt, die Pflanze vor allem noch selten ist, so waren die Gewinner ausserordentlich glücklich. Diejenigen, welche sich so vom Glück begünstigt wurden, erhielten Stecklinge interessanter Gehölze.

Am 2. Sitzungstage, den 11. August, wurde folgendes vorgelegt: Von Herrn Hofgärtner Virchow-Wilhelmshöhe die Photographie einer Inschrift an einer Buche aus dem Jahre 1827, die noch ziemlich deutlich war, ein Beweis dass die Ueberwallung nur langsam erfolgte. Von Franz Deegen Nachfolger in Köstritz buntblätterige Zweige:

37. Aesculus Hippocastanum laciniata, nicht schön, und schwachwüchsig, 38. Liriodendron tulipifera aureo-marginata, 39. Ulmus antarctica aurea, 40. Sambucus racemosa plumosa aurea, das schönste goldgelbe Gehölz für schattige Lagen, 41. Platanus occidentalis argenteo-variegata, 42. Acer Negundo Odesseanum. Die Baumschule von Rothe in Odessa hat von Acer Negundo eine nicht bereifte buntblätterige Form gezogen, die weniger empfindlich gegen die Sonne sein soll.

Im allgemeinen muss man mit buntblätterigen Gehölzen sparsam sein und sie nur als Einzelbäume verwenden, für kleine Vorgärten sind sie sehr geeignet, da sie meist nicht hoch werden. — Herr Direktor Settegast fand, dass in Hannover gar zu wenig buntblätterige Gehölze verwendet werden, eine mässige Benutzung derselben sei doch wohl zu empfehlen. Her Tripp, Stadtgartendirektor von Hannover, der in dem Augenblick nicht anwesend war, bemerkte am folgenden Tage, dass er in diesem Tadel eigentlich nur ein Lob erblicken könne.

Herr Garteninspektor Schelle-Tübingen hatte übersandt: 43. Acer syriacum. 44. Zweige des vielbesprochenen Pfropfbastardes zwischen Weissdorn und Mispel, Crataegus oxyacantha × Mespilus germanica von Simon Louis in Metz, welchen Professor Koehne in der Gartenflora 1901 S. 628 eingehend beschrieben hat.

Herr Garteninspektor Beissner schilderte aus eigener Erfahrung den Baum, der bei St. Privat steht. Es ist ein Weissdorn, auf welchem eine Mispel veredelt ist. Aus dem Mutterstamm, also dem Weissdorn ist ein starker Ast hervorgewachsen, welcher 2 Zweige besitzt; der eine ist weissdornähnlich, der andere mispelähnlich. Von beiden sind Veredelungen bei Simon Louis in Metz zu haben. Die dem Weissdorn ähnliche Form hat den Namen Asnieresi, die der Mispel ähnliche den Namen Dardari erhalten. — Herr Beissner bemerkt, dass der am gestrigen Tage im Berggarten zu Herrenhausen besichtigte grossblätterige Weissdorn, Crataegus grandiflora (C. Smithii) einen ähnlichen Fall darstellt, da er auch als Bastard zwischen Mespilus germanica und Crataegus aufgefasst wird. Herr Schelle hat ferner in den Pomolog. Monatsheften 1900 eine Veredelung von Birne auf Apfel besprochen, die aber wenig langlebig war, wie alle Veredelungen von Birnen auf Aepfeln oder umgekehrt.

45. Herr Hellemann führt eine höchst interessante und schöne Form von Pseudotsuga Douglasii vor, die vor 10—15 Jahren bei ihm entstanden ist. Sie bildet jetzt einen ganz gedrungenen Kegel, wird aber wahrscheinlich, wie Herr Beissner bemerkte, später eine prächtige Säule werden. Die Nadeln sind ganz kurz, die Pflanze erinnert an Picea excelsa Remontii, aber die roten Knospen etc. charakterisieren sie entschieden als Douglasfichte. Es giebt übrigens schon eine Pseudotsuga Douglasii var. fastigiata.

Herr Graf Fritz von Schwerin teilte mit, dass er von Acer syriacum Boiss aus dem Libanon auch einige Exemplare besässe, die aber nicht so gelappt sind.

Herr Stadtgartendirektor Schoch kam noch einmal auf Fraxinus pubescens und americana zurück, da Herr Hofgärtner Herre in Dessau die Eschen an Professor Koehne gesandt hatte. Die weichhaarige Form aus dem Lustgarten in Dessau, welche Karl Koch schon für eine Form von Fraxinus pubescens hielt, ist nach Koehne Fr. pubescens var longifolia. Die zweite, schwächer behaarte, die Form aus Gr. Kühnau, dürfte eine der zahlreichen Mittelformen zwischen F. pubescens und F. viridis darstellen. Sargent hat letztere beiden Arten aber vereinigt und erkennt F. viridis nicht einmal als Varietät an. Jedenfalls hat die zweite Form nach Koehne mit Fr. americana nichts zu thun.

Am 3. Sitzungstage, den 12. August. wurden Photographien der Gross-Süntel-Buche des Herrn von Münchhausen-Aplern auf der Hüseder „Egge", angefertigt von Herrn Wehrhahn, Hannover 1900, durch Herrn H. Steinworth, vorgelegt.

Ausserdem lagen an allen drei Sitzungstagen Photographien von Gartenanlagen der Stadt Hannover, namentlich vom neuen „Maschpark" seitens des Herrn Stadtgartendirektor Tripp aus.

Herr Tripp übergab eine Probe vom Mehl der Rostkastanie, welches Herr Apotheker Flügge vollständig entbittert hat. Das Mehl soll sehr nahrhaft sein und süsslich schmecken.*)

---

*) Derartige Versuche sind wiederholt gemacht, haben aber wenig Zweck, da Rostkastanienfrüchte nicht im Grosshandel zu haben sind und auch viel einfacher als Wildfutter verwendet werden.   L. W.

Waldverschönerung mit besonderer Berücksichtigung von Rhododendron.

Vortrag. gehalten in der Jahresversammlung der Deutsche Dendrologischen Gesellschaft zu Hannover am 10. August 1902 vom Kgl. Hofmarschall a. D. von Saint Paul-Illaire, Fischbach im Riesengebirge.

(Im Auszuge.)

Fischbach liegt in 400 m Höhe auf der Nordseite des Riesengebirges und hat ziemlich dasselbe Klima wie Ostpreussen. Die Luftfeuchtigkeit ist gross und dies ist wesentlich für die Rhododendron; denn in ganz trockenen Lagen sind sie nicht zu verwenden. Ein geeigneter Standort sind die Ufer von Seen und Teichen, Brüche, Wiesenstellen, auf denen die Nebel gern lagern, aber natürlich keine sogenannten Frostlöcher. Das Decken der Rhododendron ist nicht nötig, die Pflanzen vertrocknen unter der Decke. Von 3 Gebirgen sind Freiland-Rhododendron zu uns gekommen: von den Aleghany in Nordamerika, vom Kaukasus und von den Gebirgen Westasiens. Die wichtigsten Arten sind Rhododendron catawbiense von den Aleghany-Bergen und R. Smirnowi*) vom Kaukasus. Mit ersterem ist Rh. arboreum vom Himalaya gekreuzt und diese Bastarde sind die wichtigsten für unsere Anlagen geworden, so Boule de neige, Everestianum Fr. Waterer, Julius Rüppell (etwas zart). Auch das bekannte R. „Cunninghams White" eines der härtesten, soll eine Hybride von R. catawbiense sein, nach anderen eine weisse Form von R. caucasicum oder eine Kreuzung von R. arboreum × ponticum sein. Herr v. St. Paul hält es für eine Hybride von catawbiense × caucasicum oder eher von catawbiense × ponticum; denn seit 20 Jahren ist Cunninghams White in Fischbach hart, während R. caucasicum und seine Hybriden zuweilen leiden. — Rh. Smirnowi ist wunderbar schön, die jungen Triebe und Blattunterseiten erst weissfilzig. dann rostfarbig. Herr v. St. Paul hat den Samen 1884 von Regel erhalten, Herr T. J. Seidel in Dresden hat bereits eine Anzahl Bastarde davon gezogen. Weiter sind zu empfehlen: R. Metternichii und R. brachycarpum aus Japan, sowie Rh. maximum aus Nordamerika, das sehr spät blüht.

Von den Azaleen eignet sich Azalea pontica L. (Rhododendron flavum Don) für kleine sonnige Plätze auf nicht zu trockenem Boden. Moorboden ist durchaus nicht erforderlich. Ferner A. nudiflora und A. calendulacea. — Eine Kreuzung derselben sind die sog. Genter-Azaleen. Am schönsten sin die Formen, welche Azalea calendulacea nahe stehen; das sind alle diejenigen, mit feuriggelben und orange Farben. Die Stammform ist die schönste. — Eine vierte Azalee ist Azalea sinensis Lodd (A. mollis Blume). Die Holländer machen noch einen Unterschied zwischen A. sinensis und A. mollis und haben Bastarde zwischen beiden gezogen, welche aber bei uns ausser etwa in Ostfriesland nicht hart sind.

Alle diese Rhododendron und Freiland-Azaleen sollte nan nicht nur im Garten und im Park anpflanzen, sondern auch an geeigneten Stellen im Walde. Es giebt im Walde so manche Plätze, vorspringende Ecken, tiefere Mulden, Graben- und Wegeränder, kleine Waldwiesen und dgl., in denen sie, ohne den forstlichen Betrieb zu stören, ruhig wachsen

---

*) Abgebildet Gartenflora 1886 t. 1226.

können. Legt man dann noch gar einige Zwiebeln von hübschen Lili-
aceen od. dgl. hinein, und streut ab und zu den Samen schön blühender
Stauden dort aus, so kann man ohne grosse Mühe sehr viel zur Wald-
verschönerung beitragen. Und wenn ein jeder Grundbesitzer diesem
Beispiele folgte, so würde unser deutscher Wald noch sehr an seiner
Lieblichkeit gewinnen.   L. W.

Die ausländischen Gehölze in den Herrenhauser Anlagen speziell im Berggarten.

Vortrag des Herrn Hofgärtner Pick in Herrenhausen auf der Jahresversammlung der
deutschen Dendrologischen Gesellschaft zu Hannover am 10. August 1902.

(Im Auszuge.)

Der Königliche Berggarten in Herrenhausen ist zwar nicht sehr
gross, aber wegen seiner Pflanzenschätze allbekannt. Das Arboretum
wurde nach der Franzosenzeit angelegt und stehen die Gehölze nach
Gattungen und Familien geordnet. Einige Bäume sind schon älter, so
z. B. eine Akazie, welche eine Luftwurzel von Armsdicke in Kronenhöhe gebildet hat, die unten wieder an den Stamm angewachsen ist.

Am Eingang zum Berggarten finden sich vier starke Platanen, vorn
im Garten fällt eine riesige Sophora japonica auf, eine der grössten
ihrer Art, 1834 gepflanzt, mit einem Kronendurchmesser von 20 m.
Leider zeigen sich die Blüten nur in sonnenreichen Jahren, wenn sie
aber reichlich erscheinen, gewährt der Baum, der schon wegen seiner
malerischen Krone schön ist, einen noch prächtigeren Anblick. Auch
sei hier gleich der kleinen, aber prächtigen hängenden Sophora gedacht,
die nicht fern davon steht. Neben der grossen Sophora finden wir eine
mächtige breitkronige Baumhasel, Corylus Colurna, die aber nie Früchte
trägt. Sie blüht schon im Dezember und Januar und erfrieren die
Blüten dann wahrscheinlich; der Baum selbst ist aber wundervoll, eine
Pyramide, die, an der Erde gemessen, 20 m im Durchmesser hat.

Am grossen Palmenhause vorübergehend, gelangen wir zu einem
alten Exemplar von Tsuga canadensis und einer starken orientalischen
Fichte, Picea orientalis. Je älter sie sind, desto fester legen sich ihre
untersten Zweige auf den Rasen und aus diesen scheinen selbständige
Pflanzen zu erwachsen (ähnlich wie auf der Pfaueninsel bei Picea excelsa.
L. W.) Eine Chamaecypacis nutkaënsis (Thujopsis borealis) ist ca. 16 m
hoch. Weiter folgen grosse Magnolien, Gingko biloba und auf dem Wege
nach dem Mausoleum eine Gruppe von Catalpa, z. B. Kaempferi, Bungei,
syringaefolia und aurea (wohl auch syringaefolia) dann Planera crenata,
Gymnocladus Canadensis, Tilia argentea (1 m Stammdurchmesser), Ulmus
americana, Betula nigra, Sorbus aucuparia×Aria etc.

Das Mausoleum, in welchem der König Ernst August und die Königin Friederika ruhen, ist umgeben von einem Hain aus deutschen
Eichen, welche als 10 m hohe Bäume 1845 gepflanzt wurden. In der
Umgebung ist auch ein Sortiment von Coniferen. doch ist der Boden
und das Klima in Herrenhausen für diese nicht geeignet (sie stehen z. B.
auch zu sehr unter Druck. L. W.). Taxineen und Cupressineen gedeihen
noch am besten und sind in diesem Sommer bei dem vielen Regen be-

sonders schön, so z. B. Juniperus chinensis, J. Sabina erecta etc. Ferner seien erwähnt Larix americana, L. Kaempferi, Tsuga Devoniana, Pinus Taeda, in grossen starken Bäumen, P. ponderosa (Scheffleri), Taxus baccata, Abies Veitchii (Eichleri) etc.

In der Nähe des Mausoleums sind auch die amerikanischen Eichen, der Stolz des Berggartens; sie stehen nur zu dicht, so z. B. Q. Phellos, rubra, aquatica, alba, palustris, imbricaria, heterophylla (25 m hoch) coccinea (24 m). Daneben steht das grösste Exemplar vom Tulpenbaum. Liriodendron tulipifera, 1843 gepflanzt, 27 m hoch und $1^3/_4$ m Stammdurchmesser.

In dem Weissdorn-Sortiment sind bemerkenswert: Crataegus stipulacea und Heldreichii. Von den Platanen ist Platanus orientalis digitata wegen ihrer gefingerten Blätter auffallend.

Die Eschen sind an Zahl der Arten nicht sehr zahlreich, stellen aber schöne 80—90 Jahre alte Bäume dar. Auch das Ahorn-Sortiment ist nicht sehr reich.

Ein abgeschlossener Teil des Berggartens wird von den Besuchern das Paradies genannt, weil von Anbeginn des Frühjahrs bis zur Zeit der Rhododendron-Blüte hier sich in ununterbrochener Blumenflor zeigt. In der Mitte ist eine Mulde, in welcher eine grosse Gruppe von Magnolien ihre Blütenpracht entfalten. Eine Koelreuteria paniculata von 10 m Höhe steht jetzt*) in Blüte. Pterocarya caucasica ist 21 m hoch, ihr ähnlich an Grösse ist Nyssa aquatica, der Tupelobaum, auf welchen der Berggarten nicht wenig stolz ist. Ein zweites ungefähr gleichgrosses Exemplar soll in Oberschlesien stehen. Er reift nie Früchte, lässt sich auch nicht auf Nyssa biflora pfropfen**). Schön gedeiht auch Cornus florida. Zwischen diesen grösseren Gehölzen finden sich Kalmien eingestreut, während die Seiten mit einem grossen Sortiment von Rhododendron, Azalea pontica und mollis bepflanzt sind.

Betula papyracea ist leider im Absterben. Von Kernobstgehölzen seien erwähnt Pyrus salicifolia, P. Ringo. Von Steinobstgewächsen Prunus tomentosa und Maximowiczii, welch letztere sich dadurch auszeichnet, dass sich an den zweijärigen Zweigen wieder kleine Triebe entwickeln. Diese sind wahrscheinlich aus verkümmerten (erfrorenen?) Fruchtaugen hervorgegangen. Da der Baum bis jetzt alljährlich dieselbe Eigentümlichkeit gezeigt hat, so darf man doch wohl annehmen, dass es eine Charaktereigenschaft ist.

Celtis occidentalis ist 12 m hoch und hat einen Kronendurchmesser von 20 m. Cercidiphyllum färbt sich im Herbst sehr schön.

Nahe dem Ausgange zu finden sich noch einige schöne Coniferen: Chamaecyparis Lawsoniana, 20 m hoch und Pinus Strobus, wohl die älteste Weymouthkiefer in Norddeutschland.

Höchst originell ist schliesslich ein Gingko biloba an einer Mauer als Spaliergehölz gezogen, das erste Exemplar, welches in den Berg-

---

*) Anfang August.
**) Herr Gartendirektor Heins-Bremen bemerkte hierzu, dass er kürzlich eine grosse Nyssa aquatica bei Rastede und eine zweite in Ober-Neuland bei Bremen gesehen habe.

garten gekommen. Offenbar hat man das Gehölz s. Zt. für eine Schlingpflanze gehalten und darum an die Mauer gepflanzt. Er bedeckt jetzt
einen Flächenraum von 27 qm.

Von den wichtigsten der vorstehend aufgezälten Gehölze wurden
Photographien vorgelegt. Einige derselben werden wir gelegentlich
bringen.

Am Sonntag Nachmittag, den 10. August, wurden alle diese Gehölze
im Berggarten unter Führung des Herrn Hofgärtner Pick besichtigt,
ebenso das grosse und das kleine Palmenhaus. (Die übrigen Gewächshäuser sah ich an einem der nächsten Tage, ganz speziell unter der
freundlichen Führung des Herrn Pick. L. W.) Vorher aber hatte man
unter Führung des Herrn Hofgärtner Maillard den im englischen Stil
angelegten Georgengarten und unter Führung des Herrn Hofgärtner
Winkelmann den im französischen Stil angelegten „Grossen Garten"
in Herrenhausen durchwandert.

Im Georgengarten fielen besonders auf: einige schöne Weiss-
buchen, eine Betula alba quercifolia, Fagus silvatica asplenifolia, schöne
Blutbuchen, mächtige Platanen, überhaupt schöne Baumgruppen, namentlich beim Georgenpalais.

Im Grossen Garten sind, wie uns Herr Hofgätner Winkelmann
mitteilte, nicht weniger als 17 km Wege in Ordnung zu halten, die eine
Fläche von 17 ha einnehmen. Der Hauptanziehungspunkt für das Publikum ist die grosse Fontaine, welche für gewöhnlich 47 m hoch springt,
unter günstigen Umständen aber sogar 67 m hoch springen kann. —
Nicht minder ist das Naturtheater Gegenstand der Aufmerksamkeit. —
Die Linien der ehemaligen grossen Paterres sind seit langer Zeit schon
mit Rasen ausgelegt, da deren Unterhaltung mit Blumen ganz ausserordentliche Mittel erheischen, auch kaum dem jetzigen Geschmack entsprechen würde; dafür sind an anderen Stellen geschmackvolle Blumenbeete entstanden.

Nahe der grossen Fontaine hatte man Gelegenheit die eigentümliche
Wirkung eines Blitzstrahles zu sehen, der vor kurzem den Stamm einer
Linde in der Richtung des Durchmessers durchzogen, aber nur einen
ganz engen Spalt hinterlassen hatte.

Auch der sog. Orangenplatz wurde noch kurz besichtigt, auf dem
eine Anzahl zu bestimmender Topfgehölze Aufstellung erhalten hatte.

Eine besondere Aufmerksamkeit widmeten die Anwesenden ausserhalb der „Dienststunden" den äusserst geschmackvollen städtischen
Anlagen in Hannover, obwohl gerade diese nicht im Programm
standen. Vielleicht hatte Herr Stadtgartendirektor Trip aus Bescheiden-
heit diesen Punkt nicht mit aufführt. Schon der Platz vor dem Hotel
zu den Vierjahreszeiten, der Aegidienthorplatz, bot ein schönes Bild
einer reichen Blumenbeetanlage, so reich wie man es selten gesehen,
nicht minder die übrigen Plätze. Vor allem aber fesselte der neue
„Maschpark" die Blicke. Wir werden auf diesen noch zurückkommen.
Manche Teilnehmer besuchten auch die Eilenriede, einen schönen Wald

vor den Thoren Hannovers, ferner als Merkwürdigkeit das geöffnete Grab, auf welchem eine Birke einen Grabstein gesprengt und in die Höhe gehoben hat.   L. W.

S. Kgl. Hoheit, der Grossherzog von Baden, Protektor der deutschen dendrologischen Gesellschaft, hat auf ein Begrüssungstelegramm folgende Antwort an den Präsidenten der deutschen dendrologischen Gesellschaft Herrn Hofmarschall v. St. Paul-Illaire gesandt.

Deutsche dendrologische Gesellschaft.

St. Moritz Bad, den 11. August.

Ich danke Ihnen für die Uebermittelung der freundlichen Begrüssung der dendrologischen Gesellschaft und erwidere sie von Herzen. In der herrlichen Alpennatur habe ich öfter der Bestrebungen Ihrer Gesellschaft gedacht und gewünscht, Ihnen Proben von besonders hervorragenden Naturerscheinungen senden zu können: Arven- und Lärchenstämme von nahezu 2 m Durchmesser und den Ringen nach von hohem Alter und entsprechender Höhe, eine zufällig entstandene Gruppe von zwei Arven aus einem Stamm, zwei Lärchen, fest in einander gewachsen und eine Rottanne (Fichte) von bedeutender Stärke und Höhe, wohl fast gleichzeitig gewachsen und wie aus einem Samen entstanden.

Friedrich,
Grossherzog von Baden.

Ausflug von Mitgliedern der gesamten Ausschüsse nach dem Versuchsgarten des Vereins in Blankenburg (Mark) und der Gärtnerei der Herren Spielberg & de Coene in Französisch-Buchholz.

Wie alljährlich, so hatten auch in diesem Jahre die gesamten Ausschüsse eine Besichtigung der vom Verein Z. B. d. Gartenb. angeschafften Neuheiten auf unserm Versuchsfelde beschlossen, über welche eingehender alljährlich von den Herren Hoflieferanten J. Klar und städtischer Obergärtner Mende in der Gartenflora berichtet wird.

Bei dem regenreichen Sommer war es als eine besondere Gunst des Himmels zu betrachten, dass der Nachmittag des 14. August regenfrei blieb, sodass die Beteiligten — etwa 25 Herren — mit Musse eingehenden Betrachtungen nachgehen konnten.

Von den Führern des Ausfluges, den Herren Mende, Spielberg und de Coene nach der Ankunft in Blankenburg freundlichst begrüsst, wurden die Teilnehmer unter Führung des Leiters unseres Versuchsfeldes, des Herrn städtischen Obergärtners Mende, auf das Gelände des Versuchsfeldes geführt.

Schon die frisch mit Kies bestreuten Wege, die kurzgehaltenen Rasenstreifen deuteten darauf hin, dass Herr Mende auf peinliche Sauberkeit und Ordnung hält und wahrlich, bei den musterhaften

Kulturen des Versuchsfeldes hielt es auch schwer, einen Unkrautstiel zu finden. ---

Mit regem Eifer wurden die Kulturen, welche, abgesehen von dem darauf verwendeten Fleiss des Leiters, sich wohl infolge des feuchten Sommers in ganz ausserordentlicher Üppigkeit befanden, in Augenschein genommen.

Hatte doch wohl jeder etwas für seine Zwecke zu notieren und es wollte dem Berichterstatter scheinen, als ob es manchem schwer fiel, von den vielen guten Sachen, die besonders das Quartier der Florblumen bot, das Beste herauszufinden.

Unter den von Schwiglewski-Carow bezogenen neueren Georginen fiel besonders eine leuchtendrote auf, welche den Namen „Margarete Jakosch" führt; Blume gross, guter Bau und Haltung. Die Georginen waren im allgemeinen noch in der Blüte zurück, fielen aber, wohl infolge des kühlen Sommers, durch gedrungenen Wuchs auf. Ferner erregte eine etwa 1 m hohe Salvia splendeus „Triumph" mit grossen leuchtendroten Blüten und langen, etwas überhängenden Blütenähren grosse Aufmerksamkeit.

Nicht minder entzückte ein stattliches Beet von Viola tricolor maximia „Psyche", dunkellila mit Silberrand, welche nach Herrn Mende ziemlich konstant aus Samen sein soll.

Eine andere Neuheit in Viola tric. max. zeigte den Namen „Orchideaeflora", sie ist weniger durch die Form einer Orchidee, als durch eigenartige Farben in Nuancierungen von Ockergelb und Braunpurpur ausgezeichnet.

Ferner sind noch an Florblumen hervorzuheben: Chrysanthemum max. „Prinzessin Heinrich", Aster „Königin der Hallen", frühblühend, weiss. Delphinium dictyocarpum, blaublühend, Wuchs niedrig. Echinacea hybrida zeichnete sich durch straffe hohe Stiele aus, doch ist die Blume der hängenden Blumenblätter wegen nicht sehr ansprechend. Von Statice tatarica waren grosse Büsche da, niedrig im Wuchs, Blüten weisslich bis rosa.

Ein reiches Sortiment von grossblum. Gladiolen zeigte herrliche Farben, besonders dunkelrot, dunkelrot mit weissem Schlund, auch lila und dunkelblau.

Grosse Beete von Centaurea odorata, C. depressa und C. Cyanus, sowie Lathyrus odoratus standen noch in bestem Flor. Von Tagetes grandiflora fl. pl., welche sich durchweg mit Blumen in der Grösse einer Liliputgeorgine auszeichneten, fiel besonders eine schwefelgelbe auf.

Straffe Stiele und grosse Blumen zeigte auch Scabiosa major, „die Fée", ganz besonders auch Scab. major, schwefelgelb. Durch Grossblumigkeit und reiches Farbenspiel sind noch hervorgehoben: Dianthus Heddewigi nobilis, die Königsnelke; sowie durch straffe Stiele und weisse Blumen Antirrhinum majus „Königin Victoria".

Ein auf Anregung des Herrn Geschäftsführers Brettschneider aus Quedlinburg bezogenes Sortiment Astern war noch nicht in Blüte, umsomehr kam jedoch die Grösse und der Bau der einzelnen Sorten nebeneinander zur Geltung.

Von dem neuangebauten Gemüse verdienen nach dem Urteil des Herrn Mende folgende Sorten hervorgehoben zu werden:

Kopfsalat „Matador", Treibsalat, ist aber zu braun gefärbt. Schwarz-wurzel „Vulkan". Stangenbohnen, „Avantgarde" und „Fadenlose", beide sehr gut

Pahlerbse „dreischotig", war nicht dreischotig, sonst gut und reich-tragend. Blumenkohl „Unvergleichlicher" hatte noch nicht angesetzt. Gurken waren, wohl infolge des feuchtkalten Wetters, zum Teil ab-gestorben.

Von neueren Kartoffelsorten liess Herr Mende vor den Augen der Besucher je 1—2 Büsche herausnehmen; es zeigt sich folgendes Re-sultat:

„Germania", weissfleischig, guttragend. „Goldener Sonnenschein" sehr lohnend. „Royal Jersey Fluke", soll früh sein, krankt aber bei dem nassen Wetter. „Kaiserkrone", weniger reich im Ansatz. Auch „Victor" war zum Vergleich angebaut und wurde bemerkt, dass sie an manchen Stellen früher als die „Sechswochen" sei; sie zeigte hier guten Ansatz.

Herr Mende hatte auch für die Besucher 2 Sorten Zigarren zum Versuch bereit gestellt, deren Kraut auf dem Rieselfelde gewachsen war, doch möchte ich mich als „Sonntagsraucher" darüber jeden Urteils ent-halten; auch „Rieselwasser" in Gestalt eines guten Kognaks wurde dankend angenommen.

Hierauf führte uns Herr Mende in den neueren städtischen Zwerg-obstgarten, welcher im ganzen einen vorzüglichen Eindruck in Sauberkeit und Ordnung machte; man sieht es den Bäumen an, dass jemand die Pflege leitet, der die Pomologie als sein Hauptwirkungsfeld betrachtet. Betreffs der Grundzüge, welche bei der Anlage und Behandlung des Obstgartens massgebend waren, folge ich den Ausführungen des Herrn Obergärtners Mende:

Der Zwergobstgarten ist 1¼ ha gross. Bei Bepflanzung der Quar-tiere ist man bedacht gewesen, eine grössere Anzahl von Stämmchen einer Sorte zu pflanzen und zeigt sich der Garten somit als eine aus-gesprochene Nutzanlage.

Bei Besichtigung der mit Früchten besetzten senkrechten Schnur-bäumchen am Spalier bemerkten einige Pomologen, dass der Abstand der einzelnen Bäumchen von einander — er beträgt 45 cm — wohl zu gering sei. Herr Mende widerlegte jedoch diese Ansicht mit dem Be-merken, dass man bei der Obstzucht nicht alles in ein bestimmtes System zwängen solle und nicht das gleich mit „falsch" bezeichnen möchte, was vorher anderswo nicht ausgeführt sei und somit den land-läufigen Ansichten nicht entspräche. —

Die Bäumchen in Pyramiden- und Buschform zeigten mit Bezug auf diesen Fall nicht so frühe Tragbarkeit als die Schnurbäumchen, ausserdem wären die Früchte der eng aneinander gepflanzten Schnur-bäumchen im Durchschnitt bedeutend grösser, als an den andern Formen. Die eng gepflanzten und sehr leicht zu behandelnden Schnurbäumchen

dienten somit in erster Linie dazu, hervorragende Schaufrüchte zu gewinnen, welche bekanntlich die höchsten Preise erzielten.

Natürlich müsse der Obstzüchter für enge Spaliere die geeigneten
Sorten wählen und zwar in diesem Falle solche, welche bei besonderer
Schwachwüchsigkeit sicher grosse und schöne Früchte brächten. Von
den Birnen in Pyramidenform hatte besonders die neuere Sorte Dr. Julius
Guyot gut angesetzt. Besonders hervorzuheben ist, dass die Winter-
Dechantsbirne trotz des feuchten Sommers von Fusicladium frei war.

Schliesslich wurde noch eine ältere, bereits 17 Jahre alte Pyramiden-
Obstanlage besichtigt, über welche Herr Mende folgendes mitteilte: Sie
wurde unter besonderer Mitwirkung der Herren Kgl. Gartenbau-Direktoren
Mathieu und Brandt, sowie des städt. Obergärtners Jörns ins Leben ge-
rufen. Man bezweckte mit der Anlage, den Mitgliedern d. V. z. B. des
Gartenbaues die vom deutschen Pomologen-Verein zur Anpflanzung in
Deutschland empfohlenen Obstsorten in Wuchs und Form vorzuführen.
Die Bäumchen wurden in einer Entfernung von 3 m Abstand in der
Reihe aufgepflanzt, während die Reihen von einander nur 1,70 m entfernt sind. Man wollte also offenbar auf einem kleinen Raume möglichst
nahe bei einander viele Sorten zur Beurteilung haben; die Prüfung etc.
sollte in 10 Jahren erledigt sein. Die Anlage erfüllte auch bis dahin
ihren Zweck, wurde aber als Nutzanlage weiter geführt. Die geringe
Pflanzweite hat bis heute kaum störend gewirkt und wird auch voraussichtlich in den nächsten Jahren nicht störend wirken. Bei sachgemässer, den „engen" Verhältnissen angepasster Pflege nimmt die
Tragbarkeit dieser Bäume noch von Jahr zu Jahr zu und auch ihr dies-
jähriger Behang verspricht eine gute Ernte, allerdings liess die Grösse
der Früchte bei dem Frühobst, besonders Äpfeln, wohl infolge des kühlen
Sommers zu wünschen übrig. —

Weiter ging dann die Gesellschaft nach Französisch Buchholz, wo
die Gärtnerei von Spielberg & de Coene besichtigt wurde.

Diese Gärtnerei hat eine freie Lage und die Einrichtung kann
geradezu musterhaft genannt werden. Hinter der musterhaften Einrichtung stehen aber auch die besichtigten Kulturen nicht zurück. Jedes
Jahr sieht man dort neues und vor allen Dingen marktfähige Sachen.
Dieses Mal sehen wir, um der Erklärung des Herrn de Coene zu folgen,
den Rest von ca. tausend Stück Celosia pyramidalis „Thompsoni magnifica", prächtige, fast $^3/_4$ m hohe Pflanzen mit roten, rosa und gelben
Rispen in verhältnismässig kleinen Töpfen, welche sich mehrere Wochen
gut als Zimmerpflanze halten sollen.

Ferner nahmen wir in den Häusern die in Massen gezogenen
Spezialitäten des Geschäfts in Augenschein wie: Cattleya labiata, Cypripedium insigne, Odontoglossum grande, Anthurium Scherzerianum hybridum, verschiedene Bromeliaceen, besonders Aechmea Weilbachi, ferner
noch Clivia Lindeni hybr. Ausserdem fanden wir noch grosse Posten
von Asparagus Sprengeri, Auracarien, Bougainvilleen und vieles andere
in zum Teil starken Exemplaren. In grossen Doppelkästen standen gute
Kulturen von Cyclamen und Hortensien, von letzteren besonders die
Species „Mariesi" und „Stellata".

Im Freien werden hauptsächlich Spargel, Maiblumen, Rosen-wildlinge und Erdbeeren gebaut, letztere sollen reichen Ertrag gebracht haben.

Auch die an den Wegen stehenden Obstpyramiden zeigten reichen Ansatz.

Schliesslich wurde auch noch ein Gewächshaus besichtigt, welches mit Gurken und Tomaten bestanden war, letztere an der Hinterwand.

Von den unter dem Glasdach entlang gezogenen Gurken erzielen die Besitzer guten Ertrag, indem die sich neu bildenden Triebe stets hinter dem 7. Blatt pinciert werden.

Vor dem Scheiden aus der des Sehens viel gebotenen Gärtnerei liessen es sich die Inhaber nicht nehmen, die Besucher mit einem Glase Bier und Zigarren zu erquicken.

Mittlerweile war es Abend geworden und jeder von uns sehnte sich nach einem Imbiss, welcher dann nach einem $\frac{1}{2}$ stündigen Marsche in einer Filiale des Buggenhagenschen Lokals in Französisch Buchholz eingenommen wurde.

Bei der Gelegenheit nahm Herr Königl. Garten-Inspektor Perring in Vertretung des Vereins-Direktors Anlass, in gewandter Rede das Resultat des Ausfluges zu skizzieren, wobei er hervorhob, dass der Versuchsgarten auf dem Rieselfelde ein wichtiger Faktor für den Verein sei, und Herr Mende sich grosse Mühe gäbe, nicht bloss die Neuheiten sachgemäss zu kultivieren, sondern auch die guten Eigenschaften derselben zu würdigen und zu erläutern wisse.

Auch die Gärtnerei der Herren Spielberg & de Coene sei eine der bestgeleiteten und die Besitzer zeigten und erklärten ihre Kulturen ohne jede Geheimnisthuerei. Die Worte des Redners klangen in ein Hoch auf die freundlichen Führer des Ausfluges, die Herren Obergärtner Mende, Spielberg und de Coene aus. Amelung.

Unsere Gemüsepflanzen und ihre Geschichte.

Vortrag, gehalten im Klub der Landwirte am 12. März 1901 von Geh. Regierungsrat Professor Dr. Wittmack.

(Fortsetzung.)

Wir haben dann die verschiedenen Lauchsorten, Knoblauch, Schnittlauch u. s. w.; sie waren alle schon in alter Zeit ausserordentlich wichtig und sind es bis auf den heutigen Tag fast ebenso geblieben. Herodot, der berühmte griechische Schriftsteller, der auch in Aegypten war, und überhaupt viele Reisen gemacht hat, berichtet, dass beim Bau der Pyramide des Cheops, IV. Dynastie, um 3000 v. Chr. nach einer Inschrift an der Pyramide, die Arbeiter allein für 1600 Talente Zwiebeln, Lauch und Rettich verzehrt haben. 1 Talent ist gleich 4715 M., 1600 Talente also 7544000 M. Zum Schluss des Kapitels von den

Zwiebeln will ich noch einen scherzhaften Vers aus einem Polter-
abend-Gedicht anführen, mit dem auch Frau von Strantz dieses Kapitel
schliesst:

Die Ehe ist ein seltsam Uebel,
Ein süsses, doch auch bitt'res Joch.
Am meisten gleicht sie einer Zwiebel:
Man weint dabei und isst sie doch.

(Heiterkeit.)

Wir gehen nun über zu einer anderen Liliaceenart, das ist der
Spargel. Ich habe einen unterirdischen Wurzelstock einer ganz alten
Spargelpflanze mitgebracht, um zu zeigen, wie der Spargel wächst. Der
Spargel kriecht im Boden langsam immer weiter; sobald ein Trieb ab-
gestochen wird, bildet sich unten im Winkel einer Blattschuppe ein
neuer Stiel, wird dieser wieder abgestochen, kommt ein dritter u. s. w.
Das haben wir bei vielen Pflanzen. Bei den Quecken ist es ebenso,
auch da entwickelt sich, wenn ein Trieb abstirbt oder abgerissen wird,
aus dem Winkel eines unterirdischen, sog. Niederblattes ein neuer Spross,
der im Boden weiter kriecht und schliesslich sich nach oben wendet.
Freilich sitzen die Sprossen beim Spargel nicht so locker wie bei der
Quecke, sondern dicht beisammen. Sie wissen aber Alle, dass wir den
Spargel nicht zu lange schneiden dürfen, weil er sich sonst erschöpft.
Das wussten auch die Alten schon, denn der Spargel ist eine alte Kultur-
pflanze. Schon zu Theophrast's Zeiten wird er uns genannt und zur
Römerzeit erst recht. Theophrast hat allerdings vielleicht einen anderen
Spargel im Auge gehabt; man nimmt an, dass er den dornigen meinte.
Es giebt in Südeuropa nämlich verschiedene, auch wildwachsende Spargel-
arten, die man teilweise geniessen kann. Ich will erwähnen, dass die
Ruskuszweige, die in der Leipzigerstrasse verkauft werden, von einem
Verwandten des Spargels stammen, und dass man deren unterirdische
Wurzelstöcke stellenweise in Italien auch geniesst. Der Spargel hatte
bei den Römern beinahe dieselbe Kultur wie heute. Columella erzählt,
man müsse aus Samen gezogenen Spargel erst zwei Jahre alt werden
lassen, dann könne man ihn verpflanzen. Wir pflanzen ihn schon als
einjährige Pflanze auf Beete, was besser ist, als ein Verpflanzen von
zwei- und dreijährigen Pflanzen. Interessant ist es, dass schon im Altertum grosse Spargel beliebt waren; denn Plinius berichtet, dass drei
Sprossen des Spargels von Ravenna ein Pfund gewogen hätten.

Wir kommen jetzt weiter zu einer kleineren Familie, der Familie
der Knöterichgewächse. Zu ihnen gehört der Sauerampfer und der
Rhabarber. Der Sauerampfer war schon den Alten bekannt, man
unterschied verschiedene Arten: den wilden, den zahmen, den Garten-
sauerampfer u. s. w. Der Rhabarber dagegen ist ein neues Gemüse
oder vielmehr eine Kompottpflanze, und ist erst auf dem Wege, sich
weiter auszubreiten. Ich gebe mich der Hoffnung hin, dass die verehrten
Damen, die hier anwesend sind, die Zubereitung des Rhabarbers bereits
gründlich verstehen; denn es ist ein so wunderschönes Kompott, dass
man es nicht genug empfehlen kann. Wie lange hat es aber gedauert,

ehe er sich im Innern Deutschlands eingebürgert hat! In Hamburg war der Rhabarber schon üblich, als ich noch ein Kind war, ebenso in Bremen, in England ist er schon lange ein beliebtes Nahrungsmittel, aber auch dort erst seit Anfang des 19. Jahrhunderts in Aufnahme gekommen. Die Zubereitung der Rhabarberstiele zu Kompott wurde aus Persien bekannt, wo die Pflanze wild wächst. Es ist dies nicht dieselbe Art, wie die, deren Wurzel wir als Medizin benutzen, diese stammt aus China, die Stammpflanze ist aber eigentlich noch nicht genau bekannt.

Wir kommen nun zu den Meldengewächsen. Von diesen baute man früher sehr viele Arten, die man wie Spinat genoss; merkwürdiger-weise scheint der Spinat selbst, der auch zu der Familie der Melden-gewächse gehört, den Alten nicht bekannt gewesen zu sein. Der Spinat stammt wahrscheinlich aus Persien, er heisst dort Aspinas, und daraus ist dann das Wort Spinat entstanden. Die Chinesen haben schon im zweiten Jahrhundert vor unserer Zeitrechnung eine Expedition nach Westasien geschickt, und der Führer dieser Expedition soll den Spinat und viele andere Gewächse von dort nach dem Osten, also nach China, gebracht haben, während umgekehrt bei dieser Gelegenheit der Pfirsich- und der Aprikosenbaum von China nach Westasien gekommen sind. Der neuseeländische Spinat, Tetragonia expansa, der zu einer anderen Familie gehört, ist immer noch nicht genügend verbreitet; er verdient aber mehr kultiviert zu werden, da man seine Blätter auch mitten im heissen Sommer, wo der gewöhnliche Spinat schon in Saat geschossen ist, geniessen kann. Unter den Meldengewächsen ist auch eine sehr wichtige Pflanze zu nennen, das ist die Runkelrübe, die wir in der Küche hauptsächlich als rote Beete benutzen. Sie sind, wie wir aus dem Kapitulare Karl des Grossen ersehen, schon zu seiner Zeit gebaut worden. Aber auch die Griechen und Römer haben sie bereits gekannt, und die Schriftsteller aus jener Zeit sagen, es gebe auch weisse Beete. Das sind offenbar die Vorfahren der Zuckerrüben gewesen. Ich darf hier nicht auf die Zuckerrüben selbst übergehen, aber ich möchte doch erwähnen, dass die technische Verwendung der Zuckerrüben auf Zucker eine Berliner Erfindung ist und zwar von Marggraf, einem Vorfahren unseres Berliner Stadtrats, der im Jahre 1747 den Zucker in den Zucker-rüben entdeckte. In der Dorotheenstrasse sind am Chemikerhause die Büsten von Marggraf und von Achard, welcher Ende des 18. Jahrhunderts die erste Zuckerfabrik auf Rüben eingerichtet hat, zum ehrenden Ge-dächtnis angebracht.

Unter den Amarantaceen giebt es auch einige, die früher gebaut worden sind, die ich aber übergehen will, ebenso wie den Erdbeerspinat, weil sie weniger wichtig sind. Dagegen kommen wir nun zu der grossen Familie der Kreuzblütler. Zu diesen gehören der Kohl und die Rüben, desgl. der Raps und der Rübsen. Die Kohl- und Rübengewächse bieten uns grosse Schwierigkeiten in Bezug auf ihre Herkunft. Wir wissen bezüglich des Kohls, dass er wild, wenigstens scheinbar, an den Küsten Englands und Frankreichs vorkommt, ja, dass er sogar auf Helgoland verwildert wächst. Unterhalb des Falmes finden wir ihn in grosser Menge, und ich erlaube mir, hier ein Heft der Gartenflora 1900 herum-

zugeben, inw elchem Sie S. 633 dies Vorkommen auf Helgoland dargestellt
finden. Herr Dr. Kuckuck, der Leiter der dortigen biologischen Anstalt,
hat die Güte gehabt, mir die Klichees zu leihen. — Woher stammt nun
eigentlich der Kohl? Er wird wahrscheinlich aus Südeuropa stammen;,
denn die Alten haben schon Kohl gebaut in grossen Mengen. Es ist
anzunehmen, dass der Kohl schon frühzeitig, vor der christlichen Zeit,
allmählich nach dem Norden gewandert ist, zur Zeit der Kelten vielleicht,
und dass er sich auf diese Weise in England und Frankreich an der
Meeresküste angesiedelt hat, gerade wie er heute wild an der Meeresküste
Italiens vorkommt. Mein verehrter Kollege, Professor Ascherson, ist der
Ansicht, dass wohl mehrere wildwachsende Arten, die sich in Italien
finden, dabei beteiligt seien. Auf meine Frage, welche Arten er als
Stammpflanzen ansehe, meinte er Brassica insularis und Brassica incana
oder verwandte Arten. — Die italienischen Botaniker könnten sich ein
grosses Verdienst erwerben, wenn sie diese Arten einmal prüfen und
feststellen wollten, ob man Kohl in unserem Sinne daraus ziehen kann.
Ob die Alten wirklich Kohlsorten mit so schönen Köpfen hatten, wie wir,
ist zweifelhaft; nach den Beschreibungen kann man es nicht annehmen,
denn solche grossen glatten Köpfe, wie unser Weisskohl z. B. darbietet;
wären doch gewiss erwähnt worden. Selbst noch zur Zeit von Tabernaemontanus scheint der Kohl kleiner als heute gewesen zu sein. —
Cato kannte drei Kohlarten: grossen. krausen, (petersilienähnlichen) und
weichen (lenis) Kohl. Wie er sagt, sei der letztere der schärfste, er sei
zart, mit kleinem Stamm. Columella giebt uns 14 Namen von Kohlarten
an, beschreibt sie aber nicht. Plinius nennt als die wichtigsten, wie
Fischer-Benzon anführt, Tritianischen Kohl, dessen Stengel man niederlege
und mit Erde bedecke -— da muss also wohl der Stengel gegessen
worden sein -— dann Cumaner Kohl, mit sitzenden Blättern und aus-
gebreiteter Krone, vielleicht unser Wirsing, ferner Aricischen Kohl, nicht
hoch, unter jedem Blatt mit Sprossen, also wohl der Vorläufer des
Rosenkohls, der freilich erst später wieder in Kultur genommen ist.
Dann nennt er den Pompejanischen Kohl mit dickem Stamm. also
wahrscheinlich Kohlrabi, ferner Bruttischen Kohl, Sabellischen Kohl; das
sind wahrscheinlich Grün- und Braunkohl. Er nennt auch noch andere
Kohlarten, auf die ich aber hier nicht näher eingehen will. Aber Kohl
mit festgeschlossenen Köpfen, wie Weisskohl, erwähnt er nicht. Die
heilige Hildegard nennt „kole et weydenkole und kochkole' und auch
„kappus". Hier kommt das Wort Kappus, das auch noch für
Kopfkohl üblich ist, zum ersten Male vor. Blumenkohl wird erst im
16. Jahrhunders von Matthiolus erwähnt; er sagt, der beste solle von
Genua kommen. und das erinnert uns wieder an die heutige Zeit, wo
wir ja auch so ausserordentlich viel Blumenkohl aus Italien beziehen,
wenn auch mehr von Neapel und Florenz. Rotkohl wird von der
heiligen Hildegard auch schon erwähnt. Im übrigen wissen wir sehr wenig
über die Entstehungsweise der einzelnen Varietäten. Wenn Sie den
Blumenkohl betrachten, so ist das eine der merkwürdigsten Verbildungen,
die die Natur hat; überhaupt bietet der Kohl in seinen zahlreichen
Variationen ausserordentlich viel Interessantes.

Die Rüben machen uns dieselben Schwierigkeiten, fast noch mehr. Wir haben bekanntlich zweierlei Rüben, die kleinen Rüben, die Teltower Rüben, sowie ihre Verwandten, die grösseren Mai- und die Wasserrüben oder Turnips, und zweitens die Kohlrüben, Steckrüben oder Wruken. Die ersteren stammen vom Rübsen und die Kohlrüben stammen vom Raps ab; erstere haben grasgrüne, borstig-behaarte Blätter, die Kohlrüben glatte, blaugrüne Blätter, wie der Raps sie besitzt. Aber woher stammen sie? Linné sagt: Brassica campestris — darunter versteht er die wilden Rüben — wachsen wild an der Westküste Schwedens, auch auf Gothland. Andere sagten, sie wüchsen wild auf Laaland in Dänemark. Aber die neuesten Forscher Dänemarks, selbst Samsoe Lund und Kiärskou, haben sie an dem Standort, der in den alten dänischen Büchern allerdings angegeben ist, vergeblich gesucht, und so werden sie wahrscheinlich auch aus Südeuropa stammen, sodass also auch Raps und Rübsen südliche Gewächse sind. Da sie überdies oftmals bei uns erfrieren, so weist das noch mehr auf ihre südliche Heimat hin, wenngleich wir nicht vergessen wollen, dass manche Pflanzen vom Süden aus sehr weit nach Norden gehen. Der Weizen ist ja auch aus dem Süden gekommen und erträgt bei uns meist -- wir wollen auch hoffen, in diesem Winter — das Klima ganz gut. (Leider ist viel Weizen erfroren.)

Was nun die anderen Kreuzblütler betrifft, so ist da zunächst der Rettiche zu gedenken. Ich habe schon gesagt, dass diese bei den Alten sehr beliebt waren, aber die Radieschen scheinen sie nicht gekannt zu haben. Erst Matthiolus sagt: „Noch ein ander Geschlecht des Rättichs hat man in Welschland und ist sehr gebräuchlich in Salaten, wächst fingerdick oder grösser, bisweilen armslang (das würde allerdings nicht stimmen), ist lieblicher, zarter und mürber, denn der gemeine Rättich". Anschliessend hieran sei des Meerrettichs gedacht. Das ist eine Pflanze, die aus dem Norden und zwar aus Russland stammt. Sein Name ist im Slavischen Chren, und daraus ist das österreichische Kren entstanden, wie man ihn in Wien nennt. Dass er Meerrettich heisst, ist merkwürdig, da er nicht eigentlich am Meere wächst; er kommt allerdings am Kaspischen Meere vor, aber auch mehr im Binnenlande. Vielleicht giebt uns die englische Bezeichnung für Meerrettich einen Fingerzeig, dort heisst der Meerrettich horse-radish, also Pferderettich, und Meerrettich sollte wohl eigentlich Mährrettich geschrieben werden; ein Rettich, der so stark wie ein Pferd ist, im Gegensatz zu anderem, milderem Rettich.

Von Doldengewächsen haben wir: Mohrrüben, Pastinak, Petersilie, Kerbel, Fenchel, Dill, Anis u. s. w. Die Mohrrübe wächst bekanntlich wild bei uns, und es ist keinem Zweifel unterworfen, dass unsere kultivierten Mohrrüben von ihnen abstammen. Das hat auch Professor Hoffmann in Giessen durch Kulturversuche nachgewiesen. Er hat zweierlei Wege eingeschlagen; er hat einmal schöne Frankfurter Karotten auf schlechten Boden gebracht, der nicht beackert war, und es dauerte nur wenige Generationen, da war die Wurzel dieser Pflanze wieder holzig geworden, wie sie im wilden Zustande ist, und umgekehrt hat er wilde Mohrrüben genommen und mit dem Samen davon fleischigere zu ziehen versucht. Das ging aber nicht so leicht, weil die wilden Mohrrübensamen zum Teil sehr wenig keimfähig waren. Er musste gutes Land nehmen und sehr gut giessen, ehe er nach mehreren Generationen dazu kam, an ihnen fleischige Wurzeln zu erzielen. — Pastinak wird bei uns selten gebaut, mehr in England, viel mehr dagegen der Sellerie. Der war bei den Alten schon hochberühmt. Bei dem isthmischen Spielen wurden die Sieger mit Kränzen von Selleriezweigen oder Blättern bekränzt, wie es heisst, sogar mit welken Blättern — warum, das weiss man nicht. Ich erinnere daran, dass auch in ägyptischen Gräbern Sellerieblätter gefunden worden sind. Wann die Knollensellerie entstanden ist, weiss man nicht genau. In alter Zeit scheint die Pflanze nur ihrer Stengel wegen gebaut worden zu sein, soweit sie zum Küchengebrauch benutzt wurde. — Der Kerbel scheint den Griechen nicht bekannt gewesen zu sein, obwohl er auch aus Westasien stammt. — Die Kerbelrüben haben jetzt sehr an Bedeutnng verloren, seitdem wir eingemachte Konserven haben. Sie stammen aus Mitteleuropa und Asien; in Italien finden sich aber die Kerbelrüben nicht, dagegen werden Fenchel und Dill dort vielfach an- gebaut. Der Fenchel wird sogar in Italien häufig gegessen, man hat dort Fenchel, dessen untere Stengelteile mit Erde behäufelt werden und so dick werden, wie Porreestangen und als süsser Fenchel sehr beliebt sind. Dieser sogenannte süsse Fenchel wird jetzt auch aus Italien zu uns importiert.

Gehen wir nun zu weiteren Familien über, so haben wir vor allen Dingen die Hülsenfrüchte zu nennen: Erbsen, Bohnen, Linsen. Sau- bohnen u. s. w., und hier wissen die verehrten Damen alle, dass die Linsen zu den allerältesten Pflanzen gehören; sie wurden von Esau schon mit grosser Vorliebe gegessen und sie finden sich auch in den ägyptischen Gräbern. Schweinfurth hat in neuester Zeit sogar Linsenbrei in den Gräbern festgestellt, der den Todten auf Tellern mitgegeben war. — Anders stellt es sich mit den Erbsen. Erbsen finden wir in den ägyptischen Gräbern gar nicht, dagegen waren unter den Samen, die Virchow in Troja (in Hissarlik) gesammelt hat, und die mir zur Bestimmung übergeben wurden, eine ganze Menge von Erbsen und der Erbse ver- wandten Pflanzen (Erven) vorhanden. Die Erbsen scheinen ein kühleres Klima zu beanspruchen, wir können sie viel eher säen als Bohnen. Damit kommen wir auf die Bohnen. Die Alten kultivierten Bohnen in erheblichem Masse, sie hatten sogar Bohnenfeste. Was waren das für Bohnen? Diese Frage hat die Gelehrten lange beschäftigt, und es hat sich herausgestellt, dass es hauptsächlich Saubohnen, Puffbohnen, oder grosse Bohnen waren und diese finden sich einzeln auch in den Gräbern der Aegypter; sonst sind gar keine Bohnen dort gefunden worden. Die Saubohnen waren eine sehr beliebte Speise, wie sie es im Erfurtischen und in ganz West- und Nordwestdeutschland noch sind. Leider sind sie es hier in Berlin viel zu wenig; ich hoffe aber, dass die verehrten Damen eine Ausnahme machen und auch Puffbohnen essen; denn jung sind sie ganz ausgezeichnet. Diese Bohnen waren also schon zur Zeit der alten Aegypter vielfach im Gebrauch, aber die Priester der Isis durften sie nicht essen, sie galten als unrein, und darum wurden auch wohl den

Todten verhältnismässig so selten Bohnen mitgegeben, dass erst wenige male solche gefunden sind. In der an Funden reichen Sammlung altägyptischer Pflanzenreste, die Schweinfurth dem königlichen botanischen Museum zum Geschenk machte, sind einige vorhanden, und ich möchte bei dieser Gelegenheit überhaupt die Besichtigung dieser interessanten Sammlung sehr empfehlen.

Die Alten aber hatten noch eine andere Bohne, die Theophrast „Dolichos" (Langbohne), Dioskorides „Phasiolus", die Römer „Phaseolus" nannten, und alle Welt glaubte, es müsste dieselbe Pflanze sein, die wir Phaseolus vulgaris nennen, die gemeine Schneidebohne und Brechbohne, die man auch türkische Bohne nennt. Man nahm bis in die neueste Zeit an, Phaseolus vulgaris stamme aus Ostindien, aber Alphonse De Candolle machte schon in seiner Géographie botanique, und später in seiner Geschichte der Kulturpflanzen darauf aufmerksam, es sei merkwürdig, dass alle Bohnen, die man in Indien hätte, ganz klein seien; das könnten also nicht die Stammpflanzen sein, auch hätten die Bohnen keinen Sanskritnamen. Da fügte es der Zufall, dass Professor Dr. Reiss und Dr. Stübel, die Ausgrabungen in einem Todtenfelde zu Ancon in Peru vornahmen, das beim Bau einer Eisenbahn von Lima nach dem Hafen Ancon entdeckt wurde, auch Bohnen fanden. Das Totenfeld zu Ancon beherbergt etwa 3000 Tote, fast alle in hockender Stellung, in wollene Tücher aus Lama-Wolle und dann noch in Matten gewickelt, so dass das Ganze einem Warenballen gleicht, dem aber noch ein künstlicher Kopf aufgesetzt ist. Infolge der fast völligen Regenlosigkeit der Gegend sind die Körper nicht verwest, sondern eingetrocknet und ebenso haben sich die zahlreichen Beigaben gut erhalten, wie man beides im Museum für Völkerkunde schauen kann. Die Frauen hatten meist Filetnadeln und Lamawolle zum Stricken als Beigaben, die Männer ihre Netze; denn es waren meist arme Fischer, keine Könige. Aber die Hinterbliebenen hatten ihren Todten auch Nahrungsmittel mit ins Grab gegeben, u. A. sehr schön erhaltene Maiskolben, die heute im genannten Museum, sowie im Museum der landwirtschaftlichen Hochschule (auch in Paris auf dem Trocadero) sind. Die Bohnen sind z. T. sehr grosskörnig und flach, das sind die sogenannten Lima- oder Mondbohnen, Phaseolus lunatus, so benannt wegen ihrer fast halbmondförmigen Gestalt. Zu meiner grossen Verwunderung fanden sich aber dort auch Bohnen genau wie die unsrigen, und so war die Frage nahe gelegt: Sollten unsere Gartenbohnen überhaupt wohl aus der alten Welt stammen? Die Nachforschungen gingen weiter, und erst zaghaft, später aber immer bestimmter konnte ich die Behauptung aufstellen: Unsere Gartenbohnen (Phaseolus vulgaris) stammen aus Amerika, und je weiter man nachforschte, um so mehr stellte sich dies als höchst wahrscheinlich heraus.

Ich sah später auch Perlbohnen u. s. w. aus Indianergräbern von Arizona und von Mexiko. Es fragte sich nun aber: Was haben denn die Griechen mit Phaseolus gemeint? — Schon in meiner ersten Arbeit habe ich darauf hingewiesen, dass wahrscheinlich eine Art der in Asien heimischen, bis nach China verbreiteten Bohnengattung Dolichos, die Langbohne, gemeint ist, Geh. Reg.-Rat Prof. Dr. Koernicke in Bonn hat dann nachgewiesen, dass die Bohne der Alten Dolichos sesquipedalis, die anderthalbfüssige Bohne sein müsse. Sie sehen hier die Hülsen dieser Bohne in Spiritus; ich verdanke sie Herrn Kgl. Gartenbaudirektor Brandt-Charlottenburg, der sie im letzten warmen Sommer fast zur Reife gebracht hat. Es ist wirklich eine wahre Riesenbohne und sie verdient ihren Namen anderthalbfüssige vollkommen, denn sie misst 75 cm. Es ist also keinem Zweifel unterworfen, dass unsere Gartenbohnen, Stangen- und Buschbohnen, auch türkische Erbsen genannt, aus Amerika stammen. Mit dem Wort „türkisch" muss man überhaupt sehr vorsichtig sein; man sagt z. B. türkischer Weizen für Mais, und dabei weiss Jeder, dass der Mais aus Amerika stammt.

Wir haben dann noch der Gurkengewächse zu gedenken. Wir wissen, dass die Griechen und Römer Gurken, Melonen und Wassermelonen in grosser Menge hatten, aber sehr zweifelhaft ist dies wegen anderer Kürbisgewächse und wegen der Kürbisse selbst. Die Kürbisse erwähnt Luther in der Bibel, und alle anderen Schriftsteller sprechen von „Cucurbita" so, als ob es selbstverständlich sei, dass es Kürbisse in unserem Sinne waren. Aber wiederum unter den Funden von Ancon in Peru befanden sich ganz wohlerhaltene Kürbiskerne, und zwar mittelgrosse vom gewöhnlichen Kürbis und grosse vom Riesenkürbis, Cuburbita maxima. Naudin, ein tüchtiger französischer Curcurbitaceen-Spezialist, dem ich die Samen schickte, erkannte meine Bestimmungen als richtig an; aber als ich sagte: da müssen also die Kürbisse aus Amerika stammen, meinte er, das ginge nicht an, die wären bei den Alten schon bekannt gewesen. Er konnte sich also zu dieser Annahme nicht entschliessen. Jetzt ist die Frage sicher entschieden; von Fischer-Benzon zweifelt keinen Augenblick daran; er giebt in seiner altdeutschen Gartenflora noch mehr Belege, als mir damals zu Gebote standen. Er sagt: Alle Kürbisse, die die Alten hatten, werden beschrieben als mit harter Schale umgeben, und Plinius bemerkt, wenn man die Samenkörner des Kürbis aus der Mitte nehme, gebe es grössere Früchte und diese Früchte könne man benutzen, um Wein darin aufzubewahren. Die Kürbisse der Alten sind also offenbar Flaschenkürbisse, Lagenaria vulgaris, gewesen, die man ja auch heute noch vielfach zieht.

Gehen wir über zu der letzten Familie, zu den Kompositen, so haben wir da besonders die Salatgewächse zu betrachten. Schon seit den ältesten Zeiten sind Salate bekannt; von Theophrast und Columella werden mehrere Arten angegeben: grüne, braune, gesprenkelte (wahrscheinlich Forellensalat), auch solche mit gleichen, kammförmig ausgeschnittenen und dicken Blättern. Desgleichen hören wir von der Endivie, die sehr vielfach gebaut wurde, und auch die wilde Cichorie scheint damals schon gebaut worden zu sein, wie heute in Frankreich und Belgien, wo man sie unter dem Namen Witloef (Weisslaub) kultiviert. Die Römer machten den Salat teilweise mit Essig und Salzlake ein, zwischen die Salatblätter packten sie Schichten von den grünen, langen Bohnen und würzten das Ganze mit Dill, Fenchel, Raute und gehacktem Porree. In ähnlicher Weise wurden Endivien eingemacht. Aber sie konnten diesen eingemachten Salat nur einen Sommer durch aufbewahren, und thaten das, um während der heissen Zeit Salat zu haben. Dass derselbe einen ganz anderen Geschmack gehabt haben muss wie frischer Salat, ist klar.

(Fortsetzung folgt.)

Kleinere Mitteilungen.

Rivina humilis.
Von Adam Heydt.

Eine leicht zu kultivierende und sehr zierende Pflanze ist Rivina humilis, eine Phytolaccaceae. Sie bildet niedrige Büsche mit üppiger Belaubung, entwickelt 10—15 cm lange Blütenrispen, an welchen nach kurzer Zeit prachtvoll rotgefärbte Beeren sich zeigen, welche den Pflanzen eine auffallende Zierde geben.

Es ist zu wundern, dass man diese herrliche Pflanze so selten sieht, obwohl sie schnell und ohne besondere Mühe sich entwickelt. Jedenfalls aber ist Rivina humilis eine Pflanze, die sowohl der Privatgärtner wie der Handelsgärtner pflegen soll, sicherlich lohnt sie die geringen Kulturkosten.

Bei der Kultur verfahre ich folgendermassen: Im Anfang März säe ich den Samen in Töpfe aus, die mit sandiger Heideerde gefüllt sind und stelle sie im Vermehrungshaus auf. Nach 8—14 Tagen beginnen die Samen zu keimen und da sie leicht fassbar, so werden sie gleich pikiert, und zwar benutze ich dazu ebenfalls Heideerde und Sand. Zur Aufstellung gelangen sie entweder im Vermehrungshaus oder im warmen Mistbeet. Da sie gerne hochtriebig wachsen, muss man sie öfters stutzen, um buschige Pflanzen zu erzielen. Vor starken Sonnenstrahlen müssen sie geschützt werden. Des Weiteren achte man darauf, dass sie nicht so sehr austrocknen, denn die schnelle Entwicklung verursacht ein stärkeres Wasserbedürfnis.

Sind sie genügend erstarkt, dann pflanzt man die Rivina in kleine Stecklingstöpfe und zwar liebe ich hierbei, die Erde fest anzudrücken. Als Aufstellungsort wählt man einen warmen Platz, entweder das Mistbeet oder Warmhaus. Die Folgepflege besteht darin, dass bei Sonnenschein beschattet, nach Bedürfnis begossen und für feuchte Luft gesorgt wird. Es ist am besten letzteres dadurch zu erzielen, dass man die Wege und Mauern, falls die Pflanzen im Hause stehen, bespritzt oder die Kastenwände, wenn die Pflanzen im Mistbeet zu stehen kommen Ich erwähne dieses extra, einmal deswegen, weil die Pflanzen so besser gedeihen, als wenn die Feuchtigkeit auf den Pflanzen selbst lagert, des andern deswegen, weil oftmals das Wasser auf den Pflanzen hässliche Absätze zurücklässt, diese die Pflanzen an und für sich verunzieren, andererseits im Wachstum behindern.

Sind die Pflanzen in den Töpfen durchwurzelt, so muss man sie hin und wieder düngen, sei es nun mit künstlichem oder natürlichem, in Wasser aufgelöstem Dünger — versäumen sollte man es nicht, weil dadurch die Pflanzen sehr gefördert werden und da sie schon in der Regel hinterm 7. Blatt zu blühen beginnen und in einem fort neue Blütenrispen zeitigen, so ist es klar, dass ein Düngen sehr am Platze, ja notwendig ist. Ungefähr 2—3 Wochen nach der Blüte beginnen sich die Beeren, zu färben.

Die Blüten sind klein, reinweiss und erinnern an die Blüten der Deutzien. Die Beeren hängen zierlich, nicht steif, fast wagerecht vom Stamm nach allen Seiten, und wenn vollständig gefärbt, so sind die Pflanzen auffallend, recht schön schon zur Zeit, wenn die unteren Rispen sich rot färben und die oberen sich erst entwickeln, denn Knospen, Blüten, grüne und rote Beeren zu gleicher Zeit, sind nichts seltenes. Zur Dekoration auf Blumentischen, Etageren, Fensterbrettern u. dergl. sind sie gut zu verwenden, aber auch zum Bepflanzen von Jardinieren eignen sie sich. In Schauhäusern sind sie erst recht angebracht, während für den Liebhaber sie eine angenehme Abwechselung bilden. Obwohl Warmhauspflanzen, gedeihen sie doch leicht im Zimmer.

Zu wundern ist nur, dass die Spekulation der Handelsgärtner sich noch nicht dieser Pflanze zugewendet hat, nenn auch da ist sie am Platz.

(In Erfurt waren im September d. J. sehr schöne Exemplare von E. Benary ausgestellt. L. W.)

Browallia speciosa major.

Von Adam Heydt.

Eine derjenigen Blütenpflanzen, die durch ihre leuchtende Farbe auffallen, ist obige Browallia speciosa major, die wohl mit vollem Recht als die hervorragendste Vertreterin dieser Pflanzengattung aus der Familie der Scrophulariaceen genannt werden kann. Ich empfehle sie aus verschiedenen Gründen, so z. B. ist sie eine vollständig kulturwürdige Pflanze für den Handelsgärtner, wie auch für den Privatgärtner, nichtsdestoweniger aber auch für den Liebhaber und sicherlich gefällt sie diesem. Sie hat eine vielseitige Verwertung, zu Dekorationen mannichfacher Art, ja zum Bepflanzen der Gruppenbeete ist eine Pflanze, die Abwechselung bringt und eine vermehrte Aufmerksamkeit verdient. Aber auch im Bereich der Winterblumen verdient sie einen Platz, nichts weniger auf den Blumentischen.

Browallia speciosa major wird bis 70 cm hoch, entwickelt kräftige Büsche, die durch Entspitzen noch buschiger gezogen werden kann. Die Blumen sind gross, bis zu 5 cm Durchmesser, und leuchtend ultramarin blau, von reiner Farbe. Die Blüten erscheinen sehr zahlreich und die blühenden Pflanzen fallen auf — und gerade wir Gärtner müssen solche Pflanzen kultivieren, die auffallend sind.

Was nun die Kultur von Browallia speciosa major betrifft, so verfahre ich folgendermassen. Entweder entschliesst man sich zur Anzucht durch Samen, die leicht ausführbar ist, oder durch Stecklinge, wenn man im Besitz von Mutterpflanzen ist. Beide Anzuchtsarten sind leicht. Die Anzucht durch Samen geschieht je nach dem Zweck, d. h. wenn man sie früh in Blüte wünscht, im Februar, oder bei späterem

Flor im Mai. Dasselbe ist bei der Stecklingsvermehrung der Fall. Die jungen Sämlinge müssen sobald als möglich verpflanzt werden, ich benutze dazu in der Regel eine Erdmischung aus Lauberde mit Sand vermengt und und füge beim letztmaligen Verpflanzen etwas Misterde hinzu. Nach dem Einpflanzen in Stecklingstöpfe ist es gut. die Browallien auf einen lauen Kasten zu bringen und sie hier zuerst geschlossen zu halten, vor starker Sonne zu schützen und ordnungsmässig zu giessen, aber auch das rechtzeitige Einkneipen behufs Erzielung buschiger Pflanzen ist nicht zu versäumen und wenn man in der Jugend damit beginnt, so ist der Erfolg besser. Es dauert nicht allzulange, dann sind die Browallien durchwurzelt und man muss sie von neuem verpflanzen, hierbei benutze ich wieder dieselbe Erde. Gleichzeitig stutze man am Platze die Pflanzen hierbei, sei es nun, dass die Pflanzen ins Mistbeet oder lauwarme Haus kommen, jedenfalls sorge man jetzt dafür, dass die Pflanzen abgehärtet kultiviert werden. Es dauert auch nicht alzu lange, und die Blüten erscheinen. Will man nun ein Beet bepflanzen, es ist dies gegen Ende Mai, so sind die Pflanzen jetzt stark genug und können auf freiwerdende Beete, die bis dahin mit Stiefmütterchen, Vergissmeinnicht, Aurikeln etc. bestanden, gepflanzt werden in einem Abstand von 25 cm. Anders, wenn man Schaupflanzen heranziehen will, dann muss man nochmals die Browallien verpflanzen und stutzen, letzteres ist überhaupt notwendig, wenn man die Blütezeit weiter hinausschieben will. Als Platz zur Aufstellung dient jetzt das Freiland, das Mistbeet oder Kalthaus, letzteres ziehe ich vor. Mit dem zunehmenden Wachstum genügt freilich nicht mehr ein blosses Begiessen, es ist jetzt sehr am Platze, von Zeit zu Zeit die Browallien mit flüssigem, aufgelösten Dünger zu begiessen.

Jeder Gärtner hat darin ja sein Steckenpferd. Abwechselnd benutze ich aufgelöstes Wagner'sches Nährsalz, Blut- und Hornmehl wie auch Rinderexkremente. Jeder Dünger hat seine vorteilhaften Eigenschaften, die Hauptsache ist die, dass man seine Pflanzen nicht hungern lässt, sondern ihnen eine Düngung giebt.

Am Fenster des Liebhabers oder auf

einem Gartenbeet ausgepflanzt, kommt Browallia speciosa gleich gut zur Geltung und ist hier eine angenehme Abwechselung. Auch abgeschnitten zu Bouquetts oder Vasen verwendet, bildet sie einen vorteilhaften Werkstoff für die Binderei. Sicherlich steht das fest, dass Browallia speciosa eine vermehrte Beachtung verdient und wer sich damit befasst, wird es nicht bereuen.

Verzeichnis der von Herrn städt. Obergärtner Mende aus dem Versuchsfelde des V. z. B d. G. am 4. September in Berlin ausgestellten Gegenstände.

I. Astern:

Zwerg-Chrysanthemum-Aster, schneeweiss.
Zwerg-Chrysanthemum-Aster, rein weiss.
Zwerg-Bouquet-Aster, Boltze's, karmin.
Cocardeau-Aster, ockerrot.
Pompon-Aster, rosa.
Uhland-Aster, weiss.
Victoria-Aster, karminrosa.
Zwerg-Viktoria-Aster, karmoisin.
Paeonien Perfection-Pyramiden-Aster, dunkelrosa mit weiss.
Non plus ultra, weiss.
Komet-Aster, reinweiss.
Rosen-Aster, weiss.
Triumph-Aster, dunkelscharlach.
Zwerg Königin Aster, weiss.
  „   „   „ brillantrosa.
Liliput-Aster, weiss mit karmoisinroter Mitte.
Juwel-Aster, karmoisin.
Reid's verb. Kugel-Aster, schwefelgelb.
Hohenzollern-Aster, weiss.
Straussenfeder-Aster, weiss.
Gloria Aster, weiss mit dunkelscharlachrotem Bande.

II. Dahlien:

Gloriosa.
Mad. Schröder.
Delicata.
Kronprinz.
Alma Schwiglewski.
Kommerzienrat H. Vogel.
Margarite Jakosch.
Max Tretropp.
Adolf Koschel.
Juno.
Rentier Bombach.
Miss Turner.

III. Verschiedenes:

Lathyrus odoratus Burpee's Earlist of all.
  „   „   Crown Juwel.
  „   „   Coquette.
  „   „   Oriental.
(40 Bouquets Lathyrus gemischt.)
Dianthus Heddewigii nobilis (Königsnelken).
Statice longifolia azurea.
Scabiosa, die Fee.
  „   fl. pl. schwefelgelb.
  „   atropurpurea.
Verbena, rein weiss.
  „   grossblumig.
  „   cocrulea oculata.
  „   leuchtend rot.
  „   dunkelblau mit weissem Auge.

Die chemische Rolle der Regenwürmer.

Es ist wohl allgemein bekannt, dass die Regenwürmer zu den nützlichen Tieren zu zählen sind. Schon Darwin hat auf die nützliche Rolle hingewiesen, welche diese Würmer bei der Bildung des Humus einnehmen, andere Forscher wie Hensen, Mutler, Wollny, Kostittcheff, E. Henry haben seine Angaben bestätigt. Wie die Revue horticole berichtet, hat auch Dusserre, der Direktor der agrikulturchemischen Schule in Lausanne, Untersuchungen angestellt über die chemischen Veränderungen von mineralischen Boden durch Regenwürmer. Nachdem alle organischen Reste aus dem zum Versuch benutzten Boden vernichtet, brachte er 70 Regenwürmer auf den Boden, die sich nun eingruben, indem sie den Sand frassen. Die Auswürfe der Würmer, die sich an der Oberfläche ansammelten, wurden analysiert und ergaben interessante Resultate. Es wird eine Umwandlung in mit Stickstoff geschwängerte ammoniakalische Produkte bewirkt und die Loslichkeit der phosphorsauen Salze bedeutend erhöht. Das merkwürdigste ist aber die Regeneration von kohlensaurem Kalk, der ja aus verschiedenen Gründen sich fortgesetzt ändert. Während die Versuchserde nur 4,46 pCt. kohlensauren Kalk enthielt, stieg derselbe in den Exkrementen der Regenwürmer bis zu 6,79 pCt. Diese Anreicherung an kohlensaurem Kalk kann nach Dusserre bis auf 250 kg pro Hektar steigen innerhalb eines Jahres. J. B.

Litteratur.

Dr. Paul Preuss, Direktor des Botanischen Gartens in Victoria, Die wirtschaftliche Bedeutung der Oelpalme. Verlag von E. S. Mittler & Sohn, Berlin SW., Kochstr. 68/71. Verfasser bespricht in seiner Abhandlung diese für West- und Zentralafrika sehr wichtige Nutzpflanze eingehend und legt den Nutzen derselben an Zahlen dar.

Derselbe. Die Pflanzungen und der Botanische Garten in Victoria (Kamerun). Bericht für das Jahr 1900.01. Verlag von Mittler & Sohn, Berlin. In diesem eingehenden Bericht bespricht der Verfasser die Kulturen auf den einzelnen Stationen und giebt im Anhang ein Verzeichnis der in dem Botanischen Garten und der Versuchspflanzung in Victoria kultivierten Pflanzen, welche sich auf 687 Nummern beziffern.

Derselbe. Die Kultur der von der botanischen Zentralstelle in Berlin stammenden Nutzpflanzen in dem botanischen Garten von Victoria. Sonderabdruck, Notizblatt des Königlichen Botanischen Gartens und Museums zu Berlin, No. 29. Verfasser bespricht die verschiedenen Pflanzen nach ihrem Nutzwert und ihrer Nutzung.

Heinrich Freiherr von Schilling. Praktischer Ungeziefer-Kalender mit 332 Abbildungen. Verlag von Trowitsch & Sohn, Frankfurt a. O.

Richard Otto, Leiter der chemischen Abteilung der Versuchsstation des Königlichen Pomologischen Instituts zu Proskau. Ueber die klimatischen Einflüsse auf die chemische Zusammensetzung verschiedener Apfelsorten vom Herbst 1900 im Vergleich mit denselben Sorten vom Herbst 1898. Sonderabdruck aus Thiels Landw. Jahrbüchern, Verlag Parey, Berlin. Durch die vorgenommenen chemischen Analysen beweist Verfasser, dass die chemische Zusammensetzung wesentlich durch die verschiedenen Witterungsverhältnisse bedingt wird.
                                                                T.

Die Ausnutzung des Düngerstickstoffs und das bakterielle Verhalten des Bodens. Mitteilung des Instituts für Versuchswesen und Bakteriologie an der Kgl. Landw. Hochschule und der erdbakteriologischen Versuchsanstalt der Landwirtschaftskammer für die Provinz Brandenburg von Prof. Dr. Remy-Berlin. (Separatabdruck aus dem Zentralblatt für Bakteriologie, Parasitenkunde und Infektionskrankheiten.)

Ausstellungen und Kongresse.

Stettin. Allgemeine Obstausstellung, veranstaltet von der Landwirtschaftskammer für die Provinz Pommern und dem deutschen Pomologenverein vom 2.—5. Oktober, und 16. Versammlung Deutscher Pomologen und Obstzüchter. Programm:

Mittwoch, den 1. Oktober, abends 8 Uhr, Zusammenkunft der eintreffenden Teilnehmer und Begrüssung bei einem Glase Bier.

Donnerstag, den 2. Oktober, vormittags 9—11 Uhr, I. Sitzung Deutscher Pomologen und Obstzüchter im grossen Saal des Konzerthauses am Königsthor. — Mittags um 12 Uhr Eintreffen der Protektorin Ihrer Königl. Hoheit der

Frau Prinzessin Friedrich Leopold von Preussen im Ausstellungslokal an der Grünstrasse. Eröffnung der Ausstellung. Festessen im Konzerthaus, kleiner Saal, nachmittags 3 Uhr. Nachmittags 5—8 Uhr II. Sitzung Deutscher Pomologen und Obstzüchter im grossen Saal des Konzerthauses. — Abends Zusammenkunft im Eberlbräu, Breitestrasse No. 60.

Freitag, den 3. Oktober, vormittags 9—12 Uhr III. Sitzung Deutscher Pomologen und Obstzüchter im grossen Saal des Konzerthauses. — Mittagessen im Hackerlbräu am Königsthor. — Nachmittags 5—8 Uhr IV. Sitzung Deutscher Pomologen im grossen Saal des Kon-

zerthauses. — Abends 8 Uhr Theater-
abend.

Sonnabend, den 4. Oktober, vormittags 9—11 Uhr, Generalversammlung
des Deutschen Pomologenvereins im
grossen Saal des Konzerthauses. (Nicht
öffentlich). — Nachmittags Oderfahrt
nach Swinemünde und Heringsdorf,
Aufenthalt über Nacht in Heringsdorf,
Rückfahrt Sonntag Vormittag.

In den Zwischenstunden ist Gelegenheit gegeben, die Quistorpschen Obstanlagen an der Falkenwalderstrasse zu
besuchen. — Für die Ausstellung werden Dauerkarten für 2 Mark ausgegeben. Im übrigen beträgt der Eintrittspreis am Eröffnungstage 1 Mark,
an den übrigen Tagen 50 Pfennig pro
Person. — Die Ausstellung ist geöffnet
von 9 Uhr früh bis 9 Uhr abends. —
Karten für die Dampferfahrt nach
Heringsdorf und zurück (inkl. Essen an
Bord etc.) sind für 7 Mark pro Person
bei der Geschäftsstelle im Ausstellungslokal bis spätestens Donnerstag Abend
9 Uhr zu haben. Ebenso werden dortselbst die Karten für die Theatervor-
stellungen bis Freitag Mittag ausgegeben. — Die Eintrittskarten in die
Ausstellung berechtigen auch zum Besuch der Versammlungen Deutscher
Pomologen und Obstzüchter im Konzerthaus am Königsthor. — Der steno-
graphische Bericht über die Verhandlungen wird den Mitgliedern des Pomologenvereins durch Vermittelung des
Vereins kostenlos geliefert werden. —
Nichtmitglieder erhalten denselben
gegen vorherige Zahlung von 1 Mark.

Wir empfehlen angelegentlichst den
Besuch der Ausstellung und Versamm-
ung. Der geschäftsleitende Ausschuss
hat einen Plan der Stadt Stettin mit
Angabe des Ausstellungslokals und der
Hotels etc. anfertigen lassen und scheint
überhaupt alles gut organisiert. L. W.

Graz. Blumenausstellung 1902 der
K. K. Gartenbau-Gesellschaft in Steiermark am 5. Oktober.

Rom. VII. Internationaler landwirtschaftlicher Kongress im Frühjahr 1903.
Auskunft erteilt der Generalsekretär
des Exekutivausschusses, Herr Ed.
Ottavi zu Rom.

Pau (Frankreich). Ausstellung und
Pomologenkongress 27. September bis
2. Oktober.

Gent. Die grosse, alle 5 Jahre
wiederkehrende Ausstellung der Société
royale d'Agriculture et de Botanique
de Gand 1903 soll diesmal eine Erweiterung erfahren, indem eine besondere Klasse (Kl. 26) für die wissenschaftlichen Ergebnisse eingerichtet ist.
Man wünscht: Sammlungen über die
Pfropfmethoden, Einfluss des Edelreises
und der Unterlage, Mistel - Einfluss,
Knöllchenbakterien, Befruchtungsstu-
dien, Selerotien (Dauergewebe) von
Pilzen, unterirdische Pilze, botanische
Sammlungen aller Art für den Unterricht, Algen, Meeres-Phanerogamen etc.
Programme bei E. Fierens, Secretaire,
Gent, Belgien.

Eingesandte Preisverzeichnisse.

Maurice Verdonck - Gentbrugge
Lez - Gand, über Orchideen. —
Wilhelm Pfitzer, Stuttgart, Militär-
strasse 74. Rosen und Holländische
Blumenzwiebeln nebst Auszug aus dem
Haupt - Katalog. Herbst 1902. —
Johannes Telkamp - Hillegom bei
Haarlem (Holland). Alphabetisches
Verzeichnis über Haarlemer Blumen-
zwiebeln und Pflanzen. Neue Ausgabe
für Herbst 1902 und Frühling 1903. —
J. F. Loock, Kgl. Hoflieferant, Berlin N.,
Chausseestrasse 52a. Engros-Preisliste
über präparierte Cycaswedel, getrock-
nete Blumen- und Immorellen, darunter
als Neuheit Kaprosen, ein präpariertes
Helichrysum, künstliche Blumen und
Pflanzen, Maiblumentreibkeime etc. —
Böttcher & Voelcker, Gr.-Tabarz.
Gehölzsamen zur Herbstsaat. — Georg
Arends, Ronsdorf bei Barmen. Haupt-
verzeichnis über winterharte Stauden
und Florblumen, mit vielen Abb. —
Simon Louis Frères, Plantières
bei Metz. Obstbäume, Zierbäume,
Sträucher, Koniferen, Rosen u. s. w. —

Vilmorin Andrieux & Comp., Paris, Quai de la Mégisserie. Herbst-Getreide. — Vereinigte Baumschulen, Transon Frères und D. Dauvesse (Barbier & Comp.) Nachfolger, Orleans. Engros - Verzeichnis für Wiederver-käufer. — Gustav Fischer, Jena. Verlagskatalog nebst Nachträgen. — Wilhelm Werner & Comp., Berlin, Chausseestr. 3. Getreide etc., Herbst-katalog.

Personal-Nachrichten.

Unserm verehrten Mitarbeiter, dem Kgl. Garteninspektor Dr. E. Goeze, Greifswald, ist bei der nachgesuchten Pensionierung von Sr. Majestät dem Kaiser und Könige der Rote Adlerorden IV. Kl. verliehen worden.

Dem Hofgärtner Ferdinand Hessel, Mitglied des V. z. B. d. G., bisher im Hofstaat weiland Sr. Kgl. Hoheit des Prinzen Georg von Preussen, ist das Kreuz der Inhaber des Königlichen Hausordens von Hohenzollern, dem im gleichen Dienst bisher stehenden Gärtner Friedrich Ratschuh das allgemeine Ehrenzeichen verliehen.

Dem bisherigen Vorsitzenden des Naturwissenschaftlichen Vereins in Bremen, Realschuldirektor Prof. Dr. Buchenau, ist der Kgl. Kronenorden 3. Kl. verliehen. Buchenau hat sich um die Flora des nordwestlichen Deutschlands, durch seine Bearbeitung der Juncaceae, die der Gattung Tropaeolum und viele andere Veröffentlichungen grosse Verdienste erworben.

Der Direktor des Kgl. Pomologischen Instituts in Proskau (Oberschlesien), Oekonomierat Prof. Dr. Stoll, ist zum Landes-Oekonomierat ernannt.

Theodor Lange, Inspektor der Gärtnerlehranstalt zu Oranienburg bei Berlin, wurde seitens der Landwirtschafskammer für die Provinz Brandenburg, welche seit April d. J. beide dortigen Anstalten (landwirtschaftliche und gärtnerische) übernommen hat, zum Subdirektor der Gärtnerlehranstalt und zum Leiter der Anstaltsgärtnerei ernannt.

Druckfehler-Berichtigungen.

Da die letzte Vereinsversammlung 8 Tage später als gewöhnlich stattfand und doch das Protokoll in No. 18 erscheinen sollte, konnte die Korrektur der Eile des Druckes wegen leider nicht mehr berücksichtigt werden. Ebenso konnte der Artikel über Erfurt wegen Abwesenheit des Verfassers von diesem nicht durchgesehen werden und sind so verschiedene Druckfehler stehen geblieben, was wir gütigst zu entschuldigen bitten. Die sinnstörenden sind folgende:

S. 483 statt Birne, Frucht von Trévoux lies Birne, frühe von Trévoux.

S. 502 bei Erfurt, statt Weinbau lies Waidbau. Erfurt baute im Mittelalter viel Waid, Isatis tinctoria (Cruciferae), der einen blauen Farbstoff enthält und daher auch deutscher Indigo genannt wurde.

Der Bericht über die Erfurter Ausstellung kann erst in nächster Nummer erscheinen.

Für die Redaktion verantwortlich Geh. R. Prof. Dr. Wittmack, Berlin NW., Invalidenstr. 42. Verlag von Gebruder Borntraeger, Berlin SW. 11, Dessauerstr 29. Druck von A. W. Hayn's Erben, Berlin.

15. Oktober 1902.

Heft 20.

GARTENFLORA

ZEITSCHRIFT

für

Garten- und Blumenkunde

(Begründet von Eduard Regel.)

51. Jahrgang.

Organ des Vereins zur Beförderung des Gartenbaues in den preussischen Staaten.

Herausgegeben von

Dr. L. Wittmack,

Geh. Regierungsrat, Professor an der Universität und an der Kgl. landwirtschaftl.
Hochschule in Berlin, General-Sekretär des Vereins.

Berlin 1902
Verlag von Gebrüder Borntraeger
SW 11 Dessauerstrasse 29

Erscheint halbmonatlich. Preis des Jahrganges von 42 Druckbogen mit vielen Textabbildungen und
12 Farbentafeln für Deutschland und Oesterreich-Ungarn 12 Mark, für die übrigen Länder des Weltpostvereins 15 Mark. Zu beziehen durch jede Buchhandlung oder durch die Post (Zeitungsverzeichnis
No. 2819).

899. Versammlung des Vereins zur Beförderung des Gartenbaues in den preussischen Staaten am 25. September 1902 im Königlichen botanischen Museum zu Berlin.

I. Der Direktor des Vereins, Kgl. Gartenbaudirektor Lackner, teilte der Versammlung, an der auch viele Damen teilnahmen, mit, dass zu wirklichen Mitgliedern vorgeschlagen seien:

Herr Ernst H. Krelage, in Firma E. H. Krelage & Sohn in Haarlem durch L. Wittmack.

Herr R. van der Schoot & Sohn in Hillegom bei Haarlem, durch Hrn. städt. Obergärtner Mende.

II. Ausgestellte Gegenstände waren in reicher Zahl vorhanden. 1. Hr. G. Bornemann-Blankenburg am Harz, hatte ein Sortiment ab. geschnittener Dahlien übersandt, zum Teil eigene Züchtungen für 1902 und 1903, zum Teil englische Züchtungen für 1903, die vielen Beifall fanden. Hr. Bornemann legt, wie er schreibt, bei seinen eigenen Züchtungen den Hauptwert weniger auf die Form der Blume als auf die Reichblütigkeit und den niedrigen Wuchs der Pflanzen. Seine Züchtungen für 1903: „Der Raubgraf" und „Bornemanns Liebling" hatte er auch in Erfurt ausgestellt.

2. Herr Kgl. Garteninspektor Greinig legte aus dem Garten des Herrn Kgl. Kommerzienrat Bolle eine reiche Zahl von Obstsorten in ausserordentlicher Grösse und schöner Form vor. Im allgemeinen, bemerkte Herr Greinig, ist das Obst in diesem Jahre kleiner geblieben als sonst, woran jedenfalls das kalte, nasse Wetter schuld ist. Herr Direktor Lackner bemerkte, dass auch wohl die grosse Menge der Früchte an einzelnen Bäumen die Grösse beeinflusst habe; bei ihm hätten einige Bäume sehr viel, andere, dicht danebenstehende fast gar nichts getragen. Auch am Rhein sei das Obst klein und nicht so wohlschmeckend. — Herr Hofgärtner Hoffmann teilte mit, dass in diesem Jahre das Fallobst viel gekauft werde, weil es an Obst fehle. Am Rhein gebe es zwar viele Birnen, aber wenig Aepfel, und gute Aepfel würden sicherlich im Preise noch sehr steigen. Die Einfuhr vom Auslande ist allerdings sehr bedeutend, und das wird wieder die Preise drücken. Selbst aus Australien werden Aepfel eingeführt und kostet ein halbes Kilo dieser sehr wohlschmeckenden Aepfel nur 15 Pf. Herr Direktor Lackner berichtete, dass bei Wiesbaden die Apfelernte eine gute sei. — Herr Hoflieferant Klar bemerkte, dass selbst die massenhaft eingeführten italienischen Weintrauben dies Jahr zum Teil sehr hartschalig seien, das Fleisch sei allerdings sehr süss. — Herr Rentier Martiny teilte mit, dass bei ihm der Wagnersche Dünger, Marke P. K. N. sehr vorteilhaft auf den Ge-

schmack eingewirkt habe, Obst, welches nicht gedüngt sei, habe nicht
annähernd so guten Geschmack. Auf das Wachstum habe der Dünger
aber keinen Einfluss gehabt, es sei alles klein geblieben, selbst die Weintrauben, obwohl diese bei ihm die günstigste Lage, nach Süden, haben.
— Herr Dr. Deite: Ueber die italienischen Weintrauben habe ich auch
viel klagen hören. sie sind aber auch ganz ausserordentlich billig, das
halbe Kilo nur 20 Pf. (Zuruf: selbst 15 Pf.). — Herr Garteninspektor
Moncorps: „Bei mir sind eigentümlicherweise die Früchte von den
Spalieren (es sind freistehende Drahtspaliere) kleiner als die von den
Pyramiden. — Herr Bluth: Alles, was bei mir unten sitzt, ist klein
geblieben, aber, was frei hängt, oben in den Obstgängen, die ich habe,
und an den Spindeln, hat sich gut entwickelt. — Herr Direktor Lackner
fragt, wie die Bordeauxbrühe gewirkt habe. — Herr Hofgärtner Hoffmann: Wo man sie rechtzeitig angewendet hat, hat sie sehr gut gewirkt, wo man aber zu spät spritzte, sind die Früchte zum Teil ganz
schwarz. — Herr Gartenbaudirektor Matthieu: Man muss 3mal spritzen,
1. im Winter, 2. nach dem Austreiben, 3. nach dem Fruchtansatz. —
Herr Martiny: Der weisse Winterkalvill ist bei mir trotz des vielen
Regens ganz fleckenlos. geblieben. Ich spritze nur 2mal, im Spätherbst
und vor der Blüte; denn ich habe gefunden, dass, wenn man später,
wenn die Bäume schon Laub haben, sprizt, das Laub verbrannt wird,
selbst wenn man dann auch nur eine 1prozentige Lösung statt der sonst
üblichen 2prozentigen nimmt. Die Weinreben spritze ich vor dem
Decken und habe nun keine Pilze mehr darauf, an denen sie früher
litten. Ich glaube, ich schütze die Zweige der Pyramiden und Halbstämme durch das Bespritzen vor Winter auch etwas gegen zu schroffen
Temperaturwechsel; ich setze nämlich etwas Zucker zur Bordeauxbrühe,
das bewirkt, dass sie bis zum Frühjahr kleben bleibt.

3. Herr Kgl. Garteninspektor Lindemuth führte eine ganze Anzahl
von Malvastrum capense in verschiedenen Altersstufen vor, welche alle
von einer Pflanze stammen, die er 1897 mit Abutilon Thompsoni veredelt und dadurch buntblätterig gemacht hatte. Derselbe wird darüber
einen eigenen Bericht erstatten. — Herr L. Wittmack hob hervor, dass
namentlich eins der grösseren Exemplare eine prachtvoll gelbe Farbe
zeige und dass diese Form sicherlich eine gute Handels- bezw. Teppichpflanze. werden könne. — Herr Lindemuth bemerkte, dass nicht alle
Pflanzen ausgepflanzt höher wachsen als im Topf, gerade Malvastrum
capense zeige das Gegenteil und ebenso auch Pilea muscosa. Diese
wird im Topf ziemlich hoch und bängt über, dagegen im Freien bleibt
sie niedrig; in Zürich sah er sie einmal als Teppichpflanze, sie braucht
dann gar nicht geschnitten zu werden und färbt sich intensiv rotbraun.
— Herr Gartenbaudirektor Brandt: In der Kgl. Gärtnerlehranstalt ist
ein ganzes Beet mit Pilea muscosa bepflanzt.

4. Herr Gärtnereibesitzer Wienholtz-Gr.-Lichterfelde, Zehlendorfer-
strasse, stellte eine Anzahl Sämlinge von Aster Amellus aus, unter denen
eine prachtvoll rosarote Sorte, die zugleich eine schöne Lichtfarbe besitzt,
allgemeinster Verbreitung für wert befunden wurde. Herr Schwarzburg
betonte, dass eine so schöne grossblumige, herrlich gefärbte Varität

unter all den vielen Herbstastern, die der Verein vor einigen Jahren habe für sein Versuchsfeld kommen lassen, nicht gewesen sei und hofft, dass es Herrn Wienholtz gelingen werde, nun noch weitere schöne Varietäten zu erzielen. — Herr Klar bemerkte, dass die Herbstastern, welche der Verein s. Z. von Lille in Lyon bezogen habe, als Pflanzen gekauft seien, nicht als Samen; sie konnten daher nicht so variieren.

5. Von der Firma Gebr. Siesmayer, Hoflieferanten, Gartenarchitekten in Frankfurt am Main-Bockenheim, welcher seit vielen Jahren die Unterhaltung der Kuranlagen und des Parkes in Homburg vor der Höhe (wie auch die vieler anderer Badeorte) übertragen ist, waren grosse Photographien des am 19. August enthüllten Denkmals I. M. der Kaiserin Friedrich, des ihm gegenüberstehenden Denkmals des Kaisers Friedrich, eines Teppichbeetes zwischen beiden Denkmälern, mit dem herrlichen Blick auf den Hardtwald von diesem Teppichbeet aus und der prächtigen, alle Welt entzückenden Gartenanlagen an dem berühmtesten Brunnen Homburgs, dem Elisabethbrunnen, nebst Detailzeichnungen übersandt. Die Photographien waren von Herrn Philipp Siesmayer selber in geradezu meisterhafter Weise mit einem grossen, eigens für die Firma von der berühmten optischen Werkstatt von Zeiss in Jena angefertigten photographischen Reiseapparat ausgeführt, und kein Fachphotograph hätte sie schöner machen können. — An der Diskussion über die Homburger Anlagen beteiligten sich die Herren Lackner und städtischer Obergärtner Weiss sowie L. Wittmack.

6. Herr Garteninspektor O. Purpus-Darmstadt hatte 2 Photographien einer von seinem Bruder in Unterkalifornien entdeckten und benannten neuen Palme: Erythea Brandegei, C. A. Purpus übersandt. Die Beschreibung wird in der Gartenflora gegeben werden.

7. Herr Obergärtner Beuster übergab aus dem Garten des Herrn Dr. von Siemens in Biesdorf für das Museum der Landwirthschaftlichen Hochschule den noch nicht völlig entwickelten Blütenstand einer Musa Ensete, welche im Freien ausgepflanzt war und jetzt den Blütenschaft getrieben hatte. Trotzdem der eigentliche Kolben erst 35 cm lang war, wie sich auf dem Längsschnitt ergab, hatten die unteren weiblichen Blüten doch schon einen Fruchtknoten von 4 cm Länge.

III. Herr Kgl. Garteninspektor Perring, welcher mit einem Vortrage über eine Reise ins Engadin zunächst auf der Tagesordnung stand, ersuchte diesen Gegenstand bis zur nächsten Sitzung zu vertagen, da die verschiedenen Ausstellungsberichte, welche noch auf der Tagesordnung sich befänden, eiliger seien. — Infolgedessen erhielt nun das Wort Herr Hofgärtner Hoffmannn zu einem sehr interessanten Bericht über die Erfurter Ausstellung, welcher besonders abgedruckt werden wird. L. Wittmack ergänzte den Bericht noch bezüglich der trefflichen Ausstellung der Deutschen Dahliengesellschaft, von der Herr Hoffmann, als ihr Präsident, in bescheidener Weise nur wenig gesprochen hatte, sowie inbezug auf die geschmackvollen Bauten.

IV. Herr Gärtnereibesitzer Dietze schilderte hierauf die Blumenausstellung in Steglitz, welche hauptsächlich eine Liebhaber-Ausstellung sein sollte und das im wesentlichen auch war. Ein Bericht darüber wird folgen.

V. Schliesslich berichtete Herr Gartenbaudirektor Lackner über die Liebhaber-Ausstellung in Frankfurt a. M., an der sich auch viele Aquarien-Liebhaber, sowie herrschaftliche ja selbst fürstliche Gärtner (Friedrichshof) beteiligten, so dass man dort den Begriff Liebhaber viel weiter gezogen hatte als bei uns. Ganz besonders schön waren die Waserpflanzen von Herrn Henckel-Darmstadt uud vor allem die Nelumbien des Herrn Hofgärtner Dittmann in Darmstadt. — Herr Lackner und L. Wittmack schilderten die einfache Art der Kultur der Nelumbien bei Herrn Dittmann. (Beschrieben Gartenflora 1901 S. 522, vergl. auch S. 540). — Ein spezieller Bericht über diese Ausstellung folgt.

Herr Bluth bemerkte mit Bezug auf die primitive Einrichtung des Nelumbien-Hauses des Herrn Dittmann und seiner trotzdem grossartigen Erfolge, dass ähnlich in dem früheren Botanischen Garten zu Dresden der Obergärtner Schröter die Victoria regia in einem gewöhnlichen Wasserfass von vielleicht $1^1/_2$ m Durchmesser zur herrlichsten Blütenentwickelung brachte. Das Wasser wurde einfach dadurch warm gehalten, dass man jeden Abend 10—12 Giesskannen heisses Wasser hineingoss. Die Blätter waren nicht kleiner als in unseren Viktoriahäusern, kamen aber über den Fassrand weit hinaus. Die Pflanze blühte den ganzen Nachsommer. Man sieht, es lässt sich auch mit einfachen Mitteln viel erreichen, wenn man nur beachtet, welche Eigentümlichkeiten eine Pflanze hat.

VI. Aufmerksam gemacht wurde auf die geschmackvolle Dekoration im Laden des Herrn Koschel-Charlottenburg, Joachimsthalerstrasse 4, und mitgeteilt, dass Herr Beyrodt-Marienfelde, in einigen Wochen zur Besichtigung seiner grossartigen Orchideenhäuser einladen werde.

Das Preisgericht, bestehend aus den Herren C. Mathieu, Mehl und Puhlmann, hatte folgende Preise zuerkannt:

1. Herrn Kommerzienrat Bolle (Garteninspektor Greinig), Marien-Hain bei Köpenick, für Obst eine grosse silberne Medaille.
2. Herrn Wienholtz-Gr.-Lichterfelde, für neue Farben von Aster Amellus eine kleine silberne Medaille.
3. Herrn G. Bornemann-Blankenburg a. Harz, für abgeschnittene neue Dahlien ein Anerkennungsdiplom.

VII. Aufgenommen wurde als wirkliches Mitglied der Gartenbauverein in Eupen (Rheinprovinz).

C. Lackner.   L. Wittmack.

Vorläufiger Bericht über die XV. Hauptversammlung des Vereins deutscher Gartenkünstler zu Breslau.*)

Am 24. August vormittags um 9¼ Uhr eröffnete im grossen Sitzungs-saal des Provinzial-Landhauses zu Breslau der 2. Vorsitzende Herr Landschaftsgärtner Klaeber-Wannsee in Vertretung des infolge dienstlicher Behinderungsgründe nicht anwesenden 1. Vorsitzenden, die 15. Hauptversammlung. Als Vertreter der Behörden waren in Vertretung des Landeshauptmannes Freiherrn von Richthofen, Landesrat Gräger, Oberbürgermeister Dr. Bender, Stadtrat Milch, Kämmerer Körte und mehrere Stadtverordnete erschienen. Alsdann hiess Landesrat Gräger die Versammlung aufs herzlichste willkommen, während Herr Oberbürger-meister Dr. Bender den Gruss der Stadt Breslau in beredten und warmen Worten entbot. Als Vorsitzender der Gruppe Schlesien begrüsste dann noch Herr Städt. Gartendirektor Richter-Breslau die Erschienenen. Nach Erledigung der geschäftlichen Angelegen-heiten und Erstattung des Jahresberichtes und der Abrechnung für 1901 wurden der Königliche Gartenbaudirektor Bertram-Dresden und der Städtische Gartendirektor Hampel-Leipzig einstimmig zu Ehrenmit-gliedern ernannt. Ferner erfolgte die Ernennung des Gartenarchitekten Finken-Köln a. D., Grossh. Garteninspektors Hartwig-Eisenach, Stadt-garten-Direktors Heiler-München, Gartenarchitekten Mossdorf sen.-Leipzig, Obergärtners Schütze-Breslau, Kaiserlichen Gartendirektors Siesmayer-Petersburg, Sprenger-Vomero-Italien und Landschafts-gärtner Vogeler-Charlottenburg zu schriftwechselnden Mitgliedern.

Bei dem nächsten Punkt der Tagesordnung „Endgültige Feststellung der Gebührenordnung" leitete Gartendirektor Bertram den sich lang aus-dehnenden und in heisser Redeschlacht ausartenden Meinungsaustausch ein und berichtete über die Verhandlungen, die in der zur Vorberatung dieser Frage gewählten Kommission, stattgefunden hatten. Hierauf nahmen der Königl. Kurgärtner Singer-Kissingen und Friedhofsverwalter Beitz-Köln das Wort und verteidigten den von der Gruppe Rheinland eingebrachten Entwurf zu einer Gebührennorm, welcher eine Umgestaltung erfahren hatte und der ebenfalls im Druck vorlag. Nunmehr erläuterte der Schriftführer den vom Vorstande ausgearbeiteten Entwurf. Nachdem dann noch Möller-Erfurt und Weiss-Berlin sich geäussert hatten, wurde zur Abstimmung geschritten und die von der Vorstandschaft gemachte Vorlage mit 45 gegen 25 Stimmen angenommen; 6 Stimmen hatten sich der Abgabe enthalten.

Hierauf erfolgte eine anderthalbstündige Pause, während welcher in den Restaurationsräumen das von der Stadt Breslau dargebotene vor-trefflich zubereitete Frühstück eingenommen wurde. Nach Wiederauf-nahme der Beratungen wurde gemäss der Berichterstattung des Land-schaftsgärtners Wendt-Berlin der Vertrag mit der Verlagsbuchhandlung von Gebrüder Bornträger, betreffend die Drucklegung der Gebühren-

---

*) Aus Mangel an Raum verspätet. Inzwischen ist der ausführliche Bericht bereits erschienen, musterhaft schnell. L. W.

ordnung angenommen. Bei dem nächstfolgenden Punkte der Tagesordnung „Stellung der Gruppen im Verein", der auf Antrag des Vor-
standes zuerst allgemein ohne besonderes Eingehen auf die einzelnen
Unteranträge besprochen wurde, nahmen die Berichterstatter Beitz-
Köln, Friedhofsinspektor Erbe-Breslau und Königlicher Obergärtner
Rotlenheuser-Elberfeld das Wort und begründeten die von den Gruppen
Rheinland und Schlesien gestellten Anträge. Seitens des Vorstandes
wurde ganz entschieden das Wort gegen die beabsichtigte Zwangsgliede-
rung und Erhöhung des Beitrages auf 16 M. das Wort geredet, dem sich
Bertram-Dresden, Krütgen-Halle und Möller-Erfurt anschlossen.
— Der Antrag wurde alsdann abgelehnt. Desgleichen wurde die Besprechung des Vorschlages, die Satzungen dahingehend zu ändern, dass
in Zukunft alle Anträge sechs Wochen vorher der Hauptversammlung
einzureichen wären, damit den einzelnen Gruppen Gelegenheit zur Beratung derselben gegeben werde, nach kurzem Meinungsaustausch von
der Tagesordnung abgesetzt. Den Schluss bildete der gehaltvolle Vortrag
des Herrn Scholtz-Breslau über niedrig bleibende Coniferen.

Nunmehr wurden die Gefährte bestiegen und in langer Wagenreihe
Breslau durchfahren, um nach Besichtigung des Südparks das Festdiner
in dem Parkrestaurant einzunehmen. Herr Stadtrat Milch-Breslau, der
Promenaden-Dezernent, brachte in schwungvollen, die Verdienste unseres
Monarchen um die Gartenkunst rühmenden Worten das Hoch auf den
Kaiser aus. Gartendirektor Richter gedachte namens der Gruppe
Schlesien der in so grosser Zahl erschienenen Mitglieder, während
Klaeber-Wannsee dem gastfreundlichen Breslau sein Glas weihte.

Der zweite Tag war zunächst der Besichtigung der städtischen Anlagen gewidmet. In grosser Zahl hatten sich die Mitglieder mit ihren
Damen am Kaiser Wilhelm-Denkmal eingefunden. Unter Führung des
rastlosen und bis zu später Stunde nicht ermüdenden, allerseits zu Auf-
klärungen bereiten Städt. Gartendirektors Richter wurde ein Rundgang
über die Promenaden am Schweidnitzer Stadtgraben, die Liebichshöhe
— welche am Abend vorher beim Begrüssungstrunk in bengalischem
Lichte erstrahlte und damit weithin der Bürgerschaft das Eintreffen der
Gartenkünstler verkündete — Kaiserin Augustaplatz, die Holteihöhe, nach
dem mit Fahnen und Blumengewinden so reich ausgestatteten, von Poesie
und Idylle in trauter Gemeinschaft angehauchten Heim des Gartendirektors
Richter. Ein stärkender Imbiss und erfrischender Trunk wurden hier
den Gästen dargeboten, wofür der Vorsitzende den Dank abstattete,
indem er des Gastgebers und seiner Familie in herzlichsten Worten gedachte. Ein weit über die Grenzen des Grundstücks hinaus erschallendes
Hoch gab beredtes Zeugnis von der Anerkennung, die man dem freundlichen Gastgeber mit innigem Dank und freudigem Gefühl auch zollen
konnte.

Nachdem dann noch dem Wunsche des Gastgebers, eine photo-
grahische Aufnahme von der Gesellschaft, welche aus 140 Personen bestand, machen zu dürfen, entsprochen worden war, wurden wieder die,
am heutigen Tage zu Ehren der mit an der Fahrt teilnehmenden Damen
mit grossen Blumensträussen geschmückten Equipagen bestiegen, um

vom Lessingplatz aus eine Rundfahrt über den äusseren Stadtgraben, den Museumsplatz, die Tauentzienstrasse, den Tauentzienplatz, die Schweidnitzer Strasse, die Nikolaistrasse, den Königsplatz, den Blücherplatz, den Ring, Hintermarkt, über die Oderbrücke und durch die Rosenthalerstrasse nach dem Schiesswerder zu unternehmen.

Im kleinen Saale des Schiesswerders wurden die Verhandlungen wieder aufgenommen. Kurz nach Eröffnung derselben traf Herr Landeshauptmann Freiherr von Richthofen ein, um als Ehrengast den Verhandlungen und den darauf folgenden Vorträgen beizuwohnen. Einleitend referierte Stadtobergärtner Engeln-Breslau über die Zweckmässigkeit des obligatorischen Fortbildungsschulunterrichts für die Lehrlinge der Gärtnerei. Der Berichterstatter, welcher ursprünglich beantragte, zwecks Einführung des Unterrichts sich an das zuständige Ministerium behufs Erlassung einer diesbezüglichen Vorschrift zu wenden, zog nach dem Widerspruch des Vorstandes seinen Antrag zurück. Dagegen wurde einer Resolution zugestimmt, dass die Versammlung den Wert einer besseren Ausbilduug der Lehrlinge für den allgemeinen Gärtnereibetrieb anerkenne.

Der Haushaltungsplan für das Jahr 1902 wurde alsdann gemäss der vom Schatzmeister gemachten und vorgetragenen Aufstellung genehmigt und auf Antrag des Gartendirektors Heiler-München, welcher als Delegierter des Magistrats der Stadt München eine Einladung desselben überbrachte, diese Stadt als Vorort für das Jahr 1903 gewählt. Zur Wahl der Ausschüsse übergehend, wurden auf Antrag des Gartenarchitekt Pietzner-Breslau die bisherigen Mitglieder mittels Zuruf wiedergewählt; desgleichen der bisherige Vorstand. Anstelle des verstorbenen Gartendirektors Kowaleck-Köln wurde dagegen der Königl. Garteninspektor Bouché-Bonn als dritter Vorsitzender auf Vorschlag des Vorstandes einstimmig angenommen, desgleichen wurde der Redakteur Stadtobergärtner Clemen-Berlin auf weitere zwei Jahre bestätigt. Zum Schluss nahm dann noch Gartenarchitekt Pietzner-Berlin das Wort, um darauf hinzuweisen, dass bei der bevorstehenden Neuregelung des Urheberrechts auch dem Schutze des geistigen Eigentums an gartenkünstlerischen Zeichnungen näher getreten werden möge. Der Vorstand machte die Zusage, sich dieser für die Gartenkunst so bedeutsamen Angelegenheit anzunehmen.

Mit der Verlesung und Genehmigung der von dem zweiten Schriftführer Landschaftsgärtner Klawun-Lichterfelde bei Berlin geführten Niederschrift war der geschäftliche Teil der Versammlung erledigt. Ein herzlicher Dank seitens des Vorsitzenden für die rege Teilnahme an den Beratungen mit dem Ersuchen, diese auch auf die nunmehr stattfindenden Vorträge zu übertragen, leitete diesen Teil ein. Gartenarchitekt Pietzner-Breslau sprach über „Ziele und Fortschritte der heutigen Gartenkunst". Dem folgte der Vortrag des Königl. Gartenbaudirektors Göschke-Proskau über „Interessante Gärten Oberschlesiens", während zum Schlusse Garteningenieur Glum-Berlin das Thema „Die Technik des gärtnerischen Planzeichnens unter Berücksichtigung der geschichtlichen Entwickelung desselben" behandelte.

Nach der Sitzung wurden die gärtnerischen Anlagen des Schiesswerders besichtigt und dann ein gemeinschaftliches Mittagsmahl daselbst
eingenommen. Während desselben wurde auf den Vorsitzenden des
Vereins, den städt. Garteninspektor Fintelmann-Berlin ein Hoch ausgebracht und an denselben ein telegraphischer Gruss entsandt. Nach
Anerkennung der sich in ausserordentlich reger Weise beteiligten Lokal-
presse wurde die Tafel aufgehoben und der im städtischen Hafen bereit-
liegende Dampfer bestiegen. Die Fahrt ging durch den Hafen und Um-
gehungskanal durch die Hundsfelder Brücke, wo sich ein Blumenregen
über die Festteilnehmer ergoss, nach der Landungsstelle an der Fürsten-
brücke. Nunmehr wurde die Wanderung durch den Scheitniger Park
unternommen und der Tag mit einem zwanglosen, geselligen Zusammensein im Zoologischen Garten beschlossen. Wenn nun allen denen,
welchen das Schicksal nicht vergönnte, diesen Tagen in Breslau dem
Verein ihre Teilnahme durch ihre Anwesenheit zu bezeugen, hier ver-
raten wird, dass von Anfang an heiterer Sonnenschein über der Erde
lag und — man möchte behaupten — auch nicht ein einziges trübes
Wölkchen den Himmel bedeckte, so wird die Ueberzeugung verständlich
sein, dass es bei der frohen Stimmung, die durch die allbekannte
„schlesische Gemütlichkeit" genugsam erläutert wird und ohne Ausnahme von morgens früh bis zur späten Abendstunde herrschte, schöne
Tage waren, deren Erinnerung bei allen Teilnehmern nie erlöschen
dürfte.

Ein Führer durch Breslau und ein allen Teilnehmern gewidmetes
Ansichtsalbum werden das Andenken an die 15. Hauptversammlung
jederzeit wach halten. Der Gruppe Schlesien aber schon heute innigen
Dank für alle die Mühen und Aufopferungen abzustatten, dürfte als Ehren-
pflicht anzusehen sein.

Um $\frac{1}{2}$ 9 Uhr Treffpunkt am Rathause und nachmittags gemeinsame
Fahrt nach Sybillenort, woselbst durch soeben eingegangenes Schreiben
uns seitens der Hofverwaltung Wagen zur Verfügung gestellt sind, ist
für heute, den dritten Tag, das Programm. Herrliches Wetter lagert
über Schlesiens Hauptstadt und giebt der Hoffnung Ausdruck, in un-
geschwächter Zahl auch heute die Besichtigungen unternehmen zu können.

W.

Der König von Sachsen liess die Teilnehmer an dem Ausflug nach
Sibyllenort daselbst nach dem Schlosse in von der Hofverwaltung gestellten Wagen befördern und dort gastlich bewirten. Ausserdem fand
noch eine Fahrt nach Fürstenbrunn statt, wo die Badeverwaltung ein
grosses Abendessen gab und schliesslich nahmen einige Teilnehmer noch
Proskau in Augenschein.

Die Erfurter Gartenbau-Ausstellung vom 6. bis 14. September 1902.

Von Hofgärtner Hoffmann.

(Hierzu 2 Abbildungen.)

1876 letzte internationale Gartenbau-Ausstellung und 1902 erste lokale Gartenbau-Ausstellung in Erfurt. 26 Jahre Zwischenraum. Welch an sich geringes Zeitmass und doch wie erheblich der Unterschied zwischen damals und jetzt! Wie schnell ist diese Zeit an unseren Blicken vorüber gerauscht, eine wie lebendige Illustration zu dem Worte des Dichters: „Die Jahre fliehen pfeilgeschwind". Damals noch unsere allverehrte Kaiserin Augusta in höchst eigener Person, heut ein Beamter Sr. Majestät, Exzellenz von Boetticher, Ober-Präsident der Provinz Sachsen, die Ausstellung eröffnend. Und wo sind die damaligen Vertreter vieler in ihrem Fache so hervorragender Namen? — dahingezogen! Aufgegeben jenes so stolze Wort „international" und verwandelt in den so einfachen Begriff eines rein örtlichen Unternehmens. Freilich sind die örtlichen Zustände Erfurter Gärtnereien heut so aus sich heraus gewachsen, dass man es wohl wagen konnte, eine Ausstellung auf dem Gebiete des Gartenbaues zu errichten, und stand somit die Deutsche Dahlien-Gesellschaft mit ihren jährlichen Ausstellungs-Unternehmen eigentlich hier nur an Gevatters Statt. Zwar ist das Gelände des Steigerwaldes von damals auch heute noch „Eldorado" eines Ausstellungsplatzes geblieben. Und mit Recht! Denn diese einzig schöne Lage, die von sanft im Westen und Südwesten der Stadt ansteigender Höhe den Blick weit über die Stadt und das sie umgebende Gelände zu werfen gestattet, ist nach wie vor zu solchen Zwecken prädestiniert. Nur war für den vorliegenden Fall die betreffende Fläche mehr eingeengt, indess 3000 ☐m bieten schon einen recht erheblichen Raum. Doch wenn auch die natürliche Waldanlage als Hintergrund eine denkbar schöne Landschafts-Kulisse bot, war doch die Figur des betreffenden Terrains lang, schmal, teilweise schroff den Berg aufsteigend. Herr Linne, Garten-Direktor der Stadt Erfurt, hatte es mit grossem Geschick und Geschmack verstanden, hier eine angenehme, schöne Anlage zu schaffen, von der nur zu bedauern bleibt, dass der Grund- und Bodenbesitzer, die Erfurter Schützengilde, dieselbe nicht weiter zu unterhalten gesonnen ist. Die Einteilung der Fläche ergiebt sich fast von selbst in drei Abteilungen: Ein unterer mit dem Eingang durch eine Empfangshalle verbundener ziemlich ansteigender Teil, der darauffolgende ein verhältnismässig dazu horizontal gelegenes Parterre, und als dritte Abteilung wiederum eine ziemlich stark ansteigende Anhöhe, deren oberer Punkt uns teilweise den Genuss des herrlichen Panoramas über Stadt und Land bietet. Ein kurzer Rundgang, in allgemeinen Zügen Erwähnenswertes hervorhebend, gestatte uns einen etwas näheren Einblick in dieses so gut gelungene und zum Teil höchst interessante Ausstellungsbild in Erfurt, spezifisch Erfurter Gärtnereien.

Zunächst die Empfangshalle im untersten Absatz betretend, begrüssen uns hier grosse Makarts-Arrangements der Firma H. L. Chrestensen. Einige Stufen hinauf zeigt sich unseren Blicken das ein grosses Schneegebirge im tiefen Süden darstellende Diorama im Hinter-

grunde, zu dem die vor dem Bilde im freien Grunde ausgestellten Palmen-
und Blattpflanzengruppen der Firma J. C. Schmidt eine passende Ueber-
leitung bilden. Das Ganze gewann bei elektrischer Beleuchtung des
Abends, helles Licht und tiefen Schatten.

Zu beiden Seiten in dieser Empfangshalle, oberhalb, hatte die Firma,
ihrer alt bewährten Tradition folgend, verschiedene Blumen-Arrangements
ausgestellt, unter denen namentlich eine Festtafel mit Porzellanfiguren,
in der Art von Flammentänzerinnen, verbunden durch elektrische bunt-
gefärbte kleine Lampions, einen flotten, künstlerisch wirksamen Eindruck machte.

An diese Empfangshalle schloss sich noch auf demselben Abteil
eine zweite grössere, langgedehnte Halle, die Haupthalle, die infolge des
im Innern ansteigenden Geländes zu einer ausserordentlich perspektivischen
Wirkung sich gestaltete. Hier war vornehmlich die Firma Haage und
Schmidt als Dekorateur aufgetreten und bot uns eine reiche Fülle der
im Geschäft z. Zt. in Kultur befindlichen Kalt- und Warmhauspflanzen. Lilien,
Blattpflanzen, Begonien u. s. w. Trefflich zeigten die hier wie in dem
weiter oben befindlichen kleinen Wasserfall mit Wasserbecken zur Schau
gestellten zahlreichen Wasserpflanzenarten und -Sorten das gärtnerische
Können des heutigen Chefs der Firma, des Herrn Karl Schmidt.

Unmittelbar an diese Stelle anschliessend treffen wir dann in dem
von der Firma Schramm in Erfurt erbauten eisernen Gewächshause
eine Anzahl auserlesener Topfpflanzen der Firma E. Benary an.
Das betreffende Haus, mit allen Erfordernissen der Neuzeit ausgestattet,
elektrischer Beleuchtung, Lüftung, Treppenstellagen, Warmwasserheizung
nebst Kesselhaus (Schramm'scher Heizkessel No. 2) versehen, bot bei
höchst solider, einfacher Konstruktion so recht den Typus eines modernen
Gewächshauses. Und die Pflanzen in demselben liessen sich es recht
wohl sein; sie waren hier in der That gut aufgehoben.

Nach dem zweiten Absatz gelangend, führte uns der Weg an einer
kleinen Schlucht mit Felsgrotten vorüber. Diese Stelle hatte sich
Fr. Anton Haage ausersehen, um einen kleinen Teil seiner schönen
und teilweise recht seltenen Kakteen und Agaven uns vorzuführen. Auf
dem horizontal gelegenen Paterre finden wir dann zu beiden Seiten
grössere Schauhäuser. Das eine rechter Hand enthielt die Schätze
der Mitglieder der Deutschen Dahlien-Gesellschaft; die beiden,
linker Hand gegenüber befindlichen Hallen waren den Schnittblumen-
Sortimenten Erfurter Handelsgärtnereien N. L. Chrestensen, Chr. Lorenz,
O. Putz, Fr. C. Heinemann, Stenger & Rotter, E. Liebau & Co.,
E. Benary, J. C. Schmidt, Haage & Schmidt u. a. mehr, gewidmet.
Und die dazwischen liegenden grösseren Flächen beherbergten einmal
unmittelbar vor der einen Schnittblumenhalle ein grösseres, sehr schön
arrangiertes Kakteen und Succulenten-Beet der Firma Haage & Schmidt,
sodann ausgepflanzt die in Erfurt in so grossen Mengen gebauten Sorti-
mente annueller Pflanzen: Astern, Phlox, Lathyrus, Begonien, Lobelien,
Tropaeolum, Delphinien, Dianthus, Gaillardien, Verbenen, Myosotis u. s. w.
in neueren und neuesten Züchtungen. Die andere, unmittelbar vor der
Dahlien-Halle liegende Fläche war hingegen mit im Freien ausgepflanzten

Abb. 112. Die Gartenbau-Ausstellung in Erfurt.

Blick von innen auf die Eingangshalle (rechts) und die am Abhange sich hinaufziehende Haupthalle (links). Davor eine Gruppe von Musa Ensete, unterpflanzt mit Salvia splendens und Ageratum mexicanum von E. Benary. Im Vordergrunde Teppichbeet von J. C. Schmidt. Photographiert von Hugo Sonntag, i. F. K. Fester, Hofphotograph, Erfurt.

Dahlien geschmückt, die in ihrem farbenprächtigen Blumenflor der Firma Kohlmannslehner-Britz alle Ehre machten.

Zum dritten Absatz zählen wir sodann rechter Hand die beiden Zelte, eins von H. L. Chrestensen, der hier neben seinen neuesten Züchtungen in Halmfrüchten gleichzeitig auch eine reichhaltige Sammlung neuerer und bester Gemüsesorten aller Art ausgelegt hatte. Das zweite Zelt beherbergte ausschliesslich Gemüseartikel für das freie Land wie zu Treibzwecken, von E. Benary; eine in ihrer Art einzig dastehende Mustersammlung fast sämtlicher im Handel befindlicher Gemüsearten. Ein drittes Zelt oben linker Hand zeigte uns dann noch die Gemüse und landwirtschaftlichen Produkte der Firma J. C. Schmidt in reichster Auswahl und vorzüglicher Ausbildung. Dazwischen hindurch lagerten auf freiem ansteigendem Rasengrunde Gemüse aller Art und Gattung Erfurter Firmen, wie von Oskar Knopf, Stenger & Rotter, Otto Putz, F. C. Heinemann, der verschiedenen Firmen des altbewährten Namens Haage, E. Liebau u. a. m., welche nicht nur ein malerisch lachendes Bild boten, sondern vor allem Zeugnis ablegten, auf welch hoher Stufe der Gemüsebau Erfurts und seiner Umgebung sich befindet.

Es ist dieser Gegenstand allein einer besonderen Darstellung späterer Zeit vorbehalten.

Gewissermassen als Einrahmung zu den farbenprächtigen Blumengruppen, welche durch das ganze Rasengelände der Ausstellung hier in üppiger Fülle vertreten waren und zwar in kleineren wie grösseren Sammlungen von Rosen, Fuchsien, Lilien, Begonien, Pelargonien, Hortensien, Celosien, Bougainvilleen u. s. w. waren linker Hand auf Absatz zwei zumeist Baumschulartikel ausgepflanzt, deren Hauptanteil wohl von den Firmen: J. C. Schmidt, Stenger & Rotter, E. Liebau & Co., Weigelt & Co. getragen wurde. Aber auch hier an diesem Rahmenschmuck hatten sich wiederum die Firmen E. Benary und Haage & Schmidt in reicher Weise teils mit Stauden und Teppichpflanzen, teils mit seltenen Neubolländer Pflanzen beteiligt. Die Baumschulartikel Erfurts treten uns hier als eine neue Errungenschaft entgegen und das, was wir davon gesehen, namentlich auch das Töpfobst von J. C. Schmidt, legte ebenfalls ein günstiges Zeugnis für den sie ernährenden Boden ab. Nicht unwahrscheinlich ist es, dass gerade Baumschul-Artikel in abwechselndem Betriebe mit Florblumen und Gemüsezucht auf dem Erfurter Boden noch einmal eine besondere Rolle zu spielen berufen sein dürften.

Unter der Fülle des Dargebotenen seien denn nur noch im wesentlichen zwei Punkte hervorgehoben: die neueren oder sonst beachtenswerten Pflanzen und die Dahlien-Ausstellung.

Zunächst auf dem Gebiete der Topfpflanzen - Neuheiten verzeichnen wir:

Campanula Mayi, eine fragilis Varietät, die von Bornemann, Sauerbrey und Kohlmannslehner gleichzeitig hier vorgeführt wurde. eine sehr hübsch belaubte, blaublühende Art.

Lisianthus Russelianus, blau, grossblumig. von E. Benary vorgeführt, eine alte Pflanze, welche bisher noch wenig im Handel.

Abb. 118. Die Gartenbau-Ausstellung in Erfurt.

Blick über den unteren ansteigenden Teil. Im Vordergrunde Gruppe aus Begonia semperflorens: Fleur de neige, Abondance, nana compacta, Vulkan etc. von Liebau & Co. Rechts ist ein Stück der Halle für die Deutsche Dahliengesellschaft sichtbar, links Pavillon für den Blumenverkauf von J. C. Schmidt. Davor Nicotiana colossea fol. var. von Liebau & Co., Salvia patens von Stenger & Rotter, gefüllte Petunien von Haage & Schmidt, Pelargonium Paul Crampel von Wilh. Brembach u. s. w. Photographien von Hugo Sonntag, i. F. K. Fesige, Hofphotograph, Erfurt.

Aralia Amboinensis, von Sauerbrey-Gotha, eine besonders ihrer Blüte halber sehr effektvolle Araliacee, sehr selten.

Begonia Bertini, hell scharlach, von Haage & Schmidt in den Handel gebracht, zur Gruppe der Gloire de Lorraine, Graf Zeppelin u. s. w. gehörig.

Pelargonium zonale „Paul Crambel", von E. Brembach-Erfurt vorgeführt, mit feurig leuchtender Blume.

Unter den Beetpflanzen:

Begonia Martiana, eine alte schöne Pflanze, rosa, pyramidal gebaut, in der Gruppe Erfurter Handelsgärtner.

Bellis perennis maxima, fl. pl. von E. Benary, eine grossblumige weisse Bellis.

Tritoma „Express", Hybride von T. Tuckii, die frühblühend und üppig im Wachstum sein soll, von Ahrends-Ronsdorf.

Papaver nudicaule, mit rotem inneren Ring gezeichnet, von demselben Aussteller.

Campanula carparthica „Riverslea" dunkelblau, ebenso die Varietät pelviformis, weiss lila, mit nach unten gelegten Petalen.

Topfchornelke Remontant „Königin Wilhelmine", rosa, und Neck, lachsfarbig-rosa, gut zu verwendende Blume, beide von H. Thalacker-Gohlis.

Watsonia Ardenei, eine rein weisse gladiolusähnliche Capzwiebelart, von demselben.

Salvia splendens „Triumph" von Pfitzer, grossblumiger und dankbarer wie Präsident Garfield.

Veronica longifolia subsessilis, blaublühend, von Sauerbrey-Gotha.

Zinnia elegans fl. pl. minima, niedrig, in allen Farben von Chr. Lorenz.

Clematis rubella „Ville de Lyon" mit rot-weisser Blume von Goos & Koenemann-Nieder-Walluf.

Unter den Stauden und Annuellen fielen namentlich verschiedene neue Züchtungen in Astern auf. So u. a. Aster Miss Alice Roosevelt, fleischfarben, von O. Putz-Erfurt; Aster, Zwerg-Igel, karmin, niedrig, von N. L. Chrestensen; desgl. Zwerg-Nadel-Aster, niedrig, rot, von demselben Aussteller. Aster hybridus, Madm. Soymier, niedrigste von allen, von H. Junge-Hameln.

Ferner: Scabiosa caucasica perfecta, blau, grossblumig, sowie Rudbeckia purpurea und maxima, zwei Züchtungen von Köhler & Rudel-Windischleuba; Thalictrum rubellum, von Bornemann; Delphinium sibiricum Hybriden, stahlblau, von H. Junge-Hameln.

Oenothera speciosa, rosa von Ahrends-Ronsdorf.

Erigeron hybridum superbum, blüht frei und dankbar, von Ahrens-Ronsdorf.

Delphinium elatior hybr. Maxime du Camp, grossblumig, dunkelblau, sowie var. Lady Ester Goger, gelbblühend, von demselben Aussteller.

Dianthus plumarius „Marktkönigin", weiss, von J. Sturm.

An Gemüsen: Erbse, neue Victoria, früheste krummschotige Säbelerbse.

Kartoffeln: Maikönigin, beste frühe up to date, rein weisse Topas, späte weisse, alle vier von N. L. Chrestensen.

Stangenbohne, japanische, 3—4 cm breite Schote, fleischig, von E. Benary.

Unter den, im Ganzen 24 Ausstellern der Dahlien-Halle, traten mit Dahlien-Sortimenten hauptsächlich hervor: Goos & Koenemann-Nieder-Walluf, Kohlmannslehner-Britz, Deicker & Otto-Langenweddingen, Bornemann-Blankenburg, Max Deegen-Köstritz, Nonne & Hoepker-Ahrensburg, Ansorge-Kl.-Flottbeck bei Hamburg, O. Putz-Erfurt, Severin, Kremmen bei Berlin.

Deicker & Otto-Langenweddingen: Flora Dora, dunkelpurpur.

P. Klos-Badenweiler: Div. Züchtungen eigener Wahl, leider noch unbenannt.

Chr. Lorenz-Erfurt: Fee, rosa, mit langen Petalen, Blume mit straffem Stiel; Dr. Lorenz, rosa mit gelblicher Mitte.

O. Putz-Erfurt: Deutscher Sieger, dunkelviolett; van der Daehlen, weiss mit zart lila, holländische Züchtung.

Andrerseits enthält aber das für die Schönheits-Konkurrenz aufgestellte Muster-Sortiment an 73 Nummern neuere und neueste Dahlien-Züchtungen, deren Mitteilung wir in Kürze dahin beschränken: Jugend hellcarmin; Loyalty carmin, Ethel gelb; Wwe. Haake [b],*) rosa mit weiss; Nymphaea, rosa mit gelb; Octopus, lila mit weiss; Innovation, rot mit weiss; Delicata [b], rosa mit weiss; Sonnenstrahl, gelb; Arachne, weiss mit rot; Libelle, dunkelblau; Sir John Goddard [b], carmin; Exquisite, hell fleischf.; Gloriosa, dunkelcarmin; Fasan, dunkelrosa und karmin; Magnificent [b], chamois; Graf Waldersee [b], lila mit weiss; Britania [b], chamois; Electra, lila; Olinde [b], rosa; Lord Roberts, weiss; Volker, schwefelgelb; Sakuntala, chamois-lachsfarbig; Uncle Tom, schwarzbraun; Lotte Kohlmannslehner, weiss mit etwas gelblicher Mitte; Hohenzollern [b], gelbrot; Carmen Sylva, terracotta mit violett; Mstr. Carter Page, dunkelcarmin; Dekoration, gelb; Deutscher Sieger, dunkelviolett; Beatrice, lila; Holsatia, hellkarmin; Geiselher, rubinrot; J. W. Williamson, dunkelstahlblau; Flora Dora, dunkelpurpur; van der Daehlen [b], weiss mit zart lila; Wheir five, dunkelviolett; Zaida, chromgelb; Genesta, gelb mit gelbbrauner Mitte; Purplefriar, dunkelkarmin; Greens white, weiss mit grünlicher Mitte; Emperor, dunkelviolett; Island Queen, rosa; Night, dunkelschwarzbraun; Dir. Dr. Bohlau, dunkelpurpur; Columbia, gestreift rot; Mährchen, rosa mit weisslicher Mitte; Landrat Dr. Schleif, gelb mit braunem Rand; Criemhilde, rosa mit weisser Mitte; Prof. Dr. Zacharias, gelb; Erbprinzessin Reuss, dunkelbraun; J. D. Crowe, schwefelgelb; Hammonia, lachsfarben, scharlach; Countess of Londsdale, violett mit amarant; Herzogin Agnes, rosa; Nibelungen, karmin; Souvenir de Mad. Silvents, gelb mit rot gestreift; Ova. dunkelpurpur; Walker, schwefelgelb; Siegfried, weiss; Gabriel, rotgelb; Peking, dunkelnanking; Ruby, leuchtendkarmin mit lila Färbung; Frankfordia [b], weiss mit rot gestreift, Brunhilde [b], leuchtend pflaumfarben; B. W. Childs, dunkelpurpur; Sylvia [b], rosa mit weisslicher Mitte; Brema [b], rosa mit weiss. Diejenigen hinter dem Namen mit b bezeichneten sind breitpetaligen, die anderen mehr gespitzten, geröhrten, strahligen Charakters in den Blumenblättern.

---

*) Die Bedeutung des Buchstabens b siehe am Schluss dieses Absatzes.

Aus dieser vorstehenden Sammlung wie unter sonstiger Auswahl
der ausgestellten Blumen hatten über 1500 Stimmen in den beiden ersten
Ausstellungstagen sich der Hauptsache nach geeinigt auf:

Criemhilde mit 284, Deutscher Sieger mit 275, Sonnenstrahlen mit
212, Holsatia mit 182, Volker mit 163, van der Daehlen mit 162, Mährchen
mit 116, Columbia mit 104, Greens white mit 89, Frankfordia mit 62
Stimmen. Ein Beweis, wie lebendig die Teilnahme des Publikums der
Dahlienblume gegenüber war, und andererseits, wie die Fülle der aus-
gesuchten Blumen noch nicht dem Wähler genügte. Besonders hervor-
gehoben seien aber auch die hier noch in so reicher Auswahl vorhandenen
Stauden-Sortimente der Mitglieder der Deutschen Dahlien-Gesellschaft.
so, namentlich die betreffenden Sammlungen von Ahrends-Ronsdorf.
Goos & Koenemann-Nieder-Walluf, H. Junge-Hameln, Köhler &
Rudel-Windischleuba, Nonne & Hoepker-Ahrensburg, Pfitzer-Stuttgart,
E. R. Rudel-Naunhof-Leipzig, W. Kliem-Gotha. Hier bekundete sich so
recht deutlich Wert und Reichhaltigkeit des Deutschen Schnittblumen-
Betriebes.

Es muss zuletzt, gelegentlich der Fülle und Schönheit des Dargebotenen, noch besonders betont werden, dass dieses Werk sein Zustandekommen lediglich dem Gemeinsinn der Gärtner Erfurts, sowie der reichen
Unterstützung der Städtischen Verwaltung verdankt, dass hier keine
Medaillen und besonderen Ehrenzeichen winkten, also auch mit Wegfall
der Preisrichter-Schwärme, der Uneinigkeit und dem Neid keine Gelegenheit geboten wurde, das friedliche Bild irgend zu beunruhigen. Das
muss nicht nur als Wohlthat für den einzelnen Besucher, sondern in
erster Linie als ein Fortschritt auf dem Gebiete des Ausstellungswesens
im deutschen Gartenbau gebührend gewürdigt werden. Mit vollem Recht
heisst es auch hier: vivant sequentes atque bene meriti!

Unsere Gemüsepflanzen und ihre Geschichte.

Vortrag, gehalten im Klub der Landwirte am 12. März 1901 von Geh. Regierungsrat
Professor Dr. Wittmack.

(Fortsetzung.)

Hiermit hätte ich die wichtigsten Gemüsearten besprochen, und
wenn Sie gestatten, möchte ich nun noch einige Worte über die Chemie
der Gemüse sagen. Wie Sie hier aus den anschaulichen Analysen sehen,
besteht das Gemüse zum weitaus grössten Teile aus Wasser. Hier
sehen Sie die Analyse von 1 Kilo Erbsen. Diese können wir indes
nicht als Gemüse im eigentlichen Sinne gelten lassen, da sie als
trockene Frucht benutzt werden. Dort sehen Sie aber die Analyse
von 1 Kilo Spargel: Da beträgt das Wasser 92 pCt. des Ganzen, und
nur 2,2 pCt. sind Eiweiss, Protein oder Fleisch bildende Substanz; ebenso ist nur sehr wenig Fett (0,3 pCt.) vorhanden, und darum müssen wir
den Spargel mit Butter essen; es sind auch nur wenig Stärke und verwandte Stoffe, die man nebst der Stärke als stickstofffreie Extraktstoffe

bezeichnet, vorhanden, nämlich 2 pCt. Glücklicher Weise ist aber auch die Holzfaser nur sehr gering, nämlich 1½ pCt.; sie ist natürlich bei alten Spargeln mehr vorhanden als bei jungen, zarten. Die trockenen Hülsenfrüchte stellen sich wesentlich anders; Sie wissen alle, dass die trockenen Hülsenfrüchte die eiweissreichste Nahrung sind. In den gelben Erbsen sind 13 pCt. Wasser, gerade so viel wie im trockenen Weizenkorn, aber es sind rund 24 pCt. Eiweiss darin, während der Weizen nur 13 pCt. hat — (Rindfleisch hat höchstens 20 pCt.), dazu kommen bei den gelben Erbsen noch ca. 48 pCt. Stärkemehl. Das ist also ein ganz ausserordentlicher Reichtum an Nährstoffen. Aber das Nährstoffverhältnis ist zu eng, das Verhältnis von Eiweiss zu Stärke stellt sich wie 1 : 2; beim Weizen wie 1 : 5. Wir müssen mehr Stärkemehl essen und können nicht ein Verhältnis von 24 pCt. Eiweiss auf 48 pCt. Stärkemehl auf die Dauer ertragen, sondern müssen ein Verhältnis haben wie 1 : 3 oder 1 : 4 oder gar 1 : 5. Das haben unsere Vorfahren auch schon gewusst, ehe man Chemie trieb, und haben daher seit den ältesten Zeiten die Erbsen nicht allein gegessen. sondern immer Sauerkohl dazugefügt, um das Verhältnis auszugleichen. (Heiterkeit.) Und das, meine verehrten Herrschaften, ist überhaupt, können wir wohl sagen, der Zweck aller Gemüse, dass sie gewissermassen einen Ausgleich geben sollen gegenüber der proteinreicheren Nahrung. Wenn wir die Tabellen über den Nahrungswert der Gemüse durchsehen, so können wir höchstens die grünen Schoten ausnehmen, die 6 pCt. Protein enthalten, während die übrigen Gemüse alle nur 2 bis 3 pCt. aufweisen. Ich gebe das Buch von meinem verehrten Kollegen Prof. Dr. Johannes Frenzel*) „Ernährung und Volksnahrungsmittel“, sechs Vorträge, herum, welches ich nicht genug empfehlen kann, und ferner das grosse Werk vom Geheimen Regierungs-Rat Professor Dr. Koenig in Münster, „Chemie der menschlichen Nahrungs- und Genussmittel“, das ganz ausführliche Angaben über die Zusammensetzung der Gemüse macht. Ein Teil des Eiweisses der Gemüse ist nicht so verdaulich wie das Eiweiss im Fleisch. Durch Verdauungsversuche ist von Rubener nachgewiesen worden, dass z. B. bei Kartoffeln 9 pCt. des Eiweisses nicht ausgenutzt werden, bei Wirsingkohl 14 pCt., bei gelben Rüben 20 pCt., bei Erbsen verschieden, einmal 9 pCt., einmal 14 pCt., während bei Weissbrot nur 3 bis 5 pCt. nicht verdaut werden; Schwarzbrot kommt allerdings mit 15 pCt. nicht verdaulichem Eiweiss dem Wirsingkohl gleich. Versuche, die Weisske in Proskau anstellte. ergaben teilweise noch ungünstigere Zahlen. Er liess Sellerie, Kohl und Möhren verzehren, ohne dass andere Nahrung gereicht wurde, und es ergaben sich als nicht verdaut: bei einer Person 37 pCt. und bei einer anderen sogar 52 pCt. (Schluss folgt.)

---

*) Frenzel ist inzwischen leider verstorben. L. W.

Über Malvastrum capense.

Vorgetragen in der Versammlung des Vereins zur Beförderung des Gartenbaues
am 25. September 1902.

Ich bin heute in der angenehmen Lage, der Versammlung zahlreiche Exemplare einer zierlichen, strauchartigen Malvacee vom Kap der guten Hoffnung vorzuführen, die durch den Einfluss des buntblattrigen Abutilon Thompsoni als Unterlage gleichfalls goldgelbgefleckte Belaubung angenommen haben. Es sei hier auf meine Mitteilungen verwiesen, die ich an dieser Stelle in der Sitzung vom 29. November 1900 gemacht habe. (Abgedruckt Jahrg. 1901, Heft ·1, Seite 8.)

Am 21. Juli 1897 verband ich ein Abutilon Thompsoni durch Copulation mit einem Zweige des Malvastrum capense Grcke; ersteres diente mithin als Unterlage, letzterer als Edelreis. Am 19. August schon zeigte das Edelreis mehrere gelbbunte Blätter. Dieser Pflanze entstammen die ausgestellten Exemplare. Alle sind schön bunt, einige intensiver als andere, wie das auch bei Abutilon Thompsoni vorkommt. Die Intensität der Buntfärbung ist von den gleichen Bedingungen abhängig. Die grösseren Bäumchen und ·Büsche sind im vorigen Sommer aus Stecklingen erzogen, die mittleren entstammen Stecklingen vom Mai, die kleinen vom Juli d. Js. In weniger beschatteten und stärker gelüfteten Kästen gehaltene Exemplare erscheinen lebhafter gelbbunt.

Vielfache Aussaaten ergaben nur grünblättrige Pflanzen von sehr uppiger Vegetation und Belaubung, wie ein vorgezeigtes Exemplar zeigt.

Mehrere der bunten Exemplare sind spärlich mit hübschen, rosaroten Blüten besetzt. Dieses spärliche Blühen erklärt sich dadurch, dass die Pflanzen wiederholt an einzelnen, nicht an allen Zweigen, entspitzt wurden. Bei gleichzeitigem Entspitzen aller Zweige wird sich leicht ein reiches und gleichzeitiges Blühen erreichen lassen.

Die Pflanze neigt zur Bildung eines kräftigen Hauptsprossen und lässt sich daher leicht zu Bäumchen erziehen, doch durch frühes und häufiges Entspitzen auch unschwer zu dichten Büschen. Stecklinge vom Frühjahre erwachsen bis zum Herbste zu schönen, blühenden, verkäuflichen Stöcken.

Ich erinnere mich, dass vor etwa 40 Jahren ein Handelsgärtner in Halle eine reichbluhende Malvacee, meist als Bäumchen erzogen, natürlich in grüner Belaubung, viel auf den Markt brachte, die unserem Malvastrum capense sehr ähnlich, vielleicht identisch war. Den Namen habe ich damals nicht erfahren.

Noch möchte ich erwähnen, dass ein grösseres, in das Freie gepflanzte Exemplar sich durch dunkelgoldgelbe Blattfärbung, sowie durch Kleinheit der Blätter und geringe Verlängerung der Zweige auszeichnete. Vielleicht ist das bunte Malvastrum auch eine beachtenswerte Teppichpflanze. namentlich wenn kleine, niedrige Exemplare, ins Freie gepflanzt, in sonniger Lage sich kurz und gedrungen halten; wie dies ja viele Gewächse thun.

Ich darf wohl, nachdem ich die hübschen Pflanzen Ihnen vorzeige, sagen, dass die neue Varietät eine wertvolle Bereicherung unseres Schatzes an buntblättrigen Kalthauspflanzen ist, wert der Kultur zu vielseitiger Verwendung.　　　　　　　　　　H. Lindemuth.

Neue und empfehlenswerte Pflanzen usw.

Neuheiten von Samen
eigener Züchtung oder Einführung für
1903 von

Haage & Schmidt in Erfurt.
(Nach den Beschreibungen der Züchter.)

Chrysanthemum segetum pumilum. ☉
(Hierzu Abb. 114.)

Neue Zwergform dieser reichblühen-
den Annuelle. Sie bildet aufrechte,
kugelrunde Büsche von nur 15—20 cm

Abb. 114. Chrysanthemum segetum pumilum.
Blumen gelb.

Höhe, die während des ganzen Sommers
ununterbrochen mit gelben Blüten bedeckt sind. Als Einfassungspflanze sehr
zu empfehlen. Treu aus Samen.

Coleus hybridus ornatus. ☉♃±
(Hierzu Abb. 115.)

Prächtige samenbeständige Varietät
der grossblättrigen Coleus. Die Blätter
sind in wundervollster Weise unregelmässig gefleckt und marmoriert, in den
feinsten Nuancen von schwarzpurpur,
blutrot, karmin bis rosa, abwechselnd
durchsetzt mit weiss, gelb, grün und
braun, ein reizendes Farbenspiel auf
jedem einzelnen Blatte.

Glaucium flavum tricolor. ◠☉
(Hierzu Abb 116.)

Ein wirklich empfehlenswerter Frei-
land-Hornmohn aus Kleinasien. Die

Pflanzen entwickeln sich zu schönen,
regelmässig verzweigten Büschen von
60—70 cm Höhe, sind von graugrüner

Abb. 115. Coleus hybridus ornatus.

Belaubung und entfalten monatelang
ihre herrlichen Blüten in reichster Fülle.
An den grossen, edelgeformten, 8 bis
10 cm im Durchmesser haltenden Blumen,
deren 4 Blumenblätter je 6—7 cm breit
und lang sind, ist die prachtvolle leuch-

Abb. 116. Glaucium flavum tricolor.
Blumen orangegelb mit schwarzen Flecken auf dunkel-
orangem Grunde an der Basis.

tend orangerote Färbung bemerkenswert, wie man sie nur selten unter
Annuellen findet; die Petalen zeigen
an ihrer Basis teils schwarze, teils gelbe
Flecken auf dunkelorange Grund. Wenn

Abb. 117. Inula Royleana.
Blumen gelb.

die Aussaat im Herbst mit den Ritter-
spornarten geschieht, so fangen die
Pflanzen schon im Juni an zu blühen;
die Frühjahrsaussaat zeitigt die ersten
Blüten im Juli. Bei beiden Kultur-
methoden hält die Blütenentwickelung
während mehrerer Monate an. Ein Beet
in vollem Flor ist von überraschender
Wirkung.

Abb. 118. Phlox Drummondii nana compacta
atropurpurea semiplena.
Blumen dunkelpurpurn.

Inula Royleana. ♃
(Hierzu Abb. 117.)

Die echte Spezies von Himalaya, eine
winterharte Prachtperenne von 80 bis
100 cm Höhe mit 10—12 cm grossen

Abb. 119. Salvia riugens.
Blumen hellblau.

gelben Blumen und ganz schmalen
Strahlblüten; sie ist bedeutend schöner
als Inula glandulosa grandiflora. Die
Knospen sind kohlschwarz.

Phlox Drummondii nana compacta atro-
purpurea semiplena, ⊙
(Hierzu Abb. 118)

Ein neuer Zwerg-Phlox von gleich-
mässigem, niedrigem Wuchs und grossem
Blütenreichtum halbgefüllter, dunkel-

Abb. 120.   Verbena hybrida compacta,
scharlachrosa.

purpurroter Blumen. Treu aus Samen. Sehr wertvoll für Teppichbeete.

Salvia ringens, Sibth. et Sm. 2|
(Hierzu Abb. 119)

Diese aus Griechenland s'ammende Salbeiart ist nicht ganz neu, da sie vor Jahren schon einmal im Handel angeboten wurde; sie ist aber bei aller Schönheit noch so wenig bekannt und in den Kulturen so selten, dass sie verdient, besonders warm empfohlen zu werden. Sie bildet grosse Blattrosetten mit unregelmässig gefiederten, länglichovalen, gekerbten Blättern mit dazwischengestellten kleineren Blättchen, beiderseits rauhhaarig und unterhalb fast weissfilzig. Die schönen grossen Blumen, welche quirlförmig an den 45 bis 60 cm hohen Blütenstengeln erscheinen, sind 3½ bis 4 cm lang bei 2 cm Breite der Lippen und von zarter hellblauer Farbe; die Mitte der Unterlippe ist weisslich, lasurblau punktiert und unregelmässig liniiert. In der Grösse der Blumen steht diese Salvia der Salvia patens wenig nach. Sehr zierende und winterharte, leicht zu kultivierende Perenne.

Verbena hybrida compacta scharlachrosa. ⊙
(Hierzu Abb. 120)

Auffallend schöne, niedrige Verbena von aufrechtem Wachstum. Die zahlreichen, an straff aufgerichteten Stielen sitzenden Blumen sind von leuchtend scharlachrosa Farbe mit weissem Auge.

Kleinere Mitteilungen.

Deegens Dauer-Etiketten. Diese neuen Etiketten sind aus einer Bleilegierung mit erhabener Prägung hergestellt und können im Frühjahr mit einer kleinen Bürste gereinigt werden. Probesendungen, 20 Stück mit den bekanntesten Namen, franko 1,60 M., andere mit jedem gewünschten Namen à Stück 0,17 M., p. 100 Stück 6,— M.

Kuranlagen in Ems.

Die Firma Gebr. Siesmayer, Frankfurt a. M.-Bockenheim, wurde mit der Unterhaltung der Kuranlagen zu Bad Ems auf weitere 10 Jahre betraut.

Vertilgung der Komma-Schildlaus.

Der „Praktische Ratgeber" empfiehlt S. 365 d. J, im Februar die von der Komma-Schildlaus befallenen Obstbäume mit gekochtem Leinöl zu behandeln, welches die Tiere töten soll. (Wahrscheinlich wird die Atmung der Tiere dadurch gehindert, ähnlich wie man Schweineschmalz gegen Blutläuse auwendet. Vielleicht empfiehlt sich das gekochte Leinöl auch gegen diese.
L. W.)

Balkon-Prämiierung in Steglitz.

Das Preisrichter-Kollegium hielt am 28. September im Vereinslokale seine Sitzung ab. Anwesend waren: Frl. Wölker, sowie die Herren: Dietze, Förster, Paulo, Raschke und Obergärtner Schulz. Frau Sellin war durch Krankheit am Erscheinen verhindert. Zum Vorsitzenden wurde Hr. Raschke gewählt. Nach zweistündiger Beratung erkannte das Preisrichterkollegium das Diplom des Gartenbauvereins den Besitzern folgender Balkons zu:

1. Wrangelstr. 14 (Pasemann),
2. Fichtestr. 12 (Schönrock),
3. Albrechtstr. 17 III (Baurat Kleemann),
4. Belfortstr. 14 pt. (Legner),
5. Belfortstr. 14 II rechts (Luxat),
6. Lutherstr. 10 I links (Quade),
7. Breitestr. 1 I (Rentier Stein),
8. Schützenstr. 2 I (Frau Sellin).

Lobende Anerkennung erhielten:
1. der Balkon Breitestr. 17 (Thiele),
2. das Blumenfenster d. Hrn Klempnermeister Möllnitz, Albrechtstr. 9.

Bezüglich der vom Verein Steglizer Wohnungsmieter und vom Haus- und Grundbesitzerverein zur Verfügung gestellten Ehrenpreise stellte das Preisrichterkollegium den Grundsatz auf, dass diese nur solchen Balkonbesitzern zu gewähren seien, die vom Gartenbauverein mindestens einmal prämiiert worden sind. Der Ehrenpreis des Vereins Steglitzer Wohnungsmieter wurde mit Einstimmigkeit Frau Dr. Heidenhain, Albrechtstr. 117 I, der des Haus- und

Grundbesitzervereins ebenso einstimmig Hrn. Bäckermstr. Lenz, Albrechtstr. 21a zuerkannt.

Ausflug nach der Obstbaukolonie Eden.

Am 9. Oktober fand unter zahlreicher Beteiligung eine Besichtigung der 40 Min. von Oranienburg belegenen Obstbaukolonie Eden der vereinigten Ausschüsse des V. z. B. d. G. statt und war man von dem guten Zustand der Obstanlagen recht befriedigt. Ein eingehenderer Bericht folgt.

Ausstellungen und Kongresse.

Ausstellung der Königl. Landwirtschaftlichen Hochschule zu Berlin auf der Saalburg.

Auf Ersuchen der Vereinigung der Saalburgfreunde beteiligte sich die vegetabilische Abteilung des Museums der genannten Hochschule an der auf der Saalburg bei Homburg v. d. H. im August d. J. veranstalteten ersten deutschen Archäologischen Ausstellung. Hauptsächlich wurden von dem Leiter der vegetabilischen Abteilung, Geh. Regierungsrat L. Wittmack, und Dr. J. Buchwald prähistorische verkohlte Pflanzenreste deutschen und anderen Ursprungs ausgestellt, so u. a. von Virchow in Troja gesammelte Weizenkörner und Erbsen, Mumiengerste aus Memphis, altägyptisches 4500 Jahre altes Gerstenbrot, antike aber erst 600 Jahre alte peruanische Maiskolben etc. Von deutschen Getreidearten und Getreideunkräutern waren u. a. solche aus der Hünen- oder Frankenburg an der langen Wand bei Rinteln a. Weser (um 1000 n. Chr. zerstört) ausgestellt, die Dr. Konrad Plath dort ausgegraben hatte.

Aus der Hünenburg waren ebenfalls eine Reihe von Holzproben ausgestellt. Durch Photographien mikroskopiscl er Schnitte und mikroskopische Präparate wurde ferner eine von den Herren L. Wittmack und J. Buchwald ersonnene neue Methode veranschaulicht, die es ermöglicht, genannte Hölzer mikroskopisch zu bestimmen, genau so wie es mit frischem modernen Holze der Fall ist. Nach dem Verfahren werden die verkohlten Hölzer ganz zu weisser Asche verbrannt, die Asche in Paraffin eingebettet und dann durch die Asche die mikroskopischen Schnitte geführt, welche die mikroskopischen Eigenschaften des Holzes auf das genaueste zeigten. Eine ganz besonders erfreuliche Würdigung erhielt die Ausstellung insofern, als sie am 17. August durch den Kaiser genauere Besichtigung erfuhr, der das regste Interesse an dem Gesehenen äusserte und durch eingehende Fragen und anerkennende Worte, insbesondere über das Verfahren der mikroskopischen Untersuchung prähistorischer Hölzer höchste Befriedigung kundgab.

Stettin. Die grosse Obstausstellung bei Gelegenheit der Versammlung deutscher Pomologen und Obstzüchter vom 2.—5. Oktober wurde im Beisein der Protektorin Ihrer kgl. Hoheit der Prinzessin Friedrich Leopold und der Spitzen der Militär- und Zivilbehörden von dem Herrn Minister für Landwirtschaft, Domänen und Forsten von Podbielski eröffnet; nach ihm nahm der Vorsitzende der Landwirtschaftskammer der Provinz Pommern, welche die Ausstellung veranlasst hatte, Graf Schwerin-Löwitz das Wort, und dann verkündete Garteninspektor Stobbe, Geschäftsführer für Obstbau bei der Landwirtschaftskammer, die wichtigsten der zuerkannten Preise. Die goldene Medaille Sr. Maj. des Kaisers erhielt in Verbindung mit dem Ehrenpreise der Stadt Stettin, einem silbernen Humpen im Wert von 1000 Mark, der Landwirtschaftsrat für das Grossherzogtum Hessen. Grossartig war auch die Leistung des Oekonomierat Späth und vor allem die ausser Preisbewerb ausgestellte Sammlung der Kgl. Lehranstalt zu Geisenheim a. Rh. Die Versammlungen, die in Behinderung des Oekonomierat Späth und des Landesökonomierat Goethe von Hrn. Stadtrat Töbelmann trefflich geleitet wurden, boten viel Anregendes, die Besprechungen waren sehr eingehend. Ein näherer Bericht folgt.

Eingesandte Preisverzeichnisse.

O.Poscharsky, Laubegast b.Dresden, Hauptstr. No. 984. Baumschulenartikel. — Franz Degen jun. Nachf., Köstritz (Thür.). Rosen, Obst- und Ziergehölze, Stauden, Georginen, Sämereien u. neue Daueretiketten. — Franz Birnstiel, Koburg. Hyazinthen-Gläser, Kapblumen u. Birkenkreuze, gerade u. schräge Form. — Gebr. Schultheis, Steinfurth bei Bad Nauheim (Hess.). Palmen-Spezial-Offerte. · J. Wilhelm Offermann, Köln a. Rh., Bischofsgartenstr. 22. Fortwährender Versand von Schnittblumen u. Kranzmaterial. Versand der Lorbeer-Exportgesellschaft Florenz in Originalkörben zu Originalpreisen. — Georg Arends Staudenkulturen, Ronsdorf bei Barmen Schnitt- u. Dekorationsstauden. — J. F. Loock, Kgl. Hoflieferant, Berlin N., Chausseestr. 52a. Herbst und Winter 1902 u. 1903. Cycaswedel, getrocknete Blumen, Ziergräser u. Immortellen, Kapblumen usw. — L. Linden et Comp., Brüssel. Diese Orchideenzüchterei empfiehlt mehrere Tausend Odontoglossum crispum von besten runden Formen, reinweiss, und grosse Zweige bringend, ebenso mehrere Tausend schöne Cattleyen.

Friedr. Jak. Dochnahl sen., Neustadt a. H. Spezialkulturen: Obstwildlinge, Fruchtsträucher, Band- und Flechtweiden. Weitere Preisverzeichnisse über Stauden usw. grat. u frko. — Karl Görms, Rosenschule, Potsdam, Neue Königstr. 81, 90/91 u. 126. Rosen und Edelreiser. — Haage & Schmidt, Erfurt. Neuheiten von Samen eigener Züchtung oder Einführung für 1903. — L. Späth, Baumschule, Baumschulenweg b Berlin. Katalog No. 111. Wie immer ausserordentlich reichhaltig und um viele Neuheiten vermehrt. — J. Lambert u. Söhne, Trier a. Mosel. Spezialkulturen für Handelspflanzen, Herbst 1902. — G. Danners, Theaterbuchhandlung, Mühlhausen, Thüringen. Dekorationsartikel.

Levasseur et fils in Ussy (Calvados) und Orléans (Loiret). Ausführlicher Baumschul-Katalog, viele Neuheiten. — Fredd'k W Kelsey, 150 Broadway New-York City. Harte Gehölze, Rosen, Stauden, Zwiebeln. — Derselbe. Rhododendron maximum u. hybride Rhododendron. — T. W. Wood & Sons, Richmond, Virginia U. St. A. Samen und Knollen. — Dieselben. Samenkatalog. — Tempelhofer Baumschulen in der Verwaltung des Nachlasses Theodor Francke Obergärtner Carl Gaude in Tempelhof bei Berlin. Gehölze aller Art, Stauden, Beerenobst.

Personal-Nachrichten.

Hofgärtner Ahrens in Karlsruhe wird am 1. Oktober nach Baden und Hofgärtner Fiesser von Baden nach Karlsruhe versetzt.

Dem Verwaltungsdirektor Eugen Seeligmüller zu Schloss Friedrichshof im Obertaunuskreise (Mitglied des V. z. B. d. G.) ist der Rote Adlerorden 4 Klasse verliehen worden.

G. Leonhard, Schlossgärtner in Knauthain, erhielt vom Schah von Persien die silberne Medaille des Sonnen- und Löwenordens.

Dem Direktor des K. bot. Gartens in Kiel. Geh. Reg.-Rat Prof. Dr. Reinke, Mitglied des Herrenhauses, ist das Komthurkreuz des fürstl. bulgarischen Zivil-Verdienstordens verliehen worden.

Otto Schleusener, Handelsgärtner in Leipzig, erhielt vom Sultan den Medjidie-Orden V. Klasse.

Georg Hochte, über 30 Jahre lang in der Handelsgärtnerei von Karl Rülcker in Strehlen bei Dresden thätig, erhielt das Ehrenzeichen für die Treue in der Arbeit.

Fr. Saftenberg, Gartenbaulehrer an der Gärtner-Lehranstalt in Köstritz, wurde zum Garteninspektor ernannt.

H. Kraus, Wanderlehrer für Baden, ein ehemaliger Schüler der Wein- und

Obstbauschule zu Oppenheim, wurde als Wein- und Obstbaulehrer für Rhein-hessen und Lehrer an der Landwirt-schaftlichen und Haushaltungsschule zu Alzey gewählt.

Johannes Grabowski, Stadtgärtner in Zittau, wurde in Anerkennung seiner Verdienste zum Parkinspektor ernannt.

In Erfurt verstarb nach längerer schwerer Krankheit am 12. September Simon Lorenz, Mitinhaber der be-kannten Firma Chr. Lorenz, Hoflieferant in Erfurt.

Dem Gärtner August Runge zu Radekow im Kreise Randow, dem Gärtner Friedr. Rothschuh in Berlin, dem herrschaftlichen Gärtner Wilh. Berndt

zu Beilau und dem städtischen Gärtner Michael Fischenich zu Elberfeld wurde das preussische Allgemeine Ehrenzeichen verliehen.

Dem Kgl. Gartendirektor Geitner, Charlottenburg, ist das Ritterkreuz des italienischen St. Maurizius- und Lazarus-ordens verliehen worden.

Der bisherige Obergärtner Keller in Stuttgart wurde mit der technischen Leitung des botanischen Gartens in Greifswald betraut

Der Kgl. Gartenbaudirektor Encke, Wildpark b. Potsdam, Mitglied des V. z. B. d. G., ist zum Stadtgartendirektor in Köln an Stelle des verstorbenen Ko-walleck ernannt.

Wertzeugnis für Apollo-Aster und Waldersee-Aster.

Die unterzeichneten Preisrichter haben den beiden Astern der Firma Martin Grashoff, Quedlinburg: Apollo-Aster und Waldersee-Aster, zusammen ein Wertzeugnis erteilt, weil sie wegen ihres dichten niedrigen Wuchses, verbunden mit grösster Reichblütigkeit, als Dekorationspflanzen in Anlagen, zu Einfassngen, Gruppen etc. und auch als Topfpflanzen sehr geeignet erscheinen.

Einen Bindewert haben sie nach Ansicht der Preisrichter nicht. Die Prä-miierung erfolgt hauptsächlich, weil sie versprechen, den Ausgangspunkt neuer Rassen zu bilden.

Berlin, den 4. September 1902.

Ad. Demmler.   Joseph Klar.   Amelung.   Emil Dietze.   Mende.
A. Thiel.   J. Meermann.

Tagesordnung
für die
900. Versammlung des Vereins z. Beförderung d. Gartenbaues i. d. preuss. Staaten
am Donnerstag, den 30. Oktober 1902, abends 6 Uhr,
in der Königl. Landwirtschaftlichen Hochschule, Invalidenstr. 42.*)

I. Ausgestellte Gegenstände. (Ordner: Herr Kgl. Gartenbau-Dir. Brandt.) Angemeldet sind bis jetzt: Die neuen Caladien des Herrn Lietze in Rio de Janeiro, ausgestellt von Herrn Kgl. Garten-Insp. Weidlich; Obst von Herrn Obergärtner Kleemann-Düren und von Herrn städt. Obergärtner Mende-Blankenburg. — II. Herr Kgl. Garten-Insp. Perring: Bericht über eine Reise nach dem Engadin. — III. Herr Hofgärtner Hoffmann: Bericht über die Obstausstellung in Stettin und die Versammlungen daselbst. — IV. Verschiedenes.

*) Bemerkung. Während des Winters finden die Versammlungen im grossen Hör-saal der Kgl. Landwirtschaftlichen Hochschule, Invalidenstr. 42 II, statt. Eingang von der Rückseite des Gebäudes.

Für die Redaktion verantwortlich Geh. R. Prof. Dr. Wittmack, Berlin NW., Invalidenstr. 42. Verlag von Gebrüder Borntraeger, Berlin SW. 11, Dessauerstr. 29. Druck von A. W. Hayn's Erben, Berlin.

GARTENFLORA

ZEITSCHRIFT

für

Garten- und Blumenkunde

(Begründet von **Eduard Regel**.)

51. Jahrgang.

Organ des Vereins zur Beförderung des Gartenbaues in den preussischen Staaten.

Herausgegeben von

Dr. L. Wittmack,

Geh. Regierungsrat, Professor an der Universität und an der Kgl. landwirtschaftl.
Hochschule in Berlin, General-Sekretär des Vereins.

Hierzu Tafel 1504.

Einige interessante neue Wildrosen.

Berlin 1902

Verlag von Gebrüder Borntraeger

SW 11 Dessauerstrasse 29

Erscheint halbmonatlich. Preis des Jahrganges von 42 Druckbogen mit vielen Textabbildungen und
12 Farbentafeln für Deutschland und Oesterreich-Ungarn 12 Mark, für die übrigen Länder des Weltpostvereins 15 Mark. Zu beziehen durch jede Buchhandlung oder durch die Post (Zeitungsverzeichnis
No. 2819).

1) Rosa blanda ✕ indica = R. Aschersoniana. 2) Rosa californica ✕ nitida = R. Scharnkeana.
R. ... ... = R. Maxim Czachneniae.

Einige interessante neue Wildrosen.

Von P. Graebner.

(Hierzu Tafel 1504.)

Vor einigen Jahren wurden der Neuanlage des Berliner Botanischen Gartens von seiten der kgl. preussischen Forstverwaltung die im Forstgarten zu Hannoversch-Münden abgebbaren Pflanzen in liebenswürdigster Weise zur Verfügung gestellt. Der grosse Wert jener Sammlung lag darin, dass in ihr die grösste Mehrzahl der von dem unvergleichlichen Gartenmeister Zabel mit einem bewundernswerten Fleisse und ganz hervorragender Sachkenntnis zusammengebrachten und bestimmten Pflanzen vorhanden waren. Zabel hatte auch eine grosse Menge von Kreuzungen ausgeführt, die zum Teil noch mit den von seiner Hand geschriebenen Etiketten versehen waren. Besonderes Interesse erregten die Spiraeen und Rosen. Die Wildrosen-, Spiraeen- und Weidensortimente des Berliner Botanischen Gartens sind durch die Einverleibung der Zabel'schen Sammlung, soweit irgend Exemplare oder Teile von solcher abgebbar waren, wohl die umfangreichsten existierenden geworden.

Unter den eingeführten Rosenbastarden befinden sich nun eine ganze Reihe, die vorher meines Wissens nicht bekannt geworden sind. Es ist hier nicht der Ort auf alle Neuheiten einzugehen, sie seien hier nur erwähnt, soweit sie durch ihre Schönheit gärtnerisch, oder durch morphologische Eigentümlichkeiten botanisch interessant sind. Vier Kreuzungen sind es besonders, die, sämtlich Zabel'scher Züchtung entstammend, gärtnerisch wertvoll erscheinen. Es sind dies R. blanda × indica, R. californica × nitida, R. carolina × humilis und R. rugosa × carolina.

1. R. blanda × indica = R. Aschersoniana stellt eine Kreuzung dar der unter dem Namen R. blanda bekannten, zu R. virginiana gehörigen Rasse, die durch oberwärts unbestachelte Aeste und Zweige und unterseits kahle Blättchen ausgezeichnet ist, mit einer dunkelpurpurn blühenden gefüllten Gartenform der R. chinensis var. indica. Die Pflanze bildet einen in der Tracht einer recht lockeren R. virginiana ähnlichen bis etwa 2 m hohen Strauch, dessen Schösslinge ausserordentlich schlank und braunrot (ähnlich der R. virginiana), seltener grün berindet sind. Stacheln etwas hakig gebogen (dadurch an R. indica erinnernd) zerstreut, selten unter den Blättern gepaart (R. blanda). Die Nebenblätter sind weit angewachsen und laufen oben in schmale divergierende Oehrchen aus. Die Blättchen an den Blüten tragenden Zweigen sitzen meist zu 5 bis 7. Die Hochblätter sind meist linealisch und ziemlich schmal (wie bei R. indica), die unteren in der Mitte verbreitert, ziemlich plötzlich in

1) Rosa blanda × radica — R. Aschersoniana   2) Rosa californica × m.

Einige interessante neue Wildrosen.

Von P. Graebner.

(Hierzu Tafel 1504.)

Vor einigen Jahren wurden der Neuanlage des Berliner Botanischen Gartens von seiten der kgl. preussischen Forstverwaltung die im Forstgarten zu Hannoversch-Münden abgebbaren Pflanzen in liebenswürdigster Weise zur Verfügung gestellt. Der grosse Wert jener Sammlung lag darin, dass in ihr die grösste Mehrzahl der von dem unvergleichlichen Gartenmeister Zabel mit einem bewundernswerten Fleisse und ganz hervorragender Sachkenntnis zusammengebrachten und bestimmten Pflanzen vorhanden waren. Zabel hatte auch eine grosse Menge von Kreuzungen ausgeführt, die zum Teil noch mit den von seiner Hand geschriebenen Etiketten versehen waren. Besonderes Interesse erregten die Spiraeen und Rosen. Die Wildrosen-, Spiraeen- und Weidensortimente des Berliner Botanischen Gartens sind durch die Einverleibung der Zabel'schen Sammlung, soweit irgend Exemplare oder Teile von solcher abgebbar waren, wohl die umfangreichsten existierenden geworden.

Unter den eingeführten Rosenbastarden befinden sich nun eine ganze Reihe, die vorher meines Wissens nicht bekannt geworden sind. Es ist hier nicht der Ort auf alle Neuheiten einzugehen, sie seien hier nur erwähnt, soweit sie durch ihre Schönheit gärtnerisch, oder durch morphologische Eigentümlichkeiten botanisch interessant sind. Vier Kreuzungen sind es besonders, die, sämtlich Zabel'scher Züchtung entstammend, gärtnerisch wertvoll erscheinen. Es sind dies R. blanda × indica, R. californica × nitida, R. carolina × humilis und R. rugosa × carolina.

1. R. blanda × indica = R. Aschersoniana stellt eine Kreuzung dar der unter dem Namen R. blanda bekannten, zu R. virginiana gehörigen Rasse, die durch oberwärts unbestachelte Aeste und Zweige und unterseits kahle Blättchen ausgezeichnet ist, mit einer dunkelpurpurn blühenden gefüllten Gartenform der R. chinensis var. indica. Die Pflanze bildet einen in der Tracht einer recht lockeren R. virginiana ähnlichen bis etwa 2 m hohen Strauch. dessen Schösslinge ausserordentlich schlank und braunrot (ähnlich der R. virginiana), seltener grün berindet sind. Stacheln etwas hakig gebogen (dadurch an R. indica erinnernd) zerstreut, selten unter den Blättern gepaart (R. blanda). Die Nebenblätter sind weit angewachsen und laufen oben in schmale divergierende Oehrchen aus. Die Blättchen an den Blüten tragenden Zweigen sitzen meist zu 5 bis 7. Die Hochblätter sind meist linealisch und ziemlich schmal (wie bei R. indica), die unteren in der Mitte verbreitert, ziemlich plötzlich in

die schmale Spitze verschmälert, die Mitte zwischen denen von blanda
und indica haltend. Blüten, an kurzen Seitentrieben einzeln oder an
längeren Trieben zu mehreren, bisweilen dann den Blütenstand der
R. indica nachahmend, auf die Stieldrüsen der R. chinensis var. indica
tragenden Stielen. Kelchblätter nach der Blüte abstehend oder meist
zurückgeschlagen. Blumenblätter kleiner als bei R. virginiana, leuchtend
hellpurpurn, Griffel frei, sehr unregelmässig, bald zu einem unregelmässigen Köpfchen gedrängt (R. blanda), bald locker, dann zum Teil
die halbe Länge der inneren Staubblätter erreichend (R. indica), zum
Teil ganz kurz. Scheinfrüchte stets fehlschlagend.

R. blanda × indica Zabel im Forstgarten in Hannoversch-Münden.
R. chinensis × virginiana Ascherson und Graebner, Synops. d. mittel-
europäischen Flora VI 371 (1902). R. Aschersoniana Graebner in Hort.
Berol. und a. a. O. (1902).

Diese zu Ehren von Herrn Prof. Dr. P. Ascherson benannte
prachtvolle Rose stand gerade 1901, an dessen Geburtstage (4. Juni) in
voller Blüte. Sie zeichnet sich durch frühe Blütezeit, ganz ausserordentlichen Blütenreichtum und leuchtende Farbe aus. Zur Zeit ihrer
Hauptblüte, in normalen Jahren also Anfang Juni, stellt die Pflanze
einen auf weite Entfernung hin hellpurpurn leuchtenden Busch dar.
Aus der Nähe betrachtet, ist die Farbe bei Sonnenschein blendend zu
nennen.

Von den drei in hiesigen Gärten vorhandenen Sträuchern, die sich
auch in der Tracht etwas unterscheiden, hat sich nur einer als winterhart
erwiesen, die zwei anderen litten durch den Frost. Es ist also nur eine
Vermehrung des ersteren zu empfehlen.

2. R. californica × nitida = R. Scharnkeana. Unter den als R. californica × rugosa eingeführten Pflanzen machten sich zwei auffällig verschiedene Pflanzen bemerkbar, deren eine der R. rugosa ähnlich ist und
thatsächlich der betr. Verbindung entspricht. Die andere Form liess
wohl die Einwirkung der R. californica deutlich erkennen, R. rugosa
konnte aber keinesfalls als anderer Erzeuger in Betracht kommen. Die
Untersuchung hat nun ergeben, dass zweifellos ein Bastard von R. californica mit R. nitida vorliegt. Die Pflanze ist ausläufertreibend, stellt
einen niedrigen Strauch von $^1/_2$ bis $^3/_4$ m Höhe dar und besitzt schräg
aufrecht, zuletzt meist niederliegende Schösslinge, ist in der Tracht also
der R. nitida ähnlich, nur zeigt sie die grössere Schlaffheit und Schlankheit
der R. californica. Die Schösslinge sind besonders am Grunde ziemlich
dicht bestachelt, es mischen sich auffällig die an den Knoten genäherten
resp. gepaarten Stacheln der R. californica, die an den oberen Teilen
und an den blütentragenden Zweigen überwiegend oder allein vorhanden
sind, mit den zahlreichen dünnen nadelförmigen, sehr verschieden
grossen Stacheln der R. nitida. Die Blätter der Schösslinge besitzen
meist 9 Blättchen und sind in ihrer Gestalt denen von R. nitida ähnlich,
nur sind sie breiter und erinnern in ihrer Zahnung an R. californica.
Die Blätter der Blütentriebe, die zumeist siebenzählig sind, ähneln
in ihrer Form und Zahnung mehr der R. californica, nur sind sie, denen
von R. nitida entsprechend, am Grunde allmählicher verschmälert. Der

Glanz der Blätter ist durch R. nitida, der Geruch durch R. californica gegeben. Die Nebenblätter der Schösslinge sind zumeist wie die von R. californica, schmal mit ziemlich schmalen, abstehenden Oehrchen, die der oberen sind meist verbreitert, die der Blütentriebe sind indessen denen von R. nitida ähnlich, nur kleiner, bis zum oberen Drittel stark verbreitert. Blütenstand 1 bis mehr (5-) blütig, die Blütenstiele etwas gröber stieldrüsig wie bei R. californica, die Stieldrüsen aber weniger stachelartig wie bei R. nitida. Kelchbecher kugelig, schwach drüsenstachelig, Kelchblätter ziemlich stark stieldrüsig. Blumenblätter lebhaft purpurrosa, zuletzt etwas bläulich. Scheinfrüchte sich nur sehr teilweise entwickelnd.

Ich nenne diese Rose nach dem Obergärtner am kgl. botanischen Garten, Herrn G. Scharnke, der mit grosser Liebe und Sorgfalt unser Gehölzsortiment pflegt und mir bei der sicheren Fesstellung der Herkunft dieser Rose behilflich war. Die Pflanze ist durch den gefälligen, niederliegenden Wuchs sehr zur Bekleidung von Felspartien geeignet. Sie blüht reichlich von Anfang Juli bis weit in den August hinein.

3. **R. carolina × rugosa = R. Spaethiana.** Von dieser Kreuzung besitzen wir drei verschiedene Sämlinge, von denen zwei weiterer Verbreitung würdig sind, die dritte, fast ganz ähnliche, ist im Verblühen zu blaurot, um mit anderen rugosa-Kreuzungen des Handels konkurrieren zu können. Auffällig ist bei den Sträuchern schon der vornehme Wuchs, die Schösslinge besitzen eine gewisse Starrheit, sind dabei leicht und reich verzweigt, sodass durch die abstehenden Aeste und Zweige in einem Falle ein dichter, pyramidaler, im anderen Falle ein breiter, flacher etwa 1 bis 1,5 m hoher Strauch entsteht. Es ist keine Spur von dem bei R. rugosa so unschönen Ueberbiegen oder Ueberhängen der Triebe zu beobachten, ebenso wenig von dem Auseinanderlegen der Aeste. Die Schösslinge, deren Rinde meist rot gefärbt ist, zeigen im Wesentlichen die reichliche Bestachelung der R. rugosa, vereinzelt sind die hakigen Stacheln der R. carolina untermischt, die an den Blütentrieben und an der Spitze der Schösslinge überwiegen. Einzelne Stacheln zeigen deutlich die Behaarung der R. rugosa. Die Blätter haben am Grunde Nebenblätter, die an den Schösslingen meist so wie die langen und schmalen der R. carolina (nur vergrössert), an den Blütentrieben, wenigstens oberwärts, wie die stark verbreiterten (aber am Grunde verlängerten) von R. rugosa gestaltet. Das Aussehen, die Grösse und die Consistenz der Blätter erinnert lebhaft an R. rugosa, während die Gestalt (länglich-lanzettlich) mehr denen von R. carolina nahe kommt. Die Blütenstände sind ziemlich reich- (meist 5 bis 7) blütig, mit ziemlich grossen Hochblättern. Die grossen Blüten stehen auf kurzen, die Länge der Tragblätter meist nicht erreichenden, schwach stachelborstigen und stieldrüsigen Stielen. Kelchbecher kugelig, ziemlich gross, Drüsen borstig bis stieldrüsig, ebenso die schmalen, ganzrandigen, geschwänzten, nach der Blüte abstehenden. bis zurückgeschlagenen Kelchblätter. Blumenblätter gross, doppelt, und verkehrt eiförmig, lebhaft purpurn. Scheinfrüchte meist fehlschlagend.

Diese schöne Rose möchte ich nach Herrn kgl. Oekonomierat Franz Späth in Baumschulenweg bei Berlin, unserem verdienstvollsten Importeur

und Verbreiter fremder Gehölze nennen. Die Pflanze fällt besonders
während des ganzen Monats Juli, zu einer Zeit also, wo nur noch wenige
Wildrosen reichlich blühen, durch die grosse Zahl ihrer leuchtenden
Blumen und durch die bereits oben erwähnte in der Gattung Rosa mir
sonst nicht bekannte eigenartige Tracht auf. Die Blütezeit ist eine
aussergewöhnlich lange. Als Solitärpflanze und zur Bepflanzung von
Gruppen sehr geeignet.

    4. **R. carolina × humilis var. lucida = R. Mariae - Graebneriae.** Diese
Rose stellt einen dichten, etwa 1 bis 1,5 m hohen Busch dar, der in der
Tracht der R. humilis am ähnlichsten ist, dessen Triebe aber mehr
aufrecht sind. Schösslinge und Triebe oft rötlich, mit schwach gebogenen
(ausserdem an den Schösslingen unregelmässig zerstreuten, oft fast
fehlenden) Stacheln. Blätter an den blütentragenden Zweigen mit mehr
oder weniger verbreiterten Seitenblättchen. Blattstiele meist unbestachelt.
Hochblätter etwas stark verbreitert, einzelne (selten mehrere) schmal.
Blütenstand ein- bis mehrblütig. Blüten stark duftend, mit stachelborstigen
und stieldrüsigen Stielen und ebenso aber schwächer bewehrtem kugeligem
Kelchbecher und drüsigen ungeteilten oder mit vereinzelten (bis drei)
Anhängseln versehenen Kelchblättern. Blumenblätter sehr schön lebhaft
zartrosa. Scheinfrüchte sich sehr zahlreich entwickelnd.

    R. carolina × humilis Zabel im Forstgarten zu Hannoversch-Münden.
R. carolina × humilis B. lucida. (R. Mariae Graebneriae) Ascherson in
Aschers. u. Graebner Synopsis der mitteleuropäischen Flora VI 292 (1902).

    Diese Rose, die Herr Prof. Dr. P. Ascherson nach meiner Mutter.
die die Pflanze bereits seit einigen Jahren kultiviert und beobachtet.
genannt hat, ist eine der wertvollsten, vielleicht die wertvollste aller
Wildrosen, soweit sie als Zierpflanzen dienen. Ihre ausserordentlich
zahlreichen schön rosafarbigen (etwa an das Rosa der La France er-
innernden) Blüten besitzen einen schönen Duft und geben auf dem etwas
glänzenden hellgrünen Laube ein vortreffliches Bild. Die ersten Blüten
entwickeln sich meist im Laufe des Juni und nachdem im Juli die
Hauptblüte vorüber ist, entwickeln sich immer neue, sodass stets einige
Blüten vorhanden sind. So blüht die Rose ununterbrochen fort bis zum
Herbst, bis der Frost die letzten Triebe vernichtet, jeder neue Seitenspross
bringt eine oder mehrere Blüten. Dieses fortwährende Blühen wird
augenscheinlich veranlasst durch die verschiedene und dabei doch lange
Blütezeit der beiden Eltern, denn während R. humilis im Juni und Juli
(und vereinzelt im Spätsommer) blüht, entwickelt R. carolina bei uns
ihre Blüten erst im Juli und August. Bei der nahen Verwandschaft
beider Arten kann es nicht Wunder nehmen, dass die Scheinfrüchte sich
gut entwickeln, wenn sie auch oft nicht viele Früchtchen enthalten.
Die Pflanze bedeckt sich daher im Laufe des Sommers mit einer grossen
Zahl leuchtend roter kugeliger Hagebutten. die ihre Farbe während des
ganzen Winters bis zum Frühjahr bewahren und dadurch dem Strauche
auch in Eis und Schnee ein schönes Aussehen geben. Zu diesen bisher
genannten Tugenden gesellt sich noch die von der R. humilis geerbte,
der schönen Verfärbung des Laubes im Herbst. Die Blätter werden,
soweit sie von der Sonne getroffen werden, rot, die schattigen dagegen

gelb. Alle diese Eigenschaften werden erkennen lassen, dass die Pflanze die weitere Verbreitung in die Gärten reichlich verdient. Besonders zu empfehlen ist sie wegen der kriechenden Grundachse zur Bekleidung grösserer Felspartien und zum Ueberziehen von Abhängen, auch in kleineren Gärten.

Erklärung der Tafel 1504.

1. Rosa blanda × indica = R. Aschersoniana Graebn.
2. R. californica × nitida = R. Scharnkeana Graebn.
3. R. carolina × rugosa = R. Spaethiana Graebn.
4. R. carolina × rugosa var. lucida = R. Mariae-Graebneriae Aschers.

Das Wissahickonthal in Philadelphia.

Von R i c h a r d R o t h e in Sunset bei Laverock, Pa.

(Hierzu 2 Abb.)

W aldesfrische, Waldesfrieden und Waldesduft, wie tief eingeprägt findet sich doch die Liebe für diese Begriffe im deutschen Gemüt. — Kein Volk der Erde in seiner Poesie verherrlicht die Schönheit seiner Wälder mehr als das deutsche, aber auch in keinem andern Lande übt die Waldvegetation eine gleichgrosse Anziehungskraft aus. Wer immer kann, sucht den Staub der Alltäglichkeit dort für kurze Zeit los zu werden, sucht Frische und neue Eindrücke für Herz und Gemüt. Und heute, im Zeitalter des Verkehrs und der entnervenden, rastlosen Thätigkeit, wenn mit jedem wiederkehrenden Sommer das Bedürfnis, einmal heraus zu kommen, „aus niedriger Häuser dumpfen Gemächern, aus Handwerks- und Gewerbesbanden", dringender wird, nimmt der Hauptzug der neue Kräfte Suchenden mehr denn je seine Richtung waldwärts. Selbst der kunstvoll angelegte Stadtpark verliert seinen Reiz. Man wird zuletzt müde, das Farbenspiel der Blumen- und Teppichbeete zu bewundern und hübsch vorschriftsmässig seine Schritte auf Fahrstrasse und Fussweg zu beschränken. Das Verlangen nach reiner Natur, nach so etwas wie ländlicher Stille wird rege und wenn es nun eben keine entfernt liegende Sommerfrische sein kann, dann wenigstens hin nach dem nächsten Wald. wo Fuss und Sinn frei ins Allgemeine und Weite streifen dürfen; wo das Auge nach Anemone und Veilchen sucht und das Ohr im Flüstern der Blättern oder im leisen Säuseln in Tannenwipfeln den Odem Gottes zu hören wähnt. Es muss schon eine total verknöcherte Philisterseele sein, die nicht in solchen Feierstunden einmal vorübergehend der Alltagssorgen ledig werden kann und in dem Gefühle, bewusst oder unbewusst, sich selbst wiederfindet: Hier bin ich Mensch, hier darf ichs sein.

Deshab der Stolz der Leipziger über ihr Scheibenholz und waldartiges Rosenthal, welchen selbst in letzterem eine recht erhebliche Dosis wilden Knoblauchs nicht sonderlich herabstimmen kann und deshalb, als ein weiteres Beispiel, auch der starke Zug der Hamburger an heissen Sommertagen nach dem Schatten des nahen Sachsenwaldes.

Auch in der neuen Welt ist man sich des hohen Wertes von Wald-
gebieten als Erholungsplätze in der Nähe der Grossstädte seit langem
schon bewusst geworden. So hat sich St. Louis, die regsame Königin
des Mississippithales und Metropole des Westens in ihrem Forest-Park
grössere, mit dichten Baumwuchs bedeckte Strecken erhalten, welche in
ihrem Charakter stellenweise der wilden Schönheit des Urwaldes gleich-
kommen; und Philadelphia, die Stadt der Bruderliebe, als überhaupt eines
der ersten Gemeinwesen des Landes, welche mit der Anlage des grossen
Fairmount Parkes in ihrem Weichbilde ihrer Bevölkerung eine an Ausdehnung einzig in der Welt dastehende Erholungsstätte schuf, hat sich,
in dem sich an Fairmount anschliessenden, ungefähr 8 englische Meilen
langen Wissahickon, eine wirkliche Perle echter Naturschönheit und
pittoresker Waldlandschaft reserviert.

Und nun kommen wir in unmittelbare Berührung mit dem eigentlichen Gegenstande dieser Abhandlung, dessen Absicht ist, mit dem
freundlichen Leser zusammen einen Ausflug ins Wissahickonthal zu
unternehmen.

Vom äussersten Endpunkt des East-River-Drive, welcher dem
Schuylkillflusse durch die ganze Länge des zu Fairmount gehörigen East-
parkes folgt, kommend, stossen wir, unweit der Vorstadt Manayunk, auf
den Eingang ins Wissahickonthal, vor welchen sich querüber, gleichsam
als Pforte, die mächtige Quadersteinbrücke der Philadelphia- und Reading
Bahnlinie, in fünf, ungefähr 50 Fuss hohen Bogen spannt. Unter ihr
schäumen die Wassermassen der Wissahickon-Fälle, die jedoch, wir
müssen sagen, als Katarakte für Amerika von noch recht zahmer Natur
sind. Bald nimmt uns das schützende Grün und die kühlende Frische
dieses an Quellen reichen Waldthales auf. Durch dasselbe zieht sich,
mit den vielen Windungen des Flusses gleichlaufend, der Wissahickon
Drive, eine vorzüglich gepflegte, breite Fahrstrasse, welcher wir zunächst
dem linken Ufer entlang folgen. Hoch und steil sind diese Ufer, dabei
oft wild zerklüftet und felsig. Alles deutet auf das elementare Wüten
der Gewässer hin, die sich in vielleicht Jahrtausende langem Ringen ihr
heutiges tiefes Felsenbett schufen. Zwar ist der Fluss von hier die erste
Meile aufwärts ruhig, fast träge im Lauf und auf seinem Spiegel pflegt
man gegenwärtig des Ruder- und Gondelsports; doch schon unterhalb
Rittenhouse Lane, dem Hauptzugange des nahen Germantowns, dort wo
ihn starre, hohe Felsmassen zwingen eine scharfe, nahezu spitzwinkelige
Biegung zu machen, braust und schäumt er tosend über die zahlreichen,
grossen Steinblöcke des Grundes. Von hier aus aufwärts wird Szenerie
und Vegetation höchst malerisch und wechselt mit jeder Kurve in ihren
Einzelheiten. In beträchtlicher Höhe über uns, unter schattigen Wald-
bäumen schlängeln sich an Felswänden entlang der Bridal Path und der
Wissahickon Walk, Fusswege, welche neben dem Reize von entzücken-
der Waldeinsamkeit herrliche Blicke nach den jenseitigen Uferwänden
bieten. Bei der nächsten Flussbiegung folgen wir der Fahrstrasse ans
rechte Ufer. Hatte sich im eben zurückgelegten Teile dem schärferen
Auge in der Zusammenstellung der Gehölze vereinzelt die hinzufügende
Menschenhand erkennen lassen, so verschwindet von nun an die letzte

Spur eines Eingriffs. Die Natur tritt voll und ganz in ihre Rechte. denn es ist der Wald Pennsylvanias in seiner Urgestalt. der uns umgiebt. Unter den Eichen fallen am meisten auf: Quercus alba, Q. macrocarpa, Q. nigra, Q. palustris und Q. Prinos. Castanea americana, Liriodendron

Abb. 121. Am Wissahickon-Walk (Spazierweg) im Wissahickonthal bei Philadelphia

tulipifera, Platanus occidentalis und die schwarze Wallnuss, Juglans
nigra, gesellen sich zu den Ahornarten: Acer dasycarpum, — Negundo,
— rubrum, — und saccharinum. Zu den Ulmen: Ulmus americana
und U. fulva treten Fagus ferruginea, Populus monilifera, Morus rubra,
Tilia americana, der bekannte Hickory: Carya amara und die beiden
Eschen: Fraxinus americana und F. sambucifolia. Sehr häufig begegnen
wir auch dem Sassafras officinale, sowie Bignonia Catalpa und Rhus
typhina. Besondere Vorliebe für die Ufer des Flusses zeigen Betula
nigra und B. rubra, ferner die Weide: Salix alba und der Hollunder:
Sambucus canadensis.

Von Nadelhözern ist ausser einigen wenigen Pinus Strobus, die
Hemlockfichte: Abies canadensis allein vertreten, jedoch in jeder erdenklichen Form; hier als Unterholz, dort als Saum der Flussränder, wieder
an anderer Stelle als alleinstehender Riese inmitten laubabwerfender
Bäume. Ihre leichte Bauart und dunkles Grün schmiegt sich jeder andern
Baumform willig an, indem sie an der einen Stelle höchst angenehme
Kontraste bildet und anderwärts im Verein mit Farnen und Schlingern
das nackte Grau einer hervorstehenden Felswand unterbricht. Geradezu
charakteristisch als Unterholz zeigt sich Lindera (Laurus) Benzoin und
neben dem Witch-Hazel,*) Hamamelis virginiana und dem mehr baum-
artigen Cornus florida sind Viburnum dentatum und V. lantanoides des
öfteren anzutreffen.

An Farnen weist die Vegetation in grösserer Geselligkeit Polypodium vulgare und Struthiopteris germanica auf. Ausserdem zeigen sich
nicht selten Aspidium acrostichioides, Cystopteris fragilis und die Osmunda: Osmunda cinnamomea und O. Claytoniana.

Hinter dem nächsten Felsvorsprunge, dessem Innern der silberhelle
kühle Strahl einer Quelle entspringt, verlassen wir die Fahrstrasse und
steigen die zerklüfteten Abhänge hinan, deren mehr beschwerliche Zu-
gänglichkeit die Axt bis zu dem Tage fernhielt, an welchem die Erkenntnis des hohen Wertes die Stadt bestimmte, dieses Stück Erde seiner
jetzigen Bestimmung zuzuführen. Es bedarf hier vermöge der steilen
Formation des Geländes keines langen Wanderns, um das Gefühl der
Waldeinsamkeit zu empfinden. Das zeitweilige Klick-Klack der Pferde-
hufe drunten verstummt sehr bald; ruhig wird es, und Auge und Ohr
beginnt sich ungestört dem Eindruck der nächsten Umgebung hinzugeben.
Ich habe in meiner Jugend die eigenartige Melancholie der niederschle-
sischen Haiden kennen gelernt und habe dem Säuseln in den Kiefern-
wipfeln oft gelauscht; die Wanderjahre machten mich bekannt mit der
malerischen Lieblichkeit der Wald- und Wiesenthäler Thüringens und des
Harzes; der Ernst der dunklen Tannen des Schwarzwaldes und Spessarts
hat seine Anziehungskraft ausgeübt; auch das Flüstern im Laube der
Eichen- und Buchenwaldungen der roten Erde habe ich vernommen und
die stille Schwermut der norddeutschen Tiefebene empfunden, aber alles

---

*) d. h. Zaubernuss, weil die Kapseln bis zum Spätherbst des nächsten Jahres sitzen
bleiben und den (dann erscheinenden) Blüten voraufgehen; vielleicht auch, weil sie mit
grosser Heftigkeit sich öffnen   L. W.

dies hat nichts gemein mit der unaussprechlich angenehmen Herbheit,
dem süssen Unberührtsein, welches sich in dieser begrenzten Waldoase
inmitten eines aufs höchste gesteigerten Kulturlebens zeigt. Es ist der
Unterschied zwischen Natur- und Kulturwald-Szenerie, welcher uns in
diesem Reste des ehemaligen Jagdgrundes des roten Mannes entgegentritt.
Mit seinem ersten Besitzer verlor auch der Wald seine reiche Fauna,
und doch, wenn wir uns nur auf das sichtbare Heute beschränken, wenn
wir für einige Momente die Enge der Grenzen vergessen und unserer
Illusion erlauben, dieselben wieder hinauszurücken bis zu ihrer ursprüng-

Abb. 122. Landschaftsbild im mittleren Teil des Wissahickonthales bei Philadelphia.

lichen sprüchwörtlichen Unendlichkeit, dann hält es nicht schwer, sich
ein Bild zu machen von der Grossartigkeit vergangener nordamerikanischer
Urwaldvegetation. Nicht ein Bild des gleichmässig riesenhaften in der
Baumwelt, wie es sich die Phantasie vielleicht ausmalte, nein, aber ein
Bild des sich ewig aus sich selbst Erneuernden; ein nie endenwollendes
Werden und Vergehen. Und wieder nicht in ruhiger steter Entwickelung,
denn dem widersprechen die vereinzelten, am Boden liegenden Stämme,
deren Wurzeln vielleicht auf plattem Felsuntergrunde den Halt verloren,
als die Stürme durch das Thal fegten. Wolkenbrüche, Waldbrände,
Cyclone und Tornados hinterlassen für Jahrzehnte ihre Spuren, und deuten
nicht jetzt, da wir wieder abwärts steigen, die oft armstarken Stränge
der Vitis cordifolia und die so schön glänzend grün belaubten Ranken des

gefährlichen Rhus Toxicodendron, die sich an vielen Stellen bis in die
höchsten Baumspitzen schlingen, auf das Drängen und Schieben über
unsern Häuptern hin. welches nicht selten zum Kampf auf Leben und
Tod und Licht und Freiheit wird. —

Höchst malerisch und abwechselnd ist die Ufervegetation des
Wissahickon. Im Sommer, bei gewöhnlich niedrigem Wasserstande, bieten
Sandbänke und Felsblöcke des Flussbettes des öfteren gute, trockene
Aussichtsplätze, welche dann mit Vorliebe von Landschaftsmalern und
Liebhaberphotographen aufgesucht werden. Nach wolkenbruchartigem
Regen und Gewitterstürmen aber ist das Schauspiel des Aufruhrs der
von allen Seiten niederstürzenden Gewässer hier unten ein grossartiges,
in dessen Anschauen man nie müde wird.

Nicht minder ist das an Veränderung reiche Bild des Verkehrs auf
dem Wissahickon Drive interessant. Es liegt in der Natur der Sache.
dass diese Strasse ausschliesslich nur für Spazierfahrten in Betracht
kommt. Auf der ganzen Strecke befinden sich, ausser den verschiedenen
Schutzhäuschen für die Parkaufseher, gegen vier öffentliche Lokalitäten,
von denen aber nur das Indian-Rock Hotel den Namen Restaurant verdient. In den anderen sind die weichlich - süsslichen Erfrischungen zu
haben, die man unter der Bezeichnung „Soft-Drinks“ kennt. Im Hochsommer muss man des heissen Klimas wegen auf weite Fusstouren verzichten. Dafür reiht sich dann hier unten, besonders an Sonntagnach-
mittagen, Gefährt an Gefährt. Die äusserst leichte Bauart der Wagen
fällt auf, erklärt sich aber durch die vorzügliche Zähigkeit der für die
Fabrikation zur Verfügung stehenden Hölzer. Neben dem surrenden
Automobile und dem schnellen Fahrrad begegnen wir auch hier und da
dem schweren vierspännigen Tally ho, natürlich nicht ohne den mit mehr
oder weniger Kunst begabten Hornbläser auf dem oberen Rücksitze. Den
Gipfel erreicht jedoch das buntbewegte Treiben zur Winterszeit, wenn
eine gleichmässig tiefe Lage Schnee und ein kalter sonniger Nachmittag
zur Schlittenfahrt lockt. Dann mischen sich die feurigen Renner der
Millionäre unter die Durchschnittsware. Das friedlich-ernste Gesicht des
Quäkers sticht sichtbar ab von dem fröhlichen Uebermut vieler seiner
weniger gesetzten Mitbürger. Wirkliche „Hiram Hayseeds“ (Karrikatur-
name des nordamerikanischen Farmers) mit langen Ziegenbärten, in
Schlitten von kolonialzeitlichem Aussehen, tauchen auf und als letzte
Volkstype vervollständigt das echt demokratische Bild unser zivilisierter
Afrikaner, der oft vor ein mit einem Schlitten nur entfernte Ähnlichkeit
aufweisendes Gestell sein altersschwaches Maultier spannt. Die Aus-
brüche geräuschvoller Fröhlichkeit des Besitzers und seiner Damen muss
man sehen, wenn das edle Grautier, angesteckt von der allgemeinen
Lebendigkeit und dem Klingling der Schellen, in plötzlicher sportlicher
Anwandlung es noch zu einem passablen Galopp bringt.

Wie auch die Jahreszeiten wechseln, immer übt das Wissahickonthal für Tausende seine magische Anziehungskraft aus. Am schönsten
aber erscheint es im farbenreichen Kleide des Herbstes. Der freundliche Leser findet in dem ausgezeichneten Werke: Kerners Pflanzenleben,
Band I in der kolorierten Tafel: Herbstliche Laubfärbung am Erie See.

eine mit seltener Naturtreue wiedergegebene Darstellung dieses wunderbaren Farbenspiels. Doch auch der Frühling entbehrt seiner Reize nicht. Warm, fast heiss scheint die Märzensonne zu Zeiten und trotzdem bleibt es anscheinend öd und kahl. Anscheinend sagten wir, denn während rauhe Nordweststürme und Frost mit warmem Südwind, Gewitterregen und wiederum Schnee in unvermittelter Aufeinanderfolge abwechseln, regt es sich dennoch im Schoss der Erde. Hepatica triloba streckt ihre violetten Blüten durch das dürre Laub und Sanguinaria canadensis entfaltet ihre weissen Blumen. Es ist April geworden, — das Rotbraun der Ahorne erscheint lebhafter und an den Abhängen suchen wir nicht umsonst nach dem blauen Veilchen und der Traubenhyazinthe. Anemone nemorosa, Claytonia virginica. Trillium erectum und Trillium grandiflorum brechen hervor. Die unscheinbaren und doch so herrlich duftenden gelben Blüten der Lindera Benzoin erfüllen die Luft und jetzt fühlen wir es, sie schreitet durch das Thal, nicht die Flora der Gartenbau-Ausstellungen und Blumenparterres mit dem konventionellen Puppengesicht, stereotypem Lächeln und traditionellen Rosengewinden; auch nicht die Flora Botticellis mit den feinen, nervösen Zügen, sinnend und träumend, sondern die hoheitsvoll, kräftig ausschreitende Böcklin'sche Flora, elementare Naturwüchsigkeit mit unerschöpflichem Schaffensdrange verkörpernd, die als Frauengestalt, Göttin und doch Weib zugleich, über die Erde hineilend, der Blumen Fülle über den Boden streut. Schon öffnen sich die weissen Blüten des Cornus florida, — es ist Mai, auch im Wissahickonthal. —

Ob sich wohl Philadelphia des hohen Wertes dieses beneidenswürdigen Besitzes voll und ganz bewusst ist? — Der Erwerb und die Thatsache der Erhaltnng scheinen diese Frage ohne weiteres zu bejahen und doch wieder nur dann, wenn der eine Kardinalpunkt beachtet wird, der hier in der strikten Belassung der Vegetation in ihrer ursprünglichen Form besteht. Die Aufstellung einer Statue des „roten Mannes" im Kriegsschmuck, sowie die Krönung eines andern, Felsens mit der in Stein gehauenen charakteristischen Gestalt William Penns, des Gründers von Pennsylvanien, mag passend erscheinen, denn beide waren mit diesem Walde verwachsen. Jedwedes Mehr nach der angeführten Richtung hin oder gar ein Operieren mit fremden Gehölzen, unbeschadet wie schön sie sein mogen, wäre meiner Ansicht nach gleichbedeutend mit der Herabsetzung eines in seltener charakteristischer Reinheit übernommenen Kunstwerkes der Natur auf das Niveau gewöhnlicher Alltäglichkeit. In ihrem Wissahickon besitzt die alte Quaker City gegenwärtig einen Volkserholungsplatz im idealsten Sinne des Wortes; ein Buen retiro für ihre feiner fühlenden Naturfreunde; ein Eiland, wie sichs die junge Liebe träumt und ein lebendiges Denkmal einer der Vergangenheit angehörigen unvergleichlich herrlichen Sylva. Es in seiner von der Natur gegebenen Schöné zu erhalten, ist der Mühe wert.

Über Villengärten.

Vortrag des Herrn Landschaftsgärtners Brodersen in Firma Körner & Brodersen, Steglitz bei Berlin, gehalten im Verein zur Beförderung des Gartenbaues zu Berlin am 4. September 1902.

Bereits im Liebhaberausschuss habe ich über dieses Thema gesprochen (s. Gartenflora 1902 S. 294) und es ist der Gegenstand auch eigentlich mehr für eine Versammlung von Liebhabern geeignet; trotzdem will ich, der ergangenen Aufforderung des Vorstandes entsprechend, gern auch hier einige Worte sagen, wenn ich auch den Herren Kollegen nichts Neues bieten kann.

Als Villengärten bezeichnen wir diejenigen Gärten, welche schmucke Landhäuser, Villen, in der Nähe der Städte umgeben. Das Wort „Landhausgarten" wäre nicht dasselbe, denn ein Villengarten ist im wesentlichen ein Luxusgarten, insofern er keinen Ertrag an barem Gelde liefert. Er hat eine höhere Aufgabe zu erfüllen, er soll dem Besitzer nach schwerer Arbeit zur Erholung dienen, er soll ihn kräftigen zu neuer Arbeit. Dies ist eine hohe, hehre Aufgabe, und der betreffende Gartenkünstler, der einen Villengarten anlegen soll, muss es sich daher sehr überlegen, was für den einzelnen Besitzer notwendig ist. Er soll nicht eine und dieselbe Idee, je nach der Lage des Grundstückes modifiziert, immer wieder zur Ausführung bringen, sondern er soll aus dem Besitzer herausforschen, was dieser besonders wünscht. Daher sind Vorbesprechungen mit dem Besitzer so sehr notwendig.

Der Liebhaber wird gewöhnlich anknüpfen an die Gärten, in welchen er seine Jugendzeit verlebt hat, wo er täglich gespielt oder in den Ferien geweilt hat. Er wird bei der Schilderung solcher Gärten vielleicht öfter über das Mass hinausschiessen, denn die Phantasie lässt ihn diese Gärten noch viel schöner erscheinen als sie wirklich waren. Es sind heilige Erinnerungen aus der Jugendzeit; in den Gärten hat nach seiner Meinung nichts gefehlt, und so möchte er seinen Garten jetzt auch haben. — Da bedarf es eines feinen Taktes, um aus all den Wünschen das herauszunehmen, was wirklich durchführbar ist und so doch wenigstens dem Ideal, das dem Besitzer vorschwebt, nahezukommen.

Als ein wesentliches Hindernis steht oft schon die Beschränktheit des Raumes entgegen. Infolge der grossen Preissteigerung der Grundstücke in der Nähe der Städte, ist es meist sehr schwer, ein grösseres Terrain zu erwerben, nur ganz reiche Leute können das. Aber nicht die Kleinheit des Grundstückes als solche ist es allein, welche es eng erscheinen lässt, sondern auch die enge Umgrenzung. Früher war das nicht so, da waren keine so festen Einzäunungen vorhanden wie heute. Es geht in den Villenorten ähnlich wie im menschlichen Leben; mit dem zunehmendem Alter wird der Gesichtskreis wieder enger. Mit der Entwickelung und mit dem Alter eines Villenortes wird der Ausblick aus einem Garten in den anderen immer enger, und das Ideal, welches man erreichen wollte, das Wohlbefinden, welches man dauernd zu erhalten hoffte, gehen verloren. Schliesslich sind es die Besitzer selber, welche danach trachten, dass die Baubeschränkungen aufgehoben werden und nachdem sie dann verkauft haben, weiter weg ein neues Grundstück erwerben.

Das sind Sachen, auf welche der Gartenkünstler direkt keinen Einfluss hat, aber schon beim Bau der Häuser und der ganzen Einrichtung der Villenorte sollte dem Gesichtspunkte Rechnung getragen werden.

Man sollte schon bei der Anlage der Strassen darauf Rücksicht nehmen, dass z. B. eine gute Belichtung der einzelnen Grundstücke dauernd gewährleistet wird. Das ist besser als die Bestimmung, dass Vorgärten geschaffen werden müssen, die nur eine Tiefe von 3 m haben. Derartige Villengärten sind für den Villenbesitzer oft geradezu eine Last.

Auch was die Stellung des Hauses im Garten anbetrifft, sowie die Lage seiner einzelnen Räume, ist sehr wichtig; wie wenig hierauf Bedacht genommen wird, können wir leicht in jedem Villenort sehen. Der Erbauer soll nicht nur auf eine gute Belichtung der Räume hinarbeiten, sondern auch auf einen wohnlichen Zusammenhang zwischen Haus und Garten sein Augenmerk lenken. Das ist viel wichtiger als dass die Front gut aussieht auf Kosten der Behaglichkeit. Oft kann der Gartenkünstler einen Einfluss auf die Stellung des Hauses und dergleichen ausüben.

Im Garten selbst sollte, obwohl eine Abgeschiedenheit von der äusseren Welt nötig ist, doch das Freie und Fröhliche mehr berücksichtigt werden, als es oft geschieht. Das Verhältnis von Licht und Schatten spricht zum Gemüt, die Stimmung im Garten ist das, was dauernd wirkt und dauernd bleibt; alle anderen Dinge, schöne Pflanzen schöne Früchte, haben nur in den ersten Jahren ihren Reiz. Je länger ein Liebhaber einen Garten besitzt, je mehr seine eigene Arbeitskraft nachlässt, desto mehr bleibt allein die Stimmung übrig, und man findet, dass solche Gärten, welche diesem Gesichtspunkt Rücksicht tragen, nur ungern vom Besitzer verkauft werden.

Das zu erreichen ist in vielen Fällen möglich, wenn man eine Art von Pflanzen als Grundton vorherrschen lässt. Man muss die Stimmung treffen und das Material wählen, welche der Person des Besitzers entsprechen. Häufig muss man gerade das Gegenteil von dem machen, was man erst wollte, man lernt eben bei der Besprechung die Wünsche des Besitzers kennen. Es kommt auch häufig vor, dass, wenn man einen Garten angelegt hat und mit dem Besitzer auch später noch in Berührung bleibt, dann nach längerer Zeit beide Teile erkennen, dass der Garten einen Fehler hat. Oft ist es noch möglich zu verbessern, oft aber auch nicht.

Was die Einheitlichkeit in den Pflanzungen anbetrifft, so ist diese ja nicht immer ohne Weiteres in einem kleinen Garten auszuführen; aber immerhin kann doch ein bestimmter Ton angebahnt werden, im einen Falle kann man mehr immergrüne Gehölze vorherrschen lassen im anderen mehr Laubbäume, in einem dritten mehr Farne, in einem anderen mehr Wasserpflanzen, in noch einem anderen mehr Felspartien usw., kurz, immer wird etwas da sein, was man als Motiv benutzen kann.

Zu schildern, wie man bestimmte Eindrücke erzielen kann, würde
über das Mass dieses Vortrages hinausgehen, doch sei folgendes gesagt.
Die Mittel, um eine besondere Stimmung durch die Anpflanzung zu
erhalten, können nicht immer gleich sein. Die Menschen empfinden
sehr verschieden. Während der eine bei der Betrachtung einer grösseren
mit Epheu bepflanzten Fläche an den Tod denkt, denkt ein anderer an
das ewige Leben.

Im allgemeinen stimmen immergrüne Pflanzen, besonders die Tannen
in grösseren Mengen zusammengepflanzt, die Menschen ernster. Fegt
der Wind durch grössere, ältere Tannenhaine, so verwandelt sich die
ernste Stimmung in Schauer. Tritt zu dem Ernst der Tannen die Farbe
der Blumen und das zierliche Laub der Farne, so wird die Stimmung
gehoben, ja fröhlich. Der mit Blumen durchwirkte Wiesengrund fordert
zum Tanzen und Springen heraus, und im Garten bilden die Rasenflächen
den Grund, auf dem wir heitere Bilder aufbauen können.

Weiter ist zu berücksichtigen, dass schon bei der Anlage der
Villengärten viel geschehen kann, um die nötige Ruhe in der Landschaft
zu erhalten. Meist werden aber viel zu viel Wege angelegt und dadurch
der Garten unruhig. Ich selbst bemühe mich, möglichst wenig Wege
einzurichten und doch finde ich öfter nach der Fertigstellung, dass noch
dieser oder jener hätte fortbleiben können.

Viele haben die Meinung, der Garten sei dazu da, um in ihm
spazieren zu gehen und es müssten deshalb recht viele Sitzplätze in ihm
sein. Thatsächlich ist es aber sehr wenig der Fall, dass im Garten
spazieren gegangen wird, man achte nur auf die frisch geharkten Wege;
manche derselben brauchen tagelang nicht wieder geharkt zu werden,
weil Niemand darauf gegangen ist. Je weniger Wege, desto mehr Einheitlichkeit; also möglichst wenig die Flächen teilen.

Was die Wege selbst anbetrifft, so bin ich dafür, lieber weniger,
aber dafür breitere Wege, sodass drei Damen nebeneinander gehen
können und nicht Gefahr laufen, sich Löcher in die Kleider zu reissen,
weil sie den Sträuchern zu nahe kamen oder den Saum an den nassen
Graskanten zu beschmutzen. Das ist kein so unwesentlicher Punkt. Jede
Dame, die in einer Unterhaltung begriffen ist, wird von der Unterhaltung
abgelenkt, wenn ihr der Weg zu schmal, nicht bequem ist, und sie immer
auf ihr Kleid achten muss.

In ganz kleinen Gärten kann man von Spazierengehen nicht
viel reden, hier werden auch nicht alle Wege so breit sein können, aber
wenigstens sollte doch ein Weg, und zwar möglichst in der Nähe des
Hauses eine angemessene Breite haben, sodass es z. B. beim Heraustreten
nach dem Speisen möglich ist, sich gesellschaftsweise zu unterhalten
und spazieren zu gehen, bevor der Kaffee eingenommen wird.

Wenn Sie darauf hin unsere kleinen Villengärten kontrollieren,
werden Sie finden, dass gerade dieses Moment oft vernachlässigt ist,
obwohl es zur Behaglichkeit soviel beiträgt.

Alle Sitzplätze, welche nicht thatsächlich mit Tisch und Stühlen
besetzt sind, lasse ich beseitigen; denn nur Sitzplätze, welche benutzt
werden, haben einen Zweck. In den meisten Gärten wird man aber das

Doppelte und Dreifache an Sitzplätzen finden, als thatsächlich in Gebrauch genommen werden. Die Bänke sind oft unpraktisch konstruiert, sodass sich leicht Schmutz auf ihnen absetzt; sie werden dann oft nicht gereinigt und da kann sich Niemand darauf setzen.

Sofern die Sitzplätze im Garten nicht wirklich einen wohnlichen und behaglichen Eindruck machen, sollte man sie entfernen.

Die verschiedenen Ansprüche an den Garten. Eine der häufigsten Forderungen in der heutigen Zeit ist ein Tennisplatz; aber seltsam, die Herrschaften, welche einen fordern, sind oft über das eigentliche Wesen des Tennisspiels gar nicht unterrichtet. Es ist oft nicht das Bedürfnis, welches sie einen Tennisplatz wünschen lässt, sondern nur die Mode. Weil Dieser oder Jener einen hat, wollen sie auch einen haben. Wenn man ihnen sagt, dass dadurch ein grosser Teil des Gartens in Anspruch genommen wird, so hilft das nichts, er soll dann kleiner werden, entspricht dann aber nicht seinem Zweck. Nur ein Tennisplatz, welcher gross genug für die Spielenden ist, und auch in Bezug auf die Lage zur Sonne und die Spielregeln allen Anforderungen entspricht, hat einen Wert im Garten, sonst ist er ein Gegenstand des Aergernisses, namentlich für die verlierende Partei, diese schilt dann über den Platz und über den Garten, und schliesslich bekommen die Landschaftsgärtner die Schuld.

Auch die Frage wegen der Obstbäume ist wichtig. Herr Gartenbaudirektor Carl Mathieu hat uns gesagt, man solle viel Obst im Villengarten bauen; dann bekommt man aber, wenn man fragt: Welche Sorten? soviel Sorten zu hören, dass man wieder keine Auswahl zu treffen weiss. Ich freue mich daher immer, wenn Jemand sagt: Die oder die Sorte taugt nichts. Herr Mathieu kennt die Sorten, die er empfiehlt, aber es giebt viele Pomologen, welche die Sorten, die sie empfehlen, gar nicht kennen und das sind die gefährlichen. Die Pomologen, welche glauben, zwölf Sorten zu kennen, sind ungefährlich, wer 30 Sorten glaubt zu kennen, ist auch nicht sonderlich gefährlich, aber wer glaubt 100 Sorten zu kennen, wird bedenklich; denn diese Herren fühlen den Beruf in sich, unbekannte Obstsorten zu bestimmen und Obstsorten neueren Datums verbreiten zu müssen, sie bringen den Wirrwarr in der Obstkultur hervor, der leider noch überall herrscht.

Ich stehe auf dem Standpunkte, dass die Gartenbesitzer eine Petition erlassen müssten, dass diejenigen, welche eine Sorte verkaufen, auch für die Richtigkeit garantieren. Man kommt sonst in grosse Verlegenheit. Die Etiketten stimmen dann nicht, wenn das Obst trägt und der Gartenkünster bekommt die Schuld. Herr Beuster wird wissen, wie sorgfältig wir in Biesdorf zu Werke gegangen sind in der Auswahl nur weniger Sorten, wie von jeder Sorte eine Reihe gepflanzt ist, und heute kann Herr Beuster auf jeder Ausstellung im Sortiment konkurrieren, so gross ist durch falsche Sortenlieferung der Wirrwarr.

Was das Obst als solches anbetrifft, so ist da natürlich den Wunschen der Besitzer nachzukommen, aber meist wird die Sache mit dem Obst übertrieben; denn der Obstbau kann in einem Villengarten kein grosser sein, es ist letzterer doch mehr ein Luxusgarten. Die

Freude an den Obstbäumen ist für den Villenbesitzer nur dann vorhanden, wenn er sich selbst damit beschäftigt und da ist es ein Glück, dass es in der Neuzeit Sorten giebt, welche vor allen Dingen reich tragen und wenn es selbst Sorten sind, wie der heute von Herrn Mathieu vorgelegte Crabapfel; man hat doch seine Freude daran. Man darf aber nicht Sorten, wie „Schöner von Boskoop", der für grosse Plantagen auf feuchtem Boden geeignet ist, in Villengärten pflanzen.

Das Wichtigste in heutiger Zeit sind die Stauden. Die Ausschmückung unserer Gärten mit Stauden ist eine Aufgabe, die schwer zu erfüllen, die aber des Nachdenkens wert ist. Ich freue mich, dass heute die Preisrichter ein Wertzeugnis gegeben haben für Dekorations-pflanzen*) und nicht für Schnittblumen. Man braucht nicht immer auf langstielige Schnittblumen zu sehen, sondern auch auf solche, welche in Gärten passen und da ist es erfreulich, wenn gerade eine Aster als Dekorationspflanze empfohlen wird.

Stauden sind im allgemeinen im Garten eine heikle Sache. Eine Staude blüht meist nur kurze Zeit, dann stirbt sie ab und muss möglichst durch andere verdeckt werden. Das ist eine Sache des Gartenbesitzers selbst; er muss nicht nur Besitzer, er muss auch Gartenfreund sein. Gerade an der Behandlung der Blumenbeete und der Blumen als solche erkennt man den echten Gartenfreund. Wenn Jemand blos mit dem Schlauch herumgeht, ist er noch kein Gartenfreund; wenn er aber selbst seine Stauden, seine Farne und dergleichen behandelt, wie das z. B. der verstorbene Geh. Ober-Bergrat Dr. Hauchecorne that, wenn man den Pflanzen ansieht, dass ein Liebhaber sie pflegt, dann haben wir einen wahren Gartenfreund vor uns und solche Gartenfreunde sollte unser Verein immer mehr heranzubilden suchen.

Es ist zu bedauern, dass in unserem Verein jetzt verhältnismässig so wenige Gartenliebhaber erscheinen, unser Verein mus sich aber gerade an diese wenden, denn nur im Zusammenhange zwischen Gartenfreunden und Gärtnern liegt die Zukunft unseres Gartenbaues.

Borsigs 5000. Lokomotive.

(Hierzu 1 Abb.)

Die beifolgend mit Blumen geschmückte Lokomotive stellt, wie unsere verehrten Leser gleich ersehen, nicht etwa das Original der 5000. Lokomotive dar, deren Fertigstellung am 21. und 22. Juni d. Js. von der Firma E. Borsig, Berlin, festlich begangen wurde, sondern eine Miniatur-Lokomotive von etwa 1 m Länge, aus Rohr und Drahtgeflecht, welche Herr Direktor Hempel der Firma E. Borsig als Festgruss überreichte.

Die Ausführung dieser Lokomotive hatte er Herrn Kunst- und Handelsgärtner J. Meermann, Berlin N., Chausseestr. 109, übertragen,

---

*) Für die Apollo-Aster und die Waldersee-Aster der Firma Martin Grashoff in Quedlinburg.

und derselbe hat diese schwierige Aufgabe, einen an und für sich sehr realen Gegenstand doch in echt künstlerischer, geschmackvoller Weise zu schmücken, trefflich gelöst.

Alle Räder und Puffer, sowie das Fenster des Lokomotivführerstandes waren mit Vergissmeinnicht bekleidet, der Dampfdom, der Zylinder und vorn die Kesselplatte mit weissen Federnelken.

Die hintere offene Seite der Lokomotive bot Gelegenheit, hellfarbige

Abb. 128. Festgruss zur Vollendung der 5000. Lokomotive der Firma E. Borsig, dargebracht vom Direktor Hompel, ausgeführt von J. Meermann.

Orchideen (Odontoglossum crispum), weisse Paeonien und weisse Feder-nelken anzubringen, während oben über dem Stande des Lokomotivführers ein herrlicher Strauss von Cattleyen, gehoben durch gelbbuntes Bandgras, ruhte, der mit einem passenden lilafarbenen Atlasbande gebunden war.

Ganz besonders schön war auch die Dekoration des Schornsteins, indem hier ein Riesenstrauss aus Anthurium Scherzerianum in herrlichen grossblumigen Varietäten, untermischt mit Zierspargel und bunten Gräsern, angebracht war.

Man mag über die Darstellung von realen Dingen in der Bindekunst
denken wie man will; bei ausserordentlichen Gelegenheiten scheint uns
eine Ausnahme von der Regel. keine wirklichen Gegenstände nachzu-
bilden, gestattet. Gerade so wie man öfter einem nach langer Fahrt
heimkehrenden Kapitän ein mit Blumen geschmücktes Schiff, einem
siegreichen Sportsmann ein Hufeisen aus Blumen zu überreichen pflegt,
darf man auch einer Fabrik, deren Ruhm gerade durch den Lokomotivbau
begründet ist, an ihrem Ehrentage ein Blumengebinde überreichen,
welches den Gegenstand ihrer langjährigen Thätigkeit versinnbildlicht.

L. W.

Unsere Gemüsepflanzen und ihre Geschichte.

Vortrag, gehalten im Klub der Landwirte am 12. März 1901 von Geh. Regierungsrat
Professor Dr Wittmack.

(Schluss.)

Also die Stickstoffmenge ist bei den Gemüsen nur eine geringe und
sie wird nicht einmal ganz ausgenutzt. Das Gemüse ist aber gleichwohl
nötig, und zwar einmal schon als Füllmaterial, wie Professor Frenzel
mit Recht sagt; denn so gut wie die Pferde Heu und Häcksel haben
müssen, müssen auch wir Menschen zu den Fleischspeisen und zu anderen
konsistenteren Nahrungsmitteln die Gemüse hinzuthun. Aber es ist auch
noch etwas Anderes wirksam, was sich jedoch durch die chemische
Analyse nicht fassen lässt; das ist der feine Geschmack, das Aroma, das
manches Gemüse hat. Andere Gemüse haben aber ein strenges Aroma,
z. B. die Kohlarten; da ist Schwefelallyl die Ursache. Beim Knoblauch
ist das noch mehr der Fall. Andererseits haben wir im Salat den Milchsaft, der ganz gewiss dazu geführt hat, ihn zu benutzen. Die Cichorien,
die Endividien enthalten auch alle Milchsaft, und der schmeckt etwas
bitter, wirkt also jedenfalls auch anregend auf den Magen. Ja, ich
möchte glauben, dass er noch mehr thut, indessen fehlt es in dieser Beziehung noch an Beweisen. Wir wissen aber von anderen Milchsäften,
dass sie pepsinhaltig sind und Fleisch verdauen. Das wissen wir vom
Melonenbaum, Carica Papaya, ja sogar von unserem Feigenbaum. Ein
früherer Schüler unserer Hochschule, Dr. Wolfenstein, der lange in Malaga
war, erzählte mir, dass man auf der Insel Majorka warme Milch serviere
und einen Teller mit grünen Feigenzweigen dazu reiche; die schneidet
sich jeder an den Enden ein und rührt seine warme Milch damit um,
und dann gerinnt die Milch. Das ist ein Beweis, dass in dem Milchsaft
der Feige Pepsin enthalten ist, welches die Milch zum Gerinnen bringt.
Ob das im Salat auch der Fall sein mag, ist unbekannt; man weiss nur,
dass zitronensaures Kalium darin ist, dass in der Mohrrübe Aepfelsäure,
Asparagin und Zucker ist und dass die Teltower Rüben besonders viel
Zucker haben. Die letzteren sind verhältnismässig sehr nahrhaft, sie
enthalten 3 pCt. Protein. — Ausserdem ist nicht zu vergessen, dass die
Gemüse, bezogen auf Trockensubstanz, sehr viel Asche enthalten. Sie

sehen hier die Aschenmenge, die in 1 Kilo Spargel enthalten ist, sie ist
verhältnismässig nicht unbedeutend, und namentlich sehen wir hier ziemlich viel Natron, was sonst nicht viel vorkommt, sich aber bei den Radieschen bei weitem mehr noch findet. Bei den gelben Erbsen haben
wir selbstverständlich viel mehr Nährstoffe, weil mehr Trockensubstanz
vorhanden ist, und namentlich haben wir da auch Phosphorsäure in
grosser Menge, bis zu 9 Gramm auf 100 Gramm Asche, was für die
Ernährung sehr wichtig ist.

Ich könnte nun schliesslich noch die Frage aufwerfen, ob die Zubereitung der Gemüse auch solche Fortschritte gemacht hat, wie die
Kultur derselben. Das, meine verehrten Damen, wage ich aber nicht zu
beantworten. (Heiterkeit.) Ich glaube kaum, dass die alten Griechen,
trotzdem sie so grosse Feinschmecker waren, so schön das Gemüse zubereitet haben, wie es heute geschieht, namentlich in Frankreich. Wenn
man an die schönen Haricots verts denkt, die man dort zu essen bekommt, so ist es wirklich zu bedauern, dass wir sie hier so wenig haben;
sie könnten ganz gut auch bei uns gebaut werden. Ich will aber hoffen,
dass Sie alle, meine verehrten Damen, auch das Gemüse recht schmack-
haft zu machen verstehen; denn ein altes Sprichwort sagt: „Der Weg
zum Herzen des Mannes geht durch den Magen." (Heiterkeit.) Wenn
das selbstverständlich auch bei Ihren werten Männern nicht zutreffen
wird (Heiterkeit), so wird es doch nicht schaden, wenn Sie ihnen die
Speisen stets recht gut zubereiten. (Lebhafter Beifall.)

Diskussion.

Vorsitzender: Meine verehrten Damen und Herren! Sie haben
Ihrer Befriedigung über den gehörten Vortrag bereits lauten Ausdruck
verliehen, und wir können in der That Herrn Geheimrat Wittmack um
so dankbarer sein, als er augenblicklich mit seinem Kursus in der Hochschule ausserordentlich viel zu thun hat. Trotzdem hat er uns diesen
schönen Vortrag gehalten, bei dem man zweifelhaft sein kann, ob er sich
mehr durch Gelehrsamkeit oder durch die vielen praktischen Beziehungen,
die der Herr Vortragende an seine Ausführungen knüpfte, auszeichnete.
Ich glaube, die Mehrzahl der verehrten Anwesenden wird letztere mehr
in den Vordergrund stellen, und so möchte ich fragen, ob noch Jemand
eine Bemerkung zu machen oder eine Frage an Herrn Geheimrat Wittmack zu richten hat. Vielleicht macht uns eine von den verehrten
Damen eine Mitteilung über die von dem Herrn Vortragenden auch ge-
streifte Zubereitung des Gemüses. Das würde dann eine Ergänzung zu
dem Vortage sein.

Geheimer Regierungs-Rat Dr. Wittmack-Berlin: Ich habe von
einigen neueren Gemüsen garnicht gesprochen, weil diese sich noch
nicht recht eingebürgert haben. Wir haben da den Knollenziest, Stachys
tuberifera, die Oxalis- oder Sauerkleeknollen usw. Wir finden die Ziest-
oder Stachysknollen hier und da auf dem Markt; es sind geringelte,
weisse, perlmutterartig glänzende, schön anzusehende Gebilde, sie haben
aber wenig Geschmack und dienen höchstens einmal zur Dekoration

eines Bratens. In Frankreich habe ich sie im vorigen Jahre noch in Delikatessenhandlungen gesehen; da werden sie also augenscheinlich benutzt. Mit Oxalis - Knollen hat Herr Kgl. Garten-Inspektor Lindemuth am Kgl. Universitätsgarten hierselbst Versuche gemacht und sie ganz wohlschmeckend gefunden.

In Bezug auf Gemüse ist man aber sehr konservativ, und es hält immer schwer, neue einzuführen.

Vorsitzender: Vor einigen Jahren hat Herr Kaufmann Martini versucht, den Mais in halbreifem Zustande in Berlin einzuführen und hat in der Gegend von Birkenwerder 100 Morgen mit Zuckermais, Sweetcorn, aus Amerika angebaut. Er wird halbreif mit Salzwasser gekocht und kommt als Gemüse oder Dessert auf den Tisch. Er wird mit Butter versetzt, da er wohl nur wenig Fett enthält; er wird auch mit einem Zuckerzusatz gegessen und sozusagen abgeknabbert. In Amerika ist es, wie ich höre, gang und gäbe, dass er als Dessertspeise auf den Tisch kommt, er scheint sich aber in Berlin weniger einführen zu wollen. Mir hat allerdings Herr Martini gesagt, er hätte viel abgesetzt, namentlich nach den Bädern, wo die Amerikaner hinkommen. In Berlin hat er auch in Läden ausgestanden; aber ich weiss nicht, ob er sich wirklich hier einbürgern wird. Ich glaube, dass der Mais zu diesem Zweck in jedem Jahr bei uns reif genug werden würde und auf den leichten, märkischen Bodenarten mit den vielen Düngemitteln aus dem nahen Berlin würde dieser Mais leicht zu ziehen sein. Mais ist eine ungeheuer ertragreiche Pflanze. Wir haben seinerzeit im Klub Gelegenheit genommen, den Herren, die damals anwesend waren, das Gericht vorzuführen, und wir haben die halbreifen Kolben auch hier abgeknabbert, und es hat vielen recht gut geschmeckt.

Geheimer Regierungsrat Professor Dr. Wittmack-Berlin: Es ist wirklich zu bedauern, dass die Zuckermaisarten sich bei uns nicht einbürgern wollen. Sie schmecken in der That ähnlich wie Schoten und haben den grossen Vorzug, dass sie zu einer Zeit gegessen werden können, wo man keine Schoten mehr hat; denn nach Johannis hört es eigentlich mit den Schoten ganz auf, während der Zuckermais erst im Juli anfängt. Er schmeckt in der That sehr schön, und man sollte sich wirklich etwas mehr Mühe geben, ihn einzuführen. Es sind bekanntlich besondere Arten, die für diesen Zweck benutzt werden; der Zuckermais hat keine gewöhnlichen glatten Körner, sondern runzlige glasige Körner, und die Stärke ist nur teilweise in Form von Körnchen, meist in der Form einer hornigen, syrupähnlichen Masse entwickelt. Unreif sehen die Körner des Zuckermaises garnicht runzelig, sondern so glatt aus wie die anderen. Die Einführung könnte übrigens auch unser Gartenbauverein in die Hand nehmen.

Schriftsteller Cordel-Berlin: Es sind im Gartenbauverein Versuche gemacht worden; wir haben auch ein Probeessen veranstaltet.

Geheimer Regierungsrat Professor Dr. Werner-Berlin: Das Maisessen ist in Amerika und Ungarn sehr verbreitet. Man isst ihn häufig, wenn er ganz reif ist; ich habe gesehen, dass die Arbeiter ihn schon so gegessen haben. Es dauert allerdings sehr lange mit dem Kochen, ehe er einigermassen geniessbar ist. Aber das eigentliche Sweetkorn in Amerika schmeckt ausgezeichnet.

Berichterstatter: Man kann bei Tische die Körner auch mit einem Messer vom Kolben abschaben und sie dann ganz wie Schoten verspeisen.

Schriftsteller Cordel-Berlin: Ich habe bei der Aufzählung der verschiedenen Gemüse die distelartigen Gemüse vermisst.

Berichterstatter: Ich wollte nicht länger sprechen, weil die Zeit zu weit vorgerückt war. Die Artischocken hätte ich allerdings erwähnen müssen; sie stammen von der wilden Kardi, Cynara Cardunculus, in Südeuropa. Targioni berichtet, dass die Artischocken erst 1466 von Neapel nach Florenz gekommen seien; er meint, die Griechen hätten sie noch nicht gehabt, sondern nur wilde und kultivierte Kardi. Von diesen assen die Römer nach de Candolle den Blütenboden, was auch heut die Italiener noch thun; sie nennen den Blütenboden girello. In der Neuzeit isst man bekanntlich vom Cardi die fleischigen Blattstiele. — Die Kultur der Artischocke ist in England erst 1548 eingeführt. Ich hätte auch der Kartoffel gedenken müssen; das ist jedenfalls das wichtigste unter unseren Küchengewächsen; aber wir betrachten sie doch nicht als Gemüse, und über sie hätte ich allein eine Stunde sprechen können.

Oekonomierat Herter-Berlin: Ich wollte den Herrn Geheimrat fragen, ob er, als er vorhin die ägyptischen Zwiebeln erwähnte, unsere Zwiebeln gemeint hat oder die grossen, die aus Südeuropa kommen, die mit Strohbündeln gebunden sind, und hauptsächlich unter dem Namen Zwiebeln aus Madeira bekannt sind. Diese letztere Zwiebel ist nämlich nicht so scharf wie die andere und wird in Südeuropa anders verwandt, als wir die Zwiebeln verbrauchen. Sie wird als Salat gegessen, sie wird gehackt, es wird etwas Weissbrot dazu gethan, dann wird sie mit Essig und Oel zurecht gemacht und als Salat verzehrt; sie schmeckt etwas süsslich, ausserordentlich angenehm und erfrischend. Wir haben sie hier auch öfter gegessen, sie hat aber einen ganz anderen und viel zarteren Geschmack als unsere Zwiebel, und es würde wohl Niemand auf den Gedanken kommen, hier unsere Zwiebeln als Salat zu essen; dabei würden ihm doch wahrscheinlich die Augen übergehen. Ich habe gesehen, wie die gewöhnlichen Zwiebeln aus San Andrea in Nordspanien nach Havanna schiffsladungsweise geschickt wurden, weil in der Havanna die Zwiebel nicht aromatisch genug ist, sie schmeckt den Spaniern nicht kräftig genug. Aus dem Süden von Spanien gehen aber keine hin, weil sie da einen viel zu wenig aromatischen und kräftigen Geschmack haben. Ich möchte daher den Herrn Geheimrat fragen, ob diese ägyptischen Zwiebeln nicht diese viel wässerigeren und milder schmeckenden Zwiebeln sind. Ich vermute, dass so kräftig schmeckende Zwiebeln, wie wir sie hier gewohnt sind, dort nicht wachsen.

Frau Kaskel-Berlin: Ich möchte fragen, ob die Frucht, die der Herr Geheimrat vorhin erwähnte, nicht vielleicht eine Gurke ist. Wir haben in Paris Früchte gesehen, einer Gurke ähnlich, dunkelviolett, die Aubergines hiessen.

Berichterstatter: Aubergines sind die sog. Eierfrüchte, die man auch bei uns kultiviert. Sie kommen violett oder fast schwarz und auch weiss vor. Das ist eine amerikanische Pflanze, verwandt mit den Tomaten also ein Nachtschattengewächs; sie heisst botanisch Solanum Melongena Die Frucht hat die Gestalt einer Gurke oder auch die eines Eies. Sie wird häufig mit Farce gefüllt.

Rittergutsbesitzer Kaskel-Berlin: Ja, so haben wir sie gegessen. Die einfachen Leute sollen sie mit Tomatensauce essen.

Berichterstatter: Die Tomaten stammen ebenfalls aus Amerika. Diese haben sich verhältnismässig leicht in alle Welt verbreitet, denn die meisten Menschen lieben Tomaten, wenigstens die Sauce davon; und es ist mit ihrer Verbreitung viel schneller gegangen, als z. B mit dem Rharbarber. Die Tomaten haben übrigens in Nordamerika anfangs doch nur ganz allmählich Fuss gefasst, und zwar auf dem Umwege über Italien. Sie stammen aus Mexiko und Südamerika und kamen von da nach Südeuropa. Zu Anfang des 19. Jahrhunderts liess ein in Nordamerika weilender italienischer Maler sich Samen aus Italien kommen und dann hat der Anbau sich allmälich weiter ausgedehnt, so dass jetzt die Kultur der Tomaten in Nordamerika eine ganz ausgedehnte ist. (Zuruf: Hier werden sie wenig gegessen.) Ich möchte mich nun zu der Frage des Herrn Herter wenden. Die Zwiebeln, die aus Aegypten kommen, sind gewöhnliche Zwiebeln, nicht die edlen schönen Madeirazwiebeln, die aus Spanien und Madeira kommen. Russland liefert auch viele Zwiebeln nach Deutschland, die zum Teil in geräuchertem Zustande zu uns kommen; sie werden ähnlich wie das Getreide geräuchert oder gedarrt, damit sie sich länger halten.

Oekonomierat Poggendorff-Berlin: Bei den sehr interessanten historischen Rückblicken, die Herr Geheimrat Wittmack uns gegeben hat, hat er u. A. auch angeführt, die altrömische Gourmandise hätte besonderen Wert darauf gelegt, und er hat aus den alten Schriftstellern nachgewiesen, dass der Spargel damals in so guter Qualität geliefert worden wäre, dass nur drei Stengel auf das Pfund gingen. Da möchte ich mir die Frage erlauben, ob das Spargel gewesen ist, wie wir ihn schätzen, also die weichen weissen Stangen, oder die italienischen und französischen grünen Stangen. Denn wenn wir sie grün werden lassen, ist es kein Kunststück, sie so schwer werden zu lassen. Wenn es aber die weissen Stangen gewesen sind, so wäre das allerdings eine Leistung.

Berichterstatter: Genau lässt sich Plinius darüber nicht aus. Die ganz grünen sind gegenwärtig auch in Frankreich nicht mehr so beliebt, das wechselt eben von 20 zu 20 Jahren so zu sagen in der Mode. Jetzt hat man in Frankreich nur weissen Spargel mit etwas grünen Köpfen. In Italien giebt es sehr viel grünen Spargel; es mag sein, dass er auch im Altertum grün gewesen ist; aber darüber sagt Plinius nichts.

Oekonomierat Plehn-Berlin fragt, ob Berichterstatter die Pilze nicht zu den Gemüsen rechnet. Die Pilze sind vor allen Dingen sehr stickstoffreich; man sagt aber, dass sie schwer verdaulich sind. Ist das zutreffend?

Berichterstatter: Die Pilze sind allerdings sehr stickstoffreich und dass sie etwas schwer verdaulich sind, ist ebenfalls richtig, so dass man nicht zu grossen Wert darauf legen darf, sie als Nahrungsmittel par excellence hinzustellen. Pilze sind ein Nahrungsmittel, bei welchem ein grosser Prozentsatz nicht ausgenutzt wird. Nach Mörner werden vom Gesamtprotein des Champignonhutes 53 pCt. verdaut.

Im Durchschnitt wird nach König l. c. bei Pilzen nur die Hälfte des Proteins verdaut. Bei Weissbrot blieben nach Rubner von der gesamten Trockensubstanz nur 3,7 bis 5,2 pCt. unverdaut, bei Wirsingkohl 14,9, bei gelben Rüben 20,7 pCt.

Allerdings betraf das Unverdauliche ausser der Mineralsubstanz besonders die Stickstoffsubstanz, das Protein. Von dieser blieben bei Weizenbrot 18,9 bis 25.9 pCt. unverdaut, bei Wirsing 18,5, bei gelben Rüben 39 pCt. Bei Fleisch bleiben nur 1,6 bis 2,5 pCt. des Proteins unverdaut, bei Eierkost 2,9 pCt., bei Milch 6,5 bis 7,7, selbst 12 pCt.

Vorsitzender: Es hat sich Niemand mehr zum Worte gemeldet Dann darf ich allen Denen, die sich an der Debatte beteiligt haben, und namentlich den Damen, die an unserer Versammlung teilgenommen haben, ganz besonderen Dank aussprechen. Und jetzt wollen wir zu dem rein praktischen Teile unseres Abends übergehen und einmal sehen, wieweit die Präparation der Gemüse hier im Klub den Ansprüchen des Herrn Vortragenden genügt. (Heiterkeit.)

(Aus „Nachrichten aus dem Klub der Landwirte zu Berlin", No. 446, 29. März 1902.)

Berichtigung.

Abgesehen von kleineren Druckfehlern möchte ich namentlich bitten, in Heft 18, Seite 491, Zeile 24 von oben zu setzen: Formulare anfertigen statt drucken; denn zu Karls des Grossen Zeit war bekanntlich die Buchdruckerkunst noch lange nicht erfunden. — Hr. Prof. Dr. Goebel, München, hatte die Güte, mich auf diesen, mir im Fluss der Rede entschlüpften irrtümlichen Ausdruck aufmerksam zu machen. — Ferner bemerke ich zu S. 580, dass Körnicke eigentlich Dolichos chinensis als Bohne der Alten ansieht. D. sesquipedalis wird als eine Varietät davon betrachtet. L. Wittmack.

Neue und empfehlenswerte Pflanzen usw.

Neue und empfehlenswerte Pflanzen
nach
James Veitch and Sons, Ltd. 1902.

Kletterpflanzen.

Clematis paniculata ist eine japanische Art von grossem gärtnerischen Wert, weil sie erst im Herbst blüht. Sie ist eine kräftige Kletterpflanze von 10 und mehr Meter Höhe und vollständig widerstandsfähig. Die Unmenge langer Zweige ist während des September und Oktober mit unzähligen reinweissen sternartigen Blüten bedeckt, welche an die des Weissdorn erinnern.

Eine zweite winterfeste Clematis sind die neuen Clematis coccinea Hybriden, die durch Kreuzung der hübschen Amerikanerin C. coccinea und einer der älteren Hybriden, „Star of India" benannt, erzielt worden sind. Die Blüten dieser neuen Arten sind sowohl in Farbe wie Gestalt ganz verschieden von allen anderen bisher kultivierten Clematis und sind widerstandsfähig, frei wachsend und frei blühend. Es sind:

Countess of Onslow: Blüten glockenartig, hell violett-rot mit einem scharlachroten Wickelband auf jedem Blumenblatt.

Duchess of Albany: Blüten hellrot, in der Mitte dunkler schattiert, an den Rändern der Blumenblätter heller. Wertvoll für den Schnitt.

Grace Darling: Blüte sternförmig, hell karminrot, reichblühend.

Sir Trevor Lawrence: Blüte glockenförmig, Blumenblätter an der Spitze aufgerollt, hellrot.

Polygonum multiflorum ist das Ideal einer Pflanze, um Wände, Säulen, tote Bäume etc. damit zu bedecken. Die langen hängenden Zweige, die oft in einer Jahreszeit bis 10 m Länge erreichen, bilden einen grossartigen Effekt, wenn sie nach ihrem Gefallen sich über Säulen etc. ranken dürfen.

Von bedeutendem gärtnerischen Wert ist Polygonum baldschuanicum. Es wurde vor einigen Jahren in den Gebirgen von Turkestan entdeckt und darauf in Europa eingeführt durch den botanischen Garten von St. Petersburg. Es ist eine Kletterpflanze von bedeutendem Wachstum. Die Zweige ranken sich um jeden erreichbaren Gegenstand. Jeder Ast endigt in einer Rispe von weissen Blüten, welche in grosser Menge von Juni bis September gezeitigt werden.

Ein für Ziergärtnereien sehr wichtiger Weinstock ist Vitis Coignetiae. Er stammt aus den Wäldern von Yeso in Japan. Seine grossen dicken Blätter sind oft 15—25 cm lang und ebenso breit, oben dunkelgrün und unten mit einem wolligen Filz von blassgelber Farbe bedeckt. Im Herbst werden die Blätter leuchtend gelb orange, rot, purpur- und braunrot, was der Pflanze ein grossartiges Aussehen verleiht, und wo leuchtende Herbstfarben gewünscht werden, ist dieser Wein eine der schönsten Kletterpflanzen für Veranden, alte Gebäude und Thorbogen.

Ein weiterer schöner Zierwein ist Vitis Thunbergii, es ist wohl der beste für Zierzwecke. Im Aussehen gleicht er V. Coignetiae, aber er ist kräftiger, die Blätter sind etwas grösser und unten mit einem zarten Grau bedeckt. Im Herbst nehmen die Blätter leuchtende Töne von scharlach und rot an, was einen reichen Effekt hervor-

bringt. Gut untergebracht wächst er kräftig und frei und nimmt bald eine grosse Ausdehnung an.   J. B.

Harte Seerosen (Nymphaeen).

Unsere winterharte Wasserrose Nymphaea alba ist immer eine unserer am meisten bewunderten einheimischen Blumen gewesen, und dennoch wurde sie bis in die Neuzeit am meisten vernachlässigt. Seit langem hatte man den Wunsch, die lieblichen Farben von rosa, rot, gelb und blau, welche verschiedene tropische Arten schmücken, auf unsere Wasserrosen zu übertragen und ihre Form durch Varietäten zu modifizieren. Das grosse Verdienst, diesen Wunsch zu verwirklichen, gebührt Herrn Latour - Martiae aus Temple - sur - Lot in Frankreich, welchem es gelungen ist, die weichen Farbentöne und zierlichen Formen der tropischen Arten mit der Widerstandsfähigkeit und Stärke der nördlichen Arten zu verbinden. Dadurch ist eine neue Zeit für die Gärtnerei der Wasserpflanzen heraufgezogen, welche durch den vergrösserten Reichtum der dazu gehörigen Pflanzen es jedem Garten möglich macht, ein eigenartiges Aussehen zu erhalten, wenn er die nötigen Bedingungen erfüllt, die das Wohlbehagen dieser Pflanzen erfordert. Diese Bedingungen sind ganz einfacher Art. Ein kleiner Pfuhl von bescheidener Ausdehnung und von 50—75 cm Tiefe, glanz gleich, ob natürlich oder künstlich angelegt, genügt diesen hübschen Nymphaeaceen. Zum Pflanzen sind die Monate Mai und Juni am günstigsten. Einmal gepflanzt, überlässt man am besten die Pflanzen sich selbst. Die einzige nötige Vorsicht ist die, das Wasser frei von Unkraut zu erhalten und das Eindringen anderer Wasserpflanzen zu verhüten. Auch ist es nicht ratsam, diese Wasserrosen in Seen zu pflanzen, die von Schwänen bewohnt werden, welche die Pflanzen zerreissen, oder in solche, die durch Ratten verwüstet werden, welche die Wurzeln zernagen. Würdig der Kultur sind eine ganze Reihe von Arten und Varietäten, z. B. N. alba candidissima mit grösseren Blüten vom reinsten Weiss, früh und anhaltend blühend, N. alba rosea, sehr schön durch die rosa zarte Farbe, Arc en ciel mit gefleckten Blättern und blassrosa Blumen, N. caroliniana, zartrosa und wohlriechend, caroliniana perfecta, lachsfarben und ebenfalls wohlriechend, N. Gladstoniana, eine sehr feine Form der N. alba, Blüten 12 bis 20 cm gross, schneeweiss, N. fulva, Froebelin, chrysantha, Laydekeri, lucida, Marliacea, odorata u. a. — Der Katalog von J. Veitch and Sons zählt 55 Varietäten auf, die alle kulturwürdig sind.

J. B.

Kleinere Mitteilungen.

Zur Vertilgung der Blutlaus.

Auf Grund der von Hrn. Dr. Thiele in Gartenfl. d. J. Heft 9 S. 242 gegebenen Anregungen habe ich gegen die Blutlaus Schwefelkohlenstoff angewendet und kann dies Verfahren auf das beste empfehlen. Die Tiere sterben augenblicklich. Selbstverständlich darf man nicht mit Feuer oder einer brennenden Zigarre in die Nähe kommen.

L. Wittmack.

Der Zentral-Friedhof in Stahnsdorf bei Berlin und die geplante Gärtnerkolonie daselbst.

Nachdem, wie wir hören, die Genehmigung zur Anlage des Zentral-Friedhofs Süd-West in Stahnsdorf bei Berlin definitiv erteilt worden ist, scheint es nicht unangebracht, auf die gärtnerischen Interessen hinzuweisen, welche aus der Anlage dieses für den gesamten Berliner Westen und die westlichen Vororte bestimmten Zentral-Friedhofes erwachsen. Es handelt sich in Stahnsdorf um ca. 600 Morgen Terrain, welches bisher in den Händen der Terraingesellschaft Stahnsdorf (Königgrätzerstr. 4 Berlin W.) war und nunmehr Eigentum der Berliner Stadtsynode geworden ist. — Aus sanitätspolizeilichen Gründen ist die Schaffung von Kirchhöfen in unmittelbarer Nähe von Grossstädten ja unbedingt zu verwerfen, wie schon die ungewöhnliche Steigerung des Grund und Bodens die Anlage überhaupt unrentabel macht. In der Gegend von Stahnsdorf lässt sich zudem das Terrain sehr gut landschaftlich gestalten und hoffentlich fällt dann der nüchterne Charakter fort, der so vielen Friedhöfen von Grossstädten bisher eigen war. Hamburg ist mit seinem landschaftlich gehaltenen Zentral-Friedhof vorangegangen, mehrere andere Städte sind ihm gefolgt, u. a. neuerdings Stettin, das einen grossartigen Zentral-Friedhof geschaffen hat. Da mit der Anlage grosser Kirchhöfe erfahrungsgemäss auch ein Zuzug von Gärtnern stattfindet, die im vorliegenden Falle zweifellos bei der Nähe der Grossstadt und dem zu erwartenden Platzgeschäft ihre Rechnung finden werden, wollen wir nicht verfehlen, Interessenten auf die sich darbietende günstige Gelegenheit, heute noch zu relativ billigen Preisen Grund und Boden zu erwerben, hinzuweisen. Allerdings ist es nicht ausgeschlossen, dass die Spekulation sich der Sache bemächtigt und sich die Zukunft in der Gegenwart bezahlen lässt, doch sind, wie gesagt, diese Steigerungen z. Z. noch nicht eingetreten.

— R. —

Prämiierung der Schulkinder in Steglitz für bestgepflegte Pflanzen am 20. September 1902 im Vereinslokal.

Die Eltern der betreffenden Kinder, sowie Mitglieder und Freunde des Vereins wohnten in erfreulicher Anzahl diesem Akte bei. Von 550 ausgegebenen Pflanzen kamen 43, rund 9 pCt., nicht zurück. Der Verlust an Chrysanthemen, welche die Knaben erhielten, bezifferte sich auf 27, rund 10 pCt.; der am Pelargonium Meteor, das den Mädchen zu teil geworden war, auf 16, rund 6 pCt. Es ist daraus ersichtlich, dass die Blumenpflege bei Mädchen eine sorgsamere ist als bei Knaben.[*] Die Blumen zeigten bis auf verschwindende Ausnahme eine gute Kultur. Von $2\frac{1}{2}$ Uhr walteten die Herren Preisrichter ihres Amtes. Vom Verein waren 125 Prämien (5 erste, 10 zweite, 20 dritte und 90 vierte) im Gesamtwerte von 100 M. zur Verfügung gestellt; sie bestanden zum Teil aus Zimmerpflanzen: Palmen, Myrten, Araucarien, Dracaenen, Blatt- und Knollenbegonien etc., zum Teil aus Büchern in Abstufungen von 3, 2, 1 M. und 50 Pf. Von Frau Kommerzienrat Schütt waren

[*] Man darf aber doch nicht verschiedene Pflanzen mit einander vergleichen. L. W.

15 Preise in Palmen, Clivien und Gloxinien, von Frau Dietze eine prächtige
Phönix gestiftet worden. Es gelangten
somit 141 Preise zur Verteilung. Um
4 Uhr begann die Feier mit einem
Frühlingsliede, das von Schülerinnen
der 1. Gemeindeschule unter Leitung
des Herrn Lehrers Plüschke stimmungs-
voll vorgetragen wurde.

Hierauf hielt der Vorsitzende, Herr
Gartenbaudirektor Lackner, eine An-
sprache an die Versammlung, in welcher
er, auch dem kindlichen Verständnisse
gemäss, den hohen sittlichen Zweck der
Blumenpflege erörterte; auch sprach er
der Gemeinde, die hier in freundlicher
Weise durch Hrn. Bürgermeister Buhrow
vertreten sei, wie Frau Kommerzienrat
Schütt und Frau Dietze für gütige Unterstützung den Dank des Vereins aus.
Namens der Kinder dankt Herr Rektor
Heinecke.

Nach ihm ergriff Herr Bürgermeister
Buhrow das Wort, ausführend, dass die
Blumenpflege eines der sittlichen Samenkörner sei, welche Haus und Schule in
die Herzen der Kinder legten. Die
Kinder sollten bei solchen Veranstaltungen stets der Liebe eingedenk sein,
welche die Bürgerschaft zu ihnen hegt
und möchten für die von Gemeinde und
Verein dargebrachten Opfer ihre Dankbarkeit durch Pflege und Schonung der
Pflanzen an den Tag legen. Derartige
Veranstaltungen trügen auch dazu bei
die Liebe zur Heimat zu stärken. — Mit
dem Liede „Wenn ich den Wandrer
frage" schloss die erhebende Feier.
Unter Leitung des Hrn. Rektors Heinecke
vollzog sich hierauf die Verteilung der
Prämien.

(Aus Mitt. d. Gartenbauvereins Stegiitz.)

Gegen den Frostspanner.

Es naht die Zeit, da der Landwirt
gegen einen der ärgsten Schädlinge des
Obstbaues, den Frostspanner, Vorkehrungen treffen sollte. Dies geschieht
durch die Leimringe. Ein Streifen aus
gewöhnlichem Packpapier von 12—15 cm
Breite wird um den Stamm gelegt, oben
und unten mit einer Schnur festgebunden, nachdem der untere Rand nach
aussen umgeschlagen worden ist, um
etwa abfliessenden Leim abzuhalten.
In der Mitte des Papierstreifens wird
ein Ring von Leim nicht zu dick und
ohne Lücken aufgetragen. Damit die

flügellosen Weibchen des Frostspanners,
des grossen wie des kleinen, auch wirklich auf den Ring kommen, nicht unter
dem Papier sich verkriechen, thut man
gut, den unteren Rand desselben und
die angrenzende Stammpartie gut mit
Lehm zu bestreichen. So wird den
hinaufkletternden Tieren eine Brücke
zum Klebring geschlagen, an dem sie
sich festhalten. In diesem fangen sich
nicht nur die Weibchen, sondern auch
die durch den Geruch zur Paarung zu-
gelockten, anfliegenden Männchen. Da
die Frostspanner gegen Ende Oktober
aus den in der Erde befindlichen Puppen
auskriechen, darf mit dem Anbringen
der Klebringe über Mitte Oktober hinaus nicht gesäumt werden.

Akebia quinata, Fünfzählige Akebie.

In der Gartenflora fand ich vor einiger
Zeit einen Bericht über Samenbildung
der Akebia quinata. Es dürfte von Interesse sein, dass in diesem nicht warmen
Sommer ein Exemplar der Akebia wieder
Samen ansetzte, und schicke ich zwei
der kapselartigen Beeren zum gefälligen
Gebrauch. An diesem Strauch sind
noch mehrere Früchte gut ausgebildet
vorhanden, und trug derselbe Strauch
vor 2 Jahren auch schon 2, in diesem
Jahre gegen 8 Stück.

Die Akebia erscheint hier zur Beran-
kung von der Sonne ausgesetzten Mauern
besonders geeignet, sie wächst schnell
und grünt und blüht sehr frühzeitig;
gegen Frost ist sie nicht empfindlich.
Pförten bei Sorau, 13. Oktober 1902.

Graf v. Brühl.

Verbindlichsten Dank! Die schön blau-
roten Früchte entsprechen fast genau
den Abbildungen in Gartenflora 1899
S. 290 u. 291. Auch 1892 S. 585 und 1893
S. 184 ist über diesen Gegenstand geschrieben, am letzteren Orte ebenfalls
mit einer Abbildung. Die Abbildung in
meinem illustrierten Gartenbaulexikon
ist nicht so gut, zeigt allerdings dafür
aber auch Blätter und Blüten. Jedenfalls ist es, wie Sie mit Recht bemerken,
höchst auffallend, dass trotz der ungünstigen Witterung die Früchte zur
Reife gekommen sind. Wahrscheinlich
liegt es daran, dass wir im Mai fast
keine Nachtfröste hatten und die Blüten
nicht erfroren, während letzteres sonst
oft eintritt.   L. W.

Rhododendron Griffithianum × arboreum hybridum.

Gewiss interessiert es Sie, zu erfahren, dass meine Rhododendron-Kreuzungen No. 1—10 käuflich in die Hände der Herren C. B. van Nes u. Söhne, Boskoop bei Gouda (Holl.) übergegangen sind. Genannte Herren haben sich gleichzeitig das Vorkaufsrecht auf die Gesamtkollektion ausbedungen.

Otto Schulz, Obergärtner an der Kgl. Porzellanmanufaktur.

Wir gratulieren unsern verehrten Mitgliedern, den Herren C. B. van Nes u. Söhne in Boskoop zu diesem Kauf und gleichzeitig Hrn. Otto Schulz, dem glücklichen Züchter, dazu, dass seine Rhododendron-Hybriden in so bewährte Hände kommen. Andererseits müssen wir aber unser lebhaftes Bedauern aussprechen, dass unsere deutschen Rhododendron-Züchter sich nicht entschliessen konnten, diese wertvollen Züchtungen anzukaufen. Es wird hiermit nun vielleicht geradeso gehen wie mit Dracaena Sanderiana, welche Johannes Braun vom Kongo mitbrachte und welche Hr. Bluth dann in Vertrieb nahm. Niemand wollte sie ihm abkaufen. Da kam unser verehrter Freund Sander, erkannte sofort ihren Wert, kaufte sie, vermehrte sie reichlich und brachte sie als Dracaena Sanderiana in den Handel, die sich im Fluge die Welt erobert hat. Die Rhododendron-Hybriden des Herrn O. Schulz sind in Gartenflora 1902 Heft 11, S. 281 beschrieben und farbig abgebildet (t. 1499). L. W.

Litteratur.

Gartenbauverlag Paul Lehmann, Berlin SW. Klödenstr. 2. Internat. Handelsgärtner-Adressbuch von Robert de Terra. Deutscher Teil. 3 M. Die Anschaffung desselben kann nur empfohlen werden. Ende dieses Jahres erscheint ein Nachtrag, der an alle Käufer gesandt wird, und zwar so zeitig, dass er für die Januar- und Februarzeit benutzt werden kann.

Das Buch ist nach dem neuesten Stande der Handelsgärtnerei bearbeitet, auch die Blumengeschäfte sind angegeben. Störend wirken die grossen Annoncen, welche zwar in der betr. alphabetischen Reihenfolge aufgeführt sind, aber durch ihren Druck doch die Uebersicht erschweren. Indess das ist nebensächlich. Die Hauptsache ist, dass das Buch als ein zuverlässiges bezeichnet werden kann.

Am. de Meyere, Ingenieur. Un nouveau système de Chauffage par la vapeur et l'eau chaude combinée. (Ein neues Verfahren von Dampf- und Warmwasserheizung.) Verlag von Dequesne u. Sohn — Mons. Sonderabdruck aus d. Jahrbüchern der Ingenieur-Vereinigung.

Dr. O. Kirchner, Professor, Die Obstbaumfeinde, ihre Erkennung und Bekämpfung. Mit über 100 farbigen Abbildungen auf 2 Tafeln und 37 Seiten Text (mit 13 schwarz. Abb.) in grossem Format. Verlag: Eugen Ulmer-Stuttgart. 2 Mark.

Der rühmlichst bekannte Forscher stellte sich bei Bearbeitung dieser Schrift die Aufgabe, die Kenntnis der wichtigsten Krankheiten und Beschädigungen der Obstbäume in den weitesten Kreisen zu verbreiten und gleichzeitig die bewährtesten Abwehrmassregeln gegen die Obstbaumfeinde anzugeben.

G. Hieronymus, Neue oder nicht genügend bekannte Spezies von Selaginella. (Sonderabdr. aus Bd. 41, 1902 der „Hedwigia", Organ für Kryptogamenkunde und Phytopathologie nebst Repertorium für Litteratur.)

Der Verfasser hat die verschiedenen Unterschiede und Erkennungsmerkmale der betreffenden Arten der Gattung Selaginella eingehend besprochen, sodass die Bestimmung der letzteren dadurch bedeutend erleichtert wird.

Dr. A. F. W. Schimper, Professor, Pflanzen-Geographie auf physiologischer Grundlage. Mit 502 als Tafeln oder in den Text gedruckten Abbildungen in Autotypie, 5 Tafeln in Lichtdruck und 4 geographischen Karten. Verlag von Gustav Fischer, Jena. Brosch. 27 M., geb. 30 M.

Unterrichtswesen.

Gärtnerlehranstalt Oranienburg bei Berlin.
Die Anstalt ist für Lehrlinge und Gehilfen. Die Aufnahme von Zöglingen findet im April und im Oktober jeden Jahres statt. Das Wintersemester beginnt am 16. Oktober 1902 und endet Mitte März 1903. Das Sommersemester beginnt Anfang April und schliesst Ende August. Anmeldungen nimmt schriftlich oder mündlich Subdirektor Dr. Paul Rippert entgegen. — Letzterer ist zu jeder gewünschten näheren Auskunft gern bereit und versendet auch Interessenten kostenfrei auf Verlangen den ausführlichen Bericht zur weiteren Orientierung über Lehrplan und Lehrziele der Anstalt.

Gärtnerlehranstalt Köstritz, verbunden mit Obst- und Gartenbauschule.
Die Pensionsverhältnisse dieser stark besuchten Fachschule sind sehr günstig und finden die Besucher entweder bei den Bürgerfamilien des Ortes oder in der Anstalt Aufnahme und gute Verpflegung. Jede weiteren Auskünfte, Prospekte, Semesterberichte sind kostenfrei zu beziehen durch den Direktor Dr. H. Settegast.   E. T.

Ausstellungen und Kongresse.

Steglitz. Die Blumenausstellung im Logen-Restaurant am 8. und 9. September hatte den besonderen Zweck, dem Privatpublikum Gelegenheit zu geben, seine im Zimmer bezw. im Garten gezogenen Produkte zu zeigen, und dieser Zweck ist in reichem Masse erfüllt worden. Eintrittsgeld wurde nicht erhoben und Preise nicht verteilt. Besonderes Interesse erregte eine schöne Phoenix, von Frau Direktor Sellin vor 20 Jahren aus einem Samenkorn gezogen, die fast sämtliche Blätter noch behalten hatte. Eingefasst war diese Palme von Dahlien der Firma Tropp, die auch schöne Knollenbegonien und Bindereien ausstellt. Ingenieur Horig lieferte prächtige Blattbegonien; Frau Kommerzienrat Schütt, die ganz ausserordentlich zum Gelingen des Ganzen durch zahlreiche Einsendungen beitrug, hatte u. a. geliefert: Zwei prachtvolle Hortensien, je eine mit über 100 Blütendolden, Gloxinien, Bromeliaceen, zwei Stanhopea-Arten, viele Blattpflanzen etc. Frau Prof. Seeler stellt eine hübsche Sammlung von Dahlien und von Gemüse, darunter riesige Gurken, aus. — Von gärtnerischen Firmen beteiligten sich ausser dem schon erwähnten Hrn. Tropp: Körner & Brodersen mit Lobelia fulgens, neueren Begonien, z. B. Graf Zeppelin, selten schönen Hydrangeen etc., Emil Dietze mit Bouvardien, Gloxinien, Begonia Gloire de Lorraine, Knollenbegonien und Topfrosen, C. van der Smissen mit prachtvollen neuesten Dahlien, Moldt ebenfalls mit schönen Dahlien, ferner mit abgeschnittenen Blütensträuchern und neueren Nelken, Paulo mit Dahlien, C. Lackner mit abgeschnittenen schönen Phlox decussata und Canna in reichem Sortiment. Die Firma Heller hatte die Bühne dekoriert und dort namentlich ihre Bindereien ausgestellt; leider aber wurden diese dem Auge dadurch so entrückt, zumal vor der Bühne noch ein Beet mit Cyclamen lag, dass man die Einzelheiten schwer erkennen könnte. Als Ganzes wirkte ihr Arrangement aber sehr schön.

Im allgemeinen kann man sagen, die Ausstellung war so reich, so vorzüglich, dass manche Provinzialstadt Steglitz darum beneiden dürfte.

(Nach dem Bericht des Hrn. Dietze in der Versammlung des V. z. B. d. G. vom 25. September.)

Frankfurt a. M. Die Ausstellung der Liebhaber und der Aquarienfreunde fand Ende August in den schönen Seitenhallen des Palmengartens statt. Zunächst sah man eine lange Reihe hübscher Terrarien und Aquarien; in den Terrarien wetteiferten sozusagen die Pflanzen mit den Tieren, und unter den letzteren war besonders von Interesse der Axolotl aus Mexiko.

Eine Dame hatte ein „symbiotisches Systematikum" ausgestellt, wie sie es nannte. In etwa 50 hermetisch verschlossenen und plombierten Gläsern hatte sie seit Juni d. J. verschiedene Pflanzen, Selaginellen, Cacteen, auch krautartige Gewächse, gezogen, um zu beweisen, dass nur ein enger Kreislauf zum Gedeihen nötig sei. Die meisten waren gut gediehen, nur die Petunien zeigten sich abgestorben. *)

Dann folgten viele hübsche Zimmerpflanzen, aber nicht alle von Liebhabern**) selbst kultiviert, sondern auch von ihren Gärtnern, so z. B. die Gärtnerei des Herrn de Neuveville, die Mummsche Gartenverwaltung etc. Man war in der Hinsicht überhaupt sehr weit gegangen. Die Stadt Frankfurt selber z. B. war auch vertreten mit einem reichen und schönen Sortiment abgeschnittener Gehölze, die Hofgärtnereien von Darmstadt und Bessungen mit Wasserpflanzen etc, der Gartenbauverein Rödelheim mit Obst etc. Die Lieferungen so ganz verschiedener „Liebhaber" waren natürlich auch sehr verschieden.

Man hatte im Programm auch Wintergärten verlangt und 3 Aussteller hatten solche geliefert, darunter eine Dame. Diese hatte ein hübsches Arrangement um eine kleine Fontaine angebracht, deren Bassin abends unter dem Wasser erleuchtet wurde, was sich sehr schön machte. — Der zweite Wintergarten enthielt fast lauter Warmhauspflanzen, die sich bekanntlich für einen solchen gar nicht eignen, der dritte bot einen hübschen Hintergrund, aber die vier Gnomen davor, welche die vier Jahreszeiten darstellen sollten, namentlich der

---

*) Nur der Name, der noch dazu irreführt, ist neu, die Sache selbst nicht. Unter „Symbiose" versteht man das freundschaftliche Zusammenleben verschiedener Pflanzen zur gegenseitigen Förderung, z. B. das Zusammenleben der Bakterien in den Wurzelknöllchen mit den Leguminosen. L. W.

**) Unter Liebhabern im engeren Sinne verstehen wir Privatpersonen, welche ohne ständige fremde Hilfe ihre Pflanzen selbst erziehen. L. W.

Winter mit seiner weissen Pudelmütze aus Astern, wirkten etwas originell.

Interessant waren Drosera spathulata und capensis, sowie Drosophyllum lusitanicum, ferner Anthurium Veitchii, Sphaerogyne latifolia, Medinilla magnifica, Vanda suavis, meist von grösseren Liebhabern. Hr Konsul Ladenberg lieferte eine schöne Gruppe aus Anthurium Scherzerianum, Dracaena terminalis, Pandanus Veitchii etc.

Früchte waren in schöner Qualität von der Schlossverwaltung zu Friedrichshof (Direktor Seligmüller) und Freiherrn von Lade-Geisenheim eingesandt.

Das grösste Interesse aber erregten die Wasserpflanzen. Heinr. Henkel-Darmstadt hatte eine grosse Zahl von Aquarienpflanzen und sonstigen interessanten Wasserpflanzen ausgestellt. Ganz besonders aber fesselte Hofgärtner Dittmann, Schloss Rosenhöhe b. Darmstadt, mit seinen 30—40 Bassins voll Nymphaeen und Nelumbien, die alle zu Wagen nach Frankfurt geschafft waren, Aller Aufmerksamkeit. Als Perle in dieser Ausstellung ist eine neue, gefüllt blühende Art oder Abart der Victoria regia zu bezeichnen: Victoria Trickeri Hort. Sie hatte eine Blume von 25 cm Durchmesser und zeichnet sich namentlich dadurch aus, dass jedes Blumenblatt intensiv rosa gefärbt ist und einen gelben Rand besitzt. Nach Hrn. Dittmann ist sie leichter zu kultivieren als Victoria regia und verlangt nicht so warmes Wasser.

(Nach dem Bericht des Hrn. Kgl. Gartenbaudirektor Lackner in der Versammlung des V. z. B. d. G. vom 25. Sept.)

Hannover, Provinzialausstellung, 26. bis 29. Sept. Offizielle Preisverteilung. Voraussichtl. Rechnungsabschluss und Beschreibung der Ausstellung. Die Ausstellung war grossartig, sie war von 177 Firmen beschickt, welche in 703 Konkurrenzen, 132 Ausser Programm- und 13 Ausser Konkurrenz-Nummern sich beteiligten. Rund 14000 Besucher sahen sich die Ausstellung an. Zuschüsse der Vereine wurden nicht gebraucht.

Aus den Vereinen.

Bericht über den 1. Kongress und die Generalversammlung des Vereins deutscherKonserven-u.Präservenfabrikanten am 25. u. 26. März 1902 in Braunschweig. Von den verschiedenen Referaten sind hervorzuheben: Auf welche Weise ist die in der Konservenindustrie vorhandene Ueberproduktion zu beseitigen? — Die Beschäftigung der Arbeiterinnen in der Konservenbranche und die dabei hervorgetretenen Uebelstände. — Bericht über die von dem Verein getroffenen Einrichtungen zum Schutze gegen zahlungsunfähige oder schwindelhafte Käufer, sowie Vorschläge zur. Erweiterung dieser Einrichtungen. — Welche Ergebnisse haben die Anbauversuche mit den verschiedenen (fremden) Erbsensórten geliefert?

Eisenach. Am 20. Oktober d. J. fand in Eisenach die konstituierende Versammlung der Vereinigung der Vertreter der angewandten Botanik statt. Die Vereinigung verfolgt nach dem vorliegenden Statutenentwurf die Aufgabe der Förderung und Vertiefung der wissenschaftlichen Erkenntnis im Dienste der Landwirtschaft und verwandten Gewerbe durch botanische Forschung.

Jahresbericht der Bayerischen Gartenbaugesellschaft pro 1901. Der Verein ist in stetem Wachsen begriffen. Im Berichtsjahre sind 64 Mitglieder neu eingetreten. Der Verein hält allmonatlich Versammlungen ab. An Stelle der Monatsversammlungen in den Sommermonaten treten Rundschauen in grössere gärtnerische Betriebe, Versuchsanstalten usw. Von den in den Monatsversammlungen gehaltenen Vorträgen sind folgende erwähnenswert: Ueber Rosenveredelung im Winter. Tropengärten und Tropenobst. Die Bedeutung der Kreuzblütler im menschlichen Haushalte. Fremdländische Schmuckbäume für Garten und Park. Die Beziehungen der Pflanzen zu Boden und Klima. Die Narzissenschenkelfliege, Merodon equestris (Narcissi). Die grössten und ältesten Bäume Bayerns in Wort u. Bild. — Der Bericht ist mit vielen und schönen Bildern illustriert.   E. T.

Eingesandte Preisverzeichnisse.

Sattler & Bethge, Aktiengesellsch., Quedlinburg a. H. Neuheiten von Gemüse und Blumen mit Abbild. — T. Boehm, Oberkassel b. Bonn. Verschiedene Bäume und Ziersträucher. — Ernst Benary, Erfurt. Neuheiten eigenerEinführung mit Abbild. — F. C. Heinemann, Erfurt. Neuheitenliste mit Abbild. und 2 Farbentafeln. — Heinr. Kohlmannslehner, Britz-Berlin, Rudowerstr. 31. Neue Handelspflanzen, Blumenzwiebeln, gärtnerisches Rohmaterial. — E. Taurat, Dresden-A., Pillnitzerstr. 43. Grünlackierter Blumendraht u. grünlackierte Rosenklammern. — V. Lemoine u. Sohn, Nancy. Herbst 1902, mit 4 schönen Abbildgn., darunter Philadelphus purpureo - maculatus in Buntdruck. — Weigelt & Co., Erfurt. Spezialofferte für Zwergobst u. Beerensträucher. — Obstbaukolonie „Eden", Oranienburg bei Berlin. Fruchtsäfte, Marmeladen und Gelées. — Ch. Molin, Samenzüchter, Lyon. Neuheiten von Gemüse und Blumen. — R. Kiesewetter, Genthin, Potsd. Bahn. Rosen-Baum-Gehölzschule u.Koniferen.Spezialkultur Rosen. 1902/3 mit schönen Abb

Personal-Nachrichten.

Der Obergärtner J. Biemüller feierte am 1. Oktober den Tag, an dem er vor 25 Jahren die Leitung des Gartens der Villa des † Geh. Kommerzienrats Carl Spindler (Berlin) in Gr. Tabarz, Thür. übernahm. Dieser Garten ist bekanntlich eine Sehenswürdigkeit der Gegend geworden, was ausser dem Hrn. Spindler besonders der umsichtigen Thätigkeit des Hrn. Biemüller zu danken ist. Wir wünschen dem Jubilar, unserm verehrten Mitarbeiter, noch viele Jahre in gleicher eifriger Thätigkeit.

Zu Schriftwechselnden Mitgliedern des Vereins deutscher Gartenkünstler wurden laut Beschluss der 15. Hauptversammlung ernannt die Herren:
Gartenarchitekt Finken-Köln,
Stadtgartendirektor Heiler-München,
Landschaftsgärtner Mossdorf sen.-Leipzig,
Kais.Russ.Gartendirektor Siesmayer-Petersburg, Taurischer Garten,
C. Sprenger, Vomero-Napoli, Italien.
Landschaftsgärtner Vogeler-Charlottenburg.
Grossherzogl. Garteninspektor a. D. Hartwig-Weimar.
Obergärtner Schütze-Breslau.
Zu Ehrenmitgliedern die Herren:
Kgl. Gartenbaudirektor Bertram-Dresden,
Kgl. Gartenbaudirektor u. Stadtgartendirektor Hampel-Leipzig.

H. Többicke, Architekt, Ratszimmermeister u. Maurermeister, Mitglied des V. z. B. d. G., hat seine Wohnung von Thurmstr. 66 nach Berlin NW., Levetzowstrasse 25 verlegt.

Wilhelm David, Obergärtner der Kommerzienrat Fitzner'schen Gärtnerei in Laurahütte (O.-Schl.) beging am 15. September sein 25jähr. Dienstjubiläum.

Zu Ehren des Prof. Dr. J. B. Brugger, der nach 27jähriger Thätigkeit sein Amt als Direktor der Obst- und Gartenbauschule in Bautzen niederlegte, um in den Ruhestand zu treten, fand am 6. September unter grosser Beteiligung in der Lehranstalt eine Abschiedsfeier statt. Als Nachfolger wurde sein Sohn, Dr. Friedrich Brugger, angestellt.

Paul Böhm, Oberleutnant a. D., Betriebsdirektor des Palmengartens in Frankfurt a. M., wird auf sein Ansuchen am 1. April nächsten Jahres in den Ruhestand treten.

Prof. Dr. G. Volkens-Berlin ist von seiner Reise, die er im Auftrage der deutschen Reichsregierung nach Niederländisch-Indien unternommen hatte, zurückgekehrt. Seine Aufgabe war, unseren deutschen Kolonien Samen, Stecklinge und Pflanzen der besten Varietäten tropischer Nutzpflanzen zuzuführen.

Dargatz, Gärtner im Kolonialdienst, ist am 5. Juni in Kamerun eingetroffen.

Friedr. Dochnahl, Handelsgärtner und Stadtrat in Neustadt a. d. Haardt, geboren im Jahre 1848 als Sohn des heute noch lebenden, besonders als Pomologen bekannt gewordenen alten Dochnahl, starb am 6. August.

Wenzel Hybler, Stadtobergärtner in Wien, wurde zum Stadtgarteninspektor ernannt.

Johann Elsniz, Teilhaber der k. k. Hof-Blumen- und Pflanzenhandlung von G. Dittrich in Prag, feierte am 1. Sept. das 30jährige Jubiläum seiner Thätigkeit in dieser Gärtnerei, in die er einstmals als einfacher Gärtnergehilfe eintrat.

F. A. Vogel, Inspektor des k. k. Hofgartens in Schönbrunn b. Wien, feierte am 9. August seinen 70. Geburtstag.

Adolf Vollbracht wurde vom Obst- und Gartenbauverein für das deutsche Elbthal in Aussig (Böhmen) als Obstbau-Wanderlehrer angestellt.

Theodor von Heldreich, Direktor des botanischen Gartens in Athen, geboren am 18. Februar 1822 in Dresden, starb am 7. September.

Wm. A. Bock, Handelsgärtner in North Cambridge, Mass. (Nordamerika) starb am 19. August im Alter von 58 Jahren. Der Verstorbene, ein geborener Hannoveraner, war im Jahre 1866 ausgewandert.

Der Bankier Franz von Mendelssohn, Grunewald, Mitglied des V. z. B. d. G., ist zum kgl. belgischen Generalkonsul ernannt.

Rentier Carl Crass I hat seine Wohnung von Grossbeerenstr. 13 nach SW. Königgrätzerstr. 91 verlegt.

Der Geheime Kommerzienrat Carl Spindler, Inhaber der weltberühmten Firma W. Spindler-Berlin, langjähriges Mitglied der städt. Parkdeputation, Mitglied des Vereins zur Beförderung des Gartenbaues und Inhaber einer Vermeilmedaille, starb nach langem schwerem Leiden am 18. Oktober im 62. Lebensjahre und wurde unter ganz ausserordentlicher Teilnahme am 22. Oktober zur letzten Ruhe bestattet. Mit ihm verliert der V. z. B. d. G., ja der ganze deutsche Gartenbau einen seiner hervorragendsten Förderer.

Karl Heske, Gutsgärtner in Gross-Arnsdorf, und F. W. Weiss, Gutsgärtner in Malinie, erhielten das preussische Allgemeine Ehrenzeichen.

Gustav Gutzeit, Obergärtner der Firma L. Späth, Baumschulenweg bei Berlin, feierte am 1. Oktober sein 25jähriges Dienstjubiläum.

A. Mack, bisher in der Gräfl. Tiele-Winckler'schen Schlossgärnerei in Moschen, wurde am 1. Oktober Obergärtner der Schlossgärtnerei Reinersdorf (Oberschlesien).

Friedrich Birmele, seit 27 Jahren Obergärtner der Gräfl. Pourtalès'schen Gärten in Ruprechtsau b. Strassburg i. E., starb am 24. September.

Die Firma L. van Waweren & Co. in Hillegom wurde zum Hoflieferanten I. M. der Königin von Holland ernannt.

Der Kaiserl. Regierungsrat Prof. Dr. Hiltner ist zum Direktor der botanischen Versuchsanstalt in München-Schwabing ernannt.

Der Korvettenkapitän z. D., Hofmarschall Sr. Kgl. Hoheit des Prinzen Adalbert von Preussen, Ulrich le Tanneux

von Saint-Paul-Illaire, Ehrenmitglied des Vereins zur Beförderung des Gartenbaues, Inhaber seiner Vermeilmedaille und von 1883—1885 Direktor des Vereins, Präsident der Deutschen Dendrologischen Gesellschaft *), entschlief sanft zu Fischbach im Riesengeb. am 21. Oktober im 70. Lebensjahre und wurde unter zahlreicher Beteiligung am 25. Oktober in Berlin auf dem Invalidenkirchhof zur letzten Ruhe bestattet. Mit ihm ist einer der begeistertsten Liebhaber des Gartenbaues dahingegangen. Insbesondere alle Gehölz- und Staudenfreunde werden seinen Heimgang auf das tiefste beklagen.

Dem Wirkl. Geh. Kommerzienrat Krupp in Essen, lebenslängliches Mitglied des V. z. B. d. G., sind die Brillanten zum Kgl. Kronenorden 1. Klasse verliehen worden.

Der Geh. Baurat Boeckmann-Berlin, der sich u. a. um die Verschönerung des Zoolog. Gartens so verdient gemacht hat, starb am 22. Oktober.

Oekonomierat Poggendorff, Geschäftsführer des Klubs der Landwirte zu Berlin, Mitglied des V. z. B. d. G., feierte am 21. Oktober seinen 70. Geburtstag. Am 23. fand im Klub ihm zu Ehren ein Festmahl statt, bei welchem Ministerialdirektor Thiel die Festrede hielt, während der „Hausdichter" Otto Cordel, Mitgl. des V. z. B. d. G., den Jubilar durch 2 Gedichte feierte.

Am 22. Oktober starb in Berlin Herr Rentier F. Krop, langjähriges Mitglied des Vereins z. B. d. G.

Der Gärtnereibesitzer August Chotofski-Berlin, Mitgl. des V. z. B. d. G., hat am 23. Oktober seinen ältesten Sohn Georg, der eben von einer Reise um die Erde zurückgekehrt war, im Alter von 24 Jahren durch den Tod verloren.

*) Geboren laut Illustr. Gartenbau-Lexikon S. 722 am 14. April 1833 zu Berlin.

Für die Redaktion verantwortlich Geh. R. Prof. Dr. Wittmack, Berlin NW., Invalidenstr. 42. Verlag von Gebrüder Borntraeger, Berlin SW. 11, Dessauerstr. 29. Druck von A. W. Hayn's Erben, Berlin.

GARTENFLORA

ZEITSCHRIFT

für

Garten- und Blumenkunde

(Begründet von **Eduard Regel.**)

51. Jahrgang.

Organ des Vereins zur Beförderung des Gartenbaues in den preussischen Staaten.

Herausgegeben von

Dr. L. Wittmack,

Geh. Regierungsrat, Professor an der Universität und an der Kgl. landwirtschaftl.
Hochschule in Berlin, General-Sekretär des Vereins.

15. November 1902. **Heft 22.**

Berlin 1902
Verlag von Gebrüder Borntraeger
SW 11 Dessauerstrasse 29

Carl Lackner †

Die Kunde von dem am 10. November 1902 erfolgten Ableben unseres allverehrten Direktors, des Königlichen Gartenbau-Direktors *Carl Lackner*, geboren den 2. Mai 1831 zu Berlin, hat die Herzen aller unserer Mitglieder mit tiefer Trauer erfüllt. Mitten aus seiner unermüdlichen, gemeinnützigen Thätigkeit ist er plötzlich, ohne längeres Siechtum, an Herzlähmung dahingeschieden; viel zu früh für seine Familie, viel zu früh für seine Freunde, viel zu früh vor allem für unsern Verein, dem er mit treuer Liebe, mit innigster Hingebung bis in die letzten Lebensstunden seine nimmer rastende Kraft, seine umfassende Sachkenntnis, seine volle Liebe widmete.

Tief betrübt über diesen schmerzlichen Verlust haben wir nur ein Gefühl: das Gefühl der Dankbarkeit. Dank, tief empfundener Dank sei ihm auch heute, wie einst an seinem siebzigsten Geburtstage, ausgesprochen für alles das, was er für unsern Verein gethan hat.

Der Verein hat ihm in Anerkennung seiner Verdienste die höchsten Auszeichnungen zu teil werden lassen, indem er ihm die Vermeilmedaille verlieh und ihn zum Ehrenmitgliede ernannte.

Sein Gedächtnis bleibe in Ehren! Unsere verehrten Vereinsmitglieder aber und die Mitglieder des Steglitzer Gartenbauvereins, dessen Vorsitzender der Verstorbene gleichfalls war, bitten wir, zu der am 27. November, 6 Uhr, in der Königl. Landwirtschaftlichen Hochschule stattfindenden Trauerfeier recht zahlreich erscheinen zu wollen, um auch dadurch dem tief empfundenen Dank, der uns beseelt, Ausdruck zu geben. Die Monatsversammlung wird auf den 4. Dezember verlegt.

Der Vorstand.

Seifert. Perring. Loock. Wittmack.

900.! Versammlung des Vereins zur Beförderung des Gartenbaues in den preussischen Staaten am 30. Oktober 1902 in der Königlichen Landwirtschaftlichen Hochschule zu Berlin.

I. Der Direktor des Vereins, Kgl. Gartenbaudirektor Lackner, widmete den entschlafenen Mitgliedern, Herren Geh. Kommerzienrat Spindler, Kgl. Hofmarschall a. D. von St. Paul-Illaire und Rentier Krop, tief empfundene Worte der Teilnahme. und erhoben sich die zahlreich Erschienenen zum Zeichen ihres Beileides von den Sitzen.

II. Ausgestellte Gegenstände waren in grosser Zahl und Schönheit vorhanden. 1. Von Herrn Obergärtner Kleemann waren aus der Villa Schöller in Düren, Rheinprovinz, 26 Sorten Aepfel und 9 Sorten Birnen eingesandt, welche wegen ihrer Grösse und prächtigen Färbung allgemeine Bewunderung erregten. Herr Kleemann schrieb, es sei dies nur eine kleine Auswahl aus dem über 300 Sorten enthaltenden Formobstgarten, leider sei dies Jahr das denkbar ungünstigte gewesen, weshalb die Früchte lange nicht · so schön seien wie sonst, die Hälfte der Bäume habe auch nicht getragen. Trotzdem aber fand man, wie gesagt, die Früchte sehr schön gefärbt; wie müssen sie da erst in anderen Jahren sein! — Ausserdem hatte Herr Kleemann noch Obst, allerdings nicht zur Ausstellung, aus einer vor 10 Jahren angelegten, 10 ha grossen Plantage eingesandt. Es war das Normalsortiment für den Kreis Düren, welches noch unter Mitwirkung des leider zu früh verstorbenen Pomologen, Kommerzienrat Emil Hoesch aufgestellt wurde und für dessen Verbreitung Herr Kleemann heute noch durch Ausstellung desselben und durch Vorträge in gärtnerischen und landwirtschaftlichen Vereinen thätig ist. Die Stückzahl dieses übersandten Obstes gab zugleich das Verhältnis an, in welchem es dort mehr oder weniger zur Anpflanzung empfohlen wird.

2. Nicht weniger Bewunderung rief das treffliche Obst von den Rieselfeldern der Stadt Berlin in Blankenburg hervor, durch Herrn städtischen Obergärtner Mende in reicher Zahl und grösseren Posten ausgestellt. Herr Mende bemerkte dazu, er habe ein Bild geben wollen von dem Obst, welches so zu sagen unmittelbar vor den Thoren von Berlin gebaut würde, es seien teils Schaufrüchte, teils Tafelfrüchte, teils Früchte für den Haushalt. Empfehlen wolle er heute keine Sorten, dazu seien es zu viele, er meine aber, dass Herr Brodersen in seinem trefflichen Vortrage über Villengärten (Gartenfl. Heft 21 S. 572) doch etwas zu weit gehe, wenn er den Obstbau aus den Villengärten möglichst entfernen wolle. Wenn falsche Sorten geliefert seien, so liege das doch meistens daran, dass die Villenbesitzer sich nicht an wirkliche Sach-

verständige gewendet hätten; wer irgend Platz in seinem Villengarten habe und Zeit besitze, das Obst zu pflegen, möge auch Obst bauen. Mit Recht sage man, Frankreich gleiche einem grossen Garten; aber nicht allein der Gartenkünstler schuf diesen Garten, sondern in erster Linie der Obstbauer; überall sieht man da Obstbäume blühen und tragen. Wollen, wir diesem Beispiele nacheifern, so müssen wir vor allem erst mehr Obstbäume pflanzen und die besten Sorten empfehlen. Jeder deutsche Obstzüchter hat so gut wie jeder Gartenkünstler bewusst oder unbewusst auch das Ziel im Auge: Deutschland muss ein grosser Garten werden!

3. Herr Gärtnereibesitzer Otto Weber, Friedrichsfelde-Berlin O., stellte zwölf vorzüglich kultivierte Cyclamen aus. Der Samen wurde im September 1901 in Lauberde ausgesäet, nach drei Wochen ging derselbe auf; die Pflänzchen wurden alsdann pikiert, wieder in dieselbe Erde, dann in kleine Töpfe gesetzt und im März dieses Jahres auf einen warmen Kasten gebracht. Eine Hauptsache ist, dass dieser Kasten nicht zu warm sei. Als sie durchgewurzelt waren wurden sie noch einmal verpflanzt und wieder auf einen warmen Kasten gebracht, und als sie abermals durchgewurzelt waren, wieder verpflanzt, nunmehr aber nicht wieder auf einen warmen, sondern auf einen kalten Kasten gesetzt, und so fort, bis sie schliesslich im Herbst in die Häuser kamen.

4. Herr G. Bornemann, Blankenburg am Harz, überraschte die Versammlung durch in schönster Blüte stehende abgeschnittene Gladiolen, deren Stiele 1 m lang waren, während die grossen Blumen die Form einer Amaryllis und die Farbe einer Vallota purpurea, aber mit einem schmalen weissen Mittelstreifen auf jedem Blumenblatt zeigten. Diese Sorte führt den Namen: Gladiolus hybridus „Princeps". Herr Bornemann schrieb dazu: Diese Neuheit ist der Vorläufer einer neuen Rasse, die ich „amaryllisblütige Gladiolen" nennen möchte. Für die Binderei zur Herstellung grösserer Blumenstücke und zur Dekoration der Wohnräume, wie für die Ausschmückung der Gärten, namentlich aber für die Landschaftsgärtnerei ist diese Neuzüchtung sicher von grossem Werte. Sie erhielt auch das Wertzeugnis der Kgl. Gartenbaugesellschaft in London. Die späte Blüte dieser Gladiole ist verursacht durch das späte Legen der Zwiebeln, welches erst Ende Mai vorgenommen werden konnte; ausserdem war der Sommer hier sehr regnerisch und kalt, wie leider fast überall in Deutschland.

5. Ferner übersandte Herr Bornemann einige Zweige von Sports des beliebten frühblühenden weissen Chrysanthemum „Monsier Gustave Grunerwald", welche alle erst in neuester Zeit entstanden sind. Zum Vergleich war die Stammsorte mitgeschickt. Von diesen Sports seien genannt: „Hildesia", reich goldgelb, schon früh, wie die Stammsorte, im September und Anfang Oktober blühend. — „Henry Ivon", zart gelblich-chamois. Dieser Sorte ähnlich ist Louis Lemaire. aber von kräftigerer bronzeartiger Tönung. — „Petit Paul" zeichnet sich durch das feine. aber doch kräftige und reine Rosa aus. — „Parisiana", der rein weisse Sport. wird wohl der wertvollste sein.

6. Endlich übersandte Herr Bornemann eine Blume des neuen

Chrysanthemum „Mlle. Lucie Douveau", das seine schöngeformten, festen und dauerhaften Blumen schon Anfang Oktober entfaltet. Die sehr breiten, kräftigen Blumenblätter sind stark einwärts gebogen und geben der hochgewölbten Blume einen besonders festen Halt. Dieser Neuheit in Form, Haltbarkeit und früher Blütezeit ist ähnlich: „Belle de St. Germain"; die Färbung ist aber nicht weiss, sondern kräftig bronzeartig, mit gelben Spitzen. Herr Bornemann bemerkte noch, dass die auch in diesem Jahre wieder so frühzeitig eingetretenen Fröste, die mit allen anderen Blumen so schnell aufgeräumt haben, wiederum zeigen, wie wertvoll die frühblühenden Chrysanthemum sind.

Herr Kohlmannslehner bemerkte zu dem neuen Gladiolus „Princeps", dass er ihn bei Lemoine & Sohn in Nancy im Juli gesehen habe, das ist die normale Blütezeit. Wenn er sich nicht irre, habe Herr Lemoine senr. ihm gesagt, dass es eine reine Spezies sei. (Eine Spezies Gladiolus princeps ist im Index Kewensis, der allerdings nur alle bis 1885 beschriebenen Pflanzen enthält, nicht verzeichnet. L. W.) Herr Hoflieferant Klar teilte mit, dass der Verein auf seinem Versuchsfelde eine ähnliche Sorte, aber mit breiteren weissen Streifen kultiviere.

7. Herr Obergärtner Beuster überbrachte aus dem Garten des Herrn Rittergutsbesitzer von Siemens in Biesdorf eine Anzahl Cyclamen sowie eine Gruppe gelber Chrysanthemum „Soleil d'Octobre" und wies auf die mannigfache Verwendbarkeit dieser altbekannten frühblühenden Sorte hin. Herr Gartenbaudirektor Lackner bemerkte, dass dies Chrysanthemum auch in Frankreich massenhaft verwendet werde, namentlich auf der Pariser Weltausstellung 1900 war es viel zur Einfassung der Gruppen benutzt.

8. Herr Otto Meermann, Berlin N., Chausseestrasse 109, hatte mehrere Muster eines bei uns noch wenig bekannten Zaunes, genannt: Eiserner Rillen-Stab-Zaun eingeliefert und erläuterte denselben. Die Stäbe dieses Zaunes bestehen aus Eisenblech und werden im Grossen mittelst Maschinen hergestellt, entweder mit einer oder zwei Rillen. Durch diese wellblechartige Konstruktion erhält der Zaun eine grosse Widerstandsfähigkeit. Die Stäbe werden dann an horizontal laufende Schienen aus Winkeleisen angenietet und diese in gewohnter Weise an Ständern aus Säulen- oder Trägereisen befestigt. Die Rillenstäbe werden von $1/_2$ bis 4 m Höhe geliefert, meist in einer Länge von 3 m, und zwar entweder verzinkt oder gestrichen. Preise pro laufenden Meter: bei 1 m Höhe gestrichen 4,90 M., vernickelt 6,25 M., bei $1^1/_2$ m Höhe 7,25 M. bezw. 8,50 M., bei 2 m Höhe 9,40 M. bezw. 10,90 M. Gewöhnliche Drahtgeflechte sind allerdings billiger, eiserne Gitter aus vierkantigen Stäben aber noch einmal so teuer; dabei stehen bei den gewöhnlichen Eisengittern die Stäbe viel weiter auseinander, so dass oftmals Hühner durchkommen können, was hier nicht der Fall ist.

Herr städtischer Obergärtner Weiss bewies ad oculos, dass die Spitzen der Stäbe sich doch umbiegen liessen; mehreren anderen Herren gelang das aber nicht.

9. Von Herrn Prof. Dr. Thomas in Ohrdruf bei Gotha waren dem Generalsekretär 4 Tafeln mit gepressten Primula elatior, der gewöhn-

lichen Gartenprimel übergeben, welche von ihrer regelmässigen Form abwichen und teils zweilippig, teils in Bezug auf die Färbung täuschend einem Stiefmütterchen ähnlich geworden waren. Im letzteren Falle zeigte sich, dass die roten Zipfel der Blumenkrone, meist drei an der Zahl, nach der bekannten $^2/_5$ Blattstellung angeordnet waren, während die dazwischen fallenden Zipfel gelb waren. In einigen Fällen war Zwei. lippigkeit mit $^2/_5$ Fleckigkeit kombiniert.

10. Von Herrn Oberlehrer Dr. Rengel in Potsdam waren aus dem Garten des Herrn Tolkmit daselbst dem Museum der Landwirtschaft-lichen Hochschule mehrere durchgewachsene Birnen übergeben, darunter 5 Birnen an einem Zweige, von denen 4 diese Abnormität zeigten. Der untere Teil dieser Birnen bildet eine kreiselförmige Schüssel, welche am Rande meist 5, selten 10 kleine Blättchen trägt, die man als die Kelch- bezw. als die Kelch- und Kronenblätter ansehen kann. Aus dieser Schüssel erhebt sich dann eine mehr oder minder hohe verdickte Achse, an welcher oft wieder kleine Blättchen, die Staub- bezw. die Fruchtblätter, sitzen. An einem Exemplar, welches längs durchgeschnitten war, war von einem Kernhause nichts zu sehen. Es beweist dies wiederum, was L. Wittmack bei ähnlichen Fällen schon wiederholt hervorgehoben, dass die Frucht der Pomaceen als ein verdickter Spross, d. h. als eine Achse mit Blättern angesehen werden muss. Nicht nur die Achse ist es welche sich verdickt, und nicht nur die Blätter sind es, sondern beide erleiden eine Verdickung. Die 5 Rippen der Calvillelartigen Aepfel muss man als verdickte Kelchblattbasen ansehen. Dies stimmt auch mit der Peri-Caulom-Theorie des Herrn Prof. Dr. Potonié, welcher auf Grund der Verhältnisse bei vorweltlichen Pflanzen, Lepidodendron, Sigillaria usw. annimmt, dass der äussere Teil des Stammes oder Stengels unserer jetzigen Pflanzen durch ein Anwachsen der Blattbasen an einen inneren Teil, das Caulom, entstanden sei.

Herr Kgl. Garteninspektor Lindemuth bemerkte, dass er in Poppels-dorf s. Zt. eine Birne „Beurré perpétuel" kultiviert habe, welche ähnliche Verhältnisse zeigte. Diese Birne blühte fast den ganzen Sommer fort, die ersten Blüten gaben normale Früchte, die folgenden aber durch-gewachsene, letztere meist ohne Kernhaus oder mit einem ganz ver-kümmerten nahe der Spitze. Es wäre wünschenswert zu wissen, ob die vorliegenden Birnen von einem Baume stammen, welcher erst normale Früchte getragen. (Hierauf ist zu antworten, dass der Name der Birnsorte nicht angegeben ist, dass aber zugleich normale und annormale Birnen an dem Baume sassen.) Herr Lindemuth erinnerte noch daran, dass er einst in Potoniés Naturwissenschaftlicher Wochenschrift seine Birne beschrieben und abgebildet habe.

11. Herr Obergärtner Wetzel, Friedrichsfelde, stellte eine pracht-volle Gruppe Lobelia fulgens „Queen Victoria" zur Schau. Er hatte die späte Blütezeit durch Zurückhalten erzielt, indem er sie im Sommer auf einem schattigen Beet stehen liess. Am 15. September wurden sie in Töpfe gepflanzt und in einen tiefen Kasten unter Glas gestellt. Die herrlichen tief scharlachroten Blumen sind zu Tafeldekorationen ausser-ordentlich geeignet, und bei einer solchen, die am 1. Oktober im Schloss

des Herrn Landrat von Treskow zu Friedrichsfelde gemacht wurde, fiel ganz besonders der Kontrast zwischen diesen Blumen und weissen Blumen auf. Sie halten sich abgeschnitten im Wasser 14 Tage. Herr Gartenbaudirektor Lackner sprach seine Freude darüber aus, dass diese schöne Pflanze jetzt wieder so zahlreich gezogen werde wie vor 30 Jahren, während sie längere Zeit fast verschwunden gewesen sei. Auch für Gruppen ist sie sehr passend, zumal sie so spät blüht. Herr J. Klar machte darauf aufmerksam, dass wir jetzt von der nahe verwandten Lobelia cardinalis sehr schöne Hybriden aus Italien erhalten haben. Herr Kohlmannslehner wies darauf hin, dass Lobelia fulgens einen grossen Wert als Schnittblume habe, da nach dem ersten Frost rote Blumen sehr gesucht sind. Herr Marquardt in Zossen verkauft sie mit grossem Nutzen. (Die Lobelien des Herrn Marquardt sind in Gartenflora 1900 S. 253 besprochen und abgebildet, daselbst sind auch die Unterschiede zwischen L. fulgens uud cardinalis angegeben.) Herr Bluth bemerkte, dass vor wenigen Jahren eine Erfurter Firma Blendlinge von Lobelia cardinalis in verschiedenen Farben, rosa, violett usw. in den Handel gegeben habe, aber er fürchte, dass die Lobelia fulgens doch keine rechten Pflanzen für den Handelsgärtner seien, da jede Pflanze nur einen Stiel bringe; ihm hätte keiner sie abkaufen wollen. Als Topfpflanze seien sie auch sehr schön, aber jetzt kaufe man leider wenig Töpfe. Herr Beuster erinnerte an die schönen Varietäten bei Haage & Schmidt und bei Döppleb in Erfurt, die in diesem Herbst dort zu sehen waren.

12. Herr Gärtnereibesitzer Fasbender, Berlin, stellte zehn vierzehn Monate alte Cyclamen in sehr schöner Entwickelung aus. Sie sind im August 1902 ausgesäet worden, im Uebrigen aber so behandelt wie gewöhnlich. Herr Bluth erinnerte an das riesige zweijährige Cyclamen, welches die Herren Spielberg & de Coene im vorigen Jahre ausstellten (Gartenflora 1902 S. 28) und an die grossen Cyclamen bei Herrn Kropf in Frankfurt a. M. Diese letzteren waren nur ein Jahr alt, aber so gross, dass sie in Konserven-Eimerchen kultiviert werden mussten. Herr Kropf hält sie ganz kalt, behandelt sie aber mit grosser Sorgfalt. Sie gehen meist nach Süddentschland oder nach Italien. Als Gärtner, nicht als Handelsgärtner, würde Herr Bluth ein grosses zweijähriges Cyclamen für wertvoller halten, als ein gleich grosses einjähriges, denn gerade das Ueberbrücken der Ruhezeit sei schwierig. Ob ein einjähriges Cyclamen von derselben Grösse sich billiger herstellen lässt, sei auch noch die Frage, denn von den grossen einjährigen des Herrn Kropf gingen nur fünf auf ein Mistbeetfenster.

13. Herr Gärtnereibesitzer Herzberg, Charlottenburg, brachte einen Sport des Chrysanthemum „Soleil d'Octobre", welcher sich durch eine dunkle, goldbronze Farbe unterscheidet. Die gewöhnliche gelbe Stammsorte wird, wenn man sie etwas warm hält, leicht sehr hellgelb, das ist bei dem Sport nicht der Fall.

14. Ferner zeigte Herr Herzberg ein Adiantum cuneatum vor, bei welchem die Spitzen der Wedel gekräuselt waren. Es zeigte sich, dass

dies durch eine Verbänderung an den oberen Teilen der Mittelrippe der Fiedern hervorgerufen war.

15. Herr Gärtnereibesitzer Koschel, Charlottenburg, erfreute die Versammlung durch Schaupflanzen der immer so gern gesehenen Begonia „Gloire de Lorraine". Er hatte sie Anfang Mai als Stecklingspflanzen bezogen, erst auf einen warmen Kasten recht flott kultiviert und dann im temperierten Hause bei noch etwas gespannter Luft gehalten, wobei sie ausgezeichnet wuchsen. Die 2000 bezogenen Stecklinge sind reichlich vermehrt worden und trotzdem, dass schon viele verkauft sind, besitzt Herr Koschel noch einen Vorrat von etwa 3—4000 Stück.

16. Weiter zeigte Herr Koschel einen Kasten mit blühenden in einem Kühlraum übersommerten Maiglöckchen vor und wies darauf hin, dass er seit Jahren nur Keime erster Qualität überwintere, dann habe man auch gute Erfolge.

17. Neu war es für die Versammlung, in Kühlräumen übersommerten, jetzt getriebenen Flieder zu sehen, den Herr Koschel gleichfalls ausstellte. Es war die Sorte „Marie Lemoine". Die Blumen kamen bei 14—15 Grad R. sehr willig und Herr Koschel hatte wenig Ausfall. Herr Tschauke bemerkte, dass Anfang September auf der Erfurter Ausstellung auch übersommerter Flieder von einer Hamburger Firma vorgeführt wurde, der aber nicht schön war. Herr Koschel: Wahrscheinlich waren die Pflanzen schon schlecht ehe sie in die Kühlräume kamen; auch bei Flieder darf man nur 1. Qualität wählen. Herr Bluth regte die auch in den Ausschüssen schon besprochene Frage an, warum man in Berlin bis jetzt das Aetherisierungsverfahren so wenig anwende, und meinte, dass das vielleicht etwas billiger sei und nicht soviel Umstände wie das Einlegen mache. Herr Koschel erwiederte, dass er wegen der strengen Haftverpflichtungen vom Aetherisieren absehe, schon ein brennendes Streichholz könne eine grosse Explosion hervorrufen.

Aus der Mitte der Versammlung wurde darauf hingewiesen, dass in Charlottenburg in der Gärtnerei des Herrn Platz das Aetherisieren angewendet werde, dass ferner Herr Weisbach in Dresden es im grossen Massstabe übe, ebenso bekanntlich mehrere Hamburger Firmen. Flieder wird man aber durch Aetherisieren nie so früh haben können als durch Uebersommern. Die in Erfurt ausgestellten Hamburger Flieder sind nach Ansicht des Herr Kohlmannslehner zu warm kultiviert worden.

Herr Direktor Lackner erinnerte an die grossartige Dekoration der Gewächshäuser usw. bei Herrn Lebaudie nahe Paris mit Begonia „Gloire de Lorraine", über die er s. Zt. gelegentlich der Pariser Ausstellung berichtete.

Herr Kohlmannslehner teilte mit, dass er diese Begonie wie ein Cyclamen und zwischen Cyclamen kultiviert habe und das mit grossem Erfolg; man halte sie meistens zu warm. Eine recht grobe Lauberde mit etwas Grunewalderde ist die Hauptsache, er halte sie nur bei 8 bis 10 Grad R. Herr Garteninspektor Weidlich bemerkte, dass er mehrere Hundert auch ganz wie Cyclamen in einem Kasten bei 8—10 Grad in sehr kleinen Töpfen kultiviere.

18. Hr. Kohlmannslehner führte ausser Begonia „Gloire de Lorraine“ noch Riesenblumen von neuen frühblühenden Chrysanthemum französischer Züchtung vor: a) Mr. F. S. Wallis, die grösste gelbe Sorte; vor 8 Tagen hatte er eine Blume, die ausgebreitet 38 cm Durchmesser zeigte, die vorgelegte dürfte 33 cm haben. b) Mme. Jules Werner, die sog. rosa Soleil d'Octobre. Sie ist zwar früh und gut für Töpfe, aber für Schaublumenkultur nicht empfehlenswert; da wird sie von „Tricker“ erreicht. c) M. Val de Cruzo?, karminrot. — Von vorjährigen Neuheiten ist mit die schönste M. Paolo Radelli, pfirsichblütenfarben, einwärts gerollt, riesig gross.

19. Endlich zeigte Hr. Kohlmanslehner noch einmal Campanula Mayi vor, um zu beweisen, dass sie vom Juli bis Ende Oktober blüht. Alle diese Gegenstände ausser Konkurrenz.

Bezüglich einer helleren Varietät der Begonia Gloire de Lorraine, die bei ihm enstanden, aber wieder verloren gegangen ist, bemerkte Hr. Kohlmannslehner, dass er dieser den Namen „Berolina“ gegeben habe, und wenn auch später dieselbe Varität bei I. C. Schmidt, Berlin, Peter Lambert in Trier, Martin Grashoff in Quedlinburg und in Amerika aufgetreten sei, so müsse sein Name „Berolina“ doch der Priorität nach beibehalten werden. Sie ist etwas grossblumiger und wüchsiger. Hr. Lemoine bewies ihm in diesem Sommer, dass die Kreuzung von Begonia socotrana mit B. Dregei, aus der Lemoine seine Gloire de Lorraine erhalten, auch bei den Wiederholungen immer wieder Gloire de Lorraine ergeben habe, höchstens mit kleinen Variationen. Im Übrigen dürfe man nicht glauben, dass Lemoine mit der Pflanze ein grosses Geschäft gemacht habe, er habe die ersten mit 5 fr. verkauft, sie sei dann aber fast wieder in Vergessenheit geraten und nur durch zufällig glückliche Kulturbedingungen sei man erst auf den hohen Wert der Pflanze aufmerksam geworden.

20. Hr. Grubenbesitzer Körner, Berlin legte aus seinem Garten in Rixdorf ein geschmackvoll arrangiertes Sortiment von Aepfeln und Birnen vor, darunter auch den sog. Schwedenapfel, den er unter diesem Namen einst aus Holland erhalten. Der Apfel sieht am Baume so schön aus, dass mehrere Maler um die Erlaubnis nachsuchten, ihn malen zu dürfen. Ganz besonderes Interesse erregte auch ein Zweig des rheinischen Bohnapfels mit 33 Früchten. Im Uebrigen stimmte Hr. Körner der landläufigen Redensart, ein Villenbesitzer habe nur 2 glückliche Tage, den einen, an dem er die Villa kaufe und den andern, an dem er sie verkaufe, nicht zu. Er gab im Gegenteil Hrn. Mende Recht, und wenn ein Villenbesitzer sich mit Lust und Liebe im Garten beschäftige, namentlich auch mit Obstbau, wünsche er den zweiten dieser Tage gar nicht herbei. Er betreibe bekanntlich mit besonderer Passion noch den Sonnenblumenbau und habe in diesem Jahre wieder Blumen von 45 cm Durchmesser erzielt.

21. Hr. Obergärtner Adam Heydt, Leiter der von Podbielski'schen Gartenverwaltung zu Schloss Dalmin bei Karstedt, Hamburger Bahn, hatte den von ihm aufgenommenen und gezeichneten Plan des ganzen Gartens und Parks eingesandt und wurde dieser näher erläutert.

22. Ausserordentliches Interesse erregte eine auf Veranlassung des Hrn. Paul Hennings, Kustos am Kgl. botanischen Museum hierselbst von Hrn. Gärtnereibesitzer Heinrich Klitzing in Ludwigslust einge. sandte riesige Wandtafel, welche Hr. Klitzing selbst gemalt hat. Sie stellt einen Kirschbaum dar, auf welchem alle tierischen und pflanzlichen Schädlinge, die auf einem Kirschbaum vorkommen können, farbig und streng naturgetreu abgebildet sind. Hr. Garteninspektor Lindemuth bemerkte, es erinnere ihn an die Abbildung eines Pferdes mit allen Fehlern, die bei einem solchen vorkommen können. Selbstverständlich sei ein solches Bild nicht schön. Das Tableau des Hrn. Klitzing ist aber künstlerisch aufgefasst und wirkt dadurch eben anziehend und anregend. Das Tableau wird noch einige Zeit im Museum der Land. wirtschaftlichen Hochschule ausgestellt bleiben; es wäre zu wünschen, dass es durch Farbendruck vervielfältigt würde, allerdings sind die Maasse selbst für eine Wandtafel reichlich gross.

23. Von Hrn. Kgl. Gartenbaudirektor M. Bertam, Dresden, korrespondierendem Mitgliede des Vereins war sein neues Werk: „Die Technik der Gartenkunst, eine Ergänzung zu G. Meyers Lehrbuch der schönen Gartenkunst" eingesandt, welches in der Gartenflora näher besprochen werden wird.

24. Von Hrn. Klempnermeister Misch, Berlin N., Chausseeestrasse. war ein nach den Angaben des Hrn. Prof. Dr. Herzfeld, Vorsteher des chemischen Laboratoriums des Vereins der Deutschen Zuckerindustrie konstruierter kupferner Besprenger (Spritzapparat) ausgestellt. Dieser Apparat eignet sich besonders für Villenbesitzer zum Bespri.zen der Obstbäume mit Bordelaiser Brühe, was bekanntlich nun bald geschehen muss. Ebenso ist er selbstverständlich für andere Flüssigkeiten geeignet. Um die Luft zu komprimieren, bedarf man bei diesem Apparat nur einer kleinen Radfahrer-Luftpumpe. Der Apparat fasst nur 3 Liter Wasser, ist daher auch in gefülltem Zustande nicht schwer. aber der Inhalt reicht für einen kleinen Villengarten aus. Preis 21 Mk.

Der Direktor des Vereins dankte in warmen Worten allen Ausstellern für die so überaus zahlreichen Einsendungen und knüpfte die Bitte daran, möglichst zu allen Versammlungen so reichlich beizusteuern.

III. Hierauf hielt Hr. Kgl. Garteninspektor Perring einen mit lebhaftestem Beifall aufgenommenen Vortrag über seine Reise nach dem Engadin. Der Redner schilderte sowohl die grossartige Natur jenes hohen Alpenlandes, das vom Inn durchströmt wird und das seinen Namen von der Bezeichnung des Inn im Romanischen: „En" herleitet, als auch die Pflanzen- und die Tierwelt. Des weiteren wurde das Badeleben. die Heilquellen u. s. w. besprochen und schliesslich die auf der Hin- und Rückreise besuchten gärtnerischen Anlagen in verschiedenen Städten der Schweiz und Süddeutschlands behandelt. Der Vortrag wird besonders abgedruckt werden. Hr. Oscar Cordel wies darauf hin. wie gerade im Juni die Alpenflora am schönsten sei.

IV. Das Preisgericht, bestehend aus den Herren F. Altrock, Fr.

Brettschneider, H. Kiausch, C. Matthieu und W. Nahlop hatte
folgende Preise zuerkannt:

1. Hrn. Obergärtner Kleemann in Düren, Villa Schöller (Rheinprovinz)
   für Obst eine grosse silberne Medaille.
2. Hrn. städtischen Obergärtner Mende in Blankenburg bei Berlin N.
   für Obst eine grosse silberne Medaille.
3. Hrn. Gärtnereibesitzer Koschel in Charlottenburg für übersommerte
   Maiblumen, übersommerten Flieder und Schaupflauzen von Begonia
   „Gloire de Lorraine“ eine grosse silberne Medaille.
4. Hrn. Obergärtner Beuster in Biesdorf bei Berlin O. für Chrysanthemum und Cyclamen eine kleine silberne Medaille.
5. Hrn. Gärtnereibesitzer Fasbender in Berlin für Cyclamen eine
   kleine silberne Medaille.
6. Hrn. Grubenbesitzer Körner in Rixdorf Berlin (Obergärtner
   Brandenburg) für Obst eine bronzene Medaille.
7. Hrn. Gärtnereibesitzer Herzberg in Charlottenburg für einen Sport
   von Chrysanthemum „Soleil d'Octobre“ eine bronzene Medaille.
8. Hrn. Gärtnereibesitzer Otto Weber in Friedrichsfelde, Berlin O.,
   für Cyclamen eine bronzene Medaille.
9. Hrn. Obergärtner Wetzel in Friedrichsfelde für Lobelia fulgens
   „Queen Victoria“ eine bronzene Medaille“

      C. Lackner.   L. Wittmack.

Die Schorfkrankheit der Kernobstbäume und ihre Bekämpfung.

Von Dr. Friedrich Krüger.

(Hierzu 5 Abbildungen.)

Eine der gefährlichsten Krankheiten unserer Kernobstbäume ist die
sogenannte „Schorf-“ oder „Fusicladium-Krankheit“. Sie ist auch
in Deutschland allgemein verbreitet und hat namentlich in den feuchten
Sommern des vergangenen Jahrzehntes der heimischen Obstkultur grossen
Schaden gethan. Aber die bei dieser Gelegenheit gemachten Erfahrungen
haben auch die schon in anderen Ländern gemachten Beobachtungen
bestätigt, dass man mit verhältnismässig geringen Opfern an Mühe, Zeit
und Geld die Krankheit durch richtig ausgeführte Bespritzungen in
Schach halten kann.

I. Die Erreger der Schorfkrankheit.

Was nun zunächst die Erreger der Schorfkrankheit betrifft, so handelt
es sich beim Apfel- und Birnbaum um zwei verschiedene Pilze, nämlich
bei ersterem um Fusicladium dendriticum (Wallr.) Fckl, bei den
Birnbäumen dagegen um Fusicladium pirinum (Lib.) Fckl, die beide
zwar nahe verwandt, aber doch typisch von einander verschieden sind.
Beide sind nun nicht etwa erst jüngst entdeckt, oder erst seit kurzem
beobachtet, sie sind vielmehr schon seit den ersten Dezennien des vergangenen Jahrhunderts bekannt. Damals trennte man freilich beide noch

nicht in zwei verschiedene Arten, man hielt vielmehr die an Apfel- und Birnbäumen auftretende Krankheit als eine von ein- und demselben Pilz
hervorgerufene Erscheinung. Es würde zu weit führen, wollte ich an
dieser Stelle die Ansichten all der verschiedenen Mycologen und namhaften
Praktiker aufführen, von denen die einen behaupteten, wir haben es mit
einem einzigen, die anderen, wir haben es mit zwei verschiedenen Pilzen
zu thun. Interessenten finden hierüber Genaueres in einer Arbeit in Thiels
Landwirtschaftlichen Jahrbüchern 1896, verfasst von Dr. Aderhold und
betitelt: „Die Fusicladien unserer Obstbäume" pag. 875—914. Aus ihr
sei hier nur kurz erwähnt, dass die Unsicherheit hinsichtlich der Spezies-
fragen bis in die neueste Zeit bestehen geblieben ist.

Es ist erst Dr. Aderhold,[*] früher Lehrer der Botanik in Proskau,
jetzt Regierungsrat im Kaiserl. Gesundheitsamt zu Berlin auf Grund von
Experimenten gelungen, den Beweis zu erbringen, dass wir es bei der
Erkrankung der Apfel- und Birnbäume mit zwei zwar nahe verwandten,
jedoch typisch von einander verschiedenen Pilzen zu thun haben.

Beide hier in Betracht kommende Pilze rufen an ihren Wirtspflanzen
ganz analoge Krankheitserscheinungen hervor, nämlich:

Auf den Früchten die sog. Schorf-, Regen-, Rost- oder Wasserflecke,
auch kurzweg als „Flecke" bezeichneten Stellen, die anfangs schwarz-
grün erscheinen, dann später in der Mitte korkartig, am Rande dunkel
werden.

Auf den Blättern die Russflecken, die bei der Birne besonders
blattunterseits, bei den Aepfeln meist blattoberseits stehen. Sie gleichen
anfangs denen auf den Früchten, bilden später dagegen oft nur stumpfe,
russfarbene Stellen.

An den Trieben den Grind, d. h. ursprünglich sammetartig schwarz-
grüne Flecke, aus denen beim Altern der Triebe blasig aufgetriebene
und dann aufplatzende Stellen werden, eine Erscheinung, die namentlich
an manchen Birnensorten häufig ist.

Diese Beschädigungen sind im allgemeinen wohl jedem Obstzüchter
bekannt; er weiss, dass fleckige Früchte minderwertig sind, dass sie
durch Pilzbefall verkrüppeln und den gesunden an Haltbarkeit nachstehen. er weiss auch, dass durch die Pilze ein vorzeitiger Blattfall
bewirkt werden kann, aber trotzdem unterschätzt er doch vielfach die
Bedeutung der Fusicladien für die Obstbäume und für die Obstzucht.

Was nun die oben erwähnten Krankheitserscheinungen im Speziellen
betrifft, so ist der Grind an den Trieben (vgl. Abb. 124) eine an Apfel-
bäumen ziemlich seltene Erscheinung, während er an manchen Birnensorten sehr häufig vorkommt. ·

In dem von dem Sonderausschuss für Pflanzenschutz der Deutschen
Landwirtschafts-Gesellschaft alljährlich herausgegebenen Bericht, sind z. B.
innerhalb der letzten 5 Jahre etwa 180 Fälle von Fusicladium-Befall
teils an Blättern teils an Früchten verzeichnet und von diesen beziehen

---

[*] Die erwahnten Aderhold'schen Arbeiten — publiziert in Thiels Ldw.-Jahrbüchern
1896 pag. 875 u. ff. und 1900 541 u. ff. — sind im I und II. Teil der vorliegenden Abhandlung vielfach mitbenutzt.

sich nur sechs auf ein an Apfelbaumtrieben beobachtetes Auftreten des
Pilzes. Im allgemeinen scheinen auch die Beschädigungen an Apfelbaumtrieben nicht so gefährlich zu sein, wie diejenigen an Birnbäumen,
denen der Pilz oft geradezu verhängnisvoll wird. Betreffs der letzteren
berichtet beispielsweise Aderhold in seiner II. Fusicladium-Arbeit (Thiels
Landwirtschaftliche Jahrbücher 1900 pag. 541—587), wie im Proskauer
Obstgarten ein Quartier Salzburger Birnen durch den Pilz „geradezu
vernichtet worden ist". Wenige Prozent der 1892 veredelten Bäume
hatten bis 1898 bis zur Kronenhöhe gebracht werden können und ver-
käuflich war kein einziger; „die überaus stark erkrankten Triebe dieser
Bäume trockneten im Winter so weit ein, dass auf einen Jahreszuwachs
oft nicht mehr als 10 cm gekommen sind, ja dass bisweilen ein Jahreszuwachs ganz verloren ging. Und dieses Resultat ist trotz sachgemässer
Düngung, sachgemässen Schnittes u. s. w. erzielt worden."

Die Entwickelung solcher Grindstellen geht in der Weise vor sich,
dass der Pilz sich an den ganz jungen Partien der einjährigen Triebe
in analoger Weise wie auf den Blättern und Früchten ansiedelt, was
man an den gebildeten grau-grünlichen Polstern leicht mit blossem Auge
erkennt. Diese Stellen vergrössern sich zunächst schnell und können
eine Länge von mehreren Zentimetern erreichen; dann wird nach Aderhold
ihr Flächen-Wachstum freilich durch die Verhärtung und Verkorkung
der Triebe verhindert; statt dessen aber wächst der Pilz dann mehr in
die Tiefe. Risse und Sprünge, in die der Pilz eindringt, bilden sich in
den benachbarten Gewebepartien. Die Infektionsstellen werden dann
allmählich blasig aufgetrieben, brechen auf, wobei die vom Pilz durch-
wühlten Rindenpartien fetzenartig zurückklappen (vgl. Abb. 124) ein Bild,
was wohl allen Obstzüchtern bekannt ist. Meistens handelt es sich um
eine ganze Anzahl solcher Stellen, die dann nach und nach zusammenfliessen, und dadurch zu grossen Grind- oder Schorfstellen werden (vgl.
Abb.), die für den Baum eine nicht unerhebliche Gefahr bedeuten;
denn solche Triebe bleiben, wie oben erwähnt, im Wachstum zurück
und trocknen, namentlich im Winter oft ganz ein. Die Folge davon ist
dann die bekannte Spitzendürre. Der Grind kann an Hochstämmen,
Pyramiden, Zwergobst, Wildlingsveredelungen u. s. w. auftreten und
namentlich haben die Formobstzüchter von demselben zu leiden, da
sie keine regelmässigen Formen erzielen können, wenn gewisse Triebe
abgetrocknet sind.

Was dann die Erkrankung der Blätter betrifft, so werden letztere
im allgemeinen zunächst im Frühjahr befallen. Auf ihnen breitet sich
der Pilz dann, je nach den Witterungsverhältnissen, bald langsam, bald
schneller aus. Es kann indessen auch noch während des Sommers selbst
der Befall stattfinden. Diese durch Fusicladium hervorgerufenen Blattflecke
werden von den Obstzüchtern leider meist ganz unterschätzt. Es ist mir
bei meinen in den letzten 4—5 Jahren bei Obstzüchtern gemachten Spritz-
versuchen unendlich oft, wenn ich einen Baum behandeln wollte, die
Antwort gegeben: „Den brauchen wir nicht zu spritzen denn der trägt
ja in diesem Jahre doch keine Früchte." Und wie verkehrt! Gerade
die Gesunderhaltung der Blätter gehört bei der Fusicladium-Bekämpfung

mit zu den wichtigsten Aufgaben und sie ist mindestes ebenso wichtig wie die der Früchte. Ist doch das Blatt die Werkstätte, in welcher der für das Wachstum und die Reife der Früchte so notwendige Zucker, sowie viele der zum Aufbau neuer Zweige und Triebe und zum Ausbau des Stammes und der Wurzeln nötigen Materialien erzeugt resp. verarbeitet werden. Eine Schädigung der Blätter bedeutet somit eine Ernährungsstörung nicht nur der Früchte, sondern des ganzen Baumes.

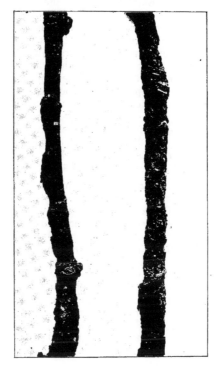

Abb. 124. Grindstellen an den Trieben von Birnbäumen, hervorgerufen durch Fusicladium pirinum.

Solche mit Fusicladiumflecken besetzten Blätter leisten nun aber erheblich weniger für den Baum, als normale, speziell hinsichtlich der Stärke-produktion, wovon man sich leicht überzeugen kann. Zudem ist die Wasserverdunstung solcher kranker Blätter eine erheblichere. Dazu kommt dann ferner noch, dass bei stärkerem Fusicladium-Befall die Blätter, sowohl von Apfel- wie von Birnbäumen schon vorzeitig überhaupt abgeworfen werden. Diese Erscheinung konnte man Ende der 90iger Jahre vielfach beobachten. Aderhold hat eine Anzahl solcher Fälle untersucht und genauer beschrieben, so in der erwähnten II. Fusi-

cladium-Arbeit in Thiels Jahrb.. ferner in Pomol. Monatsheften 1899
Heft 11 und 12, Proskauer Obstbauzeitung 1898 pag. 116. Auch mir ist
solcher, durch Fusicladium hervorgerufene, vorzeitige Blattfall mehrfach
aufgestossen, so z. B. in Tegel und vor allem in der Umgegend von
Schwerin i.M. u. zwar Ende, in Schwerin sogar schon Anfang August, standen
solche Bäume völlig entblättert da. Man glaubte sich in den Spätherbst
versetzt, so kahl sahen die Bäume aus. Schlimm waren natürlich die
Folgen solcher vorzeitigen Entblätterung für die an den Bäumen befindlichen Früchte. sowie auch für die Bäume selbst, denn die Früchte
konnten naturgemäss unter solchen Umständen nicht ausreifen, und die
Bäume waren so geschwächt, dass sie noch in den folgenden Jahren
kränkelten. Auch liessen sie auf dem Querschnitt leicht erkennen, wie
der in dem betreffenden Jahre gebildete Jahresring sich von denen der
vorhergehenden durch seine Dürftigkeit auszeichnete. Dass derartig früh
entblätterte Bäume sich im Spätsommer nochmals wieder belauben, ist
ganz natürlich, aber ein solches Ausschlagen erfolgt nur auf Kosten des
nächstjährigen Triebes, auch reifen die so entstandenen Sprosse nicht
genügend aus und gehen infolgedessen vielfach während des Winters
zu Grunde. Wenn nun, wie dies in Proskau und auch in Schwerin der
Fall war, die Entblätterung sich mehrere Male wiederholt, so werden
dadurch die Bäume auf Jahre hinaus geschädigt.

Es geht die Erkrankung der Blätter in der Weise vor sich, dass
die Apfelblätter an einer oder mehreren Stellen auf kleinen oder
grösseren Partien den Glanz verlieren, matt und missfarben werden.
Bald bildet sich an diesen Stellen ein sammetähnliches, grau grünes oder
grau schwarzes Räschen, welches sich schnell vergrössert, und nun als
deutlicher Fleck von hellerer oder dunklerer Farbe hervortritt. Der Rand
dieser einzelnen Flecke ist nicht scharf abgegrenzt; es geht vielmehr
eine dendritische Zeichnung nach Art eines Wurzelsystems vom Rande
aus auf das gesunde Gewebe über. Während die Randpartien eines
Fleckes noch im Wachstum begriffen sind, beginnen die mehr zentralen
oft schon abzusterben, was zur Folge hat, dass diese Partien eine mehr
bräunliche oder silbergraue Farbe bekommen. Während der eben geschilderten Entwickelung der Flecke wird die infizierte Blattstelle selbst
oft buckelig oder warzig, indem sich das Blatt an dieser Stelle nach der
Oberseite hin vorwölbt.

Der Pilz kann indessen auch noch in anderer Weise auf den Blättern
auftreten. Während die oben erwähnten Flecke sich scharf und deutlich
als solche von dem gesunden Blattgewebe abheben, kommt es auch vor,
dass der Pilz teils neben diesen Flecken, teils ganz ohne dieselben, die
Blätter mit einem russähnlichen dunklen Gewebe überzieht, was
namentlich auf der Oberseite, und zwar an den Adern, oft auf relativ
grosse Strecken geschieht, wodurch die Blätter ein schmutziges Aussehen bekommen. Man kann dies namentlich nach längerer Regenperiode beobachten.

Die geschilderten Flecke kommen nun nach Aderhold dadurch zustande, dass die Fäden des Pilzes innerhalb des normalen Gewebes

zwischen der Cuticula und den Oberhautzellen fortwachsen. Dies hat zur Folge, dass allmählich diese Zellen absterben, schrumpfen und das schliesslich die Cuticula selbst aufreisst. Letztere hat nun aber bekanntlich den Zweck, die darunter liegenden Gewebe vor Verdunstung zu schützen. Ist sie aufgerissen, so entbehren die dadurch freigelegten Partien des Schutzes, werden daher, je nach der Witterung schneller oder langsamer, vertrocknen und absterben, was die Ursache ist, dass diese Stellen dann bald eine mehr braunrote Farbe annehmen. während die Ränder mehr silbergrau sind, was davon herrührt, dass unter die dünnen abgehobenen Zellschichten Luft gedrungen ist.

Während nun die Pilzfäden in der geschilderten Weise unterhalb der Blattoberfläche vordringen und dadurch die charakteristischen Flecke

Abb. 125. Schorfflecke am Apfel, hervorgerufen durch Fusicladium dendriticum.

hervorrufen, beginnen sie bereits zu fruktifizieren. Es bilden sich senkrecht gestellte, sich rasch bräunende Fäden, anfangs einzeln, bald aber sehr reichlich, sodass sie eine dichte Pilzmasse darstellen. Die einzelnen Fäden sind einzellig, unverzweigt und nach Beobachtung des genannten Forschers an den Wänden leicht gewellt oder quergestreift. An ihrem äusseren Ende entwickeln sich dann sehr rasch die eigentlichen Sporen, und zwar kleine, einzellige, unten breitere, nach oben zugespitzte Conidien, die etwa die Form einer geköpften Rübe haben. von ca. 0,018 bis 0,022 mm Länge und 0.00—0,01 mm Breite.

Andere Fruktifikationsorgane, als die geschilderten. sind innerhalb der eigentlichen Vegetationsperiode nicht festgestellt worden. Dagegen entwickeln sich während des Winters auf den abgefallenen und abgestorbenen Blättern Kapselfrüchte, die schon lange unter dem Namen Venturia chlorospora bekannt sind. die jedoch keinen besonderen Pilz, sondern nur die höhere Fruktifikationsform unserer Fusicladien darstellen. Es sind mikroskopisch kleine, dem blossem Auge

punktförmig erscheinende Gebilde*) auf der Blattoberfläche. Nach
Aderhold's Untersuchungen sind sie unregelmässig über das Blatt
verteilt, sitzen gruppenweis zusammen und oft auch an solchen Stellen,
wo von einer vorhergegangenen Conidien-Fruktifikation nichts zu sehen
ist. Sie brechen meist nach der Blattunterseite durch, haben, wie
die Betrachtung unter dem Mikroskop lehrt. Kugelform und kurzen
Hals und besitzen eine zarte braunschwarze Wand.

Durch Wind, Insekten und andere Zufälligkeiten, gelangen die in
diesen Früchten gebildeten Sporen auf die um diese Zeit gerade in der
Entwickelung begriffenen Blätter und infizieren diese von neuem. Da
sowohl die Schläuche, wie auch die einzelnen Kapselfrüchte selbst erst
nach einander reif werden, so dauert dies Sporenbombardement längere
Zeit fort.

Die auf Birnenblättern, also durch Fusicladium pirinum entstandenen Flecke gleichen hinsichtlich ihrer Entwickelung u. s. w. denen
auf Aepfeln sehr. Freilich existieren auch kleine Abweichungen zwischen
ihnen und den bisher besprochenen, auf Aepfelblättern durch Fusicladium
dendriticum hervorgerufenen. Im Gegensatz zu letzteren treten die auf
den Birnbaumblättern erzeugten, namentlich deutlich auf der Unterseite
der Blätter hervor. Sie zeigen aber auch eine grössere Ueppigkeit als
die auf Aepfelblättern, indem sie dichtere, olivengrüne, sammetartige Rasen
bilden, die sich mit besonderer Vorliebe zu beiden Seiten des Mittelnervs
reihenweise gruppieren. Krümmungen oder Buckel, die man am Apfelblatt
bei der Fusicladium-Infektion so häufig findet, treten nach meinen Beobachtungen am Birnenblatt weniger häufig auf. Der Rand der Flecke
ist auch hier unregelmässig kontouriert. Die Conidien sind hier mehr
spindel- oder kahnförmig, die Conidienträger an ihrem Ende deutlich
knorrig, wodurch sie sich von denjenigen des F. dendriticum deutlich
unterscheiden. Die nach dem Absterben der Blätter auf diesen gebildeten Perithecien ähneln zwar auch den erst geschilderten, unterscheiden
sich aber doch durch die Form der Sporen so deutlich von ihnen, dass
man sie mit jenen nicht zu einer Art vereinigen kann. Bei der hier in
Betracht kommenden, die Aderhold Venturia pirina benannt hat, sind
nach diesem Autor die Sporen zwar auch zweizellig. aber die längere
ist die dickere und, „von der Form einer Eichel kann nicht die Rede
sein. Hier geht ferner die längere Zelle im Askus immer voran, während
es bei dem Apfel-Fusicladium gerade umgekehrt ist."

Die Flecke auf den Früchten (vgl. Abb. 125) endlich sind
jedem Praktiker bekannt. In ihrem Auftreten pflegt er den Hauptschaden
zu erblicken, den die Fusicladien den Obstbäumen zufügen, denn er

*) Sie haben, den Hals nicht mitgerechnet, einen Durchmesser von etwa 0,09—0,16 mm.
In ihrem Innern entwickeln sich sackartige 0,04—0,07 mm lange Schläuche, die je 8 gelbe
0,011—0,015 mm lange und 0,004—0,008 mm breite Sporen enthalten. Diese Sporen sind
ungleich zweizellig, „etwa von der Form einer noch im Näpfchen sitzenden Eichel" wie
Aderhold treffend bemerkt, an der Querwand ein wenig eingeschnürt. Es reifen diese
Fruktikationsorgane etwa im März bis Mitte Juni. Bei der Reife tritt zuerst ein Schlauch in
die Mündung des Peritheciums und verquillt. Er platzt am Scheitel und dann werden die
Sporen schnell hintereinander bis 1,5 cm weit herausgeschleudert. Der geleerte Schlauch
verquillt dann schnell vollkommen und macht einem anderen noch gefüllten Platz.

weiss, dass fleckige Früchte weniger ansehnlich und infolgedessen weniger wertvoll sind als fleckenfreie, dass die Früchte unter solchem Befall, wenn er im jugendlichen Entwickelungsstadium derselben erfolgte, völlig verkrüppeln, missgestaltet werden und aufreissen, dass sie weniger halt- bar sind, indem sie bald schrumpfen (vgl. die späteren Abb.), auch beim Lagern schneller faulen als normale. Ferner ist auch das Gewicht der vom Pilz infizierten Früchte im Allgemeinen geringer als das der gesunden.*)

Die Entwickelung der Flecke auf den Apfel- und Birnenfrüchten geht in ganz analoger Weise vor sich, wie auf den Blättern, und es kann auf das dort Gesagte verwiesen werden. Die ganze Pilzentwickelung ist jedoch hier auf den Früchten eine üppigere als auf den Blättern. Auch dringen hier die Fäden in das Fruchtfleisch ein, worauf dann die Frucht ihrerseits den Pilz durch eine Korkschicht zu isolieren sucht. Es wird dadurch zwar verhindert, dass das Mycel weiter in die Tiefe wächst, die seitliche Ausdehnung der Flecken schreitet aber trotzdem fort. Die mittleren Partien des aus Pilzfäden gebildeten Stromas und der befallenen Gewebe trocknen dann allmählich ein, schülfern ab und das gebildete Korkgewebe tritt immer mehr zu Tage, was die allmähliche Farbenveränderung der Flecke zur Folge hat.

Der Schaden, den die Fusicladien der heimischen Obstkultur an- richten, ist somit ein sehr verschiedenartiger und sehr beträchtlicher.

(Fortsetzung folgt.)

Amelanchier oxyodon n. sp.

Von E. Koehne.

(Hierzu 1 Abb.)

Zweige von Anfang an kahl. Nebenblätter sehr hinfällig, sehr klein, nur an den Blättern der Traubenstiele etwa 1 cm lang und sehr schmal. Blattstiele 8—17 mm lang, nur vor der Entfaltung der Blätter oberseits flaumhaarig, sehr schnell verkahlend. Blätter aus abgerundetem oder herzförmigem, nur hier und da spitzem Grunde schmaler oder breiter oval, vorn abgerundet oder seltener spitz, zur Blütezeit 30—40 mm lang, 15—27 mm breit und dünn hautartig, zur Fruchtzeit bis 50 mm lang, 33 mm breit und etwas lederartig, vom unteren Drittel oder Viertel oder auch erst von der Mitte ab mit etwa 8—12 grossen, zugespitzten Säge- zähnen (Sagezähne grösser als bei allen übrigen Arten), nur vor der Entfaltung unterseits zwischen den Nerven fein grauhaarig, bei der Ent- faltung schon völlig kahl. Trauben 4—5 cm lang, aufrecht, etwa 7 bis 9 blutig, die ein- oder zwei untersten Blüten in den Achseln von Laub-, die folgenden in den Achseln von sehr rasch abfallenden, schmalen

---

*) Hierbei ist freilich nicht ausser Acht zu lassen, dass, wenigstens oft, die sauberen Früchte von Bäumen stammen, die mit Kupferbrühen bespritzt waren, und dass dann ausser der Pilzfreiheit noch die Reizwirkung des Kupfers mit in Betracht kommt, vgl. später Genaueres hierüber.

Hochblättern. Traubenachse kahl wie die 5—17 mm langen, aufrechten oder wenig abstehenden Blütenstiele. Blütenbecher kahl oder einzelne anfangs schwach wollig. Kelchabschnitte kaum länger als der Becher, schmal, dreieckig, innen filzig, gleich nach dem Verblühen bogig rückwärts gekrümmt. Blumenblätter etwa 9—10 mm lang, 4 mm breit, auf dem Grunde etwas wollig, an der Spitze sehr fein gewimpert. Staubblätter etwa 20, kürzer als die Kelchabschnitte, nur einzelne öfters etwas länger. Griffel 4—5, bis etwas über die Mitte verwachsen.

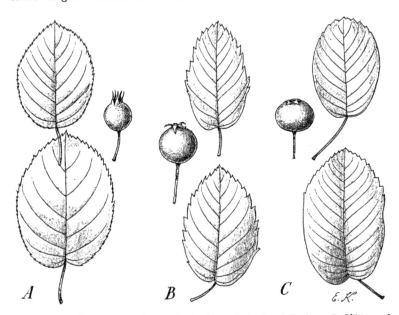

Abb. 126.   A. Blätter und Frucht von Amelanchier spicata (Lam.) Koehne.   B. Blätter und Frucht von A. oxyodon Koehne.   C. Blätter und Frucht von A. alnifolia Nutt.
(Originalzeichnung des Verfassers.)

Kernhausscheitel innerhalb des Blütenbechers wollig-zottig. Frucht kugelig, etwa 13 mm lang und dick, blauschwarz, unbereift, mit bogig zurückgekrümmten Kelchabschnitten.

Nordwest-Amerika. Ich besitze Exemplare aus Britisch-Kolumbien, die C. A. Purpus 1887 bei Yale 4000 F. ü. M. unter n. 104 und bei Pretannie Lake bei Lytton unter n. 145 sammelte und die ich der Güte des Herrn Dr. Dieck verdanke. In Kultur sah ich die Pflanze schon 1889 im Zöschener Arboret unter dem Namen Amelanchier Botryapium. Ich hielt sie für eine Form von A. alnifolia, bis ich in diesem Sommer von Herrn Herm. A. Hesse aus Weener dieselbe Form in Blüten und Früchten erhielt und die Ueberzeugung erlangte, dass sie eine gut gekennzeichnete, selbständige Art darstellt. Die Hesse'schen Pflanzen stammen ebenfalls aus Zöschen und waren ihm unter drei Namen zu. gegangen: A. Botryapium, A. canadensis macrocarpa und A. ovalis.

Der Blattform nach wäre nur eine etwaige Verwechselung mit A. alnifolia Nutt. oder allenfalls auch mit A. spicata (Lam.) Koehne (= A. ovalis Borkh.) denkbar, aber A. oxyodon unterscheidet sich von beiden, wie auch von allen übrigen Arten der Gattung durch die er. heblich tiefer eingeschnittenen Sägezähne, die den Blättern ein ganz charakteristisches Aussehen geben. Ausserdem sind die Abschnitte des Fruchtkelches bogig zurückgekrümmt, während sie bei A. alnifolia nach aussen geknickt und dem Scheitel der niedergedrückt-kugeligen Frucht fest angepresst sind; bei A. spicata bleiben sie aufrecht auf der kugeligen Frucht.

Die Blütezeit tritt etwas früher ein als bei A. alnifolia. Reife Früchte von allen drei Arten erhielt ich gleichzeitig Mitte August.

Aehnlich muss A. glabra Greene (1891 in Flora Franciscana S. 52) aus der kalifornischen Sierra Nevada sein, jedoch nennt Greene die Kelchabschnitte bei seiner Art aufrecht und scharf zugespitzt, die Staub. blätter etwas länger als der Kelch. Nach den Beschreibungen kann A. oxyodon noch viel weniger zusammenfallen mit A. pallida Greene (a. a. O. S. 53) aus Nord- und Nordostkalifornien, A. Cusickii Fernald (1899 in Erythea VII, S. 121) aus Oregon oder A. cuneata Piper (1900 in Bull. Torrey Bot. Club XXVII, S. 392) aus Washington Territory. Von A. pumila Nutt. (in Roem. Syn. Monogr. III, S. 115) ist mir zu wenig bekannt, um sie mit oxyodon vergleichen zu können.

Kleinere Mitteilungen.

Epheubäume in Sorrent.

Auf hoher Felsenwand zwischen den grossen Hotels des Städtchens liegt der Municipalgarten, die „Villa", wie man sie hier allerorten nennt. Das ruhige Volk Sorrent's giebt sich dort des Abends Rendezvous und spaziert zwischen den Blumenfeldern umher. Er ist nicht gross, denn hier fehlt Raum, auch ist er nicht kunstvoll erdacht und angeordnet nach deutschem Muster, aber es blühet in ihm ein ewiger Frühling. Kein grüner Rasen erfrischt das Auge, aber kurzstämmige, weitkronige Bäume und Gesträuche ersetzen das Grün. Darunter und dazwischen blüht es endlos — in der Ferne sowohl als unter den Bäumen in tiefem Schatten. Das ist alles farbenprächtig. Es sind nicht viel seltene Gewächse vorhanden, alles was bei Ihnen im Norden auch schön sein kann, und im Winter blühen neuholländische Akazien und andere Sträucher subtropischer Zonen, farbenprächtige Salvien Mexikos und des Südens von Amerika. — In der Mitte eines Wandelpfades in der glühenden Sonne und wurzelnd im harten Gestein steht aber ein seltsamer Baum, ein Epheubaum nämlich, von dem ich berichten möchte. Epheubäume sind in Italien nichts seltenes — aber in ihrer Art oft doch schön und für den Norden vielleicht auch überraschend. Sie bilden sich langsam im Laufe der Jahre, umklammern mit eiserner Macht den Stamm, an dessen Fuss man ahnungslos einen jungen, haltbedürftigen Epheu pflanzte, erklettern die Krone desselben und umspannen sie schliesslich so vollkommen, dass alles erstickt und nur der Stamm, der von den Stämmen des Epheu völlig umsponnen, bleibt und kaum morsch wird. Ich kann nicht mehr erkennen, welch ein Baum es war, den der undankbare Würger hier erdrückte, es scheint mir aber eine Albizzia gewesen zu sein, mit kurzem Stamme und weit ausladender Krone. Die Epheustämmchen haben seinen Stamm netzartig, unregelmässig, fast völlig eingehüllt und sind kahl, nur unten, nahe der Erde, spriesst neues Grün, welches aber öfter unterdrückt wird. Der kahle Teil des Stammes ist nur etwa 2—2¹/₄ m hoch, der ganze Stamm inkl. des begrünten oberen Teiles desselben ist 3¹/₄ m hoch. Dort beginnt die Krone, welche 5¹/₂ m im Durchmesser hat. Sie ist unregelmässig, länger als breit und mit aufrechten Zweigen dicht besetzt. Der ganze Baum inkl. Krone ist ca. 6 m hoch. Die unteren inneren Teile tragen noch den Charakter des Epheu Ihrer Buchen·wälder und die grünen kleinblättrigen Zweige wollen abwärts hängend sich Halt suchen. Alles übrige ist aufstrebend und stellt dasjenige dar, was man in dem Garten Hedera Helix arborea nennt. Sie wissen, dass jeglicher Epheu 2 Formen hat: die Jugendform, also unfruchtbare, und die Alters- oder baumartige und fruchtbare Form. Diese letztere hat unser Epheu auch angenommen und bedeckt sich somit alljährlich mit Tausenden von Blütendolden und später, des Winters, mit reifenden Früchten. Das ist alles ebenso bezeichnend im Kampfe um das Dasein als sinnbildlich schön oder unschön, je nachdem der Mensch es deuten mag. Ich kenne gewaltige Epheubäume in Italien. So hat eben dieser langsame, aber sichere Schlinger auf dem Vomero, jenen Höhen, die Neapel umrahmen, in einem Parke eine freistehende gewaltige Pinie vollkommen erklommen und ist nahe daran, sie, d. h. ihre Riesenkrone, zu ersticken. In Kalabrien, meinem Tusculum zur Winterszeit, kenne ich Pappelwäldchen an Flussufern, die völlig zu Epheuwäldern umgewandelt sind und ca. 125 Jahre zählen. Sie wurden zur Eindämmung des reissenden Flusses Mesina gepflanzt, der Epheu kam aber selbst im Sumpfe still heran und umarmte sie.

Sorrento, 11. September 1902.

C. Sprenger.

Medeola asparagoides in neuer praktischer Verwendung.

Um den Medeola eine grössere Verwendbarkeit zu sichern, sollte man es sich angelegen sein lassen, diese anstatt im freien Grunde in Töpfen zu kultivieren Einige praktische Winke, um die Medeola in Töpfen zu der gleichen Vollkommenheit zu bringen wie beim Auspflanzen im freien Grunde eines für diesen Zweck vorgerichteten Hauses, dürften daher hier angebracht sein. — Die beste Aussaatzeit für die Kultur in Töpfen ist der Januar. Die aufgehenden Pflanzen sind bald zu pikieren und später in vierzöllige Töpfe zu pflanzen. Grössere Töpfe sollten nicht genommen werden, da sie sonst bei der Dekoration hindern würden. Vorteilhaft ist es, die Töpfe an der Innenseite mit Kuhdünger auszustreichen, damit die Pflanzen genügend Nahrung erhalten. Als bewährte Erdmischung seien 2 Teile Mistbeeterde, 1 Teil Lauberde und 1 Teil gewöhnliche schwere Gartenerde empfohlen. Man hüte sich dagegen, Heideerde zu verwenden, die entschieden den Pflanzen nicht zusagt. Von Zeit zu Zeit ein schwacher Dungguss kommt den Pflanzen sehr zu statten. Mehr als zwei bis drei Ranken sollten nicht in einem Topfe hochgezogen werden, da sonst die ganze Ranke an Zierlichkeit einbüsst. Man kann im Topfe mit Leichtigkeit Ranken von 4 m Länge erziehen. Gewiss wird eine Schaufensterdekoration aus solchen Pflanzen sowohl infolge der Haltbarkeit als wegen des prächtigen Aussehens des Materials den Beifall des Fachmannes wie des Laien erringen.

Zahl der Arten im Kaiserl. Botanischen Garten zu St. Petersburg.

Wie der Direktor Geheimrat Prof. Fischer v. Waldheim, Excellenz, im Bull. d. Jard. insp. botanique de St. Petersburg T II 1902 S. 174 mitteilt, enthielt der Garten am 1/14. Januar 1902: 35141 Arten, Varietäten und Sorten in ca. 120 000 Exemplaren. Darunter 27 690 Arten und Varietäten von Gewächshauspflanzen in 81216 Exemplaren, verteilt in 44 Warm- und Kalthäusern. Ausserdem sind 320 Chassis (Mistbeetfenster) vorhanden. Im Freien finden sich 1235 Arten und Varietäten von Gehölzen, 4581 Arten und Varietäten von Stauden und 1470 Arten und Varietäten von

Einjährigen. — Die Samenabteilung (séminaire) enthielt 3550 Nummern. Der Garten erhielt im Tausch 1901 8071 Nummern und verteilte 11549 Nummern. — Der Herbar zählt 7000 Packete mit mehr als 1¹/₂ Millionen Pflanzen. Das botanische Museum enthielt in der karpologischen (Frucht- und Samen-) Sammlung 27591 Nummern, in der dendrologischen Sammlung 7294, in der paläontologischen 2091 und in der der vegetabilischen Produkte 4327. — Die Bibliothek enthält 14608 Werke in 29520 Bänden.

Aluminium-Etiketten.

Die Aluminiumwarenfabrik Ambos in Dresden hat ein Patent für neue Aluminium-Schilder angemeldet, welche nur halb so teuer sind als die bisherigen und welche beim Schreiben die Schrift vertieft erscheinen lassen, sodass sie noch viel länger hält. 10000 Stück dieser Schilder kosten jetzt nur noch 65 Mark. Dabei halten sie mindestens 5 Jahre aus, während ein Holzetikett höchstens ein Jahr brauchbar bleibt. Sie können mindestens dreimal wieder verwendet werden und stellen auch dann noch einen Verkaufswert als Altaluminium dar. Mit Bordeauxbrühe dürfen Aluminiumschilder nicht bespritzt werden.

Zehlendorfer Gärtnereien.

Am 6. November unternahmen auf Veranlassung des Hrn. Gärtnereibesitzer Otto Neumann die vereinigten Ausschüsse für Blumen- und Gemüsezucht des V. z. B. d. G. eine Besichtigung einiger Gärtnereien in Zehlendorf. — Am Bahnhof von Hrn. O. Neumann empfangen, geleitete letzterer die zahlreich Erschienen zunächst in seine eigene, in der Charlottenburger Strasse belegene Gärtnerei Hier sah man besonders schöne Kulturen von Farnen, Myrten, Nelken und von Eriken. Erica gracilis muss in diesem Jahre ganz anders behandelt werden wie sonst, denn im Freien sind die Blumen infolge des kalten, nassen Sommers nicht ordentlich zur Entwickelung gekommen. Die Töpfe müssen deswegen jetzt in einem etwas warmen Hause erst zur vollen Blüte gebracht werden. Bei dieser Art der „Treiberei" bleiben sie aber blass, und darum kommen sie dann wieder in einen kalten Kasten, dem viel Luft gegeben wird, um sich schön dunkelrosa zu färben. Ganz besonders schön machten sich die einjährigen Stecklingspflanzen, sie standen geradezu „Parade". Auch eine Anzahl Orchideen, Cypripedium villosum und insigne, Odontoglossum grande etc., sowie Maranten und Poinsettien werden gezogen, ferner mit besonderer Vorliebe Ficus radicans. Auch im Freien fanden sich Farne, namentlich das neuseeländische Aspidium vestitum, welches unter Decke aushält.

Nach dem Rundgange labten sich die Teilnehmer an einer Tasse Kaffee, welche Frau Neumann freundlichst darbot. Dann ging es weiter zur Gärtnerei des Hrn. Kiausch in der verlängerten Hauptstrasse. Schon von weitem sah man die grossen Gewächshäuser und bei der Besichtigung derselben waren alle hocherfreut über die Konstruktion derselben, namentlich die der grösseren Häuser. Diese sind von Hrn. Wehner & Co, Britz, erbaut, haben Seitenwände mit Glasfenstern und, wie daraus schon abzunehmen, eine ziemlich bedeutende Höhe, sodass die Luft sehr rein ist. Die Ventilation, in moderner Form durch den zu hebenden First bewirkt, die Thauröhren unterhalb des Glasdaches, die Stellagen etc., kurz, alles zeigte, dass die neuesten Erfahrungen berücksichtigt sind. Das Gerüst ist aus Eisen, die Fenster sind aus Pitchpineholz. Gedeckt werden die Häuser nicht. Nur ein Haus soll gedeckt werden, um Flieder darin zu treiben. Mehr aber als die Konstruktion fesselte der Inhalt dieser grossen und der kleineren Häuser: die Chrysanthemum, die herrlichen kerngesunden Nelken, darunter die rote Alphonse Kar und eine rosafarbene, Mme. Steppmann in grossen Massen, die Cyclamen etc. In einem Holzhause sah man eine ausserordentlich üppige Kultur von Farnen, die sich hier ganz besonders wohl zu fühlen schienen: Pteris umbrosa, Nephrolepis exaltata etc.

Der Hauptzweck des ganzen Ausfluges aber war, die Cyclamen-Samenpflanzen des Hrn. Kiausch zu sehen, die in einem niedrigen Hause Platz erhalten hatten. Die Fülle von Blumen hier bot ein herrliches Bild, auch waren die Farben: hellrot, rot, dunkelrot und weiss (unter letzteren die

Riesenblumen von „Montblanc") sehr rein. Selbstverständlich ist der Züchter bestrebt, noch immer mehr die Regelmässigkeit in der Form der Blumen zu befestigen. Auch einige gefranste Cyclamen waren nicht übel, zumal auch sie nicht die Windmühlenflügel-Form zeigten.

Endlich wurde die Gärtnerei des Hrn. Gierth in Augenschein genommen, in welcher ausser einem ganzen Hause voll Myosotis oblongata fast ausschliesslich Chrysanthemum - Schaupflanzen kultiviert werden. Wir haben schon vor einigen Jahren in Gesellschaft des Hrn. Kgl. Garteninspektor Weber die Chrysanthemum in dieser Gärtnerei mit Bewunderung betrachtet und können heute — sicherlich im Namen aller Besucher — nur unser Lob wiederholen. Die Blumen — meist drei an einer Pflanze — sind von riesiger Grösse und weisen die besten Farben auf. Nur in einem Punkt ist ein Unterschied gegen früher: Hr. Gierth pflanzt nicht mehr so viel Chrysanthemum frei in den Häusern aus. Er hat gefunden, dass er bei Topfkultur den Raum besser ausnutzen kann.

Wir geben nachstehend eine kleine Liste der Chrysanthemum, welche wir teils bei Hrn. Kiausch, teils bei Hrn. Gierth sahen, zum Teil waren bei beiden dieselben Sorten: Mrs. Coombes, rosa, James Bidencope, dunkelrot m. weisser Unterseite, Mme. Edmond Roger, grünlich weiss, Tricker, rosa, Prinzessin Bassaraba de Brancovan, weiss, G. W. Childs, rot, Souvenir de petite Amie weiss, Modesto, gelb, Duke of York, violett, Käthe Broomhart, gelb, E. André, terrakotta, Mr. Chenon de Léché, bronze, Paolo Radelli, eine der hervorragendsten Neuheiten des Hrn. Gierth, zart rosa, einwärts gekrümmt, riesengross, Bellem, weiss, etc. etc. Eine ganze Anzahl Blumen hatte bei Hrn. Gierth einen Durchmesser von 20—24 cm.

Litteratur.

Handbuch der Obstkultur. Aus der Praxis für die Praxis bearbeitet von Nikolaus Gaucher, Besitzer u. Direktor der Obst- u. Gartenbauschule in Stuttgart. Dritte neubearbeitete u. vermehrte Aufl. Mit 609 Holzschn. u. 15 lithogr. Tafeln. Verlag von Paul Parey, Berlin 1902. 20 Lieferungen à 1 M.

Von Gauchers Handbuch der Obstkultur erscheint jetzt die dritte, wesentlich vermehrte Auflage. Unter der grossen Zahl der Bücher über Obstzucht gehört das Gauchersche Werk in die allererste Reihe, denn Gaucher ist durch und durch Praktiker und man merkt selbst schon beim Durchblättern des Werkes, dass alles, was G. schreibt, aus eigener Erfahrung geschöpft und nicht einfach aus anderen Büchern übernommen ist. Alle die kleinen Handgriffe und Einzelheiten, welche man täglich nötig hat, finden in dem Werke gebührende Berücksichtigung und machen es besonders wertvoll, und selbst der erfahrene Praktiker wird aus dem Handbuch manches Neue lernen können. Man kann daher nur jedem Obstzüchter, welcher das Werk noch nicht besitzt, dasselbe zur Anschaffung warm empfehlen, insbesondere da die vorliegende dritte Auflage wieder wesentliche Vermehrungen im Text und in den Abbildungen gebracht hat. Trotz des Umfanges von über 1000 Seiten wird das Buch doch niemals langweilig und weitschweifig, sondern bietet stets interessant und fesselnd. Somit wird es wahrscheinlich nicht lange dauern, bis auch die dritte Auflage, wie die beiden vorangegangenen, vergriffen sein wird.
H. Mehl.

L Winson, Beiträge zur Anatomie des Beerenobstes. Zeitschr. für Untersuchung der Nahrungs- u. Genussmittel, Berlin 1902, S. 785 bis 814. — Da es leider zuweilen vorkommt, dass Fruchtkonserven mit fremden Früchten und Samen verfälscht werden und der Nachweis derartiger Fälschungen sehr schwierig ist, weil genaue mikroskopische Untersuchungen aller Obstarten bisher nicht gemacht sind, so ist die fleissige, mit guten Abbildungen versehene Arbeit des Verfassers um so wertvoller, als sie eine Lücke in unserer Kenntnis der Obstanatomie ausfüllt. Verfasser hat zunächst die Erdbeeren, Himbeeren, Brombeeren, Johannisbeeren, Stachelbeeren, Heidelbeeren bearbeitet. Ausser der makroskopischen und mikroskopischen Beschreibung der betr. Früchte giebt er auch die wichtigsten Punkte an, die bei der Untersuchung der aus den Früchten hergestellten Konserven zu beachten sind.   J. B.

Bulletin du Jardin impérial botanique de St. Petersburg Tome II Livraison 5, mit 2 Tafeln 1902 (russisch). Enthält: Chlamydomonas stellata (eine Alge) von J. L. Serbinow mit 2 Farbentafeln, Zur Flora des Gouvernements Charkow von W. Sukatscheff etc. und eine Angabe über die Zahl der Arten im Botanischen Garten von Fischer v. Waldheim. Letztere geben wir besonders (s. unter Kl. Mitteil., S. 611).

Chronographical Table for Tobacco by Prof. Dr. O. Comes. Der bekannte Monograph des Tabaks, Prof. Comes in Portici bei Neapel, hat fünf grosse chronologische Tafeln (gewissermassen Wandtafeln) in englischer Sprache herausgegeben, auf welchen in historischer Folge von 1492 bis 1897 die Entdeckung und die Einführung des Tabaks, die Einführung der Tabaksdosen und Tabakspfeifen, der Handel, die Produktion etc. für die fünf Weltteile angegeben werden. Jedem Weltteil ist eine eigene Tafel gewidmet. Die ungemein mühevolle Arbeit wird jeder Laie, namentlich aber der Geschichtsforscher und der Nationalökonom, nicht zum mindesten auch der Tabakbauer und Tabakhändler, mit vielem Dank begrüssen.   L. W.

Dr. K. Giesenhagen, Lehrbuch der Botanik. Verlag von Fr. Grub, Stuttgart. Zweite vermehrte u. verbesserte Auflage, 406 S. Gr. 8° mit 528 Textfig.

Adolf Richter, Stuttgart. Blühende Pflanzen, Künstlerische Studien. Haus-Kunstverlag Otto Schulze, Köln-Darmstadt. Erscheint in zwanglosen Lieferungen. Ein neues, in grösstem Massstab angelegtes Pflanzen-Studienwerk für Künstler in deutscher, französischer und englischer Sprache.

Wegweiser auf dem Obstmarkt. Herausgegeben von der Verlagsbuchhandlung C. Heinrich, Dresden-N. 30 Pf. exkl. Porto. — Ein kurzer praktischer Ratgeber bei Einkauf, Aufbewahrung und Behandlung des Kernobstes nebst Sortenverzeichnis mit Angabe der Genussreife, Haltbarkeit und Verwendbarkeit der Früchte, der sowohl dem Obstproduzenten als Konsumenten zur Anschaffung wärmstens zu empfehlen ist.

Dr. T. O. Loppin: Ueber die verschiedenen Arten des Frostschutzes und ihre Resultate.. Herausgegeb. von Wilh. Lambrecht, Göttingen 1902. 8°. 50 Pf. — Im Gegensatz zu ähnlichen Darstellungen ist ein wirklich praktischer Nutzen des Büchleins dadurch gewährleistet, dass eine für den Winzer und Obstzüchter brauchbare, d. i. billige, einfache und sichere Art angegeben wird, den Nachfrost vorauszusehen. Sehr dankenswert ist es, dass in dem Büchlein gebeten wird, die bei Anwendung von Frostschutz-Massnahmen erzielten Resultate Hrn. Prof. Dr. P. Sorauer-Berlin mitzuteilen.

Personal-Nachrichten.

Der Rentier Ernst Schmidt, vorm. Inhaber der Firma Haage & Schmidt, Erfurt, ist in seiner Villa zu Kötzschenbroda-Weintraube b. Dresden am 3. November nach langem Leiden sanft entschlafen.

Der Rentier Carl Crass II, Berlin S, Camphausenstrasse 11, Mitglied des Gemüse-Ausschusses des Vereins zur Beförderung des Gartenbaues, feierte am 10. November seine silberne Hochzeit.

Sprechsaal.

Frage 3: Habe ich Recht, zu behaupten, dass die im Handel sich befindenden „Tonkabohnen" die unreifen Samen der Dipteryx odorata oder Coumarouna odorata sind, welche ähnlich wie die unreifen Vanilleschoten behandelt das Coumarin ausschwitzen und alsdann den Duft verbreiten? Keimfähige Samen der Dipteryx od. sah ich bisher nicht und sind sie mir auch nie angeboten worden trotz mehrfacher Nachfrage.   J. Klar.

Antwort: Wir finden in der Litteratur über die Behandlung der Tonkabohnen keine Angaben. Vielleicht kann einer der Leser Auskunft geben. — Die unreifen Vanilleschoten werden sogar in siedendes Wasser getaucht; da ist es klar, dass die Samen nicht keimen können.
L. Wittmack.

Besichtigung

der Orchideengärtnerei des Herrn Beyrodt und der Gartenbauschule für Damen des Fräulein Dr. Elwira Castner in Marienfelde

am Donnerstag, den 20. November 1902. Abfahrt vom Potsdamer Bahnhof 1 Uhr 34 Min. mittags nach Marienfelde. Hierzu werden die verehrlichen Mitglieder mit ihren werten Damen ganz ergebenst eingeladen.

Der Vorstand des Vereins z. B. d. G.

---

901. Versammlung des Vereins z. Beförderung d. Gartenbaues i. d. pr. St.

in Gemeinschaft mit dem Gartenbau-Verein für Steglitz und Umgegend

am **Donnerstag, den 27. November 1902, abends 6 Uhr,**

in der **Kgl. Landwirtschaftlichen Hochschule**, Invalidenstr. 42.

Tagesordnung:

Trauerfeier für den verstorbenen Direktor beider Vereine, Herrn Königl. Gartenbau-Direktor **Carl Lackner.**

Die Gedächtnisreden werden halten der Generalsekretär des V. z. B. d. G. L. Wittmack und der 2. Vorsitzende des Gartenbauvereins für Steglitz und Umgegend, Herr Oskar Hörig.

Hierzu werden die Mitglieder beider Vereine ganz ergebenst eingeladen.

Tagesordnung

für die

902. Versammlung des Vereins z. Beförderung d. Gartenbaues i. d. preuss. Staaten

am **Donnerstag, den 4. Dezember 1902, abends 6 Uhr,**

in der **Königl. Landwirtschaftlichen Hochschule**, Invalidenstr. 42.

I. Ausgestellte Gegenstände. (Ordner: Herr Crass l.) II. Herr städt. Gartendirektor Mächtig: Sind die Rasenflächen in unseren Parkanlagen dem Publikum freizugeben? (Bei der Wichtigkeit dieser Frage werden insbesondere alle Herren Landschaftsgärtner eingeladen, sich an der Debatte zu beteiligen.) III. Bericht des Herrn Hofgärtners Hoffmann über die Obstausstellung und die Pomologen-Versammlung in Stettin. IV. Verschiedenes.

Gäste, Damen und Herren, sind wie immer sehr willkommen.

Für die Redaktion verantwortlich Geh. R. Prof. Dr. Wittmack, Berlin NW., Invalidenstr. 42. Verlag von Gebrüder Borntraeger, Berlin SW. 11, Dessauerstr. 29. Druck von A. W. Hayn's Erben, Berlin

1. Dezember 1902.   Heft 23.

GARTENFLORA

ZEITSCHRIFT

für

Garten- und Blumenkunde

(Begründet von **Eduard Regel.**)

51. Jahrgang.

Organ des Vereins zur Beförderung des Gartenbaues in den preussischen Staaten.

Herausgegeben von

Dr. L. Wittmack,

Geh. Regierungsrat, Professor an der Universität und an der Kgl. landwirtschaftl.
Hochschule in Berlin, General-Sekretär des Vereins.

Hierzu Tafel 1505.

Cattleya Brymeriana Rchb. f.

Berlin 1902

Verlag von Gebrüder Borntraeger

SW 11 Dessauerstrasse 29

Erscheint halbmonatlich. Preis des Jahrganges von 42 Druckbogen mit vielen Textabbildungen und
12 Farbentafeln für Deutschland und Oesterreich-Ungarn 12 Mark, für die übrigen Länder des Weltpostvereins 15 Mark. Zu beziehen durch jede Buchhandlung oder durch die Post (Zeitungsverzeichnis
No. 2941).

Cattleya Brymeriana Rchb. f.

(Rchb. f. in Gard. Chron. 1883 I. 492.)

(Hierzu Tafel 1505.)

Die Vorlage zu unserer Tafel ist ein Aquarell nach einer wesentlich kleineren Photographie, welche eine Cattleya-Hybride darstellt. Gezüchtet und zum Blühen gebracht ist sie von Herrn Oberst Lima Racung in situ photographiert von dem deutschen Photographen in Manaos, Brasilien, Herrn Georg Hübner. Ich erhielt beides, die Photographie wie das Aquarell von einem Herrn Alfred Wauer aus Eilau in Sachsen, als dieser Herr über Berlin nach Brasilien zurückkehrte und sich mit mir über die orchideographischen Verhältnisse von Nord-Brasilien und Guyana unterhielt.

Die Pflanze selbst ist sicher Cattl. Brymeriana Rchb. f. Es ist wohl auf die im kleineren Massstab ausgeführte Photographie zurückzuführen, resp. auf die sklavische Wiedergabe beim Herstellen der farbigen Zeichnung, dass von der in der Natur vorkommenden allerdings sehr schwachen Kräuselung der Petalen nichts auf die farbige Zeichnung übergegangen ist. Im übrigen, der Grösse und Farbe der Blüten, dem offenen Bau derselben, gleicht sie durchaus der typischen Cattl. Brymeriana, wie sie u. a. im Dictionnaire Iconogr. des Orchidées abgebildet ist.

Reichenbach erklärte die Pflanze für eine natürliche Hybride zwischen Cattl. superba und Cattl. Eldorado, beides Arten, welche in derselben Gegend wachsen, aus denen Cattl. Brymeriana importiert ist. Die Annahme war nicht grundlos, aber bisher war der Beweis in Europa nicht erbracht worden. Dass bei der langen Zeitdauer, welche gerade bei Cattleya zwischen Aussaat und Blüte des Sämlings liegt, sich jeder Gärtner davor scheut, ein Experiment zu machen, bei welchem der etwaige Gewinn fraglich ist, lässt sich begreifen. Ueber die Frage, ob die Annahme Reichenbachs zutreffend sei oder nicht, äusserte sich noch Prof. Cogniaux im Diction. Iconogr. d. Orch. (Oktober 1896) mit „non liquet". Angesichts dieser aus der direkten Kreuzung hervorgegangenen Pflanze ist die Frage als im bejahenden Sinne gelöst anzusehen.

Dr. F. Kränzlin-Berlin.

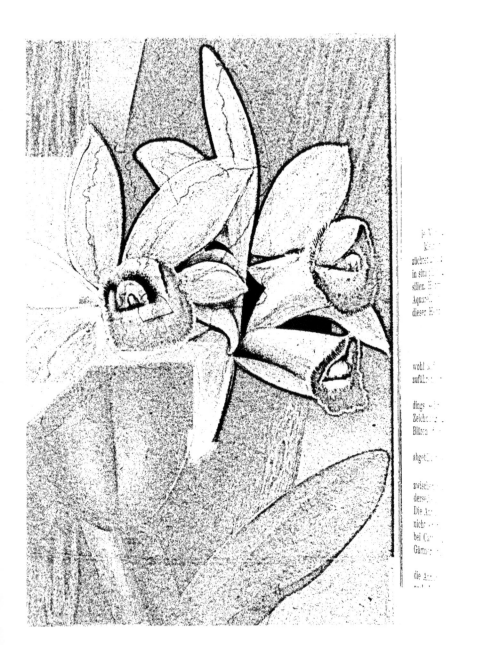

Cattleya Brymeriana Rchb. f.

(Rchb. f. in Gard. Chron. 1883 I. 492.)

(Hierzu Tafel 1505.)

Die Vorlage zu unserer Tafel ist ein Aquarell nach einer wesentlich kleineren Photographie, welche eine Cattleya-Hybride darstellt. Gezüchtet und zum Blühen gebracht ist sie von Herrn Oberst Lima Racung in situ photographiert von dem deutschen Photographen in Manaos, Brasilien, Herrn Georg Hübner. Ich erhielt beides, die Photographie wie das Aquarell, von einem Herrn Alfred Wauer aus Eilau in Sachsen, als dieser Herr über Berlin nach Brasilien zurückkehrte und sich mit mir über die orchideographischen Verhältnisse von Nord-Brasilien und Guyana unterhielt.

Die Pflanze selbst ist sicher Cattl. Brymeriana Rchb. f. Es ist wohl auf die im kleineren Massstab ausgeführte Photographie zurückzuführen, resp. auf die sklavische Wiedergabe beim Herstellen der farbigen Zeichnung, dass von der in der Natur vorkommenden allerdings sehr schwachen Kräuselung der Petalen nichts auf die farbige Zeichnung übergegangen ist. Im übrigen, der Grösse und Farbe der Blüten, dem offenen Bau derselben, gleicht sie durchaus der typischen Cattl. Brymeriana, wie sie u. a. im Dictionnaire Iconogr. des Orchidées abgebildet ist.

Reichenbach erklärte die Pflanze für eine natürliche Hybride zwischen Cattl. superba und Cattl. Eldorado, beides Arten, welche in derselben Gegend wachsen, aus denen Cattl. Brymeriana importiert ist. Die Annahme war nicht grundlos, aber bisher war der Beweis in Europa nicht erbracht worden. Dass bei der langen Zeitdauer, welche gerade bei Cattleya zwischen Aussaat und Blüte des Sämlings liegt, sich jeder Gärtner davor scheut, ein Experiment zu machen, bei welchem der etwaige Gewinn fraglich ist, lässt sich begreifen. Ueber die Frage, ob die Annahme Reichenbachs zutreffend sei oder nicht, äusserte sich noch Prof. Cogniaux im Diction. Iconogr. d. Orch. (Oktober 1896) mit „non liquet". Angesichts dieser aus der direkten Kreuzung hervorgegangenen Pflanze ist die Frage als im bejahenden Sinne gelöst anzusehen.

Dr. F. Kränzlin-Berlin.

Carl Spindler †.

(Hierzu eine Abbildung, Porträt.)

Im 18. Oktober ist ein Mann aus dem Leben geschieden, dessen Heimgang nicht nur von der Industrie, sondern auch vom Gartenbau auf das tiefste beklagt wird: der Geh. Kommerzienrat Carl Spindler zu Spindlersfeld bei Berlin, der Chef der weltberühmten Firma W. Spindler. Die Geschichte dieser Firma zeigt uns so recht einmal wieder, was durch unermüdliche Thatkraft, durch weise Umsicht, durch peinlichste Sorgfalt erreicht werden kann. Wilhelm Spindler, der Vater unseres Carl Spindler, errichtete am 1. Oktober 1832 in der Burgstrasse zu Berlin in ganz bescheidenem Umfange eine Seidenfärberei. Als Arbeitsraum diente die Waschküche, als Spülraum eine Bank an der Spree. Gar bald aber vergrösserte sich das Geschäft, es wurde nach der Wallstrasse verlegt und nahm nun einen noch bedeutenderen Aufschwung. Nach dem im Jahre 1873 erfolgten Tode des Begründers ging das Geschäft auf seine beiden Söhne, William und Carl über, welche, getreu den Grundsätzen ihres Vaters, nicht nur dasselbe auf der alten Höhe zu erhalten wussten, sondern es immer noch weiter ausdehnten, wobei sie sorgfältig alle neueren Erfahrungen der Wissenschaft und Praxis benutzten. Schliesslich war auch in der Wallstrasse kein Raum mehr und man errichtete jenes gewaltige Etablissement in der Nähe von Köpenick, welches gewissermassen eine Stadt für sich darstellt und zu Ehren der Begründer den Namen „Spindlersfeld" erhalten hat. Die Firma zählt jetzt 2300 Arbeiter und Angestellte, 400 Beamte und über 1000 Agenturen und Läden in fast allen grösseren Städten des In- und Auslandes.

Nach dem Ausscheiden seines Bruders William wurde Carl*) alleiniger Inhaber. Er hatte in seiner Jugend sich viel mit Chemie beschäftigt, hatte England und Frankreich besucht und sich gründlich auf seinen Beruf vorbereitet. Dabei besass er ein seltenes Organisationstalent und erfasste alles im grossen Stile. Er begründete die zahlreichen Wohlfahrtseinrichtungen, durch welche die Firma Spindler nicht weniger berühmt wurde als durch ihre Leistungen und wandte a. a. dem Fonds der Invaliditäts- und Unfallversicherung seiner Fabrik allein aus Privatmitteln eine Million Mark zu. Ebenso wie er für seine Arbeiter und Angestellten sorgte, ebenso suchte er auch in weiteren Kreisen helfend und fördernd zu wirken, dabei alles im Stillen, ohne selbst hervorzutreten. Ein ganz besonderer Gönner war er aber für die Kunst, und zwar sowohl für die Malerei wie für die Gartenkunst, und die Stadt Berlin wählte ihn aus letzterem Grunde auch in ihre Park- und Garten-Deputation.

Schon sein Vater hatte sich in Gross Tabarz in Thüringen eine Villa mit schönem Garten errichtet, welche dereinst als Wittwensitz für seine Gattin dienen sollte, und in diesem Garten wirkt seit 25 Jahren Herr Obergärtner Julius Biemüller, welcher am 1. Oktober d. Js. sein silbernes Jubiläum feierte. Wir haben öfter Ansichten oder Einzelpflanzen aus der Villa Spindler in der Gartenflora dargestellt, namentlich

---

*) Geboren am 11. Dezember 1841 zu Berlin.

die schönen hochstämmigen Fuchsien (1899 S. 516; 1900 S. 401; 1901
S. 489) und empfehlen jedem Gartenfreunde den Besuch dieses, am Fuss
des Inselberges so malerisch schön gelegenen Parkes.

Im Jahre 1877 begann Carl Spindler auch in Spindlersfeld mit
dem Bau eines kleinen Gewächshauses, welches zwei Abteilungen enthielt. Allmählich wurden Anbauten und Neubauten vorgenommen, so

Abb. 127. Carl Spindler,
geb. am 11. Dezember 1841, gest. am 18. Oktober 1902.

dass schliesslich eine ganze Reihe von Gewächshäusern entstand, die
eine treffliche Ergänzung zu dem schönen Park, dem reichen Obstgarten
und allen sonstigen gärtnerischen Anlagen bilden, welche die Villa umgeben. So schuf er sich schon auf Erden ein Paradies, in welchem er
nach des Tages Last und Mühe Erholung suchte und dessen Schätze er
Jedem so gern zeigte. Und er hatte das Glück, einen Gärtner in diesem
Paradiese zu haben, welcher, von gleicher Liebe zu den Pflanzen beseelt
wie sein Chef, alles daran setzte, um die Spindlerschen Pflanzen zur
höchsten Kulturstufe zu bringen. Das ist unser verehrtes Mitglied Herr

Friedrich Weber, der nun schon 24 Jahre seines Amtes waltet und dem zum Lohn für seine ausserordentliche Leistungen der Titel eines Königlichen Garteninspektors verliehen wurde.

Carl Spindler war ein seltener Pflanzenliebhaber. Jede, auch die unscheinbarste Pflanze konnte ihm Interesse abgewinnen, und in tiefer Verehrung für alles von der Natur Geschaffene, that ihm jede Pflanze leid, welche entfernt werden musste. Kein Baum, kein Strauch sollte umkommen, und wenn bei der Vergrösserung der Fabrikanlagen Bäume fortgenommen werden mussten, oft im Sommer, zu einer Zeit, in welcher sie sich streng genommen nicht verpflanzen liessen, so scheute er keine Mittel, um den Transport doch zu ermöglichen, in der Hoffnung, dass wenigstens einige am Leben erhalten werden möchten.

Sein Bestreben, das Bestehende zu erhalten, hinderte ihn jedoch nicht sich dem Neuen zu verschliessen. Im Gegenteil, selten kam er von einer Reise zurück, ohne etwas für seine Pflanzensammlungen erworben zu haben, und als uns durch englische Firmen der Bezug von Orchideen, namentlich durch Veranstaltung von Auktionen in nächster Nähe erleichtert wurde, als durch die Erziehung grossblumiger Chrysanthemum nach englischem Muster neues Leben in die Kultur der Chrysanthemum kam, oder als es galt, die Weinzucht unter Glas zu heben, da war er unter den Liebhabern mit der erste, welcher den Neuerungen folgte und grosse Opfer dafür brachte. Seine Liebe zu den Pflanzen ging so weit, dass er nur ungern zartere, empfindliche Pflanzen ins Zimmer nahm, und dann auch nur auf ganz kurze Zeit.

Ihm zu Ehren benannte Dr. Kränzlin eine Orchidee „Stanhopea Spindleriana“ (Gartenflora 1890, S. 625, mit farbiger Tafel 1335). Es war die erste Kreuzung im Geschlecht der Stanhopeen und von Herrn Weber durch Kreuzung der Stanhopea tigrina mit oculata erzogen. Noch auf seinem Krankenlager konnte Spindler das Bild einer andern Orchidee schauen, des Cyrtopodium punctatum Lindl. (Gartenfl. 1902, S. 505 t. 1503 und Abb. 107 u. 108), die sein Sohn, Herr Dr. Spindler, photographisch aufgenommen hatte. Es war das jenes Riesenexemplar, welches Spindler 1886 auf der brasilianischen Ausstellung in Berlin erworben hatte und welches trotz aller aufgewandten Mühe erst im April dieses Jahres, nach 16jähriger Kultur zur Blüte kam.

Spindler wollte aber sich nicht über seine Pflanzen allein freuen, er wollte auch, dass andere sich mit daran erfreuen; darum führte er so gern seine Gäste in seinen Blumen- und Obstgarten, in seine Gewächshäuser, darum gestattete er auch gern, dass sie auf öffentlichen Ausstellungen erschienen. Und wir können ihm dafür nicht genug danken; denn seine Gegenstände trugen jedesmal ganz besonders zum Schmuck der Ausstellungen bei. Schon im Jahre 1885, auf der grossen allgemeinen Ausstellung in der Philharmonie, erhielt er für seine Gesamtleistung die grosse goldene Medaille des Gartenbauvereins für Hamburg, Altona und Umgegend. Im Jahre 1888 trat er in den Verein zur Beförderung des Gartenbaues ein, und seitdem ist keine unserer Ausstellungen vergangen, auf welcher nicht Spindlers Name in erster Reihe glänzte. Dazu kam noch, dass auch im kleineren Kreise, sei es in den Monatsversammlungen, sei es bei den Ausschusssitzungen vielfach Blumen, Pflanzen oder Obst etc. aus dem Spindlerschen Garten erschienen. Ganz besonders hervorragend waren seine Leistungen im Jahre 1890 im Ausstellungspark am Lehrter Bahnhof und im Jahre 1897 im Treptower Park. Bei der ersteren Ausstellung hatte er sogar noch Herrn Baurat Heyden hinzugezogen, um den Riesensaal, der ihm allein eingeräumt war, echt künstlerisch zu schmücken. Wir verweisen unsere verehrten Leser auf die Abbildung dieses Saales in Gartenfl. 1890 S. 462. Hier zeigte er ausser seinen berühmten Croton, Orchideen, Caladien, Dracaenen u. s. w. auch drei der merkwürdigen japanischen Zwergkoniferen, Retinispora obtusa breviramea. — Aehnlich hervorragend war seine Beteiligung an der 75jährigen Jubiläums-Ausstellung 1897, und hier ward ihm die hohe Ehre zuteil, mit dem Preise I. M. der Kaiserin gekrönt zu werden, ferner mit dem Ehrenpreise des Herrn Ministers der geistlichen etc. Angelegenheiten, sowie mit vielen anderen Preisen.

Dabei unterstützte Spindler unsere Ausstellungen auch noch in anderer thatkräftiger Weise, er zeichnete namhafte Summen zu den Garantiefonds, er stiftete wertvolle Ehrenpreise, kurz er förderte sie und damit den ganzen Gartenbau in jeder Beziehung.

Zu unserer Freude hören wir, dass seine hochverehrte Gattin beschlossen hat, den herrlichen Garten ganz im Sinne des Dahingeschiedenen weiter zu erhalten, und so dürfen wir uns der sicheren Hoffnung hingeben, dass die Spindlerschen Pflanzenschätze noch oft auf Ausstellungen uns erfreuen werden.

Unmöglich ist es uns alles anzuführen, was der Verblichene auf all den übrigen Gebieten der öffentlichen Wohlfahrt geleistet hat, war er doch Mitglied von über hundert Vereinen, die alle seine segensreiche Thätigkeit zu rühmen wissen. Auf zwei Punkte aber möchten wir noch hinweisen, die so recht seinen Gemeinsinn bekunden: Er stiftete den Spindlerbrunnen auf dem Spittelmarkte und er erbaute den Aussichtsturm auf den Müggelbergen.

Sein Kaiser ehrte ihn durch die Verleihung des Titels Geheimer Kommerzienrat, die Städte Gross Tabarz und Köpenick ernannten ihn zum Ehrenbürger, der Verein zur Beförderung des Gartenbaues in den preussischen Staaten ehrte ihn schon im Jahre 1890 durch Verleihung der Vermeil-Medaille, die nur vergeben wird „für Förderung der Zwecke des Vereins durch allgemeine Förderung des Gartenbaues".

Sein Begräbnis gestaltete sich zu einer grossartigen Trauerkundgebung. Am 20. Oktober fand in der Villa zu Spindlersfeld eine Trauerfeier im engsten Familienkreise statt, bei welcher Herr Weber die schönsten Pflanzen des Gartens zum Schmuck verwendet hatte. Die Rede hielt Herr Oberpfarrer Dransfeld aus Köpenick, der Gesangverein Frohsinn eröffnete und schloss die Andacht mit einem Gesangvortrag. Dann erfolgte die Überführung der Leiche nach dem Spindlerschen Hause in Berlin, Wallstrasse 58, wo sie in einem schwarz drapierten, von Herrn Wegner mit Blattpflanzen und Blumen geschmückten Saal aufgebahrt wurde. — Am 21. Oktober fand dann von dort aus unter Beteiligung des ganzen Fabrikpersonals, zahlreicher Vertreter der Behörden und Ver-

eine und vieler Freunde des Entschlafenen die Beisetzung auf dem Ni-
kolaikirchhof in der Prenzlauer Chaussee statt. Die Trauerrede hielt Herr
Superintendent Krüger von der Petrikirche, ein Freund des Hauses. Er
schilderte in trefflichen Worten das schlichte Wesen und die grossen
Thaten des Entschlafenen, er wies namentlich auch auf seine Liebe zu
den Blumen hin. Seine Rede kam vom Herzen und ging zum Herzen!

Wir aber, wir danken dem Dahingeschiedenen noch über das Grab
hinaus für alles das, was er für den Gartenbau gethan. Möge sein leuchtendes Beispiel zahlreiche Nachfolger finden!   L. Wittmack.

Landschafts- und Vegetationsbilder aus Deutsch-Ostafrika.

Vortrag gehalten am 20. März 1902 im Verein z. B. d. G.

Von Dr. Walter Busse in Berlin.

(Im Auszuge mitgeteilt.*)

(Hierzu 6 Abb.)

Im Frühjahr 1900 übernahm ich die Leitung einer vom Kolonial-
wirtschaftlichen Komitee ausgerüsteten Expedition nach Deutsch-Ostafrika,
welche in erster Linie die Aufgabe hatte, die natürlichen Hilfsquellen
zur wirtschaftlichen Erschliessung der Steppengebiete im Osten und im
Zentrum der Kolonie zu erforschen, die Bestände an wildwachsenden
Nutzpflanzen festzustellen und zu untersuchen, wie weit deren Produkte
für die Ausfuhr nutzbar gemacht werden könnten. Die Expedition
erstreckte sich auf die Länder Usaramo, Ukami, Useguha, Ussagara,
Ugogo, Unguru und Usambara nebst dessen Nachbargebieten. An diese
erste Reise schloss sich kurz darauf (im November 1900) eine zweite
an, die ich im Auftrage des Kaiserl. Gouvernements von Deutsch-Ostafrika
unternahm, und die mich von Kilwa zum Nyassa-See und von dort längs
des Rovuma-Flusses nach Lindi führte. —.

Selbstverständlich kann es nicht die Aufgabe der nachstehenden
Ausführungen sein, eine, wenn auch noch so kurze Schilderung sämtlicher
von mir durchreister Gegenden zu geben. Ich werde mich darauf be-
schränken müssen, einige Perioden herauszugreifen, die Ihnen den für
Ostafrika eigentümlichen, unvermittelten Wechsel der landschaftlichen
Szenerieen und Vegetationsformen veranschaulichen können.

Ich übergehe das reizvolle Hügelland von Usaramo, die Akazienhaine
von Ukami, die Wälder des Uluguru-Gebirges und die trostlose trockene
Mkatta-Steppe, um Sie an den Obstabhang des Ussagara-Gebirges
zu führen. Die zahlreichen kleinen Wasserläufe, die von den Bergen
herniedergehen und welche auch während der Trockenzeit kaum ver-
siegen, schaffen hier für die Pflanzenwelt und den Ackerbau ausserordentlich günstige Bedingungen. Iu den feuchten Niederungen wuchern die
wilden Phoenix-Palmen (Ph. reclinata, Fig. 128), von den Zweigen der

---

*) Vgl. hierzu meine Reiseberichte im „Tropenpflanzer" Jahrg. 1900—1902 und
„Berichte der Pharmaceutischen Gesellschaft". Dezemberheft 1901.

merkwürdigen Kigelia aethiopica, des „Leberwurstbaumes" hängen fusslange tiefpurpurrote Blütentrauben herab und wie die Dorflinden in Thüringen breiten hier auf den freien Plätzen mächtige Kuppelkronen von Acacia albida ihre schattenspendenden Aeste aus. Läuss der Flüsse und Bäche stehen schöne Stämme von Acacia usambarensis und

Abb. 128. Phoenix reclinata Jacq.

Acacia Suma, zu denen sich bisweilen der seines vorzüglichen Holzes wegen geschätzte „Mkambata-Baum"(Acacia Brosigii) gesellt. An höher gelegenen trockenen Stellen steigt an den dornigen Akazien Combretum abbreviatum, ein Bürger der Steppenränder hinauf, das Gezweig der Akazien mit einem leuchtendroten Blütenflor fast überfliessend.

Wenden wir unsere Schritte der Station Kilossa zu, so treten wir in die weite fruchtbare Getreideebene des Mkondokwa-Flussgebietes ein. Hier reiht sich Dorf an Dorf, Ansiedlung an Ansiedlung und unermessliche hochhalmige Sorghum-Felder begrenzen im Süden und Südosten den Horizont.

Grosse Viehherden werden morgens zur Weide getrieben, in den weitgebauten Dörfern wird Markt gehalten, einige Halbblut-Araber sieht man vor ihren Wohnsitzen und indische Händler bieten ihre Waren feil. Ueberall herrscht reges Leben, man glaubt sich — noch unter dem trostlosen Eindruck der Mkatta-Steppe stehend — in ein neues, weit entlegenes Land versetzt und hat doch soeben erst die Grenze von Ussagara passiert.

Alle diese Ortschaften vereinigen die Bewohner des Landes unter dem gemeinsamen Namen Kondoa. Wir befinden uns in einem alten wichtigen Zentrum des Karawanenverkehrs und auf Schritt und Tritt treten uns die Zeugen arabischer Kultur entgegen.

In den Gärten finden wir Orangen- und Zitronen- und den Granatbaum, natürlich Carica Papaya im Ueberfluss. Die Blätter der wilden Phoenix-Palmen werden zu schön gemusterten Matten verarbeitet und aus den Blättern der jungen Dumpalmen stellen die Leute zierliche Körbe her.

Das Ussagara-Gebirge ist reich an ernsten, grossartig geformten, häufig durch prächtige Wasserfälle belebten Szenerieen. Ueberhaupt ist der Reichtum an Wasser für die Ussagara-Berge charakteristisch, die Zahl der Quellwässer erstaunlich.

In der Ferne erglänzen wie Silberstreifen die Wasserfälle, an den kahlen Berglehnen. An den Ufern der Gebirgsbäche und in den feuchten Senkungen findet sich naturgemäss eine üppigere Vegetation. Hier duftet es bisweilen nach Ocimum canum, hier gedeiht die bekannte Fischgiftpflanze Tephrosia Vogelii, hier leuchten schön gefärbte Gladiolen aus dem Grase hervor. Das Laub der Schlingpflanzen überwuchert hohe Bäume und fällt in schimmernden lichtgrünen Kaskaden herab, auf denen schon von weitem die prächtigen weissen Blütentrauben von Mucuna Poggei erkennbar sind. Oft hängen die reifen Früchte dieser und anderer Mucuna-Arten dicht über dem Wege und wehe dem Träger, dessen nakter Oberkörper die behaarten Hülsen streift: ihre mit feinen Widerhaken versehenen Haare setzen sich in seiner Haut fest und verursachen ein unerträgliches Jucken. Auch der bekleidete, Europäer muss vorsichtig seinen engen Pfad beschreiten, denn das scharfe, über mannshohe Gras zerschneidet ihm Gesicht und Hände.

In einigen wenigen Thälern und auf den angrenzenden Höhen finden Sie noch die Reste grosser Wälder, die einstmals das ganze Gebirge bedeckt haben. Dort steigt die Phoenix-Palme weit hinauf, über den Bächen wölben sich die Dekorationen, Blätter von Amomum Mala, überragt von zierlichen Baumfarnen und den wuchtigen Wedeln der Raphia-Palme. Jetzt ist das Gebirge fast durchweg entwaldet, die Kuppen und Hänge sind von hohem Andropogon-Gras oder dichtem Gestrüpp von Adlerfarn bedeckt, oft auch führt der Weg über blumenreiche Alpenwiesen, wie in Westusambara und den Hochländern Nyassas. Vereinzelte Haronga-, Derris-, Erythrina- oder Pterocarpus-Bäume bilden beim

Aufstieg fast die einzigen Vertreter der Baumvegetation, weiter hinauf trifft man ab und zu die bis 15 m hohen, klassisch-ornamentalen Stämme von Dracaena.

Der Abstieg führte mich auf mehr oder weniger steilen Pfaden, bisweilen durch malerische Schluchten mit tosenden Gebirgsbächen, über steinige Hänge mit Ericaceen-Bäumen, durch freundliche Waldgebiete oder Bambusdickicht in das romantische, palmenreiche Mukondokwa-Thal etwa vier Marschstunden oberhalb Kilossa. Je mehr man sich der Passhöhe nähert, die Ussagara von Ugogo trennt, desto auffallender verändert sich Landschaft und Vegetation. Das freundliche Grün verschwindet mehr und mehr, und macht einem grauen, winterlich kahlen Gestrüpp,

Abb. 129. Acacia spirocarpa Hochst. in Deutsch-Ostafrika.

einem endlosen, undurchdringlichen Gewirr von blatt- und blütenlosen Stämmen und Sträuchern, am Boden durchwirkt von Sarcostemma viminale und anderen, jetzt scheinbar leblosen Pflanzen Platz.

Wir befinden uns in einer der merkwürdigsten Pflanzenformationen Ostafrikas, dem Euphorbien Dornbusch. Sein Hauptkontingent stellen Burseraceen, vornehmlich Commiphora-Arten. Grau ist der Grundton der Landschaft, grau der Boden, grau die Rinde der mit Dornen bewehrten Bäume und Sträucher, grau die zahlreichen grossen Eidechsen, die sich auf den Felsblöcken sonnen und grau die lustige Familie von Meerkatzen, deren übermütigen Sprüngen wir mit Vergnügen folgen. Ab und zu erblicken wir über dem grauen Gestrüpp die zierlichen Schirmkronen einer Akazie, während überall die fahlgrünen grotesken Armleuchterzweige von Wolfsmilchbäumen den Dornbusch durchbrechen und ihre Arme wie drohend gen Himmel strecken. Stellenweise wird das Gestrüpp von dichten Gruppen der Sanseviera longiflora ersetzt, deren Blätter Bajonetten oder zugespitzten Stöcken gleich aufrecht aus dem Boden schiessen nnd die nun vollkommen in das starre Bild ihrer Umgebung passen.

Selten nur können wir das Auge an freundlichen Farben erfreuen; ab und zu trifft man eine Aloë mit eben geöffneten rötlichen Blüten und als unerwartete Ueberraschung in dieser Einöde die herrlichen karminroten Blumen von Adenium somalense.

Bald hat man die Grenze von Ugogo erreicht, durchschreitet das trockene Bett des ehemaligen Ngombo-Sees und gelangt in einen schönen Hain von Schirmakazien (Acacia spirocarpa, Abb. 129), hier schlank gewachsene hohe Bäume, mit ihren dichten schirmförmigen Kronen lebhaft an die Pinien Italiens erinnernd. Das laute Geschrei der grünen Papageitauben und vieler anderer bunt befiederter Vögel belebt vor Sonnenuntergang die freundliche Oase. Vor Mpapwa werden die Armleuchtereuphorbinen seltener und häufiger ragen einzelne Affenbrotbäume, die Giganten der afrikanischen Flora, inmitten freier Plätze empor und vor Allem wird das graue Felsgestein durch den für Ugogo so charakteristischen ziegelroten Lehmboden ersetzt, der nun mit dem hellgelben Grase und dem Grau der undurchdringlichen, 3—5 m hohen Dornbusch Mauer zu beiden Seiten des Weges höchst eigenartigen Farbenkontrast liefert.

Das Land Ugogo lernte ich im August, also während der Trockenperiode, kennen. Wir haben dort zu unterscheiden zwischen: Steppe, Dornbusch und Kulturland. Die Steppe nimmt weitaus den grössten Teil des Landes ein; ihre Charakterbäume sind die Akazien, vor Allem Acacia spirocarpa, ein Schirmbaum reinster Ausbildung. Längs der wenigen Wasserläufe, so am Bubu und am Mtiwe und in den eigentümlichen „Randoasen" zwischen Unyangwira und Jgongo treffen wir mehr oder weniger dichte Bestände von Dumpalmen, verschiedene Arten der Gattung Hyphaene, an. Im Innern von Deutsch-Ostafrika treten nur unverzweigte oder unterirdisch gegabelte Hyphaene-Arten auf, während im Küstengebiet und im Küstenhinterlande ausschliesslich verzweigte Arten vom Typus der H. thebaica vorkommen.

In den Niederungen der Steppe ist ferner der Affenbrotbaum eine ständige Erscheinung.

Im Dornbusch stellen Commiphora-Arten das Hauptkontingent; an lichteren Stellen ist Strophanthus Emini allgemein verbreitet, und eine willkommene Erfrischung für das Auge bilden die vielzerfransten Blüten der Pedaliacee Sesamothamnus Bussei Engl., welche, grossen Schneeflocken gleich, an den grauen laublosen Zweigen hängend, sich in ihrem leuchtenden Weiss gegen den tiefblauen Himmel abheben.

Eigentliche Wälder, die, nach den kümmerlichen Resten zu urteilen, früher einmal grosse Strecken Landes bedeckt haben müssen, sind in Ugogo kaum noch vorhanden. Eine ungeheuerliche Entwaldung hat das Gebiet zum grossen Teil verwüstet und es seiner wassererhaltenden und wasserspendenden Faktoren beraubt. Zum Glück für die Bewohner hat die Natur in einigen anspruchslosen und dabei höchst ertragreichen Formen der Sorghum-Hirse und in der Pennisetum-Hirse schier unversiegbare Quellen der Ernährung geschaffen. Auch Kürbisse und kleine gänseeigrosse Gurken werden reichlich angebaut. Der Viehzucht dienen die Niederungen und Steppenoasen, die auch während der Trockenzeit offene Tränkeplätze besitzen.

Nachdem ich Ugogo verlassen und einige Zeit am Süd- und Süd-ostrande der Massai-Steppe marschiert war, gelangte ich in das selten besuchte und wenig gekannte Bergland Unguru.

Ebenso wie am Uluguru- und Ussagara-Gebirge ist auch hier der Ostabhang durch Wasserreichtum und entsprechend üppige Vegetation ausgezeichnet, während der westliche Teil arm an Wasser und un-

Abb. 130.   Raphia Monbuttorum Drude am Livalefluss im südlichen Teil von Deutsch-Ostafrika.

fruchtbar ist und sich in trockene Steppengebiete verliert.   Die zentralen Thäler werden von jederzeit wasserführenden Bächen durchströmt und sind nur zum geringeren Teil bebaut.   Der Boden ist vielfach steinig und schlecht.   Die Berge sind vorwiegend mit sog. „Myombo-Wald" bestanden, von Leguminosenbäumen aus den Gattungen Brachystegia und Berlinia gebildet, die sich in tieferen Lagen oft schlank und prächtig entwickeln, während die Forst auf den Kämmen des Westens, wo die Steppenwinde ungehinderten Zutritt haben, aus knorrigen, bis-weilen krüpplichen, niedrigen Stämmen besteht, von deren Zweigen fuss-lange Bartflechten, die Greisenhaare des nordischen Bergwaldes, herab-hängen.

Ständige Begleiter des Brachystegienwaldes in gewissen Höhenlagen sind Pterocarpus Bussei Harms, dessen hartes Kernholz für Bauten allerorts gesucht ist, und die Apocynacee Diplorrhynchus mossambicensis Klotzsch; auch Pavetta crassipes K. Sch. ist sehr häufig anzutreffen.

Aus den herbstlich frischen Hochwäldern von Unguru führt der Weg in Usegua zunächst durch öden gleichförmigen Busch, dann durch Euphorbien-Dickicht und Akazienhaine zum Pangani-Fluss, dessen palmenbestandene Ufer und idyllisch gelegenen Inseldörfer dem Reisenden ein freundliches Willkommen bieten.

Im Vordergrunde des wirtschaftlichen Interesses stehen die Kaffeepflanzungen, die ich bis auf wenige aus eigener Anschauung kennen gelernt habe. Der Kaffeebau hat bei den jetzt herrschenden niedrigen Kaffeepreisen mit grossen finanziellen Schwierigkeiten zu kämpfen; dazu kommt in Deutsch-Ostafrika das Auftreten verschiedener bösartiger Schädlinge, von denen namentlich ein grosser Bohrkäfer verheerend wirkt. Es ist zu erwarten, dass der Usambara-Kaffee auf Grund seiner vorzüglichen Qualität die ersterwähnte Krisis überstehen wird. Mit der Bekämpfung der Krankheiten des Kaffees wird sich die in Usambara demnächst zu gründende botanische Versuchsstation zu beschäftigen haben.

Alles aber, was die Natur in Deutsch-Ostafrika an grossartigen Szenerieen und an üppiger Vegetation geschaffen — wollen wir von den grossen Seen und vom Kilimandjaro absehen — alles wird vereinigt oder noch überboten in dem herrlichen Usambara-Gebirge, der „Perle" unserer Kolonie.

Leider habe ich Usambara unter den ungünstigsten Witterungsverhältnissen kennen gelernt und war ausserdem genötigt, meine Reise erheblich zu beschleunigen, sodass es mir jetzt kaum möglich wäre, dem schönen Berglande in der Schilderung gerecht zu werden. Ich kann auch umso eher von einem solchen Versuche Abstand nehmen, als gerade Usambara wohl der in Deutschland am besten gekannte Teil unserer Kolonie ist, ein Land, dem fast alle Reisenden, von Thomson an, den Zoll ihrer Bewunderung erlegt haben.

Meine zweite Reise führte mich, wie erwähnt, in die südlichen Teile der Kolonie.

Ende November 1900 verliess ich Dar-es-Salam wieder, um zunächst den wichtigeren Inseln des Südens und dem Rufidgi-Delta kurze Besuche abzustatten. Die bedeutendste jener Inseln ist Mafia, bekannt durch ihre ausgedehnte Kokos-Kultur. O. Baumann hat den Bestand an Palmen anfangs der 90er Jahre auf 600000 geschätzt; ob diese Zahl den heutigen Verhältnissen entspricht, kann ich nicht beurteilen, doch soviel ist sicher, dass die Insel noch weit mehr für Kokos-Pflanzungen ausgenützt werden könnte, als jetzt der Fall ist.

Dieses gilt übrigens auch für weite Strecken der festländischen Küste.

Die feuchten Niederungen Mafias, wie des gegenüberliegenden Küstengebietes sind reich an wilden Phönixpalmen, deren junge Blätter zu kunstvollen Mattengeflechte verarbeitet werden. Diese Industrie, deren Hauptort die Insel Tshole ist, steht unter dem Einflusse

arabischer Technik, wie denn auch ihre Erzeugnisse zum grossen Teil
nach Arabien ausgeführt werden. Die auf den verschiedenen Inseln
und in den Küstenorten. z. B. Kilwa, gefertigten Matten werden insgesamt
unter dem Namen „Tshole-Matten" verhandelt. Vor fast allen Häusern
sieht man die Leute bei der Arbeit, selbst während Frauen und Mädchen
schwatzend auf der Strasse einhergehen, sind sie mit der Herstellung
von Geflechten beschäftigt.

Abb. 181. Borassus-Palme in Deutsch-Ostafrika.

Der Suden von Deutsch-Ostafrika unterscheidet sich von den zentralen und nördlichen Gebieten, vor Allem durch ein viel gleichmässigeres
landschaftliches Gepräge. Grosse Steppen fehlen vollständig; unermessliche
Leguminosenwälder bedecken die Höhenzüge und die weiten flachen
Mulden, die sich zwischen ihnen ausdehnen. Erst im fernen Westen.
in dem schönen fruchtbaren Hochland von Ungoni und in den Rand-
gebirgen der östlichen Nyassa-Küste, nimmt die Landschaft einen ver-
änderten Charakter an.

Je mehr es nach Westen ging, desto deutlicher machten sich die
Vorboten des Frühlings bemerkbar. Leichte, vereinzelte Regenschauer
haben auf dem Boden frisches junges Grün über Nacht hervorgezaubert.

dazwischen entfalten bunte Orchideen und Zingiberaceen ihre schönen Blüten. Nur an den knospenden Bäumen des Leguminosenwaldes vermissen Sie jeden Anklang an die Maienstimmung unserer Heimat. Während unseren Buchenwäldern das erste, fröhliche Grün den wunderbaren, keuschen Zauber verleiht, brechen dort die Blätter in grellem Rot hervor. In allen Abstufungen, vom hellsten, leuchtenden Weinrot bis zum tiefsten Purpur erglänzt das Frühlingslaub des afrikanischen Myombo-Waldes; und noch oft erscheint vor meinen Augen das eigenartige Bild, das ich von den unabsehbaren Waldflächen auf freier Höhe genoss.

An denselben Stellen, die kurz vorher in widerlicher Kahlheit erschienen, entfaltet sich in wenigen Tagen ein reicher Blütenflor. Die grossen, zartrosa oder violett gefärbten Blüten von Kaempferia rosea und K. aethiopica und die tiefgelben Blumen von Costus spectabilis erscheinen noch vor Entwicklung ihrer Blätter, an den sandigen Ufern wasserloser Bäche blühen Haemanthus multiflorus und Crinum Kirkii.

Von Sträuchern seien nur Tetracera Boiviniana, deren heckenrosenähnliche Blüten den reinsten Pfirsichduft ausströmen, und Jasminum tettense erwähnt. Auch Halorrhena febrifuga und die wohlriechende H. microterantha sind mit grossen Büscheln weisser Blüten bedeckt.

Unter der Palmen-Flora fällt vor Allem Raphia Monbuttorum (Abb. 130) in die Augen, deren mächtige Wedel sich über den Flussufern wölben, bisweilen von schlankstämmiger Phoenix begleitet.

Seltener trifft man in feuchtgründigen Niederungen gegabelte Hyphaene und Borassus (Abb. 131) an.

Nach schier endlosen und oft recht eintönigen Waldmärschen erreichte ich zu Neujahr 1901 das schöne fruchtbare Hochland von Ungoni.

Der Brachystegien-Wald von Ungoni ist vielfach durchsetzt von Uapaca Kirkiana, Euphorbiacen mit grossen massiven Blättern; ihre Früchte sind als Obst sehr beliebt. Ferner ist sehr häufig Strychnos pungens, dessen grosse hellgelbe Früchte von weitem aus dem dunklen Laube leuchten. Im Pori (Steppe) bildet diese Strychnos-Art stellenweise fast reine Bestände.

Im Westen von Ssongea treten Haine von Proteaceen auf, deren silberweisse Blütenknospen gerade Mitte Januar sich zu erschliessen begannen. Eine Araliacee, Cussonia arborea und ein graziöser Baum aus der Familie der Polygalaceen Securidaca longipedunculata sind weiterhin Charakterbäume der Poris von Ungoni zu nennen.

An den Wasserläufen fehlen weder Bambus noch Raphia-Palmen, auf den feuchtgründigen Wiesen gedeiht eine farbenreiche Flora von Gladiolen, Liliaceen, Orchideen und Balsaminen.

Die Regenerationsfähigkeit des Bodens in Ungoni ist erstaunlich und ihr ist es zu danken, dass der Wasserreichtum ungeschmälert bleibt. Wo ein Feld verlassen wird, wird es unmittelbar von dichtem Busch besetzt; aus diesem erheben sich nach und nach Brachystegien,

Uapaca, Cussonia und andere Bäume, und in verhältnismässig kurzer Zeit würde es dem Reisenden schwer fallen, diese neu erstandenen Haine oder Wälder als sekundäre Vegetation zu erkennen, wenn nicht die Furchen des ehemaligen Ackers ein sichtbares Zeugnis der vergangenen Bearbeitung ablegten.

Abb. 132. Hyphaene vom Typus der Dumpalme, H. thebaica.

Mit Ausnahme des Makonde-Plateaus habe ich nirgends eine auch nur an- nähernd intensive Bewachsung verlassener Felder gefunden wie in Ungoni.

Eine wilde, an grossen Szenerieen reiche Gebirgslandschaft trennt Ungoni vom Nyassa-See. Noch ehe man den steilen Abstieg zum felsigen Bette des krokodilreichen Buhuhu-Flusses beendet hat, gelangt man in eine gänzlich veränderte Vegetationszone. Mächtige Affenbrotbäume, auch Tamarinden und Akazien treten auf, lauter Bäume, die ich seit

Verlassen des Küstengebietes nicht mehr erblickt hatte; im Buschwald
der Jasmin und am Flussufer blüht Strophanthus Lourmontii. Dort
aber, wo der Buhuhu sich seiner Mündung näherte, bietet das stark ver-
breiterte Thal mit seinen zahllosen Dumpalmen und Schirmakazien ein
Steppenbild dar, das mich lebhaft an Ugogo erinnerte.

Von Bendera aus stieg ich hinauf in das Land der Matengo.
Dieses wenig gekannte, abgelegene Gebirgsland gehört zu den interessantesten Gebieten, die ich in Ostafrika berührt habe

Sind die Waldzone und Haine von über mannshohen Ericaceen-
Sträuchern (Philippia pallidiflora) durchschritten, so eröffnet sich
eine weite Rundsicht auf kahle Felshalden, in denen man jede Kultur
erstorben wähnt. Das ganze Land macht auf den ersten Blick den Eindruck einer Wüste, weit und breit ist kein Baum zu sehen, auf den
Höhen und in den Thälern liegen mächtige Felsblöcke verstreut, als
hätten hier einst Cyclopen gehaust und mit wuchtiger Faust den Berg-
stock zertrümmert. Staunend erblickt man beim Weitermarsch zuerst in
der Ferne zwischen den haushohen Felsblöcken zierliche Strohhütten
mit gelben spitzen Dächern; oft grössere Dörfer bildend, sind sie wie
Kinderspielzeug zwischen die Felsen gesetzt. Das Erstaunen wächst,
wenn der Reisende ahnungslos eine Wegbiegung zwischen den Felsen
passiert hat und sich nun plötzlich mitten in ein Dorf versetzt sieht.
Jede Hütte steht auf einem freien sauberen Platze, umgeben von wohlgepflegten Bäumen mit breiter, schattenspendender Krone einer Feigenart
(Ficus chlamydodora), aus deren Rinde die Matengo ihre Bekleidungs-
stoffe fertigen, wie die Völker am Victoria Nyanza.

Das Getreide ist in wohlgebauten Speichern gut verwahrt, das hier
so kostbare Brennholz wird in Felsspalten vor Nässe ängstlich geborgen,
bisweilen trifft man auch eine Schmiede, in der die eisenreichen Erze
des Landes verhüttet werden.

Den sichersten Massstab für die Intelligenz der Matengo gewinnt
man aus einer Betrachtung ihrer Aecker, der peinlich sauberen Bestellung,
der sinnreichen Bewässerungsanlagen und Vorkehrungen, um auch an
steilen Hängen den Boden für sich nutzbar zu machen. Eine vollkommenere
ausgebildete Landwirtschaft, als im Matengo-Lande, habe ich nirgends
getroffen.

Zu Anfang des Monats Februar verliess ich Ssongea zum zweiten
mal, um mich dem Rovuma-Gebiet zuzuwenden.

Ohne auf Einzelheiten einzugehen, kann man das deutsche Rovuma-
Gebiet in kurzen Sätzen charakterisieren. Längs des Flussufers zieht
sich ein Streifen fruchtbaren Alluviallandes von wechselnder Breite
entlang. Von diesem Kulturland leitet eine Zone typischer Parklandschaft
zu den lichten Leguminosen-Wäldern über, mit denen die nördlich vor-
gelagerten Höhen bekleidet sind. In den Leguminosenwäldern blühten gerade
die prächtige Gloriosa Carsoni, Cyanastrum Götzei und stellenweise
Costus spectabilis. Im niedrigen Ufergebiet haben die Wahiao oft
neben ihren zu ebener Erde gelegenen Hütten Pfahlbauten errichtet, um
bei Hochwasser sich dahin flüchten zu können. Sie bauen Reis, Mais,
Hirse, Erdnüsse, Bohnen aller Art, Kürbisse, Eleusine, indischen Hanf usw.

Neuerdings sind auch die schwarzgründigen Wiesen der Parklandschaft hie und da für den Ackerbau besetzt worden, namentlich wird dort Reis angebaut.

Diese Parkwiesen gehören zu den reizvollsten Landschaftsbildern Ostafrikas. Von riesenhaften, einzelstehenden, aber durch Guirlandengewinde von Ast zu Ast verbundenen Akazien, Tamarinden- oder Affen-

Abb. 133. Kopalbaum, Trachylobium verrucosum, in Deutsch-Ostafrika.

brotbaumen begrenzt, mit einem kurzen, wie geschorenen, dichten Rasen bedeckt, gewähren sie den Eindruck, als seien sie die Ergebnisse der höchst verfeinerten Gartenkunst. Wie absichtlich werden die Rasenflächen durch Tuffs junger Fächerpalmen (Hyphaene sp.) oder kleiner Strauchgruppen unterbrochen.

Der Schluss der Reise bildete der Marsch über das unwirtliche Makonde-Plateau.

· Bezüglich der Bodenbedeckung hat man auf dem Makonde-Plateau zu unterscheiden: den Leguminosen-Mischwald der Abhänge, die Parklandschaft der Plateauränder, den primären Busch, das Kulturland und den sekundären Busch der ehemaligen Aecker. Charakteristisch für das Plateau ist der Busch, der „Makonde-Busch", von dem die Reisenden zu erzählen wissen. Die ihn durchquerenden Wege stellen unendliche Reihen unmotivierter Krümmungen dar, zu beiden Seiten starrt das Dickicht in undurchdringlichen Mauern, oft lange Zeit keinen Ausblick gestattend. Bei der Wanderung durch dieses Labyrinth ist natürlich die Orientierung ausserordentlich erschwert; namentlich aber für die Träger bedeutet die Passage durch den Busch eine Staffel schwerer Prüfungen. Die Vegetation des primären Busches, dessen Höhe 5 bis 6 m selten übersteigt, ist stellenweise so dicht, dass die Sonnenstrahlen den Boden nur spärlich erreichen. Namentlich des Vormittags herrscht hier ein dumpfer Modergeruch, und noch drei Stunden nach Sonnenaufgang triefen die Blätter von Thau. Der Thaufall ist auf dem sonst wasserarmen Plateau so stark, dass die Pflanzen des primären Busches vielfache Anpassungen an Niederschläge zeigen, wie wir sie im tropischen Regenwalde oder im Dickicht der Flussufer finden.

Der primäre Busch des Makonde-Plateaus wird voraussichtlich in absehbarer Zeit, wenn auch nicht völlig verschwinden, so doch stark dezimiert werden. Denn bei den schlechten Bodenverhältnissen sind die Leute auf häufigen Wechsel des Kulturlandes angewiesen, wobei natürlich immer grössere Buschparzellen abgeholzt werden. Auf dem verlassenen Kulturlande schiesst wiederum in kurzer Zeit eine dichte Buschvegetation empor, die aber in ihrer Zusammensetzung nur das Wenigste mit dem primären Busch gemeinsam hat. Leguminosen, namentlich strauchförmige Akazien, sind ungemein häufig, oft findet man auch noch grosse verwilderte Maniokstauden als Reste der einstigen Bebauung. Ab und zu ragen die zierlichen Schirmkronen einer Albizzia über das Niveau des Dickichts empor. An lichteren Stellen ist Landolphia paravifolia einer der verbreitetsten Sträucher.

Von den Vertretern der Baumflora in den Parkgebieten will ich hier nur den Kopalbaum, Trachylobium verrucosum (Abb. 133), einer der „tondo" der Wahiao, Cordyla africana Lour., den schon früher erwähnten Baumwollbaum, Bombax rhodognaphalon K. Sch. und verschiedene Strychnosarten nennen. Die Früchte von Cordyla sind als Obst sehr geschätzt.

Der stark sandhaltige Boden des Plateaus besitzt nur mässige Qualitäten. Die wichtigste Kulturpflanze ist der Maniok; ferner werden Mais, Erdnuss, $E_{rd}e_{rb}$se, (Voandzeia subterranean), Kunde-Bohnen (Vigna sinensis), Ricinus, Gurken und Kürbisse, vorzugsweise in Mischkultur, angebaut. An gewissen Stellen findet man auch Reis und Bananen. Letztere entwickeln sich, ebenso wie der häufig vertretene Mangobaum stets nur kümmerlich. Eigenartig sind die Laubenkulturen des Thalerkürbis (Telfairia pedata), denen man fast in jedem Dorfe begegnet.

Nach viertägiger Bereisung des Plateaus erreichte ich am 2. März 1901 die Mission Nyangao im Lukuledi-Thale.

Die Gegend zwischen Nyangao und Lindi hat überwiegend sandigen Boden, der besonders für die Maniokkultur verwertet wird; in den Niederungen wird Mais und auch Zuckerrohr gebaut. Auffallend war mir, dass die Kokospalme im Hinterlande von Lindi nur in vereinzelten kümmerlichen Exemplaren anzutreffen ist, während sie im Norden der Kolonie viel weiter landeinwärts vorzüglich gedeiht.

(Die Klischees zu den Abbildungen in vorstehendem Artikel sind uns vom kolonialwirtschaftlichen Komitee bereitwilligst zur Verfügung gestellt, wofür wir auch an dieser Stelle unsern verbindlichsten Dank abstatten. D. Red.)

Die Schorfkrankheit der Kernobstbäume und ihre Bekämpfung.

Von Dr. Friedrich Krüger.

(Fortsetzung.)

II. Beziehungen zwischen dem Auftreten der Fusicladium-Pilze einerseits und den Obstbaumsorten und der Witterung andererseits.

Dass nicht alle Aepfel- nnd Birnenbäume gleich stark unter dem Pilzbefall in der geschilderten Weise zu leiden haben, ist eine allen Obstzüchtern bekannte Thatsache. Sortenfrage ist auch in dieser Beziehung von der allergrössten Bedeutung. Ein aufmerksamer Beobachter wird dies überall in einem Obstgarten bestätigt finden. Als Beispiel möchte ich hier einen von mir 1897 und 1898 in Schwerin beobachteten Fall anführen, wo von 2 Birnsorten, die beide auf ein und dieselbe Unterlage gepfropft waren, nur die Grumbkower schwer erkrankte und sich auch noch jetzt nicht ganz wieder erholt hat, während die zu Blumenbachs B. B. gehörigen Partien vollständig uninfizirt geblieben sind.

Naturgemäss stammen die vorliegenden Angaben über die grössere oder geringere Widerstandsfähigkeit der einzelnen Sorten aus der Praxis. Grösstenteils dürften sich dieselben wohl auf die Fruchterkrankung beziehen, während diejenige der Blätter, die nach vorstehenden Darlegungen nicht minder wichtig, wohl ausser Acht gelassen ist. Auffallend ist nun, dass die Angaben über die einzelnen Arten so von einander abweichen. Teilweise dürfte dies wohl darauf beruhen, dass es bei den gemachten Angaben kurzweg heisst: befällt stark, wenig etc., ohne dass dabei gesagt ist, welche Teile des Baumes gemeint sind. Denn wenn auch im allgemeinen Blatt- und Fruchtbefall sich decken dürfte, braucht dies doch nicht immer der Fall zu sein, wie Aderhold schon in Proskau beobachtete, woselbst trotz schwacher Blattinfektion eine starke Fruchterkrankung sich zeigte, bei Grosse Romelterbirne, Delice, Liebesbirne, Köstliche von Charneu, bisweilen am Spalier die Holzfarbige, Schweizer Wasserbirne u. a. Teilweise hängt dieser Widerspruch aber zweifellos von der Individualität des Einzelindividuums, sowie von örtlichen Verhältnissen ab. Denn wenn auch hinsichtlich mancher Sorten, wie Weisser Wintercalville, der meisten Reinetten etc., sowie ferner der Grumbkower, der grauen Herbst BB, Napoleons BB etc. wohl alle Züchter der Ansicht sind, dass sie für einen Fusicladium-Befall sehr prädisponiert sind, so giebt es doch auch wieder andere Sorten, bezüglich derer die Ansichten sehr auseinander gehen. Hierher gehört u. a. auch die Winter-goldparmäne. Sie dürfte im allgemeinen zu den Sorten gehören, die nicht ungewöhnlich stark vom Fusicladium heimgesucht werden, auch in Berlin und Umgegend wird sie im Grossen und Ganzen nicht besonders von Fusicladium bevorzugt, trotzdem hat aber in Blankenfelde bei Berlin gerade diese Sorte ganz besonders unter dem Pilz zu leiden. Es hängt eben, wie schon erwähnt, die Empfänglichkeit nicht blos von der Sorte, sondern innerhalb der einzelnen Sorten vom Einzelindividuum, seiner Entwickelung zur Zeit der Infektion, von Klima, Witterung, Boden-verhältnissen, Lage usw. usw., mit ab. Es hat, wie ich hier auch nur als Beispiel des eben Gesagten noch hinzufügen möchte, mehrfach den Eindruck gemacht, als ob von zwei sonst gleich entwickelten, in unmittel-barer Nachbarschaft stehenden Bäumen derselben Sorte, der mehr be-schattete stärker zum Fusicladium-Befall neige, als der freier stehende, und dass auch die Westseite im allgemeinen stärker befallen werde, als die östliche. Ob sich dies allgemein bestätigt, wäre indessen noch genauer zu verfolgen.

Jedenfalls stimme ich Aderholds Ansicht, dass die Dispositions-frage zur Zeit noch sehr ungeklärt ist, auf Grund der mir von den verschiedenen Praktikern gemachten Angaben, völlig bei, sowie auch darin, dass, wenn die einzelnen Sorten in dieser Beziehung unter Berück-sichtigung der örtlichen Verhältnisse und der Witterungsverhältnisse einige Jahre hindurch systematisch beobachtet würden, dies jedenfalls im Interesse aller Obstzüchter mit Freuden zu begrüssen wäre. Eine solche recht instruktive Arbeit liegt jetzt seit kurzem vor.*) Aderhold selbst hat nämlich während 5 Jahren im Proskauer Anstaltsgarten 163 Obstsorten hinsichtlich ihres Fusicladium-Befalles studiert, indem er aus praktischen Gründen die Blatterkrankung der Beurteilung zu Grunde legte. Die Resultate sind tabellarisch zusammengestellt und ebenso sind auch die jeweiligen Witterungsverhältnisse aus seinen bezügl. Arbeiten genau ersichtlich.

Dass die Witterungsverhältnisse hinsichtlich des Auftretens von Fusicladium eine grosse Rolle spielen, ist ganz zweifellos. Aderhold konstatiert in der eben erwähnten Arbeit bereits, dass in Proskau in den letzten 5 Jahren im allgemeinen eine Abnahme der Fusicladium-Krank-heit stattgefunden habe, und es sei „unzweifelhaft, dass an dieser Wendung zum Besseren allein die Witterung schuld ist." Auch dies deckt sich ganz mit den von mir in der Umgegend von Berlin gemachten Beobachtungen, woselbst ebenfalls die Krankheit in den letzten Jahren nachliess. Freilich erwiesen sich die Bäume im Frühjahr, während oder kurz nach ihrer Blattentfaltung, je nach der Sorte, mehr oder weniger inficiert, und man konnte nach diesem Befund alljährlich eine nicht unerhebliche Fusicladium-Epidemie erwarten. Aber infolge der warmen,

---

*) Aderhold, Ein Beitrag zur Frage der Empfänglichkeit der Apfelsorten für Fusicladium dendriticum und deren Beziehungen zum Wetter. Arbeiten der biol. Abt. für Land- und Forstwirtschaft am Kaiserl. Gesundheitsamt. Bd. II, Heft 5.

trocknen Witterung im Mai und anfangs Juni trat bald in der Entwick. lung der Krankheitserscheinungen ein Stillstand ein und man konnte dann später nicht mehr viel davon bemerken.

III. Bekämpfungs- und Vorbeugungsmassnahmen.

Was nun die Bekämpfungs- resp. Vorbeugungsmittel betrifft, so würden als solche inbetracht zu ziehen sein:

1. Auswahl möglichst widerstandsfähiger Sorten;
2. möglichst gute Ernährung und Pflege der Bäume, um sie wider. standsfähiger gegen den Pilzbefall zu machen;
3. Entfernung resp. Unschädlichmachung der mit Pilzsporen be. hafteten alten Pflanzenteile, also vor allem der alten abgefallenen Blätter und der an den lebenden Trieben, also speziell den Grindstellen, befind. lichen Pilzsporen;
4. Schutz des Laubes, der Triebe, sowie der Früchte gegen Neu. infektion.

Hierzu sei nun folgendes bemerkt:

Zu 1. Bezüglich der Widerstandsfähigkeit der einzelnen Sorten sei auf das pag. 635 Gesagte verwiesen.

Zu 2. Der Umstand, dass einander unmittelbar benachbarte Bäume derselben Sorte sich bisweilen ganz verschieden gegen Fusicladium-Befall verhalten, sowie ferner, dass junge Bäume oft weniger zu leiden haben, als direkt daneben stehende ältere, deutet darauf hin, dass verschiedene Ernährung Einfluss hinsichtlich des Fusicladium-Befalles hat. Wenn es gelänge, durch geeignete Ernährungsweise, also Düngung, die Bäume so zu beeinflussen, dass sie dadurch weniger anfällig für die Fusicladium-Pilze werden, so wäre damit natürlich viel gewonnen. Leider ist man aber, soweit mir wenigstens bekannt, experimentell an diese Frage kaum herangetreten, und sind planmässig durchgeführte Versuche nach dieser Richtung hin in grösserem Massstabe nicht ausgeführt resp. nicht veröffentlicht. Einen kleinen Versuch, den ich vor einigen Jahren mit mineralischem Dünger gemacht, möchte ich daher an dieser Stelle nicht unerwähnt lassen, bemerke jedoch ausdrücklich, dass ich dadurch diese Frage durchaus noch nicht etwa schon für geklärt halte.

Diese Versuche sind im Jahre 1899 in Plessow und Blankenfelde ausgeführt. An beiden Orten leiden einzelne Sorten nicht unerheblich unter Fusicladium, nämlich, wie schon erwähnt, in Blankenfelde speziell die Wintergoldparmäne, in Plessow z. B. Lenzener Burg. Schwesternbirne u. a. Der Dünger gelangte erst im Frühjahr zur Verwendung, da das im Herbst geplante Ausstreuen nicht bewerkstelligt werden konnte. In Blankenfelde erstreckte sich der Versuch auf Goldparmänen, die dort in grösseren Obstgärten in zahlreichen Exemplaren vorhanden sind. Alle Bäume dieser Sorte sind 25—30 Jahre alt, haben einen Kronendurch-messer von 6—7 m und sind etwa ebenso hoch. Der Boden ist lehmiger Sand, nicht kalkarm. Die Bäume stehen in einer Entfernung von 10 m, dazwischen befinden sich vereinzelte Johannisbeersträucher. Sonst dient das Land nicht zu weiterer Kultur, wird vielmehr alle Frühjahr umge-graben und alle 2 Jahre mit Stalldung gedüngt. Die Bäume werden während des Winters sorgfältig ausgeputzt und mit Kalkmilch angestrichen. Aus diesem grösseren Bestand wurden nun 8 Bäume ausgewählt, von denen je 2 eine Kali- und Phosphorsäuredüngung, 2 eine Kali- und Stickstoffdüngung, 2 eine Phosphorsäure- und Stickstoffdüngung und 2 endlich alle drei Düngemittel bekamen. Dazwischen und in der Nachbarschaft stehende Bäume dienten als Kontrollbäume. Verwendet wurde als Dünger 17 pCt. Superphosphat, 1700 g per Baum, 1050 g Chlorkalium und 1200 g schwefelsaures Ammon. Diese Düngemittel wurden anfangs Februar nach einander ausgestreut über eine, der Baumkrone entsprechende Fläche und dann untergehackt.

Wesentliche Erfolge habe ich nun durch diese Behandlung nicht erzielt. Der dortige Obergärtner, Herr Helbig, der mich bei diesen, sowie überhaupt bei meinen Blankenfelder Versuchen sehr unterstützte und dem ich auch an dieser Stelle dafür meinen Dank auszusprechen nicht unterlassen möchte*), bestätigt zwar, dass 1899 und in dem folgenden Jahre die Entwicklung der Bäume im allgemeinen durch diese Behandlung sichtlich gefördert sei, so z. B. hinsichtlich der Frucht-, Blatt- und Holzausbildung, aber eine Verminderung des Fusicladiumbefalles konnten wir beide, weder an den Blättern, noch an den Früchten, und zwar ebensowenig 1899 wie in den folgenden Jahren konstatieren. Ob dies eine Folge davon, dass die Zeit der Düngung ungünstig gewählt war, oder aber, dass die Bäume infolge der regelmässig sich wiederholenden Stallmistdüngung und der sonstigen Pflege sowieso in gutem Ernährungszustand sich befanden, muss dahingestellt bleiben.

Ein ähnlicher Versuch war dann auch in Plessow eingeleitet, jedoch mit dem Unterschied, dass mir hier nicht so viele mit einander vergleichbare Bäume derselben Sorte zur Verfügung standen, und ich mich daher beschränken musste, mit allen drei genannten Chemikalien gleichzeitig zu düngen oder überhaupt ungedüngt zu lassen. Dafür standen mir hier aber mehrere Sorten zur Verfügung. Infolge verschiedener ungünstiger Umstände scheiden jedoch die sonstige behandelten Sorten aus dem Versuch aus und nur zwei Schwesterbirnenbäume, 20 Jahre alt, 18 m hoch, 7 m Kronendurchmesser, kommen hier in Betracht. Unterschiede zeigten auch sie nach der Düngung nicht, beide erwiesen sich vielmehr 1899, wie auch in den folgenden, gleich stark befallen.

In beiden Fällen handelte es sich freilich um grosse, hohe Bäume, bei denen eine genaue Kontrolle unmöglich war, und bei denen ich mich mit Schätzungen begnügen musste. Ich lege daher schon aus diesem Grunde den Versuchen besondere Bedeutung nicht bei, wollte sie aber doch als kleinen Beitrag zu der vorliegenden Frage nicht unerwähnt lassen.

Zu 3. Wie schon pag. 608 gezeigt, befinden sich an den alten Blättern reichlich Fusicladium-Sporen, indem sich an denselben die im Laufe des Frühjahrs reifenden Perithecienfrüchte bilden, aus denen die Sporen dann mit Gewalt ausgeschleudert werden. Diese letzteren dürften

---

*) Ebenso bin ich den Herren Obstzüchter Dressler in Werder und Wasserwerk-Inspektor Gallo in Tegel für die Bereitwilligkeit, mit der sie mich bei meinen Versuchen unterstützten, zu Dank verpflichtet.

nun die wichtigsten Ueberträger des Pilzes von einem Jahr ins andere darstellen, denn sobald sie durch irgend einen Zufall, z. B. durch den Wind, auf die in der Entwickelung befindlichen Blätter gelangen, erzeugen sie an der betreffenden Stelle sofort wieder die Krankheit. Daraus folgt, dass es von grösster Wichtigkeit ist, das im Herbst gefallene Laub rechtzeitig, also noch vor Beginn des Frühjahrs, unschädlich zu machen. Es wird dies am zweckmässigsten durch Untergraben bewerkstelligt, auch soll es, nach Aderhold, genügen, es auf dem Komposthaufen handhoch mit Erde zu bedecken. Da das Laub jedoch während des Winters morsch wird und zerfällt, so empfiehlt es sich, diese Säuberung nicht allzu spät,

von 2 bespritzten Bäumen (Durchnittsgewicht 108,7 g).   von 2 unbespritzten Bäumen (Durchschnittsgewicht 41,2 g).

Abb. 184. Diels Butterbirne

am besten wohl schon im Herbst oder Anfang des Winters vorzunehmen.

Weiter kommt hier speziell für die Birnbäume dann aber noch ein anderes Uebertragungsmoment in Betracht, und das sind die Grindstellen an den jungen Zweigen. Auch hier ist eine Menge lebender Fusicladium-Sporen vorhanden, und es ist zweifellos, dass sie vielfach die Ausgangspunkte für Neuinfektionen im Frühjahr bilden. So habe ich sowohl in Plessow wie in Tegel mehrfach an Birnbäumen beobachtet, dass die jungen, noch in der Entwicklung begriffenen Blätter gerade in der Nähe solcher Grindstellen oft zuerst die charakteristischen Flecke aufwiesen, und ich zweifle nicht, dass beides in unmittelbarem Zusammenhang stand.

Diese Grindstellen unschädlich zu machen, ist daher nicht minder wichtig, als das Entfernen des abgestorbenen Laubes. Mit Beschneiden wird man hier im allgemeinen nicht viel machen können; man muss zu einem anderen Mittel greifen, und dieses besteht im Bespritzen mit geeigneten Kupfervitriolbrühen. Diese Behandlung muss naturgemäss v o r der Entfaltung der Knospen geschehen, und daher kann man bei diesen Bespritzungen eine anders zusammengesetzte Spritzflüssigkeit verwenden, als bei den sommerlichen Bespritzungen, durch die einerseits die Pilz-infektion abgehalten werden soll, andererseits das Blattwerk nicht be-schädigt werden darf. Von diesen letztgenannten wird später die Rede sein. Hier, bei den Winterbespritzungen braucht man mit den Konzentrationen und der Bereitung der Spritzflüssigkeit nicht so ängstlich zu sein, wie dort. denn in der Ruheperiode sind die Obstbäume sehr unempfindlich gegen solche Behandlung. Ich selbst habe Wintergold-parmänen in Blankenfelde mit 6 pCt. Kupferkalkbrühe — bereitet aus Aschenbrandt's Kupferzuckerkalkpulver — sowie Kongressbirne und Cellini in Tegel mit 4 pCt. Brühe — bereitet aus Heufelder Pulver — bespritzt, ohne dass die Bäume später nach dem Austreiben die geringsten Beschädi-gungen gezeigt haben. Man hat in neuerer Zeit auch vorgeschlagen, bei den Winterbespritzungen die Zusätze von Kalk, Soda usw. überhaupt fortzulassen, und die Bäume nur mit Kupfervitriollösung, eventl. sogar in stärkeren Konzentrationen zu behandeln. Auch dies schädigt nach meinen Versuchen die in Winterruhe befindlichen, noch nicht treibenden Bäume nicht, denn der in Tegel auf diese Weise von mir (mit 2 pCt. Kupfervitriol-Lösung) behandelte Rote Sommercalville-Baum, sowie die mit 3 pCt. Lösung in Blankenfelde bespritzte Diels BB. und Goldparmäne zeigten später keine nachteiligen Folgen dieser Behandlung, obgleich sie ursprünglich reichlich benetzt und völlig mit dünner Kupfervitriolschicht überzogen waren. Es dürfte indessen schon eine $^{1}/_{2}$ pCt. Lösung aus-reichen, die der Billigkeit wegen vorzuziehen wäre. Einen Nachteil haben freilich die Bespritzungen mit blosser Kupfervitriollösung, und zwar den, dass der Ueberzug im Gegensatz zu dem von den Brühen herrührenden, sehr schnell und leicht vom Regen wieder abgewaschen wird.

Zu 4. Trotz des sorgfältigst durchgeführten Vernichtungskrieges gegen die Wintersporen des Pilzes wird freilich im eigenen Grundstück auf winzig kleinen Blattresten, sowie in Nachbargärten, in denen vielleicht nicht so sorgfältig vorgegangen war, doch noch genügend Infektions-material zurückgeblieben sein, um die Krankheit im Frühjahr auf die jungen, sich entwickelnden Blätter zu übertragen. Die im Frühjahr durch-geführten Bekämpfungsmassregeln sind daher nicht minder wichtig, als die zur Winterszeit angewandten.

Worin diese Frühjahrsbekämpfungsmittel bestehen, das dürfte wohl allen Lesern dieser Zeitschrift bekannt sein. Es sind die Bespritzungen mit den oben schon erwähnten Kupferbrühen*), mit denen man in Frank-reich, wie in Tirol und Amerika so ausgezeichnete Resultate erhielt, und deren Verwendung sich auch in Deutschland — und das mit Recht — immer mehr einbürgert. Was eine mit richtig gemachter Brühe richtig durchgeführte Bespritzung zu leisten vermag, das zeigen uns die Abb. 1, S. 3, Jahrg. 1899 dieser Zeitschrift, das lehrt uns auch die Abb. 134 von neuem. Gerade wie man die dem Weinstock so gefährliche Blattfallkrankheit, erzeugt durch den Pilz Peronospora viticola, durch sachgemässe Ver-

---

*) Es sei gestattet, der Kürze halber diesen Ausdruck zu gebrauchen.

wendung von Kupferbrühen erfolgreich bekämpfen kann, ebenso vermag man mittelst derselben Brühe die Fusicladium-Krankheit der Obstbäume in Schach zu halten. Freilich dürfen wir bei ihrer Verwendung nicht vergessen, dass es sich, wie schon oben gesagt, dabei um ein Mittel handelt, welches sehr wohl die Pflanzen auch schadigen kann, sowie ferner, dass diese Brühen kein Heilmittel der schon vorhandenen Krankheit, sondern nur ein Vorbeugungsmittel gegen den Pilzbefall sind. Tritt die Krankheit schon auf, so kann man wohl durch schleuniges Bespritzen weiterem Umsichgreifen vorbeugen, nicht aber einen bereits vorhandenen Schaden wieder beseitigen. Von der rechtzeitigen Verwendung der sachgemäss bereiteten Brühe hängt daher der ganze Erfolg ab.

(Fortsetzung folgt.)

Neue und empfehlenswerte Pflanzen usw.

Begonia angularis Raddi.

Diese schöne Begonie wurde 1815 von San Gabriel in der Sierra d'Estrella in Brasilien in die englischen Gärten eingeführt, entdeckt wurde sie aber schon 1822 durch Schott in San Joao Marques. Sie ist eine prächtige Spezies von strauchigem Habitus, wird 2¹/₂ m hoch und blüht das ganze Jahr hindurch. Der Stamm ist reich verzweigt, die Zweige spreizend oder hängend. Blätter 15—20 cm lang, oben sehr dunkelgrün, an den Nerven aber heller, unten blassgrün. Blüten in grossen, reich verzweigten Rispen, weiss, 1 cm gross. Abbild. in Bot. Mag. tab. 7842.   J. B.

Muscari latifolium J. Kirk.

Entdeckt und nach Europa gebracht wurde diese Liliaceae von dem Ida Berg in Kleinasien durch Dr. J. Kirk und Dr. Armitage zur Zeit des Krimkrieges. Später wurde die Pflanze in den Nadelwäldern der Mouraddagh in Phrygien und in Troad gefunden. Wie die meisten Muscari-Arten, so blüht auch die genannte im ersten Frühjahr. Zwiebel klein, ovoid, Blätter 1—2, 15—30 cm lang, 3--5 cm breit. Blütenschaft länger als die Blätter, Blütentraube 7—10 cm lang, zylindrisch, dicht mit Blüten besetzt, Blüten hängend, dunkel violett blau, an der Spitze des Blütenstandes aber aufrecht und blassblau. Abbild in Bot. Mag. tab. 7843.   J. B.

Impatiens cuspidata Wight et Arn.

Von allen nah verwandten Arten dieser Gattung unterscheidet sich die genannte durch schneeweissen Stamm und Zweige. Sie stammt aus Convor in den Nilghiri-Bergen aus Höhen von 1500 m ü. d. M., wo sie zuerst durch Wight entdeckt wurde. Der Strauch wird 1¹/, m hoch, trägt spreizende Zweige mit einer schweeweissen Rinde. Die Knoten an den Sprossen sind verlängert und verdickt und bilden Zylinder von blassrötlicher Färbung. Blüten 3 cm gross, blassrot Die Fahne der Blüte aufrecht mit rückenständigem langem Sporn. Abbld. in Bot. Mag. tab. 7844.
    J B.

Cynorchis villosa Rolfe.

1883 waren von der Gattung Cynorchis 12 Arten bekannt, heute kennt man mindestens 30: die meisten stammen aus Madagaskar und dem tropischen Ostafrika. Die Gattung, die südlich bis nach Natal verbreitet ist, fehlt jedoch in Westafrika. C. villosa gehört zu den kleinblütigsten Arten, lebt ebenfalls auf der Insel Madagaskar, wo sie von G. Warpur bei Tananbe entdeckt wurde. Am nächsten steht sie der C. gibbosa, welche grössere Blüten besitzt. Stamm sehr kurz, bedeckt mit kreisförmigen Scheiden, Blätter wenige, 10—20 cm lang. Blütenschaft aufrecht, 20—25 cm hoch, grün, Blütentraube 7—10 cm lang, zyliudrisch, dichtblütig, Blüten rosapurpurn. Abbild. Bot. Mag. tab. 7845
    J. B.

Byblis gigantea Lindl.

Die systematische Stellung der Gattung
Byblis ist noch zweifelhaft. Von den
meisten Autoren wird sie zu der Familie
der Droseraceae gerechnet, von denen
sie hauptsächlich der zweifächerige
Fruchtknoten trennt. Bentham betont
in der Flora Australiens ihre Aehnlichkeit im Bau der Blüten mit der Gattung
Cheiranthera, einer australischen Gattung
der Pittosporaceae. In neuester Zeit
war aber die genannte B. gigantea der
Gegenstand einer eingehenden Untersuchung durch F. L. Lang, welcher ihr
eine enge Verwandtschaft mit der
Gattung Polypompholyx, einer australischen Wasserpflanze aus der Familie
der Lentibulariaceae zuschreibt und sie
als zweifellos zu letzterer Familie gehörig ansieht. Die grossen Unterschiede
zwischen der Gattung Byblis und den
anderen Gattungen der Lentibulariaceae
lassen letztere Behauptung jedoch als
zweifelhaft, mindestens aber als verfrüht
erscheinen. Die ganze Pflanze, ausgenommen die Korolla, ist dicht mit viel-
zelligen Drüsenhaaren besetzt, Spross
15—50 cm hoch, einfach oder spreizend
verästelt. Blätter 15—30 cm lang, sehr
schmal lineal, drehrund oder oben ca-
nelliert, eingerollt in der Knospenlage.
Blüten einzeln, sehr verschieden in der
Grösse, purpurrot. Abbild. in Bot. Mag.
tab. 7846.*)   J. B.

Echium Wildpretii Pearson.

Von der Gattung Echium sind mehr
als 80 Arten bekannt. Genannte gehört zu den Arten von Madeira und
den Canarischen Inseln, von wo 20 Arten
beschrieben sind. E. Wildpretii ist eine
schlanke, weichhaarige Zweijährige mit
einfachem, aufrechtem, blattreichem
Stamm, bis 1 m hoch, am Ende einen
dichtblütigen Thyrsus mit ausserordentlich zahlreichen vielblütigen Wickeln.
Blätter 15—20 cm lang, schmal linear-
lanzettlich, Blüten fast sitzend, blassrot. Abbildung Bot. Mag. tab. 7847.
                                J. B.

Decaisnea Fargesii Franch.

Diese sehr interessante Pflanze gehört zur Familie der Berberidaceae;
indem sie die zweite Species einer
Ost-himalayischen Gattung darstellt, ist
sie ein augenscheinliches Beispiel von

der Verwandtschaft der himalayischen
und chinesischen Flora. Die Ähnlichkeit
der D. Fargesii mit D. insignis ist sehr
gross im Habitus, Belaubung und den
Blüten. Der wichtigste Unterschied
zwischen beiden liegt in der Frucht,
bei ersterer ist die Frucht kleiner und
die Samen viel kleiner und schwarz,
bei letzterer sind sie dagegen grösser
und braun. Die D. Fargesii kommt
nicht selten vor in den Gebirgswäldern
des westlichen Chinas in Höhen von
3000—4500 m. Sie wurde in der Provinz Tsetschuan durch den Missionar
Farges entdeckt, welcher auch Samen
an Vilmorin in Paris sandte. Sie ist
ein Strauch, 2¹/₃ m hoch, Früchte essbar. Abbildung in Bot. Mag. tab. 7848.
                                J. B.

Heterotoma lobelioides Zucc.

Eine eigenartige Gattung mit 7 mexikanischen und zentral-amerikanischen
Arten, von denen H. lobelioides die
typischste ist. Ihr distinktiver Charakter
besteht darin, dass die Basis der Kronen-
röhre nach unten in einen langen
Sporn ausgezogen ist, auf dessen
Rücken die schmale Unterlippe des
Kelches fast bis zur Spitze angeheftet
ist. Bei unserer genannten Art sind
die beiden Lappen der Kelchunterlippe
durch zwei grüne Streifen dargestellt,
die einen schönen Kontrast mit der
dunkelroten Farbe des Sporn bilden.
H. lobelioides ist eine Gebirgspflanze,
entdeckt von Karwinski im südlichen
Mexiko in Höhen von 2500 m auf dem
Cumbre von St. Antonio. Auch in Costa
Rica wurde die Pflanze gesammelt,
ebenso in Guatemala und auf dem
Vulkan von Santa Maria. Ein ver-
zweigtes Kraut, Blüten über 5 cm
lang, sichelförmig gebogen, Kelchzähne
schmal, grün, Krone blutrot, Rand derselben goldgelb. Abbildung in Bot.
Mag. tab. 7849   J. B.

Fritillaria askabadensis Micheli.

Die Askabad-Kaiserkrone ist eine
sehr interessante Pflanze, sie gehört
zur Sektion Petilium, zu der bisher
allein die wohlbekannte F. imperialis
gehörte, von der sie sich nur durch die
etwas kleineren Blüten und die
grünlichgelbe Farbe unterscheidet. Sie
wurde von Sintenis, nahe bei Askabad,
dicht an der Nordgrenze Persiens entdeckt auf Kalkboden in Höhen von

---

*) Vergl. Gartenflora 1902, S. 237, t. 1500.

400—500 m. Micheli beschreibt die Blüten als proterandrisch, die Zwiebel gross, rund, Stamm hoch, kräftig, unten beblättert, gekrönt mit einem Büschel hellgrüner Blätter, Blüten 5—8, axillär, zwischen den obersten Blättern hängend, blassgelbgrün. Abbildung in Bot. Mag. tab. 7850.　　　　　　　J. B.

Gelsemium sempervirens Ait.

Diese hübsche Kletterpflanze des Kalthauses wurde in England durch Tradescant 1640 eingeführt und 1811 durch Aiton G. sempervirens genannt. Die zweite bekannte Art dieser Gattung heisst G. elegans und stammt aus Burma und China. Unsere G. sempervirens ist eine häufige Pflanze der Wälder der südlichen Vereinigten Staaten, von Virginien bis Florida, westlich bis Texas und Süd-Mexiko. Ein schlanker, immergrüner, windender Kletterstrauch. Blätter gegenständig, dunkelgrün, bis 5 cm lang. Blüten einzeln oder 2—3 auf einem kurzen Stielchen achselständig, wohlriechend. Blüten goldgelb in der Knospe, ausgebreitet blasser, 3 cm lang. Abbildung in Bot. Mag. tab. 7851.　　　J. B

Cynorchis purpurascens Thou.

Die echte C. purpurascens varriirt in der Grösse sehr und ist der C. Lowiana nahe, von der sie sich durch die grossen Blätter und den sehr reichblütigen Blütenstand unterscheidet. Sie stammt von den Mascarenen-Inseln, wo sie zuerst durch Warpur in Höhen von 4—500 m auf den Zweigen von Pandanus Candelabrum oder in den Rosetten von Asplenium Nidus oft zusammen mit Impatiens grandiflora gefunden wurde. Nach Bojer kommt sie auch auf Mauritius vor und Balfour sammelte sie auf Bourbon, wo sie von Thouars entdeckt wurde. Sie blüht im Gewächshause im Winter und Frühjahr sechs Wochen lang und länger. Blätter 1—2, oft, wenn nur eins entwickelt, ca. 60 cm lang und 20 cm breit, hellgrün, Blüten sehr zahlreich, rosafarben. Abbildung in Bot. Mag. tab. 7852.　　　J. B.

Eine verschollene Gewächshauspflanze.

Im Jahre 1888 beschrieb Masters in Revue de l'Hortic. belge eine Varietät der Dichorisandra pubescens Mast., welcher er den Namen var. taeniensis beilegte und die er auf einer schönen Tafel abbildete. Bei dieser Gelegenheit weist Pynaert darauf hin, dass sie nicht mit einer früheren Gartenpflanze zu verwechseln sei, welche 1864 von Linden aus Brasilien eingeführt und unter den Namen D. vittata Lind. et André verkauft wurde. Diese Pflanze, fügte Pynaert hinzu, sei vollkommen aus den Gewächshäusern verschwunden.

Unter den im Hochsommer dieses Jahres in dem Berliner Botanischen Garten blühenden Pflanzen, welche mir von Herrn Obergärtner Behnick zur Bestimmung übergeben wurden, befand sich neben der D. thyrsiflora Mik. eine zweite Art derselben Gattung, welche sich von jener auf den ersten Blick durch weisse und an der Spitze leicht bläulichgefärbte Kelchblätter auszeichnete. Ich untersuchte sie genauer und fand, dass sie zweifellos eine neue, mit jener zwar verwandte, aber durch Verzweigung des Stammes, geringere Grösse der Blätter und Blütenfarbe ausgezeichnete verschiedene Art darstellt. Sie führte bei uns den Namen D. vittata und ich zweifle nicht, dass es sich um die von Linden eingeführte, bisher aber verschollene Art handelt. Da wir gegenwärtig nomina unda ohne Diagnose grundsätzlich nicht anerkennen, so habe ich die Pflanze neu benannt und zwar nach Herrn Behnick, der ein so lebhaftes Interesse für die Kultur der Warmhauspflanzen zeigt und mir seine Hülfe besonders bei meinen Studien über die Marantaceen stets auf das Bereitwilligste zu teil werden liess. Im Laufe des nächsten Sommers, wenn sie und D. thyrsiflora Mikan wieder Blüten tragen werden, gedenke ich auf beide Arten näher zurückzukommen; dann sollen auch von ihnen Abbildungen gegeben werden.

K. Schumann.

Kleinere Mitteilungen.

Die Beurré perpétuel.

In der letzten Sitzung des Gartenbau-Vereins (Gartenfl. S. 597) habe ich die „Beurré perpétuel" erwähnt; diese habe ich in Potonié's „Naturwissenschaftliche Wochenschrift, No. 26, Jahrg. 1888, Seite 205 und 206" beschrieben und abgebildet. Dieser Artikel ist dann mit Abbildung abgedruckt in der Gartenflora, Jahrg. 1888, S. 637—640.   H. Lindemuth.

Die San José Laus in Stettin,

Am 28. v. Mts. ist mit dem Dampfschiffe „Kaiserin Maria Theresia" von New-York hier ein für den Ingenieur Nixdorf in Bredow bestimmtes, mit einer Marke nicht versehenes Fass frische amerikanische Aepfel br. 69 kg eingebracht, deren durch den hiesigen Sachverständigen Dr. Necke vorgenommene Untersuchung das Vorhandensein der San José Schildlaus ergab.

Nach dem Urteile des Sachverständigen waren die Schildläuse lebend.

Das Fass ist angehalten und an der Seite mit den Buchstaben S J L. in roter Farbe bezeichnet.

Die Wiederausfuhr desselben in das Ausland unter Zollkontrole ist angeordnet.

Stettin, den 3. November 1902.

An die Landwirtschaftskammer der Prov. Pommern.

Kgl. Haupt-Steuer-Amt I.
gez. Körbin.

Zur Bambusoideen-Nomenclatur.

Von P. Ascherson.

Bei der Bearbeitung der „Synopsis der mitteleuropäischen Flora" haben wir die Freilands-Bambusoideen eingehender berücksichtigt als das sonst bei Zierpflanzen der Fall war, weil diese beliebten Gewächse sich in den Gärten vielfach unter falschen Namen finden. Dies hat seinen Grund mit darin, dass die betreffende Litteratur sehr zerstreut und wenig bekannt ist, da die wichtigsten Arbeiten erst neuerdings in englischen und japanischen Zeitschriften veröffentlicht sind. Der kürzlich erschienene betreffende Abschnitt der Synopsis, in welchem Bd. II S. 769—779 13 Arundinaria- und Phyllostachys-Arten beschrieben sind, sei

daher der Beachtung der deutschen Gartenfreunde empfohlen. Dankbar erkennen wir an, dass das reiche Material der beiden botanischen Gärten Herrn Dr. Graebner eine treffliche Unterlage für die Beschreibung bot und dass die Bearbeitung durch Mitteilungen von Herrn Professor Warburg und unserem langjährigen Freunde Dr. Bolle, den ich, wenn das nicht gar zu banal klänge, gern als den allverehrten Nestor der Dendrologen bezeichnen möchte, gefördert wurde. Bei der Erschliessung der Eigennamen stand uns auch der verehrte Herausgeber der Gartenflora mit seinen reichen Sach- und Litteraturkenntnissen zur Seite. Wegen einiger auch für ihn unenträtselbarer Namen hatte ich mich an Herrn Boris von Fedtschenko, Ober-Botaniker am kaiserlichen botanischen Garten in St. Petersburg, gewendet, durch dessen Güte ich schon früher wertvolle litterarische und biographische Aufschlüsse erhalten hatte. Leider traf ihn die Anfrage nicht in der russischen Hauptstadt, ich erhielt sie erst viel später und teile sie, da sie nicht mehr in die Synopsis aufgenommen werden kann, an dieser Stelle mit:

„Sehr geehrter Herr!

Bitte um Verzeihung, dass ich Ihnen so lange Zeit nicht antwortete; ich war wieder in Zentralasien.

Was Ihre Anfrage betrifft, so finde ich weder in der Litteratur noch in unseren Herbarien eine Arundo Ragamowski[*]) sowie Tschompskia triticoides Hort.[**]) In unseren Warmhäusern gibt es aber Tschonoskia triticoides Rgl. zu Ehren von Herrn Tschonoski, einem Japaner, welcher für Akademiker Maximowicz seinerzeit viele Pflanzen sammelte. Doch es scheint, auch Tschonoskia sei ein Nomen nudum, da ich einen solchen Namen in der Litteratur nicht finde.   Hochachtungsvoll
B. v. Fedtschenko.

---

[*]) In Ascherson und Graebner, Synopsis II. i. S 776 unter Arundinaria tessellata. Der Name ist trotz des russischen Klanges (das w ist wohl missbräuchlich eingeschoben) wahrscheinlich japanisch.

[**]) A. a. O. S. 779 unter Arundinaria Simonii.   Ascherson.

Litteratur.

Deutscher Gartenkalender, 30. Jahr-gang, 1903, herausgegeben von Max Hesdörffer, Berlin. Verlagsbuch-handlung Paul Parey, Berlin, Hede-mannstr. 10. Dieser allbeliebte Garten-kalender liegt nunmehr in seinem dreissigsten Jahrgange vor uns. Das ist ganz gewiss ein Zeichen, dass er zweckmässig ist. Ausser den bewährten älteren Tabellen finden wir u. a. neu: eine Gewichts- und Keimtabelle von Gemüsesamen von Carl Bechstädt in Cambrai (Frankreich), die Liste der Kaktus-Dahlien ist von F. Kohlmanns-lehner bis auf die neuesten vervoll-ständigt und überall die bessernde Hand angelegt. Wir empfehlen den Kalender auch als passendes Weihnachtsgeschenk.

L. W.

Charles Ballet, in Troyes, La l'epi-nière fruitière, forestière, arbustine, vigneronne et coloniale Paris bei Masson et fils 3 fr.

R. Goethe, Bericht der Königl. Lehranstalt für Wein , Obst- und Garten-bau zu Geisenheim a. Rh. für das Etats-jahr 1901. Wiesbaden 1902. Enthält eine Fülle von interessanten Unter-suchungen, auf die wir noch zurück-kommen.

Pflanzen-Schutz.

Die Monilia-Krankheiten unserer Obstbäume und ihre Bekämpfung. Von Dr. Rud. Aderhold, Kaiserl. Re-gierungsrat (Kaiserl. Gesundheitsamt, Biolog. Abteilung für Land- und Forst-wirtschaft, Flugbl. No. 14, Oktober 1902). Verlag von Paul Parey u. Julius Springer. Berlin. Preis 5 Pf. (und 3 Pf. für Porto). 100 Exempl. 4 M. Bestellungen sind an P. Parey, Berlin SW., Hedemannstr. 10 zu richten.

In klarer leicht verständlicher Weise schildert unser verehrtes Mitglied die beiden Arten von Monilia: M. cinerea Bonorden und M. fructigena Persoon, von welcher die bekanntere erstere Art graue, die letzere ockergelbe bis isabell-farbene Polsterchen auf den Früchten erzeugt und die Fäulnis der Früchte verursacht. Aber auch die Blüten und die Zweige werden befallen. Vielfach ist dieses Absterben der Blüten und und Triebe, welches sich namentlich bei Sauerkirschen zeigt, mit den Folgen von Spätfrost verwechselt worden. — Diese Bemerkung des Verfassers giebt mir eine grosse Genugthuung, denn ich habe schon von Anfang an, als z. B. das Welken der Sauerkirschen in Blanken-felde auftrat, behauptet, dass die Mo-nilia. die auf den Zweigen sich fand, als die Ursache anzusehen sei, nicht der Spätfrost — Aderhold bespricht dann den Entwickelungsgang des Pilzes, unter-stützt durch gute Abbildungen, und giebt schliesslich die folgenden Bekämpfungs-mittel an: 1. Man verhüte, dass Früchte verletzt werden, lege namentlich den Obstmade und Wespen das Handwerk. 2. Alle grindfaulen Früchte sind vom Baume zu entfernen und derartige be-reits herabgefallene täglich mehrmals aufzulesen, die Faulstellen herauszu-schneiden und wenigstens einen Spaten-stich tief zu vergraben. 3. Abgetötete Blütentriebe sind so bald als möglich aus den Bäumen herauszuschneiden und zu verbrennen. 4. Alle sonst getöteten Triebe und die Fruchtmumien, welche an den Bäumen hängen geblieben, sind spätestens bis Ende Februar, am besten gleich im Herbst, von den Bäumen zu entfernen. Diese Massregeln müssen möglichst allseitig erfolgen, denn wenn Einer sie unterlässt, müssen alle Nach-barn seine Unterlassungssünde mit-büssen.

L. W.

Ausstellungen und Kongresse.

Angermünde. Die Angermünder Obst- und Gemüse-Ausstellung wurde am 27. September vom Landrat des Kreises, Hern von Buch, um 12 Uhr in feierlicher Weise eröffnet. Nachdem der Herr Landrat den Zweck der Ausstellung, den Nutzen des Obstbaues, sowie auch den Fortschritt desselben beleuchtet hatte, brachte derselbe dem Landesherrn, unserm allergnä igsten Kaiser, dem Beschützer aller friedlichen Bestrebungen, ein dreifaches Hoch, in welches die Versammelten kräftig einstimmten. Hierauf wurde die Nationalhymne gesungen.

Die Ausstellung selbst war trotz der ungünstigen Witterung besonders des Sturmes, der die Hoffnung der Aussteller im letzten Monat noch sehr auf die Probe gestellt hatte, doch gut beschickt. Die Leistungen waren, den Verhältnissen Rechnung tragend, durchschnittlich gut. Bei Kernobst waren mehr Birnen wie Aepfel ausgestellt; jedoch waren die im Programm gestellten Aufgaben grösstenteils gut erfüllt. Die brandenburgischen Sorten waren reichlich vertreten, aber auch viele andere Sorten waren in guten Früchten vorhanden. Steinobst war nur wenig ausgestellt. Von Gemüsen waren einige Sortimente erstklassiger Leistungen ausgestellt. Dank des regen Interesses der benachbarten Vereine konnten 11 Ehrenpreise zur Verteilung gelangen. Der Ehrenpreis des Vereins zur Beförderung des Gartenbaues in den preussischen Staaten wurde auf Preisaufgabe VI der Obstbaugenossenschaft Königsberg-Neumark zuerkannt. Die Landwirtschaftskammer fand genügend, was sie für Stettin gebrauchte. Somit ist die Ausstellung in Angermünde für die Veranstalter wie auch für die Aussteller zur Zufriedenheit ausgefallen.   F. W. Kindt.

Hannover. Die für die Provinzial-Gartenbau-Ausstellung in Hannover gestifteten Medaillen sind vom Preisgericht wie folgt vergeben worden: Die goldene Medaille der Firma C. A. Thürnau, Blumenhandlung und Handelsgärtnerei Hannover, für eine grosse Dekorationsgruppe blühender und nichtblühender Pflanzen aller Art. Die grosse silberne Medaille der Plantage Ahlem bei Hannover für ein Sortiment Obstbäume und Fruchtsträucher in verschiedenen Formen und zweckmässiger Vorführung. Die kleine silberne Medaille der Firma Fritz Heine, Handelsgärtnerei, Hannover-List, für 25 Palmen in 5 Sorten. Die broncene Medaille der Firma Ferd. Kracke, Handelsgärtnerei, Döhren-Hannover, für 50 Cyclamen, blühend, Marktpflanzen in Sorten.

Das Ausstellungskomitee:
i. V. Zeininger, Geschäftsführer.

Aus den Vereinen.

Berlin. Die Mitglieder des Vereins z. B. d. G. und ihre Damen machten am 20. November einen Ausflug nach Marienfelde zur Besichtigung der Orchideen-Gärtnerei des Herrn Beyrodt und der Gartenbauschule für Damen von Fräulein Dr. Elwira Castner. — Die Grossartigkeit des Beyrodtschen Etablissements übersteigt alle Begriffe. Für heute genüge es zu sagen, dass daselbst in 19 Häusern ca. 75 000 Orchideen kultiviert werden, und dass allein 1200 Cattleya labiata autumnalis in Blüte standen, darunter ein Exemplar mit 4 Stielen, die zusammen 12 Blumen und 5 Knospen trugen. Ausserdem waren herrliche Cypripedium insigne vorhanden, welche 3 Häuser füllen, 5 Häuser voll Odontoglossum crispum (17 000 Stück), von denen natürlich jetzt erst wenig in Blüte waren. Herrlich waren die Schaupflanzen von Oncidium Rogersi, O. tigrinum und O. Forbesii, die Vauda coerulea (900 Stück) und die Vanda Kimballiana, auch einige Cypripedium Charlesworthii blüten schon. — Eine eingehende Beschreibung dieser Orchideengärtnerei, wohl einer der grössten der Welt, werden wir im neuen Jahre mit Abbildungen geben. Die Vanda coerulea, V. Kimballiance und C. Charles-

worthii entstammen zum grossen Teil
der Lacknerschen Sammlung.

In der Gartenbauschule für
Damen wurden unter Führung der
Besitzerin, Fräulein Dr. Elwira Castner,
des Herrn Obergärtner Cornelius und
des Fräulein Sallmann alle Räume des
stattlichen, vor wenigen Jahren er-
richteten Hauses, das aber bereits
wieder zu klein ist, besichtigt. Überall
fand man die Schülerinnen, deren Zahl
jetzt 44 beträgt, bei der Arbeit. In
den hohen Kellerräumen, die fast zur
ebenen Erde liegen, waren einige in
der Tischlerei an der Hobelbank, andere
an der Schnitzelbank beschäftigt, um
grosse Etiketten zu fertigen; in der
Glaserei reparierten einige Fenster-
scheiben von Mistbeetfenstern, in einem
andern Raume flochten die Damen
Strohmatteu zum Decken. In den
Schulzimmern zur ebenen Erde waren
die Schülerinnen mit Planzeichnen etc.
beschäftigt. Auch die im ersten Stock
belegenen Zimmer der Schülerinnen,
von denen meist zwei zusammenwohnen,
wurden in Augenschein genommen und
freute man sich über ihre Behaglichkeit
und Sauberkeit. — Das ganze Haus hat
Zentralheizung.

In den Gewächshäusern fand man die
Damen beim Abstreifen des trockenen
Laubes von den Weinreben, und bei
andern Arbeiten, im Freien karrten
einige getrocknete Schlick (von den
Berliner Rieselfeldern), der mit Erde
gemischt ein ausgezeichnetes Düngemittel ist, andere trugen Dünger, noch
andere umwickelten empfindliche Formbäume mit Stroh, wieder andere hatten
in den Spargelanlagen zu thun. Kurz,
man erhielt ein vollständiges Bild von
der mannigfaltigen Thätigkeit, welcher
die jungen Damen sich dort unterziehen
müssen. Mit Handschuhen werden sie
dort nicht angefasst, wenn sie selbst
auch bei den gröbsten Arbeiten Hand-
schuhe anziehen dürfen. Dass diese
viele Bewegung im Freien, diese körper-
liche Arbeit auf die Gesundheit der
jungen Damen einen günstigen Einfluss
ausübt, zeigte ihre ganze Erscheinung.
— Der Besuch der Schule nimmt
ständig zu, und da das Haus nur für
28 Pensionärinnen Raum bietet, auch
bei dem Obergärtner Herrn Cornelius
nur einige Damen wohnen können, so
muss ein Teil der Damen in Marienfelde
bei den Ortsbewohnern Pension nehmen.
L. W.

Eingesandte Preisverzeichnisse.

Millet & fils in Bourg - la - Reine
(Seine). Circulaire N. 26, Veilchen, 80
Sorten, Erdbeeren, 150 Sorten, Gladiolen, 150000 Zwiebeln, krautartige chinesische Paeonien, 300 Sorten, baumartige Paeonien, 25 Sorten, und vieles
andere. Maiblumen, 3jährige, werden
das Hundert mit 6 Fr. angeboten. Dabei kann man schon etwas verdienen!
— Dahs, Reuter & Co. in Jüngsfeld-
Oberpleis b. Bonn Rosen, Obstbäume,
Buschobst, Gehölze, Stauden etc. —

Otto Meermann, Berlin N., Chausseestrasse 109. Eiserner Rillen-Stabzaun.
— Haage & Schmidt. Erfurt. Neuheiten von Samen für 1903. — Gräfl-
von Wedel'sche Gartenverwaltung
zu Evenburg bei Leer in Ostfriesland
(Prov. Hannover). Baumschulartikel. —
Platz & Sohn, Erfurt. Neuheiten für
1903 — J. C. Schmidt, Erfurt. Illustr.
Kotillon-Ball- und Scherzartikel-Preis-
buch.

Personal-Nachrichten.

Der Wirkliche Geheime Rat Exzellenz
Alfred Friedrich Krupp, der grösste
Industrielle, lebenslängliches Mitglied
des Ver. z. B. d. G., † am 22. November auf seiner Villa Hügel bei Essen
im 48. Lebensjahr. Er war nicht nur
ein grosser Förderer der Industrie und
der Wohlfahrtseinrichtungen seiner Fabriken, die über 30 000 Beamte und

Arbeiter beschäftigen, sondern auch ein
grosser Förderer des Gartenbaues und
der Botanik. Er unterstützte u. a. auch
Forscher auf ihren Reisen.

Der am 10 November zu Steglitz
verstorbene Königl. Gartenbaudirektor
Carl Lackner wurde am 14. November
in Berlin auf dem Luisenstädtischen

Kirchhof in der Bergmannstrasse, wo die Familie ein Erbbegräbnis besitzt, unter ganz ausserordentlicher Beteiligung zur letzten Ruhe bestattet. — Der Verein z. B. d. G. hatte die Kapelle und das Erbbegräbnis sowie dessen nächste Umgebung durch Herrn Landschaftsgärtner W. Wendt schmücken lassen. Ausserdem hatte er bei Herrn J. Meermann ein grosses Trauersymbol aus Cycas circinalis und Lilium Harrisii in Auftrag gegeben, welches, wie das weisse Band der Schleife verkündete, dem Direktor des Vereins gewidmet war. Herr Konsul Seifert, der 2. Vorsitzende, trug dieses herrliche Gebilde vor dem Sarge her. Ihm zur Seite schritt Herr Hoflieferant Loock, der Schatzmeister des Vereins mit einem von Herrn W. Wendt gefertigten, höchst geschmackvollen Kranz, der auf der schwarzen Schleife die Widmung des Vereins für den Entschlafenen, als seinem Ehrenmitglied, trug. — Hinter der Familie des Dahingeschiedenen, welche dem Sarge folgte, trugen der Kgl. Gartenbauinspektor Perring, der 3. Vorsitzende und der Generalsekretär L. Wittmack den von J. C. Schmidt, Berlin, ausgeführten Kranz mit kostbaren Orchideen, welchen der Verein dem Entschlafenen als Förderer der Orchideenkultur gewidmet hatte. — Unzählig viele andere schöne Kränze und Trauersymbole waren von nah und fern übersandt. So von den Enkelkindern ein Rosenkranz mit den Namen der einzelnen Kinder, von dem Personal der Berl. Bank, der Kommand. Lackner & Cie. in Wiesbaden ein Orchideen-Arrangement, von der Gartenbaugesellschaft Flora in Dresden ein Palmen-Arrangement. Weitere kostbare Kranzspenden kamen von der Gemeinde Steglitz, vom Gartenbauverein Steglitz, von der Verbandsgruppe Berlin des Verbandes der Handelsgärtner Deutschlands, vom Verein der Inhaber von Blumengeschäften Berlins, vom Verein für die Geschichte Berlins, vom Verein „Deutsch-Wilmersdorf", von Frau Geheimrat Borsig, Frau Kommerzienrat Schütt, Frau Geheime Kommerzienrat Spindler, Frau Seifert, Herrn Gartenbaudirektor Siebert, Frankfurt a. M und vielen anderen Körperschaften. Der Landw. Verein des Kreises Teltow war durch Oekonomierat Ring vertreten, der Klub der Landwirte durch Oekonomierat Poggendorff. Anwesend waren ferner der Kgl. Gartendirektor Gustav Fintelmann, Potsdam, Kgl. Gartendirektor Geitner, Charlottenburg, Geheimer Regierungsrat Prof. Dr. Orth, Berlin, Prof. Dr. Urban, Berlin, und viele viele andere Freunde und Vereinsgenossen, sowie zahlreiche Vertreter von Körperschaften.

---

902. Versammlung des Vereins z. Beförderung d. Gartenbaues i. d. preuss. Staaten
am Donnerstag, den 4. Dezember 1902, abends 6 Uhr,
in der Königl. Landwirtschaftlichen Hochschule, Invalidenstr. 42.

Tagesordnung: Siehe Gartenflora Heft 22, S. 616. An Stelle des Herrn Gartenbau-Direktors Mächtig wird Herr städt. Garten-Inspektor Axel Fintelmann die Frage betr. Freigebens der Rasenflächen beantworten.

Tagesordnung
für die
903. Versammlung des Vereins z. Beförderung d. Gartenbaues i. d. preuss. Staaten
am Donnerstag, den 18. Dezember 1902, abends 6 Uhr,
in der Königl. Landwirtschaftlichen Hochschule, Invalidenstr. 42.

I. Ausgestellte Gegenstände. (Ordner: Herr Crass I.) II. Vortrag des Herrn Schlegel, Stadtgärtner in Schöneberg: Ein vaterländisches Museum für Gartenbau und Gartenkunst. III. Soll schon jetzt eine Neuwahl des Direktors des Vereins stattfinden? IV. 1. Lesung des Etats für 1903. V. Verschiedenes

Für die Redaktion verantwortlich Geh. R. Prof. Dr. Wittmack, Berlin NW., Invalidenstr. 42. Verlag von Gebrüder Borntraeger, Berlin SW. 11, Dessauerstr. 29. Druck von A. W. Hayn's Erben, Berlin.

15. Dezember 1902. Heft 24.

GARTENFLORA

ZEITSCHRIFT

für

Garten- und Blumenkunde

(Begründet von **Eduard Regel**.)

51. Jahrgang.

Organ des Vereins zur Beförderung des Gartenbaues in den preussischen Staaten.

Herausgegeben von

Dr. L. Wittmack,

Geh. Regierungsrat, Professor an der Universität und an der Kgl. landwirtschaftl.
Hochschule in Berlin, General-Sekretär des Vereins.

Berlin 1902

Verlag von Gebrüder Borntraeger

SW 11 Dessauerstrasse 29

Erscheint halbmonatlich. Preis des Jahrganges von 42 Druckbogen mit vielen Textabbildungen und
12 Farbentafeln für Deutschland und Oesterreich-Ungarn 12 Mark, für die übrigen Länder des Weltpostvereins 15 Mark. Zu beziehen durch jede Buchhandlung oder durch die Post (Zeitungsverzeichnis
No. 2941).

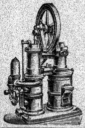

901. Versammlung des Vereins zur Beförderung des Gartenbaues in den preussischen Staaten am 27. November 1902 in der König-lichen Landwirtschaftlichen Hochschule.

Die 901. Versammlung war ausschliesslich eine vom Verein zur Be-förderung des Gartenbaues und vom Gartenbauverein fur Steglitz und Umgegend gemeinsam veranstaltete Gedächtnisfeier für den am 10. November plötzlich dahingeschiedenen Direktor des Vereins, Herrn Königl. Gartenbaudirektor Lackner.

Eingeleitet wurde die Versammlung durch ein Präludium von S. Bach, vorgetragen auf dem Harmonium von Frau Braun; hierauf sang Frau Clara Paalzow „Sei getreu bis in den Tod", aus dem Paulus. Herr Konsul Seifert, der 1. Stellvertreter des Direktors, ergriff sodann das Wort, um dem Dahingeschiedenen für all sein Thun zu danken und verlas die beim Verein eingegangenen Beileidschreiben und Telegramme. Die Gedächtnisrede hielt der General-Sekretär L. Wittmack. Ihm folgte Herr Oscar Hörich, 2. Vorsitzender des Gartenbauvereins für Steglitz und Umgegend, welcher namentlich hervorhob, dass hauptsächlich auf Lackners Anregung der Steglitzer Verein gegründet sei und dass ihm auch die Einführung der Blumenpflege bei Schulkindern zu danken sei. — Mit dem Gesang: „Wem der Herr ein Kreuze schickt", vorgetragen von Frau Paalzow, schloss die erhebende Feier.

Herr Landschaftsgärtner W. Wendt hatte sich freundlichst erboten den grossen Hörsaal in der Landwirtschaftlichen Hochschule zu schmücken und das in meisterhafter Weise ausgeführt. Namentlich die Gruppe von Phoenix-Palmen, welche den Hintergrund der vom Bildhauer Manthe gütigst überlassenen Büste Lackners bildete, machte einen so gross-artigen Eindruck, dass sie die Bewunderung aller erregte. — Ausser der Witwe nahm auch der jüngste Sohn, Herr Georg Lackner, welcher zu dem Zweck aus Wiesbaden hergereist war, und eine grosse Zahl von Verwandten und Freunden des Verstorbenen an der Feier teil.

R. Seifert.   L. Wittmack.

902. Versammlung des Vereins zur Beförderung des Gartenbaues in den preussischen Staaten am 4. Dezember 1902 in der König-lichen Landwirtschaftlichen Hochschule zu Berlin.

I. Der 1. Stellvertreter des Direktors, Konsul Seifert, verlas zunächst ein Schreiben des Herrn Georg Lackner, in welchem dieser dem Verein für die am 27. November veranstaltete Feier zum Gedächtnis des ver-storbenen Vereinsdirektors, Königlichen Gartenbaudirektor Lackner im Namen der Familie seinen tief empfundenen Dank ausspricht.

II. Alsdann widmet Konsul Seifert dem dahin geschiedenen lebenslänglichen Mitgliede, Exzellenz Krupp in Essen warme Worte der Teilnahme und erheben sich die Anwesenden zum Zeichen des Beileides von ihren Sitzen.

III. Vorgeschlagen wurden als wirkliche Mitglieder:

1. Herr Assessor F. R. Paeske in Conraden bei Reetz, Kreis Arnswalde, Provinz Brandenburg.
3. Herr Baumschulbesitzer Ernst Scharlock in Arnswalde, beide durch Herrn Stadtrat Töbelmann.
3. Herr Friedhofsverwalter Krömker, Berlin N, Müllerstrasse 135 durch Herrn Hoflieferanten Loock.

IV. Ausgestellte Gegenstände. Obwohl der starke Frost (im Freien 15⁰ C.) den Transport von Pflanzen sehr erschwerte, wurden doch eine ganze Anzahl interessanter Gegenstände vorgeführt. 1. Herr Obergärtner Kullack überbrachte aus dem Garten der Frau Clara Veit in Tegel 12 hübsche Cyclamen, von denen leider die Blüten an einigen Töpfen durch Frost gelitten hatten. Die Sämlinge sind von Herrn Kretschmann in Pankow bezogen, auf einem warmen Kasten kultiviert und dreimal verpflanzt.

2. Herr M. D. von Staden, Berlin SW 48, Wilhelmstrasse 30 legt Köhlers neue Gartenscheere „Non plus ultra" vor, welche von S. Kunde & Sohn in Dresden angefertigt wird, aber von der Firma Herrmann Ahnert, Chemnitz i. S., innere Klosterstrasse 11 (deren Vertreter Herr von Staden) zu beziehen ist. Diese Scheere ist eine Art Rosenschere, sie soll dazu dienen, die abzuschneidenden Rosen, auch Weintrauben etc. festzuhalten. Während das bei den bisherigen Rosenscheeren dadurch erreicht wird, dass die eine Schneide einen Überfall hat. sind hier Gummistreifen angebracht. Man konnte hierin keine grosse Verbesserung erblicken, fand die Scheere auch zu gross und unhandlich und den Preis (6 Mark) zu hoch.

3. Die Tafel über Kirschbaumkrankheiten des Herrn Gärtnereibesitzers Klitzing in Ludwigslust, s. Z. in Proskau Schüler des Herrn Professor Dr. Sorauer, welcher Herrn Klitzing viele Zeichnungen verdankt, wurde noch einmal vorgeführt und zur Konkurrenz gestellt (vergl. Gartenfl. S. 601).

4. Herr Obergärtner Beuster überbrachte aus dem Garten des Herrn von Siemens in Biesdorf ein grosses Sortiment herrlicher Schaublumen von Chrysanthemum. Dieselben wurden anfangs Juli in einem Hause mit Satteldach ausgepflanzt und der Boden stark mit Kompost, Strassenkehricht. Hornspähnen und Knochenmehl gedüngt.

5. Fräulein Förster, Leiterin des Heimgartens in Neu-Babelsberg legte abgeschnittene Ranken des in Südeuropa heimischen Asparagus aculeatus vor, welche sie sehr für die Binderei empfahl, da die Ranken abgeschnitten lange ihr frisches Grün und ihre sogenannten Nadeln (nadelförmigen Kurztriebe) behalten.

6. Ferner führt Fräulein Förster eine Ranke einer buntblätterigen Cobaea vor, die sie aus London bezogen (Cobaea scandens variegata). Diese namentlich an den Rändern herrlich weissgelb gezeichnete Varietät eignet sich ganz vorzüglich zur Dekoration von Winter-

gärten, auch abgeschnitten hält sie sich lange. Bemerkenswert ist ferner dass die Panachure sich auch auf die Blumen erstreckt.

7. Endlich übergab Fräulein Förster die Photographie einer Begonia Gloire de Lorraine mit einer weiblichen Blüte, während sonst die Blüten dieser Pflanze meist männlich sind und daher Samen nicht im Handel ist. An 40 Pflanzen fand Fräulein Förster im Ganzen 6 weibliche Blumen. Die Pflanzen wurden s. Z. von Sattler & Bethge in Quedlinburg bezogen und ist es möglich, dass alle 5—6 Stecklinge, welche die weiblichen Blumen zeigten, von einer Mutterpflanze abstammen. Eine Pflanze hatte zwei weibliche Blüten. Fräulein Förster suchte diese weiblichen Blüten mit dem Pollen von männlichen Gloire de Lorraine zu bestäuben, musste aber zu ihrem Bedauern wahrnehmen, dass die Staubbeutel gar keinen Pollen enthalten. Sie bestäubte dann zwei Blüten mit dem Pollen von Begonia gracilis und eine mit dem Pollen von B, Rex. Diese drei Blumen haben sich gesenkt, werden also hoffentlich Samen ansetzen, die andern mit Gloire de Lorraine bestäubten stehen noch aufrecht.

Herr Obergärtner A. Kleemann, Villa Schöller in Düren hatte ausser Preisbewerb Winterendivien, Blumen von Bougainvillea glabra Sanderiana, Passiflora princeps coccinea und als Neuheit Primula obconica fl. pl. übersandt und schrieb dazu folgendes:

8. 2 Sorten Winter-Endivien: Escariol und feine mooskrause. Endivien werden hier in grossen Mengen in jedem Garten gepflanzt, ich ziehe jährlich 5000 Stck. für den Winter, womit ich vier grosse herrschaftliche Haushaltungen versorge, hauptsächlich von Dezember bis April, wo Kopfsalat knapp ist. Ich säe von Mitte Juni dreimal in Zwischenräumen von 15—20 Tagen und pflanze auf leer gewordene Beete.

Anfang November kommen diese Pflanzen in leere Mistbeete und in das kalte Weinhaus, teils werden sie da in Erde gepflanzt, teils in Blechkästen gestellt, in die ab und zu etwas Wasser gegossen wird. Ich benutze hierfür Balkonkästen und Tränkkästen, welche im Sommer im Park für die Vögel aufgestellt sind u. dergl. Hauptsache ist, dass die Pflanzen luftig stehen und trocken bleiben, dann faulen sie nicht. Etwa 14 Tage vor dem Gebrauch werden dieselben gebunden und gebleicht. Auf den Tisch kommen diese Endivien als Salat mit Essig und Öl angemacht oder gekocht als Gemüse (hierfür besonders Escariol). Sonst werden noch Kartoffeln, hart gekochte Eier und Feldsalat (Rabinschen) dazu gethan; auch eine Specksauce kann man dazu geben. Der Neuling kann anfangs diesem Salat keinen rechten Geschmack abgewinnen, später kann man ihn gar nicht mehr entbehren. So geht es den Norddeutschen hier mit vielem Gemüse u. dergi.

9. Blumen von Bougainvillea glabra Sanderiana.

Ich ziehe schon seit Jahren 4—500 einjährige Pflanzen, welche bis Mai in Mistbeeten und dann im Freien stehen; unter Stellagen überwintert, geben diese ein vorzügliches Material für Beete im Mai und

Juni. Auf Rat des Herrn de Coene*) habe ich 100 Pflanzen im Mistbeet durchkultiviert, welche jetzt sehr schönes Material für Blumentische,
Binderei, Tafeldekoration u. dgl. liefern.

10. Passiflora princeps coccinea blüht ununterbrochen sehr reich,
ausgepflanzt im grossen Warmhaus. ·

11. Primula obconica fl. pl. Samen von Vilmorin, Andrieux & Co.,
Paris. (100 Korn 7 fr.)

An die von Herrn Kleemann eingeschickten Gegenstände schloss
sich eine sehr lebhafte Besprechung. Herr Bluth erklärte: Bougainvillea glabra hält sich, wenn sie etwas warm gezogen ist, abgeschnitten
nicht lange, als Schnittblume wird sie daher keine Zukunft haben. Als
kleine Pflanze ist sie für Liebhaber aber ausgezeichnet. Man kann sie
ganz kalt kultivieren. Bei richtiger Kultur ist sie den ganzen August
und September in Blüte; am schönsten ist sie aber, wenn sie nicht zu
warm gezogen wird, dann blüht sie im Frühjahr und es erscheinen dann
alle Blüten fast auf einmal, was einen herrlichen Anblick gewährt. Wir
haben hier schon solche prächtige Exemplare gesehen, aber es wurden
auch damals schon leise Zweifel ausgesprochen, ob es eine Schnittblume
werden würde.

Ganz ähnlich ist es mit Passiflora princeps coccinea. Ich kenne
keine Passionsblume, die, in einem warmen Hause ausgepflanzt, so dankbar blüht wie diese. Sie hat leider, wie alle Passionsblumen die unan-
genehme Eigenschaft, dass die einzelne Blume nur 24 Stunden blüht,
aber da der Blütenstand bei dieser Art eine Traube ist und die einzelnen
Blüten in der Entwickelung schnell auf einander folgen, so ist sie doch
eine schöne Pflanze. Sie ist zwar schon lange bekannt, aber noch immer
nicht genug gewürdigt. Im Topfe blüht sie meist nur kümmerlich, ausgepflanzt aber vortrefflich und was sie für Warmhäuser noch besonders
geeignet macht, ist, dass sie ihre Blüten den ganzen Winter, von Oktober an bis in den Juni hinein, ja noch weiter in den Sommer entwickelt. Auch aus den alten, ganz verholzten Trieben spriessen Blütentrauben hervor und das macht bei grossen Exemplaren dann ausserordentlichen Effekt. Sie ist für Liebhaber, welche warme Häuser z. B.
einen warmen Wintergarten zur Verfügung haben, gar nicht genug zu
empfehlen, ist auch, weil sie die Wärme liebt, dem Ungeziefer nicht so
ausgesetzt wie die anderen Arten unter ähnlichen Umständen. — Leider
ist die alte Passiflora coccinea fast gar nicht mehr zu erhalten. Sie hat
dieselben guten Eigenschaften, ist aber nur einblumig; sie blüht den
ganzen Winter sehr dankbar. Herr Gartenbaudirektor Brandt wird sich
noch erinnern, in welcher Fülle sie im botanischen Garten früher prangte.
— Auch abgeschnitten lässt sich P. princeps sehr gut für Blumenkörbe,
Tafeldekorationen etc. verwenden. Solche schönen Blumen für warme
Glashäuser sieht man jetzt sehr selten.

Herr Gartenbaudirektor Brandt: Ich halte die ausgestellte Pflanze
für Passiflora racemosa. (Das ist sie auch. P. princeps Loddiges ist
ein Synonym von P. racemosa Brotero. S. Ill. Gartenbaulexikon. III. Aufl.

*) Vergl. Gartenflora 1901 S. 654.

S. 592, auch Vilmorins Blumengärtnerei. 3. Aufl. Taf. 85 L. W.) Als eine andere empfehlenswerte Pflanze möchte ich Passiflora Impératrice Eugenie nennen, die blüht als Stecklingspflanze schon im ersten Jahre im Sommer im Freien.

Herr Garteninspektor Perring: Auch ich kann die ausgestellte Pflanze warm empfehlen. Sie fand sich früher im Orchideenhause des königl. botanischen Gartens in einem alten Exemplare und blühte sehr reich; als sie aber einer Reparatur des Hauses wegen entfernt werden musste, ging sie ein. Für Topfkultur ist sie nicht geeignet, ausgepflanzt ist sie die beste, besser als z. B. P. quadrangularis. Die Passiflora Impératrice Eugenie kann man dagegen im Topf schon als kleine Pflanze zur Blüte bringen, z. B. an drei Stäbe gebunden oder in Ballonform.

Bezüglich der von Herrn Kleemann übersandten Bougainvillea-Zweige möchte ich aber sagen: Das ist doch ein schönes Resultat, um jetzige Zeit solch Blütenmaterial zu haben. Sie ist doch zu Sträussen ganz ausgezeichnet und für Liebhaber zur Weihnachtszeit gewiss eine grosse Freude. Es brauchen doch nicht alle Blumen Schnittblumen zu sein, auch die Sträusse aus anderen Blumen halten sich ja meist nicht lange.

Eine lange Auseinandersetzung knüpfte sich an die Primula obconica bezüglich deren Schädlichkeit. Herr Schulz bemerkte, er sei es wohl gewesen, der sie zuerst (aus dem Garten des Herrn Geh. Kommerzienrat Veit) vor 12—15 Jahren im Ausstellungspark vorgeführt habe, jetzt müsse er seine Empfehlung aber zurücknehmen, denn seine Frau habe sich vor 4 Wochen durch Berührung der Pflanze eine heftige Entzündung an Gesicht und Händen zugezogen. In der Markthalle wird die Pflanze auch nicht gekauft.

Herr Dietze-Steglitz: Meine Tochter ist infolge des Berührens der Primula obconica ein ganzes Vierteljahr krank gewesen; sie bekam einen vollständigen Schorf im Gesicht, der einen unangenehmen Geruch verbreitete, auch das Haar ging ihr aus. Die Ärzte konnten nicht ergründen, was es war, befahlen aber, dass sie nicht in's Freie solle. Endlich gingen wir zu Herrn Professor Lassar und dieser sagte sofort: Sie haben wohl Primula obconica angefasst. Er ordnete an, dass sie viel in's Freie müsse und das hat geholfen. Alle 4—6 Wochen wiederholt sich der Ausschlag aber, indem Röte im Gesicht und fuchtbares Jucken eintritt, und das heute noch, nach drei Jahren. Jetzt dauert die Röte aber nur 5—6 Tage. — Herr Garteninspektor Weber-Spindlersfeld hat sich durch Pr. obconica starke Geschwüre an den Händen zugezogen. Herr Wundel, s. Z. in Oranienburg, musste sogar ins Krankenhaus und hätte fast ein Auge verloren. Ich habe einen Topf im Laden ausgestellt mit der Aufschrift „Gift!" und möchte fast den Herrn Landrat bitten, die Kultur zu verbieten. Im Allgemeinen rechnet man, dass 30 pCt. der Menschheit dafür empfänglich sind.

Herr Kretschmann-Pankow: Ich selbst habe auch traurige Erfahrungen gemacht und heftiges Jucken in den Händen davon getragen, trotzdem wird sich die Pflanze nicht verdrängen lassen. Ich bin in meiner Gärtnerei auch der einzige, der darunter leidet, es sind jedenfalls nicht 30 pCt. empfindlich dafür.

Herr Garteninspektor Perring: Ich kultiviere alle Jahr ein paar Hundert Primula obconica, welche ich in kleinen Sämlingen beziehe. Ich selbst bin nicht empfänglich, verspüre höchstens ein wenig Jucken. Ob der Fall von Frl. Dietze wirklich durch Primula obconica veranlasst ist, weiss ich nicht, ein polizeiliches Verbot halte ich nicht für angebracht, es sind vielleicht nur 5 pCt. der Menschen empfänglich.

Herr Landschaftsgärtner Vogeler-Charlottenburg: Auch ich möchte bitten, nicht gleich die Polizei zu rufen. Wir brauchen die Primula obconica sehr nötig, meine Leute haben noch nicht darunter gelitten. Wollte man Primula obconica auf den Index setzen, so müsste man auch die Hyacinthen verbieten; denn beim Putzen der Hyacinthenzwiebeln werden die Arbeiter meist von Jucken am Hals, ja am ganzen Körper befallen. Ebenso müsste der Goldregen verboten werden, dessen Samen giftig sind. oder gar die Erdbeeren, deren Genuss bei einzelnen Personen eine Art Nesselfieber erzeugt. Es wird genügen, das Publikum, welches Primula obconica kaufen will, zu warnen.

Herr Stadtrat Töbelmann-Charlottenburg: Ganz so leicht ist die Sache doch nicht zu nehmen. Ein ärztlich konstatierter Fall ist mir aus Essen bekannt. Eine Dame bekam immerfort wieder Ausschlag in der geschilderten Weise, sie wurde in alle möglichen Bäder geschickt, aber alles ohne Erfolg. Schliesslich stellte sich heraus, dass sie sich in ihrem kleinen Garten mit Vorliebe an der Primula obconica zu thun machte. — Ich möchte die Presse bitten, sich der Sache anzunehmen, das halte ich für besser als Polizeiverordnungen.

Herr Hoflieferant Klaar: Ich mache darauf aufmerksam, dass es sich hier gar nicht um die gewöhnliche Primula obconica handelt, sondern um eine schöne Neubeit, die gefüllte Varietät.

Frl. Förster: Der Reiz, den die Primula obconica verursacht, überträgt sich von den Händen auf die Augen. Das beste Gegenmittel ist Waschen mit Creolin, welches mit Wasser so verdünnt werden muss, dass es eine milchige Flüssigkeit darstellt.

Herr Dietze: Ich werde mich nicht an die Polizei wenden; im übrigen aber wünsche ich Niemandem, dass es ihm in seiner Familie so gehe, wie es mir ergangen ist.

Herr Städt. Obergärtner Weiss: Nach dem Bürgerlichen Gesetzbuch ist Jeder zum Schadensersatz verpflichtet und es ist nicht ausgeschlossen, dass man den Verkäufer von Primula obconica verantwortlich macht.

Herr Hofgärtner Hoffmann: Wenn sich die Presse der Sache annehmen will, so muss man sie aber auch bitten, zu sagen, dass die Empfänglichkeit sehr verschieden ist. Viele Menschen reagieren gar nicht darauf. Es ist ähnlich mit den Haaren der Platane, mit dem Goldregen etc.

Herr Kretschmann: Man muss auch wohl nicht annehmen, dass immer Primula obconica die Ursache der Erkrankung ist.

Herr Schulz empfahl sehr, doch in Berlin mehr Endiviensalat

zu bauen. Alle, die am Rhein gewesen sind, werden wissen, dass dort fast Tag für Tag Endivien auf den Tisch kommen, den Berlinern sind sie aber zu bitter. Die französischen Endivien kosten jetzt in der Markthalle der Kopf 35 Pfg ; da dürfte es, wie ich schon früher ausgesprochen, doch gewiss rentabel sein, wenn die Berliner Gemüsezüchter Endivien bauten.

Herr Konsul Seifert: Die Anregung, die Herr Obergärtner Kleemann in seinem Brief gegeben, dass man die Salate auch gekocht geniessen kann, ist sehr beherzigenswert. Ein gewöhnlicher Salat, gekocht und wie Spinat zubereitet, schmeckt ausgezeichnet; in Karlsbad und auch in Süddeutschland findet man das Gericht fast regelmässig auf der Tafel. Es ist eine Vermehrung der Gemüsenahrung, die nur erwünscht sein kann.

Herr Kgl. Garteninspektor Lindemuth: Ich bin auch 10 Jahre am Rhein gewesen und kann nur bestätigen, dass die Endivien ein sehr feiner Salat sind. Wir in Berlin wollen nur Kopfsalat. der dichte Köpfe haben muss; wir essen auch nicht einmal die Sommer-Endivien, d. i. ein gewöhnlicher Gartensalat mit breiten Rippen. In der Markthalle dagegen sieht man viel Endivien, für die feinere Küche. — Von den beiden ausgestellten Sorten hat die eine, die mooskrause, sehr fein zerschlitzte Blätter, und diese findet man fast ausschliesslich in der Markthalle, die andere aber, die Escariol-Endivie, hat ganzrandige Blätter, oder wenigstens fast nicht geschlitzte, die ist viel feiner und schmackhafter. Die mit zerschlitzten Blättern ist nicht so zart und wird, so viel ich weiss, am Rhein nur zur Verzierung der Speisen benutzt.

Herr Kgl. Garteninspektor Moncorps: Endivien sind für Berlin kein handelsgärtnerischer Artikel und werden es auch nicht werden. Wir haben durchaus keinen Mangel an Salaten; wenn der hier gebaute Salat auf die Neige geht, kommt aus den klimatisch günstigeren Ländern so viel auf den Markt, dass wir gar nicht nötig haben, Endivien zu bauen. Die Kauflust für die Endivien ist bei uns auch gar nicht rege. Anders ist es auf den Gütern. wo keine Zufuhren von Salat stattfinden, da mag man Endivien bauen, ebenso am Rhein.

Herr Bluth: Wir dürfen uns aber nicht auf den Standpunkt stellen: Das Publikum will das nicht. Wir Gärtner müssen die „Mode machen"! — Neu war mir. dass unser Herr Vorsitzender den Salat in gekochtem Zustande empfahl. Das wäre bei uns für feinere Tafeln, für Hochzeiten etc., einmal etwas Neues.

V. Hierauf hielt Herr Städtischer Gartendirektor Axel Fintelmann-Berlin einen mit lebhaftem Beifall aufgenommenen Vortrag über die Frage: „Sollen die Rasenflächen in unseren Parkanlagen dem Publikum freigegeben werden?" Nach eingehender Begründung beantwortete er die Frage mit einem entschiedenen „Nein"! In gleichem Sinne sprachen sich viele andere Mitglieder, namentlich auch die Gartenkünstler, von denen eine grössere Zahl auf besondere Einladung des Vorstandes erschienen war, aus.

Der Vortrag mit der eingehenden Besprechung wird in der Gartenflora abgedruckt werden.

VI. Aus Mangel an Zeit musste leider der Vortrag des Herrn

Hofgärtner **Hoffmann** über die Stettiner Obstausstellung abermals verschoben werden.

     VII.   Herr Konsul **Seifert** dankte im Namen des Vereins dem Herrn
Landschaftsgärtner W. **Wendt** auf das herzlichste für die so wohlgelungene Dekoration bei der Gedächtnisfeier für Herrn Gartenbaudirektor **Lackner**, die er in opferwilligster Weise gänzlich kostenlos gestellt hatte.

     VIH.   Das zur |Beurteilung der ausgestellten Pflanzen ernannte
Preisgericht, bestehend aus den Herren Schriftsteller O. **Cordel**-Nikolas-
see, Kgl. Hofgartendirektor **Gustav Fintelmann**-Potsdam und Kgl.
Gartendirektor **Geitner**-Charlottenburg sprach

         Herrn Obergärtner **Beuster**-Biesdorf für Chrysanthemum-Schau-
         blumen eine kleine silberne Medaille zu.

     Das zur Beurteilung der Wandtafel über Feinde des Kirschbaumes
des Herrn Gärtnereibesitzer **Klitzing**-Ludwigslust eingesetzte Preisgericht, bestehend aus den Herren Prof. Dr. **Conwentz**-Danzig, Kgl.
Gartenbaudirektor Th. **Echtermeyer**-Wildpark und Stadtrat G. **Töbelmann**-Charlottenburg erkannte

         Herrn **Klitzing** einen Monatspreis von 15 Mark zu.

     IX.   Als Geschenk ist von unserem korrespondierenden Mitgliede
Herrn Kgl. Gartenbau-Direktor **Bertram**-Dresden sein neues Werk: „Die
Technik der Gartenkunst" eingegangen.

     R. **Seifert**.   L. **Wittmack**.

Litteratur.

„Die Technik der Gartenkunst"
in Ergänzung von Meyer's Lehrbuch
der schönen Gartenkunst bearbeitet von
M. Ber**tram**, Königl. Sächsischer Gartenbaudirektor, im Verlage von Wilhelm
Ernst und Sohn, Berlin W 66, Wilhelmstrasse 90, soeben erschienen. In der
Einleitung zu dem 166 Abbildungen im
Texte und 32 Tafeln enthaltenden Werke
bekennt sich der Verfasser als ein warmer Verehrer des grössten Gartenkünstlers, den Deutschland aufzuweisen hat,
des verstorbenen Gartendirektors der
Stadt Berlin, Gustav Meyer. Es ist als
ein beredtes Zeichen des ungeheuren
Fortschrittes, den die Gartenkunst in
den letzten Jahrzehnten gemacht hat,
zu begrüssen, dass dem bahnbrechenden und weit über Deutschlands Grenzen
hinaus epochemachenden Lehrbuche
der schönen Gartenkunst von G. Meyer
ein zweites als Ergänzung gefolgt ist.
Kommt in Meyers Werk das rein Künstlerische zum Ausdruck, so sehen wir
in dem neu erschienenen Werke die
technische Seite der Gartenkunst in um-

fassendster Weise erläutert. Nicht reine
Theorie, sondern diese in Verbindung
mit einer ausgedehnten Praxis halfen
hier die Feder spitzen und es gewinnt
das Niedergeschriebene doppelt an Wert,
wenn man das künstlerische Talent des
Verfassers in seinen Bethätigungen in
den Kreis der Betrachtungen zieht.
Wer je ausgeführte Anlagen Bertrams
gesehen und sich vergegenwärtigt
hat, unter welchen schwierigen Umständen diese oft entstanden sind, so
z. B. in Bezug auf Erdbewegungen,
kann nicht im Zweifel sein, dass Können
und Wissen den Grundstein zu dem
vor uns liegenden Buche geliefert haben.
Mit Rücksicht hierauf und in Anbetracht
der Fülle des Gebotenen ist auch der
auf dem ersten Blick hoch erscheinende
Preis von 26 Mark nur als ein angemessener zu bezeichnen.

     In dem ersten Kapitel sehen wir die
Ausarbeitung des Entwurfs mit den
notwendigen Sonderzeichnungen behandelt. Der Verfasser hebt mit Recht
den Wert der Nebenzeichnungen und

Erläuterungsskizzen hervor und redet im Weiteren dem von Meyer aufgestellten Grundsatze „die neue Gestaltung auf dem die alte Lage enthaltenden Grundplan einzuzeichnen" das Wort. Man hat in der That auf diese Weise an jeder Stelle ein vergleichendes Bild der alten und neuen Lage und hat einerseits für die Richtigkeit der Ausführung eine sofortige Kontrolle, andererseits können aber auch etwaige vom Auftraggeber gewünschten Änderungen sogleich entworfen und auf ihre Möglichkeit hin geprüft werden. Sehr zutreffend ist der Ausspruch, dass der Gartenkünstler nicht im stande sei von seinem Kunstwerke eine unwandelbare Façade zu zeichnen, wie es die Architekten von ihren Bauten können; dazu seien die Objekte einer fortwährenden Entwickelung und Veränderung unterworfen. Nicht minder interessant ist die Kritik über die in neuerer Zeit erstandenen Auswüchse in der Gartenkunst wie auch diejenige über den Wert der plastischen Modelle zu lesen.

Um die Vielseitigkeit der technischen Vorarbeiten bei gartenkünstlerischen Anlagen zu zeigen, hat der Verfasser die Herstellung mehrerer nach eigenen Entwürfen ausgeführter Parkanlagen zu Eisenach und Pflugensberg bei Eisenach als Grundlage gewählt. Er beschreibt an der Hand der vortrefflich wiedergegebenen Einzelzeichnungen zuerst die bei der Ausführung notwendigen technischen Arbeiten, während die gartenkünstlerische Ausführung nur sehr kurz erläutert wird. Treffliche, nach der Vollendung hergestellte Ansichten geben im übrigen hier eine bessere Erklärung, als Worte es zu thun vermögen.

Die bei den Bodenbewegungen und Erdtransporten notwendigen Hülfsmittel und Werkzeuge bespricht der Autor im zweiten Kapitel und beschreibt die Behandlung der verschiedenen Bodenarten bei den vorzunehmenden Erdarbeiten, wobei anschauliche Zeichnungen die Beschreibung wesentlich unterstützen. Einer sehr eingehenden Schilderung ist auch die Anlage und der Betrieb der Feldbahnen unterworfen. Bei dem Abschnitt über Entleerungsanlagen und Teiche wird der Leser mit der Herstellung der verschiedenen Wehre, Reusen- und Schützenanlagen künstlicher Teiche und Weiher vertraut gemacht, und sind es auch hier wieder eine Anzahl Abbildungen, die den erläuternden Text veranschaulichen. — In dem folgenden Kapitel, das der Befestigung der Teichsohlen und der Ufer gewidmet ist, werden die verschiedenen Dichtungsarbeiten bei Gewässern vor Augen geführt. Wir lernen hier die Verwendung des Thons, Betons und des Holzzementes, den Gebrauch der Spundwände und den der Faschinen kennen; mit gleicher Gründlichkeit wird aber auch der Gebirgsflüsse und des Einhaltens ihrer oft gewaltigen und unberechenbaren Zerstörungen der Uferböschungen gedacht.

Eine überaus wichtige Frage, die der Wassergewinnung und Wasserversorgung ist im fünften Kapitel behandelt. Der Gartenkünstler ist nur zu oft in der Lage diesem Gegenstande näher zu treten und sind daher die hier niedergeschriebenen Leitsätze sehr wertvoll. Ein sehr instruktiver Lagenplan mit den Längs- und Querprofilen giebt die bildliche Auskunft. Der ausgiebigen Beschreibung sind textlich erläuternde Zeichnungen von Sammelbrunnen, Filteranlagen, Motoren, Pulsometern und Elektromotoren beigegeben und deren einzelne Vorteile und Nachteile vermerkt.

In dem folgenden Kapitel weiht der Verfasser den Leser in die zweckmässige Anlage der zur eigentlichen Bewässerung dienenden Leitungen ein, welche gleich wie die im nächsten Abschnitt beschriebene Entwässerung von grosser Wichtigkeit sind und welche nie ohne Genehmigung des leitenden Gartenkünstlers zur Ausführung gelangen sollten. Die eingehenden Erklärungen nebst den vielen Einzelzeichnungen geben hier ein so klares, anschauliches Bild, dass, man möchte behaupten, selbst der Uneingeweihte über den Zweck und die Anlagen von Be- und Entwässerungen vollkommen unterrichtet wird.

Der Baumbewässerung wird alsdann ebenfalls eine eingehende Beachtung geschenkt, indem die für ein erspriessliches Gedeihen der Bäume an öffentlichen Strassen notwendigen Bewässerungsmethoden, die mit Rücksicht auf den Verkehr unterirdisch sein müssen, unter Beigabe bildlicher Darstellungen besprochen werden.

In dem Abschnitt „Gehölzpflanzungen" giebt der Autor praktische Ratschläge über das Pflanzen von Bäumen und Sträuchern, über den Schnitt bei Neuanpflanzungen, wobei bekanntlich immer noch, entweder durch zu vieles Schneiden oder gänzliches Unterlassen des Schnittes, sehr viel gesündigt wird. Sehr interessant für den Fachmann wie auch für den Laien ist die in längerer Begründung behandelte Frage: Kann der Landschaftsgärtner für das Wachstum seiner Anpflanzungen aufkommen? Ebenso bestimmt und begründend ist aber auch die Antwort. Weitergehend berührt der Verfasser dann noch die geschäftliche Handhabung in der Landschaftsgärtnerei, indem er dem Privatmanne einerseits als ein sehr guter Wegweiser dient, anderseits aber dem ausübenden Gärtner auch die Beachtung der peinlichsten Gewissenhaftigkeit vorschreibt. Zum Schlusse wird dann noch die Umarbeitung des durch seine schroff aufstrebenden Felswände und durch herrlichen Waldwuchs' sich auszeichnenden Marienthales bei Eisenach zu einer öffentlichen Promenade in einer Weise zeichnerisch dargestellt, die man als Musterplan bezeichnen kann und die für den angehenden Gartenkünstler

ein belehrendes und interessantes Studium bildet.

Eine ebenso schöne und formengewandte, wie bestimmte Sprache, die nirgends auch nur den Schein des Ueberflüssigen erkennen lässt, durchzieht das Buch und gestaltet es in Verbindung mit seiner anschaulichen Darstellungsweise von Anfang bis zu Ende lehrreich und anregend. Ein reicher Quell theoretischen Wissens, künstlerischer Genialität und langjähriger Berufsthätigkeit fliesst silberklar und überzeugend aus der Feder des auch auf dem Lehrgebiete als Grösse anerkannten Verfassers und stempelt das Werk nicht nur zu einem Juwel in der Gartenbau-Litteratur, sondern stellt es auch als eine begehrenswerte Bereicherung jedweden Bücherschatzes des Fachmannes, wie des kunstverständigen Laien hin.

Weiss.

———

Illustr. Gartenbau-Lexikon. 3. Aufl. Preis eleg. geb. 23 M.

Gaucher, Praktischer Obstbau. 20 Lieferungen à 1 M.

Beide Werke empfehlen sich sehr zu Festgeschenken.

———

Personal-Nachrichten.

Emile Mathieu Francois Aloise Rodigas, Ehrendirektor der Staats-Gartenbauschule, Ehrendirektor des Zoologischen Gartens, Ehrenmitglied der Chambre syndicale des Horticulteurs belges, Vize-Konsul der Vereinigten Staaten von Venezuela in Gent, geboren zu Saint-Prond, den 2. April 1831, starb am 14. November 1902 in Gent. — Er war einer der hervorragendsten belgischen Gartenbauschriftsteller und hat auch die Genter Gartenbauschule sehr gehoben. — Sein Vater Dr. Franz Karl Hubert Rodigas 1801—1877 war ebenfalls für den Garten- und Obstbau Belgiens sehr thätig, beschäftigte sich u. a. mit der Kreuzung der Gartenranunkeln. (Siehe Illust. Gartenbaulexikon 3. Aufl.)

Der Kaiserliche Regierungsrat Dr. Aderhold, Mitglied d. V. z. B. d. G., ist zum Geheimen Regierungsrat und Direktor im Kaiserlichen Gesundheitsamt ernannt.

Herr Konrad Borsig, Mitinhaber der Firma Borsig, Berlin, Mitglied des V. z. B. d. G., ist zum Kgl. Kommerzienrat ernannt.

Dem städt. Gartendirektor Mächtig und dem Kgl. Gartendirektor Geitner ist das Offizierkreuz des Ordens der Krone Italiens verliehen (nicht das Ritterkreuz, wie wir s. Z. gemeldet hatten).

Der Kaiserl. russische Gartendirektor von Siesmayer im Taurischen Garten zu St. Petersburg starb im 32. Lebensjahre.

Geh. Rat Engler ist am 6. Dez. von seiner Reise nach Ostafrika zurückgekehrt.

———

Berichtigungen.

Die S. 631 abgebildete Palme ist Hyphaene macrocarpa Dammer.

S. 90 Zeile 14 von unten statt Flora of Trop. Africa vol. III lies **vol. V.**

INHALT.

I. Abbildungen.

2. Sachverzeichnis.

3. Verzeichnis der Mitarbeiter und der besprochenen Schriftsteller.

Das General-Register

der 10 Bände der Gartenflora, Band 41—50 (1891—1901), wird binnen
einigen Monaten erscheinen.   Bestellungen werden an die Verlagshandlung von Gebrüder Borntraeger, Berlin SW 11, Dessauerstrasse 29,
erbeten. — Den Mitgliedern des Vereins zur Beförderung des Gartenbaues in den preussischen Staaten wird dasselbe unentgeltlich
zugehen.

Aufforderung

zum Eintritt in den Verein zur Beförderung des Gartenbaues in den
preussischen Staaten.

Der im Jahre 1822 gegründete Verein zur Beförderung des Gartenbaues in den preussischen Staaten verfolgt den Zweck, den Gartenbau
nach allen Richtungen durch Versammlungen, Ausstellungen, unentgelt-
liche Verteilung von Samen, Verleihen von Büchern aus seiner reichhaltigen Bibliothek, Herausgabe einer Zeitschrift (der Gartenflora) u. s. w.
zu fördern. Jahresbeitrag für Berlin und Umgegend 20 Mk., für das
übrige Deutschland und Österreich-Ungarn 13 Mk., für alle übrigen
Länder 15 Mk.

Die Gartenflora (Ladenpreis 12 Mk.) wird den Mitgliedern unentgeltlich geliefert.

Anmeldungen werden erbeten an das General-Sekretariat, Berlin N.,
Invalidenstrasse 42.

Für die Redaktion verantwortlich Geh. R. Prof. Dr. Wittmack, Berlin NW., Invalidenstr. 42. Verlag von
Gebrüder Borntraeger, Berlin SW. 11, Dessauerstr. 29. Druck von A. W. Hayn's Erben, Berlin.

Lightning Source UK Ltd.
Milton Keynes UK
UKHW011903171218
334170UK00010B/433/P